Wirtschaftsinformatik

Anwendungsorientierte
Einführung

Von
Universitätsprofessor
Dr. Dr. h. c. M. G. Zilahi-Szabó

R. Oldenbourg Verlag München Wien

Felicitas

Die Deutsche Bibliothek – CIP-Einheitsaufnahme

Zilahi-Szabó, Miklós G.:
Wirtschaftsinformatik : anwendungsorientierte Einführung /
von M. G. Zilahi-Szabó. – München ; Wien : Oldenbourg, 1993
  ISBN 3-486-22633-9

© 1993 R. Oldenbourg Verlag GmbH, München

Das Werk einschließlich aller Abbildungen ist urheberrechtlich geschützt. Jede Verwertung außerhalb der Grenzen des Urheberrechtsgesetzes ist ohne Zustimmung des Verlages unzulässig und strafbar. Das gilt insbesondere für Vervielfältigungen, Übersetzungen, Mikroverfilmungen und die Einspeicherung und Bearbeitung in elektronischen Systemen.

Gesamtherstellung: R. Oldenbourg Graphische Betriebe GmbH, München

ISBN 3-486-22633-9

Inhaltsverzeichnis

Vorwort		XXIII
1.	**Einführung**	3
1.1	Begriffserklärung	3
1.1.1	Informatik	3
1.1.2	Wirtschaftsinformatik	5
1.1.3	Trend zur Informationsgesellschaft	7
1.1.4	Berufsbilder in der Informationsverarbeitung	8
1.2	**Verarbeitung von Informationen**	10
1.2.1	Das Merkwort EVA	10
1.2.2	Begründung der Daten/Informationsverarbeitung	12
1.2.3	Menschliche/maschinelle Datenverarbeitung	13
1.3	**DV-Objekte**	17
1.3.1	Abgrenzung/Begriffserklärungen	17
1.3.1.1	Daten	17
1.3.1.2	Informationen	19
1.3.1.3	Wissen	20
1.3.1.4	Abgrenzung der Daten, Informationen und Wissen	21
1.3.1.5	Computersprache	23
1.3.2	Informationssysteme	23
1.3.2.1	Begriffserklärung	23
1.3.2.2	Daten/Informationsquellen	24
1.3.2.3	Informationsstrom	25
1.3.2.4	Transformation	26
1.3.2.5	Kommunikation	28
1.4	**DV-Codes**	30
1.4.1	Codes allgemein	30
1.4.2	Worte	36
1.4.3	Zahlensysteme	37
1.4.3.1	Das Dezimalsystem	38
1.4.3.2	Das Dualsystem	39
1.4.3.3	Das Hexadezimalsystem	40
1.4.3.4	Verschiedene Darstellungsformen	42
1.4.4	Umwandlung der Zahlensysteme/Konvertierung	43
1.4.4.1	Dezimal - Dual	43
1.4.4.2	Dezimal - Hexadezimal	44
1.4.4.3	Dual - Hexadezimal	44
1.4.5	Rechenoperationen mit Dualzahlen	44
1.4.5.1	Addition	45
1.4.5.2	Subtraktion	46
1.4.5.3	Multiplikation	47
1.4.5.4	Division	48

1.4.6	Besondere Techniken	49
1.4.6.1	Vorzeichendarstellung/Konvertierung	49
1.4.6.2	Festkomma- und Gleitkomma-Arithmetik	50
1.4.6.3	Gepackte und ungepackte Formate	51
1.4.7	Logik der Verarbeitung	52
1.4.7.1	Boole'sche Verknüpfungen	52
1.4.7.2	Grundfunktionen	53
2.	**Hardwaretechnische Grundlagen der Verarbeitung**	**55**
2.1	Allgemeiner Aufbau eines Computers	56
2.1.1	Der Computer	56
2.1.2	Der Aufbau des Personal-Computersystems	59
2.1.3	Architektur des Mainframe-Systems	62
2.2	Ein- und Ausgabeperipherie	66
2.2.1	Allgemeines	66
2.2.2	Dateneingabe	68
2.2.2.1	Halbdirekte Eingabeformen	68
2.2.2.1.1	Belegerfassung mit Magnetschriftleser	68
2.2.2.1.2	Klarschriftleser	70
2.2.2.1.3	Strichcodebelege	73
2.2.2.1.4	EAN-Code	74
2.2.2.2	Indirekte Eingabeformen	76
2.2.2.3	Direkte Eingabeformen	77
2.2.3	Datenausgabe	77
2.2.3.1	Allgemeines	77
2.2.3.2	Direkte Datenausgabe	77
2.2.3.2.1	Klarschriftausgabe mit Drucker	77
2.2.3.2.2	Graphische Ausgabe	82
2.2.3.2.3	Bildschirmausgabe	83
2.2.3.2.4	Sprachausgabe	83
2.2.3.2.5	Sonstige direkte Ausgabeformen	84
2.2.3.3	Indirekte Datenausgabe	84
2.2.3.3.1	Magnetische und optische Speicher	85
2.2.3.3.2	Ausgabe auf Mikrofilm	85
2.2.4	Kombinierte Ein- und Ausgabe mit Bildschirmgeräten	86
2.3	Speicherperipherie	92
2.3.1	Allgemeines	92
2.3.2	Magnetische Speicher	95
2.3.2.1	Speicherkassette/Streamer	95
2.3.2.1.1	Datenkassette	96
2.3.2.1.2	Data Catridge	96
2.3.2.1.3	Magnetbandkassette (MTC, Magnetic Tape Cartridge)	97
2.3.2.2	Magnetband	97
2.3.2.3	Massenkassettenspeicher	102
2.3.2.4	Diskette	103
2.3.2.5	Magnetplatte	107
2.3.2.6	Sonstige magnetische Speicher	112

2.3.3	Optische Speicher	113
2.3.3.1	Allgemeines	113
2.3.3.2	WORM-Platten	113
2.3.3.3	CD-ROM-Platten	114
2.3.3.4	ELOD-Platten	114
2.3.3.5	Laser Disk	114
2.3.3.6	Mikrofilm	114
2.3.4	Sonstige Speicher	115
2.4	**Interne Verbindungseinrichtungen**	**115**
2.4.1	Allgemeines	115
2.4.2	Die Bus-Technologie	116
2.4.3	Die Kanal-Technologie	118
2.4.4	Interne Verbindungstechnologie von Höchstleistungsrechner	120
2.5	**Zentraleinheit**	**120**
2.5.1	Aufbau eines Chips	121
2.5.2	Der technische Aufbau der Zentraleinheit	123
2.5.2.1	Das Speicherwerk	126
2.5.2.2	Das Rechenwerk	129
2.5.2.3	Das Steuerwerk	129
2.6	**Datenverarbeitungssystem**	**130**
2.6.1	Begriffserklärung	130
2.6.2	DV-Systemkomponenten	131
2.6.3	Einteilung der DV-Systeme	133
2.6.4	Notebook - Computer/Laptops	135
2.6.5	Mikrocomputer/Personal Computer	138
2.6.6	Minicomputer/Workstations	142
2.6.7	Mainframes/Großrechner	144
2.6.8	Höchstleistungsrechner/Supercomputer/Parallelrechner	145
2.7	**Architektur der Computersysteme**	**148**
2.7.1	Begriffserklärung	148
2.7.2	Überblick	149
2.7.3	Entwicklung der Rechnerarchitekturen	150
2.7.3.1	Monolithische Rechnerarchitektur	150
2.7.3.2	CISC-Architektur	151
2.7.3.3	PC-Architektur	153
2.7.3.4	Die RISC-Architektur	154
2.7.3.5	Parallelverarbeitung	156
2.7.3.6	Neuronale Netze	158
2.7.3.7	Sonstige Entwicklungen	160
2.8	**Entwicklung der DV-Systeme, Trends**	**161**
2.8.1	Historische Entwicklung	161
2.8.2	Künftige Ausprägungen	168

3. Hardwaretechnische Grundlagen der Rechner- und Kommunikationnetze 173

3.1 Grundlagen der Vernetzung 173
3.1.1 Begriffserklärungen 173
3.1.2 Bedeutung und Ziele 176
3.1.3 Erscheinungsformen 179

3.2 Topologie der Datenfernübertragung 180
3.2.1 Aufbau des Übertragungssystems 180
3.2.1.1 Datenendeinrichtung 181
3.2.1.2 Datenübertragungseinrichtung 182
3.2.1.3 Datenübertragungsleitung 184
3.2.2 Betriebsarten 185
3.2.3 Verbindungswege 187

3.3 Dateldienste 188
3.3.1 Allgemeines 188
3.3.2 Datenübertragungsnetze 189
3.3.2.1 Das IDN und ISDN 189
3.3.2.2 Telexnetz 191
3.3.2.3 Datexnetz 193
3.3.2.3.1 Datex-P 194
3.3.2.3.2 Datex-L 195
3.3.2.3.3 Teletex innerhalb Datex-L 196
3.3.2.4 Fernsprechnetz 197
3.3.2.5 Direktrufnetz 198
3.3.2.6 Technische Vergleichszahlen 199
3.3.3 Telekommunikation 200
3.3.3.1 Überblick 200
3.3.3.2 Fernsprechdienst 201
3.3.3.3 Telexdienst (Fernschreibdienst) 201
3.3.3.4 Teletexdienst (Bürofernschreiben) 203
3.3.3.5 Bildschirmtext (Btx) 204
3.3.3.6 Mailbox (Elektronische Post) 208
3.3.3.7 Telefax (Fernkopieren) 209
3.3.3.8 Telekonferenz 212
3.3.3.9 Dateldienst-DAVID 212

3.4 Rechnernetze 214
3.4.1 Topologie 214
3.4.2 Erscheinungs/Ausprägungsformen 219
3.4.3 Physikalischer Aufbau 221
3.4.4 Arten von Rechnernetzen 223
3.4.5 Sonstige Netze 227

4. Systemsoftware 229

4.1 Überblick 230
4.1.1 Inhaltliche Abgrenzung 230
4.1.2 Entwicklungstendenzen der Systemsoftware 232

4.2	**Betriebssystem**	234
4.2.1	Begriffliche Abgrenzung	234
4.2.2	Aufgaben des Betriebssystems	235
4.2.2.1	Überblick	235
4.2.2.2	Die Steuerprogramme	236
4.2.2.3	Die Arbeitsprogramme	239
4.2.3	Komponenten des Betriebssystems	241
4.2.4	Einteilung der Betriebssysteme	342
4.2.5	Betriebssysteme der Mikrocomputer	244
4.2.5.1	Überblick	244
4.2.5.2	MS-DOS	247
4.2.5.3	OS/2	252
4.2.5.4	MS-Windows	254
4.2.5.5	UNIX	257
4.2.5.6	WINDOWS NT	259
4.2.5.7	Sonstige Betriebssysteme (Proprietar Operating Systems)	261
4.2.5.7.1	Geoworks Ensemble 1.2	261
4.2.5.7.2	Ergos-L3	262
4.2.5.7.3	VM/386	263
4.2.5.7.4	Desqview 386 2.4	263
4.2.6	Betriebssysteme der Mainframes	264
4.3	**Betriebsarten**	265
4.3.1	Einteilung der Betriebsarten	265
4.3.2	Charakterisierung einzelner Betriebsarten	267
4.3.2.1	Einprogrammbetrieb	268
4.3.2.1.1	Stapelbetrieb	268
4.3.2.1.2	Prozeßbetrieb	269
4.3.2.1.3	Teilhaberbetrieb	269
4.3.2.2	Mehrprogrammbetrieb	270
4.3.2.2.1	Multiprogramming	272
4.3.2.2.2	Timesharing oder Teilnehmerbetrieb	273
4.3.2.2.3	Realtime Processing	275
4.3.2.2.4	Pipelining	277
4.3.2.2.5	Parallelverarbeitung	277
4.3.2.3	Dialogbetrieb	277
4.3.2.4	Einbenutzerbetrieb	278
4.3.2.5	Ein- und Mehrrechnersysteme	278
4.3.2.6	Mehrplatzsysteme	279
4.4	**Software-Umgebung der Rechnernetze**	283
4.4.1	Die ersten Anfänge	283
4.4.2	Netzwerktypen	283
4.4.3	Rechnernetz-Konzepte	286
4.4.3.1	Lokale Netzwerke	287
4.4.3.2	Nebenstellenanlagen	290
4.4.3.3	Fernnetze	292
4.4.3.4	Andere Netze	292
4.4.3.5	Künftige Erwartungen	292

4.4.4	Netz-Betriebssysteme	293
4.4.4.1	Überblick	293
4.4.4.2	Netz-Betriebssystem unter MS-DOS	294
4.4.4.3	Netz-Betriebssystem unter OS/2	295
4.4.4.4	Netz-Betriebssysteme unter UNIX	296
4.4.5	Normungen in Rechnernetzen	296
4.4.5.1	Allgemeines	296
4.4.5.2	Das Basis-Referenzmodell OSI	297
4.4.5.3	Beispiel für den Vorgang der Datenübertragung	301
4.5	**Prüf- und Wartungssoftware**	301
5.	**Datenmodellierung/Datenbankorganisation**	**303**
5.1	**Allgemeines zur Datenorganisation**	303
5.1.1	Abgrenzung der Daten	303
5.1.2	Bildung von logischen/physikalischen Dateneinheiten	305
5.1.2.1	Bildung von logischen Dateneinheiten	306
5.1.2.2	Bildung von physischen Dateneinheiten	308
5.1.3	Datenstrukturen	310
5.1.3.1	Arrays	311
5.1.3.2	Verknüpfte Listen	312
5.1.3.3	Stapel (Stacks)	313
5.1.3.4	Schlangen (Queues)	315
5.1.4	Bildung von Datenobjekten(klassen)	316
5.2	**Speicherorganisation**	318
5.2.1	Überblick über die Speicherungsformen	318
5.2.1.1	Sequentielle Speicherorganisation	318
5.2.1.2	Index-sequentielle Speicherorganisation	319
5.2.1.3	Gestreute Speicherorganisation	320
5.2.2	Die virtuelle Speicherorganisation	322
5.2.3	Datenadressierung/suchverfahren	325
5.2.3.1	Anlässe der Datenadressierung	325
5.2.3.2	Methoden der Datenadressierung	326
5.2.3.3	Datensuchverfahren	327
5.3	**Datenbankorganisation, Datenbankmodelle**	330
5.3.1	Begriffliche Abgrenzungen	330
5.3.2	Datenbankmodelle	333
5.3.2.2	Das hierarchische Modell	334
5.3.2.2.1	Definition und Aufbau	334
5.3.2.2.2	Der Baum	334
5.3.2.2.3	Binäre Bäume	336
5.3.2.2.4	Verwendungsmöglichkeiten von Baumstrukturen	337
5.3.2.2.5	Durchwandern von Binärbäumen	338
5.3.2.3	Das Netzwerk-Datenmodell	339
5.3.2.3.1	Definition und Aufbau	339
5.3.2.3.2	Allgemeine Beschreibung von Graphen	340
5.3.2.3.3	Darstellung eines Graphen in einem Computer	341

5.3.2.4	Das relationale Datenmodell	343
5.3.2.5	Codd'sche Normalformlehre	346
5.3.2.6	Non-Standard-Datenbanksystem (NDBS)	347
5.4	**Architektur von Datenbanksystemen**	**347**
5.4.1	Begriffserklärung	347
5.4.2	Schema der Datenbanksysteme	348
5.4.2.1	Die Datenbeschreibungssprache	350
5.4.2.2	Die Datenmanipulationssprache	356
5.4.2.3	Beispiel eines Datenbanksystems	358
5.4.3	Distributed Data Base	363
5.5	**Objektorientierte Datenmodellierung**	**367**
5.5.1	Datenstrukturen, abstrakte Datentypen	367
5.5.2	Der objektorientierte Ansatz	368
5.5.3	Begriffe und Symbole	371
5.5.4	Methodische Vorgehensweise	372
5.5.4.1	Identifizierung von Objekten	373
5.5.4.2	Objektorientiertes Design	374
5.5.4.3	Objektorientierte Programmiersprachen	374
5.6	**Einteilung von Datenbanksystemen**	**375**
6.	**Anwendungsprogramme; AP-Modellierung**	**379**
6.1	**Das Computerprogramm**	**379**
6.1.1	Begriffserklärung	379
6.1.2	Inhalte und Aufbau von Befehlen	381
6.1.3	Einteilung der Befehle in Befehlsarten	382
6.1.4	Programm-Hersteller	383
6.2	**Software-Produktion/Engineering**	**384**
6.2.1	Begriffserklärung	384
6.2.2	Inhalte/Entwicklungsumgebungen	385
6.2.3	Der Prozeß der Software-Entwicklung	387
6.2.3.1	Vom Problem zur Lösung	387
6.2.3.2	Vorarbeiten, Analyse, Design	388
6.2.3.3	Implementierung	389
6.2.3.4	Übersetzen, Testen	390
6.2.3.5	Einsatz/Nutzung	393
6.2.3.6	Dokumentieren, Warten/Pflegen	393
6.3	**Integrierte SW-Produktion/Systemanalyse**	**396**
6.3.1	Allgemeines	396
6.3.2	Ablauffolge in der Systemanalyse	400
6.3.3	Vorgehensweise	402
6.4	**SW-Entwicklungsumgebungen**	**411**
6.4.1	Allgemeines	411

6.4.2	Inhalte der SW-Entwicklungsumgebungen	413
6.4.3	Klassifizierung der SW-Entwicklungsumgebungen	416
6.4.4	Softwaregenerationen	419

6.5 Werkzeuge der 3. Softwaregeneration ... 423

6.5.1	Entscheidungstabelle	423
6.5.1.1	Aufbau der Entscheidungstabelle	423
6.5.1.2	Bedingungen und Bedingungsanzeiger	425
6.5.1.3	Aktionen und Aktionsanzeiger	426
6.5.1.4	Entscheidungsregeln	426
6.5.1.5	Interpretation der Entscheidungstabelle	428
6.5.2	Daten- und Programmablaufpläne	429
6.5.2.1	Begriffserklärung	429
6.5.2.2	Sinnbilder für Datenfluß- und Programmabläufe	429
6.5.3	Hierarchy plus Input-Process-Output (HIPO)	432
6.5.4	Pseudocode	433
6.5.5	Strukturierte Programmierung	435
6.5.5.1	Begriffserklärung	435
6.5.5.2	Grundzüge der Strukturierten Programmierung	436
6.5.5.3	Programmstrukturen	437
6.5.5.4	Datenstrukturen	440
6.5.5.5	Eigenprogramme und deren Ablaufsteuerung	441
6.5.5.6	Struktogramme als Darstellungstechniken	445
6.5.6	Programmiersprachen	448
6.5.6.1	Begriffserklärung	448
6.5.6.2	Einteilung der Programmiersprachen	450
6.5.6.3	Maschinensprachen der 1. Generation	451
6.5.6.4	Assemblersprachen der 2. Generation	455
6.5.6.5	Problemorientierte höhere Sprachen der 3. Generation	456

6.6 Werkzeuge der 4. Programmgeneration (nicht-prozedurale Sprachen) ... 464

6.6.1	Inhalte und Spezifizierung	464
6.6.2	Klassifizierung	465
6.6.3	Objektorientierte Programmierung	466
6.6.3.1	Einführung	466
6.6.3.2	Konzepte der Objektorientierten Programmierung	467
6.6.3.2.1	Kapselung	467
6.6.3.2.2	Vererbung	467
6.6.3.2.3	Polymorphismus	468
6.6.3.3	Auswirkungen der OOP im Hinblick auf Softwarequalität	468
6.6.3.4	Anwendungsbeispiel	469
6.6.4	Beispiele	473

6.7 Werkzeuge der 5. Softwaregeneration ... 475

6.7.1	Begriffliche Abgrenzung	475
6.7.2	Beispiel	477

7.	**Anwendungsprogrammsysteme**	479
7.1	**Anwendungsprogramm**	479
7.1.1	Begriffserklärung	479
7.1.2	Charakterisierung der Anwendungsprogramme	482
7.1.3	Komponenten eines Anwenderprogramms	484
7.2	**Typologie der Anwendungssoftware**	485
7.2.1	Überblick	485
7.2.2	Mehrschichtige Software-Typologie	488
7.2.3	Charakterisierung wichtiger Programmsysteme	489
7.3	**Enduser/Endbenutzer-Systeme**	494
7.3.1	Personal Computing	494
7.3.2	Benutzerschnittstelle/Benutzeroberfläche	495
7.3.3	Dienstprogramme	499
7.3.4	Standardsoftware	499
7.3.4.1	Überblick	499
7.3.4.2	Tabellenkalkulation	502
7.3.4.2.1	Leistungsmerkmale	502
7.3.4.2.2	Adressierung	503
7.3.4.2.3	Arbeitsweise	504
7.3.4.2.4	Marktübersicht	506
7.3.4.3	Datenbank (SQL-Abfragesprache)	506
7.3.4.3.1	Leistungsmerkmale	507
7.3.4.3.2	Standardfunktionen, -begriffe	508
7.3.4.3.3	Arbeitsweise	510
7.3.4.3.4	Marktübersicht	512
7.3.4.4	Graphik/Geschäftsgraphie	513
7.3.4.4.1	Leistungsmerkmale	513
7.3.4.4.2	Standardfunktionen und -begriffe	515
7.3.4.4.3	Arbeitsweise	517
7.3.4.5	Textverarbeitung	518
7.3.4.5.1	Leistungsmerkmale	518
7.3.4.5.2	Standardfunktionen, -begriffe	519
7.3.4.5.3	Arbeitsweise	522
7.3.4.5.4	Marktübersicht	524
7.3.5	Integrationssoftware	524
7.3.6	Spezialanwendungen	525
8.	**Kommerzielle Anwendungssoftware — branchenneutrale Anwendungssysteme**	529
8.1	**Grundlagen der kommerziellen Anwendungsprogramme**	530
8.1.1	Funktional-programmtechnische Grundlagen	530
8.1.2	Datentechnische Grundlagen	535
8.1.3	Organisatorische Grundlagen	535

8.2	Integration der Datenströme	538
8.2.1	Funktionsketten und ihre Folgen auf die Datenorganisation	538
8.2.1.1	Der Datenpol	538
8.2.1.2	Dateien-Bildung	540
8.2.1.3	Tabellen/Matrizenbildung	541
8.2.1.4	Datensatzbildung	541
8.2.1.5	Die Datenquellen	543
8.2.2	Integration mittels Datenverschlüsselung	544
8.2.2.1	Funktionen der Datenverschlüsselung	544
8.2.2.2	Grundzüge der Datenverschlüsselung	544
8.2.3	Erfassung der Daten für die Anwendungsprogramme	546
8.2.4	Die Notwendigkeit der Datenintegration	548
8.2.5	Bildung von Datenklassen	549
8.3	Materialwirtschaft, Einkauf	551
8.3.1	Überblick	551
8.3.2	Programmodule	554
8.3.2.1	Lager- und Bestellwesen, Einkauf	555
8.3.2.2	Hochregallagersteuerung	555
8.3.3	Datenbasis	556
8.3.4	Online-Berichtswesen	556
8.3.5	Der DV-unterstützte Einkauf	557
8.3.5.1	Grundsätzliches	557
8.3.5.2	Anwendungsprogramme des Einkäufers	558
8.3.5.3	Die Zukunft: Elektronische Märkte	560
8.4	Produktionsplanung und -steuerung	561
8.4.1	Überblick	561
8.4.2	Einsatzgebiete	563
8.4.2.1	Produktionsplanung mit Termin- und Kapazitätsplanung	563
8.4.2.2	Lagerwirtschaft	564
8.4.2.3	Materialbedarfsplanung	564
8.4.2.4	Beschaffungswesen	564
8.4.2.5	Stücklisten	565
8.4.2.6	Zeitwirtschaft und Werkzeugverwaltung	565
8.4.2.7	Kundenauftragsbearbeitung	566
8.4.2.8	Kalkulation	566
8.5	Marketing, Vertrieb	567
8.5.1	Modellschema	567
8.5.2	Programmodule	568
8.5.2.1	Angebotswesen	568
8.5.2.2	Auftragsverwaltung, Fakturierung und Versand	568
8.5.3	Datenbasis	570
8.5.4	Online-Berichtswesen	570
8.6	Personalwesen	571
8.6.1	Objektbereiche	571
8.6.2	Programmodule	571
8.6.3	Datengrundlagen	573

8.7	Finanz- und Rechnungswesen	573
8.7.1	Überblick	573
8.7.2	Modulbildung	574
8.7.3	Programmodule	576
8.7.3.1	Sachkontenbuchhaltung	578
8.7.3.2	Personenbuchhaltung (Debitoren/Kreditorenbuchhaltung)	579
8.7.3.3	Betriebsbuchhaltung (Kostenrechnung)	581
8.7.3.4	Anlagenbuchhaltung	584
8.7.3.5	Lagerbuchhaltung	586
8.7.4	Organisatorische Vorkehrungen	587
8.7.5	Rechnungsprüfung	587
8.7.6	Unternehmensplanung/Simulation	589
8.7.7	Controlling	590
8.8	Betriebliche Informationssysteme	591
9.	Branchenspezifische Anwendungssysteme	595
9.1	Überblick	595
9.1.1	Branchenlösungen	595
9.1.2	Systematik der branchenspezifischen Programme	597
9.2	Fertigungs/Industriebetriebe	598
9.2.1	Das Basismodell	598
9.2.2	Komponenten im CIM-Modell	601
9.2.2.1	Allgemeines	601
9.2.2.2	Entwicklungsphasen	602
9.2.2.3	Komponentenzusammenhang	605
9.2.2.4	Der PPS-Bereich	608
9.2.2.5	Der CA-Bereich	609
9.2.2.5.1	CAD (Computer Aided Design)	609
9.2.2.5.2	CAM (Computer Aided Manufacturing)	610
9.2.2.5.3	CAP (Computer Aided Production Planning)	611
9.2.2.5.4	CAQ (Computer Aided Quality Ensurance)	611
9.2.3	Die funktionale Integration	611
9.2.4	Factory of the Future	612
9.3	Handwerksbetriebe	613
9.4	Land- und Forstwirtschaft, Gartenbau, Landschaftspflege, Baumschulen	617
9.4.1	Organisation	617
9.4.2	Buchführungs- und Informationsnetze	618
9.4.3	Der Landwirt als Auftraggeber	620
9.4.4	Die Buch- und Beratungsstelle als Auftragnehmer	620
9.4.5	Der Landwirt im Verarbeitungsprozeß	621
9.4.6	CIF Computer Integrated Farming	622
9.4.6.1	Definition eines CIF-Grundkonzeptes	622
9.4.6.2	Datenflüsse im CIF	624
9.4.6.3	CIF-Komponenten	625

9.5	Handel	626
9.6	Verkehrs- und Transportbetriebe	629
9.7	Banken	631
9.8	Versicherungen	636
9.9	Dienstleistungsbetriebe, Freiberufler	640
9.9.1	Der Dienstleistungsbetrieb	640
9.9.2	Der Auftrag	640
9.9.3	Folgerungen für die Informationsverarbeitung	642
9.9.4	Informationssystem als Zielrichtung	644
9.9.5	Systemkomponenten und Datenstrukturen	646
9.9.6	Informationsdatenbank als Basis für das Controlling	648
9.10	Hotelbetriebe	649
9.11	Gesundheitsbetriebe	651
9.11.1	Management- und Administrationsbereich	651
9.11.2	Klinikbereich	653
9.12	Verwaltungsbetriebe	655
9.12.1	Aufgaben des Verwaltungsbetriebes	655
9.12.2	Softwarearchitektur	656
10.	**Bürokommunikation**	**657**
10.1	Einführung	657
10.1.1	Begriffserklärung	657
10.1.2	Ausgangssituation	659
10.1.3	Zielvorgaben für die Bürokommunikation	659
10.2	Bürotätigkeiten	661
10.2.1	Typologie der Büroarbeiten	661
10.2.2	Charakterisierung der Tätigkeiten	663
10.2.3	Kriterien zur Beurteilung der Arbeitsprozesse	665
10.3	Der Büroarbeitsplatz	666
10.3.1	Anforderungen	666
10.3.2	Arbeitsplatzrechner	668
10.3.3	Personal Computing	669
10.3.4	Verteilte Verarbeitung in PC-Netzen	671
10.3.5	Bürosysteme auf Minicomputern	673
10.3.6	PC-Host-Verbindungen	673
10.4	Architektur integrierter Systeme der Bürokommunikation	674
10.4.1	Entwicklungsstufen	674
10.4.2	Computer Integrated Office (CIO)	676
10.4.3	Auswirkungen von Bürosystemen	678

10.4.4	Projektierung von Bürosystemen	679
10.4.4.1	Bildung eines Projektteams, Analyse der Einsatzorte	679
10.4.4.2	Erstellung einer Diagnose	679
10.4.4.3	Entwicklung des Gesamtkonzeptes	680
10.4.4.4	Rahmenplanung	681
10.4.4.5	Systemauswahl	681
10.5	**Integrierte Büroanwendungen**	**681**
10.5.1	Textverarbeitung	681
10.5.1.1	Allgemeines	681
10.5.1.2	Bedienung	682
10.5.1.3	Editorfunktionen	683
10.5.1.4	Layoutgestaltung	685
10.5.1.5	Speicherungsfunktion	688
10.5.1.6	Druckfunktion	690
10.5.1.7	Hilfefunktion	691
10.5.1.8	Makros	691
10.5.1.9	Kommunikationsfunktionen	692
10.5.1.10	Sonstige Funktionen	694
10.5.2	Archivierung	695
10.5.2.1	Begriffserklärung	695
10.5.2.2	Dokumente als Informationsträger	696
10.5.2.3	Information Retrieval	697
10.5.2.4	Dokumenten-Erfassung	698
10.5.2.5	Archivierung von Computer-Dateien	699
10.5.2.6	Technische Realisierung	699
10.5.3	Ressourcen-Management	700
10.5.4	Kommunikation/Bürokommunikation	703
10.5.4.1	Standards	703
10.5.4.2	Beispiel: Electronic Mail	703
10.5.4.3	Beispiel: Videotext/Btx als internes Kommunikationsmedium	706
10.5.4.4	Beispiel: DDETec ADR	707
10.5.5	Der elektronische Schreibtisch	708
10.6	**Softwaremarkt**	**710**
11.	**Wissensbasierte Systeme**	**711**
11.1	**Künstliche Intelligenz**	**712**
11.2	**Wissensbasierte Systeme**	**716**
11.2.1	Begriffserklärung	716
11.2.2	Expertensysteme	719
11.2.2.1	Abgrenzung und Einordnung der Inhalte	719
11.2.2.2	Anforderungen, Erwartungen und Einsatzgebiete	720
10.2.2.3	Architektur/Grundschema	725
11.2.2.4	Benutzerschnittstelle (Dialog/Erklärungskomponenten)	725
11.2.2.5	Inferenz/Abarbeitungskomponenten	726
11.2.2.6	Wissensbais/repräsentation/erwerbskomponenten	728

11.3	**Wissensbasis**	**729**
11.3.1	Wissen, Wissensarten	729
11.3.2	Wissensrepräsentation	730
11.3.2.1	Deklarative Formen	731
11.3.2.2	Prozeduale Form	734
11.3.2.3	Mischformen - Framesysteme	735
11.3.3	Dynamische Wissensbasis	736
11.4	**Wissensakquisition**	**738**
11.4.1	Begriffserklärung	738
11.4.2	Techniken der Wissenserhebung	739
11.4.2.1	Interviewtechniken	740
11.4.2.2	Beobachtungstechniken	742
11.4.2.3	Techniken der indirekten Wissenserhebung	743
11.4.3	Phasen der Wissensakquisition	746
11.4.3.1	Initiale Phase	746
11.4.3.2	Phase der Wissenserhebung	750
11.4.3.3	Phase der Wissensanalyse	751
11.4.3.4	Phase der Modellierung	752
11.4.3.5	Phase der Evaluierung	754
11.5	**Inferenz, Auswertung von Wissen**	**757**
11.5.1	Begriffserklärung	757
11.5.2	Lösungsstrategien	757
11.5.3	Inferenz-Strategien	758
11.5.3.1	Deduktive Inferenz	759
11.5.3.2	Nondeduktive Inferenz	760
11.5.4	Such-Strategie	761
11.5.4.1	Vorwärtsverkettung	762
11.5.4.2	Rückwärtsverkettung	763
11.5.4.3	Entscheidung über die Auswahl der Inferenz	764
11.6	**Kommunikations- und Erklärungskomponenten**	**764**
11.6.1	Arten von Schnittstellen	764
11.6.2	Dialogschnittstellen	765
11.6.3	DV-Schnittstellen	768
11.6.4	Erklärungskomponente	769
11.7	**XPS-Entwicklung**	**770**
11.7.1	Allgemeines zur Entwicklungsmethodik	770
11.7.2	Phasenschema der Entwicklung	772
11.7.2.1	Problemanalyse	772
11.7.2.2	Die Konzeption	774
11.7.2.3	Die Formalisierung	775
11.7.2.4	Die Implementierung	775
11.7.2.5	Testen und Bewerten	776
11.7.3	Prototyping	777
11.7.3.1	Begriffserklärung	777
11.7.3.2	Rapid-Prototyping	778

11.7.4	Werkzeuge der Entwicklung	781
11.7.4.1	KI-Programmiersprachen	782
11.7.4.2	Expertensystem-Shells	783
11.7.4.3	Integrierte Entwicklungsumgebungen	784
11.8	**Entwicklungstendenzen**	**784**
11.9	**Neuronale Netze**	**787**
11.9.1	Das Grundmodell Neuronaler Netze	787
11.9.2	Lösungsprozesse	787
11.9.3	Differenzen zu XPS	790
11.9.4	Entwicklungsschritte in XPS- und Neuronalen Systemen	791
12.	**Informationsmanagement**	**793**
12.1	**Informationswirtschaft**	**794**
12.1.1	Einführung	794
12.1.2	Betriebliche Informationsprozesse	795
12.1.3	Die Informationsarten	799
12.1.4	Die betriebliche Informationswirtschaft	799
12.1.5	Arten betrieblicher Informationssysteme	801
12.1.6	Oragnisation und Ablauf der betrieblichen Informationsverarbeitung	803
12.2	**Informationsmanagement**	**805**
12.2.1	Notwendigkeit des Managements von Informationen	805
12.2.2	Definition, Abgrenzung	806
12.2.2.1	Management des Informationseinsatzes	807
12.2.2.2	Management der Informationssysteme	808
12.2.2.3	Management der Infrastrukturen für Informationsverarbeitung und Kommunikation	808
12.2.2.4	Kritische Wertung	810
12.2.3	Zielsetzung und Aufgaben	810
12.2.3.1	Strategische Aufgaben	811
12.2.3.2	Administrative Aufgaben	812
12.2.3.3	Operative Aufgaben	812
12.2.4	Organisatorische Eingliederung	813
12.2.5	Der Informationsmanager	814
12.3	**Organisatorische Aspekte des Informationsmanagements**	**815**
12.3.1	Organisation der Datenverarbeitung in der betrieblichen Praxis	815
12.3.2	Das Rechenzentrum als Dienstleistungsbetrieb	816
12.3.2.1	Begriffserklärung	816
12.3.2.2	Arten von Rechenzentren	818
12.3.2.3	Die Leistungsarten im einzelnen	819
12.3.2.4	Der Prozeß der Leistungserbringung	821
12.3.2.5	Einführung des CIM-Konzeptes	823
12.3.2.6	Informationsmanagement mittels Controlling	825

12.3.3	Organisationsform DV-Verbund	826
12.3.4	Organisationsform Distributed Data Processing	830
12.3.4.1	Begriffserklärung	830
12.3.4.2	DDP-Systemarten	833
12.3.4.3	Erscheinungsformen	835
12.3.4.4	Dezentrale Funktionsausübungen	836
12.3.4.5	Datenbanken in verteilten Systemen	837
12.3.4.6	Zentrale/dezentrale Speicherverteilung	840
12.3.5	Organisationsform Individuelle Datenverarbeitung	841
12.4	**Rechtliche und sicherungstechnische Aspekte**	**844**
12.4.1	Begriffserklärung	844
12.4.2	Datenschutz	845
12.4.2.1	Das Datenschutzgesetz	845
12.4.2.2	Wegweiser	845
12.4.3	Datensicherung	850
12.4.3.1	Begriffliche Abgrenzung	850
12.4.3.2	Datensicherung in der Datenübertragung	851
12.4.3.3	Datensicherung in der Speicherung	852
12.4.3.4	Kryptographie (Chiffrieren)	854
12.4.4	Computerviren	855
12.4.5	Urheber- und Patentschutz	857
12.5	**Qualitätsaspekte des Informationsmanagements – Qualitätssicherung**	**858**
12.5.1	Begriffserklärung	858
12.5.2	Problematik der Softwaresicherung	860
12.5.3	Maßnahmen und Durchführung der Qualitätssicherung	861
12.5.4	Qualitätssicherung durch Wartung	862
12.5.4.1	Begriffserklärung	862
12.5.4.2	Ziele und Aufgaben	862
12.5.4.3	Proezß der Softwarewartung	864
12.5.4.3.1	Programmanalyse	865
12.5.4.3.2	Fehlerkorrektur	865
12.5.4.3.3	Problemmeldung und Änderungswünsche	867
12.5.4.3.4	Bildung von Änderungsklassen	867
12.5.4.4	Werkzeuge für die Softwarewartung	868
12.6	**Ergonomische Aspekte**	**869**
12.6.1	Ergonomie	869
12.6.1.1	Begriffserklärung	869
12.6.1.2	Hardware-Ergonomie	871
12.6.1.3	Software-Ergonomie	871
12.6.2	Benutzerschnittstelle	873
12.6.2.1	Inhaltliche Abgrenzung	873
12.6.2.2	Komponenten direkt manipulierbarer Schnittstellen	876
12.6.3	Architekturmodelle und deren Werkzeuge	880
12.6.3.1	Architekturmodelle	880
12.6.3.2	Werkzeuge	881

12.6.4	Standards	882
12.6.4.1	Überblick	882
12.6.4.2	Industrie-Standards für graphische Oberflächen	883
12.6.4.2.1	Entwicklungsschritte	883
12.6.4.2.2	Motif von OSF	885
12.6.4.2.3	Open Look von Sun	887
12.7	**Wirtschaftliche und sonstige Aspekte**	**888**
12.7.1	Vorbemerkungen	888
12.7.2	Systemauswahl	889
12.7.2.1	Ablauffolge der Vergleichsentscheidung	889
12.7.2.2	Festlegung der Anforderungen	890
12.7.2.3	Einsatz von Pflichtenheften	893
12.7.2.3.1	Pflichtenheft für die Hardware	895
12.7.2.3.2	Pflichtenheft für die Software	897
12.7.2.3.3	Pflichtenheft für die Anwendungssoftware (Beispiel: Lohn- und Gehaltsabrechnung)	898
12.7.2.4	Selektion mittels KO-Kriterien	900
12.7.2.5	Konfigurierung des Gesamtsystems	902
12.7.2.6	Anbieterauswahl	902
12.7.2.7	Wirtschaftlichkeitsrechnung	903
12.7.3	Vergleichsverfahren der Systemauswahl	904
12.7.3.1	Grundsätzliches	904
12.7.3.2	Leistungsmessung durch Kriterienvergleich	904
12.7.3.3	Leistungsmessung durch Einsatztest (Direktvergleich)	906
12.7.3.4	System-Anpaßbarkeit	908
12.7.3.5	Ordinalskalen	911
12.7.3.6	Qualitätswertigkeit	912
12.7.3.7	Arbeitssystemwertermittlung	916
12.7.4	Wirtschaftlichkeitsrechnung in der Systemauswahl	917
12.7.4.1	DV-Projekt als Gegenstände von Wirtschaftlichkeitsrechnungen	917
12.7.4.2	Wirtschaftlichkeitsrechnungen als Beurteilungsverfahren	919
12.7.4.3	Kosten als Elemente der Wirtschaftlichkeitsrechnung	921
12.7.4.4	Nutzen als Elemente der Wirtschaftlichkeitsrechnung	926
12.7.4.5	Methoden der Wirtschaftlichkeitsrechnung	927

Literatur 935

Glossar 937

Anhang 983

Sachwortregister 991

Vorwort

Die Computerbranche verzeichnete seit Beginn ihres Bestehens wachsende Auftragszahlen und positive Erfolgsaussichten. Sie gehörte zu den wenigen stark expandierenden Wirtschaftszweigen, deren Signale aufwärts gerichtet waren. Erst in jüngster Vergangenheit wurden Symptome sichtbar, die einige Grenzen des schnellen Wachstums und des seit Jahren erbittert geführten Preiskampfes erahnen ließen. Computerhersteller, Softwarehäuser und sonstige Anbieter profitierten lange Zeit von einem Boom, in dem die Nachfrage ungebrochen und in vielen Bereichen sogar stetig wachsend war. Der allgemeine Eindruck allerdings, daß dieser Zustand fortdauern würde und das Bild überwiegend positive Seiten hätte, ist nicht wirklichkeitstreu. Innerhalb der Computerbranche spielen sich nämlich radikale Umschichtungs- und Verlagerungsprozesse ab, deren äußere Anzeichen sowohl in der Branche selbst, als auch in der Gewichtung der beiden Produktbereiche Hardware und Software mit aller Deutlichkeit sichtbar geworden sind. Hier ist seit Jahren eine stetige Verlagerung der Gewichte von der Hardware zur Software zu beobachten. Hinzukommen umwälzende Prozesse bei den Computerriesen. Der Stuhl des Größten in der Branche wackelt. Die roten Zahlen am Jahresende vermehren sich ebenso, wie die Nachrichten über Fusionen, Umorganisationen, Ausscheiden usw. Hier liegt die Negativseite des steten Expansionsdranges der Computerindustrie. Eine Branche befindet sich im Umbruch.

Die technische Entwicklung hält an und setzt immer wieder neue Maßstäbe. Die Nutzung des Computers, der Informationstransfer, dringt in alle Bereiche des Lebens ein. So steht die Computerbranche im Zeichen der Anwender. Die Fähigkeiten des Anwenders, seine Kenntnisse, seine Bereitschaft, die Informations- und Kommunikationstechnik zu nutzen, werden die künftige Richtung bestimmen, zumindest jedoch maßgeblich beeinflussen. Der Ruf nach einer anderen Betrachtung wird lauter.

Bevor die Personal Computer die Szenerie betraten, beherrschten die Großcomputer die Datenverarbeitung. Es waren institutionelle Computer, die in Ministerien, in Kommunen, in großen Konzernen und Gesellschaften, an Universitäten und in sonstigen großen Einrichtungen genutzt wurden. Der Computer erledigte die Aufgaben der Institutionen. Mit dem Personal Computer wurde dieser Zustand überholt. Der Computer wird zum personellen Arbeitsmittel, wie das Telefon oder der Taschenrechner. Das Individuum und nicht die Organisation bestimmen nunmehr die Nutzung. Es ist eine völlig andere Sicht des Computereinsatzes, der Computerphilosophie schlechthin.

In dieser Situation sind Fachleute gefragt, die auf der einen Seite die Entwicklung weiterer Produkte in Form der Hardware, der Software und der Kommunikation vorantreiben, auf der anderen Seite für die Anwendung dieser Produkte Sorge tragen. An diesen Fachleuten wird sich schließlich entscheiden, ob und wie die künftige Informationswirtschaft aussieht. Dieses Personal auszubilden, in diese Aufgabe einzuführen, ist ein Anliegen, dem bis zum heutigen Tage nicht ausreichend Rechnung getragen wurde. Das Defizit am fachkundigen Personal hat viele Ursprünge. Dazu gehört die jahrelange Vernachlässigung des Informationsunterrichts an den Schulen, Gymnasien, Fachhochschulen und Universitäten sowie damit verbunden, die unzulänglichen Ausstattungen dieser Institutionen, um eine sachgerechte Ausbildung zu betreiben.

Aus der Sicht des Lernenden ergibt sich die Frage nach den Möglichkeiten, Informationen zu erhalten, mit deren Hilfe er sich auf seine Prüfungen, aber auch auf seine zukünftige berufliche Tätigkeit vorbereiten kann. Sein vordergründiges Problem wird es immer sein, über das richtige Wissen zu verfügen. Seine Möglichkeiten sind, Experten zu befragen, selbst etwas zu erproben, eigene Erfahrungen zu sammeln, aus eigenen Erfahrungen Wissen zu schöpfen und schließlich über Kenntnisse zu verfügen, wo und wie die richtigen Informationsquellen sind und problembezogen genutzt werden können. Auch hier zeichnen sich umbruchartige Änderungen ab.

Zu dieser letzten Alternative existieren Wochen- und Monatszeitschriften mit aktuellen Themen und Übersichtsbeiträgen, Industriereports von Hard- und Softwareherstellern, bzw. von nationalen und internationalen Organisationen, akademische Journale, Proceedings, Tagungsberichte und schließlich Textbücher sowie Lexika mit Basisinformationen.

Ein zunächst unerklärlich erscheinender Mangel liegt im Fehlen an Lehrbüchern, die umfassende Wissensfundamente aufbauen helfen. Zwar ist die Informatik-Literatur unübersehbar vielschichtig und erschöpfend, angesichts der Vielfältigkeit und Komplexität dieses Wissensgebietes wurde sie jedoch mehr spezialisiert, auf einzelne wichtige Sachgebiete ausgerichtet. Einführende, solide Grundlagen vermittelnde Werke wurden nur unzureichend herausgebracht, statt dessen wurde der Büchermarkt durch Speziallitertur übersättigt. Das Motto "Es geht um die Anwendung, um den Anwender" trägt in dem Moment keine Früchte mehr, wenn der Anwender nur noch menügesteuert begleitet - im eigentlichen Sinne geleitet - wird. Denn in diesem Moment geht er einen vorgegebenen Pfad, der ihm vorgeschrieben ist, von dem er nicht abweichen darf. Doch hat jeder Anwender eine eigene Meinung, einen eigenen Stil, einen eigenen Pfad. Und diesen kann er nur dann finden, wenn er die sich ihm öffnenden Möglichkeiten erkennt und zu nutzen weiß. Dazu braucht er ein zunächst fundiertes und später ein darauf aufbauendes Spezialwissen. Dies zu vermitteln, dies realisieren zu helfen, ist die Aufgabe dieses Buches. Es wendet sich an die Anwender und an solche, die es werden wollen. Angesprochen sind somit Studierende an Universitäten und Fachhochschulen, ebenso jedoch auch Personen, die sich ein solides Fundament in der allgemeinen Wirtschaftsinformatik aneignen wollen.

Den Bedürfnissen dieses Leserkreises folgend wird das Sachgebiet auf zwei Schwerpunkte ausgerichtet. Der erste ist die Vermittlung von Grundlagenwissen der Wirtschaftsinformatik, also von den hardwaretechnischen und softwaretechnologischen Fragestellungen. Am Anfang des Buches, im Kapitel 1, werden hauptsächlich die informationstheoretischen Grundfragen abgehandelt, die nicht nur eine bis dato fehlende Klärung des Begriffes Wirtschaftsinformatik - Informatik bringen, sondern auch die Weichen stellen, die Arbeitsweise des Computers zu verstehen. Die Kapitel 2 und 3 handeln die hardwaretechnischen Grundlagen der Verarbeitung und der Kommunikation ab. Diese Aufteilung zwischen den Geräten der Verarbeitung und des Informationsaustausches trägt der Entwicklung Rechnung, wonach die künftige Informationswirtschaft durch die Möglichkeiten der Kommunikation, durch die Vernetzungen geprägt sein wird. Die softwaretechnologischen Grundlagen folgen einer übersichtlichen Systematik, und zwar mit Erörterungen der Systemsoftware, der Datenmodellierung und der Anwendungssoftware in den Kapiteln 4 bis 6.

Die gleichen Überlegungen, also die besondere Berücksichtigung künftiger Aspekte und damit die Einbeziehung des Anwenders als Gestalter der Informationswirtschaft haben die Untergliederung des zweiten Schwerpunktes des Buches, der Grundlagen der Anwendungssysteme bewirkt. Hier werden sowohl die klassisch zu nennenden Anwendungsbereiche mit der Standardsoftware im Kapitel 7, mit den branchenneutralen Anwendungssystemen im Kapitel 8, mit den branchenspezifischen Anwendungssystemen im Kapitel 9 und die Bürokommunikation im Kapitel 10 ebenso eingehend behandelt und mit Beispielen belegt, wie die weiterführenden Systeme der Künstlichen Intelligenz im Kapitel 11 und das Informationsmanagement im Kapitel 12. Zur Abrundung, praktisch als Nachschlagekatalog (Glossar), werden die wichtigsten Begriffe mit ihren Inhalten erklärt.

Bei der Erstellung dieses Buches habe ich von meiner Sekretärin Frau Charlotte Weiser und von meinen Mitarbeitern Marcus Ferchland, Stefan Groos und Udo Wettlaufer wertvolle Unterstützung erhalten. Sie gaben mir viele Anregungen, Hilfestellungen und halfen bei der textlichen und graphischen Ausgestaltung. Ohne sie wäre dieses Werk nicht in der vorliegenden Güte realisierbar gewesen. Dafür möchte ich Ihnen meinen Dank abstatten.

Gießen, Juni 1993   Der Verfasser

Grundlagen der Wirtschafts- informatik	Einführung in die Wirtschaftsinformatik		Kapitel 1
	Hardware- technische Grundlagen	Verarbeitung	Kapitel 2
		Rechnernetze	Kapitel 3
	Software- technologische Grundlagen	Systemsoftware	Kapitel 4
		Datenmodellierung	Kapitel 5
		Anwendungssoftware	Kapitel 6
Grundlagen der Anwendungssysteme	Klassische Anwendungsgebiete	Anwendungssysteme	Kapitel 7
		Branchenneutrale Anwendungssysteme	Kapitel 8
		Branchenspezifische Anwendungssysteme	Kapitel 9
		Bürokommunikation	Kapitel 10
	weiterführende Systeme	Wissensbasierte Systeme Systeme	Kapitel 11
		Informationsmanagement	Kapitel 12
Glossar, Literaturverzeichnis, Stichwortverzeichnis, Anhang			

Abb. 0.1: Zum Aufbau des Buches

1. Einführung

Einführung	Begriffserklärung	Abschnitt 1.1
	Verarbeitung von Informationen	Abschnitt 1.2
	DV-Objekte	Abschnitt 1.3
	DV-Codes	Abschnitt 1.4

1.1 Begriffserklärung

1.1.1 Informatik

Die wissenschaftliche Literatur bezeichnet den Begriff Informatik als die "Wissenschaft vom Computer". Damit wird eine sinngemäße Übersetzung aus dem Amerikanischen vorgenommen, die jedoch ungenau ist. Eine weitere Definition, wonach Informatik die Wissenschaft sei, "die sich mit dem Aufbau von elektronischen Datenverarbeitungsanlagen (EDVA) und ihrer Programmierung befaßt", ist nur eine erweiterte Fassung der zuvor genannten Erklärung. "Computer Science", "Informatics" - wie es in der englisch-sprachigen Literatur heißt - bedeuten mehr. Sie umfassen die sog. "Kerninformatik", die Theorie und die Funktionsweise des Computers, das Programmieren, die Produkte des Programmierens, die Programme und schließlich die Anwendung der Programme einschließlich der mit der Anwendung verbundenen Fakten. Der Fächerkatalog ist breit; er umfaßt eine Vielzahl von Teildisziplinen, die ihrerseits weiter strukturiert werden können. Aus diesem Grunde erscheint es angebracht, folgende Begriffserklärung zu verwenden:

"Informatik ist die Wissenschaft, die sich mit der Technik und Anwendung der maschinellen Verarbeitung und Übermittlung von Informationen befaßt".

Die Informatik beschäftigt sich also als Wissenschaft mit den informationsverarbeitenden technischen Systemen, insbesondere mit den Computern (Rechnern) und umfaßt die Theorie, die Methodik, die Analyse, die Anwendungen sowie die Auswirkungen des Einsatzes solcher Systeme. Abbildung 1.1 zeigt das Grundschema.

1. Einführung

Informatik	Kern-informatik	Theoretische Informatik	Automatentheorie formale Sprachen
		Technische Informatik	Rechnerorganisation Schaltungstechnologie
		Praktische Informatik	Betriebssysteme Übersetzerbau Programmierungsstechnologie
	Wirtschafts-informatik	Angewandte Wirtschafts-informatik	Allgemeine Informatik
			Betriebsinformatik
			Verwaltungsinformatik
			Volkswirtschaftsinformatik
			Bildungsinformatik
			sonstige besondere Wirtschaftsinformatik

Abb. 1.1: Strukturierung der Informatik in Teildisziplinen

Diese Erläuterung zugrundegelegt, ist erklärbar, daß die Informatik ihre Wurzeln vor allem in der Physik, in der Mathematik und in der Nachrichtentechnik hat, die auch wesentlich die Hauptgebiete der Informatik, die Hard- und Software bestimmen (Abbildung 1.2).

Entwicklung ↓			
	Informatik	elektrotechnische physikalische mathematische Grundlagen	Architektur von Systemen
		informations-technologische Grundlagen	Anwendung von Systemen
		fachdisziplin-bezogene Grundlagen	

Abb. 1.2: Teilbereiche der Informatik

Die Aufgaben der Informatik sind kurzgefaßt wie folgt zu nennen:

- Architektur von Systemen und Netzen, bezogen auf Rechner, Betriebssysteme, Editoren, Programmiersysteme, Datenbank- und Transaktionssysteme, Kommunikationssysteme, Mensch-Maschine-Kommunikation, Wissensbasierte Systeme;
- Systemtechnik (Konstruktionsaufgaben, Dokumentation, Werkzeug- und Fertigungstechnologie, Testverfahren etc.);
- Konzeption, Beschreibung, Analyse und Klassifizierung von Algorithmen, Entwicklung von Computerprogrammen;
- Anwendungen der Informatik in Form verschiedener Programmsysteme, ebenso Robotik, Telematik, Lehr- und Lernsysteme, Künstliche Intelligenz;
- Beschaffung, Verarbeitung, Speicherung/Bereithaltung, Übertragung und Bereitstellung von Informationen (Informationsmanagement).

1.1.2 Wirtschaftsinformatik

Für die Anwendungen der Informatik im wirtschaftswissenschaftlichen Bereich hat sich die Bezeichnung "Wirtschaftsinformatik" durchgesetzt. Gelegentlich wird auch von "Betriebsinformatik" (Business Informatics) gesprochen.

Unter **Wirtschaftsinformatik** wird die Wissenschaft verstanden, die sich mit der Gestaltung rechnergestützter Informationssysteme in der Wirtschaft befaßt (siehe dazu auch Abbildung 1.1), wobei der Begriff "Informationssysteme" in der hier verwendeten Fassung sehr allgemein ausgelegt ist. In diesem Zusammenhang ist zu erwähnen, daß unter dem Begriff Wirtschaftsinformatik auch eine sozial- und wirtschaftswissenschaftliche Disziplin verstanden wird, die sich der Nutzung der Informations- und Kommunikationstechnik in der Wirtschaft und in der Verwaltung zuwendet. Dabei ist zu beachten, daß innerhalb der Wirtschaftsinformatik für die einzelnen Branchen Unterteilungen gemacht werden können. Denkbar ist eine spezielle Wirtschaftsinformatik z.B. für Handels-, Industrie-, Bank- und Agrarbetriebe. Die Wirtschaftsinformatik befaßt sich daher im wesentlichen

- mit den betriebswirtschaftlichen Administrations-, Kontroll-, Dispositions-, Planungs-, Entscheidungs- und Informationssystemen;
- mit der Analyse und Modellierung von Datenstrukturen und mit der Entwicklung von Computerprogrammen für betriebliche Anwendungssysteme;
- mit der Konzeption, Entwicklung und Implementierung von wissensbasierten Systemen sowohl für die betrieblichen Funktionsbereiche als auch für verschiedene Branchen;
- mit den Kriterien zur Auswahl der Hardware und von Standard- oder Branchensoftware für EDV-Anwendungen im betriebswirtschaftlichen Bereich;

- mit den Einsatzmöglichkeiten moderner Kommunikationssysteme, insbesondere auf dem Gebiet der Büroautomation, sowie der Verwaltung;
- mit den Aufgaben des Informationsmanagements und
- mit den Verfahren der Wirtschaftlichkeit des EDV-Einsatzes.

Besondere Bedeutung erhält die Betriebsinformatik (Abbildung 1.3), wobei die Verwaltungs- und die Bildungsinformatik ebenfalls hohe Priorität genießen.

Betriebs-informatik	technische Anwendungen	Prozeßautomatisierung computergestützte Fertigung (CAM = Computer Aided Manufacturing) computergestütztes Entwerfen, Konstruieren (CAD = Computer Aided Design) computergestützte Planung (CAP = Computer Aided Planning) numerisch gesteuerte Werkzeugmaschinen (NC = Numerical Control) Qualitätssicherung (CAQ = Computer Aided Quality Ensurance)	
	technische und betriebs-wirtschaftliche Anwendungen	integrierte Informationsverarbeitung im Industriebetrieb (CIM = Computer Integrated Manufacturing)	
	betriebs-wirtschaftliche Anwendungen	branchenneutrale Administrations-, Kontroll- und Dispositionssysteme	Finanzwesen Rechnungswesen Personalwesen Vertrieb Büroautomation
		branchenspezifische Systeme	Fertigungsindustrie . . Landwirtschaft
	Planungssysteme Informations-Management Informationssysteme, Datenbanken Neuronale Netze wissensbasierte Systeme		

Abb 1.3: Strukturierung der Teildisziplinen innerhalb der Wirtschaftsinformatik

Das Hauptziel ist die Beschaffung, Verwaltung und Verteilung der Ressource "Information" zur Unterstützung genannter Aufgaben. Dabei ist eine enge Koordination und in Teilen auch eine Integration mit anderen Anwendungsgebieten der Informatik (z.B. bei der Einrichtung von Fertigungssystemen) von eminenter Bedeutung. Charakteristisch ist, daß die Wirtschaftsinformatik mehr eine betriebswirtschaftlich als eine technisch geprägte Wissenschaft ist. Sie ist für den Einsatz der EDV in der Wirtschaft verantwortlich. Hieraus resultiert ein Gestaltungseinfluß auf die Informationstechnik. Es besteht somit eine gegenseitige Abhängigkeit zwischen Informatik und Wirtschaftsinformatik.

1.1.3 Trend zur Informationsgesellschaft

Diese Fakten zeigen auf einen allgemeinen Trend, der wie folgt charakterisiert werden kann: Die **Informationsverarbeitung der Zukunft** (In der wissenschaftlichen Literatur wird die zukünftige DV-Landschaft als "Wissensverarbeitung" apostrophiert.) wird vom Anwender geprägt. Zentrale Lösungen verlieren an Bedeutung. Die Zielrichtung "verteilt" (dezentral, am Arbeitsplatz), löst die frühere Zielrichtung "zentral" ab. Die Geschwindigkeit dieses Prozesses wird weniger stark von der Technik, vielmehr von den Anwendungen, von der Bereitschaft zur Nutzung bestimmt. Die Notwendigkeit, der Bedarf und die Leistungsfähigkeit sind unumstritten. Hemmend, auf die Entwicklung abbremsend wirkende Faktoren sind die gegenwärtig eingefahrenen und bei der begrenzten Aufgabenstellung durchaus relevanten Organisationsstrukturen, die mangelhafte DV-Ausbildung der künftigen DV-Fachkräfte und DV-Benutzer, sowie die verhältnismäßig hohen Kosten für Entwicklungs- und Wartungssoftware der branchenspezifischen Anwendungsprogramme. Die Zukunft wird durch den Vormarsch der Datenverarbeitung zur Informationsverarbeitung geprägt sein. Es sind bereits heute eindeutige Symptome sichtbar, wonach sich die Menschen von der ursprünglichen Agrar-, dann Industriegesellschaft und von der gegenwärtigen Dienstleistungsgesellschaft zur Informationsgesellschaft entwickelt. Die Folge wird sein, daß bspw. nur die Organisationen bestehen bleiben, die rechtzeitig die Entwicklung vorantreiben bzw. sich dieser stellen.

Der seit den 50er Jahren anhaltende Trend zur Informationsgesellschaft läßt sich am Beispiel der USA zahlenmäßig und graphisch wie folgt belegen. 1950 waren 17 % der amerikanischen Bevölkerung in der Informationswirtschaft tätig. Es waren Lehrer, Programmierer, Büroarbeiter, Berater u.ä. Diese Zahl erhöhte sich laufend, so daß Erwartungen zufolge 1995 der größte Industriezweig die DV-Produktion sein soll. In diesem Sinne ist die Wandlung von der landwirtschaftlichen Bevölkerung über die Industriearbeiter zur Informationsgesellschaft in Abbildung 1.4 zu sehen.

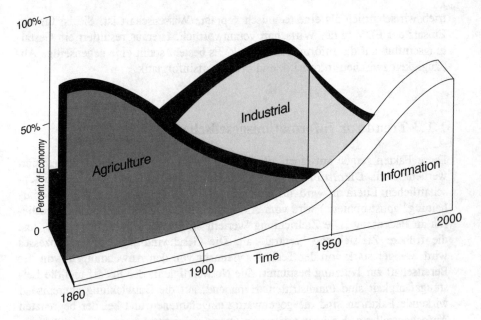

Abb. 1.4: Der Wandlungsprozeß zur Informationsgesellschaft

1.1.4 Berufsbilder in der Informationsverarbeitung

Die Informationstechnik hat sich stark ausgeweitet. War sie noch vor 20 Jahren auf wenige Bereiche beschränkt, so sind heute computergesteuerte Informationssysteme breit in die Arbeitswelt eingedrungen. Immer mehr Arbeitsplätze werden mit Computern ausgestattet. Deutlich wird dies an der zunehmenden Installation von Bildschirmgeräten und Personal Computern.

Die Vielfalt der Anwendungsmöglichkeiten der Computer macht es unmöglich, alle Formen einer Nutzung zu beschreiben. Aus diesem Grunde ist es sinnvoll, eine Typologie der Computeranwendung zu entwerfen.

Seit Jahren wird diskutiert, ob der Umgang mit dem Computer neue Berufsbilder erforderlich mache, oder ob mit einer Zusatzqualifikation eine zielgerechte Verwendung des Computers in traditionellen Berufen möglich sei. Häufig werden Mischqualifikationen für notwendig gehalten, in denen Computer- und Anwendungswissen etwa gleichgewichtig sind. Aus diesen Überlegungen ist die Typologie der Kern-, Misch- und Randberufe entstanden:

- **Kernberufe** sind überwiegend durch die Computerqualifikationen und -tätigkeiten geprägt. Sie werden als Hardware- oder Software-Spezialisten bezeichnet; für sie hat sich in den letzten Jahren der Begriff "Computerberufe" durchgesetzt.
- Ist der Bedarf nach Computerqualifikationen nur geringfügig, dann handelt es sich um **Randberufe**. Es sind Berufe mit traditionellen Berufsbezeichnungen. Der Computer ist ein Werkzeug, um Informationsaufgaben besser und schneller zu lösen.
- Zwischen diesen Kern- und Randberufen liegen die **Mischberufe**, bei denen computerbezogene und andere Tätigkeiten sowie Qualifikationen in etwa gleichgewichtiger Mischung auftreten.

Die Bundesanstalt für Arbeit rechnet mit einem starken Ansteigen der Berufe mit DV-Kenntnissen bis zur Jahrtausendwende, und zwar mit folgenden Anteilen:

- Mischberufe 5% (1980), 15% (1990), 20% (2000) und
- Randberufe 12% (1980), 25% (1990), 40% (2000).

Es sich um DV-Fachkräfte, deren Tätigkeiten, Funktionen hauptsächlich um die Mischberufe (Fach- und DV-Aufgaben sind gleichwertig) und um die Randberufe (DV-Aufgaben stehen im Hintergrund) liegen. Hinzu kommen solche Berufe, in deren Mittelpunkt die Informationsverarbeitung schlechthin steht. Darunter sind zu nennen:

- **Systemanalytiker, EDV-Organisator**
  Plant, entwickelt und betreut Anwendungen der Informationstechnologie - von der organisatorischen bis zur technischen Seite. Er ist vorrangig in den Dienstleistungsorganisationen tätig.
- **Kommunikationsspezialist**
  Er ist für die Kommunikationsmittel vom Telefon über hausinterne Datennetzwerke bis zum Anschluß an internationale Datenbanken verantwortlich. Damit ist er - wie der Systemanalytiker tätig.
- **Systemspezialist**
  Er kümmert sich um die Hardware und Systemsoftware.
- **Datenbankspezialist**
  Er entwirft, führt ein und verwaltet logische und physische Datenstrukturen in Datenbanken.
- **Datenadministrator/Informationsmanager**
  Plant und verwaltet die Ressource Information für eine Gesellschaft, die Beratungs-, Entwicklungs- und Verarbeitungsfunktionen, z.B. zentrale Datenbanken, wahrnimmt.

- **Methoden- und Werkzeugspezialist**
  Entwirft Methodenstrategien, sichert die Qualität der Entwicklung von Informationssystemen über Methoden und Werkzeuge und übernimmt Beratungstätigkeiten.
- **Endbenutzerberater**
  Unterstützt den DV-Benutzer in den Betrieben und in den Beratungsbüros, z.B. Buchstellen beim Erkennen von EDV-Lösungen, Einsatz von computerunterstützten Informationssystemen und bei der integrierten Nutzung von Arbeitsplatzcomputern im betrieblichen Kommunikationsnetz.
- **DV-Instruktor**
  Schult Endbenutzer und Informatikspezialisten auf den verschiedenen Gebieten der Informatik und ihren Anwendungen.
- **DV-Revisor**
  Prüft die Informationssysteme auf Sicherheit, Ordnungsmäßigkeit und Wirtschaftlichkeit. Er ist im Regelfall als externer Fachmann tätig.

In jüngster Zeit, mit der Entwicklung der Technologie, kommen DV-Berufe zur effizienten Nutzung der zukünftigen informations- und kommunkationstechnologischen Infrastruktur hinzu:

- Stellen zur Aktivierung und Unterstützung der Computernutzung durch den Endbenutzer als Benutzerberater/betreuer/in im Rahmen eines Benutzerservicezentrums oder einer vergleichbaren Einrichtung, oder als DV-Ausbilder/in (DV-Instruktor/in);
- Stellen zur Entwicklung abteilungs- oder bereichsweiter, fachspezifischer Anwendungen: Informationsorganisator/in, Bürokommunikationsorganisator/in (Bürosystemorganisator/in), CIM-Organisator/in (für Teilgebiete: PPS, CAD), Fachbereichs-Systemorganisator/in, etwa Vertrieb, Rechnungswesen, in der Lagerwirtschaft;
- Stellen, um bestimmte hardware- oder softwaretechnische Infrastrukturkomponente verfügbar zu machen, wie Software-Engineering-Spezialist/in, Expertensystem-Designer/in, Knowledge-Engineer/in und Netzwerkkonstrukteur/in.

1.2 Verarbeitung von Informationen

1.2.1 Das Merkwort EVA

Wenn das Wort 'Datenverarbeitung' die Assoziation zu dem Begriff 'Computer' bzw. 'Elektronische Datenverarbeitungsanlage (EDVA)' auslöst, so ist doch die Verarbeitung von Daten keine neue Sache, die erst durch die Computer bzw. durch die elektronischen Datenverarbeitungsanlagen ermöglicht wurde.

1.2 Verarbeitung von Informationen

Solange Menschen sehen, hören, fühlen, denken und empfinden, nehmen sie Informationen (Daten) aus ihrer Umwelt auf. Im Gehirn werden die Daten verarbeitet und im Gedächtnis gespeichert. Sofern die Menschen das Bedürfnis haben oder gefragt werden, teilen sie ihr Wissen und ihre Erfahrungen anderen Menschen mit. Diese Handlungen zeichnen einzelne Phasen der Datenverarbeitung auf, denn

- Erlebnisse und Ereignisse werden aufgenommen und zu Erinnerungen verarbeitet, die in Form von Erzählungen weitergegeben werden;
- wenn Zahlen gerechnet werden sollen, dann werden sie gehört oder gelesen und nach Verarbeitungsvorschriften (z.B. nach Rechenalgorithmen wie Multiplikation) berechnet, und zwar anhand der bekannten (im Gedächtnis gespeicherten) Verarbeitungsregeln für die Multiplikation. Das Ergebnis wird durch Wort oder Schrift mitgeteilt.

Hinter diesen Beispielen verbirgt sich ein Prinzip, und zwar

- Daten aufnehmen mit den Sinnen,
- Daten verarbeiten im Gehirn und
- Daten mitteilen durch Wort und Schrift.

Dies ist zugleich das Prinzip der Datenverarbeitung, das auch der Konstruktion von elektronischen Datenverarbeitungsanlagen zugrunde liegt:

- Daten **eingeben**;
- Daten nach zweckentsprechenden Arbeitsanweisungen **verarbeiten**, um das gewünschte Ergebnis zu erhalten;
- Ergebnisse **ausgeben**.

Diese Arbeitsvorgänge lassen sich durch ein einfaches Merkwort durch 'EVA' ausdrücken, wobei E für die Eingabe, V für die Verarbeitung und A für die Ausgabe stehen.

Jede Aufgabe, die gelöst werden soll, ist also nach dem **EVA-Prinzip** zu beschreiben, durchzuführen und das Ergebnis dem Empfänger mitzuteilen:

- Es muß definiert werden, welche **Eingabedaten (Inputs)** benötigt werden.
- Es müssen die **Verarbeitungsregeln (Algorithmen)** bestimmt werden.
- Es muß festgelegt werden, welche **Ausgabedaten (Outputs)** erzeugt werden sollen.

Auf der Grundlage dieser Erkenntnis ist **Datenverarbeitung** (Data Processing) die Anwendung von aufgabenbezogenen Verarbeitungsregeln auf bestimmte Eingabedaten zur Erzeugung gewünschter Ausgabedaten. Von der **elektronischen Datenverarbeitung (EDV)** wird gesprochen, wenn die Verarbeitungsregeln einer Maschine eingegeben werden, die mit elektronischen Bauelementen arbeitet und die Anwendung der Verarbeitungsregeln ohne weiteres Zutun des Menschen ausgeführt wird.

1.2.2 Begründung der Daten/Informationsverarbeitung

Wissenschaftler und Techniker haben im Laufe der letzten 30 Jahre Werkzeuge entwickelt, die heute in der Lage sind, große Datenmengen zu speichern und auf elektronischem Wege automatisch schnell und sicher zu verarbeiten (Lösung). So entstand die "Elektronische Datenverarbeitung". Im Mittelpunkt dieser Ereignisse steht die **elektronische Rechenanlage**, der **Rechner**, der **Computer** (to compute = rechnen), der programmgesteuert nach bestimmten Regeln (Algorithmen) Daten verarbeitet.

Die schnellen Veränderungen in allen Bereichen des menschlichen Lebens durch

- Forschungsergebnisse und Erfindungen,
- neue Produkte und Technologien,
- Wirtschaftswachstum,
- politische Veränderungen sowie
- Bevölkerungsexplosion und andere Faktoren

bedingen eine ständig steigende Informationsflut und einen entsprechenden Datenanfall (Problem). Daher ist es erforderlich, die Verarbeitung dieser Informationen zu beschleunigen, zu rationalisieren und zu automatisieren.

Der Evolutionsprozeß der Gegenwart wird durch das Streben nach größerer Produktivität und durch eine Reihe informationsbedingter Faktoren angeheizt und beschleunigt. Hierzu gehören in erster Linie die Informationslawine (Verdoppelung unseres Wissens alle zehn Jahre), die Inflation der Technologie (insbesondere in den Bereichen der Daten-, Bild-, Sprach- und Textverarbeitung, sowie der Datenübermittlung), die Anspruchsinflation (wachsender Leistungsdruck, Bedarf am qualifizierten Personal, komplexe Gesamtsysteme, neue Bedürfnisse und Bedingungen), die Forderungsinflation (Forderung nach Genauigkeit, Verfügbarkeit, Schnelligkeit und Transparenz). Zusätzlich wird die Situation durch die Tendenz seitens "externer" Informationsbedürfnisse verschärft (so insbesondere durch den Gesetzgeber, die Behörden, die Verbände etc. als "Konsumenten" von Informationen). Schließlich entsteht eine Inflation des Leistungspotentials durch Beibehaltung früherer Jobprofile.

1.2.3 Menschliche/maschinelle Datenverarbeitung

Ein praktisches Beispiel soll die vorangegangenen Aussagen und die daraus resultierenden Vergleiche bzw. Gegenüberstellungen verdeutlichen.

Ausgegangen wird von einer Schulungssituation. Wenn der Auszubildende die Rechnungen zum ersten Male erstellt, benötigt er zusätzlich Angaben. Außer der Benennung der zu benutzenden Eingabedaten und Hinweise auf entsprechende Speichermedien benötigt der Mensch als Datenverarbeiter eine exakte Anleitung (Arbeitsvorschrift) zur Lösung der Aufgabe, d.h. es müssen ihm die aufgabenbezogenen Verarbeitungsregeln (Arbeitsvorschriften) zur Erzeugung der gewünschten Ausgabedaten mitgeteilt werden. Die Arbeitsvorschriften beinhalten eine logische Folge von Arbeitsanweisungen. In der Praxis werden die Arbeitsanweisungen nicht in der für die Arbeitsausführung unbedingt erforderlichen Detaillierung gegeben. Stattdessen erhält der Mitarbeiter globale, d.h. komplexe Anweisungen. Es wird von ihm erwartet, daß er die "selbstverständliche" Detaillierung in einzelne Arbeitsschritte selbst findet.

Im vorliegenden Beispiel ist diese detaillierte Endstufe der Arbeitsvorschrift dargestellt. Die praktische Anweisung lautet:

"Die Kundenadressen sind auf das Rechnungsformular zu schreiben."

Hieraus resultiert folgende Aufgliederung in Arbeitsschritte (Abbildung 1.5):

- Lies Kunden-Nr.
- Hole damit aus der Kunden-Kartei die Kunden-Adresse.
- Schreibe auf Rechnungs-Formular die Kunden-Adresse.

Die Aufgabe "Rechnungen erstellen" soll nunmehr einem Datenverarbeitungssystem übertragen werden. Hierzu müssen entsprechende Einheiten zur Verfügung stehen, die alle Funktionen übernehmen, die der Mensch als Datenverarbeiter ausübt (Abbildung 1.6).

Die erste Funktion des Auszubildenden war das Aufnehmen (Lesen) der Informationen (Arbeitsvorschrift, Kundenauftrag). Diese Funktion übernimmt bei einem Datenverarbeitungssystem die **Eingabeeinheit**. Welches Eingabegerät als Eingabeeinheit eingesetzt wird, hängt vom Datenträger ab, auf dem die Daten festgehalten sind.

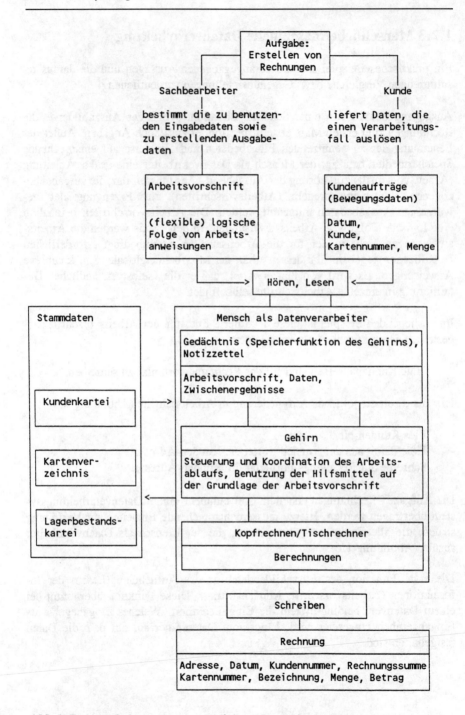

Abb 1.5: Ablaufschema der menschlichen Verarbeitung (Beispiel)

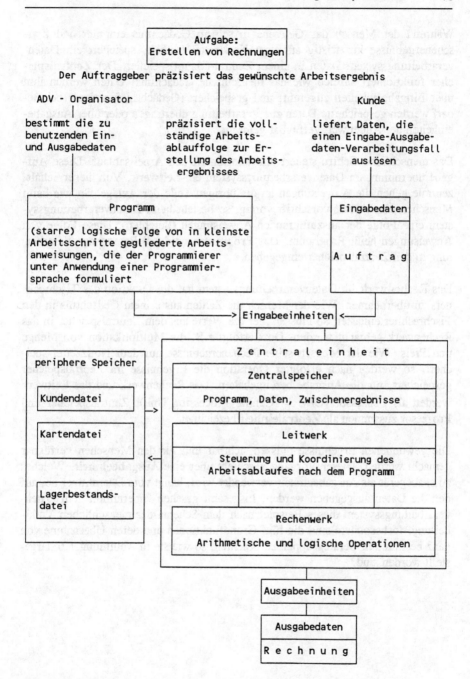

Abb. 1.6: Ablaufschema der maschinellen Verarbeitung (Beispiel)

Während der Mensch das Gelesene in seinem Gedächtnis einprägt und Zwischenergebnisse kurzfristig auf dem Notizzettel festhält, speichert ein Datenverarbeitungssystem Daten in einem Zentral-(Haupt)speicher. Der **Zentralspeicher** funktioniert ähnlich wie das menschliche Gedächtnis. Daten werden ihm über Eingabeeinheiten zugeführt und gespeichert (Gedächtnisfunktion); bei Bedarf werden gespeicherte Daten zur Verarbeitung übertragen oder über Ausgabeeinheiten der Außenwelt verfügbar gemacht.

Das menschliche Gehirn steuert und koordiniert den Arbeitsablauf. Diese Aufgabe übernimmt im Datenverarbeitungssystem ein **Leitwerk**. Von dieser Schaltzentrale gehen die Anweisungen an die übrigen Teile der Anlage. So wie beim Menschen eine Arbeitsvorschrift vorlag, so besteht beim Datenverarbeitungssystem eine Folge der auszuführenden Anweisungen (Befehlen). Diese Folge von Anweisungen heißt Programm. Das **Programm** wird bei Beginn der Verarbeitung in den Zentralspeicher eingegeben.

Das **Rechenwerk** im Datenverarbeitungssystem hat die Funktion des Tischrechners zu übernehmen. Wie der Mensch die Zahlen aus seinem Gedächtnis in den Tischrechner eintastet, so müssen hier die Werte aus dem Zentralspeicher in das Rechenwerk gebracht werden. Dort erfolgt z.B. die Multiplikation von Menge und Preis. Wie der Mensch seine Rechenergebnisse auf dem Notizzettel speichert, so werden nach erfolgter Operation die Ergebnisse im Zentralspeicher gespeichert, für die Ausgabe bereitgehalten. Das Rechenwerk und das Leitwerk werden als **Prozessor** (CPU = Central Processing Unit); Zentralspeicher und Prozessor zusammen als **Zentraleinheit** bezeichnet.

Die gewonnenen Ergebnisse müssen sichtbar und für den Menschen verfügbar gemacht werden. Dieser Vorgang geschieht über eine **Ausgabeeinheit**. Welches Ausgabegerät als Ausgabeeinheit verwendet wird, hängt vom Datenträger ab, auf den die Daten ausgegeben werden. Insgesamt gesehen "übernimmt" ein Datenverarbeitungssystem dieses Beispiel nach dem Schema der menschlichen Verarbeitung. Insbesondere sind die fünf Grundfunktionen und deren Übernahme von ganz bestimmten Gerätegruppen zu beachten, so wie sie in Abbildung 1.6 dargestellt worden sind.

1.3 DV-Objekte

1.3.1 Abgrenzung/Begriffserklärungen

1.3.1.1 Daten

Will ein Mensch einem anderen etwas mitteilen, so beschreibt er den Sachverhalt. Er nennt den Preis einer Ware, die verbrauchte Menge usw. Er bildet dazu aus einzelnen **Zeichen** (Characters) Worte und Zahlen. Er benutzt die Buchstaben, die Ziffern, die Sonderzeichen und das Leerzeichen (siehe dazu Beispiele in Abbildung 1.7). Das einzelne Zeichen ist, bei kommerziellen Fragestellungen, das kleinste Element, auf das zurückgegriffen werden kann. Da die einzelnen Objekte nicht durch ein einzelnes Zeichen abgebildet werden können, werden Zeichen aneinandergereiht. Sie ergeben **Worte** (Words). Einzelne, oder aneinandergereihte Zeichen mit einer Bedeutung sind **Daten** (Data). Dieser Begriff ist lateinischen Ursprungs (Datum) und bedeutet "das Gegebene". Das Datum ist also ein Tatbestand oder ein Zusammenhang.

In der Informationswirtschaft sind Daten "Rohstoffe" und "Erzeugnisse" von Verarbeitungsprozessen. Daten sind somit Angaben über Gegenstände - wobei hier der Begriff Gegenstand i.w.S. des Wortes verstanden werden soll. Die Darstellung von Daten erfolgt mit Hilfe von Zeichen, die aus einem bestimmten Zeichenvorrat (Zeichensatz, Alphabet) ausgewählt und nach bestimmten Regeln zusammengesetzt werden. Es gibt eine Vielzahl unterschiedlicher Zeichenvorräte, wie Schriftzeichenvorräte (z.B. lateinische Großbuchstaben, lateinische Kleinbuchstaben, griechische Buchstaben), Ziffernzeichenvorräte (z.B. Binärziffern 0, 1; Dezimalziffern 0, 1,..., 9; Hexadezimalziffern (0, 1, ..., F), Sonderzeichenvorrat (z.B. , ? ; ! +), Bildzeichenvorräte (z.B. Sinnbilder der DIN 66001 für Datenflußpläne und Programmablaufpläne), Gestikzeichenvorrat (z.B. Taubstummenzeichen), Tastenzeichenvorrat (z.B. Blindenschriftalphabet) und dgl. Von dieser Vielfalt möglicher Zeichenvorräte sind im Rahmen der elektronischen Datenverarbeitung vor allem das lateinische Klein- und Großbuchstabenalphabet, die Binär-, Oktal-, Dezimal- und Hexadezimalziffernsätze, der Sonderzeichenvorrat und die Bildzeichensätze der DIN 66001 von Bedeutung. Bei dem Begriff Daten steht die Abbildungs- oder Darstellungsform im Vordergrund.

Gemäß der Bedeutung der Daten in der Datenverarbeitung werden Daten nach verschiedenen Kriterien eingeteilt. Drei Gruppierungen sind besonders hervorzuheben, und zwar

- die Einteilung nach den verwendeten Zeichen:
  Danach werden numerische (Zahlen), alphabetische (Texte) und alphanumerische (Zahlen, Texte, Sonderzeichen) Daten unterschieden.

Abb. 1.7: Zeichen in der Datenverarbeitung

- die Einteilung nach der Einwirkung auf den DV-Prozeß:
  Danach werden Mengen- und Ordnungsdaten unterschieden.
- die Einteilung nach der Darstellbarkeit und Erfaßbarkeit der Daten:
  Sie führt zu quantifizierbaren, digitalen, analogen usw. Daten.

Ebenso wichtig - aus der Sicht des Betriebsinformatikers sogar noch bedeutungsvoller - können folgende Einteilungen sein:

- nach der Formatierung in formatierte (z.B. Daten der Buchführung) und informatierte (z.B. Entscheidungsdaten, Gesetz);
- nach der Stellung der Daten im Verarbeitungsprozeß in Eingabe- (Inputs, Erfassungs-) und Ausgabe- (Outputs, Ergebnis-)Daten;
- nach der Funktion der Daten im Verarbeitungsprozeß in Stamm-, Bestands- und Bewegungsdaten (Kunden und Lieferanten mit deren Anschriften als Stammdaten, mit ihren Kontoständen als Bestandsdaten und mit ihren Umsätzen als Bewegungsdaten.

1.3.1.2 Informationen

Der Begriff der **Information** (Information) ist nicht eindeutig. Darunter versteht man

- einerseits den Vorgang des Informiertwerdens und
- andererseits den Zustand des Informiertseins.

Die Information als Prozeß ist aus der Sicht der Wirtschaftsinformatik ein pragmatischer Ansatz. Hier äußert sich die Information als Vollzug bestimmter Aktivitäten. Information als Zustand hingegen stellt den Nachricht-Charakter in Ansatz, der davon ausgeht, daß irgendwelche Prozesse bei dem Menschen (Empfänger) Wirkung(en) auslösen.

Einige Autoren definieren diesen Begriff unter Benutzung der Kriterien "Gewißheit", "Wissensstand" und "Interessiertheitsgrad"

- als beseitigte Ungewißheit hinsichtlich des Eintritts eines Sachverhaltes oder als vermittelte Gewißheit bezüglich des Eintritts eines Sachverhaltes,
- bzw. als zweckorientiertes Wissen über einen Sachverhalt.

In der Informatik werden unter Information DV-technisch dargestellte bzw. darstellbare Daten zum Zwecke der Verarbeitung verstanden. In diesem Sinne sind Informationen und Daten annähernd identisch. In der Informationstheorie wird Information als **Nachricht**, also als übermittelte Zeichen und Signale interpretiert. N. Wiener, der Mitbegründer der Kybernetik stellte Information als eigenständiges Drittes neben Energie und Materie. Die Betriebswirtschaftslehre übernahm diesen Ansatz und gliedert die Wirtschaftsgüter in reale, nominale und informatorische Gruppen.

Besondere Bedeutung erlangen dabei die verschiedenen Erscheinungsformen der Informationen (Daten, Texte, Bilder, Sprache; Abbildung 1.8). Nicht zu verkennen ist dabei die Tatsache, daß die Informationsarten Sprache, bewegtes Bild etc. erst seit jüngster Vergangenheit in die Gruppe der darstellbaren und damit verarbeitbaren Daten gerückt sind.

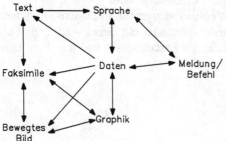

Abb. 1.8: Informationsarten

1.3.1.3 Wissen

Unter **Wissen** versteht man den gesicherten Bestand an Modellen über Sachverhalte und Objekte bzw. Objektbereiche, die partiell bei einem Menschen in Form seines Gedächtnisses, in einer gesellschaftlichen Gruppe, aber auch in einer Organisation, einem ganzen Kulturkreis oder in der Menschheit insgesamt als kognitive Struktur vorhanden sind. Wissen ist sozusagen der statische Bestand,

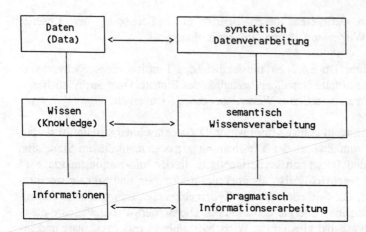

Abb. 1.9: Semiotischer Zusammenhang von Daten, Wissen, Informationen

die Summe der bisherigen individuellen oder kollektiven Erfahrungen oder Erkenntnisse, die in gewissem Ausmaß verallgemeinerbar sind, also nicht nur auf Meinungen beruhen. Es ist ein semantischer Begriff (Abbildung 1.9). Diese Unterschiede lassen sich auch am Abstraktionsgrad der drei Begriffe verdeutlichen. Dies zeigt Abbildung 1.10.

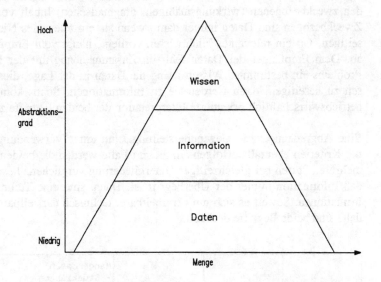

Abb. 1.10: Unterschiede nach den Abstraktionsgraden

1.3.1.4 Abgrenzung der Daten, Informationen und Wissen

In der Umgangssprache werden die Begriffe **Information**, **Nachricht** und **Daten** häufig synonym gebraucht. Auch die DIN-Normen weisen auf die vorhandenen Überlappungen der Begriffsbestimmungen hin:

- Information ist im Sinne der Umgangssprache Kenntnis von Tatsachen, Ereignissen, Abläufen u.dgl.
- Daten sind Informationen, die aufgrund bekannter oder unterstellter Abmachungen durch Zeichen oder kontinuierliche Funktionen dargestellt sind.
- Nachricht ist eine Zusammenstellung von Zeichen oder Zuständen, die zur Übermittlung von Informationen dienen.

Nachricht ist gegen **Information** nicht klar abzugrenzen und kann u.U. gleichwertig verwendet werden. Bei dem Begriff **Daten** steht also die Darstellungsform im Vordergrund; **Nachricht** zielt auf die Übertragung der Informationen ab; **Information** läßt sich vielleicht als Überbegriff sehen, der syntaktische, semantische und pragmatische Gesichtspunkte, d.h. Form und Inhalt (incl. Bedeutung) der Information, berücksichtigt.

Daten sind von Informationen zu unterscheiden: Während unter Daten alle verfügbaren Angaben über Gegenstände verstanden werden, stellen Informationen den zweckbezogenen (wirkungsmäßigen, pragmatischen) Inhalt von Daten dar. Zweckbezogen sind Daten immer dann, wenn sie ein relevantes Nichtwissen beseitigen. Ob ein relevantes Nichtwissen vorliegt, hängt vom Empfängerzustand ab. Dem Empfänger der Daten fehlt im Zusammenhang mit der Lösung eines Problems ein bestimmtes Wissen; sind die Daten in der Lage, dieses Nichtwissen zu beseitigen, dann werden sie zu Informationen. Somit kommt die mehr betriebswirtschaftlich orientierte Interpretation der beiden Begriffe zum Tragen.

Eine Abgrenzung bzw. Gegenüberstellung kann unter Verwendung verschiedener Kriterien ebenfalls erfolgen. In diesem Falle werden die beiden Begriffe auf mehreren Stufen bei gleichzeitiger Untergliederung verglichen. Festzustellen ist, daß Information immer der Überbegriff ist. Daten sind eine Teilmenge von Informationen. Soweit es sich um verarbeitbare, technisch darstellbare Werke handelt, sind beide Begriffe deckend.

verarbeitbare Information - Daten -	beschreibende Informationen - Nutzdaten -	kardinale Daten	Mengendaten - Stückzahlen - Gewichte - Zeitangaben - Preise u.ä.
		ordinale Daten	Ordnungsdaten - Namen - Postleitzahlen - Konto-Nr. - Kostenstellen u.ä.
	anweisende Informationen - Befehle -	nominale Daten	Steuerdaten - Arithmetik-Befehle (Rechenarten) - Logik-Befehle (Vergleichen) - Datentransfer-Befehle u.ä.

Abb 1.11: Gegenüberstellung/Abgrenzung der Daten und Informationen

Schließlich wird auf eine datenverarbeitungstechnisch orientierte Abgrenzung zurückgegriffen (Abbildung 1.11). Danach wird der Oberbegriff Information in

- Daten und
- Befehle oder Anweisungen

zerlegt. Die erste Gruppe umfaßt die sog. Mengen- und Ordnungsinformationen, die beschreibenden Charakter haben und in die Gruppe der kardinalen sowie ordinalen Zahlen zuzuordnen sind. Demgegenüber sind Befehle Steuerinformationen. Sie haben anweisenden Charakter, daher sind sie nominal.

1.3.1.5 Computersprache

Die Sprache des Computers kennt - im Gegensatz zur menschlichen Sprache - nur zwei Codierungszeichen, und zwar 0 und 1. Diese beiden Zeichen werden **Binärzeichen** genannt (**Binary Digit: Bit**). Alle Zeichen der menschlichen Sprache und Schrift werden in den Computern zeichenweise durch Kombination mehrerer solcher Bits dargestellt. Die "Computersprache" ist also eine für den Menschen verwirrende Folge von Nullen und Einsen. Wesentlich ist, daß die binäre Zeichendarstellung generell für alle Zeichen möglich ist, Zahlen besonders einfach abbildet und die mathematischen Rechenoperationen erleichtert. Diese beiden Zeichen werden in den verschiedenen Arbeitsmedien der Datenverarbeitung wie folgt realisiert:

- Schaltungen: Ein (L oder 1), Aus (0);
- Magnetband: magnetisiert (L oder 1), nicht magnetisiert (0).

1.3.2 Informationssysteme

1.3.2.1 Begriffserklärung

Die DV-Objekte sind Komponenten/Bestandteile von Informationssystemen. Diese dienen der Aufgabenerfüllung von Personen (Menschen) und Organisationen (Unternehmen). Aus der Sicht der Wirtschaftsinformatik sind letztere, also die betrieblichen Informationssysteme von eminenter Bedeutung, weil jedes Unternehmen zur Erfüllung seiner Aufgaben eine Vielzahl von Informationen benötigt. Sie bereitzustellen, steht im Mittelpunkt aller betrieblichen Informationssysteme. Analog zur unterschiedlichen Auslegung des Begriffes Information wird der Begriff **Informationssystem** uneinheitlich und undifferenziert verwendet. Einige Beispiele verdeutlichen diese Aussage wie folgt:

- Informationssysteme sind aufgabenorientierte Datenorganisationsformen auf Computern, die bestimmte Vorgänge und Abläufe in Kommunikationsprozessen unterstützen.

- Ein Informationssystem ist ein nach organischen, technischen oder organisatorischen Prinzipien zusammengefaßtes Ganzes von Informationsbeziehungen zwischen Informationseinheiten.
- Bestehen die von den Elementen eines Systems durchgeführten Tätigkeiten in der Aufnahme, Verarbeitung und Weitergabe von Informationen, so nennen wir dieses System ein Informationssystem.
- Ein Informationssystem besteht aus einer Menge von Menschen und Maschinen, die Informationen erzeugen und/oder benutzen und die durch Kommunikationsbeziehungen miteinander verbinden sind.

Aus diesen Beispielen wird deutlich, daß sich hinter den Informationssystemen Informationen und deren Prozesse verbergen, so daß im Endergebnis auch von einer betrieblichen **Informationswirtschaft** gesprochen werden kann, in der Daten/Informationen erzeugt, erfaßt, bewegt, verändert etc. werden. So gesehen können unter diesem Begriff alle Einrichtungen, Handlungen und Vorschriften der Erfassung, Verarbeitung und Verwertung subsumiert werden. Geprägt wird diese Informationswirtschaft durch den Informationsstrom, an dessen Anfang die Informationsquellen, entlang der Bewegung die Transformationsvorgänge und zwischen denen die Austausch- oder Kommunikationsvorgänge liegen.

1.3.2.2 Daten/Informationsquellen

Daten entstehen in und außerhalb des Unternehmens. Sie werden ausgelöst durch die Aktionsfolge im Produktionsprozeß, sei es durch den Prozeß selbst, oder durch dessen Akteure, so bspw. durch Menschen. Entsprechend dieser Tatsache können und müssen verschiedene Datenquellen abgegrenzt und unterschieden werden. Ihre Charakterisierung kann

- nach ihrer Beziehung zum Unternehmen (intern, extern),
- nach ihrer Funktion im Management, sowie
- nach ihrer Art (Mengen, Texte etc.)

entsprechend Abbildung 1.12 erfolgen.

Unternehmensinterne Datenquellen zeichnen sich insbesondere dadurch aus, daß der Unternehmer selbst über ihre Nutzung bestimmen, entscheiden kann. Ihre Automatisierung bspw. durch Mikrocomputer kann zur sog. automatischen betrieblichen Datenerfassung führen, so in der Prozeßsteuerung (CA-Bereich). Analog dazu können Daten aus Anwendungsprogrammen (Stellgrößen der Planungsrechnungen) in die Steuerungsprozesse übernommen werden.

Bereich	Unternehmens-intern	Unternehmens-extern	real	nominal	Text
administrativer	x	x	x	x	x
kommerzieller	-	x	x	x	x
produktionstechnischer	x	-	x	-	-
prozeßsteuernder	x	-	x	-	-

Abb. 1.12: Datenquellen und ihre Datenarten

Unternehmensexterne Datenquellen bei den Geschäftspartnern des Unternehmens (Kunden, Lieferanten, Banken, u.ä.) entziehen sich häufig dem Wirkungsbereich des Unternehmers, so daß er wenig oder gar keine Beeinflussung auf die Gestaltung der Daten hat. Möglichkeiten der direkten Datenerfassung - wie im internen Bereich bereits realisiert - beschränken sich vorerst insbesondere aus kommunikativen und Sicherungsgründen auf einfachere Formen, so bspw. auf den Austausch von Datenträgern.

In allen Fällen muß jedoch der Grundsatz lauten, wonach Daten

- nur einmal erfaßt (gewonnen),
- nur einmal abgestimmt und kontrolliert und
- nur einmal bereitgehalten werden sollen.

1.3.2.3 Informationsstrom

Jedes System bedarf Informationen. Sie müssen den Vollzugsprozeß einleiten, lenken und kontrollieren, d.h. diesen überlagern. Benötigt werden Soll-, Ist- und Abweichungsinformationen. Der Informationsstrom dient somit zwei Arten von Funktionen. Zum einen unterstützt er den Umwandlungsprozeß der Daten in Informationen, zum anderen überlagert er die betrieblichen Güterprozesse.

Der Informationsstrom, als spezieller Güterstrom des Unternehmens, führt von der Entstehung der Daten als Inputs an ihren internen und externen Quellen bis hin zu ihrer Verwendung bzw. Anwendung in den Steuerungs- und Regelungsprozessen. Dabei durchläuft sie verschiedene Phasen ihrer Änderung in sachlicher, zeitlicher und räumlicher Sicht:

- Der Informationsstrom wird durch die **Aufnahme der Daten** an den Informationsquellen eingeleitet. Objektbezogen werden alle Daten aufgenommen, deren Zielrichtung das Unternehmen ist. Eine Einteilung derartiger Daten nach ihrer Herkunft verfolgt dabei das Ziel, interne und externe Sachverhalte zu unterscheiden, um daraus Schlüsse für die Organisation der Informationswege abzuleiten. Neben dieser Tatsache und neben der Bedeutung des Datenträgers kommt der Unterscheidung nach ursprünglichen und abgeleiteten Daten eine besondere Bedeutung zu. Eine Abtrennung würde allerdings zur Bildung einer weiteren Phase führen (Analog dazu müßte auch die Phase der Informationsabgabe getrennt werden). Zweckvoller erscheint daher eine Untergliederung dieser Phase wie folgt:
  -- ursprüngliche Daten,
  -- interne Quelle (zugleich interner Sender),
  -- externe Quelle (interner oder externer Sender) und
  -- abgeleitete (sekundäre) Daten.
- Die **Vorspeicherung der Daten** verfolgt das Ziel, die aufgenommenen Daten für den Transformationsprozeß nach formatiertem Schema bereitzustellen. Die Bereitstellung umfaßt im wesentlichen einen Speicherungsvorgang auf Datenträgern, die je nach Art der Daten unterschiedlich sein kann. Neben der Auswahl des richtigen Trägermediums kommt der Koordinierung bzw. der Organisation große Bedeutung zu.
- Der **Transformationsvorgang** umfaßt im engsten Sinne die Verarbeitung. Je nach Art der Transformation kann auf eine Vorspeicherung verzichtet werden. Der Transformationsvorgang führt zur Erzeugung neuer Daten/Informationen (Outputs) aus der Kombination von Daten (Inputs) und Verarbeitungsregeln.
- Die **Nachspeicherung der Informationen** verfolgt das Ziel, die transformierten Informationen für den Abgabeprozeß bereitzustellen bzw. bereitzuhalten bis zu ihrer Abgabe.
- Mit der **Abgabe der Informationen** an den Empfänger wird der Informationsstrom abgeschlossen. So werden bspw. Informationen zu Steuerungszwecken abgegeben.

1.3.2.4 Transformation

Die ursprünglichen Daten als Inputs der Informationswirtschaft erfahren eine Reihe von Veränderungen bis zu ihrer Transformation zu Informationen, die wiederum zu Inputs werden - allerdings in anderen Teilfunktionen. Der Informationsstrom wird somit in einzelne Phasen untergliedert, die sich in ihrem prinzipiellen Ablauf wiederholen und jeweils sachliche, zeitliche und räumliche Veränderungen nach dem Schema der Abbildung 1.13 bewirken.

DATENVERABEITUNGSPROZESS		
Funktion	Transformations-art	Kurzbeschreibung
Daten-erfassung	räumlich	Sammeln, Ordnen, Kontrollieren, Codieren (Verschlüsseln) und Umsetzen der Daten
Daten-speicherung	zeitlich	Bereitstellung der Daten innerhalb des Computers nach vorgegebenen Regeln
Daten-transport	räumlich	Bewegung der Daten innerhalb des Computers, insbesondere zwischen den peripheren Einheiten
Daten-verknüpfung	sachlich	Umformung der Daten in Informationen durch Rechnen, Zerlegen und Zusammenfügen
Daten-abgabe	räumlich	Bereitstellung der Informationen an den/die Empfänger

Abb. 1.13: Einteilung des Datenverarbeitungsprozesses

Die **Datenerfassung** umfaßt alle Aktionen der manuellen, mechanischen und elektronischen (z.B. in der Prozeßsteuerung) Gewinnung, Sammlung, Ordnung, Kontrolle etc. von Daten bis zu ihrer Eingabe (Aufnahme) in den (vom) Computer. Eine besondere Aktion innerhalb dieser Phase ist das Verschlüsseln der Daten, sowie ihre Ergänzung durch Codes (z.B. Konto-Nummern) die zunächst der Identifizierung, dann der Auswertung dienen. Sie müssen die Sachinhalte eindeutig kenntlich machen und die Daten für jeden Auswertungsalgorithmus aufbereiten. Die **Datenspeicherung** dient der Bereitstellung der erfaßten Daten innerhalb des Computers für verschiedene Aufgaben (Programme) in der Verknüpfungsphase. Der Datentransport beinhaltet Datenbewegungsvorgänge, die sich zwischen Eingabe, Speicherung und Ausgabe der Daten im Computer abspielen. Die **Datenverknüpfung** führt zur Auflösung von Datenfeldern in Einzeldaten bzw. zur Zusammenfügung von Einzeldaten zu größeren Einheiten. Die hierbei verwandten Operationen können arithmetische, logische, vergleichende und kontrollierende sein. Die **Datenabgabe** schließlich führt zur Bereitstellung der Ergebnis-Informationen an den Bedarfsträger.

Während die Datenspeicherung eine kontinuierliche Aktion ist und die Transparenz der Daten gewährleistet, sind die anderen Aktionen seriell, sequentiell, mitunter parallel aneinandergereiht und mit den Informationsbedürfnissen der Empfänger verknüpft. Sie werden somit nach Bedarf produziert.

1.3.2.5 Kommunikation

Die Verarbeitung der Daten (Speicherung, Sortierung, Rechnen, Vergleichen, Verknüpfen usw.) setzt voraus, daß die Daten in die "Sprache" des Computers verschlüsselt, d. h. dargestellt werden. Der Mensch teilt sich über Sprache und Schrift seiner Umwelt mit.

Kommunikation in einem umfassenden Sinne ist somit ein Prozeß, bei dem Informationen zwischen Personen (oder zwischen Personen und Maschinen) ausgetauscht werden können. Ein Kommunikationsprozeß beginnt beim intuitiven begrifflichen und modellhaften Denken einer Person, die eine Aussage übertragen will und endet mit dem Denkprozeß der empfangenden Person. Im Fall der Kommunikation mit einer Maschine gilt Entsprechendes für die Verarbeitungsprozesse des Computers.

Jeder Informationsaustausch (**Kommunikation**; Communication) setzt eine bestimmte Verschlüsselung voraus. Der Begriff Kommunikation wird in der Literatur tendenziös behandelt. Vorwiegend wird die Auffassung vertreten, daß die Kommunikation ein Vorgang ist, in dem eine Übermittlung einer Nachricht von einem Sender an einen Empfänger stattfindet. In diesem Sinne ist die Kommunikation das Teilproblem der räumlichen Übermittlung von Informationen. In der Kybernetik wird die Kommunikation als Definition für den Austausch von Informationen zwischen dynamischen Systemen bzw. Teilsystemen gebraucht, die in der Lage sind, Informationen aufzunehmen, zu speichern, umzuformen usw. Diese Betrachtungsweise entspricht der Arbeitsweise des Regelkreissystems, die im wesentlichen durch einen kontinuierlichen Informationsaustausch zwischen Mensch-Mensch, Mensch-Maschine und Maschine-Maschine geprägt wird. Bezogen auf den betrieblichen Bereich steht der Informationsaustausch zwischen den betrieblichen Aufgabenträgern im Vordergrund. Voraussetzung ist eine transparente Informationsbewegung. Informationselemente der gesprochenen Sprache sind die Laute. In der geschriebenen Sprache entsprechen den Lauten die Schriftzeichen. Diese werden ergänzt durch Ziffern und Symbole. Der von uns gebräuchliche Zeichenvorrat umfaßt

- 26 Buchstaben des lateinischen Alphabets,
- 10 Ziffern als numerische Zeichen und
- mindestens 10 Sonderzeichen (! " % + - / , ; . usw.).

Die kleinste Trägereinheit von Daten ist somit das Zeichen. Dieses wird zur Übermittlung der Information benutzt. Die Übermittlung von Zeichen baut auf der Übertragung von Signalen auf. Eine Folge von Signalen bildet das Zeichen ab. Wesentlich ist, daß bei diesem Vorgang eine sog. **Kommunikationskette**

(Abbildung 1.14 entsteht. Ihre Funktionsweise ergibt sich aus dem Zusammenspiel

- der Quelle als Informationserzeuger,
- des Senders als Codierer der Information in Signalfolgen,
- des Nachrichtenkanals als Informations- bzw. Signalträger,
- des Empfängers als Decodierer der Signale in verständliche Klartexte und
- der Senke als Informationsziel.

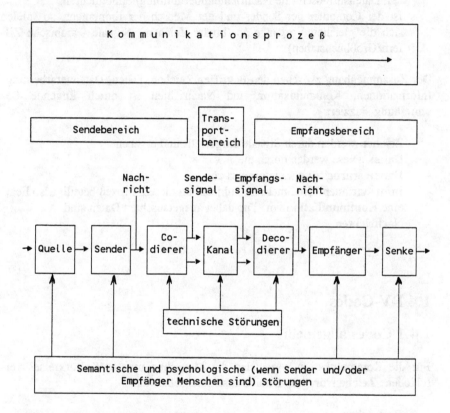

Abb. 1.14: Schema der Kommunikationskette

Die Übertragung von Aufgaben an den Computer setzt einen ständigen Wechsel der Zeichenvorräte der menschlichen Sprache und der Computersprache voraus:

- Der Sender verfügt über einen eigenen Zeichenvorrat. Um Daten (Informationen) des Senders für den Computer verfügbar zu machen, müssen diese umgewandelt, codiert werden. Normalerweise werden für Codierer Geräte

eingesetzt, die Daten in physikalische Signale umwandeln und mittels eines Mediums an den Empfänger weiterleiten. Dieser kann sowohl ein Mensch oder ein Computer sein.
- Der Empfänger, muß die Signale (Signalfolge) in "seine" Sprache rückwandeln, also decodieren. Hierzu müssen Vereinbarungen existieren, die eine Umsetzung der Signalfolgen in eine verständliche Form ermöglichen.
- Es existiert also eine Durchschnittsmenge (Zeichenvorrat von Sender, Zeichenvorrat von Empfänger), die semantische Beziehungen regelt und somit den Datenaustausch (die Nachrichtenübermittlung) ermöglichten.
- Ist der Computer der Sender und der Mensch der Empfänger, so spielen sich die gleichen Vorgänge ab (binäre Zeichen - Signale - arabische Ziffern/Großbuchstaben).

Der Zusammenhang zwischen den Begriffen Zeichen, Daten, Datenverarbeitung, Informationen, Kommunikation und Nachrichten ist durch folgende Beschreibung skizziert:

- **Zeichen** werden durch Signale dargestellt und ergeben
- **Daten**. Diese werden durch die
- **Datenverarbeitung** transformiert zu
- **Informationen**. Sind mehrere Subjekte an diesem Prozeß beteiligt, so liegt
- eine **Kommunikation** vor. Die dabei ausgetauschten Daten sind
- **Nachrichten**.

1.4 DV-Codes

1.4.1 Codes allgemein

Für die Kommunikation verwenden die Menschen unseres Kulturkreises verschiedene **Zeichenvorräte**, die sich zusammensetzen aus

- Buchstaben,
- Dezimalziffern und
- Sonderzeichen.

Die Summe dieser Zeichen ergibt einen Zeichenvorrat von ca. 60 - 80 Zeichen. Dieser reicht aus, um Nachrichten, Fakten darzustellen und zu übermitteln. Weitere Zeichen dienen als Vereinfachungen, als optische Darstellungsmittel. Dieses Schriftgut entwickelte sich über die Bilder-, Wort- und Silbenschrift zur Buchstabenschrift, wie wir sie aus den modernen Sprachen kennen. Die traditionelle Datenverarbeitung ist mit der Handhabung von Zahlen verknüpft. Es wurde schon frühzeitig erkannt, daß es unpraktisch ist, jedem Mengenwert einer Sache ein eigenes Zeichen zuzuordnen. Man stellte statt dessen größere Mengenwerte durch eine Zahl dar, die nach bestimmten Regeln aus einer begrenzten Anzahl von Zeichen (z.B. aus den Ziffern 0, 1, 2, ..., 9) gebildet wurde. Diese Bildungsregeln für Zahlen und die Anzahl der verwendeten Zeichen sind die Bausteine der Zahlensysteme. Zahlensysteme sind Voraussetzungen für das Bilden von einfachen Rechenregeln, mit denen sich die vier Grundrechnungsarten durchführen lassen. Aus der Sicht des Computers sind sie jedoch nur indirekt verwendbar, weil die Sprache des Computers nur zwei Kodierungszeichen kennt, und zwar 0 und 1 (Bit = **Binary digit**).

Diese beiden Zeichen werden **Binärziffern** genannt. Die Daten werden in den Computern zeichenweise durch Kombination mehrerer solcher Binärziffern (z.B. 8 Bits = 1 **Byte**) dargestellt. In einem Byte können maximal $2^8 = 256$ verschiedene Zeichen - somit auch die zuvor genannten 60-80 Zeichen unseres Zeichenvorrats - kodiert werden. Die Buchstaben A und V haben bspw. folgende Binärfolgen:

```
A: 1 1 0 0 0 0 0 1
V: 1 1 1 0 0 1 0 1
```

Die Computersprache ist also eine für die Menschen verwirrende Folge von Nullen und Einsen. Im Computer aber ist sie eine relativ einfach zu realisierende Impulsfolge von elektrischen Null-Eins-Signalen. Es sind Binärsignale, die anzeigen, ob Strom an oder Strom aus (Takt) ist. Technische Einrichtungen, die mit diesen Schaltzuständen arbeiten, sind einfach zu realisieren und besitzen eine hohe Betriebssicherheit.

Die binäre oder duale Darstellung hat seit der Erfindung der "speicherprogrammierten Maschinen" durch J. v. Neumann (1944) größte Bedeutung erlangt. K. Zuse erkannte die Überlegenheit des **Dualsystems** (entwickelt von G. W. Leibniz 1646 - 1716) bereits bei seinem 1934 entworfenen Konzept für ein programmgesteuertes Rechengerät. Er benutzte für die Darstellung von Dezimalziffern und Befehlen Schaltelemente mit Kombinationen der Stellungen EIN und AUS. Diese Stellungen sind als Abbild identisch mit den Dualziffern 0 für AUS und 1 für EIN.

Mit der Informationstheorie von C. E. Shannon 1937 wurde bewiesen, daß die erwähnten Zeichenvorräte unseres Kulturkreises mit Kombinationen der **Binärzeichen** 0 und 1 (identisch mit den Dualziffern 0 und 1) darstellbar sind. Ebenfalls in diese Kategorie gehören inzwischen die Informationsformen Sprache und Bilder (graphisch, bewegt, farbig).

Neben dem Dualsystem ist in der Datenverarbeitung noch das **Hexa-** oder **Sedezimalsystem** (Zeichen: 0,1,2,...,9,A,B,C,D,E,F) von Bedeutung.

Prinzipiell sind also alle Informationen, die sich in das Zeichensystem Computersprache übertragen lassen, verarbeitbar. Trotzdem werden (und können) nicht alle Informationen der Datenverarbeitung zugeführt. Zunächst scheiden solche Daten aus der Betrachtung, die unter wirtschaftlichen Aspekten höhere Kosten verursachen würden, als deren Ertragswert für den Empfänger ist. Zum anderen scheiden solche Daten aus, die nicht erfaßt werden können. Neben diesen und anderen Aspekten wird in der Informatik die Algorithmisierung, also die Beschreibung für ein Lösungsverfahren der Daten, als Hauptkriterium zur Feststellung ihrer Verarbeitbarkeit genannt. Wenn sie

- automatisierbar (automatisch),
- endlich,
- allgemein und
- schrittweise erfaßbar/zerlegbar usw.

sind, gelten sie danach als "verarbeitbar". Beispiel: Geld einstecken - Tasche mitnehmen - in Laden X gehen - gewünschtes Y auswählen - Preis Z bezahlen - nach Hause gehen. Als Gegensatz hierzu seien folgende Negativbeispiele genannt:

- alle Anweisungen müssen auf einmal ablaufen (nicht schrittweise) oder
- 10 : 3 = 3.333 (nicht endlich, kein sinnvoller Algorithmus).

Gemäß dieser Sachverhalte haben in der Datenverarbeitung mehrere Darstellungsformen bzw. Codes eine Bedeutung. Wesentlich sind in diesem Zusammenhang diejenigen Codes, die nach der Funktion im Datenverarbeitungskreislauf auftreten bzw. benötigt werden, so bspw.

- die **externen Codes** (Datenträger-Codes), die der Verständigung zwischen dem Menschen und dem Computer dienen, so die Strichcodes, lesbare Schriften OCR A und OCR B (Optical Character Recognition) usw.;
- die **internen Codes** (Maschinencodes, die innerhalb des Computers verwendet werden (American Standard Code of Information Interchange = **ASCII** (siehe Anhang) und Extended Binary-Coded Decimal Interchange Code = **EBCDIC**);
- die **Datenübertragungscodes** zur Übertragung von Daten über Entfernungen (internationale Telegraphenalphabete Nr. 2, 3, 4, 5).

Alle drei Codes verschlüsseln Zeichen, deren Ursprung die menschliche Sprache ist. Diese Zeichen werden üblicherweise in Zeichenvorräten zusammengefaßt. Die natürlichen Zahlen im Dezimalsystem sind

{ 0, 1, 2, 3, 4, 5, 6, 7, 8, 9 },
die Buchstaben des Alphabets

{ a, A, b, B, c, C, ..., z, Z }.

Beide Zeichenvorräte sind aus der Sicht des Computers **externe Codes**. Demgegenüber ist ihre Abbildung im Dualsystem mit dem Zeichenvorrat

{ 0, L } bzw.
mit dem Zeichenvorrat des Morsealphabets

{ - , . }
der **interne Code**, bzw. der **Datenübertragungscode**.

Das wichtigste Dateiformat ist dabei **ASCII**. Es handelt sich um ein Standardformat zur Speicherung von Dokumenten, die von einem Gerät zu einem anderen übertragen werden. Der Nachteil ist, daß der ASCII-Zeichenvorrat nur 128 Zeichen zuläßt. Damit können nicht-amerikanische technische und graphische Zeichen nicht übertragen werden. Ein weiteres Datenformat, das **RTF** (Rich Text Format) versucht, die Nachteile von ASCII dadurch wettzumachen, daß es die Formatierungsbefehle in ein Dokument einbindet. Ein Versuch, verschiedene Datenformate kompatibel zu machen, wurde von IBM mit **DCA** (Dokument Content Architecture) gemacht. Ein weiteres Datenformat, das **DIF** (Data Interchange Format), wurde zum Datenaustausch zwischen Tabellenkalkulationen eingesetzt. Inzwischen wird es auch für Datenaustauschvorgänge zwischen den Datenbanken und Textverarbeitungssystemen eingesetzt., so wie Textdateien auf der DOS-Ebene in ASCII-Formaten korrespondieren.

Codes sind daher Vorschriften für die Zuordnung der **Zeichen** eines Zeichenvorrats zu denjenigen eines anderen Zeichenvorrats. Werden Zeichen gekoppelt, so entsteht eine Zeichenfolge, ein **Wort**. Ein Wort hat eine feste Länge, d.h. eine definierte Anzahl von Zeichen. Die Lage eines bestimmten Zeichens innerhalb eines Wortes ist die **Stelle**, so z.B. die Lage einer Ziffer innerhalb einer Zahl. Wird einem Zeichen, einem Wort eine Bedeutung beigemessen, so wird von einem **Symbol** gesprochen. Es gilt daher, Zeichenvorräte der menschlichen Sprache, die externe Darstellung also, in Zeichen der Computersprache, also in die interne Darstellung, mit Hilfe der Codes als eindeutige Vorschriften der Umwandlung vorzunehmen.

Die Umwandlung der externen Zeichendarstellung in die interne binäre Darstellung übernehmen **Code-Umsetzer**, die innerhalb der einzelnen Eingabegeräte realisiert sind. Die Code-Umsetzer wandeln die Zeichen einzeln in eine eindeutige, vom Computer interpretierbare Bitkombination um. Der umgekehrte Vorgang findet bei der Ausgabe statt.

Die Arbeitsweise mit binär verschlüsselten Codes wird aus folgendem Zusammenhang in Abbildung 1.15 sichtbar. Da der Binär-Zeichenvorrat nur über zwei Zeichen verfügt, werden in aller Regel mehrere Bits zusammengefaßt. Je Zeichen werden mindestens zwei, meistens mehr Bits benötigt. Die Zuordnung führt zu einem **Codebaum**.

Anzahl Bits	Alle Kombinationen	Anzahl der Zeichen
1	0	2 (2^1)
	0 1	
2	00	4 (2^2)
	00 01 10 11	
3	000	8 (2^3)
	000 001 010 011	
	100 101 110 111	
4	0000	16 (2^4)
	0000 0001 0010 0011	
	0100 0101 0110 0111	
	1000 1001 1010 1011	
	1100 1101 1110 1111	
5	00000	32 (2^5)
	00000 00001 00010 00011	
	00100 00101 00110 00111	
	01000 01001 01010 01011	
	01100 01101 01110 01111	
	10000 10001 10010 10011	
	10100 10101 10110 10111	
	11000 11001 11010 11011	
	11100 11101 11110 11111	
6	000000	...	64 (2^6)
7	0000000	...	128 (2^7)
8	00000000	...	256 (2^8)
allgemein: n^2	n = Anzahl der Bits	

Abb. 1.15: Der Codebaum

Wie schon dieses Beispiel zeigt, führt die Zuordnung der Bitkombinationen zu im voraus vereinbarten Zeichen. Wichtig ist, daß jedem Zeichen immer nur eine Bitfolge entspricht. Zur Darstellung einer Dezimalzahl sind vier Bits erforderlich (Abbildung 1.16). Diese Verschlüsselung entspricht dem **BCD**-Code (Binary Coded Decimal), also dem binär verschlüsselten Dezimalsystem. Es handelt sich hierbei um die kleinste adressierbare Einheit, um eine Tetrade (= 4 Bits). Diese Einheit ist in der Datenverarbeitung, da sie nur numerische Zeichen darstellen kann, nicht üblich.

Abb. 1.16: Der BCD- und EBCDI-Code

¹⁾ gekürzt

	Bitkombinationen	
Dezimalzahl	BCD	EBCDI [1]
0	0000	0000 0000
1	0001	. .
2	0010	. .
3	0011	. .
4	0100	. .
5	0101	. .
6	0110	. .
7	0111	. .
8	1000	. .
9	1001	0000 1001

Da 4 Bits nicht ausreichen, um neben den Ziffern auch Buchstaben und Sonderzeichen darzustellen, wird - vor allem in der kommerziellen Datenverarbeitung - eine Bitfolge von acht Bits als kleinste Verarbeitungseinheit gebildet. Es handelt sich dabei um das **Byte** (= 8 Binärstellen für Datenbits und ein Kontroll/Prüfbit; Abbildungen 1.15 und 1.17).

Byte	
1. Halbbyte	2. Halbbyte
B7 B6 B5 B4 Bits	B3 B2 B1 B0 Bits
1. Tetrade	2. Tetrade

Abb. 1.17: Zusammensetzung der Bytes

Der **EBCDI**-Code wurde mit der dritten Computer-Generation 1964 eingeführt. Die Speicherelemente dieser Computer sind so konzipiert, daß jedes externe Zeichen intern mit einer achtstelligen Bitkombination dargestellt wird. Er ist eine Erweiterung des früheren BCDI-Codes von sechs auf acht Bitkombinationen pro Zeichen (Abbildung 1.16). Als Bezeichnung für 8 Bit wird das Kunstwort **Byte** verwendet. Der **EBCDI-Code** kombiniert die binären Zustände von 8 Bits. Hieraus ergeben sich $2^8 = 256$ verschiedene Bitfolgen. Damit gibt es 256 Möglichkeiten für die Darstellung des eingangs angesprochenen Zeichenvorrats. Ziel ist die

- Darstellung eines Zeichens in einem Byte,
- Schaffung einer Normeinheit für Speicherung und Zugriff,

d.h. 1 Zeichen = 1 Speichereinheit = 1 Zugriffseinheit. Zu beachten sind allerdings einige Ausnahmen, so bei gepackten Formaten. Ein Byte, das aus einer Folge von 8 Bits besteht, wird - um diesem Anspruch gerecht zu werden - in Zonenteil mit den Bits 7, 6, 5 und 4 und Ziffernteil mit den Bits 3, 2, 1 und 0 sammenhängenden Speicherbereich. Sie sind vergleichbar mit einer Akten-Nummer in einem Ordner.

1.4.2 Worte

Die Computer seit der 3. Generation unterscheiden sich insbesondere durch ihre Eigenschaft auf Bereitstellung einer unterschiedlichen Anzahl von binären **Speicherelementen**, also den sog. Speicherstellen des (internen) Zentralspeichers. Der Zugriff auf den Inhalt solcher Speicherstellen erfolgt mit Hilfe einer Adresse. Sie kennzeichnet einen bestimmten Speicherplatz(-stelle) oder eine zusammenhängenden Speicherbereich. Sie sind vergleichbar mit einer Akten-Nummer in einem Ordner.

Bei den bytestrukturierten Computern (**Bytemaschinen**) ist die kleinste adressierbare Einheit die Speicherstelle (das Byte). Zur Adressierung ist außer der Adresse eines bestimmten Bytes auch die Angabe erforderlich, wie lang der angesprochene zusammenhängende Speicherbereich sein soll.

Bei den wortstrukturierten Computern (**Wortmaschinen**) ist die kleinste adressierbare Einheit die Speicherzelle (das Wort); das ist je nach Modell eine Zusammenfassung von 2, 4, 6 oder 8 Bytes = 16, 32, 48 oder 64 binären Speicherelementen. Bei einer Maschine mit Worten zu 6 Bytes wird mit der Adresse eines bestimmten Wortes immer ein Speicherbereich von 6 Bytes bezeichnet. Eine variable Speicherungsform ist nicht möglich; dadurch bleibt u.U. viel Speicherplatz ungenutzt, weil die Länge der Daten in der Regel nicht mit der Länge der Worte übereinstimmt (Abbildung 1.18). Im Gegensatz dazu nutzen Bytemaschinen den verfügbaren Speichersatz besser aus.

Zeichenkette	dargestellt in	
	Bytemaschine	Wortmaschine
JLU	JLU (3)	JLU000 (6)
ZILAHI	ZILAHI (6)	ZILAHI (6)
15.03.93	150393 (3/6)	150393 (6)
21	21 (2)	210000 (6)
Bytes Σ	14/17 14 Bytes bei gepackter, 17 Bytes bei ungepackter interner Darstellung	24

Abb. 1.18: Gegenüberstellung von Wort- und Bytemaschinen

Der Ausdruck Wort wird also in der Datenverarbeitung für verschiedene Bedeutungen gebraucht:

- Zunächst entspricht das Wort der Zusammenfassung einer Bitfolge in sog. wortorientierten Computern. Ein Wort umfaßt dabei bspw. 24 oder 32 oder mehr Datenbits. Daher der Name Wortmaschinen oder Stellenmaschinen.

Die Wortlänge ist konstant. Zum anderen sind Wortmaschinen meistens für technisch-wissenschaftliche bzw. für mathematische Aufgaben konzipiert/geeignet.
- Danach steht die Standard-Bitfolge[1] von 32 Datenbits (= vier Bytes) zur Verschlüsselung von Zahlen als Dualzahlen bzw. Gleitkommazahlen an, wobei zwei Worte ein sog. Doppelwort, also insgesamt 64 Datenbits ergeben (Abbildung 1.19).

Wort			
1. Halbwort		2. Halbwort	
1. Byte	2. Byte	3. Byte	4. Byte
32 Bits			

Abb. 1.19: Die Zusammensetzung eines Wortes

1.4.3 Zahlensysteme

Der Einsatz des Computers in der Datenverarbeitung ist also mit einem Wechsel der Darstellungsform bzw. des Codes verbunden (Diese Aussage gilt selbstverständlich auch beim Einsatz anderer Medien.). Daher sollen nachfolgend die Grundzüge der am häufigsten verwandten Darstellungsformen, so in diesem Falle die Zahlensysteme, Codes und ihre Beziehungen zueinander behandelt werden.

Ein Zahlensystem, bei dem der Wert einer Ziffer innerhalb einer Ziffernfolge von ihrer Stellung in der Ziffernfolge abhängt, heißt Stellenwertsystem. Der Wert einer Zahl in einem Stellenwertsystem ergibt sich als

$$W = \sum_{i=0}^{n-1} b_i * B^i$$

mit den Bedeutungen

```
W für     Wert einer Zahl im Stellenwertsystem
n für     Anzahl der Ziffern einer Zahl im Stellenwertsystem
```

---

[1] IBM-Mainframes arbeiten mit 32 Datenbits, Univac 1100 mit 36 Datenbits, Control Data Corporation mit 60 Datenbits; PC's mit 32 und Supercomputer mit 64.

```
    i   für     Laufindex der Ziffern einer Zahl im Stellenwertsystem
                (gezählt von rechts nach links); i = 0, 1, 2, ..., n-1
    bᵢ  für     Nennwert der Ziffer i
    B   für     Basis des Stellenwertsystems
```

1.4.3.1 Das Dezimalsystem

Das Dezimalsystem verfügt über

- die Ziffern 0 bis 9 und
- arbeitet auf der Basis von 10.

```
Stelle      : ...  5.    4.    3.    2.    1.
Stellenwert : ... 10⁴   10³   10²   10¹   10⁰
```

Eine jede geschriebene Zahl hat einen Stellenwert. Die Zahl 1234 besteht dabei aus einem "Tausender", zwei "Hunderter", drei "Zehner" und vier "Einer"; also 1234 = 1 T + 2 H + 3 Z + 4 E. Jede Ziffer in einer Zahl erhält ihren Stellenwert aus der Stellung in der Zahl. Der Stellenwert wird in Potenzen von 10 angegeben, wobei 10 die sog. Basis des Dezimalsystems ist. Zwischen Stelle und Stellenwert gilt der folgende Zusammenhang:

Dieser Sachverhalt mit Hilfe von Zehnerpotenzen (Potenzschreibweise) ausgedrückt:

```
1234 = 1*10³    + 2*10²    + 3*10¹    + 4*10⁰ =
       1*1000   + 2*100    + 3*10     + 4*1
```

Beispiele:

$$W = \sum_{i=0}^{n-1} b_i * 10^i$$

Der Wert der Zahl 637_{10} im Dezimalsystem ergibt sich als

```
W = 7*10⁰ + 3*10¹   +   6*10²
W = 7     + 30      +   600
W = 637
```

Unter Anwendung des Dezimalsystems werden in der Datenverarbeitung verschiedene Leistungs-, Übertragungs- und Kapazitätsgrößen mit Hilfe von Zehnerpotenzen - ausgewiesen mit Abkürzungen - ausgedrückt, deren Basis normalerweise die Einheiten **Bit** und **Byte** sind. Hierzu folgende Beispiele:

Bit		0 oder 1;
Byte	= 8 Bit	1 Zeichen z.B. "A";
KB	= 1.000 Byte	ca. 1 DIN A5 Seite;
MB	= 1 Mio Byte	ca. 500 Buchseiten;
GB	= 1 Mrd Byte	ca.1.000 Bücher;
TB	= 1 Mio Bänder	ca. 1 mittlere Bibliothek.

Diese Einteilung orientiert sich zwar an der physikalischen Nomenklatur (1 Tausend, 1 Million etc.), allerdings umfaßt jede Einheit nicht exakt 1.000, sondern 1.024. Umgerechnet auf die Anzahl Bytes bedeuten die einzelnen Größen:

1 KB (Kilobyte)	2^{10} Bytes	oder 1.024 Bytes
1 MB (Megabyte)	2^{20} Bytes	oder 1.024 Kilobytes
1 GB (Gigabyte)	2^{30} Bytes	oder 1.024 Megabytes
1 TB (Terabyte)	2^{40} Bytes	oder 1.024 Gigabytes

Weitere Größen in diesem Zusammenhang sind die folgenden:

10^6	Mega	m
10^3	Kilo	k
10^0	-	-
$1/10^3$	Milli	M
$1/10^6$	Mikro	μ
$1/10^9$	Nano	n
$1/10^{12}$	Pico	p
$1/10^{15}$	Femto	f
$1/10^{18}$	Atto	a

1.4.3.2 Das Dualsystem

Das Dualsystem ist - analog zum Dezimalsystem - durch drei Merkmale charakterisiert. Es ist

- die Basis, also 2,
- die Ziffern 0 und 1 und
- die Wertigkeit der Stellen.

Das Dualsystem ist also ein Zahlensystem mit der Basis 2; es ist ein Sonderfall binärer Zahlensysteme, das mit nur 2 Elementen (L, 0) in der Zahlendarstellung auskommt. Binäre Zahlensysteme beziehen sich also nicht auf den inneren Aufbau des Zahlensystems (vergl. auch Tetraden):

```
Ziffernfolge                      1      1      1      1      1
Potenzschreibweise zur Basis 2    2⁴     2³     2²     2¹     2⁰
Stellenwert als dezimaler Wert    16     8      4      2      1
```

Der Wert der abgebildeten Zahl kann aus der Summation der Stellenwerte abgeleitet werden:

$$W = \sum_{i=0}^{n-1} b_i * 2^i$$

Der Wert der Zahl 11001_2 im Dualsystem ergibt sich als

```
W = 1*2⁴   + 1*2³   + 0*2²   + 0*2¹   + 1*2⁰
W = 16     + 6      + 0      + 0      + 1
W = 25
```

1.4.3.3 Das Hexadezimalsystem

Dieses System ist ein Hilfsmittel zur besseren Lesbarkeit von dualen Ziffern; ebenso z.B. bei den Steuercodes für Drucker. Es wird bei Computern angewendet, die Zeichen in acht duale Ziffern codieren. Eine Hexadezimalziffer ergibt sich aus vier Dualziffern (Abbildung 1.18).

Für die interne Verarbeitung (Hardware) hat das Hexadezimalsystem keine Bedeutung. Diesem Zahlensystem liegt die Überlegung zugrunde, daß in einer Vierergruppe 16 Zustände binär ausdrückbar sind. Die Basis ist 16, Anzahl der Ziffern ist 16 und auch die Wertigkeit der Stellen ist eine Potenz von 16. Als Ziffernsymbole werden

0, 1, 2, 3, 4, 5, 6, 7, 8, 9, A, B, C, D, E, F

verwandt. So gesehen ergibt sich folgendes Bild:

```
1    6    C        als hexadezimale Zahl
C  * 16⁰     =      12
6  * 16¹     =      96
1  * 16²     =     256
                   364
```

$$W = \sum_{i=0}^{n-1} b_i * 16^i$$

Der Wert der Zahl 637_{16} im Sedezimalsystem ergibt sich als

```
W = 7*16⁰ + 3*16¹ + 6*16²
W = 7     + 48    + 1536
W = 1591
```

Dezimal	Dual	Hexadezimal
0	0000	0
1	0001	1
2	0010	2
3	0011	3
4	0100	4
5	0101	5
6	0110	6
7	0111	7
8	1000	8
9	1001	9
10	1010	A
11	1011	B
12	1100	C
13	1101	D
14	1110	E
15	1111	F
16	1111	10
17	1111	11
..	.....	..
31	11111	1F
32	100000	20
...	....	..
255	11111111	FF
256	100000000	100
257	100000001	101
...	....	...

Abb. 1.20: Übersicht der Zahlensysteme

1.4.3.4 Verschiedene Darstellungsformen

Zur Verdeutlichung der verschiedenen Darstellungsmöglichkeiten werden nachfolgend die rein duale, dezimal duale und hexadezimale Darstellung erörtert. Vorangestellt wird die **alphanumerische** Darstellung, die sich am Lochkarten-Code orientiert. Die ursprüngliche Darstellung ist die alphanumerische:

```
C   B   A    8   4   2   1
0   0   0    0   0   0   0
```

Der Zonenteil ist:

```
00   bei   "12"- Zone
0X   bei   "11"- Zone
X0   bei   "0" - Zone
XX   bei   Ziffer
```

Die **rein duale** Darstellung bewirkt hohe Rechengeschwindigkeit:

```
0000 000X XX0X X000 = 472 = 256 + 128 + 64 + 16 + 8
```

Die **dezimal duale** Darstellung behält das Dezimalsystem bei, die einzelnen Dezimalstellen werden jedoch dual ausgedrückt:

```
8 4 2 1 8 4 2 1 8 4 2 1 8 4 2 1
0 x 0 0 0 x x x 0 0 x 0 x 0 x 0
    4       7       2       +
```

In der **hexadezimalen** Schreibweise erlaubt ein Halbbyte 16 Darstellungsmöglichkeiten. Diese Möglichkeiten werden durch ein einstelliges Zeichen ersetzt. Für die ersten 10 Bitkombinationen werden die Ziffern 0 bis 9, für die restlichen Bitkombinationen die Zeichen A bis F genommen:

```
0000 als  0      X0X0  als  A
000X als  1      X0XX  als  B
  .                .
  .                .
X00X als  9      XXXX  als  F
```

1.4.4 Umwandlung der Zahlensysteme/Konvertierung

Für jemanden, der im Dezimalsystem zu rechnen gewohnt ist, haben Zahlen im Dual- oder Hexadezimalsystem kaum Aussagekraft. Erst die Umrechnung in einen dezimalen Wert ermöglicht eine wertmäßige Vorstellung. Zu beachten ist dabei, daß in der Datenverarbeitung ein Unterschied gemacht wird zwischen Zahlen/Daten, mit denen man rechnet und solchen Daten, die bspw. wie Texte behandelt werden. Daten, die computerintern verarbeitet werden sollen, sind im Dualsystem darzustellen, also zu **konvertieren**.

1.4.4.1 Dezimal - Dual

Die Dezimalzahl wird durch die Basis des anderen Zahlensystems fortgesetzt dividiert. Die bei den einzelnen Divisionen entstehenden Restwerte ergeben die entsprechende Zahl. Der erste Restwert entspricht dem kleinsten, der letzte Restwert dem größten Stellenwert. Im ersten Schritt werden somit die einzelnen Divisionen nach folgendem Schema erfüllt:

```
367 :  2  =  183    Rest 1
183 :  2  =   91    Rest 1
 91 :  2  =   45    Rest 1
 45 :  2  =   22    Rest 1
 22 :  2  =   11    Rest 0
 11 :  2  =    5    Rest 1
  5 :  2  =    2    Rest 1
  2 :  2  =    1    Rest 0
  1 :  2  =    0    Rest 1
```

Man erhält die Summe und damit den dezimalen Wert der Zahl, indem man im zweiten Schritt jede Ziffer mit ihrem Stellenwert multipliziert und die einzelnen Produkte addiert:

Dualzahl	1	0	1	1	0	1	1	1	1
Stellenwert	2^8	2^7	2^6	2^5	2^4	2^3	2^2	2^1	2^0
Dezimalzahl	256 +	0 +	64 +	32 +	0 +	8 +	4 +	2 +	1 = 367

1.4.4.2 Dezimal - Hexadezimal

Die Dezimalzahl wird durch die Basis des anderen Zahlensystems fortgesetzt dividiert. Die bei den einzelnen Divisionen entstehenden Restwerte ergeben die entsprechende Zahl. Der erste Restwert entspricht dem kleinsten, der letzte Restwert dem größten Stellenwert. Dazu ein Beispiel mit Umkehrvorgang:

```
16C    C    =    16⁰    =    C *    1      = 12
       6    =    16¹    =    6 *    16     = 96
       1    =    16²    =    1 *    256    = 256
                              =     364
```

```
364  :  16  =  22  =  Rest  12   = C
 22  :  16  =   1  =  Rest   6   = 6
  1  :  16  =   0  =  Rest   1   = 1
                   =  16C
```

1.4.4.3 Dual - Hexadezimal

Von rechts beginnend werden jeweils vier Dualziffern zu einer Hexadezimalziffer zusammengefaßt:

```
1 0 1 0      1 1 1 1      0 0 1 0
1010         1111         0010
A            F            2  = Hexadezimalzahl
```

In der Umkehrung werden jeder Hexadezimalziffer vier Dualziffern zugeordnet:

```
6D8 =   0110    1101    1000
        011011011000            = Dualzahl
```

1.4.5 Rechenoperationen mit Dualzahlen

Alle Zeichen werden bei Datenverarbeitungsanlagen durch Kombinationen der Ziffern 0 und 1 des Dualsystems dargestellt. Das bedeutet, daß durch entsprechende Vereinbarung den Ziffern 0 und 1 zwei technisch unterschiedliche Zustände zugeordnet werden. Würde die interne Darstellung mit unserem gebräuchlichen Dezimalsystem durchgeführt werden, so müßte das interne Element in der Lage sein, 10 unterschiedliche Zustände anzunehmen.

Im Computer werden alle Grundrechnungsarten auf die Addition zurückgeführt. Daher benötigt der Computer nur ein Addierwerk. Hinzu kommen einige Hilfseinrichtungen. Die vier Grundrechenarten werden nachfolgend behandelt, und zwar wie sie im Dualsystem durchgeführt werden.

1.4.5.1 Addition

Will man zwei Binärwerte "1" addieren, so muß sich für diese Stelle bzw. Spalte der binäre Wert "0" ergeben. Das Additionsergebnis wird als Wert "1" auf die nächsthöhere (linke) Stelle übertragen. Man kann diesen Vorgang des "Überlaufs" mit dem Rechnen im Dezimalsystem vergleichen. Dort wechselt das Darstellungszeichen die Dezimalstelle immer dann, wenn in der Addition in einer Stelle "10" erreicht ist, so bspw. bei der Addition 1 + 9 = 10.

Für die Durchführung einer dualen Addition können diese Erkenntnisse unter Anwendung der im nachstehenden Beispiel genannten Regeln verwertet werden. Sollen die Zahlen 5 und 9 addiert werden, so kommt es zur folgenden Schrittfolge:

- 1. Schritt: Umwandeln der beiden dezimalen Zahlen (Basis 10) in duale Zahlen (Basis 2):

```
            Stellenwert:
            8 4 2 1
    5   =   0 1 0 1
    9   =   1 0 0 1
```

- 2. Schritt: Addieren der dualen Zahlen nach den arithmetischen Regeln:

```
    0 + 0 = 0
    0 + 1 = 1
    1 + 0 = 1
    1 + 1 = 0   (hier ergibt sich ein Überlauf von 1 auf die nächsthöhere
                 Stelle)
      0 1 0 1
    + 1 0 0 1
      1 1 1 0
```

- 3. Schritt: Umwandeln des dualen Ergebnisses in ein dezimales Ergebnis:

```
Stellenwert:
8 4 2 1
1 1 1 0  = 14
```

1.4.5.2 Subtraktion

Bei der dualen Subtraktion kann man die gleiche Methode anwenden, wie man es vom Dezimalsystem her kennt. Das bedeutet, daß von der nächsthöheren (linken Stelle) ein Wert "geborgt" wird. Voraussetzung ist die wertmäßige Umdrehung des Subtrahenden. Im Falle des Beispiels 13 - 11 = 2 sind folgende drei Ausführungsschritte notwendig:

- 1. Schritt: Umwandeln der dezimalen Zahlen in duale Zeichen:

```
  13 =  1 1 0 1    (Minuend)
 -11 = -1 0 1 1    (Subtrahend)
```

- 2. Schritt: Die Subtraktion erfolgt in Form einer Addition, nachdem der Subtrahend vorher umgewandelt (konvertiert) wurde:

```
  13 =  1 1 0 1    (Minuend)
 -11 = -1 0 1 1    (Subtrahend)
   +    0 1 0 1    (Subtrahend nach Veränderung)
```

Das Ergebnis im Beispiel ermittelt sich nunmehr wie folgt:

```
     1 1 0 1      (Minuend)
  +  0 1 0 1      (umgewandelter Subtrahend)
  =1 0 0 1 0
```

- Die erste Bit-Position bleibt unberücksichtigt, weil bei Umwandlung des Subtrahenden nur ein vierstelliger Wert berücksichtigt wurde. Das wird klar, wenn man weiß, daß vor dem ehemaligen Subtrahenden - 1 0 1 1 endlos der Wert "0" steht. Dieser würde stets in einen Wert "1" verwandelt, so daß sich ein endloser "Überlauf" ergäbe.

- 3. Schritt: Umwandeln des dualen Ergebnisses in das jeweils gewünschte Zahlensystem: Ist bei der vorstehenden Addition kein Überlauf in der vorderen Bit-Position entstanden, so muß das duale Rechenergebnis rekomplementiert werden, d.h. es muß wie unter dem 2. Schritt beschrieben und umgewandelt werden.

1.4.5.3 Multiplikation

Eigentlich ist die Multiplikation nichts anderes als eine fortgesetzte Addition. Dies bedeutet, daß z.B. die Multiplikation 5 * 5 in Wirklichkeit wie nachstehend erfolgt:

$$5 + 5 + 5 + 5 + 5 = 25$$

An diesem Beispiel ist jedoch auch zu ersehen, daß diese Methode viel Speicherarbeit, komplizierte Zählmechanismen und eine ganze Reihe von Wiederholungen erforderlich macht.

An nachstehender Aufgabe 6 * 2 = 12 wird das Multiplikationsverfahren im Dezimalsystem wie folgt angewendet:

- 1. Schritt: Umwandeln der beiden dezimalen Zahlen (Basis 10) in duale Zahlen (Basis 2) Stellenwert:

```
Stellenwert:
   8 4 2 1
6 = 0 1 1 0
2 = 0 0 1 0
```

- 2. Schritt: Die ermittelten dualen Zahlen werden miteinander nach den arithmetischen Regeln:

```
0 * 0 = 0
0 * 1 = 0
1 * 0 = 0
1 * 1 = 1     multipliziert
1 1 0 * 1 0
0 0 0
1 1 0
1 1 0 0     (Hierbei sind führende Nullen zu löschen.)
```

- 3. Schritt: Umwandeln der Dualzahlen in Dezimalzahlen:

```
Stellenwert:
8 4 2 1
1 1 0 0 = 12  (8 + 4 nach Stellenwert)
```

1.4.5.4 Division

Da die Multiplikation eine fortgesetzte Addition ist, kann die Division als wiederholte Subtraktion angesehen werden. Wenn man z.B. 6 durch 2 teilt, so bedeutet dies doch letztlich, daß die Zahl 2 so oft von der Zahl 6 abziehbar ist, wie möglich:

- 1. Schritt: Umwandeln des Divisors und der Dividenden in eine duale Zahl:

    6 = 1 1 0
    2 = 0 1 0

- 2. Schritt: Die Division wird jetzt - wie vom Dezimalsystem bekannt - durchgeführt (Führende Nullen werden unterdrückt.):

    1 1 0 : 1 0 = 1 1
    1 0
      1 0
      1 0

- 3. Schritt: Umwandeln der Dualzahlen in Dezimalzahlen:

    11 = 3

Bei der binären Division gehen wir also wie bei der dezimalen Division unter Anwendung der bei der binären Subtraktion gelernten Regeln vor:

```
Dividend            Divisor          Quotient
16 8 4 2 1          4 2 1            4 2 1
1 0 1 0 0      :    1 0 1 =          1 0 0          Binärwerte
1 0 1
    0 0                    =         dezimal 20 : 5 = 4
    0 0
```

```
Dividend            Divisor          Quotient
16 8 4 2 1          4 2 1            8 4 2 1
1 1 1 0 0      :    0 1 1 =          1 0 0 1        Binärwerte
1 1
  0 1 0 0      dezimal        4
    0 1 1      dezimal        3
        1      Divisionsrest = dezimal 28 : 3 = 9      Rest 1
```

1.4.6 Besondere Techniken

1.4.6.1 Vorzeichendarstellung/Konvertierung

Ein Computer subtrahiert grundsätzlich in der Weise, daß er die entsprechende negative Dual-Zahl (Komplement) addiert (siehe Abschnitt 1.4.5.2). Eine negative Dualzahl erhält man durch:

- Konvertierung der positiven Dualzahl (Umkehren jeder Dualstelle) und
- Addieren einer dualen Eins (bilden des sog. Zweier-Komplements).

Damit ist eine Subtraktion im Dualsystem eine Addition mit dem negativen Subtrahenden. Die negativen Dezimalzahlen sind also auf dualer Ebene mit einer Komplement-Darstellung ausgewiesen, während die positiven Zahlen unverändert bleiben. Hierzu folgendes Beispiel mit Bilden der negativen Dual-Zahl 9 (5stellig dargestellt):

	16	8	4	2	1
pos. 9	0	1	0	0	1

	16	8	4	2	1
neg. 9	1	0	1	1	1

Die so dargestellte negative 9 ist nicht zu unterscheiden von einer positiven 23. Deshalb hat jede Dualzahl immer links von der höchsten Stelle ihr Vorzeichen in dualer Darstellung:

	Plus = 0					
		16	8	4	2	1
+23	0	1	0	1	1	1

	Minus = 1					
		16	8	4	2	1
- 9	1	1	0	1	1	1

1. Einführung

Bei allen Rechenoperationen wird die Vorzeichenstelle wie eine Wertstelle mitverarbeitet. Dabei ist zu beachten, daß die letzte "Ein-Bit-Position", also die letzte Stelle mit dem Wert "1" erhalten bleibt. Es dürfen nur die Werte davor umgedreht werden:

- + 11 (dezimal)   00001011 (dual)
- - 11 (dezimal)   11110101 (dual)
- + 127 (dezimal)   01111111 (dual)
- - 127 (dezimal)   10000001 (dual)

1.4.6.2 Festkomma- und Gleitkomma-Arithmetik

Festkommazahlen sind ohne Komma gespeicherte Zahlen. Der Computer behandelt sie als ganze Zahlen. Der Programmierer sorgt mittels Hilfsprogramm für

- stellengerechtes Rechnen und
- richtige Kommastellung in der Ausgabe.

```
Zahl           = Grundzahl**Exponent * Mantisse

+ 573100       = 10**7    *  (+0.5731)
- 573.1        = 10**3    *  (-0.5731)
+ 0.005731     = 10**-2   *  (+0.5731)
- 0.05731      = 10**-1   *  (-0.5731)


10**-2   *   (-0.5731)
 |  |  |      |    |
 |  |  |      |    └─> Wert der Mantisse
 |  |  |      └──────> Vorzeichen der Mantisse
 |  |  └─────────────> Wert des Exponenten
 |  └────────────────> Vorzeichen des Exponenten
 └───────────────────> Wert der Grundzahl
```

```
Externe Darstellung        Interne Darstellung
-------------------------------------------------
VUUUUU.XU                  VXXXXXXXX
 -23.75                    -00002375
  23.4                     +00002340
   0.45                    +00000045
+34234                     +03423400
-000000100                 -00010000
-------------------------------------------------

V = Vorzeichen
U = Blank, wenn vorlaufende Null
X = Stellenwert, auch Null
```

Abb. 1.21: Gleitkomma-Arithmetik

Gleitkommazahlen "enthalten" Kommas. Bei diesen Zahlen wird die Stellung des Kommas mitgespeichert. Der Computer berücksichtigt - ohne Mitwirkung des Programmierers - das Komma stellengerecht. Mit Gleitkommazahlen wird in technisch-wissenschaftlichen Aufgaben häufig gerechnet. Prinzipiell werden Gleitkommazahlen nach dem Schema in Abbildung 1.21 behandelt.

Die Gleitkomma-Arithmetik zeichnet sich durch folgende Eigenarten aus:

- Das Vorzeichen des Wertes wird - analog zu den Festkommazahlen - in der 1. Bitposition gespeichert.
- Eine andere Regelung gilt für das Vorzeichen des Exponenten. Der Exponent wird nicht absolut gespeichert, sondern zum festen Wert 64 bei positivem addiert bzw. bei negativem Exponenten subtrahiert.
- Bei einfacher Genauigkeit werden 24 Bits, bei doppelter Genauigkeit 48 Bits für die Mantisse (M) zuzüglich 1 Bit für das Vorzeichen (V) und 7 Bits für die Charakteristik (C) benötigt (insgesamt 32 bzw. 56 Bits).

1.4.6.3 Gepackte und ungepackte Formate

Im EBCDI-Code (siehe Abbildung 1.16) werden zur Darstellung der Dezimalziffer von 0 bis 9 jeweils nur das rechte Halbbyte benötigt; während das linke Halbbyte mit Nullen gefüllt ist (00001001 für 9; 00000111 für 7 etc.). Es ist deshalb möglich, Dezimalzahlen kompakter darzustellen, in dem je Dezimalziffer ein Halbbyte, also zwei Dezimalziffern je Byte verwendet wird. Durch eine solche kompakte Darstellung können Speicherstellen gespart werden. In diesem Zusammenhang wird von ungepackten und gepackten Formaten gesprochen.

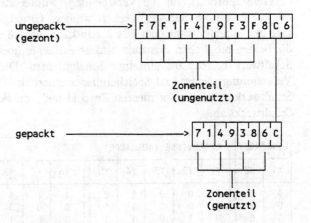

Abb 1.22: Gegenüberstellung gepackter und ungepackter Formate

Von einer **gepackten** Speicherung wird also gesprochen, wenn in einem Byte zwei Dezimalziffern dezimal-dual verschlüsselt sind (Abbildung 1.22). Wenn die Anzahl der Ziffern der zu verschlüsselnden Dezimalzahl nicht durch zwei teilbar ist, so bleibt der Zonenteil des 1. Bytes unbelegt (duale Nullen). Gepackt verschlüsselte Dezimalziffern müssen stets ein Vorzeichen in der niedrigsten (rechtesten) Tetrade führen. Von einer **ungepackten** Speicherung wird gesprochen, wenn in einem Byte eine Dezimalziffer im Zifferteil dezimal-dual verschlüsselt ist. Das Vorzeichen steht im Zonenteil.

1.4.7 Logik der Verarbeitung

Der Ablauf einer Operation im Computer erfolgt in einer Folge von Schritten, in denen die Binärsignale in einem elektrischen Schaltnetz logisch miteinander verknüpft werden, um bestimmte Strompfade zu aktivieren. Der zeitliche Ablauf wird von einem Taktgeber gesteuert. Hierbei lassen sich verschiedene Schaltungen bilden, die zugleich zu den Grundfunktionen der Datenverarbeitung führen, die ihrerseits wiederum auf der Boole'schen Algebra basieren.

1.4.7.1 Boole'sche Verknüpfungen

Bei der Beantwortung der Frage, wie die als Bitfolge codierten Daten durch elektronische Schaltungen verändert werden, spielt die "Boole'sche Algebra" eine wichtige Rolle. Die von G. **Boole** entwickelten Aussagenverknüpfungen wurden von C. E.. Shannon zur Beschreibung und Gestaltung von Schaltungen verwendet. Solche Schaltungen können bspw. für den Transport von Daten (**Verteilschaltung**), für die Verarbeitung (**Addierschaltung**), für die Speicherung (**Flip-Flop-Schaltung**) benutzt werden. Grundgedanke ist, daß eine Aussage nur objektiv wahr oder falsch sein kann, so daß die zweiwertige Logik auf die beiden möglichen Zustände binärer Elemente übertragen werden kann. Ein Schaltwerk besteht aus einzelnen Schaltgliedern. Die Schaltglieder werden in Verknüpfungsglieder und Speicherglieder unterteilt. Der Wert am Ausgang des Schaltwerkes hängt vom inneren Zustand und von dem Wert am Eingang des Schaltwerks ab.

EINGÄNGE		ERGEBNISSE (AUSGÄNGE)									
X1	X2	Y1	Y2	Y3	Y4	Y5	Y6	Y7	Y8	Y9	Y10
0	0	0	0	0	0	0	1	1	1	1	1
0	1	0	0	1	1	1	0	0	0	1	1
1	0	0	1	0	1	1	0	0	1	0	1
1	1	1	0	0	0	1	0	1	1	1	0

Abb. 1.23: Beispiel boolescher Verknüpfungen

In dem vorangestellten Beispiel (Abbildung 1.23) sind von den 16 theoretischen Möglichkeiten die technisch brauchbaren 10 abgebildet. Der Zusammenhang zwischen technischer Realisierung und Schaltalgebra ist dadurch gegeben, daß Computer für die Durchführung logischer Operationen mit Verknüpfungsgliedern versehen werden. Die Aussage "die Sonne scheint" kann entweder "wahr" oder "falsch" sein; ebenso die Aussage "es ist Sonntag". Es liegen zwei Aussagenvariablen vor. Werden sie miteinander verknüpft, entsteht eine neue Aussage: "Es geht ins Grüne, wenn die Sonne scheint und wenn es Sonntag ist." Diese Aussage ist eine eindeutige Funktion der beiden ersten. Sie ist dann "wahr", wenn die beiden ersten Aussagen gleichzeitig erfüllt (If, Then), also "wahr" sind (AND-Verknüpfung). Dieser Formalismus wird in den Grundfunktionen der Datenverarbeitung benutzt. Dabei ist es von großer Bedeutung, daß

- eine Boole'sche Größe binären Charakter hat und
- eine Boole'sche Funktion dann vorliegt, wenn eine Ergebnisgröße in einer eindeutig definierten Weise von der Erfüllung bzw. Nichterfüllung der Bedingungen abhängt.

1.4.7.2 Grundfunktionen

Die elementarsten Boole'schen Funktionen sind die Identität ($y = x$, d.h. y ist gleich x) und die Negation ($y = \overline{x}$, d.h. y ist gleich x nicht). Die erste Bedingung hat für die Datenverarbeitung eine geringe Bedeutung im Gegensatz zur zweiten Bedingung. Für die Datenverarbeitung sind die nachfolgenden Boole'schen Funktionen von großer Wichtigkeit. Es läßt sich nämlich beweisen, daß alle überhaupt möglichen logischen Funktionen sich auf diese drei Grundfunktionen zurückführen lassen (Abbildung 1.24).

- **AND** (Konjunktion)
  Die Ergebnisgröße y ist dann und nur dann "wahr" (L), wenn alle Eingangsvariablen $X1, X2, \ldots, Xn$ gleichzeitig "wahr" (L) sind.
- **OR** (Disjunktion)
  Die Ergebnisgröße y ist dann "wahr" (L), wenn eine oder mehrere der Eingangsvariablen $X1, X2, \ldots, Xn$ "wahr" (L) sind.
- **NOT** (Negation)
  Die Negation ist die Umkehrung des Wahrheitswertes.

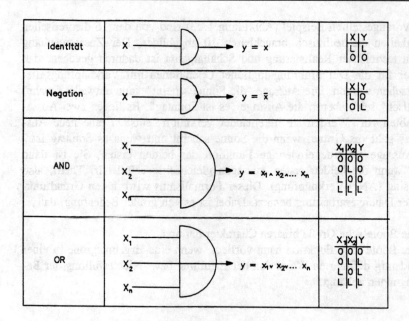

Abb. 1.24: Grundfunktionen und ihre Bedingungen

2. Hardwaretechnische Grundlagen der Verarbeitung

Hardware-technische Grundlagen der Verarbeitung	Aufbau des Computers	Mikrocomputer Mainframe	Abschnitt 2.1
	Ein- und Ausgabe-peripherie	Überblick Eingabe Ausgabe Ein- und Ausgabe	Abschnitt 2.2
	Speicherperipherie	Überblick Magnetbandspeicher Diskette Magnetplattenspeicher sonst. Speicher Virtueller Speicher	Abschnitt 2.3
	Interne Verbindungs-einrichtungen	Funktionen Das Bus-Prinzip Das Kanal-Prinzip	Abschnitt 2.4
	Zentraleinheit	CPU ALU	Abschnitt 2.5
	DV-System	Begriffserklärung Systemkomponenten Einteilungen Notebooks/Laptops Mikrocomputer Minicomputer Mainframes Supercomputer	Abschnitt 2.6
	Architektur von Computersystemen	Begriffserklärung Anfänge und CISC RISC-Rechner Höchstleitungsrechner	Abschnitt 2.7
	Entwicklung der DV-Systeme, Trends	Historische Entwicklung Künftige Ausprägungen	Abschnitt 2.8

2.1 Allgemeiner Aufbau eines Computers

In den folgenden Ausführungen der Abschnitte 2.1 bis 2.5 wird der Aufbau des Computers nach dem Neumann-Prinzip diskutiert. Neuere Entwicklungen, die hiervon abweichen, werden im Abschnitt 2.6 erörtert.

2.1.1 Der Computer

Der Aufbau des Computers folgt dem Funktionsprinzip der Datenverarbeitung (Abbildung 2.1). Für jede Funktionsart stehen spezifische Geräte(-gruppen) bzw. technische Einheiten zur Verfügung. Dabei führen die Mikrocomputer und Mainframe unterschiedliche Formen an. Beispiele für Mikrocomputer sind PS/2, MacII, MacPlus; für Mainframes Cyber, IBM 3090. Ihre Angleichung ist insbesondere in bezug auf die Ein- und Ausgabeperipherie sichtbar. Mitunter sind Mikrocomputer Komponente der Mainframe-Peripherie (Mikrocomputer als Terminals); häufiger ist jedoch ihre Vernetzung.

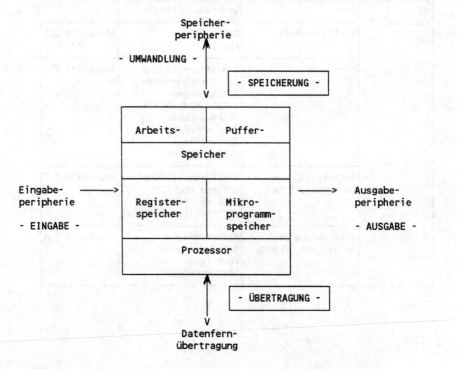

Abb 2.1: Kontext zwischen Funktionen und Aufbau des Computers

2.1 Allgemeiner Aufbau eines Computers

Jedes Datenverarbeitungssystem, sowohl das menschliche, wie auch das maschinelle setzt sich aus fünf Grundfunktionen(-einheiten) zusammen, die in Abbildung 2.2 (zuvor im Abschnitt 1.2.1) in komprimierter Form dargestellt sind.

Funktionen	Kurz-form	Geräte - Einheiten		
Eingabe	E	Eingabegerät(e)		
Speicherung		Zentralspeicher		Zentral-einheit
Steuerung	V	Leitwerk	Prozessor	
Rechnen		Rechenwerk		
Ausgabe	A	Ausgabegerät(e)		

Abb. 2.2: Das Beziehungsschema Grundfunktionen - Geräte

Hieraus lassen sich folgende Begriffe (erörtert nach DIN 44300) abgrenzen und in Abbildung 2.3 darstellen:

- Ein **Datenverarbeitungssystem** (Rechnersystem) besteht aus Funktionseinheiten zur Verarbeitung von Daten, d.h. zur Durchführung mathematischer, umformender, übertragender und speichernder Operationen, wobei sich eine Funktionseinheit aus Baueinheiten (Geräten) und Programmbausteinen (Programmen) zusammensetzt. Ein Datenverarbeitungssystem ist also unter funktionellen Gesichtspunkten die Gesamtheit der Hardware (Geräte) und Software (Programme).
- Eine **Datenverarbeitungsanlage** (Datenverarbeitungssystem, Rechenanlage, **Computer**) ist die Gesamtheit der Baueinheiten (Geräte), aus denen ein Datenverarbeitungssystem aufgebaut ist, also die unter konstruktiven Gesichtspunkten betrachtete Hardware.
- Die externe **Speichereinheit** (External Storage) ist die Funktionseinheit innerhalb eines Datenverarbeitungssystems zur Aufnahme und Bereithaltung von Daten und Programmen.
- Eine **Eingabeeinheit** (Input Unit) ist die Funktionseinheit innerhalb eines Datenverarbeitungssystems, mit der das Rechnersystem Daten von außen her aufnimmt.
- Eine **Ausgabeeinheit** (Output Unit) ist die Funktionseinheit innerhalb eines Datenverarbeitungssystems, mit der das Rechnersystem Daten nach außen an den Benutzer abgibt.
- Der **Zentralspeicher** (Internal Storage) ist ein interner Speicher, zu dem Rechenwerke, Leitwerke und ggf. Eingabe- bzw. Ausgabewerke unmittelbar Zugang haben.

- Das **Leitwerk** (Control Unit) als Funktionseinheit innerhalb eines Datenverarbeitungssystems steuert die Reihenfolge, in der die Befehle eines Programms ausgeführt werden sollen; außerdem entschlüsselt und ggf. modifiziert es die Befehle in für ihre Ausführung erforderliche digitale Signale. Das Leitwerk wird auch oft Steuerwerk genannt.
- Das **Rechenwerk** (Arithmetic Unit) ist eine Funktionseinheit innerhalb eines Datenverarbeitungssystems, die Rechenoperationen ausführt. Zu den Rechenoperationen gehören i.w.S. auch Vergleichen, Umformen, Runden.
- Zentralspeicher, Leit- und Rechenwerk zusammen bilden die **Zentraleinheit** (Central Processing Unit); innerhalb der Zentraleinheit werden das Leit- und Rechenwerk auch **Prozessor** (Processor) genannt.

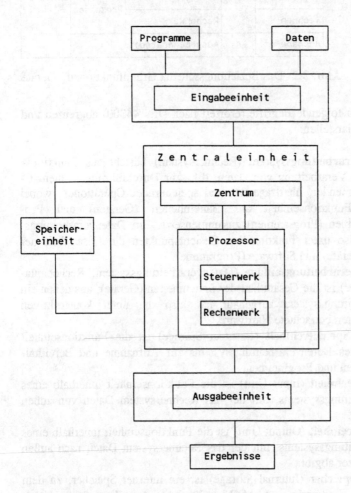

Abb. 2.3: Aufbauschema des Datenverarbeitungssystems

Dieses Aufbauschema gleicht der sog. CISC (Complex Instruction Set Computer) und zugleich der Neumann-Architektur. Sie wurde Mitte der 60er Jahre, also mit der 3. Computergeneration eingeführt. Ihre Nachfolger beherrschen die gegenwärtig vorherrschenden Computer-Familien auf Mikro- und Mainframe-Ebene.

2.1.2 Der Aufbau des Personal-Computersystems

Mikrocomputer bestehen aus

- einem Mikroprozessor (praktisch aus einer Art Zentraleinheit), der seinerseits aus Steuerwerk, Rechenwerk und Registern besteht, internen und externen Bussen als Adreß-, Steuer- und Datenbus,
- einem Hauptspeicher als Festspeicher für den Arbeitsspeicher und Nur-Lesespeicher,
- einem oder mehreren Massenspeichern (Disketten, Winchesterplatten, Streamer, optische Speicherplatte) - inzwischen erweiterbar um Cache-Speicher,
- verschiedenen Ein- und Ausgabegeräten wie Tastatur, Bildschirm, Maus, Netzwerk-Server, Drucker, Joystick, Lichtgriffel, Rollball und
- Erweiterungssteckplätze, Erweiterungskarten (Abbildung 2.4).

Die **Zentraleinheit** besteht aus dem Steuerwerk, dem Rechenwerk und dem Hauptspeicher (Arbeitsspeicher). Das Steuerwerk und das Rechenwerk werden Mikroprozessor genannt. Die übrigen Einrichtungen außerhalb der Zentraleinheit werden als Peripherie bzw. als Peripheriegeräte bezeichnet. Dazu gehören neben den Ein- und Ausgabestationen auch die externen Speicher wie Magnetplatten oder Disketten. Sie sind über Schnittstellen (Interface) mit dem Rechner verbunden.

Die **Steuereinheit** (Control Unit) als Kommandozentrale und Kontrollorgan für die Abwicklung des Programms hält die Verbindung der einzelnen Baugruppen aufrecht. Sie arbeitet in einem festen Zeittakt, der von einem Taktgenerator mit Hilfe eines Quarzkristalls erzeugt wird. Dieser Zeittakt ist gewissermaßen der Pulsschlag, der alle Operationen synchronisiert und auch vorwärtstreibt. Der Zeittakt wird in Mega Hertz = MHz angegeben und ist für die Arbeitsgeschwindigkeit eines Gerätes entscheidend. Je höher die Frequenz, desto schneller die Arbeit. Die Taktfrequenzen liegen heute über 10 MHz. 1 Hertz ist 1 Takt in der Sekunde, d.h. 10 MHz entsprechen 10 Millionen Takte/Sekunde.

Das **Steuerwerk** koordiniert also die Arbeitsabläufe. Diese gestalten sich wie folgt: Das Steuerwerk holt den Befehl - nachdem das Programm geladen ist - aus dem Zentralspeicher und entschlüsselt ihn. Die Befehle werden nacheinander gelesen (auf Register kopiert), entschlüsselt, zur Ausführung an die Logikelemente weitergegeben. Die Register verhalten sich somit als Übergabestellen zwischen dem Hauptspeicher und den Logikelementen. Danach durchlaufen die Daten die Schaltnetze. Die Ergebnisse werden schließlich auf die Register zurückgeschrieben. Von hier werden sie in den Hauptspeicher kopiert.

Dieser Zyklus wiederholt sich, bis das Programmende erreicht ist. Eine wesentliche Aufgabe übernimmt dabei der **Befehlsregister**, der die Adresse des nächsten Befehls angibt. Weil die einzelnen Befehle unterschiedlich lang sind, und zwar meistens zwischen 2 bis 6 Bytes, muß der richtige Wert in den Befehlsregister geschrieben werden (Hier wird von Befehlsbreite gesprochen.). Besondere Schwierigkeiten ergeben sich bei Sprungbefehlen, wo die nächste Adresse nicht unmittelbar auf die letzte folgt. Die Register des Steuerwerks haben normalerweise die gleiche Länge. An dieser Länge wird auch die Bezeichnung des Computertyps ausgedrückt: 8 Bit Computer, 16 Bit Computer, 32 Bit Computer, 64 Bit Computer etc.

Diese Fakten sind die eigentlichen Hauptursachen dafür, daß ein Programm nicht auf verschiedenen Rechnern (Computertypen) läuft. Die Abstimmung der Register mit den anwendbaren Befehlen sind Voraussetzungen, die bei Nichteinhaltung zuvor genannte Resultate erzielen. Die Hersteller sind daher bestrebt, bei Verbesserung der eingebauten Logikchips auf den Nachfolgemodellen die Register und die Maschinenbefehle der älteren Modelle beizubehalten. Typisches Beispiel dafür ist die Intel-Chipfamilie 80286, 80386, 80486 etc.

Das **Rechenwerk** (Arithmetic Logical Unit) ist das unentbehrliche Bauteil, das das Rechnen und Vergleichen besorgt. Es ist für die arithmetischen Funktionen verantwortlich und kann Wertbestimmungen sowie Operationen mit logischen Verknüpfungen durchführen. Es verfügt über eine Reihe von **Registern**, die der Zwischenspeicherung der Daten dienen. Sie sind bestimmten Datentypen angepaßt, so bspw. für Integerzahlen 16 Bits (2 Bytes), für Gleitkommazahlen 48 Bits (6 Bytes). Eine andere Sorte von Registern stellen die Befehlsregister dar. Sie enthalten die codierten Instruktionen (Befehle). Die eigentliche Arithmetik ist in **Schaltnetzen** realisiert. Sie führen die arithmetischen und logischen Verknüpfungen aus. Die Logikchips (siehe auch die Abschnitte 1.4.7 und 2.5.1) werden vereinfacht **Prozessor** genannt. Sie können für Gleitkommaoperationen mit besonderen Chips erweitert werden. Solche Chips werden **Coprozessor** genannt. Sie beschleunigen die Rechengeschwindigkeit um ein Vielfaches.

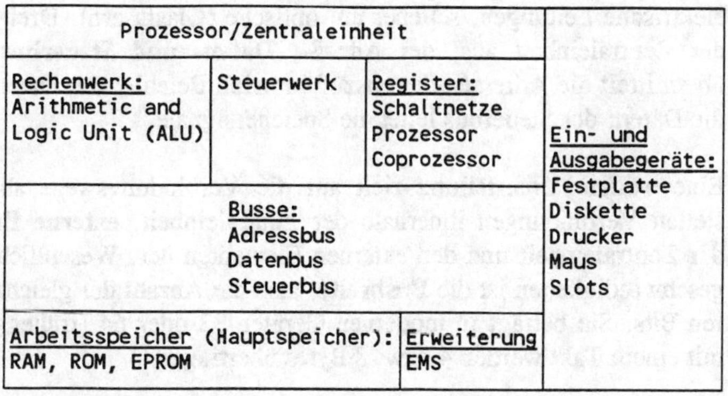

2.1 Allgemeiner Aufbau eines Computers

Prozessor/Zentraleinheit			
Rechenwerk: Arithmetic and Logic Unit (ALU)	Steuerwerk	Register: Schaltnetze Prozessor Coprozessor	Ein- und Ausgabegeräte: Festplatte Diskette Drucker Maus Slots
	Busse: Adressbus Datenbus Steuerbus		
Arbeitsspeicher (Hauptspeicher): RAM, ROM, EPROM		Erweiterung EMS	

Abb. 2.4: Aufbau eines Mikrocomputers

Der **Haupt- oder Arbeitsspeicher** (Random Access Memory, RAM) ist ein Speicher mit beliebigem Zugriff. Er dient der Datenspeicherung. Er wird in zwei Varianten genutzt, statisch (sehr schnell als Cache Memory) und dynamisch (Dynamic RAM). Nach Vorgaben von Neumann ist er in Zellen gleicher Größe unterteilt. Jede Zelle hat ihre Nummer, ihre **Adresse**. Im Regelfall ist eine Zelle 8 Bits, also 1 Byte groß (kleinste adressierbare Einheit). Die maximale Größe des Arbeitsspeichers, die adressiert werden kann, hängt von der Breite des Adreßregisters ab. Mit 32 Bits breiten Adressen können 2^{36} Bytes (rund 4 GByte) direkt angesprochen werden (Die ersten Rechner der 80er Jahre hatten 64 KB Arbeitsspeicher.). Die Zugriffszeiten auf die Daten von der Anforderung bis zur Bereitstellung liegen normalerweise um 80 Nanosekunden. Weil die Steuer- und Rechenwerke schneller arbeiten, wird die Pufferung mit Speicher-Cache gewählt. Eine in neuerer Zeit benutzte **Speichererweiterung** (EMS, Expanded Memory Specification) ist eine Art virtueller Arbeitsspeicher, der einen beschleunigten Zugriff auf die hier gespeicherten Daten bewirkt.

Ein bestimmter Teil der Speicherkapazität, **ROM** (Read Only Memory) genannt, wird für wiederkehrende Befehle und Anweisungen benötigt, die erforderlich sind, um das Computersystem zu starten und zu steuern. Diese Speicherinhalte können nur gelesen, aber nicht verändert werden. ROM-Sonderformen sind die sog. programmierbaren ROM, die **PROM**-Speicher (Programmable ROM). Der Anwender kann eine einmalige Programmfolge angeben, die für die Zukunft auch bei Stromausfall erhalten bleibt. Komfortabler sind die wieder-löschbaren, programmierbaren ROM-Speicher. Sie werden **EPROM** (Erasable PROM) genannt.

Mikrocomputer sind modular aufgebaut. Zwischen den einzelnen Bauteilen/Elementen stellen sog. **Busse** die Verbindungen her. Es handelt sich um elektrische Leitungen, seltener um optische (Glasfasern). Drei Busse gehen von der Zentraleinheit aus, der **Adreß-, Daten- und Steuerbus**. Der Adreßbus übermittelt die Adressen der auszuführenden Befehle; der Datenbus transportiert die Daten; der Steuerbus leitet die Speichersignale.

Eine weitere Unterteilung zielt auf die Verbindungswege ab. **Interne Busse** stellen Verbindungen innerhalb der Zentraleinheit, **externe Busse** von und zu der Zentraleinheit und den externen Elementen her. Wesentlich für die Arbeitsgeschwindigkeiten ist die **Busbreite**, also die Anzahl der gleichzeitig übertragbaren Bits. Sie beträgt in modernen Geräten 32 oder 64 (früher 8 bzw. 16), d.h. mit einem Takt werden 4 bzw. 8 Bytes übertragen.

Gegenwärtig werden drei Architekturkonzepte verfolgt, die

- **ISA**-Busse (Industry Standard Architecture)
  Sie sind in den alten Mikrocomputern eingebaut.
- **MCA**-Busse (Microchannel Architecture)
  Sie werden in IBM-Rechner eingebaut.
- **EISA**-Busse (Extended Industry Standard Architecture)
  Sie wurden von den Herstellern Tandy, HP, NEC, Compaq etc. entwickelt und verwendet.

Jeder Mikrocomputer verfügt über **Erweiterungssteckplätze** und **-karten** zum weiteren Ausbau. Je mehr Steckplätze (Slots) vorhanden sind, desto anpaßbarer ist der Computer an spätere Aufgaben, so bspw. für Graphikkarten, Drucker, Datenübertragung etc.

Schließlich gehören zu jedem Mikrocomputer verschiedene **Ein- und Ausgabegeräte**, die über die Slots angeschlossen werden. Als Mindestperipherie dieser Art sind der Bildschirm, die Tastatur, die Maus und ein Drucker zu nennen. Die anderen Arten hängen von den Anwendungen ab.

2.1.3 Architektur des Mainframe-Systems

Eine Datenverarbeitungsanlage besteht aus einer Anzahl von Funktionseinheiten, die bezüglich ihrer Funktionen gegeneinander abgegrenzt werden können, die jedoch untereinander gekoppelt sind. Prinzipiell muß eine Datenverarbeitungsanlage - siehe dazu auch Abbildung 2.5 - über Hardware und Software verfügen, wobei

- die **Hardware** in Einheiten der Zentraleinheit und Peripherie,
- die **Software** in System- und Anwendungssoftware

unterteilt wird (Abbildung 2.5). Die Hardware als Funktionseinheit besteht wiederum aus mehreren Baueinheiten, entsprechend Abbildung 2.6, wobei eine direkte Verbindung zu den zu erfüllenden Funktionen besteht (Abbildung 2.7). Mainframes (Großrechner) - im Vergleich zu den Mikrocomputern (Siehe Abbildung 2.6) - sind so ausgelegt, daß sie gleichzeitig eine große Anzahl von Benutzern mit dem gleichen/mit verschiedenen Programm/Programmen so bedienen, daß jeder Benutzer das Gefühl hat, der Rechner würde nur für ihn arbeiten. Dieser Multiuser-Betrieb setzt eindeutige Aufgabenabgrenzungen seitens des Benutzers (Jobs) und ausreichende technische Kapazitäten voraus. Für die hardwaretechnischen Komponenten gelten dabei nachfolgende Charakteristika:

Die **Zentraleinheit** (Central Processing Unit, CPU) ist eine Funktionseinheit innerhalb der Datenverarbeitungsanlage. Die Zentraleinheit besteht aus Hauptspeicher, dem Steuerwerk, sowie der Arithmetik und Logik. Das Steuerwerk und das Rechenwerk werden zusammen als Prozessor bezeichnet. Im Prozessor erfolgt die effektive Verarbeitung der Informationen nach den dem Datenverarbeitungssystem eingegebenen Programm. Das Programm legt durch eine Instruktionskette fest, welche Informationen wie und wo zu verarbeiten sind.

Große Datenverarbeitungssysteme sind mit mehreren Prozessoren ausgestattet. Der **Zentralprozessor** (Processor) ist eine Funktionseinheit, die das Leitwerk/Steuerwerk und das Rechenwerk umfaßt.

Das **Leit- oder Steuerwerk** (Control Unit) dient der Durchführung der einzelnen Befehle eines Programms. Das Rechenwerk (Arithmetical Logical Unit, ALU) führt die Rechenoperationen wie arithmetische Befehle (Instruction), logische Befehle der Boole'schen Algebra usw. aus. Der **Zentralspeicher** (Central Storage Memory) ist eine interne Funktionseinheit für die Aufnahme, Aufbewahrung (Bereitstellung) und Abgabe der Daten. Häufig wird in diesem Zusammenhang auch vom Speicherwerk, früher vom Kernspeicher gesprochen, da er zumeist aus Magnetkernen aufgebaut war. Jeder Speicher, der nicht Zentralspeicher ist, wird als **externer Speicher** (External Storage) bezeichnet. Externe Speicher sind langsamer, verfügen dafür über sehr große Speicherkapazitäten.

Datenverarbeitungs-anlage	Hardware	Zentraleinheit(en)
		Peripherieeinheiten
	Software	Systemsoftware
		Anwendungssoftware

Abb 2.5: Prinzipieller Aufbau einer Datenverarbeitungsanlage

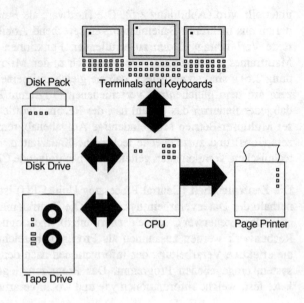

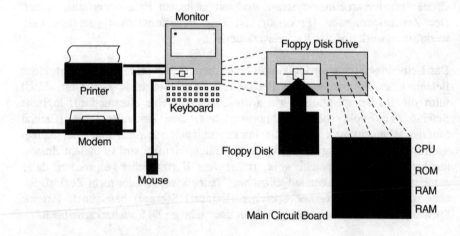

Abb. 2.6: Vergleich der beiden Computersysteme Mikrocomputer und Mainframe

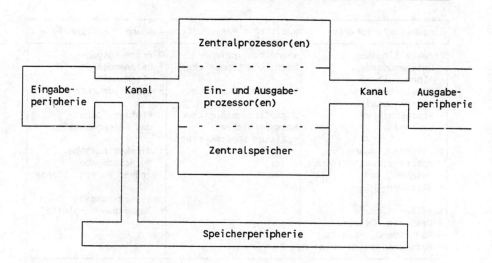

Abb. 2.7: Der Funktionszusammenhang eines Computers

Funktionseinheiten, die nicht zur Zentraleinheit gehören, sind sog. periphere Einheiten oder **Peripherie** (Peripheral Unit). Dementsprechend sind externe Speicher **periphere Speicher**. Nicht unmittelbar benötigte Daten und Programme, die aus Platzgründen nicht ständig im Zentralspeicher stehen, werden extern gespeichert. Die hier eingesetzten Speichergeräte werden außerdem auch als Eingabe- und Ausgabegeräte verwendet. Für die **Eingabe** (Input), ebenso für die **Ausgabe** (Output) von Daten und Programmen werden in größeren Anlagen selbständige Ein- und Ausgabegeräte bzw. -Einheiten (Input/Output Unit, I/O Unit) eingesetzt.

Der Anschluß der Zentraleinheit an die Peripherie, bzw. umgekehrt wird über den **Ein- und Ausgabeprozessor** (Input/Output Processor) realisiert. Er steuert, gegebenenfalls modifiziert die Datenbewegung, den Datentransfer zwischen dem Zentral- und Peripheriespeicher. Er bewirkt einen Ausgleich zwischen der hohen internen Rechengeschwindigkeit der Zentraleinheit und den wesentlich langsameren Ein- und Ausgabegeschwindigkeiten der peripheren Geräte. Letztere arbeiten häufig, zumindest teilweise, mechanisch.

Der Anschluß selbst wird über Ein- und Ausgabekanäle (Kurzbezeichnung: **Kanäle, Kanalwerk**; Channel, Channel Unit) realisiert. Sämtliche Kanäle des Ein- und Ausgabeprozessors arbeiten parallel zueinander (Abbildung 2.8).

Eingabe - Peripherie	Speicher - Peripherie	Ausgabe - Peripherie

Direkte Eingabe
- Datenendgerät
  (Terminal)
- Maus, Geräte des
  Teleprocessing
- Prozeßrechner
- Scanner
 	
Indirekte Eingabe
- optische, magnetische
  Zeichenleser
- Streamer
 	
Speicher-Eingabe
- Kassette, Diskette
- Magnetband, -platte
- optische Speicherplatte
	Magnetbandspeicher
	Magnetplattenspeicher
	
	Diskette, Mikrofiche
	
	Magnettrommelspeicher
	Massenspeicher
	optische Speicherplatte
		Direkte Ausgabe
		- Datenendgerät
		  (Terminal)
		- Schnelldrucker
		- Plotter, Geräte
		  des Teleprocessing
		
		Indirekte Ausgabe
		- Sprachausgabe
		- früher versch. Stanzer
		
		Speicher-Ausgabe
		- Magnetband, -platte

	Kanalwerke - Selektorkanäle - Multiplexkanäle - Blockmultiplexkanäle	
	Zentraleinheit - Steuerwerk (Logik) - Rechenwerk (Arithmetik) - internes Speicherwerk	

Abb 2.8: Gerätegruppen und Einzelgeräte des Mainframes

2.2 Ein- und Ausgabeperipherie

2.2.1 Allgemeines

Die **Ein- und Ausgabeperipherie** (Input-/Output Peripheral Unit) dient dazu, Daten/Informationen dem Computer zur Verarbeitung und/oder zur Speicherung, bzw. dem Anwender Ergebnisse, Informationen, Daten visuell, magnetisiert oder akustisch zu übermitteln. Für diesen Zweck steht eine Vielzahl von Geräten zur Verfügung (Abbildung 2.9). Sie können ausschließlich der Eingabe, oder der Ausgabe dienen. Die Kombination beider Funktionen in einem Gerät gewinnt an Bedeutung. Sie ist Grundbedingung des Dialogbetriebes.

2.2 Ein- und Ausgabeperipherie

Ein- und Ausgabe-peripherie	Eingabe-peripherie	direkte Eingabe	Tastatur Sensorschirm Maus, Trackball Lichtgriffel, Joystick Digitalisiertabletts Touch Screen Meßgeräte
		halbdirekte Eingabe	Strichcode Markierung Handschrift Scanner Plastikkartenleser
		indirekte Eingabe	Magnetband Diskette Magnetplatte optische Platte
	Ausgabe-peripherie	direkte Ausgabe	Bildschirm Drucker Sprachausgabe
		indirekte Ausgabe	Mikrofiche (COM) Magnetband Diskette Magnetplatte optische Platte
	Kombinierte Ein- und Ausgabe		Dialogstation mit Bildschirmen - Kathodenstrahl - LCD - Plasma

Abb. 2.9: Geräte der Ein- und Ausgabe

Die Eingabe der Daten erfolgt

- indirekt über einen Datenträger,
- halbdirekt vom Urbeleg bzw.
- direkt automatisch, akustisch, manuell usw.

Analog gilt dies auch für die Datenausgabe.

Bei Mainframes werden die Geräte der Ein- und Ausgabe über Steuereinheiten (Control Units) angeschlossen. Diese überwachen den Datentransfer, schalten die Geräte ein und aus, übernehmen teilweise auch Aufgaben der (Zwischen-) Speicherung. Neuerdings dienen Mikroprozessoren diesen Funktionen, da sie leichter gerätespezifischen Bedingungen entsprechen können; zugleich treten sie als Cache-Speicher (Puffer-Speicher) auf.

2.2.2 Dateneingabe

Entsprechend der Vielfalt möglicher Datenträger erfolgt die Eingabe direkt, halbdirekt oder indirekt. Dabei ist die Wahl des Datenträgers außerordentlich schwer, da die auf der einen Seite stehenden Vorteile bspw. der Spracheingabe, Nachteile wie hohe technische Kosten, langsame Eingabegeschwindigkeit, hohe Fehlerrate usw. gegenüberstehen. Zur besseren Übersicht wird nachfolgend eine Auswahl möglicher Datenträger gegeben und darauffolgend gerätetechnisch beschrieben. Eine weitere, in der Literatur häufig benutzte Gruppierung ergibt sich aus der technischen Gestaltung (Art) des Datenträgers. So können

- beschriftete (Belege, Klarschriftbelege),
- magnetische (Speicherplatten, -bänder, Disketten, Abschnitt 2.3),
- optische (Speicherplatte, Abschnitt 2.3.2.7) und
- elektronische (Chipkarten)

unterschieden werden. In dieser Reihenfolge ist auch der Trend in der Wirtschaft erkennbar.

Die beiden zuvor genannten Einteilungen ähneln sich. Im ersten Fall wird die Abwicklung des Vorganges, im zweiten Fall die Art des Datenträgers in den Vordergrund gestellt. Die nachfolgenden Beschreibungen ziehen beide Kriterien in Betracht.

2.2.2.1 Halbdirekte Eingabeformen

2.2.2.1.1 Belegerfassung mit Magnetschriftleser

Bei der Datenumsetzung wird der Inhalt des Primärdatenträgers bzw. eines Urbeleges (Hand- oder Maschinenschrift) durch zeitaufwendige manuelle Tätigkeit auf einen maschinell lesbaren Datenträger übertragen. Eine alternative Lösung, die den Faktor Datenumsetzung reduziert, ist die direkte Belegerfassung. Man unterscheidet

- Klarschriftleser,
- Magnetschriftleser und
- Markierungsleser.

Geräte, die mehrere der obigen Funktionen erfüllen, werden als Mehrfunktionsleser bezeichnet.

In der technischen Realisierung der magnetischen Belegerfassung werden zwei Arten unterschieden. Im ersten Fall erfolgt das Erkennen

- durch Vergleichen (E 13 B - Schrift, Abbildung 2.10), im zweiten Fall
- durch Zählen (CMC 7 - Schrift, Abbildung 2.11).

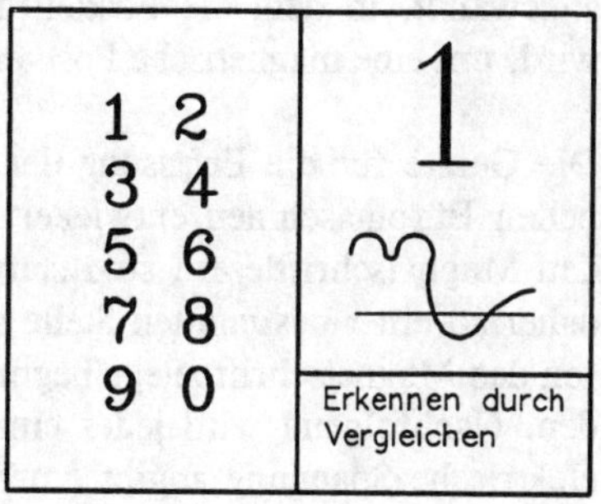

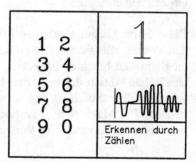

Abb. 2.10: E 13 B - Schrift

Abb. 2.11: CMC 7 - Schrift

Generell kann man sagen, daß Magnetschriftbelege Papierbelege sind, die visuell und maschinell lesbar sind. Auf ihnen sind maschinenlesbare Zeichen mit einer eisenoxidhaltigen Farbe in normierter Schrift (E 13 B - und CMC - Schrift) gedruckt. Die E 13 B - Schrift ist eine Magnetschrift, die bereits in den 50er Jahren entwickelt wurde und im amerikanischen Bankensystem ihre Anwendung fand.

Bei der Magnetschrift **E 13 B** wird eine analoge Verschlüsselung verwendet. Die Zeichen sind so gestaltet, daß jedes ein ganz bestimmtes, mit anderen nicht verwechselbares magnetisches Feld bildet, das beim Lesen ausgewertet und dem betreffenden Zeichen zugeordnet werden kann. Das Analogverfahren setzt einen sehr genauen und vor allem in den Konturen exakten Abdruck der Schriftzeichen voraus (Abbildung 2.10).

Die Magnetschrift CMC 7 ist digital verschlüsselt. Jedes Zeichen dieser Schrift besteht aus sieben senkrechten Strichen, die unterbrochen oder durchgezogen sein können. Außerdem ist der Abstand der einzelnen Striche untereinander unterschiedlich (Abbildung 2.11). Die CMC - Schrift kommt in Deutschland aus Kostengründen nur vereinzelt vor, so z.B. bei ärztlichen Kassenrezepten und Lottoscheinen. Bei der Deutschen Bundespost wird sie bei der Briefverteilanlage angewandt, in dem die Postleitzahl in Magnetschrift auf das Kuvert gedruckt wird, um eine magnetische Postverteilung zu ermöglichen.

Die Geräte für die Erfassung der Daten mit Magnetschrift sind aus konventionellen Büromaschinen entwickelt worden. Die Magnetisier- und Leseköpfe in den Magnetschriftlesern sind starr angeordnet worden. Die Magnetschrift muß daher an einer bestimmten Stelle aufgedruckt werden. Bevor das eigentliche Lesen des Magnetschriftbelegs beginnen kann, muß dieser zuerst magnetisiert werden. Nachfolgend wird jedes einzelne Zeichen an einem Magnetkopf, der eine elektrische Spannung abgibt, vorbeigeführt. Dadurch entsteht für jedes einzelne Zeichen eine charakteristische Spannungskurve, die das Erkennen der abgetasteten Zeichen ermöglicht.

Diese Form binärer Codierung hat im Vergleich zur analogen Verschlüsselung den Vorteil, daß sie den Bau einfacherer und damit kostengünstigerer Geräte ermöglicht. Zu beachten ist jedoch, daß kleinste Eisenteilchen, die aus dem mechanischen Abrieb der benutzten Maschinen (von der Erfassung bis zur Belegverarbeitung) entstehen, den Lesekopf irritieren und Lesefehler verursachen können. Die Magnetschrift ist heute größtenteils durch OCR-Schriften abgelöst worden, weil bei ihnen eine Vorbehandlung vor dem Lesen entfällt.

2.2.2.1.2 Klarschriftleser

Die Datenerfassung mit Klarschrift bedeutet im Vergleich zur Datenerfassung mit Magnetschrift eine wesentliche Erleichterung, da die meisten Maschinen mit Drucktypen für Klarschrift ausgerüstet werden können. Von den in Frage kommenden **Druck-Schriften** sind eine Schrift A (Abbildung 2.12) und eine Schrift B DIN-genormt (DIN 66008 und 66009). Zur Unterscheidung zur Schrift A ist zu sagen, daß es sich um eine stilisierte Schrift handelt, die nur aus geraden Elementen besteht, zur Schrift B dagegen um eine konventionell aussehende Schrift, die aus Geraden und Kurvenelementen besteht. Die Schriften OCR-A und OCR-B (OCR steht für Optical Character Recognition) können mit den meisten der zur Zeit auf dem Markt angebotenen Druckeinrichtungen erstellt werden, vom Buchdruck über Schreib-, Saldier- und Buchungsmaschinen, bis hin zu den Laserdruckern. Sie werden bspw. auf Schecks verwendet (Magnetic Ink Character Recognition). OCR-Programme erkennen die Buchstaben und legen sie in einen ASCII-Zeichensatz ab (Abbildung 1.6), wobei diese Programme jede Schriftart "erlernen" können.

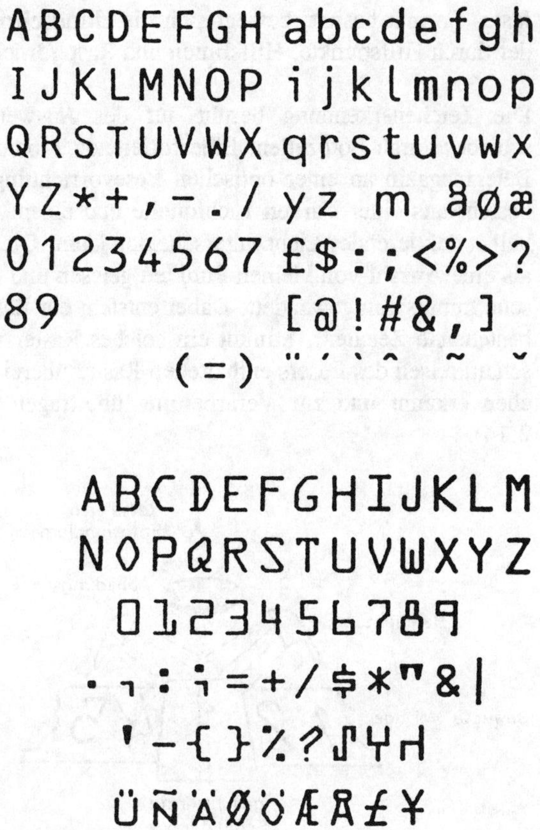

```
ABCDEFGH abcdefgh
IJKLMNOP ijklmnop
QRSTUVWX qrstuvwx
YZ*+,-./ yz m åøæ
01234567 £$:;<%>?
89       [@!#&,]
(=)      ¨´`^~ˇ
```

```
ABCDEFGHIJKLM
NOPQRSTUVWXYZ
0123456789
·˻:;=+/$*"&|
'-{}%?♪⌐⌐
ÜÑÄØÖÆR£¥
```

Abb. 2.12: OCR-A und OCR-B

Klarschriftleser sind Geräte, die genormte Druck- und Handschriftzeichen lesen können. Es sind Optical Mark Reader (OMR); zu ihnen zählen die Scanner (Siehe unten). Der Klarschriftleser erkennt die Wertigkeit bzw. die Art eines Zeichens aus seiner Gestalt. Für ihn müssen die Zeichen je Schriftart in einer ganz bestimmten Größe und Qualität gedruckt sein. In der am weitesten verbreiteten Form lesen sie eine oder zwei Zeilen auf Einzelbelegen, andere Modelle sind für das Lesen von Journalstreifen ausgelegt. Die Seitenleser sind in der Lage, vollständig beschriebene Seiten verschiedener Größen zu lesen. Die Eingabegeschwindigkeiten liegen bei 100 - 3.600 Zeichen/S bei OCR; bei 700 - 3.200 Zeichen/S bei MICR bzw. 180 - 2.400 Dokumenten/Minute. Optisch lesbar sind die Schriften OCR-A, OCR-B und die genormte Handschrift. Die Erkennung handgeschriebener Zeichen ist im Vergleich zu den maschinengeschriebenen Zeichen weitaus schwieriger. Während die Maschinenschrift ein festes Format besitzt, bewegt sich die **Handschrift** in einem variablen Bereich, der durch Hilfspunkte, Hilfslinien und Rasterdruck eingeschränkt wird.

Die Zeichenerkennung beruht auf der Auswertung des Hell-Dunkel-Unterschiedes durch Fotozellen. Eine rotierende Trommel führt die Belege aus einem Belegmagazin an einer optischen Lesevorrichtung vorbei. Die Lesevorrichtung besteht aus einer starken Lichtquelle und einem Linsensystem, das dunkel und hell reflektierendes Licht unterscheiden kann. Diese Hell-Dunkel-Muster werden als eine Anzahl von kleinen Punkten gelesen und durch eine Fotozelle in elektrische Impulse umgewandelt. Dabei entsteht ein Rasterbild (aus mehreren Punkten bestehende Zeichen). Stimmt ein solches Raster mit einem in den Erkennungsschaltkreisen des Lesers enthaltenen Raster überein, so wird das betreffende Zeichen erkannt und zur Verarbeitung übertragen (siehe Abbildungen 2.13 und 2.14).

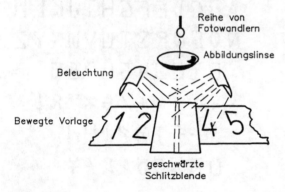

Abb. 2.13: Teilparallele Bildabtastung

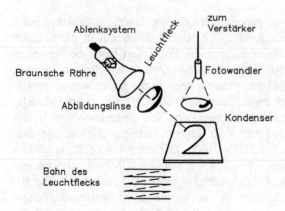

Abb. 2.14: Serienmäßige Punktabtastung

Gelesen wird mit

- Festkopfmaschinen
  Bei diesen Lesegeräten bewegt sich der Beleg an einem feststehenden Lesekopf vorbei. Diese Geräteart eignet sich insbesondere für Arbeiten mit Massenanfall von gleichartigen Belegen.
- Maschinen mit programmgesteuertem Abtasterstrahl
  Bei Lesegeräten dieser Art ruht der Beleg. Er wird mittels Abtasterstrahl, der vom Leseprogramm gesteuert wird, gelesen. Diese Geräte sind flexibler als Festkopfmaschinen.

Die Leseleistung selbst ist abhängig

- vom Belegformat,
- von der Anzahl der zu lesenden Felder,
- von der Anzahl der Zeichen je Beleg und
- von der Schriftart.

Sie erreicht bei dem Belegformat DIN A 7 bei einer Lesezeile eine Maximalleistung von 92.000 Belegen pro Stunde. Die Urbelege können in getrennten Fächern abgelegt werden, d.h. mit dem Lesen kann zugleich auch eine Sortierung nach bestimmten Kennzahlen erfolgen.

2.2.2.1.3 Strichcodebelege

Strichcodebelege (Streifencodebelege, Barcodebelege) weisen in genormten oder herstellereigenen Strichcodes Informationen auf, die entweder bei der Eingabe magnetisch oder überwiegend optisch aufgrund von Hell-Dunkel-Kontrasten gelesen werden (Abbildung 2.15). Es werden meistens Etiketten als Trägermaterial verwendet, aber auch die Möglichkeit der direkten Verpackungen wird genutzt.

4022

2/5 INTERLEAVED

375780

2/5 INDUSTRIAL

137

01

Abb. 2.15: Herstellereigene Strichcodes   2/5 5 bars   Δ IBM

2.2.2.1.4 EAN-Code

Der verbreitetste Strichcode ist der EAN-Code, der auf das Europäische-Artikel-Nummer-System (Abkürzung EAN) zurückgeht. Derzeit sind 90 Prozent aller Artikel im Handel mit diesem Code gekennzeichnet. Der EAN-Code besteht aus einer Gruppe von dunklen, parallelen Balken, die unterschiedlich breit auf einem hellen Untergrund gedruckt sind (Abbildung 2.16). Der Code wird durch eine OCR-B-Klarschriftzeile ergänzt. Falls der Schriftcode beim Lesen abgewiesen wird, kann die OCR-B-Schriftzeile manuell eingegeben werden. Der EAN-Code besteht im Normalfall aus 13 Stellen. Es kommt allerdings auch ein achtstelliges Kurzsymbol vor (Abbildung 2.17).

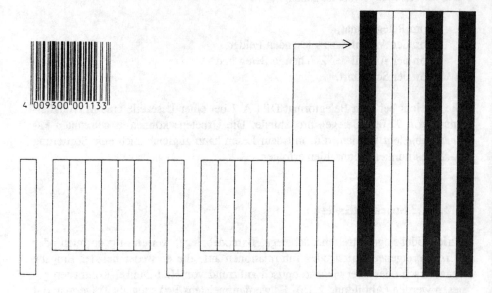

Abb. 2.16: Beispiel EAN-Code

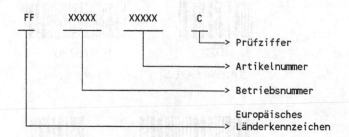

Abb. 2.17: Aufbau des EAN-Code

Die optischen Abtaster für Strichcodes (Barcodes) werden in Waren/Kaufhäusern verwendet und in der Lagerhaltung und beim Verkauf eingesetzt. An der Kasse wird durch einen Lesestift oder durch eine besondere Beleuchtung mit Laserstrahl und einem optischen System gelesen. Die sofortige Verfügbarkeit der Information und die Zuverlässigkeit des Leseergebnisses machen diese Form der Dateneingabe inzwischen unerläßlich.

Wie die Strichcodeleser, so arbeiten auch die **Scanner** nach dem Prinzip der Kontrastabtastung. Mit Hilfe von Scannern werden Dokumente mit Texten und Bildern eingelesen. Ihre Bedeutung ist für Archivierungsaufgaben (siehe Abschnitt 10.4) von eminenter Bedeutung. Dabei stehen für kleine Dokumente Handscanner, für große Dokumente Ganzseitenscanner zur Verfügung. Während der Handscanner frei über die Originalvorlage geführt werden kann, legt der Benutzer bei Verwendung des Ganzseitenscanners den Schriftbeleg oder die Graphik auf eine Glasplatte und schließt vor Betätigung des Schaltmechanismus eine Abdeckplatte. Letzterer ist derzeit in Deutschland sehr stark verbreitet.

Da dem Computer Informationen über jeden einzelnen Punkt der Vorlage durch Angabe einer Helligkeitsstufe übergeben werden müssen, ist die Aufteilung des Originals in ein Punktraster notwendig. Dabei können auch geringe Grauabstufungen unterschieden werden, da moderne Scanner jedem Punkt einen binären Wert zwischen 0 und 255 zuordnen. Auf diese Weise können 256 Helligkeitsstufen unterschieden werden, wobei für jede Graustufenbeschreibung 8 Bit benötigt sind. Man spricht in diesem Zusammenhang auch von einer Abtasttiefe von 8 Bit. Scanner, die mit einer geringen Abtasttiefe arbeiten, können entsprechend weniger Graustufen übermitteln. Mit einer Abtasttiefe von 4 Bit ist die Übertragung von nur 16 Graustufen möglich ($2^4 = 16$).

Beim Einlesen von farbigen Vorlagen werden 256 Helligkeitsstufen oder besser Farbabstufungen unterschieden. Das Einlesen von Farben erfolgt durch Abtasten jedes Bildpunktes durch eine rote, blaue und grüne Lichtquelle. Je nach Farbgebung des angesteuerten Bildpunktes reflektiert eine andere Farbe besonders stark. Bei auftretendem roten Licht werden bspw. die roten Bildanteile am stärksten zurückgeworfen.

Will man den Speicherbedarf der eingelesen Text- oder Bildvorlagen errechnen, muß man die Auflösung des verwendeten Scanners kennen. Unter Auflösung versteht man den Abstand der verschiedenen Rasterpunkte innerhalb der erzeugten Punktmatrix. Die Angabe erfolgt in dpi (Dots per Inch). Verbreitet sind Scanner mit einer Auflösung von 200, 400 und 600 Punkte pro Zoll. Um eine DIN A4-Vorlage (8 * 11,5 Zoll) speichern zu können, müssen bei einer Auflösung von 400 dpi 14.720.000 Bildpunkte abgelegt werden:

- 400 *   8   =   3200 bzw.
- 400 *   11,5 =   4600.

Handelt es sich bei der Bildvorlage um eine Schwarz-Weiß-Darstellung (Abtasttiefe 1 Bit) beträgt der Speicherbedarf 14.720.000 Bits, das sind 1.952.500 Bytes, also ca. 2 MBytes.

2.2.2.2 Indirekte Eingabeformen

Bei der indirekten Dateneingabe handelt es sich um einen zweistufigen Vorgang. Zunächst werden die Daten auf Datenträgern erfaßt bzw. gespeichert und erst in einem zweiten Vorgang mittels der Eingabe-Peripherie in das jeweilige DV-System aufgenommen. In diese Gruppe gehören alle magnetischen und optischen Speichermedien bzw. deren Schreib- und Leseeinrichtungen (siehe dazu Abschnitt 2.3). In diese Gruppe fallen auch verschiedene Formen der Bildeingabe

> Aufnahme per Video-Kamera ---> analoge Signale ---> Konvertierung ---> etc. nach dem Schema von Abbildung 2.18.

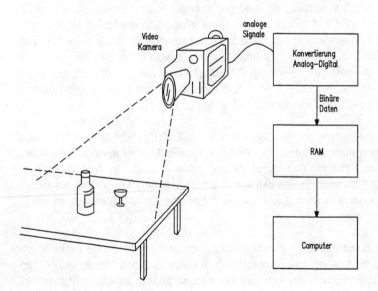

Abb. 2.18: Schema der Bildeingabe

2.2.2.3 Direkte Eingabeformen

Bei der direkten Dateneingabe werden die Daten/Informationen unmittelbar in das DV-System eingegeben. Am häufigsten werden die Daten aus irgendwelchen Unterlagen, Listen, Schriften über eine schreibmaschinenähnliche Tastatur in den Computer eingetippt. Neben dieser **manuellen** Eingabeform kommen die **akustische** Dateneingabe über ein Mikrophon, bzw. die **automatische** über Meßgeräte, Sensoren etc. aus der Prozeßsteuerung industrieller, chemischer und sonstiger Produktion.

Nachdem diese Formen häufig mit der Ausgabe gekoppelt (integriert) benutzt werden, stehen weitere Details im Abschnitt 2.2.4.

2.2.3 Datenausgabe

2.2.3.1 Allgemeines

Die Datenausgabe dient dazu, die Ergebnisdaten der Datenverknüpfung auf Datenträgern auszugeben. Gegenwärtig orientieren sich die einzelnen Formen der Datenausgabe an der Lesbarkeit (Druckerausgabe) und an der interaktiven Dialogarbeit (Bildschirmausgabe). Die visuellen, akustischen und elektrischen Ausgabeformen nehmen eine geringere Rolle ein. Für die weiteren Ausführungen gilt die Gruppierung in Abbildung 2.9

2.2.3.2 Direkte Datenausgabe

2.2.3.2.1 Klarschriftausgabe mit Drucker

Die Datenausgabe auf lesbaren Datenträgern findet in der Regel dann Anwendung, wenn die auszugebenden Daten nicht mehr zur weiteren maschinellen Verarbeitung bestimmt sind, sondern die Informationen einem Personenkreis zur Kenntnis gebracht werden sollen. Die Klarschriftausgabe erfolgt über Drucker. Drucker sind Geräte, mit denen Datenausgaben auf Papier erzeugt werden. Dabei spielen der hohe Durchsatz (Seiten je Minute), die hohe Qualität (Auflösung) bei graphischen Aufgaben, die geringe Geräuschbelastung, die verschiedenen Papierformate etc. eine Rolle.

Elektromechanische Drucker sind Ausgabegeräte, die aus einem mechanischen (Druckerausgabe) und einem elektronischen (Druckersteuerung) Teil aufgebaut sind. Sie verfügen über Einrichtungen, die das Aufbringen von Zeichen auf Papier ermöglichen (Beispiel eines Nadelkopfdruckers, Abbildung 2.18). Die im Zentralspeicher zeilenweise bereitgestellten Ausgabedaten werden Zeile für Zeile zum Druck übertragen und zeilenweise auf Endlosformular gedruckt. Die Breite der Endlosformulare ist unterschiedlich (50 bis 550 mm). Je nach Typ und Modell des Druckers können 32 bis 160 Zeichen in eine Druckzeile gedruckt werden. Die Druckstellendichte beträgt 10, 12 oder 15 Zeichen je Zoll. Die Zeilendichte beträgt gewöhnlich 3, 4 oder 6 Zeilen je Zoll in Abhängigkeit vom Rechnertyp (PC, etc.). In dieser Gruppe von Druckern sind die Typenrad-, Matrix-, Tintenstrahl- und Laserdrucker von Bedeutung.

Beim **Typenraddrucker** befinden sich die Typen an der Spitze von Typenarmen, die sternförmig um eine Scheibe angeordnet sind. Ein Druckhammer schlägt die gewünschte Type gegen Farbband und Papier. Die Typenräder sind auswechselbar. Die Druckgeschwindigkeit beträgt bis zu 70 **cps** (Characters per Second). Die Druckqualität ist korrespondenzfähig.

Im EDV-Bereich haben sich die Drucker mit der Matrixdarstellung (**Matrixdrucker**) stark verbreitet. Der Hauptgrund dafür liegt in der hohen Flexibilität der Zeichengenerierung. Während nämlich die Typenraddrucker nur eine fest vorgegebene Zeichenauswahl auf die Druckvorlage bringen können, läßt sich bei den Matrixdruckern die Punktmatrix nach Bedarf aufbauen. Schrägschrift, Veränderungen des Schriftgrades, Unterstreichung und Verstärkung der Schreibdicke ist möglich. Moderne Drucker sind sogar in der Lage Graphiken zu übertragen.

Wichtige Leistungsmerkmale solcher Drucker sind Auflösung und Arbeitsgeschwindigkeit. Angaben wie 7x9- oder 9x9- Punktmatrix geben Auskunft darüber, aus wievielen Punkten ein Zeichen zusammengesetzt wird. Je höher die Auflösung desto schärfer das erzeugte Schriftbild. Die Druckgeschwindigkeit wird in cps gemessen. Sie ist abhängig von der verwendeten Druckertechnik. Die Höchstgrenze liegt bei 800 Zeichen pro Sekunde. Werte, die im Bereich zwischen 70 und 300 cps liegen, sind akzeptabel.

Von den Druckern mit Matrixdarstellung hat sich der Nadelmatrixdrucker durchgesetzt. Die wichtigsten Bauteile solcher Nadelmatrixdrucker sind Zentraleinheit, Druckkopf, Netzgerät und Motor.

Das Netzgerät stellt die für den Drucker angepaßte Stromstärke zur Verfügung. Der Motor bewegt die Papierzugeinrichtung und den Druckkopf. Der Weg der in binärer Form vorliegenden Daten führt von der Zentraleinheit des Computers meist über die Centronics-Schnittstelle zum Nadelmatrixdrucker. Diese, nach einem Druckerhersteller benannte Anschlußmöglichkeit, übertragt Daten parallel über nebeneinander verlaufende Verbindungsleitungen. Im Drucker sorgt ein Pufferspeicher für die Zwischenspeicherung einer größeren Zeichenmenge. Je

2.2 Ein- und Ausgabeperipherie

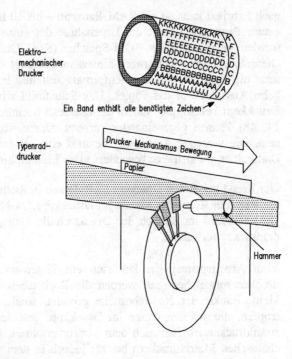
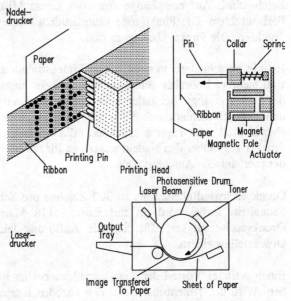

Abb. 2.19: Vergleich der Drucker

nach Fabrikat kann so ein RAM-Baustein 4 bis 10 KByte aufnehmen. Ein eingebauter Prozessor steuert die Übernahme der einzelnen Zeichen. Nacheinander werden sie mit dem im ROM-Speicher (Read Only Memory) abgelegten Zeichensatz verglichen. Darüber hinaus interpretiert der Prozessor Steuerzeichen, setzt die ausgewählten Zeichenformate fest und lenkt die Druckkopfmechanik beim Anschlag auf das Papier. Das Schriftbild wird durch die Menge der am Druckkopf befestigten Nadeln entscheidend beeinflußt. Diese Nadeln (7, 9, 12, 24, 48) können gegeneinander versetzt oder einfach untereinander angeordnet sein. Die versetzte Anordnung bewirkt eine Überschneidung der Druckpunkte. Dadurch ergibt sich eine besonders klare Linienführung (Abbildung 2.20).

Der Trend bei diesen Druckern läuft derzeit in Richtung höhere Auflösung durch mehr (in der Regel 24) Nadeln im Druckkopf; 24-Nadeldrucker bilden heute den Quasistandard im Bereich der Drucktechnik. Gelegentlich werden auch 48-Nadeldrucker verwendet.

Vom Arbeitsprinzip her läßt sich ein Tintenstrahldrucker mit einem Nadeldrucker vergleichen, nur werden die Buchstaben oder Graphiken nicht durch kleine Punkte der Nadelabdrücke gebildet, sondern durch sehr kleine Tintentropfen, die aus den Düsen im Druckkopf geschleudert werden. Auch Tintenstrahldrucker arbeiten nach dem Matrixverfahren. Der Unterschied zu den mechanischen Matrixdruckern besteht jedoch in dem wesentlich feiner gerasterten Zeichenfeld. Auf eine Länge von etwa einem Millimeter passen mehr als 20 Farbtröpfchen. Die Punktgröße kann deutlich kleiner werden als die bei Nadeldruckern. Die Punkte überlagern sich.

Es gibt verschiedene Versionen von Tintenstrahldruckern. In einer Ausführung sind mehrere Röhrchen senkrecht übereinander angeordnet, durch die Tinte auf das Papier gelangt. Bei anderen Verfahren werden die aus einer Düse austretenden Tintentröpfchen durch elektrische oder magnetische Felder auf die entsprechende Stelle des Papiers abgelenkt. Ein besonderer Vorteil der Tintenstrahldrucker gegenüber den Nadeldruckern ist ihr äußerst geringer Geräuschpegel, da der mechanische Anschlag fehlt.

Druckgeschwindigkeiten bis zu 300 Zeichen pro Sekunde und mehr sind keine Seltenheit. Dabei wird oft mit einer 16x18 Matrix gedruckt. Bei geringer Druckgeschwindigkeit läßt sich die Auflösung leicht auf 48x96 Punkte pro Druckstelle steigern.

Einen weiterer Vorteil der Tintenstrahldrucker ist in der Farbtüchtigkeit zu sehen. Wird der Tintenbehälter für den Farbdruck separat neben dem mit schwarzer Tinte für den üblichen Textdruck gehalten, dann sind wirtschaftliches Drukken sowohl von schwarzen Texten wie auch von Farbbildern möglich. Beispiel dafür ist der weit verbreitete Drucker PaintJet von Hewlett Packard.

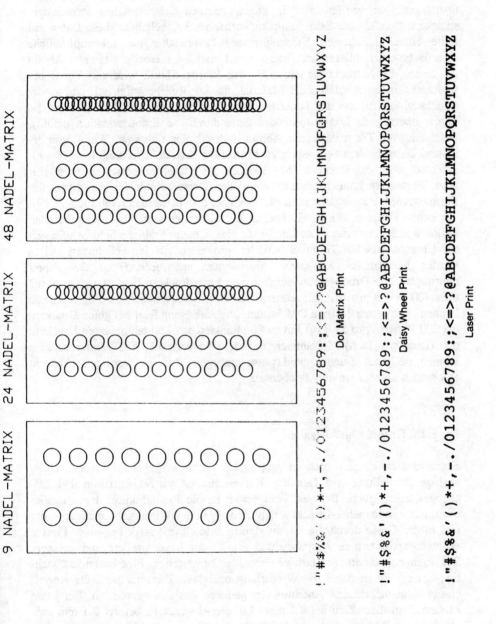

Abb. 2.20: Druckbild bei unterschiedlicher Nadelzahl

Anders funktionieren die **elektrostatischen Drucker**. Die zu druckenden Daten werden in einer Zeile nacheinander von der Zentraleinheit zu dem Drucksystem übertragen. Sie werden dort in einem internen Seitenspeicher zwischengespeichert. Sobald eine Seite komplett vorhanden ist, belichten diese Daten mit Hilfe eines modulierten Niederspannungs-Laserstrahls die fotoempfindliche Oberfläche einer rotierenden Trommel und erstellen hierbei ein latentes Abbild der Seite, die gedruckt werden soll. Das latente Abbild wird mit Toner beschichtet (ein thermoplastisches Material, das mit Ruß gesättigt ist), und an der Druckstation wird das mit Toner beschichtete Abbild von der Trommel auf das Papier übertragen. Das Papier wird dann durch die Einbrennstation geführt, welche das mit Toner versehene Abbild in das Papier einbrennt. Wenn dann genügend Daten in dem Seitenspeicher für das Drucken der nächsten Seite vorhanden sind, wird das Drucken ohne Stoppen des Papiertransportes sofort fortgesetzt. Formulare können zusammen mit den Daten, durch das Aufblitzen des Formularvordruck-Negatives auf die Trommel erstellt werden (Abbildung 2.19). Typischer Vertreter dieser Gruppe ist der **Laserdrucker**. Die zu druckenden Zeilen werden mit einem Laserstrahl auf eine lichtempfindliche Schicht, die sich auf einer rotierenden Trommel befindet, projiziert. An den belichteten Stellen werden Farbpartikel festgesetzt. Sie werden anschließend auf das Papier übertragen. Die Druckgeschwindigkeit von Laserdruckern liegt zwischen 6 und über 400 Seiten pro Minute; letztere werden in Großdruckereien eingesetzt und können bis zu einer Million DM kosten. Die Auflösung liegt bei guten Druckern bei 300 Punkten pro Zoll bis hin zu 800 Punkten pro Zoll bei neuesten Druckern dpi (Dots per Inch). Zusammen mit den Tintenstrahl- und Matrixdruckern können sie jedes Zeichen punktweise erzeugen, d.h. sie verfügen über ein theoretisch unbeschränkten Zeichensatz.

2.2.3.2.2 Graphische Ausgabe

Ergebnisdaten können auch in graphischer Form ausgegeben werden. Diese analoge Darstellung von Tabellen, Kurven etc. ist mit **Sichtgeräten** und Zeichengeräten möglich. Bei den Sichtgeräten ist die Reproduktion der Ausgabedaten nur vorübergehend (nicht archivierbar!), in der Wiedergabe nicht so exakt und in der Größe durch die relativ kleinen Bildschirme stark begrenzt. **Plotter** erzeugen archivierbare Ausgaben und sind in der Lage, größere und genauere Zeichnungen, Karten oder farbige Graphiken herzustellen. Eine besonders wichtige Kenngröße ist dabei die Wiederholgenauigkeit. Darunter wird die Abweichung beim mehrfachen Anfahren der gleichen Position verstanden. Bei guten Plottern liegt diese Zahl bei 0,1 mm, d.h. die Abweichung beträgt 0,1 mm zwischen genau übereinanderliegenden Punkten.

Bei den flach arbeitenden **Tischgeräten** wird der Zeichnungsträger auf eine ebene Fläche gespannt. Über den Träger wird eine Schiene vertikal bewegt, auf der sich eine Zeicheneinrichtung befindet, die horizontal bewegbar ist (Abbildung 2.21). Je nach Art des Zeichenmediums ist die Zeichengeschwindigkeit unterschiedlich. Auch die Größe der Zeichnung richtet sich nach dem Zeichenmedium. So darf z.B. bei Papier die Ausdehnung in y-Richtung 1,51 m nicht überschreiten. In x-Richtung ist die Größe der Zeichnung praktisch unbegrenzt.

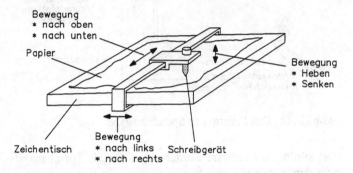

Abb. 2.21: Aufbau des Plotters

2.2.3.2.3 Bildschirmausgabe

Diese Ausgabeform wird unter 2.2.4 abgehandelt.

2.2.3.2.4 Sprachausgabe

Diese Technik (Vocoder-Verfahren) kann eine digitale Anfrage akustisch beantworten. Die Anfragen der Benutzer werden in numerisch verschlüsselter Form über die Tastatur eines Fernsprechers eingegeben. Der Computer verfügt über einen Wortschatz, der sich in digitaler Form auf einem externen Speicher (Platte oder Trommel) befindet. Der Wortschatz des Computers wird von einem Sprecher auf Tonband gesprochen. Ein Analog-Digital-Umwandler erzeugt aus den Lauten digitale Impulsfolgen, die extern gespeichert werden.

Der Computer, der über eine Adressenliste auf alle gespeicherten Worte zugreifen kann, setzt die erforderliche Ausgabe zusammen und übergibt sie zeichenweise an den Synthesator (Digital-Analog-Umwandler). Diese Einheit wandelt die einzelnen Zeichen in Schwingungen um, die dann im Hörer des Fernsprechers das akustische Sprachsignal des "synthetischen" Wortes ergeben (Abbildung 2.22).

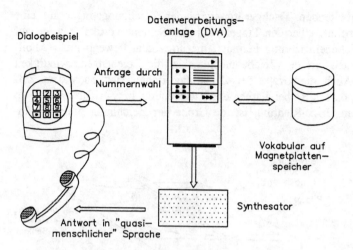

Abb. 2.22: Das Prinzip der Sprachausgabe

Die künftigen Hardware-Einrichtungen für die Sprachausgabe werden sehr stark von den Entwicklungen bestimmt sein, die sich gegenwärtig auf der Software-Seite abzeichnen. Diese versuchen eine neue Schnittstelle für die Sprache zu bauen. Beispiele sind Q & A von Symantec Corp. (Ein Intelligent Assistent managed englische Texte und Antworten aus einem Lexikon.), Paradox von Borland International, Inc. (Hier wird eine graphische Schnittstelle zum Dialog benutzt.), HAL (einfache Sprachkommandos zum Tabellenkalkulationsprogramm Lotus 1-2-3), CLOU SPOCK, RAMIS II English.

2.2.3.2.5 Sonstige direkte Ausgabeformen

In diese Gruppe zählen bspw. die **Overhead-Displays.** Es sind LCD-Bildschirme, deren Hintergrund transparent ist. Dadurch heben sich die dargestellten Zeichen ab und eignen sich nach Anschluß an einen Rechner (wie die gewöhnlichen Bildschirme) und auf dem Overhead-Projektor zur Projizierung der Bildschirminhalte an eine Leinwand.

2.2.3.3 Indirekte Datenausgabe

Bei der indirekten Datenausgabe handelt es sich um einen zweistufigen Vorgang. Zunächst werden die Daten auf einen Datenträger/speicher ausgegeben. Von diesem erfolgt dann die endgültige Ausgabe in einer für den Benutzer wahrnehmbaren Form, bspw. auf Papier.

2.2.3.3.1 Magnetische und optische Speicher

Die in diese Gruppe gehörenden Medien/Geräte werden im Abschnitt 2.3 besprochen.

2.2.3.3.2 Ausgabe auf Mikrofilm

Seit einigen Jahren ist es möglich, die Ausgabedaten unmittelbar auf Mikrofilm zu übertragen im Offline- und Online-Betrieb. Diese Ausgabeart ist unter der Abkürzung **COM** (Computer-Output-Mikrofilm) bekannt. Im Offline-Betrieb erfolgt die Ausgabe mit Hilfe eines Magnetbandes. Diese Ausgabetechnik erlaubt eine von der Zentraleinheit unabhängige Durchführung (Abbildung 2.23).

Das mit Ausgabedaten in binärer Darstellung beschriebene Magnetband wird in das Mikrofilmgerät eingelegt und von einem Zeichengenerator in analoge Zeichen umgesetzt, sowie auf eine Kathodenstrahlröhre (ähnlich wie beim Sichtgerät) übertragen. Von einem Linsen- und Spiegelsystem wird das Bild fotografisch auf Film übernommen. Parallel zu den Daten können über Dias Formularvordrucke, Raster, Linierungen etc. eingeblendet und aufgenommen werden.

Die Daten werden in der Regel auf Rollfilme mit unterschiedlichen Breiten übertragen. Die Speicherung auf Filmblätter, die eine größere Anzahl von verkleinerten Bildern sowohl neben-, als auch untereinander aufnehmen können, ist ebenfalls möglich (**Mikrofiche**). Vorteilhaft ist bei dieser Technik die hohe Packungsdichte (günstige Archivierung) der Ausgabeinformation und das Einsparen von Endlosformularen.

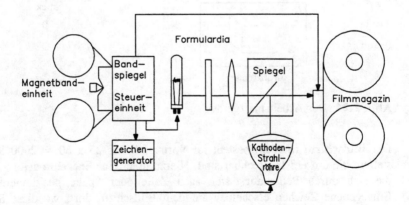

Abb. 2.23: Mikrofilmausgabe

2.2.4 Kombinierte Ein- und Ausgabe mit Bildschirmgeräten

Bei dieser Form der Datenein- und Ausgabe wird auf die Benutzung eines Datenträgers verzichtet. Die Daten werden unmittelbar, also direkt, in verarbeiteter Form in den Zentralspeicher (zumeist mit Hilfe einer Tastatur) eingegeben; in unmittelbar, also direkt, wahrnehmbarer Form ausgegeben (Bildschirmausgabe). Der Einsatz von Bildschirmen als Ein- und Ausgabegeräte kommt bei einigen Datenstationen (Terminals, Monitor), sowie bei allen drei Rechnergruppen vor. Das Bildschirmgerät wird gegenwärtig als **Arbeitsplatzgerät** benutzt. Dabei ist es unwesentlich, ob es als Geräteteil des Mikrocomputers oder als Terminal fungiert. Es ist grundsätzlich mit dem Anzeigeteil (Bildschirm) und der Tastatur versehen. Hinzukommen weitere Zusatzgeräte, die je nach Anwendung des Arbeitsplatzgerätes Drucker, Lichtgriffel, Graphiktablett, Maus, Rollball und Joystick sein können (Abbildung 2.24). Das Grundgerät selbst kann im Hintergrund eigene Zentraleinheit oder über einen Anschluß die Zentraleinheit eines anderen Computers, ebenso über Speichereinheiten verfügen.

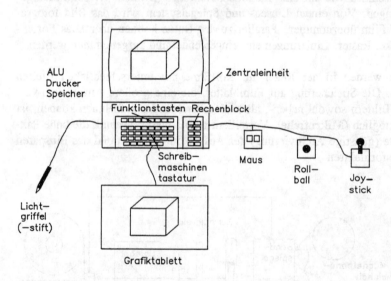

Abb. 2.24: Das Arbeitsplatzgerät

Der **Bildschirm** (Screen) besteht im Normalfall aus 25 x 80 = 2000 Schreibstellen, die einzeln ansprechbar sind. Hierzu dient eine **Schreibmarke** (Cursor), die sich durch Bedienungstasten nach Zeile oder Spalte positionieren läßt. Eingegebene Zeichen erscheinen auf dem Bildschirm dort, wo diese Schreibmarke steht und werden im Pufferspeicher abgelegt. Durch Betätigung der Eingabetaste wird der Pufferspeicherinhalt an die Zentraleinheit abgegeben. Der

Bildschirm besitzt eine Standardgröße von 12 Zoll in der Diagonalen. Er ist dreh- und neigbar und besitzt Helligkeits- und Kontrastregler. Das Regeln der Helligkeit und des Kontrastes eines Bildschirms ist zur Vermeidung einer Überbeanspruchung der Augen von Bedeutung. Diese Forderung wird ergänzt durch Blend- und Flimmerfreiheit. Die Anzahl der Bildpunkte (Pixel) beträgt 720 x 350. Die Anzahl der Bildpunkte beeinflußt die Umsetzbarkeit von Daten und Tabellen in Graphiken. Die Bildwiederholfrequenz liegt bei 70 Hz (flimmerfrei). Die Bildwiederholrate (-frequenz) ist die Anzahl der Wiederholungen eines Bildes auf dem Bildschirm in der Sekunde. Sie sollte mindestens 70 betragen, ansonsten "flimmert" das Bild. Abbildung 2.25 zeigt das Funktionsschema des Monitors. Monitore sind monochrome (schwarz-weiß; schwarz-grün) oder farbig. Letztere gehören der sog. RGB-Monitoren (RGB für red, green, blue) an und verfügen über 256 Farbkombinationen/Farben.

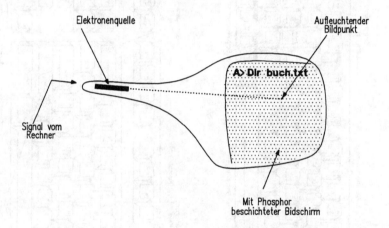

Abb. 2.25: Funktionsschema des Bildschirms

Die **Tastatur** (Keyboard) ist unterteilt in Schreibmaschinentastatur, Funktionstasten, Schreibmarkensteuerung und Rechenblock (numerische Tastatur). Alle Tasten der Tastatur sind mit einer Dauerfunktion ausgestattet. Das betreffende Zeichen wird solange wiederholt, wie die Taste betätigt wird. Die Anordnung der Zeichen entspricht im wesentlichen einer normalen Schreibmaschine. Drei Arten von Tabulatoren sind im Gebrauch, und zwar mit 50 Tasten in Anlehnung an die Schreibmaschinentastatur, mit 84 Tasten bei den AT-Mikrocomputern und 101 Tasten bei den PS/2 PC's (Abbildung 2.26).

88 2. Hardwaretechnische Grundlagen der Verarbeitung

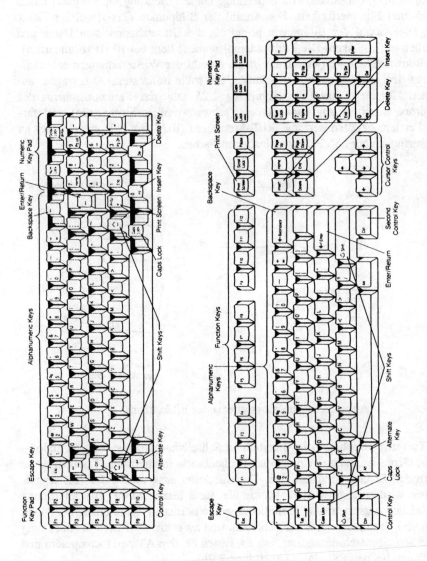

Abb. 2.26: Gegenüberstellung der Tastaturen

Es sind jedoch noch einige zusätzliche Tasten vorhanden, welche Steuerfunktionen für den PC übernehmen:

- Wenn die **Tabulatortaste** betätigt wird, springt die Schreibmarke zum nächsten Tabulatorstopp. Standardmäßig sind die Tabulatorstopps alle acht Spalten gesetzt.
- Die **Rückschrittaste** bewegt die Schreibmarke (**Cursor**) nach links und entfernt bei jedem Betätigen das Zeichen vor der Schreibmarke.
- Die **Eingabetaste** wird hauptsächlich zum Abschließen einer Befehlszeile verwendet, d.h. der eingegebene Befehl wird nach dem Drücken der Eingabetaste ausgeführt.
- Mit der **Schreibmarkensteuerung** kann die Schreibmarke an jede Stelle des Bildschirms positioniert werden. Mit den Pfeiltasten wird die Schreibmarke nach oben, unten, rechts und links bewegt. Mit der Taste Pos 1 wird die Schreibmarke an den Anfang, mit der Taste End an das Ende der Zeile positioniert. Die vorherige oder nächste Bildschirmseite kann mit den Bild-Tasten angezeigt werden.
- Der **Rechenblock** besitzt, wie bei der Schreibmaschinentastatur, ebenfalls zwei Ebenen. Die beiden Tasten, die mit zwei Zeichen beschriftet sind, gelten als Schreibmarkensteuerung, Taste etc., sonst gelten die Ziffern. Die Tasten für Rechenfunktionen haben nur in bestimmten Anwenderprogrammen eine Rechenfunktion. Im Betriebssystem erscheint lediglich das jeweilige Zeichen auf dem Bildschirm. Die Eingabetaste des Rechenblocks besitzt die gleiche Funktion wie die Eingabetaste der Schreibmaschinentastatur.
- Die Belegung der **Funktionstasten** im Betriebssystem oder im Anwenderprogramm ist dem entsprechenden Benutzerhandbuch zu entnehmen. Die Tastaturen sind bei neueren Geräten als getrennte Bauelemente ausgeführt und mit einem flexiblen Spiralkabel mit dem Bildschirm verbunden.
- Sonstige Einrichtungen des/zum Bildschirm sind:
  - Für spezielle Anwendungen genügen die Funktionen der Tastatur nicht. Zur Unterstützung bieten Bildschirmgeräte verschiedene Möglichkeiten. Dazu gehört die sog. Menütechnik.
  - Das **Menü** (Menu) ist eine Liste bestimmter, zulässiger Kommandos an den Computer, die auf dem Bildschirm angeboten werden. Die Auswahl durch den Benutzer erfolgt durch Markierung der Stelle z.B. mit der Maus.
  - Um dies realisieren zu können, verfügen einige Bildschirmarbeitsplätze bzw. die Bildschirme über ein **Sensorfeld**, das berührungsempfindlich ist und z.B. durch Fingerberührung aktiviert wird. Ähnlich wird auch der **Joystick** bewegt und benutzt.

- Am häufigsten wird die **Maus**[1] (Mouse) benutzt. Es handelt sich dabei um eine Einrichtung, deren Bewegung auf einer ebenen Fläche von der Positionsmarke auf dem Bildschirm in Richtung der Bewegung nachvollzogen wird. Für die Umsetzung der Bewegungen in die erforderlichen Impulse an das Sichtgerät sorgt ein mechanisches oder ein optisches Verfahren. Übertragen wird die Bewegung, nicht die Ausgangsposition.
- Mit dem **Rollball** (Trackball) werden die Richtungskoordinaten auf den Cursor mit Hilfe einer beweglich gelagerten Kugel übertragen.
- Beim **Lichtstift** (Lightpen) handelt es sich um eine Eingabetechnik für Daten, besonders aber um die Steuerung von Programmen über den Bildschirm. Mit ihm können spezielle Stellen des Bildschirms bzw. mit Strichcode versehene Urbelege berührt und übertragen werden. Dies bewirkt das Auslösen der programmierten Funktion.
- Das **Graphiktablett**, auch **Digitalisierer** genannt (Digitizer), dient der Direkteingabe von graphischen Informationen. Die analogen Positionen auf dem Tablett werden in digitale Werte umgesetzt.

Bildschirme gelten als wichtigste Form der interaktiven (Dialog-) Arbeit. Gegenwärtig werden verschiedene technische Realisierungen angeboten, so die mit Kathodenstrahlröhren (**Cathode Ray Tube, CRT**), **Liquid Cristal Displays (LCD)** und **Plasmabildschirmen**. Letztere werden insbesondere für tragbare (mobile) Geräte der Gruppe Laptops, Notebook (siehe Abschnitt 2.6.4) verwendet, weil sie das Bild über einen Elektronenstrahl von hinten auf die Mattscheibe erzeugen. Sie brauchen sehr wenig Strom und sind besonders flach (Flat-Screen Displays) und leicht.

Wenn Bildschirme nur mit einem geringen Zeichensatz operieren, befinden sie sich in einem **Testmodus**. Soll jeder einzelne Punkt (**Pixel**) verwaltet werden, dann wird der Bildschirm im **Graphikmodus** benutzt. Die dazu notwendigen Baugruppen heißen **Graphikkarten**. Auf diesen Karten befindet sich ein eigener Arbeitsspeicher, der für jedes Pixel Informationen über dessen Farbe enthält. Bei nur schwarz oder weiß genügt 1 Bit (1 oder 0). Für 16 mögliche Farben werden

---

[1] Die Geschichte der **Maus** geht auf das Jahr 1963 zurück, als Doug Engelbart eine Konzeption vorgelegt hat, die sich mit dem Gebrauch des Computers durch den Endbenutzer beschäftigte. Der erste Anwender, der sich der Idee der Maus annahm und realisierte war Xerox Palo Alto Research Center 1981 (Xerox Star); es folgten Apple, dann IBM. Apple setzte die Maus sehr erfolgreich bei der Entwicklung des PC-Modells Lisa ein.

3 Bits, für 256 1 Byte benötigt. Eine Graphikkarte mit 16 Farben mit einer Auflösung auf dem Bildschirm von 800 x 600 Pixeln bspw. setzt 240 KB eigenen Speicher der Karte voraus.

Die ersten PC's verfügten über eine CGA-Karte (Color Graphik Adapter) von 640 x 200 Pixel und 4 Farben. Die Herkules-Karte konnte nur 720 x 348 Pixel schwarz oder weiß darstellen; die EGA-Karten (Enhanced Graphik Adapter) 640 x 350 Pixel und 16 Farben. Die VGA-Karten (Video Graphik Adapter) erreichen 640 x 480 Bildpunkte bei 16 Farben oder 320 x 200 bei 256 Farben. Darüber hinaus gibt es noch die VGA-Karten, die in der Regel 800 x 600 Bildpunkte bei 16 Farben und 1024 x 768 bei sogar 256 Farben aufweisen. Diese Zahl ist jedoch variabel. Auflösungen bis 1280 x 1024 Pixel sind heute keine Ausnahmen mehr. Dies dokumentiert die überragende Bedeutung einer klaren graphischen Darstellung von Informationen auf den heutigen Rechnern. Außerdem müssen noch die MCGA-Karten (Multi Color Graphik Array) erwähnt werden, die eine Auflösung von 320 x 200 Pixel bei 256 Farben aufweisen. Weitere Entwicklungen gehen mit der graphischen Oberfläche (Symbolen, Figuren) und der Ankopplung von Hochleistungsprozessoren zusammen (Beispiel TIGA), die zusätzliche Leistungen mit sich bringen.

Tab. 2.1: Leistungsdaten von Graphikkarten im Vergleich

Graphikkarte	Auflösung	Farben
CGA - Color Graphic Adapter	320 x 200 640 x 200	4 Mono
Hercules	720 x 348	Mono
EGA - Enhanced Graphics Adapters	320 x 200 640 x 350	16 16
VGA - Video Graphics Adapter	320 x 200 640 x 480 600 x 800 1024 x 768 1024 x 768 1280 x 1024	256 16 16 16 256 16
MCGA - Multi Color Graphics Adapter	320 x 200 640 x 480	256 2

Als Richtzahlen für die Arbeitsleistung einiger wichtigen Ausgabemedien gelten die folgenden Richtzahlen:

- Video Display Terminal   bis zu 50.000 Zeichen/Sekunde,
- Zeichendrucker   bis zu   600 Zeichen/Sekunde,
- Zeilendrucker   bis zu   3.000 Zeilen/Minute,
- Seitendrucker   bis zu   400 Seiten/Minute.

2.3 Speicherperipherie

2.3.1 Allgemeines

Die gegenwärtig gebräuchliche Speicherperipherie benutzt hauptsächlich magnetische Datenträger zur Informationsspeicherung. Es handelt sich in der Regel um eine dünne magnetische Schicht, die auf ein flexibles oder hartes Trägermaterial aufgetragen ist. Sie kann auf elektromagnetischem Wege beschrieben und gelesen werden. Für die Magnetschicht wurde vorwiegend Ferritoxyd verwendet; neuerdings kommen u.a. Chromdioxid- und Reineisenbeschichtungen zum Einsatz, die extrem hohe Bitdichten ermöglichen. Die wichtigsten Vertreter dieser Gruppe sind das Magnetband, die Magnetplatte und bei Mikrocomputern die Diskette. In neuerer Zeit drängen optische Speichermedien wie die Bildplatte vor und gewinnen einen festen Platz als Speichermedium. In Abbildung 2.27 wird ein Überblick über die wichtigsten Speichermedien gegeben.

Speicherarten	magnetische Speicher	"Band"-Basis	Kassetten/Streamer Data Cartridge Magnetband Massenkassettenspeicher
		"Platten"-Basis	Diskette Wechselplatte Festplatte Magnettrommel
	optische Speicher	Mikrofilm (-fiche) Optische Speicherplatte	
	elektronische und magnetische Speicher	Chipkarte Halbleiterplatte Magnetblasenspeicher	

Abb. 2.27: Speicherarten

Ein Computer ist eine sequentiell arbeitende Maschine. Dementsprechend müssen die einzelnen Daten zeitlich sequentiell zur Verfügung stehen. Die meisten

Anwendungen bedingen allerdings, daß alle benötigten Daten vor ihrer Verarbeitung bereits im internen Speicher (Arbeitsspeicher) vorliegen. Normalerweise überschreiten die benötigten Datenbestände die Kapazität des internen Speichers. Daher werden sie auf peripheren Speichern "abrufbereit" gehalten. Datenspeicher sind also Medien, die Datenbestände über einen wählbar langen Zeitraum hinweg festhalten und bei Bedarf abgeben. Ihre Aufgaben sind

- das Festhalten von Daten und Programmen für DV-Prozesse und
- die Aufbewahrung von Daten und Programmen in der prozeßfreien Zeit.

Sind diese Datenspeicher

- außerhalb der Zentraleinheit, so wird von externen Datenspeichern
- innerhalb der Zentraleinheit, so wird von internen Datenspeichern

gesprochen. Es gibt verschiedene externe Datenspeicher (Speichermedien). Sie arbeiten alle (vergleichsweise) nach demselben Speicherprinzip. Unterschiede entstehen vor allem

- in der Zugriffsart,
- in der Zugriffszeit und
- in der Speicherkapazität.

Es sind objektiv meßbare Kriterien, die ergänzt werden können durch die Zuverlässigkeit der Speicherung, Transportfähigkeit der Daten, sowie Austauschbarkeit des Speichermediums. Natürlich sind auch Wirtschaftlichkeitskriterien (Kosten, Kosten pro Einheit wie Bit, Byte, MByte) als wertende Merkmale von hoher Bedeutung.

Verwendet wird auf den heute am weitesten verbreiteten Medium ein magnetisierbares Material (Magnetband mit dem physikalischen Aufbau des üblichen Tonbandes; Magnetplatte mit dem physikalischen Aufbau der Schallplatte etc.). Die maschinenlesbaren Zeichen sind durch Magnetisierungen einer ferrithaltigen Schicht codiert. Es sind prinzipiell zwei **Zugriffsarten** zu unterscheiden

- der sequentielle Zugriff und
- der wahlfreie (Random-) Zugriff.

Die **sequentielle** Zugriffsart ermöglicht den Zugang zur gewünschten Dateneinheit dadurch, daß sämtliche Daten, die sich auf dem Speicher befinden, nacheinander gelesen werden, bis die verlangte Dateneinheit gefunden ist:

- Daten werden lückenlos, Satz für Satz gespeichert;
- Daten werden auf- oder absteigend sortiert gespeichert;

- Änderungsdaten müssen sortiert vorliegen;
- Zurückschreiben veränderter Dateneinheiten möglich;
- Einfügen und/oder Entfernen von Dateneinheiten führt zur Umspeicherung (Reorganisation) des gesamten Datenbestandes.

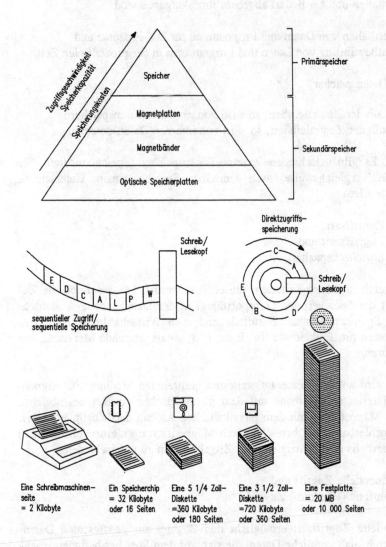

Abb. 2.28: Gegenüberstellung der Speichermedien

Die **wahlfreie** Zugriffsart erlaubt den Zugriff auf jede Adressierungseinheit des Datenspeichers unmittelbar. Der Zugriff kann "rein direkt" nach einzelnen Speicherstellen oder "quasi-direkt" aufgrund eines bekannten Ordnungsbegriffs erfolgen. Merkmale dieser Zugriffsart sind (rein direkt; quasi-direkt/indirekt):

- das Vorhandensein eines Ordnungsbegriffs zur Bestimmung der Adresse;
- die Zuordnung der Zugänge in freigebliebene Lücken;
- die Ermittlung der Adresse über den Ordnungsbegriff;
- keine sortierte Speicherung;
- das Einfügen von Zugängen in Folgebereiche.

Die zum Aufsuchen von Daten auf einem Speicher benötigte Zeit wird **Zugriffszeit** genannt. Sie schwankt je nach technischer Bauart des Speichers zwischen einigen Nanosekunden und mehreren Minuten. Diese Spannweite ergibt sich aus dem Anteil der erforderlichen mechanischen und der Länge des zurückzulegenden Stromweges. Daher sind Zugriffszeiten bei sequentiellem Zugriff bedeutend höher als bei Speichern mit wahlfreiem Zugriff. Die kürzestmögliche Zeit zwischen zwei Leseanforderungen an einen Speicher wird **Zykluszeit** genannt. Sie ist eine wichtige Kenngröße zur Beurteilung der Arbeitsgeschwindigkeit des Rechenwerkes. Daher wird sie nicht bei externen Speichern benutzt.

Die **Speicherkapazität** gibt an, welche Datenmengen ein Speicher fassen kann. Gemessen wird sie durch die Maßeinheiten Byte (bei byteorientierten Maschinen), Wort (bei wortorientierten Maschinen) und Bit in Ausnahmefällen.

2.3.2 Magnetische Speicher

Das Hauptkennzeichen magnetischer Speicher besteht darin, daß sie zur Speicherung der Daten/Informationen eine dünne magnetisierbare Schicht benutzen, die auf Materialien unterschiedlicher Art (flexibel, hart) aufgetragen ist. Je nach benutztem Material, Form u.a. Eigenschaften werden verschiedene Speicherarten hergestellt und benutzt (Tabelle 2.2). Nachfolgend werden die wichtigsten charakterisiert.

2.3.2.1 Speicherkassette/Streamer

Beim **Streamer** (Streaming Tape) handelt es sich um ein 1/4-Zoll-Magnetband in einer Kassette. Diese Kassette wurde vorwiegend bei Mikrocomputern als Datenträger benutzt. Ihre Bedeutung beschränkt sich heute auf die Datensicherung (Backup). In ihrer Funktionsweise gleichen sie Magnetbändern, d.h. die Aufzeichnung der Daten, ebenso ihre Wiedergabe ist bitseriell. Sie sind nach ECMA (European Computer Manufacturer Association) genormt.

Tab. 2.2: Gegenüberstellung der Leistungsdaten wichtiger Speichermedien

Speicherart	Zugriffszeit	Speicherkapazität	Zugriffsart
Speicherkassette			
- Datenkassette	-	bis zu 3 MB	sequentiell
- Data Cartridge	-	2,9-320 MB	sequentiell
- Magnetband	-	bis zu 210MB	sequentiell
Magnetband	ms; bis zu 3,81 m/s[*]	1600, 6250, 12500 bpi	sequentiell
Magnetkassetten-speicher	15 Sekunden	bis zu 472 GB	sequentiell
Diskette	100-600 ms	360 KB, 720 KB, 1,2-1,4 MB und bis zu 12,5 MB	wahlfrei
Magnetplatten	10-100 ms	5 MB-20 GB/Platte	wahlfrei
Optische Speicherplatten	350-800 ms	8 GB je Plattenoberfläche	wahlfrei
- CD-ROM		700 MB	
- WORM		3 GB	
- ELOD		1 GB	

[*]15000 bis 2 Millionen Bytes/s

2.3.2.1.1 Datenkassette

Die Datenkassette ist von der Audio-Kassette abgeleitet und zeichnet die Information in einer einzigen Spur bitseriell auf, d.h. die einzelnen Bits einer Informationseinheit werden hintereinander gespeichert. Dieser Massenspeicher, der im Start-Stop-Verfahren arbeitet, wird zum Teil noch bei den kleineren Heimcomputern verwendet. Die Speicherkapazität beträgt bis zu 3 MB.

2.3.2.1.2 Data Cartridge

Die Data Cartridge wurde in Anlehnung an die Kassettenbänder speziell für die Datenverarbeitung mit einer 1/4 Zoll Breite entwickelt und verfügt über einen speziellen Schreibschutz in Form eines Drehkopfes. Die Information wird in zwei bis vier Spuren überwiegend in Streaming-Verfahren (Datenstrom-Verfahren) bitseriell aufgezeichnet, so daß keine Blocklücken entstehen und die Speicherkapazität der Magnetbandkassette voll ausgenutzt werden kann. Es ist eine Speicherkapazität von 2,9 bis 320 MB vorhanden. Gebräuchlich sind Speichervolumen von 10, 20, 40 etc. MB je Magnetbandkassette.

2.3.2.1.3 Magnetbandkassette (MTC, Magnetic Tape Cartridge)

Die Magnetbandkassette ist für den Einsatz auf dem Magnetbandsystem IBM 3480 konzipiert und wird aufgrund der hohen Speicherkapazität und kürzeren Schreib-/Lesezeiten vor allem bei Großrechnern verwendet. Die Speicherkapazität beträgt bis zu 210 MB.

2.3.2.2 Magnetband

Bei diesem Speichermedium handelt es sich - analog zum Streamer - um eine Form zur Datensicherung. Das **Magnetband** (Magnetic Tape) ist ein Datenspeicher in Form eines Bandes. Es erinnert an ein normales Tonbandgerät (siehe Abbildungen 2.29 - 2.32). Wie beim Tonbandgerät das Tonband, so dient beim Magnetbandgerät ein Magnetband als Speichermedium für die Daten. Darauf werden binäre Daten gespeichert. Im **Aufbau** unterscheidet sich das Magnetband von einem Tonband lediglich in den Abmessungen. Übliche Bandlängen sind 730 m, 365 m und 90 m. Die Breite ist genormt auf 1/2 Zoll (12,7 mm) oder 1 Zoll (25,4 mm). Es setzt sich aus zwei Schichten, aus der Trägerschicht (Polyester) und aus der Magnetschicht (Eisenoxyd) zusammen. Die Magnetschicht ist in der Lage, Daten aufzubewahren.

Das Beschriften von Magnetbändern erfolgt in mehreren, in den der Längsrichtung des Bandes parallel zueinander verlaufenden Kanälen (auch Spur genannt), in denen einzelne Stellen magnetisiert werden. Die übereinanderliegenden Spurelemente sind Bandsprosse. Eine Bandsprosse kann jeweils ein Zeichen aufnehmen (bitparallele Aufzeichnung, Abbildung 2.29).

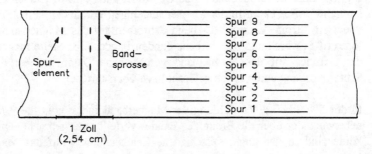

Abb. 2.29: 9-spuriges Magnetband

Die **Funktionsweise** dieses Speichers ist relativ einfach. Auf der Kunststoffolie des Magnetbandes ist eine magnetisierbare Schicht aufgebracht. Diese besteht aus unzählig vielen (kleinen) **Elementarmagneten**. Auf dem Weg von einer

Spule zur anderen läuft das Magnetband an einem Lese- und Schreibkopf vorbei. Der **Lesekopf** dient zum Abspielen/zur Abnahme der Daten, der Schreibkopf zur Aufnahme/zum Schreiben (Abbildung 2.30).

Wird nun das Magnetband am Lesekopf vorbeigeführt, so werden durch das Magnetfeld der Elementarmagnete in der Spule des Lesekopfes Impulse (Spannungsstöße) erzeugt, die verstärkt die ursprünglichen Daten darstellen usw.

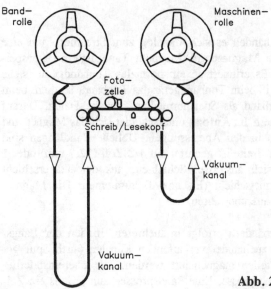

Abb. 2.30: Aufbau der Bandeinheit

Das 1/2 Zoll breite Band hat 9 Spuren (früher auch 7). Für jede dieser Spuren ist ein Schreib-/Lesekopf in der Magnetbandeinheit vorhanden. Fließt durch dessen Spule ein Strom, dann wird - beim Schreiben auf das Magnetband auf der Eisenoxyd-Beschichtung des vorbeilaufenden Bandes eine Stelle magnetisiert. Andere, früher auf das Magnetband geschriebene Daten werden durch diesen Schreibvorgang automatisch gelöscht bzw. überschrieben.

In der Schreib-/Leseeinrichtung der Magnetbandeinheit sind die 9 Magnetköpfe nebeneinander über die Breite des Bandes verteilt untergebracht. Diese Magnetköpfe sind in der Lage, verschiedene Zeichendichten auf das Magnetband zu übertragen.

Die Aufzeichnung von Informationen auf Magnetband erfolgt in Gruppen von Bits, und zwar in Bytes (Bitgruppen zu 8 Bits). Die Stellen speichern eines von 64 Zeichen, also einen Buchstaben, eine Ziffer oder ein Spezialzeichen. **Bytes** nehmen 2 Ziffern zu 4 Bits oder eine von 256 möglichen 8-Bit-Verschlüsselungen auf. Sie erlauben die Verwendung des EBCDIC-Codes (Extended Binary Coded Decimal Interchange Code).

Gegenwärtig sind hauptsächlich Magnetbandspeicher mit 1.600, 6.250 und 12.500 bpi in Gebrauch. Die Abkürzung **bpi** ist die Maßeinheit für die Zeichendichte (Bit per Inch bzw. Bytes per Inch), die sich jeweils auf ein Zoll (= 2,54 cm) Magnetband bezieht. Es sind folgende Zeichendichten üblich:

- 200 bpi   -   pro Zoll werden 200 Zeichen aufgezeichnet,
- 556 bpi   -   pro Zoll werden 556 Zeichen aufgezeichnet,
- 800 bpi   -   pro Zoll werden 800 Zeichen aufgezeichnet,
- 1.600 bpi -   pro Zoll werden 1.600 Zeichen aufgezeichnet,
- 6.250 bpi -   pro Zoll werden 6.250 Zeichen aufgezeichnet und
- 12.500 bpi -   pro Zoll werden 12.500 Zeichen aufgezeichnet.

Auf einem Magnetband werden die Daten in einzelnen identifizierbaren Einheiten (Abbildung 2.31) gespeichert. Eine solche Einheit, bestehend aus einer zusammenhängenden Folge von Zeichen, wird **Block** genannt. Mit dem einzelnen Übertragungsbefehl wird durch die Schreib-/Leseeinrichtung des Bandgerätes immer ein kompletter Block auf das Magnetband geschrieben oder von dem Magnetband gelesen. Benachbarte Blöcke werden durch Blockzwischenräume voneinander getrennt. Der Blockzwischenraum wird auch als Blocklücke oder **Kluft** bezeichnet. Es ist ein informationsloser Bereich, der die Blöcke räumlich voneinander trennt.

Das Aufzeichnen auf das Magnetband bzw. das Lesen von dem Magnetband kann nur bei konstanter **Geschwindigkeit** durchgeführt werden. Um diese Geschwindigkeit zu erreichen, bzw. wieder zu vermindern, wird die eine Hälfte einer Kluft als Anlaufbereich vor einem Block und die andere Hälfte als Bremsbereich nach einem Block benötigt. Je mehr Blockzwischenräume vorhanden sind, d.h. je kleiner die Blöcke sind, desto geringer ist die Speicherkapazität des Magnetbandes.

Zur besseren Nutzung eines Magnetbandes ist es üblich, Datensätze zu **Blocken**. Die im Zuge der Verarbeitung erstellten einzelnen Datensätze werden nicht sofort auf ein Magnetband ausgegeben, sondern zunächst im Zentralspeicher in einen Ausgabebereich (Ausgabepuffer) hintereinander gesammelt. Erst, wenn der Ausgabepuffer gefüllt ist (z.B. mit 10 Datensätzen) wird der gesamte Pufferinhalt mit einem Schreibbefehl auf das Magnetband als Block übertragen (Abbildung 2.32). Zur Weiterverarbeitung müssen die Datensätze wieder **entblockt** werden. Mit einem Lesebefehl wird ein Block in einen Eingabebereich (Eingabepuffer) des Zentralspeichers übertragen; aus dem Eingabepuffer werden die Sätze der Reihe nach einzeln zur Verarbeitung verfügbar gemacht.

2. Hardwaretechnische Grundlagen der Verarbeitung

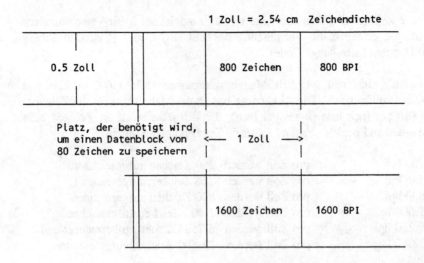

Abb. 2.31: Datenspeicherung auf dem Magnetband

Am häufigsten sind folgende Kenngrößen als **Belegungsfaktoren bei Magnetbändern** vorkommend:

- 12.7 mm (1/2 Zoll) Bandbreite,
- 730 m (2.400 Fuß) Bandlänge,
- bitparalleles Aufzeichnungsverfahren,
- 1.600 oder 6.250 oder 12.500 bpi Schreibdichte,
- 0,48 m/s - 3,81 m/s Schreib-/Lesegeschwindigkeit,
- bis zu 1.250 KB Übertragungsgeschwindigkeit.

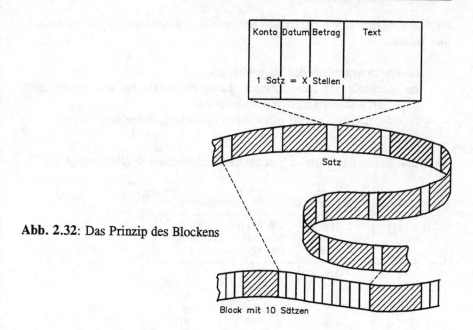

Abb. 2.32: Das Prinzip des Blockens

Tab. 2.3: Belegungsfaktor

phys. Satzlänge in Maschinenwörter	Kapazität in Mio. Speicherweiterung	Belegungsfaktor %
3	0.103	4.1
5	0.167	6.7
8	0.256	10.3
10	0.313	12.5
20	0.556	22.2
30	0.750	30.0
60	1.154	46.2
100	1.471	58.8
200	1.852	74.1
300	2.027	81.1
500	2.193	87.7
700	2.273	90.9
1000	2.336	93.5
3000	2.443	97.7
5000	2.465	98.6

Aus den Kapazitätsbetrachtungen (Tabelle 2.3) ergibt sich die Forderung, die Zahl der nicht genutzten Band-Anteile (Inter-Record-Gaps) zu minimieren, und zwar durch Zusammenfassen logischer Sätze zu physischen Sätzen, d.h. einen möglichst hohen Blockungsfaktor anzustreben. Grenzen der Blockungsmaßnahmen bilden

- die Speicherkapazität des Magnetbandes,
- die Mechanik der Bandeinheiten (Parity-Fehlerzahl bei sehr großer Satzlänge durch Staubpartikel anwachsend) und
- die erforderliche Zeit für Blockungs/Entblockungs-Routinen.

Tab. 2.4: Kapazitätsvergleich von Magnetbandsystemen zu Disk-Systemen

Disk-Systeme	Anzahl der benötigten Magnetbänder		
Kapazität MB	246 Bit/mm 6250 bpi 120 MB/Baud	500 Bit/mm 12500 bpi 700 MB/Baud	1260 Bit/mm 32000 bpi 1500 MB/Baud
70	0.6	0.1	0.05
100	0.8	0.2	0.06
200	1.7	0.3	0.13
280	2.3	0.4	0.19
570	4.8	0.8	0.4

2.3.2.3 Massenkassettenspeicher

Mit diesem Speicher ist es möglich, auf Daten in einer Größenordnung von 35 - 472 Milliarden Bytes direkt zuzugreifen und diese Daten der Verarbeitung zur Verfügung zu stellen. In Anbetracht dieser Speicherkapazität wird auch vom **Bibliotheksspeicher** gesprochen. Allerdings verliert er durch die Entwicklung der optischen Speichermedien an Bedeutung. Mehrere Faktoren liefern die Erklärung, und zwar die hohen Anschaffungs- und Betriebskosten, der große Raumbedarf, die langsame Zugriffszeit und die relativ problematische Bedienung.

Der Datenträger ist ein 17,5 m langes und 10,16 cm breites Magnetbreitband, das auf einer Spule aufgewickelt ist. Die Spule, die einen Durchmesser von 5,08 cm besitzt, befindet sich in einer Kassette. Ein Band innerhalb einer Kassette hat eine Speicherkapazität von 50,4 Millionen Byte. Der Datentransport zwischen dem Zentralspeicher sowie der Kassette und umgekehrt wird nicht direkt, sondern über einen Magnetplattenspeicher als Zwischenspeicher durchgeführt. Die Zentraleinheit prüft, ob die zu verarbeitenden Daten und der Zwischenspeicher zur Verfügung stehen. Ist dies nicht der Fall, so wird über eine Adreßtabelle festgestellt, auf welcher Kassette innerhalb des Massenspeichersystems sich die Daten befinden. Der Zugriffsmechanismus ermittelt mit Hilfe der Adresse die entsprechende Kassette und veranlaßt das Übertragen der Daten auf den Zwischenspeicher. Wenn die Übertragung abgeschlossen ist, können die zu verarbeitenden Daten in den Zentralspeicher übertragen werden. Sollten Daten auf Kassetten des Massenspeichersystems übertragen werden, so geschieht dies ebenfalls über den Zwischenspeicher.

2.3.2.4 Diskette

Die **Diskette** (Diskette, Floppy Disk) ist bei Mikrocomputern der Standard-Datenträger und zugleich auch ein wichtiges externes Speichermedium. In dieser letzteren Eigenschaft ist sie allerdings allmählich durch Festplatten abgelöst. Ihre Bedeutung jedoch als Datenträger und als Medium der Datensicherung bleibt vorerst bestehen.

Die Daten werden entlang konzentrischer Kreise - genannt Spuren - auf die Diskette geschrieben (Abbildung 2.33). Der Lese-/Schreibkopf des Diskettenlaufwerkes bewegt sich vorwärts und rückwärts von Spur zu Spur und findet so die erforderlichen Daten bzw. den freien Platz zum Aufzeichnen der Informationen. Die Spuren werden in Abschnitte - sog. Sektoren - eingeteilt. Der Platz auf der Diskette wird in Byte angegeben. Ein Byte entspricht einem Zeichen. Die Anzahl der Spuren, Sektoren und Bytes hängt von der Diskettenart ab.

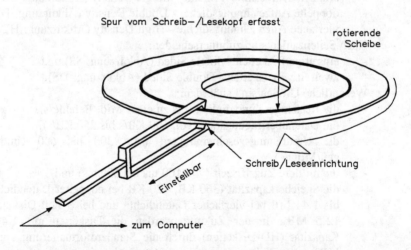

Abb. 2.33: Diskettenlaufwerk mit Zugriffsarm

Es werden verschiedene Diskettenarten (Tabelle 2.5) unterschieden, und zwar nach folgenden Kriterien:

- Diskettengröße
  Es gibt mehrere Größen, die nacheinander entwickelt wurden:
  - 8-Zoll   Maxi-Diskette   (Außenhülle 20,32 cm),
  - 5,25-Zoll Mini-Diskette   (Außenhülle 13,34 cm),
  - 3,5-Zoll Mikro-Diskette   (Außenhülle 8,89 cm) und
  - 3-Zoll   Kompakt-Diskette (Außenhülle 7,62 cm).

  Eine Gegenüberstellung der beiden dominierenden Disketten (5,25- und 3,5-Zoll) zeigt Abbildung 2.34; zugleich enthält sie deren Aufbau. Die Disketten (5,25 Zoll) sind in 40 Spuren und 9 Sektoren unterteilt. Jeder Sektor verfügt über 512 Bytes, so daß die Gesamtkapazität von 9 x 40 x 512 = 180 KB, bei DS 360 KB ist (Abbildung 2.35).

- Die Spurdichte wird in **tpi** (Tracks per Inch) angegeben und bestimmt, wieviel Spuren pro Zoll gespeichert werden können:
  - einfache Spurdichte   mit 48 tpi (19 Spuren/cm),
  - doppelte Spurdichte   mit 96 tpi (38 Spuren/cm) und
  - sowie   mit 135 tpi (53 Spuren/cm).

- Die Aufzeichnungsdichte wird gemessen in **bpi** und gibt an, wieviel Bits pro Zoll untergebracht werden können:
  - einfache Aufzeichnungsdichte - Single Density (Abkürzung: SD),
  - doppelte Aufzeichnungsdichte - Double Density (Abkürzung: DD),
  - vierfache Aufzeichnungsdichte - High Density (Abkürzung: HD).

- Nach Seitenzahlen sind zu unterscheiden:
  - einseitige Disketten - Single Sided (Abkürzung: SS) und
  - zweiseitige Disketten - Double Sided (Abkürzung: DS).

- Wesentliche Größen sind außerdem:
  - die Rechengeschwindigkeit (bis zu einer Mio. Befehle/s),
  - die Datenübertragungsrate (von 100 KB/s bis 250 KB/s),
  - die Umdrehungsgeschwindigkeit (von 300 bis 600 Umdrehungen/Minute),
  - die mittlere Zugriffszeit (von 100 ms bis 600 ms) und
  - die Speicherkapazität (360 KB, 720 KB bei doppelter Datendichte 1,2 bis 1,44 MB bei vierfacher Datendichte und bei 8-Zoll-Disketten bis 12,5 MB). In der Zukunft werden die Disketten mit 1,44 MB Kapazität (HD-Disketten) durch die Standardformatierung von 2,88 MB pro Diskette ersetzt. Letztere ist im wesentlichen vom Speichermedium abhängig.

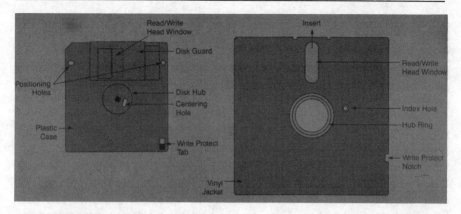

Abb. 2.34: Aufbauschema von Disketten

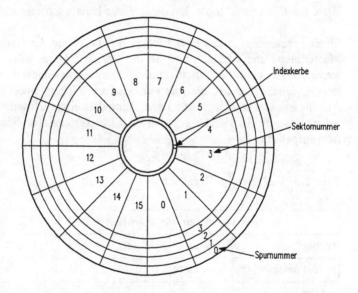

Abb. 2.35: Einteilung der Disketten in Sektoren

Die 8-Zoll-Diskette (Maxi-Diskette) ist inzwischen fast vollständig von den kleinen Disketten abgelöst worden. Die Verbreitung der 5,25-Zoll-Diskette (Mini-Diskette) hat seit Einführung der 3,5-Zoll-Diskette (Mikro-Diskette), die vor allem bei den großen Computerherstellern verstärkt wurde, kontinuierlich abgenommen. Die 3-Zoll-Diskette (Kompakt-Diskette) konnte sich aufgrund mangelnder Akzeptanz nicht durchsetzen.

Bei den Disketten geht der Trend zu immer höherer Speicherkapazität, die u.a. durch die sog. Dünnfilmtechnik, eine spezielle Beschichtungstechnik, bei der die Magnetschicht um die Hälfte reduziert wird, erreicht werden soll. Ein weiteres Verfahren zur Erhöhung der Aufzeichnungsdichte bietet die Vertikalaufzeichnung, bei der die Magnetpartikel nicht waagerecht, sondern senkrecht angeordnet sind.

Disketten können vor unbeabsichtigtem Löschen von Daten geschützt werden. Dazu wird die Schreibschutzkerbe mit den mitgelieferten Klebestreifen überklebt. Durch das Überkleben der Schreibschutzkerbe wird verhindert, daß neue Daten gespeichert werden können. Die bereits gespeicherten Daten können jedoch gelesen werden. Es empfiehlt sich, alle wichtigen Disketten mit dem Schreibschutz zu versehen. Der Schreibschutz kann jederzeit wieder entfernt werden, wenn Daten gelöscht oder neue Daten gespeichert werden sollen. Falls die Diskette keine Schreibschutzkerbe besitzt, ist sie bereits schreibgeschützt. Die DOS-Diskette ist bspw. auf diese Weise bereits schreibgeschützt.

Im Zusammenhang mit dem Betriebssystem DOS und der Datenspeicherung auf Magnetplatte und Diskette wird oft der Begriff **Cluster** gebraucht. Unter DOS werden Dateien grundsätzlich immer in Zuweisungsblöcken, sog. Cluster, unterteilt. Diese sind die kleinste adressierbare Einheit eines Speichermediums. Aus diesem Grund belegt eine Datei zumindest einen Cluster. Meistens sind es jedoch mehrere. In Tabelle 2.5 sind die Clustergrößen aus diesem Grunde ebenfalls aufgelistet.

Tab. 2.5: Disketten im Vergleich

Format	Leistungsdaten von DOS-Disketten			
	5,25 Zoll	5,25 Zoll	3,5 Zoll	3,5 Zoll
Aufzeichnugsdichte	DD	HD	DD	HD
Seiten	2	2	2	2
Spuren pro Seite	40	80	80	80
Sektoren pro Spur	9	15	9	80
Bytes pro Spur	512	512	512	512
Clustergröße	2 Sektoren	1 Sektor	2 Sektoren	1 Sektor
Gesamtkapazität	360 KB	1,2 MB	720 KB	1,44 MB
Beispiele	PC XT	PC AT	Laptop	PS/2

2.3.2.5 Magnetplatte

Magnetplattenspeicher (Magnetic Disk) sind die wichtigsten Massenspeicher (Datenspeicher) auf fast allen Computersystemen. Sie ähneln den Diskettenlaufwerken; allerdings handelt es sich um Aluminiumscheiben in Form kreisrunder Platten, die auf einer Achse übereinander montiert sind. Die Plattenlaufwerke sind unterschiedlich groß. Im allgemeinen sind es 3,5 Zoll oder 5,25 Zoll bei den Mikrocomputern bzw. 14 Zoll bei den Mainframes. Der Trend geht zu den kleinen Platten, bei den Mikrocomputern also zu den 3,5 Zoll Platten. Die Plattenoberflächen sind bis auf die Außenseiten der obersten und untersten Platte mit einer magnetisierbaren Schicht überzogen. Zumeist stehen mehrere Platten übereinander auf einer senkrecht stehenden Welle oder Achse. Die Platten sind zu einem **Plattenstapel** zusammengefaßt, der bis zu 20 beschreibbare **Oberflächen** aufweist (Abbildung 2.36) Die Platten rotieren mit einer konstanten Geschwindigkeit von etwa 3.600 Umdrehungen in der Minute (140 Meilen in der Stunde). Der Plattenstapel (Plattenturm) ist auswechselbar.

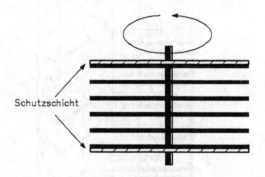

Abb. 2.36: Der Plattenstapel   6 Platten = 10 Oberflächen

Das Aufzeichnen und das Lesen der Daten erfolgt bitseriell, d.h. einspurig (ähnlich wie bei Magnetkassetten). Der Zugriff erfolgt über bewegliche Schreib-/Leseköpfe, die **kammartig** zwischen die Platten eingeführt werden können (Zugriffskamm). Sie haben von den Plattenoberflächen einen Abstand von wenigen Mikrometern (fliegender Kontakt), und zwar zwischen 35 und 100 Mikro-Zoll (0,0000035" bis 0,0000100"). Im Vergleich dazu ist ein menschliches Haar 0,004" dick. Die Zahl der Spuren je Plattenoberfläche liegt zwischen 50 - 1.500.

Alle Daten einer Plattenoberfläche, die mit einer Positionierung des Schreib-/Lesekopfes zugänglich sind, liegen auf einer Kreislinie, die als **Spur** bezeichnet wird. Alle jeweils übereinander angeordneten Spuren, oder alle Spuren mit gleichem Abstand zur Achse, werden zu einem **Zylinder** zusammengefaßt (Abbildung 2.37). Da alle Schreib-/Leseköpfe gemeinsam bewegt werden, sind die

Daten im gleichen Zylinder ohne Unterbrechung durch mechanische Bewegungen unmittelbar nacheinander zugänglich. Datenbestände, die eine Einheit bilden, werden nach dem Zylinderprinzip abgespeichert, d.h. zuerst wird die Spur 000 der Plattenseite 0 beschrieben, anschließend die Spuren 000 der Plattenseiten 1 - 9. Wenn alle Spuren mit der Nr. 000 beschrieben sind, ist auf dem Plattenspeicher der Zylinder 000 belegt. Reicht die Kapazität dieses Zylinders nicht aus, werden die Zugriffsarme auf die Spur 001 positioniert. Dieser Zylinder 001 wird dann auf die gleiche Weise beschrieben. Der Vorteil des Zylinderprinzips ist, daß bei 200 Spuren nur 200 horizontale Bewegungen des Zugriffskammes nötig sind, um alle Speicherplätze zu belegen bzw. zu lesen. Gleichzeitig wird durch dieses Prinzip die Übertragungsgeschwindigkeit wesentlich erhöht.

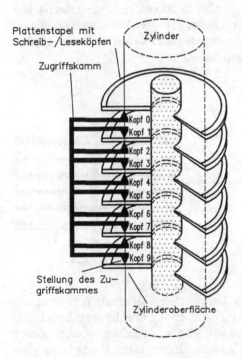

Abb. 2.37: Das Zylinderprinzip

Eine **Spur** besteht im wesentlichen aus Indexpunkt, Spuradresse und Datensätzen. Die einzelnen "Sätze" sind durch Klüfte getrennt. Die Klüfte dienen der räumlichen Trennung zwischen den einzelnen Sätzen (Abbildung 2.38). Der **Indexpunkt** kennzeichnet den Spuranfang und wird vom Zugriffsmechanismus als solcher erkannt. Die Spur selbst wird durch eine zweiteilige Spuradresse identifiziert, die aus Zylinder- und Kopf-Nummer zusammengesetzt ist. Hinter der Spuradresse sind die einzelnen Datensätze fortlaufend hintereinander abgespeichert von der Satz-Nr. 1 bis n. Der Speicherplatz eines Datenelementes ist demnach über die **Satzadresse** = Zylindernummer/Kopfnummer/Satznummer zu definieren:

- Der Beginn einer Spur wird durch den Index-Punkt angezeigt.
- Die Spuradresse enthält Zylinder- und Spurnummer.
- Die Sätze beginnen mit der Kennzeichnung für die Zylinder-, Spur- und Satz-Nummern.
- Als erster Satz einer Spur steht immer der Spurbeschreibungssatz mit Informationen über etwaige Ersatzspuren, Auswahl freier Bytes in der Spur.
- Alle Randomspeicher haben den gleichen Spuraufbau.
- Die Anzahl der Datensätze pro Spur hängt von deren Länge ab.
- Alle nicht zusammengehörigen Informationen sind durch Klüfte voneinander getrennt.
- Vor jeder Kluft sind 2 Prüfbytes gespeichert.

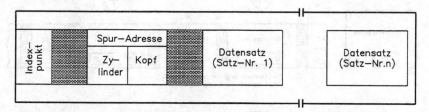

Abb. 2.38: Spuraufbau einer Magnetplatte

Ein **Datensatz** besteht im wesentlichen aus Adreßmarke, Satzadresse und Datenfeld (Abbildung 2.39). Die **Adreßmarke** zeigt den Beginn eines Datensatzes an. Die Satzadresse besteht aus Zylinder-, Kopf- und Satznummer, wobei die Satznummer (1. Satz, 2. Satz usw.) die einzelnen Sätze auf der Spur unterscheidet (Zylinder- und Kopfnummer entsprechen der Spuradresse). Im **Datenfeld** sind die zu verarbeitenden Daten gespeichert. Werden Datensätze aus dem Datenbestand benötigt, so erfolgt eine gezielte Adressierung.

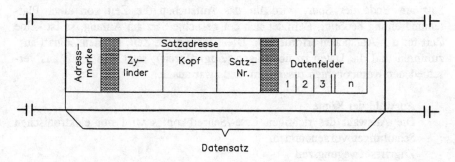

Abb. 2.39: Datensatzaufbau

Angenommen, der Datensatz XYZ soll in den Zentralspeicher gelesen werden. Der Satz ist unter folgender Satzadresse gespeichert (Abbildung 2.40):

- Zylinder-Nr. : 151
- Kopf-Nr. : 3
- Satz-Nr. : 3

Durch Analyse der Adressen wird zunächst der Zugriffskamm auf den Zylinder 151 eingestellt. Anschließend wird der Lese-/Schreibkopf mit der Nummer 3 aktiviert. Der Lese-Schreibkopf beginnt am Indexpunkt und vergleicht die Satznummern auf der Platte mit der im Zentralspeicher bereitgestellten Satznummer. Sobald der Vergleich zutrifft, wird der Datensatz in den Zentralspeicher übertragen.

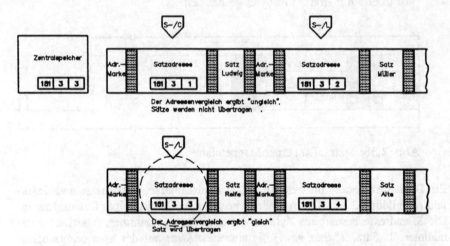

Abb. 2.40: Speichern von Datensätzen auf Magnetplatte

Das Aufsuchen eines Satzes in einer Spur dauert unterschiedlich lang. Steht der Satz am Ende der Spur, wird für das Aufsuchen die Zeit von einer Plattenumdrehung benötigt. Befindet sich der gesuchte Satz am Anfang, so ist keine Zeit für das Aufsuchen erforderlich. Die erforderliche Zeit, um den Zugriff auszuführen und die Daten zu übertragen (**Zugriffszeit**), setzt sich somit aus verschiedenen Komponenten zusammen, und zwar aus der

- Auswahl der Köpfe
  Die Auswahl des richtigen Lese-/Schreibkopfes wird mit elektronischen Schaltungen vorgenommen.
- Zugriffsbewegungszeit
  Positionierungszeit; Diese Zeit wird benötigt, um die Lese-/Schreibköpfe auf den Zylinder einzustellen, der den geforderten Datensatz enthält.

- Verzögerung durch die Umdrehung (Dreh-Wartezeit)
  Diese Zeit vergeht, bis die geforderten Daten bei der Umdrehung des Plattenstapels an den Lese-/Schreibköpfen vorbeikommen. Die Zeit variiert zwischen Wert 0 und 25 ms für eine volle Umdrehung. Bei Zeitberechnungen wird 1/2 Umdrehung angenommen.
- Datenübertragungsrate
  Es ist die Zeit, die benötigt wird, um Daten zwischen Zentralspeicher und peripherem Speicher zu übertragen.

Plattenspeicher werden aufgrund ihrer Eigenschaften der Auswechselbarkeit und der Positionierbarkeit unterschieden:

- Plattenspeicher mit auswechselbarem Laufwerk heißen **Wechselplatten, Plattenstapel**. Darunter fällt die sog. Bernoulli-Box, die die Vorteile der Winchesterplatte (Staubfreiheit, kurze Zugriffszeit) mit denen der Wechselplatte (Erhöhung der Speicherkapazität durch auswechselbare Magnetplatten) verbindet.
- Plattenspeicher mit festem, nicht auswechselbarem Laufwerk heißen **Festplattenspeicher**. Darunter fallen auch solche, bei denen für jede Spur ein fest montierter Lese-/Schreibkopf existiert. Es sind **Festkopfplattenspeicher**. Eine besondere Art stellt die sog. **Winchester-Technik**[1] dar. Hier ist die gesamte Einrichtung, also die Platte, die Mechanik für die Lese-/Schreibvorrichtung in eine vakuumdichte Außenhülle eingeschlossen. Mit Hilfe dieser Technik werden Kapazität und Zugriffszeit erhöht. **Winchesterplatten** (Hard Disk) werden insbesondere bei Mikrocomputern verwandt und sind auf dem Markt in den Durchmessergrößen 8-Zoll (20,32 cm), 5,25-Zoll (13,34 cm) und 3,5-Zoll (8,89 cm) erhältlich. Diese Platten haben Speicherkapazitäten von bis zu 300 MB. Ihre mittlere Zugriffszeit liegt bei ca. 15 bis 20 ms.

Magnetplatten sind insbesondere an ihren technischen Größen zu messen. Die Entwicklung ist rasant, so daß Wertangaben schnell überholt sind. Anzahl der Plattenoberflächen, Anzahl der Spuren je Plattenoberfläche, Aufzeichnungsdichte bestimmen die **Speicherkapazität**. Weitere Unterschiede entstehen durch die Umdrehungszahl, Datenübertragungsrate etc. Einige Angaben zeigen die breite Spanne:

---

1) Die Bezeichnung "Winchester" geht auf die von IBM entwickelten ersten Hard-Disks im Jahre 1973 zurück. Diese Disketten verfügten über eine Speicherkapazität von 30 + 30 MB, die sich "zahlenmäßig" vergleichen ließ mit dem 30.30-Laufwerk des Winchesters. Dieser Begriff wurde schließlich übernommen.

- Speicherkapazität zwischen 5 MB und 20 GB (bei Disketten bis 12,5 MB),
- mittlere Zugriffszeit zwischen 15 ms und 60 ms (bei Disketten zwischen 100 ms und 600 ms),
- Übertragungsrate von 400 KB/s bis 3 MB/s (bei Disketten zwischen 100 KB/s und 250 KB/s),
- Umdrehungsgeschwindigkeit von 1.000 bis 4.000 Umdrehungen in der Minute (bei Disketten zwischen 300 und 600 Umdrehungen in der Minute),
- Göße der Magnetplatten:
  - 14 Zoll Durchmesser (35,56 cm),
  - 8 Zoll Durchmesser (20,32 cm),
  - 5,25 Zoll Durchmesser (13,34 cm) und
  - 3,5 Zoll Durchmesser (8,89 cm).

2.3.2.6 Sonstige magnetische Speicher

Unter diesen Speichern werden solche zusammengefaßt, die während des Arbeitsgangs nicht gewechselt werden. Sie sind stationiert. Ihre Bedeutung ist in den letzten Jahren stark zurückgegangen, so daß sie kaum noch eine nennenswerte Rolle spielen.

Magnettrommelspeicher bestehen aus einer rotierenden Trommel mit magnetisierbarer Schicht. Durch feste und bewegliche Lese-/Schreibköpfe lassen sich eine bestimmte Anzahl von Speicherspuren festlegen. Der Datenträger ist nicht austauschbar. Die herausragende Eigenschaft des Trommelspeichers ist die günstige Zugriffszeit. Sie wird dadurch erreicht, daß nur der Trommelkörper als einziges Teil dieses Speichers mechanisch bewegt wird. Der Trommelkörper ist ein mit konstant hoher Geschwindigkeit rotierender Stahlzylinder, dessen Oberfläche mit magnetisierbarem Material beschichtet ist. Die Oberfläche ist in Spuren eingeteilt. Jeder Spur ist ein in seiner Lage unveränderbarer Magnetkopf zugeordnet. Zur Datenspeicherung stehen normalerweise 800 Standard-Spuren und 80 Ersatz-Spuren zur Verfügung. Die Ersatzspuren stellen sicher, daß für die zu speichernden Daten in jedem Falle ein magnetisch einwandfreies Medium zur Verfügung steht.

Magnetspeicherstreifen und Magnetkartenspeicher sind im Prinzip ähnlich aufgebaut. Der wesentliche Unterschied ist durch das Format des Magnetschichtstreifens gegeben. In der Arbeitsweise ähneln diese Speicher den Magnettrommelspeichern. Die Streifen bzw. Karten stellen eine Art auswechselbaren Trommelmantel dar. Die Speicherkapazität ist sehr groß (über 100 Bytes); allerdings bei einer sehr langsamen Zugriffszeit von 0,5 s wegen des erforderlichen Streifen- bzw. Kartentransports.

2.3.3 Optische Speicher

2.3.3.1 Allgemeines

Die **optische Speicherplatte** (Optical Disk Memory) ist eine runde Scheibe, auf deren Oberfläche sowohl das Aufzeichnen, wie auch das Lesen der Informationen mit einem Laserstrahl erfolgen. In ihrer Größe und Form ähneln sie Disketten. Die binäre Information ist in Form von optisch sichtbaren, lichtdurchlässigen oder undurchlässigen Punkten gespeichert. Die Aufzeichnung erfolgt im Regelfall durch Einbrennen der Binärzeichen als kleine Löcher in die Spuren der Plattenoberfläche. Dadurch ändert sich die Reflexionseigenschaft der Plattenoberfläche. Bei anderen Verfahren werden Vertiefungen eingeschmolzen oder Domäne mit anderer Magnetisierungsrichtung gebildet. Daher sind Speicherplatten mit eingebrannten Löchern oder eingeschmolzenen Vertiefungen nicht löschbar, nicht wieder aufzeichenbar, aber unbegrenzt häufig lesbar. Die optische Speicherplatte wird aus unterschiedlichem Material hergestellt. Ihre physikalische Einteilung ist ebenfalls verschieden. Sie kann konzentrierte oder spiralförmige Spuren aufweisen. In der Standardausführung verfügt die Speicherplatte über 45.000 Spuren. Jede Spur ist in 128 Sektoren unterteilt. Jeder Sektor verfügt über eine Kapazität von 1.000 Bits, woraus sich eine Gesamtkapazität von rund 10 Milliarden Bits (netto belegbar) ergibt, sofern die beiden Oberflächen benutzt werden. Gegenwärtig werden sie in verschiedenen Größen hergestellt, und zwar von 3,5 bis 14 Zoll, mit Speicherkapazitäten bis 8 GB je Plattenoberfläche. Die Zugriffszeiten liegen bei 150 ms, allerdings bei einer Datentransferrate von 2 Mbit/s. Der Schreibvorgang ist etwa 20 mal schneller als der Lesevorgang.

Wegen dieser hohen Speicherungsdichte dürfte die optische Speicherplatte als Massenspeicher nicht nur im Bibliotheks- und Dokumentationsbereich (Statistikämter etc.), sondern auch in der Bürokommunikation und in der Archivierung betriebener Daten an Bedeutung gewinnen. Diese Aussage gilt insbesondere auch im Hinblick auf die inzwischen möglich gewordene Wiederbenutzung. Allerdings sind die gegenwärtig verfügbaren optischen Speicherplatten weitestgehend nur Leseplatten.

2.3.3.2 WORM-Platten

WORM (Write Once Read Multiple)-Platten sind auf der Basis der Bildplatten entwickelt worden. Sie wurden 1984 beispielhaft von ICI installiert. Um 800.000 Dokumente zu speichern, wurde eine 64-Platten-Jukebox eingesetzt. Sie werden leer gekauft; der Anwender beschriftet sie mit einem Laser, der sehr feine Löcher (Pits) in eine empfindliche Schicht brennt. Je nach Größe der Scheibe (Standard ist 12 Zoll) liegt die Kapazität je Plattenseite 8 GB; bei 5,25 Zoll Platten 2,6 GB.

2.3.3.3 CD-ROM-Platten

Eine weitere Variante stellen die sog. **CD-ROM-Platten** (Compact Disk-Read Only Memory) dar. Es handelt sich um die in der Musikbranche bekannte Speicherplatte, die mit einem modifizierten CD-Spieler gelesen wird. Allerdings ist die Speicherkapazität mit 600 MB begrenzt. Ebenso ist die Zugriffsgeschwindigkeit ungünstig.

Dieser Speicher wird nur gelesen, d.h. der Anwender bezieht "beschriftete" Speicher und liest ihn nach Bedarf. Sie werden für Informationsbanken verwandt (juristische Informationen, Gerichtsentscheide, Gesetze). In ihrer Standardausführung sind sie 4,75 Zoll (12 cm) und speichern etwa 600 MB.

2.3.3.4 ELOD-Platten

Diesem optischen Speicher dürfte die Zukunft gehören, da er mehrmals beschrieben und gelesen werden kann (Erasable Laser Optical Disk). Der Schreibvorgang erfolgt durch Erhitzen von Punkten einer magnetisierbaren Schicht mit einem Laserstrahl. Sie gelten als magnetooptische (MO-Speicher) Medien, weil die einzelnen Bits magnetisch geschrieben werden. Dabei polarisiert das Laserlicht die Zustände 0 und 1. Die Bits bleiben bei Zimmertemperaturen erhalten. Die Kapazität liegt bei 650 MB, allerdings bei langsamer Aufzeichnungsgeschwindigkeit. NeXT Computer, die ersten PC`s mit dieser Technik operieren mit einer Geschwindigkeit von 92 Milli-Sekunden, also 30 Milli-Sekunden schneller als die Festplatten.

2.3.3.5 Laser Disk

In die Gruppe der magnetischen Speicherplatten gehören auch die Laser Disk, die verschiedene Informationsarten wie Texte, Bilder, Video aufnehmen. Ihre Kapazität liegt bei 1 GB. Laser Disks nehmen etwa 500.000 Seiten Texte, 108.000 Einzelbilder usw. auf.

2.3.3.6 Mikrofilm

Siehe dazu Abschnitt 2.2.3.3.2

2.3.4 Sonstige Speicher

Zukünftig dürften weitere elektronische Speichermedien an Bedeutung gewinnen, so die Halbleiterbauelemente, also die **Chipkarten**. Anstelle des Magnetstreifens oder in Ergänzung dazu werden in eine Chipkarte Chips implementiert (siehe Scheck/Kreditkarten). Diese dient der Speicherung (1 - 150 MB bei sehr kurzen Zugriffszeiten). Ihr hauptsächlicher Nachteil liegt darin, daß deren Speicherinhalt bei Unterbrechung der Stromzufuhr verlorengeht. Demgegenüber steht die sehr günstige Zugriffszeit.

Magnetblasenspeicher (Magnetic Bubbles) galten lange Zeit als Zukunftsform der Speicherung. Aufgrund der ungünstigen Zugriffszeiten (über 5 ms) und der hohen Herstellungskosten haben sie die Erwartungen - trotz ihrer Vorteile (stabile Speicherung, keine Zugriffsmechanik) - nicht erfüllen können.

Zukünftig ist auch mit **holographischen Speichern** für die Speicherung komplizierter Muster zu rechnen. Die Speicherung erfolgt in transparenten festen Körpern, die Inferenzmuster festhalten können.

2.4 Interne Verbindungseinrichtungen

2.4.1 Allgemeines

Die heutigen Computer zeigen gegenüber früheren Konstruktionen aufgrund ihrer molekularen Bauweise deutliche Unterschiede. Sie bedeuten die physische Trennung von Bauteilen, die wiederum untereinander verbunden sein müssen, um bspw. Daten von einem zu einem anderen Teil bzw. Gerät zu transferieren. Verbindungen dieser Art sind **Schnittstellen**. Dazu zählt die technische Einheit der internen Verbindungseinrichtungen. Es handelt sich dabei um

- Übertragungswege zum Transfer der Daten,
- Treibereinheiten zur Signalverstärkung,
- Puffer zur Zwischenspeicherung von Daten und
- Ein- und Ausgabeprozessoren.

Das Prinzip zielt auf die Herstellung der internen Verbindungen zwischen den einzelnen Teilen und Geräten des Computersystems. Besondere Bedeutung kommt dabei den Übertragunswegen zu (Abbildung 2.41), wobei je nach Rechnergruppe Mikrocomputer oder Mainframe nach dem Bus- bzw. Kanal-Prinzip verfahren wird.

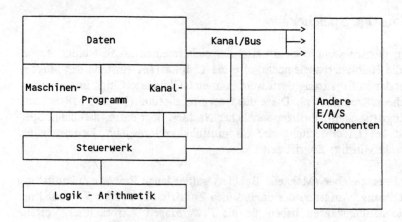

Abb. 2.41: Das Prinzip der internen Verbindung

2.4.2 Die Bus-Technologie

Bei Mikrocomputern werden für den Datentransfer gemeinsame Wege, gemeinsame Verbindungen, die Busse benutzt. Es sind Verbindungen zwischen den digitalen Schaltwerken, die gemeinsam, nach Bedarf abwechselnd, benutzt werden. Jeder Teilnehmer kann senden und empfangen. Zu einem Zeitpunkt ist jedoch nur eine Verbindung benutzbar. Daher werden die Busse verwaltet. Die Zahl der anschließbaren Teilnehmer wird durch die Zahl der verfügbaren Adressen, die Leistungslänge, das Übertragungsvolumen, die Transferrate begrenzt. In ihrer Architektur ergeben sich Unterschiede.

IBM stellte 1981 ihre ersten PC mit der XT-Technologie (**XT** für **eXtended Technology**) vor. Kurze Zeit darauf folgten Weiterentwicklungen mit Geräten der AT-Technologie (**AT** für **Advanced Technology**). Sie wurden von Beginn an nachgebaut und als IBM-kompatible Geräte auf den Markt gebracht. In Fortsetzung dieser Entwicklungen folgte 1987 PS/2 mit einer neuen Technologie, die von IBM patentiert war. Sie wurde mit der **MCA** für **Micro Channel Architecture** gebaut. Sie bricht mit der alten Technologie, d.h. Programme der XT- und AT-Generationen können auf MCA-Maschinen nicht laufen. Unter Führung von Compaq wurde schließlich die **EISA** für **Extended Industry Standard Architecture** entwickelt.

Je nach zu übertragenden Informationen wird unterschieden (Abbildung 2.42):

- der **Datenbus** (Data Bus) als Übertragungsweg für die Daten,
- der **Adreßbus** (Address Bus) als Übertragungsweg für die Adressen und
- der **Steuerbus** (Control Bus) als Übertragungsweg für die Steuersignale.

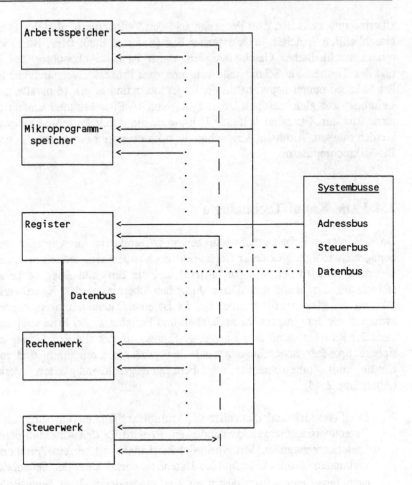

Abb. 2.42: Das Buskonzept der internen Wege

Mikrocomputer unterscheiden sich in erster Linie durch ihre Mikroprozessoren. Bezeichnungen wie 8-Bit bzw. 16-Bit-Geräte kennzeichnen verschiedene Leistungsklassen (Abschnitt 2.6). Diese Bezeichnungen orientieren sich an der möglichen Breite der verarbeiteten Daten und hängen damit von der Breite des Datenbusses ab. Ein 32-Bit-Prozessor kann die doppelte Anzahl von Bitinformationen eines 16-Bit-Prozessors verarbeiten. Die Spitze bilden die 64-Bit-Prozessoren mit der vierfachen Leistungsfähigkeit der 16-Bit-Prozessoren. Schwierigkeiten bereiten derzeit noch die begrenzten physikalischen Möglichkeiten, die komplizierten Schaltungen zuverlässig herzustellen.

Der Bus innerhalb des Prozessors, also zwischen ALU (Rechenwerk), Steuerwerk und Registern ist der **interne Bus** (Internal Bus) und der Bus zwecks

Übertragung zwischen dem Prozessor und den Teilnehmern, also der Peripherie einschließlich Speicher, heißt **externer Bus** (External Bus). Diese Busse arbeiten mit unterschiedlicher Geschwindigkeit, daher ist die Ankopplung des Puffers und des Treibers als Schnittstelle vom und zum Prozessor verständlich. Ein 16-Bit-Mikrocomputer bspw. hat in der Regel intern und extern 16 parallel laufende Leitungen zur gleichzeitigen Übertragung von 16 Bits. Mitunter umfaßt der externe Bus nur 8 parallel laufende Leitungen, die durch Pufferung ausgeglichen werden müssen. Ähnliche Abweichungen nach oben gibt es bei den 32- bzw. 64-Bit-Mikrocomputern.

2.4.3 Die Kanal-Technologie

Da die interne Arbeitsgeschwindigkeit des Computers im Vergleich zur Arbeitsgeschwindigkeit externer Geräte sehr hoch ist, ist eine Stelle notwendig, um Daten zwischenzuspeichern (zu puffern) und die Ein- und Ausgabeoperationen selbständig durchzuführen. Diese Aufgaben übernimmt das **Kanalwerk**, das faktisch ein kleiner Hilfsrechner ist. Es ist eine Datenübertragungseinrichtung zwischen den Baugruppen Zentraleinheit und Peripherie. Bei Minicomputern besteht der Kanal tatsächlich nur aus einer Einheit, an der alle E/A-Geräte und periphere Speicher angeschlossen sind. Bei größeren Computern sind mehrere Kanäle mit unterschiedlichen Übertragungsgeschwindigkeiten vorhanden (Abbildung 2.43).

- Der **Selektorkanal** (Schnellkanal, Multiplexer Channel) arbeitet mit hohen Datenübertragungsgeschwindigkeiten. Er wird für den Anschluß peripherer Speicher verwendet. Mit einem Selektorkanal wird nur ein Peripheriegerät verbunden. Nach Abschluß des Datentransportes kann der Selektorkanal - nach festgelegten Prioritätsfolgen - an ein anderes Gerät "angeschlossen" werden. Der Anschluß und damit die Verbindung besteht für die Dauer der Übertragung ohne Unterbrechung. Mehrere Geräte können daher nur nacheinander bedient werden.
- Der **Multiplexkanal** (Bytemultiplexer, Byte Multiplexer Channel) stellt - im Gegensatz zum Schnellkanal - gleichzeitig die Verbindung zu mehreren Peripheriegeräten her. Er verfügt daher über mehrere Unterkanäle. Jeder dieser Unterkanäle benutzt dieselben technischen Übertragungseinrichtungen, um während dieser Zeit Daten zu transportieren. Auf diese Weise entstehen Wartezeiten, langsame Übertragungsgeschwindigkeiten, sowie der "Zwang", die einzelnen übertragenen Daten zur ursprünglichen Gesamtinformation zusammenzusetzen.
- Werden beim Multiplexkanal die Daten nicht zeichen/byteweise, sondern in Blöcken fester Länge übertragen, so handelt es sich um einen **Blockmultiplexkanal** (Block Multiplexer Channel). Entscheidend ist, daß die Blöcke aus mehreren Zeichen/Bytes bestehen.

- Eine weitere Form bildet der **Frequenzmultiplexkanal**, mit dem simultan übertragen wird. Dies wird dadurch erreicht, daß das für die Übertragung benutzte Frequenzspektrum auf die zu übertragenden Daten aufmoduliert wird. Somit entstehen mehrere Frequenzbänder, die unabhängig voneinander übertragen werden können.

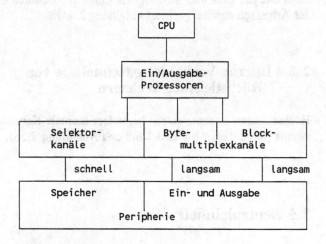

Abb. 2.43: Die Kanalwerke

extrem schnell	Zentraleinheit
sehr schnell	Kanalwerke
schnell	Speicherperipherie
langsam	Ein- und Ausgabeperipherie

Abb 2.44: Geschwindigkeitshierarchie

Die Kanalwerke werden durch die **Ein- und Ausgabeprozessoren** (Input/Output-Processors) bedient. Diese Prozessoren arbeiten weitgehend selbständig; sie entlasten somit die Zentraleinheit. Ihre Aktionen sind mit dem Zentralspeicher-

Prozessor abgestimmt. Eine Instruktion zur Ausführung irgendeiner E/A-Aufgabe bedeutet bspw., daß der Zentralspeicher-Prozessor neben der Aufgabe auch das(die) betroffene(n) Gerät(e) definieren, angeben muß. Die Ausführung selbst wird verzahnt zum laufenden Programm ausgeführt. Die Ausführung läuft im Vergleich zur Rechengeschwindigkeit der CPU langsamer, jedoch schneller als die sonstigen Ein- und Ausgabe-Vorgänge ab. Dadurch entsteht eine Hierarchie der Arbeitsgeschwindigkeiten (Abbildung 2.44).

2.4.4 Interne Verbindungstechnologie von Höchstleistungsrechnern

Höchstleistungsrechner setzen besonders schnelle Kommunikationseinrichtungen voraus (siehe dazu Abschnitt 2.6.8 und Abbildung 2.56).

2.5 Zentraleinheit

Die **Zentraleinheit** - bestehend aus dem **Arbeitsspeicher** und dem **Zentralprozessor** (CPU, Central Processing Unit) - ist das "Herz" jedes Computers. Der Begriff selbst drückt die Bedeutung aus, die von der Zentraleinheit ausgeht. Hier läuft die eigentliche Verarbeitung, die sachliche Transformation ab. Entsprechend der Entwicklung der Speichertechnik waren zunächst elektronische Röhren, dann Kernspeicher, dann monolithische Speicherelemente verwendet worden. In den heutigen Computern werden Bauelemente mit Halbleitern verwendet. Solche Bauelemente sind sehr kompakt und damit raumsparend. Sie zeichnen sich auf der einen Seite durch einen äußerst schnellen Zugriff dank den kurzen internen Wegen und durch sehr große Speicherdichte aus. Sie werden fast ausnahmslos in Halbleiterbauweise in der MOS-Technik (Metal Oxid Semiconductor) hergestellt. Bei der Hochintegrationstechnik, die bei der Herstellung von Arbeitsspeichern verwendet wird, kommen **VLSI** (Very Large Scale Integration) und **ULSI** (Ultra VSI) zum Tragen.

Die Geschichte integrierter Schaltungen (Integrated Circuit, IC) mit einem Transistor begann 1959. Seitdem wurde über die Stationen

- SSI, Small-Scale Integration,
- MSI, Medium-Scale Integration und
- LSI, Large-Scale Integration
- die VLSI, Very-Large-Scale Integration

entwickelt. VLSI-Schaltungen umfassen inzwischen 1 Mill. Transistoren. Im Rahmen des japanischen Fifth-Generation Projektes sollen die eingesetzten Schaltungen 1 Million Logical Inferences/Second (LIPS) erreichen. In den i486 Chips wurde ab 1992 auch mit der ECL für Emitter-Coupled Logic Technologie gearbeitet; sie verfügt über eine Arbeitsgeschwindigkeit von 120 MIPS.

2.5.1 Aufbau eines Chips

Gegenwärtig werden praktisch alle Logik- und Speicherschaltungen auf **Chips** oder **Mikrochips** (Chip) realisiert. Chips sind somit die technischen Bauteile der Zentraleinheit. Bei Mikrocomputern ist die Zentraleinheit auf einem einzigen Chip untergebracht. Daher werden sie mitunter auch "Chip-Prozessor" genannt.

Ein Chip ist ein Halbleiterplättchen - im Regelfall aus Silizium - von 10 bis 140 mm^2 Fläche und weniger Zehntel mm Dicke, das eine Anzahl von in die Hunderttausende gehende Bauelemente als Widerstände, Dioden und Transistoren enthält. Sie enthalten die Logik-(Verknüpfungs-) und Speicherfunktionen. Die Chips werden auf dünne monokristalline Siliziumscheiben (Wafer) aufgebracht. Dies geschieht in einem mehrstufigen, komplizierten Herstellungsprozeß. Das Produkt, ein Chip der Zentraleinheit eines Mikrocomputers (Abbildung 2.45), besteht aus:

- einem Rechenwerk,
- einem Taktgenerator als Element der zeitsynchronen Steuerung im Prozeß,
- einem Steuerwerk zur Ablaufsteuerung der Befehle,
- einem Bus zur Herstellung von Verbindungen zwischen den Registern,
- einem Register zur Speicherung von Informationen im Speicher,
- einem Decoder zur Bereitstellung der Befehle,
- einem Stromgeber,
- einem Interrupter,
- einem Incrementer zur Erhöhung des Befehlsfolgezählers,
- einem Befehlsfolgezähler und
- einem Befehlsregister.

Chips werden in zwei Kategorien unterteilt, in

- Speicherchips und
- Logikchips.

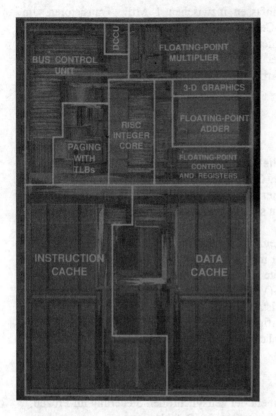

Abb. 2.45: Aufbau eines Chips

Die Gruppe der **Speicherchips** ist relativ einfach aufgebaut. Gegenwärtig werden 1 bis 4 Megabit verwendet. In der Realität befinden sich deutlich mehr Bits auf den Speicherchips. Um mögliche Fehler in der Speicherung (Lesen, Schreiben) zu erkennen, d.h. kontrollierbar zu machen, wird jeweils eine Gruppe von 32 Bits mit Hilfe von 7 Paritätsbits kontrolliert. Die Fehler werden erkannt, lokalisiert und behoben (Fehler = Umkippen eines Bits von 0 auf 1 oder umgekehrt). Außerdem wird die Schaltstellung in sog. Refresh-Vorgängen in regelmäßigen Zeitabständen (Mikrosekunden) neu eingestellt, weil sich die kleinen Kondensatoren ganz langsam entladen.

Eine neuere Entwicklung stellen die **statischen Speicherchips** dar. Sie können bereits mit 5 Volt beschrieben und die gespeicherten Daten ohne äußere Spannung bewahrt werden. In einem IBM-Siemens-Projekt wird das 64 Megabit-Chip; in einem weiteren Forschungsprojekt in Zusammenarbeit von IBM, Siemens und Toshiba soll das 256 Mega-Chip entwickelt werden. Die japanische Fujitsu hat nach eigenen Angaben einen Test-Prototypen eines 256-MB-Dram entwickelt. Dieser Chip ist 1,6 mal 2,5 cm groß und nimmt etwa 1.000 Zeitungsseiten auf; er soll in der zweiten Hälfte der 90er Jahre produktionsreif sein. Für die Jahrtausendwende werden Chips mit einer Kapazität von 1 Gigabit erwartet.

Die Gruppe der **Logikchips** ist sehr komplex aufgebaut. Dabei bildet Silizium die stoffliche Grundlage. Es gehört zu den Haltleitern. Die elektrischen Eigenschaften werden dadurch erreicht, daß in genau festgelegten Bereichen einzelne Atome ersetzt werden (vierwertige Atome ersetzt durch fünf- oder dreiwertige Atome). Der Mikroprozessor ist somit auf einem Chip von durchschnittlich 5x4 mm untergebracht. Das Zusammenwirken der Bauteile erfolgt jeweils über eine Sammelleitung, Bus genannt. Als **Bus** wird hier ein Band parallel laufender Leitungen bezeichnet, die die Verbindung zwischen den Bauteilen des Computers herstellen. Sie sind für den internen Transport der Signale, Befehle und Daten verantwortlich und arbeiten entweder in beide Richtungen (= bidirektional) oder nur in eine Richtung wie in einer Einbahnstraße. Die Anzahl der Leitungen in einem Bus ist von Bedeutung für die Leistung des Gerätes. Man unterscheidet Busbreiten von vier bis sechzehn Leitungen bei älteren PC's, und Busse mit 32 Leitungen bei den heutigen PC's. Über jede Einzelleitung im Bus kann gleichzeitig nur eine Information in eine Richtung durch einen elektrischen Impuls weitergegeben werden.

Die beiden nachfolgenden Abbildungen 2.46 und 2.47 zeigen Chips und stellen die ersten mit den gängigen Chips gegenüber.

Abbildung 2.48 zeigt die erste integrierte Schaltung (Chip) mit mehr als einer Million Transistoren beim Intel i486-Prozessor (vorgestellt 1989). Er leistet 15 MIPS.

2.5.2 Der technische Aufbau der Zentraleinheit

Die Zentraleinheit wird aus drei typisch zu unterscheidenden Elementen aufgebaut, und zwar aus

- dem **Speicherwerk** (Hauptspeicher, Arbeitsspeicher, Internspeicher),
- dem **Rechenwerk** (Logis, Arithmetik) und
- dem **Steuerwerk** (Leitwerk).

Diese Elemente werden ergänzt, durch Register mit übergreifenden Funktionen zwischen den drei Elementen und Kanälen für die Ein- und Ausgabesteuerung (siehe Abbildung 2.2).

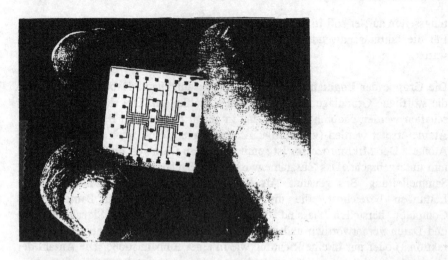

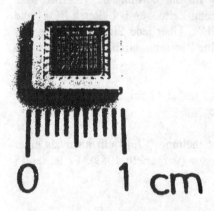

Abb. 2.46: Chip in der Hand

2.5 Zentraleinheit

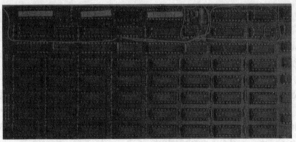

Abb. 2.47: Gegenüberstellung der Smal- und der Very-Large-Scale Technologien

Abb. 2.48: Der Intel i486-Chip

2.5.2.1 Das Speicherwerk

Im Speicherwerk werden die Daten- und Befehlsworte gespeichert. Sie müssen von dort jederzeit abrufbar sein. Um dies systematisch und sicher zu ermöglichen, muß es nach einem Ordnungsprinzip aufgebaut sein. Es besteht aus **Speicherstellen**, die einzeln über die ihnen zugeordneten (Maschinen-) Adressen auffindbar sind. Dazu werden die einzelnen Speicherstellen i.d.R. von Null beginnend fortlaufend durchnumeriert (bspw. von 0000 bis 4095). Die Speicherstellen sind in ihrer Struktur einheitlich, d.h. jede Speicherstelle besteht aus der gleichen Anzahl binärer Speicherelemente (bei Bytemaschinen aus 8 binären Speicherelementen). Der Speicherinhalt einer Speicherstelle ist demnach ein Zeichen. Die Speicherstelle ist die kleinste adressierbare Einheit im Speicherwerk einer Byte(Stellen-)maschine.

Bei Wortmaschinen nennt man die kleinste adressierbare Einheit **Speicherzelle**. Die Speicherzelle bei Wortmaschinen besteht aus einer fixen Anzahl binärer Speicherelemente zwischen 16 und 64. Der Speicherinhalt einer Speicherzelle kann demnach aus mehreren Zeichen bestehen. Jeder Speicherinhalt, d.h. jede Information (Daten- oder Befehlswort), kann nur über die Adresse der betreffenden Speicherstelle wiedergefunden werden.

Technisch sind die binären Speicherelemente unterschiedlich realisiert. Häufig verwendet man Speicherbausteine mit 32, 64, 128, 256 etc. KB Speicherstellen. Der Zentralspeicher besteht dann aus mehreren dieser Speicherbausteine.

2.5 Zentraleinheit

Das Lesen aus und das Schreiben in einen Speicher wird vom Steuerwerk geregelt. Unter Lesen versteht man die elektronische Entnahme aus der Speicherstelle und unter Schreiben das elektronische Einbringen. Beim Lesen bleibt die Information erhalten. Beim Schreiben wird der alte Speicherinhalt überschrieben.

Beim Speicherwerk handelt es sich um das "Gedächtnis" des Computers. Es enthält das in Arbeit befindliche/die in Arbeit befindlichen Anwendungsprogramme, die dafür notwendigen Daten und vorübergehend die Ergebnisse. Außerdem nimmt es Bestandteile des Betriebssystems (Systemprogramme) auf. Folgende **Speicherungsphasen** werden unterschieden:

- die Eingabephase,
- die Ausgabephase,
- verschiedene programmabhängige Phasen der Zwischenspeicherung und
- die Befehlsausführung (Abbildung 2.49).

Graphisch dargestellt sieht dies wie in Abbildung 2.50 aus.

Instruktionsphase (Instruction)	Abholen der Adresse Abholen des Befehls Entschlüsselung des Befehls Berechnung der Adresse des Befehls Abholen des Operanden	- mit Steuerung der Reihenfolge - Spaltung in Adressen und Operandenteil -
Ausführungsphase (Execute)	Auslösung von Signalen Ausführung von Befehlen Speicherung des Ergebnisses	Aktivierung anderer Geräteeinheiten - Erhöhung des Befehlszählers

Abb 2.49: Ablaufphasen in der Befehlsführung

In Abhängigkeit davon, in welcher Phase der Verarbeitung sich Daten und Programme befinden, werden verschieden schnelle Zugriffsmöglichkeiten verlangt. Dementsprechend kommt den Speichereinrichtungen große Bedeutung zu. Die Zugriffszeit des Zentralspeichers liegt im allgemeinen im Mikro- bzw. Nanosekunden-Bereich. Innerhalb des Speicherwerkes werden einige Tausend Bytes für den sog. Schnellspeicher (Schnellpufferspeicher) mit den Aufgaben der Speicherung von Registerinhalten betreffend der Ausführung von Ein- und Ausgabeoperationen und der Bereithaltung der voraussichtlich benötigten Daten "abgetrennt". Sie sind für den Programmierer nicht zugänglich (**Schattenspeicher**).

Normalerweise werden hierfür integrierte Bipolarspeicher oder besonders schnelle Magnetkernspeicher (verkleinerte Ringkerne zur Verringerung der Stromwege) benutzt. Die Zugriffszeiten liegen dementsprechend niedrig bei 50 bis 500 ns. Der Arbeitsspeicher nimmt alle Daten auf, die nicht unmittelbar von einer Befehlsausführung betroffen sind. Ebenso nimmt er Ergebnisdaten, Systemprogramme etc. auf.

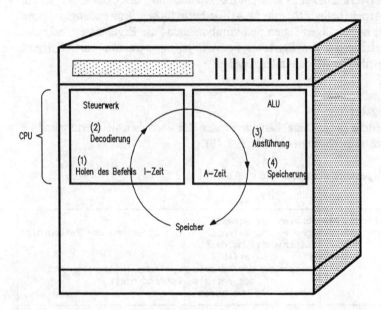

Abb. 2.50: Ausführung eines Befehls

Die **Speicherungskapazität** des Speicherwerkes läßt sich an der Anzahl der Speicherungskapazität (Speicherstellen oder -zellen) messen. Hieraus wird auch die Größe des Computers abgeleitet (siehe Abschnitt 2.6). Neben dem Arbeitsspeicher kommen in der Zentraleinheit verschiedene Zusatzspeicher vor:

- Der **Cache-Speicher** ist ein Pufferspeicher für Daten, die von einem Gerät (-teil) zu einem anderen Gerät (-teil) übertragen werden sollen (Arbeitsspeicher-Prozessor). Er ist durch die unterschiedlichen Verarbeitungsgeschwindigkeiten bedingt und hilft Wartezeiten zu reduzieren. Dadurch wird der Verarbeitungsprozeß erheblich beschleunigt.
- Der **Control-Speicher** ist ein Mikroprogrammspeicher, in dem Befehlsfolgen gespeichert sind, die vom Rechner häufig benötigt werden (Addition, Multiplikation etc.).
- Der **Register-Speicher** dient der kurzzeitigen (temporären) Speicherung von Informationen, die schnell verfügbar sein müssen.

2.5.2.2 Das Rechenwerk

Das **Rechenwerk** führt die eigentlichen Rechenoperationen aus, also

- die arithmetischen Operationen (Grundrechenarten) und
- die logischen Operationen (Runden, Vergleichen, Verschieben etc.).

Es besteht aus

- einem **Addierwerk**,
- mehreren **Registern** und
- **Mikroprogrammsteuerung**.

Seine Arbeitsweise wird durch den Aufbau als Serien-, Parallel- oder Serien-Parallel-Rechenwerk (bitweise: gleichzeitig verarbeitend) bestimmt. Die Geschwindigkeit des Rechenwerks bestimmt maßgeblich die Leistungsfähigkeit eines Computers.

2.5.2.3 Das Steuerwerk

Das **Steuerwerk** ist die Leitzentrale des Rechnersystems. Es koordiniert alle Arbeiten im DV-Prozeß. Mit seinem Taktgeber legt es die Arbeitsgeschwindigkeit des Rechners fest. Darüber hinaus regelt es den Ablauf des Befehls- und Datenflusses. Die Taktfrequenz liegt je nach Rechner bei 10 MHz aufwärts (siehe Abschnitt 2.6). Wird der Takt von einem Taktgeber gesteuert, so wird von einer synchronen Betriebsweise gesprochen.

Im einzelnen werden im Steuerwerk folgende Aufgaben durchgeführt:

- Entschlüsselung der Befehle,
- Steuerung der Reihenfolge der Befehle,
- Auslösung von Signalen zur Veranlassung von Operationen,
- Verarbeitung von Befehlen bzw. von Bedingungen bei bedingten Befehlen.

In der Ausführung werden die Befehle aus dem Speicherwerk in das Befehlsregister geholt. Dort wird der Befehl in Adress- und Operationsteil aufgespalten. Nach Adressrechnungen wird die Verarbeitung des Befehls initiert. Nach Ausführung des Befehls wird der Inhalt des Befehlszählers um eins erhöht und über das Adressregister der nächste Befehl geholt.

Gegenüber den anderen Grundeinheiten übt das Steuerwerk steuernde und kontrollierende Funktionen aus. Daraus erklärt sich die übliche Bezeichnung Steuerwerk. Zusammen mit dem Rechenwerk bildet das Steuerwerk den **Prozessor**. Es aktiviert, steuert und kontrolliert die anderen Grundeinheiten (Rechenwerk, Zentralspeicher, Ein- und Ausgabeeinheiten) derart, daß alle dem Computer aufgetragenen Operationen in zeitlich und logisch korrekter Reihenfolge durchgeführt werden, mit anderen Worten,

- es steuert die Ausführungsfolge der Befehle,
- es entschlüsselt diese Befehle in Operations- und Adreßteile,
- es gibt digitale Signale (Impulse) zur Aktivierung der anderen Funktionseinheiten ab.

2.6 Datenverarbeitungssystem

2.6.1 Begriffserklärung

Ein **Datenverarbeitungssystem** (DV-System) ist eine elektronische Rechenanlage (Computer), die programmgesteuert Daten/Informationen/Wissen maschinell verarbeitet. Sie ist frei programmierbar, verfügt über verschiedene Speicher zur Aufnahme und Bereithaltung von Daten, ebenso über verschiedene periphere Ein- und Ausgabegeräte, sowie kommunikative Einrichtungen zum Austausch der Informationen von/zu anderen Computern und Menschen. Darüber hinaus zählen zum DV-System eine Vielzahl verschiedener Programme zur Steuerung des Computers und zur Erfüllung unterschiedlicher Aufgaben seitens des Anwenders. Die unterschiedlichen Aufgaben der Anwender erstrecken sich auf die

- numerisch orientierte Daten/Informationsverarbeitung,
- Be- und Verarbeitung, Archivierung textlicher Informationen,
- Steuerung und Regelung betriebener Prozesse,
- Speicherung, Verwaltung und Bereitstellung von Informationen,
- Durchführung von Mensch-Maschinen-Kommunikationsvorgängen,
- Verarbeitung bildlicher und sprachlicher Informationen, sowie
- Übernahme von Server-Funktionen wie Software-, Archiv-und Kommunikationsserver.

Dabei wird unterstellt, daß ein modernes Datenverarbeitungssystem dieses Leistungsspektrum in einer bestimmten Qualität, benutzerfreundlich, zeitlich verfügbar, zugänglich, sicher, aufgaben/zweckbezogen, zuverlässig und kommunikativ erbringt.

2.6.2 DV-Systemkomponenten

Solche elektronische Datenverarbeitungsanlagen bestehen aus einer Vielzahl von Komponenten. Jede Komponente erfüllt eine bestimmte Funktion. Die Gesamtheit aller Komponenten (Abbildung 2.51) und damit der ausführbaren Funktionen sind als Datenverarbeitungssystem aufteilbar in

- **Hardware** als Gesamtheit aller materiellen Teile eines Computers,
- **Software** als Gesamtheit aller immateriellen Teile einer Datenverarbeitungsanlage, also die system- bzw. anwenderbezogenen Programme,
- **Firmware** als Mikroprogramme im Computer in einer Zwischenstellung zwischen hardware- und softwaremäßigen Speicherung,
- **Brainware** als die Gesamtheit der geistigen Arbeiten für Entwicklung, Planung, Kontrolle und Einsatz von Computerprogrammen,
- **Orgware** als die Gesamtheit der zur Verfügung gestellten Methoden, Verfahren, Tools zwecks Unterstützung der Softwareerstellung und
- **Manware** als Gesamtheit der durch die Computernutzung bedingten Berufsausbildung, Personalbeschaffung, Personalführung.

Datenverarbeitungs-system	Hardware	Zentral-einheit	Zentralprozessor Ein- und Ausgabe-prozessoren Zentralspeicher
		Peripherie	Speichergeräte Ein- und Ausgabegeräte Datenübertragunggeräte
		Firmware	Mikroprogramming
	Software		Systemsoftware Anwendungssoftware Datenorganisation
	Brainware	Manware	intern extern
		Orgware	Methoden Verfahren Tools

Abb 2.51: Komponenten eines Datenverarbeitungssystems

Aus Kostengründen, häufig aber auch aus Gründen der besseren (höherwertigeren) Leistung bei gleichen Kosten, versuchen DV-Benutzer Hardwarebestandteile verschiedener Hersteller zu mixen. Diese Mischung wird **Mixed-**

Hardware bezeichnet. Bei der Kopplung von Hardwarebestandteilen von ver schiedenen Herstellern treten Kompatibilitätsschwierigkeiten auf, d.h. diese Bestandteile "vertragen" sich nicht. In Ergänzung zur vorangegangenen Abbildung 2.52 wird hier ein komplettes Computersystem von der Hardware-Seite dargestellt.

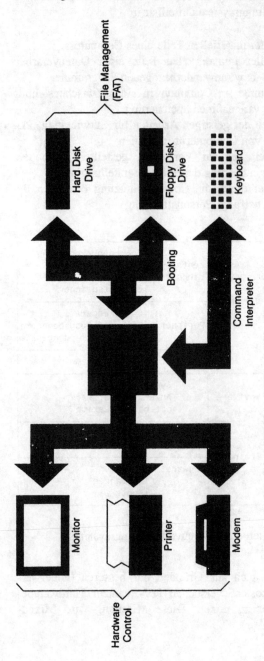

Abb. 2.52: Das Computersystem

2.6.3 Einteilung der DV-Systeme

Computer werden hauptsächlich nach ihren technischen Daten in Kategorien eingeteilt. Mitunter sind auch Einteilungen nach Beschaffungskosten (Preisen) als betriebswirtschaftlich orientierte Gruppierungen gängig. Beide Kriterien, die technischen Leistungsdaten und die Beschaffungskosten, unterliegen großen Änderungen, so daß die Angaben praktisch nur Orientierungswerte sind, die zum Zeitpunkt ihrer Zusammenstellung gelten. Die Gründe liegen in den ständigen Verbesserungen der technischen Leistungszahlen und in den Kostensenkungen für die gleiche technische Leistung. Allgemein üblich ist die Bildung von vier Gruppen/Kategorien, und zwar die Gruppe der

- **Mikrocomputer** (Microcomputer),
- **Minicomputer** (Minicomputer),
- **Großcomputer** (Mainframe/Hostcomputer) und
- **Supercomputer** (Supercomputer).

In der amerikanischen Literatur werden die Computer nach Abbildung 2.53 eingeteilt. Üblich ist es auch eine Einteilung nach dem Einsatz in Special-Purpose und General-Purpose Computer.

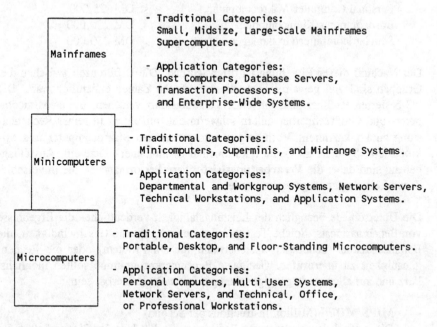

Abb. 2.53: Einteilung der Computer

Innerhalb - gelegentlich auch unterhalb - der Gruppe der Mikrocomputer werden die früheren **Hand-Held-Computer**, die heutigen **Notebooks** unterschieden. In ihrer Bedeutung sind letztere gesondert zu sehen.

Eine weitere Unterteilung, allerdings mehr technischer Art, gruppiert die Rechner in folgende drei Arten/Klassen:

- **Analogrechner** (Analog Computer) zur Verarbeitung analoger Daten im technischen Bereich (Prozeßsteuerung, -regelung, Robotik),
- **Digitalrechner** (Digital Computer) zur Verarbeitung digitaler Daten (numerisch, textlich, sprachlich, graphisch) im kommerziellen Bereich und
- **Hybridrechner** (Hybrid Computer), der sowohl über analoge, wie auch über digitale Recheneinheiten verfügt, d.h. in beiden Bereichen einsetzbar ist. Hybridrechner werden oft als sog. **Prozeßrechner** (Process Computer) genutzt, da sie über Analog-Digital- und Digital-Analog-Umsetzer verfügen, daher zur Überwachung und Steuerung industrieller bzw. physikalischer Prozesse geeignet sind.

Diesen mehr betriebswirtschaftlich und technisch orientierten Einteilungen gegenüber benutzt **Diebold** eine 3er-Teilung nach dem Preis:

- Personal Computer/Mikrocomputer < DM 25.000
- Bürocomputer/Kleincomputer < DM 250.000
- Standardcomputer/Großanlagen > DM 250.000

Der Nachteil dieser Einteilung ist offensichtlich. Die Differenzen zwischen den Gruppen sind viel gewaltiger, als dies aus diesen Zahlen ersichtlich wäre. Die PC-basierten Rechner sind mit einer Leistungskraft versehen, die es Minicomputer- und Großrechnerherstellern schwermacht, mit ihnen in reiner Rechenleistung zu konkurrieren. Vorhersagen zufolge nehmen Mikrocomputer und Mikrobasierte Systeme die heute traditionellen Großrechner-Plätze ein. Ausschlaggebend sind dabei die **Verarbeitungsleistungen** (Performances), die in verschiedenen Leistungsarten gewertet werden.

Die Unterschiede bezüglich der Leistungsfähigkeit verdeutlichen die Ergebnisse von Benchmarktests. Solche Tests werden benutzt, um die Geschwindigkeit, die Befehlseffizienz (benötigter Speicherraum für ein Problem) oder die Rechengenauigkeit zu überprüfen. Geeignete Benchmarkprogramme sollten möglichst kurz und auf allen marktgängigen Computern implementierbar sein.

- **MIPS/MOPS** (Million Instructions per Second)
  Die Anzahl der ausgeführten Befehle ist das Produkt der Eigenschaften des Prozessors (Anzahl der Leistungen, Breite des Adreßbusses etc.) sowie der Taktfrequenz, mit der dieser betrieben wird.

- **MFLIPS/MFLPOS** (Million Floating Point Instructions per Second)
  Gemessen wird die Anzahl der ausgeführten Befehle von Gleitkommaoperationen. Sie wird mit dem Linpack-Benchmark berechnet.
- **Linpack-Benchmark**
  Es ist ein Fortran-Benchmark, in dem Berechnungen aus der Matrixalgebra herangezogen werden. Die Matrizen sind 100 x 100, 300 x 300 und 1000 x 1000 groß; das Ergebnis wird in MFLOPS gemessen.
- **Dhrystone Benchmark**
  Dieser Benchmark operiert mit einem Anweisungs-Mix - bestehend aus 53% Zuweisungen, 32% Kontrollanweisungen und 15% Funktionsaufrufe. Die Anteile gelten als repräsentativ. Ergebnisse werden im MIPS geliefert.
- **Whetstone Benchmark**
  Dieser Benchmark operiert mit Gleitkomma-Operationen.

Weitere Benchmark, wie SPECmark, Khornerstone und Graphstone, werden hier nicht behandelt; sie haben nicht die Bedeutung, wie die zuvor genannten erlangt.

2.6.4 Notebook - Computer/Laptops

Die ersten - in die Gruppe der programmierbaren Computer gehörenden - mobilen Geräte erschienen bereits Ende der 70er Jahre. Es waren programmierbare Taschenrechner und Taschencomputer. Es folgten Mitte der 80er Jahre die ersten tragbaren Computer mit einem Intel 80286-Prozessor als sog. **Laptops**. Ihnen folgten schließlich zu Beginn der 90er Jahre die **Notebooks**. Beide letztgenannten Arten gehören zu den Portablen Computern und diese wiederum zu den Hand-Held-Computern.

Die Gruppe der **Hand-Held-Computer** umfaßt folgende Rechnertypen:

- die programmierbaren Taschenrechner,
- die Taschencomputer,
- die Briefcase Computer und
- die Portablen Computer.

Wesentliche Merkmale sind eine geringe Baugröße (Sie beginnt mit 40 x 20 Zeichen Anzeige bis 4 x 9 Zoll anstelle des üblichen 12 x 14 Zoll Monitors und wird fortgesetzt mit 16, 64, 128 KB Arbeitsspeicher bis inzwischen 4 MB usw.), Batteriebetrieb, eingebautes Zeilendisplay und Anschlußmöglichkeit von Peripheriegeräten wie Bildschirm, Drucker, Floppy-Laufwerk etc. Entscheidend ist, daß der Rechner ortsunabhängig ist und während der Bedienung in der Hand gehalten werden kann. Bei den portablen Computern ist die Tragbarkeit die herausragende Eigenschaft. Dieser Computer ist größer als ein Hand-Held-Computer, verfügt über einen eingebauten Bildschirm und sieht im geschlossenen Zustand wie ein Koffer aus. Beispiele sind Kaypro II (8-Bit-Rechner), Toshiba (16-Bit-Rechner) und Compact 386 (32-Bit-Rechner).

Inzwischen verfügen die mobilen Laptops und Notebook-Computer über Leistungsprofile wie die Mikrocomputer, so daß auf die unter Abschnitt 2.6.3 stehenden Ausführungen verwiesen wird. Gewisse Zusätze erhalten die Laptops durch ihre Eigenschaft, daß sie auch für eine begrenzte Zeit netzunabhängig betrieben werden können. Beispielhaft sind Toshiba T5200, NEC ProSpeed 386, Zenith TurboSport und Mactop zu nennen. Die folgende Tabelle 2.6 stellt ein Übersicht der wichtigsten Leistungsdaten von Notebooks dar.

Die in der Tabelle 2.6 aufgeführten Notebooks unterscheiden sich vor allem in der Taktfrequenz und damit im Typ des Prozessors. Die Taktfrequenzen liegen zwischen 20 MHz und 33 MHz. Neuerdings sind bereits Geräte mit 50 MHz im Einsatz. Die Festplattengröße der heutigen Notebooks weist eine Kapazität zwischen 60 MB und 80 MB auf. In der Zukunft sollen Festplattengrößen von 180 MB erreicht werden. Der Arbeitsspeicher (RAM) kann bis zu 20 MB aufgerüstet werden.

Ein Dhrystone Benchmark liegt zwischen 4004 und 12158 Dhr pro Sekunde bei den aufgeführten Geräten; beim Whetstone wird die Gleitkommageschwindigkeit gemessen. Hierbei werden Werte zwischen 39 KWhet/s und 122 KWhet/s erreicht. Die mittlere Zugriffszeit und der Datendurchsatz bestimmen die Geschwindigkeit der Festplatte. Die mittlere Zugriffszeit der Festplatte liegt zwischen 20 ms und 27 ms und der Datendurchsatz zwischen 170 KB/s und 213 KB/s. Unter Speicherzugriff wird der Speicherdurchsatz verstanden. Dabei werden die Daten blockweise in den Speicher kopiert. Hierbei erzielen die Notebooks Leistungen von 3393 KB/s bis 8977 KB/s. Ein weiterer wichtiger Faktor ist die Betriebsdauer der Geräte, wenn ohne Netzanschluß gearbeitet wird. Die derzeitigen Notebooks können 2 bis 2,5 Stunden ohne Netzanschluß arbeiten.

Tab. 2.6: Leistungsdaten Notebooks

LEISTUNGSDATEN NOTEBOOKS				
Typ	386 SX	386SX	386 SX	486 SX
Name	Conrad 386 SX	Tora NB 386 SX 25/80	ESCOM Blackmate 386 SX IV	Toshiba T4400SXC
Prozessor/ Taktfrequenz	386 SX/20	386 SX/25	AMD 386 SXL/33	Intel 486 SX/25 MHz
Festplattengröße	60 MB	80 MB	80 MB	80 MB
Inst. RAM in MB	2 MB	4 MB	2 MB	4 MB
Max. RAM on board	8 MB	16 MB	4 MB	20 MB
Speicherzugriff	3393 KB/s	5713 KB/s	4578 KB/s	8977 KB/s
Zugriffszeit Festplatte	20 ms	24 ms	25 ms	27 ms
Dhrystone	4004 Dhr/s	5208 Dhr/s	5398 Dhr/s	12158 Dhr/s
Whetstone	39 KWhet/s	49 KWhet/s	51 KWhet/s	122 KWhet/s
Datendurchsatz	170 KB/s	213 KB/s	197 KB/s	189 KB/s
Diskettenlaufwerke	3,5 Zoll/ 1,44 MB	3,5 Zoll/ 1,44 MB	3,5 Zoll/ 1,44 MB	3,5 Zoll/ 1,44 MB
Gehäuse				
Abmessungen (B*H*T in cm)	28*5,5*24	28*5*22	28*4*22	30*5,6*21
Gewicht ohne Netzteil	3,3 kg	3,2 kg	2,5 kg	3,5 kg
Display				
Typ	LCD, passiv	LCD	CCFT	TFT, aktiv
Max. Auflösung/ Graustufen	640*480/64	640*480/16	640*480/16	640*480/256
Diagonale in cm	24	22	23	21
Auflösung/Farben	1024*768/256	640*480/16	640*480/16	640*480/256
Akku				
Ladezeit	8	2,5-3	1,5	2
Betriebsdauer in Stunden	1,5-2,5	2	2,5-4	2,5

2.6.5 Mikrocomputer/Personal Computer

Zu dieser Kategorie von Computern werden in erster Linie solche Rechner gezählt, die individuell, also auf eine Person anpaßbar sind. Die Bezeichnung "Personal" drückt diesen Tatbestand aus[1]. Dem gegenüber ist die Bezeichnung "Mikrocomputer" insofern irreführend, weil darunter leistungsschwache und kleine Computer vermutet werden, obwohl dies heute nicht mehr zutrifft. Begründbar allerdings ist diese Bezeichnung mit den Ursprüngen des Personal Computers, als alle komplexen Anwendungen auf Mainframes liefen.

Mikrocomputer sind im Laufe der 70er Jahre aus der Mikroprozessor-Technik hervorgegangen. Sie basieren auf einem Mikroprozessor, der die Zentraleinheit bildet. Mikrocomputer sind ihrem Aufbau nach zunächst als Stand-Alone-Systeme entwickelt worden. Den Durchbruch schafften die Mikrocomputer erst im Jahre 1977, als Apple, Tandy und Commodore die ersten Mikrocomputer ankündigten. Den ersten erfolgreichen Computer dieser Art stellte Commodore auf der Hannover-Messe 1977 vor. Dieser Mikrocomputer mit dem Namen PET basierte auf einem Prozessor 6502 und wurde ausgerüstet mit 4K RAM, einem BASIC-Interpreter im ROM, ASCII-Tastatur, integriertem Bildschirm, integriertem Kassettenlaufwerk und einem IEEE-488-Interface. Die Konkurrenten Tandy und Apple stellten ähnliche Geräte vor. Tandy benutzte aber statt des 6502 Prozessors von MOS-Technologie, der 56 Grundbefehlstypen verarbeiten konnte, einen Z80 Prozessor von Zilog, der mit 158 Grundbefehlstypen arbeitete. Apple benutzte ebenfalls den Prozessor 6502, erweiterte aber den Arbeitsspeicher von 4 auf 16K RAM. Den ersten PC im heutigen Sinne brachte IBM 1981 mit dem Intel-Prozessor 8088, mit zwei Diskettenlaufwerken (jeweils 160 KBytes), 64 KB Arbeitsspeicher, 4,77 Megahertz Taktfrequenz und Monochrom-Bildschirm (640 mal 200 Pixel) auf den Markt. Die Erweiterung mit einer Festplatte von 10 oder 20 MB folgte kurz darauf unter dem Namen XT.

---

1) Die Bezeichnung "Personal Computer" wurde 1972 von Alan Kay gepräft. Er baute bei Xerox einen Computer namens Alto, der allerdings nicht vermarktet wurde. Alan Kay's Zielgruppen waren Kinder jeden Alters. Seine Konzepte wurden von anderen Gesellschaften aufgegriffen. So baute MITS in Albuquerque, NM den ersten Personal Computer mit dem Namen Altair. Es wurden 5000 Stück von Altair gebaut. MITS folgten Apple, Radio Shack und Commodore und bald darauf rund 100 andere. Der eigentliche Durchbruch kann Apple II zugesprochen werden. Dieser wurde 1978 mit einer Speicherplatte gebaut; gleichzeitig wurde das Tabellenkalkulationsprogramm VisiCalc angeboten. IBM folgte 1981.

In der folgenden Zeit drängten viele Anbieter mit einer Vielzahl von Mikrocomputer-Varianten auf den Markt, weil dieses System schnell normiert und insbesondere in Fernost nachgebaut worden ist. Daher die Bezeichnung "IBM-kompatibel".

Bei den **Personal Computern** handelt es sich um mehrfunktionale Geräte, die theoretisch in allen Bereichen eingesetzt werden können. Ein typischer Personal Computer besitzt die folgende Grundkonfiguration:

- Prozessor   Einprozessorsystem
- Betriebsart   mehrfunktionales Single-User-System
- Bildschirm   80 Spalten
- Schnittstelle   V.24 (RS-232), Centronix
- Speicherperipherie zwei Diskettenlaufwerke oder Festplatte
- Druckerperipherie Matrix-Drucker, Schönschreibdrucker, Schreibmaschine, Laserdrucker.

Der Begriff **Personal Computer** beschreibt ein Mikrocomputersystem, das im Sinne von Hardware und Software als Kompaktrechner bezeichnet werden kann.

- Kleine physische Dimensionen, so daß alle zur unmittelbaren Nutzung notwendigen Bausteine (z.B. externe Speicher) sind im Gerät enthalten bzw. sie sind "griffbereit".
- Volle Stand-alone-Funktionsfähigkeit am Arbeitsplatz mit Einbeziehung des Datenverkehrs zu anderen Rechnern oder die Nutzung teurer Ressourcen - z.B. Platte, Drucker - durch mehrere Rechner.
- Stand-alone-Bedienbarkeit, d.h. es ist kein Operating, weitestgehend kein Systemberater oder Systemanlerner für Nutzung von Hardware und Software erforderlich, damit also volle Verantwortung am Arbeitsplatz.
- Problemlöser für die besonderen Aufgaben des Arbeitsplatzes sind Personal-Computer.
- Hardware und Software vom funktionalen Leistungsspektrum sind der Verständlichkeit und Bedienbarkeit her auf den Arbeitsplatz zugerichtet oder ohne große organisatorische Konsequenzen für den Arbeitsplatz und dessen Umfeld zurichtbar.

Damit ist der **Home Computer** ausgeschlossen, an den hardware- und softwaremäßig weniger Anforderungen gestellt werden.

Mikrocomputer werden

- traditionell als **8-Bit-Mikroprozessoren** (Intel 8080 oder Zilog Z-80)[1] gebaut, d.h. die Zentraleinheit kann auf einmal nur ein Byte verarbeiten, da der Datenbus nur acht Bit breit ist;
- als **16-Bit-Mikroprozessoren** (Intel 8086/8088, Zilog Z-8000 oder Motorola 68000) gebaut, also mit einer Datenbreite von 16 Bits, d.h. sie können zugleich zwei Bytes abarbeiten und transportieren;
- als **32-Bit-Mikroprozessoren** (Intel 80386, Motorola 68020) mit einer Daten- und Busbreite von 32 Bits, künftig als 64-Bit-Mikroprozessoren (Intel 80486) unterteilt (Tabelle 2.7).

Die Personal Computer der 386er und der 486er Klassen sind in vier Leistungsklassen eingeteilt. Ein 386SX unterscheidet sich von einem 386DX im Aufbau der Prozessoren. Wie der 386 DX kommuniziert der 386 SX innerhalb seiner Chipfläche über einen 32 Bit breiten Daten- und Kontrollbus. Doch im Gegensatz zum 386 DX ist der 386 SX nur über einen 16 Bit breiten Datenbus mit der Peripherie verbunden. Die Geschwindigkeit des Datentransfers vom Prozessor zum Arbeitsspeicher, zum Monitor und zur Peripherie erfolgt beim 386 SX deshalb nur halb so schnell. Der 386 DX hingegen verwendet einen 32 Bit breiten Datenbus und ist somit doppelt so schnell. Der gleiche Zusammenhang besteht für die beiden Klassen der 486er. Der wesentliche Unterschied zwischen den Prozessorklassen 386 und 486 ist der auf dem Prozessor integrierte Cache-Speicher, der für einen höheren Systemdurchsatz beim Abarbeiten von Programmen verantwortlich ist. Bei den aufgeführten PC's liegt dieser maximal zwischen 32 KB und 1 MB. Diese Unterschiede sind durchaus zeitbedingt. Während der 386 aus dem Jahre 1985 stammt, ist der i486 eine Entwicklung aus dem Jahre 1989. Der künftige i586 wird von Beginn an über 100 Dhrystone leisten, mit einer Taktfrequenz von erst 66, später über 100 MHz laufen. Auf dem Chip sind beim 80286 134.000, beim 80486 275.000, beim i486 1,2 Mio. und beim i486 3 Mio. Transistoren untergebracht. Die letzten drei Generationen 80386, i486 und i586 sind untereinander kompatibel.

---

1) Die Intel-Familie zeichnet sich durch folgende Merkmale aus:

Prozessor	Jahr	Bit-Anzahl	Instr/s	1.Hersteller
- 4004	1971	4	60.000	Calculators
- 8080	1974	8	290.000	Terminals
- 8086	1974	16	333.000	AT&T 6300 PC
- 8088	1978	8/16	333.000	IBM PC und XT
- 80286	1982	16	2.000.000	IBM AT
- 80286	1985	32	7.000.000	Compaq, IBM PS/2
- i486	1989	32	15.000.000	Workstations

Tab. 2.7: Leistungsdaten der 386er- und 486er-Klassen

LEISTUNGSDATEN VON PERSONAL COMPUTERN				
Typ	386 SX	386DX	486 SX	486 DX
Name	IBM/PS/2 Modell 35slc	NEC Powermate 386-33i	SEH-express 80486-25SX	Synchron 80486-33
Prozessor/ Taktfrequenz	386 SX/20	386/33	486 SX/25	486/33
Festplattengröße	80 MB	59 MB	203 MB	125 MB
Inst. RAM in MB	2 MB	4 MB	4 MB	8 MB
Max. RAM on board	16 MB	64 MB	32 MB	64 MB
Speicherzugriff	4024 KB/s	9242 KB/s	8005 KB/s	12283 KB/s
Zugriffszeit Festplatte	22 ms 386 SX	18 ms 386DX	19 ms 486 SX	25 ms 486 DX
Dhrystone	9217 Dhr/s	9412 Dhr/s	12048 Dhr/s	16260 Dhr/s
Whetstone	69 KWhet/s	92 KWhet/s	121 KWhet/s	2688 KWhet/s
Datendurchsatz	232 KB/s	283 KB/s	239 KB/s	378 KB/s
Disketten- laufwerke	3,5/ 5,25 Zoll	3,5/ 5,25 Zoll	3,5/ 5,25 Zoll	3,5/ 5,25 Zoll

Die Festplattengrößen liegen zwischen 60 MB und 200 MB. 80 MB Festplattenkapazität ist allerdings bei den heutigen PC's Standard, weil bestimmte Anwendungen (z.B. Windows) einen Großteil der Festplatte belegen. Die Werte der Dhrystone (von 9217 Dhr/s bis 16260 Dhr/s) und der Whetstone (von 69 KWhet/s bis 2688 KWhet/s) liegen bei den PC's zwischen deutlich höher als bei den oben beschriebenen Notebooks. Der maximal zu installierende Arbeitsspeicher kann bis zu 64 MB betragen.

Die Gruppe Mikrocomputer ist sehr heterogen zusammengestellt. Sie dringt immer stärker in Leistungs- und Anwendungsbereiche früherer Minicomputer, so auch zum Arbeitsplatz. Als Arbeitsplatzrechner sind Vertreter dieser Gruppe dann ausgewiesen, wenn sie mindestens folgenden Kriterien entsprechen:

- die Benutzeroberfläche muß graphisch orientiert sein und die Fenstertechnik unterstützen;
- der Rechner ist in ein Netz eingebunden, das mit nationalen und/oder auch internationalen Netzen verbunden sein kann;

- das Rechensystem hat Zugriff auf Server wie Computer-, File-, Druck- oder Informations-Server;
- der Arbeitsplatzrechner seinerseits kann als Mehrplatzsystem ausgelegt werden;
- der Rechner muß für den Anwender programmierbar sein und
- die Regelkonfiguration sollte wie folgt aussehen:
  - 32-Bit-CPU mit 4 - 8 MB Arbeitsspeicher und 100 MB Plattenspeicher (lokal/Server),
  - 3 - 5 MIPS-Leistung,
- Leistungsfähiger Netzanschluß (LAN-Technologie),
- Graphik-Bildschirm, Maus, Window-Manager,
- Netz-Software (Electronic-Mail, Terminalemulation, Remote Login, File Transfer).

2.6.6 Minicomputer/Workstations

Minicomputer zählen zur sog. **Mittleren Datentechnik** und damit vorrangig zu den **Bürocomputern**. Es sind kleine Rechner, die im Gegensatz zu den Mainframes keine Klimatisierung bedingen. Ihre Leistungen entsprechen der Leistung von Mainframes der unteren Leistungsklasse. Für diese Kategorie von Rechnern bürgert sich auch der Begriff **Workstation/Arbeitsplatzrechner** ein.

Die Übergänge zum Bürocomputer und Minicomputer sind fließend. Personal-Computer sind als Bürocomputer einsetzbar bzw. heutige Bürocomputer sind schon oft Personal-Computer. Die (heutige) obere Leistungsgrenze von Mikrocomputersystemen geht über in den Bereich der Minis. Eine Unterscheidung wäre allenfalls über die Organisationsform - Minis mit angeschlossenen unintelligenten Terminals - über die (ggf. noch andere) Technologie und/oder die Komplexität, damit aber auch über die Varietät und Vielfalt der verfügbaren Software zu finden. Da es jedoch auch mehrplatzfähige PC's gibt, wird letztlich der Unterschied zunehmend nur in der Spezifikation der möglichen und sinnvollen Anwendungen bzw. im Bereich des Softwareangebots und Services liegen.

In die Gruppe der **Minicomputer** zählen leistungsstarke Dialog-Magnetplattensysteme der Datentechnik. Sie sind hauptsächlich im Bürobereich, in der Prozeßsteuerung, in der Bildverarbeitung, im CAD-Bereich etc. zu finden. Ihre Abgrenzung zu den Mikrocomputern ist schwer; normalerweise sind sie leistungsstärker, gehören in die Gruppe der Workstations, basieren auf den UNIX- oder RISC-Betriebssystemen und sind damit Mehrplatz- und **Multiaufgaben-Geräte**.

Der derzeitige Trend deutet darauf hin, daß die Mainframes durch neue Prozessoren, die mit RISC-Architektur (siehe Abschnitt 2.7.7) ausgestattet sind, abgelöst werden. Diese Computer besitzen die gleiche Leistungsfähigkeit wie die Mainframes und weisen ein deutlich besseres Preis-Leistungsverhältnis - auch bei den Wartungskosten - auf. Hinzu kommt, daß das Betriebssystem UNIX die Hersteller-spezifischen Betriebssysteme, gerade für die Mainframes, zunehmend verdrängt. Ein weiterer Grund liegt in der wesentlich leistungsfähigeren Vernetzung von Computern untereinander sowohl im Nah- als auch im Fernbereich.

Die folgende Tabelle 2.8 gibt einen kurzen Überblick über den derzeitigen Leistungsstand der RISC-Rechner. Die Taktfrequenzen liegen zwischen 20 und 30 MHz. Die RISC-Rechner erreichen bei Gleitkommaoperationen Werte von 8,5 bis 54,3 MFLOPS und bei der Ganzzahlarithmetik 29,5 bis 56 MIPS. Die interne Festplattenkapazität liegt zwischen 160 MB und 11998 MB und die max. Festplattenkapazität zwischen 4,2 und 53,1 GB.

Tab. 2.8: Leistungsdaten einiger RISC-Rechner

	LEISTUNGSDATEN RISC SYSTEM/6000						
Modell	320	520	530	540	550	730	930
KDhrystone/s	51,8	51,8	65,2	77,8	98,4	65,2	65,2
MIPS	29,5	29,5	37,1	44,3	56	37,1	37,1
MFLOPS	8,5	8,5	13,7	16,5	23	13,7	13,7
SPECmark	24,6	24,6	32	38,7	54,3	32	32
Taktfrequenz (MHz)	20	20	25	30	41	25	25
Hauptspeicher (MB)	8-128	8-512	8-512	64-256	64-512	16-512	16-512
Mikrokanalsteckplätze	4	8	8	8	8	8	8
Festplatten (MB) intern	160-640	355-2571	355-2571	640-2571	800-2571	355-2571	670-11998
Ext. Plattenkapazität (GB)							
SCSI/Serial Link Platten	3,4/-	3,4/13,7	3,4/13,7	3,4/13,7	3,4/13,7	3,4/-	10,3/51,4
Maximale Festplattenkapazität (GB)	4,2	16,3	16,3	16,3	14,63	5,97	53,1

2.6.7 Mainframes/Großrechner

Die Gruppe der **Mainframes** umfaßt Großrechner, die gleichzeitig eine große Zahl von Benutzern (über 1.000) bedienen. Sie sind in ihrer Leistungsfähigkeit insbesondere geeignet, große Datenbanken, zentrale Statistiken, Informationsmanagement von Großfirmen, Banken, Versicherungsgesellschaften etc. zu bedienen. In dieser Gruppe sind auch einige Spezialrechner wie Host- und Vektorrechner zu nennen. Der Begriff **Host** wurde der englischen Sprache entnommen und bedeutet Gastrechner. Im Sprachgebrauch der Informatik steht er für den Datenbankanbieter, obwohl i.e.S. der Computer, auf dem die Datenbank aufliegt, gemeint ist.

Zentrale Systeme lassen sich in zwei primäre Systembereiche und diese in verschiedene Aufgabenbereiche nach dem Schema der Abbildung 2.54 untergliedern.

Systemkern	
Dienste	Kontrollen
Verwaltung und Betrieb von realen und logischen Betriebsmitteln	Bedienung Anwendung Auftragsabwicklung

Abb. 2.54: Systembereiche von Mainframes

Die vom System dargebotenen realen Betriebsmittel stehen jeder Anwendung als apparative Ausstattung zur Verfügung; die logischen Betriebsmittel als Dienste hingegen sind als Abstraktionen der Implementierungen, die bspw. durch eine Übertragungsstrecke oder Transport/Netzwerkverbindungen entstehen, zu verstehen. Die Aufgabenbereiche der Kontrolle realisieren die Verbindungen zur Außenwelt des Systems.

Die Architektur dieser Systeme stellt Dienste und Kontrollen zentraler Systeme dar. In ihrem Grundsatz können sie für die Transparenz rechnerübergreifender Kommunikation im Verbund sorgen. Dadurch soll jede Prozedur/Prozeßinstanz mit jeder anderen (lokal oder entfernt) kommunizieren können. Dies geschieht über sog. Dienstleistungsbrücken. Sie realisieren eine rechnerübergreifende Zwei-Wege-Kommunikation mit einem Dienstgeber und einem Dienstnehmer. Dabei übernimmt der Dienstnehmer die Gestaltung der Beauftragungs- und Rückkommunikation, die Regelung der Staukapazitäten, das Reihenfolgeverhalten bei der Auftragsbearbeitung, die Darstellungsformate für Daten in/an den beteiligten Knoten und die zulässige Organisationsform des Dienstgebers. In diesem Zusammenhang wird auch von Host-Rechner gesprochen, und zwar wenn der Großrechner Datenbankanbieter ist.

Der Begriff **Host** wurde der englischen Sprache entnommen und bedeutet Gastrechner. Im Sprachgebrauch der Informatik steht er für den Datenbankanbieter, obwohl im engeren Sinne der Computer, auf dem die Datenbank aufliegt, gemeint ist.

In Anbetracht der ständig wachsenden Leistungsstärke der Mikrocomputer und der Rechner nach der RISC-Architektur, die zudem als offene Systeme fungieren, sind die Tage der Mainframes nach der CISC-Architektur gezählt (siehe Abschnitt 2.7). Typische Symptome dieser Entwicklung belegen die als klassisch geltenden Hochschulrechenzentren, die ihre Mainframes durch Unix- und Superrechner ablösen.

2.6.8 Höchstleistungsrechner/Supercomputer/Parallelrechner

Unter Supercomputer (Höchstleistungsrechner) werden Rechner der höchsten Leistungsklasse gezählt. Es handelt sich dabei um eine Rechnerklasse, die in bezug auf die Verarbeitungsleistung und Speicherkapazität eine Ebene über den Mainframes liegt. Die erreichten Spitzengeschwindigkeiten liegen bei Gigaflops (Milliarde Gleitkommaoperationen in der Sekunde). Solche Leistungen werden dadurch erreicht, daß Vektoren und Matrizen im Fließbandverfahren (Pipelines) verarbeitet werden. Die Beschleunigungen werden durch Verringerung der Taktzeiten (z.B. auf 3,2 Nanosekunden) und Parallelisierung (gleichzeitige Abarbeitung verschiedener Programmteile) mittels mehrerer Prozessoren erreicht.

Diese Architektur zeichnet sich somit dadurch aus, daß sie das strenge Neumann'sche Schema bzw. die sequentielle Abarbeitungsfolge

    Eingabe ---> Verarbeitung ---> Ausgabe

verläßt und sie soweit wie möglich simultan durchführt. Hardwaremäßig ermöglicht wird dies durch den Zusammenschluß vieler Prozessoren, und zwar von 64 bis 16.384. Eine besondere Gruppe bilden dabei die Vektorrechner. Vektorrechner (Vector Processor, Array Processor) sind Rechner mit einem speziellen Befehlsvorrat zur Berechnung von Vektoren.

Die ersten Supercomputer waren der Vektorrechner CRAY1 und der Parallelrechner ILLIAC IV im Jahre 1975. Während die CRAY1 eine gewisse Verbreitung (65 ausgelieferte Exemplare) erreicht hat, konnte sich der Matrixrechner

ILLIAC nicht durchsetzen. Daher ist es verständlich, daß mehrere Nachfolgesysteme von CRAY gebaut sind, währenddessen die Parallelrechner ohne Markterfolg blieben.

Die Vektorrechner von CRAY haben mehrere Speicherbänke, mehrere Prozessoren und als Verbindung zwischen den Prozessoren und den Speicherbänken ein leistungsfähiges Netzwerk. CRAY hat den Vorteil der kurzen Zugriffszeiten und der schnellen Speicher genutzt, um die mögliche Prozessoranzahl zu erhöhen. Dem Vorteil einer relativ großen Prozessoranzahl steht der Nachteil einer hohen Speicherzugriffszeit gegenüber, die zur Folge hat, daß die Skalarleistung der Prozessoren begrenzt ist. Dies wäre der Fall, wenn ausschließlich nichtvektorisierbare Speicherinstruktionen ausgeführt werden. Nur wenn ein wesentlicher Teil der Daten in den Registern gehalten werden kann, ist eine höhere Leistung erreichbar. Die Rechengeschwindigkeit je Skalarprozessor beträgt bei den CRAY's zwischen 235 und 333 MFLOPS und je Vektorprozessor zwischen 940 und 4000 MFLOPS.

Andere Hersteller, wie NEC und Fujitsu, statten ihre Zentraleinheiten mit einem sehr schnellen Cache aus, durch den die Speicherzugriffszeit bei einer guten Cache-Transferrate sehr nahe an die Zykluszeit der Zentraleinheit herankommt. Der Nachteil dieser Konstruktion liegt in der Begrenzung der möglichen Prozessoranzahl durch die Notwendigkeit der Cache-Synchronisation, die sehr aufwendig ist. Allerdings wird so eine erheblich höhere skalare Rechenleistung erzielt. Die Arbeitsweise dieses Rechners von Fujitsu verdeutlichen nachfolgende technische Daten:

Der Arbeitsspeicher ist zwischen 64 und 2048 MB groß. Im Prozessor können 1 bis 2 Vektor- und 1 bis 2 Skalar-Einheiten vorhanden sein. Das bedeutet, daß parallel zu Vektoroperationen auch skalare Rechenschritte möglich sind. Die maximale Rechengeschwindigkeit beträgt 100 bis 155 MFLOPS skalar und 500 bis 5000 MFLOPS vektoriell. Bei den Fujitsu-Rechnern hat die Skalareinheit einen eigenen Vektorregistersatz von 64 KB, der dynamisch in der Einteilung ist. So besitzt z.B. die S400 pro Skalareinheit alternativ

- 8 Vektorregister mit 1024 Einheiten zu 64 Bit, oder
- 16 Vektorregister mit 512 Elementen zu 64 Bit, oder
- 256 Vektorregister mit 32 Elementen zu 64 Bit.

Die Konfiguration der Vektorregistergröße wird automatisch durch den vektorisierenden Compiler vorgenommen. Durch die logische Trennung von Skalareinheit und Vektoreinheit ist eine Parallelverarbeitung von Skalar- und Vektorinstruktion möglich. Alle Instruktionen werden in der Skalareinheit dekodiert. Vektorinstruktionen werden an die Vektoreinheit weitergeleitet und dort ausgeführt. Gleichzeitig können weitere unabhängige Skalarinstruktionen parallel abgearbeitet werden. Beim Einsatz von Geräten mit zwei Skalareinheiten mit einer gemeinsamen Vektoreinheit, können die auf den Skalareinheiten parallel laufenden Aufträge abwechselnd bedient werden. Die Steuerung der Vektoreinheit wird von der Hardware übernommen. Pro Skalareinheit ist ein vollständiger Satz von Vektorregistern vorhanden. In der Vektoreinheit können Daten vom Typ Integer 32 Bit, REAL 32 Bit und 64 Bit und LOGICAL 1 Bit und 64 Bit verarbeitet werden.

In der obersten Leistungsklasse operieren heute nur noch drei Hersteller mit Vektorrechnern, Cray Research, Fujitsu und NEC, weltweit Hitachi und TMC etwas eingeschränkt. Statistiken weisen gegenwärtig 510 Rechner dieser höchsten Leistungsklasse mit einer Leistung von mehr als 1 GFLOPS aus. Das Interesse an Parallelrechnern ist ebenfalls erneut geweckt.

Von den installierten Supercomputern sind über 50% CRAY-Rechner, rund 20% Fujitsu (zusammen mit SNI). Von den in Deutschland installierten 36 Supercomputern stehen 16 an Universitäten (Tabelle 2.10). In Tabelle 2.9 werden die wichtigsten Supercomputer mit ihren Leistungsdaten ausgewiesen.

Tab. 2.9: Leistungsvergleich von Supercomputern

Hersteller	System	Linpack in MFLOPS "100"	Linpack in MFLOPS "1000"	Slalom in MFLOPS
Alliant	FX/2800	31	325	89,3
Convex	C2	26	166	-
Cray	Y-MP	275	2144	2130
FPS	FPS 500	15	105	30,2
Intel	iPSC/860	4,5	126	169
MasPar	MP-1	-	-	160
Meiko/Pallas	Comp. Surf.	-	-	-
nCube	nCube2	-	-	813
NEC	SX-3	220	3897	-
Parsytec	Supercluster	-	-	-
SNI	S600	249	4009	3065
TMC	CM-2	-	-	-

Tab. 2.10: Supercomputer-Installationen an deutschen Universitäten

Institution	Ort	Supercomputer
MPI	Garching	CRAY XMP/24
DLR	Oberpfaffenhofen	CRAY YMP2/232
KFA	Jülich	CRAY XMP/416
HLRZ	Jülich	CRAY YMP8/832
KFK	Karlsruhe	SIEMENS VP400EX
DKRZ	Hamburg	2 x CRAY 2S/4-128 YMP4E/3
GMD	Birlinghoven	TMC CM2-16K
Universität	Berlin	CRAY XMP/24
Universität	Stuttgart	2 x CRAY 2/4-256 YMP2E/116
Universität	Karlsruhe	SIEMENS S/600
Universität	Kiel	CRAY XMP/216
Universität	Kaiserslautern	SIEMENS VP100
Universität	Köln	NEC SX3-11
Universität	München	CRAY YMP4/464
Universität	Hannover	SIEMENS S400/10
Universität	Aachen	SIEMENS S400/10
Universität	Dresden	SIEMENS VP200EX
Universität	Giessen	SIEMENS S100/10
Universität	Kassel	SIEMENS S100/10
Universität	Frankfurt	SIEMENS S200/10
Universität	Darmstadt	SIEMENS S600/20
Universität	Wuppertal	TMC CM2-8K
SIEMENS	München	2 x SIEMENS S200/20 VP100EX
Prakla Seimos	Hannover	CRAY YMP/232
debis	München	SIEMENS VP/200
debis	Stuttgart	CRAY YMP4/216
BMW	München	CRAY YMP8E/2
Continental	Hannover	CRAY YMP/18se
EDS	Rüsselheim	CRAY YMP/14
VW	Wolfsburg	CRAY YMP/28
Deutscher Wetterdienst	Offenbach	CRAY YMP4/432

2.7 Architektur der Computersysteme

2.7.1 Begriffserklärung

Der Begriff **Architektur** (Computer Architecture) steht in Verbindung mit den Attributen wie Hardware und Systemsoftware für eine Menge in bestimmter Weise miteinander verbundenen Objekte, sowie für die in diesen Objekten (bzw. die in dieser Struktur) stattfindenden funktionalen Abläufe. Die Architektur steht unabhängig von jeder technischen Realisierung. Jedes Objekt im System verfügt

2.7 Architektur der Computersysteme

über eine bestimmte Architektur, die auf verschiedenen Ebenen, also rekursiv betrachtet werden können. Die Architektur selbst ist somit ein abstraktes Modell des betrachteten Gebildes. Angewendet auf den Computer gibt es eine Rechnerarchitektur. Sie beschreibt das Computersystem - bestehend aus:

- Hardware (Prozessor),
- Systemsoftware und
- Anwendersoftware.

Nach dieser Auffassung beschreibt die Rechnerarchitektur eine Rechenanlage mit der Hardware (Prozessor, Speicher, Ein/Ausgabe), Systemsoftware Betriebssystem, Compiler, Datenbanken, sowie Anwenderschnittstelle (Abbildung 2.55). Hieraus ergibt sich zugleich, daß im Rahmen der Systemarchitektur Funktionen für die Aufgaben wie Speichern von Daten, Daten ein- und ausgeben, Daten manipulieren usw. modelliert werden.

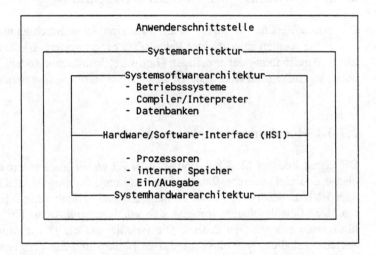

Abb. 2.55: Systemarchitektur

2.7.2 Überblick

Die Fortschritte in der Informationstechnologie werden von drei Faktoren bestimmt, sofern der Mensch als Anwender und damit bestimmender Faktor nicht gesondert ausgewiesen wird. Es sind die Entwicklungen in der Rechnertechnik, in der Rechnerarchitektur und in der Organisation der Nutzung. Die vorherrschende Rechnerarchitektur seit den 60er Jahren ist die sog. **CISC-Architektur**

(Complex Instruction Set Computer). Eine Ablösung findet gegenwärtig statt. Schrittweise, aber mit wachsender Bedeutung treten RISC-Prozessoren mit **RISC-Architekturen** (Redused Instruction Set Computer) in den Vordergrund, und zwar hauptsächlich als Workstations. Parallel zu diesem Ablöseprozeß übernehmen sog. **Höchstleistungsrechner** in bestimmten Aufgabenbereichen als Vektor- und Parallelrechner eine wichtige Rolle, während die früher vorherrschenden Mainframes ständig an Bedeutung verlieren. Ihre Aufgaben werden von zentralen und lokalen Computer- und File-Servern übernommen. Grundlage dieser verteilten Konzepte sind **Rechner- und Kommunikationsnetze**. Bei den Höchstleistungsrechnern sind derzeit hauptsächlich die Vektorrechner als Supercomputer im Einsatz, und zwar speziell für rechenintensive Anwendungen bzw. als Superworkstations. Künftig ist auch mit einem stärkeren Vordringen der Parallelrechnersysteme zu rechnen.

2.7.3 Entwicklung der Rechnerarchitekturen

Die ersten Rechner verfügten nicht über eine Rechnerarchitektur im heutigen Sinne. Sie wurden anhand einer Befehlsliste programmiert. Diese war eine technische Beschreibung der jeweiligen Hardware. Wurde eine andere Hardware benutzt, so mußte nach einer anderen Befehlsliste "um/neuprogrammiert" werden.

2.7.3.1 Monolithische Rechnerarchitektur

Die ersten Rechner MARK1, ENIAC oder Z3 waren durch teuere elektromechanische und elektronische Bauelemente bestimmt. So wog MARK1 35 Tonnen, oder ENIAC benötigte 140 m^2 Grundfläche und enthielt 18.000 Elektronenröhren. Der Befehlsablauf orientierte sich am Neumann-Architektur-Konzept und führte zum numerischen Prozeß. Die Befehle und die Daten wurden in einem Speicher gehalten, was zum prozedualen Denken und zur Vermischung von Daten und Befehlen führen mußte. Dadurch konnte eine Parallelisierung der Prozesse nicht verfolgt werden; sie wurde vielmehr vernachlässigt. Es entstanden große, sog. **monolithische Rechnerarchitekturen**.

Eine andere, mehr in die parallel arbeitende Richtung gehende Architektur hat **K. Zuse** zugrundegelegt. Er hat die Befehle von den Daten getrennt, in dem er die Befehle auf Lochstreifen als variable Speicher gebracht hat. Damit hat er eine vom Neumann-Prinzip abweichende Idee verfolgt. In seiner Erfindung hat er die Funktionseinheiten des binären Digitalrechners realisiert. Durch schlechte Vermarktung kam er allerdings nicht zum Zuge. Möglicherweise würde die Computerwelt anders aussehen, als wir sie heute kennen. Die Ideen von K. Zuse werden nämlich mit den heutigen Neuentwicklungen realisiert.

2.7.3.2 CISC-Architektur

Die ersten Rechnerarchitekturen erschienen mit der Rechnerfamilie 360, die nach den Principles of Operation betrieben wurden. Das einmal entwickelte Programm konnte innerhalb der Rechnerfamilie auch auf anderen Rechnern genutzt werden, da sie alle über dieselbe Rechnerarchitektur besaßen. Neben der Anwendersoftware wurde das gleiche Betriebssystem eingesetzt. Die Rechnerfamilie 360 und die darauf folgenden wurden nach dem Prinzip der von-Neumann-Architektur gebaut. Dieser Gruppe gehören die Notebooks/Laptops, PC's, Minis und Mainframes an. Danach gilt der "klassische" Aufbau mit folgenden Komponenten:

- Zentralprozessor (Steuer- und Rechenwerk),
- Arbeits- oder Hauptspeicher,
- Ein- und Ausgabeeinheiten,
- interne Datenwege mit E/A-Prozessoren.

Mit anderen Worten: Neumann-Architektur und damit Fortsetzung der Sequentialität, der sequentiellen Arbeitsweise. Rechner, die nach diesem Konzept gebaut worden sind, zählen zu den sog. CISC- oder kommerziellen Rechnern. CISC (Computer Instruction Set Computer) als Rechner-Architektur dominiert seit der 3. Computergeneration Mitte der 60er Jahre. Zu ihr gehören fast alle gegenwärtig betriebenen Systeme der Mainframes, Mini- und Mikrocomputer. Zu den prominentesten Vertretern gehören die Rechnerfamilien

- IBM 360/370, 304X, 308X und 309X,
- Superminis von VAX 11/780,
- PC-Linien von Intel 80X86-Prozessoren sowie
- Motorola 680X0.

Diese Systeme verkörpern das Bestreben der Computerbauer, den Menschen Berechnungen abzunehmen, oder die Durchführung von Transformationen zu automatisieren bzw. zu erleichtern. Dies geschieht in der sequentiellen Schrittfolge, so wie das Vorbild, der rechnende Mensch es tut. Die Probleme tun sich dann auf, wenn

- große Speicher benötigt werden und/oder
- sehr viele Operationen auszuführen sind und/oder
- der Bedarf an Ressourcen und Hilfsmitteln wechselt.

Letzterer Fall tritt insbesondere durch unterschiedliche Arbeitszeiten an den einzelnen Arbeitsgeräten auf; ebenso, wenn es sich bei der Aufgabe um ein sequentiell nicht lösbares Problem handelt. Offensichtlich werden diese Probleme durch die immer schnelleren und aufwärts kompatiblen Rechner weiter verschärft. Dies führt schließlich zu einem Block an Problemen, die mit den herkömmlichen CISC-Rechnern nicht oder nur bedingt lösbar sind.

Charakteristisch für die CISC-Rechnerarchitektur ist die Umsetzung des **Terminal-Konzeptes**, das seit Mitte der 60er Jahre praktiziert wird. Es sieht Terminals für die Ein- und Ausgabeoperationen vor, wobei sie in letzer Zeit immer häufiger als intelligente Erfassungsgeräte genutzt wurden und auch von Mikrocomputern ersetzt worden sind. In diesen Fällen sollte die syntaktische und semantische Richtigkeit der Daten vor dem eigentlichen Verarbeitungsprozeß sichergestellt werden. Charakteristische Eigenschaften des Terminal-Konzeptes sind die ROM-Speicher für die Aufnahme der Programme, die hardwaremäßige Verwaltung der Ressourcen (Betriebsmittel), der Vielbenutzer-Betrieb, die Task-Zuteilung nach den Bedürfnissen der Terminals etc. In der Realisierung bedeuten diese Eigenschaften die Festigung eines Konzeptes, das von IBM entwickelt, die Computertechnologie auf Industriestandard gebracht, jedoch die Verfolgung anderer Konzepte der parallelen Arbeitsweise zunichte gemacht hat.

Die Interpretation o.g. Eigenschaften führt zum folgenden kurzen Resummee. Die Programme werden im ROM-Speicher grundsätzlich als "Read only Code" abgelegt. Die Speicherinhalte bleiben erhalten. Mehrere Benutzer greifen von verschiedenen Terminals aus auf die Ressourcen, so daß die Betriebsmittel speziell verwaltet, über Register anzusprechen und zu adressieren sind. Wechsel und Änderungen in den Programmabläufen führen automatisch zur Veränderung der Registerinhalte. Die für die Benutzer spürbaren Engpässe entstehen hierdurch in der CPU. Sie können mitunter von einer relativ kleinen Zahl an Terminals bewirkt werden.

Solche Engpässe haben zur ständigen Verbesserung des Terminal-Konzeptes geführt. Ihre Ausprägungsformen sind die aufwärts kompatiblen Rechnerfamilien, die virtuellen Betriebssysteme (vergl. Abschnitt 5.22), die virtuelle Speichertechnik, die problemorientierten Programmiersprachen und die Rechnernetze.

Allerdings bleibt bei diesem Konzept eines der Betriebsmittel, meistens die CPU, ein Engpaß, weil sie gleichzeitig für den Datentransfer der Ein- und Ausgabe und der Speicherung mitbeansprucht wird, anstatt diese Aktionen an intelligente Backend-Rechner abzugeben. Auch der Übergang vom Multiprogramm- zum Multiprocessing-Betrieb unterbleibt, anstatt durch Intelligenz-Verlagerungen die CPU zu entlasten. Backend- und Coprozessoren hätten natürlich zur Betriebssystemänderung geführt, die nicht unerheblich ist.

Das Ausbleiben dieser Aktionen hat schließlich dazu geführt, daß die CISC-Rechnerarchitektur als überholt gilt, weil sie der Erbringung der heute verlangten Aufgaben als nicht mehr oder nur noch eingeschränkt gewachsen ist. Ihre Ablösung ist zwischenzeitlich eingeleitet. Der Ablöseprozeß setzte sich langsam in Bewegung; er beschleunigt sich jedoch merklich, wobei neben den vom Benutzer ausgehenden Gründen, technologischen Entwicklungen auch die Marktstrategie der Computerhersteller eine bedeutende Rolle einnehmen wird.

2.7.3.3 PC-Architektur

Das Erscheinen der PC's auf dem Hardware-Markt hat in relativ kurzer Zeit nicht nur zur Erschließung neuer Anwendungsgebiete geführt, sondern auch die Anzahl der Benutzer gewaltig erhöht, ebenso die Komplexität der Aufgaben. Dieser Wandel hat sehr schnell ein neues Problemfeld in den Vordergrund gerückt, die Bedieneroberfläche. An der Schnittstelle Mensch-Maschine werden Forderungen gestellt, die nur mit erheblichen Ressourcen zu erbringen sind, die aber nicht mehr mit der CISC-Architektur als Standard-Architektur zu erbringen wären. So entwickeln die PC's ihr Eigenleben und damit ihre eigene Architektur, die nicht vorgedacht, vorgeplant war, sondern sich aus der Praxis entstehen. Durch die neuen Anwendungsgebiete sind immer weniger die Standard- (Charakter-) Verarbeitungen gefragt. Vielmehr kommt es auf die anderen Informationsarten an. Die PC-Architektur ist durch folgende Eigenschaften geprägt:

- Offenheit,
- Standard und
- Erweiterbarkeit.

Die Offenheit und der Industriestandard gewährleisten die Möglichkeit, heterogene Systeme zusammenzustellen, also Geräte verschiedener Hersteller zu nutzen. Die Erweiterbarkeit mittels Steckkarten unterstützt solche Systeme, wobei die Möglichkeiten unbegrenzt erscheinen. Durch Vernetzung der PC's kommt es zu einer **PC-LAN-Architektur**, die möglicherweise mit den UNIX-Systemen in einer Kombination genutzt wird:

- UNIX als zentraler LAN-Server und
- PC's als intelligente LAN-Teilnehmer.

Die 10jährige Entwicklung des Mikrocomputers auf der Basis des Prozessors 8088 bis zum 80386 wurde mit der grundsätzlichen Einstellung der Computerhersteller begleitet, das komplexe Aufgaben Mikroprozessoren gleicher Art bedingen. Solche, die komplexe Instruktionen aufweisen, also den **CISC-Mikroprozessor** (Complex Instruction Set Computer). Die Alternative war die komplexe Aufgabenstellung durch einen Compiler in einfache Instruktionen aufzugliedern, die dann sehr schnell vom Mikroprozessor bearbeitet werden können, solche sind die **RISC-Mikroprozessoren** (Reduced Instruction Set Computer).

Der Zilog 8000 war der letzte der fest verkabelten Mikroprozessoren; der erste der Intel 8086. Die komplexen Mikroprogramme befinden sich auf dem **Mikroprogramm-ROM**, das auf dem Chip untergebracht ist. Mit der Rate einer Instruktion per Taktzyklus werden die Befehle abgearbeitet. Die Steuerung erfolgt über einen internen Mikro-Controller oder Mikromotor. Die Vorteile liegen auf der Hand:

- Weil einzelne Instruktionen wenig Bytes benötigen, können vielseitige Abläufe in einer Programmfolge zum Tragen kommen.
- Die Fehlerbeseitigung ist relativ einfach, da sie schrittweise erfolgt.
- Programmerweiterungen sind ebenfalls einfach, da das bestehende durch die neuen Instruktionen nur erweitert/ergänzt wird.

Der Hauptnachteil liegt in der nicht optimalen Nutzung des Chips. Die RISC-Mikroprozessoren-Architektur bestimmt die Anzahl der am häufigsten benutzten Instruktionen zuerst und verwendet die komplette Hardwareunterstützung, die während eines Taktzyklus benötigt werden. Die dadurch erzielten Vorteile belegen die gute Nutzung der Rechnerarchitektur einschließlich der schnellen Bussysteme.

2.7.3.4 Die RISC-Architektur

Diese Probleme des unterschiedlichen Zeit- und Betriebsmittelbedarfs, der beschränkten Verfügbarkeit des Speicherplatzes und in erster Linie die nicht-sequentiellen Aufgaben haben zur Entwicklung neuer Architekturen geführt. Ziel ist die Schaffung von Computersystemen, deren einzelne Teilsysteme

- zueinander in Konkurrenz stehen, oder
- miteinander kooperieren,
- lose oder eng gekoppelt (verbunden) sind,
- räumlich nah oder fern zueinander stehen,
- dezentral gesteuert und asynchron getaktet sind,
- miteinander unterschiedlich kommunizieren.

Solche Rechnersysteme passen sich an die Aufgaben an und sind in der Kommunikation offen. Zur Beschreibung solcher Systeme wurden **Petri-Netze** verwandt. Die ersten Ergebnisse sind in den Rechnerarchitekturen der RISC-Rechner und der Neuronalen Netze sichtbar.

Die **RISC** weichen insofern von der gängigen CISC-Architektur ab, daß im Rechner interne Parallelitäten durch Superscalar-Bausteine realisiert werden, wodurch bestimmte Teile der Software in die Systemsoftware verlagert und genutzt werden können. Diesem Zweck dienen **Cache-Speicher** für die Lade- und Speicheroperationen.

Die RISC-Architekturen sind seit der Entwicklung der VLSI-Technologie, d.h. seit rund 15 Jahren von Bedeutung. Die Grundgedanken gehen von der Annahme aus, daß die Rechnerarchitektur so vereinfacht wird, daß alle Komponenten der CPU auf einem Chip (konzeptionell stark vereinfachte 32-Bit-CPU) und damit in der schnellen Halbleitertechnologie realisiert werden. Hinzu gesellt sich die Verwendung maschinennaher Programmiersprachen (C, Pascal). Wesentliche Merkmale eines solchen Systems sind u.a.

- die Ausführung der Mehrzahl der Befehle in einem Taktzyklus,
- die einheitliche Länge der Befehlsdarstellung,
- der relativ kleine Satz an Maschinenbefehlen,
- die wenigen Befehlsformate und Adressierungsmodi,
- die fest "verdrahteten" Kontrollstrukturen ohne Mikroprogramme,
- das relativ große CPU-Register-File und
- die einheitlichen Befehlsformate.

Beispielhaft ist die System/6000-Serie von IBM zu nennen. Sie arbeitet mit AIX (ein UNIX-Derivat) mit der Besonderheit über einen extrem großen virtuellen Adreßraum von bis zu 1 Tera-Byte (2^{40}). Dieser Adreßraum besteht aus 4096 Segmenten mit je 256 MByte; davon gleichzeitig 16 adressierbar.

Die Verarbeitungsgeschwindigkeiten wuchsen seit Beginn der Datenverarbeitung alle 10 Jahre um den Faktor 10 - dank den Fortschritten in der Schalt- und Pakkungstechnik (Schaltfrequenz). Mit der zunehmenden Miniaturisierung wurde dies immer schwieriger, weil die Verlustwärme bzw. deren Abführung große Probleme bereitet haben. Mit der Einführung von sog. **Pipelines** zur parallelen Ausführung der Befehle (nicht mehr sequentiell) wurden sehr schnelle Mechanismen (Pufferspeicher wie Caches und Puffer) realisiert, deren Vertreter bspw. die RISC-Rechner sind.

Die **RISC-Architekturen** haben im Vergleich zu den herkömmlichen Architekturen mit folgenden Neuerungen aufgewartet:

- Die Pipeline-Architektur verlagert komplexe Operationen in die Systemsoftware.
- Einfache Befehle benötigen kurze Zykluszeiten bei der hohen Taktfrequenz; während die komplexen Befehle über den Compiler abgewickelt werden.

- Durch Reduzierung der Befehle sollten diese auf einem Chip untergebracht werden können. Die heutigen RISC-Rechner haben inzwischen mehr Befehle als die traditionellen CISC-Rechner.
- Die interne Parallelität wurde durch sog. Superscalar"- Architekturen ausgedehnt.
- Es wurden Cache-Speicher auf dem Chip für die Lade- und Speicheroperationen integriert.

So stehen RISC-Rechner als schnelle, CISC-Rechner als kompatible Rechner nebeneinander.

2.7.3.5 Parallelverarbeitung

Die Leistungsfähigkeit der heutigen Rechner hat sich in den letzten 30 Jahren etwa vertausendfacht (alle zehn Jahre verzehnfacht). Für weitere Fortschritte hat die Rechnerarchitektur den Rahmen zu stellen. Dies gilt auch für die inzwischen gewachsenen Anforderungen bezüglich der Rechnerkompatibilität, der Parallelverarbeitung, der Anwendung der Rechner durch Nicht-Experten etc. Die Folgen sind Erwartungen hinsichtlich der Leistungssteigerung durch zentrale Server nach der Client-Server-Architektur, wobei sich UNIX-Systeme immer stärker als Server durchsetzen. Sie werden ergänzt durch prozessorspezifische Cache-Speicher. Dadurch wird das Gesamtsystem aufgeteilt in autonome Teilsysteme, die parallel arbeiten. Dabei können Teilsystemen homogene (gleichartige) oder heterogene Aufgaben dediziert werden. In solchen Systemen können auch spezielle Architekturen (Database-Backends, massivparallele Rechner) eingesetzt werden. Dabei muß die Kommunikation reaktionsschnell und breitbandig sein und sich nach außen als konventionelles Singleimage-System verhalten können. Ein Ansatz dazu ist die Bereitstellung von gemeinsamen Speichern, wie bspw. die Solid State Disks bei den SNI-Systemen. Es sind Halbleiterspeicher, die über einen herkömmlichen Ein/Ausgabekanal mit dem Mainframe verbunden sind und herkömmliche Platten emulieren. Wesentlich wird dabei die Erweiterung des adressierbaren physikalischen Hauptspeichers über die heutige Grenze von zwei GByte hinaus. Hinzu kommen Entwicklungen im Bereich der Zuverlässigkeit, Sicherheit und Verfügbarkeit.

Vorläufer der modernen Parallelverarbeitung waren die ersten **Pipeline-Systeme**, die durch Zerlegung eines bestimmten Arbeitsprozesses in Teilprozesse und ihre Bearbeitung in einer linearen Anordnung taktsynchron erledigt haben. Alle Teilprozeße durchliefen zwar jede Stufe der Pipeline, die Bearbeitung erfolgte jedoch unabhängig von der Bearbeitung einer anderen Stufe. Grundbedingung war, daß die Bearbeitungszeiten etwa gleich lang sein sollten. Auf Grund dieser Tatsachen wurden mit Hilfe der Parallelverarbeitung Leistungssteigerungen um

2.7 Architektur der Computersysteme

den Faktor 10 alle 3-4 Jahre erzielt. Dabei wuchsen die ersten Systeme der Parallelverarbeitung von den ursprünglichen **Transputersystemen** im Jahre 1985 von 4 Prozessoren auf 400 im Jahre 1990 und steigen gegenwärtig auf mehrere Tausend. Die dabei erkennbare Entwicklung geht

- von den SISD (Single Instruction Single Data, also von den klassischen Von-Neumann-Computern);
- über die SIMD (Single Instruction Multi Data, also von den typischen Vektorrechnern und Arrayprozessoren);
- über die MISD (Multi Instruction Single Data);
- zu den MIMD (Multi Instruction Multi Data), zu den supermassiven parallelen Rechnern.

Die auf dieser Weise realisierten Hardware-Konzepte führen zu den Höchstleistungs-Parallelrechnern (64 bis 16.384 Prozessoren) mit einer Rechnerleistung im Bereich von 1,6 bis 400 GigaFlops (Double Precision).

Um diese Leistung zu gewährleisten, müssen die Prozessoren in einer hohen Packungsdichte angeordnet werden. So sind die kleinsten Inkremente (Giga Cubes mit je 64 Prozessoren und über 1,6 GigaFlops Rechenleistung) homogen im Raum 3dimensional angeordnet. Auch das Kommunikationsnetz ist nach dem gleichen Prinzip aufgebaut. Zu beachten ist dabei, daß das kleinste Inkrement in dem genannten Beispiel, der Gigacub mit 64 Prozessoren ausgestattet ist und beherbergt vier Cluster mit je 16 Prozessoren für die Kommunikation, für die Ein- und Ausgabe, für die Redundanz und schließlich für die Kontrollprozesse (Abbildung 2.56).

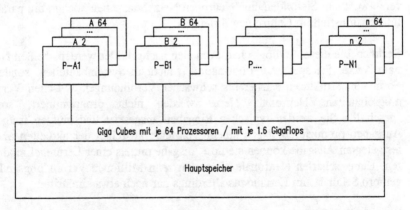

Abb. 2.56: Parallel angeordnete und arbeitende Prozessoren

Die Parallelverarbeitung zieht ihre Leistungssteigerungen im Vergleich zu den herkömmlichen Systemen aus diesen Grundsätzen und aus den wachsenden Leistungsfähigkeiten der Prozessoren.

2.7.3.6 Neuronale Netze

Die heute gebräuchlichen Computer wenden das von-Neumann-Prinzip an. Sie gliedern die Aufgaben in ihre elementaren Arbeitsschritte; diese werden nacheinander abgearbeitet, d.h.

> hole Datum vom Speicherplatz -> führe Algorithmus aus -> gebe das Ergebnis aus -> hole nächsten Arbeitsschritt.

Auch die Parallelrechner behalten diese Schrittfolge; sie sind nur durch ihre Prozessoren und Kanäle in der Lage, mehrere Vorgänge simultan abzuwickeln. Mit der Leistungsstärke von fünf Millionen Instruktionen pro Sekunde ist das Rechenpotential der zur Datenverarbeitung "angetretenen" Weltbevölkerung mit einem Supercomputer zu realisieren. Sollen jedoch nicht nur Zahlen, sondern bspw. Bilder verarbeitet werden, dann sind Kleinkinder jedem Supercomputer überlegen, weil sie z.B. die Gesichter von Personen im Bruchteil von Sekunden von jeder Seite und mit jedem Ausdruck wiedererkennen können. Diese und ähnliche Fähigkeiten zu erlangen, steht im Mittelpunkt der Neuronalen Netz-Architektur.

Bei den Neuronalen Netzen dient das menschliche Gehirn als Schaltungsmuster, wodurch die simultane Verarbeitung aller Arbeitsschritte erreicht werden soll. Das Gehirn des Menschen besteht aus circa zehn Milliarden Nervenzellen (Neuronen), die über Synapsen miteinander verbunden sind. Eine einzige Nervenzelle kann zwischen 1000 und 100.000 Verbindungen zu anderen Nervenzellen haben. Diese Verbindungen sind wohl für die Lernfähigkeit des Menschen verantwortlich. Sie bilden ein "Neuronen-Netz", das einen hochgradig parallelen Informationsfluß im Gehirn gewährleistet.

Rechner, die diesen biologischen Modellen nachgebildet werden, heißen **Neuronale Netze**. Sie speichern Informationen nicht in Systembauteilen, sondern in Form von Strukturen starker bis schwacher Verbindungen zwischen Verarbeitungseinheiten. Neuronale Netze werden nicht programmiert, sondern "geschult": Sie werden typischen Eingaben ausgesetzt und müssen festgelegte Ausgaben produzieren. Nach einem Vergleich zwischen der aktuellen und der festgelegten Ausgabe können sie ihre Ausgabe mittels einer Lernregel modifizieren. Heute schaffen Neuronale Netze gut zehn Millionen Verbindungsänderungen pro Sekunde, im Lernmodus allerdings nur noch etwa ein Drittel.

Der ständige Fortschritt der Hard- und Softwaretechnik hat bis dato nicht dazu geführt, einfach erscheinende menschliche Eigenschaften technisch nachbilden zu können. Während Computer nach der traditionellen Neumann-Architektur sämtliche Verarbeitungsschritte sequentiell ausführen, arbeiten im menschlichen

Gehirn an einer Aufgabe oft mehrere Millionen Gehirnzellen (Rechenelemente) gleichzeitig, simultan (Abbildung 2.57). Dies wird dadurch ermöglicht, daß die Nervenzellen/Neuronen untereinander ein Netzwerk bilden, das durch ein sehr komplexes Impulsmuster gekennzeichnet ist. Das Schaltungsmuster ist nicht starr, sondern durch Impulse veränderbar. Solche Veränderungen und die Steuerungen der Neuronen geschehen durch von außen gesendete Signale. Die hier geschilderte parallele zugleich verschiedenen Aufgaben anpaßbare Arbeitstechnik ist die Grundlage der Informationsverarbeitung in den biologischen Neuronennetzen. Ähnlich zur Verarbeitung arbeiten die Neuronen mit analogen Datenformaten, die ungenau, unvollständig, mitunter widersprüchlich sein können. Das menschliche Gehirn kann jedoch trotzdem erfolgreich operieren, weil es in der Lage ist oft nur implizit vorhandene Kontextinformationen zu berücksichtigen. Neuronale Netze lassen sich in die Gruppen

- rückkopplungsfreie (feedforward) und
- rückgekoppelte (feedback)

untergliedern. Die erste Gruppe hat insbesondere in der Steuerungs- und Automatisierungstechnik Bedeutung. Damit ist die Aufteilung des neuronalen Netzes in die Schichten

    Eingabeschicht   ---> / <---   verborgene Schicht
    (neuronales Netz) ---> / <---   Ausgabeschicht

gemeint, wobei die rückkopplungfreien Netze nur vorwärts, die rückgekoppelten vorwärts und rückwärts verarbeiten. Gegenwärtig wird hauptsächlich die Rückwärtsverkettung genutzt, in der bspw. Fehlersignale (Differenzen zwischen Ist- und Soll-Outputs) zur Modifizierung der Abläufe eingesetzt werden.

Mögliche Einsatzfelder sind:

- die Verarbeitung von Luftaufnahmen und Satellitenbildern,
- automatische Identifizierung von Personen, Gegenständen,
- Analyse von Dokumenten (Sprache, Graphik, Bild),
- Erkennung von Unterschriften und Schriften allgemein,
- sprachgesteuertes Arbeiten (Wählen von Telefonnummern),
- Erkennung von Schäden (Motoren, Medizinische Diagnostik usw.),
- Bewertung und Ausführung von "Blackbox"-Systemmodellen (Lernende Maschinen) etc.

	Traditionelle EDV	KI	Neuronale Netze
Geeignete Funktionen	Mathematische und logische Operationen	Algorithmische, symbolische, logische und numerische Operationen	Adaptive Informationsverarbeitung
Fähigkeiten	Präzise Antworten Ja-/Nein-Entscheidungen	Präzise Antworten auf Basis von Regeln	Erzielen gewichteter Lösungen auf Basis unvollständiger/ungenauer Dateien, Näherungslösungen
Verarbeitung	Serielle Verarbeitung digitaler Daten	"Baumartige" Verarbeitung von Regeln und Symbolen	Parallelverarbeitung analoger oder digitaler Signale
Programmierung	traditionell	Komplexe Programmierung	Keine
Typische Sprachen	C, Cobol, Fortran, Pascal	Lisp, Prolog	Keine
Speicher	Diskret	Diskret	Verteilt

Abb. 2.57: Neuronale Netze im Vergleich (Quelle Frost und Sullivan)

2.7.3.7 Sonstige Entwicklungen

Mit künstlichen Netzen ist es in den letzten Jahren gelungen, gewisse "menschliche" Flexibilitäten nachzuahmen, so bspw. auf dem Gebiete der Mustererkennung, (Hand-) Schrifterkennung, Sprachverarbeitung, Optimierungsprobleme in der Steuerung industrieller Produktion etc. In diese Gruppe gehören große **Transputernetze** und die Connection Maschinen mit mehr als 65.000 Einzelprozessoren. Noch mehr Leistung wird von den optischen Computern erwartet, die gegenwärtig in den Forschungslabors erprobt werden.

In diesem Zusammenhang sind **VLIW-Rechner** (Very Long Instruction Word) zu erwähnen. Sie operieren mit 1024 Bits langen Befehlen (üblich sind 32 Bit lange Befehle). Ein solcher Befehl versorgt eine ganze Reihe von Prozessoren (in der Regel 32). Durch diese Standardisierung müssen die übrigen Ressourcen, auf die gemeinsam zugegriffen wird, gut abgestimmt sein. Dadurch ist diese Kategorie von Rechnern im Vergleich zu den echten Parallelrechnern starr und kaum zukunftsträchtig. Folgende Forderungen sind an die Architektur künftiger Systeme zu stellen:

- Verfügbarkeit
  Mechanismen für Fernnutzung, schnelle Migration von Objekten;
- Offenheit
  Analysieren der Aufgaben, vollständiges Spektrum an Lösungs- und Gestaltungsalternativen;
- Sicherheit
  Mechanismen zur Abwehr, Schutzkonzepte;
- Modularität
  Parallelität, dedizierte Hardware;
- Beherrschbarkeit
  beherrschbare technische Systeme;
- Transparenz
  Konzepte zur Lokalisierung von Objekten;
- Vollständigkeit
  Nennung aller Aufgabenbereiche;
- Skalierbarkeit
  Unempfindlichkeit des Systems gegen Zunahme der Zahl angeschlossener Knoten;
- Adäquatheit
  Erfüllung aller Bestimmungen.

2.8 Entwicklung der DV-Systeme, Trends

2.8.1 Historische Entwicklung

Die Entwicklung der Datenverarbeitung zur gegenwärtigen Informationsverarbeitung vollzog sich in mehreren Zeitabschnitten, wobei sich der Entwicklungsprozeß laufend beschleunigt und zur Erschließung immer neuer Aufgabenbereiche von der ursprünglich rein numerischen Verarbeitung bis hin zu allen Erscheinungsformen der Informationen, künftig der Wissensverarbeitung. Die ersten Zeitabschnitte waren durch Lösungen mit mechanischen, elektromechanischen Geräten geprägt (Abbildung 2.58 und 2.59). Erst seit den 40er Jahren herrschen elektronische Anlagen vor.

(1) **Im ersten Zeitabschnitt** wurde die Grundvoraussetzung für die heutige Rechentechnik geschaffen, also das Zahlensystem. Erst um 1500 n. Chr. wurde das in Indien entstandene und von den Arabern nach Europa gebrachte Zahlensystem mit dezimalem Stellenwert gebräuchlich. Zuvor wurden vor allem die Zahlenzeichen der Römer, in den frühesten Anfängen des Rechnens die Zahlensysteme der Mayas, Sumerer und Babylonier genutzt. In der Antike wurden beim Zählen und Rechnen Steinchen und Perlen auf einer mit Leitlinien versehenen Flächen hin und her bewegt. Hieraus entwickelte sich die erste Rechenmaschine, der Abakus.

1. Zeitabschnitt 5 000 v. Chr. bis 1623	Entwicklung von Zahlensystemen, Abakus (5-Finger-System)
2. Zeitabschnitt 1623 bis 1880	Bau von mechanischen Maschinen (Schickard, Pascal, von Leibniz)
3. Zeitabschnitt 1880 bis 1940	Bau elektromechanischer, schalttafelgesteuerter (Lochkarten)-Maschinen
4. Zeitabschnitt nach 1940	Bau speicherprogrammierter Datenverarbeitungsanlagen
1941 1944 1946 1948 1961 ab 1946 ab 1957 ab 1964 70'er Jahre	Entwicklung des 1. Relaisrechners Z3 von Konrad Zuse v. Neumann entwickelt Architektur moderner Computer Entwicklung des Relaisrechners MARK 1 von Aiken Entwicklung des Prinzips der Datenverarbeitung von Neumann Erarbeitung der Informationstheorie von Shannon Begründung der Kybernetik als Wissenschaft durch Wiener Entwicklung integrierter Schaltungen von Kilby 1.Computer-Generation: ENIAC, Z22, IBM 650 2.Computer-Generation: IBM 1400 Serie, SIEMENS 2002, TR4 3.Computer-Generation: IBM/360, SIEMENS 4004, CDC 3000, UNIVAC 9000, CISC-Rechner Mittlere Datentechnik löst Büromaschinentechnik ab: NIXDORF, KIENZLE, NCR Entwicklung spezialisierter Computer für technische Aufgaben (Prozeßrechner)

5. Zeitabschnitt
 	
nach 1975
	Entwicklung des Mikrocomputers: INTEL, ALTARI,
	                              APPLE, COMMODORE
	4.Computer-Generation: IBM43xx, IBM38xx, SIEMENS 75xx,
	                       SIEMENS 77xx, RISC-Rechner,
	                       IBM 39xx, CRAY, SIEMENS 78xx,
	                       CYBER, SPERRY 1100, VAX11
	mit Halbleiterschaltungen, Mehrprozessor-Architektur,
	Vernetzung, hochintegrierte Schaltkreise mit Logikchips

6. Zeitabschnitt ab 1985	Supercomputer mit Vektoren-, Pipelining- und Parallel- verarbeitung, 64 Bit-Prozessoren, EISA-Rechner Ankündigung der 5. Computer-Generation (Japan) Neuronale Netze mit über 65.000 Prozessoren Dienstintegrierende Netze (ISDN) Fabrik/Büro der Zukunft Start der Entwicklung der 4, 64 Mega-Chips

Abb. 2.58: Hardwaretechnische Entwicklungszeittafel

2.8 Entwicklung der DV-Systeme, Trends

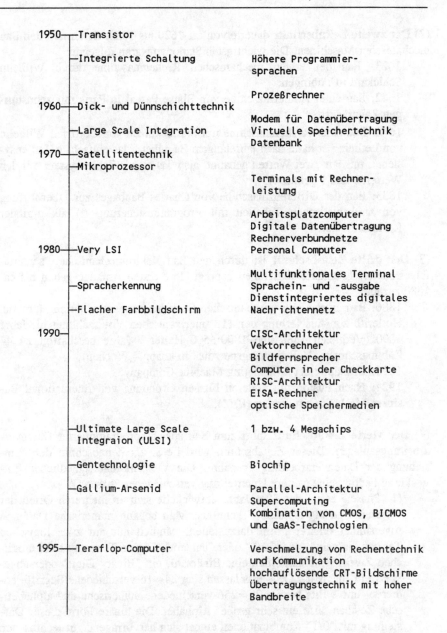

Abb. 2.59: Zeittafel der technischen Entwicklung

(2) **Der zweite Zeitabschnitt** dauerte von ca. 1620 bis 1880. Er umfaßt den Bau mechanischer Maschinen. Die wichtigsten Stationen waren folgende:

1623: Bau der ersten mechanischen Rechenmaschine durch Wilhelm Schickard in Tübingen;

1642: Bau einer Addiermaschine von Blaise Pascal in Paris mit zehnstufigen Zahnrädern;

1672: Bau einer Rechenmaschine mit Staffelwalzen von Gottfried Wilhelm von Leibniz (Er hatte nach jahrelangem Bemühen "das einfachste Zahlensystem", mit nur zwei Werten genannt, also das binäre Zahlensystem mit den Werten 0 und 1 genutzt.);

1833: Bau der Differenzmaschine von Charles Babbages zur Überprüfung von mathematischen Tabellen mit Programmsteuerung (!) als digitaler Rechenautomat.

(3) **Der dritte Zeitabschnitt** ist durch den Bau elektromechanischer, schalttafelgesteuerter Lochkartenmaschinen geprägt. Ihre ersten Anfänge gehen bis ca. 1880 zurück:

1886: Bau einer elektromechanischen Lochkartenapparatur durch Hermann Hollerith zur Auswertung der 11. amerikanischen Volkszählung im Jahre 1890 (Vergleich 1880 und 1890: 500 Helfer 7 Jahre beschäftigt zu 44 Zählmaschinen, 44 Bedienungspersonal in knapp 4 Wochen);

1896: Gründung der "Tabulating Machine Company";

1924: Nach Fusion mit anderen Firmen Gründung von International Business Machine Corporation (IBM).

(4) **Der vierte Zeitabschnitt** führt zum Bau speicherprogrammierter Datenverarbeitungsanlagen. Dieser Zeitabschnitt wird i.e.S. als Zeitabschnitt der "Entstehung der Datenverarbeitung" genannt. Die Vielzahl unterschiedlicher Entwicklung bedingt eine weitere Unterteilung verschiedener Phasen:

(1. Phase:) Mitte der 30er Jahre entwickelte sich an mehreren Orten der Welt eine geistig-logische Erkenntnis: Man begann numerische Daten in sogenannter binärer Form darzustellen, nämlich mit nur zwei logischen Termen "ja/nein", oder "0/1" oder "aus/ein". Diesen Term mit zwei möglichen Zuständen nannte man eine Binärzahl, ein "Binary Digit" oder abgekürzt ein Bit. Mit z.B. 4 Bits lassen sich $2^4 = 16$ verschiedene Begriffe codieren, mit 8 Bits bereits $2^8 = 256$ verschiedene numerische und alphabetische Zeichen, also ein sehr großes Alphabet. Die binäre Form dieser Darstellung mit "0/1"-Kombinationen eignet sich hervorragend zur technischen Realisierung, weil man nur zwei technische Zustände braucht, nämlich "Strom ein/Strom aus", "+/-", Impuls oder kein Impuls. Man nennt das Digitalisierung, digital dargestellte Information. Insbesondere kann man diese "ja/nein"-Codierung direkt zur Darstellung von Steuersignalen "ein/aus" verbinden.

(2. Phase:) Der zweite wesentliche, konzeptionelle Schritt wurde 1946 von dem ungarischen Mathematiker John von Neumann vollzogen. Sie bestand darin, die Steuerfunktion für einen Computer nicht mehr als eine feste Signalfolge einzubauen oder einzugeben, sondern diese ebenfalls binären Signale als Information im Informationsspeicher der Maschine vorzuspeichern. Damit kann diese informationsverarbeitende Maschine nicht nur ihre Nutzinformation, sondern auch ihr eigenes Arbeitsprogramm, ihre Steuerinformation verarbeiten, d. h. im Verlauf einer Arbeit ändern, z.B. abhängig von Zwischenergebnissen. Es entstand damit ein neuer Typ von Automat, ein Automat unter der Kontrolle eines informatorisch gespeicherten Programms. Computer, die nach diesem Bauprinzip (Architektur) entstanden sind, haben sich bis zur Gegenwart durchgesetzt. Ihre Eigenschaften Digitalisierung und gespeichertes Programm waren zugleich die beiden wesentlichen Prinzipien zur erfolgreichen Computerarchitektur. Mit Hilfe von Elektronenröhren wurde dann auch eine Generation von Großrechenanlagen konstruiert und gebaut und damit eine erste Vorstellung von der weitreichenden Leistungs- und Einsatzmöglichkeit datenverarbeitender Systeme gewonnen.

(3. Phase:) Nun kam als drittes Faktum jene berühmte zeitliche Koinzidenz: 1948 wurde der Transistor entdeckt, welcher die Festkörperphysik zur Ausgangsbasis einer weitreichenden elektronischen Technologie machte, erst mit Germanium, bald aber mit Silizium als Grundmaterial. Heute nennen wir diese Technologie Mikroelektronik. Man begriff sehr schnell ihre naturgegebene Überlegenheit über die Technik der Elektronenröhren. Die Erschließung des Siliziums mit Hilfe der Festkörperphysik führte zu einem wahren technischen Durchbruch, vergleichbar allenfalls mit der Entdeckung des Stahls. Dieses Silizium ist ein Material mit vielerlei günstigen Eigenschaften und heute bereits besser erforscht als alle anderen Stoffe einschließlich Eisen und Stahl.

Mit diesem Material vollzog sich zwischen 1960 und 1968 eine phänomenale technische Entwicklung. In dem Umfang wie man die technischen Herstellungsprozesse für Siliziumschaltelemente beherrschen lernte, stieg die Ausbeute in der Produktion. Gleichzeitig konnte man mit größerer Reinheit des Materials die Schaltkreise kleiner machen, so daß nochmals ein Mengeneffekt entstand. Und schließlich sind kleinere Schaltkreise naturgesetzlich bedingt schneller, d.h. leistungsfähiger. Mit Mengeneffekt, Ausbeute und zunehmender Schnelligkeit entstand damit eine Steigerung des Verhältnisses von Leistung zu Preis in der dritten Potenz, ein außerordentlich seltener Effekt in der Geschichte der Technik, der aber den rasanten wirtschaftlichen Durchbruch der Mikroelektronik erklärt.

(5) **Der fünfte Abschnitt** seit Mitte der 70er Jahre wird durch den Personal- oder Mikrocomputer, durch die integrierten Halbleiterschaltungen, durch die Architektur von Mehrprozessor-Computern, sowie durch Rechnernetze geprägt. Dieser Zeitabschnitt gilt im Mainframe-Bereich als 4. Computer-Generation und im PC-Bereich als Duchbruch. So setzte die Entwicklung des Mikrocomputers mit hoher Geschwindigkeit ein. Die Grundlagen wurden mit der Entdeckung integrierter Schaltkreise gesetzt. Seitdem wird von drei PC-Generationen gesprochen, deren Ausprägungen in Kurzform folgendermaßen lauten:

- 1. Generation mit Tastatur, Bildschirm, Kassettenrecorder, kleinem Speicher, fehlende/wenig Software, Beginn mit 4-Bit-Prozessoren, zunächst BASIC, seltener ASSEMBLER als Programmiersprachen;
- 2. Generation mit Direktzugriffs-Speicher (RAM), Floppy-Sekundär-Speicher, Tastatur- und Bildschirm-Ergonomie, Spezialrechner, 8- und 16-Bit-Prozessoren mit CP/M, MS-DOS Betriebssystem als intelligente Datenstationen;
- 3. Generation, Rechner-Integration (Lastverbund), Mehrplatzrechner, 16- oder 32-Bit-Prozessoren mit MS-DOS, UNIX-Betriebssystem, integrierte Softwarepakete zur autonomen Nutzung.

(6) Der 6. Zeitabschnitt wird ebenfalls durch eine Reihe bahnbrechender Entwicklungen geprägt. Als wichtigste Neuerungen sind in Verbindung mit der 5. Computergeneration als Fabrik der Zukunft, Bürokommunikation, digitale Übertragung von Sprache, Bild, Text und Daten, neuronale Rechnernetze, Supercomputing zu nennen. In der Rechner-Architektur stoßen bei den Mikrocomputern die Nachfolger der bisherigen ISA-Rechner (Industry Standard Architecture) die EISA-Rechner (Extended ISA) mit besonders breiten Datenbussen vor; während bei den Großrechnern die Supercomputer nach den Architekturprinzipien Vektorrechner, Pipelining und Parallelverarbeitung die bisherigen Mainframes ablösen. Hierzu zählt auch die Gentechnologie mit Biochip, weil bei der Wasserkühlung die geometrische Grenze des Integrationsgrades bei $2,5^{10^7}$ Schaltungen erreicht ist. Als weitere Technik sind die Magnetblasentechnik (Bubble Memories) und der Josephson-Effekt mit Verarbeitungsgeschwindigkeit im Picosekunden-Bereich (10^{-12}) zu nennen. Bereits Anfang der 90er Jahre schaffen diese Rechner bis zu 5 Gigaflops (5 Milliarden Gleitkommaoperationen in der Sekunde; sie verfügen über Arbeitsspeicher im Gigabereich, werden mit einer Taktfrequenz von über 300 Megaherz getaktet, übertragen 100 MBytes in der Sekunde auf die Speicherplatte usw.). Zukünftig sollen Supercomputer mit Leistungen im Bereich von Teraflops (1 Billion Gleitkommaoperationen in der Sekunde) - auch in der Datenübertragung - erreichen.

Die **Entwicklungen im Software-Bereich** erscheinen zunächst nicht so spektakulär wie die hardwaretechnischen. Dieser Schein ist jedoch trügerisch, insbesondere, wenn die Trends zur Fabrik der Zukunft oder zum automatisierten Büro betrachtet werden (Abbildung 2.60). Der Grund ist, daß hier solche technischen Vergleichszahlen, wie bei den Leistungen der Hardware und der Kommunikation fehlen. Die zunehmende Komplexität der Systeme und der Rechnernetze bedingt international standardisierte System- und Softwareprodukte. Der Weg ist in Richtung offene, heterogene Systeme sowohl in der Verarbeitung (Open Distributed Processing, ODP) als auch in der Kommunikation (Open Systems Interconnection, OSI) vorgegeben.

1. Zeitabschnitt bis 1955	Computer als Gegenstand der Forschung Entwicklung der Ablaufsteuerung durch Programm (Maschinensprache)
2. Zeitabschnitt bis 1965	Betriebliche (kommerzielle) Nutzung des Computers auf breiter Basis Entstehung von Rechenzentren Programme in maschinenorientierten Programmiersprachen (Assembler) Zeitalter der "eigentlichen" Datenverarbeitung
3. Zeitabschnitt bis 1975	Steuerung durch Betriebssysteme (CP/M, MS-DOS, UNIX) Dominanz kommerzieller Anwendungen Verarbeitung nach Dateiorganisationen Unterstützung der Gerätekompatibilität (Familiensysteme) durch Programmkompatibilität Höhere Programmiersprachen (COBOL, FORTRAN, ALGOL, PL1) Erste Rechnerverbundnetze (verteilte Verarbeitung)
4. Zeitabschnitt bis 1980	Verstärkte Miniatisierung wird fortgesetzt Variable Mikroprogrammierung Vernetzung unter Einbeziehung von Mikrocomputern Dialogverarbeitung löst Stapelverarbeitung ab Aufbau von Datenbanken und Informationssystemen Entwicklung von Standardprogrammen für betriebliche Anwendungen Methoden des strukturierten System- und Programmentwurfs
5. Zeitabschnitt bis 1990	Individuelle Datenverarbeitung (Computerisierung des Arbeitsplatzes) Typische PC-Anwendungen (Tabellenkalkulation, Textverarbeitung) im Vormarsch Büroautomatisierung, Mailbox, Btx Künstliche Intelligenz, Expertensysteme, Wissensbasierte Systeme Fabrik der Zukunft (CIM, PPS, CAD, CAM) Endbenutzerorientierte Sprachen und Werkzeuge (C, LISP, PROLOG, ADA, Window, Standardisierung (SAA, MOTIF)
6. Zeitabschnitt nach 1990	Computerviren, Antiviren, Datensicherung Objektorientierte Daten/Integrationsmodellierung Client-Server Standadisierungen für offene, heterogene Systeme Informationsmanagement Netz-Management

Abb. 2.60: Softwaretechnische Entwicklungszeittafel

Im Bereich der Betriebssysteme setzt sich insbesondere UNIX - weil von mehreren Herstellern, von der Wissenschaft und vom Staat unterstützt - durch. Genormte Dienste folgen dem Client/Server-Prinzip (Message Handling System, File Transfer, Transaction Processing). Der Bedarf der Verwaltung großer Datenmengen (Data-Netz-Management) wächst durch die heterogenen Netze und zwingt auch in diesem Bereich zu internationalen Normen.

2.8.2 Künftige Ausprägungen

Künftige Ausprägungen der Daten/Informations/Wissensverarbeitung werden Resultate der hardware-, software- und Kommunikationstechniken bzw. deren Entwicklungen und Nutzungen durch den Anwender sein. Besonders stark prägen die Anwender die gegenwärtige Entwicklung. Sie werden auch maßgebend sein für die künftigen Schritte.

Ein Blick in die Statistik besagt folgendes: Der weltweite Computermarkt ist 1992 um 2,5 Mill. $ von 109,5 im Jahre 1991 auf 107 im Jahre 1992 geschrumpft. Deutliche Marktverluste verzeichneten Mainframes, Zuwachsraten die PC's, und zwar trotz rasanten Kostensenkungen.

Der weltweite PC-Absatz stieg 1992 um 7,4% auf 46,5 Mill. $. Diese Summe entspricht 44,5% Marktanteil. Dagegen sind die Einnahmen der Mainframe-Hersteller um 16% auf 22,5 Mill. $ (1991 26,5 Mill. $) geschrumpft. Diese Summe entspricht 21,6% Marktanteil. Davon verbuchte IBM 52% gegenüber 56% im Vorjahr. Die mittleren Computersysteme erzielten 23 Mill. $ (23,4%), die Workstations 8,1 Mill. $ (8,7%) und die Supercomputer 1,9 Mill. $ (1,8%).

Bei den Mainframes führt weiterhin IBM mit 52% vor Fujitsu (9,4%), Hitachi (7,5%) und NEC (6,3%), Unisys (5,8%) und Amdahl (5,8%). Bei den PC's führt IBM mit 12,4%, gefolgt von Apple mit 11,9%, Compaq (6,6%), NEC (5,1%).

Die ständig zunehmende Komplexität der Systeme(-Netze), sowie deren Vielfalt erschwert sowohl die Zusammenarbeit der Komponenten, als auch die Aussage über deren Auswirkungen. Es kann angenommen werden, daß die zentralen Mainframes ihre Bedeutung auf der einen Seite als Höchstleistungsrechner in der Simulation komplexer Systeme, in der Lösung extrem großer Gleichungssysteme, in der Darstellung nichtlinearer Materialeigenschaften, in der Molekularphysik, in der Gentechnologie, in der Berechnung nichtsymmetrischer Körper etc., auf der anderen Seite in der Verwaltung/Archivierung großer Informationsmengen, schließlich in der Kommunikation als Server in den Rechner- und Kommunikationsnetzen haben werden. Die allmähliche Verschmelzung der Rechner-

2.8 Entwicklung der DV-Systeme, Trends

und Kommunikationstechniken, die Vernetzung offener, heterogener Systeme bedingen starke Standardisierungsbestrebungen auf internationaler Ebene. Die Zukunft wird im Lasten-, Daten- und Funktionsverbund unabhängig von der Leistung des eigenen Rechners mit lediglich einem Minimum an Wissen gesehen. Dazu werden insbesondere Entwicklungen im Software-Bereich beitragen.

Der Ausbau des Computers am Arbeitsplatz zum Workstation, unterstützt durch das offene UNIX-System und genormte Dienste wie Transaction Processing, Virtual Terminal, Remote Procedure Call, X-Windows, File Transfer, Access Management, Message Handling System verschieben die Relationen zugunsten verteilter Lösungen. Basis solcher individuellen Versorgungskonzepte sind lokale und Weitverkehrsnetze. Die arbeitsteilige Erfüllung anwendungsorientierter Aufgaben ermöglichen neue Anwendungsformen, interaktive Bearbeitungen, Online-Visualisierungen, Multimedia-Lösungen etc. Nachfolgend werden in Abbildung 2.61 mit einigen Leitsätzen erkennbare Schlußfolgerungen gezogen.

Gegenwart	Integration der Hardware mit Tendenz zum Endbenutzer (Workstations) Typische Rechner-Integration Verfügbarkeit wichtiger als Auslastung Informationsverarbeitung (Daten, Text, Bild, Grafik, Stimme) Informations-Center mit Medienverbund Balance zwischen zentralen und dezentralen Systemen LISP, Smalltalk und PROLOG als Sprachen der Künstlichen Intelligenz Entstehung dedizierter Mikrocomputer mit Spezialaufgaben Computer Aided Software Engineering Bürokommunikation, Neuronale Netze, Informationsmanagement
Zukunft	Am Datenfluß orientierte Rechnergeneration (5.Computergeneration) Sprachanalyse, Spracherkennung, Sprachverarbeitung, Neurocomputer (6. Computergeneration) Integrierendes Netz ISDN, Medienverbund, Multi- und Hypermedia Mensch-Maschinen-Kommunikation mit natürlicher Sprache Speicherung und Wiederfindung nicht-numerischen Wissens Halbleiter- und optische Speicherplatten Integration im Fertigungs- und Bürobereich mit Satellitrechner Fabrik und Büro der Zukunft Parallelrechnerarchitektur und Superrechner, Universal- und dedizierte Datenstationen Seitendrucker mit lokaler Intelligenz und Speicherkapazität Wissensverarbeitung in Expertensystemen (Büro, Betrieb) Dezentrale Datenerfassung durch mobile Geräte Zwischenbetrieblicher Datenaustausch Formularorientierte und natürlichsprachige Abfragesysteme Einbindung interner Netze in nationale und internationale Netze offene heterogene Systeme Entwicklung wissensbasierter Systeme

Abb 2.61: Gegenwärtig erkennbare Ausprägungen in der Informationsverarbeitung

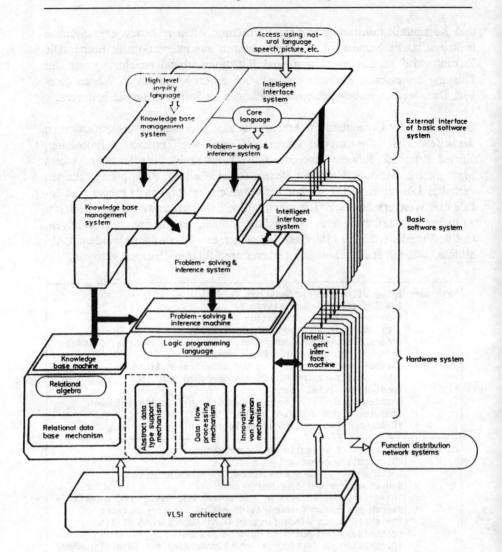

Abb. 2.62: Hardware-Konfiguration der 5. Computergeneration

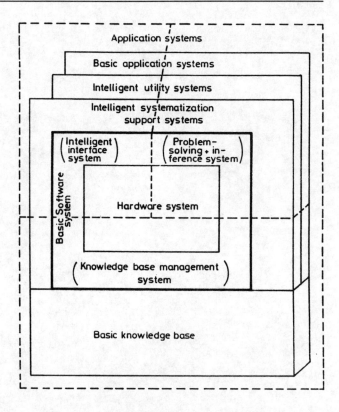

Abb. 2.63: Software-Konfiguration der 5. Computergeneration

3. Hardwaretechnische Grundlagen der Rechner- und Kommunikationsnetze

Hardware-technische Grundlagen der Rechner- und Kommunikations-netze	Grundlagen der Vernetzung	Begriffsklärungen Bedeutung, Ziele Erscheinungsformen	Abschnitt 3.1
	Topologie der Datenübertragung	Übertragungssystem Betriebsarten Verbindungswege	Abschnitt 3.2
	Dateldienste	Allgemeines Datenübertragungsnetze - IDN, ISDN - Telexnetz - Datexnetz - Fernsprechnetz - Direktrufnetz Telekommunikation - Fernsprechdienst - Telexdienst - Teletexdienst - Bildschirmtext - Mailbox - Telefax - Telekonferenz	Abschnitt 3.3
	Rechnernetze	Topologie Erscheinungsformen Physikalischer Aufbau Rechnernetzarten	Abschnitt 3.4

3.1 Grundlagen der Vernetzung

3.1.1 Begriffserklärungen

Eine Datenverarbeitungsanlage war bis vor wenigen Jahren eine lokal installierte Einrichtung. Sie erhielt im Laufe der Zeit Verbindung nach außen. Daten, die räumlich fern anfielen und/oder benötigt wurden, mußten konventionell transportiert werden. So entstand die auch heute noch weit verbreitete Datenkette (Abbildung 3.1):

    dezentrale Datenerfassung --> Postversand --> DVA/Rechenzentrum

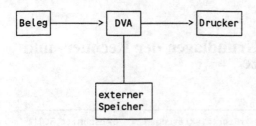

Abb. 3.1: Das Prinzip der konventionellen Datenverarbeitung

Dieser umständliche, zeitraubende und unwirtschaftliche Weg wurde durch die **Datenfernverarbeitung** (abgekürzt DFÜ für Datenübertragung oder DFV; Teleprocessing), also durch die Schaffung einer direkten Anschlußmöglichkeit von entfernten (remote) Datenstationen (Terminals) allmählich ersetzt. Dabei geht es darum, Computer, Sichtgeräte, Drucker, Diskettenlaufwerke u.a.m., sowie alle Kombinationen solcher Geräte an andere Rechner anzuschließen, um Daten, Programme, Briefe, Bilder etc. über eine räumliche Distanz in digitalisierter Form zu übertragen. Der Sammelbegriff Datenfernverarbeitung ergibt sich aus der Verbindung von

- Datenübertragung (räumliche Transformation) und
- Datenverarbeitung (sachliche Transformation).

Die **Datenübertragung** ist somit eine Teilaktion innerhalb des übergreifenden Begriffes Datenfernverarbeitung. Sie dient

- der Übertragung von Daten,
- der Überbrückung von Entfernungen,
- dem Zugriff zu Rechnerleistungen,
- dem Zugriff zu Datenbeständen und
- der Erweiterung der Eingabe-/Ausgabe-Möglichkeiten.

Sie ist zugleich der erste Schritt zur Realisierung des Computers am Arbeitsplatz. Diese Form bringt zeitgleich einen weiteren Begriff in die Diskussion, die Kommunikation. Von einer **Kommunikation** wird in diesem Zusammenhang grundsätzlich dann gesprochen, wenn zwischen Menschen und/oder maschinellen Systemen ein Austausch, eine Übermittlung von Nachrichten, von Informationen erfolgt. Im betriebswirtschaftlichen Sinne ist dieser Austausch mit dem Zweck verbunden, das Handeln zielgerichtet, optimal zu gestalten. Diese Begriffsfassung wird in der Wirtschaftsinformatik ebenfalls benutzt. Sie macht dreierlei sichtbar, und zwar

- es sind Informationen für den Vorgang erforderlich,
- es ist ein Verbund (eine Verbindung) herzustellen und
- es sind zielgerichtete Vorgaben notwendig.

Datenfernverarbeitung ist also eine Kombination von Datenübertragung, Datenübermittlung und Datenverarbeitung; sie ist zugleich eine Datenverarbeitung unter Benutzung fernmeldetechnischer Einrichtungen. Datenfernverarbeitung bedeutet die Ankopplung von Endgeräten, ebenso die Kommunikation von Rechnern untereinander.

Das Zusammenwirken mehrerer Computersysteme, die räumlich nah oder räumlich fern durch Datenübertragungseinrichtungen und -wege miteinander verbunden sind, werden als **Rechnernetze** (Computer Network) bezeichnet. Es sind also Verbindungen zwischen räumlich verteilten Computern, Steuereinheiten, peripheren Geräten und Mikrocomputern. Die Verbindung wird durch die Datenübertragungseinrichtungen und -leitungen hergestellt. Somit liegt dem Rechnernetz das Prinzip der Datenfernverarbeitung zugrunde. Sie ermöglicht die direkte Verbindung von Datenstationen über große Entfernungen, so auch die Verbindung von Computern untereinander. In einem großen Datenfernverarbeitungsnetz (Datenkommunikationssystem) gibt es nicht nur einen zentralen Computer. Jede Datenstation kann nicht nur auf die Informationen und Programme des "eigenen" Computers zugreifen, sondern auf jeden im Netz angeschlossenen Computer. Dabei wird der Begriff Computersystem weit gefaßt. Es können Computer, deren periphere Geräte und Steuereinheiten sein; ebenso Datenstationen, um Vorverarbeitungsaufgaben (Prüfungen, Erfassungskontrollen, Plausibilitätskontrollen etc.) zu erledigen; Mikrocomputer (auch als selbständige Systeme) etc. Auch diese können mit den Zentralrechnern gekoppelt sein.

Hierfür hat sich der Begriff **dezentrale Verarbeitung** (Distributed Data Processing) durchgesetzt. Der Übergang zwischen **verteilter Verarbeitung** und dezentraler Verarbeitung ist fließend. Die der Herstellung solcher Verbindungen dienenden Tätigkeiten sind **Vernetzungen.** Zusammenfaßend gilt, Rechner, die über ein Kommunikationssystem miteinander verbunden sind, bilden ein Rechnernetz. Die Komplexität des jeweiligen Verbundes wird quantitativ und qualitativ gewertet. Während qualitativ die Fragen Was, Wie und Warum kommuniziert wird, geklärt sein sollen, geht es bei der quantitativen Betrachtung um die Informationsmenge, um die Übertragungszeit, um die überbrückende Entfernung, um die Zahl der an der Kommunikation beteiligten Personen und Geräte etc.

Die einfachste Form des Rechnernetzes ist in Abbildung 3.2 dargestellt. Sie umfaßt den Verbund einer (intelligenten) Datenstation (z.B. eines Mikrocomputers) an einen Computer, der seinerseits ein Mainframe (PC-Host-Verbindung) oder auch ein Mikrocomputer (PC-PC-Verbindung) sein kann.

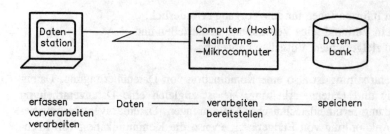

Abb. 3.2: Das Prinzip des Rechnernetzes

3.1.2 Bedeutung und Ziele

Das Vordringen der Datenverarbeitung in alle Bereiche der Wirtschaft, ja sogar in die Privatsphäre der Haushalte, läßt die Aussage zu, daß uns in der Zukunft eine Situation erwartet, bei der das gesamte Leistungsspektrum der Datenverarbeitung über große Kommunikationsverbundnetze jedem Normalverbraucher ebenso zur Verfügung stehen, wie heute bspw. das Telefon. In der Zukunft muß von völlig neuen Dienstleistungen ausgegangen werden, die möglicherweise die Entstehung neuer Informationsinfrastrukturen mit sich bringen. Der Computer erhält eine immer größere Bedeutung; er wird ein aktives Instrument für den Endverbraucher, den er direkt (am Arbeitsplatz) unterstützt. Je mehr Menschen mit Computern umgehen werden (können), desto mehr verliert er die Eigenschaft eines passiven Werkzeuges.

Aus dem großen Bereich der zu erwartenden Veränderungen in der betrieblichen Realität ragt die Frage heraus, wie es am besten gelingt, den Computer nicht nur kostengünstig, sondern auch nahe an jeden Arbeitsplatz heranzubringen. Diese Frage tritt insbesondere in Organisationen auf, in denen die vielfältigen Aufgaben zu Verbundsystemen führen, weil dadurch der Informationsfluß sowohl zwischen den Arbeitsplätzen als auch zu und von den Zentralen reibungslos abläuft. Diese Arbeitsplätze unterstützen dabei Tätigkeiten, wie Management, Buchhaltung, Vertrieb, um einige zu nennen. Diese Form der Datenverarbeitung heißt dann **Distributed Processing** oder verteilte Computerbenutzung, in der jeder Benutzer nach seinem Bedarf versorgt wird.

Datenstationen werden zunehmend intelligenter, mit Software versehen, um Vorverarbeitungsaufgaben wie Prüfungen, Erfassungskontrollen, Plausibilitätskontrollen etc. erledigen zu können. Hierzu werden rechnerähnliche Datenstationen oder spezielle sog. Datenstationsrechner eingesetzt. Auch diese Rechner sind mit den Zentralrechnern gekoppelt. Hierfür hat sich der Begriff **dezentrale Verarbeitung** (Distributed Data Processing) durchgesetzt. Der Übergang zwischen der verteilten Verarbeitung und der dezentralen Verarbeitung ist fließend. Diese Form der Datenverarbeitung bedingt zugleich die Trennung der Funktionen

- Datenhaltung (zeitliche Datenverarbeitung; Datenspeicherung),
- Datentransformation (sachliche Datenverarbeitung) und
- Datentransfer (räumliche Datenverarbeitung; Kommunikation).

Jede dieser Funktionen wird ihren eigenen spezialisierten Computer erhalten. Sie werden dann als Verbundsysteme genutzt, zwischen denen physikalische und kommunikative Vereinbarungen bestehen.

Die Frage ist, ob diese Organisationsform generell, für alle Organisationen gültig ist oder nicht. Zentral organisierte Unternehmen verhalten sich ähnlich, denn die einzelnen Arbeitsplätze sind so zu bedienen, wie die Anwendungen dies verlangen. Dabei spielt es keine Rolle, ob vergleichsweise in dezentral organisierten Unternehmen größere räumliche Entfernungen überbrückt werden müssen. Dies ist nur ein technisches und gegebenenfalls ein wirtschaftliches Problem; die sachliche Entscheidung zur zentralen oder dezentralen, verteilten Datenhaltung und/oder -verarbeitung bleibt unabhängig von der Organisationsform des Unternehmens gleich. Die Datenverarbeitung wird den Bedürfnissen angepaßt. Ähnlich können sich Klein- und Kleinstbetriebe verhalten, in dem sie die Dienstleistungen zentraler Verarbeitungszentren in Anspruch nehmen und sich - aus der Sicht der Datenverarbeitung - wie dezentrale Stellen von Großunternehmen verhalten, d.h. zentrale/dezentrale Datenhaltung und/oder -verarbeitungen beanspruchen. Abweichungen würden nur entstehen, wenn ein Kleinstbetrieb isoliert, für sich arbeitend, seine DV-Probleme löst. Ziele solcher Verbindungen können somit verschieden sein. Sowohl die Gerätearten, wie auch die Benutzer bzw. deren Bedürfnisse bestimmen die Inhalte und damit die Zielsetzung des Rechnernetzes. Es stehen folgende **Verbundarten** zur Auswahl:

- **Lastverbund**
  Er sorgt für eine gleichmäßige Verteilung der anfallenden Arbeiten und verhindert gleichzeitig das Auftreten von Lastspitzen und lokalen Engpässen. Von Lastverbund wird daher dann gesprochen, wenn aufwendige Probleme von überlasteten Rechnern automatisch auf schwach belastete Rechner übertragen werden können. Wird ein solcher Lastverbund durch das Netzbetriebssystem unterstützt, kann unter Umständen die Verarbeitungsleistung derart gesteigert werden, daß bei der Vernetzung von Mikrocomputern die Leistungen von Großrechnern übertroffen wird. Bei Multicomputerkonfigurationen von Workstationsnetzen sind die Leistungen mit denen der Supercomputer durchaus vergleichbar. Unterschiede entstehen lediglich bei Ausnutzung von Pipelining.

- **Leistungsverbund**
  Dieser gestattet eine gleichzeitige Bearbeitung von Vorgängen durch mehrere Prozessoren, die auch räumlich voneinander getrennt sein können. Diese Lösung ist vergleichbar mit einem Multiprozessorsystem, allerdings auf Netzwerkbasis. Dies gilt auch für den Intelligenzverbund von Rechnern. In diesem Fall werden spezialisierte Rechner miteinander verbunden. Die Prozesse werden entsprechend der Eignung der Rechner aufgeteilt, so daß jeder Rechner einen Teilbetrag zur Lösung eines Problems beisteuert.
- **Datenverbund**
  Hier greifen verschiedene Terminals und Rechner auf geographisch verteilte Datenbanken zu, wobei der physikalische Transport von Datenträgern durch einen Echtzeitbetrieb (Online) ersetzt wird. Der Datenverbund gestattet somit jedem Netzteilnehmer an verschiedenen Orten den Zugriff auf Netzdatenbestände. In der Praxis bedeutet dies, daß die Daten, auf die ein direkter Zugriff erwünscht wird, nicht mehr an verschiedenen Orten gespeichert und aktualisiert werden müssen. Innerhalb des Netzes wird es möglich, auf zentrale oder dezentrale Datenbestände zuzugreifen.
- **Verfügbarkeitsverbund**
  Er dient der Realisierung einer hohen Betriebssicherheit. An Hand von verschiedenen Bereitstellungstechniken von Ersatzrechnern (Cold- oder Hotstandby, Ausweich-Rechenzentrum etc.) läßt sich eine hohe Verfügbarkeit erreichen, wenn ein ausgefallener Computer durch einen anderen ersetzt werden kann, so daß die Zuverlässigkeit des Gesamtsystems erhalten, oder sogar gesteigert wird. Mikrobasierte Produkte zeichnen sich hier günstig aus, weil sie durch ihre Standardteile leichter ersetz- und wartbar sind als die bei den Mainframes.
- **Funktionsverbund**
  Hier werden verschiedenartige Rechner für unterschiedliche Anwendungen an ein gemeinsames (Transport-) Netzwerk angekoppelt. Dadurch erhöht sich die Funktionalität des Rechnernetzes überproportional; es eröffnen sich gewaltige branchenspezifische und funktionsgebundene Softwarefundus.
- **Peripherieverbund**
  Zwei oder mehrere Rechner greifen auf nur einmal implementierte Peripheriegeräte zu, wie z.B. teure Plotter oder Laserdrucker. Durch die Möglichkeit, beliebige Peripheriegeräte des Netzes anzusprechen und zu nutzen, wird es möglich, spezialisierte Peripheriegeräte, wie z.B. schnelle Drucker oder Plattenlaufwerke, anzuschaffen, die im "Einfachzugriff" nicht ausgelastet sind. Diese Geräte können Aufgaben von weniger leistungsfähigen Geräten übernehmen, so daß Kosten eingespart werden und das Netz leistungsfähiger wird.
- **Werkzeugverbund**
  Das Ziel ist, die in einem Rechner speziell vorhandenen Entwicklungswerkzeuge wie Compiler und Programmgeneratoren auch anderen Rechnern zugänglich zu machen.

3.1.3 Erscheinungsformen

Zur Charakterisierung vernetzter Strukturen werden in der Regel 6 Komponenten herangezogen, die in ihrem Wirkungszusammenhang verglichen werden:

- die Menschen (Benutzer),
- die angeschlossenen Geräte (Hardware-Ausstattung),
- die Software (Betriebssystem, Abfragesprachen, System-Kommandos etc.),
- das Kommunikationssystem (räumliche Datenübertragung),
- die Datenbank bzw. das Datenbanksystem, sowie
- die Anwendungsprogramme.

Um ein einheitliches Verständnis zu erzielen, ist es sinnvoll, die verteilte Datenverarbeitung in vier Struktur-Kategorien zu unterscheiden, wobei die seit den 70er Jahren vielfach verfolgte Idee der **verteilten Systeme** zu verschiedenen Ausprägungen geführt hat:

- **Zentrale Struktur**
  Mit einem zentralen Rechner sind entfernt stehende Bildschirme (Terminals) über Leitungen verbunden. Die eigentliche Verarbeitung für den Endbenutzer erfolgt in der zentralen Anlage. Hierbei handelt es sich nicht um verteilte Datenverarbeitung, auch wenn hier z.B. Daten schon vor Ort vorgeprüft werden können (Terminal-Konzept, Ausprägungsform).
- **Dezentrale Struktur**
  Neben einem zentralen Rechner gibt es in den entfernten Organisationseinheiten eigene Datenverarbeitungsanlagen. Die Verarbeitung für den entfernten Benutzer erfolgt auf dem dezentral stehenden Rechner. Wesentlichstes Merkmal dieser Struktur ist, daß zwischen den einzelnen Rechnern kein Verbund besteht, also kein Daten- oder Programmaustausch organisatorisch implementiert ist.
- **Hierarchisch verteilte Struktur** (hierarchische Netze)
  Neben dem zentralen Rechner bestehen entfernt stehende Rechner, die die Verarbeitung für den entfernten Endbenutzer übernehmen. Im Gegensatz zu dezentralen Strukturen bestehen folgende vier Funktionsmerkmale:
  -- eine Verbindung zum zentralen Rechner,
  -- ein Abhängigkeitsverhältnis vom/zum zentralen Rechner,
  -- eine klare Abgrenzung der Aufgaben zwischen dem zentralen und dezentralen Rechner (Verteilung von Funktionen auf der Basis organisatorischer Hierarchie) und
  -- eine Verteilung der Daten und die Implementierung eines Verfahrens, das den Datenaustausch zwischen den Rechnern regelt.

- **Netzwerkstruktur** (vermaschte Netze)
  Die Netzwerkstruktur hat genau wie die verteilte Struktur einen zentralen und/oder dezentralen Rechner. Hier können die unterschiedlichsten Organisationsstrukturen auftreten, weil allein die Anbindung bspw. eines Mikrocomputers an einen anderen Rechner bereits ein Rechnernetz ist.

Verteilte Systeme als perspektivische Formen unterscheiden sich hauptsächlich von den gegenwärtig realisierten Rechnernetzen dadurch, daß sie über eine verteilte Kontrolle verfügen und untereinander in allen Funktionsbereichen transparent sind. Ihre Realisierung wird insbesondere in Verbindung mit den verteilten Hypertext- und Hypermedia-Systemen erwartet.

3.2 Topologie der Datenfernübertragung

3.2.1 Aufbau des Übertragungssystems

Die vier Kategorien von Rechnerverbindungen weisen eine Gemeinsamkeit auf. In allen Fällen werden die Daten zwischen zwei Geräten bewegt, wobei es aus der Sicht des Vorganges selbst sekundär ist, welche Art von Geräten davon betroffen sind, also der Rechner (Mainframe, PC) bzw. die Ein- und Ausgabeperipherie. Vereinfacht werden diese Geräte nachfolgend unter dem Oberbegriff Datenstation geführt. Erfolgen die Übertragungsvorgänge räumlich fern, dann müssen zusätzliche Einrichtungen eingeschaltet werden. Die Übertragung der Daten von Datenstation zur Datenstation (Terminal) und zurück geschieht dann über fernmeldetechnische Einrichtungen. Dazu gehören Datenfernverarbeitungs-Steuereinheiten, Modems und Übertragungswege (Abbildung 3.3).

Die Datenfernübertragung wird über sog. **Datenübertragungssysteme** (Data Transmission System; Data Communication System) abgewickelt. Sie bestehen aus mindestens zwei Datenstationen, die auf postalischem Wege miteinander verbunden werden. Die Datenstation ist ein Gerät, das Daten senden und/oder empfangen kann. Der Grundaufbau ist in Abbildung 3.3 dargestellt. Eine Datenstation, die dem Übertragungsvorgang dient, besteht somit aus den Teilen Datenend- und Datenübertragungseinrichtung. Diese Teile sind über eine Schnittstelle verbunden. Für die Verbindung zwischen zwei Datenstationen stehen postalische Leitungen zur Verfügung.

3.2 Topologie der Datenfernübertragung

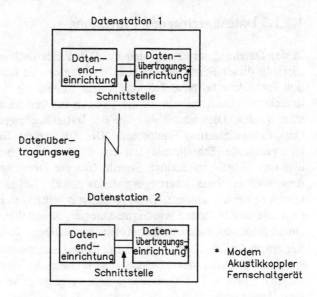

Abb. 3.3: Grundaufbau des Datenübertragungssystems

3.2.1.1 Datenendeinrichtung

Die **Datenendeinrichtung** (DEE, Data Terminal Equipment), als Teilgerät der Datenstation übernimmt verschiedene Funktionen, die dem Austausch- (Kommunikations-) vorgang dienen. Dazu gehören

- die Speicherung der zu übertragenden Daten und
- die Ein- und Ausgabe dieser Daten.

Hinzukommt weiterhin die Funktion

- die Verbindung zur entfernten DEE über die Leitung aufzubauen und
- den anschließenden Übertragungsvorgang zu steuern, zu überwachen.

Diese Aufgaben werden vom Betriebssystem der DEE bzw. von besonderer Datenübertragungs-Software in der DEE ausgeführt (siehe dazu Abschnitt 4.4). In der Regel sind bei größeren Datenstationen und Rechnern Teile dieser Funktionen in sog. Steuereinheiten ausgelagert, um den Rechner nicht zu sehr mit Kontrollaufgaben für die Datenübertragung zu belasten.

3.2.1.2 Datenübertragungseinrichtung

In der Datenendeinrichtung sind die Daten elektrisch oder magnetisch gespeichert. In dieser Form sind sie nicht übertragbar. Sie müssen - analog zur Funktion des Mikrofons beim Telefonieren zur Umsetzung akustischer Schwingungen in elektromagnetische - in für die Übertragung geeignete Form ebenfalls umgesetzt werden. Dies ist die Aufgabe der **Datenübertragungseinrichtung** (DÜE, Data Communication Equipment). Die DÜE sieht für DEE eine definierte Übergabestelle (Schnittstelle) vor und wandelt die von einer DEE abgegebenen digitalen Signale in analoge Signale (für die Übertragung) um bzw. wandelt diese nach erfolgter Übertragung derart zurück, daß sie von einer DEE aufgenommen werden können. Diese Wandlung wird von Einrichtungen übernommen, die aus Einheiten wie Signalumsetzer, Anschalteinrichtung, Fehlerschutzeinrichtung und Synchronisierungseinheit bestehen. Jede dieser Einheiten kann mit einem Sende-, Empfangs- und Schaltteil ausgestattet sein. Wichtig ist, daß sie den Anschluß der Datenendeinrichtungen an unterschiedliche Leitungen möglich machen. Daher werden je nach Leitungsart verschiedene Geräte eingesetzt. Diese sind:

- Modems für Fernsprechleitungen,
- bewegliche, tragbare Akustikkoppler für Fernsprechleitungen und
- Fernschaltgeräte für Fernschreibleitungen.

Sowohl im Computer, wie auch in den Datenstationen werden im allgemeinen die einzelnen Zeichen nacheinander, zeichenweise, d.h. **zeichenseriell** und **bitparallel** bearbeitet. Da jedoch zur Datenübertragung nur eine Leitung zur Verfügung steht, können die Zeichen nicht zeichenweise übertragen werden, sondern die Bits eines Zeichens müssen nacheinander auf die Leitung gegeben werden. Der Funktionsvorgang ist in Abbildung 3.4 verdeutlicht. Die Übertragungsgeschwindigkeit wird deshalb in bit/s gemessen.

Es gibt zwei Arten, Zeichen über Leitungen zu übertragen:

- digital über Fernschreibleitungen (Gleichstromkabel) und
- analog über Fernsprechleitungen (Wechselstromkabel).

Fernschreibleitungen sind Gleichstromleitungen, bei denen Stromstärke und Stromrichtung änderbar sind. Hieraus resultieren zwei unterschiedliche Verfahren, das Einfach- und das Doppelstromverfahren.

- **Einfachstromverfahren**
  Einem Informationswert "0" oder "1" wird ein elektrischer Wert gleichgesetzt. Hier ist "1" gleich Strom, "0" gleich kein Strom. Dieses Verfahren

ist relativ unsicher, da es leicht möglich ist, daß z.B. ein schwacher Strom für kein Strom gehalten und aus einer "1" eine "0" gemacht wird. Besonders auf längeren Übertragungsstrecken können Störungen auftreten, die eine Information unentzifferbar machen.
- **Doppelstromverfahren**
Hier werden an die Stelle von "Strom" und "kein Strom" zwei eigenständige Signale treten, z.B. "positiver Strom" für "1" und "negativer Strom" für "0". Da für dieses Verfahren eine Einrichtung zur Änderung der Stromrichtung gebraucht wird, ist es teurer als das Einfachstromverfahren und wird hauptsächlich zum Betreiben längerer Übertragungsleitungen genutzt.

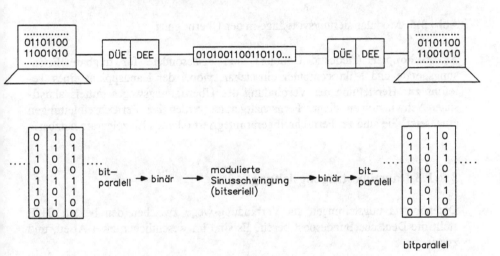

Abb. 3.4: Der Umsetzvorgang bitparallel - bitseriell - bitparallel

Fernsprechleitungen sind Wechselstromleitungen. Auf ihnen werden elektrische Schwingungen übertragen. Die Veränderung eines Wechselstroms entsprechend einem zu übertragenden Signal heißt **Modulation**. Der Wechselstrom dient als Träger, dem das zu übertragende Gleichstromsignal beim Sender aufgepackt wird. Beim Empfänger wird durch **Demodulation** das Nutzsignal (die übertragene Information) wieder vom Träger getrennt.

Die Funktionen der Datenübertragungseinrichtungen sind somit in den genannten Vorgängen der Umsetzung in Abhängigkeit zur Leistungsart zu sehen. **Modems** (Modems) werden eingesetzt für Fernsprechleitungen. Das Gleichstromsignal wird durch Modulation auf die Trägerfrequenz der Fernsprechleitung aufmoduliert. Beim Empfänger muß das entstandene Frequenzgemisch wieder demoduliert werden. Da auf beiden Seiten gesendet und empfangen wird, wird auf beiden Seiten eine Einrichtung für **MO**dulation und

DEModulation gebraucht. Sie gibt es in den verschiedensten Ausführungen, für alle möglichen Geschwindigkeiten von 200 bis 9.600 bit/s, für synchrone und asynchrone Übertragung. Weitere Unterscheidungen resultieren daraus, ob sie nur für 4-Draht oder auch für 2-Draht-Leitungen ausgelegt sind und ob sie auf Wählleitungen oder Standleitungen eingesetzt werden sollen. Abbildung 3.5 zeigt diese Vorgänge.

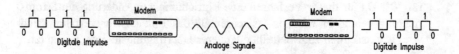

Abb. 3.5: Modularisierungsvorgänge in der Übertragung

Akustikkoppler (Acoustic Coupler) sind insbesondere für tragbare Erfassungsgeräte und Mikrocomputer einsetzbar, wobei der Handapparat eines Telefons zur Herstellung der Verbindung des Übertragungsweges mittels akustischer Schwingungen dient. Fernschaltgeräte werden bei Fernschreibleitungen eingesetzt. Sie sind im Fernschreibgerät integriert oder als Einzelgeräte nutzbar.

3.2.1.3 Datenübertragungsleitung

Datenübertragungsleitungen als Verbindungswege zwischen den beiden DÜE stellt die Deutsche Bundespost bereit. Es sind im wesentlichen zwei Arten, und zwar

- **Standverbindungen** (Dedicated Connection)
  Die Standverbindungen sind festgeschaltete Leitungen zur Verbindung zweier Datenstationen. Sie sind miteinander dauernd in Verbindung. Der Vorteil der Standverbindungen liegt darin, daß sie dem Benutzer immer zur Verfügung stehen. Ein Datenaustausch zwischen den Datenendeinrichtungen kann jederzeit durchgeführt werden. Die Leitung ist gemietet. Eine Standverbindung findet Anwendung, wenn eine sofortige Kommunikation zwischen den beiden Datenstationen erforderlich ist. Praktische Beispiele sind Platzbuchungs- und Teilnehmer-Rechensysteme. Die Kosten der Leitungsmiete richten sich nach Betriebsart, Leistungsart und Leitungslänge.
- **Wählverbindungen** (Switched Connection)
  Im Gegensatz zur Standverbindung sind die Datenstationen bei der Wählverbindung nicht dauernd miteinander verbunden. Sind Informationen auszutauschen, so muß eine Verbindung hergestellt werden, die nach der Übertragung wieder getrennt wird. Es spielt sich im öffentlichen Wählnetz ab. Der Vorteil der Wählverbindung liegt darin, daß die Leitung nur wäh-

rend der effektiven Übertragung belegt ist und damit auch nur für diese Zeit Gebühren zu entrichten sind. Nachteilig wirkt sich bei einer Wählverbindung die größere Störanfälligkeit gegenüber einer Standverbindung aus, die durch die vielen Vermittlungsstellen entsteht. Wartezeiten, die dadurch entstehen, daß die andere Stelle gerade besetzt ist, oder durch Überbelastung des Fernmeldenetzes, durch Zeitverlust beim Verbindungsaufbau, sind ebenfalls nachteilige Eigenschaften. Die Frage, ob eine Standverbindung wirtschaftlicher ist als eine Wählverbindung, ist abhängig von der Leitungsausnutzung.

Für die Benutzung ist die **Übertragungsgeschwindigkeit** von eminenter Bedeutung. Sie ist für

- **Fernsprechleitung** für maximal 9.600 bit/s, zweidrähtig oder vierdrähtig;
- **Breitbandleitung** für mehr als 9.600 bit/s (typisch: 48.000 bit/s);
- klassische **Telegraphieleitung** für 50, 100 oder 200 Baud (Signalschritte pro Sekunde), zweidrähtig oder vierdrähtig, Einfach- oder Doppelstrom, mit oder ohne Signalisierung.

3.2.2 Betriebsarten

Bei der Datenübertragung sind drei Betriebsarten möglich (Abbildung 3.6):

- **Simplexverfahren** (sx)
  Die Daten können nur in einer Richtung übertragen werden. Nach DIN 44300 handelt es sich um einen Empfangsbetrieb. Er ist ein Betrieb, bei dem an der Schnittstelle Daten nur von der Datenübertragungseinrichtung der Datenendeinrichtung zugeführt werden. Beispiel: Rundfunk- und Fernsehstationen.
- **Halbduplexverfahren** (hdx)
  Die Daten können zwar in beide Richtungen, jedoch nicht zur gleichen Zeit übertragen werden. Nach DIN 44300 handelt es sich um einen Wechselbetrieb. Er ist ein Betrieb, bei dem an der Schnittstelle abwechselnd Senderbetrieb und Empfangsbetrieb stattfindet. Beispiel: Gegensprechanlagen.
- **Duplexverfahren** (dx)
  Die Übertragung von Daten ist gleichzeitig in beide Richtungen gestattet. Nach DIN 44300 handelt es sich um einen Gegenbetrieb. Er ist ein, bei dem an der Schnittstelle gleichzeitig Sendebetrieb und Empfangsbetrieb stattfindet.

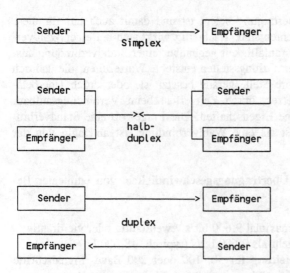

Abb. 3.6: Betriebsdaten bei der Datenübertragung

Schließlich ist zwischen **Asynchronübertragung** (Zwischen den **einzelnen Zeichen** werden Start/Stopschritte gebraucht.), **Synchronübertragung**/Gleichlauf (Zwischen den **Nachrichten** werden Start/Stopschritte gebraucht.) zu unterscheiden. Die Länge der Nachricht hängt von dem verwendeten Code ab. Besonders verbreitet ist der ASCII-Code, der American Standard Code for Information Interchange. Letzterer arbeitet mit 8 Bits pro Zeichen (Abbildung 3.7).

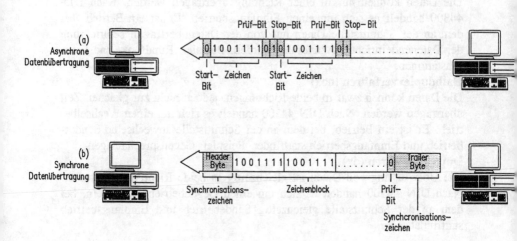

Abb. 3.7: Synchrone und asynchrone Datenübertragungsvorgänge

3.2.3 Verbindungswege

Eine Verbindung zwischen Absender und Empfänger einer Nachricht besteht nicht unbedingt aus Leitungen, sondern auch aus Richtfunkstrecken oder Satellitenverbindungen. Daher spricht man statt von Leitungen oft von **Verbindungswegen**. Im Falle von Leitungen als Verbindungswege werden 2 Drähte benötigt. Ist der Stromkreis durch den Schalter geschlossen, fließt Strom. Analoges gilt für die Datenübertragung. Zur Datenübertragung auf Leitungen wird mindestens eine 2-Draht-Leitung gebraucht. Werden Daten übertragen, muß der Stromkreis geschlossen sein, damit die Nachrichten übertragen werden können.

Als **Übertragungsmedium** ist die eigentliche physikalische Verkabelung zu verstehen. Durch die Verkabelung wird sowohl die Übertragungsgeschwindigkeit als auch die Störanfälligkeit des Netzwerkes stark beeinflußt. Dies umso mehr, je weiter die Rechner örtlich voneinander getrennt sind.

Die **Zweidrahtleitung** ist das billigste und, da es beim Telefonnetz verwendet wird, weit verbreitetste Informationsübertragungsmedium überhaupt. Ihre Übertragungskapazität ist jedoch nicht sehr hoch. Selbst mit speziellen Zweidrahtkabeln werden Übertragungsraten von max. 1 MBit pro Sekunde erreicht. Die Störanfälligkeit gegen elektronische Impulse ist aufgrund der geringen Abschirmung sehr hoch.

Mehrdrahtleitungen für bit-parallele Übertragungen werden hauptsächlich für schnelle Kopplungen über relativ kurze Strecken verwendet (300 b/s bis 10 Mb/s). Auch hier ist die Störanfälligkeit aufgrund der geringen Abschirmung gegen elektronische Impulse sehr hoch.

Wichtiger sind **Koaxialkabel**. Sie erlauben hohe Übertragungsraten (56 Kb/s bis 200Mb/s) bei hoher Störunempfindlichkeit, sind allerdings auch teurer als Zweidrahtleitungen. Meistens wird das Koaxialkabel eingesetzt.

Das **Yellow Cable (gelbes Kabel)** ist ein dickes, relativ unflexibles Koaxialkabel, das beim Bus-Netz als zentrales Kabel verwendet wird. Mittels spezieller Abgänge (Transceiver) werden die **Drop-Kabel** angeschlossen. Sie dienen als Zwischenkabel zwischen Rechner und gelbem Kabel. Anstatt gelbem Kabel mit Drop-Kabel könnte auch ein **Cheapernet-Kabel** verwendet werden (256Kb/s bis 100Mb/s). Dies ist ein kostengünstiges Koaxialkabel, welches bei einem Bus-Netz von Rechner zu Rechner gezogen wird. Das Cheapernet-Kabel birgt allerdings die Gefahr in sich, daß bei Leitungsausfall das gesamte Netz zusammenbrechen kann.

Noch höhere Kapazitäten erreicht man mit **Glasfaserkabeln**, die als das Übertragungsmedium der Zukunft betrachtet werden (500 Kb/s bis 1.000 Mb/s). Die Preise liegen deutlich über denen von Koaxialkabeln.

Für die **Satellitenübertragung** gelten 256 Kb/s bis 100Mb/s.

3.3 Dateldienste

3.3.1 Allgemeines

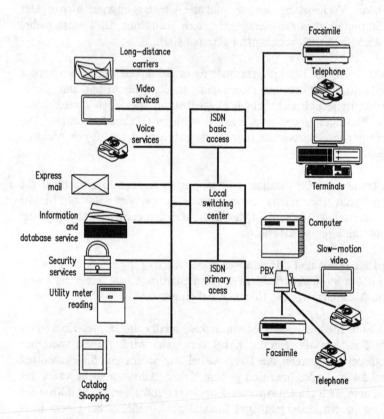

Abb. 3.8: Überblick über die Dateldienste

Dateldienste ist ein Kunstwort und umfaßt die Fernmeldedienste der Deutschen Bundespost für Zwecke der Datenübertragung (Data Telecommunication, Data Telephone, Data Telegraph). Es umfaßt das **Netz** und die über dieses Netz realisierbaren, nutzbaren Dienste. Ein Netz stellt die Verbindung zwischen einer Vielzahl von Endgeräten her; dabei kann dieses Netz durch Kabel realisiert sein (wie in der Regel beim Fernsprechnetz). Leistungsmerkmale sind die betrieblichen Eigenschaften eines Fernmeldenetzes oder einer Einrichtung, bestimmte Funktionen zu ermöglichen. Ein **Dienst** ist das daraus folgende Angebot an den Benutzer, d.h. aufgrund des Aufbaus des Fernsprechnetzes können dem Benutzer die Dienste Fernsprechen, Telefax, Datenübertragung im Fernsprechnetz und Bildschirmtext angeboten werden (Abbildung 3.8).

3.3.2 Datenübertragungsnetze

3.3.2.1 Das IDN und ISDN

Für die Text- und Datenkommunikation wird seit 1974 ein Datennetz mit EDS-Vermittlungsstellen aufgebaut, das die elektronische Vermittlungstechnik des Fernschreibnetzes ablöst und zusätzliche Datendienste in ein einheitliches Netz integriert. Dieses **Integrierte Text- und Datennetz (IDN)** umfaßt das Telex-, Datex-L- und Direktrufnetz. Zum Teil wird auch das Datex-P-Netz dazugerechnet.

Dieses Netz ermöglicht dem Teilnehmer

- die Kurzwahl (Speicherung von Langrufnummern in der Vermittlungsstelle und deren Aufruf durch eine ein- bzw. zweistellige Zahl),
- den Direktruf mit den Vorteilen einer Standverbindung,
- das Rundsenden zum automatischen Verteilen von Nachrichten,
- die Anschlußkennung zur Absenderidentifizierung und
- den Aufbau eigener Wählnetze mit Zugang zu anderen Teilnehmerbetriebsklassen (z.B. zum Telexnetz ohne der Teilnehmerbetriebsklasse Telex angehörig zu sein) u.a.m.

Das **Dienstintegrierende Digitale Netz (ISDN**; Integrated Service Digitale Network) ermöglicht als universelles Durchschaltnetz die Sprachkommunikation, die Text- und Festbild- sowie die Datenkommunikation zwischen den angeschlossenen Teilnehmern. Dadurch wird die Kommunikation auf eine neue, wesentlich erweiterte Grundlage gestellt. Unter einer einzigen Rufnummer läßt sich der jeweils gewünschte Teilnehmeranschluß erreichen und es bleibt dem Benutzer überlassen, welchen Sprach-, Text- oder Datendienst er über die bestehende Verbindung in Anspruch nimmt. In der Bundesrepublik Deutschland wird das ISDN ausgehend von der Digitalisierung des Fernsprechnetzes entwickelt. Ab 1986 wurden ISDN-Dienstleistungen im Rahmen eines Feldversuchs erprobt und in den 90er Jahren werden sie flächendeckend zur Verfügung gestellt. Folgende ISDN-Grundmerkmale sind von Wichtigkeit:

- Basis ist das digitalisierte Fernsprechnetz das Durchschaltnetz.
- Die Verbindungen verlaufen von Teilnehmer zu Teilnehmer digital.
- Der Hauptanschluß für einen Teilnehmer sieht in beiden Richtungen je zwei 64-Kbit/s-Kanäle und einen 16-Kbit/s-Signalisierungskanal vor; die Verbindungen über die beiden 64-Kbit/s-Kanäle können zu verschiedenen Zielen führen. Auch Breitbandkanäle für die Bewegtbildübertragung sollen später anschließbar werden.
- Jeder Teilnehmer erhält nur eine Rufnummer, und zwar unabhängig von der Anzahl und Art der beanspruchten Dienste.
- Das Netz stellt auch Verbindungen zwischen den Endgeräten, die dem jeweils gewünschten Dienst entsprechen und kompatibel sind, her.

ISDN steht auch als Synonym für "Offene Kommunikation" indem es durch Festlegung offizieller Standards die gegenseitige Erreichbarkeit der Netzteilnehmer unterstützt. So ist gewährleistet, daß

- jeder mit jedem kommunizieren kann;
- jeder Teilnehmer weiß, wie untereinander kommuniziert wird;
- Geräte unterschiedlicher Hersteller miteinander kommunizieren können.

Dementsprechend sind die Dienste Fernsprechen, Teletex, Telefax, BTX, Datenübertragung, Bildübertragung u.a. (siehe unten) eingerichtet. Für alle diese Komponenten gilt, daß sie durch ISDN gegenüber den Leistungen in herkömmlichen Netzen mit erheblich höherer Geschwindigkeit (TTX, FAX, BTX, DFÜ) und/oder mit wesentlich verbesserter Qualität (Störungsreduzierung beim Telefon, höhere Auflösung bei FAX) bereitgestellt werden. **Dienstmerkmale** sind:

- Umstecken
  Die Geräte können während einer Verbindung innerhalb der zu einer So-Schnittstelle gehörigen Kommunikationssteckdosen "umgestöpselt" werden, ohne daß die Verbindung unterbrochen wird.
- Dienstwechsel
  Ein Dienst (z.B. Telefon) kann unterbrochen werden, um eine andere Leistung (z.B. Übersendung eines erläuternden FAX an den Gesprächspartner) wahrzunehmen. Nach Übermittlung des FAX kann dann die ursprüngliche Telefonverbindung wieder aufgenommen werden.
- Mehrdienstbetrieb
  Hier kann bspw. mit einem Partner telefoniert werden und, ohne Aufgeben der Telefonverbindung zeitgleich auf dem zweiten B-Kanal ein FAX gesendet oder, wie schon beschrieben, statt dessen mit einem zweiten Partner kommuniziert werden (DB-Recherche).

- Rufumleitung
  Mit diesem Dienstmerkmal können ankommende Verbindungsanforderungen zu einem vorher definierten Ziel automatisch umgeleitet werden.
- Rufnummeranzeige
  Dem Angerufenen wird die Rufnummer des Anrufenden angezeigt. Aus diesem Dienstmerkmal ergibt sich eine Fülle neuer Anwendungsmöglichkeiten, wenn auch nicht verschwiegen werden soll, daß gerade hier eine rege Diskussion zur Datenschutzproblematik im Gange ist. Nach neuen Informationen wird die Post auf Antrag die Sperrung dieses Dienstes zulassen.

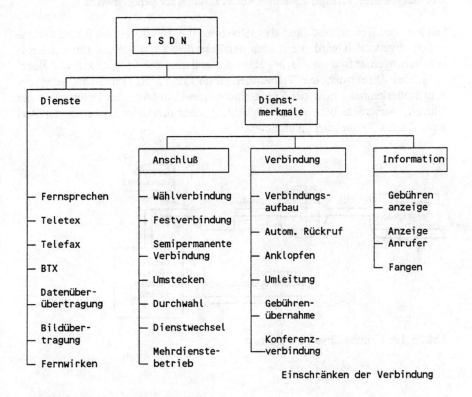

Abb. 3.9: Dienste und Dienstmerkmale

3.3.2.2 Telexnetz

Das **Telexnetz** ist das öffentliche Wählnetz für alle Fernschreibteilnehmer. Jeder am Telexnetz angeschlossene Teilnehmer besitzt einen Fernschreiber und ein Fernschaltgerät, mit dessen Hilfe er die anderen Teilnehmer des Telexnetzes anrufen kann (Abbildung 3.10). Über das Telexnetz können Daten sowohl Offline als auch Online übertragen werden. Die Übertragungsgeschwindigkeit beträgt generell 50 b/s[1]. Die Fehlerwahrscheinlichkeit im Telexnetz ist sehr gering. Die in Versuchen ermittelte Zahl besagt, daß sich unter 100.000 - 200.000 übertragenen Bits ein falsches befindet (Mittelwert). Für die Übermittlung von Daten im Telexnetz werden keine zusätzlichen Gebühren erhoben. Die Nachteile des Telexdienstes bestehen aber nach wie vor darin, daß die Fernschreibapparate nicht bedienungsfreundlich sind, die Datenübertragungsrate von 50 bit/s zu gering ist, und sofern man über eine telexfähige Datenstation oder Datenverarbeitungsanlage verfügt, zusätzlich ein Fernschreiber benötigt wird.

Seitdem der Telexdienst über das IDN-Netz mit elektronischen Vermittlungsstellen abgewickelt wird, kann auch der Telexdienst mit einigen neuen Diensterweiterungen aufwarten. Es besteht unter anderem die Möglichkeit der Kurzwahl, des Direktrufs, der Teilnehmerbetriebsklasse, des Rundschreibens, der Anschlußerkennung oder der Zuschreibung von Gebühren, des Datums und der Uhrzeit. Außerdem besteht die Möglichkeit, über die Umsetzerdienste der Post auch Teletex-Teilnehmer zu erreichen.

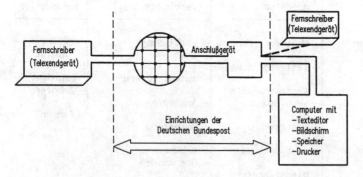

Abb. 3.10: Grundaufbau im Telexnetz

---

[1] Die Übertragungsgeschwindigkeiten werden in sog. "Bauds" gemessen. Gemessen werden die übertragenen Zeichen, d.h. Anzahl der Zeichen (Charakters) pro Sekunde. Datei entsprechen 120 Bauds (120 Zeichen) 1.200 Bits.

3.3.2.3 Datexnetz

Datex (Data Exchange) ist ein Kunstwort aus der englischen Bezeichnung für die Datenübertragung. Es handelt sich bei diesem digitalen Netz um ein öffentliches Wählnetz, dessen Dienste seit 1967 innerhalb der BRD für die Datenkommunikation genutzt werden können. Seit 1976 das elektronische Datenvermittlungssystem (EDS) die elektromechanische Vermittlungstechnik ersetzte, konnte das Dienstleistungsangebot wesentlich erweitert werden. Dem Benutzer stehen seit 1979 verschiedene Benutzerklassen mit Übertragungsgeschwindigkeiten von 200 bis 9.600 bit/s zur Verfügung und er kann die zahlreichen "zusätzlichen Dienste" des IDN in Anspruch nehmen. Rechtsgrundlage für die Benutzung des öffentlichen Datexnetzes mit Leitungsvermittlung bildet die "Verordnung für den Fernschreib- und Datexdienst (VFsDx)" in der "Vorschriftensammlung für digitale Netze (SdigN)".

Für die Geschwindigkeiten 300, 2.400, 4.800, 9.600 b/s gibt es sog. automatische Wähleinrichtungen, die es einer Datenendeinrichtung (z.B. Rechner) ermöglichen, ohne menschliche Hilfe automatisch einen Empfänger anzuwählen. Das Auftreten eines falschen Bits liegt bei 125.000 - 500.000 (Mittelwert) übertragenen Bits.

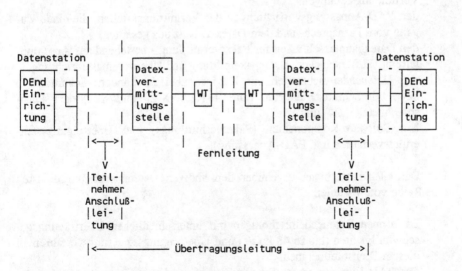

Abb. 3.11: Datenübertragung im Datexnetz

Die Übertragung setzt das Vorhandensein von Datenstationen mit posteigenen Datex-Fernschaltgeräten voraus, das die Verbindung zur Vermittlungsstelle herstellt. Die sendende Stelle wählt die Nummer des gewünschten Empfängers. Ist die Verbindung frei, wird die Datenleitung durchgeschaltet und die Datenübertragung kann beginnen. Verbindungen können allerdings nur zwischen den Teilnehmern der gleichen Benutzerklassen realisiert werden, so daß nur Anschlüsse mit gleichen Übertragungsgeschwindigkeiten miteinander kommunizieren können. Es stehen landesweit sog. elektronische Datenvermittlungsstellen für die Herstellung der Verbindungen zur Verfügung (Abbildung 3.11).

3.3.2.3.1 Datex-P

Kennzeichen des **Datex-P-Dienstes** sind die zeitliche Verschachtelung (Multiplextechnik) der zu transportierenden Daten, das paketorientierte Datentransportverfahren und die zusätzlichen Anpassungssysteme, d.h. Partner mit unterschiedlichen Geräten können unter Einbehaltung bestimmter Standards miteinander kommunizieren. Die rechtliche Grundlage für die Benutzung des Datex-P-Dienstes ist niedergelegt in der "Verordnung für den Fernschreib- und Datexdienst (VFsDx)" und in der "Vorschriftensammlung für digitale Netze (SdigN)". Im einzelnen besteht das Datex-P-Netz (Abbildung 3.12) aus

- den Datenvermittlungsstellen (DVST-P) und den zwischen ihnen laufenden Verbindungsleitungen,
- den PAD-Anpassungsvorrichtungen der Vermittlungsstellen, die einen Zugang vom Fernsprech- und dem Datex-L-Netz aus gestatten,
- den Datexhauptanschlüssen für Paketvermittlung - bestehend aus Anschlußleitung, Pufferspeicher, Datenpaketbildung und Übertragungseinrichtung,
- den Datenendeinrichtungen mit X.25 in über 50 Ländern Schnittstellen bzw. mit Schnittstellen zum Datex-L-Netz (X.20 und X21) oder Fernsprechnetz (V.24) und
- den Software-Komponenten (Paketvermittlungs- und Übertragungssteuerungsverfahren und PAD-Anpassung).

Der Datex-P-Dienst bietet gegenüber den anderen Datenübertragungsdiensten eine Reihe von Vorteilen:

- Es können Datenendeinrichtungen mit unterschiedlichen Übertragungsgeschwindigkeiten (bis zu 48 kbit/s) und Übertragungssteuerungsverfahren an diesem Dienst teilnehmen.
- Die PAD-Einrichtung erlaubt den Zugang zu diesem Dienst auch über das öffentliche Fernsprechnetz oder den Datex-L-Dienst.
- Das Zeitmultiplex-Übertragungsverfahren gestattet es, bis zu 255 Verbindungen gleichzeitig über einen Datenhauptanschluß laufen zu lassen.

3.3 Dateldienste

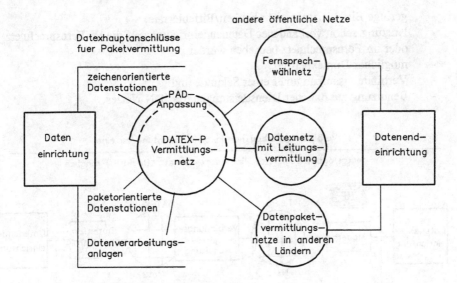

Abb. 3.12: Komponenten des Datex-P-Netzes

3.3.2.3.2 Datex-L

Im Gegensatz zur **Paketvermittlung** (Packet Switching), wo in den Übertragungsweg Vermittlungseinheiten eingeschaltet sind, welche die Daten empfangen, im Bedarfsfall zeitlich speichern und schließlich weiterleiten, wird bei der **Leitungsvermittlung** (Line Switching) zwischen den Datenstationen für die Dauer der Vermittlung ein direkter Übertragungsweg zur Verfügung gestellt. Die technische Ausstattung dieses sog. Datex-L-Dienstes ist in Abbildung 3.13 veranschaulicht.

Die gebräuchlichen Datenendgeräte sind hardwaremäßig meist in der Lage, auch am Datex-L-Dienst teilzunehmen. Voraussetzung hierfür ist, daß die Geräte mit einer X.20 oder X.21 Schnittstelle nachgerüstet werden können. Entsprechend dem Bedarf an Übertragungsleistung stellt der Datex-L-Dienst verschiedene Benutzerklassen zur Auswahl, und zwar 300 bit/s (X.20), 2.400 bit/s (X.21 und V.25), 4.800 bit/s (X.21 und V.25), 9.600 bit/s (X.21 und V.25) und 64.000 bit/s (X.21).

Die besonderen Leistungsmerkmale von Datex-L sind:

- protokollunabhängige Informationsübertragung zwischen verschiedenen Computersystemen;

- geringe Bitfehlerwahrscheinlichkeit/Bitfehlerrate,
- Nutzung schon vorhandener Datenendeinrichtungen, die im Fernsprechnetz oder im Fernsprechnetz betrieben wurden,
- möglicher Duplexbetrieb,
- Verbindungsaufbau unter einer Sekunde und
- Benutzung zusätzlicher Dienstleistungen des IDN-Netzes.

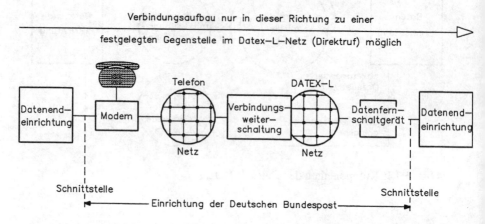

Abb. 3.13: Komponenten des Datex-L-Netzes

Die geringeren Bitfehlerraten ergeben sich aufgrund des elektronischen Datenvermittlungssystems (EDS) und der verwandten Übertragungsverfahren. Innerhalb des Datex-L werden Bitfehlerwahrscheinlichkeiten von 10^6 bis 10^5 erreicht; in Abhängigkeit bestimmter Fehlersicherungsverfahren bei synchronen Datenübertragungsverfahren können sogar bessere Quoten realisiert werden.

3.3.2.3.3 Teletex innerhalb Datex-L

Innerhalb des Datex-L-Netzes, und zwar in der Benutzerklasse Datex-L-2400 wird der **Teletex**-Dienst abgewickelt. Durch die Schaffung der Teletex-Dienste soll ein gegenüber dem Telex-Dienst verbesserter Text-Telekommunikationsdienst eingeführt werden. Der Zeichenvorrat, sowie die Datenübertragungsraten sollen erhöht und die Fehlerraten, sowie die Verbindungsgebühren gegenüber dem Telex-Dienst gesenkt werden. Daneben soll die Zwischenspeicherung und das Editieren von Texten, die Übertragung von Graphiken und die automatische Zeichenumsetzung in verschiedene Zeichensätze ermöglicht werden. Da es sich um eine Weiterentwicklung der Telex-Dienste handelt, muß der Teletex-Dienst darüberhinaus mit den Telex-Diensten kompatibel sein, d.h. von jedem Teletex-

Gerät aus sollen Nachrichten an Telex-Teilnehmer gesendet werden können und umgekehrt. Als Zeichensatz wählte man einen erweiterten 8-Bit-Zeichensatz aus, der dem üblichen Schreibmaschinensatz angeglichen war. Um die Kommunikation zwischen Teletex- und Telex-Gerät zu ermöglichen, setzt man sog. "Umsetzer" ein, die die verschiedenen Zeichensätze der Teletex- und Telex-Geräte angleichen kann; so können mit Hilfe der Umsetzer die deutschen Umlaute in entsprechende Äquivalente wie "ue" oder "ae" umgewandelt werden.

Die Editierungsmöglichkeiten wurden gegenüber dem Fernschreiben im Telex-Netz dadurch verbessert, daß man speziell für die Textverarbeitung geschaffene Geräte als Endgeräte für den Teletex-Dienst zuläßt, sofern sie bestimmten Anforderungen genügen. Zugelassen werden u.a. Speicherschreibmaschinen, Textsysteme, PC's, intelligente Terminals oder andere Computersysteme. Neben den verbesserten Editiermöglichkeiten erhöht die Verwendung von Datenverarbeitungsanlagen auch die Verfügbarkeit des Teletex-Dienstes. Durch die Einbindung einer sog. Teletex-Box in ein lokales Netzwerk können bspw. sämtliche mit dem Netz verbundene Stationen den Teletex-Dienst nutzen. Das Teletex-Endgerät selbst besteht im wesentlichen aus einem lokalen Teil und einem Kommunikationsteil. Diese können unabhängig voneinander arbeiten, so daß Texte gleichzeitig gesendet und empfangen werden können. Ein anderer Vorteil der modularen Bauweise besteht darin, daß beide Teile unabhängig voneinander weiterentwickelt werden können.

Die Teletex-Endgeräte müssen von der Post zugelassen sein. Dies umfaßt bei einem PC die Zulassung des jeweiligen Computertyps, des zu verplombenden Laufwerks, des Textverarbeitungsprogamms (z.B. Word 5.5) und die Teletex-Zulassung des Druckers.

3.3.2.4 Fernsprechnetz

Das öffentliche **Fernsprechnetz** (Public Switched Telephone Network) ist in der BRD das Nachrichtennetz mit der größten Teilnehmerzahl und Verbreitung. Auf Fernsprechleitungen sind bei Wählverbindungen Übertragungsgeschwindigkeiten bis 2.400 b/s, bei Standverbindungen (Direktrufnetz) bis 9.600 b/s möglich. Im ISDN werden 64 kbit/s realisiert.

Im Fernsprechnetz werden die Daten in Form von Wechselstromsignalen übertragen. Alle Datenendeinrichtungen erzeugen die Daten der Gleichstromsignale. Bevor sie über das Fernsprechnetz übertragen werden können, müssen sie beim Sender in Wechselstromsignale und bei dem Empfänger in Gleichstromsignale umgesetzt werden. Dieses Umsetzen wird beim Senden von einem Modulator und beim Empfangen von einem Demodulator vorgenommen. Diese Geräte

(Modems) können von der Deutschen Bundespost oder Industriefirmen angemietet werden (Abbildung 3.14). Sie sind neben dem Telefonapparat bei beiden Partnern erforderlich. Der Verbindungsaufbau (Wählverbindung) für die Datenübertragung im Fernsprechnetz ist identisch mit dem Fernsprechverkehr. Beide Teilnehmer müssen nach Verbindungsaufnahme über den Telefonhörer für die Datenübertragung eine Umschalttaste am Modem drücken. Mit dem Beginn der Datenübertragung wird die Sprechverbindung beendet. Wenn der Datenaustausch beendet ist, schaltet sich die Verbindung automatisch ab. Wie beim Datexnetz gibt es auch für das Fernsprechnetz automatische Wähleinrichtungen als Zusatz zu den Modems.

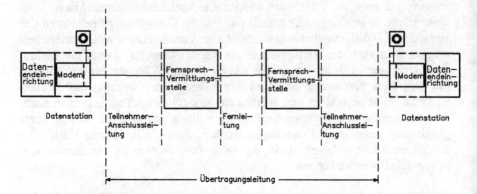

Abb. 3.14: Datenübertragung im Fernsprechnetz

3.3.2.5 Direktrufnetz

Neben den Diensten mit Wahlvermittlung wird innerhalb des IDN auch ein **Direktrufnetz** (Public Data Network for Fixed Connections) mit Leitungsvermittlung angeboten. Vor Einführung des IDN war dieser Dienst unter dem Begriff "Standleitung" bekannt. Die Datenverbindungen im Direktrufdienst werden als Direkt-Datenverbindungen bezeichnet. Innerhalb dieses Dienstes können zwischen den "Hauptanschlüssen für den Direktruf" duplexfähige Verbindungen mit Übertragungsgeschwindigkeiten zwischen 50 bis 64 kbit/s (1,92 Mbit/s) realisiert werden.

Im Unterschied zum zusätzlichen Dienst "Direktruf", handelt es sich bei diesem Dienst nicht um einen Zusatzdienst, sondern um einen eigenständigen Dienst der Post, der die Wählprozedur vereinfacht und einen schnellen Verbindungsaufbau sowie eine schnelle Datenübertragung ermöglichen soll. Die einzelnen Bestandteile des öffentlichen Direktrufdienstes sind in Abbildung 3.15 zusammengestellt. Die Komponenten sind Datenendeinrichtung, Hauptanschluß für den Direktruf und die festgeschalteten Übertragungswege. Die Zuständigkeit der Post reicht i.d.R. von einem Hauptanschluß für den Direktruf bis zum nächsten.

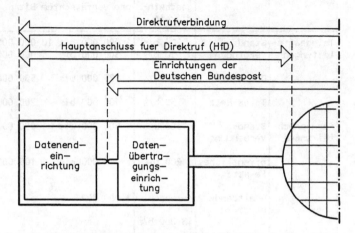

Abb. 3.15: Datenübertragung im Direktrufnetz

Die Übertragungsgeschwindigkeit zwischen den Verbindungen ist hauptsächlich von den verwendeten Leitungen abhängig. Bei Übertragungsgeschwindigkeiten von 600 bit/s aufwärts wird mit einer Trägerfrequenz gearbeitet. Die Daten können dann nur noch in einer Richtung übertragen werden, so daß spezielle Übertragungsprotokolle benötigt werden, damit die Computer die wechselseitige Datenübertragung (Sende- und Empfangsumschaltung) selbständig steuern können. Bei Übertragungsgeschwindigkeiten von 7.200 bit/s und mehr wird die Datenübertragung über Vierdrahtleitungen abgewickelt. Hier sind die Sende- und Empfangseinrichtungen völlig voneinander getrennt, so daß der gleichzeitige Betrieb in beide Richtungen möglich wird.

3.3.2.6 Technische Vergleichszahlen

Für den Benutzer der Dateldienste sind Fragen der benötigten Übertragungswege, die Übertragungsgeschwindigkeiten, die Betriebsarten und schließlich die zu erwartenden Fehlerraten von Bedeutung. Diese sind in Tabelle 3.1 zusammengestellt.

Tab. 3.1: Technische Vergleichszahlen

	Übertragungsweg	Übertragungsgeschwindigkeit	Anzahl der richtig übertragenen Bits pro verfälschtem Bit	Betriebsart
Telegrafieleitungen	Standverbindung	200 b/s 50 b/s	1 000 000 bis 10 000 000 500 000 bis 5 000 000	sx/hdx/dx sx/hdx/dx
	Datex-Netz	200 b/s	125 000 bis 500 000	sx/hdx/dx
	Telex-Netz	50 b/s	100 000 bis 200 000	sx/hdx
Fernsprechleitungen	Standverbindung	9600 b/s	500 000 bis 1 000 000	sx/hdx/dx
	öffentliches Fe-Netz	1200 b/s	10 000 bis 100 000	sx/hdx
	Breitbandstromweg	gemessen bei 48 000 b/s	1 000 000	sx/hdx/dx

sx = simplex, dx = duplex, hdx = halbduplex

3.3.3 Telekommunikation

Telekommunikation (Telecommunication) umfaßt den Austausch von Nachrichten zwischen Partnern, die außerhalb der durch die Umgebung begrenzten Hör- und Sichtweite sind. Der Austauschvorgang wird durch nachrichtentechnische Systeme unterstützt. Diese sind Datenstationen (Endgeräte, Terminals) und Übertragungseinrichtungen, wobei Datenstationen - wie bereits im Abschnitt 3.1 - als Synonyme für alle Geräte benutzt werden, die als Endgeräte in Frage kommen.

3.3.3.1 Überblick

Die Telekommunikation läßt sich unterteilen in die verteilte (Massen-) Kommunikation und in die vermittelte (Individual-) Kommunikation:

- **Verteilte Telekommunikation**
  Sie wird auch Massenkommunikation genannt. Ihre derzeitigen Hauptformen sind Hörfunk und Fernsehen. In diesen Systemen werden Nachrichten nur in einer Richtung verteilt nach dem Prinzip Einer zu Vielen

(Einwegkommunikation). Der Empfänger hat lediglich die Möglichkeit, zwischen den gerade angebotenen Kanälen zu wählen bzw. sein Empfangsgerät ganz abzuschalten.
- **Vermittelte Telekommunikation**
Sie wird auch Individualkommunikation genannt. Ihre derzeitigen Hauptformen sind das Telefonieren, Fernschreiben und die Datenkommunikation. In diesen Systemen kann jeder Teilnehmer mit jedem anderen unter Anschluß von Dritten individuelle Nachrichten austauschen (Zweiwegkommunikation).

Aus der Sicht der Informationsverarbeitung ist die zweite Gruppe von Bedeutung. Sie läßt sich je nach benutztem Netz und Technik in mehrere Arten untergliedern. Einige dieser Techniken sind für die betriebliche Praxis von eminenter Bedeutung. Von den noch nicht erörterten Techniken werden nachfolgend u.a. der Bildschirmtext, die Mailbox und der Telefax-Dienst sowie die Telekonferenz besprochen.

3.3.3.2 Fernsprechdienst

Der **Fernsprechdienst** gilt als der derzeit wichtigste Kommunikationsdienst. Diese Aussage gilt auch im Rahmen des ISDN. Die jahrzehntelange Ausrichtung traditioneller Kommunikationseinrichtungen bedingt, daß ISDN am Anfang in erster Linie ein modernes, digitales Fernsprechdienst sein wird. Es bevorzugt dadurch ISDN-fähige Nebenstellenanlagen vor allem als digitale Sprachvermittlungseinrichtungen. Parallel dazu wird jedoch der Aufbau einer leistungsfähigen Datenkommunikation (Datenübermittlungsdienste, Aufbau privater lokaler und nicht lokaler ISDN-Netze mit ISDN-Nebenstellenanlagen, Verbindungen zu Rechnern) gefördert, weil die Integration von Sprache und leistungsfähiger Datenkommunikation ein wichtiges Argument für die Teilnahme am ISDN ist. Die Bedeutung der Sprachkommunikation rechtfertigt die vorrangige Sicherstellung des Fernsprechdienstes im ISDN, aber für die Diensteintegration ist die Datenkommunikation argumentativ gleichrangig.

3.3.3.3 Telexdienst (Fernschreibdienst)

Unter **Telexdienst** versteht man die standardisierte Übermittlung von Nachrichten über zugelassene Endeinrichtungen, wobei eine bestimmte Dienstgüte des Vermittlungssystems und der Übertragungswege garantiert wird. Das Dienstprofil des Telexdienstes ist mit einigen Merkmalen belegbar. Sie sind maßgebend für die Mindestgestaltung der Endeinrichtungen und für die Übermittlung von Nachrichten:

- direkte Verbindung zur Gegenstelle (keine Zwischenspeicherung);
- ständige Empfangsbereitschaft der Endgeräte ohne Bedienung;
- die Telexkennung der Endeinrichtung ohne Manipulation;
- sofortiger bedienungsloser Ausdruck gesendeter, empfangener Nachrichten;
- Telexnachrichten mit Vorrang vor lokaler Nutzung der Endeinrichtungen;
- jederzeitiger Telexdialog;
- gleiche Darstellung der Nachricht beim Absender und Empfänger (zeilen- und zeichengetreue Druckersteuerung);
- einheitliches Druckformat (Endlospapier, 69 Zeichen/Zeile);
- Mindestzeichenvorrat für die Textkommunikation (Internationales Telegrafenalphabet) und
- Übertragung von 400 Zeichen/Minute (50 Baud).

Geräte, die die Anforderungen des Telexdienstes erfüllen, werden **Telexendgeräte** genannt. Sobald mehrere Terminals einer Daten- oder Textverarbeitungsanlage oder einer Telexnebenstellenanlage mit dem Telexnetz verbunden werden, spricht man von **Telexanlagen** (Abbildung 3.10).

Telexendgeräte sind heute moderne Stationen mit Texteditor, Arbeitsspeicher, Bildschirm, Disketten- oder Festplattenspeicher und Drucker. Auch sind Geräte auf dem Markt, die lokal volle PC-Funktionalität bieten und daneben alle Anforderungen des Telexdienstes erfüllen.

Der Telexdienst wird überwiegend im geschäftlichen Bereich benutzt. Ein Vorteil ist der hohe Dokumentationswert eines Fernschreibens (vergleichbar einem rechtsverbindlich unterschriebenen Brief) und die Transportzuverlässigkeit (vergleichbar mit einer Einschreibesendung mit Rückschein). Vorteilhaft ist auch die weltweite Verbreitung, eingeschlossen die Länder der dritten Welt mit ansonsten unzulänglicher Kommunikationsstruktur.

Der Telexdienst ist ein sehr alter Kommunikationsdienst (Diensteinführung in Deutschland 1933). Das Telexnetz ist in Deutschland flächendeckend ausgebaut und mit derzeit ca. 200.000 Teilnehmern das größte einheitliche Telexnetz der Welt. Weltweit gibt es etwa 1,7 Mio. Teilnehmer. Von den Leistungsdaten her ist der Telexdienst trotz der oben angeführten modernen Leistungsmerkmale überholt, denn der Ablöseprozeß durch Teletex hat seit Beginn der 90er in den Industrieländern begonnen. Trotzdem wird der Telexdienst in den Entwicklungsländern und für die Kommunikation mit den Entwicklungsländern vorerst weiterhin genutzt. Eine Übernahme des Telexdienstes in das ISDN ist nicht vorgesehen.

3.3.3.4 Teletexdienst (Bürofernschreiben)

Teletex ist ein moderner Textkommunikationsdienst, mit dem zeichenkodierte Texte (Dokumente) inhalts- und formatgetreu zwischen den Teilnehmerendgeräten ausgetauscht werden können. In Deutschland wird dieser auf CCITT-Empfehlungen basierender Dienst im Datex-L-Netz als geschlossene Benutzergruppe in der Dienstklasse Datex-L2400 (Teletex/2) abgewickelt. Grundsätzlich kann der Dienst über ein leitungsvermittelndes Datennetz (wie in Deutschland), über ein paketvermittelndes Datennetz (wie in Frankreich), über ein öffentliches, vermittelndes Fernsprechnetz oder das ISDN angeboten werden. Wollen Unternehmen per Teletex im ISDN kommunizieren, dann gibt es derzeit zwei Möglichkeiten:

- die ISDN-Kommunikation mit spezielle ISDN-Teletexsystemen und
- die ISDN-Kommunikation mit herkömmlichen Teletexsystemen über ISDN-Adapter.

Um die Leistung im ISDN jedoch voll ausnutzen zu können, müssen Absender und Empfänger jeweils mit speziellen ISDN-Systemen ausgerüstet sein. Eine bedeutende Leistung von ISDN ist die Übertragungsgeschwindigkeit von 64.000 bit/s. Im ISDN benötigt Teletex/2 für die Übermittlung der ersten Seite mit ca. 1.500 Zeichen etwa 7,5 Sekunden. Bei den Folgeseiten mit gleichem Zeichenumfang reduziert sich die Übertragungszeit sogar auf weniger als 0,5 Sekunden. Die hohe Geschwindigkeit im ISDN macht sich vor allem bei den Übertragungskosten bemerkbar. Sie sind deutlich niedriger als im klassischen Netz. Durch spezielle Übergänge lassen sich von ISDN-Teletex/2 Verbindungen sowohl zum klassischen Teletex/2 als auch zum Telexdienst herstellen. Zusätzlich lassen sich mit Teletex/2 und der neuentwickelten Schnittstelle APPLI/COM einmal erfaßte Informationen unmittelbar aus einem individuellen Anwendungsprogramm heraus versenden. Ein Verlassen der Applikation zur Ausführung des Kommunikationsvorganges ist somit nicht notwendig. Beim Empfänger können solche Informationen bei gleichem Anwendungsprogramm direkt weiterverarbeitet werden.

Die standardisierte Übermittlung durch Teletex/2 gewährleistet eine format- und layoutgetreue Übertragung von Dokumenten. Es können aber auch spezielle Dateien, z.B. Versandzahlen, Transportnachfrage oder Zollerklärungen, in international einheitlicher Form übermittelt werden. Dazu dient der EDIFACT-Standard. EDIFACT steht für Electronic Data International For Administration, Commerce and Transport. Dieses Regelwerk ermöglicht den firmenübergreifenden elektronischen Austausch von Geschäfts- und Handelsdaten in genormter Form. Dazu wurden bestimmte Nachrichtendatensätze weltweit vereinheitlicht.

Das hat zum einen zum Vorteil, daß Informationen unabhängig von der eingesetzten Hard- und Software übertragen werden können. Zum anderen können die übertragenen Informationen nach der Konvertierung mit Hilfe eines EDIFACT-Programmes in den lokal vorhandenen Dateien direkt weiterverarbeitet werden.

3.3.3.5 Bildschirmtext (Btx)

Der **Bildschirmtext** (Btx; Interactive Videotex Service) ist ein öffentlicher Fernmeldedienst, bei dem die Teilnehmer elektronisch gespeicherte, textorientierte Informationen abrufen, Mitteilungen anderen Teilnehmern zukommen lassen, Rechenleistungen in Anspruch nehmen etc. Dies ist aus nachfolgender selektiver Aufzählung ersichtlich:

- Informationen für die Wirtschaft (Branchenverzeichnisse, Devisen, Wertpapiere, Kurse, Rohstoffpreise, Produktangebote, Lieferungs-Konditionen);
- Informationen für gewerbliche Verbraucher, evtl. als geschlossene Gruppe, z.B. Herstellerverzeichnis, Bezugsquellenverzeichnis;
- Informationen für den Einzelnen wie Kontostand, Terminkalender;
- Dialogservice mit dem Computer als Rechendienstleistung (Buchführung, programmgesteuerte Berechnungen, Lernprogramme).

Aus dieser Aufzählung geht hervor, daß Btx als eine Art "Volksdatennetz" konzipiert und propagiert wurde. Seine gegenwärtige Rolle unter den Telekommunikationsdiensten ist vergleichsweise unbedeutend geblieben. Btx krankte und krankt an einer fehlerhaften Marktstrategie durch Telekom, die hohe Erwartungen weckt, diese jedoch nicht erfüllt.

Mit der Einführung des neuen Btx-Zugangskonzeptes findet 1992/93 eine Umstellung auf das Btx-System der zweiten Generation statt. Durch Einsatz moderner, kostengünstiger Mikrorechnertechnologie wird eine Verlagerung der für das Btx-Netz erforderlichen Rechnerintelligenz in die Fläche ermöglicht. Mit einer größeren Zahl neuer Zugangsrechner bieten sich wirtschaftlichere und neue technische Möglichkeiten für Verbesserungen der Btx-Leistungsfähigkeit.

Für das Btx-Netz wurde eine Systemstruktur entwickelt, bei der eine Leitzentrale mit regionalen Btx-Netzknoten zusammenarbeitet. Gemeinsam bilden sie ein hierarchisches Netz, das für die im Btx-System gespeicherten Informationen ein verteiltes Datenbanksystem bereitstellt. Es ermöglicht eine konsistente Datenerhaltung für den flächendeckenden Massenzugriff und für eine dezentrale Weiterleitung zu externen Rechnern (siehe Abbildungen 3.16 und 3.17). Hauptbestandteile des Btx-Dienstes sind:

- die mit Decoder ausgestattete Endgeräte (PC etc.),
- das analoge Telefonnetz bzw. das ISDN,
- der BTX-Netzknoten,
- das DATEX-P-Netz,
- die Btx-Leitzentrale,
- der externe Rechner und
- die Übergänge zu anderen Diensten und ausländischen Videotex-Systemen.

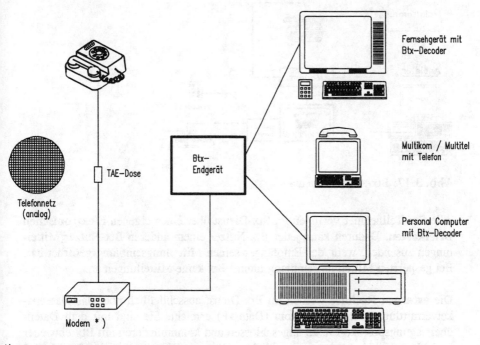

*) Modem kann auch im Btx-Endgerät integriert sein

Abb. 3.16: Der Btx-Anschluß im analogen Telefonnetz

Der Btx-Dienst sieht grundsätzlich eine **Bildschirmdarstellung** mit 24 Zeilen und 40 Zeichen in der Zeile vor. Der verfügbare Zeichenvorrat und die graphischen Möglichkeiten sind europäisch standardisiert worden. Intelligente Geräte, so der Personal Computer erlauben, über Btx auch mit einem 80-Zeichen-Format zu arbeiten. Dabei wird zur Übertragung der **transparente Btx-Modus** verwendet. Das bedeutet, daß außer der zeichenorientierten Nachrichtenübermittlung, für die unmittelbare Darstellung am Btx-Bildschirm auch Daten transparent im Btx weitergeleitet werden. Dadurch ergeben sich zahlreiche Möglichkeiten, Daten (z.B. Text- und Datenfiles, Programme) über Btx auszutauschen.

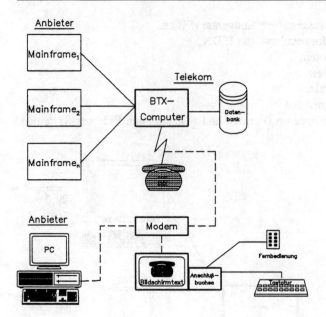

Abb. 3.17: Btx-Aufbauschema

Alle Btx-Teilnehmer verfügen im Btx-Dienst über einen eigenen **Elektronischen Briefkasten**. Dadurch kann jeder Btx-Nutzer einem anderen Btx-Nutzer Mitteilungen zusenden, wenn der Empfänger seinen Mitteilungsempfang geöffnet hat. Bei gesperrten Mitteilungsempfang nimmt Btx keine Mitteilungen an.

Die **externen Rechner** werden im Btx-Dienst ausschließlich über das Datenpaketvermittlungsnetz der Telekom (Datex-P) erreicht. Sie sind mit dem Datenübertragungsprotokoll X.25 angeschlossen und kommunizieren mit Btx entweder nach dem Verfahren der "Einheitlichen Höheren Kommunikations Protokolle" (EHKP) oder künftig auch über das internationale Standard-Protokoll X.29.

Zusätzlich zum analogen Telefonnetz ist Btx auch über ISDN nutzbar. Der Zugang über ISDN erlaubt außer sehr kurzen Verbindungszeiten (64 kbit/s) eine um den Faktor 50 schnellere Bildwiedergabe. Die Kommunikationsfähigkeit von Btx ermöglicht Übergänge, die sich durch Text- oder Dateneingabe nutzen lassen und zu Videotex-Netzen anderer Länder. Übergänge zu Telefax, Telex, Cityruf und ausländischen Netzen sind möglich, wie die Abbildung 3.18 verdeutlicht.

Gegenwärtig gibt es rund 300.000 Btx-Teilnehmer. Das Netz arbeitet mit Verlusten. Dies ist ein eindeutiger Mißerfolg im Vergleich zu den ursprünglich hochgesetzten Erwartungen mit dem "Volksdatennetz". Künftig sind Privatisierungen geplant, um Btx unter dem Namen **Datex-J** (J steht für Jedermann) wirtschaftlich zu betreiben. Die geplanten Neuerungen sind auf den Einsatz von PC's (neben den bisherigen MDT- und PS/2-Geräten unter OS/2. Hinzukommt die Wahlmöglichkeit zwischen dem CEPT-Standard und der ASCII-Darstellung des Seitenangebots. Zusätzlich sollen Mailbox-Betreiber mit Datex-P-Anschluß Datex-J als Übertragungsmedium benutzen können. Die Geschwindigkeiten sollen von den bisherigen Vollduplex-Modi 1.200 b/s und 2.499 b/s auf 9.600 b/s 1994/95 gesteigert werden.

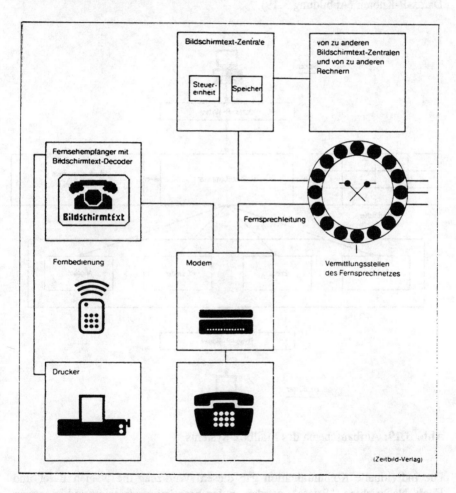

Abb. 3.18: Dienstübergänge aus Btx

3.3.3.6 Mailbox (Elektronische Post)

Ein **Mailbox-System** (Mailbox System) ist ein spezielles Software-System für die elektronische Post. Es ermöglicht von einer Datenstation (z.B. vom PC) aus den Versand von Nachrichten, Dateien über lokale und externe Netze in sog. elektronische Postfächer an vorgegebene Empfänger, die ebenfalls über Datenstationen verfügen und die eingegangene Nachricht abrufen. Das Mailbox-System besteht aus einem Computer, Plattenspeicher und im Regelfall aus einem Datex-P-Knoten (Abbildung 3.19).

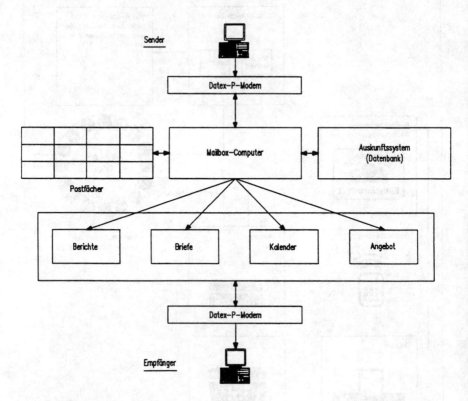

Abb. 3.19: Aufbauschema des Mailbox-Systems

Die individuelle Kommunikation gab diesem Werkzeug die Namen **Brief** und **Fach**. Nachrichten ("Briefe") werden an den Empfänger adressiert und in seinem "Mailbox-Fach" abgelegt. Jeder Teilnehmer an einer solchen Dienstleistung besitzt ein Fach, das den von ihm gewählten Namen führt und anwählbar ist. Es werden sog. Schwarze Bretter, Einzel-Mailbox und Mailbox-Netz unterschieden.

Schwarze Bretter (Bulletin Boards) dienen primär der Diskussion in Gruppen. Jedes Brett ist also nicht einem Teilnehmer, sondern einem speziellen Thema und damit einer Gruppe zugeordnet. Es kann von jedem Teilnehmer gelesen werden. Die maximale Anzahl von Nachrichten an einem Brett ist - ähnlich wie bei einem Fach - beschränkt. Eine **Einzel-Mailbox** (Stand-alone-System) wächst mit der Teilnehmerzahl. Ein **Mailbox-Netzwerk** bietet zusätzlich höhere Flexibilität.

Die ersten Mailbox-Anwendungen wurden auf Mainframes oder Minis der oberen Leistungsklasse realisiert. Gegenwärtig setzen sich immer stärker dedizierte Mailbox-Systeme auf der Basis leistungsfähiger Mikrocomputer durch. Da die Mailbox der zentralen Speicherung und Verwaltung von Informationen dient, benötigen die Teilnehmer ein **Datenendgerät**. Im Datenendgerät wird lediglich ein Modemprogramm benötigt, das die Datenübertragung steuert. Mailbox-spezifische Software ist im Datenendgerät nicht erforderlich. Für die Verbindung zwischen Mailbox und Datenendgerät wird ein Netzwerk benötigt. Dafür wird heute das Fernsprechnetz Datex-P, oder eine Kombination von beiden verwendet. In der Praxis ergeben sich durch unterschiedliche Implementierungen, Leistungen, Netzwerke, Einsatzgebiete und Zielgruppen ein breites Spektrum von Mailbox-Systemen. Dadurch ist es möglich, Mailbox-Systeme in verschiedene Klassen einzuordnen:

- Regionale Mailbox-Systeme sind über das Fernsprechnetz erreichbar (Telefon-Mailboxes).
- Überregionale Mailbox-Systeme sind an paketvermittelnde Netzwerke angeschlossen.
- Internationale Kommunikation ist ohne Probleme möglich.

Mailbox-Systeme wie die TELEBOX der Deutschen Bundespost bieten eine reine Vermittlungsdienstleistung. Private Anbieter professioneller Mailbox-Systeme legen ihr Schwergewicht auf den Inhalt der Bretter. Mailbox-Systeme sind von ganz wenigen Ausnahmen abgesehen text-orientiert. Dies gilt nicht zuletzt auch für internationale Datenbanken (Information Retrieval).

3.3.3.7 Telefax (Fernkopieren)

Telefax ist ein Dienst, die Vorlagen (Text und/oder Graphik) abtastet, die Information in pixelcodierte Form überträgt und am entfernten Teilnehmerendgerät wieder ausgibt. Träger des Telefax-Dienstes ist das Fernsprechnetz. Für die Teilnahme am Dienst sind als Endgerät ein zugelassener Fernkopierer, eine Anschlußdose und ein Fernsprechanschluß erforderlich. Die Telefax-Endgeräte besitzen unterschiedliche Leistungsdaten und sind danach in Gruppen eingeteilt:

- Telefax G1
  Diese benötigen für die Übertragung einer DIN A4-Seite 6 Minuten. Sie sind in Deutschland nie zugelassen gewesen.
- Telefax G2
  Diese Geräte basieren auf den CCITT-Empfehlungen von 1976. Sie arbeiten mit einer Vertikalauflösung von 100 ppi (Pixel per Inch), das sind 3,85 Linien/mm; Die Übertragung einer DIN A4-Seite dauert 3 Minuten.
- Telefax G3
  Diese Geräte basieren auf CCITT-Standards von 1980. Die Vertikalauflösung beträgt 100 oder 200 ppi (3,85 oder 7,7 Linien/mm). Die Übertragung einer Seite dauert hier nur noch 1 Minute. Diese Geräte sind abwärtskompatibel, d.h. sie können auch im G2 Modus arbeiten, so daß G2- und G3-Endgeräte miteinander kommunizieren.

Der Telefax-Dienst wurde 1979 mit Gruppe-2-Geräten eröffnet und 1982 umgestellt auf die CCITT-Standards von 1980 für Gruppe 3-Geräte. Der Telefax-Dienst ist von Beginn an in das ISDN übernommen worden und profitiert somit unmittelbar von der höheren Übertragungsgeschwindigkeit, weil die zeitabhängigen Gebühren im Fernsprechnetz und im ISDN identisch sind, im letzteren die Übertragungsgeschwindigkeit aber um ein Vielfaches höher ist. Mit der Übernahme des Telefax-Dienstes in das ISDN sind auch neue Endgeräte, die Gruppe 4-Geräte, eingeführt worden. Innerhalb der Gruppe 4 werden in Abhängigkeit von den Leistungsmerkmalen drei Klassen unterschieden:

- G4 - Klasse 1
  Fernkopierer senden und empfangen pixelcodierte Bildinformationen.
- G4 - Klasse 2
  Zusätzlich zur Klasse 1 können zeichencodierte oder gemischt zeichen- und pixelcodierte Informationen empfangen werden.
- G4 - Klasse 3
  Geräte, die pixel- und zeichencodierte Informationen senden und empfangen können.

Die Geräte der Gruppe 4 haben folgende Merkmale:

- Durch die redundanzmindernden Verfahren und durch die Übertragungsgeschwindigkeit von 64 kbit/s liegen die Übertragungszeiten für ein Bild im Sekundenbereich.
- Neben der höheren Auflösung der Gruppe 3-Geräte von 200 ppi wird zusätzlich eine nochmals erhöhte Auflösung von 300 ppi geboten.
- Durch Verwendung von Telematik-Protokollen wird die Übertragungssicherheit erheblich verbessert.
- Es wird Speicher-zu-Speicher Übertragung möglich.
- Für die Anzahl des Zielgerätes ist kein Fernsprechapparat erforderlich.

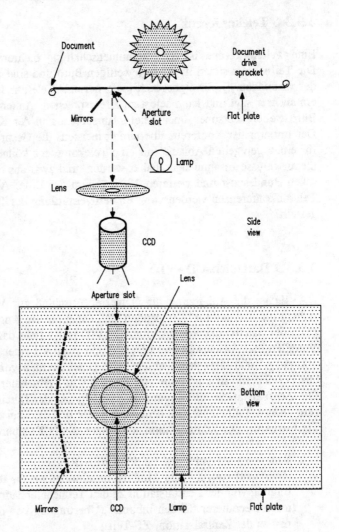

Abb. 3.20: Der Faxvorgang

Die Geräte der Gruppe 4 sind nicht notwendig abwärtskompatibel zu den Geräten der Gruppe 3 oder 2. Universelle Erreichbarkeit kann jedoch durch Mehrgruppengeräte (G4 + G3 oder G4 + G3/2) sichergestellt werden. Fernkopierer der Gruppe 4 bilden im ISDN eine eigene Dienstklasse, so daß automatisch nur kompatible Geräte angesprochen werden.

3.3.3.8 Telekonferenz

Eine **Telekonferenz** ist die Zusammenschaltung mehrerer Telefonanschlüsse. Die Teilnehmer sitzen in ihrem jeweiligen Büro und sind per Telefon miteinander verbunden. Dafür eignet sich jedes normale Telefon. Jeder kann hören, was ein anderer sagt und kann selbst zu allen sprechen. Außerdem können in jedem Büro weitere Personen über Telefonlautsprecher an der Konferenz teilnehmen. Der Initiator der Konferenz übernimmt meistens die Gesprächsleitung und sorgt für einen geregelten Ablauf. Für eine Telekonferenz können bis zu 15 Teilnehmeranschlüsse zusammengeschaltet werden, und zwar aus dem Bereich der deutschen Bundespost und weiteren 170 Ländern der Erde. Alle Verbindungen für Telefonkonferenzen werden von der Fernvermittlung der Post in Frankfurt hergestellt.

3.3.3.9 Dateldienst-DAVID

DAVID ist die Abkürzung für "Direkter Anschluß zur Verteilung von Nachrichten im Datensektor". Es handelt sich dabei um ein Angebot der Post im Bereich der Satellitenkommunikation. DAVID ermöglicht das Sammeln sowie das Verteilen und Austauschen von Daten, und zwar mit einer Geschwindigkeit von 300 bis 64.000 bit/s pro Sekunde. Die Daten werden von einer Zentralstation aus per Satellit an eine beliebige Anzahl von Teilnehmerstationen übertragen. Die **Zentralstation** bildet somit den Mittelpunkt der Datenversorgung für mehrere andere Teilnehmerstationen. Es handelt sich also bei diesem Netz um eine Sternstruktur. Die Zentralstation setzt sich aus vier Komponenten zusammen:

- Antenne mit Sende- und Empfangszug (RF-Teil);
- Zwischenfrequenz- und Modulationseinrichtung für den Outbound (Übertragung von der Zentralstation zu den Teilnehmerstationen) und Demodulatoren/Decodierer für den Inbound (Übertragung von den Teilnehmerstationen zu der Zentralstation, ZF-Teil);
- Basisbandeinrichtung mit Netzkontrolle und Schnittstellenverwaltung;
- Systemkontrollzentrum zur Konfiguration und Überwachung des Kommunikationsnetzes.

Die eingerichtete Direktrufverbindung wird an die Basisbandeinrichtung angeschlossen, gemultiplext und mit anderen Nutzdatenströmen als Summenbitstrom zum Satelliten übertragen. Das **Zentrum** besteht aus einem Kontrollprozessor und aus einer oder mehreren Operatorkonsolen. Die Schnittstelle zum Operator bildet ein intelligentes Terminal, das den Bediener durch Menüführung in der Systemverwaltung und Systemüberwachung unterstützt. Der Zugang der Daten-

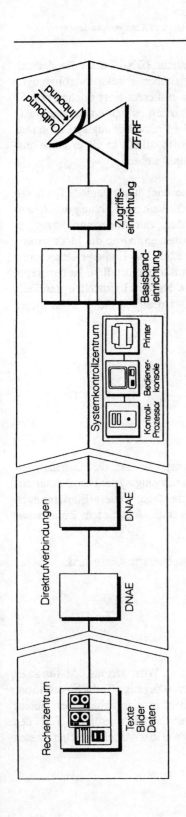
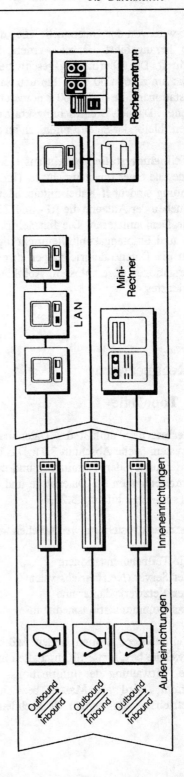

Abb. 3.21: Darstellung des Dateldienstes DAVID

ströme wird von der Datenquelle über das öffentliche IDN-Netz an die Zentralstation herangeführt. Dabei werden die Daten über Direktrufverbindungen übermittelt. Die Übertragungsgeschwindigkeiten in diesem Netz reichen von 50 bit/s bis hin zu 64.000 bit/s. Bei den Satelliten handelt es sich um geostationäre Relaisstationen, die in 36.000 Kilometer Höhe die Erdumdrehung synchron mitvollziehen. Da sich Erdanziehungskraft und Zentrifugalkraft in dieser Höhe ausgleichen, bleibt der Satellit praktisch an einem Punkt stehen.

Jede **Teilnehmerstation** besteht aus einer Außeneinrichtung (Outdoor Unit) mit Antenne und einer Inneneinrichtung (Indoor Unit). Außeneinrichtung und Inneneinrichtung sind über Kabel miteinander verbunden. Zur Außeneinrichtung gehören neben der Antenne die RF- und ZF-Komponenten, sowie die Modulatoren und die Demodulatoren. Die Inneneinrichtung besteht aus Codierer/Decodierer, Sende- und Empfangskontrolleinrichtung und Nutzerschnittstellen. In der Regel werden die Datenendeinrichtungen direkt an die Nutzerschnittstellen der Teilnehmerstationen angeschlossen. Abbildung 3.21 verdeutlicht die Struktur dieses Dateldienstes.

3.4 Rechnernetze

3.4.1 Topologie

Ein **Rechnernetz** umfaßt das Datenübertragungssystem und das Datenanwendungssystem (siehe Abschnitt 3.2). Das Datenübertragungssystem wird unterteilt in Einrichtungen der Vermittlung und der Übertragung. Letztere Einrichtungen wiederum enthalten die Datenwege und die Endgeräte. Aus diesem Zusammenhang resultiert Abbildung 3.22.

Ein **Netzwerk** besteht im wesentlichen aus 4 Komponenten. Diese sind:

- die Teilnehmerstationen,
- der Server (Netzbetriebssystem),
- der Netzwerkadapter und
- das Kommunikationsmedium.

Die **Teilnehmerstationen** bilden Mikrocomputer, Workstations, Mainframes usw., welche bestimmte Eigenschaften mitbringen. Diejenige Teilnehmerstation, die die Verwaltung der Informations- und Datenflüsse innerhalb des Netzes übernimmt, wird als **Master** bezeichnet, weil sie den größten Teil des Netzbetriebssystems enthält. Je nachdem, wie groß der Arbeitsspeicher dieses

3.4 Rechnernetze

Rechners ist, kann er weiterhin als Arbeitsstation mitbenutzt werden, oder er sorgt ausschließlich für die Zuordnung und Verwaltung innerhalb des Netzwerkes. Damit er seinen Aufgaben gerecht werden kann, erhält der Masterrechner eine Transporterkarte mit eigenem Prozessor und Betriebssystemerweiterung, welche einen Zugriff auf die angeschlossenen Peripherieeinheiten gestattet. Die anderen Rechner erhalten ebenfalls je eine Transporterkarte; diese dienen aber dem Zweck, an dem Netzwerkbetrieb mit teilnehmen zu können. Prinzipiell verfügt jede Datenstation über verschiedene Schnittstellen, über die sie

- entweder als **Sendebetrieb** (Transmit Mode),
- oder als **Empfangsbetrieb** (Receive Mode),
- oder als **Wechselbetrieb** (Alternating Mode) arbeiten.

Rechnernetz	Datenüber-tragungs-system	Übertragungs-einrichtungen	Übertragungs-wege	Telex-Leitung Fernsprech-Leitung Breitband-Leitung sonst. Datenwege
			Leitungssend-geräte	Fernschaltgeräte Modems GDNs sonst. Endgeräte
		Vermittlungs-einrichtungen	Vermittlungs-Prozessoren	Vermittlungscomputer Leistungsreduzierer
			Frontend-Prozessoren	
			Backend-Prozessoren	
	Daten-anwendungs-system		Datenstationen (Terminals) Mikrocomputer Kommunikationscomputer Datenbankcomputer Verarbeitungscomputer	Netzwerkadapter Kommunikationsmedium versch. - Server (Netzwerk-Software)

Abb. 3.22: Physikalische Komponenten des Rechnernetzes und des Netzwerkes

Das Betriebssystem des Netzes bilden die sog. **Server**. Bei den Servern handelt es sich um Programme, die den Zugriff auf die Peripherieeinheiten (Bedienstationen) gestatten. Jede Bedienstation wird von einem Server des Masters verwaltet. Man unterscheidet zwischen dem File-, Print-, User Process-, Location-, Application-, Message- und Interconnect Server (Abbildung 3.23).

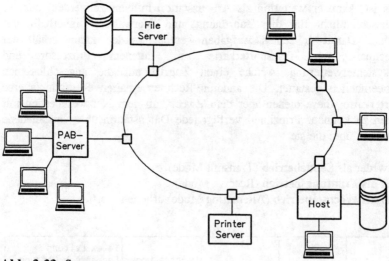

Abb. 3.23: Server

Der **File-Server** verwaltet alle Datei-Betriebsmittel in einem Netz, unabhängig davon, ob es sich um Dateien handelt, die auf Platten oder Disketten abgespeichert sind. Der File-Server transportiert Dateien zwischen den Bedienstationen und sorgt dafür, daß genügend Raum für die Abspeicherung der Daten geschaffen wird. Mit Hilfe des **Printer-Servers** können die verschiedenen Drucker-Betriebsmittel innerhalb des Netzes angesprochen werden. Sofern im Netz vorhanden, können bei Bedarf wahlweise Matrixdrucker, Typenraddrucker oder Laserdrucker adressiert und genutzt werden. Der **User-Process-Server** oder **Interaction-Server** stellt die Benutzerschnittstelle zur Verfügung. Mit Hilfe dieses Servers können Dienst- und Anwenderprogramme genutzt werden.

In diesem Zusammenhang ist das Zusammenführen heterogener Netze von entscheidender Bedeutung. Dieses Ziel soll mit Hilfe des Integrationskonzeptes von IBM, SAA (Systems Application Architecture) realisiert werden. Es verbindet heterogene Rechner und Rechnernetze in einem System unter einer einheitlichen Benutzeroberfläche. Im Hintergrund dieser Fakten stehen verschiedene Bestrebungen und Anliegen aus der Praxis. Diese sind aus pragmatischen Überlegungen begründbar.

Die Vernetzung von Computern und Peripheriegeräten ist eine bereits jahrelang praktizierte Technik. In ihren ersten Anfängen war sie ausschließlich auf **homogene** Gerätekonfigurationen beschränkt, d.h. auf eine Maschinen-Umgebung, in der sämtliche Teilnehmer von ein und demselben Hersteller stammten. Ein größerer Nutzen ergibt sich jedoch für den Anwender, wenn seine Maschinen-

Umgebung **inhomogen** ist, d.h. wenn er mit Geräten verschiedener Maschinen-Hersteller operieren kann. Durch die technischen Entwicklungen der letzten Jahre sind solche Vernetzungen verbreitet, in denen die verschiedenen Kommunikationsarten (Daten, Texte, Bilder) auch über heterogene Komponenten ausgetauscht werden. Somit ist der Weg geebnet für eine breite Vielfalt von Kombinationen, die je nach zu erfüllenden Funktionen, lokal, räumlich fern, mit Terminals, mit intelligenten Datenstationen, oder mit sog. multifunktionalen Arbeitsplatzgeräten universeller Nutzung betrieben werden können. Der Weg dorthin begann mit der Rechnerkopplung auf Großrechnerebene und mit der Ankopplung von unintelligenten Terminals an die Mainframes. Seitens der Mikrocomputer waren zunächst die Mehrplatzsysteme von der Vernetzung betroffen. Diese letztere Entwicklung liegt zeitlich näher, sie prägt zur Zeit die DV-Landschaft in besonderem Maße (siehe Abschnitt 4.2.5). Somit ist der Übergang zu Rechnernetzen mit inzwischen durchschlagender Bedeutung hier anzusiedeln.

Der **Location-Server** übernimmt zwei wichtige Funktionen in der Auswahl von Menüs (Connection) und in der Adressierung (Name). Über die Connection Funktion werden dem Benutzer die Menüs zur Verfügung gestellt, über die Dienstleistungs- und Anwenderprogramme aufgerufen werden können. Innerhalb dieser Funktion wird auch der Datenschutz verwirklicht, indem über Berechtigungslisten geprüft wird, ob die Dienste des Systems von einer bestimmten Benutzernummer in Anspruch genommen werden dürfen (siehe Abschnitt 12.8). Die Name-Funktion ersetzt die physischen Adressen der Dienstleistungen im Netz oder versieht sie vor Ort mit logischen, benutzerfreundlicheren Namen.

Mit Hilfe der verschiedenen **Application-Server** werden die Geräte angesprochen, die notwendig sind, um Benutzeranwendungen abarbeiten zu können. Der **Message-Server** übernimmt das Sammeln, die Übertragung, die Ablieferung und die Quittierung der Nachrichten bzw. Informationen. In Zusammenarbeit mit dem Location Server und dem File Server stellt der Message-Server dem Benutzer ein volles Botschaftensystem zur Verfügung, mit dem alle Möglichkeiten eines z.B. Electronic Mail implementiert werden können. Für den Anschluß an fremde Netze sorgt der **Interconnect-Server** (Gateway). Die Aufgaben, die wahrgenommen werden, sind Aufdeckung und Behandlung von Zugriffskonflikten, das Schalten von Verbindungen und die Transformation von Hardware- und Softwareprotokollen.

Mit **Netzwerkadapter** wird die Verbindung zwischen der Teilnehmerstation und dem Netz hergestellt. In der Regel stellen die Netzwerkadapter nach außen hin V.24 Schnittstellen zur Verfügung, über die der Rechner und Peripheriegeräte, die ebenfalls über eine synchrone oder asynchrone V.24 Schnittstelle verfügen, angeschlossen werden können. Werden andere Schnittstellen verwendet, müssen auch die Computer und Betriebsmittel mit der gleichen Schnittstelle nachgerüstet werden. Je nachdem, ob man über ein digitales oder analoges Netz verfügt, muß ein Modem zwischengeschaltet werden. Erfolgt der Netzanschluß über einen für diesen Zweck installierten Computer, bezeichnet man solche Rechner als **Knotenrechner**. Sie sind notwendig, wenn Protokolländerungen durchgeführt werden müssen. In einem heterogenen Netz kann in der Regel auf solche Rechner nicht verzichtet werden (Abbildung 3.24).

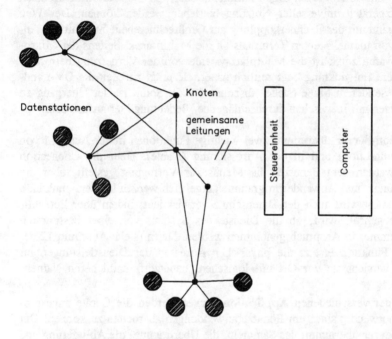

Abb. 3.24: Vernetzung mittels Knotenrechner

Der Zugang zu den Netzen erfolgt nach bestimmten **Netzwerk-Zugangsverfahren**. Bekannte Verfahren sind (siehe Abschnitt 4.4):

- Token-Passing,
- Slot-Verfahren,
- Register Insertion und
- Contention Control.

Als **Kommunikationsmedium** kommen 2- bzw. 4-Drahtleitungen, Koaxialkabel oder Lichtleiter in Frage. 2- oder 4-Drahtleitungen können für sog. Basisübertragungen, letztere auch für Breitbandübertragungen verwendet werden. Der Unterschied beruht auf den höheren Übertragungsraten und auf der Möglichkeit, mehrere Verbindungen innerhalb des Netzes gleichzeitig aufrecht zu erhalten.

3.4.2 Erscheinungs-/Ausprägungsformen

Aus betrieblicher Sicht umfassen die zukünftigen Rechnernetze die Einbindung des einzelnen Arbeitsplatzes in das inner- und gegebenenfalls außerbetriebliche DV-Geschehen. Dies bedeutet die Schaffung der Anschlußmöglichkeiten für das Netzwerk und die gerätetechnische Ausstattung. Hinzukommt die Entscheidung nach den benutzbaren Kommunikationswegen. Informationsbedürfnisse, Wirtschaftlichkeit, Betriebssicherheit und Leistungsfähigkeit entscheiden über die Anordnung und Art der Verbindung der Kommunikationspartner im Netz.

Für die physikalische Verbindung stehen drei Basistypen - die auch in gemischter Form genutzt werden - zur Verfügung, und zwar

- der Stern,
- der Ring und
- der Bus (Abbildung 3.25).

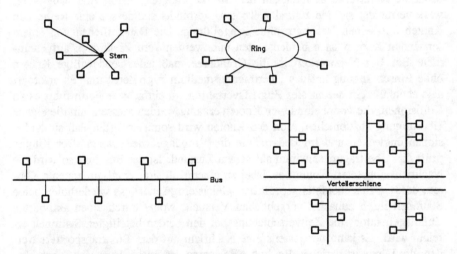

Abb. 3.25: Basisformen der Computernetze

Im Falle des **Stern-Netzwerkes** sind alle Teilnehmer an einen Computer, oder an einen Knoten angeschlossen. Üblich ist bei **Mehrbenutzer-System** (Multiuser-System) der Anschluß vieler Terminals an einen zentralen Computer. Größere Betriebe benutzen sie auch in Form von sog. Telefon-Nebenstellenanlagen (PABX), wobei allerdings an den Knoten häufig Vorverarbeitungen stattfinden. Der zuvor besprochene Aufbau funktioniert konfliktfrei bei sternförmigen Netzwerken, weil diese Organisation relativ einfach ist. Wenn der Knoten genügend

Kapazität hat, werden alle Teilnehmer bedient. Andernfalls werden die Daten zwischengespeichert (gepuffert) und bspw. nach dem Zeitscheibenverfahren übertragen.

Das **Ring-Netz** verbindet jeden Teilnehmer über einen eigenen Knoten mit zwei anderen Teilnehmern ("links" und "rechts"). Die Daten zwischen den Knoten werden in einer Richtung transportiert. Jede Information wird vom Knoten zum Knoten weitergereicht, bis der Empfänger erreicht ist. Die Teilnehmer selbst können verschiedene Funktionen innehaben. Bei Ring-Netzwerken wird zwischen Token-, Slot- und Register-Insertionsverfahren unterschieden. Am bekanntesten dabei ist Token Passing. Hier wird eine bestimmte Kontrollinformation ("Token") weitergegeben. Es kann jeweils nur eine Nachricht auf dem Ring übertragen werden. Hat ein Knoten eine Nachricht auszusenden, so muß er auf ein freies Token warten, dieses durch seine Nachricht ersetzen und dem Ring zuführen. Der Empfangsknoten entnimmt die Nachricht und ersetzt sie durch ein neues Token oder durch die eigene, zu sendende Nachricht.

Moderne Netzwerke basieren auf der **Bus-Topologie**. Analog zum Ring-Netzwerk vermeidet sie den zentralen Knoten, verbindet stattdessen eine Reihe von Knoten mit seinen Nachbarn ohne Ringbildung. Die Daten fließen von einem sendenden Knoten nach beiden Seiten und werden vom Zielknoten aufgenommen. Bei **Bus-Netzwerken** ist die Grundidee, daß jeder sendewillige Knoten ohne Einschränkung auf das Übertragungsmedium zugreifen kann. Es erfordert also ebenfalls ein dezentrales Zugriffsverfahren. In einfachster Form führt es zu Kollisionen, die vom behinderten Knoten erkannt werden müssen, um die eigene Übertragung abzubrechen. Von den Knoten wird somit erwartet, daß sie Kollisionen entdecken und im Bedarfsfalle die Vorgänge wiederholen. Der Knoten prüft das Übertragungsmedium auf seinen Zustand. Ist der Bus frei, so wird die Nachricht abgesetzt. Kommt es dabei zu einer Kollision, weil ein anderer Knoten, der den Bus ebenfalls geprüft hat, gleichzeitig sendet, so wiederholen beide Stationen ihren zunächst vergeblichen Versuch, wobei durch einen aktivierten Zufallsgenerator eine Zeitverschiebung bei den beiden beteiligten Stationen erreicht wird. Es kann nur jeweils eine Nachricht auf dem Bus transportiert werden; die Länge ist variabel. Bei hoher Belastung des Busses kann sich durch häufige Kollisionen die Durchsatzrate verschlechtern.

Mehrere Bus-Netze lassen sich zu einem **Baum-Netzwerk** zusammenlegen. In dieser Struktur ist die **Verteilerschiene** (Backbone) ebenfalls busförmig.

Verfügt der Kommunikationspartner über eine eigene Leitung, dann wird von einer **Punkt-zu-Punkt-Verbindung** gesprochen. In diesem Falle kann die Kommunikation zwischen den beiden Teilnehmern jederzeit, ohne Wartezeit ablaufen; allerdings - je nach Entfernung - kostenungünstig. Abbildung 3.26 zeigt

3.4 Rechnernetze

das Grundschema, das im Prinzip der Stern-Topologie gleichkommt. Im anderen Falle benutzen mehrere Teilnehmer die gleiche Übertragungsleitung; es ist die **Mehrpunkt-Verbindung**. Der Datentransport ist nur abwechselnd möglich, in einer bestimmten bzw. bestimmbaren Reihenfolge, die die Antwort- und Wartezeit beeinflußt.

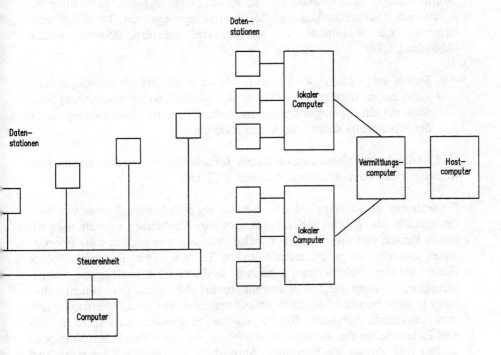

Abb. 3.26: Punkt - zu - Punkt - und Mehrpunkt-Verbindung

3.4.3 Physikalischer Aufbau

Der physikalische Aufbau des Netzwerkes richtet sich nach den zu verteilenden Informationsarten. Wird davon ausgegangen, daß an den Arbeitsplätzen Daten, Texte, Bilder und Sprache zur Verfügung gestellt werden müssen, dann müssen bisher getrennt verlaufende physikalische Ebenen integriert werden. Dies führt zur Zusammenführung aller Kommunikationstechniken. Hier ist zu unterscheiden zwischen

- einem lokalen Bereich und
- einem räumlich fernen Bereich.

Für den zweiten Bereich stehen Glasfaser, Kupfer, Basisband und Breitband zur Verfügung. Der Arbeitsplatzbereich, also der lokale Bereich wird in der Regel (bis ISDN eingeführt ist) zwischen Telefon- und Nicht-Telefon-Aktionen zu verteilen sein. Die Verteilung bedeutet auch die Anpassung ankommender und abgehender Informationen. Der Arbeitsplatz selbst wird in Anpassung an die zu verarbeitende(n) Informationsart(en) an schnelle oder langsame Verbindung angeschlossen. Dahinter stehen schnelle Übertragungswege (z.B. 16 Mbit/s) oder langsame (z.B. 4 Mbit/s). Zu beachten sind außerdem folgende Fakten (Abbildung 3.27):

- Stehen im lokalen Bereich viele Arbeitsplätze räumlich weit entfernt voneinander, dann gelten die Grundzüge räumlich ferner Verarbeitung.
- Steht nur ein Arbeitsplatz zum Anschluß an, dann ist die Anpassung nur an der Schnittstelle Kabel - Stecker zu realisieren.

Sind Verbindungen zwischen zwei Netzen herzustellen, sie werden über die Einrichtungen Gateways, Bridges und Router realisiert.

Ein **Gateway** ist ein Knoten, der die Verbindung zwischen mindestens zwei Netzen herstellt, also gleichzeitig an mindestens zwei Netzwerken angeschlossen ist. Dieser Knoten wirkt wie ein Kommunikationsrechner, er empfängt die Informationen und leitet sie an ein anderes, an das Zielnetz weiter. Es sind komplexe Geräte, die eine Vielzahl von Funktionen, so die Protokollwandlungen, Formatierungen, Anpassungen und Verwaltungen auf sich vereinigen. Hinzukommt, daß - je nach Netzen - Umsetzungen auf verschiedene Codes, Übertragungsgeschwindigkeiten, Protokolle, Übertragungsmedien ablaufen müssen. Im einfachsten Falle arbeiten die zu verbindenden Netze mit unterschiedlichen Transportmedien und Zugangsmechanismen. Anwendungs-Umsetzungen hingegen sind komplexer, weil Übertragungsmedien, Datenformate, Zugangsmechanismen etc. umgesetzt werden müssen. Ein Gateway hat die Aufgabe, Nachrichten von einem Netz in ein anderes zu übermitteln, insbesondere in die öffentlichen Netze. Es ist vor allem für die Umsetzung der Kommunikationsprotokolle verantwortlich. Die Verbindung zwischen zwei identischen lokalen Ring-Netzen wird als Bridge bezeichnet.

Unter **Bridges** werden Anpassungsschaltungen verstanden, die die Kopplung einzelner gleichartiger lokaler Netze miteinander erlauben und somit eine Kommunikation zwischen den Teilnehmern verschiedener Netze gleicher Art ermöglichen. Mit Hilfe von Bridges wird die räumliche Ausdehnung, die die maximale Anzahl zugelassener Teilnehmer eines Netzes flexibel gestaltet, erweitert. Bridges bestehen aus zwei zueinander symmetrisch aufgebauten Teilen. Jedes dieser Teile ist an eines der beiden zu verbindenden Netzwerke angeschlossen. Die beiden Bridge-Teile (Hälften) kommunizieren miteinander, jedoch ohne Protokolle (Identität), allerdings mit der Fähigkeit zur Adreßerkennung, damit jedes Datenpaket richtig adressiert an die Zieladresse geleitet wird.

Router dienen der automatischen Weiterleitung von Datenpaketen zwischen verschiedenen Netzen.

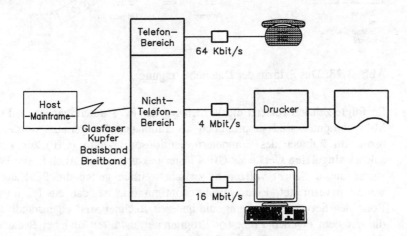

Abb. 3.27: Physikalischer Aufbau des Netzwerkes

3.4.4 Arten von Rechnernetzen

Die ersten Rechnernetze entstanden im Rahmen des Terminal-Konzeptes (siehe Abschnitt 2.7.3.2) durch Anbindung von Datenstationen (Terminals) an einen Host-Rechner. Es waren unintelligente Geräte, die ihre programm- und datenmäßige Versorgung vom Host entrichtet bekamen. Im Laufe der Folgezeit wurden sie mit einer eingeschränkten Intelligenz versehen, um bspw. die Zentraleinheit von den Erfassungsvorgängen zu entlasten, bis dann schließlich Mikrocomputer an die Stelle der Terminals getreten sind, so daß von einer **PC-Host-Verbindung** mit der Möglichkeit der PC-Nutzung als Stand-alone-Rechner gesprochen werden konnte.

Dieses Grundprinzip der Datenübertragung wird in Abbildung 3.28 erweitert dargestellt, in dem auf der Senderseite ein Computer mit Übertragungssoftware, auf der Empfangsseite mehrere und dazwischen zwei Multiplexer Terminals angeordnet werden, die der Aufgabe dienen,

- Sender und Empfänger zu identifizieren,
- Daten zusammenzufügen/zu konzentrieren und
- Daten zu verteilen.

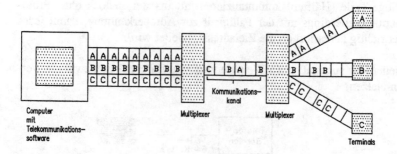

Abb. 3.28: Das Prinzip der Datenübertragung

Ihr folgte zeitlich versetzt die Vernetzung der PC's untereinander als **PC-Netze**. Mikrocomputer sind ursprünglich als Einplatzgeräte genutzt worden, bis es bspw. im Rahmen des Computerinvestitionsprogramms (CIP) zur Vernetzung solcher singularen Geräte als CIP-Cluster gekommen ist. Auch in der Wirtschaft wurde dieser Schritt vollzogen; zwischenzeitlich gelten die PC-Netze als am weitesten verbreitet. Eine typische Konfiguration ist, daß ein PC im Netz die Rolle des Servers übernimmt; die anderen Rechner sind eigenständige Geräte, die auf dem eigenen Prozessor Programme ausführen und bei Bedarf auf den Dienst des Servers (z.B. Print-Server) zurückgreifen (siehe Abbildung 3.23). Als Netzwerk-Hardware werden häufig Arcnet-Karten verwandt.

Ähnlich verhält es sich mit den **Workstation-Netzen**. Die Hardware-Basis liefern Ethernet-Netzwerkkarten. Sie gelten als Standard für Workstations-Netze. Diese Netze sind hauptsächlich im CAD-Bereich vorzufinden, d.h. an Arbeitsplätzen für die graphische Verarbeitung, wo der Umfang der Datenzugriffe vom einzelnen Arbeitsplatz aus auf den Datenbestand relativ niedrig liegt. Im Hochschulbereich werden gegenwärtig WAP-Cluster (Wissenschafts-Arbeitsplätze) nach dem gleichen Schema realisiert.

Bei **Mainframe-Netzen** können verschiedene Varianten entstehen. Sehr verbreitet ist das Master-Slave-Netz, in dem der Hauptrechner bspw. mit einem Vorrechner gekoppelt wird. Es können aber auch Doppel- und Mehrfachsysteme realisiert werden. Dies geschieht häufig zwischen Mainframes von Hochschulen, die damit untereinander zu einem Leistungsverbund zusammengeschlossen werden. Verbindungen von Großrechnern werden in neuerer Zeit auf Glasfaserbasis hergestellt. In diesem Falle wird auch von der sog. Hyperchannel Architecture gesprochen. In der IBM-Computerwelt erfolgen solche Kopplungen auf SNA (Systems Network Architecture) -Basis (siehe Abschnitt 4.4.4). Der Trend geht inzwischen in Richtung Backbone-Netze, die als Hochgeschwindigkeitsnetze mit bis zu 140 Mbit/s Übertragungsgeschwindigkeiten erreichen. An den Hochschulen sind es die sog. Campus-Backbones zum Anschluß von lokalen, gebäudeinternen Netzen an die Zentralrechner. Sie werden entweder in Form von Bussystemen seltener von Ringsystemen verbunden, wobei die Teilnetze durch die Netzkoppeleinrichtungen Bridges, Router, Gateways angeschlossen werden. Durch höhere Übertragungsraten bis zu 1 Gbit/s bspw. bei der Visualisierung der Bewegtbildübermittlung soll die künftige Vernetzung von Supercomputern mittels Hochgeschwindigkeits-Lokalnetzen folgen. Schließlich sind campusübergreifende Netze in Form des Breitband-ISDN auf der Basis asynchroner Übertragung in Planung, die prototypisch bereits bei 1,2 Gbit/s Übertragungsgeschwindigkeit liegen.

Für lokale Netze können auch die ursprünglich für militärische Zwecke entwickelten drahtlosen LAN-Sender mit Senderstärken von einem Watt oder weniger eingesetzt werden. Ihre Reichweite beträgt 15 bis 100 m innerhalb von Gebäuden, draußen etwas mehr. Die Übertragungsraten liegen im Bereich von 9,6 bis 650 Kbit/s; zum Vergleich: Ein Ethernet-LAN kann bis zu 10 Mbit/s übertragen. Gesendet wird mit Hilfe der Breitband-Frequenztechnik, um die Übertragungssicherheit zu erhöhen.

Die Benutzung von Mikrocomputern als Stand-alone-Rechner stößt in einigen Problemkreisen an gewisse Grenzen, die eine Verbindung zum Mainframe zweckvoll machen. Dies gilt in besonderem Maße in Unternehmen mit zentralen DV-Anlagen, aber auch in kleinen und mittelständigen Unternehmen bei spezifischen Anwendungen. So kann ein Verbund des Mikrocomputers mit einem Mainframe insbesondere

- zwecks Zugriff auf zentrale Datenbestände,
- zwecks Benutzung von auf dem Mainframe verfügbaren Applikationen,
- bei Benutzung verschiedener Ressourcen des Mainframes wie Speichermedien, schnelle Drucker, große Speicherbereiche,
- zur Kommunikation mit anderen Teilnehmern

und in ähnlichen Fällen angebracht sein. Die technischen Verbundmöglichkeiten sind vielfältig. Die Erscheinungs- und Funktionsformen dagegen eingruppierbar. In diesem Zusammenhang wird auch von den sog. "Connectivity-Anwendungen" gesprochen. Die wichtigsten werden nachfolgend beschrieben und in Abbildung 3.29 dargestellt.

Mit der **Terminal-Emulation** wird eine einfache Kommunikationsart realisiert. So kann z.B. der Kommunikationsserver des HICOM-Systems 3270- und 9350-Emulationen vornehmen. Es handelt sich dabei um ein Programm, mit dem das Verhalten eines unintelligenten Terminals (3270 und 9350) auf dem Mikrocomputer nachgebildet wird. Daraufhin benutzt der Anwender den Mikrocomputer bspw. als Eingabestation. Die auf der Tastatur eingegebenen Zeichen gehen als Bildschirmänderungen an das Mainframe-Programm.

Eine wichtige Funktion betrifft den **Zugriff auf Hostfiles**, d.h. die Dateiübertragung (File Transfer). Vorausgesetzt werden müssen File-Transfer-Systeme, die Host-seitig angeordnete Daten (Datensatz, Datenfeld, tabellarische Anordnung etc.) PC-seitig (nicht strukturierte Zeichenketten, MS-DOS-Dateien) abgeben bzw. umgekehrt abnehmen. Mit anderen Worten, hier müssen bei bereits formatierten Files gemäß vordefinierten Host- und PC-seitigen File-Definitionen Datenumsetzungen vorgenommen werden.

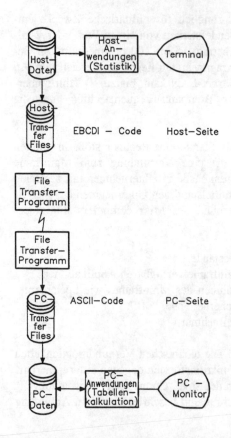

Abb. 3.29: Grundschema der Connectivity-Anwendungen

Eine interessante Anwendung kann in der **automatischen Dialogabwicklung** bestehen. Hier sollen geführte Dialoge registriert und zu einem späteren Zeitpunkt abrufbar, wiederholbar sein, und zwar bspw. in der Weise, daß sie protokolliert werden. Solche Anwendungen können bei Lernprogrammen, bei Dialogen mit Auskunftssystemen etc. von Bedeutung sein. Im Wiederholungsfall bleibt das benutzte System (Lernprogramm, Auskunftssystem) unberührt.

Eine weitere Variante stellen die **virtuellen Services** dar. Sie betreffen Dienste des Host-Rechners, so in bezug auf die Möglichkeit, PC-Datenbestände auf dem Host abzuspeichern (Disk Service), oder die Ausgabe von Daten auf einem hostseitig installierten Drucker auszugeben (print Service). Durch diese Leistungen kommt der PC-Benutzer zu Vorteilen, die gegenüber lokalen PC-Disks und - Drucker sehr bedeutungsvoll sein können. So kann der Benutzer sein Speichervolumen beliebig groß gestalten, unerlaubten Zugriff durch Vorkehrungen gewährleisten, die am Hostrechner implementiert sind; ebenso wird das Back-up der Files hostseitig erledigt. In diese Kategorie fallen die Zugriffsmöglichkeiten auf typische Host-Kommandos, bzw. Host-Programme.

Besondere Bedeutung ist in diesem Zusammenhang der **elektronischen Post- und Dokumentenservices** zu geben, die spezielle Datenorganisationen für Dokumente, Texte und Faksimilien unterstützen. Die Unterstützung erstreckt sich sowohl auf die Archivierung und Wiederfindung, wie auch auf die Formatierung. Die Gesamtheit dieser Unterstützungen wird vielfach als "Message Handling System" bezeichnet und insbesondere in Verbindung mit der Bürokommunikation hervorgehoben.

3.4.5 Sonstige Netze

Die aufgezeigten Betriebsarten stellen eine Auswahl von Möglichkeiten dar, die je nach Betrachtungsweise oder Kombination weiter aufgefächert oder charakterisiert werden können. So führt z.B. eine Unterscheidung im Hinblick auf die echte Parallelverarbeitung zur 3er-Teilung möglicher Betriebsformen in

- Einprozessorbetrieb,
- Mehrprozessorbetrieb und
- Mehrrechnerbetrieb.

Ein **Einprozessorsystem** (Single Processor System) ist ein digitales Rechensystem, das über einen Zentralspeicher und einen Prozessor (Leit- und Rechenwerk) verfügt. Da der Prozessor zu einem Zeitpunkt immer nur an einem Programm arbeiten kann, ist beim Mehrprogrammbetrieb in einem Einprozessorsystem nur eine sequentiell verzahnte Verarbeitung der gestarteten Programme möglich.

Ein **Mehrprozessorsystem** (Multiprocessor System) ist ein digitales Rechensystem, bei dem ein Zentralspeicher ganz oder teilweise von zwei oder mehreren Prozessoren gemeinsam benutzt wird, wobei jeder über mindestens ein Rechenwerk und mindestens ein Leitwerk allein verfügt. Dadurch ist eine parallele Verarbeitung von zwei oder mehreren Programmen möglich (Jeder Prozessor arbeitet jeweils an einem Programm und bedient sich des gemeinsamen Zentralspeichers.). Kontinuierliche Arbeitsprozesse, bei denen eine Unterbrechung nicht gestattet ist, werden oft im Mehrprozessorbetrieb verarbeitet. Bei Ausfall eines Prozessors übernimmt der andere Prozessor unverzüglich die Arbeiten des ausgefallenen Prozessors. Bei extremen Sicherheitsanforderungen können die Prozessoren die gleiche Aufgabe mit ständiger Ergebnisabstimmung bearbeiten.

Der Zusammenschluß mehrerer selbständiger Zentraleinheiten mit jeweils eigenem Betriebssystem wird als **Mehrrechnersystem** (Multicomputer System) bezeichnet. Der Übergang von Multiprozessorsystemen zu Mehrrechnersystemen ist fließend. Drei Arten werden unterschieden.

- Dem **Vorrechnersystem** mit einem Hauptrechner (Master Computer) und einem/mehreren Terminals (Slave Computer) liegt das Konzept der System-Verteilung (System Distribution) zugrunde, d.h. die Verteilung der Computerkapazität in einem EDV-System.
- Ein **Doppelsystem** liegt vor, wenn ein Datenbestand (Datenbank) mehr als einer Zentraleinheit zum gleichzeitigen unabhängigen Zugriff zur Verfügung steht (Datenverbund - File Sharing).
- Das **Duplex-/Satellitenrechnersystem** zeichnet sich dadurch aus, daß die Programme von einem Teil der zum Verbund zusammengeschlossenen Rechner erledigt werden (Funktions- bzw. Lastverbund).

Ein Mehrrechnersystem also ist ein digitales Rechnersystem, bei dem eine gemeinsame Funktionseinheit zwei oder mehr Zentraleinheiten steuert. Dabei verfügt jede über mindestens einen Prozessor verfügt. Die steuernde Funktionseinheit kann ein Programm sein. Beim Mehrrechnersystem werden zwei oder mehrere selbständige Zentraleinheiten miteinander gekoppelt. Die Zentraleinheiten verfügen entweder über eine eigene Peripherie oder benutzen gemeinsam dieselbe Peripherie.

4. Systemsoftware

Systemsoftware	Überblick	Inhaltliche Abgrenzung Entwicklungstendenzen	Abschnitt 4.1
	Betriebssystem	Begriffliche Abgrenzung Aufgaben Komponenten Einteilung BS der Mikrocomputer - MS-DOS - OS/2 - MS-Windows - UNIX - Windows NT BS der Mainframes und Höchstleistungsrechner	Abschnitt 4.2
	Betriebsarten	Einteilung Charakterisierung - Einprogrammbetrieb - Mehrprogrammbetrieb - Dialogbetrieb - Einbenutzerbetrieb - Ein/Mehrrechnersystem - Mehrplatzsysteme	Abschnitt 4.3
	Rechnernetze	Erste Anfänge Netzwerktypen Rechnernetz-Konzepte - Lokale Netzwerke - Fernnetze Netz-Betriebssysteme Normungen in Rechnernetzen	Abschnitt 4.4
	Prüf- und Wartungssoftware		Abschnitt 4.5

4.1 Überblick

4.1.1. Inhaltliche Abgrenzung

Der Betrieb einer Datenverarbeitungsanlage ist das Zusammenwirken hardware- und softwaremäßiger Komponenten (Abbildungen 4.1 und 4.2). Die softwaremäßigen Komponenten werden unter dem Sammelbegriff **Software** (Software) ausgewiesen. Sie umfaßt

- **Systemprogramme** oder **Systemsoftware** (System Programs) und
- **Anwenderprogramme** oder **Anwendungssoftware** (Application Programs)

Somit ist Software der Bestandteil einer DV-Anlage; sie vereinigt alle immateriellen Teile eines Computers. Software tritt in zwei Formen auf, und zwar in menschlich lesbarer, verständlicher Form als **Quellcode** und in Form von Anweisungen für den Computer als **Objektcode**. Sie ist somit ein eigenständiges, dokumentiertes Gut mit für die Verarbeitung zur Verfügung gestellten Programmen und Programmhilfen.

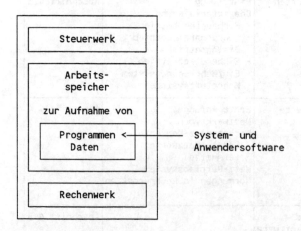

Abb 4.1: Hardware-Software-Zusammenhang

Zunächst stehen die auf den einzelnen Computer angepaßten Programme als **Systemsoftware** an. Sie gewährleisten den Betrieb des Computers, also die Abwicklung von Programmen, deren Steuerung und Überwachung. Ihr Vorhandensein ist Voraussetzung für das Betreiben der Datenverarbeitungsanlage. Aus diesem Grunde werden sie in aller Regel von den Herstellern bei der Installation der Hardware mitgeliefert. Eine weitere Charakteristik ist durch die Tatsache bestimmt, daß auf der einen Seite die unterschiedliche Hardware, auf der anderen Seite die vielfältigen Nutzungserwartungen der Benutzer zu einer Vielfalt der Systemsoftware geführt haben. Ihre Ausprägungen werden in verschiedenen Betriebssystemen, Betriebsarten und Rechnernetzen sichtbar.

Die zweite Gruppe umfaßt die **Anwendersoftware**. Sie ist nicht mehr so Hardwaresystem-nahe wie die Systemsoftware. Sie orientiert sich an den Problemen der Anwender und beinhaltet somit je nach Anwendergruppe technisch-wissenschaftliche, kommerzielle, prozeßsteuernde und sonstige auf die einzelnen betrieblichen Funktionen bezogene Programme. Diese werden - soweit es sich um standardisierbare Aufgaben bzw. Problemlösungen handelt - als **Standardprogramme** entwickelt. Mitunter werden sie auf

- einzelne Funktionsbereiche wie Buchhaltung, Textverarbeitung,
- einzelne Branchen wie Industrie, Handelsbetriebe sowie
- spezielle Lösungen eines Anwenders, wie Finanzbuchhaltung des Konzernes X, des Unternehmens Y, Betriebsbuchhaltung des Betriebes Z aufgeteilt, gruppiert.

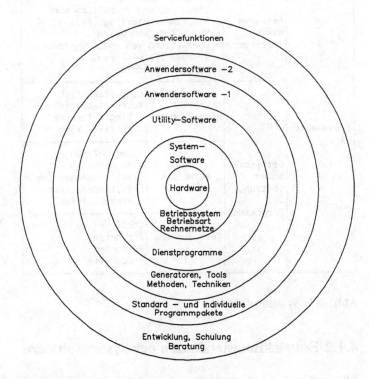

Abb. 4.2: Software-Zusammenhang

Spezielle Aufgaben, Probleme lassen sich nicht mit Standardprogrammen bewältigen. Hier sind **Individual-Anwenderprogramme** gefordert. Ihre Entwicklung wird sowohl durch die Systemsoftware, z.B. durch Programmiersprachen, Menüführungen usw., wie auch durch die Standardprogramme bzw. Hilfsmittel, z.B. durch Makrobefehle, Tools usw., unterstützt. Hinzugehören auch alle Hilfsmittel, Methoden und Techniken der Analyse, der Organisation von Daten und Programmen. Außerhalb, jedoch im Gesamtzusammenhang unerläßlich, sind noch die **Servicefunktionen** erwähnenswert, da sie die Inbetriebnahme und die Nutzung unterstützen, und zwar in zunehmendem Umfang programmtechnisch, wie dies bei den Lernprogrammen, bei den Help-Funktionen etc. der Fall ist.

Die Charakterisierung der Systemsoftware, die im wesentlichen für den Computerbetrieb schlechthin verantwortlich ist, folgt der Unterteilung in Abbildung 4.3. Danach werden zunächst die Betriebssysteme als Systemprogramme einzelner Computer gesehen. Ihre Nutzungsformen, die sog. Betriebsarten, bestimmen den Hardware-Einsatz.

Systemsoft-ware	Betriebs-system (Programm)	Systemprogramme für - Steuerung und Verwaltung von Programmen (Auftrag, Prozeß) - Verwaltung von Daten - Übersetzung von Anwendungsprogrammen (Compilieren) - zentrale Dienste	
	Betriebs-arten (Nutzung der Programme)	Mikrocomputer	Einplatzbetrieb Mehrplatzbetrieb - Single-Tasking - Multi-Tasking
		Mainframe	Stapelbetrieb Dialogbetrieb - Teilnehmerbetrieb - Teilhaberbetrieb - Prozeßbetrieb
		Rechnernetze	Lokale Netze Fernnetze Normungen Protokolle

Abb. 4.3: Systemsoftware

4.1.2 Entwicklungstendenzen der Systemsoftware

Während in der Anfangszeit der Datenverarbeitung die sog. Hardware im Vordergrund der Betrachtung stand, war in einer zweiten Phase die Fähigkeit des Menschen, mit dem Computer zu arbeiten, ein Engpaß. Schon auf dieser Entwicklungsstufe wurden **Standardprogramme** entwickelt, um wiederkehrende Routinearbeiten zu erledigen. In einer weiteren Entwicklungsstufe wurden **Übersetzungsprogramme** für anwenderorientierte Programmiersprachen entwickelt (Assemblierer für maschinenorientierte, Kompilierer für problemorientierte, Interpreter für dialogisierte Sprachen). Wenig später wurden **Dienstprogramme** für häufig wiederkehrende Aufgaben wie Misch-, Sortier- u.a. Programme zur Verfügung gestellt. Entscheidend für die Weiterentwicklung war, daß die Computer Eingriffe (Interrupts) in die Verarbeitung gestatten, um den unterschiedlich schnellen Arbeitszeiten der verschiedenen Teile der Hardware Rechnung zu tragen und dem Anwender die Möglichkeit zu eröffnen, in die Normalabläufe spezielle, individuelle Lösungstechniken einzubauen. Aus diesen Grundzügen läßt sich sehr leicht die Folgerung ableiten, wonach künftig die Nutzung der Technik die DV-Szenario bestimmen wird. Darin eingeschlossen ist zunächst die Komponente Systemsoftware gemeint. Ihre Funktionen erfahren an erster Stelle Erweiterungen, die sie näher an den Anwender bringt. Charakteristische Zeichen dieser Entwicklung sind seit längerer Zeit sichtbar. So geht der Trend

- zum Direktverkehr,
- zur Benutzerschnittstelle,
- zu den Rechnernetzen und damit
- zur Integration schlechthin.

Diese Fakten haben zur Folge, daß immer mehr Teile der Software in die Hardware integriert werden. Dadurch werden die gegenwärtig bereits bei den Mikrocomputern sichtbar gewordenen Übergänge zwischen Hard- und Software vermehrt. Im einzelnen lassen sich die vielfältigen Erwartungen kaum auf einem übersehbaren Raum aufzählen. Stichwortartig bedeuten vorangestellte Trends folgendes:

- Der inzwischen weitestgehend vollzogene Übergang zum **Direktverkehr** bedingt die Annäherung externer Speicherungstechniken an die interne; ebenso eine Annäherung der räumlich fernen Verarbeitung an die lokale.
- Die **Benutzerschnittstellen** rücken in den Vordergrund. Betriebssysteme mit Window-, Maus-, Graphik- und sonstigen Techniken werden bisherige Techniken ablösen. Ihre Angleichung an verschiedene Benutzergruppen ist zu erwarten. Die Folge wird sein, daß eine Reihe von Funktionen, die zur Zeit von der Anwendersoftware abgedeckt wird, künftiger Bestandteil der Systemsoftware sein wird, so z.B. Teile wissensbasierter Modelle.
- Der Trend zur Bildung von **Rechnernetzen**, bzw. zur Entwicklung von herstellerunabhängiger Software wird sich ebenso fortsetzen, wie die Komplettierung von Normungen und Standardprotokollen im Rechnernetz.
- Schließlich wird die **Integration** der Daten-, Text-, Graphik-, Bild- und Sprachverarbeitung durch Systemsoftware verstärkt unterstützt.

Die ständig zunehmende Vielfalt und Komplexität der Computersysteme und der Rechnernetze verdrängen immer mehr die weit verbreiteten und von vielen Herstellern genutzten Systemprodukte und ersetzen sie durch international standardisierte Lösungen. Im Bereich der Datenverarbeitungs- und Kommunikationstechnik waren es die offenen, heterogenen Systeme, die Open Distributed Processing und Open Systems Interconnection; im Bereich der Betriebssysteme sind es die von vielen Herstellern favorisierten Unix-Lösungen. Die allgemeinen Anwendungen werden von genormten Diensten unterstützt, welche nach dem Client-Server-Prinzip aufgebaut sind. Mit der Vernetzung der Systeme wird der Ruf nach ihrer Verwaltung stärker. Das Netzmanagement umfaßt die Fragen der Systemleistung, die Sicherstellung der Systemleistung, die Fehlererkennung und -behebung, die Datensicherung gegen Mißbrauch und unbefugten Zugriff etc. Für dieses Netzmanagement sind ebenfalls internationale Normungen zwingend; sie werden sich in den nächsten Jahren durchsetzen.

4.2 Betriebssystem

4.2.1 Begriffliche Abgrenzung

Das **Betriebssystem** (Operating System, OS)[1] umfaßt nicht anwenderspezifische Programme zum Betreiben von Computern, also zur Abwicklung, Steuerung und

---

1) Vor 1960 haben die Computer die Programme in der Schrittfolge
Steuerungsbefehle -> Input des Anwendungsprogramms -> Ausführung
-> Ausgabe; Steuerungsbefehle -> Input etc.
abgearbeitet. Diese Arbeitsweise war zeitraubend und zugleich für die einzelnen Geräte ineffektiv. Das erste Betriebssystem (Operating System) war darauf gerichtet, eine zwischen den Anwendungsprogrammen konkurrierende Ausführung und eine bessere Ausnutzung der Ressourcen zu ermöglichen. Das erste Operating System war bereits bei einem Computer-Anwender, beim SHARE, im Jahre 1958/59 entwickelt worden. Darauf folgte für Burroughs 5500 das Master Control Program 1964-65 und OS-360 für die IBM-360-Serie 1966. Für die Personal Computer schuf Gary Kildall 1970 einen in höherer Programmiersprache implementierten Compiler. Hieraus wurde das erste Betriebssystem für den PC namens CP/M (for Control Program/Microcomputers). Kindall und seine Frau gründeten 1974 die Gesellschaft Digital Research, um das Produkt zu vermarkten. Heute existieren CP/M, QDOS, 86DOS, MS-DOS, UNIX, OS/2, ProDos und Amiga.

Überwachung aller Programme. Es handelt sich in der Regel um Programme, die vom Hersteller entwickelt und bereitgestellt werden. Es stellt somit die Verbindung zwischen der Hardware und den Anwendungsprogrammen her (Abbildungen 4.1 und 4.2). Es ist die Gesamtheit aller Programme, die ohne auf eine bestimmte Anwendung Bezug zu nehmen, den Betrieb des Computers ermöglichen. Als **Betriebssystem** oder als **Betriebssoftware** kann somit die Summe der Programme bezeichnet werden, die zum Steuern eines Computers notwendig ist. Von ihnen unterscheiden sich die Anwendungsprogramme, die nicht für den eigentlichen Betrieb, sondern für die Lösung der vom Anwender gestellten Aufgaben benötigt werden.

Ein Betriebssystem stellt in der Regel auch Hilfsprogramme zur Verfügung, die nicht unmittelbar zur Funktion des Computers erforderlich sind. Zu diesen Hilfs- oder Dienstprogrammen gehören Interpreter, Compiler, Testhilfen (Debugger) und Editoren (Textverarbeitungsprogramme). Sie dienen der Entwicklung neuer Programme oder der Textverarbeitung.

4.2.2 Aufgaben des Betriebssystems

4.2.2.1 Überblick

Das Betriebssystem erfüllt folgende Hauptaufgaben:

- **Betriebsmittelverteilung** umfaßt die kontinuierliche und wirtschaftliche Ausnutzung aller Hardwareeinrichtungen. Diese Aufgabe führt zu verschiedenen Betriebsarten.
- **Betriebsüberwachung** umfaßt die externe Steuerung (**Job Management** der zu erledigenden Jobs), die interne Steuerung (**Task Management** der unabhängigen Programmschritte im Rahmen der Behandlung von Programmunterbrechungen) und die Datensteuerung (**Data Management** zur Auffindung, Eingabe, Speicherung und Ausgabe aller im DV-System befindlichen Daten). Diese drei Steuerungsarten führen zur Betriebsmittelverwaltung (Abschnitt 4.2.2.2). Darunter versteht man die Verwaltung aller Peripheriegeräte und des Arbeitsspeichers. Dies bedeutet z.B., daß sich ein Benutzer beim Abspeichern einer Datei auf einem Diskettenlaufwerk nicht die Spur, den Sektor und die Länge der Datei merken muß. Er teilt dem Betriebssystem einen Namen für die Datei mit. Das Betriebssystem verwaltet dann eigenständig ein Verzeichnis, in dem alle Dateien mit ihrem Namen aufgeführt sind. Dieses Verzeichnis kann sich der Benutzer jederzeit ansehen. Er sieht so alle Dateien, die auf dem Massenspeicher zur Verfügung stehen.

Das Betriebssystem wirkt wie ein "Manager", der dafür zuständig ist, daß die vorhandene Hardware entsprechend den Aufgabestellungen

- planvoll eingesetzt und
- optimal genutzt wird, sowie
- die Aufgaben koordiniert ablaufen.

Damit übernimmt das Betriebssystem

- die Steuerung der rechnerinternen Abläufe von Jobs,
- die Zuteilung des internen und externen Speichers,
- die Disposition der peripheren Einheiten der Ein- und Ausgabe,
- die Anzeige von Code-, Programm- und Hardwarefehlern,
- die Zugriffskontrolle auf Speicherbereiche (Speicherschutz),
- die Anfertigung von Protokollen über die Systemaktivitäten,
- die Bereithaltung von Compilern, Utilities und Anwenderprogrammen,
- die Führung von Zugriffsmethoden und Kanalprogrammen,
- die Ermittlung und Behebung von Systemfehlern,
- die Unterstützung der Datenspeicherung und -verwaltung etc.

Bezogen auf **Mikrocomputer** ergeben sich einige zusätzliche Aufgaben, die mit der besonderen Hardwarearchitektur begründet sind. Das Betriebssystem steuert den Betriebsablauf, also alle Prozesse, so auch die Arbeiten der Peripheriegeräte, z.B. des Massenspeichers in bezug auf Datenverwaltung etc. Daneben gibt es Systemprogramme, die das Formatieren oder das Ausdrucken von Disketten, Dateien, Speicherinhalten etc. durchführen. Das Betriebssystem wird vom Hersteller mitgeliefert; es ist im Preis des Gerätes enthalten. Neben Einplatz-Betriebssystemen (Singleuser) gibt es Mehrplatz-Betriebssysteme (Multiuser). Letzteren liegt das Timesharing-Verfahren zugrunde. Dies bedeutet, daß mehrere Programme "gleichzeitig" von der Zentraleinheit bearbeitet werden. Die Gleichzeitigkeit wird dadurch realisiert, daß den einzelnen Tasks (ausführbaren Programmen) Zeitabschnitte zugeteilt werden (Millisekunden). Dadurch entsteht der Eindruck der Gleichzeitigkeit. Die Funktionen des Betriebssystems bei den Personalcomputern veranschaulicht Abbildung 4.4.

4.2.2.2 Die Steuerprogramme

Ein Betriebssystem i.e.S. wird in die drei Steuerprogramme Auftragsverwaltung, Prozeßsteuerung und Datensteuerung unterteilt. Abbildung 4.5 zeigt ein Schema des Zusammenwirkens dieser Steuerprogramme, das im folgenden näher beschrieben wird:

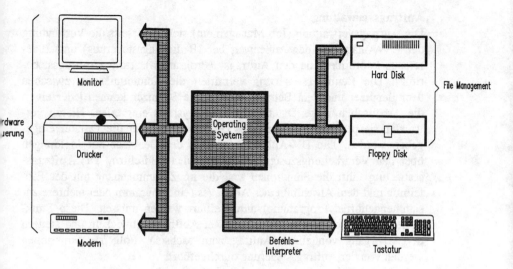

Abb. 4.4: Funktionen des Betriebssystems

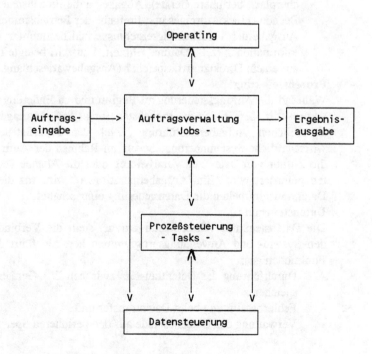

Abb. 4.5: Steuerung des Computers

- **Auftragsverwaltung**
 Die Auftragsverwaltung (Job Management) stellt einerseits die Verbindung der DV-Anlage mit der Außenwelt her (Bedienungssteuerung) und andererseits koordiniert sie den Auftrags- (Programm-) strom (Auftragssteuerung). Die **Benutzersteuerung** vermittelt die Kommunikation zwischen dem Benutzer und dem Betriebssystem. Die Benutzer können jederzeit in die Arbeitsabläufe des Datenverarbeitungssystems eingreifen. Hierzu verwenden sie bestimmte Kommandos (Befehle), die über die Tastatur eingegeben werden. Die DV-Anlage informiert den Benutzer mit Meldungen über den Verarbeitungszustand, z.B. über den Bildschirm. Die **Auftragssteuerung** führt die Funktionen aus, die im Zusammenhang mit der Einleitung und dem Abschluß eines Auftrages (ein Programm oder mehrere zusammengehörige Programme) durchgeführt werden müssen. Diese Funktionen lassen sich jeweils zwischen zwei Aufträgen abwickeln und steuern den Übergang von einem Auftrag zum nächsten. Folgende Funktionen werden von der Auftragssteuerung durchgeführt:
  - Einlesen eines Auftrages und Zwischenspeicherung auf einem peripheren Direktzugriffsspeicher (Auftragswarteschlange);
  - Starten des Auftrags und Zuordnung der Betriebsmittel (Zentralspeicherplatz, periphere Geräte), Abgabe an die Prozeßsteuerung;
  - Beenden eines Auftrages und Freigabe der Betriebsmittel;
  - Ausgabe der Verarbeitungsergebnisse und bestimmter Verarbeitungsinformationen (z.B. Datum, Uhrzeit, Laufzeit, belegte Hauptspeicher) auf einem Direktzugriffsspeicher (Ausgabewarteschlange).
- **Prozeßsteuerung**
 Während die Auftragssteuerung zu Beginn und zu Ende eines Auftrages in Aktion tritt, befaßt sich die Prozeßsteuerung (**Task Management**) mit der tatsächlichen Aufgabenausführung. Ziel der Prozeßsteuerung ist die wirtschaftliche Systemnutzung. So oft im Rahmen der Auftragsausführung die Zufuhr von Daten zur Verarbeitung oder die Abgabe verarbeiteter Daten gefordert wird (Ein-/Ausgabeoperationen), wird für die notwendigen Datentransferarbeiten die Datensteuerung eingeschaltet.
- **Datensteuerung**
 Die Datensteuerung (**Data Management**) stellt die Verbindung zwischen den System- und Anwendungsprogrammen her. Sie führt dabei folgende Funktionen aus:
  - Durchführung des Datentransfers zwischen E/A-Geräten und Zentralspeicher,
  - Fehlerbeseitigung beim Datentransfer und
  - Verwaltung der Datenbestände auf den peripheren Speichern.

4.2.2.3 Die Arbeitsprogramme

Die Arbeitsprogramme der Systemsoftware, die **Übersetzungs- und Dienstprogramme**, sollen dem Anwender die Benutzung der DV-Anlage erleichtern.

Die Notwendigkeit von **Übersetzungsprogrammen** (kurz: Übersetzer) resultiert aus ihren Aufgaben. Es handelt sich um ein Programm, das in einer Programmiersprache A (Quellsprache) abgefaßte Anweisungen ohne Veränderung der Arbeitsvorschriften in Anweisungen einer Programmiersprache B (Zielsprache) umwandelt, übersetzt. Die in der Quellsprache abgefaßte Anweisung wird **Quellanweisung** oder **Quellprogramm**, die in der Zielsprache entstandene Anweisung wird **Zielanweisung** oder **Objektprogramm** genannt (DIN 44300). Unterschiede ergeben sich aus der Tatsache, daß der Anwender symbolische Programmiersprachen verwendet (maschinen- oder problemorientierte Sprachen), die DV-Anlage dagegen die Maschinensprache in Binärziffern. Die symbolischen Quellprogramme der Anwender müssen daher in binäre Zielprogramme für die DV-Anlage übersetzt werden (Abbildung 4.6). Man unterscheidet drei Arten von Übersetzern, und zwar den

- Assemblierer (Assembler),
- Kompilierer (Compilierer) und
- Interpreter (Dialog).

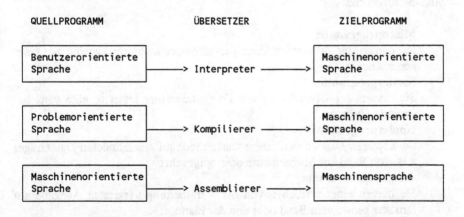

Abb. 4.6: Arten von Übersetzern

Ein **Assemblierer** ist ein Übersetzer, der in einer maschinenorientierten Programmiersprache abgefaßte Quellanweisungen in Zielanweisungen der zugehörigen Maschinensprache umwandelt (assembliert; DIN 44300).

Ein **Kompilierer** ist ein Übersetzer, der in einer problemorientierten Programmiersprache abgefaßte Quellanweisungen in Zielanweisungen einer maschinenorientierten Programmiersprache umwandelt (kompiliert; DIN 44300).

Ein **Interpreter** ist ein Übersetzer, ein Programm, das in eine DV-Anlage eingegebene Quellanweisung in einer höheren Programmiersprache jeweils sofort übersetzt und ausführt.

Über den Übersetzungsvorgang liefert der Übersetzer ein Übersetzungsprotokoll mit einer Auflistung (Anzeige) des Quellprogramms und wahlweise die daraus erstellten Zielweisungen. Das **Übersetzungsprotokoll** enthält auch Tabellen über alle vom Programmierer verwendeten symbolischen Namen und deren Auftreten in den einzelnen Anweisungen. Ein zusätzliches **Fehlerprotokoll** gibt Auskunft über Fehler, die der Übersetzer festgestellt hat. Die Fehlerprüfung umfaßt Syntaxfehler (falsche Schreibweise, falsche Interpunktion) und Formalfehler (z.B. Verwendung eines nicht definierten symbolischen Namens). Kompilierer können bis zu einem gewissen Grad auch einfache logische Fehler feststellen (z.B. Multiplikation in ein zu klein definiertes Ergebnisfeld).

Die **Dienstprogramme** führen häufig wiederkehrende Routinearbeiten durch und ermöglichen dem Anwender eine optimale Nutzung der DV-Anlage. Sie stehen den Benutzerprogrammen zum großen Teil sehr nahe, so daß eine genaue Abgrenzung zu dieser oft nicht möglich ist. Häufig verwendete Dienstprogramme sind die folgenden:

- **Mischprogramme**
  Sie dienen der Zusammenführung zweier oder mehrerer Dateien zu einer neuen Datei.
- **Sortierprogramme**
  Sie dienen der Überführung der Datensätze einer Datei in eine ganz bestimmte Ordnung.
- **Kopierprogramme**
  Sie kopieren Dateien von einem Datenträger auf einen anderen Datenträger z.B. von Band auf Magnetplatte oder umgekehrt.
- **Ausgabeprogramme**
  Sie dienen einer zeitlichen von der Verarbeitung versetzten Ausgabe auf Drucker bspw. vom Band oder von der Platte.
- **Testprogramme**
  Sie dienen der Testunterstützung von Benutzerprogrammen.

4.2.3 Komponenten des Betriebssystems

Aus diesen Aufgaben resultieren die Komponenten, also die Bestandteile des Betriebssystems. Dabei ist die Vielfalt nicht allein durch die Aufgabeninhalte bedingt. Kein Betriebssystem kann alle Aufgaben bewältigen. Es ist vielmehr eine enge Verbindung zwischen den Einsatzgebieten und dem Hardwaretyp zu sehen. So kann ein Mikrocomputer mit einem auf die Textverarbeitung im Büro ausgelegten speziellen Betriebssystem versehen sein, dem gegenüber ein Datenbank-Computer mit komplexen Adressierungs- und Suchfunktionen. Diese Unterschiede können (brauchen jedoch nicht!) auch mit der Art des Computers zusammenhängen sein, d.h. in Abhängigkeit von der Rechnergruppe stehen. Es ist einsichtig, daß Mainframes und Mikrocomputer mit unterschiedlichen Betriebssystemen - bezogen auf ihre Mächtigkeit - ausgestattet sind. Aber auch hier können vorhandene Grenzen überschritten, aufgehoben werden. Ein typisches Beispiel liefert Siemens mit dem Betriebssystem BS2000, das auch für Mikrocomputer transparent ist. Damit paßt sich ein Mainframe-Betriebssystem an die PC's an. Analoge Beispiele - allerdings mit Transparenz von unten (von PC's) nach oben - liefern auch andere Hersteller, so z.B. PDP. So sind in beiden Fällen die Komponenten auf die Systemprogramme für Steuerung und Verwaltung von Daten und Programmen, für Übersetzung von Anwenderprogrammen und für Übernahme zentraler Dienste gerichtet. Bei den Mikrocomputern kommt eine stärkere Betonung der Benutzerschnittstelle hinzu. Somit gilt der in Abbildung 4.7 aufgezeigte Komponentenzusammenhang.

Betriebs-system	zentrale Komponenten	Ein- und Ausgabesteuerung (Data Management) Auftrag- und Ablaufsteuerung (Job and Task Management) Datenübertragung Monitoring (Übertragungssteuerung)	
	periphere Komponenten	Dienstprogramme	Testhilfen, Diagnosen Umsetzprogramme (Datenträger) Sortier- und Mischprogramm Bibliotheksverwaltungsprogramme
		Übersetzungs-programme	Assemblierer Compilierer Interpretierer
	Editoren	Bildschirmdialog, Kommunikation Kommandosprachen, Entwicklungswerkzeuge spezielle Funktionen (elektronischer Schreibtisch etc.)	

Abb. 4.7: Komponenten eines Betriebssystems

Die Aufteilung des Betriebssystems in zentrale und periphere Teile folgt im wesentlichen der Hardware-Architektur. Die interne Transformation mit dem Data, Job und Task Management, die Bereitstellung, Koordinierung und Steuerung der Programme (Monitoring), die Steuerung der Datenfernübertragung, ebenso die Steuerung des Datenverkehrs zu und von den Peripheriegeräten sind die Wesensmerkmale der zentralen Komponenten. Dem gegenüber umfassen die peripheren Teile verschiedene Dienst- und Übersetzungsprogramme, die eine vielseitige Gerätenutzung und eine erleichterte Handhabung häufig wiederkehrender Standardfunktionen zum Inhalt haben. Als Beispiel wird das Kommando DIR im MS-DOS- Betriebssystem genannt, das eine Auflistung der Datei-Namen vom Benutzerspeicher bewirkt. So gesehen ist dies eine der Ausprägungen ständiger Bemühungen, das Betriebssystem in von der speziellen Computer-Hardware abhängige und unabhängige Teile aufschlüsseln.

Das Betriebssystem umfaßt somit eine Vielzahl von Einzelprogrammen, die sowohl der Steuerung und Überwachung der Hardware, wie auch der Unterstützung der rechnerinternen Datenverarbeitung, ebenso der Übersetzungshilfen für die Anwenderprogramme und schließlich der Programmentwicklung dienen. Diese Einzelteile werden häufig wie folgt unterteilt:

- Das Betriebssystem im engeren Sinne umfaßt das Task, Job und Data Management und ist damit oft hardwareabhängig.
- Die Übersetzungsprogramme mit dem Bindeprogramm Linkage Editor wandeln Programme in die Maschinensprache um.
- Die Dienstprogramme schließen die Sortier- und Mischprogramme, die Bibliothekverwaltungsprogramme, die Umsetzungs- und Testhilfeprogramme, sowie die Abrechnungsprogramme ein.

4.2.4 Einteilung der Betriebssysteme

Betriebssysteme lassen sich nach verschiedenen Bestimmungsfaktoren in verschiedene Kategorien einteilen. Da die Betriebssysteme die Verwaltung und die Übersetzung der Anwenderprogramme besorgen, bestimmen sie die Arbeitsgeschwindigkeit und den Benutzerkomfort wesentlich. Dabei ist die Zugehörigkeit des Computers zu einer bestimmten Rechnergruppe zwar wichtig, jedoch nicht ausreichend, um das Betriebssystem zu charakterisieren und einer Gruppe zugehörig zu erklären. Dazu folgendes Beispiel:

Bei den Mikrocomputern sind die ersten Betriebssysteme CP/M von Digital Research und MS-DOS von Microsoft stark verbreitet. Nach außen verhalten sich beide vergleichsweise ähnlich. Das Handling der Kommandos (Aufruf, Name,

Parameter) ist grundsätzlich gleich. Unterschiede entstehen nach innen. MS-DOS unterscheidet interne und externe Kommandos; dem gegenüber operiert CP/M mit residenten und transienten Funktionen, wobei residente Kommandos trotz Überlappungen ungleich interne Kommandos von MS-DOS sind. Große Unterschiede treten im Memory- und File-Management auf. Dies ist darauf zurückzuführen, daß beide Betriebssysteme mit unterschiedlichen Dateistrukturen operieren, die untereinander nicht kompatibel sind. Beim CP/M umfaßt eine Datei 128 Bytes große Blöcke, wobei jeweils 128 solcher Blöcke in einem sog. "logical extent" verwaltet werden. Damit ist die Adressierungseinrichtung angesprochen, mit der die Dateibereiche und die belegten Blöcke identifiziert werden können. MS-DOS hält dagegen die Dateizuordnungstabellen für alle Dateien eines Laufwerkes resident und greift schneller auf die Datei bei hohem Arbeitsspeicherplatz-Bedarf zu (Speichertabelle bei CP/M 1K max., bei MS-DOS 6K). Mit höheren Release werden logisch zusammengehörige Dateien zu hierarchisch geordneten Gruppen zusammengefaßt. Hiermit ist eine gewisse Angleichung von MS-DOS an das Betriebssystem UNIX sichtbar. Dadurch also ein erneuter Unterschied zum CP/M. Letzteres muß nämlich bei jedem Zugriff außerhalb eines Wirkungsbereiches von 128 Sätzen, einen neuen "Logical Extent"-Satz lesen; ein Vorgang der das File Management von CP/M gegenüber MS-DOS unterlegen und unterschiedlich macht.

Aus diesem Grunde wird in Abbildung 4.8 eine nach Computergruppen und innerhalb der Mikrocomputer nach Ein- oder Mehrbenutzerbetrieb bzw. Ein- oder Mehrprogrammbetrieb orientierte Einteilung gemacht. Die hieraus ersichtliche Vielfalt zwingt zur Diskussion der Hauptmerkmale und nicht der Einzeldarstellung. Sie wäre ohnehin problematisch, da laufend neue Release mit erweiterten Funktionen hinzukommen, so daß eine aktuelle Wiedergabe zum Zeitpunkt der Veröffentlichung überholt wäre. Außerdem ist mit der Entwicklung neuer Betriebssysteme, bzw. mit Aufgabenerweiterungen von Betriebssystemen zu rechnen. Ähnlich gelagerte Aussagen werden auch von verschiedenen Instituten ermittelt. So rechnet das Control Data Institut mit einem starken Wachstum des Betriebssystems Unix von OS/2 und DOS. Deutlich rückläufig dagegen sind die typischen Mainframe-Betriebssysteme MVS, VMS, BS2000, NOS. Eine starke Zunahme wird außerdem OS/400 bescheinigt.

Betriebs-system	Mikrocomputer	Single-User	Single-Tasking	CP/M von Digital-Research MS-DOS von Microsoft
			Multi-Tasking	MS-DOS/Windows NT OS/2 von IBM
		Multi-User		Windows-NT UNIX (AIX, XENIX, SINIX, UX, SPIX) BS 2000
	Minicomputer (Bürocomputer)			UNIX (ULTRIX) OS/400 von IBM OS/6000 von IBM VMS von DEC MPE von HP VS von Wang Pink von Apple und IBM
	Mainframe			VM, VS, MVS von IBM OS-1100 von Sperry BS-2000 von Siemens GCOS von Bull NOS von Control Data
	Supercomputer			VSP/S ähnelt MVS/ESA von IBM UXP/M (UNIX-Derivat, basiert auf UTS von AMDAHL)
	Netze/Rechnernetze			Novell Netware MS-NET von Microsoft Banyan VINES Token Ring von IBM

Abb. 4.8: Einteilung der Betriebssysteme

4.2.5 Betriebssysteme der Mikrocomputer

4.2.5.1 Überblick

Der Begriff Systemsoftware für Mikrocomputer umfaßt

- das Betriebssystem,
- die Dienstprogramme (Utilities),
- die Interpreter und Compiler,
- die Software-Werkzeuge und
- die Kommunikationssoftware.

Eine herausragende Bedeutung unter der Systemsoftware hat das **Betriebssystem** als Vermittler zwischen dem Prozessor, dem Hauptspeicher, den peripheren Geräten und den Anwenderprogrammen. Die verfügbaren Betriebssysteme entscheiden u.a. darüber,

- welche Anwenderprogramme genutzt werden können und
- ob ein Rechner in ein Netz eingebunden werden kann.

Die Betriebssysteme der Mikrocomputer unterscheiden sich in einer Vielzahl von Eigenschaften. Seitens der Benutzer haben sich zwei Kriterien besonders stark herauskristallisiert, und zwar

- die Anzahl der möglichen Benutzer und
- die Anzahl der möglichen Programme,

die zur gleichen Zeit bedient werden können. Danach lassen sich die Betriebssysteme wie folgt gruppieren[1]:

---

1) Kurz, nachdem Intel sein 16-Bit 8086 Chip 1979 offeriert hat, benötigte Seattle Computer Products ein Betriebssystem für dieses Produkt und entwickelte QDOS (for Quick and Dirty Operating System). Microsoft baute schließlich ein Operating Systems MS-DOS, was lizenziert wurde auf die IBM-PC's als PC-DOS. Es baute auf das 86-DOS auf, das eine Weiterentwicklung von QDOS war, um zum CP/M kompatibel zu sein. Das älteste Betriebssystem für die PC's war UNIX aus dem Jahre 1970. Es war von Bell Labs (heute AT&T) entwickelt worden. Seine Popularität geht auf das Jahr 1980 zurück. Seitdem erschienen verschiedene Derivate für die 16-Bit-Prozessoren, so XENIX, AIX von IBM etc. OS/2 ist das neueste Betriebssystem, das von Microsoft und IBM entwickelt wurde und über Multitasking-Eigenschaften verfügt. Schließlich baut Apple das graphische Macintosh Operating System auf die ersten Arbeiten im Jahre 1970 in Palo Alto Research Center von Xerox auf.

Typ	Operating System	Bits	Examples
AT compatible	MS-DOS	16/32	Compaq Deskpro, Dell
PS/2	OS/2	16/32	IBM PS/2 Modell 80
Macintosh	Proprietary	32	Mac SE, Mac II
Apple II	ProDos	8/16	Apple IIC, IIgs

- **Singleuser/Singletasking-Betrieb**
  Hierbei wird jeweils ein Benutzer mit einer Aufgabe bedient. Es handelt sich um das am weitesten verbreitete Betriebssystem mit etwa 81,8 % Anteil am PC-Betriebssystem auf dem Weltmarkt (Stand: Januar 1992). Gemeint sind MS-DOS von Microsoft und mit ständig abnehmendem Teil CP/M von Digital Research Inc.
- **Singleuser/Multitasking-Betrieb**
  Typische Vertreter dieses Mehrprogrammbetriebes bei einem Benutzer sind OS/2 von IBM (etwa 1,2 % Weltmarktanteil im Januar 1992 mit wachsendem Trend), sowie MS-DOS-Windows (etwa 8,2 % Weltmarktanteil 1992 mit rasch wachsendem Trend). Letzteres ist eine Betriebssystemerweiterung von DOS unter graphischer Benutzeroberfläche mit erweiterten Dienstprogrammen. In diese Gruppe ist auch Macintosh mit einem Anteil von 7 % einzuordnen ohne Trend-Vorhersage.
- **Multiuser/Multitasking-Betrieb**
  Der bekannteste Vertreter dieser Gruppe ist Unix bzw. die Unix-Familie von Bell Laboratories, Western Electric und American Telephone & Telegraph (AT&T) mit derzeit (Januar 1992) etwa 1,8 % Weltmarktanteil. Sie verfügt über eine Reihe von Derivaten und gilt als das Betriebssystem der Zukunft.

Das Betriebssystem **CP/M** (Control Program for Microprocessors von Digital Research Inc.) ist seit 1973 für Z80 und 8080, d.h. für 8-Bit-Prozessoren im Einsatz. Zukünftig ist es bedeutungslos.

Das Betriebssystem **MS-DOS** (Microsoft Disk Operating System von Microsoft) ist seit 1981 für die 16-Bit-Prozessoren Intel 8086 bzw. 8088 im Einsatz; es wird von IBM als PC-DOS vertrieben für PC-XT (8088/80186) und PC-AT (80286/80386) "beherrscht" alle IBM-kompatiblen Geräte für den Singletasking-Betrieb; Multiusing und Multitasking sind ab der Version 5.0 enthalten.

Das Betriebssystem **UNIX** wurde 1969 von Bell Laboratories, Western Electric und American Telephone & Telegraph (AT&T) mit der Programmiersprache C entwickelt, in die UNIX selbst 90 % übertragen worden ist. Sie eignet sich für 16- und 32- und mehr Bit-Prozessoren mit Multiusing/Multitasking- und Netzwerkbetrieb; von den UNIX-Nachbildungen ist XENIX die bekannteste.

Außerdem gibt es weitere Betriebssysteme, die sich jedoch nicht nennenswert durchsetzen konnten, obwohl sie durchaus ihre Bedeutung haben, so **OASIS** für Minicomputer oder **TURBODOS**, das den Multiuser-Betrieb im Verbund von Z80-Mikroprozessoren unterstützt, welche auf einen gemeinsamen Externspeicher, Drucker und andere Peripheriegeräte Zugriff haben.

Eine Wertung obiger Betriebssysteme läßt sich nur in Verbindung mit der Systemsoftware und mit den möglichen Betriebsarten geben. In der Regel ist es am günstigsten, wenn man ein verbreitetes Betriebssystem benutzt. Dann ist am ehesten gewährleistet, daß eine breite Anwendersoftwarepalette zu günstigen Preisen erworben werden kann. Diese Aussage trifft insbesondere für MS-DOS zu, das mit einer Reihe einschneidenden Grenzen aufwartet. Allerdings findet man bei diesem Betriebssystem die größte Programmbibliothek vor.

Ein weiterer Aspekt, der vor der Anschaffung eines Mehrplatzsystems überdacht werden muß, ist die notwendige Multiuser-fähige Anwendersoftware. Diese ist in der Regel teurer als Singleuser-Software und als Standardsoftware nicht so einfach zu bekommen wie Singleuser-Software.

In Betriebssystemen für Mikrocomputer sind oft nur neben dem Assembler ein oder zwei Sprachübersetzer (in der Regel BASIC und mitunter APL oder PASCAL) enthalten. Das verwendbare Sprachspektrum ist somit stark eingeschränkt; ein Wandel zeichnet sich nur zögernd ab.

In bezug auf **Datenbanksysteme** für Mikrocomputer haben sich insbesondere

- dBASE II (schon für 8-Bit-Prozessoren),
- dBASE III und IV (für 16- und 32-Bit-Prozessoren),
- MDBS III (netzwerkorientiertes DB-System für Mikrocomputer),
- Knowledge Man und
- ORACLE

herauskristallisiert. Stark verbreitet sind verschiedene dBASE- Derivate. Zu beachten ist, daß das DB-Modell an ein relationales Modell angelehnt ist.

4.2.5.2 MS-DOS

Seit seiner Einführung ist **DOS (Disk Operation System)** das Standardbetriebssystem für Personal Computer. Ursprünglich war nur eine einfache Dateiverwaltung und eine Startmöglichkeit für Anwenderprogramme wie Textverarbeitungssysteme und Tabellenkalkulation vorgesehen. Mit der Anzahl der Anwender stieg aber auch deren Ansprüche und die Komplexität der Anwendungen. Die gestiegenen Anforderungen wurden durch eine Reihe neuer Versionen von DOS mit erweitertem Funktionsumfang Rechnung getragen. Trotzdem gilt

DOS als ein von der Technologie längst überholtes Betriebssystem, das auch unter MS-Windows nur als Übergangssystem Bedeutung hat[1]. DOS setzt sich aus folgenden Komponenten zusammen:

- dem BIOS (Basic Input Output System),
- dem BDOS (Basic Disk Operation System),
- dem Kommandoprozessor und
- den DOS spezifischen Hilfsprogrammen, die extern vorliegen.

Die ersten drei Komponenten sind ständig verfügbar. Die Hauptbestandteile des residenten (= internen) Teils des DOS - also des Teils, der ständig im Hauptspeicher des Rechners verfügbar ist - wird nach dem Einschalten des Rechners von der Systemdiskette oder der gestarteten Festplatte geladen. DOS-BIOS und DOS-BDOS liegen in Form von zwei unsichtbaren Dateien vor, nämlich

- BIOS = IO.SYS und
- BDOS = MSDOS.SYS.

Das **DOS-BIOS** stellt Funktionen zur Verfügung, mit deren Hilfe bspw. der Schreib-/Lesekopf der Disketten- und Festplattenlaufwerke adressiert werden kann. Allerdings darf man DOS-BIOS nicht mit dem BIOS des Rechners verwechseln. In jedem Rechner befindet sich ein ROM, der fest mit dem rechnerspezifischem BIOS verbunden ist. Die in diesem ROM-BIOS gespeicherten Routinen führen nach dem Einschalten des Rechners die Tests durch und sorgen

---

[1] In der Entwicklungsgeschichte von DOS gab es verschiedene Versionen für verschiedene Mikroprozessoren und damit Geräte.

Tab. 4.1: DOS-Zeittafel

DOS-Version	Prozessor	Wortlänge in Bit	Busbreite in Bit	Taktfrequenz in MHz	Jahrgang
1.0	Intel 8088	16	8	8	1981
2.0	Intel 8088	16	8	8	1983
3.0	Intel 80286	16	16	8-12	1985
3.3	Intel 80286	16	16	8-12	1987
4.0	Intel 80386	32	32	16-32	1988
5.0	Intel 80486	32	32	25-50	1991
6.0	Intel 80486	32	32	25-50	1993
7.0	...				1994

anschließend für den Start des Systems, indem die einzelnen Laufwerke auf eine einliegende Systemdiskette überprüft werden. Die im ROM-BIOS zur Verfügung gestellten Funktionen werden u.a. auch von DOS-spezifischen Funktionen genutzt. Die DOS-BIOS definierten Routinen haben die Funktion die ROM-BIOS-Routinen aufzurufen. Beim BDOS handelt es sich um Routinen, die die Verwaltung von Disketten und Festplatten übernehmen. Jeder Datenfluß wird über den BDOS gesteuert und geregelt.

Die dritte Komponente von DOS ist der sog. **Kommandoprozessor**. Dieser liegt in Form der sichtbaren Datei **COMMAND.COM** vor, die automatisch nach dem Start des Rechners von der Systemdiskette geladen wird. Die Aufgabe des Kommandoprozessors ist, das Systemprompt ("C>") auf dem Bildschirm anzuzeigen und eine Eingabe des Benutzers abzuwarten. Nach der Eingabe eines Befehls, sucht der Kommandoprozessor nach der entsprechenden Befehlsdatei oder lädt das aufgerufene Programm in den Speicher, um es anschließend zu starten. Bei unvollständigen oder fehlerhaften Befehlen gibt er eine Fehlermeldung aus (Abbildung 4.9).

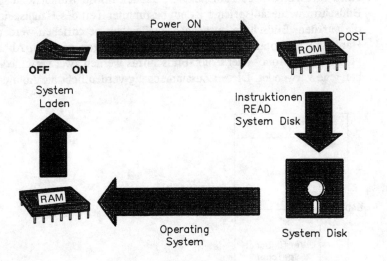

Abb. 4.9: Ladevorgang des DOS

Bei DOS unterscheidet man zwischen residenten (internen) und transienten (externen) Kommandos. Die internen Kommandos sind ständig verfügbar und können nach Eingabe eines Befehls deshalb sofort ausgeführt werden. Die Routinen zur Ausführung der internen Kommandos befinden sich im Kommandoprozessor und damit ständig im Speicher. Die internen Befehle treten besonders häufig auf. Die externen Kommandos hingegen werden weniger häufig benutzt, sind aber dafür komplexer. Diese findet man in Form von Befehlsdateien auf der Systemdiskette oder der Festplatte des Rechners wieder. Solche Befehle sind z.B. XCOPY, BACKUP und RESTORE.

Nach dem Einschalten des Rechners wird also zunächst ein Laufwerk gesucht, in dem sich eine Systemdiskette befindet. Wird ein entsprechendes Laufwerk gefunden, wird das System von dieser Diskette oder Festplatte geladen. Hier wird zuerst das BIOS geladen und anschließend gestartet. Danach wird das BDOS gesucht, geladen und gestartet. Das BDOS wiederum lädt den Kommandoprozessor, der nun die Kontrolle übernimmt. Die drei residenten Teile von DOS belegen, je nach DOS-Version, zwischen 40 und 80 KB des Hauptspeichers.

Bei DOS muß ein Programm vor seiner Ausführung zunächst vollständig in den Hauptspeicher (RAM) geladen werden und kann nicht mehr als 640 KB belegen. Bei jedem Start des Rechners wird zunächst DOS in den Hauptspeicher geladen. Dann kann ein weiteres Programm in den freien Speicherbereich gebracht und gestartet werden. Der IBM PC, PC AT und kompatible Rechner verwenden einen **Bildschirmwiederholspeicher**, um den Bildschirminhalt zu speichern. Der Bildschirmwiederholspeicher ist ein bestimmter Teil des Hauptspeichers, in dem die auf dem Bildschirm ausgegebenen Zeichen geschrieben werden und dessen Hardware temporär auf dem Bildschirm übertragen wird. In Abhängigkeit des verwendeten Mono- oder Color-Bildschirms werden zwei verschiedene Speicherbereiche verwendet. Diesen Zusammenhang verdeutlicht die Abbildung 4.10.

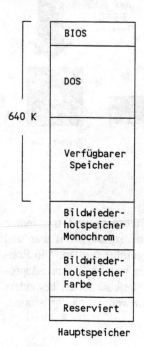

Abb. 4.10: Bildschirmwiederholspeicher für Mono-Bildschirme

Abbildung 4.10 verdeutlicht, daß der Bildschirmwiederholspeicher oberhalb des 640 KB Bereiches liegt. Die 640 KB bleiben also für DOS und DOS-Programme verfügbar. Die immer leistungsfähigeren DOS-Programme erfordern aber immer größerer Speicherraum, so daß die 640 KB als Einschränkung empfunden wird.

Die zweite Unterscheidung betrifft die sog. logischen Laufwerke. Die RAM-Disk z.B. ist ein solches Laufwerk. Festplatten mit einer Speicherkapazität von mehr als 32 MB müssen bis DOS 3.3 oder können ab DOS 4.0 in mehrere Partitionen bzw. logische Laufwerke unterteilt werden. Aus einem physikalischem Laufwerk werden dadurch mehrere verschiedene logische Laufwerke, die durch logische Laufwerksbezeichnungen des DOS repräsentiert werden.

Die dritte Gliederungsmöglichkeit ist eine rein logische Unterteilung. Seit DOS 1.0 wird das an UNIX angelehnte Konzept der hierarchischen Verzeichnistechnik auch unter DOS unterstützt. Um die auf einem großen Speichermedium gespeicherten Daten nicht zu unübersichtlich werden zu lassen, war ein Ordnungskriterium erforderlich, das eine Gruppierung der einzelnen Daten zuließ. Die einzelnen Dateien, die kleinste logische Zugriffseinheit für DOS, werden in Verzeichnissen gruppiert und auf diese Weise logisch geordnet.

Unter DOS werden Programme im **Real Mode** ausgeführt, der einen beliebigen Zugriff auf alle Hardwarekomponenten gestattet. Sie können damit beliebige Ein- und Ausgabeoperationen, direkte Speicher- und Hardwarezugriffe durchführen. Da unter DOS nur ein Programm ablaufen kann, führt dies zu keinen Schwierigkeiten. Damit wird deutlich, daß DOS keine Multitasking-Fähigkeiten besitzt, wie andere Betriebssysteme (OS/2 oder Windows NT). Ein Multitasking-System simuliert die gleichzeitige Abarbeitung mehrerer Programme. Ein Rechner mit nur einem Prozessor ist physikalisch aber auf die Abarbeitung eines Programms beschränkt. Daher wird der Eindruck der simultanen Abarbeitung durch schnelles Wechseln zwischen den verschiedenen Programmen erweckt. Lediglich der DOS-Befehl PRINT kann als Multitasking bezeichnet werden. Nach der Abgabe dieses Befehls, wird mit dem Ausdruck der angegebenen Datei im Hintergrund begonnen. Dabei können weitere Befehle in Vordergrund ausgeführt werden.

DOS unterteilt die zur Verfügung stehenden Speichermedien in drei wesentliche Komponenten. Die erste Unterteilung folgt den physikalischen Gegebenheiten. Gemeint ist die Bezeichnung der verschiedenen Laufwerke. Jedes installierte Laufwerk - ob Disketten oder Festplattenlaufwerk - verfügt über eine eigene Laufwerksbezeichnung. Maximal 26 Laufwerksbezeichnungen sind unter DOS möglich. MS-DOS ist die meistbenutzte Stand-alone-Version mit etwa 120 Mio. Installationen (Stand: Ende 1991). Die gegenwärtig genutzte Version 5.0 wird durch die weiterhin 16-Bit-Version 6.0 abgelöst. Es wird damit gerechnet, daß erst mit Version 7.0 ein 32-Bit-Betriebssystem folgen wird, das zugleich mit MS-Windows 4.0 integriert ist.

Die wesentlichen Neuerungen von **MS-DOS 6.0** sind auf drei Bereiche gerichtet. Zunächst wird es im LAN verbessert, wobei dies für die Kommunikation mit Windows für Workgroups und LAN-Manager gilt. An zweiter Stelle ist die Utility-Sammlung zu nennen. Hier sind einige Erweiterungen in bezug auf Antiviren-Software, Undelete-Funktionen und Datenkomprimierung auf der Platte bedeutungsvoll. Schließlich wird DOS 6.0 Window-verträglich.

4.2.5.3 OS/2

OS/2 wurde 1987 zeitgleich mit der zweiten Generation von Personal Computern, den sog. PS/2 Geräten, vorgestellt. Es wurde für den IBM PC AT und kompatible Rechner entwickelt, die über den 80286-Prozessor verfügen. Der 80286 ist der Nachfolger des im IBM PC verwendeten 8088-Prozessors. Neben einer erhöhten Verarbeitungsgeschwindigkeit bietet der 80286 auch die Möglichkeit des **Protected Mode** an, der bei dem IBM PC mit dem 8088-Prozessor noch nicht verfügbar war. Der Protected Mode ermöglicht eine genaue Kontrolle über die einzelnen Programme. Allerdings müssen in diesem Fall die Rechner mit einem 80286- oder 80386-Prozessor ausgestattet sein. Im Gegensatz zu Programmen im Real Mode können Programme im Protected Mode koordiniert werden. Sie dürfen keinen direkten Zugriff auf den Speicher, keine direkten Ein- und Ausgabeoperationen oder Zugriffe auf Hardwaregeräte ausführen. Somit garantiert der Protected Mode den simultanen, ungestörten Ablauf mehrerer Anwenderprogramme. Damit wird deutlich, das der im OS/2 verwendete Protected Mode eine Vorraussetzung für die bestehende Multitasking-Fähigkeit dieses Betriebssystems ist. Zudem stehen dem Anwender 16 MB Hauptspeicher zur Verfügung.

Unter den vielen Rahmenbedingungen, die bei der Entwicklung von OS/2 zu berücksichtigen waren, war die Erhaltung der Kompatibilität zu DOS. Durch die hohe Anzahl der DOS-Programme, ist für den Erfolg von OS/2 wichtig, eine Möglichkeit zur Verfügung zu stellen, die es erlaubt DOS-Programme ablaufen zu lassen. OS/2 unterstützt sowohl Real Mode als auch Protected Mode Anwendungen, wobei mehrere Protected Mode Anwendungen simultan ausgeführt werden können; es kann aber auch ein Real Mode Programm ausgeführt werden. Um die Kompatibilität wirklich vollständig zu sichern, verwendet OS/2 dasselbe Diskettenformat wie DOS. Somit kann OS/2 Disketten lesen, die unter DOS geschrieben wurden und umgekehrt. Allerdings dürfen unter OS/2 vor allem 1,2 MB Disketten verwendet werden.

Im Gegensatz zum DOS hat OS/2 die Fähigkeit, die 640 KB Speichergrenze zu überschreiten. Allerdings ist dieses nur für Programme im Protected Mode möglich. Dabei wird eine **virtuelle Speicherverwaltung** verwendet, die letztlich Programme beliebiger Größe zuläßt. Die virtuelle Speicherverwaltung verfügt über eine Möglichkeit der indirekten Adressierung, die eine Kontrolle der einzelnen von den Anwendungen verwendeten Speicherplätze erlaubt. Anwendungsprogramme unter OS/2 können nicht den physikalischen Speicherplatz ansprechen, sondern sprechen ihren virtuellen Speicher an, der dann von OS/2 auf den physikalischen Hauptspeicher abgebildet wird. OS/2 bildet den virtuellen Speicher, indem es größere Programme in kleinere Segmente zerlegt, von denen nur diejenigen in den physikalischen Hauptspeicher geladen werden, die gerade benötigt werden. Der Rest bleibt auf der Festplatte bestehen. Wenn der Hauptspeicher voll ist, werden Segmente, die für den Ablauf von Programmen nicht benötigt werden, aus dem Speicher ausgelagert, und zwar auf die Festplatte oder Diskette. Danach werden benötigte Segmente in den nun frei gewordenen Speicherraum geladen. Dies wird als Segmentwechsel (Swapping) bezeichnet.

Ähnlich werden **virtuelle Peripheriegeräte** simuliert. Damit kann der Eindruck erweckt werden, daß jedes Anwendungsprogramm seinen eigenen Bildschirm, seine eigene Tastatur und seinen eigenen Drucker besitzt. Jede Anwendung verwendet ihre eigenen virtuellen Geräte, so daß eine gegenseitige Beeinflussung nicht möglich ist.

OS/2 arbeitet seit der Version 1.2 (1990) mit dem sog. **Presentation Manager**, der die Schnittstelle zwischen Benutzer und Programmen ist. Er besteht aus verschiedenen Gruppen, in denen einige Anwendungen untergebracht sind. Der OS/2 Presentation Manager nutzt die graphische Benutzeroberfläche und weist große Ähnlichkeiten mit MS-Windows auf. Er erlaubt einen Start und die Anzeige mehrerer paralleler OS/2 Anwendungsprogramme. Er stellt nicht nur eine Benutzeroberfläche für OS/2, sondern eine einheitliche Oberfläche sowohl für das Betriebssystem als auch für Anwendungsprogramme dar. Diese Ähnlichkeiten sind nicht verwunderlich, da Microsoft federführend an der Entwicklung von MS-Windows und OS/2 beteiligt war. Microsoft arbeitet auch in der OSF/Motif-Gruppe mit, die Standardisierungen für graphische Oberfläche vornehmen, so auch für die graphische Benutzerschnittstelle von Macintosh. Version 1.2 verfügt über ein Hypertext-Hilfesystem und ein neues Dateisystem, das **HPFS** (High Performance File System). Das Dateisystem ist DOS-kompatibel. Dateinamen unterliegen zudem nicht mehr der Beschränkung auf acht Zeichen. OS/2 erlaubt bis zu 256 Zeichen, die eine bessere Beschreibung erlauben. Mit dem HPFS ist außerdem ein Festplatten-Cache mit maximal 2 MB möglich. Version 2.0 ist für Prozessoren ab dem 80386 konzipiert. Das System benötigt allerdings 30 MB Platz auf der Festplatte und einen Hauptspeicher von 8 MB.

4.2.5.4 MS-Windows

MS-Windows ist eigentlich kein Betriebssystem, da es ohne DOS nicht einsetzbar ist. Das bedeutet, daß DOS das eigentliche Betriebssystem ist und Windows ein Aufsatz. Allerdings ermöglicht MS-Windows dem Anwender DOS-Befehle wie Formatieren oder Kopieren auf seiner graphischen Oberfläche. Diese Befehle können gleichzeitig laufen, womit MS-Windows Multitasking-fähig ist. Es verfügt über eine eigene **API** (Application Program Interface; Benutzerprogramm-Schnittstelle). Sie ist eine definierte Schnittstelle für Programmierer. Hier sind Routinen definiert, die Aufgaben wie das Zeichnen von Kreisen und Linien, das Löschen des Bildschirminhaltes etc. ermöglichen. Ein Programmierer, der ein Programm für die graphische Benutzeroberfläche Windows schreiben will, kann sich diesen Routinen bedienen. Mit Windows kann man zudem jedes DOS-Programm starten - ohne jedoch die graphischen Elemente von Windows in diesen Programmen nutzen zu können. Die gleichzeitige Ausführung mehrerer Programme übernimmt der **Programm-Manager**. Mit ihm können die Aufgaben simultan auf dem Bildschirm ausgegeben werden. Der Programm-Manager ermöglicht das Starten von Programmen, die Darstellung der Größe und der Art der virtuellen Bildschirme für die einzelnen Anwenderprogramme und den Zugriff auf externe Geräte. Außerdem verfügt er über Pull-Down-Menüs, die in der Regel mit der Maus bedient werden. Um Anwendungen zu starten und zwischen mehreren Programmen gezielt hin- und herschalten zu können, kann aber auch mit Tastenkombinationen gearbeitet werden. Der Überblick über die vorhandenen Programme wird mit dem Programm-Manager erhöht. Wenn unter MS-Windows ein neuer Bildschirm aktiviert werden soll, dann wird der aktuelle Bildschirmbereich geteilt und die eine Hälfte für das neue Fenster verwendet. Der Aufbau der Fenster sieht wie folgt aus (Abbildung 4.11):

- Randbereich,
- Fensterbereich für Informationen,
- horizontal und vertikal bewegliche Auswahlmarken,
- Menüzeile,
- Systemsymbol und
- Symbole für minimale und maximale Fenstergrößen.

Die Bedeutung der einzelnen Bereiche sind die folgenden:

- Der Randbereich trennt die einzelnen Fenster voneinander.
- Die Kopfzeile dient der Identifikation des Fensters.
- Der Fensterbereich dient als eigentlicher Ausgabebereich.
- Jedes Fenster verfügt über eine oder zwei Marken, die zum Verschieben des sichtbaren Fensterbereiches verwendet werden können.

4.2 Betriebssystem

- Die Menüzeile enthält die Stichworte für Pull-Down-Menüs.
- Das Systemsymbol aktiviert das Systemmenü.
- Das Symbol für die maximale Fenstergröße erlaubt, das Fenster auf die volle Bildschirmgröße auszudehnen.
- Das Symbol für die minimale Fenstergröße erlaubt, das Fenster auf die volle Bildschirmgröße zu reduzieren.

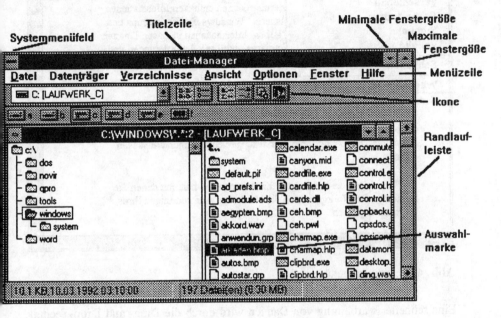

Abb. 4.11: Aufbau eines Fensters unter MS-Windows

Windows verfügt ferner über Dialogfenster (Abbildung 4.12).

Die Programme werden gestartet, indem man den Namen des Programmes durch einen Doppelklick auswählt. Sofern es nicht ausführbar ist, erscheint eine entsprechende Fehlermeldung. Man kann von MS-Windows aus sowohl Windows-Programme als auch DOS-Programme starten, die sich in der Dateikennung (EXE) nicht unterscheiden. Außerdem verfügt MS-Windows über einen **Datei- und Programm-Manager**, mit dem der Benutzer Dateien und Verzeichnisse verschieben, kopieren oder umbenennen kann. Im Gegensatz zu DOS werden hier nicht nur die Dateinamen des jeweiligen Verzeichnisses angezeigt, sondern auch die Namen aller Unterverzeichnisse. Um bspw. ein Verzeichnis mit 64 Verzeichnissen und jeweils fünf Unterverzeichnissen darzustellen, braucht der Datei-Manager ca. acht Sekunden. Auch die Inhalte mehrerer Laufwerke und deren Verzeichnisse können gleichzeitig im Fenster angezeigt werden. Durch eine geteilte Ansicht sieht man auf der linken Seite die Verzeichnisliste und auf der rechten Seite den Inhalt des geöffneten Verzeichnisses. Auf diese Weise lassen sich Verzeichnisse durchsuchen, ohne ein zusätzliches Fenster öffnen zu müssen.

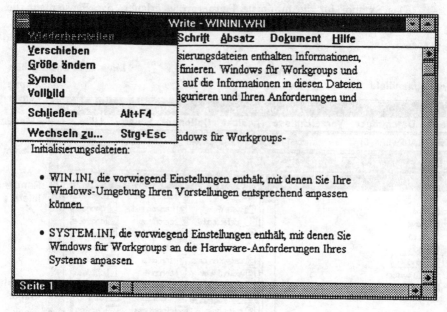

Abb. 4.12: Systemmenü

Eine schnelle Bearbeitung von Dateien wird durch die Drag- and Drop-Technik (Ziehen und Ablegen) realisiert. Dabei lassen sich Dateien leicht aus einem Verzeichnis in ein anderes schieben oder kopieren. Wesentlich ist dabei die Leistungsfähigkeit des eingesetzten Rechners. Dieser ist im Regelfall ein Prozessor mit der Leistungsstärke eines 386DX aufwärts. Die folgende Abbildung 4.13 zeigt den Aufbau des Datei-Managers.

Ein weiteres wichtiges Programm in MS-Windows ist der **Task Manager**. Er wird benötigt, wenn der Anwender zwischen zwei aktiven Programmen hin- und herschaltet. Schließlich hat Microsoft eine weitere Technik mit OLE (Object Linking and Embeding) eingeführt. Mit ihrer Hilfe kann der Benutzer Verbunddokumente erzeugen. Das sind z.B. Texte, in die eine Graphik oder Musik integriert ist.

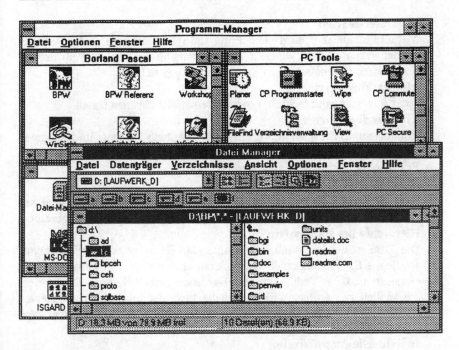

Abb. 4.13: Aufbau des Programm- und Datei-Managers

4.2.5.5 UNIX

1969 entstand die erste UNIX-Version, die von der amerikanischen Firma AT & T entwickelt wurde. Seit 1983 ist UNIX in der Version V verfügbar. Die neueste Entwicklung ist in der Version UNIX SVR4 (System V, Release 4) zu sehen, das 1989 auf den Markt kam. Ihre Bildoberfläche ähnelt der DOS-Windows-Bildoberfläche. Auf der Festplatte belegt diese Version mindestens 40 MB.

Der größte Vorteil von UNIX gegenüber anderen Betriebssytemen ist die Portabilität. Das Betriebssystem ist in der höheren Programmiersprache C geschrieben, die schnelle Änderungen erlaubt, wenn das Programm auf einen anderen Rechner übertragen wird. Gleichzeitig sind aber nur wenige Änderungen notwendig, um es von einem Rechner auf einen anderen zu übertragen. Bei diesem Vorgang müssen weniger als 10 % des Codes geändert werden. Deshalb wird UNIX als ein Betriebssystem angesehen, das bei Bedarf auf allen Rechnern verfügbar ist. Derzeit gibt es zahlreiche UNIX-Derivate. So heißt UNIX bei Siemens SINIX, bei Microsoft XENIX und bei IBM AIX. Letztlich zeigt die Endung "IX" immer an, daß es sich um eine UNIX-Version handelt. Weitere wichtige Eigenschaften von UNIX sind die folgenden:

- **Multiuser-Betrieb**
  Mehrere Benutzer können gleichzeitig am System arbeiten. Jeder Benutzer meldet sich mit einer eigenen Namenskennung und einem Paßwort an. Seine Daten sind damit durch Zugriffsrechte geschützt.
- **Multitasking-Betrieb**
  Jeder Benutzer kann mehrere Programme parallel ablaufen lassen.
- **Timesharing-Betrieb**
  Wenn mehrere Prozesse gleichzeitig ablaufen, muß der Platz im Hauptspeicher oder im Prozessor abwechselnd den einzelnen Prozessen, nach einem Prioritätenschema zugewiesen werden.
- **Interaktivität**
  Jeder Benutzer kann von seinem Terminal dialogorientierte Programme aufrufen, Daten eingeben und erhält die Ergebnisse am Bildschirm angezeigt.
- **Hierarchisches Dateisystem**
  Die Dateien werden, ähnlich wie unter MS-DOS, in einer Baumstruktur abgelegt. Es gibt normale und Gerätedateien, die Hinweise auf die Geräteart und die Verbindung zur Hardware enthalten sowie Directories, die ähnlich wie Ordner wirken und die Liste der unter ihnen abgelegten Dateien, Geräte und weiteren Directories beinhalten. Das Dateisystem kann auf mehreren Platten aufgeteilt sein.
- **Individuelle Zugriffsrechte**
  Über Zugriffsrechte wird festgelegt, wer die Dateien, Geräte, Directories Ansehen (Lesen - Read), Verändern (Schreiben - Write) und Ausführen (Execute) darf.
- **Verfügbarkeit zahlreicher Sprachen**
  C, BASIC, FORTRAN77, COBOL, PASCAL, LISP, PROLOG, ADA, APL, MODULA-2 etc. sind unter UNIX Compiler verfügbar.

Die Leistungsfähigkeit von UNIX ist direkt vom vorhandenen Arbeitsspeicher abhängig, d.h. je mehr RAM (mindestens 512 KB) vorhanden ist, desto schneller arbeitet UNIX. Das Programm wird durch ein sog. **Bootstrap-Programm** gestartet. Dabei werden dem Systemverantwortlichen, der als Systemverwalter oder auch als Superuser bezeichnet wird, folgende typische Fragen gestellt, die jedoch von Version zu Version unterschiedlich sein können:

- Wollen Sie im Multiuser-Modus oder im Singleuser-Modus arbeiten?
- Ist das Datum korrekt?

Die **File-Struktur** von UNIX ist hierarchisch konzipiert - ähnlich wie im MS-DOS. Ein **File** (**Datei**) setzt sich aus einer Aufeinanderfolge von Bytes auf dem Massenspeicher (Disk) zusammen. Die Zusammenfassung mehrerer Files in Gruppen ergibt eine Directory. In ihm können nun weitere Directories stehen, so daß sich daraus eine Baumstruktur von Directories ergibt. Das oberste und erste Directory nennt sich **Root** und ist gewissermaßen die Wurzel des Filebaumes.

Der Systemverwalter hat die Aufgabe, UNIX-Benutzern, die im Multiuser-Modus arbeiten wollen, eine Erlaubnis zu erteilen. Damit wird deutlich, daß in UNIX eine strenge Ordnung zwischen Systemverwalter und Benutzer besteht. Der Systemverwalter ist ebenfalls registriert. Er wird unter der internen Kenn-Nummer "0" geführt und trägt den Namen Root. Mit dem Namen Root meldet sich der Systemverwalter am System an. Er hat übergeordnete Rechte. Nur er kann weitere Benutzer eintragen. Der Eintrag wird in der Datei /etc/passwd vorgenommen. In dieser Datei /etc/passwd sind sämtliche Benutzer wiederzufinden, die jeder für sich eine Zeile beanspruchen. Die Daten der Benutzer wiederum sind durch Doppelpunkte voneinander getrennt. Folgende Informationen werden dabei erfaßt:

- der Name des Benutzers,
- ein Paßwort (Geheimwort, Code), das allerdings nur über ein spezielles Programm eingetragen und verändert werden kann,
- eine Kenn-Nummer (fortlaufende Numerierung),
- eine Gruppen-Nummer,
- ein Kommentarfeld, in dem der vollständige Name des Benutzers, seine Adresse, Telefon-Nummer vermerkt werden,
- die Angabe, unter welchem Zweig er im Dateisystem arbeitet und
- die Angabe des Programmes, das nach dem Anmelden gestartet wird.

Ein Betriebssystem-Kommando nimmt im UNIX-System eine besondere Stellung ein. Es ist der "Shell-Kommandointerpreter", der entgegen anderen Betriebssystemen ein ganz normales Betriebssystem-Kommando ist. Einer der Vorteile dieses Konzepts ist, daß im Prinzip jeder Benutzer einen selbst konfigurierten Kommandointerpreter verwendet, der speziell auf seine Bedürfnisse zugeschnitten ist. Auch ist es möglich, UNIX auf der Kommandoebene wie ein anderes Betriebssystems erscheinen zu lassen. Die sog. Umleitungsfunktion (I/O-Redirection) ist ein weiterer wichtiger Begriff in Zusammenhang mit der Shell von UNIX. In vielen Betriebssystemen ist eine relativ enge Zuordnung zwischen logischer und physikalischer Ein-/Ausgabeeinheit gegeben. Unter UNIX können die Ein- und Ausgabeströme beliebig definiert werden.

4.2.5.6 WINDOWS NT

Die neueste Entwicklung bei den Betriebssystemen ist Windows NT. Während MS-DOS-Windows eine graphische Betriebssystem-Oberflächenerweiterung ist, wurde Windows NT als neues Betriebssystem von Microsoft mit der neuen Prozessor-Architektur RISC-CPU R4000 vorgestellt. Es besitzt die gleiche Oberfläche und eine ähnliche API (Application Program Interface) wie Windows. Außerdem braucht Windows NT kein DOS mehr zum Starten und es ist deshalb als ein eigenständiges Betriebssystem zu betrachten.

Bei Windows NT handelt es sich um ein echtes 32-Bit-Betriebssystem, das über ein neues Dateisystem verfügt und eine Mehrprozeßverarbeitung (Multithreading und Multitasking) bietet. Unter **Multithreading** versteht man die zeitgleiche Erledigung mehrerer Prozesse, während **Multitasking** dieses nur simuliert. Windows NT läuft auf Geräten mit einem 80386- oder 80486- Prozessor bzw. auf RISC-Rechnern mit einem Mips-R-3000/4000-Prozessor; die Alpha Chip von Digital Equipment sind ebenfalls kompatibel. Windows NT und der R4000- Prozessor werden durch die ACE-Gruppe (Advanced Computing Environment) unterstützt. Der ACE-Gruppe gehören 85 Mitglieder an, darunter Compaq, DEC, Mips, Microsoft und SCO. Diese Gruppe betreibt im gleichen Zusammenhang Standardisierungen. Diese sind auf folgende Punkte gerichtet:

- geschütztes 32-Bit-System und 32-Bit-Windows-Applikationen,
- geprüfter Zugriffsschutz und integrierte Netzfähigkeit,
- Unterstützung symmetrischer Multiprozessorsysteme und Hochleistungs-Ein-/Ausgabeoperationen.

Windows NT ist ein File-Server-System. Es unterstützt symmetrische Prozesse, d.h. die Leistung mehrerer Prozessoren werden gleichzeitig genutzt. Das neue Dateisystem in Windows NT heißt **NTFS** (New Technology File System). Neben diesem 32-Bit-Dateisystem wird aus Kompatibilitätsgründen aber weiterhin das DOS-, OS/2-High Performance- und das CD-ROM-Dateisystem unterstützt. Somit funktionieren DOS- und 16-Bit-Windows-Anwendungen ebenso unter Windows NT wie zeichenorientierte OS/2-Programme; die graphikorientierten jedoch nicht. Ein Zugriff auf Programme anderer Betriebssysteme wird durch Programmschnittstellen ermöglicht. Diese werden als Subsysteme bezeichnet. Auf jedem Dateisystem von Windows NT (NTFS) befinden sich elf Systemdateien. Diese benötigen ungefähr 4 MB von der vorhandenen Festplattenkapazität.

Es zeichnet sich durch eine hohe Portabilität aus, da etwa 50 KB des Quellcodes hardwareabhängig sind, der Rest ist größtenteils mit objektorientierter C-Programmierung schnell auf neue Systeme zu übertragen. Windows NT benötigt durch seine 32-Bit-Architektur einen 4 GB großen Arbeitsspeicher. Um diese Kapazität vollständig ausnutzen zu können, optimiert sich Windows NT selbsttätig und besetzt den gesamten Arbeitsspeicherbereich. Allerdings verteilt der RAM das System unter den gerade aktiven Anwendungen, so daß es zu keinen größeren Schwierigkeiten kommen kann.

Damit wird deutlich, daß es sich bei Windows NT um eine Kombination aus Schichtensystem und Client-Server-Modell handelt. Letzteres ist vor allem wichtig für die Kommunikation der verschiedenen Subsysteme (NT-Server) mit 32-Bit-Windows-, 16-Bit-Windows oder UNIX-Programmen (NT-Clients). Der Client (Kunde) schickt seine Nachricht über einen Boten an einen Server

(Diener); dieser rotiert ständig, um jeden Auftrag aufzunehmen und weiterzuleiten. Das Schichtenmodell hingegen arbeitet unter dem Client-Server-Modell. Da Windows NT in mehrere Schichten (Subsysteme) unterteilt ist, werden die Prozesse jeweils an die darunterliegende Ebene weitergeleitet. Man spricht in diesem Fall von einem Schichtenmodell, wobei die Subsysteme eindeutig voneinander getrennt sind.

Für Computereinrichtungen sind von dem US-amerikanischen Verteidigungsministerium vier verschiedene Sicherheitsklassen, A bis D sowie mehrere Unterklassen, festgelegt worden. Dabei ist D die niedrigste und A die höchste Stufe. Windows NT erreicht hierbei das Level C2 und garantiert somit eine Sicherheit für den Anwender. Dieser kann seine Dateien vor anderen schützen, uneinsichtig machen und entscheiden, wer diese benutzen darf. Dazu protokolliert das System, wer wann auf welche Dateien zugreift.

Windows NT besitzt gegenüber Windows 3.1 eine neue Programmgruppe, in der sich Verwaltungsprogramme befinden. Hier kann der Systemverwalter neue Anwender eintragen, unerwünschte aus dem System entfernen oder Logdateien, also Dateien in den die Daten der Anwender zu finden sind, einsehen. Hinzu kommt, daß noch drei Programme diese Verwaltungsgruppe unterstützen. Hierbei handelt es sich um ein Back-up-Programm, ein Monitor-Programm zur Kontrolle der Rechnerleistung und ein Festplatten-Manager, der es dem Systemverwalter erlaubt, Partitionen zu erzeugen, zu löschen oder zu betrachten. Mit Hilfe des Festplatten-Managers können mehrere Partitionen zu einer logischen Partition verknüpft werden. Das bedeutet, daß bei Ausschöpfung der Festplattenkapazität eine zweite Festplatte hinzugefügt werden kann.

4.2.5.7 Sonstige Betriebssysteme (Proprietary Operating Systems)

4.2.5.7.1 Geoworks Ensemble 1.2

Das Betriebssystem **Geoworks Ensemble** besitzt eine graphische Oberfläche, die der von Windows in ihrem Aufbau ähnelt. Ebenso wie bei Windows findet sich am oberen Bildschirmrand ein Pull-Down-Menusystem, in dem je nach aktiver Anwendung verschiedene Funktionen zur Verfügung stehen. Allerdings erlaubt Geoworks kein Multitasking mit MS-DOS-Anwendungen. Beim Aufruf einer DOS-Applikation wird die momentane Zustand des Systems angehalten und im Arbeitsspeicher abgelegt. Danach verläßt Geoworks den Arbeitsspeicher und lädt die MS-DOS-Anwendung von der Festplatte aus. Nach Beendigung der DOS-Anwendung lädt der im Arbeitsspeicher verbliebene Rest Geoworks wieder, und zwar so, wie vor dem Aufruf des MS-DOS-Programms. Anders dagegen ist es bei den für Geoworks speziell entwickelten Programmen. In diesem Fall ist das Programm ein vollwertiges Multitasking-System. Die Fenster werden wie bei Windows mit der Maus geöffnet und geschlossen.

Die interne Steuerung dieses Betriebssystems läuft wie bei Windows über Botschaften ab. Der große Unterschied zu Windows ist, daß Geoworks intern objektorientiert programmiert ist. Man kann also über von Systemobjekten Instanzen ableiten, Methoden überschreiben und sie so erweitern. Außerdem arbeitet Geoworks prinzipiell im 8088-kompatiblen Real-Mode der Intel-Prozessoren. Ist das System mit mehr als 1 MB Speicher ausgestattet, kann Geoworks diesen als Auslagerungsbereich nutzen, d.h. praktisch als RAM-Disk.

Voraussetzung für die Installation diese Betriebssystems ist ein IBM-kompatibler PC mit Graphikkarte, Festplatte, MS-DOS ab Version 2.0 und ein Arbeitsspeicher von mindestens 512 KB.

4.2.5.7.2 Ergos-L3

Ergos-L3 ist ein Multitasking- und Multiuser-Betriebssystem, das keine MS-DOS-Erweiterung für Rechner mit einem 80386 Prozessor ist, sondern ein komplettes Betriebssystem, das mit Hilfe eines Emulators auch MS-DOS-Software verarbeitet. Ergos-L3 verwaltet den Arbeitsspeicher und die Festplatte als einheitlichen virtuellen Adreßraum. Dem Benutzer bleibt das virtuelle Management dieses Adreßraumes verborgen. Das Konzept dieses Systems ist prozeßorientiert, was grundlegend von MS-DOS und UNIX unterscheidet. Ein vom Zustand des Betriebssystems unabhängiges Dateisystem ist nicht vorhanden. Statt dessen basiert Ergos-L3 auf Prozessen (Tasks). Sämtliche Tasks sind hierarchisch als Baumstruktur angelegt. Die Kommunikation zwischen den Prozessen findet über ein Mailsystem statt, über das man Datenräume (Dateien) also auch Dateien, versenden und empfangen kann. Zur Systemsicherheit stellt das Betriebssystem eine sogenannte Fixpunkt-Sicherung zur Verfügung. In wählbaren Abständen ab fünf Minuten sichert Ergos-L3 den kompletten Systemzustand auf die Festplatte.

Ergos-L3 benötigt eine Festplatte mit 30 MB Kapazität und einen Arbeitsspeicher von mindestens 2 MB. Kompliziert gestaltet sich das verwenden von MS-DOS-Anwendungen. Um eine MS-DOS-Applikation zu starten, muß man zunächst einen DOS-Task anlegen. Dieser Task läuft im virtuellen 8086-Mode des 80386-Prozessors. Dabei werden dann die verschiedene Systemfunktionen von der MS-DOS-Version 3.3 emuliert. Dazu muß der Kommandointerpreter COMMAND.COM von der Diskette geladen werden.

Ergos-L3 ist in der Programmiersprache Elan geschrieben worden und bietet somit den Vorteil, das der Zugriff auf Dienste des Betriebssystems und selbst interne Datenstrukturen kein Problem darstellen.

4.2.5.7.3 VM/386

Das Betriebssystem **VM/386** stellt eine Multitasking-Erweiterung für MS-DOS dar und besitzt eine übersichtliche Oberfläche, die jedoch nicht dem SAA-Standard entspricht. Dieses Betriebssystem ist mit dem Ziel entwickelt worden, Rechner mit dem 80386- und 80486-Prozessor effektiver ausnutzen zu können. VM/386 stellt eine Benutzeroberfläche zur Verfügung. Das System benötigt ca. 800 KB Arbeitsplatz.

Es basiert auf der Fähigkeit der 80386- und 80486-Prozessoren, mehrere 8086-Prozessoren zu simulieren. Ein 8086 ist voll kompatibel zum 8088, dem Prozessor der XTs, verfügt jedoch über einen 16 Bit breiten Datenbus. Zwischen diesen virtuellen Prozessoren schaltet der 80386-Prozessor als Kontrollinstanz nach einem bestimmten Schema um. So erhält jeder Prozessor in gewissen Abständen kurzfristig die Möglichkeit, Befehle auszuführen. Außerdem teilt VM/386 die Systemressourcen dem gerade aktiven Prozeß wie Bildschirm und Festplatte zu. Jeder der einzelnen 8086-Rechner verhält sich wie ein eigenständiges Computersystem, das seinen eigenen Speicherbereich und seine eigene Peripherie hat. Dadurch kann man MS-DOS-Anwendungen problemlos starten, die auch auf einem Computer der XT-Klasse einsetzbar sind.

4.2.5.7.4 Desqview 386 2.4

Bei dem Betriebssystem Desqview handelt es sich um eine Multitasking-Einheit, die MS-DOS praktisch aufgesetzt wird. Dadurch wird ein Multitasking-Betrieb möglich. Die erste Version von Desqview entstand 1981 und erlaubt den Multitasking-Betrieb von MS-DOS-Programmen im Fenster. Dieses Betriebssystem kann mit Hilfe einer eigenen Speicherverwaltungssoftware ("Quemm") die besonderen Eigenschaften des 80386-Prozessors nutzen. Desqview arbeitet mit dem vollständigen Speicherausbau des Rechners und kann Zugriffe auf den Bildschirmspeicher abfangen. Diese werden dann in den virtuellen Bildschirm umgeleitet. Bei Graphikbildschirmen ist das Ergebnis allerdings als nicht zufriedenstellend zu bezeichnen.

Bei Desqview versteht man unter einem Task ein Fenster, das aus dem Hauptmenü heraus geöffnet werden kann. Bei Anschluß einer Maus wird der Menüpunkt mit dem Zeigegerät angeklickt. Da alle verfügbaren Tasks erst in der Programmliste stehen müssen, ist es erforderlich, für jedes Programm eine Programminformationsdatei anzulegen. Das wird mit Hilfe des PIF-Editors ausgeführt. Für die meisten Standardanwendungen stellt Desqview mitgelieferte PIF's zur Verfügung und sucht während der Installation nach ihnen, um die Anwendung sofort im Taskmenü einzubinden. Die maximale Größe eines Task wird von dem Programm bestimmt, was vor Desqview resident geladen wurde. Wenn man alle Funktionen des "Quemm"-Speichermanagers ausnutzt, kann man ca. 580 KB des verfügbaren Speichers für eine Anwendung einsparen.

Wird ein Fenster geöffnet, kann man den Ablauf des Systems auf vielfältige Weise beeinflussen. Mit der Alt-Taste wird das Desqview-Menü aufgerufen, von wo aus man die Größe des Fensters verschieben, verstecken oder einfrieren kann. Eingefrorene Fenster halten in der Ausführung inne und stellen somit Rechenzeit für andere Prozesse zur Verfügung. Um der Anwendung nicht alle Rechenzeit zu nehmen, wird vom Benutzer interaktiv die Zeitscheibenverteilung geändert. Dabei werden vom Anwender unterschiedliche Werte im Vorder- oder Hintergrund angegeben. Wenn vom Benutzer mehr Prozesse geöffnet werden, als die Speicherkapazität des Rechners zuläßt, lagert Desqview einen Task auf die Festplatte aus. Dadurch wird diese Anwendung augenblicklich stillgelegt.

Ein weiterer wichtiger Punkt in dem Desqview-Menü stellt die "Cut&Paste" Funktion dar. Dabei wird ein Bereich auf dem Textbildschirm einer Tabellenkalkulation markiert, der dann beim Wechseln in den Task einer Textverarbeitung von Desqview als Text eingeben wird.

Alle Aktivitäten innerhalb einer Anwendung oder im Desqview-Menü kann man als Tastenmakro aufzeichnen, speichern und als Tastenkombination stets abrufen. Dadurch werden immer wiederkehrende Aktivitäten automatisiert.

4.2.6 Betriebssysteme der Mainframes

Die gegenwärtig benutzten Betriebssysteme haben unterschiedliche Merkmale bzw. Eigenschaften. Einige Betriebssysteme sind unter ihren Namen bekannt. Sie geben gleichzeitig Hinweise darauf, wie Aufträge, Jobs und Daten "gemanaged" werden:

- DOS (Disk Operating System),
- VS (Virtueller Speicher),
- MCP (Master Control Program) und
- NOS (Network Operating System).

Die **Betriebssysteme** der Mainframes sind sog. **proprietäre Systeme**. Sie wurden von den Herstellern ausschließlich für ihre Produkte entwickelt. Sie sind auf fremder Hardware nicht lauffähig. Nachdem in der betrieblichen Datenverarbeitung weltweit IBM-Mainframes dominieren, beherrschen deren Betriebssysteme auch die Mainframe-Welt. Außer IBM sind Betriebssysteme von SNI (Siemens-Nixdorf), Unisys, Bull, CDC etc. bekannt. Da der Entwicklungsaufwand enorm hoch liegt, operieren die meisten Mainframes mit (verbesserten, aktualisierten) Betriebssystemen der 60er und 70er Jahre.

Das älteste Betriebssystem dieser Kategorie ist das **DOS** (Disk Operating System), das zusammen mit dem TP-Monitor **VSE** (Virtual Storage Extended) vertrieben wurde. Als vergleichbar dazu gilt das BS2000 von Siemens, das später auch auf die Siemens PC's migriert wurde. Auf DOS folgt in den 70er Jahren **MVS/ESA** (Multiple Virtual Storage/Enterprise Systems Architecture), das die Stapelverarbeitung ablöste und transaktionsorientiert war. Es wurde für das Handling mit umfangreichen Datenmengen (mehrere Billionen Bytes) konzipiert. Es erreicht sehr gute Zugriffszeiten bei hoher Datensicherheit und -integrität. Als ein übergeordnetes Betriebssystem wurde **VM/ESA** (Virtual Machine) entwickelt. Es dient vor allem der interaktiven Datenverarbeitung; es übernimmt Server-Funktionen (Stapelverarbeitung, Spooling, Datenbank), also verwaltet bestimmte Ressourcen; es dient als Gastsystem für Betriebssysteme, die unter VM laufen, wie MVS, UNIX. Als weltweiter Standard dürfte MVS/ESA gelten.

Bei den Höchstleistungsrechnern werden spezielle Betriebssysteme verwandt. Diese sind bspw. bei Produkten der SNI

- VSP/S (vergleichbar mit MVS/ESA von Mainframes) und
- UXP/M (ein Unix-Derivat, das auf UTS von Amdahl basiert.

4.3 Betriebsarten

4.3.1 Einteilung der Betriebsarten

Die Gestaltung des Betriebes einer DV-Anlage kann nach den Anforderungen der Benutzer erfolgen. Die Art und Weise, wie Aufgaben (Aufträge) abgewickelt werden, wird **Betriebsart** (Mode of Operation) genannt.

Die freie Programmierbarkeit der DV-Anlagen ermöglicht die Lösung unterschiedlicher Probleme. Während die Verarbeitungsschritte zur Lösung der Probleme durch die einzelnen Programmiersprachen standardisiert wurden, kann das Betreiben einer DV-Anlage individuell den Wünschen der Anwender angepaßt werden. Die individuellen Wünsche (Schnelligkeit, Größe, Durchsatz etc.) der Anwender und die technischen Weiterentwicklungen führten zu einer Palette unterschiedlicher Betriebsarten. Je nachdem, ob dies aus der Sicht des Betriebssystems, des Benutzers, der Programme, der Hardware etc. betrachtet wird, unterscheidet man verschiedene Betriebsarten (Abbildung 4.14).

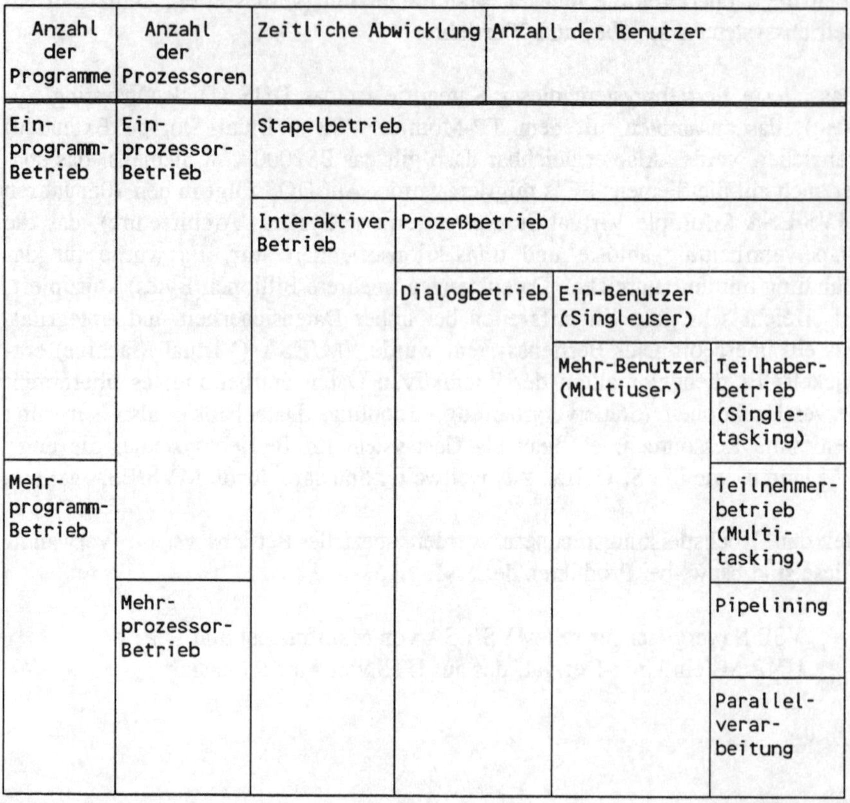

Anzahl der Programme	Anzahl der Prozessoren	Zeitliche Abwicklung	Anzahl der Benutzer	
Ein-programm-Betrieb	Ein-prozessor-Betrieb	Stapelbetrieb		
		Interaktiver Betrieb	Prozeßbetrieb	
			Dialogbetrieb	Ein-Benutzer (Singleuser)
				Mehr-Benutzer (Multiuser) — Teilhaberbetrieb (Single-tasking)
				Mehr-Benutzer (Multiuser) — Teilnehmerbetrieb (Multi-tasking)
Mehr-programm-Betrieb	Mehr-prozessor-Betrieb			Pipelining
				Parallelverarbeitung

Abb. 4.14: Einteilung der Betriebsarten

Für den praktischen Betrieb eines Datenverarbeitungssystems ergeben sich danach zahlreiche Kombinationsmöglichkeiten. Die Form in der ein Datenverarbeitungssystem in der Praxis betrieben wird, läßt sich daher nicht mit einem Attribut kennzeichnen, sie ist nur durch mehrere Attribute zu beschreiben (z.B.: "Diese Anlage wird mit einem Prozessor unter einem Timesharing Betriebssystem im Dialogbetrieb gefahren").

Der Benutzer bestimmt im Rahmen der Systemanalyse die Betriebsartenkombination, die seinen Bedürfnissen gerecht wird. Mit der Planung und Beschaffung der Hardware liegt die Betriebsart aus der Sicht der Hardware für die Lebensdauer der DV-Anlage fest. Mit der Auswahl eines entsprechenden Betriebssystems jedoch wird die Betriebsart aus der Sicht des Betriebssystems auf eine ganz bestimmte Betriebsart oder mehrere nebeneinander verfügbare Betriebsarten festgelegt. Diese Festlegung ist nicht endgültig, das Betriebssystem ist austauschbar. Soweit danach Hardware und Betriebssystem noch unterschiedliche Betriebsarten aus der Sicht des Benutzers zulassen, bestimmt der Benutzer im täglichen Arbeitsablauf von Fall zu Fall die Wahl der Betriebsart für jede Datenverarbeitungsaufgabe.

Abbildung 4.14 ist eine pragmatische Art von Gliederungsmöglichkeiten verschiedener Nutzungs- und damit Betriebsarten von Computern. Allein die Einbeziehung zweier Kriterien mit je zwei Ausgängen, z.B. Einprogramm- und Mehrprogrammbetrieb bzw. Einprozessor- und Mehrprozessorbetrieb, führt zu 4 verschiedenen Betriebsarten; bei zwei weiteren sind es 16 Merkmalsbindungen. Die Folge ist, daß eine Betriebsart eine Kette von Merkmalausprägungen in sich trägt. Aus diesem Grunde ist eine einzige Betriebsart - ausgewiesen durch ein Unterscheidungsmerkmal - in der Praxis prinzipiell nicht möglich. Statt dessen ergibt die Kombination von Betriebsarten die für den Anwender wichtige Nutzungsform. Erst hieraus ist die Arbeitsweise registrier- und deutbar.

Innerhalb einer Betriebsart wiederum können weitere unterschiedliche **Betriebsformen** in Erscheinung treten. Ein Beispiel dafür bietet die Unterteilung in die direkte (Online-Betrieb) und indirekte (Offline-Betrieb) Betriebsformen. Im Falle des **Online-Betriebes** ist die Zentraleinheit mit der Ein- und Ausgabe physisch und von der Steuerung (Betriebssystem) her verbunden, d.h. sie arbeiten zusammen. Im Falle des **Offline-Betriebes** hingegen arbeiten die Zentraleinheit sowie die Ein- und Ausgabe unabhängig voneinander, mitunter auch ohne physische Bindungen.

4.3.2 Charakterisierung einzelner Betriebsarten

Die nachfolgenden Beschreibungen orientieren sich hauptsächlich an der Einteilung nach der Anzahl der Benutzer und der Programme.

4.3.2.1 Einprogrammbetrieb

Bei den Datenverarbeitungsanlagen der ersten und zweiten Computergeneration, ebenso bei den Mikrocomputern mit CP/M und DOS Betriebssystemen, wurde in der Regel jedes Programm einschließlich Daten auf Datenträger übertragen und in den Zentralspeicher eingelesen. Der Rechner wurde mit dem Programm geladen. Anschließend wurden die erforderlichen Daten eingelesen (Abbildung 4.15). Die Verarbeitung endete, nachdem die vorhandenen Daten aufgebraucht waren. Nach der Ausgabe konnte das nächste Programm geladen werden. Große Zeitanteile für die Ein- und Ausgabe verhinderten eine optimale Auslastung der Zentraleinheit.

Charakteristisch für den **Einprogrammbetrieb** (Singletasking Mode) ist somit, daß die einzelnen Aufträge (Jobs) von der Zentraleinheit nacheinander, in der Folge der Auftragserteilung erledigt werden. Für jeden Auftrag stehen die vorhandenen Betriebsmittel (Prozessor, Speicher, Kanäle etc.) zur Verfügung. Sie werden - je nach Job - genutzt, ausgenutzt bzw. nicht genutzt, nicht ausgenutzt. Statistischen Angaben zufolge werden die einzelnen Betriebsmittel nur zwischen 1-2% bis max. 50% genutzt.

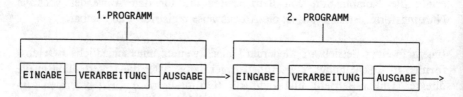

Abb 4.15: Der Einprogrammbetrieb

4.3.2.1.1 Stapelbetrieb

Die **Stapelverarbeitung** (Batch Processing) ist dadurch gekennzeichnet, daß die Verarbeitungsaufgaben (Jobs) sequentiell eingelesen und in der Reihenfolge der Eingabe verarbeitet werden:

- Der Computer ist erst nach Aufarbeiten eines Programms für weitere Aufgaben verfügbar.
- Die Vorlage der Jobs erfolgt in der gewünschten Abarbeitungsfolge.
- Der Monitor des Betriebssystems sorgt für einen reibungslosen Ablauf ohne zeitliche Unterbrechung mit automatischem Ablauf.

Nach DIN 44300 ist der Stapelbetrieb der Betrieb eines Rechensystems, bei dem eine Aufgabe aus einer Menge von Aufgaben vollständig gestellt sein muß, bevor mit ihrer Abwicklung begonnen werden kann, d.h. es müssen das Programm und die zu verarbeitenden Daten zur Verfügung stehen und nach Start des Programms (der Verarbeitung) besteht keine Möglichkeit eines Eingriffs in die Verarbeitung von außen. Die Verarbeitung vollständig gestellter Aufgaben, d.h. der Stapelbetrieb, tritt jedoch auch beim Mehrprogrammbetrieb auf, nur mit dem Unterschied, daß mehrere Programme nebeneinander bearbeitet werden.

4.3.2.1.2 Prozeßbetrieb

Unter **Prozeßbetrieb** (Process Control) ist die Überwachung, die Steuerung und/oder die Regelung physikalisch-technischer Prozesse durch fortlaufenden Datenaustausch zu verstehen. Der Computer empfängt über Meßgeräte die Prozeßdaten, diese sind sofort (zeitgerecht) aufzunehmen, mit anderen (steuernden) Daten zu vergleichen und in Abhängigkeit vom Resultat zu entscheiden (zu regeln). Diese Betriebsart ist eine Unterform der **interaktiven** Verarbeitung, in der als "Auftraggeber" der physikalisch-technische Prozeß agiert.

4.3.2.1.3 Teilhaberbetrieb

Der **Teilhaberbetrieb** (Transaction Mode) wird auch **Transaktionsbetrieb** genannt, weil der Benutzer mit Hilfe eines vorgegebenen Kommandovorrats (Transaktionscodes) vorgefertigte Anwendungsprogramme anstößt. Charakteristisch für diese Betriebsart ist, daß mehreren voneinander räumlich getrennten Benutzern die Möglichkeit eröffnet wird, gleichzeitig mit einem einzigen gemeinsamen zentral verwalteten Programm (Auskunftssysteme, Buchungssysteme, Datenbanken usw.) zu arbeiten (Abbildung 4.16). Diese Betriebsart ist auch bei Mikrocomputern möglich, sofern ein Gerät die Funktionen des Servers übernimmt.

270 4. Systemsoftware

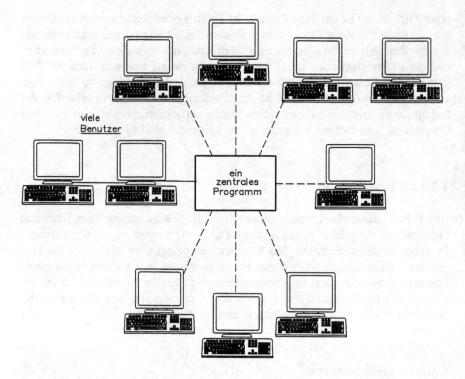

Abb. 4.16: Schema des Teilhaberbetriebs

4.3.2.2 Mehrprogrammbetrieb

Die Verwendung schneller Schaltelemente (integrierte Schaltkreise) innerhalb der Zentraleinheit leitete die dritte Computergeneration ein. Die unterschiedlichen Arbeitsgeschwindigkeiten zwischen der Zentraleinheit und den E/A-Geräten haben sich bei diesen Anlagen extrem verändert. Abbildung 4.17 veranschaulicht das Problem. Durch die schnellere Hardware wurden die Hersteller gezwungen, neue Möglichkeiten für einen anzahlmäßig größeren Durchsatz von Programmen zu entwickeln. Eine ähnliche Entwicklung ist bei den Mikrocomputern nachzuvollziehen, wo die Leistungsexplosion und die wachsenden Bedürfnisse der Anwender vergleichbare Aktionen bewirken. Besonders ausgeprägt ist diese Frage bei den Hochleistungsrechnern, die über mehrere Tausend Prozessoren verfügen und das bisherige Arbeitsschema radikal verändern.

Die Entwicklung führte zum **Mehrprogrammbetrieb** (Multitasking Mode/Multiprogramming; Pipelining Mode), der eine verzahnte oder parallele Verarbeitung von mehreren Programmen durch die Zentraleinheit ermöglicht. Dadurch

4.3 Betriebsarten

wird eine bessere Auslastung der Zentraleinheit erzielt und der Programmdurchsatz wesentlich erhöht. Nach DIN 44300 wird unter Mehrprogrammbetrieb ein Betrieb eines Rechensystems verstanden, bei dem das Betriebssystem für den Multiplexbetrieb der Zentraleinheit(en) sorgt. Beim Multiplexbetrieb bearbeitet eine Funktionseinheit mehrere Aufgaben. Sie laufen abwechselnd in Zeitabschnitten verzahnt ab.

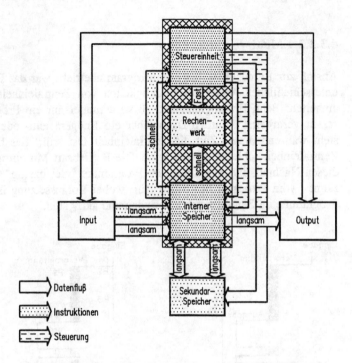

Abb. 4.17: Die Problematik der Arbeitsgeschwindigkeiten

Zur Behebung dieses Problems und damit zur besseren Nutzung vorhandener Kapazitäten bei unterschiedlichen Beanspruchungen wurden verschiedene Arbeitsweisen - darunter das Multiprogramming - entwickelt, die unter dem Begriff **simultane Verarbeitung** stehen. Letztere wird in zwei Erscheinungsformen realisiert, im Multiprogramming und im Multiprocessing:

- Unter **Multiprogramming** wird die Arbeitsweise verstanden, in der die Zentraleinheit Arbeiten ausführt, während die peripheren Geräte unabhängig arbeiten. Es kann bereits durch Organisationen des Programmablaufs mittels Betriebssystem erreicht werden (rechen- und ein-/ausgabeintensive Programme bzw. deren Pufferung).

- Unter **Multiprocessing** wird die Arbeitsweise verstanden, wenn von einem DV-System mindestens zwei verschiedene Programme gleichzeitig bearbeitet werden. Normalerweise wird diese Form gewählt, um große Verarbeitungsprobleme verteilt bearbeiten zu können (die Leistungsfähigkeit einer Anlage ist überfordert), bzw. das Ausfallrisiko einer Anlage auszugleichen.

4.3.2.2.1 Multiprogramming

Anstoß zur Entwicklung des Mehrprogrammbetriebs war das Problem der stark unterschiedlichen Arbeitsgeschwindigkeiten von Zentraleinheit und Peripherieeinheiten. Beim Einprogrammbetrieb wird immer nur ein Programm vom Prozessor verarbeitet. Werden Daten über ein Endgerät ein- oder ausgegeben, so steht während dieser Zeit die Zentraleinheit fast still; dies bedeutet, daß die Zentraleinheit schlecht genutzt wird. Die Betriebsart Multiprogramming behebt diesen Nachteil, indem sie mehrere Programme "gleichzeitig" - sequentiell verzahnt - vom Prozessor bearbeiten läßt, wobei Voraussetzung ist, daß sich diese Programme im Zentralspeicher befinden und aktiv sind.

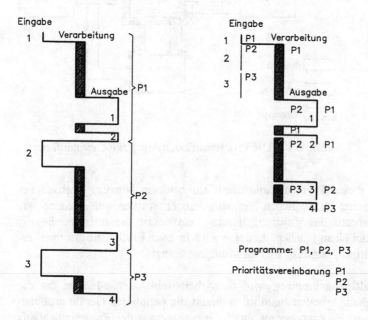

Abb. 4.18: Ein- und Mehrprogrammbetrieb im Vergleich

Zentraleinheit und Peripherie arbeiten weitgehend unabhängig voneinander. Der Datentransfer erfolgt über ein E/A-Werk (Kanalprinzip). Dadurch kann der Prozessor ein Programm bearbeiten, während z.B. über eine Ausgabeeinheit die Ergebnisse eines zweiten Programms gedruckt und über Eingabeeinheiten die Daten eines dritten und vierten Programms eingelesen werden (Abbildung 4.18).

Die Steuerung der Verarbeitung durch den Prozessor erfolgt über **Prioritäten**. Sobald mehrere Programme auf Weiterverarbeitung warten, wird das Programm aktiviert, das die höchste Priorität besitzt. Das Prioritätenprinzip hat den Vorteil, daß später hinzukommende "eilige" Programme auch mit Vorrang durch die Verarbeitung geschleust werden können. Die Prioritäten der Programme beziehen sich auf die Verarbeitungsreihenfolge durch den Prozessor. Der Prozessor verläßt ein Programm, wenn ein Programm höherer Priorität den Prozessor anfordert, oder in dem Programm, an welchem der Prozessor gerade arbeitet, eine Ein-/Ausgabeoperation begonnen wird.

In Abbildung 4.18 steht dem Programm P2 der Prozessor zum erstenmal zur Verfügung, wenn das mit einer höheren Priorität ausgestattete Programm P1 seine Ausgabe beginnt. Nach Abschluß seiner Ausgabe wird dem Programm P1 aufgrund seiner höheren Priorität der Prozessor wieder zur Verfügung gestellt. Abbildung 4.18 macht die bessere Ausnutzung des Prozessors und damit der Zentraleinheit beim Multiprogramming deutlich. Datenverarbeitungssysteme, die mit der Betriebsart Multiprogramming arbeiten, benötigen zur Aufnahme mehrerer Programme einen großen Zentralspeicher und mehrere Ein-/Ausgabegeräte, die auch eine gleichzeitige Ein- bzw. Ausgabe von mehreren Programmen ermöglichen.

4.3.2.2.2 Timesharing oder Teilnehmerbetrieb

Der Einsatz der Datenfernverarbeitung führte zu der Betriebsart **Mehrprogrammbetrieb mit Zeitteilung (Timesharing)**. Bei dieser Betriebsart wird jedem Benutzer die DV-Anlage anteilmäßig zur Verfügung gestellt (Abbildung 4.19. Die Benutzer können die unterschiedlichsten Aufgaben (Programme) unabhängig voneinander gleichzeitig bearbeiten. Programmerstellung, Testarbeiten, Datenänderungen, Programmausführungen etc. können über Datenstationen individuell - ohne Einschaltung des Bedienungspersonals des Rechners - durchgeführt werden. Erforderlich ist eine Datenendstation (Dialoggerät oder Stapelstation/Drucker und Leser), die über Datenfernübertragungseinrichtungen mit der DV-Anlage verbunden ist. Wesentliches Merkmal dieser Betriebsart ist die Zuordnung der Prozessorzeit mittels Zeitteilung an die einzelnen Benutzer. Die Zuordnung wird so geregelt, daß bei der Kommunikation keine unzumutbaren Wartezeiten entstehen. Dadurch hat der Benutzer den subjektiven Eindruck, die DV-Anlage arbeite ausschließlich für ihn.

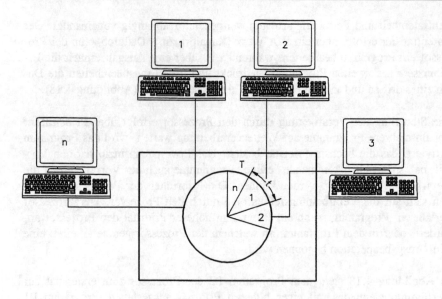

Abb. 4.19: Das Prinzip des Timesharings

Die Betriebsart Timesharing arbeitet analog der Betriebsart Multiprogramming mit einem Steuer- und einem Rechenwerk (Einprozessorbetrieb). Dabei wird ein Programm solange bearbeitet, bis eine Ein- oder Ausgabe dieses Programm in den Wartezustand versetzt bzw. ein Programm mit höherer Priorität den Prozessor anfordert. Dieses Verfahren garantiert eine optimale Auslastung des Prozessors, es schließt aber nicht aus, daß durch ein rechenintensives Programm viele andere Benutzerprogramme u.U. extrem lange warten müssen.

Dieser Nachteil entfällt beim Timesharing durch die Zuordnung von Zeitintervallen. Dieses Verfahren, auch **Timeslicing** genannt, teilt die Zeit des Prozessors anteilmäßig auf. Ausgegangen wird von einem sog. Grundzyklus. In jedem Grundzyklus T wird jedes der n Programme vom Rechner einmal t-sek. lang bearbeitet. Ein zeitlicher Grundzyklus T wird in n-Zeitsegmente aufgeteilt, wenn n-Teilnehmerstationen angeschlossen sind. Dann gilt T = n * t. Ist ein Programm während eines Zeitsegments t nicht vollständig verarbeitet, so wird es im folgenden Grundzyklus weiter bearbeitet.

Das Zeitscheibenverfahren unterbricht das jeweils aktive Programm nach Ablauf einer festen Zeitspanne z.B. (0.1 bis 1 Sekunde) und aktiviert das nächste. Das Verfahren geht reihum, solange Programme vorhanden sind. Die Lücken der fertigen Programme werden durch nachfolgende Programme ersetzt. Für diese Betriebsart ist ebenfalls ein Zentralspeicher mit großer Speicherkapazität erforderlich. Der Timesharing Betrieb entspricht dem **Teilnehmersystem** (Timesharing Mode). Charakteristisch dafür ist, daß mehrere Benutzer gleichzeitig und direkt (Online) mit dem Computer verbunden sind und verschiedene Jobs "fahren" können. Damit verbunden ist der **Dialogbetrieb**, bei dem zur Abwicklung einer Aufgabe Wechsel zwischen Stellen von Teilaufgaben und Antworten darauf stattfindet. Bei dieser Betriebsform kann auch gemischt, d.h. Stapelbetrieb und Dialogbetrieb, gefahren werden, wobei im Normalfall

- interaktive (Dialog-) Verarbeitungswünsche erste Priorität haben; sie sind die sog. **Vordergrundprogramme,**
- Programme der Stapelverarbeitung sog. **Hintergrundprogramme** sind. Sie kommen zur Ausführung, wenn keine interaktiven Programme vorliegen, oder diese die Rechnerkapazität nicht voll auslasten.

Daraus ergibt sich folgende Gegenüberstellung zwischen Teilhaber- und Teilnehmerbetrieb:

	TH	TN
- viele Anwender	+	+
- räumlich getrennt	+	+
- gleichzeitig	+	+ simultan, gleichzeitig
- ein Programm	+	-
- mehrere Programme	-	+
- Programm veränderbar	-	+

Der Teilhaberbetrieb verdeutlicht bzw. drängt die Problematik vor, womit moderne Rechenanlagen fertig werden müssen. Dies ist die (optimale, bestmögliche) Nutzung vorhandener Kapazitäten, sowie die Überwindung räumlicher Entfernungen.

4.3.2.2.3 Realtime Processing

Eine besondere Variante zeichnet sich beim **Realzeitbetrieb** (Realtime Processing, Abbildung 4.20) ab. Diese Betriebsart ist für den Prozeßbetrieb unerläßlich, da sowohl die Datenerfassung nach Anfall, wie auch notwendig gewordene Regelungen keinen Zeitaufschub zulassen. Gelegentlich wird diese Bezeichnung auch beim Teilnehmerbetrieb angewendet.

Das Grundkriterium ist dabei die ständige Betriebsbereitschaft. Nach DIN 44300 ist Realzeitbetrieb der Betrieb eines Rechnersystems, bei dem Programme zur Verarbeitung anfallender Daten ständig derart betriebsbereit sind, daß die Verarbeitungsergebnisse innerhalb einer vorgesehenen Zeitspanne verfügbar sind. Die

Daten können je nach Anwendungsfall nach einer zeitlich zufälligen Verteilung oder zu vorbestimmten Zeitpunkten anfallen. Die Daten werden nicht als geschlossenes Paket, sondern unmittelbar nach ihrem Entstehen oder Eintreffen verarbeitet, da die Ergebnisse Grundlagen für sofortige Entscheidungen sind.

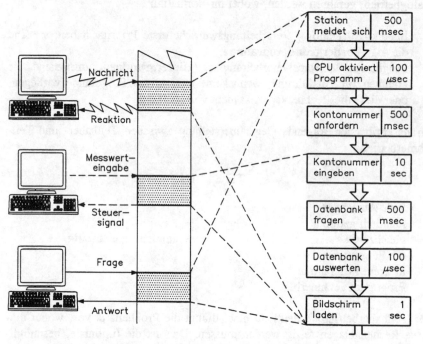

Abb. 4.20: Realtime Processing

Die Forderungen an das Realtime-Processing lauten daher:

- Anfragen über Dialogstationen müssen innerhalb weniger Sekunden beantwortet werden.
- Regelungsmaßnahmen bei Veränderung eines Arbeitsprozesses müssen in Millisekunden erfolgen, damit keine Konfliktsituationen entstehen.

DV-Anlagen für diese Betriebsart besitzen große schnelle Speicher und eine große Anzahl von Datenendstationen (Dialoggeräte oder Meßstellen), die i.d.R. über Netze mit anderen DV-Anlagen verbunden sind. Die Datenendstationen senden ihre Daten unabhängig voneinander an die DV-Anlage, die dann innerhalb einer vorgegebenen Antwortzeit das Ergebnis übermitteln.

4.3.2.2.4 Pipelining

Das **Pipelining** ist eine effiziente Betriebsart, die in Verbindung mit optimierenden Compilern durch die RISC-Prozessoren rasch Verbreitung findet. Ausgangspunkt bildet die interne Arbeitsweise des Computers. Sie wird durch eine interne Uhr als Taktgeber zeitlich bestimmt. Während der Durchführung der Berechnungen liegen nach jedem Takt Zwischenergebnisse vor. Wesentlich ist, daß jedes dieser Zwischenergebnisse als Resultat von Teilschritten so in Schaltungen umgesetzt werden muß, daß sie unabhängig voneinander ausgeführt werden können. Dann ist es möglich, eine Funktion (z.B. Gleitkommaoperation), die mehrere Takte benötigt, gleichzeitig für mehrere Eingangsgrößen zu nutzen. Es ist wie ein Fließband, bzw. mehrere Fließbänder nebeneinander. Das Pipelining ist somit eine Weiterentwicklung der simultanen Verarbeitung, hier des Multiprogrammings. Wesentliche Voraussetzung ist dabei, daß gleiche Operationen auf eine große Zahl von Elementen anwendbar sind. Solche Anwendungen gelten als **Vektorverarbeitung.**

4.3.2.2.5 Parallelverarbeitung

Die Höchstleistungsrechner haben parallele Architektur. Hier arbeiten sehr viele Prozessoren gleichzeitig; bei der sog. Connection Machine bspw. 65.536 Prozessoren. Sie treten in zwei Formen auf, als

- SIMD (Single Instruction/Multiple Data Stream) und
- MIMD (Multiple Instruction/Multiple Data Stream).

Im ersten Fall wird der gleiche Befehl an alle Prozessoren abgegeben und an vielen Daten (Matrizenberechnungen) gleichzeitig ausgeführt; im zweiten Fall werden verschiedene Befehle (Teilaufgaben) an verschiedene Rechner abgegeben.

4.3.2.3 Dialogbetrieb

Nach DIN 44300 ist der **Dialogbetrieb** (Conversational Mode) ein Betrieb eines Rechensystems, bei dem zur Abwicklung einer Aufgabe Wechsel zwischen dem Stellen von Teilaufgaben und dem Antworten darauf stattfinden können, d.h. nach dem Start des Programms (der Verarbeitung) besteht die Möglichkeit eines Eingriffs in die Verarbeitung von außen. Es besteht eine Rückkopplung zwischen dem Benutzer und dem Computer. Der Benutzer steuert den Fortgang der Verarbeitung entsprechend der Auswertung der Antworten. Das sind die Ergebnisse der Teilaufgaben. Voraussetzung für die Dialogverarbeitung ist das Vorhandensein eines Dialoggerätes (z.B. eines Bildschirmes), das mit der Datenverarbeitungsanlage verbunden ist. Der Dialogbetrieb ist neben dem Stapelbetrieb typisch für den Mehrprogrammbetrieb ab der dritten Computergeneration. Der Dialogbetrieb ist eine Unterart des **interaktiven Betriebes** (Interactive Processing).

4.3.2.4 Einbenutzerbetrieb

Ist der Auftraggeber ein einzelner Benutzer (Singleuser Mode) - was gegenwärtig bei Mikrocomputern als Einplatzsysteme der Fall ist - dann wird diese Nutzungsform **Einbenutzerbetrieb** genannt. Für diese Betriebsart gilt somit, daß sie von einem Benutzer bedient wird und dieser Benutzer mit einem oder mehreren Programmen (Singleusing/Single- oder Multitasking) in der Echtzeitverarbeitung arbeitet.

4.3.2.5 Ein- und Mehrrechnersysteme

Die aufgezeigten Betriebsarten stellen eine Auswahl von Möglichkeiten dar, die je nach Betrachtungsweise oder Kombination weiter aufgefächert oder charakterisiert werden können. So führt z.B. eine Unterscheidung nach der Anzahl der eingesetzten Prozessoren bzw. Rechner - auch im Hinblick auf die echte Parallelverarbeitung - zur Teilung möglicher Betriebsformen in

- Einprozessorbetrieb,
- Mehrprozessorbetrieb und
- Mehrrechnerbetrieb.

Ein **Einprozessorsystem** (Singleprocessor System) ist ein digitales Rechensystem, das über einen Zentralspeicher und einen Prozessor (Leit- und Rechenwerk) verfügt. Da der Prozessor zu einem Zeitpunkt immer nur an einem Programm arbeitet, läuft beim Mehrprogrammbetrieb in einem Einprozessorsystem nur eine sequentiell verzahnte Verarbeitung der gestarteten Programme ab.

Ein **Mehrprozessorsystem** (Multiprocessor System) ist nach DIN 44300 ein digitales Rechensystem, bei dem ein Zentralspeicher ganz oder teilweise von zwei oder mehreren Prozessoren gemeinsam benutzt wird, wobei jeder Prozessor über mindestens ein Rechenwerk und mindestens ein Leitwerk allein verfügt. Dadurch ist eine parallele Verarbeitung von zwei oder mehreren Programmen möglich. Jeder Prozessor arbeitet jeweils an einem Programm und bedient sich des gemeinsamen Zentralspeichers. Kontinuierliche Arbeitsprozesse, bei denen eine Unterbrechung nicht gestattet ist, werden oft im Mehrprozessorbetrieb verarbeitet. Bei Ausfall eines Prozessors übernimmt der andere Prozessor unverzüglich die Arbeiten des ausgefallenen Prozessors. Bei extremen Sicherheitsanforderungen können die Prozessoren die gleiche Aufgabe mit ständiger Ergebnisabstimmung bearbeiten.

Der Zusammenschluß mehrerer selbständiger Zentraleinheiten mit jeweils eigenem Betriebssystem wird als **Mehrrechnersystem** (Multicomputer System) bezeichnet. Der Übergang von Multiprozessorsystemen im Mehrrechnersysteme ist fließend. Drei Arten werden unterschieden:

- Dem **Vorrechnersystem** mit einem Hauptrechner (Master Computer) und einem/mehreren Terminals (Slave Computer) liegt das Konzept der System-Verteilung (System Distribution) zugrunde, d.h. die Verteilung der Computerkapazität in einem EDV-System.
- Ein **Doppelsystem** liegt vor, wenn ein Datenbestand (Datenbank) mehr als einer Zentraleinheit zum gleichzeitigen unabhängigen Zugriff zur Verfügung steht (Datenverbund - File Sharing mit einem Host als Datenbank-Rechner).
- Das **Duplex-/Satellitenrechnersystem** zeichnet sich dadurch aus, daß die Programme von einem Teil der zum Verbund zusammengeschlossenen Rechner erledigt werden (Funktions- bzw. Lastverbund).

Ein Mehrrechnersystem also ist nach DIN 44300 ein digitales Rechnersystem, bei dem eine gemeinsame Funktionseinheit zwei oder mehr Zentraleinheiten steuert, deren jede über mindestens einen Prozessor verfügt. Die steuernde Funktionseinheit kann ein Programm sein. Beim Mehrrechnersystem werden zwei oder mehrere selbständige Zentraleinheiten miteinander gekoppelt. Die Zentraleinheiten verfügen entweder über eine eigene Peripherie oder benutzen gemeinsam dieselbe Peripherie.

4.3.2.6 Mehrplatzsysteme

Mehrplatzsysteme werden auch als **Multiuser-, Mehrbenutzer-, Multiprogramming-** oder **Timesharing-Systeme** bezeichnet. Charakteristisch für diese Gruppe von Computern ist, daß mehrere Geräte quasi gleichzeitig mit dem eigentlichen Computer arbeiten können. In diese Gruppe der Betriebsarten gehört auch der sog. **Teilnehmerbetrieb** (Abbildung 4.21). Voraussetzung für eine solche Betriebsart sind Betriebssysteme, die Multiuser-fähig sind. Das Betriebssystem hat in diesem Falle zusätzlich die Aufgabe, den Datentransfer mit der angeschlossenen Peripherie zu regeln, den angeschlossenen Geräten einen Arbeitsbereich im Arbeitsspeicher zuzuweisen und die Prozessorleistung den Benutzern scheibchenweise zuzuteilen. Der Vorteil solcher Systeme besteht darin, daß sie einen Mehrfachzugriff nicht nur auf die Peripheriegeräte, sondern auch auf den Prozessor gestatten. Dadurch werden die einzelnen Teile des Systems besser ausgenutzt als in Singleuser-Systemen. In diese Gruppe fallen auch die UNIX-Systeme, ebenso die vernetzten heterogenen Systeme, welche nach der Client-Server-Architektur gebaut sind (Transaction Processing, File Transfer, Access Management, Remote Procedure Call, Vitual Terminal, Message Handling System etc.).

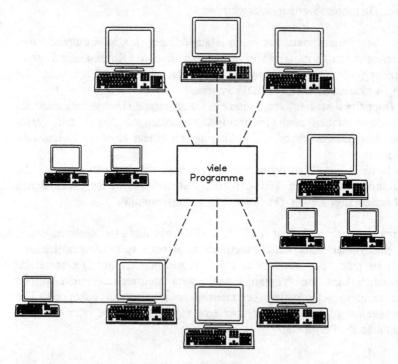

Abb. 4.21: Teilnehmerbetrieb

Der Grund, weshalb man Mikrocomputer, die ursprünglich als Einzelplatzsysteme konzipiert wurden, zu Mehrplatzsystemen ausbaut, liegt in der schlechten Ausnutzung des Leistungsvermögens heutiger Prozessoren in Einzelplatzsystemen. In Singleuser- Systemen mit nur einem Anwender werden die Leistungen dieser Prozessoren nur bei wenigen Anwendungen voll ausgenutzt, so daß Überlegungen nachgegangen wurde, wie die Prozessorleistung durch mehrere parallel ablaufende Vorgänge besser ausgenutzt werden könnten. Andererseits können und sollen Möglichkeiten bestehen, daß von jedem Arbeitsplatz auf die gleichen

Daten und Programme zugegriffen werden kann. Der Hauptvorteil solcher Systeme besteht darin, daß sie einen Mehrfachzugriff nicht nur auf die Peripheriegeräte, sondern auch auf den Prozessor gestatten. Dadurch werden die einzelnen Teile des Systems besser ausgenutzt als in Singleuser-Systemen, und es können Spezialperipheriegeräte angeschafft werden, die bei Einzelplatzsystemen hinsichtlich ihres Leistungsvermögens nicht ausgelastet. Auf diese Weise wird es möglich, neueste Technologie zu relativ günstigen Anschaffungspreisen im System auf die Netzteilnehmer zu verteilen und dadurch die Rationalisierungspotentiale der neuen Technologie im vollen Umfang zu nutzen.

Als logische Konsequenz entstanden einmal die **Multitasking**-Betriebssysteme, die es bei Einzelplatzsystemen ermöglichen, mehrere ablauffähige Programme oder voneinander unabhängige Programmteile (Tasks) quasi gleichzeitig ablaufen zu lassen, und zum anderen die Multiuser-Betriebssysteme, mit denen zusätzlich mehrere Netzteilnehmer durch einen zentralen Computer bedient werden können.

Neben den Rationalisierungsvorteilen durch die Einsatzmöglichkeiten neuester Entwicklungen ergeben sich weitere Vorteile in der Datenverwaltung. Im Unterschied zu lokalen Netzwerken, in denen dem einzelnen Anwender nur ganze Dateien zur Bearbeitung zur Verfügung gestellt werden können, die dann für die anderen Netzteilnehmer gesperrt sind, können in einem Multiuser-System den Teilnehmern auch einzelne Datensätze zur Verfügung gestellt werden, ohne daß dann die ganze Datei für die anderen Teilnehmer gesperrt wird. Wichtig wird diese Fähigkeit, wenn gemeinsame Datenbanken genutzt werden sollen. Will bspw. ein Sachbearbeiter eine Adresse in einem lokalen Netzwerk ermitteln, muß er zunächst die ganze Adreßdatei in seinen Computer laden, bevor die Abfrage möglich wird. Bei einem Multiuser-System mit mehrplatzfähiger Datenbank kann er demgegenüber gezielt den gewünschten Datensatz erfragen, so daß die Übertragung der gesamten Datei entfällt. Die Möglichkeit, auf einzelne Datensätze zuzugreifen, ohne daß dadurch die gesamte Datei für andere Netzteilnehmer gesperrt wird, ist ferner die Voraussetzung für dialogorientierte Anwendungen, bei denen die Aktualität der Dateien im Vordergrund steht. Diese Fähigkeiten sind insbesondere dann gefragt, wenn mehrere Netzteilnehmer mit einer Datei arbeiten, deren Daten immer aktuell sein sollen. Ein typisches Beispiel in Betrieben bilden die Lagerdateien. Hier können mehrere Personen im Lager damit beschäftigt sein, Dateien nach jedem Zugang und Abgang zu aktualisieren, damit ein Disponent, der im Verwaltungsgebäude sitzt, die fehlenden Artikel neu bestellen kann. Diese Aktualität der Daten kann in der Regel in einem lokalen Netzwerk nicht erreicht werden, da immer nur eine Person auf die Datei zugreifen kann.

Multiuser-Systeme als Mehrplatzsysteme setzen sich in der Praxis trotz der niedrigen und fallenden Preise für Einplatzsysteme durch. Dabei treten verschiedene Betriebsarten in Erscheinung, die je nach Anwender unterschiedlich gewertet werden. Im einzelnen handelt es sich um (siehe Abbildung 4.22):

- den Master-Slave-Betrieb,
- den Timesharing-Betrieb,
- die Einbindung in lokale Netze, sowie
- die Nutzung der Mikrocomputer als Terminal eines Mainframes.

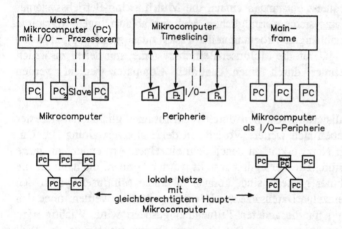

Abb. 4.22: Betriebsarten von Mehrplatzsystemen

Die Betriebsart "Master-Slave" eignet sich besonders für diejenigen Fälle, bei denen 16-Bit-Prozessoren verwendet werden sollen. Im Falle der Kombination eines DOS 386/besser 486 Master-Rechners mit PC-DOS Slave-Rechner sind erweiterte Fehlerbehandlung, File-Organisation, Datenschutz und Zeitfunktionen gegeben, so auch eine Schnittstelle zum Netzwerk, wodurch neben Batch- auch Realtime-Processing gleichzeitig betrieben werden können. Hinzu kommen verschiedene Nutzungsformen der Window-Technik.

Die verschiedenen Kombinationen verfolgen daher die Strategie, leistungsfähige Prozessoren, Arbeitsspeicher oder Massenspeicher, sowie Peripheriegeräte entsprechend den jeweiligen Bedürfnissen angepaßt, für viele Benutzer zugänglich zu machen. Anstelle multifunktionaler Stand-Alone-Systeme werden multifunktionale Arbeitsplatzgeräte mit universeller Nutzung den Vorrang haben. Dadurch kann eine mit dem Ziel abgestimmte Arbeitsteilung verfolgt werden, ohne dabei eine völlige Abhängigkeit - wie dies bspw. bei Mehrplatzsystemen der Fall ist - zu bewirken. Der Weg dazu heißt Rechnernetz. Es bestimmt zukünftig die meisten Anwendungen.

4.4 Software-Umgebung der Rechnernetze

4.4.1 Die ersten Anfänge

Mit der Version 1 von **SNA (System Network Architecture)** begann IBM 1974 die Aera der Netzwerke für flächendeckende Anwendungen. Sie wurde 1976 mit der Version 3 auf mehrere Rechner erweitert, so daß Terminals mit Programmen in verschiedenen Computern in Verbindung treten konnten. SNA besteht aus vier Komponenten, und zwar aus

- SNA geeigneten Terminals,
- Frontend-Rechnern mit einem spezifischen Netzwerk-Steuerprogramm,
- gemeinsamen Zugriffsmethoden und
- gemeinsamen Leitungsprotokollen.

Besondere Bedeutung kommt dabei der gemeinsamen Zugriffsmethode zu. Sie stellt die Schnittstelle zu den Anwendungsprogrammen und damit zur Anwendungsschicht des ISO-Modells dar (siehe Abschnitt 4.4.4). SNA verwendet VTAM (Virtual Telecommunications Access Method).

Siemens hat im Gegensatz zu SNA mit dem **TRANSDATA**-Netzwerk eine Architektur vorgelegt, in der keine Hierarchien bestehen. Dies wird durch Netzknotenrechner realisiert, die einen wahlfreien Zugriff auf beliebige Computer zulassen. Das Arbeiten setzt übergeordnete Steuereinheiten nicht voraus. Als gemeinsame Zugriffsmethode wird DCM (Data Communication Method) verwendet. Siemens verwendet die HDLC-Leitungsprotokolle und integriert den Zugang zu öffentlichen Netzen.

Weitere Netze dieser Kategorie sind u.a. **DECnet** von Digital Equipment Corporation mit einer großen Breite von Diensten, wie Task-to-Task-Übertragung, Punkt-zu-Punkt-Übertragung, Übertragung von Dateien, adaptive Wahl des Übertragungsweges, Downline-System-Loading, Multipoint-Kommunikation etc., sowie **WangNet** oder **KOBUS** von Kontron für Mikrocomputer.

4.4.2 Netzwerktypen

Die Vernetzung von Computern und Peripheriegeräten ist eine bereits jahrelang praktizierte Technik. In ihren ersten Anfängen war sie ausschließlich auf **homogene** Gerätekonfigurationen beschränkt, d.h. auf eine Maschinen-Umgebung, in der sämtliche Teilnehmer (Geräte) von ein und demselben Hersteller stammen. Ein größerer Nutzen ergibt sich für den Anwender, wenn seine Maschinen-Umgebung **inhomogen** ist, d.h. wenn er mit Geräten verschiedener Maschinen-Hersteller arbeiten kann. Durch die technischen Entwicklungen der letzten Jahre sind solche Vernetzungen verbreitet, in denen die verschiedenen Kommunikationsarten (Daten, Text, Bild) auch über heterogene Komponenten ausgetauscht werden. Somit ist der Weg geebnet für eine breite Vielfalt von Kombinationen, die je nach zu erfüllenden Funktionen, lokal, räumlich fern, mit Terminals, mit intelligenten Datenstationen, oder mit sog. multifunktionalen Arbeitsplatzgeräten universeller Nutzung betrieben werden können. Der Weg dorthin begann mit der Rechnerkopplung auf Großrechnerebene und mit der Anbindung (Ankopplung) von unintelligenten Terminals an diese Mainframes. Seitens der Mikrocomputer waren es die Mehrplatzsysteme. Diese letztere Entwicklung liegt zeitlich näher, sie prägt zur Zeit die DV-Landschaft in besonderem Maße. Somit ist der Übergang zu Rechnernetzen mit inzwischen durchschlagender Bedeutung hier anzusiedeln.

Rechnernetze haben in den letzten Jahren in starkem Maße Eingang in die betriebliche Praxis gefunden, und zwar zunächst in der Kombination PC-Host-Verbindung, dann als lokale, gebäudeinternen PC-Netze. Ihre Vernetzung nach außen, zu fremden Rechnern und Netzen unterblieb weitestgehend. Schuld daran trugen die **heterogenen** (inhomogenen) Rechnersysteme und die Gebührenpolitik von Telekom (früher Deutsche Bundespost). Die ständig zunehmende Komplexität der Netze bedingt allerdings nicht nur die Ablösung herstellerspezifischer Lösungen, sondern auch die Einführung international standardisierter und damit weit verbreiteter, auch von den Herstellern unterstützter Quasi-Standard-Produkte. Der Weg geht zu den offenen, heterogenen Systemen. Diese werden vor allem durch Unix-Systeme repräsentiert, wobei die Unix-Rechner im Regelfall als Server fungieren. Die Verwaltung des Netzes wird von einer speziellen **Netzwerk-Software** übernommen. In ihren Grundfunktionen gleicht sie den normalen Betriebssystemen, welche um die zusätzlichen Netzdienste File-Transfer, Message Handling etc. erweitert sind. Typische, in der Praxis weit verbreitete **Netzwerksysteme** sind

- Advanced Netware von Novell,
- Banyan Vines,
- MS-Net von Microsoft,
- Netware 386 von Novell und
- PC-LAN von IBM.

Diese Netzwerksysteme unterscheiden sich gemäß ihrer Topologie und ihrem Zugangsverfahren. Im ersten Fall, bezüglich der **Topologie** werden Baum, Bus, Ring und Stern Formen unterschieden, im zweiten Fall, bezüglich des **Zugangsverfahrens** hingegen Token Passing, Slot-Verfahren, Register Insertion und Contention Control. Die Kombination aus Topologie und Zugangsverfahren wird in der Literatur häufig als **Netzwerktyp** beschrieben.

4.4 Software-Umgebung der Rechnernetze

Bei der Planung eines Rechnernetzes muß man sich entscheiden, welcher Netzwerktyp aufgebaut werden soll. Jeder Netzwerktyp hat Vor- und Nachteile. Diese beziehen sich auf mögliche Erweiterungen, oder Schrumpfungen, auf die Reaktion des Netzes beim Ausfall eines Rechners oder einer Leitung und nicht zuletzt auf die Kosten. So ist bspw. die Bus-Topologie in der betrieblichen Praxis stark verbreitet. Durch das Gebäude wird ein zentrales Kabel gelegt, an dem die Computer mittels eines speziellen Zwischenkabels angeschlossen werden. Die Verkabelung ist kostengünstig, leicht erweiterbar und die Erweiterung gilt ebenfalls als kostengünstig. Das Netz gilt als weitestgehend störungsfrei; auch beim Ausfall einer Workstation. Die Nachteile liegen hauptsächlich in der relativ kleinen Ausdehnung einzelner Kabel-Segmente ohne Zwischenverstärker (Tranceiver, alle 500 m). Daher gilt das Netz als relativ unflexibel.

Der Bus-Topologie gegenüber ist die Stern-/oder Ring-Topologie leicht erweiterbar, kaum störungsanfällig; allerdings mit höheren Verkabelungskosten und mit längerer Übertragungsdauer zwischen zwei Teilnehmern verbunden.

Der zuvor besprochene Aufbau funktioniert konfliktfrei bei **sternförmigen Netzwerken**, weil diese Organisation relativ einfach ist. Wenn der Knoten genügend Kapazität hat, werden alle Teilnehmer bedient. Andernfalls werden die Daten zwischengespeichert (gepuffert) und bspw. nach dem Zeitscheibeverfahren übertragen. Bei **Ring-Netzwerken** wird zwischen Token-, Slot- und Register-Insertionsverfahren unterschieden. Am bekanntesten dabei ist Token Passing. Hier wird eine bestimmte Kontrollinformation das "Token" weitergegeben. Es kann jeweils nur eine Nachricht auf dem Ring übertragen werden. Hat ein Knoten eine Nachricht auszusenden, so muß er auf ein freies Token warten, dieses durch seine Nachricht ersetzen und dem Ring zuführen. Der Empfangsknoten entnimmt die Nachricht und ersetzt sie durch ein neues Token oder durch die eigene, zu sendende Nachricht (Abbildung 4.23).

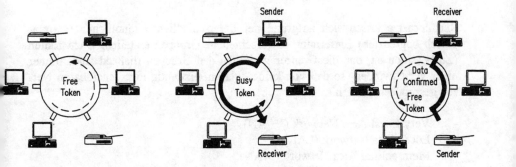

Abb. 4.23: Schema des Token-Verfahrens

Bei **Bus-Netzwerken** ist die Grundidee, daß jeder sendewillige Knoten ohne Einschränkung auf das Übertragungsmedium zugreifen kann. Es erfordert also ebenfalls ein dezentrales Zugriffsverfahren. In einfachster Form führt es zu Kollisionen, die vom behinderten Knoten erkannt werden müssen, um die eigene Übertragung abzubrechen. Von den Knoten wird somit erwartet, daß sie Kollisionen entdecken und im Bedarfsfalle die Vorgänge wiederholen. Der Knoten prüft das Übertragungsmedium auf seinen Zustand. Ist der Bus frei, so wird die Nachricht abgesetzt. Kommt es dabei zu einer Kollision, weil ein anderer Knoten, der den Bus ebenfalls geprüft hat, gleichzeitig sendet, so wiederholen beide Stationen ihren zunächst vergeblichen Versuch, wobei durch einen aktivierten Zufallsgenerator eine Zeitverschiebung bei den beiden beteiligten Stationen erreicht wird (Abbildung 4.24). Es kann nur jeweils eine Nachricht auf dem Bus transportiert werden; die Länge ist variabel. Bei hoher Belastung des Busses kann sich durch häufige Kollisionen die Durchsatzrate verschlechtern.

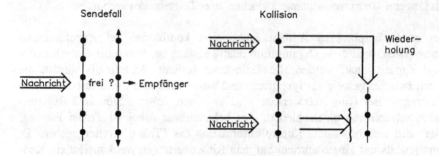

Abb. 4.24: Schema des einfachen Contention Control-Verfahrens

4.4.3 Rechnernetz-Konzepte

Rechnernetze lassen sich aufgrund der unterschiedlichen räumlichen (geographisch begrenzten) Entfernung in verschiedene Gruppen einteilen. Dazu zählen (Zu beachten ist, daß die Grenzen zwischen den Gruppen fließend sind, immer mehr verschwinden, so daß von keinen klaren, eindeutig unterscheidbaren Netzen gesprochen werden kann.):

- Very Local Area Network (VLAN),
- Local Area Network (LAN),
- Metropolitan Area Network (MAN),
- Wide Area Network (WAN) und
- Global Area Network (GAN).

4.4.3.1 Lokale Netzwerke

Lokale Netzwerke werden in der Regel eindeutig definiert. Danach ist ein **lokales Netz** ein Verbund mit homogener Technologie für bitserielle Übertragung. Es erlaubt die Verbindung unabhängiger Endgeräte und liegt vollständig unter Anwender-Verantwortung. Seine Ausdehnung ist auf das Privatgelände begrenzt; es bildet über Gateways Sub-Netze zum öffentlichen Bereich, zu Fremd-Netzen.

Die englischen synonymen Begriffe sind Local Area Network bzw. kurz **LAN**. Ein **Local Area Network** ist ein Datenkommunikationssystem, welches die Kommunikation zwischen mehreren unabhängigen Geräten ermöglicht. Ein LAN unterscheidet sich von anderen Arten von Datennetzen dadurch, daß die Kommunikation üblicherweise auf ein in der Ausdehnung begrenztes geographisches Gebiet wie ein Bürogebäude, ein Lagerhaus oder ein Campus-Gelände beschränkt ist. Das Netz stützt sich auf einen Kommunikationskanal mittlerer oder hoher Datenrate, welcher eine durchweg niedrige Fehlerrate besitzt. Das Netz befindet sich im Besitz und Gebrauch einer einzelnen Organisation. Die heute auf dem Markt befindlichen lokalen Netze zeichnen sich durch folgende technischen Merkmale aus:

- räumliche Ausdehnung von 100 m bis 10 km;
- Übertragungsraten von 0,1 Mbps bis 10 Mbps bei Schmalbandnetzen;
- Teilnehmerzahlen i.d.R. zwischen 10 bis 1000;
- Medium: Kupfer, Koax, Lichtwellenreiter;
- Topologie: Bus, Ring, Stern, Baum;
- Zugriffsverfahren: CSMA/CD, Token, Multiplex.

Lokale Netze basieren auf dem von Xerox entwickelten ETHERNET-Konzept, das für Basisband-Netzwerke entwickelt worden ist. Parallel dazu wurde 1980 im Institut of Electrical and Electronic Engineers (IEEE) eine Projektgruppe zur Normung lokaler Netzwerke gegründet, die das ETHERNET-Konzept übernahm. Dieses ist eine Vereinbarung über die Festlegung der unteren zwei Schichten des ISO-Modells. Die Vereinbarung wurde durch die Firmen

- Digital Equipment (Minicomputer),
- Intel (Halbleiter) und
- Xerox (Büroequipment)

getroffen. Sie unterstützt damit das Entstehen homogener und inhomogener lokaler Netze, die ihrerseits der lokalen Datenverarbeitung (Local Processing) dienen. Diese liegt vor, wenn die Eingabe eines Benutzerauftrages und die Ausgabe der Resultate des Verarbeitungsprozesses in räumlicher Nähe der CPU liegen. Sie wird in homogenen und in heterogenen lokalen Netzen (Local Network) betrieben.

Homogene lokale Rechnernetze haben - trotz des starken Trends zu offenen, heterogenen Netzen weiterhin eine große Bedeutung. Insbesondere gilt diese Aussage für Multicomputer-Konfigurationen und für Subnetze im Rahmen übergeordneter Netze. Die ersten dieser Art wurden ausgelegt zwischen einem Mainframe und einer unterschiedlichen Anzahl von Terminals. Die Verbindung entsprach also dem Stern-Konzept, in dem der Mainframe steuernd gewirkt hat und die Terminals über Konzentratoren an festgemietete Stand- oder Wählleitungen angeschlossen wurden. Die einzelnen Leitungen mündeten in einem Multiplexer; dieser war an den Rechner angeschlossen. Mit der Entwicklung verteilter Systeme boten Hersteller Rechner-Architekturen an, in denen ihre eigene Hard- und Software kompatibel war. Es entstanden ab Mitte der 70er Jahre homogene Netze

- für Terminals mit unterschiedlichen Anwendungen,
- zwischen Computern mit unterschiedlichen Anwendungsprogrammen,
- mit integrierten Vor- und Knotenrechnern usw.

Zu typischen Anwendungen wurden

- die Terminal-Emulationen,
- die Zugriffe auf Hostfiles,
- die automatischen Dialogabwicklungen und
- die virtuellen Services einschließlich der elektronischen Post- und Dokumentenservices.

Mit der **Terminal-Emulation** wird eine einfache Kommunikationsart realisiert. So kann z.B. der Kommunikationsserver 3270- und 9350-Emulationen vornehmen. Es handelt sich dabei um ein Programm, mit dem das Verhalten eines unintelligenten Terminals (3270 und 9350) auf dem Mikrocomputer nachgebildet wird. Daraufhin benutzt der Anwender den Mikrocomputer bspw. als Eingabestation. Die auf der Tastatur eingegebenen Zeichen gehen als Bildschirmänderungen an das Mainframe-Programm.

Eine wichtige Funktion betrifft den **Zugriff auf Hostfiles**, d.h. die Dateiübertragung (File Transfer). Vorausgesetzt werden müssen File-Transfer-Systeme, die Host-seitig angeordnete Daten (Datensatz, Datenfeld, tabellarische Anordnung etc.) PC-seitig (nicht strukturierte Zeichenketten, MS-DOS-Dateien) abgeben bzw. umgekehrt abnehmen. Mit anderen Worten, hier müssen bei bereits formatierten Files gemäß vordefinierten Host- und PC-seitigen File-Definitionen Datenumsetzungen vorgenommen werden.

Eine interessante Anwendung kann in der **automatischen Dialogabwicklung** bestehen. Hier sollen geführte Dialoge registriert und zu einem späteren Zeitpunkt

4.4 Software-Umgebung der Rechnernetze

abrufbar, wiederholbar sein, und zwar protokolliert. Solche Anwendungen können bei Lernprogrammen, bei Dialogen mit Auskunftssystemen etc. von Bedeutung sein. Im Wiederholungsfall bleibt das benutzte System (Lernprogramm, Auskunftssystem) unberührt.

Eine weitere Variante stellen die **virtuellen Services** dar. Sie betreffen Dienste des Host-Rechners, so in bezug auf die Möglichkeit, PC-Datenbestände auf dem Host abzuspeichern (Disk Service), oder die Ausgabe von Daten auf einem Hostseitig installierten Drucker auszugeben (Print Service). Durch diese Leistungen kommt der PC-Benutzer zu Vorteilen, die gegenüber lokalen PC-Disks und -Druckern sehr bedeutungsvoll sein können. So kann der Benutzer sein Speichervolumen beliebig groß gestalten, unerlaubten Zugriff durch Vorkehrungen gewährleisten, die am Hostrechner implementiert sind; ebenso wird das Back-up der Files Host-seitig erledigt. In diese Kategorie fallen die Zugriffsmöglichkeit auf typische Host-Kommandos bzw. Host-Programme.

Besondere Bedeutung ist in diesem Zusammenhang der **elektronischen Post- und Dokumentenservices** zu geben, die spezielle Datenorganisationen für Dokumente, Texte und Faksimilien unterstützen. Die Unterstützung erstreckt sich sowohl auf die Archivierung und Wiederfindung, wie auch auf die Formatierung der Dokumente. Die Gesamtheit dieser Unterstützungen wird vielfach als "Message Handling System" bezeichnet und insbesondere in Verbindung mit der Bürokommunikation betont.

Heterogene lokale Rechnernetze ermöglichen die Kommunikation zwischen standardisierten Komponenten verschiedener Hersteller. Der daraus resultierende Vorteil für den Anwender ist, daß er den eigenen Bedürfnissen entsprechend Rechnersysteme und Datenendgeräte kombiniert, soweit sie normgerecht sind. Er wird herstellerunabhängig, was die Geräte und die Transportmedien anbelangt. Besondere Bedeutung haben dabei das ALOHA-, das ETHERNET- und das NET/ONE-Netz errungen:

- Das **ALOHA-Netz** ist zu Forschungszwecken gebaut worden. Es hat eine sternförmige Struktur und verfügt über Zugänge zu anderen Datennetzen wie ARPANET. Als Zentralcomputer fungiert ein HP 2100-Minicomputer und übermittelt die Daten einem Mainframe.
- Die **ETHERNET-Spezifikationen** wurden von Digital Equipment, Intel und Xerox entwickelt. Sie beschreiben die Leistungen eines lokalen Netzes auf der physikalischen und auf der Datensicherungsebene unter Einbeziehung der ISO-Schichten für die Kommunikation in herstellerunabhängigen Netzen. Benutzt wird ein Koaxialkabel als gemeinsames Übertragungsmedium. Der Abstand zwischen zwei Endgeräten beträgt ca. 1,5 km. Er kann zwei sog. Remote Repeater, die durch ein 1 km langes Kabel verbun-

den werden, auf 2,5 km erhöht werden. Die Datenformate spezifizieren die Folge der
- Bytes für den Empfänger,
- Bytes für den Sender,
- Bytes für den Typ,
- zwischen 46 - 1500 Bytes für die zu sendenden Daten und
- Bytes für Prüfbits.
- Das **NET/ONE**-Netzwerk basiert auf den ETHERNET-Spezifikationen. Interessant ist es insbesondere durch seine Eigenschaft, eine Reihe von Kommunikationsaufgaben durch das Netz selbst zu erledigen. Dazu gehören die Wegefindung, die Fehlererkennung und die Reaktion auf erkannte Fehler. Um dies zu realisieren, werden Knotenrechner eingesetzt. Die Sende-Daten laufen von der Anwenderschnittstelle an den gemeinsamen RAM-Bereich. Jedem Prozessor ist ein Datenbus zugeordnet. Dadurch sind mehrere Daten- und Adreßleitungen erforderlich. Der Datenbus übergibt nach Prüfung des Zieles auf "frei" die Datenpakete über das Businterface an den 4 Byte großen FIFO-Puffer (first in - first out). Parallel dazu werden Ein- und Ausgabekommandos über den Bus gesandt und in einem gemeinsamen Register abgelegt. Im Zielrechner werden die Daten decodiert, vom Puffer übernommen, auf Integrität geprüft und den Netzwerk- bzw. Applikationscomputern zur Verfügung gestellt. Konfigurations-, Kommando-, Dateitransfer-, Protokolltransparenz- und Betriebssoftware runden das Paket ab. Außer diesen Standards hat der Anwender die Möglichkeit zur eigenen Softwareentwicklung auf Basis der Programmiersprache C.

4.4.3.2 Nebenstellenanlagen

Eine Alternative zu den lokalen Netzen bilden die Nebenstellenanlagen. Sie existieren in jedem Haus, in jeder Organisation, sobald mehrere Telefonapparate miteinander kommunizieren und über eine gemeinsame Zentralnummer von außen her zugänglich sind. Das lokale Nachrichtennetz benötigt eine Vermittlungseinrichtung. Die Kommunikation läuft in Form der Sprache. Moderne Nebenstellenanlagen setzen Mikroprozessoren ein. Damit bieten sie die Möglichkeit, Daten-, Text- und Sprachkommunikation nebeneinander zu betreiben. In Anbetracht der Tatsache, daß hier auf ein umfassendes Netz zurückgegriffen werden kann, sind sie von hoher Bedeutung.

Solche Anlagen werden **PBX** (Private Branch Exchange) oder **PABX** (Private Automatic Branch Exchange) genannt, wobei:

- BX sternförmig angelegt ist und als lokales Netzwerk den direkten Anschluß, d.h. ohne Modem, von den digitalen Geräten ermöglicht.

- ABX mit Digitalübertragungen von 110 - 9600 bit/s bzw. 56k bit/s sind für professionelle Anwendungen zwar langsam; mit der Einführung des ISDN werden sich jedoch digitale Nebenstellenanlagen (z.Zt. Nixdorf, DeTeWe) durchsetzen, da sie die Voraussetzung für die Inhouse-Nutzung der ISDN-Dienste sind. Die digitale Nebenstellenanlage integriert als ISDN-Nebenstellenanlage die unterschiedlichen Übertragungsdienste in einem einzigen Anschluß, sie wird zur Kommunikationsanlage. Von der Topologie her ist eine Nebenstellenanlage ein Stern. Übergänge zu lokalen Netzen würden über Gateways laufen, derartige Lösungen sind noch nicht realisiert.

Eine Reihe verschiedener Produkte werden angeboten, so bspw. von Ericson, Nixdorf, Siemens, SEL, TELENORMA, um einige zu nennen. Dabei erfüllen sie in unterschiedlichem Maße die ISDN-Standards.

Beispielhaft für die Leistungsbreite, gerätemäßige Ausstattung und Software in digitalen Nebenstellenanlagen wird nachfolgend das **HICOM**-System von Siemens skizziert. Es handelt sich dabei um eine Kommunikationsanlage, die über Schnittstellen zu den öffentlichen Fernmeldenetzen (bis zu 2.000 Amtsleitungen), zum lokalen ETHERNET-Netz (Bürosystem 5800) Verbindung aufnehmen und bis zu 20.000 Nebenstellen ausgebaut werden kann. Die angeschlossenen Endgeräte sind ISDN-fähig. Der Benutzer kommuniziert mit dem System bzw. mit anderen Teilnehmern über das Multi-Service-Telefon 3510. Es bietet dem Benutzer die Möglichkeit der Sprachkommunikation (Telefonieren), der Sprachinformation (Sprachaufzeichnung), der Textkommunikation und -bearbeitung, schließlich die Datenkommunikation. Im einzelnen handelt es sich um eine Vielzahl von Funktionen, so z.B. um die Funktion "Elektronische Post" mit Briefe versenden und empfangen; um die Funktion "Textbearbeitung" mit Erstellen von Dokumenten, Texte suchen, einfügen, löschen, ausdrucken, umkopieren usw. Das System übernimmt die Aufgaben der Vermittlung. Zu diesem Zweck sind die 3510 untereinander über Adapter mit dem Bürosystem 5800, mit verschiedenen multifunktionalen Terminals (Teletex, Telefax) und über die Zentrale mit dem Computer, sowie sonstigen Netzen verbunden. In bezug auf die Software wird das System durch das Betriebssystem T3510 mit Prozeß-, Ressourcen- und Zeitsteuerung, sowie durch verschiedene Programme zur Kommunikation (HDLC, Protokolle, File-System etc.) unterstützt. Die Software der Terminalserver 3510 umfaßt drei Einheiten, und zwar den Server mit SINIX, das Grundsystem zur Kommunikationshardware, sowie die einzelnen Dienste (Text, Teletex, Ladeservice etc.).

4.4.3.3 Fernnetze

Im Gegensatz zu den lokalen Netzen unterliegen Fernnetze keinen räumlichen, geographischen Beschränkungen. Sie sind untereinander über öffentliche Leitungen verbunden; auch werden Funkstrecken genutzt. Wesentliche Merkmale solcher Fernnetze sind folgende:

- Netzbetreiber und Netznutzer sind im allgemeinen verschieden.
- Es können verschiedene Arten von Informationen, darunter Dokumente, Daten, Programme etc. als Poststücke vermittelt/übertragen werden.
- Der Zugang zu verschiedenen Daten/Informationsbanken, ebenso zu entfernten Ressourcen (Remote Job Entry) ist möglich.

Typischer Vertreter dieser Gruppe sind **EARN** (European Academic Network), **ARPANet** (for Advanced Research Projects Agency Network), **BITNET** (Electronic Mail System) und **NSFNet** (for National Sciense Foundation Network).

4.4.3.4 Andere Netze

Beim **Very Local Network (VLAN)** stehen die vernetzten Komponenten wenige Meter voneinander entfernt, so daß sehr hohe Übertragungsraten realisiert werden können.

Das **Metropolitan Area Network (MAN)** ist in der Planung. Es soll zwischen den beiden dominierenden Netzen LAN und WAN angesiedelt werden. Als Übertragungsmedium soll das für das Kabelfernsehen genutzte Hochfrequenzkabel eingesetzt werden.

Das **Global Area Network (GAN)** verbindet Teilnehmer bzw. deren Knoten über Satellitenverbindungen oder Funkstrecken. Dieses Netz soll sich weltweit (über alle Kontinente) erstrecken.

4.4.3.5 Künftige Erwartungen

Die künftigen Strukturen sind in Abbildung 4.25 dargestellt. Die erwarteten Übertragungsraten in den Netzen zeigen Annäherungen, so daß die Unterschiede nicht in der Leistung, sondern in erster Linie in der Topologie zu sehen sein werden. Im lokalen Bereich an Hochleistungs-LANs anstelle der bisherigen FDDI; bei den MAN-Netzen gilt der DQDB (Distributed Queue Dual Bus) als Standard; für die WANs sind Breitband-ISDN und ATM-basierte Vermittlungstechniken im Anmarsch. Auch das drahtlose lokale Netz ist möglich.

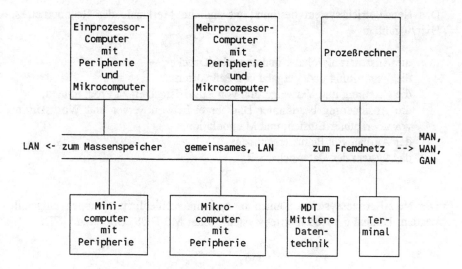

Abb. 4.25: Künftige Rechnernetze

Der Vorteil dieser Technik besteht darin, daß in ihren Einsatzbereichen die Notwendigkeit einer Verkabelung entfällt. Die begrenzte Übertragungsgeschwindigkeit, wie auch die geringe Reichweite, weisen der drahtlosen LAN-Technik eindeutig die Rolle eines Lückenfüllers zu, der unverkabelte Büros oder mobile Terminals mit vorhandenen, drahtgebundenen LANs verbindet.

Damit alles funktioniert, werden PCs oder Workstations mit Sendern und Empfängern ausgerüstet, die als Steckkarten hergerichtet sind. Die Anhänger dieser Technik sind hinsichtlich der kommenden Jahre sehr optimistisch. Innerhalb von fünf Jahren wird mit einer beträchtlichen Geschwindigkeitsverbesserung gerechnet; 10 Mbit/s halten die Experten für möglich. Auch die Reichweiten sollen größer werden.

4.4.4 Netz-Betriebssysteme

4.4.4.1 Überblick

Zur Verwaltung des Rechnernetzes benötigt der Server zusätzlich zum normalen Betriebssystem ein spezielles **Netz-Betriebssystem**, oft auch als Netz-Software bezeichnet. Das Netz-Betriebssystem muß unabhängig von der Netz-Hardware betrachtet werden, da zu fast jeder verfügbaren Netz-Hardware eine beliebige Netz-Software gewählt werden kann.

4. Systemsoftware

Das Netz-Betriebssystem bestimmt wesentliche Merkmale des Rechnernetzes. Hierzu zählen:

- die Ansteuerung lokaler und zentraler Drucker;
- die Verwaltung und Vergabe von Paßwörtern;
- die Erteilung und Verweigerung von Zugriffsrechten zu Programmen;
- die Absicherung bestimmter Datenbereiche von Server und Workstations vor unerlaubter Einsicht und Manipulation;
- der Aufbau von Benutzergruppen;
- das System der Datensicherheit.

Die Netz-Betriebssysteme können in drei unterschiedliche Gruppen eingeteilt werden. Es sind die Netz-Betriebssysteme unter MS-DOS, OS/2 und UNIX.

4.4.4.2 Netz-Betriebssystem unter MS-DOS

Innerhalb eines Rechnernetzes wird ein Rechner beauftragt, die gesamte Verwaltung des Netzes zu übernehmen. Hierzu gehört z.B. die zentrale Speicherung von Daten oder die Überwachung des Datentransports über das Netz. Gerade an dem ersten Punkt kann man schon erkennen, daß es elementar wichtig ist, eine große und vor allem schnelle Festplatte in diesen Rechner einzubauen.

Doch auch die Verwaltung des Rechnernetzes verlangt einige Leistungen von dem Computer, so daß gerade dieser Rechner der leistungsfähigste Computer im Rechnernetz sein muß. Dies betrifft nicht nur die Arbeitsgeschwindigkeit, sondern auch die interne Speicherausstattung (RAM). Unter 2-4 MB RAM sollte, je nach Größe und Datenaustausch auf dem Netz, die Speicherausstattung auf keinen Fall sein. Der Rechner, dem im Netz die Verwaltungsfunktionen übernimmt, wird als der sog. "File-Server" oder auch kurz "Server" bezeichnet. Die weiteren im Rechnernetz angeschlossenen Computer nennt man "Workstations".

Theoretisch kann ein Server gleichzeitig auch eine Workstation sein, d.h. an einem Server kann auch normal gearbeitet werden, doch kann davon bei einem professionellen Rechnernetz nur abgeraten werden. Wird z.B. der Server durch umfassende Kalkulationsaufgaben stark beansprucht, führt dies meist dazu, daß die anderen Workstations sehr lange Reaktionszeiten beim Zugriff auf das Netz haben. Dramatisch wird die Situation dann, wenn durch einen Fehler in der Anwendung am Server dieser abstürzt. Es führt unweigerlich dazu, daß das gesamte Netz zusammenbricht. Es ist also in jedem Falle besser, den Server ausschließlich für die Dienste des Netzes bereitzustellen (dedicated Server). Einige Netz-

Betriebssysteme ersetzen gleichzeitig auch das normale Betriebssystem des Servers, so daß MS-DOS z.T. nicht mehr auf dem Server benötigt wird. Auf den Workstations muß aber MS-DOS nach wie vor installiert sein.

Gerade unter MS-DOS gibt es eine Flut verschiedener Netz-Betriebssysteme. Der Marktführer hierbei ist die Firma Novell mit dem Netz-Betriebssystem "Advanced NetWare". Viele der oben aufgeführten Merkmale werden von dem Netz-Betriebssystem der Firma Novell voll unterstützt. Da aber Novell tief auf die Systemebene des Servers zugreift, gibt es z.T. mit den Programmen Probleme, die ebenso tief auf das System des PCs aufsetzen.

Hier zum Überblick eine kurze Aufstellung bedeutender Netz-Betriebssysteme unter MS-DOS:

- Novell NetWare;
- IBM Token Ring;
- 3Com 3+ und 3+Open;
- Microsoft Network MS-NET;
- Banyan VINES.

Hinzukommen als Standards UNIX, NetWare, LAN Manager für Windows NT, LAN Server für OS/2.

4.4.4.3 Netz-Betriebssystem unter OS/2

Für OS/2 wird der sog. "LAN-Manager" von der Firma Microsoft angeboten (seit kurzem in der verbesserten Version 2). Voraussetzung zum Einsatz vom LAN-Manager ist unbedingt das Vorhandensein von OS/2 auf dem Server (RAM-Ausstattung min. 4-6 MB). Die Workstations können sowohl unter OS/2 als auch unter MS-DOS betrieben werden; bei letzterem können allerdings nicht alle Funktionen des LAN-Managers genutzt werden (z.B. Einschränkungen beim Ansteuern verschiedener Drucker im Netz).

Dem LAN-Manager werden von einigen Forschungsgruppen große Zukunftsaussichten prognostiziert. So wird z.T. erwartet, daß der LAN-Manager in etwa vier Jahren einen Marktanteil von über 50 % des PC-Netzwerk-Marktes besitzen wird.

4.4.4.4 Netz-Betriebssysteme unter UNIX

Eine noch selten genutzte aber recht interessante Möglichkeit zum Verwalten eines PC-Netzes besteht darin, als Server einen UNIX-Rechner zu nutzen. Benötigt wird hierzu z.b. ein UNIX System V mit TCP/IP-Service sowie eine spezielle Interface-Karte in den Workstations.

Der Vorteil dieses Systems liegt darin, daß alle UNIX-Funktionen zum Verwalten eines Rechnernetzes voll genutzt werden können, obwohl der Anwender an der Workstation normal mit MS-DOS arbeitet. Da UNIX von Natur aus netzfähig ist (Multiuser-Fähigkeit), liegt dieser Methode des Netzwerkes ein ausgereiftes und sicheres System zugrunde. Allerdings ist der Preis eines PC-Netzes mit einem UNIX-Server meist höher als bei reinen PC-Netzen, wie sie in den beiden vorderen Netz-Betriebssystem-Gruppen beschrieben worden sind.

4.4.5 Normungen in Rechnernetzen

4.4.5.1 Allgemeines

Die Organisation von Rechnernetzen, in denen Übertragungssysteme für jeden Kommunikationspartner auf nationaler und internationaler Ebene zugänglich sind, macht die Normung von

- Komponenten,
- Schnittstellen,
- Protokollen,
- Zugriffsverfahren und
- Diensten

notwendig. Solche Systeme sind offen, also jedem zugänglich, mit technisch eigenständigen Lösungen, jedoch bei gleichberechtigter Nutzung der angebotenen Dienste. Besonders wichtig sind diese Fakten bei der Einrichtung von Arbeitsplätzen, wenn die Frage beantwortet werden muß, wie der Anwender seine künftigen Arbeiten gestaltet. Die Frage: "Einzelplatzkonzept oder Verbundkonzept" ist im Prinzip verkehrt gestellt. Der Trend geht zum Verbund, weil die Inanspruchnahme verschiedener Nutzungsarten (Last-, Verfügbarkeits- etc. Verbund) zeitlich bedingten und anwendungsfall-orientierten Kriterien unterliegt. Im Endergebnis kommt es darauf an, daß

- Mainframes untereinander,
- Mikrocomputer untereinander und
- Mikrocomputer mit Mainframes

verbunden, vernetzt werden können. Entsprechend dieser Varianten fallen die Normungen aus. Werden z.B. PC's vernetzt, so müssen sie mit Netzwerkkarten ausgestattet sein. Hinzu kommen die Verkabelung und evtl. der Frequenzumsetzer, oder auch sog. Transceiver, die den Anschluß an andere, fremde Netzwerke ermöglichen. Dann allerdings sind die Protokoll-Normungen zu beachten.

In den nachfolgenden Ausführungen wird das Schwergewicht auf die beiden letzten Arten, weniger auf den Verbund der Mainframes untereinander, gelegt. Der Grund ist, daß der Vernetzung von Mikrocomputern untereinander und zu eigenen und fremden Großrechnern die Zukunft der Rechnernetze gehört. Denn Mikrocomputer dürften die universellen Terminals der Zukunft sein. Zumindest gilt diese Aussage aus Anwendersicht, wobei Mainframe-Verbund durchaus seine Bedeutung hat und seinen Platz behalten, ja ausbauen wird (Beispiel: Informations-Center).

4.4.5.2 Das Basis-Referenzmodell OSI

Um Daten zwischen unterschiedlichen Geräten auszutauschen, genügt es nicht, diese einfach mit einem Kabel miteinander zu verbinden. Die Geräte müssen sich auch "verstehen" können. Genau wie bei menschlicher Kommunikation gewisse Regeln eingehalten werden müssen, gelten bei der Verbindung der Geräte bestimmte Richtlinien. Es sind sog. **Kommunikationsprotokolle** zu beachten. Diese Kommunikationsprotokolle, kurz Protokolle genannt, sind Vereinbarungen, die festlegen, wie zwei Datenstationen eine Verbindung zwischen sich aufbauen, Daten austauschen und die Verbindung wieder abbauen. Innerhalb eines Datenübertragungssystems - einer Verbindung von zwei oder mehr Datenstationen - werden mehrere unterschiedliche Protokolle verwendet. Die grundlegenden Bestimmungen für die Kommunikation offener Systeme sind von **ISO** (International Organization for Standardization) erbracht worden, und zwar als Basis-Referenzmodell **OSI** (Open System Interconnection). Es ist ein internationaler Standard und gilt als ein einheitliches, herstellerunabhängiges Konzept zur Datenübertragung. Dieses Konzept beschreibt allgemeingültig ein Modell für die Kommunikation zwischen Datenstationen. Dieses Modell unterscheidet entsprechend den Funktionen, die innerhalb eines Datenübertragungssystems zu erfüllen sind, sieben verschiedene Ebenen bzw. Schichten. Hierbei bezeichnet man die unteren vier Schichten als Transportfunktionen oder als **Transportsystem**, die oberen drei als **Anwendersystem** (Abbildungen 4.26 und 4.27).

OSI ist ein Sammelbegriff für eine öffentliche Standardisierung der allgemeinen Netzwerkprobleme. OSI beruht auf einer Schnittstellenkonzeption in 7 Ebenen. Diese Ebenen protokollieren den Übergang von der drahtgebundenen reinen Bitübertragung bis hinein in die Anwendungsprogramme. In der **Bitübertragungsschicht** wird die Art des Signalaustausches zwischen den Endsystemen beschrieben (z.B. Darstellung des 0- und 1-Zustandes eines Bits, Übertragungsrate in bit/s). Die **Sicherungsschicht** sorgt für eine fehlerfreie Übertragung, z.B. durch Verwendung von Prüfziffern. Die **Vermittlungsschicht** baut Verbindungen auf und ab, führt Fehlerbehandlungen durch und stellt so mit Hilfe der beiden darunterliegenden Schichten einen fehlerfreien Übertragungskanal bereit. Über die **Transportschicht** wird der Übertragungskanal dem Anwendersystem zur Verfügung gestellt. Werden die Protokolle dieser vier zum Transportsystem gehörenden Schichten eingehalten, so ist gewährleistet, daß der Empfänger im Anwendersystem die Daten fehlerfrei und in der richtigen Reihenfolge erhält.

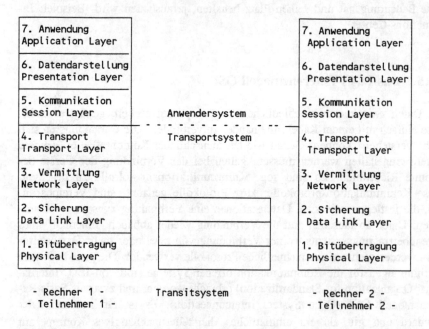

Abb 4.26: Das 7-Schichtenmodell von OSI

Die **Kommunikations-, Datendarstellungs- und Anwendungsschichten** beschäftigen sich mit der Steuerung der Kommunikation zwischen Prozessen (Kommunikationssteuerungs-Schicht), der Bereitstellung, ggf. Transformierung und Formatierung der Daten (Datendarstellungs-Schicht) sowie der Interpretation und Bedeutung der Daten (Anwendungs-Schicht). International genormte Protokolle für diese drei Schichten des Anwendersystems sind insbesondere sinnvoll, wie sie z.B. von Electronic-Mail-Systemen genutzt werden.

Schicht	Aufgaben	Funktionen
Bit-Übertragungs-Schicht	Übertragung von binären Informationen als Bitstromstrom; Aktivierung/Deaktivierung der physikal. Verbindung.	Bitübertragung; Verwaltung der Bitübertragungsschicht;
Sicherungsschicht Schicht	Gewährleistung einer fehlerfreien Datenübertragung.	Übermittlungsabschnitt auf-/abbauen; Begrenzung und Synchronisation; Folgekontrolle; Fehlerkontrolle, Identifikation und Parametertausch; Überwachung der physischen Verbindung; Verwaltung der Sicherungsschicht.
Vermittlungs-Schicht	Auf-/Abbau, Verknüpfung von; Teilverbindungen.	Leitweglenkung/Ersatzrouten; Netzverbindungen; Sementierung und Blockbildung;Fehlerkennung und -behebung; Folge und Flußkontrolle; Rücksetzen der Netzverbindungen; Dienstauswahl Verwaltung der Vermittlungsschicht
Transport-Schicht	Auf-/Abbau der Verbindungen zw. Endgeräten; Fehler-End-zu-End-Kontrolle; Umsetzung von Namen in Netzadressen.	Errichten der Transportverbindung; Datenübertragung; Verwaltung der Transportschicht
Kommunikationssteuerungs-Schicht	Auf-/Abbau, sowie Aufrechterhaltung der logischen Verbindung	Zuordnen der Sitzungsverbindung zur Transportverbindung; Flußkontrolle der Sitzungsverbindung; Verwaltung der Kommunikationssteuerungsschicht.
Darstellungs-Schicht	Umsetzung von Daten der Anwendung in internes Datenformat und zurück	Anforderung des Sitzungsaufbaus Datentransfer; Abstimmung der Syntax und des Darstellungsprofils; Formatanpassung;Anfordern der Sitzungsdurchführung.

Abb. 4.27: Aufgaben, Funktionen, Dienste und Normen

Schicht	Dienste	Relevante Normen
Bit-Übertra-gungs-Schicht	Ungesicherte Verbindungen; Service-Data-Units; Folgekontrolle; Fehleranzeige; Dienstgüte	Allgemein: X.200; ISO 7498; X.211 ISO DP 1022; ISO 2110 V.10; V.22bis; X.21
Sicherungs-Schicht	Gesicherte Systemverbindung, Service-Data-Units; Folgekontrolle; Fehlerbenachrichtigung; Spezifische Parameter für Dienstgüte;	Allgemein: X.200; ISO 7498 Dienste: X.212; ISO DIS 8886.3 Protokolle: ISO 3309; ISO 4335; ISO 6159; ISO 7478: ISO 7809; ISO 7779;
Vermittlungs-Schicht	Netzadressen und -verbindungen; Identifizierung der Verbindungs-Endpunkte; Übertragung von Network-Service-Data-Units; Empfangsbestätigung; Spezifische Parameter für Dienstgüte	Allgemein: X.200; ISO 7498 Dienste X.213; ISO 8348; ISO 9068 Protokolle: X.223; ISO 8208; ISO 8473 ISO DIS 8880
Darstellungs-Schicht	Daten-Syntax-Umsetzung Datenformatierung; Auswahl der Syntax; Auswahl des Darstellungsprofils	Allgemein: X.200; ISO 7498 Dienste: X.216; ISO DIS 8899 Protokolle X.226; X.409: ISO DIS 8823 ISO 8824; ISO 8825; ISO 9576

Abb. 4.27: Aufgaben, Funktionen, Dienste und Normen (in Anlehnung an HMD 165/1992)

Ein konkreter Fall für die Anwendung eines genormten Protokolls ist z.B. das Datex-P-Netz. An dieses Netz können alle Datenstationen direkt angeschlossen werden, die nach dem X.25-Protokoll arbeiten. X.25 ist ein Protokoll, das die unteren drei Schichten des Transportsystems umfaßt. Sie heißen in diesem Fall HDLC-Schicht (HDLC: High Level Data Link Control) und X.21-Schicht. Das öffentliche Datex-P-Netz ist somit ein offenes System, das für beliebige Datenübertragungen genutzt werden kann.

Die integrationstechnische Entwicklung verläuft in zwei Bahnen, und zwar in der Integration neuer Medien (Audio und Video) in bestehende Systemstrukturen zu multimedialen Arbeitsplätzen bzw. in der Zusammenführung bisher getrennter Anwendungsgebiete (Bürokommunikation, Fertigungssteuerung u.ä.). Ihre "Endform" als globale Vernetzung aller Bereiche existiert allerdings allenfalls als Vision. Die hiermit verbundenen Standardisierungseffekte für offene verteilte Systeme finden ihre Ursachen in der Erkenntnis, daß die Kommunikation im Sinne des OSI-Referenzmodells nicht ausreicht, um die heutigen, insbesondere nicht die zukünftigen Bedürfnisse zu decken. Zu den bestehenden Schwierigkeiten der OSI-Schicht 7, also der Anwendungsschicht, paaren sich Fragen eines integrierten Network-Managements, die in nächster Zukunft zu offenen Architekturstandards führen sollen.

4.4.5.3 Beispiel für den Vorgang der Datenübertragung

In Abbildung 4.28 wird am Beispiel einer Textübertragung (elektronische Post) die Funktionsweise des Basis-Referenzmodells OSI erläutert.

4.5 Prüf- und Wartungssoftware

Der Lebenszyklus einer Rechenanlage beginnt mit der Installation und endet mit ihrer Ablösung z.B. durch eine andere Rechenanlage. Dieser Zeitraum umfaßt den Aufbau und den Betrieb (Betriebszeitraum), in dem sie in der erwarteten Weise funktionieren soll. Dieser Zeitraum wird in der Wirklichkeit in regelmäßigen Zeitabständen durch Wartungs- und Pflegeaktivitäten unterbrochen. Ziel dieser Aktionen ist es, die Korrektheit der Funktionsausübung festzustellen bzw. im Bedarfsfalle herzustellen. Prüfung und Wartung (Maintenance) sind somit Maßnahmen zur Erhaltung und Wiederherstellung der Funktionsfähigkeit der Betriebsmittel, in diesem Falle der Hardwarekomponenten. Aus Zeiten der klassischen Datenverarbeitung mit Mainframes stammt eine engere Fassung des Begriffs, wonach es sich um die Überprüfung der technischen Funktionsfähigkeit handelt. Wartungsarbeiten werden außerdem zum Zwecke der Beseitigung von plötzlichen Störungen und Ausfällen des Rechners oder Teile davon sowie beim Zusammenbau des Systems ausgeführt. Für diesen Zweck existieren spezielle Programmpakete.

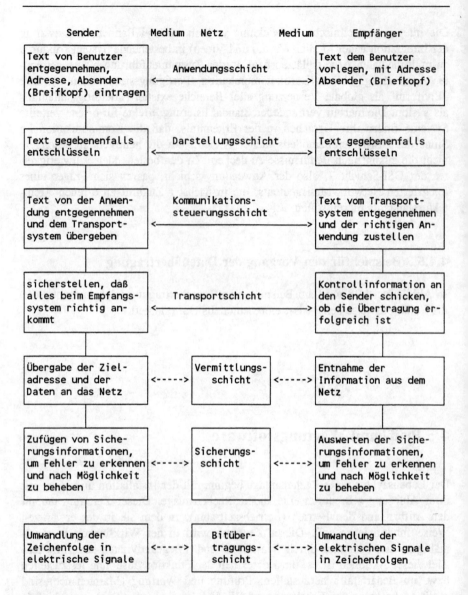

Abb. 4.28: Das 7-Schichtenmodell für offene Kommunikation mit einem Beispiel

5. Datenmodellierung/Datenbankorganisation

Daten und Datenbank	Daten-organisation	Abgrenzung der Daten Dateneinheiten Datenstrukturen Datenobjekte	Abschnitt 5.1
	Speicher-organisation	Speicherungsformen virtuelle Speicher-organisation Datenadressierung/ suchverfahren	Abschnitt 5.2
	Datenbank-organisation	Datenbankmodelle - hierarchische - vernetzte - relationale - Non-Standards	Abschnitt 5.3
	Architektur von Daten-banksystemen	Begriffserklärung Aufbau der DBS - Datenbeschreibungs- - und manipulations- sprache Beispiel einer DB Distributed Data Base	Abschnitt 5.4
	Objekt-orientierte Daten-modellierung	Datenstrukturen objektorientierter Ansatz Begriffe, Symbole Methodische Vorgehensweise	Abschnitt 5.5
	Datenbank-Gruppierung		Abschnitt 5.6

5.1 Allgemeines zur Datenorganisation

5.1.1 Abgrenzung der Daten

Im Prozeß der Datenverarbeitung sind Daten zu erfassen (einzugeben), in den Speicher zu transportieren (zu übertragen), dort zu speichern (aufzubewahren), wiederzufinden, sachlich umzuformen (zu verarbeiten) und in geeigneter Form auszugeben (abzugeben). Diese Aktionen laufen in vereinbarter und damit in geregelter Form ab. Die Gesamtheit aller in diesem Zusammenhang benutzten Regelungen, Vorschriften und Verfahren wird nachfolgend als **Datenorganisation** (i.w.S. Dateiorganisation) verstanden. Sie umfaßt somit die

- Bildung von **Organisationseinheiten** (Datenelementen, -einheiten und -strukturen) und Festlegung ihrer materiellen Inhalte (Werte),
- Zuordnung der Organisationseinheiten zu **Speicherplätzen** (Speicherorganisation) und
- Bildung einer **formalen Ordnung**, um den materiellen Inhalt der gespeicherten Organisationseinheiten wieder auffinden zu können (Zugriff, Zugriffsmethode).

Die Datenorganisation ist somit einerseits die Gesamtheit all jener Aktionen, die sich den Inhalten, Strukturen, Speichern und Wiederauffinden der Daten widmen, andererseits das Ergebnis dieser Aktionen.

Daten (Data) sind

- Rohstoffe (Eingabedaten, Inputs) und
- Erzeugnisse (Ausgabedaten, Ergebnisse, Outputs)

von Datenverarbeitungsprozessen. Sie treten in verschiedenen Ausprägungsformen wie Zahlen, Texte, Bilder (Grafiken), Sprache, Signale auf. Sie sind auf der einen Seite **Nutzdaten** (User Data), auf der anderen Seite **Steuerdaten** (Control Data). In der Praxis hat sich allerdings eine Einteilung eingebürgert, wonach Daten als verarbeitbare Informationen gelten und in Steuerungsinformationen (Befehlen, Steuerdaten), sowie Mengen- und Ordnungsinformationen (Nutzdaten) untergliedert werden. Übertragen auf die betriebliche Informationswirtschaft bedeutet dies, daß bspw. die Angaben über die eingesetzten Produktionsfaktoren, deren Mengen, Bezugsquellen (Lieferanten) u.a.m. Nutzdaten, währenddessen Befehle eines Programms zur Berechnung bspw. einer Umsatzstatistik Steuerdaten sind. Ihre weitere Einteilung erfolgt in

- **numerische Daten** (Informationen, die Zahlenwerte und Ziffernkombinationen ausdrücken; in der betrieblichen Informationswirtschaft sind es Mengen und Geldbeträge),
- **alphabetische Daten** (alle Arten von Textinformationen, die aus den Buchstaben und den Sonderzeichen des Alphabets gebildet werden, so bspw. Namen, Materialbezeichnungen) und
- **alphanumerische Daten** (Kombinationen aus numerischen Ziffern und alphanumerischen Buchstaben sowie Sonderzeichen wie Autokennzeichen, Ortsnamen und Postleitzahlen).

5.1 Allgemeines zur Datenorganisation

Durch diese Einteilung wird zugleich deutlich, daß je nach Betrachtungsweise verschiedene Kriterien für die Einteilung von Daten benutzt werden können. Zur eindeutigen Abgrenzung werden nachfolgend die operationalen Daten des Unternehmens verfolgt, also solche, die von den Anwendungssystemen eines Unternehmens manipuliert und benutzt werden. Es sind betriebliche Daten, wie Produkte, Konten, Ausgaben u.ä. Operationale Daten sind die fundamentalen Informationsgrößen (Entities), die in einer Datenbank gespeichert werden. Wichtig ist, daß zwischen diesen Informationsgrößen Assoziationen (Associations, Relationships) bestehen, die in Abbildung 5.1 als Pfeile mit Beschriftung dargestellt sind. Diese Assoziationen stellen wichtige Informationen dar; sie müssen in einer Datenorganisation mitgespeichert werden, wenn Aussagen über betriebliche Abläufe, Ergebnisse etc. für Führungszwecke gefordert werden.

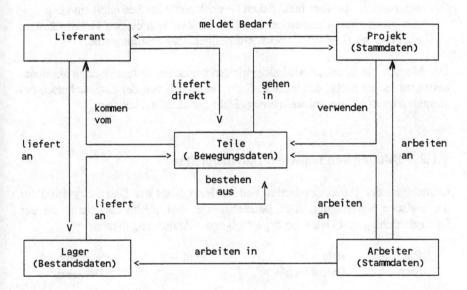

Abb. 5.1: Operationale Daten und ihre Assotiationen im Produktionsbetrieb

5.1.2 Bildung von logischen/physischen Dateneinheiten

Betriebliche Daten sind ihrer zeitlichen Gültigkeit nach

- **Stammdaten** (Master Data) als zustandsorientierte Daten, die ihre Gültigkeit für eine längere Zeitdauer oder für immer behalten;
- **Bestandsdaten** (Inventory Data) ebenfalls als zustandsorientierte Daten, die jedoch nur für kurze Zeit, häufig sogar nur einmalig gültig sind; sie

kennzeichnen Mengen- und Wertestrukturen; ihre Änderung während der betrieblichen Aktivitäten erzeugt die
- **Bewegungsdaten** (Transaction Data), die prozeßorientiert sind und jeweils einen Ausschnitt, eine Veränderung zwischen zwei Zuständen registrieren.

Diese Daten werden in einer organisierten Form für die Datenverarbeitung aufbereitet und gespeichert. Dabei gelten die in Abbildung 5.2 benutzten Organisationsbegriffe (-paare). Die Art und Weise der Organisation von Daten für die Bearbeitung durch Computerprogramme wird Struktur der Daten oder **Datenstruktur** genannt. Sie umfaßt also die geordneten Datenmengen oder Datenanordnungen. Hierbei sind zu unterscheiden:

- die **logisch**-semantischen Dateneinheiten des menschlichen Informationsaustausches, die vom inhaltlichen Gesichtspunkt her bestimmt sind und
- die **physischen** Dateneinheiten, die von den technischen Gegebenheiten, also von der Hardware, Speichertechnik etc. her bestimmt sind.

Der Mensch als Benutzer wird sich mit den logischen Dateneinheiten auseinandersetzen. Seine Sicht, die logische Sicht, wird sich von der datentechnisch bestimmten internen (maschineninternen) Sicht entscheidend abheben.

5.1.2.1 Bildung von logischen Dateneinheiten

Grundlagen der Datenorganisation und zugleich Basis der Datenintegration für die logische Vereinigung aller Datenelemente sind solche Einheiten, die der Untergliederung von Daten, so bspw. folgender Anordnung dienen:

Bit -->	Byte -->	Feld -->	Segment -->
Satz -->	Datenblock -->	Datei -->	Datenbank

Während für den Benutzer das Feld als das kleinste Element dienbar ist, stellt demgegenüber das **Bit** aus der Sicht der Verarbeitung (siehe Abbildung 5.2) das kleinste Element dar, wobei die Adressierbarkeit mit dem nächst größeren Element, mit dem **Byte** beginnt. Ein **Datenfeld** (Data Field) ist die kleinste formale Dateneinheit innerhalb einer Dateiorganisation. Der materielle Inhalt eines Datenfeldes wird Wert genannt. Eine weitere gebräuchliche Bezeichnung für das Datenfeld ist Feld oder Datenelement. Es wird durch einen gemeinsamen Oberbegriff seiner möglichen Inhalte und durch seine Größe (Feldlänge) definiert. Diesen Oberbegriff bezeichnet man allgemein als "Datenname". Der materielle Inhalt (Wert) eines Datenfeldes besteht aus Zeichen. Es sind Symbole des menschlichen Informationsaustausches - Alphazeichen, Ziffern und Sonderzeichen.

5.1 Allgemeines zur Datenorganisation

Datei (File)	Block1 (Block)	Satz1 (Record)	Segment1 --- Feld1
			--- Feldn
			Segment2 ---

		Satz2	---

	Block2		
	⋮	Weitere Unterteilung	
	Block$_n$		

Datenfelder (Fields): Kleinste Einheiten

1	2	3	4	5	6	7	......	m

Segmente (Segments): Gruppe von Datenfeldern

	10			20		......	n	
1	2	3	4	5	6			

Datensätze (Records): Einheit von Segmenten

	100		
10	20	30	
40	200 50	60	
70	300 80	90	Datei (File) Sachlich zusammengehörende Datensätze
⋮	⋮		
	p		

Abb. 5.2: Gegenüberstellung der physischen und der logischen Dateneinheiten

Mehrere Datenfelder zusammengenommen bilden ein **Segment** (Segment). Die Summe der Feldlängen der Datenfelder bestimmt die Segmentlänge. Ein Segment faßt mehrere Datenfelder unter einem weiteren Oberbegriff (Datenname) zusammen. Segmente stellen i.d.R. logisch zusammengehörige Merkmalsausprägungen dar: z.B. Straße, Hausnummer, Postleitzahl, Ort mit dem Oberbegriff "Anschrift". Im Grenzfall besteht ein Segment nur aus einem Datenfeld.

Ein **Datensatz** (Data Record) ist eine Menge von Segmenten und faßt diese wiederum unter einem Oberbegriff zusammen. Die Summe der Segmentlängen der Segmente bestimmt die Satzlänge. Datensätze stellen i.d.R. logisch zusammengehörige Merkmalsausprägungen dar: z.b. Personalnummer, Name, Adresse, Beruf mit dem Oberbegriff "Personal". Im Grenzfall besteht ein Datensatz nur aus einem Segment.

Eine Menge von sachlich zusammengehörigen und evtl. gleichartig aufgebauten Datensätzen, die sich unter einem Oberbegriff zusammenfassen lassen, bilden eine **Datei** (File). Die Anzahl der Datensätze in der Datei bestimmt ihren Umfang. Der Oberbegriff "Personalbestand" bezeichnet z.B. eine Datei, deren Datensätze die benötigten Werte aller Mitarbeiter enthalten. Die hier enthaltenen Datenelemente sind in einem zentralen Verzeichnis, in einem **Data Dictionary** aufzunehmen. Es ist zum Benutzer die logische Sicht, zur physischen Speicherung der Umsetzer.

5.1.2.2 Bildung von physischen Dateneinheiten

Die kleinste physische Dateneinheit ist das **Bit** mit den beiden möglichen zugeordneten Werten 0 und 1. Die nächsthöhere Dateneinheit ist bei Bytemaschinen das **Byte**, bei Wortmaschinen das **Wort**. Eine im Zusammenhang mit der Dateiorganisation wichtige physische Dateneinheit ist der **Block** (Block). Hierbei handelt es sich um die mit einer einzigen Ein/Ausgabeoperation zwischen der Zentraleinheit und einem Gerät der Online-Peripherie übertragene Bitmenge. Ein Block ist zugleich bei peripheren Speichern die physisch identifizierbare bzw. adressierbare Speichereinheit. Die Blöcke werden schließlich in **Dateien** (Files) gruppiert (Abbildung 5.2). Werden den semantischen Dateneinheiten, Datenfeld, Satz und Datei die physischen Dateneinheiten Byte, Wort und Block gegenübergestellt, so ergeben sich folgende Entsprechungen:

- Datenfeld   <------>   Byte(-kette) oder Wort(-kette)
- Satz (Sätze)   <------>   Block
- Datei   <------>   Blockfolge

5.1 Allgemeines zur Datenorganisation

Bei der Zuordnung von semantischen Dateneinheiten zu Blöcken gibt es jedoch einige Freiheitsgrade. So können in einem Block ein Datenfeld, ein Segment, ein Datensatz oder mehrere Datensätze oder sogar eine ganze Datei enthalten sein.

Zwischen den gebildeten logischen und physischen Einheiten bestehen somit enge Verknüpfungen, so wie sie auch aus Abbildung 5.2 zu entnehmen sind. Hinzu kommt, daß für die Datenorganisation zwei Satztypen Abbildung 5.3 von Bedeutung sind, und zwar

- der lineare Satz und
- der nichtlineare Satz.

Der **lineare Satz** mit Feldern gleicher Rangordnung ist allein dem Ordnungsbegriff des Satzes zugehörig, ohne unter sich logisch unter- oder übergeordnet zu sein. Lineare Sätze sind von der Dateiorganisation her leicht zu handhaben und werden daher häufig realisiert. Enthalten Sätze Segmente, also logisch zusammengehörige Felder, so lassen sich diese durch lineare Graphen darstellen, wenn alle Segmente gleichgeordnet sind. Die Knoten stellen dann nicht mehr Felder, sondern Segmente dar (Baumstruktur).

Felder gleicher Rangordnung (linear)

| Personal — Nr. | Name | Beruf | F. — Stand | Kostenstelle | Gehalt |

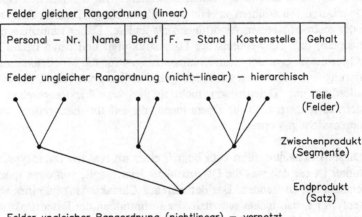

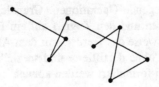

Abb. 5.3: Strukturtypen

Sonstige, **nichtlineare Strukturen** lassen beliebige Verbindungen zwischen den Knoten (Feldern) eines Satzes zu. Diese können hierarchisch und vernetzt angeordnet sein. Die Folgerung ist, daß

- der Aufbau der Sätze unterschiedlich ist,
- die logische Struktur nicht erhalten zu bleiben braucht,
- die Beschreibung der Sätze die Beziehungen zwischen den Feldern zum Ausdruck bringt und
- die Zugriffsart und die Suchschritte eindeutig festgelegt sein müssen.

Sowohl bei den linearen, wie nicht-linearen Strukturen sind Feld-Name, Feld-Länge und Feld-Typ (Charakter, Integer, Real und Logik) festzulegen.

5.1.3 Datenstrukturen

Für viele Anwendungen ist die Wahl der passenden Datenstruktur die einzig wichtige Entscheidung, die für die Implementierung dieser Anwendung notwendig ist. Nach dieser Entscheidung sind zumeist nur einige wenige Grundtechniken zur Verarbeitung der Daten notwendig. Um die gleichen Operationen auf den Daten durchführen zu können, führen einige Datenstrukturen zu weniger oder mehr effizienten Algorithmen als andere. Daher kann man mit Recht behaupten, daß die Kenntnis der Datenstrukturen und deren darauf operierenden Algorithmen eine der Grundvoraussetzungen für die Möglichkeit der Implementierung von effizienten Anwendungen der Computertechnologie ist. Dabei darf allerdings eine Datenstruktur nicht als passives Objekt angesehen werden, sondern es müssen auch die Operationen, die auf ihr durchgeführt werden sollen, berücksichtigt werden.

Diese Anschauung führt zum Begriff eines **abstrakten Datentyps**. Die Idee dahinter ist es, daß was die Datenstruktur leisten soll, von ihrer speziellen Implementierung zu trennen. Das definierende Charakteristikum eines abstrakten Datentyps ist, daß nichts außerhalb der Definitionen der Datenstruktur und der Algorithmen, die auf ihr arbeiten, auf irgend etwas innerhalb dieser Datenstrukturen und Algorithmen Bezug nehmen soll. Ausnahmen bilden Funktions- und Prozeduraufrufe für grundlegende Operationen. Grundlegende Operationen stellen das Einfügen, das Löschen und den Zugriff auf ein Element dar. Diese Grundoperationen sind normalerweise das Gerüst, mit dem Algorithmen zur Lösung bestimmter Probleme auch ohne detaillierte und spezielle Kenntnis der zugrundeliegenden Datenstrukturen formuliert werden können.

5.1 Allgemeines zur Datenorganisation

Der Hauptgrund sind die Mechanismen, mit denen große Programme und Systeme organisiert werden können. Abstrakte Datentypen zeigen einen Weg auf, Größe und Komplexität der Schnittstellen zwischen Algorithmen und den zugeordneten Datenstrukturen auf der einen Seite und einer möglicherweise großen Anzahl von Programmen auf der anderen Seite zu begrenzen. Dadurch können große Programmsysteme leichter verstanden, sowie die Algorithmen und Datenstrukturen leichter verändert und optimiert werden. Unabhängig davon bleibt jedoch die klare Formulierung der Problemstellung und die klare Kommunikation zwischen den einen Algorithmus verwendenden Verfahren (oder Personen) und den diesen Algorithmus implementierenden Verfahren (oder Personen) eine Schlüsselanforderung für den Aufbau großer Programmsysteme.

Zunächst sollen jedoch die grundlegenden Datenstrukturen dargestellt werden, die zur Organisation der Daten eines Computerprogramms Anwendung finden. Diese elementaren Datenstrukturen sind:

- Arrays,
- verknüpfte Listen,
- Stapel (Stacks) und
- Schlangen (Queues).

5.1.3.1 Arrays

Ein **Array** ist eine feste Anzahl von Datenelementen, die hintereinander abgespeichert werden und auf die mittels eines Indizes zugegriffen wird. Die feste Größe eines Arrays muß vor dessen Verwendung bekannt sein. Arrays sind fundamentale Datenstrukturen, die eine direkte Korrespondenz mit den Speichern aller Computersysteme haben. Um den Inhalt eines Wortes aus dem Speicher eines Computers zu lesen, ist es notwendig, eine Adresse zu verwenden. So kann man sich den gesamten Computerspeicher als Array vorstellen, wobei dann die Speicheradressen mit Array-Indizes korrespondieren. Arrays sind nicht auf eine Dimension beschränkt. Man kann Informationen auch in Zeilen und Spalten organisieren. Dies würde dann als zweidimensionaler Array mit zwei Indizes, einen für die Spalte und einen für die Zeile, dargestellt werden. Auch drei- und mehrdimensionale Organisationen sind möglich. Arrays korrespondieren direkt mit dem mathematischen Begriff für indizierte Listen von Objekten (Vektoren). Der zweidimensionale Array korrespondiert mit dem Begriff der Matrix.

5.1.3.2 Verknüpfte Listen

In einigen Programmiersprachen, wie in LISP, ist die **verknüpfte Liste** als Datenprimitive definiert. Eine verknüpfe Liste ist eine Menge von Elementen, die sequentiell, wie bei einem Array, organisiert sind. Im Array ist die sequentielle Organisation impliziert durch die Position des Elementes im Vektor vorgegeben. In einer verknüpften Liste dagegen wird diese sequentielle Organisation explizit erreicht, daß jedes Datenelement Teil eines Knotens ist, der außerdem noch ein Verknüpfungselement zum Folgeknoten enthält. Der letzte Knoten ist ein Dummy-Verknüpfungselement, welches die Beendigung der Liste anzeigt. Auch am Beginn der Liste gibt es meist einen Dummy-Knoten, den Listenkopf. Er stellt die Verbindung zum ersten Listenelement her und ermöglicht es, einige Listenoperationen sehr effizient zu gestalten. Der wichtigste Vorteil der verknüpften Listen ist, daß sie während ihrer Lebenszeit wachsen und schrumpfen können. Besonders wichtig ist dabei, daß auch ihre maximale Größe nicht von vornherein bestimmt sein braucht. Dies macht es in praktischen Anwendungen oft möglich, daß verschiedene Datenstrukturen den verfügbaren Speicherplatz teilen. Der zweite wichtige Vorteil ist, daß die Elemente von verknüpften Listen sehr effizient umgeordnet werden können. Diese Flexibilität wird jedoch mit dem Nachteil erkauft, daß man auf irgendein bestimmtes Element der Liste nicht so schnell wie bei einem Array zugreifen kann.

Typisches Beispiel für eine effiziente Operation mit verknüpften Listen ist, wenn das letzte Element T der Liste vor das erste Element A der Liste gestellt werden soll. In einem Array müßten alle Elemente außer dem letzten Element um eine Position verschoben werden. Im Anschluß daran würde man das Element T in die erste Position der Arrays eintragen. Bei einer verknüpften Liste ist diese Operation durch das Eintragen der Position des Elementes T in den Listenkopf, das Setzen des Verbindungselementes des vorletzten Elementes auf das Dummy-Listenende und das Eintragen der Position des Elementes A in das Verknüpfungselement von Element T zu erreichen. Dies sind also nur drei Operationen, unabhängig von der Anzahl der Elemente der Liste. Ähnlich effizient gestaltet sich das Einfügen oder Löschen der Liste.

Weniger effizient sind Operationen wie das Auffinden des k-ten Elementes in einer Liste, das bei einem Array einfach durch den Array-Index bestimmt würde, während bei einer verknüpften Liste eine Suche durch die Verbindungselemente notwendig wird. Eine weitere, in verknüpften Listen umständliche Operation ist, das Element Y vor einem bestimmten anderen Element X finden zu wollen. Dies gilt genauso für das Löschen oder das Einfügen vor einem bestimmten Knoten. Dieses Problem kann man lösen, indem man diese Operationen umdefiniert und statt dessen ein Auffinden, Löschen oder Einfügen nach einem bestimmten Element definiert oder doppelt verknüpfte Listen verwendet, bei denen jeder Knoten nicht nur ein Verbindungselement zu seinem Nachfolger, sondern auch zu seinem Vorgänger unterhält. Die Verwendung von doppelt verknüpften Listen ist jedoch mit dem Nachteil verbunden, daß sich die Anzahl der notwendigen Manipulationen der Verknüpfungselemente verdoppelt.

Die obige Einführung von Dummy-Elementen für den Kopf und das Ende der verknüpften Liste haben den Zweck, die Verfahren für verknüpfte Listen effizienter zu gestalten. Der Dummy-Listenkopf dient dazu, daß bei einer Einfügeoperation nicht auf "Einfügen am Listenanfang" getestet werden braucht. Die Konvention eines Dummy-Listenendes schützt die Löschoperation z.B. davor, daß ein Element aus einer leeren Liste gelöscht wird.

Eine weitere verwendete Konvention ist es, das Verbindungselement des letzten Knotens der verknüpften Liste wieder auf den ersten Knoten zeigen zu lassen. Dies führt zu zirkulären Listen, die es dem Programm erlauben, eine Liste solange im Kreis zu verarbeiten, wie in der Liste noch Informationen enthalten sind. Anstatt an den Listenknoten Verbindungselemente, sog. Links, aufrecht zu erhalten, ist es möglich, die direkte Vektordarstellung von verknüpften Listen zu verwenden. Hier werden statt der Links die Indizes der Folgeknoten im Datenvektor gehalten. Der Vorteil der Verwendung von Parallelvektoren ist, daß die Strukturinformation quasi über die Daten gelegt werden kann. Der Datenvektor enthält Daten und nur Daten; die gesamte Struktur steht im parallelen Verbindungsvektor. So können weitere Strukturen, die den gleichen Datenvektor verwenden und ihn anders organisieren, neben dem bereits existierenden Verbindungsvektor aufgebaut werden. Es können an ungenutzten Stellen weitere Daten in den Datenvektor aufgenommen werden, die nur über neue Verbindungsvektoren erreichbar sind. Die Verwaltung des ungenutzten Speicherplatzes kann wieder mittels einer verknüpften Liste erfolgen. Die Löschung eines Knotens im Datenvektor führt zum Einfügen desselben Knotens in die Freispeicherliste und das Einfügen eines Knotens im Datenvektor führt zum Löschen des Knotens aus der Freispeicherliste. Die gleiche Technik wird dazu verwendet, mehrere Listen, die unterschiedlichste Daten enthalten, im zur Verfügung stehenden Speicher-Vektor zu verwalten.

5.1.3.3 Stapel (Stacks)

Bei den o. g. Datenstrukturen handelt es sich um Datenstrukturen, die es ermöglichen, willkürliche Elemente einzufügen, zu löschen oder aber auf beliebige Elemente zuzugreifen. Allerdings genügt es für eine Reihe von Anwendungen, nur beschränkt auf die Datenstruktur zugreifen zu können. Diese Einschränkungen bedeuten zweierlei Vorteile:

- zum einen kann sich ein Programm, das der Manipulation von Details einer Datenstruktur dient, auf die Kenntnis dieser Details beschränken,
- zum anderen können auf diese Weise einfachere und flexiblere Implementierungen erfolgen, da weniger Operationen unterstützt werden müssen als bei der Notwendigkeit der Bearbeitung einer komplexen Datenstruktur.

Die wichtigste dieser zugriffsbeschränkten Datenstrukturen ist der **Stapel** oder **Stack**. Bei ihm sind nur zwei Grundoperationen erlaubt. Diese sind das Einfügen eines Elementes am Anfang (Push) und das Löschen eines Elementes am Anfang (Pop). Daher erscheinen Stapel oft in der grundlegenden Datenstruktur für viele Berechnungsverfahren. Eine bedeutende Anwendung eines Stapelspeichers ist die Berechnung von mathematischen Formeln. Diese, normalerweise in der sog. Infix-Notation (Der Operator erscheint zwischen den Operanden.) aufgeschriebenen Berechnungsanweisungen, bei denen es nötig ist, Ausdrücke zwecks Bestimmung der Berechnungsweise zu klammern und den einzelnen Operatoren zur Einsparung von Klammern bei der Aufschreibung Prioritäten zuzuweisen, können in der sog. "umgekehrten polnischen" Notation, die auch als Postfix-Notation bezeichnet wird, klammerfrei aufgeschrieben werden, ohne daß dadurch zweideutige Berechnungsreihenfolgen entstehen. Nachfolgendes Beispiel verdeutlicht diesen Sachverhalt:

Die Formel 5 * (((9 * 8) * (4 * 6)) + 7) kann unter Verwendung eines Stapelspeichers durch folgendes Pascal-Codefragment berechnet werden:
- *push(5) ;*
- *push(9) ;*
- *push(8) ;*
- *push(pop + pop);*
- *push(4);*
- *push(6);*
- *push(pop * pop);*
- *push(pop * pop);*
- *push(7)*
- *push(pop + pop);*
- *push(pop * pop);*
- *writeln(pop);*

Die Reihenfolge der ausgeführten Operationen wird durch die Klammern und durch die Konvention, Formeln von rechts nach links abzuarbeiten, bestimmt. Bei der Berechnung ist es zwingend, daß die Operanden auf dem Stapel gespeichert wurden, bevor der Operand verarbeitet wird. Der Operator bestimmt die Art und Anzahl der Operanden, die vom Stapel zwecks Verarbeitung entfernt werden (pop), sowie die Art und Anzahl der Operanden, die als Zwischenergebnis wieder auf dem Stapel gelegt (push) werden. Die umgekehrte polnische Notation gibt diesen Sachverhalt unmittelbar wieder. Die obige Formel lautet in Postfix-Notation:

$$5\ 9\ 8 + 4\ 6\ *\ *\ 7 + *.$$

Eine weitere Anwendung eines Stapels liegt bei Verfahren zur Abarbeitung von in Baum- oder Graphenstruktur gespeicherten Daten.

Bedeutend ist ein Stapel in modernen Programmiersprachen der 3. Generation zur Übergabe von Parametern zwischen Unterprogrammen. Ein Stapel wird implementiert als verknüpfte Liste. Der Listenkopf zeigt auf den Anfang des Stapels. Wenn der Stapel nicht sehr groß zu werden braucht oder die Größe des Stapels von vornherein bekannt ist, dann wird ein Stapel oft in einer Array-Repräsentation der verknüpften Liste implementiert. Diese einfache Implementierung spart den Platz für die Verknüpfungselemente durch eine globale Variable, die den Anfang des Stapels verwaltet.

5.1.3.4 Schlangen (Queues)

Eine weitere zugriffsbeschränkte Datenstruktur von grundsätzlicher Bedeutung ist die **Schlange**. Auch hier sind nur zwei Grundoperationen definiert:

- das Einfügen eines Elementes am Anfang und
- das Löschen eines Elementes am Ende.

Im Gegensatz zum Stapel, der einen LIFO-Speicher (Last-In First-Out) realisiert, stellt die Schlange einen FIFO-Speicher (First-In First-Out) dar.

Zur Implementierung einer Queue ist es nötig, zwei Indizes für die Array-Repräsentation (oder Zeiger für die Listen-Repräsentation) zu verwalten, einen auf den Anfang (Kopf) der Schlange und einen Index auf das Ende (Schwanz). Dabei sind alle Datenelemente in der Schlange, die sich zwischen dem Kopf und dem Schwanz befinden, wenn der Index wieder auf den Anfang der Schlange fällt und das Ende des Arrays erreicht ist. Wenn der Kopfindex gleich dem Schwanzindex ist, dann ist die Liste leer. Wenn der Kopfindex gleich dem Schwanzindex + 1 oder der Schwanzindex gleich der maximalen Länge des Arrays oder der Kopfindex gleich Null ist, dann ist die Liste als voll definiert.

Eine weitere wichtige elementare Datenstruktur stellt das **Deque** (Double-ended Queue) dar, das eine Kombination aus Stapel- und Schlangenspeicher ist. Die Queues und Schlangen sind die fundamentalen Datenstrukturen zur Bearbeitung von Bäumen und Graphen und damit die Grundlagen der hierarchischen und vernetzten Datenmodelle.

5.1.4 Bildung von Datenobjekten(klassen)

Ausgehend von der Prämisse, daß die Spezifizierung und Einführung einer Datenbank nur auf der Basis der betrieblichen Informationseinheiten möglich ist, müssen die **Datenelemente** aus semantischer und fachlicher Sicht beschrieben und kategorisiert werden. Dabei muß jedes Datenelement als umkehrbar eindeutige Kombination von Merkmalen gelten, für das die Kriterien Flexibilität, Stabilität, Praktikabilität und Objektivität zutreffen. Aus diesem Grunde werden den Datenelementen Eigenschaften zugeordnet, die als **Deskriptoren** einzeln oder in Verbindung mit anderen das Datenelement spezifiziert, für die Aufnahme in das Data Dictionary bestimmt und **Datenklassen(-objekten)** zuteilbar macht. Die Datenelemente sind danach Informationseinheiten, die über Deskriptoren (beschreibende Begriffe) charakterisiert werden. Deskriptoren und deren Klassen sind ebenso im voraus zu definieren, wie die Ausprägungen und die daraus resultierenden Datenklassen.

Datenklassen (-kategorien) resultieren aus logisch verwandten Dateneinheiten, bis hinunter zu den Datenelementen (hier als Datenfelder verstanden), die sich ihrerseits durch mindestens ein Kriterium, im Regelfall jedoch durch mehrere Kriterien unterscheiden bzw. unterscheiden lassen (Abbildung 5.4). So können Felder bzw. Segmente der Datensätze der Buchhaltung nach dem Kriterium "Typ" in die Datenklassen Datum, Konten, Menge, Betrag etc. gruppiert werden. Über dieses Kriterium können wiederum alle Datensätze eines Unternehmens bspw. in den Rechnungskreis "Mengenrechnung" eingegliedert werden.

Die Benutzung mehrerer Kriterien ist zulässig, wodurch anwendungsbezogene Datenklassen gebildet werden. Ihre Bildung ist jeweils nur für den Anwendungsfall gedacht (notwendig). Sie können jederzeit anders gruppiert, umgeschichtet etc. benutzt werden, denn die Datenklassen nur Pseudogebilden sind, d.h. sie existieren nicht in der Realität, sondern nur im Anwendungsfall. Sie sind anwendungsspezifisch und werden daher nur als solche gebildet, neu gruppiert/umgeschichtet und nach Benutzung aufgelöst oder für Wiederholungsfälle zwischengespeichert. Sie stehen nutzungsbereit; müssen jedoch fallweise neu gebildet, zusammengestellt werden. Dies wird dadurch möglich, daß die Dateneinheiten mit Kriterien (Deskriptoren) versehen werden, die einzeln oder zusammengesetzt Datengruppierungen zu Datenklassen bewirken. Wichtig ist dabei, daß die Daten präzise gewonnen und durch die in Abbildung 5.4 gezeigten Kriterien ergänzt werden.

Zeit	Ort	Art	Form	Inhalt	Typ	Charakter	etc.
Kurz-fristig	Verwaltung Kunde	Symbol Text	dezimal absolut	Abgang Vorgang	Rohstoff	Ist	...
Tag	Lieferant	Betrag	relativ	Bestand	Geld	Abweichung	...
Woche	Bank	Menge	konstant	Zugang	Material	Norm	...
Monat	betriebl. Prozeß	Wert	verdichtet	Kauf	Produkt	Soll	...
Quartal	Lagerung	Einheit	geschätzt	Verkauf	...	...	...
Jahr	Forschung	Code	gewogen	...	...	...	...
mehrere Jahre	...	Stück	variabel	...	...	...	...
...	...	Gewicht	gerundet	...	...	...	...
...	...	...	...	...	...	...	...

Abb. 5.4: Bildung von Datenklassen

Die Datenklassen sind eine Vorstufe zur Datenintegration; zugleich sind sie logische Folgeerscheinungen aus den verschiedenen Rechnungskreisen und Nutzungsdaten des betrieblichen Geschehens. In ihrer Nutzung sind sie praktisch unbegrenzt flexibel, wenn folgende Voraussetzungen erfüllt sind:

- anpaßbar an betriebliche Erfordernisse,
- personenneutral anwendbar,
- stabil und Anpassungsvorgänge zulassend,
- Unterstützung der Suche nach Datenelementen (einzeln, verknüpft),
- ohne spezifische Kenntnisse nutzbar/anwendbar und
- umkehrbare Kombination innerhalb einer Datenklasse.

Die Folgen der Bildung von Datenklassen sind zweierlei. Durch die Bildung unterschiedlicher Datenklassen (-objekte) - die ihrerseits fallbezogen sind - kommt es zu einer vielseitig auslegbaren und nutzbaren Datenintegration. Sie ist in ihrer Flexibilität jeder beliebigen Anforderung anpaßbar. Voraussetzung und zugleich die zweite Folge ist die Benutzung eines flexiblen Kennzeichnungsschlüssels, der als Grundlage der Objektbildung gesehen werden muß. Ein solcher Kennzeichnungsschlüssel sollte hierarchisch klassifizierbar sein.

5.2 Speicherorganisation

Daten können auf nicht-adressierbaren (z.B. Magnetband) und auf adressierbaren Speichern (Direktzugriffsspeicher, z.B. Magnetplatte) gespeichert werden. Nicht adressierbare Speicher werden sequentiell mit Daten belegt. Bei adressierbaren Speichern kann die Belegung der Speicherplätze entweder sequentiell oder gezielt auf bestimmte Speicherplätze erfolgen.

5.2.1 Überblick über die Speicherungsformen

Der jeweilige Datenträger(-speicher) hat somit direkten Einfluß auf die Organisationsform. Hieraus resultieren die Speicherungsformen

- sequentiell,
- index-sequentiell und
- gestreut.

5.2.1.1 Sequentielle Speicherorganisation

Die **sequentielle** Organisation ist dadurch gekennzeichnet, daß sämtliche Datensätze in auf- oder absteigender Reihenfolge eines Ordnungsbegriffes (Kennzeichnungsschlüssels) abgespeichert sind, z.B. aufsteigende Reihenfolge von Kontonummern. Sie ist bei adressierbaren und nicht-adressierbaren Speichern anwendbar. Das Speichermedium wird fortlaufend (sequentiell), lückenlos beginnend beim ersten Speicherplatz mit Datensätzen belegt, wobei der Ordnungsbegriff die Folge der Datensätze auf dem Speichermedium bestimmt (Abbildung 5.5). Werden nicht alle verfügbaren Speicherplätze benötigt, so bleiben die Plätze mit den höchsten Speicheradressen frei:

- die Speicherung ist seriell, ebenso der Zugriff, wenn das Ordnungsprinzip für die Speicherung der zeitliche Anfall (z.B. das Datum) der Daten ist;

- die Speicherung ist logisch fortlaufend, wenn die Datensätze entsprechend dem Ordnungsbegriff der Datei (z.B. Kontonummern) aufsteigend oder absteigend sortiert gespeichert sind.

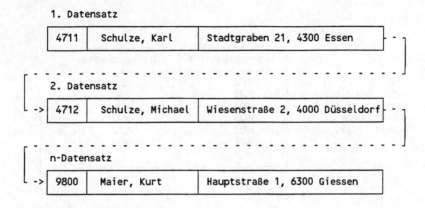

Abb. 5.5: Beispiel für die sequentielle Speicherorganisation

5.2.1.2 Index-sequentielle Speicherorganisation

Die **index-sequentielle** Organisation ist nur bei adressierbaren Speichern möglich. Sie verwendet sog. **Indextabellen** (Adreßtabellen). In der Indextabelle wird für jeden Datensatz der Ordnungsbegriff des Datensatzes mit der dazugehörigen Speicheradresse des Datensatzes gespeichert. Der Ordnungsbegriff ist in der Indextabelle entweder in auf- oder absteigender Reihenfolge gespeichert (Abbildung 5.6). Die Indextabelle wird bei der erstmaligen Speicherung der Daten erzeugt und zusätzlich zu den Daten gespeichert. Soll auf einen Datensatz zugegriffen werden, so wird mit Hilfe des Ordnungsbegriffes des entsprechenden Datensatzes zuerst in der Indextabelle der Ordnungsbegriff gesucht und dann anhand der dort ebenfalls gespeicherten Adresse auf den Speicherplatz des Datensatzes zugegriffen. Da der Ordnungsbegriff im Datensatz mit abgespeichert ist, kann zusätzlich geprüft werden, ob auch auf den richtigen Datensatz zugegriffen wurde. Aus ökonomischen Gründen werden die adressierbaren Bereiche oft so groß gewählt, daß sie einen ganzen Datenblock, d.h. mehrere Datensätze, aufnehmen können. Die Indextabelle enthält dann bei z.B. aufsteigender Reihenfolge des Ordnungsbegriffes nur den höchsten Ordnungsbegriff der im Block (adressierbarer Bereich) gespeicherten Datensätze.

Bei umfangreichen index-sequentiellen Dateien läßt sich die Indextabelle zusätzlich in hierarchischen **Indexstufen** organisieren. Je nach Bedarf können beliebig viele Indexstufen gebildet werden. Die höheren Indexstufen enthalten dabei keine Satzadressen, sondern immer nur die Adresse eines bestimmten Abschnittes der darunterliegenden Indexstufe, erst die letzte Indexstufe enthält schließlich die gesuchte Satzadresse.

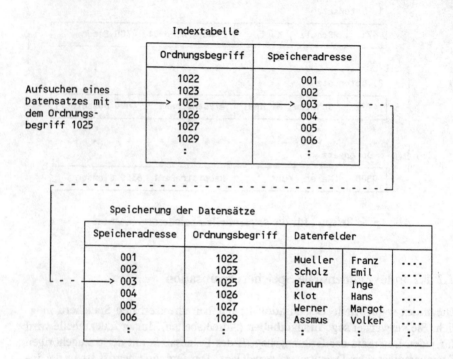

Abb. 5.6: Beispiel für die index-sequentielle Speicherorganisation

5.2.1.3 Gestreute Speicherorganisation

Bei der **gestreuten** Organisation können die Datensätze über die Beziehung "Ordnungsbegriff-Adresse" angesprochen werden; die Speicheradresse wird mit Hilfe eines Umrechnungsverfahrens aus dem Ordnungsbegriff ermittelt. Folgende Schrittfolge ist notwendig:

- Ordnungsbegriff des Datensatzes,
- Umrechnungsverfahren und
- Speicheradresse des Datensatzes.

Bei der gestreuten Speicherung sind die Sätze ohne Verwendung eines Ordnungsprinzips auf dem Speichermedium angeordnet. Dabei treten Lücken der Belegung der Speicherplätze auf (Speicherplatzermittlung mit Hilfe einer Rechenformel; Adressierung etc.) Als Umrechnungsverfahren werden in der Praxis verschiedene Formen benutzt. Eine häufig anzutreffende Form wird in Abbildung 5.7 charakterisiert.

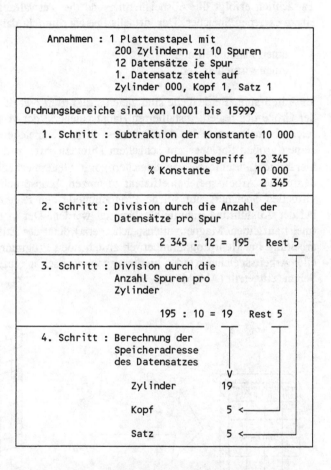

Abb. 5.7: Beispiel für die Anwendung eines Umrechnungsverfahrens bei der gestreuten Speicherorganisation

5.2.2 Die virtuelle Speicherorganisation

Als virtueller Speicher wird der gesamte, für eine Installation festgelegte Adreßraum, einschließlich der des installierten Hauptspeichers/Arbeitsspeichers der Zentraleinheit verstanden. Aufgabe des **virtuellen Speichers** ist die ablauffähige Bereithaltung aller Programme in der verlangten Form im internen Speicher. Tatsächlich erfolgt die Abspeicherung und die Verwaltung der Programme auf einem externen Speicher. Der virtuelle Speicher umfaßt daher

- einen realen Teil und
- einen virtuellen Teil

als Adreßraum. Beide Teile sind gleich strukturiert und der **reale** Teil entspricht der Größe des realen, installierten Hauptspeichers; der **virtuelle** Teil ist der Bereich oberhalb des realen Adreßraumes. Virtuelle Speicher simulieren einen einzelnen großen Speicher mit schnellem Direktzugriff, in dem sie eine Speicherhierarchie (Stufenfolge von Speichern) mit Steuermechanismus aufbauen. Um den realen Arbeitsspeicher effizient zu nutzen, beanspruchen beim Konzept des virtuellen Speichers nur solche Programmteile den realen Arbeitsspeicher, die bei der Ausführung unmittelbar benötigt werden. Der virtuelle Arbeitsspeicher (meist auf einem Magnetplattenspeichergerät) dient der Aufnahme aller zur Verarbeitung im Mehrprogrammbetrieb anstehenden Programme. Realer und virtueller Arbeitsspeicher werden hierbei organisatorisch in einzelne Bereiche, in sog. Seiten, eingeteilt (Abbildung 5.8).

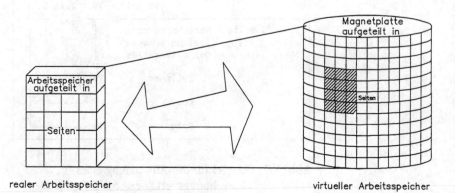

Abb. 5.8: Schema der virtuellen Speicherorganisation

In der praktischen Anwendung sieht es wie folgt aus: Auf einer Magnetplatte wird der virtuelle Adreßraum zur Verfügung gestellt. Dieser Adreßraum wird vom System in kleine Abschnitte aufgeteilt und verwaltet. Die Abschnitte entsprechen sog. **Seiten**, die bspw. 1024 oder 2048 oder 4096 Bytes groß sind. Auch der reale Adreßraum wird in Seiten eingeteilt. Sie sind ebenfalls 1024 oder 2048 oder 4096 Bytes groß und werden **Blöcke** oder **Seitenrahmen** genannt. Jeder Block kann zur Ausführungszeit eine Seite aufnehmen. Speicherverwaltungsroutinen übernehmen in Form von Tabellen den Zustand der Seiten und der Blöcke, ebenso ihre Verwaltung. Sind alle Seitenrahmen belegt, sucht sich das System einen solchen längere Zeit nicht mehr benutzten Seitenrahmen.

Programme, die zur Ausführung in den realen Teil eingelesen werden sind **aktiv**; Programme, die in den Seiten des virtuellen Speichers bereitstehen, sind **inaktiv** (Abbildung 5.9).

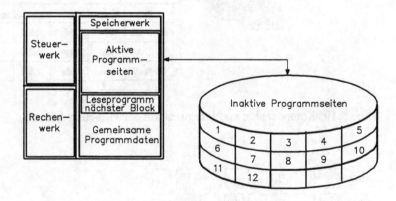

Abb. 5.9: Aktive und inaktive Programmseiten

Vor der Ausführung werden die Programme in den virtuellen Arbeitsspeicher gebracht. Sie werden aktiviert. Die Adressen beziehen sich auf den virtuellen Arbeitsspeicher und müssen bei einer Verlagerung von Programmteilen (Seiten) in den realen Arbeitsspeicher umgerechnet werden. Die Umrechnung geschieht über Tabellen. Dabei besteht die **virtuelle Adresse** aus

- einer Basisadresse mit Segment- und Seitennummer, sowie
- einer Distanzadresse (Abstand zum Seitenanfang)

mit einer Länge von je 12 Bits, Gesamtlänge 24 Bits. Die Adressen sind fortlaufend numeriert. Daher ist ihre Umrechnung (Interpretierung) einfach, wie dies aus den Abbildungen 5.10 und 5.11 hervorgeht.

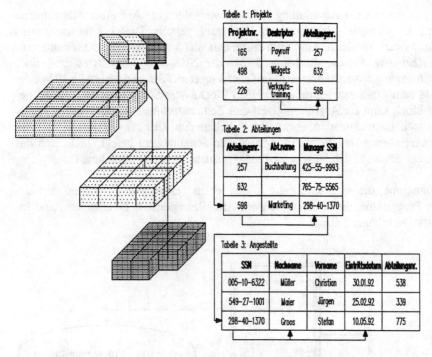

Abb. 5.10: Komponenten und Interpretation der virtuellen Adresse

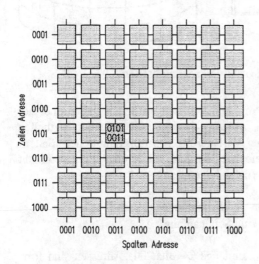

Abb. 5.11: Speicheradressierung

5.2.3 Datenadressierung/suchverfahren

5.2.3.1 Anlässe der Datenadressierung

Einmal abgespeicherte Daten müssen wiederfindbar und damit adressierbar sein. Die Notwendigkeit ergibt sich aus dem Tatbestand, daß sie auf der einen Seite Inputs für verschiedene Anwendungsprogramme sind, auf der anderen Seite unterliegen sie - eben durch die Anwendungsprogramme - gewissen Änderungen, die als Aktualisierungsvorgänge jede Datei betreffen. In diesem Zusammenhang wird vielfach von der sog. Datenpflege gesprochen.

Unter **Datenpflege** versteht man alle Änderungen in der Speicherorganisation, die sich aufgrund von Änderungen im Umweltbereich, den diese Daten abbilden, ergeben. Die Daten, die die Änderungen auslösen, werden allgemein als Bewegungsdaten bezeichnet. Die gespeicherten Daten, die geändert werden sollen, bezeichnet man allgemein als Bestandsdaten (Beachte synonyme Begriffsverwendung zur Datenbildung in betrieblichen Organisationen im Abschnitt 8.1.2). Es lassen sich grundsätzlich drei Fälle der Datenpflege unterscheiden:

- **Einfügen** eines Datensatzes (z.B. Einfügen einer neuen Konto-Nr.),
- **Löschen** eines Datensatzes (z.B. Stornieren von Datensätzen) und
- **Aktualisieren** des Inhaltes eines Datensatzes, d.h. Änderung in einzelnen Datenfeldern (z.B. Aktualisieren des Gehaltsfeldes im Buchungssatz Lohn).

Ein großer Vorteil der index-sequentiellen Organisation ist ihre einfache Datenpflege. Sollen einzelne Felder eines Datensatzes **aktualisiert** werden, wird der entsprechende Datensatz in den Zentralspeicher eingelesen, die Felder werden geändert und der aktualisierte Datensatz wird auf den Speicherbereich zurückgeschrieben. Das **Löschen** ist ebenfalls recht einfach, da häufig nur der Eintrag (Ordnungsbegriff, Adresse) aus der Indextabelle entfernt wird, da der Datensatz nicht mehr angesprochen werden kann. Beim **Einfügen** eines Datensatzes gibt es prinzipiell zwei Möglichkeiten:

- Der einzufügende Datensatz wird in einem besonderen Bereich abgespeichert. In der Indextabelle wird der Ordnungsbegriff und die Speicheradresse an der entsprechenden Stelle eingefügt. Bei dieser Art entspricht die physische Reihenfolge der Datensätze nicht mehr der logischen Reihenfolge.
- Bei der zweiten Art des Einfügens entspricht die physische Reihenfolge der logischen Reihenfolge, da der einzufügende Datensatz an der logisch richtigen Stelle physisch eingefügt wird. Hierzu ist es allerdings notwendig, die

dem einzufügenden Datensatz folgenden Datensätze zu verschieben. Diese erhalten somit eine andere Speicheradresse. In der Indextabelle ist dann der Ordnungsbegriff und die Speicheradresse des einzufügenden Datensatzes an der entsprechenden Stelle einzutragen und die Speicheradressen der verschobenen folgenden Datensätze sind zu ändern.

5.2.3.2 Methoden der Datenadressierung

Prinzipiell sind zwei Methoden der Datenadressierung von wesentlicher Bedeutung, und zwar die direkte und die indirekte. Bei der **direkten Adressierung** werden Umrechnungsverfahren verwendet, die die Speicheradresse umkehrbar eindeutig aus dem Ordnungsbegriff bestimmen. Es besteht eine 1:1-Relation zwischen dem Ordnungsbegriff und der Adresse. Somit bleibt die vorgegebene Sortierfolge der Datensätze erhalten, die physische Reihenfolge entspricht der logischen Reihenfolge.

Im einfachsten, aber auch seltensten Fall entspricht der Nummernkreis des Ordnungsbegriffes dem für die Speicherung vorgesehenen Nummernkreis der Adressen. In diesem Fall entfällt eine Umrechnung:

Ordnungsbegriff	Speicheradresse
100	100
101	101
102	102
.	.
.	.
.	.

Nachteilig ist, daß das Speichermedium nicht voll genutzt wird, wenn nicht alle Ordnungsbegriffe geschlossen belegt sind.

Bei der **indirekten Adressierung** werden Umrechnungsverfahren verwendet, die die Speicheradresse nicht mehr eindeutig aus dem Ordnungsbegriff ermitteln. Ein Beispiel wurde in Abbildung 5.7 beschrieben. Charakteristisch ist deshalb hier das Auftreten von Duplikatadressen und somit von theoretischen Mehrfachbelegungen einzelner Speicherbereiche, d.h. mehrere Datensätze mit unterschiedlichem Ordnungsbegriff haben die gleiche Speicheradresse. Tritt eine Mehrfachbelegung auf, so gilt i.a. folgende Regel:

- Der erste Satz wird unter der errechneten Speicheradresse im sog. Hausbereich gespeichert; der hier abgelegte Satz heißt Haussatz.

- Der zweite, dritte usw. Satz, für den die gleiche Speicheradresse errechnet wird, kommt in den sog. Überlaufbereich; der hier abgelegte Satz heißt Überlaufsatz.

Die vorgegebene Sortierfolge, d.h. die Übereinstimmung der logischen und physischen Reihenfolgen, bleibt somit nicht erhalten.

Exemplarisch wird nachfolgend ein weitverbreitetes Umrechnungsverfahren, das sog. Divisions-Rest-Verfahren beschrieben. Die Berechnung der Speicheradresse erfolgt nach der Formel:

$$SA = S - [S : R] \times R + A$$

$$\underbrace{}_{\text{relative Adresse}}$$
$$\underbrace{}_{\text{absolute Adresse}}$$

Beispiel:
- A   = 1000
- B   = 2000
- B-A   = 1000
- R   = 997
- S   = 48101
- relative Adresse: 48101- [48101:997] x 997 = 245
- absolute Adresse: 1000 + 245 = 1245
- SA   = Satzadresse
- S   = Ordnungsbegriff
- A   = Anfang des Speicherbereichs
- B   = Ende des Speicherbereichs
- R   = größte Primzahl kleiner B-A
- [S : R] = ganzzahliger Teil des Klammerausdrucks

5.2.3.3 Datensuchverfahren

Die Fundstelle eines gesuchten Datensatzes auf dem Speichermedium ist seine **physische Adresse**. Jener Zusammenhang, der die gespeicherten Daten mit dem aktuellen Verarbeitungsprozeß verbindet, ist die **logische Adresse**. Bei einem Suchvorgang muß bei der Verwendung des wahlfreien Zugriffs die physische Adresse bekannt sein, im Falle des sequentiellen Speicherzugriffs werden die geforderten Daten in der Reihenfolge ihrer physischen Speicherung gelesen. Ein "Suchproblem" und damit die Notwendigkeit eines Suchverfahrens besteht daher beim wahlfreien Zugriff, wobei die Speicherungsart zumeist gestreut ist.

Suchverfahren sind Zugriffsverfahren. Bei einem Suchvorgang können mehrere Zugriffe erforderlich sein. Ebenso können mit einem Zugriff mehrere Dateneinheiten erfaßt werden. Die Suchverfahren werden wie folgt eingeteilt:

- Suchverfahren ohne Zeiger, ohne Adreßrechnung,
- Suchverfahren ohne Zeiger, mit Adreßrechnung,
- Suchverfahren mit Zeigern, mit Adreßkettung und
- Suchverfahren mit Zeigern, Indizierung.

Beim Suchverfahren **ohne Adreßrechnung** werden drei Methoden unterschieden.

- Bei der **sequentiellen Suche** wird eine Datei von Beginn an Satz für Satz durchsucht, bis der das Suchargument führende Satz gefunden ist (Zugriffsgraphen):

⌞──>	Bauer	1345
⌞──>	Baumann	2516
⌞──>	Bausch	4610
⌞──>	Bausmann	3210
⌞──>	Becker	4221
⌞──>	Becker	1420
⌞──>	Beermann	4515

- Bei **m-Wege Suchen** oder Sprungverfahren wird die zu durchsuchende Datei in Blöcke eingeteilt, wobei alle Blöcke dieselbe Anzahl von Sätzen enthalten. Zunächst muß der den Satz führende Block gefunden werden (Vergleich mit >, <, =):

	Bendlin	4711	(Satz mit Suchargument)
	Bauer	1345	
	Baumann	2516	
	Bausch	4610	(Block 1)
──>	Bausmann	3210	
	Becker	4221	
	Beckers	1420	(Block 2)
──>	Beermann	4515	
──>	Bendlin	4711	(Satz mit Suchargument)

- Bei der **binären Suche** wird die Suche in der Mitte der zu durchsuchenden Datei begonnen, das Suchargument mit dem Ordnungsbegriff verglichen; bei Ungleichheit wird die verbleibende Hälfte halbiert, derselbe Vergleich durchgeführt usw. bis der Satz gefunden ist:

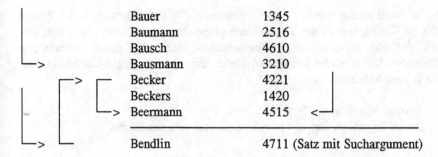

Beim Suchverfahren mit **Adreßrechnung** kann aus dem Suchargument die Adresse ermittelt werden, an der der gesuchte Satz steht. Es liegt ein logischer Zusammenhang zwischen dem Suchargument und dem Speicherplatz des gesuchten Satzes vor:

- Bei der **direkten** Adressierung liegt ein eindeutiger Zusammenhang zwischen dem Ordnungsbegriff und dem Speicherplatz des Satzes.
- Bei der **indirekten** Adressierung werden Algorithmen verwendet, um die Speicherplätze zu errechnen. Es gibt eine Vielzahl von möglichen Algorithmen (Abbildung 5.7).

Bei der **Adreßverkettung** werden logisch zusammengehörige Daten, die getrennt voneinander gespeichert sind, durch sog. "Zeiger" miteinander verbunden. Zusammen mit jedem Datum wird der Zeiger (die Adresse) des folgenden logisch zugehörigen Datums gespeichert:

```
       Suchargument ->   Zeiger    -> Datum      -> Zeiger -> usw.

       Bauer            1345           Manfred   2516
       Baumann          2516      ┌-> Marie     4515
       Bausch           4610      │    Rolf      3210
       Bausmann         3210      │    Helene    1420
       Becker           4221      │    Günter    1345
       Beckers          1420      │    Stefan    4711
   ->  Beermann         4515 <────┘    Wolfgang  4221
       Bendlin          4711
```

Verkettungen sind üblich zwischen

- Sätzen mehrerer Dateien,
- Sätzen einer Datei und
- Feldern, Segmenten eines Satzes.

Bei der **Indizierung** werden - im Gegensatz zur Adreßverkettung - die Zeiger nicht als Kettadresse in den Datensätzen gespeichert, sondern in speziellen Dateien, den sog. Indextabellen zusammengefaßt. Jeder Satz dieser Indextabelle enthält die Adressen der indizierten Datei. Ein Suchvorgang (Abbildung 5.6) geht in zwei Schritten vor,

- durch Aufsuchen der Indexzeile und
- durch Zugriff zu den in der Indexzeile angegebenen Sätzen.

5.3 Datenbankorganisation, Datenbankmodelle

5.3.1 Begriffliche Abgrenzungen

In der konventionellen (ursprünglichen) Datenorganisation legte jeder Anwendungsprogrammierer den Satz- und Dateiaufbau selbst fest, d.h. er war für die Organisation der benötigten Daten selbst verantwortlich. Er bediente sich ferner der vom Betriebssystem zur Verfügung gestellten Speicherungsverfahren (sequentiell, index-sequentiell usw.), wodurch auch der weitere Zugriff auf die Daten weitgehend festgelegt war. Es wurden Datenstrukturen bzw. -einheiten geschaffen, die in einzelnen Dateien mündeten. Seit Beginn der 70er Jahre jedoch zeichnete sich eine Abkehr von dieser Arbeitsweise ab. Eine Vielzahl von Gründen, bspw. die Mehrfachnutzung gleicher Datenbestände an verschiedenen Stellen von verschiedenen Benutzern zeichneten sich hierfür verantwortlich. Ergänzend dazu sind folgende Fakten zu beachten:

- Die Datenverarbeitung dringt in die Fachabteilungen. Sie wird individuell. Die Benutzer benötigen aktuelle und aussagekräftige Daten, häufig aus mehreren Betriebsbereichen.
- Die informellen Verflechtungen verschiedener betrieblicher Bereiche (Rechnungswesen, Logistik, Produktionssteuerung) und die damit verbundenen komplexen Datenbeziehungen verlangen die Nachbildung von Assoziationen, die zwischen ihnen bestehen.

5.3 Datenbankorganisation, Datenbankmodelle

- Doppelarbeiten, insbesondere im Erfassungsbereich, weisen auf mangelhafte Beherrschung der Informationsmengen hin. Hinzukommen Informationslawine, Wissensexplosion und heterogene Anwendungen, die ein sachgerechtes Datenmanagement bedingen.
- Die Informationsbedürfnisse wachsen; es droht eine Datenexplosion.

Unter einer **Datenbank** (Data Base) wird die systematische Sammlung von Datenbeständen (Dateien) verstanden, die durch ein Datenverwaltungssystem verwaltet und über ein Datenzugriffssystem mehreren Benutzern für beliebige Anwendungen zur Verfügung stehen. Charakteristisch für eine Datenbank sind folgende Eigenschaften:

- Zusammenfassung mehrerer Dateien (Datenintegrität),
- Trennung der Daten von den Anwendungen (Datenunabhängigkeit),
- Datenzugriff mit Hilfe eines Datenzugriffsverfahrens,
- Verwendung gleicher Daten für beliebige Anzahl von Anwendungen (Mehrfachnutzung),
- Einmalspeicherung der Daten (Redundanzfreiheit),
- gleichzeitiger Zugriff mehrerer Anwender von mehreren Standorten.

Zur genauen begrifflichen Abgrenzung ist anzufügen, daß sich der Begriff Datenbank eigentlich nur auf die gespeicherten Daten bezieht, also auf die Datenorganisation, während der Begriff **Datenbanksystem** (Data Base System) alle Funktionen, die der Speicherung und Wiedergewinnung von Daten in einer Datenbank dienen, beinhaltet.

Datenbanksysteme wurden also vorrangig entwickelt, um die zuvor angeführten Eigenschaften von Datenbanken realisieren zu können. Durch Datenbanksysteme ist es nunmehr möglich, Anwendungsprogramme gegenüber Änderungen der Speicherstruktur und Zugriffspfade resistent zu machen, in dem sie invariant ist; d.h. eine Änderung auf der Datenbank zieht keine Anpassung der Benutzerprogramme mit sich. Dadurch ergeben sich erhebliche Unterschiede zur konventionellen Datenorganisation, wie diese in Abbildung 5.12 komprimiert zusammengefaßt sind. Die Vorteile der Datenbankorganisation werden insbesondere in bezug auf Datenunabhängigkeit, Strukturflexibilität und Redundanz sichtbar. Die **Datenunabhängigkeit** ist eine Eigenschaft, von Anwendungsprogrammen gegenüber Änderungen der Speicherstruktur und Zugriffspfade invariant zu sein. Eine Änderung der Strukturen zieht keine Anpassung der Anwendungsprogramme nach sich. Der Grund dafür liegt in der Eigenschaft von Datenbanksystemen, wo Speicherstruktur und Zugriffspfade im internen Schema definiert sind. Die **Strukturflexibilität** besagt, daß die gesamte Datenmenge oder Teile davon nach dem Bedarf der einzelnen Anwendung gelesen und strukturiert geliefert wird. Dies steht im Gegensatz zur konventionellen Datenorganisation, wo es kaum möglich war, mit den gespeicherten Daten, andere als die vorgegebenen Auswertungen durchzuführen. Die **Redundanz** ist derjenige Teil der Nachricht, der keine Information enthält. Im Zusammenhang mit der Datenorganisation wird mit Redundanz das mehrmalige Vorhandensein der gleichen Daten artikuliert. Auf das Beispiel Kostenrechnung bezogen bedeutet Redundanz, daß Buchungen, die in die Kostenrechnung einfließen, meist aus der Finanzbuchhaltung, Fertigung, Materialabrechnung usw. stammen, so daß Einzelbuchungen, wenn sie in die Kostenarten-, Kostenstellen- und Kostenträgerrechnungen übernommen werden, nochmals gespeichert werden (redundant). Zwischen Kostenart und Buchungen bestehen 1:n-Beziehungen, die durch physisches Hintereinanderspeichern realisiert werden. 1:n-Beziehung bedeutet, daß zu jeder Kostenart mehrere Buchungen gehören; ebenso zu jeder Kostenstelle etc. Die Beziehungen zwischen Kostenarten und Kostenstellen sind vom Typ m:n, d.h. es sind in beiden Richtungen mehrere Verknüpfungen möglich. Da von jeder Kostenart mehrere Kostenstellen belastet werden können und für jeden Betrag ein Satz angelegt wird, führt dies zu redundanten Daten der Kostenarten- und Kostenstellenbeziehungen.

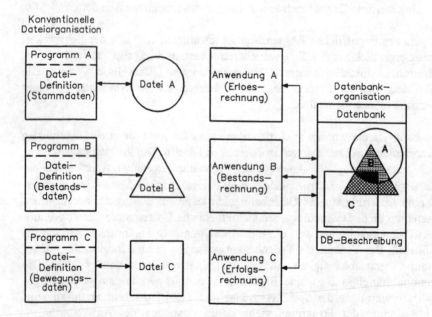

Abb. 5.12: Datenorganisation vs. Datenbankorganisation

Diese Eigenschaften erfahren zwischenzeitlich spektakuläre Erweiterungen, in dem Datenbanken **verteilt/vernetzt** genutzt und **objektorientiert** entwickelt werden. Vereinfacht dargestellt gilt folgende Vorstellung einer Datenbank (Abbildung 5.13).

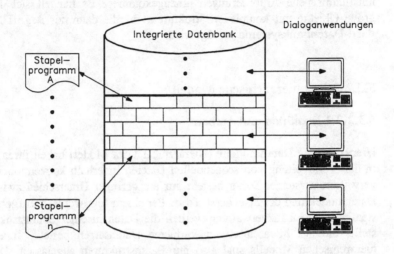

Abb. 5.13: Integrierte Datenbank (vereinfacht)

5.3.2 Datenbankmodelle

Es gibt drei allgemein akzeptierte Datenmodelle, das

- hierarchische Datenmodell, z.B. IMS, BTRIEVE, DL1;
- Netzwerk-Datenmodell, z.B. CODASYL, UDS;
- relationale Datenmodell, z.B. ADABAS, ORACLE, SQL/DS, DB2, dBase III, IMS/DC, DATAFLEX, RBASE, K-Man, REVELATION, Informix.

Man unterscheidet heute diese drei grundsätzlichen Konzepte, die sich durch ihre Darstellungsform und ihren Umfang hinsichtlich der abzubildenden Datenbeziehungen unterscheiden. Ihre Ausprägung erfahren sie durch die ihnen zugrundeliegenden Datenmodelle, wobei unter einem **Datenmodell** ein Vorschlag zur Beschreibung der Entities und ihrer Beziehungen, die im Schema abgebildet werden zu verstehen ist. Ein Entity bezeichnet z.B. alle Dinge einer Unternehmung, deren Eigenschaften als Daten gespeichert werden sollen (Kunden, Lieferanten, Kostenarten, Kostenstellen, Artikel usw.). Gleichartige Entities werden zu Mengen, den Entity-Typen, zusammengefaßt. So bilden z.B. alle Kostenarten zusammen den Entity-Typ "Kostenart".

Es ist von fundamentaler Bedeutung, daß alle auftretenden Beziehungen zwischen Entity-Typen auf binäre Verbindungen der Art 1:1, 1:n und m:n zurückgeführt werden können. Diese Datenbankmodelle sind Produkte heutiger Datenbanksysteme, die überwiegend zum sog. kommerziellen Bereich (Finanz-, Personal- und Rechnungswesen) gehören. Neuerdings sind neue Anwendungsgebiete und damit neue Anforderungen hinzugekommen. Es handelt sich häufig um große Objekte mit komplexen Strukturen, für die dann der Begriff **Non-Standard-Datenbanksysteme** geprägt wird.

5.3.2.2 Das hierarchische Modell

5.3.2.2.1 Definition und Aufbau

Hierarchische Datenmodelle (Hierarchical Data Model) haben ihren Ursprung in der Verarbeitung von sequentiellen Dateien innerhalb konventioneller Dateiverwaltungssysteme. Daher besteht nur ein geringer Unterschied zwischen dem Datenmodell und der Speicherstruktur. Bei einem **hierarchisch aufgebauten** System zur Datenbankverwaltung werden die Daten in einer Baumstruktur dargestellt, die aus hierarchisch angeordneten Datensätzen besteht. Innerhalb des hierarchischen Modells sind also nur Baumstrukturen zugelassen. Die oberste Hierarchiestufe (ROOT) beinhaltet genau einen Entity-Typ, der als Einstieg in die Datenbank dient. Die darunterliegenden Entities werden über eine festgelegte Suchfolge von oben nach unten und von rechts nach links erreicht (Abbildung 5.14). Das hierarchische Modell bietet lediglich die Möglichkeit 1:n-Beziehungen redundanzfrei zu speichern, während eine Netzstruktur (m:n-Beziehungen) in zwei Bäume aufgelöst werden muß, wodurch wieder Redundanzen auftreten. Hierarchische Datenmodelle spielen heute keine wesentliche Rolle mehr, obwohl einige stark verbreitete Datenbanken auf Mainframes, so DL/1 und IMS von IBM diesem Modell zugrundeliegen.

5.3.2.2.2 Der Baum

Ein **Baum** ist eine endliche (finite) Menge T von einem oder mehreren Knoten, für die gilt:

- Es gibt einen speziellen Knoten eines Baumes, der als Wurzel dieses Baumes angesprochen wird. Dieser wird ROOT(T) bezeichnet.
- Die verbleibenden Knoten werden in M $>= 0$ elementfremde (disjunkte) Mengen $T_1, \ldots T_M$ aufgeteilt.

5.3 Datenbankorganisation, Datenbankmodelle

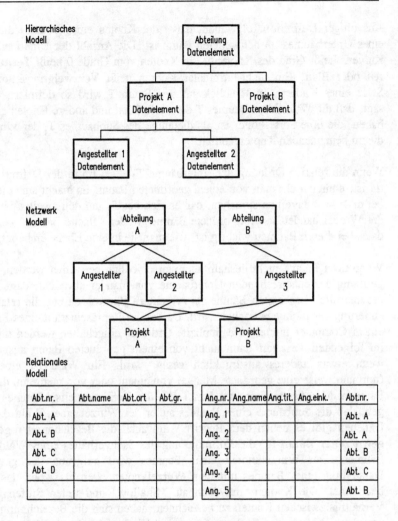

Abb. 5.14: Schemata der Datenbankmodelle

Dabei entstehen m Bäume. Diese werden **Unterbäume** der Wurzel oder "Subbäume" genannt. Ein Charakteristikum dieser Definition ist ihre Rekursivität (Rückbezüglichkeit). Dieses wirft allerdings nicht das Problem der Zirkularität (Kreisschluß) auf, da Bäume mit einem Knoten nach dieser Definition nur aus der Wurzel des Baumes bestehen und Bäume mit n > 1 Knoten als Bäume mit weniger als n Knoten definiert werden. Obwohl es nicht-rekursive Definitionen eines Baumes gibt, erscheint die rekursive Definition des Baumes adäquat, da die Rekursion eine der Baumstruktur immanente Eigenschaft ist.

Aus obiger Definition folgt auch, daß jeder Knoten eines Baumes die Wurzel eines Unterbaumes im betrachteten Baum ist. Die Anzahl der Unterbäume eines Knotens heißt Grad des Knotens. Ein Knoten vom Grade 0 heißt **Terminalknoten** oder Blatt. Ein nicht-terminaler Knoten heißt **Verzweigungsknoten**. Die Stufe eines Knotens im Hinblick auf den Baum T wird so definiert, daß man sagt, daß die Wurzel des Baumes T die Stufe 0 hat und andere Knoten eine Stufe haben, die eine Stufe höher ist als diejenige des Subbaumes T_j der Wurzel, der die zu benennenden Knoten enthält.

Wenn die relative Ordnung der Unterbäume T_1, ..., Im in der Definition wichtig ist, dann spricht man von einem geordneten Baum. Es macht außerdem Sinn, bei m > = 2 davon zu sprechen, daß es sich bei T_2 um den zweiten Unterbaum der Wurzel handelt usw. Geordnete Bäume werden "flache Bäume" bezeichnet, da es bei diesen Bäumen wichtig ist, wie man sie in eine Ebene einbettet.

Wenn zwei Bäume nicht deshalb als unterschiedlich betrachtet werden, weil die Ordnung der entsprechenden Unterbäume voneinander abweicht, dann bezeichnet man die betrachteten Bäume als **gerichtete Bäume**, da nur die relative Orientierung der Bäume betrachtet wird. Da bei der Repräsentation eines Baumes in einem Computer immer eine implizite Ordnung eingehalten werden muß, wird im folgenden Text nur dann nicht von einem geordneten Baum ausgegangen, wenn etwas anderes ausdrücklich gesagt wird. Ein Wald ist eine Menge (normalerweise eine geordnete Menge) von einem oder von mehreren disjunkten Bäumen. Man kann daher statt dem Teil b der Definition eines Baumes auch sagen, daß die Subbäume eines Baumes außer der Wurzel einen Wald darstellen. Daneben gibt es neben dem Begriff Wald auch die Bezeichnung **n-getupelter gewurzelter Baum** für die Formulierung des Sachverhaltes eines Waldes aus n Bäumen. Der Wurzelknoten eines Baumes wird aufgrund der graphischen Darstellung eines Baumes mit dem Wurzelknoten oben als **Apex** des Baumes bezeichnet. Die Knoten sind dann auf "Shallow" und tiefen Stufen. Um das Verhältnis zwischen Knoten zu bezeichnen, haben sich die Bezeichnungen Vater und Sohn, Mutter und Tochter, Eltern und Kind oder am neutralsten Vorgänger und Nachfolger eingebürgert.

5.3.2.2.3 Binäre Bäume

Eine besondere Klasse von Baumstrukturen sind **binäre Bäume**. In einem binären Baum hat jeder Knoten höchstens zwei Subknoten. Wenn nur ein Subbaum vorhanden ist, dann muß unterschieden werden, ob es sich um einen rechten oder linken Subbaum handelt. Formal ist ein binärer Baum folgendermaßen definiert:

Ein binärer Baum ist eine finite Menge von Knoten, die entweder leer ist, oder aus einer Wurzel und zwei disjunkten binären Bäumen besteht, die linker und rechter Subbaum der Wurzel genannt werden.

5.3.2.2.4 Verwendungsmöglichkeiten von Baumstrukturen

Baumstrukturen werden vielfach verwendet. So handelt es sich immer dann um Baumstrukturen, wenn die allgemeine Idee von eingeschlossenen Mengen, d.h. von einer Kollektion von Mengen, in denen jedes Paar von Mengen entweder disjunkt oder die eine Menge eine Teilmenge der anderen Menge ist, repräsentiert wird. Dann handelt es sich um orientierte Bäume. Auch Einrücken in Darstellungen dienen zur Darstellung des Sachverhaltes "Hier liegt die Datenstruktur Baum vor". Jedes hierarchische Klassifikationsschema führt auf eine Baumstruktur. Eine Gliederung wird durch die Numerierung oft nach dem Schema Kapitel 1, Unterkapitel 1.1, Abschnitt 1.1.2, Seite 1.1.2.4 etc. durchgeführt und stellt eine übliche Repräsentation einer Baumstruktur dar. Diese Notation wird in Anlehnung an ein in Bibliotheken gebräuchliches Klassifikationsschema oft als "Dewey-Dezimalnotation" für Bäume bezeichnet. Die Dezimalnotation kann auf jeden Wald angewendet werden: Die Wurzel des k-ten Baumes im Wald erhält die Nummer k. Wenn a die Nummer irgendeines Knotens vom Grade m ist, dann werden dessen Nachfolger mit a.1, a.2, ... , a.m numeriert.

Es gibt eine enge Beziehung zwischen der **Dewey Dezimalnotation** und der Notation für indizierte Variable. Wenn F ein Wald von Bäumen ist, dann kann man mit F(1) den ersten Baum, mit F(1)(2) = F(1,2) den zweiten Subbaum der Wurzel des ersten Baumes und mit F(1,2,1) den ersten Subbaum des zweiten Subbaums der Wurzel des ersten Baumes bezeichnen usw. Der Knoten a,b,c,d in der Dewey Dezimalnotation ist ROOT(F(a,b,c,d)). So kann man sehen, daß diese Notation für Bäume eine Erweiterung der Indexnotation darstellt, in der der gültige Bereich eines Indizes von den Werten der vorhergehenden Indexpositionen abhängt. Insbesondere kann man zeigen, daß jede rechteckige Array (eine Matrix) als Spezialfall einer Baumstruktur aufgefaßt werden kann. Dabei ist jedoch zu beachten, daß die Baumstruktur die Matrixstruktur nicht sehr treu abbildet, da zwar leicht entweder die Zeilenbeziehungen oder die Spaltenbeziehungen dargestellt werden können, nicht aber die jeweils anderen.

Ein anderes, besonders wichtiges Beispiel für Baumstrukturen sind **algebraische Formeln**.

Zusätzlich zu Bäumen, Wäldern und Binärbäumen gibt es noch eine vierte Datenstruktur, die sehr enge Beziehungen zu den beiden ersten Datenstrukturen hat.

Diese Datenstruktur wird als **Listenstruktur** bezeichnet. Eine Liste ist (rekursiv) definiert als eine finite Sequenz von keinem oder von mehreren Atomen oder Listen. Bei einem Atom handelt es sich um ein undefiniertes Konzept, das sich auf Elemente aus irgendeinem gewünschten Universum von Objekten bezieht, solange wie es möglich ist, ein Atom von einer Liste zu unterscheiden. Man kann jedoch durch die Notation Listen von Atomen unterscheiden. So kann man schreiben: L = (a, (b,a,b), ( ), c, (((2)))). Dies ist eine aus 5 Elementen bestehende Liste: Zunächst das Atom a, dann die Liste (b,a,b), danach die leere Liste ( ), dann das Atom c und am Ende die Liste (((2))). Die letzte Liste besteht aus der Liste ((2)), die aus der Liste (2) besteht, die aus dem Atom 2 besteht. Der große Unterschied zwischen Listen und Bäumen ist, daß Listen überlappen dürfen, so daß Sublisten nicht disjunkt zu sein brauchen, sowie daß sie rekursiv, sich selbst enthaltend, sein dürfen. Im Kern sind Listen eine einfache Verallgemeinerung des Konzeptes der linearen Liste mit der zusätzlichen Vorkehrung, daß die Elemente der linearen Liste Verbindungsvariable sein dürfen, die auf andere lineare Listen und möglicherweise auf sich selbst zeigen dürfen.

5.3.2.2.5 Durchwandern von Binärbäumen

Die obige Definition der Binärbäume führt auf ihre quasi natürliche Repräsentation in einem Computer zurück. Die Regeln für die Repräsentation binärer Bäume im Speicher der Rechenanlage werden rekursiv festgelegt. Es seien zwei Verbindungsvariable LLINK und RLINK in jedem Knoten des Binärbaumes. Daneben wird eine Variable T, die einen Zeiger auf den Wurzelknoten des Baumes darstellt, eingeführt. Wenn der Baum leer ist, dann gilt T=Null. Die Variablen LLINK(T) und RLINK(T) seien Zeiger auf die entsprechenden linken und rechten Subbäume der Wurzel.

Das Durchwandern einer Baumstruktur bezeichnet das systematische Betrachten der Knoten eines Baumes, so daß jeder Knoten exakt einmal besucht wird. Dies ergibt ein lineares Arrangement der Knoten. Das ist wünschenswert, weil viele Verfahren vereinfacht werden, wenn man bezüglich einer Baum-Durchwanderungssequenz (Traverse) über den "nächsten" Knoten, der einem gegebenen Knoten folgt oder ihm vorhergeht, sprechen möchte.

Es gibt drei prinzipielle Arten einer **Traverse** durch einen Binärbaum. Man kann die Knoten des Baumes in preorder, inorder und postorder Reihenfolge besuchen. Die Bezeichnungen preorder, inorder, postorder für die Methoden einen Baum zu durchwandern, sind abgeleitet aus der relativen Position der Wurzel des Baumes in der Folge der besuchten Knoten. Diese Arten werden rekursiv definiert. Wenn der Binärbaum leer ist, wird er "durchwandert", ohne sich an entsprechende Regeln zu halten. Ansonsten erfolgt dies in drei Schritten:

- Preorder Durchwandern:
  Besuche die Wurzel.
  Durchwandere den linken Subbaum.
  Durchwandere den rechten Subbaum.
- Inorder Durchwandern:
  Durchwandere den linken Subbaum.
  Besuche die Wurzel.
  Durchwandere den rechten Subbaum.
- Postorder Durchwandern:
  Durchwandere den linken Subbaum.
  Durchwandere den rechten Subbaum.
  Besuche die Wurzel.

5.3.2.3 Das Netzwerk-Datenmodell

5.3.2.3.1 Definition und Aufbau

Ein **vernetztes** System zur Datenbankverwaltung stellt die Daten als miteinander gekoppelte Sätze dar. Diese Sätze bilden sich überschneidende Datenmengen. Netzwerkmodelle (Network Data Model) basieren auf einem Vorschlag der DATA BASE TASK GROUP (DBTG) auf der Conference on Data Base Systems Languages (CODASYL). Im Abschnitt 5.4.2.3 werden die Grundzüge dieses Datenmodells detailliert beschrieben. Innerhalb dieses Datenmodells sind alle möglichen Beziehungen zwischen Entity-Typen zugelassen, wodurch man ein Netzwerk erhält (Abbildung 5.14).

Das Netzwerkmodell muß dabei die Beschreibung der vorhandenen Entity-Typen und der vorkommenden Set-Typen beinhalten (Set= abstrakte Beziehung zwischen Entity-Typen). Als Eigenschaften des Netzwerkmodells sind folgende zu nennen:

- Die Verbindungen und Entity-Typen besitzen Namen.
- Die Verbindungen drücken 1:n-Beziehungen aus.
- Eine m:n-Beziehung wird in zwei 1:n-Beziehungen aufgelöst.

Obwohl im Netzwerkmodell die logischen Datenstrukturen sehr anschaulich wiedergegeben werden, sind dennoch einige Nachteile vorhanden:

- Der Benutzer muß den Zugriffspfad für jedes Entity angeben, was die Datenunabhängigkeit außerordentlich stark einschränkt und
- m:n-Beziehungen können nicht direkt, sondern nur über die Einführung eines Verbindungsentity-Typs redundanzfrei dargestellt werden.

5.3.2.3.2 Allgemeine Beschreibung von Graphen

Viele Probleme können mit den Begriffen Objekte und Verbindungen zwischen diesen Objekten formuliert werden. Beispiele:

- Karte der Flugrouten
  Objekte: Städte
  Verbindungen: Flugrouten
- Kürzester und billigster Weg
  Routen
  Alternative
- Elektrische Schaltkreise
  Objekte: Transistoren, Widerstände, Kondensatoren
  Verbindungen: Drähte etc.
  Ist alles miteinander verbunden?
  Wenn dieser Schaltkreis aufgebaut wird, wird er dann auch funktionieren?
- Aufgabenverteilung
  Objekte
  Objekte sind Aufgaben, die zu erledigen sind.
  Verbindungen
  Welche Aufgaben sollen vor anderen erledigt werden?
- Reihenfolgeinformation
  Wann soll welche Aufgabe erledigt werden?

Ein Graph ist ein mathematisches Modell, das in Situationen - wie oben dargestellt - angewendet werden kann. Ein **Graph** ist dementsprechend eine Sammlung von Knoten und Kanten. Dabei stellen die Knoten einfache Objekte dar, die einen Namen und möglicherweise andere Eigenschaften haben. Eine Kante ist eine Verbindung zwischen zwei Knoten. Einen Graph kann man zwar zeichnen, er ist jedoch völlig unabhängig von seiner Repräsentation definiert. Ein **Pfad** von Knoten x nach Knoten y in einem Graphen ist eine Liste von Knoten, in der nachfolgende Knoten durch Kanten im Graphen miteinander verbunden sind. Ein Graph gilt als **verbunden**, wenn es von jedem Knoten des Graphen einen Pfad zu jedem Knoten des Graphen gibt. Ein Graph, der **nicht verbunden** ist, besteht aus verbundenen Komponenten. Ein einfacher Pfad ist ein Pfad, in dem kein Knoten wiederholt wird. Ein Tupel oder Kreis ist ein einfacher Pfad, mit der Ausnahme, daß der erste und der letzte Knoten wiederholt werden. Ein Graph ohne Tupel heißt ein Baum. Eine Gruppe von nicht verbundenen Bäumen heißt ein Wald. Ein spannender Baum eines Graphen ist ein Subgraph desselben, der zwar alle Knoten des Graphen enthält, jedoch nur gerade soviele Kanten, um einen Baum zu formen. Wenn irgendeine Kante zu diesem Baum hinzugefügt wird, dann muß er einen Tupel formen.

Ein Baum mit V Knoten muß V-1 Kanten besitzen. Wenn er Kanten besäße, wäre er nicht verbunden. Wenn er mehr Kanten besäße, müßte er mindestens einen Tupel enthalten. Wenn ein Graph jedoch exakt V-1 Kanten besitzt, so impliziert dies nicht unbedingt, daß dieser Graph einen Baum darstellt. Beispiel:

- V sei die Anzahl der Knoten eines gegebenen Graphen.
- E sei die Anzahl der Kanten eines gegebenen Graphen.
  E kann von 0 bis 1/2 V (V-1) reichen.

Graphen, die sämtliche Kanten enthalten, heißen **vollständige Graphen**. Graphen mit relativ wenigen Kanten (z.B. weniger als V logV) werden mit "sparse" oder "dünn" bezeichnet. Graphen in denen nur wenige der möglichen Verbindungen fehlen, nennt man "dense" bzw. "dicht". Der einfachste Typ des Graphen ist der **ungerichtete Graph**. Im **gewichteten Graphen** werden jeder Verbindung Gewichte wie z.B. Abstand oder Kosten zugeordnet. Im gerichteten Graphen sind die Kanten Einbahnstraßen. Gerichtete, gewichtete Graphen werden auch als **Netzwerke** bezeichnet.

5.3.2.3.3 Darstellung eines Graphen in einem Computer

Die Darstellungsart ist abhängig von

- der Dichte des Graphen und
- den Operationen, die auf dem Graphen ausgeführt werden sollen.

Die Namen der Knoten werden in ganze Zahlen zwischen 1 und V umgeformt. Der Hauptgrund hierfür ist, daß man schnell auf die Information, die zu jedem Knoten gehört, zugreifen können möchte. Dies geschieht vorteilhaft durch die Indizierung von Vektoren. Für diese Umformung kann jedes Standard-Suchverfahren angewendet werden. So kann z.B. eine Hash-Tabelle geführt oder ein binärer Baum durchsucht werden, um die ganze Zahl, die zu dem Namen des Knotens gehört, zu finden.

Eine weitgehend gebräuchliche Form der Repräsentation von Graphen ist die sog. **Adjazenz-Matrix**. Dabei wird ein V*V-Array von Wahrheitswerten gebildet. Das Element a(x,y) wird auf "wahr" gesetzt, wenn es eine Kante von Knoten x nach Knoten y gibt. Andernfalls wird das Element auf "falsch" gesetzt. Jede Kante wird durch zwei Wahrheitswerte repräsentiert. Ein Wahrheitswert für die Kante von x nach y und einer für diejenige von y nach x. Die Adjazenz-Matrixrepräsentation ist jedoch nur dann befriedigt, wenn es sich um dichte Graphen handelt, da die Matrix V*V Bits Speicherplatz belegt und ebensoviele Schritte notwendig sind, um diese Matrix aufzubauen.

Eine Repräsentation, die geeigneter für nicht dichte Graphen ist, stellt eine **Adjazenz-Struktur** dar, in der alle Kanten, die mit einem bestimmten Knoten verbunden sind, in dessen **Adjazenz-Liste** aufgeführt werden. Dieses kann leicht mit verknüpften Listen geschehen. Die verknüpften Listen werden wie gewöhnlich mit einem ungültigen Zeiger als Endzeiger aufgebaut. Die künstlichen Anfangsknoten für die Listenköpfe werden in einem durch den Namen der Knoten indizierten Sondervektor gehalten. Um eine bestimmte Kante, die x mit y verbindet, in diese Graphenrepräsentation einzufügen, wird y in die Adjazenz-Liste von x und x in die Adjazenz-Liste von y eingefügt. Auch hier wird also jede Kante zweimal repräsentiert. Es ist wichtig, beide aufzuführen, da sonst einfache Fragen wie "Welche Kosten sind direkt mit Knoten x verbunden?" nicht effizient beantwortet werden könnten. In dieser Repräsentation ist die Reihenfolge, in der die Knoten im Input beim Aufbau der Adjazenz-Listen erscheinen, sehr wichtig. Sie bestimmt die Reihenfolge, in der die Knoten in der Adjazenz-Liste auftauchen. Diese Reihenfolge bestimmt andererseits die Folge, in der die Knoten von den darauf aufbauenden Verfahren bearbeitet werden. Dieses kann besonders dann von Interesse sein, wenn es mehr als eine "richtige Antwort" auf eine bestimmte Fragestellung gibt.

Ein weiteres Problem stellt sich bei einigen einfachen Operationen. So mag man bspw. einen bestimmten Knoten und alle mit ihm verbundenen Knoten aus dem Graphen löschen wollen. Dieses wird nur sehr ineffizient erfolgen können, da jeder Knoten der Adjazenz-Liste wiederum seine Adjazenz-Liste spezifiziert, die durchsucht werden muß, um die Nachbarknoten, die mit beiden Knoten benachbart sind, zu finden und deren Einträge aus den entsprechenden Adjazenz-Listen zu löschen. Die immanente Ineffizienz kann dadurch behoben werden, daß man die beiden Knoten, die zu einer bestimmten Kante gehören, durch einen gegenseitigen Zeiger miteinander verbindet. Dann kann auch die Löschoperation schnell erfolgen. Da diese zusätzlichen Verbindungen jedoch umständlich bearbeitet werden müssen, sollten sie nur dann eingesetzt werden, wenn eine Operation wie die Löschung erforderlich erscheint. Der dadurch wachsende Schwierigkeitsgrad der Verarbeitung ist auch der Grund dafür, daß eine "direkte" Repräsentation eines Graphen durch Datensätze, die die Knoten des Graphen darstellen und Zeigern als Repräsentanten der Kanten anstatt der Namen der Knoten, nicht vorteilhaft ist. In einem solchermaßen dargestellten Graphen lassen sich selbst einfachste Operationen nur unter großem Aufwand durchführen.

Gerichtete und gewichtete (bewertete) Graphen werden mit ähnlichen Strukturen repräsentiert. Bei gerichteten Graphen wird allerdings jede Kante nur einmal dargestellt, so daß die oben aufgeführte scheinbare Redundanz wegfällt. Auch bei gewichteten Graphen kann man auch wieder mit den oben eingeführten Datenstrukturen Adjazenz-Matrix oder Adjazenz-Struktur arbeiten. In der Adjazenz-Matrix wird allerdings statt des Wahrheitswertes das Gewicht der Kante eingetragen. Bei der Adjazenz-Struktur wird ein Feld zur Aufnahme der Gewichtsinformation in den Adjazenz-Listensatz aufgenommen.

Oft wird es notwendig, zusätzliche Informationen zu den Knoten des Graphen zu assoziieren, um kompliziertere Objekte zu modellieren oder buchhalterische Informationen für komplizierte Algorithmen verwalten zu können. Diese zusätzlichen Informationen können durch die Führung von zusätzlichen Vektoren, die durch die Knotennummer indiziert werden oder durch die Aufnahme dieser Informationen in die Adjazenz-Struktur repräsentiert werden. Ist es notwendig, den Kanten eines Graphen zusätzliche Informationen zuzuordnen, so kann diese Information in die Knoten der Adjazenz-Listen oder in zusätzlichen Vektoren, die durch die Kantennummer indiziert werden, gehalten werden.

5.3.2.4 Das relationale Datenmodell

Für das **Relationenmodell** (Relational Data Model) gibt es nur eine Datenorganisation, die Tabelle. Im allgemeinen gelten nicht die bei der Beschreibung der anderen beiden Modelle aufgeführten Nachteile. Dieses Datenmodell wurde erstmals von Codd formuliert und 1970 veröffentlicht. Es zeichnet sich dabei vor allem durch seine Einfachheit und seine mathematische Formulierung aus. Doch lassen sich auch die höchstkomplexen hierarchisch aufgebauten oder vernetzten Datenbestände in Form einer einfachen Sammlung 2dimensionaler Tabellen darstellen.

Das Relationenmodell zeichnet sich gegenüber anderen Modellen durch eine Reihe von Vorteilen aus. Diese sind:

- ein hohes Maß an Datenunabhängigkeit, da nach Bedarf Relationen definiert werden können;
- Benutzerfreundlichkeit, da der Benutzer nichts über Zugriffspfade, Verbindungen, Ketten, Zeiger und dgl. wissen muß;
- leichte Verständlichkeit der tabellarischen Darstellung;
- hoher Nutzungsgrad, da der Benutzer seine Abfragen formulieren kann.

Das Relationenmodell ist deshalb in seiner Grundkonzeption als besonders flexibel und benutzerfreundlich anzusehen. In der Praxis ist das Relationenmodell von IBM in Form des System R und SQL/DS (Structured Query Language) existent, wobei SQL/DS in Zusammenarbeit mit anderen IBM Produkten wie CICS/DOS/VS und DL/I DOS/VS entwickelt wurde. Inzwischen existiert eine Vielzahl von Produkten, wobei für PC's dBase IV und für Mainframes herstellerabhängige Lösungen Verbreitung fanden. Wesentlich für das Relationenmodell ist, daß viele Datenzusammenhänge innerhalb von Tabellen und zwischen verschiedenen Tabellen vom Benutzer hergestellt werden können. Die Darstellung einer Relation in einer Tabelle zeigt Abbildung 5.15. In diesem Beispiel bestehen m:n-Beziehungen zwischen Abteilung und Angestellten, die durch die Kombination der beiden Attribute Abteilung und Angestellte ausgedrückt werden. "Zugriffspfade" wie beim Netzwerk-Modell brauchen beim Suchen einer Zeile nicht eingehalten zu werden, so daß direkt auf die gewünschte Relation zugegriffen werden kann. Außerdem ist folgendes anzufügen:

- Jede Tabelle ist genau ein Entity-Typ.
- Jede Zeile ist ein Entity.
- Die Spaltenüberschriften sind die Attribute.
- Ein Attribut oder mehrere Attribute sind identifizierbare Schlüssel.

Für eine Relation sind dabei mehrere Merkmale charakteristisch:

- Keine Zeile kommt mehrfach vor.
- Es gibt mindestens ein Attribut, das ein Tupel eindeutig identifiziert.
- Mehrere solcher Attribute heißen "Schlüsselkandidaten".
- Der gewählte Schlüssel heißt "Primärschlüssel".

Bei den Attributnamen wird vorausgesetzt, daß alle verschieden sein müssen. Neben den genannten Schlüsselattributen existieren Nicht-Schlüsselattribute.

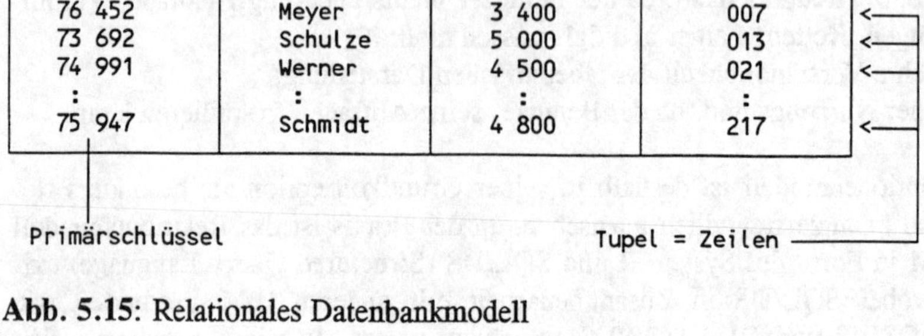

Personal-Nr.	Name	Gehalt	Abteilung
76 452	Meyer	3 400	007
73 692	Schulze	5 000	013
74 991	Werner	4 500	021
:	:	:	:
75 947	Schmidt	4 800	217

Relation = Tabelle
Domänen = Spalten
Primärschlüssel
Tupel = Zeilen

Abb. 5.15: Relationales Datenbankmodell

5.3 Datenbankorganisation, Datenbankmodelle

Eine **Entity** ist ein konkretes Objekt, bspw. eine Person oder ein abstraktes Gebilde, bspw. eine Organisation. Sie sind vom Typ Person oder vom Typ Organisation. Das Entity-Relationsship-Diagramm ist eine graphische Notation gemäß Abbildungen 5.16 und 5.17.

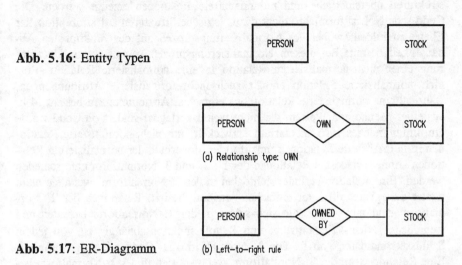

Abb. 5.16: Entity Typen

Abb. 5.17: ER-Diagramm

(a) Relationship type: OWN

(b) Left-to-right rule

Das relationale Modell ist eine Interaktion von zwei und mehr Entitäten. Wenn bspw. gesagt wird, daß "Person X für Projekt X arbeitet", also "X für Y arbeitet", dann entstehen zwischen den beiden Entitäten Person und Projekt Beziehungen, die beispielhaft in Abbildung 5.18 dargestellt sind.

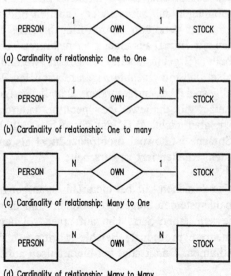

Abb. 5.18: Binäre Relationen

(a) Cardinality of relationship: One to One

(b) Cardinality of relationship: One to many

(c) Cardinality of relationship: Many to One

(d) Cardinality of relationship: Many to Many

5.3.2.5 Codd'sche Normalformlehre

Als wichtigstes Grundkonzept zur Strukturierung von relationalen Datenbanken ist der Normalisierungsprozeß anzusehen, bei dem aus vorgegebenen Datenstrukturen übersichtliche und redundanzfreie Relationen erzeugt werden. Die Codd'sche Normalformlehre dient dazu, logische Strukturen auf konzeptioneller Ebene zu bilden, wobei der Normalisierungsprozeß auf der funktionalen Abhängigkeit beruht. Bei diesem Normalisierungsprozeß kommt es zur Überführung einer nicht-normalisierten Relation in eine normalisierte Relation. Eine nicht-normalisierte Relation enthält auch nicht-normalisierte Attributmengen, während eine normalisierte Relation aus einfachen Attributmengen besteht, d.h. aus einer Menge von Werten, die nicht weiter zerlegbar sind. Von Codd wurde ein umfangreiches Instrumentarium entwickelt, um nicht-normalisierte Relationen in normalisierte Relationen umzuformen. Innerhalb der normalisierten Relationen können wiederum Relationen der 1., 2. und 3. Normalform unterschieden werden. Eine Relation befindet sich dabei in der 1. Normalform, wenn sie nicht weiter zerlegbare, d.h. nur einfache, Attribute besitzt. Relationen der 2. Normalform sind nur solche, die sich schon in der 1. Normalform befinden und wenn jedes Nicht-Primärattribut von R voll funktionsabhängig ist von jedem Schlüsselkandidaten von R. Die 3. Normalform hat Codd wie folgt definiert: Eine Relation ist in der 3. Normalform, wenn sie sich in der 2. Normalform befindet und jedes Nicht-Primärattribut von R nicht transitiv abhängig ist von jedem Schlüsselkandidaten.

Bei einem relational aufgebauten System gibt es nur eine Art der Datenorganisation - die Tabelle. Aus dieser Gleichförmigkeit entwickelte sich eine höhere Datenbanksprache. Eine relationale Sprache erzeugt neue Tabellen, indem sie Untermengen aus bestehenden Tabellen bildet und/oder vorhandene Tabellen miteinander verknüpft. Durch Eingabe eines einzigen Befehls können mehrere Zeilen auf einmal aus einer oder mehreren Tabellen abgerufen und in eine neue Tabelle (Ergebnistabelle) eingefügt werden. **Mehrzeilenverarbeitung** bedeutet also, daß mit einem einzigen relationalen Befehl mehrere Sätze in der Datenbank abgespeichert, aufgefunden, aktualisiert oder gelöscht werden können. Der Benutzer gibt die jeweilige Operation dadurch vor, in dem er mitteilt, WAS zu tun ist, aber nicht, WIE das geschehen soll. Mit anderen Worten: eine relationale Sprache ist sowohl **nichtprozedural** als auch fähig, mehrere Zeilen auf einmal **mengenorientiert** zu verarbeiten.

Die Sprachen, die bei hierarchisch aufgebauten oder netzwerkorientierten Datenbanksystemen eingesetzt werden, sind dagegen prozedural und verarbeiten nur jeweils einen Satz. Um auf einen solchen Satz zugreifen zu können, müssen mehrere prozeduale Befehle schrittweise den Pfad zum gewünschten Satz bestimmen. Damit sind bei hierarchisch aufgebauten und bei vernetzten Systemen zur Datenbankverwaltung nicht nur mehrfache Anfragen an den Datenmanager zu richten, um jeweils einen Satz zu finden, sondern es muß auch genau erfaßt sein, wie die Daten abgespeichert sind. Im Gegensatz dazu führt das relationale System **automatisch** zu den Daten, die benötigt werden. Dies bedeutet, daß der Benutzer nicht zu wissen braucht, in welcher Form die Daten im Speicher dargestellt sind, um Informationen in einen relationalen Datenbestand eingeben oder daraus abrufen zu können. Die automatische Navigation ist das wichtigste Merkmal, das den Endbenutzer einen problemlosen Zugriff auf die Daten einer relationalen Datenbank ermöglicht.

5.3.2.6 Non-Standard-Datenbanksystem (NDBS)

Non-Standard-Datenbanksysteme werden zur Unterstützung "nicht-kommerzieller" Anwendungen entwickelt. Während sich die kommerziell orientierten hierarchischen, vernetzten und relationalen Modelle mit kleinen, einfach strukturierten Objekten, bei simplen Integritätsbedingungen, mit kurzen Transaktionen beschäftigen, setzen sich NDBS mit großen, komplexen Strukturen, bei nichttrivialen Integritätsbedingungen auseinander. Die Folge ist, daß im Regelfall sehr lange Transaktionen auftreten und häufig verschiedene Versionen mitgeführt werden sollen. Typische Vertreter dieser Modellgruppe sind CAD/CAM-Anwendungen (siehe Abschnitt 9.2.2.5), wo bspw. ein einzelnes Farbbild bei 1024 mal 1024 Bildpunkten 1 Mega-Byte Speicherplatz benötigt.

Es ist zur Zeit nicht geklärt, ob hierfür ein einzelnes Datenmodell existiert, bzw. ob je nach Anwendungsfall unterschiedliche Modelle notwendig sind. Die Speicherungsstrukturen, Adressierungstechniken, Zugriffsverfahren, Protokollierungen, Verwaltung usw. sind ebenfalls noch nicht eindeutig geklärt.

5.4 Architektur von Datenbanksystemen

5.4.1 Begriffserklärung

Ein **Datenbanksystem** (Data Base System) setzt sich aus

- einer Datenbank (Data Base) und
- einem Verwaltungssystem der Datenbank (Data Base Management System)

zusammen. Die Datenbank dient der Aufnahme, der Speicherung der Daten; das Verwaltungssystem regelt den Aufbau, die Kontrolle und die Manipulation der

Daten. Damit sind die Datenmodelle unerläßliche Grundlagen der Datenbanksysteme. Das Verwaltungssystem ist ein Softwareprodukt, das die Gesamtheit aller Komponenten enthält, die dem Aufbau, der Datenwiederfindung (-gewinnung) und der Kommunikation gelten. Es gliedert sich in drei Teile, in das

- das **Datenaufbausystem**
  Es dient dem Einspeichern, dem Aufbau und der Aktualisierung der Datenbestände; weiterhin wären hier Datensicherungs- und Schutzaufgaben anzuführen.
- das **Datenwiedergewinnungssystem**
  Es enthält die Funktion zur Datenbereitstellung, also Prüfen, Auswählen, Verknüpfen etc.
- das **Kommunikationssystem**
  Es ist das Bindeglied zwischen EDV-Anwender und der Datenbank; Benutzerschnittstelle zur anwendergerechten Datenbereitstellung incl. Sicherung der Daten gegen unbefugten Zugriff, Zerstörung und Manipulation.

Die gegenwärtigen Entwicklungsarbeiten an Datenbanksystemen befassen sich mit der

- objektorientierten Datenmodellierung,
- systematischen Entwicklung benutzerfreundlichen Abfragesprachen,
- Verbesserung des Antwortzeitverhaltens beim Relationenmodell,
- Verwaltung von verteilten Datenbanken,
- Einbeziehung unformatierter Datenbestände,
- Integration von Datenbanken und Methodenbanken und
- Verbindung von Datenbanken mit Expertensystemen.

5.4.2 Schema der Datenbanksysteme

Zu einem Datenbanksystem gehören also neben der Datenbank mit den gespeicherten Daten nach einem der aufgezeigten Modelle, auch die Komponenten, mit deren Hilfe der Dialog des Benutzers mit der Datenbank ermöglicht wird. Hier sind vor allem die **Datenbeschreibungssprache** DDL (Data Description Language) und die **Datenmanipulationssprache** DML (Data Manipulation Language) zu nennen (Abbildung 5.19), also der Verwaltungsbereich.

Das Herz jedes Datenbanksystems ist das Datenmodell. Aus dem Datenmodell kann die Menge der möglichen Operationen abgeleitet werden (Siehe Datenstrukturen im Abschnitt 5.1.3). Die Menge der Operationen für ein bestimmtes Datenmodell bildet die **Datenbanksprache** (Beispiel: SQL/DS von IBM). Sie setzt sich aus

5.4 Architektur von Datenbanksystemen

- der Datendefinition (konzeptuelles und externes Schema) und
- der Datenmanipulation

zusammen (Abbildung 5.20). Erstere wird mit Hilfe der Datenbeschreibungssprache, letztere mit Hilfe der Datenmanipulationssprache geregelt. Die Sprache mit der der Benutzer auf die Daten zugreift, ist die Datenbanksprache. Sie muß dem Benutzer u.a. das Suchen, Einfügen, Lösen, Verändern usw. von Datensätzen möglich machen. Dialogsprachen für den Benutzer ohne detaillierte DV-Kenntnisse sind **Abfragesprachen** (Query Languages). Sie ermöglichen das Abfragen von Daten, ebenso das Generieren von Berichten. Solche Sprachen sind SQL (Structured Query Language) und NATURAL.

Externe Sicht 1	1. Benutzer	2. Benutzer -Anwenderprogramme	3. Benutzer	QL / DML	
Konzeptionelle Sicht 2		logische Datenstrukturen		DDL	DBMS
Interne Sicht 3		physische Datenorganisation | Datenspeicherung		DSDL	

```
1 Applikation Administrator  : Entwicklung der Daten sowie der DB aus
                               externer Sicht, für die externen Modelle
2 Enterprise Administrator   : Entwicklung und Pflege der Datenstruk-
                               turen aus konzeptioneller Sicht
3 Database Administrator     : Entwicklung, Implementierung und Betreuung
                               der internen Datenmodelle
Ql   = Quary Language
DML  = Data Manipulation Language
DDL  = Data Description Language
DSDL = Data Structur Description Language
```

Abb. 5.19: Schema des Datenbanksystems

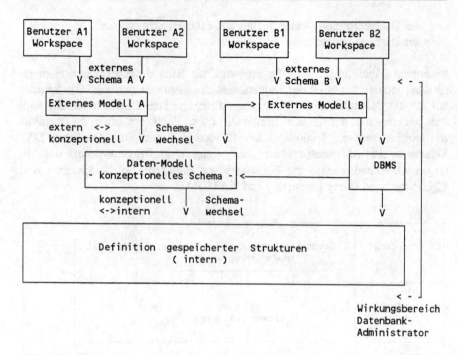

Abb 5.20: Datenbank-Architekturschema

5.4.2.1 Die Datenbeschreibungssprache

Die **Datenbeschreibungssprache**, DDL, beschreibt die Daten; es wird das Schema vom Benutzer formuliert. Die Beschreibung wird in einer **speziellen Bibliothek (Data Dictionary)** extern gespeichert. Auf diese Beschreibung greifen Anwendungsprogramme programmunabhängig zu. In ihr sind alle in der Datenbank gespeicherten Daten und Dateien aufgeführt, deren Sätze und Segmente beschrieben, und zwar bis zu den Namen der Datenfelder und ihrer Attribute. Die Datenbeschreibungstafeln weisen schließlich auch die Zugriffsmöglichkeiten zu den Daten aus (Abbildungen 5.21 und 5.22).

Das Data Dictionary kann in dem Datenbankverwaltungssystem integriert oder als eigenständige, systemnahe Software installiert sein. Die Ansichten über die Aufgaben von Data Dictionaries gehen weit auseinander. Den Benutzer interessieren anwendungsbezogene Beschreibungen, so eine exakte Dokumentation über Herkunft und Verwendungszweck von Daten. Die Übernahme dieser Aufgabe war die ursprüngliche Intention von Data Dictionaries. Für einen sicheren und effizienten Betrieb eines Datenbanksystems kann es aber auch zweckmäßig sein, dem Data Dictionary Aufgaben des Datenmanagements (Verwaltung, Steuerung und Durchführung von Zugriffen) zu übertragen. Entsprechend erweiterte Data Dictionaries werden vorzugsweise von Software-Firmen angeboten.

Dateien -Datenfelder-	Feldattribute Länge	Feldattribute Zeichen	Zugriffsattribute d	Zugriffsattribute i	Zugriffsattribute k
Konto-Nr.	6	num	X		
Bezeichnung	18	alpha			
Datum	6	num		X	
Betrag	10	num		X	
:	:	:			
:	:	:			
Personal-Nr.	6	num	X		
Name	20	alpha			
Anschrift	50	alpha			
Kostenstelle	4	num		X	
Konto-Nr.	6	num			X
:	:	:			

d=direkt   k=Verkettung
i=Index

Abb. 5.21: Auszug aus einer Datenbeschreibungstafel

Das **Data Dictionary** enthält somit alle wesentlichen Informationen für den Betrieb der Datenbank. Es ist eine Art Basiskatalog, in dem die folgenden Informationen enthalten müssen:

- Beschreibung von Domänen;
- Beschreibung von Basis-Relationen;
- Beschreibung von zusammengesetzten Spalten;
- Beschreibung von Datensichten (Views);
- benutzerdefinierte Integritätsbedingungen;
- Referentielle Integritätsbedingungen;
- benutzerdefinierte Funktionen;
- Zugriffsberechtigungen und
- Datenbankstatistiken.

Hinsichtlich der **physischen Datenorganisation** (interne Datensicht) übernimmt das Datenbankverwaltungssystem die Aufgaben der Datenspeicherung:

- Festlegung der Zugriffspfade
  Einrichtung von Zeigern (bei der Adreßverkettung), von Adreß-Tabellen oder von invertierten Dateien;

- Speicherverwaltung
  Verwaltung und Belegung freier Speicherbereiche (Freispeicherverwaltung) durch verschiedene Techniken (Verkettung, Page-Konzept, Verzeichnisse);
- Verdichtung
  Komprimierung des Datenbestandes zum Zwecke der Speicherplatzoptimierung und der Minimierung der Zugriffszeiten. Methoden: Umcodierung, Datenfeldverkürzung (variable Satzlänge) oder Schubladentechnik.

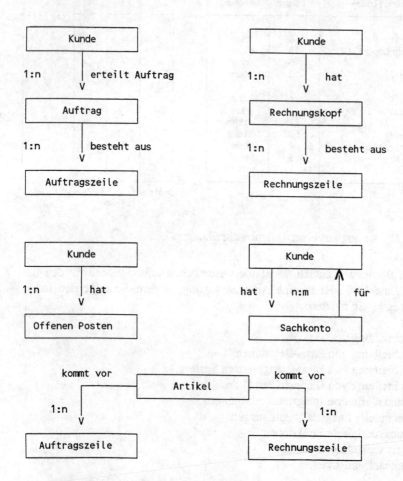

Abb. 5.22: Daten und ihre Beziehungen

5.4 Architektur von Datenbanksystemen

Für jede **Datensicht** enthält der Katalog
- den Namen,
- mögliche Synonyme,
- für jede Spalte den Namen der Spalte,
- für jede Spalte die Domäne der Spalte,
- für jede Spalte ob die Spalte eine Komponente des Primärschlüssels der Datensicht ist,
- den Ausdruck, der diese Datensicht definiert,
- den Indikator, ob ein Einfügen in die Datensicht erlaubt ist,
- für jede Spalte, ob ein Verändern der Werte der Spalte erlaubt ist etc.

Für berechnete Spalten einer Datensicht wird - wenn möglich - die Domäne der Spalte gespeichert, sonst wird der Basis-Datentyp der berechneten Spalte gespeichert. Für jede sich auf mehrere Variable beziehende **Integritätsbedingung** werden im Katalog gespeichert
- der Name der Bedingung,
- das Ereignis, das zur Auslösung der Prüfung der Bedingung führt,
- die Zeitabhängigkeit,
- die logische Bedingung, die zu prüfen ist,
- die Antwort auf den Versuch, diese Bedingung zu verletzen etc.

Für jede referentielle **Integritätsbedingung** werden im Katalog gespeichert
- der Name der Bedingung,
- das Ereignis, das zur Auslösung der Prüfung der Bedingung führt,
- die Zeitabhängigkeit,
- die logische Bedingung, die zu prüfen ist,
- die auf die betroffenen Schlüssel bezogene Antwort auf den Versuch, diese Bedingung zu verletzen etc.

Das nachfolgende Beispiel enthält die **Datenbeschreibung** (Entities und Attribute) für den Vertrieb eines Handelsunternehmens in Anlehnung an Abbildung 5.22. Dabei sind im Katalog die **Domänen**, also die erweiterten Datentypen mit den Informationen Name, Typ, Wertebereich und zulässige Operatoren. Darauf folgen die Relationen, deren Namen, Namen jeder Spalte, Bedingungen, Datentypen, Spaltenfolge, Primärschlüssel u.a.:

- Artikel mit Nr., Bezeichnung, Preis, Rabatt, Bestand, Meldebestand;
- Auftrag mit Auftrags-Nr., Kunden-Nr., Lieferdatum, Bestelldatum; <Artikel-Nr., Menge, Preis, Konditionsschlüssel>;
- Notation für Wiederholungsgruppe <Repeating Group> ;
- Kunde mit Kunden-Nr., Kundenname, Kundenadresse, Versandanschrift, <Rechnungs-Nr., Auftrags-Nr. >;

- Offene-Posten/Debitoren mit Rechnungs-, Auftrags-, Kunden-, Ausgangsdatum, Rechnungsbetrag, Skonto, Zahlungstermin, Mahnkennziffer;
- Sachkonto mit Konto-Nr., Summe-Soll, Summe-Haben;
- Rechnung mit Rechnungskopf, <Rechnungszeile>;
- Rechnungsname mit Rechnungs-Nr., Kunden-Nr., Datum, Kundenkopf, Kundenanschrift, Rechnungsbetrag;
- Rechnungszeile mit Rechnungs-Nr., Artikel-Nr., Artikelbezeichnung, Preis, Menge, Betrag.

Datendefinition (auszugsweise):

```
AREA NAME IS Vertrieb
RECORD NAME IS Kunde
  LOCATION MODE IS CALC USING Kunden-Nr.
  DUPLICATES ARE NOT ALLOWED WITHIN Vertrieb.
  02 Kunden-Nr.         PIC  X(8)
  02 Kundenname         PIC  A(32)
  02 Kundenanschrift    PIC  A(255)
  02 Versandanschrift   PIC  A(255)

RECORD NAME IS Auftrag
  LOCATION MODE IS VIA Erteilter-Auftrag SET WITHIN Vertrieb.
  02 Auftrags-Nr.       PIC  X(10)
  02 Lieferdatum        PIC  A(8)
  02 Bestelldatum       PIC  A(8)
  02 Auftragsbeschreibung  PIC  A(255)
RECORD NAME IS Auftragszeile
  LOCATION MODE IS VIA Hat-Zeilen SET WITHIN Vertrieb.
  02 Artikel-Nr.        PIC  X(10)
  02 Artikelbeschreibung   PIC  A(255)
RECORD NAME IS Artikel
  LOCATION MODE IS CALC USING Artikel-Nr.
  DUPLICATES ARE NOT ALLOWED WITHIN Vertrieb.
  02 Artikel-Nr.        PIC  X(10)
  02 Artikelbezeichnung PIC  A(20)
  02 Beschreibung       PIC  A(255)

SET NAME IS Alle-Artikel
OWNER IS SYSTEM
ORDER IS PERMANENT SORTED BY DEFINED KEYS
MEMBER IS Artikel MANDATORY AUTOMATIC
```

KEY IS ASCENDING Artikel-Nr.
SET SELECTION IS THRU Alle-Artikel
OWNER IDENTIFIED BY SYSTEM

.
SET NAME IS Alle-Sachkonten
OWNER IS SYSTEM
ORDER IS PERMANENT SORTED BY DEFINED KEYS
MEMBER IS Sachkonto MANDATORY AUTOMATIC
KEY IS ASCENDING Artikel-Nr.
SET SELECTION IS THRU Alle-Sachkonten
OWNER IDENTIFIED BY SYSTEM

.
SET NAME IS Hat-Offene-Posten
OWNER IS KUNDE
ORDER IS PERMANENT SORTED BY DEFINED KEYS
MEMBER IS Offene-Posten MANDATORY AUTOMATIC
KEY IS Rechnungs-Nr.

.
SET SELECTION IS THRU Hat-Offene-Posten
OWNER IDENTIFIED BY CALC-KEY

.
SET NAME IS Erteilter-Auftrag
OWNER IS Kunde
ORDER IST PERMANENT SORTED BY DEFINED KEYS
MEMBER IS Auftrag MANDATORY AUTOMATIC
KEY IS ASCENDING Auftrags-Nr.
SEARCH KEY IS Auftrags-Nr. USING INDEX DUPLICATES ARE NOT ALLOWED.

.
SET SELECTION IS THRU Erteilter-Auftrag
OWNER IDENTIFIED BY CALC-KEY

SET NAME IS Hat-Zeilen
OWNER IS Auftrag
MODE IS CHAIN
ORDER IST SORTED
MEMBER IS Auftragszeile OPTIONAL AUTOMATIC
LINKED TO OWNER
KEY IS ASCENDING Artikel-Nr.

.
SET SELECTION IS THRU Hat-Zeilen
OWNER IDENTIFIED BY Auftrags-Nr.

THEN THRU Artikel-In-Zeile WHERE OWNER IDENTIFIED BY
Artikel-Nr.
.
SET NAME IS Artikel-in-Zeile
OWNER IS Artikel
ORDER IST PERMANENT SORTED BY DEFINED KEYS
MEMBER IS Auftragszeile MANDATORY AUTOMATIC
KEY IS ASCENDING Artikel-Nr.
MEMBER IS Rechnung OPTIONAL MANUAL
.
SET SELECTION IS THRU Artikel-in-Zeile
OWNER IDENTIFIED BY CALC-KEY

5.4.2.2 Die Datenmanipulationssprache

Datenmanipulationssprache, DML, dient dem Wiederauffinden, dem Ändern, dem Transport und Einfügen von Daten in einer Datenbank. Sie ist zum einen eine selbständige Sprache, zum anderen kann sie in eine höhere Programmiersprache wie COBOL, die als Trägersprache (Host Language) dient, eingebaut sein. Damit ist sie die wichtigste Benutzerschnittstelle des Datenbanksystems.

Über diese Schnittstelle verkehrt der Benutzer aus seinen Anwendungen heraus mit der Datenbank. Dabei stehen ihm einfache und kombinierte Transaktionen (Funktionen) zur Verfügung, die er bspw. über

- den Namen der benutzerdefinierten Funktion,
- die Anweisungsfolgen,
- die von der Funktion betroffenen Relationen,
- die Inverse der Funktion,
- die aufrufbaren/benutzbaren Operationen und Daten, deren Bedingungen,
- die geführten Statistiken

aufrufen und benutzen kann.

Heute besteht der Trend, benutzerfreundlichere Sprachen zu entwickeln, um vor allem gelegentlichen Benutzern die Möglichkeit zu geben, mit der Datenbank zu arbeiten. Es wird zwischen prozeduralen und deskriptiven Sprachen, je nachdem, wie die Daten bei der Anfrage ausgewählt werden, unterschieden. **Prozedurale Sprachen** finden vor allem Einsatz in Datenbanksystemen nach dem hierarchischen und dem Netzwerk-Modell und erfordern Programmier-

5.4 Architektur von Datenbanksystemen

kenntnisse. Typische Sprachelemente für prozedurale Sprachen sind Holen, Speichern und Löschen von einzelnen Sätzen. **Deskriptive Sprachen** sind dagegen mehr auf gelegentliche Benutzer und interaktive Anwendungen ausgerichtet. Hier steht die Formulierung des Ergebnisses im Vordergrund. Alle Typen von DML sind sowohl auf Datenbanksysteme des Netzwerk- und des Relationenmodells aufsetzbar. Es ist aber unbestritten, daß für besondere benutzerfreundliche Sprachen, die also die Merkmale Selbständigkeit, Deskriptivität und Freiheit besitzen, Datenbanksysteme nach dem Relationenmodell besonders geeignet sind. Die drei genannten Attribute: selbständig, deskriptiv und frei sind z.B. bei der interaktiven Query-Sprache von SQL/DS realisiert durch die Wörter SELECT, FROM, WHERE. Mit diesen drei Wörtern können bereits sehr komplizierte Anfragen gestellt werden, in dem die zu benutzenden Daten, deren Ort und die auszuführenden Funktionen in der Reihenfolge

- SELECT welche Daten (einzelne Zeilen/Felder in der Tabelle),
- FROM woher (Tabellennamen),
- WHERE bestimmte einzuhaltende Bedingungen (falls vorhanden)

definiert werden. Außerdem können bspw. durch CREATE neue Tabellen erstellt werden; ebenso das Anlisten, Anzeigen, Sortieren etc. von Daten, Tabellen oder Teilen daraus; oder das Kombinieren, Berechnen, Formatieren, Hinzufügen (bspw. einer Zeile in eine Tabelle mit INSERT), Ändern, Löschen und andere Funktionen. Die CODASYL-Gruppe hat 16 Standardbefehle festgelegt. Dazu zählen FIND, GET, MODIFY und ERASE.

SQL ist die **Standard-Datenbanksprache**. Sie

- bildet die Kommunikationsschnittstelle zwischen Benutzer und Datenbanksystem;
- bietet eine einheitliche Sprache für alle Benutzergruppen;
- ist eine nicht-prozedurale Sprache, d.h. der Benutzer bestimmt nur das "WAS", nicht auch das "WO" und "WIE";
- ist relational vollständig, d.h. das System gibt als Antwort auf eine Abfrage die Daten einer ganzen Spalte oder nur eines Feldes aus;
- ist eine Universalsprache für Datenbanken; seit 1986 als ANSI-Standard.

Nachfolgendes Beispiel zeigt die Anwendung einiger Sprachelemente von Datenmanipulationssprachen:

- (1) Update
  MOVE Given-Kunden-Nr. TO Kunden-Nr.
  FIND Kunde RECORD.
  FIND Offene-Posten RECORD VIA CURRENT OF Hat-Offene-Posten

SET USING Given-Rechnungs-Nr.
MOVE Neuer-Rechnungsbetrag TO Rechnungsbetrag.
MODIFY Offene-Posten RECORD.
- (2) Einfügen
MOVE Given-Kunden-Nr. TO Kunden-Nr.
MOVE Neue-Auftrags-Nr. TO Auftrags-Nr.
MOVE Neues-Lieferdatum, Bestelldatum, Auftragsbeschreibung TO Auftrag.
STORE Auftrag RECORD.
- (3) Auflisten
MOVE Given-Auftrags-Nr. TO Auftrags-Nr.
FIND Auftrag RECORD.
FIND FIRST Auftragszeile RECORD OF Hat-Zeilen-SET.
LOOP: IF STATUS = "NOT FOUND"
THEN GO TO FINISHED
GET Auftragszeile RECORD
WRITE Auftragszeile FROM LINE.
FIND NEXT Auftragszeile RECORD OF Hat-Zeilen-SET.
GO TO LOOP.
FINISHED: CLOSE Database-Area.

Schließlich ist auf einige Hauptvorteile von SQL hinzuweisen:

- SQL fördert durch die Normung der Sprache die **Portabilität** von Datenbank-Anwendungen und verschafft eine größere Unabhängigkeit von Systemspezialisten;
- SQL ist eine leicht erlernbare, **einheitliche** Sprache für alle Benutzergruppen, wie Datenbankadministratoren, professionelle Anwendungsentwickler und versierte Endbenutzer;
- SQL, basierend auf der **mengenorientierten** Verarbeitung, erfordert keine prozedurale Datenbankverarbeitung, reduziert somit die Komplexität in der Datenverarbeitung, steigert die Produktivität und verbessert damit die Wirtschaftlichkeit von Datenbankanwendungen insgesamt.

5.4.2.3 Beispiel eines Datenbanksystems

Die DV-Praxis setzt Datenbanksysteme in verschiedenen Formen mit verschiedenen Modellen ein. Nicht zuletzt nehmen durch den Mikrocomputer Datenbanksysteme, die nach dem relationalen Schema arbeiten, zu. Ein weit verbreitetes System stellen Anwendungen dar, die auf den CODASYL-Empfehlungen beruhen. Die nachfolgende auszugsweise Wiedergabe dieser Systemgruppe soll die Arbeitstechniken mit Datenbanken aus Benutzersicht charakterisieren. Auf Einzelheiten und Wertungen wird daher verzichtet.

Bei den CODASYL-Datenbanksystemen wird eine Datenbank in ihrer Struktur mit Hilfe einer Datendefinitionssprache beschrieben. Die Datenbankdefinition umfaßt die Festlegung aller **Satzarten** der Datenbank und aller logischen **Beziehungen** zwischen Satzarten, soweit die Beziehungen durch die Datenbankstruktur wiedergegeben werden sollen. In den nachfolgenden Ausführungen ist eine Datenbankstruktur mit drei einfachen Satzarten gegeben: Bestandsätze (alt), Bewegungssätze und Bestandsätze (aktualisiert, neu). Ein Auftrag des Kunden mit der Firmennummer 4711 wird in der Datenbank wiedergegeben durch einen **Auftragskopfsatz** (AUFTRAG), der die allgemeinen Auftragsdaten wie Auftragsnummer, Auftragsdatum enthält und durch einen Satz je **Auftragsposition** (AUFTRAGSPOSITION), der jeweils den gewünschten Artikel und die gewünschte Menge angibt. In der **Datenbankstruktur** ist eine Beziehungsart F-A zwischen FIRMA und AUFTRAG und eine Beziehungsart A-P zwischen AUFTRAG und AUFTRAGSPOSITION definiert. Die Festlegung dieser Beziehungsarten führt dazu, daß die zusammengehörigen Einzelsätze bei der Einspeicherung miteinander zu verketten sind.

Diese Datenbankstruktur wird bei den CODASYL-Datenbanksystemen in einer Datendefinitionssprache festgelegt, und zwar werden konkret alle Satzarten der Datenbank (FIRMA,...) mit ihren Datenfeldern (FIRMENNUMMER, FIRMENANSCHRIFT,...) definiert, ebenso alle Beziehungsarten. Beziehungsarten (SET) sind bestimmt durch die Angabe der Satzart, von der die Beziehung ausgeht (**OWNER-Satzart**) und durch die Angabe der Satzarten, die als Glieder (**MEMBER-Satzarten**) in diese Beziehung mit aufgenommen werden. In dem angegebenen Beispiel ist FIRMA Owner in der Beziehung F-A und AUFTRAG ist Member. SET's können zwischen einer Owner-Satzart und beliebig vielen Member-Satzarten aufgebaut werden, solange eine Restriktion erfüllt ist, und zwar dürfen in einer Beziehungsart nicht gleichzeitig zwei oder mehr zugehörige Owner-Sätze vorkommen. Diese Restriktion liegt in der Verweistechnik zwischen den einzelnen Sätzen einer Beziehung begründet. Jeder Einzelsatz kann nur einen Pointer (Verweis zum nächsten zugehörigen Satz in dieser Beziehung) tragen. In einem Datenbankschema sind alle Satzarten mit ihren Beziehungsarten enthalten, daneben wird auch noch eine Unterteilung der Datenbank in Teilbereiche definiert, die mit der Unterteilung nach Satzarten nicht konform sein muß. Ein Teilbereich kann Sätze unterschiedlicher Satzarten enthalten und eine Satzart kann mit ihren Einzelsätzen über mehrere Teilbereiche verteilt werden. Die Unterteilung ist auf die Verwaltung der Gesamtdatenbank ausgerichtet, während die Unterteilung nach Satzarten durch die Logik der Anwendung bestimmt ist (Abbildung 5.23)

Aus einem Teilbereich werden die Sätze, wie bei anderen Dateien auch, nicht einzeln in den Arbeitsspeicher übertragen, sondern in Seiten. Ein Datenbankschema umfaßt Daten unterschiedlicher Anwendungsbereiche, die von Programmen in unterschiedlichen Programmiersprachen verarbeitet werden sollen. Als Programmiersprache kommt bei CODASYL-Datenbanksystemen vor allem COBOL in Frage, aber auch FORTRAN oder PL/1 können eingesetzt werden. Sie werden zur Abwicklung von Datenbankoperationen erweitert um **Datenmanipulationsbefehle**. Diese Datenmanipulationsbefehle fließen mit in das COBOL-Anwendungsprogramm ein. Beispiele für Datenmanipulationsbefehle sind z.B. Schreiben (STORE...), Lesen (FIND, GET, ...) Verändern (MODIFY,...) und Löschen (DELETE,...).

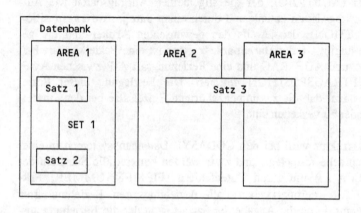

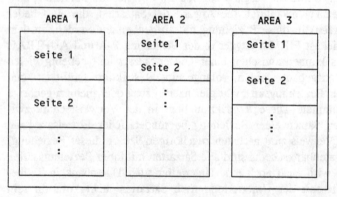

Abb. 5.23: Aufteilung einer Datenbank nach Satzarten und Beziehungsarten(oben) und nach Teilbereichen (Areas) und Seiten (unten)

Abbildung 5.24 zeigt die Abwicklung eines Datenbankzugriffs aus einem Anwendungsprogramm heraus. Sie zeigt eine Arbeitsspeicherbelegung mit zwei Anwendungsprogrammen, die jeweils einen besonders ausgewiesenen Arbeitsbereich für die Aufnahme der Datensätze besitzen. Vom ersten Anwendungsprogramm wird eine Anforderung zum Lesen eines Datensatzes aus einer Datei der Datenbank an die Datenbankverwaltungsroutinen im Arbeitsspeicher geleitet. Diese Anforderung wird unter Zuhilfenahme des Datenbankschemas und des Datenbanksubschemas analysiert und aufbereitet. Nach dieser Aufbereitung kann die Dateiverwaltung des Betriebssystems eingeschaltet werden, um auf die Speicherperipherie zuzugreifen und die Seite, in der der gesuchte Materialsatz liegt, in den Seitenpuffer des Arbeitsspeichers zu übertragen. Aus dem Seitenpuffer wird dann der gewünschte Satz ausgewählt und in die Anwender Working Area übertragen. Damit stehen dem Anwendungsprogramm die erforderlichen Daten für die weitere Verarbeitung zur Verfügung.

Bei den CODASYL-Systemen ist zwischen dem Datenbankschema einer ganzen Datenbank und den Anwendungsprogrammen eines bestimmten Anwendungsbereiches die Führung von **Subschemata** erforderlich. Ein Subschema ist stets auf eine bestimmte **Wirtssprache** ausgerichtet. Es wählt Satzarten und Beziehungsarten aus einem gegebenen Schema aus und erlaubt Datenredefinitionen im Hinblick auf spezifische Datenstrukturen der Wirtssprache. Aus diesem Grunde müssen sich Anwendungsprogramme mit Datenmanipulationsbefehlen stets auf ein vorhandenes Subschema beziehen.

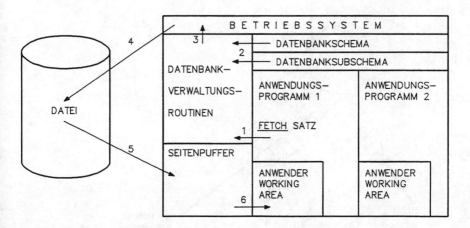

Abb. 5.24: Abwicklung des Zugriffs auf eine Datenbank
(1, 2, 3 ... 6 = Schrittfolge)

Die Sprache zur Definition eines Datenbankschemas hat die Aufgabe, eine vollständige Datenbank mit ihren Areas, ihren Satzarten und ihren Beziehungsarten zu beschreiben. Diese Beschreibung erfolgt in sechs Abschnitten, getrennt nach

- SHEMA ENTRY zur Identifikation der Datenbank und des Schemas,
- AREA ENTRIES zur Definition der Teilbereiche (mindestens ein),
- RECORD ENTRIES zur Definition der Satzart innerhalb des Teilbereiches,
- DATA SUBENTRIES zur Definition der Felder innerhalb der Satzart,
- SET ENTRIES zur Definition der Beziehungsart (Owner) und
- MEMBER SUBENTRIES zur Definition der Beziehungsart (Member).

Eine Datenbank kann die Daten mehrerer betrieblicher Informationssysteme führen. In Abbildung 5.25 ist eine Datenbank skizziert mit den Daten der Finanzbuchhaltung, Fakturierung und Debitorenbuchhaltung. Die drei Systeme benutzen gemeinsam den zentralen Kontenplan und besitzen diverse eigene Datenbestände für die Speicherung von Bilanzen, Listen etc. Neben den Daten dieser Anwendungen können auch die Daten anderer Anwendungen in der gleichen Datenbank geführt werden, z.B. für Einkauf, Materialwirtschaft und Fertigungssteuerung, so auch ein Personalinformationssystem, das mit den anderen Systemen kein einziges Datum gemeinsam hat, aber dennoch auf der gleichen Datenbank aufbaut.

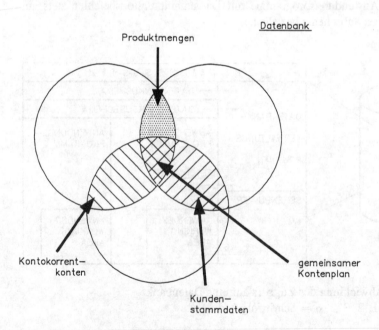

Abb. 5.25: Datenbank mit Subschemata

5.4.3 Distributed Data Base

Distributed Data Base-Lösungen gibt es in vier Standardverfahren. Es sind:

- **File Transfer**
  Diese sehr einfache, aber gebräuchliche Lösung verwaltet ganze Dateien oder Teile davon redundant. Allerdings ist dies nur sinnvoll, wenn die Daten selten aktualisiert und nur im Read-only-Mode benutzt werden. Wann, welche Kopie, wohin geschickt werden muß, ist manuell zu kontrollieren bzw. zu tätigen.
- **Remote Transaction Processing**
  In diesem Fall können die Daten nur unikat gespeichert sein. Ebenso müssen geeignete Anwendungsprogramme in dem Rechner verfügbar sein, in dem sich auch die Daten befinden. Dann kann der TP-Monitor eine Nachricht an den entfernten Rechner, in dem Daten und Programme verfügbar sind, weiterleiten (z.B. CICS-ISC, UTM-D, IMS-MSC).
- **Remote Data Base Access**
  Bei diesem Verfahren braucht das Anwendungsprogramm nicht den Speicherort der Daten zu kennen. Aus dem Datenbankbefehl (z.B. Datenbank- oder Tabellen-Name) ergibt sich der Speicherort der Daten, und der Befehl kann automatisch zum richtigen DBMS gesandt werden. Allerdings klappt dies nur, wenn die Daten unikat gespeichert sind und der Befehl keine rechnerübergreifenden Zugriffe erforderlich macht.
- **Verteilte Datenbank**
  Gegenüber diesen drei Verfahren operiert eine reelle DDB ohne Einschränkungen für den Anwender. Unabhängig vom Verteilungskonzept, d.h. ohne Wissen über die Datenverteilung kann der Anwender seine Aufgabe lösen. Ihm erscheinen die Daten also unabhängig von ihrem physischen Speicherungsort wieder als eine integrierte Gesamtheit. Eine Veränderung der Verteilung hat auf die Anwendung keinen Einfluß ("Datensichten").

Ein (konventionelles) verteiltes Datenbanksystem besteht aus einer Menge von lokalen Datenbanksystemen, welche auf die Knoten eines Rechnernetzes verteilt sind. Alle lokalen Datenbanksysteme sind gleichberechtigt, wobei für bestimmte rechnerübergreifende Aufgaben (z.B. verteilte Anfrageauswertung) ein koordinierender Kontrollknoten ausgewählt wird. Die von einer Anwendung benötigten Daten sind verteilt über die auf den Rechnern installierten Datenbanken. Das Fundamentalprinzip eines verteilten Datenbanksystems besagt, daß eine verteilte Datenbank für einen Benutzer wie eine nichtverteilte (zentralisierte) Datenbank erscheinen muß.

Letzteres Verfahren geht von einer **Datenbank-Server-Architektur** aus. Sie stellt eine Möglichkeit der verteilten Datenverwaltung dar, welche auf dem Prinzip eines zentralisierten Datenbanksystems basiert. Es wird davon ausgegangen, daß in einem Netz - bestehend aus autonomen Rechnern - die Anwendungsprogramme jeweils auf dedizierten Arbeitsplatzrechnern ausgeführt werden. Auf den Arbeitsplatzrechnern sind jeweils sog. **Frontend**-Komponenten installiert, die mit dem auf einem ausgezeichneten Rechner (**Datenbank-Server**) liegenden Datenbanksystem (**Backend**) kommunizieren. Ein für den Zugriff auf Datenbanken in offenen heterogenen Netzen definiertes Protokoll stellt der RDA (**Remote Database Access**) dar. Im zugrundeliegenden Verarbeitungsmodell wird zwischen dem Datenbankbenutzer (**Client**) und dem Datenbanksystem (**Server**) unterschieden, welche über ein abstraktes Kommunikationsmedium kooperieren. Der auf der Server-Seite installierte RDA-Diensterbringer übergibt die erhaltenen Befehle an den Server-Prozeß, welcher sie in Prozeduraufrufe des Datenbank-Kontrollsystems (DBCS) transformiert (Abbildung 5.26).

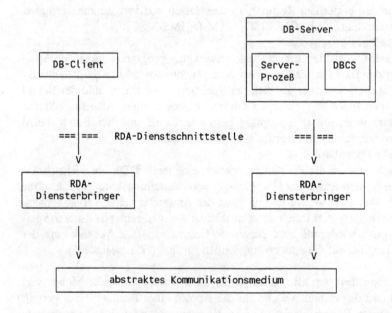

Abb. 5.26: Datenbank-Server

Dem Client stehen an der RDA-Dienstschnittstelle Operationen zur Verfügung, welche sich auf die Dienstgruppen Verbindungs-, Assoziations-, Ressourcen-, und Transaktionsmanagement sowie Datenabfrage bzw. -manipulation erstrecken. Das Ressourcenmanagement sorgt für die Verwaltung und Bereitstellung der Meta- und Nutzdaten. Atomare Transaktionen werden vom Transaktionsmanagement definiert. Abbildung 5.27 zeigt die Funktionen des Client-Server-Konzeptes.

5.4 Architektur von Datenbanksystemen

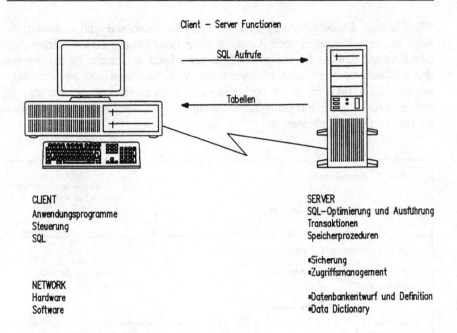

Abb. 5.27: Das Client-Server-Konzept

Kritisch zu bemerken ist dabei, daß die Client-Server-Beziehung einen Zugriff auf den Server-Rechner bedingt, und zwar bei jeder Datenaufforderung. Somit kann der Server-Rechner schnell zu einem Engpaß werden. In einer fortgeschrittenen Form werden Datenverteilungssysteme (**Distributed Data Management Systems**) eingesetzt. Ihre allgemeine Struktur wird in Abbildung 5.28 gezeigt. Beliebige lokale Datenhaltungssysteme werden von einer integrierenden Komponente, dem Datenverteilungssystem, verbunden. Die lokalen Datenhaltungssysteme können heterogene Strukturen aufweisen. Sowohl Datenbank- als auch Dateisysteme können im DDMS verwaltet werden. Für deren Integration wird eine global geltende, an SQL angelehnte Schnittstelle zur Verfügung gestellt. Primitive der globalen Schnittstelle werden durch geeignete Abbildungsfunktionen auf die Operatoren der lokalen Schnittstellen abgebildet.

Bedingt durch den zunehmenden Einsatz verteilter Systeme in komplexen Anwendungen wird auch die Entwicklung von Konzepten zur verteilten Datenverwaltung erforderlich. Ein System zur verteilten Datenverwaltung als eines von mehreren Teilsystemen eines verteilten Rechnersystems hat dabei den generellen Anforderungen an solche Systeme Rechnung zu tragen. Ein Hauptgrund des Einsatzes von verteilten Rechnersystemen ist die Forderung nach der Modularisierung einer komplex verteilten Anwendung. Die Partitionierung einer Gesamtaufgabe in überschaubare Teile steht dabei im Mittelpunkt. Eng verknüpft mit dem

Wunsch nach Modularisierung sind die Begriffe Autonomie und Lokalität. So folgt aus dem Bestreben nach Autonomie die Lokalität der Datenverarbeitung: Der Großteil der Verarbeitungsvorgänge kann lokal auf einem Rechnerknoten durchgeführt werden; rechnerübergreifende Verarbeitungen können vermieden werden. Dies führt zu einer hocheffizienten Gesamtverarbeitungsleistung, da rechnerlokale Verarbeitungsvorgänge um ein Vielfaches schneller zu bearbeiten sind als verteilte Bearbeitungen.

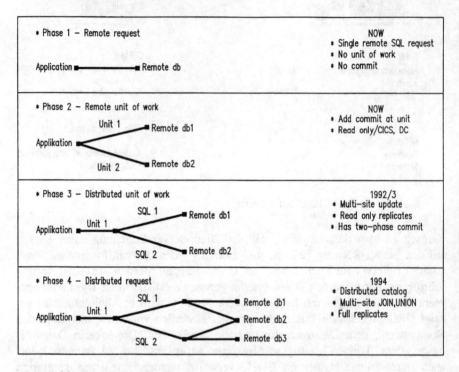

Abb. 5.28: DDMS-Strukturen

Datenbankverwaltungssysteme müssen insbesondere folgende Funktionen übernehmen:

- Protokollierung (Log-Funktion):
  Hierzu gehören die Protokollierung ein- und ausgehender Informationen, die Speicherung von Veränderungen sowie Fehlerstatistiken.
- Datensicherung (Security):
  Hierunter versteht man u.a. Vorkehrungen zum korrekten Betrieb des Datenbanksystems, bspw. das Anlegen von Sperren, damit nicht gleichzeitig mehrere Benutzer dieselben Daten verändern können.

- Datenschutz (Privacy):
  Hierzu rechnet man Maßnahmen zum Schutz gegen unbefugte Nutzung der Daten, z.B. den Aufbau von Kennwort-Tabellen (Passwords).

Nachfolgende Auflistung in Tabelle 5.1 zeigt bekannte Datenbank-Server.

Tab. 5.1: Datenbank-Server

Corporation	Program
Gupta Technologies, Inc.	SQLBase
IBM	OS/2EE
Informix Software Inc.	Informix Online
ASK/INGRES Division	Intelligent Database
Microsoft/Sybase	SQL Server
Novell	Netware SQL
Oracle	Oracle Server
Sybase	SQL Server
XDB Systems Inc.	XDB-Server
Borland/Interbase	Interbase
Progress Software	Progress
Computer Associates	IDMS/R, Datacom
DEC	Rdb, ACMS

5.5 Objektorientierte Datenmodellierung

5.5.1 Datenstrukturen, abstrakte Datentypen

Die Art und Weise der Organisation von Daten für die Bearbeitung durch Computerprogramme wird als Struktur der Daten oder auch mit dem Wort **Datenstruktur** bezeichnet. Für viele Anwendungen ist die Wahl der passenden Datenstruktur die einzig wichtige Entscheidung, die für die Implementierung dieser Anwendung nötig ist. Nachdem diese Entscheidung gefallen ist, sind zumeist nur einige wenige Grundtechniken zur Verarbeitung der Daten notwendig. Um die gleichen Operationen auf den Daten durchführen zu können, führen einige Datenstrukturen zu weniger oder mehr effizienten Algorithmen als andere. Daher kann man mit Recht behaupten, daß die Kenntnis der Datenstrukturen und der darauf operierenden Algorithmen eine der Grundvoraussetzungen für die Möglichkeit der Implementierung von effizienten Anwendungen der Computertechnologie ist. Dabei darf allerdings eine Datenstruktur nicht als passives Objekt angesehen werden; es sind auch die Operationen, die auf ihr durchgeführt werden sollen, zu berücksichtigen.

Diese Anschauung führt zum Begriff eines **abstrakten Datentypes**. Die Idee dahinter ist es, das "Konzept" dessen, was die Datenstruktur leisten können soll, von ihrer Implementierung zu trennen. Das definierende Charakteristikum eines abstrakten Datentypes ist, daß nichts außerhalb der Definitionen der Datenstruktur und der Algorithmen, die auf ihr arbeiten, auf irgend etwas innerhalb dieser Datenstrukturen und Algorithmen, außer durch Funktions- und Prozeduraufrufe für grundlegende Operationen, Bezug nehmen soll. Grundlegende Operationen sind das Einfügen, das Löschen und der Zugriff auf ein Element. Diese Grundoperationen stellen normalerweise das Gerüst dar, mit dem Algorithmen zur Lösung bestimmter Probleme auch ohne detaillierte und spezielle Kenntnis der zugrundeliegenden Datenstrukturen formuliert werden können.

Der Hauptgrund für die Entwicklung dieses Konzeptes sind die Mechanismen, mit denen große Programme und Systeme organisiert werden können. Abstrakte Datentypen zeigen einen Weg auf, mit dem es möglich wird, Größe und Komplexität der Schnittstellen zwischen komplizierten Algorithmen und den zugeordneten Datenstrukturen auf der einen Seite und einer möglicherweise großen Anzahl von Programmen, die diese Algorithmen und Datenstrukturen nutzen, auf der anderen Seite, zu begrenzen. Dadurch können dann große Programmsysteme leichter verstanden, sowie die Algorithmen und Datenstrukturen leichter verändert und optimiert werden. Unabhängig davon bleibt jedoch die klare Formulierung der Problemstellung und die saubere Kommunikation zwischen den einen Algorithmus verwendenden Verfahren (oder Personen) und den diesen Algorithmus implementierenden Verfahren (oder Personen) eine Schlüsselanforderung für den Aufbau großer Programmsysteme.

5.5.2 Der objektorientierte Ansatz

Die **Objektorientierung** kann als eine Art Technik aufgefaßt werden, ein System im Hinblick auf die auftretenden und zu behandelnden Objekte zu organisieren. Ein grundlegendes Konzept dabei ist das Prinzip der Clusterung/Kapselung. Die Daten, die eine logische Einheit beschreiben, ihre Eigenschaften, und die auf diesen Daten definierten Operationen werden zu einem Objekt gekapselt. Die Daten können, ähnlich wie bei abstrakten Datentypen, nur gelesen und geändert werden, wenn die dafür definierten Operationen angewendet werden. Dadurch haben Änderungen der strukturellen Repräsentation der Daten eines Objekts keinen direkten Effekt nach außen auf andere Objekte.

Eine Weiterentwicklung des Konzeptes der abstrakten Datenstruktur (siehe Abschnitt 5.1.3) stellt also der objektorientierte Ansatz dar, der die Trennung von Daten und den auf ihnen operierenden Algorithmen dadurch aufhebt, daß er die Implementierungsdetails noch stärker versteckt.

5.5 Objektorientierte Datenmodellierung

Der objektorientierte Ansatz ist eine Methode, neue Softwaresysteme nicht basierend auf Funktionen, die nach außen nicht bekannte Datenobjekte verändern, sondern auf Objekten, welche Daten und Funktionen umfassen, zu entwickeln. Diese Methode maximiert die Verkapselung von Informationen und führt in vielen Fällen zu Systemen mit geringerer Komplexität als der funktionale Ansatz. Das Paradigma des objektorientierten Ansatzes geht auf die Unterstützung der Simulation ereignisgesteuerter Systeme mittels der Programmiersprache SIMULA zurück. Dabei wird ein System als eine Menge kooperierender Objekte (oder Prozesse) aufgefaßt. Objekte sind die atomaren Bestandteile des Systems. Ein **Objekt** besteht aus (lokalen) Daten und (lokalen) Prozeduren, welche allein die Daten ändern können. Dabei kann ein Objekt nicht von außen durch andere Objekte verändert werden. Ein Objekt kann allerdings von anderen Objekten veranlaßt werden, durch die Aktivierung eigener Prozeduren eine Zustandsänderung zu bewirken.

Objekte kommunizieren miteinander, indem sie Messages austauschen. Eine Message an ein Objekt hat den Effekt, daß eine bestimmte Operation (oft auch Methode genannt) auf diesem Objekt ausgeführt wird. Dieser Mechanismus wird **Message Passing** genannt. In konventionellen Programmiersprachen ist der Programmierer verantwortlich für die richtige Auswahl eines korrekten Operators. Will er zwei binäre Zahlen C = 101101 und D = 10011 addieren, muß er die dafür geeignete Funktion, zum Beispiel BinaryAdd (C, D), verwenden. Der Benutzer der Funktion BinaryAdd identifiziert durch den Funktionsnamen also gleich ein Stück Programmcode, das ausgeführt werden soll, das heißt, er entscheidet dadurch, wie eine Operation ausgeführt wird. Das Paradigma des objektorientierten Programmierers verlagert diese Verantwortung vom Benutzer einer Funktion weg zum Designer der Funktion. In einem objektorientierten System kann ein Programmierer das obige Beispiel in Form des Messages C.Add(D) schreiben, vorausgesetzt, eine Operation Add wurde für binäre Zahlen definiert. Er spezifiziert also nur, was ausgeführt werden soll. Welcher Algorithmus zur Addition verwendet wird, das heißt, das Wie, wird aufgrund der betroffenen Objekte C und D automatisch bestimmt, denn bei der Kapselung wurde ja genau festgelegt, welche Operationen mit den Daten überhaupt nur durchgeführt werden können. Im Falle von C.Add(D) wird also automatisch der Algorithmus zum Addieren von binären Zahlen ausgeführt. Gleichartige Objekte werden in **Objektklassen** klassifiziert. Klassen dienen zur ontologischen Ordnung der Objekte, die in einem System vorkommen und verarbeitet werden. Die Objekte einer Klasse werden **Instanzen** dieser Klasse genannt. So sind z.B. die binären Zahlen C und D Instanzen einer Klasse Binary-Number.

Objekte gleichen Typs gehören also Objektklassen an. Die Beschreibung und damit die Charakterisierung der Objekte findet dort statt. Eine Klasse wird beschrieben durch den Namen der Klasse, der internen Struktur der Objekte dieser

Klasse (Datenstrukturen) und einer Festlegung aller Methoden, welche die Objekte dieser Klasse ausführen können. Mit der Beschreibung einer Klasse existieren noch keine Objekte dieser Klasse. Ein konkretes Objekt, eine Instanz einer Klasse, entsteht durch das Senden einer Generierungsnachricht an die Klasse. Daraufhin erzeugt die Generierungsmethode der Klasse ein Objekt der für die Klasse definierten Ausprägung.

Jedes Objekt "erbt" die Eigenschaften seiner Klasse, d.h. die Methode und die Variablen, **Instanzvariablen** genannt, welche die in der Klasse vereinbarte Struktur besitzen und die bei der Nachricht zu ihrer Erzeugung mitgegebenen Werte erhalten oder durch eine ihrer (ererbten) Methoden initialisiert werden. Die Klasse ist aus der Sicht der Datenstruktur vergleichbar mit einer Satzdefinition (Record-Deklaration), nur mit dem Unterschied, daß bei der Bildung einer Instanz der Klasse auch die Methoden vererbt werden.

Ein System, welches durchgehend objektorientiert ist, betrachtet Klassen ebenfalls als Objekte, welche wiederum Instanzen einer übergeordneten Klasse (Superklasse) sein können. Dieser Prozeß der Abstraktion bzw Klassenbildung kann (beliebig) fortgesetzt werden. Es entsteht eine Hierarchie von Klassen, in welcher jede Klasse jeweils alle Eigenschaften ihrer Superklasse erbt. Manipulationen von Objekten können nur von objekteigenen Prozeduren, also von den Methoden des Objektes durchgeführt werden. Diese Methoden werden von der Klasse des Objektes geerbt, oder sie sind im Objekt selbst definiert. In unterschiedlichen Objekten können Methoden mit unterschiedlichen Wirkungen existieren. Dadurch bewirkt z.B. die Methode "Invertieren"

- für ein Objekt vom Typ Skalar die Berechnung seines Kehrwertes,
- für ein Objekt vom Typ Matrix eine Matrixinversion und
- für ein Objekt vom Typ Bildschirmelement die Umkehrung seiner Farbattribute von Schwarz nach Weiß und umgekehrt.

Diese Eigenschaft objektorientierter Systeme nennt man "Überladen".

Objektorientierte Datenbanksysteme zeichnen sich durch die Integration konventioneller Datenbankfunktionalität mit objektorientierten Modellierungskonzepten aus. Sie gelten als die jüngsten Datenbanksysteme, die nach den hierarchischen (1970), vernetzten (Mitte der 70er Jahre), relationalen (Ende der 70er/Anfang der 80er Jahre) und den Non-Standards (Mitte der 80er Jahre) folgten. Ein primäres Ziel von Datenbanksystemen ist es, die Darstellung und Verwaltung von Daten von den Anwendungsprogrammen, die diese Daten verarbeiten, zu isolieren und eine konsistente Nutzung der Daten durch mehrere Anwendungsprogramme gleichzeitig zu ermöglichen.

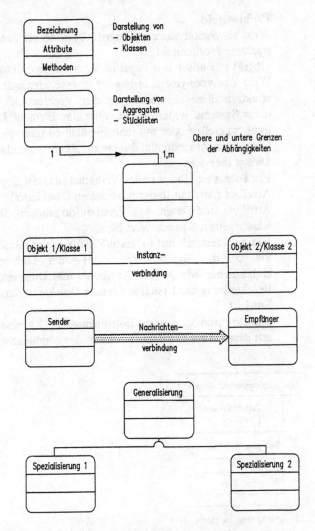

Abb. 5.29: Symbole der objektorientierten Modellierung

5.5.3 Begriffe und Symbole

Für die objektorientierte Datenmodellierung sind einige Begriffe, bzw. deren Inhalte von grundlegender Art, so daß die wichtigsten Begriffe und Symbole mit ihren Definitionen nachfolgend aufgelistet bzw. in den Abbildungen 5.29 und 5.30 dargestellt werden:

- **Problemfeld**
  Wird als Synonyme zum Begriff Domäne verwandt. Es beinhaltet das betrachtete Problemfeld.
- **Objekt** (Identisch mit Tupel in der relationalen Datenbank)
  Wird als Synonyme zum Begriff Instanz verwandt. Ein Objekt ist eine Abstraktion dieses Elements aus dem Problemfeld, welche die Fähigkeiten eines Systems widerspiegelt, über das Element Informationen zur Verfügung zu stellen oder mit dem Element zu interagieren. Es ist eine Verkapselung von Attributen und ihrer abgeschlossenen Dienste (Services).
- **Dienst** (Service)
  Ein Dienst ist ein spezielles Verhalten, das ein Objekt aufweist.
- **Attribut** (Attribut in der relationalen Datenbank)
  Attribute sind Daten, sog. Zusatzinformationen, für die jedes Objekt einer Klasse seinen eigenen Wert hat.
- **Klasse** (Identisch mit Relation/Tabelle in der relationalen Datenbank)
  Sie ist die Beschreibung eines oder mehrerer Objekte mit einer einheitlichen Menge von Attributen und Diensten; sie beinhaltet auch die Beschreibung zur Erstellung neuere Objekte in der Klasse.
- **Subjekt**
  Subjekte sind Verfahren, Instrumente zur Organisation von Arbeitspaketen, mit deren Hilfe der Benutzer durch das komplexe Modell geleitet wird.

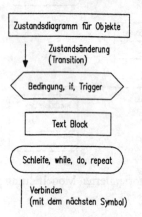

Abb. 5.30: Symbole zur Spezifikation von Diensten

5.5.4 Methodische Vorgehensweise

Die schnelle Verbreitung der objektorientierten Methode läßt sich auf ihre spezifischen Charakteristika zurückführen. Sie bestehen aus

- einem einheitlichen Ansatz für funktionale und datenorientierte Analysen,
- einem besseren Verständnis zwischen Benutzer und Systementwickler,

- einem besseren Verständnis des Aufgaben/Problemfeldes,
- Spezifikationen, die bei wechselnden Anforderungen stabil bleiben,
- dem konsistenten Vorgehen in allen Phasen der Systementwicklung,
- der Wiederverwendbarkeit der Ergebnisse,
- der expliziten Darstellung von Gemeinsamkeiten und
- der verbesserten internen Konsistenz der Ergebnisse.

5.5.4.1 Identifizierung von Objekten

Die Objekte, ihre Identifizierung, dann Weiterleitung zum Design mit anschließender Implementierung kann nach dem Schema des üblichen Wasserfallmodells erfolgen. Der Beginn wird mit der **Analyse** gesetzt. Sie kann auf vielerlei Art ablaufen, so bspw. durch

- Beobachtungen im Problemfeld;
- Auswertung früherer Analysen im Problemfeld;
- Studium von Lexika, oder Literatur über das Problemfeld;
- Expertenbefragungen und Vergleich mit anderen Systemen.

Als Ergebnis der Analyse können einige **Definitionen** zum Objektkandidaten gemacht werden. Darunter sind zu nennen:

- Strukturen des Problemfeldes;
- Systeme, Geräte, mit denen integriert wird;
- Ereignisse, Dinge, die gespeichert werden sollen;
- Menschen und ihre Rollen im System;
- operationale Abläufe im System, die geliefert werden sollen;
- Organisationseinheiten, zu denen die Menschen gehören;
- Orte, die vom System integriert sein sollen.

Im Rahmen dieser Identifizierungsschritte sind eine Reihe wichtiger Charakteren der Objektkandidaten festzuhalten, so

- die Notwendigkeit der Speicherung,
- die immer anwendbaren Attribute, Verhalten, Verarbeitungsschritte,
- das notwendige Verhalten,
- die problemspezifischen Anforderungen,
- die Objekte einer Klasse,
- die Instanzen-Verbindungen,
- die Generalisierung und die Spezialisierung (siehe unten).

5.5.4.2 Objektorientiertes Design

Die objektorientierte Designmethode basiert auf der Informationsverkapselung. Sie unterscheidet sich vom bekannten funktionalen Designmodell insofern, als sie ein Softwaresystem nicht als ein System interagierender Funktionen, sondern als ein System interagierender Objekte mit ihrem eigenen, nur ihnen bekannten Zustand beschreibt. Ein **Objekt** kann wie folgt definiert werden:

> Eine Entität, die einen Zustand und eine definierte Menge von Operationen besitzt, die auf diesen Zustand zugreifen und ihn verändern können. Die Operationen, die diesen Zustand verändern, werden Konstruktoroperationen genannt, während die Operationen, die den Zustand anderen Objekten mitteilen, die Zugriffsoperatoren genannt werden.

Objektorientiertes Design wird oft nicht gegen die objektorientierte Programmierung abgegrenzt. Diese Sicht ist jedoch falsch, da ein objektorientiertes Design nicht die Verwendung einer objektorientierten Programmiersprache voraussetzt. Wesentliche Vorteile des objektorientierten Designs sind:

- Alle gemeinsamen Datenbereiche werden eliminiert, da die Kommunikation nur durch Nachrichtenaustausch erfolgt. Dies reduziert die Verkoppelung des Gesamtsystems, da keine Möglichkeit dazu besteht, daß unerwartete Modifikationen in gemeinsamen Datenbereichen stattfinden.
- Objekte sind unabhängige Entitäten, die unabhängig voneinander geändert werden können, da Zustände und Repräsentierungen der Objektinformationen nur innerhalb des Objektes selbst zu halten sind. Daher sind von Änderungen eines Objektes keine anderen Systemobjekte betroffen.
- Objekte können verteilt und sowohl sequentiell als auch parallel angesprochen werden. Daher brauchen Entscheidungen über die Parallelisierung, z.B. in Multitasking-Umgebungen oder in Mehrprozessor-Architekturen, nicht schon während des Entwurfsprozesses gefällt zu werden.

5.5.4.3 Objektorientierte Programmiersprachen

Objektorientierte Programmiersprachen erleichtern die Implementierung eines objektorientierten Designs. SIMULA wurde bereits 1966 aus ALGOL entworfen. Die reinste Form einer objektorientierten Programmiersprache findet man in SMALLTALK-80, das bereits Mitte der 70er Jahre entwickelt wurde. Auf Personal Computern sind in letzter Zeit verschiedene Implementierungen objektorientierter Software-Entwicklungswerkzeuge verfügbar geworden. Zumeist sind diese als Interpreter realisiert, da Objektinstanzen dynamisch verändert werden, so daß eine Relokation der Systemobjekte im Arbeitsspeicher erst zur Laufzeit möglich ist (Late-Binding). Für die Breitenwirkung auf MS-DOS Basis wichtige Produkte sind z.B. ACTOR von Whitewater Group Inc. unter MS-Windows sowie Zortech C++ und Turbo Pascal 5.5, wobei z.B. ACTOR einen erheblichen Aufwand an Arbeitsspeicher und Plattenkapazität voraussetzt, so daß zu erwarten ist, daß sich solche Systeme wohl erst nach einer breiten Durchsetzung des Betriebssystems OS/2 rentabel einsetzen lassen, während andere Systeme vorerst eher im Hobbybereich anzusiedeln sind. Für eine prototypische Anwendungsentwicklung eignen sich die verfügbaren Systeme allerdings sehr gut.

5.6 Einteilung von Datenbanksystemen

Nachfolgend werden Dateiverwaltungs- und Datenbanksysteme allgemein in fünf Gruppen unterteilt und an einigen wesentlichen Kriterien gemessen skizziert. Ein Bezug zu einem speziellen Datenbanksystem wird vermieden. Diese sind zumeist sehr kurzlebig - bezogen auf die Verbesserungen/Veränderungen pro Version - und es gibt eine Fülle von Systemen, die nicht annähernd nennbar wäre. Die Gruppierung folgt einem häufig verwendeten Schema:

(1) EINFACHE DATEI-VERWALTUNGSSYSTEME (einfache Programme für direkten und sequentiellen Zugriff auf Datendateien)
- Preisspanne:
- Datenmodell: Dateiverwaltung
- Datenzugriff: sequentiell/direkt
- Implementierte Sprache: Basic
- Aufgabenbereich: Kartei-Haltung
- Benutzerfreundlichkeit: hoch
- Leistungsfähigkeit: sehr gering
- Einsatzflexibilität: gering
- Reorganisation: sehr niedrig

(2) DATEI-MANAGEMENT-SYSTEME (leistungsfähige, benutzerfreundliche, anwendungsunabhängige Dateiverwaltung)
- Preisspanne:
- Datenmodell: Dateiverwaltung
- Datenzugriff: sequentiell/direkt
- Implementierte Sprache Basic, Pascal
- Aufgabenbereich: flexible Datei-Haltung

- Benutzerfreundlichkeit: sehr hoch
- Leistungsfähigkeit: mittel
- Einsatzflexibilität: hoch
- Reorganisation: hoch

(3) KLEINE Datenbanken (vorwiegend ISAM-Strukturen)
- Preisspanne:
- Datenmodell: ISAM
- Datenzugriff: indexsequentiell
- Implementierte Sprache: Assembler
- Aufgabenbereich: beliebige Suchkriterien
- Benutzerfreundlichkeit: mittel
- Leistungsfähigkeit: mittel
- Einsatzflexibilität: hoch
- Reorganisation: mittel

(4) MITTLERE DATENBANKEN (Baum, Netzwerk und relational)
- Preisspanne:
- Datenmodell: Baum, Netz, relational
- Datenzugriff: Listen, Pointer
- Implementierte Sprache: Assembler
- Aufgabenbereich: beliebige Aufgaben
- Benutzerfreundlichkeit: mittel bis sehr hoch
- Leistungsfähigkeit: hoch
- Einsatzflexibilität: sehr hoch
- Reorganisation: sehr hoch

(5) GROSSE DATENBANKEN (Baum-, Netzwerk- und relationale Datenmodelle, i.d.R. nach CODASYL-Empfehlungen)
- Preisspanne:
- Datenmodell: Baum, Netz, relational
- Datenzugriff: Listen, Pointer
- Implementierte Sprache: Assembler
- Aufgabenbereich: beliebige Aufgaben
- Benutzerfreundlichkeit: sehr gering
- Leistungsfähigkeit: sehr hoch
- Einsatzflexibilität: sehr hoch
- Reorganisation: sehr hoch
- Host Languages: ja

Eine detaillierte, über diesen Rahmen hinausgehende Spezifizierung arbeitet mit einem Fragenkatalog, in dem zu jedem Kriterium eine oder mehrere verbale Fragen definiert sind. Hierzu folgende exemplarische Fragen:

- Welches Datenbankmodell wird zugrunde gelegt;
- Für welche Betriebssysteme ist das DBMS geeignet?
- Hat das DBMS eine eigene Datenbanksprache?

- Welche Datenbankbeschreibungssprache, Abfragesprache existieren?
- Ist die 4 GL-Abfragesprache für alle Endbenutzer einsetzbar?
- Ist Logisches Suchen möglich?
- Welche Schnittstellen existieren bspw. zu höheren Programmiersprachen, zu Standardprogrammen?
- Gibt es einen Masken- und/oder einen Listengenerator?
- Welche Datenschutz- und Datensicherungseinrichtungen bestehen?
- Erfolgt die Ablaufsteuerung durch Programm-Kommandos, Menüs etc.?
- Wie lauten die Maximalwerte für: Dateien im gleichzeitigen Zugriff, Dateien pro Datenbank, Datensätze pro Datei, Felder und Zeichen pro Datensatz, Schlüssel?

6. Anwendungsprogramme; AP-Modellierung

	Das Programm	Begriffserklärungen (Programm, Befehl) Befehlsarten Hersteller	Abschnitt 6.1
Programme, Anwendungsprogramme Anwendungsmodellierung, Software-Engineering	SW-Produktion/ SW-Engineering	Begriffsklärungen Inhalte Entwicklungsumgebung Entwicklungsprozeß	Abschnitt 6.2
	Integrierte SW-Produktion/ Systemanalyse	Begriffliche Abgrenzung Ablauffolge Vorgehensweise	Abschnitt 6.3
	SW-Entwicklungsumgebungen	Allgemeines Inhalte Klassifizierungen Sprachgenerationen	Abschnitt 6.4
	Werkzeuge der 3. Softwaregeneration	Entscheidungstabelle Daten/Programmablaufpläne HIPO Pseudocode Strukturierte Programmierung Programmiersprachen	Abschnitt 6.5
	Werkzeuge der 4. Softwaregeneration	Inhalte Spezifizierung Klassifizierung	Abschnitt 6.6
	Werkzeuge der 5. Softwaregenerstion	Begriffliche Abgrenzung	Abschnitt 6.7

6.1 Das Computerprogramm

6.1.1 Begriffserklärung

Ein Programm (Program) ist die vollständige Anweisungsfolge an eine Datenverarbeitungsanlage zur Lösung eines Problems (einer Aufgabe). Soll ein Computer eine bestimmte Aufgabe lösen, so muß ihm dies in einer eindeutigen und für den Computer verständlichen Form "gesagt" werden. Eine Anweisung an

6. Anwendungsprogramme; AP-Modellierung

den Rechner besteht aus einer Folge von Einzelbefehlen. Eine solche, logisch aufeinander abgestimmte Befehlsfolge ist ein **Programm** (Abbildung 6.1):

- Ein **Programm** ist also die Aufeinanderfolge von Befehlen zur Lösung einer bestimmten Aufgabe. Befehle werden auch Instruktionen, Anweisungen genannt.
- Das **Programmieren** (Programming) ist eine Tätigkeit zur Herstellung von Programmen für den Computer. Sie erfolgt mit Hilfe einer Programmiersprache. Der Herstellungsvorgang wird vom Programmierer vorgenommen. Durch die seit Beginn der Datenverarbeitung veränderten Techniken und Programmierwerkzeugen wird anstelle des Sammelbegriffes Programmierung von sog. **Software-Engineering** gesprochen. Häufig wird auch der Begriff Systemanalyse verwandt. Dementsprechend wird auch anstelle des Begriffs Programmierer immer häufiger von Systemanalytikern gesprochen. Es sind Wortschöpfungen, die der Realität sehr nahekommen und den veränderten Bedingungen Rechnung tragen.

Abb. 6.1: Programm

Das Programm enthält somit die Vorschriften zur Bearbeitung der Daten durch Auflösung eines Problems in Einzelschritte (Prozeßschritte, Anweisungen, Instruktionen). Es wird im internen Speicher der Zentraleinheit aufgenommen. Es enthält die Anweisungen für die Verarbeitung nach dem Schema des EVA-Prinzips, d.h. in der Folge:

    Eingabe -->   Verarbeitung --> Ausgabe
                         (Speicherung)

Jedem Computer sind eine Reihe von **Maschinenoperationen** (Computer Operations) fest vorgegeben. Sie werden durch Signale des Steuerwerkes ausgelöst. Ihre Anzahl bewegt sich zwischen 50 bis 250, d.h. ein Computer operiert mit diesem Befehlsvorrat. Aus der Sicht des Programmierers sind die einzelnen Maschinenoperationen durch Anweisungen, Befehle (Instruction) aufzurufen. Das Computerprogramm ist somit ein Abbild des Problems mit Lösungsalgorithmen. Die Lösungsalgorithmen sind dabei einzelne Prozeß-/Arbeitsschritte in einer dem Computer verständlichen Sprache als **Befehle** zusammengestellt. Sie sind erforderlich, um einerseits das Problem zu lösen, andererseits die Zentraleinheit des Computers in Tätigkeit zu versetzen. Die dabei verwandte Folge der Befehle ist zugleich die gewünschte/erforderliche Aktionsfolge.

6.1.2 Inhalte und Aufbau von Befehlen

Computer erhalten ihre Aufgaben in einer Folge von Befehlen. Ein Befehl spezifiziert,

- was getan werden soll (Operationsteil) und
- wo die zu bearbeitenden Daten stehen (Operandenteil).

Sie sind das logische Abbild des Lösungsweges eines Problems. Jeder Befehl entspricht dabei einem Arbeitsschritt, wobei er entsprechend Abbildung 6.2 aufgebaut ist.

Operationsteil		Operandenteil	
O-Schlüssel 1 Byte	Längen- Schlüssel 1 Byte	Adresse O-1 2 Bytes	Adresse O-2 2 Bytes
1. Halbwort		2. Halbwort	3. Halbwort
1 Byte	1 Byte	2 Bytes	2 Bytes
Was	Wieviel	Wohin	Woher
		Zieladresse	Quelladresse

Abb. 6.2: Inhalte und Aufbau eines Befehls

Bei großen Speichern lassen sich die Adressen nicht in zwei Bytes unterbringen. Hier wird mit **relativen** Adressen gearbeitet:

- der Adreßteil wird gespalten;
- im ersten Teil steht die Basisadresse (Basis-Register);
- im zweiten Teil steht die relative Adresse.

Jeder Befehl enthält somit vier verschiedene Informationen, die sich auf die auszuführende Aktion und deren Objekte (Daten) bzw. Orte (Adressen) konzentrieren. Dies wird in Abbildung 6.2 ebenfalls dargestellt.

Ein Befehl sagt aus:
- WAS   ist zu tun (Operationsschlüssel);
- WIEVIEL Bytes sind zu verarbeiten (Feldlänge);
- WOHIN   kommen die Daten (Adresse von Feld 1);
- WOHER   kommen die Daten (Adresse vom Feld 2);
- WAS   (Operationsschlüssel) gibt an:
           welche Operation ausgeführt werden soll, bzw.
           ob Daten fester oder variabler Länge verarbeitet
           werden sollen;
           ob die Daten in dezimaler oder binärer Form sind;
           ob die Daten im Register oder im Hauptspeicher
           stehen; wie lang die Instruktion ist;
- WIEVIEL (Feldlänge) gibt an:
           wieviel Bytes durch die Instruktion verarbeitet
           werden, sofern nicht Felder fester
           Länge zu verarbeiten sind;
- WOHIN   (Adresse des ersten Feldes) kennzeichnet die
           Speicherstellen, auf denen nach Ausführung der Instruktion das Ergebnis zu finden ist;
- WOHER   (Adresse des zweiten Feldes) kennzeichnet die
           Speicherstellen, auf denen der zu verarbeitende
           Datenwert steht.

6.1.3 Einteilung der Befehle in Befehlsarten

Die Arbeitsanweisungen lassen sich in Ein- und Ausgabebefehle, sowie in Verarbeitungsbefehle einteilen. Die **Eingabebefehle** sorgen dafür, daß das Programm von außen mit Daten versorgt wird; ohne sie könnten nur die im Programm festgeschriebenen internen Daten verarbeitet werden. Die **Verarbeitungsbefehle** dienen der Umformung, der sachlichen Transformation der Eingabedaten, um dadurch zu neuen Daten, zu neuen Informationen zu gelangen; ohne sie könnten die Eingabedaten unverändert wieder ausgegeben werden. Die **Ausgabebefehle** haben die neuen Informationen als Ergebnisdaten nach außen abzugeben. Die Ausgabe kann über den Bildschirm, oder auf einer Liste usw. erfolgen; ohne sie wäre weder die Eingabe, noch die Verarbeitung sinnvoll, da sie zweckgerichtet, d.h. ergebnisorientiert tätig werden. Somit bilden die drei Arten eine Einheit, wofür das Programm sorgt.

Diese Befehlsarten lassen sich weiter unterteilen, je nachdem ob z.B. die Ausgabe auf dem Bildschirm, oder als Druckausgabe auf Listen erfolgen soll. Üblich ist die Unterteilung der Verarbeitungsbefehle in arithmetische, logische und Transport-Befehle (Abbildung 6.3).

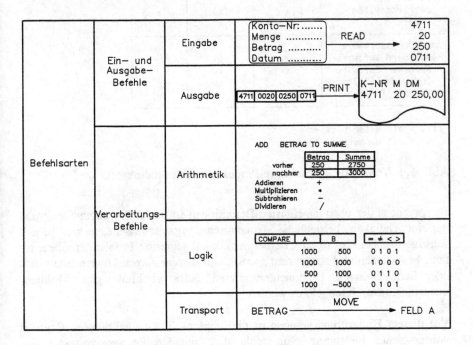

Abb. 6.3: Einteilung der Befehlsarten

6.1.4 Programm-Hersteller

Ein Programm ist ein Softwarepaket. Es wird einer der Software-Kategorien "System" oder "Anwendung" zugeordnet (siehe Abbildung 4.2). Dabei ist festzustellen, daß für die Produktion der Software verschiedene Produzenten in Frage kommen. Während früher ausschließlich die Computer-Hersteller und die Anwender sich hierfür verantwortlich gezeichnet haben, wächst nunmehr der Anteil der Softwarehäuser mit zunehmendem Trend. Einzelne Anwender neigen nämlich kaum oder nur selten dazu, eigene Programme oder Standards zu bilden. Eher gilt dies für Anwendergruppen wie professionelle Institutionen (Softwarehäuser, Computer-Hersteller). Ihre Beteiligung an der Software-Produktion ist in Abbildung 6.4 dokumentiert.

Software - Kategorie	Software - Produzent		
	Computer-hersteller	Software-haus	Anwender
Systemsoftware			
- Betriebssystem	x	(x)	-
- andere	x	x	-
Anwendungssoftware			
- Standard-Software	x	xw	-
- Branchen-Software	x	xw	-
- Individual-Software	-	xw	x
- Enduser Tools	-	xw	(x)

(x) = als Mitentwickler
w = mit wachsender Tendenz

Abb. 6.4: Verteilung der Software-Produktion nach Produzenten

Entsprechend der oben angeführten Definitionen entstehen Programme aufgrund der Notwendigkeit, betriebliche, ökonomische, organisatorische, technische und sonstige Probleme zu lösen. Hierbei muß das abgegrenzte Problem erhoben, erfaßt, beschrieben und strukturiert werden. Zu diesem Zweck können Interviews oder Beobachtungen, Dokumentenanalysen, Selbstaufschreibungen, Multimomentstudien etc. durchgeführt werden.

Vor diesem Hintergrund gesehen ist die Frage nach den ausführenden Organen von eminenter Bedeutung. Nur sachkundige, mit dem Problem vertraute, den Lösungsweg beherrschende Personen sind in der Lage, Programme zu erstellen.

6.2 Software-Produktion/Engineering

6.2.1 Begriffserklärung

Unter **Anwendungssoftware** (Application Software) ist die Gesamtheit aller Anwendungsprogramme zur Lösung von Anwendungsaufgaben zu verstehen. Anwendungssoftware ist somit ein Sammelbegriff. Er dient dazu, Software, die vom Anwender zur Lösung seiner Probleme eingesetzt wird, von der Systemsoftware abzugrenzen. Letztere dient dem Betrieb eines Computers (Kapitel 4). Nachdem das Entwickeln, das Programmieren und das Pflegen eines Programms einer ingenieurmäßigen Handlung gleichkommt, sind Kenntnisse der während dieser Handlungen ausgeführten Prozesse und deren Techniken von eminenter Bedeutung. Diese Handlungen unter Anwendung ausgewählter Techniken lassen sich unter den Sammelbegriffen Software-Technologie und Software-Engineering subsumieren.

Die **Software-Technologie** umfaßt alle Prinzipien, Methoden und Verfahren, die der Entwicklung und Nutzung der Software, insbesondere der Anwendungssoftware, dienen. Sie betont die ingenieurmäßige Vorgehensweise in der Umsetzung des realen Problems über Hypothesen, Modelle und Techniken in validierte Programme, einschließlich der Qualitätssicherung und Wartung der Programme.

In Anbetracht dieser Tatsachen wird immer häufiger der Sammelbegriff **Software-Engineering** benutzt. Sie ist - nach allgemeiner Auffassung - die Anwendung wissenschaftlicher Erkenntnisse und Verfahren auf die Konstruktion von Software mit den Problembereichen

- Entwicklung neuer Softwaresysteme bis zur Übergabe an den Anwender,
- Sicherung der geplanten Qualität des Produktes,
- Management und Organisation des Entwicklungs- und Einsatzprozesses und
- Wartung mit weiterentwickelnder Pflege genutzter Systeme.

Die Disziplin Software-Engineering umfaßt somit den Gesamtprozeß der Systemanalyse-, -entwicklung und -nutzung. In den nachfolgenden Ausführungen wird dieser Gesamtprozeß in den Mittelpunkt gestellt. Die Problembereiche Sicherung der Software-Qualität und Management der Software-Produktion haben in den letzten Jahren enorm an Bedeutung gewonnen; sie werden daher im Kapitel 12 detailliert beschrieben.

6.2.2 Inhalte/Entwicklungsumgebungen

Software Engineering ist in den 60er Jahren entstanden, als die Produktionskosten für Software dramatisch zugenommen haben. Es wurde nach Methoden, Hilfsmitteln und Entwicklungsumgebungen gesucht, die einen schnellen Entwicklungsprozeß mittels Vorgehensmodellen (**Software Life Cycle-Modell**) ermöglichen.

6. Anwendungsprogramme; AP-Modellierung

Die Notwendigkeit solcher Vorgehensmodelle wird am Beispiel des **Generieren eines Programms** sichtbar. Es erfolgt in der traditionellen Arbeitsweise in 4 Schritten mit jeweils eigenen Hilfsmitteln:

- Zunächst wird das Programm in einer maschinenunabhängigen Sprache geschrieben, editiert. Das Hilfsmittel ist der **Editor**.
- Es folgt die Übersetzung in einen vom Prozessor abhängigen Code. Das Hilfsmittel ist der **Compiler** (Assemblierer, Interpreter).
- Greift das Programm auf Bibliotheksroutinen zurück, dann müssen diese in den Code eingebunden werden. Dies geschieht mit dem **Linker** (Binder).
- Schließlich wird das Programm vom/im Betriebssystem geladen, und zwar mit dem **Lader**.

Wird der Vorgang des Generierens auf die Vor- und Nachphasen nach dem Schema in Abbildung 6.5 erweitert, so kommt es zu einer Entwicklungsumgebung im o.a. Sinne. Auch die einzelnen Schritte führen unterschiedlich verknüpft zu verschiedenen Arbeitsbereichen und Hilfsmittelgruppierungen.

Analyse	Methoden			geschlossene Entwicklungs-umgebung	offene Entwicklungs-umgebung
Design	Prinzipien, Methoden				
Implementierung	Qualitätsmerkmale	Editor Compiler Linker	Programmierumgebung		
Test	Methoden	Debugger			
Wartung	Methoden			-	

Abb. 6.5: Inhalte der Software-Entwicklungsumgebung

Editor, Compiler, Linker und Debugger gehörten bereits in der traditionellen Datenverarbeitung zu den gängigen Hilfsmitteln. Sie wurden im Normalfall einzeln, isoliert eingesetzt. Ihre Verknüpfung ist eine erste Vorstufe zum Entwicklungsmanagement. Dies wird aus der Betrachtung der Software/Programmgenerationen sichtbar.

6.2.3 Der Prozeß der Software-Entwicklung

Das Programm ist eine logische Folge gekoppelter Anweisungen. Es ist das Produkt der Programmierung, die in mehreren Arbeitsschritten erfolgt. Der Gesamtvorgang (Abbildung 6.6) reicht von der Planung des Programms mit der Aufgabenstellung bis hin zur Dokumentation bzw. Programmeinführung.

Im allgemeinen Sprachgebrauch wird unter **Programmierung** der Vorgang der Codierung, des Verschlüsselns, also die Zuordnung eines Zeichenvorrats zu denjenigen eines anderen Zeichenvorrats verstanden. Durch die Umsetzung der Lösungsalgorithmen in eine vom Computer verständliche Sprache wird es möglich, die gewünschten Operationen durchzuführen. Das Programmieren i.e.S. oder das **Codieren** läßt sich aus heutiger Sicht nicht mehr auf einen einfachen Vorgang reduzieren. Dies wird sichtbar, wenn dieser Arbeitsschritt in seinen verschiedenen Ausprägungen nachvollzogen wird. Dazu müssen die gegenwärtig üblichen, aber auch die DV-technisch möglichen Formen gegenübergestellt werden. Folgende Ausprägungen (Formen) stehen an:

- konventionelles Codieren,
- interaktives Programmieren,
- Programmieren mit Hilfe von Software-Entwicklungswerkzeugen und
- Teleprogrammieren.

6.2.3.1 Vom Problem zur Lösung

Ein Programm wird in einer vorgegebenen Aktion/Schrittfolge entwickelt (Abbildung 6.6). Je nach Organisation, Rechenzentrum, Softwarehaus etc. existieren eindeutige Regelungen, die auf der einen Seite die einzelnen Aktionen regeln, andererseits für die Qualität der Programme die notwendigen Voraussetzungen schaffen. Besondere Bedeutung kommt dabei den Informationsquellen zu, auf die der Programmierer (Programmsystem-Entwickler) zurückgreifen kann, so auf

- die Beschreibung des Problems einschließlich dessen Daten,
- die Verarbeitungs-Lösungsalgorithmen einschließlich der Ablauffolge,
- die Umsetzung der Prozeßschritte in eine Programmiersprache und
- die Umwandlung des Quellprogramms (Source Program) in ein Objektprogramm (Object Program).

Die Begriffe "Programmierung" bzw. "Programmieren" werden sehr uneinheitlich gebraucht. Zur Klarstellung des Sachverhaltes wird deshalb zwischen Pro-

6. Anwendungsprogramme; AP-Modellierung

grammierung i.e.S. und Programmierung i.w.S. unterschieden. Letztere Deutung umschließt folgende Phasen:

- Analyse der Aufgabe und der Programmier/Entwicklungsumgebung,
- Design mit Erarbeitung von Lösungsverfahren,
- Implementierung mit Wahl der Programmiersprache, Erstellen des Programms in der gewählten Programmiersprache (Codierung),
- Programmtest, ggf. Korrektur des Programms, Erstellen der Programmdokumentation sowie
- Programmwartung während des Programmeinsatzes.

Die ersten Aktionen beinhalten organisatorische Vorarbeiten, die die logische Vorstrukturierung der gestellten Aufgabe zum Ziel haben, ehe die Aufgabenlösung in die Programmiersprache übersetzt und auf ihre praktische Verwendbarkeit getestet wird.

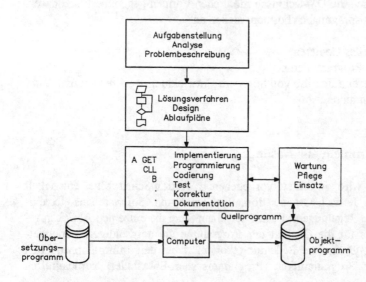

Abb. 6.6: Schrittfolge der Programmierung

6.2.3.2 Vorarbeiten, Analyse, Design

Während der Programmierung bewegt sich der Programmierer sukzessive **von der Benutzerumgebung zur EDV-Umgebung**. Mit der Beschreibung und Zerlegung der Anwendung werden Auslöser, Arbeitsunterlagen, Funktionen, Daten etc. auf der Benutzerseite angesprochen. Mit der Organisation, Festlegung von Routinen etc. dagegen das "Ausführbare" auf der DV-Seite.

Die **Beschreibung** der Anwendung erfolgt durch Untersuchung des Informationsflusses (Arbeitsergebnisse, Unterlagen, Auslöser). Die Verwendung eines Netzwerk-Konzeptes vermeidet die manchmal nur willkürlich durchführbare hierarchische Strukturierung eines Systems. Die Abhängigkeit zwischen einzelnen Systemkomponenten und die im System vorhandene Dynamik des Ablaufes werden explizit aufgezeigt. Die **Zerlegung** der Anwendung in überschaubare und reproduzierbare Einheiten fördert eine geordnete und transparente Entwicklung und erleichtert die spätere Wartung. Möglichkeiten der Arbeitsteilung und Entwicklung in Teams werden verbessert. Die **Beschreibung** der Funktionen einer Anwendung (Entscheidungslogik und Aktionen) geschieht anwenderorientiert, d.h. ohne Einbeziehung der für den Anwender in der Regel unverständlichen DV-spezifischen Details. **Organisation**, Verwaltung und Nutzung der Daten erfolgen möglichst funktionsneutral, um spätere Erweiterungen der Anwendung nicht unnötig einzuschränken. Entscheidungssteuernde Daten werden in Form von Tabellen so geführt, daß der Anwender Definition und Pflege weitgehend selbst übernehmen kann. Schließlich stehen Entwurf und Realisierung in eindeutiger **Beziehung** zueinander. Realisiert wird nur das, was auch im Entwurf spezifiziert wurde; und dies gilt sinngemäß auch umgekehrt.

6.2.3.3 Implementierung

Beim **konventionellen Codieren** werden die einzelnen Arbeitsschritte in Anweisungen (Befehle) einer gewählten Programmiersprache umgesetzt. Dieser Vorgang wird Codewechsel bezeichnet. Die ausführende Person (Codierer) muß die beiden Codes (Quell- und Objektcode) beherrschen. Der Quellcode steht ihm durch die Systemanalyse in verbalen und symbolischen Beschreibungen vor. Den Objektcode entnimmt er der ausgewählten Programmiersprache. Diese ist gegenwärtig eine problemorientierte Programmiersprache (z.B. Fortran, Cobol, Algol). Der Codierer trägt die Anweisungen entweder auf spezielle Formblätter (Codierblätter) und von dort auf einen Datenträger oder direkt auf den Datenträger. Im Anschluß an diesen Vorgang steht die Umwandlung.

Beim **interaktiven Programmieren** erfolgt der Vorgang der Codierung im Dialog mit dem Computer. Dies setzt eine Dialogarbeitsweise voraus, d.h. Datenstationen oder Mikrocomputer auf der Hardware-Seite, Teilnehmerbetrieb auf der Software-Seite und im Regelfall dialogorientierte Programmiersprachen z.B. Basic, APL, Turbo Pascal, C. Für nicht dialogorientierte Programmiersprachen können in Teilnehmersystemen interaktive Hilfen als Testhilfen zur Verfügung gestellt werden. Damit sind die Möglichkeiten gemeint, Programme durch Abfragen von Speicherinhalten, Diagnosen bestimmter Programmzustände, gezielte Programmstops, Verfolgung der Steuerung u.a. Hilfen anwendungsreif zu machen. Dies wird dadurch möglich, daß beim interaktiven Programmieren die Interpretation (formale Tests) parallel zur Eingabe erfolgt; somit kann das System sofort reagieren und Unzulänglichkeiten anzeigen.

Gegenwärtig erhalten **Software-Entwicklungswerkzeuge** einen gewissen Vorrang. Es handelt sich dabei um Werkzeuge, die das Programmieren von den Anforderungen bis zum Quellcode unterstützen, so z.b. die Beschreibung von Datenstrukturen, Pseudo-Code, Bildschirm-Masken, Menüsteuerung usw.

Schließlich ist das **Teleprogrammieren** als ein spezifischer Arbeitsstil des Programmierens zu erwähnen, bei dem die Tätigkeit selbst dezentral mit Hilfe der Telekommunikation räumlich ferne Verrichtung der Arbeit mit Telekommunikationsmedien erfolgt. Diese sind zentraler Computer (Mainframe, Host), Telearbeitsplatz (PC, Datenterminal, Telefon, elektronische Post), Datenübertragungswege und Büroeinrichtungen.

6.2.3.4 Übersetzen, Testen

Ein in symbolischer Sprache geschriebenes Programm wird als Ursprungs/Quellprogramm bezeichnet. Es muß in ein **Objektprogramm** oder Zielprogramm (Maschinenprogramm) umgewandelt werden. Hierzu werden sog. **Übersetzungsprogramme** eingesetzt (Abbildung 6.7):

- Das Übersetzungsprogramm für maschinenorientierte Sprachen heißt **Assemblierer**; der Vorgang selbst **Assemblieren**.
- Das Übersetzungsprogramm für problemorientierte Sprachen heißt **Kompilierer** oder **Compiler**. Der Vorgang heißt **Kompilieren**.
- Der **Interpreter** ist ein Programm, das jeden Befehl in die Maschinensprache übersetzt und sofort ausführt. Interpreter finden vor allen bei Mikrocomputern Anwendung.

In diesem klassischen Phasenmodell ist der Test als eine eigenständige Aktivität aufzufassen. Er wird durchgeführt bei der Implementierung als Modultest, bei der Zusammenführung des Programms als Integrationstest und beim Einsatz als Funktionstest; schließlich während des laufenden Einsatzes als Wartung.

Bevor ein Programm zur Anwendung gelangt, muß seine Richtigkeit geprüft werden. Geprüft wird das Ergebnis der Problemlösung. Je nach Art des Prüfverfahrens werden gewisse Testfälle erfaßt und somit eine Teilmenge der Fehler im Programm aufgedeckt. Diese Art Programmprüfung wird **Test** genannt. Der Test dient also der Sicherstellung der sachgerechten Problemlösung.

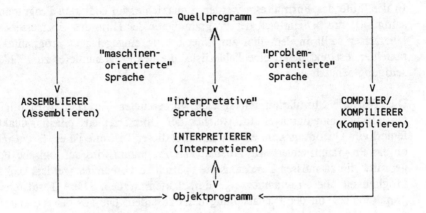

Abb. 6.7: Übersetzungsarten

Seine Durchführung ist also zunächst auf die Erkennung von Syntaxfehlern gerichtet. Darauf folgend sollen logische Fehler aufgedeckt werden, die eine korrekte Ergebnislieferung nicht zulassen würden. Der Programmtest wird in drei Stufen abgewickelt, und zwar als

- Schreibtisch- oder Trockentest,
- Formaltest nach Syntaxfehlern und
- Simulation der Arbeit mit Hilfe von speziell vorbereiteten Testdaten.

Die einzelnen durchzuführenden Tests gehen von Prüfzielen, Prüfkriterien aus und arbeiten mit Testfällen (Testeingabedaten und Sollergebnissen). Das verfolgte Ziel ist, den Testaufwand zu minimieren und die Wahrscheinlichkeit, Fehler aufzudecken, zu maximieren.

Der **Schreibtischtest** wird zunächst am Programmablaufplan und später am niedergeschriebenen (codierten) Programm vollzogen, bevor das Programm an den Übersetzer (Assemblierer oder Kompilierer) übergeben wird. Im Schreibtischtest wird der vorgesehene Lösungsweg darauf überprüft, ob die Arbeitsschrittfolge ausnahmslos zu dem gewünschten Arbeitsergebnis führt. Insbesondere muß geprüft werden, ob sämtliche Ausnahme-, Sonder- und Nebenwirkungen, welche sich aus den zu erwartenden Eingabedaten ergeben können, berücksichtigt sind. Gegebenenfalls ist der Programmablaufplan zu berichtigen und zu vervollständigen. Nach Codierung des Programms ist zu überprüfen, ob die codierten Anweisungsfolgen die korrekte maschinentechnische Realisation der im Programmablaufplan dargestellten Arbeitsschrittfolgen gewährleisten. Hiermit überprüft der Programmierer die Qualität seiner Übersetzung in der Programmiersprache. Diese Stufe des Programmtests wird Schreibtischtest oder auch Trockentest genannt, weil er ohne maschinelle Unterstützung durchführbar ist.

In der Stufe des **Formaltests** werden Syntaxfehler im codierten Programm beseitigt. Hierzu bedient sich der Programmierer der Hilfe des Übersetzers. Der Übersetzer stellt in dem ihm zur Übersetzung eingegebenen Programm Syntaxfehler fest und liefert eine Fehlerliste, die der Programmierer zur Fehlerbeseitigung benutzt.

Die Teststufe **Simulation** mit speziell vorbereiteten Testdaten wird mit dem Objektprogramm durchgeführt, welches der Übersetzer aus einem syntaktisch fehlerlosen Quellprogramm erstellt hat. Ziel dieser Teststufe ist es, festzustellen, ob das Programm zuverlässig arbeitet. Das Programm wird auf logische Fehler geprüft. Hierzu müssen Testdatensätze speziell so vorbereitet werden, daß nach Möglichkeit alle Programmzweige durchlaufen werden. Diese Testdaten sind grundsätzlich von der Fachabteilung bereitzustellen. Die aus den Testdaten erwarteten Ergebnisse werden manuell berechnet und mit dem maschinellen Ergebnis verglichen. Außerdem überprüft der Programmierer, ob mit den Testdaten auch alle Programmzweige durchlaufen wurden. Gegebenenfalls müssen die Testdaten ergänzt werden. Sofern der Test Fehler im logischen Ablauf offenbart, muß der Programmablaufplan berichtigt werden und das Testverfahren beginnt erneut bei der ersten Stufe (Schreibtischtest).

Der gesamte Testaufwand wird um so geringer, je sorgfältiger die Lösungsvorbereitungen und insbesondere der Schreibtischtest durchgeführt werden. Durch die Tätigkeit der Fehlersuche und Fehlerbeseitigung werden Programme von zwei Arten von Fehlern befreit, und zwar von

- syntaktischen oder formalen Fehlern
  Sie entstehen durch Verstöße gegen die Regeln einer Programmiersprache. Sie werden bei der Übersetzung in die Maschinensprache durch Assemblierer oder Kompilierer entdeckt:
- semantischen oder logischen Fehlern
  Sie sind Fehler im Programmaufbau. Sie entstehen durch Verstöße gegen die Programmlogik. Sie werden nur durch Überprüfung der Resultate durch Beispielsrechnungen entdeckt.

Einfachste Form der Testarbeiten stellen Plausibilitätskontrollen dar (z.B. numerische Werte in alphabetischen Feldern; Überschreitung zulässiger Bereiche als logische Plausibilitätskontrollen). Die gegenwärtigen Entwicklungstendenzen in der Software-Technologie beziehen diese Arbeitsphase immer mehr in die Reichweite von Software-Werkzeugen.

6.2.3.5 Einsatz/Nutzung

Ausgetestete Programme sind einsatzbereit. Ihr Einsatz verläuft ähnlich, unabhängig davon, wie das Programm entstanden ist (Programmiersprachen etc.). Die Programme können auf einer Programmbibliothek bereitgestellt oder als einzelne Jobs eingesetzt werden.

Im Regelfall sind Anwendungsprogramme zyklisch aufgebaut, d.h. sie bestehen aus je einem Vorlauf-, Haupt- und Nachlaufteil. Im Vorlaufteil sind die Ein- und Ausgabeproceduren, im Hauptteil die Verarbeitung i.e.S. und im Nachlaufteil die Dateischließungs- und Kontrollarbeiten enthalten. Jeder Programmteil kann unterschiedliche Ressourcen (Ein- und Ausgabeperipherie, Speicherbereiche, Workspaces etc.) beanspruchen. Insgesamt gesehen ergeben sich - je nach Anwendungsfall gewählter Technik der Systementwicklung u.a. Kriterien - eine Vielzahl von denkbaren Einsatzformen. Dies zu regeln, die Ressourcen bereitzustellen, ist Aufgabe der DV-Abteilung. Handelt es sich um kleine Organisationen oder um Single-User, dann muß der Benutzer den Programmeinsatz, die Anwendung selbständig durchführen. Allerdings erhält er dabei im Dialogbetrieb auf zweierlei Weise Unterstützung.

Im ersten Fall durch die sog. **Programmsteuerung** wird der Ablauf vom System bzw. vom benutzten Werkzeug bestimmt. Der Benutzer paßt sich an.

Im zweiten Fall durch die sog. **Benutzersteuerung** erlaubt das System dem Benutzer, den Ablauf des Dialogs selbst zu bestimmen. Diese Hilfen, Auswahlmöglichkeiten über Menüs usw. charakterisieren eindeutig die zukünftige Form aller Anwendungen. Durch diese Arbeitsstile erhöht sich die Komplexität der Systemeinsätze, da neben der Anwendung die Aktualisierung, die Verwaltung, die Sicherung, die bedarfsorientierte Bereitstellung sowohl der Programme, wie auch der Daten ansteht. Aufgaben also, die in der traditionellen, klassischen Datenverarbeitung vorrangig durch Programmbibliotheken, Datenbanken etc. gelöst werden.

6.2.3.6 Dokumentieren, Warten/Pflegen

Dokumentieren bedeutet das Sammeln von Dokumenten. Das Ergebnis dieser Tätigkeit ist die Sammlung der Dokumente, also die Dokumentation. Die sog. **Programmdokumentation** ist die Sammlung aller Dokumente eines Programms im Hinblick auf seine Gestaltung, Implementation, Nutzung und Wartung. Sie beinhaltet also als Dokumente

- Ablaufdiagramme,
- Programmlisten,
- Fehlerroutinen,
- Datendefinitionen,
- Verarbeitungszeiten,
- Möglichkeiten von Programmänderungen usw.

Die Vielfalt der benötigten Programmdokumente deutet an, daß deren Inhalte alle Teile und Teilaspekte der Programme betreffen und somit sehr umfangreich werden können. Hinzu kommt, daß die Dokumente für verschiedene Benutzergruppen geeignet sein müssen, um deren Aufgabenerfüllung zu unterstützen. Zumindest sind in diesem Zusammenhang Programmbenutzer, Operator und Programmprüfer von Bedeutung. Die Forderung nach einer Programmdokumentation mit den Eigenschaften

- einfach in der Handhabung,
- klar in der Übersicht,
- fortgeschrieben in der abgebildeten Form,
- mehrfach verwendbar in der Aufgabenwahrnehmung, sowie
- wirtschaftlich in der Erstellung und im Einsatz

ist somit leicht begründbar. Sie gilt als "gut", wenn sie

- den implementierten Stand des Programms widerspiegelt,
- alle benötigten Informationen enthält und
- ein schnelles, einfaches Wiederfinden der Informationen gewährleistet.

Die Bedeutung der Programmdokumentation ist vielschichtig. Zumindest ist sie für die Aufgabenerfüllung in vier Fällen nachweisbar. **Komplexe** Datenverarbeitungsaufgaben bedingen einen Arbeitsaufwand von mehreren Mannjahren. Parallel zur Entwicklung der Programme mit den Phasen Problemdefinition, Ablaufdiagramm, Codieren und Testen muß das Erreichte dokumentiert werden, um **Änderungen, Korrekturen** etc. nachvollziehen zu können. Dies gilt in besonderem Maße für Rückkopplungen und Festhalten aller Wechselbeziehungen zwischen den Programm-Modulen bei der modularen Arbeitsweise. Software-Entwicklungswerkzeuge übernehmen mitunter automatisch oder teilweise automatisch die Erstellung solcher Dokumente.

Das **Operating** eines Programms setzt die Beschreibung der Hard- und Software voraus, die Aufzählung der Verarbeitungsregeln, sowie die Nutzungsformen des Objektprogramms. Es existieren normalerweise eine Reihe von Anweisungen und Bedingungen, deren Einhaltung für den Programmbenutzer - ebenso wie für den Operator - zwingend sind.

Die Datenverarbeitung kann im Falle sich wiederkehrender Aufgaben in verschiedenen Organisationen standardisierend wirken. So kann die Frage des **Austausches** von Programmen relevant werden, was wiederum ohne Programmdokumentation nicht denkbar ist. Typische "Vertreter" dieser Aufgabengruppe sind Standardprogramme der DV-Hersteller oder Anwendungsprogramme der Service-Rechenzentren.

Der vierte Fall tritt in Verbindung mit der **Überprüfung** von Programmen auf. Sie wird notwendig bspw. in der Steuer- und Wirtschaftsprüfung. Die Programmdokumentation muß hier das Nachvollziehen der Informationsentstehung, sowie das Wiederfinden der Informationen gewährleisten.

Unterschiedliche Aufgaben bedingen verschiedene Arten von Programmdokumentationen. So spielen für Aufgaben der Programmverwaltung Programmlisten und Fehlerroutinen die entscheidende Bedeutung. Demgegenüber sind Ablaufdiagramme, Verarbeitungszeiten und Möglichkeiten von Programmänderungen für den Systemplaner von Bedeutung. Im Hinblick auf die zu entwickelnden Standard-Programmdokumentation erscheint es ausreichend, die Programmdokumentation nach ihren wichtigsten Funktionen zu unterteilen.

Angebracht ist, mindestens zwei Arten von Handbüchern (Manuals) zu erstellen, und zwar

- ein **Anwenderhandbuch** für die Benutzer mit Informationen und Beispielen bezüglich des Programmeinsatzes, sowie
- ein **Operatinghandbuch** für den technischen Prozeß, den Einsatz, die Wartung und spätere Systemangleichungen (-anpassungen).

Unter Beachtung dieser Prämissen, sowie der vorliegenden Erfahrungen in der Programmdokumentation haben sich folgende Dokumente als "Standard" herauskristallisiert:

- Programmkonzept mit Spezifikationen der Aufgaben, des Lösungswegs und der Voraussetzungen,
- Programmorganisation mit Strukturierung und Ablaufdiagrammen,
- Datenorganisation mit Spezifikationen (Datenformaten) der Inputs, Outputs, Arbeitsdaten und Speicherdateien,
- Einsatzvereinbarungen mit Angaben der Maschinenkonfiguration (Maschinenbedarf), Software (Dienstprogramme), Verarbeitungsart (Multiprogramming, Multiprocessing etc.), Ein- und Ausgabesteuerung (Dateiverwaltung, Übertragungsmedien), Verarbeitungshilfen, Testhilfen, Steuerungen und schließlich
- Einsatzwerte mit Zeitangaben und Prüfroutinen der Programmabläufe im Einsatz einschließlich Erfahrungswerte.

Der Lebenszyklus eines Anwendungsprogramms beginnt mit der Entwicklung (Problemanalyse) und endet mit seiner Ablösung z.B. durch ein anderes Programm. Dieser Zeitraum umfaßt den Aufbau und den Betrieb (**Betriebszeitraum**), in dem das Programm in der entwickelten Weise (Version) funktionieren soll. Dieser Zeitraum wird in der Realität durch Wartungs- und Pflegeaktivitäten unterbrochen. Sie dienen der Fehlerbeseitigung, der Verbesserung der Effizienz, der Anpassung an veränderte Vorschriften, Regelungen, an die neue hard- und softwaremäßige Programmumgebung. Erweiterungsmaßnahmen und ähnliche Veränderungen gehören auch dazu. Diese Aktionen werden und sind unter dem Sammelbegriff **Programmwartung** (Program Maintenance) zusammengefaßt.

6.3 Integrierte SW-Produktion/Systemanalyse

6.3.1 Allgemeines

Die **Systemanalyse** ist ein iterativer, rückgekoppelter und heuristischer Prozeß. Ihre Zielrichtung ist die Generierung, Gestaltung und Implementierung eines Systems oder einzelner Teile davon. Im zeitlichen Ablauf folgt sie einem 3-Phasenschema mit der Aktionsfolge

- der kognitiven Systemgenerierung,
- der konzeptionellen Systemgestaltung und
- der realen Systemimplementierung.

Die Systemanalyse beinhaltet somit sowohl die Vermittlung, wie auch die Beurteilung von theoretischen Erkenntnissen, ebenso die Heranziehung formaler und rechnergestützter Hilfsmittel zur Identifizierung, Formulierung und Lösung des Problems. Das Ergebnis ist das Anwenderprogramm, das je nach Umfang der Aufgabe ein einzelnes oder ein umfassendes Programmsystem sein kann. Die Aufgaben und die damit verbundenen Anforderungen an die Systemanalyse sind einerseits auf die Aufgabe, andererseits auf das Projekt ausgerichtet. So sind aufgabenorientierte, technologisch geprägte Anforderungen im Rahmen der Systemanalyse und projektbegleitende Anforderungen an das **Projekt- (System-) Management** zu unterscheiden. Eine Auswahl der am häufigsten genannten Anforderungen gibt folgendes an:

- Durch gleichartige Informationsdarstellung und Dialogführung ist eine einheitliche Schnittstelle zwischen dem Benutzer und dem Computer einzuhalten, d.h. es ist eine benutzerunabhängige Schnittstelle zu realisieren.

- Die Unterstützung des Benutzers ist in den Bereichen des interaktiven Arbeitens, der lehrenden Benutzerführung, der kurzen Dialogzeiten u.ä.m. sicherzustellen. Hinweis: Künftige Entwicklungen - so bspw. in bezug auf die Gestaltung der Benutzeroberfläche - werden Veränderungen hervorrufen, die bisherigen Techniken überlagern.
- Das System soll nach zwei Seiten erweiterbar sein, und zwar bezüglich der Aufnahme und des Entfernens von Systemteilen, wie auch der Nutzung benutzerindividueller Werkzeuge.
- Das System muß hardwareunabhängig sein.

Die Erstellung von Software ist ein Produktionsvorgang. Sie ist vergleichbar mit der industriellen Produktion. Der Unterschied ist, daß die Software-Produktion auf die Herstellung von Computerprogrammen gerichtet ist. Das Produkt ist ein Computerprogramm, das zur Lösung einer bestimmten Aufgabe dient. Während im Zeitalter der traditionellen Datenverarbeitung jede einzelne Aufgabe einer Lösung, also einem Programm zugeführt worden ist, werden gegenwärtig ganzheitliche, integrierte Aufgabenerfüllungen anvisiert. Das Ziel dieser Bestrebungen ist die Einbettung der einzelnen Aufgabe (des einzelnen Programms) in eine Menge von anderen Aufgaben, also die Bildung von Programmsystemen. Diese Aktionen sind systembedingt und lassen sich in - analog zu den im Abschnitt 6.2.3 gezeigten - Phasen der Analyse, Entwicklung und Einsatz untergliedern. Phaseneinteilung und -benennung sind im allgemeinen Sprachgebrauch, ebenso in der Literatur, unterschiedlich. Angebracht ist, nach der Einteilung in Abbildung 6.8 zu verfahren. Sie regelt eindeutig die Inhalte, die Funktionen, die Zuständigkeiten usw.

	Entwicklung	Systemanalyse	Systemanalytiker, Programmierer, Organisator
Software-Produktion		Systementwicklung Programmierung (Produktion i.e.S.)	
	Wartung	Systemeinsatz Programmeinführung	Benutzer, Organisator

Abb. 6.8: Software-Produktion

Die Produktion beginnt mit der Analyse und Aufbereitung des Problems (der Aufgabe) auf die Programmierung (Produktion i.e.S.) und schließt mit der laufenden Wartung, d.h. mit der aktualisierten Aufrechterhaltung der Betriebsbereitschaft der Programme ab. Die Aktionen vor der Programmierung werden unter dem Sammelbegriff **Systemanalyse** (System Analysis) subsumiert.

Die Programmierung selbst, d.h. die Software-Produktion i.e.S. umfaßt Auswahl, Entwicklung, Programmierung und Test von vorgegebenen anwendungsbezogenen Aufgaben und Techniken. Die Arbeiten schließen auch die Dokumentation und die Überwachung der richtigen Funktionsweise des Anwendungsprogramms ein. Die Programmierung wird - in Anbetracht der aufgezeigten Inhalte - häufig **Systementwicklung** (System Development) genannt. Die Software-Produktion schließt mit Übergabe, Einführung und laufendem Einsatz des Anwendungsprogramms. Die Tätigkeiten beinhalten auch die Anpassung der Software an die veränderten Bedingungen, an die Software-Umgebung, ebenso die Pflege- und Wartungsarbeiten ein. Daher werden auch sie unter der Bezeichnung **Systemwartung** (System Maintenance) subsumiert.

Die drei Phasen Analyse, Entwicklung und Einsatz bilden - auch programmtechnisch gesehen - eine Einheit. An ihrer Entstehung sind sie mit unterschiedlichem Umfang beteiligt. Wird der beanspruchte Zeitbedarf für die Produktion eines bestimmten Anwendungsprogramms auf 100 gesetzt, so ergeben sich im Durchschnitt als Erfahrungswerte mit relativ großen Schwankungen mit bis zu 100% folgende Anteile am Gesamtaufwand:

- **Systemanalyse** 20%
    - davon Istaufnahme 5
    - Sollanalyse 5
    - Planung 5
    - Programmvorgabe 5
- **Systementwicklung** 55%
    - davon Entwicklung/Design 30
    - Implementierung incl. Codierung, Test 25
- **Systemeinsatz** 25%
    - Wartung, Pflege 25

Diese Aufteilung sagt über die absolute Größe, über den realen Zeitaufwand für eine bestimmte Aufgabe, nichts aus. Sie ist je nach Aufgabe, je nach verwandten Techniken und sonstigen Kriterien unterschiedlich groß. So kann sie einen Umfang von einigen Tagen bis zu mehreren Mannjahren einnehmen. Eine starke Abhängigkeit resultiert aus den Möglichkeiten, die der Produzent hard- und softwaremäßig einsetzt. So kann er z.B.

- auf organisatorische Hilfsmittel (Standards, Richtlinien),
- auf Verwaltungshilfen (Datenadministration, Data Dictionary),
- auf Software-Tools (Werkzeuge) usw.

zurückgreifen, die seine Arbeit erleichtern, beschleunigen, systematisieren oder Teile davon adaptieren, automatisch gestalten. Die Umsetzung realer Systeme oder Teile davon in Programme und Programmsysteme läuft über Projekte ab, wobei die Systemanalyse die Überführung des Problems über Projekte zum Anwenderprogramm systematisch begleitet. Die Abgrenzung eines Projektes zu anderen Projekten wird im Normalfall unter Zuhilfenahme der Techniken der **Systemtheorie** vorgenommen. Dabei wird das Projekt als ein Teil des realen Systems in Modellform angesehen, auf das die Kriterien und Eigenschaften des Systems anwendbar sind. Das Modell selbst ist eine abstrakte und vereinfachte Form zur Repräsentation von Teilen der Realität. Um die Abbildungsgenauigkeiten zu erhöhen und die Fehler einzuschränken, werden verschiedene Techniken und Methoden benutzt. Zwei Möglichkeiten sind denkbar, um die Umsetzung der Realität in ein Modell nach Abbildung 6.9 zu vollziehen:

- die Isomorphie (Strukturgleichheit) und
- die Homomorphie (Strukturähnlichkeit).

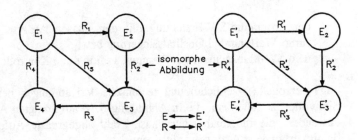

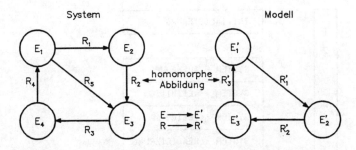

Abb. 6.9: Strukturgleichheiten und -ähnlichkeiten

Im Falle der **Isomorphie** ist jedem Element und jeder Relation von S (System) eindeutig ein Element und eine Relation von M (Modell) zugeordnet. Die Zuordnung ist auch umgekehrt eindeutig. Einander zugeordnete Relationen enthalten nur einander zugeordnete Elemente. System und Modell haben die gleiche Struktur ---> (SiM) = (MiS).

Im Falle der **Homomorphie** ist jedem Element und jeder Relation von S eindeutig ein Element und eine Relation von M zugeordnet. Die Zuordnung ist nicht umgekehrt eindeutig. System und Modell haben nur eine ähnliche Struktur --> (ShM) < > (MhS).

6.3.2 Ablauffolge in der Systemanalyse

Die Abbildung realer Systeme oder Teile davon in Modellen läuft in mehreren Schritten ab. Die Schrittfolge und deren Aktionen sind geordnet. Vielfach wird eine Unterteilung des Arbeitsprozesses vom Beginn der Aktionen bis zum vollständigen Abschluß der Arbeiten mit Einsatz des Anwendungssystems so vorgenommen, daß zwischen

- der Programm/SW-Erstellung mit den Phasen Analyse, Design, Umsetzung, Wartung und Qualitätssicherung bzw.
- dem SW-Management mit Planung, Leitung und Kontrolle

enge personelle (fachliche) und technische Verbindungen hergestellt werden. Sinnvoller ist außerdem, die in Abbildung 6.10 aufgezeigten Arbeitsschritte anzuwenden, die innerhalb jeder Phase exakt abgegrenzte Aufgaben, Ziele und damit verbundene Aktionen aufweisen.

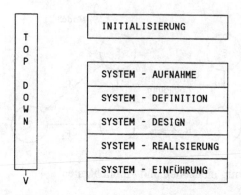

Abb. **6.10**: Arbeitsschritte in der Systemanalyse

Ausgangspunkt für den Anstoß eines Projektes (**Initialisierung**) sind erkannte Problemstellungen aufgrund interner oder externer Anforderungen oder eines bestehenden Rahmenplanes. Aufgabe dieser Initiierungsphase ist es, nach Analyse der bestehenden Situation und grundsätzlichen Betrachtungen, die Unterlagen für einen Projektantrag zu erarbeiten. Sie ist somit der eigentlichen Systemanalyse vorangestellt. Als Ziel wird die Entscheidung des für Projektgenehmigungen zuständigen Gremiums angestrebt, das Vorhaben als Projekt durchzuführen.

Aufgabe der Phase **Aufnahme** ist es, die Problemstellung abzugrenzen und Lösungsalternativen zu entwickeln, die den Forderungen nach technischer und betrieblicher Durchführbarkeit gerecht werden. Aufgrund von Wirtschaftlichkeitsbetrachtungen wird eine Rangfolge der alternativen Konzepte festgelegt, für die zur Realisierung bevorzugte Alternative ein Stufenplan erstellt. Als Ziel dieser Phase wird angestrebt, eine Entscheidung herbeizuführen, ob das Projekt weiterentwickelt und die nachfolgende Phase der Systemdefinition durchgeführt werden soll.

Aufbauend auf den mehr allgemeinen Erkenntnissen und Ergebnissen der System-Studie besteht die Aufgabe der Phase **Systemdefinition** in der Erstellung eines detaillierten Lösungskonzeptes, das Forderungen technischer, betrieblicher und wirtschaftlicher Durchführbarkeit erfüllt. Im erarbeiteten Organisationsmodell mit Funktionenstruktur, Funktions-, Schnittstellen- und Verfahrensbeschreibungen ist klar konzipiert, **WAS** in der Anwendung geschehen und realisiert werden soll. Am Ende der Phase fällt die Entscheidung, ob das Projekt weiterentwickelt und die nachfolgenden Phasen (Design, Realisierung, Einführung) durchgeführt werden sollen. Brachte die Systemdefinition die detaillierte Konzeption **WAS** das System beinhalten soll, so steht in der Phase **Systemdesign** die systemtechnische Realisierung und das **WIE** des Systemablaufs im Vordergrund. Die zentrale Aufgabe besteht in der konkreten Festlegung der künftigen Aufbau- und Ablauforganisation und im Sicherstellen der Funktionserfüllung auf organisatorischem und DV-technischem Gebiet. Mit dem Zusammenstellen der in verschiedenen Reviews überprüften Dokumente zu System- und Benutzer-Dokumentationen sowie Programmvorgaben werden die Voraussetzungen für die nachfolgenden Phasen der Realisierung und Systemeinführung geschaffen.

Basierend auf den Arbeiten der vorausgehenden Phasen bestehen die wesentlichen Aufgaben der Phase **Systemrealisierung** in der Erstellung und dem Testen der Programm-Module. Die Programmerstellung erfolgt in zwei Stufen, und zwar in der Festlegung der Modullogik und in der Codierung. Zu den verschiedenen Arten von Tests am Ende jeder Stufe (Schreibtisch-, Maschinentests) kommen entsprechende Reviews. In dieser Phase werden sämtliche Arbeiten für die System-Programm- und Benutzerdokumentation abgeschlossen und Unterlagen für die Arbeitsvorbereitung des Rechenzentrums bzw. des Benutzers erstellt. Ziel der Phase ist die Erstellung eines Systems, das in sachlicher Hinsicht den Festlegungen der Systemdefinition entspricht und vom Auftraggeber und von den Anwendern akzeptiert und angenommen wird.

Die Aufgabe der Phase **Systemeinführung** besteht darin, das fertige System in die laufende Produktion einzugliedern und den Anwendern nach entsprechender Schulung, Bedienungsanleitung und eventuellen organisatorischen Anpassungsmaßnahmen zur Benutzung zur Verfügung zu stellen. Die Auswirkung des neuen Systems auf die laufende Produktion wird erfaßt. Gegebenenfalls werden Maßnahmen zur Verbesserung des Systems ergriffen. Das Ziel der Phase ist der erfolgreiche Projektabschluß mit der Entlastung des Projektteams.

Die Umsetzung realer Systeme über Modelle in Anwendersysteme ist somit eine Schrittfolge, die von außen als eine Art koordinierende, führende, begleitende Tätigkeit anzusehen ist. Daher wird in diesem Zusammenhang vielfach vom sog. **Projektmanagement** gesprochen. Das Projektmanagement selbst ist nach DIN 69901 die Gesamtheit der Führungsaufgaben und des Führungsaufbaus sowie der Führungstechniken und Führungsmittel für die Planung und Durchführung eines Projektes. Die Kerntätigkeiten umfassen somit die

- Projektplanung, -steuerung und -kontrolle,
- Projekt-Entwicklungsunterstützung durch Beschaffung der benötigten Ressourcen und
- Festlegung der projektspezifischen Organisationsform.

Im Mittelpunkt des Projektmanagements stehen Fragen zur Beantwortung an,

- nach den verfügbaren Finanzen, Personalien, Zeiten, ebenso
- nach den verfügbaren Methoden.

Fragen der Finanzen, Personalien und Zeiten werden in der weiteren Folge ausgeklammert; dafür wird für die Methoden, Hilfsmittel, Werkzeuge ein breiter Rahmen vorgesehen.

6.3.3 Vorgehensweise

Die Systemanalyse basiert auf der Annahme, daß die Erhebung und die Sammlung von Daten und Informationen aus dem zu analysierenden System genügt, um den Status des Gesamtsystems zu einem festgelegten Zeitpunkt angeben zu können. Die daran anschließende Zusammenfassung dieser Daten läßt dann die

Beschreibung des Gesamtsystems zu. Mit Hilfe von Simulationen wird es ferner möglich sein, die Eigenarten von Gesamtsystemen nachzubilden bzw. mögliche (künftige) Veränderungen zu simulieren. Dabei wird versucht, im Simulationsmodell insbesondere das Objektsystem mit seinen Funktionen und seinem Aufbau darzustellen und die in der Realität ablaufenden Vorgänge und Prozesse nachzuvollziehen. Soweit sich im Aufbau und in den Funktionen des Objektsystems das Zielsystem manifestiert, wird dieses Teilsystem auch im Modell berücksichtigt, in dem Funktionen und ihre Begrenzungen oder vorgeschriebene Reihenfolgen von nacheinander zu erfüllenden Funktionen nachgebildet werden. Die strategischen Ziele werden in der Durchführung eines Simulationsexperimentes berücksichtigt, so z.B. durch eine Veränderung des Modells oder seiner Input-Größen gegenüber dem ursprünglichen Modell und eine anschließende Untersuchung, wie sich der Grad der Zielerreichung dadurch verändert.

Wenn die Analyse eines Gesamtsystems Grundlage für eine anschließende Simulationsmodellbildung sein soll, wird sich die Analyse vor allem mit dem Objektsystem beschäftigen müssen. In Abbildung 6.11 ist das vorgeschlagene Vorgehen bei der Zustandsanalyse aufgezeichnet. Ausgehend von der Gesamtfunktion werden Funktionen ermittelt. Die **Funktionsträger** werden im realen Objektsystem aufgesucht. Unter Berücksichtigung der übergeordneten Problemstellung werden Funktionsträger zu **Subsystemen** zusammengefaßt und damit gleichzeitig das Objektsystem von der Umwelt exakt abgegrenzt. Die Subsysteme sind gekennzeichnet durch ihre Eigenschaften, die zur Funktionserfüllung notwendig sind.

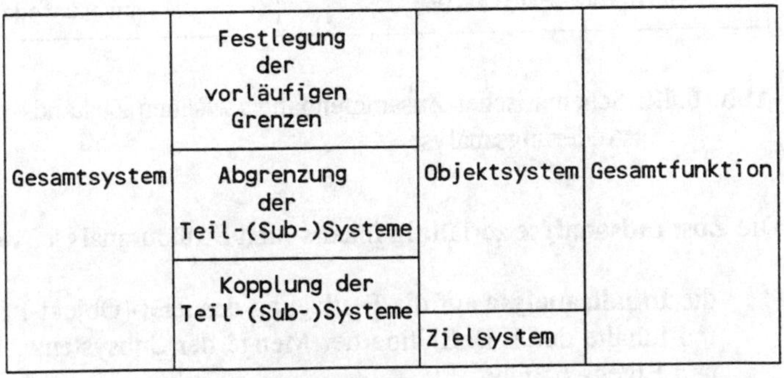

Gesamtsystem	Festlegung der vorläufigen Grenzen		
	Abgrenzung der Teil-(Sub-)Systeme	Objektsystem	Gesamtfunktion
	Kopplung der Teil-(Sub-)Systeme		
		Zielsystem	

Abb. 6.11: Analyse des Gesamtsystems

Die Analyse des **Gesamtsystems** zerfällt in die Analyse der

- **Systemzustände** mit deren Inhalten und Strukturen, sowie
- **Systemänderungen** mit Zustandsnachweis zu verschiedenen Zeitpunkten.

Aus der Problemstellung lassen sich Kriterien ableiten, die zusammen mit aus den Merkmalen des Gesamtsystems ermittelten Kriterien Anhaltspunkte dafür liefern, wie das Gesamtsystem in Subsysteme und Elemente zu unterteilen ist und wie die für die Aufgabenstellung wesentlichen Eigenschaften, Funktionen und Beziehungen erfaßt werden können. Dadurch wird die Datenerhebung von Anfang an auf für die Problemlösung wesentliche Daten sowohl in bezug auf die Breite (Vielfalt) als auch auf die Tiefe (Genauigkeit) der Daten beschränkt. Die dabei verfolgte Strategie ist darauf ausgerichtet, Kriterien zu finden und Anhaltspunkte zu gewinnen, wie das Gesamtsystem abgegrenzt, in Subsysteme und Elemente unterteilt, die Eigenschaften, Funktionen und Beziehungen definiert und ihre Änderungen registriert werden können (Abbildung 6.12).

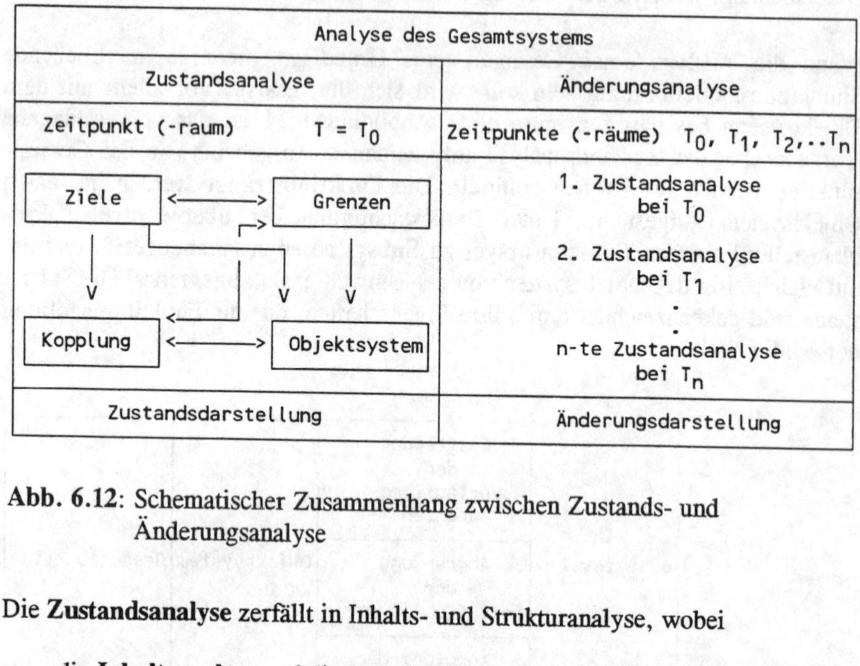

Analyse des Gesamtsystems	
Zustandsanalyse	Änderungsanalyse
Zeitpunkt (-raum) $T = T_0$	Zeitpunkte (-räume) $T_0, T_1, T_2, ... T_n$
Ziele <—> Grenzen ↓ ↓ ↓ Kopplung <—> Objektsystem	1. Zustandsanalyse bei T_0 2. Zustandsanalyse bei T_1 . . n-te Zustandsanalyse bei T_n
Zustandsdarstellung	Änderungsdarstellung

Abb. 6.12: Schematischer Zusammenhang zwischen Zustands- und Änderungsanalyse

Die **Zustandsanalyse** zerfällt in Inhalts- und Strukturanalyse, wobei

- die **Inhaltsanalyse** auf die Festlegung des Ziel-(Objekt-) Systems bzw. deren Inhalte durch Definition der Menge der Subsysteme, ihrer Funktionen und Eigenschaften;
- die **Strukturanalyse** auf die Definition der Beziehungen der Subsysteme untereinander und zur Umwelt gerichtet sind.

Die Gesamtfunktion von Realsystemen kann in eine Menge von verschiedenen Unterfunktionen zerlegt werden, die durch ihr Zusammenwirken die Gesamtfunktion ergeben. Im Falle eines Transportsystems bspw. besteht die Gesamtfunktion in der Bereitstellung und in der Durchführung des Transportes von Gütern über definierte Räume. Zu dieser Gesamtfunktion tragen neben anderen die Funktionen bei, das zu transportierende Gut in angemessener Weise zu transportieren, die Sicherheit beim Transport zu gewährleisten usw. Die Koordination der verschiedenen Funktionen wird durch Anweisungen des Zielsystems so geregelt, daß die Gesamtfunktion erfüllt werden kann. Informationen dienen dazu, bei materiellen Objekten bestimmte Funktionen auszulösen, die als Steuerung des Gesamtsystems auf ein bestimmtes Ziel hin zu interpretieren sind. Sieht man das Zielsystem als eine Menge in bestimmter Weise geordneter Informationen an, so kann daher geschlossen werden, daß das Zielsystem selber keine Funktionen im genannten Sinn ausführen kann. Der umgangssprachliche Gebrauch des Begriffs "Funktion" verleitet in diesem Zusammenhang zu Fehldeutungen, da doch das Zielsystem scheinbar die Funktion haben soll, das Gesamtsystem zu führen und Anweisungen für das Objektsystem vorzugeben. Es wird dabei aber vergessen, daß Führung eine Funktion ist, die von einem Teil des Objektsystems wahrgenommen wird. Ein Unternehmen wird z.B. nicht von einem Schriftstück geführt, das die Unternehmensziele und das abgeleitete Zielsystem enthält, sondern von Personen, die entsprechende Anweisungen geben und die Ausführung kontrollieren. Allerdings wird dieses Schriftstück vom Management erarbeitet. Es enthält die Richtlinien, nach denen das Management und das übrige Objektsystem alle Funktionen ausführen sollen. Das Zielsystem selbst zeigt aber keine eigenen Verhaltensweisen.

Zur systematischen Analyse der Beziehungen zwischen Subsystemen eignet sich besonders die Darstellung des Objektsystems (Beispiel in Abbildung 6.13) in der Form einer quadratischen **Beziehungsmatrix**. Die abgegrenzten Subsysteme werden in den Zeilen und Spalten in beliebiger, jedoch jeweils gleicher Reihenfolge eingetragen (Abbildung 6.14). Innerhalb der Matrix symbolisiert jedes Element die Möglichkeit, daß zwischen den beiden das Element definierenden Subsystemen a und b eine unmittelbare, gerichtete Beziehung B (a, b) von a nach b bestehen kann. Eine solche Beziehung liegt dann vor, wenn Eigenschaftsänderungen eines Subsystems a Eigenschaftsänderungen des Subsystems b hervorrufen, ohne daß ein drittes Subsystem c notwendigerweise davon betroffen ist. Für aktive Beziehungen bedarf diese Definition keiner weiteren Erläuterung. Inaktive Beziehungen werden untersucht, wenn sie für die Problemstellung wesentlich sind. In diesem Fall kann ebenfalls die Beziehungsmatrix verwendet werden. Die möglichen Beziehungen sind durch eine systematische, paarweise Untersuchung der jeweiligen Subsysteme zu analysieren, vorausgesetzt, daß

- die Subsysteme während der Beobachtung bekannt und konstant ist;
- Inputs und Outputs beobachtbar sind;
- alle in der Realität zwischen zwei Subsystemen unmittelbar existierenden Beziehungen einer Richtung in der Matrix zu einer Beziehung zusammengefaßt werden;

- die aktiven Beziehungen gerichtete Output- oder Input-Beziehungen sind;
- sie von einem Subsystem als Output ausgehen und in ein anderes als Input münden;
- ein Subsystem keine Beziehung unmittelbar zu sich selbst haben kann;
- ein Subsystem Beziehungen zu mehreren anderen haben kann, d.h. mehrere Inputs können in ein Subsystem münden (Bündelung) und mehrere Outputs können von einem Subsystem ausgehen (Verzweigung);
- ein Subsystem nur eine Input- und nur eine Output-Beziehung zur Umwelt haben kann;
- Subsysteme, die während des Beobachtungszeitraumes keinerlei Beziehungen aufweisen, während eines anderen Zeitraumes sehr wohl Beziehungen zu anderen haben können.

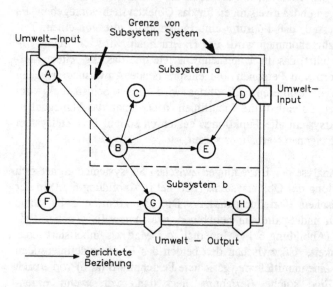

Abb. 6.13: Systemdarstellung

Insgesamt gesehen und übertragen auf ein Subsystem bedeuten diese Charakterisierungen, daß sich Subsysteme zu anderen Subsystemen und zum System als Subsystem-Umwelt ebenso verhalten, wie Systeme zu anderen Systemen und zu deren Umwelt. So gesehen gilt der in Abbildung 6.15 aufgezeigte Zusammenhang sowohl für Systeme wie Subsysteme.

6.3 Integrierte SW-Produktion/Systemanalyse

	A	B	C	D	E	F	G	H	Ou	Oau	O
A	0	1	0	0	0	1	0	0	-	2	2
B	1	0	1	0	1	0	1	0	-	4	4
C	0	0	0	1	0	0	0	0	-	1	1
D	0	1	0	0	1	0	0	0	-	2	2
E	0	0	0	0	0	0	0	0	-	-	-
F	0	0	0	0	0	0	1	0	-	1	1
G	0	0	0	0	0	0	0	1	1	1	2
H	0	0	0	0	0	0	0	0	1	-	1
Iu	1	-	-	1	-	-	-	-			2
Iau	1	2	1	1	2	1	2	1			11
I	2	2	1	2	2	1	2	1			13
									2	11	13

I = Input
O = Output
au = außer Umwelt
u = Umwelt

Abb. 6.14: 0,1-Beziehungsmatrix

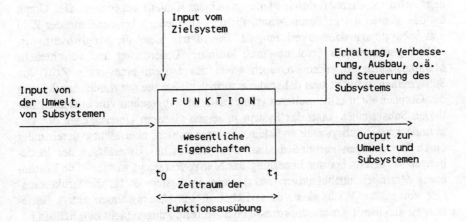

Abb. 6.15: Das Beziehungsschema

Die Darstellung erfolgt in einer 0,1-Beziehungsmatrix. Sie enthält vereinfachte Aussagen über die formale Beziehungsstruktur. Die vermeintliche Schwäche dieses Ansatzes ist aber gleichzeitig eine seiner Stärken. Als **aktive Beziehung** wird nicht nur eine **Input-Output-Beziehung** in der Form eines offensichtlichen Flusses angenommen, sondern ganz allgemein jede Form der gerichteten Beziehung zweier Subsysteme. Wenn genügend scharf definiert wird, welche Arten von Einflüssen zu untersuchen sind, kann der Ansatz für jede Art sinnvoll verwendet werden, um Einfluß-Strukturen aufzudecken.

Die 0,1-Beziehungsmatrix wird ergänzt durch eine Zeile und eine Spalte für Umwelt-Input und Umwelt-Output und für den zur Auswertung benötigten Zeilen bzw. Spalten Input (außer Umwelt) und Input bzw. Output (außer Umwelt) und Output. Nach der Methode der paarweisen Analyse wird vom jeweiligen Subsystem am Kopf der Zeile ausgehend untersucht, ob unmittelbar zu den anderen Subsystemen dieser Zeile oder der Umwelt Beziehungen bestehen (Ja-Nein-Entscheidung). Die 0,1-Beziehungsmatrix wird Element für Element mit den Ziffern 0 und 1 ausgefüllt (0,1 - Beziehungsmatrix $M_{0,1}$). Es bedeutet:

- 0: Eine unmittelbare Beziehung B (a,b) von a nach b ist nicht vorhanden.
- 1: Eine unmittelbare Beziehung B (a,b) ist vorhanden.

Die Beziehungsstruktur im System kann sowohl in Matrizenform als auch in der Form eines Graphen dargestellt werden (Abbildungen 6.13 und 6.14). Den Subsystemen der Kopfzeile bzw. Kopfspalte der Matrix entsprechen die Knoten des Graphen, den Beziehungen in den Elementen der Matrix die Kanten des Graphen. Nicht ermittelte Beziehungen, die in der Matrix durch eine 0 oder Nichtausfüllen des Elementes gekennzeichnet sind, tauchen im Graphen nicht auf. Die Richtung der Beziehungen, die in der Matrix durch Vereinbarung festliegt, wird im Graphen durch Pfeile (gerichtete Kanten) angegeben. Der Graph hat den Vorteil der größeren Anschaulichkeit, die jedoch bei zunehmender Zahl von Subsystemen wieder verlorengeht. Die Matrix bietet die Möglichkeit, formale Eigenheiten der Struktur durch Deutung, Umordnung und verschiedene Manipulationen zu erkennen, auch wenn das System eine große Zahl von Subsystemen aufweist und daher diese formalen Eigenheiten durch Anschauung des Graphen nicht ohne weiteres erkennbar sind. Abgesehen von einzelnen isolierten Subsystemen kann das System in seinen Grenzen Untermengen der Gesamtmenge der Subsysteme enthalten, die zwar in sich, aber nicht untereinander durch Beziehungen verbunden sind. Die (inhaltliche) Unterklasse der Beziehungen sei bereits bei der Erstellung der Matrix festgelegt worden. Die Bestimmung derartiger, unabhängiger Untersysteme im System ist für die Strukturanalyse von großer Wichtigkeit, da zwischen diesen Untersystemen aktive Beziehungen und damit Austauschprozesse oder Beeinflussungen nicht möglich sind.

Ein Verfahren zur **Ermittlung unabhängiger Subsysteme** beruht auf der Anwendung der Matrizenmultiplikation, bzw. auf der Multiplikation von Matrizen und Vektoren. Es werden systematisch in bestimmter Reihenfolge die unmittelbaren Beziehungen zwischen Subsystemen aufgesucht:

(1) Symmetrische Ergänzung der Matrix.
(2) Untersuchung des ersten Subsystems der Matrix (hier A):
 In Zeile A sind alle unmittelbaren Beziehungen zu anderen Subsystemen angegeben. Diese Subsysteme notieren (hier F), da sie natürlich zum selben Untersystem wie A gehören.
(3) Multiplikation der Matrix mit dem Spaltenvektor dieses Subsystems (A).
(4) Bildung sämtlicher Zeilensummen.
(5) Aufsuchen aller Subsysteme, deren Zeilensumme >0 ist (hier G):
 Diese Subsysteme sind zu notieren, da sie zum selben Untersystem wie das erste (A) gehören, jedoch nicht unmittelbare Beziehungen zu diesem haben. Die Beziehungen zwischen den neu gefundenen Subsystemen und dem ersten bestehen über ein drittes Subsystem. Die Beziehungen sind zweistufig und mittelbar.
(6) In der gleichen Art wird mit allen Subsystemen (hier F) verfahren, zu denen das erste (A) eine unmittelbare Beziehung hat. Es ergeben sich alle Subsysteme (hier H), die mit dem ersten in einer dreistufigen Beziehung stehen.
(7) Mit allen Subsystemen, zu denen vom ersten aus zweistufige Beziehungen bestehen (hier G), werden die Rechenoperationen (3 - 5) sinngemäß wiederholt.
(8) Die Untersuchungen werden fortgesetzt, bis entweder die gesamte Matrix erfaßt ist, oder sich keine neuen, mit dem ersten verbundene Subsysteme mehr ergeben. Im ersten Fall ist das Objektsystem zusammenhängend, im zweiten Fall bildet die Menge der gefundenen Subsysteme ein unabhängiges Untersystem. Das Verfahren wird dann mit einem der bisher noch nicht erfaßten Subsysteme der Matrix von vorn begonnen.
(9) Ist die gesamte Matrix nach diesem Verfahren untersucht worden, können alle Untersysteme angegeben werden.

Um den Ermittlungsvorgang von Subsystemen zu verdeutlichen, wird das System aus Abbildung 6.13 verkleinert, in dem die Zeilen und Spalten des bereits isolierten Untersystems gestrichen werden. Es sind die Beziehungen (B,A), (A,B) und (B,G). Hieraus resultieren die beiden Untersysteme A-F-G-H und B-C-D-E. Werden - um die Übersicht zu wahren - die Umwelt-Inputs und Umwelt-Outputs ebenfalls weggelassen, so ergeben sich folgende Arbeitsschritte und Ergebnisse (Untersysteme des Objektsystems):

(0)   Ausgangsmatrix

$$M_{0,1} = \begin{array}{c} \\ A \\ B \\ C \\ D \\ E \\ F \\ G \\ H \end{array} \begin{bmatrix} A & B & C & D & E & F & G & H \\ 0 & 0 & 0 & 0 & 0 & 1 & 0 & 0 \\ 0 & 0 & 1 & 0 & 1 & 0 & 0 & 0 \\ 0 & 0 & 0 & 1 & 0 & 0 & 0 & 0 \\ 0 & 1 & 0 & 0 & 1 & 0 & 0 & 0 \\ 0 & 0 & 0 & 0 & 0 & 0 & 0 & 0 \\ 0 & 0 & 0 & 0 & 0 & 0 & 1 & 0 \\ 0 & 0 & 0 & 0 & 0 & 0 & 0 & 1 \\ 0 & 0 & 0 & 0 & 0 & 0 & 0 & 0 \end{bmatrix}$$

(1)   Schritt:

$$M_{0,1} = \begin{array}{c} \\ A \\ B \\ C \\ D \\ E \\ F \\ G \\ H \end{array} \begin{bmatrix} A & B & C & D & E & F & G & H \\ 0 & 0 & 0 & 0 & 0 & 1 & 0 & 0 \\ 0 & 0 & 1 & 1 & 1 & 0 & 0 & 0 \\ 0 & 1 & 0 & 1 & 0 & 0 & 0 & 0 \\ 0 & 1 & 1 & 0 & 1 & 0 & 0 & 0 \\ 0 & 1 & 0 & 1 & 0 & 0 & 0 & 0 \\ 1 & 0 & 0 & 0 & 0 & 0 & 1 & 0 \\ 0 & 0 & 0 & 0 & 0 & 1 & 0 & 1 \\ 0 & 0 & 0 & 0 & 0 & 1 & 0 \end{bmatrix}$$

(2)   Schritt: A und F gehören zu einem Subsystem.

(3)   und   (4) Schritt:

$$\begin{array}{c} A \\ B \\ C \\ D \\ E \\ F \\ G \\ H \end{array} \begin{bmatrix} A \\ 0 \\ 0 \\ 0 \\ 0 \\ 0 \\ 1 \\ 0 \\ 0 \end{bmatrix} \times \begin{bmatrix} A & B & C & D & E & F & G & H \\ 0 & 0 & 0 & 0 & 0 & 1 & 0 & 0 \\ 0 & 0 & 1 & 1 & 1 & 0 & 0 & 0 \\ 0 & 1 & 0 & 1 & 0 & 0 & 0 & 0 \\ 0 & 1 & 1 & 0 & 1 & 0 & 0 & 0 \\ 0 & 1 & 0 & 1 & 0 & 0 & 0 & 0 \\ 1 & 0 & 0 & 0 & 0 & 0 & 1 & 0 \\ 0 & 0 & 0 & 0 & 0 & 1 & 0 & 1 \\ 0 & 0 & 0 & 0 & 0 & 0 & 1 & 0 \end{bmatrix} = \begin{bmatrix} A & B & C & D & E & F & G & H \\ 0 & 0 & 0 & 0 & 0 & 1 & 0 & 0 \\ 0 & 0 & 0 & 0 & 0 & 0 & 0 & 0 \\ 0 & 0 & 0 & 0 & 0 & 0 & 0 & 0 \\ 0 & 0 & 0 & 0 & 0 & 0 & 0 & 0 \\ 0 & 0 & 0 & 0 & 0 & 0 & 0 & 0 \\ 0 & 0 & 0 & 0 & 0 & 0 & 0 & 0 \\ 0 & 0 & 0 & 0 & 0 & 1 & 0 & 0 \\ 0 & 0 & 0 & 0 & 0 & 0 & 0 & 0 \end{bmatrix} \begin{array}{c} > \\ 1 \\ 0 \\ 0 \\ 0 \\ 0 \\ 0 \\ 1 \\ 0 \end{array}$$

(5)   = Zu einem Subsystem gehören A,F,G.

(6)   und Folgeschritte: Wiederholung der Rechenoperationen mit Zeile F als Spaltenvektor, Zeile G und Zeile H. Es ergeben sich keine neuen Subsysteme, nur wieder A und F, so daß A-F-G-H bestätigt sind. Darauf folgend wird die neue Matrix für die Elemente B, C, D und E gebildet und es werden die Rechenoperationen durchgeführt.

6.4 SW-Entwicklungsumgebungen

6.4.1 Allgemeines

Der Begriff **SW-Entwicklungsumgebung** drückt die Gesamtheit der im SW-Engineering verwandten Prinzipien, Methoden, Verfahren und Werkzeuge (Tools) aus. In ihrer am weitesten entwickelten Ausprägung als offenes System mit Einschluß aller Phasen der SW-Entwicklung und deren Werkzeuge wird sie mit dem Schlagwort **CASE** (Computer Aided Softwaresystem Engineering) bezeichnet. Es verdeutlicht den Versuch, den SW-Entwicklungsprozeß zu automatisieren. Was im einzelnen unter SW-Entwicklungsumgebungen verstanden werden soll, verdeutlichen die Abbildungen 6.16 und 6.17.

Der Großteil aller Entwicklungsarbeiten mußte früher ausschließlich von Hand durchgeführt werden. An Unterstützungen gab es einige Werkzeuge wie die zuvor beschriebenen Editoren, Compiler, Debugger und Linker (siehe Abschnitt 6.2.2). Mit der Verbreitung der Datenverarbeitung folgten spezifische Werkzeuge für die einzelnen Entwicklungsphasen, so bspw. Pflichtenhefte für die Aufgabendefinition/Anforderungsanalyse, oder SADT (Structured Analysis and Design) u.a.m. (siehe Abbildung 6.16). Die Software-Entwicklungsumgebungen blieben jedoch auf einem Stand, der im Vergleich mit der technologischen Entwicklung 20 - 30 Jahre Rückstand bedeutet. Erst in jüngster Vergangenheit ist die Frage der SW-Entwicklungsumgebungen nach anfänglichen Arbeiten Anfang der 80er Jahre in Bewegung geraten. Diese Aussagen sind umso eindringlicher zu werten, als in der Informatik schon seit längerer Zeit von sog. Enduser-Systemen und Enduser-Tools, ebenso von der anwender/benutzerorientierten Datenverarbeitung die Rede ist. Aus diesem Grunde sind Benutzer-Ansichten und -Anforderungen vordergründig in die Wertungen einzubeziehen.

SW-Hilfsmittel und damit die SW-Entwicklungsumgebungen sind aus der Sicht des Benutzers so zu beurteilen, wie sie dessen Arbeit beeinflussen. Ausgegangen wird von der Forderung, die Effizienz der Aufgabendurchführung zu erleichtern. Je nach Benutzertyp resultieren daraus unterschiedliche Anforderungen. Während der Softwareentwickler Aspekte technischer, organisatorischer und wirtschaftlicher Art in den Vordergrund stellt, sind Benutzerfreundlichkeit, Verständlichkeit, Mehrfachnutzung, Überprüfbarkeit etc. Anforderungen, die der Softwareanwender stellt. Dabei können durchaus identische Forderungen bestehen, so z.B. nach Wirtschaftlichkeit; im Regelfall ist eine Trennung angebracht.

Aus **Entwicklersicht** sind Prinzipien, Anforderungen bezüglich der

- Strukturierung (wesentliche Merkmalsprägungen des Ganzen),
- Modularisierung (Modulenbildung in einer funktionalen Einheit),
- Abstrahierung (Heraushebung des Wesentlichen),

- Lokalisierung (lokale Komprimierung der Informationen),
- Hierarchisierung (Arbeiten mit Ebenen, Rangordnungen),
- Standardisierung (Vereinheitlichung des Produkts),
- Qualitätssicherung (Brauchbarkeit, Wertbarkeit),
- Mehrfachverwendung (Schnittstellenspezifizierung) etc. wichtig.

Aus **Anwendersicht** sind insbesondere die Eigenschaften

- Benutzerfreundlichkeit (Transparenz, Erlernbarkeit, Schnelligkeit, Flexibilität, Dialog, Benutzerführung),
- Effizienz (Laufzeit, Wartezeit, Ausnutzungsgrad des Speichers),
- Funktionalität (Vollständigkeit, Korrektheit),
- Wartbarkeit (Überprüfbarkeit, Änderbarkeit) etc. hervorzuheben.

Die ersten kommerziell genutzten CASE-Tools gehen auf das Jahr 1970 zurück, als für die Programmabläufe Formalisierungen durch Symbole eingeführt wurden. Die strukturierte Analyse, die Design-Techniken u.ä. gehören hinzu. Später folgten, insbesondere in Verbindung mit den relationalen Datenbankmodellen, andere Modellierungstechniken. Weitere Entwicklungen, als programmorientierte Tools kamen in Verbindung mit der Strukturierten Programmierung, so bspw. CASE 2000. Diese sind dann Grundlagen für weitere Aktivitäten. Die Einordnung von CASE-Werkzeugen in andere Entwicklungswerkzeuge ist in Abbildung 6.16 dargestellt.

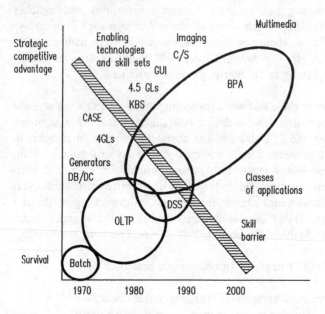

Abb. 6.16: Entwicklungswerkzeuge im Überblick

6.4.2 Inhalte der SW-Entwicklungsumgebungen

Die herkömmliche Datenverarbeitung weist häufig unflexible, zeitlich verspätete Anwendungen auf, die nicht zuletzt auf methodische Mängel zurückgeführt werden. Die zuvor skizzierten Benutzer-Anforderungen Flexibilität, Benutzernähe, Zeitnähe etc. lassen sich nur mit speziellen Software-Hilfsmitteln realisieren. Ihre Charakterisierung wird in Abbildung 6.16 sichtbar. Dies gilt insbesondere für Arbeitsplatzrechner mit ihrer besonderen Infrastruktur, aber auch für Anwendungen, die im Hintergrund auf Mainframes zugreifen. Die einfachste Form stellen Hilfsmittel dar, die gewisse organisatorische Maßnahmen beinhalten und das Vorgehen in der Softwareproduktion systematisieren, erleichtern. Dazu können neben den bereits genannten Editoren, Compilierer etc. auch mathematische Hilfsmittel, wie z.B. die Petri-Netze gezählt werden, die zur Beschreibung, Analyse und zum Entwurf von Systemen genutzt werden. In ihrer weiteren Ausprägung wirken sie wie Verwaltungshilfen. Typische Vertreter sind hier Data Dictionary's und Data-Administratoren. Schließlich sind die Softwaretools zu nennen, die in vielerlei Formen vertreten sind, sowohl als integrierte (OPUS, PET, UIMS etc.) wie auch als dedizierte (Cut- and Paste, Piktogramme, Editoren etc.).

Softwaretools sind Werkzeuge (automatische Hilfen) für den Prozeß der Softwareentwicklung und -wartung, so z.B.

- Übersetzer für Programmiersprachen und Interpreter,
- Editoren zur Aufbereitung von Texten, Graphiken, Masken, Listen, Strukturen etc.
- Entscheidungstabellenvorübersetzer.

In der Umsetzung, Realisierung von Software-Projekten ist die vereinbarte, die gewählte Vorgehensweise (z.B. "top-down") als **Strategie** (Prinzip) zu verstehen. Sie wird in Vorschriften zusammengefaßt. Diese Vorschriften, die zur Lösung einer bestimmten Aufgabe oder Aufgabengruppen führen, sind **Methoden**. Sie beinhalten eine systematische und zielgerichtete Vorgehensweise. Hier sind Methoden gemeint, wie die sog. Strukturierte Programmierung. Werden Methoden vollständig determiniert, so wird von **Verfahren** gesprochen; z.B. Jackson's Strukturierte Programmierung. Sind diese Verfahren ganz oder teilweise DV-unterstützt einsetzbar, dann gelten sie als **Werkzeuge**, auch **Tools** genannt. Somit sind Softwaretools rechnergestützte Hilfsmittel zur Vorbereitung, Unterstützung und Realisierung von systemanalytischen Phasen. Für sie gilt der Zusammenhang:

Prinzipien (Strategien) -> Methoden -> Verfahren -> Werkzeuge/Tools

Zum besseren Verständnis wird dieser Zusammenhang in Abbildung 6.17 dargestellt. Entsprechend dieses Zusammenhanges gilt nachfolgend die Definition, wonach Softwaretools, oder **Softwarewerkzeuge** Programme der Softwaretechnik sind, die der Herstellung, Prüfung, Wartung und Dokumentation dienen, diese vereinfachen, beschleunigen oder in ihrer Qualität verbessern.

Prinzipien	Methoden	Verfahren	Werkzeuge (Tools)
Strukturierung (Top Down und Bottom Up)	Strukturierte Programmierung	Jackson Structured Programming	integrierte Tools OPUS, MAESTRO, PET, BFTES, DELTA PROMOD, PRADOS
Modularisierung	Prototyping	Entscheidungstabellentechnik	
Standardisierung	Entscheidungstabellen	Struktogrammtechnik	Sprachen der 4. Generation NATURAL
Lokalisierung	Hierarchy plus Input Process Output	Strukturted Analysis and Design Technique	Data Dictionaries DATACOM DATAMANAGER
Abstraktion			
Hierarchisierung	Structured Analysis		Projekthilfen DATADESIGNER MS-Project
	Pflichtenheft		

Abb. 6.17: Begrifflicher Zusammenhang in der SW-Entwicklungsumgebung

Die Benutzer von DV-Systemen, die hardwaretechnischen Umgebungen und weitere Faktoren haben sehr frühzeitig eine emsige Tätigkeit zwecks Entwicklung von Software-Hilfsmitteln bewirkt. Gegenwärtig liegt eine Vielzahl von Werkzeugen vor; ihre Zahl ist ständig wachsend. Trotzdem lassen sich einige typische Gruppen abtrennen, die sich auch in der DV-Praxis durchsetzen konnten. Einige Beispiele verdeutlichen exemplarisch die angesprochene Vielfalt. Betriebssysteme der Gegenwart, integrierte Standardsoftwarepakete nutzen die sog. **Window-(Fenster) Technik.** Sie teilt den Bildschirm in mehrere Fenster (Windows), so daß mehrere Vorgänge parallel abgewickelt werden. Jedes Fenster übernimmt einen anderen Vorgang (Funktion); es ersetzt den Schreibtisch. Zwischen den einzelnen Fenstern bestehen Schnittstellen; die Inhalte (oder Teile) des Fensters können hin- und hergeschoben, manipuliert werden. Dadurch können Berichte, Tabellen in verschiedenen Fenstern erstellt, berechnet oder graphisch (Graphikeditor) abgebildet werden. Zeigen Fenster bildhafte Darstellungen (Aktenordner, Dokument, Posteingang etc.), so heißen sie **Piktogramme**. Sie werden bei integrierten Systemen der Bürokommunikation, ebenso bei computerunterstütztem Entwerfen u.ä.m. benutzt. Sie stehen als Bürosystem 5.800, oder CAD (Computer Aided Design oder Computer Aided Drafting) etc.

(siehe Abschnitt 9.2.2.5). Verbreitet sind sie in erster Linie auf Mikrocomputern. Ihre Ursprünge gehen zurück auf **Datadesigner, Listengeneratoren, Maskengeneratoren** u.ä., die auf Mainframes bzw. für Datenstationen des Host-Rechners entwickelt worden sind. Diese Fälle deuten folgendes an:

Je nach Anwendergruppe, Anwendungen, DV-Umgebungen und Arbeitsphasen kommen verschiedene Werkzeuge in Betracht. Unterschiede, wie auch Identitäten, können nebeneinander auftreten. So sind Softwaretools auf Mikrocomputern verfügbar, die ausschließlich auf diese eine Computerkategorie und deren Benutzerkreis zugeschnitten sind. Der typische Fall bei Mikrocomputern sind die Window-Technik, die Desktop-Publishing Programme, der elektronische Schreibtisch mit den Piktogrammen. Denen gegenüber stehen z.B. die Präsentationsgraphiken ADI, ADRS auf Mainframes.

Diese Hilfsmittel werden wiederum von solchen ergänzt, die eine einheitliche Benutzeroberfläche unabhängig von der Hardware-Kategorie unterstützen, d.h. es sind Softwaretools, die sowohl auf Mikrocomputern, wie auch auf Mainframes nutzbar sind. Sie überbrücken das Problem, daß Mainframes im Vergleich komplexer, schwerer beherrschbar sind. Der Trend geht durchaus auf diese Gleichschaltung, wobei es inzwischen weniger auf das Verhältnis Mikrocomputer und Mainframes, vielmehr auf die unterschiedlichen Mikrocomputer-Systeme ankommt. Ausgenommen davon sind Spezialrechner mit Spezialfunktionen. Solche, systemunabhängige Softwaretools sind sowohl bei Prüfungsaufgaben (Syntaxprüfung), wie auch bei Unterstützungsleistungen (Objekterfassung, -verwaltung, -darstellung) zu finden.

Schließlich ist zu beachten, daß solche Unterschiede auch in Verbindung mit den Projektphasen (von der Erfassung/Analyse bis zum Einsatz) stehen. Es sind zumeist Hilfsmittel im organisatorischen Bereich, d.h. Tools der Projektplanung und -management. Gegenwärtig herrschen einfache Hilfsmittel vor, die mit der Netzplantechnik oder mit Entscheidungstabellen arbeiten.

6.4.3 Klassifizierung der SW-Entwicklungsumgebungen

Das Spektrum der Entwicklungswerkzeuge ist sehr breit. Es beginnt mit dem einfachen Editor für das Erstellen der Programme, oder mit dem einfachen Graphik-Editor bis hin zu den integrierten Toolsystemen (Abbildungen 6.16 und 6.17). Während also in Abbildung 6.16 mehr die inhaltlichen Aspekte zum Tragen kommen, herrscht in Abbildung 6.17 der ganzheitliche Aspekt vor. So gesehen können die Entwicklungsumgebungen unterschiedlich eingeteilt, klassifiziert werden:

- Im **sprachorientierten** Ansatz werden die Werkzeuge um jeweils eine Programmiersprache gruppiert. Ziel ist, die Anwendung der Sprache zu unterstützen, zu erleichtern. So gibt es Turbo-Umgebungen für PASCAL, oder APSE (Ada Programming Support Environment) für ADA, TOOLPACK für Fortran etc. In besonderem Maße gilt diese Aussage für die Programmiersprachen der 4. Generation wie Natural (siehe unten).
- Im **betriebssystemorientierten** Ansatz stehen sich die betriebssystemabhängigen Werkzeuge gegenüber, die zwar programmiersprachen-unabhängig bzw. -übergreifend, jedoch trotzdem selten integriert sind. Es sind Hilfswerkzeuge wie Compiler, Linker, Maskengeneratoren, Performance-Analysen, Debugger etc. Ziel ist es, durch Einbindung der Werkzeuge in die Systemsoftware eine Art "Software-Production-Computer" zu präsentieren. Solche Fälle sind bspw. bei VAX-Set oder PWB/UNIX vorzufinden.
- Beim **datenbankorientierten** Ansatz gruppieren sich die Werkzeuge um die Datenbanken. Die Zielsetzung liegt in der erleichterten Nutzbarmachung bspw. durch Datenbankabfragesprachen DDETec, SQL-Gupta etc., die einen standardisierten Zugriff auf Datenbanken verschiedener Systeme erlauben.
- Eine Art **enduserorientierten** Ansatz bilden Werkzeuge wie Excel, dBase, Desktop Publishing, Hypercard, Framework etc.
- Schließlich sind Werkzeuge nach dem **integrierten** Ansatz zu nennen, in dem verschiedene Tools den gesamten Software-Zyklus begleiten, unterstützen. Das in der Abbildung 6.18 demonstrierte Beispiel von Texas Instruments schließt Tools für die Analyse der Systemanforderungen, der Entwicklung und der Planung ebenso ein, wie für das Design, für den Datenbank-Entwurf sowie für die Programm-Generierung.
- Bei einigen Autoren wird auch ein allgemeingültiger, ein sog. **General-Purpose**-Ansatz hervorgehoben, dessen Ideen und Auswirkungen zukunftsweisend sein können. Die hier zu nennende Problematik reicht von unterschiedlichen Methoden, Sprachen, Betriebssystemen und Organisationsmodellen bis zur Dialogsteuerung und Anwendungslogik. Als Beispiel für diese Klasse wird in Abbildung 6.19 UIMS (User Interface Management System) vorgestellt.

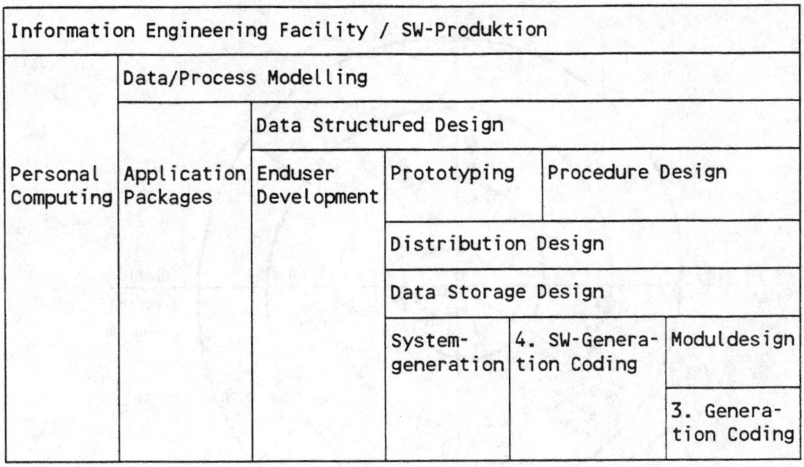

6.4 SW-Entwicklungsumgebungen

Information Engineering Facility / SW-Produktion					
Personal Computing	Data/Process Modelling				
	Application Packages	Data Structured Design			
		Enduser Development	Prototyping	Procedure Design	
			Distribution Design		
			Data Storage Design		
			Systemgeneration	4. SW-Generation Coding	Moduldesign
					3. Generation Coding

Abb. 6.18: Das Information Engineering Facility - Schema

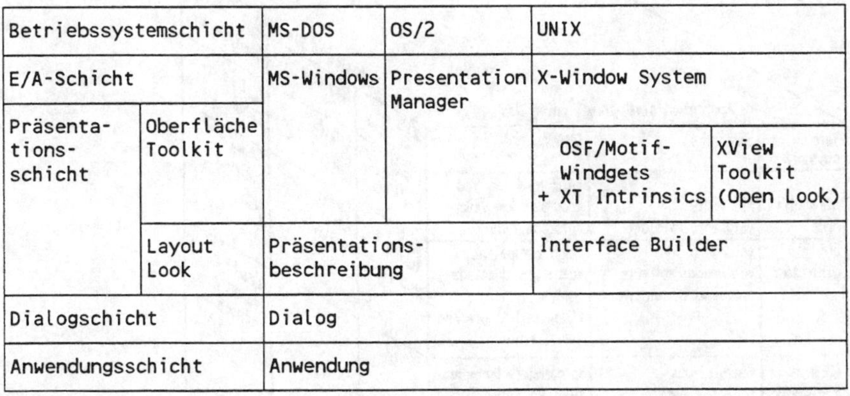

Betriebssystemschicht	MS-DOS	OS/2	UNIX	
E/A-Schicht		MS-Windows	Presentation Manager	X-Window System
Präsentationsschicht	Oberfläche Toolkit			OSF/Motif-Windgets + XT Intrinsics	XView Toolkit (Open Look)
	Layout Look	Präsentationsbeschreibung		Interface Builder
Dialogschicht		Dialog		
Anwendungsschicht		Anwendung		

Abb. 6.19: Das Schichtenmodell von UIMS

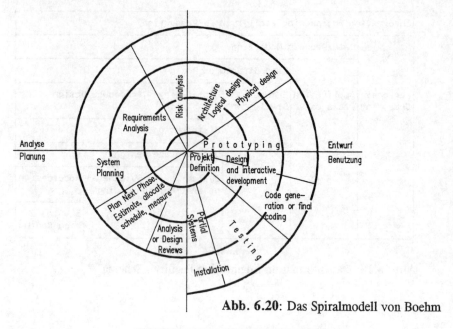

Abb. 6.20: Das Spiralmodell von Boehm

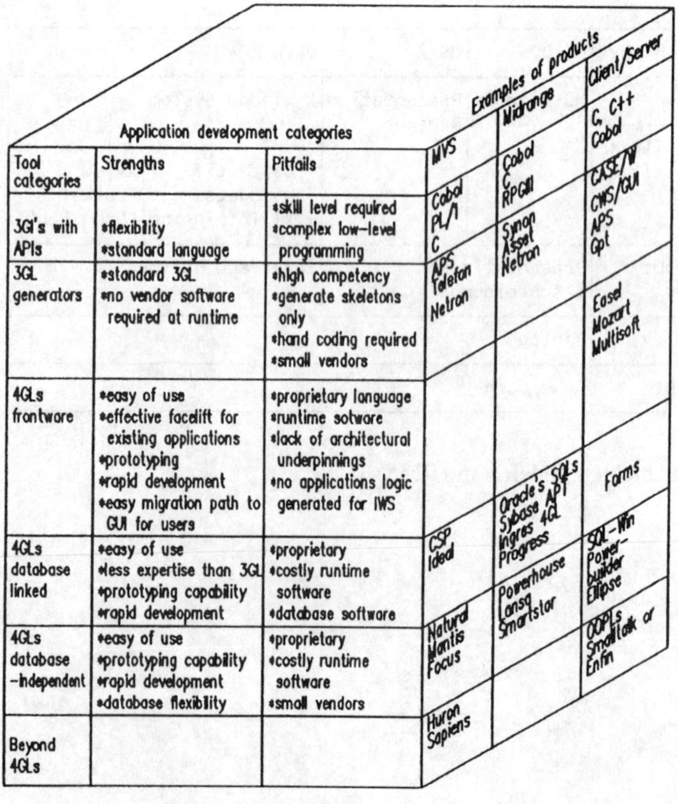

Abb. 6.21: Zuordnung von Entwicklungswerkzeugen (Quelle: Gartner Group)

6.4.4 Softwaregenerationen

Von einer Software-Produktion kann bereits seit Konrad Zuse (1946) gesprochen werden, wobei die ersten Standards sehr frühzeitig (1949) durch Francis Holberton und Fortesque Fingerhut mit Sort/Merge Routines und Programdebugging folgten. Die ersten weit verbreiteten Sprachen (Autocode) und Subroutines gehen auf Glennie, Wilkes, Wheeler bis 1955 zurück. So wäre die Reihe fortsetzbar: Fortran (1957), Algol (1960), Cobol (1960), APL (1965).

Die 40jährige Geschichte der Softwareentwicklung ist durch eine Reihe verschiedener Eigenarten geprägt. Die wissenschaftliche Literatur teilt die einzelnen Entwicklungsstufen als spezifische Ausprägungen bestimmter Kriterien in sog. **Softwaregenerationen** ein. Sie gelten jeweils als Sammelbegriffe für einen Zeitraum, wobei die ersten drei Softwaregenerationen grundsätzlich am Schema der auf von Neumann zurückgehende Architektur von Computern basierten. Für sie galt ganz allgemein:

> Ablage von Daten und Programmen (= Informationen) in einem Speicher und ihre Verarbeitung in einem Prozessor.

Hieraus resultierten die Aufgaben für die Software-Entwickler, d.h. die Speicherbelegung, die Vereinbarung von Lösungsalgorithmen nach Problem, Reihenfolge (Kontrollfluß) und Datenfolge (Datenfluß) zu organisieren. So sind für die einzelnen Softwaregenerationen verschiedene Techniken, Sprachen, Verfahren etc. entwickelt worden. Typisch für die 3. **Softwaregeneration** waren die allmähliche Loslösung der Anwendungen von der Hardware-Architektur und die Benutzung prozedualer Programmiersprachen. Damit ist vorausgesetzt, daß der Lösungsalgorithmus bekannt sein muß, um das Problem zu lösen. Mit dem Wachstum der zu lösenden Probleme ist und wird jedoch die Beherrschung, die Umsetzung der Lösungsalgorithmen in Programme immer schwieriger. Einzelne Anwendungen werden zu übergreifenden Systemen zusammengefaßt, und zwar mit einem Arbeitsaufwand, der in keinem Verhältnis zur Komplexität des zu lösenden Problems steht. Entsprechend diesem Prinzip wurden auch Einzelprogramme mit/ohne Hilfsmittel entwickelt. Von einer Entwicklungsunterstützung im heute verstandenen Sinne kann erst ab der 2. **Softwaregeneration** gesprochen werden.

Ein Blick auf den SW-Markt zeigt, daß die Mehrzahl der praktizierten Anwendungen - nicht zuletzt durch die starke Verbreitung der Handware-Architektur nach dem von Neumann-Prinzip - der 3. **Softwaregeneration** angehören. Erst in jüngster Vergangenheit macht sich eine neue Technik breit, die zunehmend verwandt und mit der 4. Softwaregeneration identifiziert wird.

Im Mittelpunkt der gegenwärtig vorherrschenden Techniken der **4. Softwaregeneration** stehen Datenbanken als Datenbasis auf der Seite der Information und Softwaretools (-werkzeuge) auf der Seite der Verarbeitung. Der Zugriff zum Datenbanksystem erfolgt über Data Dictionary, das alle Datendefinitionen enthält (Abbildung 6.22).

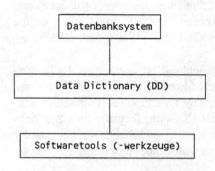

Abb. 6.22: Das Modell der 4. Softwaregeneration

Die 4. Softwaregeneration wird somit durch den Tatbestand des Übergangs **von den Programmgeneratoren zu den Softwaretools** geprägt. Hierzu sind folgende Fakten von Bedeutung:

Computerhersteller, Softwarehäuser, Forschungseinrichtungen und Anwender bemühen sich seit Beginn der 60er Jahre, Hilfsmittel zu entwickeln, die die Software-Produktion partiell in den einzelnen Arbeitsphasen oder begleitend zum Gesamtprozeß unterstützen. So entstanden zunächst sog. **Programmgeneratoren**, die nach bestimmten Normen aufbereitete Systemabläufe in Programme umgewandelt haben. Die einfachsten Formen sind in Verbindung mit der normierten Programmierung (Dateiverarbeitung nach Satzgruppen gemäß DIN 66220) bekannt geworden. Sie generieren einen bestimmten Programmablauf für eine Problemklasse. Der Programmierer hat ein solches Standardprogramm um die problemabhängigen Teile zu ergänzen. Weitere charakteristische Vertreter dieser Programmgeneratoren waren solche, die aus den Entscheidungstabellen einzelne Befehle (Programmanweisungen) ableiten konnten oder die nach der

Methode der normierten Programmierung aufgezeichneten symbolischen Programmabläufe in Programme umgewandelt haben. Dadurch wurde sowohl der Zeit-, wie auch der Kostenaufwand reduziert. Hinzu kamen Fehlerprüfungen über formelle Fragen.

Diese Aufzählung ist insofern von eminenter Bedeutung, daß zwar gegenwärtig die 4. Softwaregeneration und damit die **Softwaretools** mit wachsender Tendenz an Bedeutung gewinnen, die jedoch als "klassisch" geltenden Methoden und Verfahren der strukturierten Programmierung u.a.m. für die Systemanalyse und für Teile der Systementwicklung weiterhin ihre Bedeutung erhalten haben. Der Grund liegt zum einen darin begründet, daß letztere sehr verbreitet benutzt und eingesetzt worden sind, d.h. es existieren unzählige Softwarepakete mit diesen Methoden; zum anderen weil die Softwaretools zumeist partiell auf bestimmte Funktionen wie z.B. Repräsentationsgraphik und damit nicht auf das Gesamtsystem ausgerichtet sind. Erst mehrere Tools, ihre Zusammenfügung, Integration führt zu einer systematischen Ganzheit.

Die Entwicklung geht eindeutig auf die verstärkte Benutzung von Programmierunterstützung in jeglicher Form zu. Daher besteht und wächst die Nachfrage nach Standardsoftware und nach Werkzeugen (Tools), die die Anwendersoftware-Produktion unterstützen. Hierbei gehen die Bestrebungen und die Erwartungen bis zur Programmierung in natürlichen Sprachen.

Statistiken weisen nach, daß die hohen Wachstumsraten auf dem Softwaremarkt durch kommerzielle, branchenorientierte und System-Programme bedingt sind. Ihr Umsatz hat sich in zehn Jahren vervielfacht. Starker Beliebtheit erfreuen sich Systemprogramme wie Betriebssystemerweiterungen, Sprachübersetzer, Software-Tools, Netzwerkprogramme, Graphik-Tools, Datenbanksysteme u.a. Bei den Standardprogrammen dominieren Tabellenkalkulationen, Datenbanklösungen, Textverarbeitung und Graphikprogramme. Hier wird der Boom weiterhin bestehen. Entwicklungen wie MS-Window, dBase u.a. mit ständig verbesserter Benutzeroberfläche sind unerläßlich geworden. Die gleiche Aussage gilt für die Netzwerkprogramme, oder für Programme kommerzieller Art, wie Finanzbuchhaltung, Lohn und Gehalt etc. Die Integrierung gewisser, inzwischen als Standards geltender Makros aus der Anwendungssoftware in die Systemsoftware wird sich fortsetzen; ebenso die Kommando-Interpreter (Shells) als Werkzeuge der Softwareentwicklung. Es sind Schnittstellen an der Benutzeroberfläche zur Systemsoftware, über welche der Anwender Systemleistungen abruft (z.B. Maus- und Windowtechnik).

Weitere Schwerpunkte künftiger Entwicklungen werden die sog. **Expertensysteme** (Expert Systems) bilden. Es sind Anwendungsprogramme, die fachspezifische Kenntnisse in einem Anwendungsfall (-bereich) zugänglich machen. Sie bestehen aus

- einer Wissensbasis des Experten auf einer Datenbank, sowie
- Problemlösungskomponenten (Inferenzkomponenten).

Wesentliche Eigenschaften sind neben der komfortablen Benutzeroberfläche, das Arbeiten mit nicht-deterministischen Aussagen und eine gewisse Lernfähigkeit.

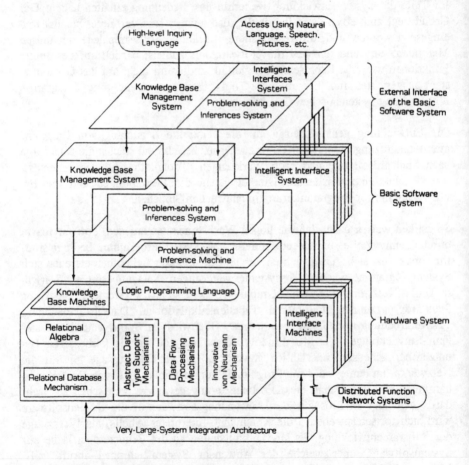

Abb. 6.23: Das Modell der 5. Softwaregeneration

Und dies dürfte mit der **5. Softwaregeneration** erreicht sein, die auf der Seite der Information über eine Wissensbasis, auf der Seite der Verarbeitung über die sog. Wissensherleitung (Herleitung neuen Wissens) verfügt. Gemeint ist hier im gewissen Sinne die "Künstliche Intelligenz", bzw. deren Teildisziplin die **Expertensysteme**. Es sind Informationssysteme mit fachspezifischen Kenntnissen. Sie bestehen aus einer Wissensbasis (Knowledge Base) und einem Problemlösungsteil (Inference Mechanism). Die Problemlösung erfolgt durch Anwendung von Anwendungsregeln, die durch Befragung von Experten, Analyse von Fachmeinungen etc. erforscht und durch eine Wissenserwerbskomponente zur Weiterentwicklung und eine Erklärungskomponente ergänzt werden.

6.5 Werkzeuge der 3. Softwaregeneration

6.5.1 Entscheidungstabelle

Die **Entscheidungstabelle** ist ein Organisationsmittel. Sie ermöglicht die eindeutige tabellarische Zuordnung von Bedingungen und abhängigen Maßnahmen in Entscheidungssituationen. Dabei ist die eindeutige Zuordnung bestimmter Bedingungen zu bestimmten Maßnahmen als **Entscheidungsregel** zu bezeichnen. Diese drei Bereiche prägen zugleich die Entscheidungstabellentechnik:

- die Bedingungen,
- die Entscheidungsregeln und
- die Maßnahmen (abgeleitete/abhängige Aktionen).

Eine Entscheidungstabelle ist ein tabellarisches Beschreibungs- und Darstellungsmittel, das formalisierbare Entscheidungsprozesse übersichtlich darstellt.

6.5.1.1 Aufbau der Entscheidungstabelle

Klartextbeschreibungen sind zwar gut geeignet, um systematische Zusammenhänge sequentiell zu beschreiben; bei komplexen Beziehungen findet die verbale Beschreibung jedoch schnell ihre Grenzen, weil

- die Übersicht schnell verlorengeht,
- Beschreibungsfehler in der Entscheidungsphase und
- Interpretationsfehler in der Realisierungsphase die Folgen sind.

Entscheidungsdiagramme sind daher aufgrund ihres graphischen Charakters besser geeignet, komplexe Netzstrukturen zu verdeutlichen.

Jede (programmierbare) Entscheidung ist abhängig von den vorliegenden Bedingungen. Je mehr Bedingungen zu einer Entscheidung beitragen, desto schwieriger wird die Formulierung des Zusammenhangs zwischen den Bedingungen und den entscheidenden Maßnahmen. Ihre systematische Darstellung in der Form WENN..., DANN... führt zur Entscheidungstabelle. Ihre Anwendung folgt gewissen Praktiken; daher wird von der Entscheidungstabellentechnik gesprochen. Die **Standardlogik** der Entscheidungstabellen läßt sich wie folgt verdeutlichen/erklären:

Aus einer Vielzahl von Bedingungen ergibt sich eine abhängige Anzahl von Kombinationsmöglichkeiten; diese sind gekoppelt mit den Entscheidungsregeln und mit den zugehörigen Maßnahmen. Beispielhaft wird zunächst eine sequentielle Folge einzelner Tabellen beschrieben, anschließend im Zusammenhang (Abbildung 6.24).

REGEL 1	
Bedingung 1	Kundennummer gültig
Bedingung 3	Kunde nicht kreditwürdig
Aktion 3	Auftrag zurück
Aktion 1	Bestellung bearbeiten

REGEL 3	
Bedingung 1	Kundennummer gültig
Bedingung 2	Stammdaten nicht vorhanden
Bedingung 3	Kunde nicht kreditwürdig
Aktion 3	Auftrag zurück

REGEL 2	
Bedingung 1	Kundennummer gültig
Bedingung 2	Stammdaten vorhanden
Bedingung 3	Kunde nicht kreditwürdig
Aktion 2	Lieferung gegen Nachnahme
Aktion 1	Bestellung bearbeiten

REGEL 4	
Bedingung 1	Kundennummer nicht gültig
Bedingung 2	Stammdaten nicht vorhanden
Bedingung 3	Kunde nicht kreditwürdig
Aktion 3	Auftrag zurück

TABELLE	AUFTRAGSBEARBEITUNG	R1	R2	R3	R4
Bedingung 1	Kundennummer gültig?	J	J	J	N
Bedingung 2	Stammdaten vorhanden?	J	J	N	-
Bedingung 3	Kunde kreditwürdig?	J	N	-	-
Bedingung 4	....				
Aktion 1	Bestellung bearbeiten	X	X		
Aktion 2	Lieferung gegen Nachnahme		X		
Aktion 3	Auftrag zurück			X	X
Aktion 4	....				

Abb. 6.24: Bausteine einer Entscheidungstabelle

Die Entscheidungstabelle besteht daher aus einer vorgegebenen Folge von Bedingungen, Aktionen und Entscheidungsregeln. Sie sind in einer zweidimensionalen Notation in eine syntaktische Einheit gebracht

- mit den Eingängen als Bedingungsaussagen (Condition Entries) und
- mit den Ausgängen als Aktionsanweisungen (Action Entries).

Hieraus ergibt sich der Grundaufbau der Entscheidungstabelle (Abbildung 6.25).

	Regeln
Bedingungen	Bedingungsanzeiger
Aktionen	Aktionsanzeiger

Zusammengehörende Bedingungsanzeiger und Aktionsanzeiger werden zu einer Regel zusammengefasst. Die Eintragungen in einer Regelspalte stehen in einer "UND"-Beziehung.

Die einzelnen Regelspalten stehen in einer "ODER"-Beziehung zueinander. Sie schließen sich gegenseitig aus.

Abb. 6.25: Aufbauschema der Entscheidungstabelle

6.5.1.2 Bedingungen und Bedingungsanzeiger

Bedingungen sind elementare Einheiten der Entscheidungstabelle, die die WENN-DANN-Beziehung von der Eingangsseite aus darstellen. Ihre Ausprägung wird als Bedingungsanzeiger bezeichnet. Hat eine Bedingung bspw. zwei Ausprägungen, "trifft zu" (J), "trifft nicht zu" (N), dann gilt für Bedingung a folgende Formel:

$$[a] = \{J, N\}$$

Der Anzeiger bejaht oder verneint die gestellte Bedingung. Natürlich können auch andere Ausprägungen bspw. "größer", "kleiner", "gleich" u.ä.m. vorkommen (Abbildung 6.26).

Bedingung a mit (a) = {a1, a2, a3}	a1	a2	a2	a3	a3	a3
Bedingung b mit (b) = {b1, b2}	b1	b2	b2	b1	b2	b2
Bedingung c mit (c) = {J, N}	J	J	N	N	J	N
a1 = >; a2 = =; a3 = < b1 = negativ; b2 = positiv	1 a1 b1 J α1 x y1	2 a1 b1 J α1 x y2	3 a1 b1 N α1 x y1	4 a2 b1 J α3 x y2	5 a2 b1 J α4 x y2	6 a3 b2 J α3 x y2

Abb. 6.26: Bedingungen und ihre Ausprägungen

Eine Bedingung besteht aus einem Text und einem Anzeiger, die zusammen eine zu ergreifende Maßnahme beschreiben (Abbildung 6.27).

6.5.1.3 Aktionen und Aktionsanzeiger

Eine Aktion ist eine Variable in der Entscheidungstabelle mit einer endlichen Anzahl von (möglichen) Ausprägungen. Eine Aktion besteht somit aus einem Text und einem Aktionsanzeiger. Beide zusammen beschreiben eine zu ergreifende Maßnahme (Abbildung 6.27).

6.5.1.4 Entscheidungsregeln

Eine Regel legt fest, unter welchen Voraussetzungen bestimmte Maßnahmen zu ergreifen sind. Die Gesamtheit aller Anzeiger einer Spalte bildet eine Regel. Die Gesamtheit der Bedingungsanzeiger kennzeichnet dabei die Voraussetzungen, die Gesamtheit der Aktionsanzeiger und die bei Eintritt dieser Voraussetzungen zu ergreifenden Maßnahmen. Eine Regel "trifft zu", wenn alle angegebenen Voraussetzungen eingetreten sind. Die ELSE-Regel/SONST-Regel legt fest, welche Maßnahmen zu ergreifen sind, wenn keine andere Regel innerhalb der Entscheidungstabelle zutrifft. Die ELSE-Regel/SONST-Regel weist folgende Eigenschaften auf:

- Sie hat keine Bedingungsanzeiger.
- Ihre Verwendung ist wahlfrei.
- Sie wird gesondert gekennzeichnet.
- Ihre Position innerhalb des Regelteiles ist beliebig.

Bedingungsanzeiger	Bedeutung des Bedingungs - und Aktionsanzeigers	Anzeigeart
Y oder J	Y für Yes/J für: ja Zugehörige Bedingung muß erfüllt sein, damit diese Regel zutreffen kann.	Begrenzte Anzeiger
N	N für No bzw. für Nein Zugehörige Bedingung darf nicht erfüllt sein, damit diese Regel zutreffen kann.	
-	Zugehörige Bedingung ist ohne Bedeutung für das Zutreffen dieser Regel.	Begrenzte und Erweiterte Anzeiger
#	Zugehörige Bedingung ist in dieser Regel nicht definiert. Die Verwendung des Anzeigers ist wahlfrei.	
Beliebiger Text	Die durch den Bedingungstext und den hier angeführten beliebigen Text gebildete Bedingung muß erfüllt sein, damit diese Regel zutreffen kann.	Erweiterte Anzeiger
Aktionsanzeiger	Bedeutung des Aktionsanzeigers innerhalb einer Regel	Anzeigeart
x	Zugehörige Aktion ist bei Zutreffen dieser Regel auszuführen	Begrenzte Anzeiger
-	Zugehörige Aktion ist nicht auszuführen, wenn nur diese Regel zutrifft.	Begrenzte und Erweiterte Anzeiger
Beliebiger Text	Die durch den Aktionstext und den hier angeführten beliebigen Text gebildete Aktion ist bei Zutreffen dieser Regel auszuführen.	Erweiterte Anzeiger

Zeichen	Bedeutung
——>	"übertrage ... nach..."
=	"ergibt sich aus" bzw. "wird"
+	"addiere" bzw. "plus"
-	"subtrahiere" bzw. "minus"
* (für .)	"multipliziere mit..." bzw. "mal"
/ (für :)	"dividiere durch..."

Abb. 6.27: Bedingungs- und Aktionsanzeiger mit Kurzeintragungen

So lassen sich aus den Bedingungen a1, a2, a3, b1, b2, J, N, sowie den Aktionen α1, α2, α3, α4, X, -, Y1 und Y2 Entscheidungsregeln bilden, die beispielhaft in Abbildung 6.23 zusammengestellt sind.

	Bedingungs- und Aktionsanzeiger				
Bedingung 1	Y	N	-	-	N
Bedingung 2	-	Y	Y	N	N
Bedingung 3	-	-	N	-	N
Bedingung 4	-	-	Y	N	N
Aktion 1	x	-	-	-	-
Aktion 2	-	x	-	x	-
Aktion 3	x	-	x	x	-
Aktion 4	-	-	-	-	x

Ausschluß, weil erste Bedingung erfüllt Bedingungsanzeiger aber "N".
Ausschluß, weil zweite Bedingung nicht erfüllt, Bedingungsanzeiger aber "Y".
zutreffende Regeln

Abb. 6.28: Interpretationsbeispiele

6.5.1.5 Interpretation der Entscheidungstabelle

Das Festlegen der für einen konkreten Fall auszuführenden Aktionen erfolgt durch Anzeige von Möglichkeiten. Es wird zeilen- oder spaltenweise agiert (Abbildung 6.28). Zunächst werden die zutreffenden Regeln ermittelt, und zwar durch Prüfen der Bedingungen, sowie Vergleich der Konstellation nacheinander mit allen Regeln; im N-Fall (keine Regel trifft zu) kommen die SONST/ELSE-Regeln zum Tragen. Für diesen Zweck wird im Anzeigerteil mit vier Symbolen gearbeitet. Diese sind:

- Y = die Bedingung muß für diese Regel erfüllt sein.
- N = die Bedingung darf für diese Regel nicht erfüllt sein.
- Kreuze (x) bezeichnen im Aktionsanzeigerteil die Maßnahmen, die aufgrund einer bestimmten Bedingungskonstellation in einer Entscheidungsregel zur Ausführung kommen sollen.

- Die Unwirksamkeit bestimmter Bedingungen in einer Entscheidungstabelle muß jedoch durch einen bestimmten Bedingungsanzeiger, im allgemeinen "-" angezeigt werden. In der Praxis sind jedoch häufig bestimmte Bedingungen für bestimmte Entscheidungen irrelevant; in einem solchen Fall kann eine Entscheidungstabelle erheblich weniger Regeln als maximal zulässig enthalten.

6.5.2 Daten- und Programmablaufpläne

6.5.2.1 Begriffserklärung

Die Fixierung der Programmlogik wird optisch und organisatorisch mit Hilfe der Darstellungstechnik Datenfluß- und Programmablaufplan durchgeführt. Der Normenausschuß Informationsverarbeitung (FIN) im Deutschen Institut für Normung e.V. (DIN) hat im Zusammenhang mit den von der International Organization for Standardization (ISO) herausgegebenen Internationalen Normen ISO 1028-1973 und ISO 2636-1973 eine vereinheitlichte Form zur Darstellung von Abläufen in der Datenverarbeitung veröffentlicht. Es sind Sinnbilder allgemeinen Charakters, wobei die Texte als Erläuterungen und nicht als Gegenstand der Normung gelten.

6.5.2.2 Sinnbilder für Datenfluß- und Programmabläufe

Die Sinnbilder für **Datenflußpläne** (Abbildung 6.29) bestehen aus

- Sinnbildern für das Bearbeiten,
- Sinnbildern für den Datenträger und
- dem Sinnbild Flußlinie (stets mit Pfeilspitze);

die Sinnbilder für **Programmablaufpläne** hingegen aus

- Sinnbildern für die Operationen,
- Sinnbildern für die Ein- und Ausgabe, sowie
- dem Sinnbild Ablauflinie.

Der **Datenflußplan** (DFP) zeigt den Fluß der Daten durch ein Datenverarbeitungssystem. Er besteht aus verschiedenen Sinnbildern, die die einzelnen Arbeitsgänge der Aufgabenstellung und die dabei verwendeten Datenträger wiedergeben. Die einzelnen Schritte eines von einem Datenverarbeitungssystem zu lösenden Problems werden mit einem Schaubild unter Verwendung bestimmter

6. Anwendungsprogramme; AP-Modellierung

Sinnbilder graphisch dargestellt. Die Folge dieser Sinnbilder wird **Programmablaufplan** (PAP) genannt. Er beschreibt den Ablauf der Operationen in einem Datenverarbeitungssystem in Abhängigkeit von den jeweils vorhandenen Daten. Ein Beispiel wird in Abbildung 6.30 gezeigt.

Sinnbild	Benennung und Bemerkung	Sinnbild	Benennung u. Bemerkung
▱	Datenträger allgemein (Input/Output)	▭	Bearbeiten, allgemein (Process)
◯	Magnetband (Magnetic Tape)	▭	Ausführen einer Hilfsfunktion (Auxiliary Operation)
⌽	Plattenspeicher (Magnetic Disk)	⌒	Eingreifen v. Hand (Manual Operating)
▭	Operation, allgemein (Process)	◺	Eingeben von Hand (Manual Input)
◇	Verzweigung (Decision)	▽	Mischen (Merge)
◯	Anzeige (Display)	△	Trennen (Extract)
→	Flußlinie (Flow Line)	⋈	Mischen mit gleichzeitigem Trennen (Collate)
⇉	Transport der Datenträger	⬡	Sortieren (Sort)
⚡	Datenübertragung (Communication Link)		
◯	Übergangsstelle (Connector)		
---[	Bemerkung (Comment, Annotation)		

Abb. 6.29: Sinnbilder für die Datenfluß- und Programmablaufpläne nach DIN 66001

Während mit dem Datenflußplan wiedergegeben wird, welche Arbeiten durchgeführt werden, beschreibt der Programmablaufplan - im Detail - wie die Arbeitsschritte durchzuführen sind, d.h. er beschreibt den logischen Ablauf des Programms. Der Programmablaufplan ist die Grundlage für das Codieren eines Programms, weil er

- die Anweisungen nennt, die zur Verarbeitung der Daten notwendig sind,
- die Reihenfolge beschreibt, in der die Anweisungen ausgeführt werden und
- die Bedingungen benennt für alternative Anweisungsfolgen.

Mit Hilfe des Programmablaufplans können die Anweisungen eines Programms auf Vollständigkeit, richtige Reihenfolge und auf logische Fehler geprüft werden. Durch die unterschiedlichen Blöcke bzw. Symbole werden die unterschiedlichen Funktionen eines Programms dargestellt, so z.B. durch einen Ein-/Ausgabe-Block eine Ein-/Ausgabe-Funktion, durch einen Entscheidungsblock eine Entscheidungs-Funktion usw. Dabei ist Funktion nicht gleichbedeutend mit Operation; die jeweiligen Operationen ergeben sich aufgrund der Eintragungen in den Blöcken. Es ist üblich in die Sinnbilder sog. Kurzeintragungen vorzunehmen. Eine Auswahl wird in Abbildung 6.30 gezeigt.

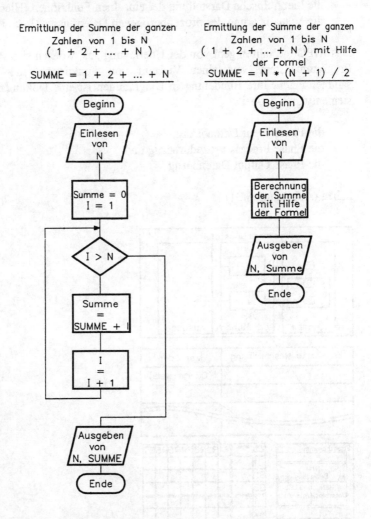

Abb. 6.30: Beispiel für die Anwendung eines Programmablaufplans

6.5.3 Hierarchy plus Input-Process-Output (HIPO)

Das **HIPO-Verfahren** (Hierarchy plus Input-Process-Output) ähnelt dem Verfahren der Strukturierten Programmierung und wird häufig in Ergänzung dazu eingesetzt. Es bevorzugt die hierarchische Darstellung der einzelnen Funktionen. Hinzukommen die IPO-Diagramme, die in der Darstellung der Beziehungen zwischen den Phasen Eingabe, Verarbeitung und Ausgabe bestehen. Somit stehen zwei Aufgaben an, und zwar

- die hierarchische Darstellung der einzelnen Funktionen (Hierarchie) und
- die Visualisierung des prozeßbezogenen Datenflusses (I -> P -> O).

Das HIPO-Verfahren geht von der Überlegung aus, wonach sich Programme und Programmsysteme aus einer Vielzahl von Funktionen und Prozessen zusammensetzen. Ihre Bündelung in Diagrammen ist eine Dokumentation des Systementwurfs, wobei

- die Phase Input Datenbezug,
- die Phase Process Prozedurbezug und
- die Phase Output Datenbezug

haben (Abbildung 6.31).

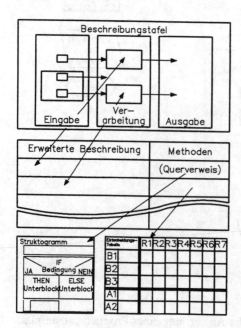

Abb. 6.31: Schema des HIPO-Verfahrens

Die Methode geht also von der Vorstellung aus, daß bekannt ist, welche Ausgabedaten erwartet werden. Der Prozeß hat diese Ausgabedaten zu erstellen. Dabei ist es gleichgültig, wie der Prozeß aufgebaut ist. Sind Eingabedaten für den Prozeß erforderlich, so sind diese zur Verfügung zu stellen.

Diese Methode ist in ihrer Darstellung sowohl funktions- als auch datenorientiert. Übersichtsdiagramme werden für alle Funktionen erarbeitet, die in weitere Funktionen (Teilfunktionen) zu untergliedern sind. Detaildiagramme werden für Funktionen auf der untersten Ebene erstellt, bei denen keine weitere Untergliederung mehr vorgesehen ist. Bei dieser Betrachtungsweise kann davon ausgegangen werden, daß auf den höheren Ebenen die Daten umfassend (z.B. als Dateien) und in den niederen Ebenen immer detaillierter (z.B. als Datensatz einer Datei oder Felder eines Datensatzes) beschrieben werden.

Auf der untersten Ebene, also auf der Stufe der Detaildiagramme, sollte dann von der "erweiterten Beschreibung" Gebrauch gemacht werden. Die Detaildiagramme dienen der näheren Erläuterung von Verarbeitungsschritten. Die Folge der Verarbeitungsschritte muß aber nicht zwingend im IPO-Diagramm aufgeführt sein, sondern kann sich auf einer anderen Liste in Form von Entscheidungstabellen oder Struktogrammen befinden.

6.5.4 Pseudocode

Pseudocodes sind in einer beliebigen, für den Computer nicht direkt verständlichen Sprache geschriebene Codes. In der Regel wird dabei die eigene, natürliche Sprache in gekürzter Form/Fassung verwandt, so daß ihrer Anwendung nahezu keine Grenzen gesetzt werden brauchen. Pseudocodes werden in der Strukturierten Programmierung häufig anstelle von Struktogrammen verwandt, um zeitaufwendige Zeichenarbeiten und schwerfällige Abkürzungen zu umgehen. Da bei den Pseudocodes die gleichen Regeln gelten wie in der Struktogrammtechnik, ist ein systematisches Vorgehen zum sprachunabhängigen Programmentwurf ebenso möglich wie die Bildung logischer Programmstrukturen. Das Ergebnis ist ein übersichtlicher, leicht lesbarer und überprüfbarer Programmentwurf, der einfach in ein Programm übertragen (codiert) werden kann. Der in dieser Form aufbereitete Programmentwurf ist zugleich eine detaillierte Programmdokumentation. Besondere syntaktische Regeln liegen nicht vor. Formalsprachlich werden nur die Schlüsselwörter der Steuerungskonstruktion aus der Struktogrammtechnik übernommen. Zur Beschreibung der Bedingungen und der durchzuführenden Operationen wird die natürliche Sprache gewählt, so daß dieses Instrument auch von Anwendern ohne spezielle Kenntnisse in der Datenverarbeitung benutzt werden kann. Um die Abarbeitung der Aufgabe zu systematisieren, können verschiedene Funktionsarten unterschieden werden. Sie beinhalten die Aktionen, die durchzuführen sind, sowie deren Ablauffolge und -regeln. Danach werden folgende Strukturen unterschieden:

```
Aufgabe:
Gegeben ist eine Datei "Anlagen" mit der Kontengruppe - Kennzeichnung 1
bis 6. Für jedes Anlagegut wird ein Datensatz mit den Feldern An-
schaffungswert, alter Buchwert, Abschreibungssatz und dgl. geführt. Zu
berechnen sind der neue Buchwert und der Abschreibungsbetrag. Es kommen
verschiedene Abschreibungen zum Tragen, so bspw. monatliche und jährliche.
Die Ergebnisse werden in eine neue Datei ausgegeben, wobei je nach Er-
füllung von Bedingungen verschiedene Datensätze erzeugt werden, und zwar
für den Bestand, Zugang und Abgang sowie für die Abschreibung.
```

```
Lösung:
Die Aufgabe wird in einem Pseudocode gelöst. Die Schlüsselwörter werden
in der üblichen Form, also englisch, vom Textabgehoben. Die Aufgabenlösung
wird nachfolgend auszugsweise (nicht komplett) wiedergegeben.
```

```
Programm initialisieren
Datei "Anlagen" eröffnen
DOWHILE Datensätze vorhanden
    IF      1 ≤ Kontengruppe ≤ 6
    THEN    Datensatz verarbeiten
    IF      Buchwert ǂ 1
    THEN    Prüfen auf Satzart (Zugang, Abgang, Bestand)
    .
        BEGIN
        Abschreibungssatz insgesamt = 100
        Abschreibungsbetrag = Abschreibungsbetrag * 0,01 *
                              (Abschreibungssatz + Abschreibungssatz
                               insgesamt - 100) - 1
        END
    .
    ELSE    Fehlermeldung
    ENDIF
    CASE OF      Bildung neuer Datensätze
        CASE 1   Datensatz "Anfangsbestand"
        CASE 2   Datensatz "Abschreibung"
    .
    ENDCASE
    ELSE    Datensatz unverändert doppeln
    ENDIF
ENDDO
Datei "Anlagen - neu" schließen
STOP RUN
```

Abb. 6.32: Vereinfachtes Beispiel in Pseudocode

- Die einfache Programmschrittfolge **Sequenz** wird mit den Schlüsselwörtern BEGIN und END dargestellt. Andere Schlüsselwörter sind nicht notwendig, da in jeder Programmiersprache mit linearen Strukturen die sequentielle Abarbeitung der Operationen die normale Ablauffolge ist.
- Die **Auswahl- oder Entscheidungsstrukturen** werden die Schlüsselwörter IF, THEN, ELSE und ENDIF (WENN, DANN, SONST und ENDE-WENN) benutzt. Bei der Fallentscheidung dagegen CASE OF, CASE n, ENDCASE.

- Die **Wiederholung** benutzt die beiden Schlüsselwörter DOWHILE und ENDDO (WIEDERHOLUNGSOLANGE und ENDEWIEDERHOLUNG).
- Außerdem haben sich die für die ergänzende Variante der Wiederholungsstruktur die **Schlüsselwörter** DOUNTIL und ENDDO eingebürgert; bzw. bei Programmsegmentierungen die Schlüsselwörter INCLUDE und CALL.

In Abbildung 6.32 wird ein einfaches Beispiel unter Verwendung des Pseudocodes aufgezeigt und die zuvor skizzierte Arbeitstechnik verdeutlicht.

6.5.5 Strukturierte Programmierung

6.5.5.1 Begriffserklärung

Die Entwicklung der Softwaretechnologie hat mit der Entwicklung der Hardwaretechnologie und dem Wachstum der Programmierungsaufgaben nicht Schritt halten können. Besonders nachteilig hat sich der Tatbestand ausgewirkt, daß eine alle Phasen der Programmentwicklung von der Initialphase bis zum Einsatz bzw. bis zur Wartung begleitende und übergreifende Softwaretechnik gefehlt hat. Eine wirksame und den heutigen Anforderungen adäquate Softwaretechnik muß nämlich bereits zu Beginn der Arbeiten, also in der Phase der Problemanalyse, einsetzen und die Problemlösung über die Phase Programmdesign hinaus in die Phase Programmeinsatz nach einem einheitlichen Konzept und mit aufeinander abgestimmten Techniken unterstützen.

Dieser Versuch zeichnet die Strukturierte Programmierung in den Phasen von Design und Dokumentation aus. Ziel ist es,

- eine methodische Vorgehensweise beim Programmentwurf zu unterstützen,
- ebenso die einheitliche Programmdokumentation zu gewährleisten.

Sofern man die Methode der Strukturierten Programmierung anwendet, erhält man im Hinblick auf den Programmentwurf und die Dokumentation

- hierarchisch gegliederte Programmstrukturen,
- leicht lesbare und nachvollziehbare Programme,
- klare, einfache, zuverlässige und leicht wartbare Programme, sowie
- vollständige, durchgehende und einheitlich gegliedert aufgebaute Dokumentationsunterlagen.

Die Einhaltung von Regeln der Strukturierten Programmierung verbessern die Analyse, Planung, Wartung, Lesbarkeit u.a. Eigenschaften des Programms und führen zu korrekten, zuverlässig arbeitenden, gut dokumentierten und damit wartungsfreundlichen Programmen.

6.5.5.2 Grundzüge der Strukturierten Programmierung

Folgende Grundzüge charakterisieren diese Methode:

- Die Strukturierte Programmierung verfügt über Strukturelemente und Strukturierungsregeln, die eine Gliederung der funktionalen, programmtechnischen und datentechnischen Strukturen systematisch bewirken. Techniken also, die in der Phase der Problemanalyse mit dem Programmdesign einsetzen und das Programm in die Phase des Programmeinsatzes begleiten.
- In der Strukturierten Programmierung werden verschiedene semantische Ebenen hierarchischer Strukturen unterschieden, die eine Auflösung des Problems von oben nach unten in überschaubare, einfache Teillösungen bedingen und somit zu eindeutig abgegrenzten Programmfunktionen führen.
- Die eindeutige Abgrenzung wird dadurch erreicht, daß für jede Teillösung nur ein Eingang und nur ein Ausgang definiert werden. Eine solche geschlossene Einheit bildet ein sog. "Eigenprogramm".
- Die Steuerung des Programmablaufes erfolgt zentral. Sie geht von einem Punkt aus und kehrt zu diesem Punkt zurück. GOTO-Anweisungen sind nicht zulässig, da ein Programm wie ein "invertierter" Baum gebaut ist, der aus über- und untergeordneten Teilen (Stamm-Hauptzweig-Zweig) besteht, zwischen denen keine Querverbindungen zulässig sind.

Aus der historischen Entwicklung der Strukturierten Programmierung ist der sachliche Rahmen dieser Methode abgrenzbar. Dies ist umso zwingender, als unter diesem Begriff eine Vielzahl unterschiedlicher Hilfsmittel, Techniken und Darstellungsweisen der Programmierung verstanden werden. Dies ist die Folge einer fehlenden eindeutigen, allgemeingültig anerkannten Definition. Das Problem beginnt nämlich bereits mit dem Ausdruck "strukturiert". Prinzipiell ist jedes Programm strukturiert, nachdem

- ein Programm eine bestimmte Aufeinanderfolge von Anweisungen zur Lösung einer Aufgabe ist und somit über eine gewisse Struktur verfügt,
- jeder Zerlegungsschritt einer Aufgabe in Teilaufgaben oder das Zusammenfügen von Anweisungen zu Teilprogrammen bzw. von Teilprogrammen zum Programm gleicht einem Strukturierungsvorgang und schließlich
- es keine festen Regeln für die Auswahl der Strukturen und damit zur Festlegung der Annäherungsschritte zur Problemlösung gibt.

Entscheidend ist, daß

- die Lösung der Teilaufgaben die Lösung der Gesamtaufgabe beinhaltet,
- die festgelegte Folge von Teilaufgaben sinnvoll ist und
- die gewählte Lösung eine Annäherung an die Gesamtlösung darstellt.

6.5 Werkzeuge der 3. Softwaregeneration

Die Strukturierte Programmierung ist eine Programmiermethode, die auf der Philosophie der klaren Programm- und Datenstrukturen und auf der Anwendung von Techniken basiert, die diese Programmphilosophie zu realisieren ermöglichen. Das Wort "strukturiert" wird im allgemeinen als übergeordneter Begriff für "geordnet", "systematisch", "überprüfbar", "methodisch" usw. gebraucht. Es beschreibt einen Zustand, der bei der Abstrahierung komplexer Zusammenhänge angestrebt wird. Im einzelnen umfassen diese Techniken

- die schrittweise Verfeinerung des Problems in immer kleinere Details durch Zerlegung in eine Folge von Teilproblemen von oben nach unten,
- die Übertragung der Elementarfunktionen und der Teilprobleme in eine programmtechnisch klar strukturierte Folge von elementaren Operationen und Programmfunktionen,
- die Anpassung der Datenstrukturen und die eindeutige Zuordnung der Daten zu den Programmfunktionen,
- die Entwicklung von sog. Eigenprogrammen als selbständige Funktionsblöcke mit jeweils nur einem Ein- und Ausgang,
- die zentrale Programmsteuerung entlang den Pfaden der hierarchischen Programmstruktur mit eindeutigen Einwirkungs- und Kontrollmöglichkeiten der Funktionsblöcke in Richtung des Hierarchiegefälles und schließlich
- die Übertragung der Aufgaben- und Programminhalte in die Basisstrukturen-Folge (Sequenz), Auswahl und Wiederholung sowie deren Darstellung in Struktogrammen.

Das Ergebnis dieser Arbeiten ist ein strukturiertes Programm, zu dem eine mit den gleichen Techniken aufbereitete Aufgabenbeschreibung, Programmdokumentation, Wartungs- und Betriebshilfen u.dgl. gehören.

6.5.5.3 Programmstrukturen

Die Strukturierte Programmierung basiert auf dem Grundsatz, wonach komplexe Probleme und die daraus resultierenden Programme auf logische Strukturen zurückgeführt werden. Sie betreffen sowohl die Daten als auch die Programmabläufe. Sie unterscheiden vier elementare Strukturen (Abbildung 6.33), auf die ein Problem zurückgeführt werden kann. Es sind dies im einzelnen

- das Element, die atomare Komponente,
- die Folge oder Sequenz,
- die Auswahl, auch Entscheidung oder Selektion genannt und
- die Wiederholung, also die Iteration.

438 6. Anwendungsprogramme; AP-Modellierung

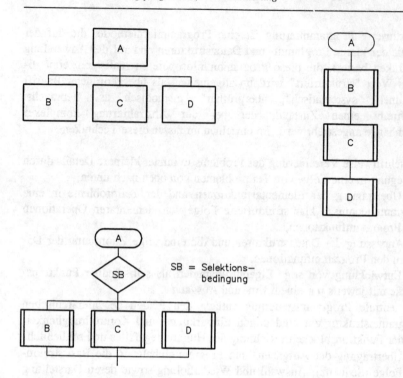

Abb. 6.33: Schema der Basisstrukturen

Ein **Element** (Element) ist eine Grundstruktur, die in der jeweiligen Phase des Entwurfsprozesses nicht weiter untergliedert wird. Dies bedeutet nicht, daß es zu einem späteren Zeitpunkt erfolgt. Ein Element ist somit zum Zeitpunkt der Strukturierung das kleinste, nicht weiter aufgeteilte Glied, das einen oder mehrere Arbeitsschritte enthält. Im Hinblick auf Datenstrukturen kann ein Element einen Datensatz darstellen, dessen logische Struktur (Segmente, Felder) zunächst nicht interessieren. Bei Programmstrukturen kann ein Element eine einzelne Anweisung oder aber auch ein Programmteil sein. In der Abbildung 6.31 steht der Buchstabe "A" für den Namen des Elementes.

Die **Folge** (Sequenz) ist eine Struktur, die mindestens aus einem, im Regelfall aus mehreren Elementen besteht. Jedes Element tritt genau einmal in einer angegebenen Reihenfolge auf. Die Reihenfolge ergibt sich aus der Darstellung. Das ganz links oben stehende Element ist das erste Element der Folge, während das ganz rechts stehende Element das letzte Element der Folge ist.

Eine **Auswahl** (Selektion) ist eine Struktur, die aus mindestens zwei Elementen besteht, von denen in Abhängigkeit von einer Auswahlbedingung (Selektionsbedingung) genau ein Element ausgewählt wird. Die Bedingungen beziehen sich auf Gleichheiten bzw. Unterschiede wie größer, größer-gleich, gleich Hundert.

Die **Wiederholung** (Iteration) ist eine Struktur mit einem Teil, der null- bis n-mal ausgeführt wird. Als Ablaufstruktur ist die Wiederholung eine abweisende Schleife (DO-WHILE-Schleife), da die Schleifenbedingung am Anfang der Schleife geprüft wird. Der Schleifenrumpf wird daher so oft ausgeführt, wie die Schleifenbedingung nicht erfüllt ist. Falls die Schleifenbedingung sofort erfüllt ist, führt dies dazu, daß der Schleifenrumpf überhaupt nicht ausgeführt wird.

Zur Bildung der Programm- und Datenstrukturen greift die Strukturierte Programmierung auf die von DIJKSTRA entwickelte Programmhierarchie zurück. Danach ist ein strukturiertes Programm wie ein invertierter Baum aufgebaut. Oben ist der Stamm, der zu den Hauptzweigen führt, die invertiert zu den unteren Zweigen führen. Entsprechend dieser Aussage werden Problemlösung und Programmfunktionen stufenweise von oben nach unten (top down) entwickelt. Die Lösung eines vorgegebenen Problems erfolgt somit dadurch, daß das Problem solange von oben nach unten in Teilprobleme zerlegt wird, bis die Lösung auf einer Ebene liegt, die in Programmbefehle umgesetzt werden kann. Dieser Vorgang wird **Top-down-Entwicklung** bzw. **schrittweise Verfeinerung** genannt. Das Ergebnis bilden semantische Ebenen - entsprechend Abbildung 6.34 - die synchron zur Unterteilung der Problemstellung verlaufen. Die spätere Zusammensetzung des Programms verläuft in umgekehrter Richtung, als Bottom-up-Entwicklung. Zielsetzungen sind also

- die Reduktion des Problems auf überschaubare Teile,
- das Prüfen auf jeder Entwicklungsstufe der bis dahin erstellten Lösung,
- die Unveränderlichkeit der bisher entwickelten Problemlösung (d.h. die Struktur zusammenfassender Funktionen wird durch die Auflösung dieser Funktionen nicht modifiziert) bei fortschreitender Detaillierung ,
- der Einbau aller Ergebnisse aller Entwicklungsstufen als Bestandteile in die Gesamtlösung
- die Entwicklung nach Abschluß einer höheren Entwicklungsebene.

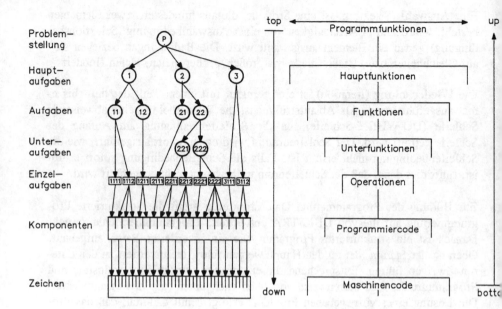

Abb. 6.34: Top-down-Entwicklung zur Bildung semantischer Ebenen

6.5.5.4 Datenstrukturen

Die Datenstrukturierung ist die Gliederung einer festen Anzahl von Daten(-elementen) verschiedenen Typs in eine Anordnung. Zu jedem Programm gehören Daten. Welche Daten jedoch von welchem Programmteil benötigt werden, geht aus den zu erfüllenden Aufgaben der betreffenden Funktion hervor. Aufgrund dieser Aussage wird in der Strukturierten Programmierung davon ausgegangen, daß eine Datenstrukturierung aus dem Programm-Design abgeleitet wird.

Daraus folgt eine denkbare Zuordnung

- eines Datenbereiches (mehrere Dateien) zu einem Programm und
- einer Datei zu einem Programmteil (Modul).

Weitere Zuordnungen würden zu starren Datenstrukturen führen, die im Falle der Mehrfachnutzung der Daten durch verschiedene Programmbausteine Mehrfachspeicherungen der gleichen Daten hervorrufen würden. Bei strenger Einhaltung der programmorientierten Datenstrukturierung (Abbildung 6.35) werden Nachteile - wie programmabhängige Datendefinition, Mehrfachspeicherung und Mehrfachänderung wiederkehrender Daten - in Kauf genommen, die bei der datenbankorientierten Datenstrukturierung vermieden werden können, ohne dabei auf Vorteile einer klaren, eindeutigen Anordnung verzichten zu müssen. Wird bspw. in den Satzstrukturen der Dateien (teilweise) auf die gleichen Datenfelder (-elemente) zurückgegriffen, so löst die Einfügung eines neuen Datenfeldes (-elementes) die Änderung der gesamten Datei und der Module aus.

So gesehen ist die Anpassung der Datenstrukturen an die programmtechnische Hierarchie nicht angebracht. Hinzu kommt, daß neuere Entwicklungstendenzen im Entwurf der Daten-, Zugriffs- und Speicherungsstrukturen eindeutig zur Gleichbehandlung der Daten und deren Beziehungen neigen. Neue Techniken, die in diesem Zusammenhang Verwendung finden, bspw. die Relationenmodelle oder die Bildung einer Hilfsdatei als Sekundärdaten zur besseren Lokalisierung der Primärdaten, sind theoretisch sehr gut fundiert und kommen zunehmend zur Anwendung. An dieser Aussage ändert die objektorientierte Datenmodellierung ebenfalls nichts; sie betrifft weniger die Art der Datenspeicherung, vielmehr die Möglichkeit der Nutzung der Daten nach Objekten und damit die Vergabe von Identifikationsschlüsseln.

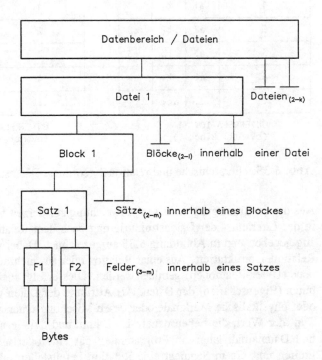

Abb. 6.35: Hierarchische und relational geordnete Datenstrukturen

6. Anwendungsprogramme; AP-Modellierung

RELATION 1 (eventl. Datei 1)

Attribut-(Felder) namen Tupel (Sätze)	A	B	C	D
1	a1	b1	c1	d1
2	a2	b2	c2	d2
3	a3	b3	c3	d3
4	a4	b4	c4	d4
...	...	...	...	...

RELATION 2 (eventl. Datei 2)

Attribut-(Felder) namen Tupel (Sätze)	E	F	G
1	e1	f1	g1
2	e2	f2	g2
3	e3	f3	g3
4	e4	f4	g4
...	...	...	...

UNTERRELATION 11 (eventl. Block 1)

Attribut-(Felder) namen Tupel (Sätze)	A	B	C
1	a1	b1	c1
2	a2	b2	c2
3	a3	b3	c3
4	a4	b4	c4
...	...	...	...

UNTERRELATION 12 (eventl. Block 2)

Attribut-(Felder) name Tupel (Sätze)	A	D
1	a1	d1
2	a2	d2
3	a3	d3
4	a4	d4
...	...	...

Abb. 6.35: Hierarchische und relational geordnete Datenstrukturen

Aus dieser Überlegung wird - in Abweichung zur derzeit herrschenden Meinung in der Literatur - der Datenstrukturierung nach dem Relationenmodell der Vorzug gegeben und in Abbildung 6.35 aufgezeichnet. Dabei werden die Dateien in Relationen strukturiert. Aus einer Relation oder aus mehreren Relationen können neue (Unter-Relationen) gebildet werden. Dies erfolgt meistens nach den Attributen (Eigenschaften) der Daten. Als Attribute der Daten werden dabei logische oder physikalische Merkmale oder deren Mischung unterschieden, so bspw. der Typ, der Wert, die Lebensdauer, das Datum und dgl. Je nach Aufgabenstellung und Datenanfall kann ein Programmteil auf eine oder mehrere Relationen zugreifen und einem Segment eine Relation bereitstellen oder im Bedarfsfall aus den zur Verfügung stehenden Relationen eine neue Relation bilden. Ein Programmblock wiederum kann Unterrelationen aus den geforderten Attributen bilden und die Anweisung schließlich die Verarbeitung tupelweise (zeilenweise) aus der Tabelle vornehmen. Somit werden die Arbeitsweisen und die Vorteile der Strukturierten Programmierung und der Datenstrukturierung nach dem Relationenmodell in einem Konzept zusammengeführt, wobei durch die Nutzbarmachung der Relationsalgebra die Attraktivität dieses Vorgehens erheblich gesteigert wird.

6.5.5.5 Eigenprogramme und deren Ablaufsteuerung

Aus dem Konzept der Programmhierarchie leitet sich das Prinzip zur **Bildung von Eigenprogrammen** ab, die in sich geschlossene, nur mit einem Eingang und Ausgang versehene Einheiten sind. Jeder Programmteil, also die Module, die Segmente, die Blöcke, ja sogar die einzelne Anweisung, kann als ein Eigenprogramm gelten. Ein Programm besteht aus mehreren Eigenprogrammen. Die Eigenprogramme sind nacheinander über- und untergeordnet. Die Stellung eines Eigenprogramms ergibt sich aus der programmtechnischen Hierarchie. Dabei ist ein strukturiertes Programm als ein invertierter Baum aufgebaut. Oben ist der Stamm, der zu den Hauptzweigen führt, die ihrerseits den unteren Zweigen übergeordnet sind. Hieraus ergeben sich folgende Grundzüge:

- Jedes Eigenprogramm kann - nachdem sein Eingang und sein Ausgang eindeutig definiert sind - unabhängig von den übrigen Programmteilen programmiert, getestet, gewartet und damit jederzeit ausgetauscht und/oder in anderen Programmen mehrfach verwandt werden.
- Jedes Eigenprogramm kann stets nur von einem hierarchisch höher stehenden Programmteil angesteuert werden oder Steueranweisungen erhalten; ebenso gibt es Steueranweisungen nur an einen untergeordneten Teil (Prinzip der zentralen Programmsteuerung).
- Jedes Eigenprogramm steht immer vollständig außerhalb oder bei Kombination mehrerer Eigenprogramme vollständig innerhalb eines anderen Programmteils (Ineinanderschachtelung), so daß die semantischen Ebenen eindeutig sichtbar werden.
- Jedes Eigenprogramm erhält nur diejenigen Daten, welche es zur Erfüllung seiner Funktionen benötigt. Die Datenverfügbarkeit wird dabei in Anlehnung an die Datenstrukturen und an die Programmhierarchie geregelt.

Ein solches Eigenprogramm sollte eine praktikable Größe nicht überschreiten. Erfahrungen zufolge soll ein Eigenprogramm nicht mehr als 25 oder 50 Anweisungen lang sein, d.h. in der Regel eine Bildschirm- oder Computerdruckseite. Muß diese Größe überschritten werden, so wird die Bildung von Untermengen empfohlen, damit die logische Einheit schnell verständlich, leicht lesbar und besser programmierbar ist.

Das Ergebnis der Problemstrukturierung, also die sog. funktionale Hierarchie des Problems, bildet die Grundlage des Programm-Designs. Hier geht es um die Zusammensetzung der Programmkomponenten zu einer programmtechnischen Einheit (Abbildung 6.34). Die Programmkomponenten werden aus der funktionalen Hierarchie abgeleitet, und zwar wie folgt:

- die Anweisungen aus den Operationen,
- die Blöcke aus den Unterfunktionen,
- die Segmente aus den Funktionen,
- die Module aus den Hauptfunktionen und
- das Programm aus der Programmfunktion.

Die Anweisungen entsprechen also den Operationen, die Blöcke den Unterfunktionen usw. Auf diese Art werden die Anweisungen sukzessive in hierarchisch höhere Bausteine zusammengesetzt. Daher können bspw. aus einem Block nie Anweisungen an ein Segment oder aus einem Segment Anweisungen an einen Modul gehen. Der Befehlsfluß ist nur entlang dem Hierarchiegefälle möglich und nicht umgekehrt. Da jeder Baustein nur von dem ihn einschließenden Baustein Anweisungen erhalten kann, wird in diesem Zusammenhang auch von der sog. **Outside-in-Programmierung** gesprochen.

Durch die Bildung von Eigenprogrammen wurde das Programm in durchgehende, logisch aneinandergereihte Programmblöcke strukturiert, die gleichzeitig die Ablaufstrukturen des Programms widerspiegeln. Entscheidend dabei ist, daß die Eigenprogramme unabhängig voneinander sind, jedes Eigenprogramm einem anderen Eigenprogramm vor- oder nachgelagert ist und ein Eigenprogramm vollständig in einem anderen Eigenprogramm enthalten sein kann. Daher bereitet die **Steuerung des Programmablaufs** keine Schwierigkeiten. Es muß lediglich dafür gesorgt werden, daß

- die Beziehungen zwischen den Eigenprogrammen auf die Aktivierung des untergeordneten Eigenprogramms und deren Kontrolle beschränkt wird,
- diese Einflußrichtung ausschließlich entlang des Hierarchiegefälles wirksam wird und
- die Aktivierung eines Eigenprogrammes sowie die Kontrolle der richtigen Ausführung von einem Punkt des Programms ausgeht und auch zu diesem Punkt zurückkehrt.

Damit ist gewährleistet, daß die Steuerung des Programms zentral, entlang den Pfaden der hierarchischen Struktur verläuft. Die Haupt-Steuerungsprozedur aktiviert und kontrolliert die Programmteile (Module). Diese enthalten Steuerungsprozeduren, welche die Segmente aktivieren und kontrollieren usw. Auf jeder Stufe werden die Prozeduren detaillierter, so wie dies im Top-down-Ansatz verankert ist. Wenn ein Eigenprogramm abgeschlossen ist, "meldet" es seinen Abschluß an das übergeordnete Eigenprogramm. Eine direkte Verbindung zwischen den Eigenprogrammen auf der gleichen Hierarchieebene ist nicht gestattet. Auch ein evtl. Datenaustausch ist nur über den nächst höheren Programmblock möglich. Die zentrale Programmsteuerung ist also eine vertikale Steuerung von oben nach unten.

6.5.5.6 Struktogramme als Darstellungstechniken

Nassi und Shneiderman haben in Anlehnung an die Grundsätze der Strukturierten Programmierung Darstellungstechniken entwickelt, die mit wenig Regeln arbeiten und daher die Programmlogik vereinfacht widerspiegeln. Ein wesentlicher Nachteil entsteht jedoch dadurch, daß die hierarchisch am tiefsten liegenden Programmteile im kleinsten Maßstab erscheinen, weil die Diagramme von außen nach innen gezeichnet werden. Gerade diese Programmteile sind aber oft ausschlaggebend für die Effektivität eines Programms. Als weiterer Nachteil ist der erforderliche, relativ hohe Zeitaufwand zu nennen, der für die Anwendung notwendig ist.

Es werden zwei Gruppen von Struktogrammen unterschieden, die einfachen (Abbildung 6.36) und die erweiterten (Abbildung 6.37). Ihre Basiselemente sind Strukturblöcke, die

- nur einen Eingang und Ausgang haben,
- eine Steuerung nur von oben nach unten zulassen,
- eindeutig von anderen Strukturblöcken abgrenzbar sind,
- ausschließlich mit den nachfolgenden (unteren) Strukturblöcken korrespondieren (Kontrolle von oben) und
- Überlappungen völlig ausschließen.

Durch die Anwendung der sog. einfachen Struktogrammtechnik mit sechs Grundtypen existieren umkehrbar eindeutige Abbildungsregeln für komplexe Programmstrukturen, die sowohl für die Programmierung als auch für die spätere Wartung eminent wichtig sind. Dazu einige Hinweise mit anschließender Verdeutlichung in den Abbildungen 6.36 und 6.37:

- Die Untereinanderreihung der Strukturblöcke dokumentiert die Flußrichtung der Steuerungen und die hintereinander erfolgende Abarbeitung der Eigenprogramme (von oben nach unten).
- Die Ineinanderschachtelung der Strukturblöcke stellt die hierarchischen Beziehungen der Eigenprogramme dar (von außen nach innen).

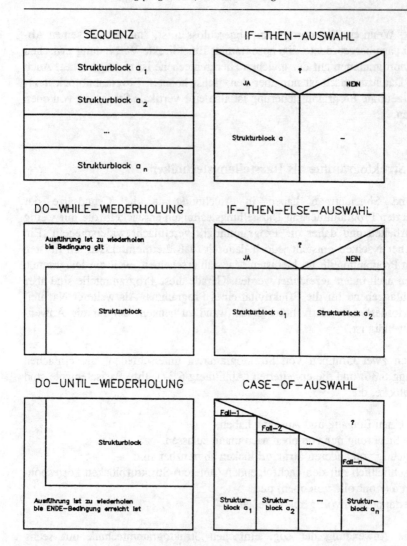

Abb. 6.36: Einfache Struktogrammtypen

- Die Sequenz ist eine Folge von Anweisungen. Sie verlangt die sequentielle Ausführung bzw. Abarbeitung mehrerer Anweisungen.
- Die Nebeneinanderstellung der Strukturblöcke entspricht der Auswahl (Fallentscheidung); sie kennzeichnet das Vorhandensein von Alternativen.
- Die Auswahl ist eine Entscheidung zwischen mehreren Anweisungen. Sie wird während der Ausführung getroffen. Die Ausführung einer Anweisung kann also von einer Bedingung abhängig gemacht sein. Dabei werden die Schlüsselworte IF, THEN, ELSE, CASE OF und dgl. verwandt. Drei Un-

terfälle werden unterschieden, und zwar die IF-THEN-Auswahl, bei der eine Anweisung in Abhängigkeit von der Bedingung ausgeführt wird oder nicht, die IF-THEN-ELSE-Auswahl, bei der in Abhängigkeit von der Bedingung die eine oder die andere Anweisung ausgeführt wird und die CASE-OF-Auswahl, bei der in Abhängigkeit von der Bedingung zwischen mehr als zwei Anweisungen entschieden werden muß.
- Die Wiederholung verlangt in Abhängigkeit von den gesetzten Bedingungen die wiederholte Ausführung einer Anweisung (Schleife). Zwei Unterfälle werden unterschieden, und zwar die DO-WHILE-Wiederholung, bei der die Bedingung zur Wiederholung vor der Schleife geprüft wird (abweisende Schleife) und die DO-UNTIL-Wiederholung, bei der die Bedingung zur Wiederholung nach der Schleife geprüft wird (nicht abweisende Schleife).

Weiteres Kennzeichen der beschränkten Ablaufsteuerung ist, daß jede Basisstruktur nur einen Eingang und einen Ausgang hat und daher entweder als ein selbständiges Eigenprogramm oder als Teil eines Eigenprogramms genutzt werden kann.

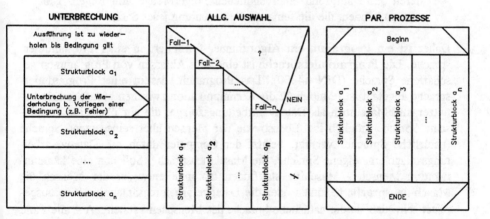

Abb. 6.37: Erweiterte Struktogrammtypen

In Abbildung 6.37 sind drei weitere Strukturblocktypen dargestellt. Sie gehören zur sog. erweiterten Struktogrammtechnik. Ihre Notwendigkeit ergibt sich daraus, daß die Grundtypen der einfachen Struktogrammtechnik nicht alle möglichen Funktionen eines Programms abbilden, die bei komplexen Aufgabenstellungen auftreten können. Ihre Anwendung sollte allerdings auf ein Minimum eingeschränkt werden, da sie in den meisten "klassischen" Programmiersprachen keine Unterstützung erfahren und zu ihrer Realisierung die

Sprunganweisung GOTO bedingen könnten. Im einzelnen handelt es sich dabei um die Strukturblocktypen

- Unterbrechung der Wiederholung,
- allgemeine Auswahl und
- parallele Prozesse.

6.5.6 Programmiersprachen

6.5.6.1 Begriffserklärung

Zur Unterstützung der Programmierarbeiten stehen dem Programmierer, oder dem Benutzer verschiedene Programmiersprachen zur Verfügung. Eine **Programmiersprache** (Programming Language) ist eine formalisierte Sprache,

- deren Sätze (Befehle, Instruktionen) aus einer Aneinanderreihung von Zeichen eines festgelegten Zeichenvorrats entstehen,
- deren Sätze aufgrund einer endlichen Folge/Menge von Regeln gebildet werden können, die die semantische Bedeutung jedes Satzes festlegen.

Daher ist ein **Programm** ein Algorithmus, formuliert in einer Programmiersprache. Die **Programmiersprache** ist eine zum Abfassen von Programmen geschaffene Sprache (DIN 44300). Das Programm, das in einer Programmiersprache abgefaßt ist, ermöglicht die Kommunikation zwischen Menschen als Benutzer und Maschinen als Datenverarbeitungsanlage, die nur über eine gemeinsame Sprache möglich ist. Ebenso wie der Mensch über seine eigene Sprache (natürliche Sprache) verfügt, besitzt der Computer durch die Datenverarbeitungsanlage eine eigene Sprache, die Maschinensprache. Soll nun eine Kommunikation Mensch - Maschine stattfinden, so muß entweder der Mensch die **Maschinensprache** benutzen oder die Datenverarbeitungsanlage muß so ausgerüstet sein, daß sie die natürliche Sprache des Menschen versteht. Auf alle Fälle muß eine Übersetzung - praktisch ein ständiger Wechsel - von der einen in die andere Sprache vorgenommen werden.

Die Kommunikation in der Maschinensprache - wobei die Übersetzung durch den Menschen vorgenommen wurde - war in der Anfangszeit der elektronischen Datenverarbeitung üblich. Die Kommunikation in einer natürlichen Sprache - wobei die Übersetzung vollständig durch die Datenverarbeitungsanlage erfolgte - ist beim derzeitigen Entwicklungsstand der Technik noch nicht möglich. Heute verwendet man zur Kommunikation überwiegend besondere Programmiersprachen, die zwischen den Extremen "Maschinensprache - natürliche Sprache" liegen und Eigenschaften beider Sprachen umfassen. Hierbei unterscheidet man maschinenorientierte und problemorientierte Programmiersprachen. DIN 44300 definiert die Sprachgruppen wie folgt: Eine **maschinenorientierte** Programmiersprache läßt zum Abfassen von Arbeitsvorschriften nur Befehle zu, die Befehlswörter einer bestimmten digitalen Rechenanlage sind. Eine Programmiersprache, die dazu dient, Programme aus einem bestimmten Anwendungsbereich unabhängig von einer bestimmten digitalen Rechenanlage abzufassen und die diesem Anwendungsbereich besonders angemessen sind, ist die **problemorientierte** Programmiersprache.

Bei der Verwendung **problemorientierter Programmiersprachen** finden zwei Übersetzungsvorgänge statt. Der Mensch übersetzt aus der natürlichen Sprache in die Programmiersprache; die Datenverarbeitungsanlage übersetzt die besondere Programmiersprache in ihre Maschinensprache.

Die Aktivierung einer Datenverarbeitungsanlage erfolgt also mit Hilfe einer Sprache. Eine Sprache besteht aus einer Menge von Zeichen und aus einer Menge von Regeln, nach denen die Zeichen zu Daten (Informationen) zusammengesetzt werden (**Syntax der Sprache**). Die Syntax sagt nichts darüber aus, ob die zusammengesetzten Zeichengruppierungen auch sinnvoll sind. Deshalb ist es neben der Syntax noch notwendig, Vereinbarungen über den Bedeutungsinhalt der zulässigen Zeichengruppierungen zu treffen (**Semantik der Sprache**). Es kann vorkommen, daß ein syntaktisch richtiger Satz semantisch unzulässig ist und umgekehrt. Der Satz "Das Auto strickt einen Baum" ist syntaktisch richtig, aber semantisch unzulässig. Die Fähigkeiten eines Datenverarbeitungssystems werden erst durch das Programm aktiviert. Das Programm richtet die universellen Fähigkeiten des Datenverarbeitungssystems auf die Lösung eines Problems aus. Das Problem selbst, sei es mathematischer, kommerzieller oder linguistischer Art, muß logisch vorstrukturiert sein.

Die Eigenschaften der Kommunikationspartner bestimmen weitgehend die Struktur der von ihnen verwendeten Sprachen. Die natürliche Sprache des Menschen ist geprägt durch zahlreiche Ungenauigkeiten und Mehrdeutigkeiten in den Bedeutungsinhalten, z.B. "Das Wetter ist heute weniger schön". Maschinensprachen müssen dagegen semantisch eindeutig sein, da die Bedeutungsinhalte konstruktiv festgelegt sind (eindeutiges Binärmuster). Daraus folgt, daß der Computer alles, was ihm formal syntaktisch richtig übermittelt wird, kritiklos eindeutig "versteht", ohne Rücksicht darauf, ob es auch semantisch bzw. logisch korrekt ist. Es fehlt ihm die Interpretationsfähigkeit, die den Menschen in die Lage versetzt, eine ungenaue Übermittlung evtl. noch richtig aufzufassen und Mißverständnisse zu vermeiden. Beim Computer führen Ungenauigkeiten immer zu Mißverständnissen und bewirken den "Gigo-Effekt". Das, was der Maschine nicht präzise, eindeutig und in der logisch richtigen Reihenfolge übermittelt wird, ist immer "Garbage = Mist" und muß zwangsläufig dazu führen, daß die Maschine als Arbeitsergebnis auch wieder "garbage = Mist" hervorbringt.

6.5.6.2 Einteilung der Programmiersprachen

Programmiersprachen sind Hilfsmittel zur Verständigung mit dem Computer. Diesem Grundsatz entsprechen die meisten in der 40jährigen Computer-Geschichte entstandenen Programmiersprachen. Sie orientieren sich an der jeweiligen Hardware-Architektur und an den Problemen. Sie sind diesen zugeschnitten. In den letzten Jahren setzte eine Entwicklung ein, die den Menschen, den Benutzer voranstellt und Sprachen konstruiert, die nicht mehr zweifelsfrei als Programmiersprachen bezeichnet werden können (Siehe Abschnitte 6.6 und 6.7).

Mit einer Programmiersprache wird die Problemlösung als Algorithmus in einer computerverständlichen Form definiert. Die Art der auszuführenden Operationen, ihre Reihenfolge, die Festlegung des Datentyps usw. sind sprachgebunden. Der Programmierer bzw. der Benutzer bewegt sich in fest vorgegebenen Regeln.

Anders verhält es sich mit den neueren Programmiersprachen. Sie sind dem Computer nicht nur verständlich, sie enthalten zugleich die Lösungsalgorithmen. Dies hat zur Folge, daß der Anwender nicht mehr belastet ist, Lösungswege auszuarbeiten, sondern die Aufgabe hat, aus Lösungsalternativen das optimale auszuwählen und anzuwenden. Hier steht eine völlig neue Programmphilosophie an, so daß in diesem Zusammenhang eher von Softwaretools, als von Werkzeugen gesprochen werden muß.

Die gegenwärtige Situation wird durch diesen Umwälzungsprozeß geprägt. Sie kennt und nutzt die traditionellen, klassisch geltenden Sprachen prozedualen Ursprungs und wendet mit steigender Tendenz nicht-prozeduale höhere Programmiersprachen, sowie Werkzeuge an. Diese sind sowohl auf Mikrocomputern als auch auf Mainframes vorhanden, wenn auch mit unterschiedlichen Ausprägungen.

Normalerweise werden die Programmiersprachen eingeteilt in die Gruppen

- Maschinensprache
  Ablaufbereite Maschinenbefehle; binärer Maschinencode; ursprüngliche Form der Programmierung.

- maschinenorientierte Sprachen
  Assembler-Sprachen; Befehle und Operanden werden mit Hilfe mnemonisch symbolischer Zeichen formuliert; komplexe Befehle werden häufig durch Verwendung von sog. Makrobefehlen erreicht: diese sind "fertige" Unterprogramme.
- problemorientierte Sprachen
  "Höhere" Programmiersprachen zur Formulierung von Aufgaben in bestimmten Anwendungsbereichen, unabhängig von einer bestimmten Rechenanlage; die Sprachelemente sind problemnah und nicht maschinennah, d.h. auf dem primitiven Sprachvorrat eines Prozessors zugeschnitten.
- benutzerorientierte Sprachen (Werkzeuge, Tools).

Eine in neuerer Zeit benutzte Einteilung versucht, die Programmiersprachen entsprechend ihrer zeitlichen und inhaltlichen Entwicklung so zu ordnen, wie sie von ihren Ursprüngen in "Richtung" Künstliche Intelligenz (Artificial Intelligence) ausgebaut werden (Abbildung 6.38). Dabei umfassen die gegenwärtigen Entwicklungsaktivitäten optische und akustische Mustererkennungen, natürliche Sprachkommunikation u.ä.

6.5.6.3 Maschinensprachen der 1.Generation

Als Maschinensprache gilt eine Programmiersprache, wenn ihre Befehlsliste in direktem Zusammenhang mit einer Computer-Architektur steht. Die Sprachstruktur wird durch das technische Konstruktionsprinzip der Anlage bestimmt. Sie arbeitet mit einer individuellen Befehlsstruktur, die von der hardwaretechnischen Architektur der Anlage abhängig ist. Ein Maschinenbefehl besteht gemäß Abbildung 6.2 aus dem Operationsteil und dem Operanden- oder Adreßteil. Beide Teile sind intern in binärer Form aufgebaut, d.h. sie bestehen aus dualen Ziffernkombinationen (Abbildung 6.41). Eine Übersetzung erübrigt sich. Das erstellte Programm in der Maschinensprache kann unmittelbar ausgeführt werden. Dieses Vorgehen ist mit erheblichen Nachteilen verbunden und wird in Anbetracht nachfolgender Fakten von den Anwendern nicht mehr in Erwägung gezogen:

- Der Adreßteil eines Befehls besteht nur aus Ziffern; er ist schwer merkbar.
- Große Programme führen zu mangelhafter Übersichtlichkeit, schlechter Lesbarkeit und erhöhter Fehlerwahrscheinlichkeit.
- Müssen bei Programmänderungen Befehle eingeschoben werden, so ändert sich die gesamte folgende Speicheraufteilung; Sprungbefehle müssen umgeschrieben werden.
- Da die Befehlsliste bis zu 200 verschiedene Befehle umfassen kann, werden hohe Erwartungen an die Merkfähigkeit des Programmierers gestellt.
- Die Programme können nicht auf anderen Fabrikaten ausgeführt werden.

Programmiersprachen	Technische Entwicklungen	Problembereiche
1. Sprachgeneration Maschinensprache Maschinencode (vor 1950)		
2. Sprachgeneration Assembler (nach 1950)	Transistoren Kernspeicher Papierperipherie ←───────────	Befehlssatz zunehmend Programmlänge Dokumentationen bewirken
3. Sprachgeneration höhere lineare Sprachen Fortran, Cobol, Lisp, Algol60, Basic, RPG, APL (ca. 1960)	Plattenspeicher Betriebssystem Dienstprogramme (Lader, Binder) Rechnerleistung erhöht ←───────────	Benutzerkreis wachsend Programmgröße komplexe Algorithmen Änderungs- freundlichkeit bewirken
prozeduale höhere Systempro- grammiersprachen Algol68, PL/1, Pascal, Modula, C (ca. 1968, 1970)	Speicherhierarchie integrierte Halbleiter Bildschirme Programmbibliotheken Testhilfen ←───────────	Portabilität von Algorithmen Komplexe Daten- strukturen bewirken
Realtime-Programmier- sprachen RT-Fortran, RT-Pascal, Pearl, Ada, Chill (ca. 1975) Höhere Mikroprogrammier- sprachen (ca. 1980)	Betriebssystem für parallele Tasks Tasksynchronisation VLSI, Mikroprozessor Mikroprogrammspeicher ←───────────	Rechenprozesse parallel Echtzeit-Programme Technische Prozesse bewirken
4. Sprachgeneration nicht-prozeduale Sprachen Natural, Mantis, ADS, Focus, Sesam, Line, Datatrieve Werkzeuge (Tools) Framework, dBase, SAS	Rechnernetze/-werke Mehrrechnersysteme Realtime-Datenbanken verteilte Datenbanken Parallelrechner Supercomputer ←───────────	Dialogprogrammierung Enduser-System Nutzung der neuen Technologien Objektorientierung bewirken
5. Sprachgeneration Spezialsprachen Implementierungssprachen LISP, Prolog, OPS 5, Smalltalk 80, Matlan, Pool XPS-Sprachen	Supercomputer Parallelrechner- Architektur ←───────────	Künstliche Intelligenz Objektorientierung Regelbasierung bewirken

Abb. 6.38: Einteilung der Programmiersprachen

6.5 Werkzeuge der 3. Softwaregeneration   453

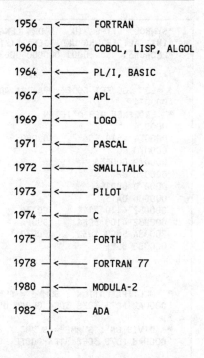

Abb. 6.39: Entwicklungslinie wichtiger Programmiersprachen

Ermittlung der Summe der ganzen Zahlen von 1 bis N
(1 + 2 + ... + N) mit Hilfe der Formel
SUMME = N * (N + 1) / 2

Abb. 6.40: Aufgabenstellung mit Ablaufplan

```
*SYMBOL    TYPE  ID    ADDR   LENGTH LDID
*INITIALISIERUNG UND IDENTIFIZIERUNG DES PROGRAMMS
 RECH0531  SD    0001  000000 00023


*  LOC  OBJECT CODE     ADDR! ADDR" STMT    SOURCE STATEMENT
 000074
*  EROEFNEN DER DATEIEN
 000074
 000074 4510 306A        00080
 000078 00
 000079 000134
 00007C 8F
 00007D 000194
 000080 0A13
 000082 4110 311E        00134
 000082 4100 30E4        000FA
 00008A 58F0 1030        00030
 00008E 05EF
   .
   ─────
   .
*  MULTIPLIKATION : SUMME = SUMME * N
 0000A2 FC73 30E8 30E4  000FE 000FA
*
*  DIVISION : SUMME = SUMME / 2
 0000A8 FD70 30E8 31F3  000FE 00209
   .
   .
   .
*  SCHLIESSEN DER DATEIEN
 0000E0 4510 30D6        000EC
 0000E4 00
 0000E5 000134
 0000E8 80
 0000E9 000194
 000EC 0A14
*
*  ENDE DES ARBEITSTEILS
 0000EE 58D0 D004        00004
 0000F2 98EC D00C        0000C
 0000F6 17FF
 0000F8 07FE
```

Abb. 6.41: Auszug aus dem Maschinenprogramm

Um Unterschiede zwischen den Sprachgenerationen und deren Vertreter zu verdeutlichen, werden nachfolgend auf die Problemstellung in Abbildung 6.40 aufbauend, Programme (Lösungen) in verschiedenen Sprachen gezeigt.

6.5.6.4 Assemblersprachen der 2.Generation

Eine Erleichterung beim Erstellen von Programmen trat durch die Einführung der Assemblersprachen ein, bei denen der Adreßteil des Befehls durch alphanumerische Symbole dargestellt wird (symbolische Adressierung). Die Zuordnung der absoluten Adressen zu den symbolischen Adressen übernimmt ein Übersetzer, in diesem Fall der Assemblierer (siehe Abbildung 6.7). Weiterhin werden Sprungziele innerhalb des Programms durch Symbole (sog. Marken) gekennzeichnet. Der Programmierer hat die Speicheraufteilung nicht mehr zu berücksichtigen. Bei Programmänderungen ermittelt der **Assemblierer** die veränderte Speicheraufteilung automatisch. Der Assemblierer (Assembler) wird von der Herstellerfirma geliefert und ist ein in der Maschinensprache geschriebenes Programm. Er übersetzt das in einer Assemblersprache geschriebene Quellprogramm in das in Maschinensprache abgefaßte Zielprogramm.

Die Assemblersprache wurde als streng maschinenorientierte Programmiersprache entwickelt. Sie eignet sich zur Programmierung aller Aufgaben, die mit Hilfe eines DV-Systems gelöst werden sollen. Die Sprache lehnt sich eng an die interne Logik und Speicherungstechnik des Computers an und zeichnet sich durch präzise Formulierung des Lösungsweges aus, wozu ein Befehlsvorrat von über 140 Einzelinstruktionen zur Verfügung steht. Dies hat zur Folge, daß der Schulungsaufwand zum Erlernen der Sprache sehr groß ist, daß dagegen der erforderliche Hauptspeicherbedarf für ein Assembler-Programm relativ klein gehalten werden kann. Gute Maschinenkenntnisse sind für einen Assembler-Programmierer unerläßlich, ebenso wie eine ausführliche Dokumentation des Programms für dessen Pflege.

Bei den frühen bzw. einfachen Assemblersprachen entspricht jedem Befehl in der Assemblersprache ein Maschinenbefehl. Die Assemblersprache ist somit eine sog. 1:1- Sprache. Neuere bzw. komplexe Assemblersprachen verfügen über sog. Makros, die eine weitere Erleichterung der Programmierarbeit bedeuten. Unter einem Makro-Befehl versteht man ein alphanumerisches Symbol, das an die Stelle mehrerer Maschinenbefehle tritt, die i.d.R. häufig benötigte Standardfunktionen ausführen (z.B. Eröffnen und Schließen von Dateien). Der Assemblierer ersetzt beim Übersetzen einen Makro-Befehl automatisch durch die vorgegebene Folge von Maschinenbefehlen. Die Assemblersprache mit Makros ist eine sog. 1:n- Sprache.

```
*   INITIALISIERUNG UND IDENTIFIZIERUNG DES PROGRAMMS
RECH0531 BEGIN BASE(13),TYPE=UPRO
*
*   EROEFFNEN DER DATEIEN
         OPEN    (EDAT,(INPUT),ADAT,(OUTPUT))
*
*   EINLESEN VON N
         GET     EDAT,N
*
*   SPEICHERUNG VON N (MIT GLEICHZEITIGEM PACKEN)
         PACK    SUMME,N
*
*   PACKEN VON N
         PACK    N,N
*
*   ADDITION : SUMME = SUMME + 1
         AP      SUMME,=P'1'
*
*   MULTIPLIKATION : SUMME = SUMME * N
         MP      SUMME,N
*
*   DIVISION : SUMME = SUMME / 2
         DP      SUMME,P'2'
*
*   RESERVIERUNG VON SPEICHERPLATZ FUER DIE DATEN

N        DS      CL4
SUMME    DS      CL8
ABSATZ   DS      CL44
*
*   DATEIERKLAERUNGEN
*
EDAT     DCB     DDNAME=SYSIN,MACRF=GM,RECFM=FB,LRECL=4,
                 BLKSIZE=3120,DSORG=PS
*
ADAT     DCB     DDNAME=SYSOUT,MACRF=PM,RECFM=FB,LRECL=44,
                 BLKSIZE=440,DSORG=PS
*
*   PROGRAMMENDE
         END
```

Abb. 6.42: Lösung in Assembler (auszugsweise)

6.5.6.5 Problemorientierte höhere Sprachen der 3.Generation

Während bei den maschinenorientierten Programmiersprachen die Sprachstruktur durch das technische Konstruktionsprinzip der DV-Anlage bestimmt ist, ist die Sprachstruktur bei den problemorientierten Programmiersprachen durch die zu lösenden Probleme bestimmt. Die Befehlsstruktur der Sprache ermöglicht es, direkt das zu lösende Problem zu programmieren, ohne auf die jeweiligen Eigenheiten der Maschinensprache Rücksicht nehmen zu müssen. Je größer diese Maschinenunabhängigkeit ist, um so höher ist die Qualität einer problemorientierten Sprache.

Die problemorientierten Programmiersprachen sind sog. Makro-Sprachen oder 1:n- Sprachen; d.h. einer Anweisung in der problemorientierten Sprache entsprechen in der Regel mehrere Befehle in der Maschinensprache.

Die Symbolik der problemorientierten Programmiersprachen lehnt sich stark an Ausdrücke der menschlichen Umgangssprache und an die mathematische Formelsprache an. Damit gewinnen die problemorientierten Programmiersprachen eine große Maschinenunabhängigkeit und können auf allen DV-Anlagen eingesetzt werden, die über einen entsprechenden Übersetzer, **Kompilierer** für die jeweilige Sprache verfügen.

Die problemorientierten Programmiersprachen werden in

- Universalsprachen und
- Spezialsprachen

eingeteilt. Die problemorientierten **Universalsprachen** besitzen eine große Allgemeingültigkeit und werden in technisch-wissenschaftlichen und in kommerziell-administrativen Anwendungsbereichen eingesetzt. Als Vertreter dieser Gruppe werden nachfolgend ALGOL, RPG, FORTRAN, COBOL, PL/1, APL, BASIC[1] und PASCAL charakterisiert. Die problemorientierten **Spezialsprachen** sind stark auf eine Problemklasse ausgerichtet, aber ebenso wie die problemorientierten Universalsprachen maschinenunabhängig. Da verschiedene Problemklassen eigene Nebenbedingungen und Gesetzmäßigkeiten aufweisen, bieten die Universalsprachen für diese Problemklassen wenig optimale Einsatzbedingungen. Deshalb entwickelte man Spezialsprachen, deren Struktur der jeweiligen Problemklasse angepaßt ist. Solche Probleme können sein:

- Aufbau Verwaltung und Auswertung von Datenbanken,
- Dialogverarbeitung,

---

1) Die Sprache BASIC geht auf eine Entwicklung von Bill Gates und Paul Allen zurück, die sie für den Altair Computer, welcher den Intel 8080 Chip genutzt hat, gemacht haben. Dieses Produkt, die Basis für die heutige Version von BASIC - inzwischen ein Microsoft-Produkt - ist ein Industriestandard für den 16-Bit Computer.

- Behandlung von Simulationsmodellen,
- Steuerung von Produktionsaufgaben,
- Textverarbeitung etc.

Als typische Vertreter dieser Gruppe werden nachfolgend C und im Abschnitt 6.7 LISP besprochen. Im Unterschied zum Kompilierer wird bei diesen dialogorientierten Programmiersprachen ein sog. Interpretierer, oder **Interpreter** benutzt. Es ist ein Programm, das eine Quellanweisung sofort übersetzt und ausführt. Die Ausführung kann somit erfolgen, bevor ein vollständiges Quell- bzw. Zielprogramm erstellt sind. Beispiele sind APL, BASIC, C und PASCAL.

ALGOL (ALGOrithmic Language) ist eine Sprache speziell für den technisch-wissenschaftlichen Anwendungsbereich und verfügt - im Gegensatz zu FORTRAN - kaum über komfortable Anweisungen zur Behandlung von Ein- und Ausgabeoperationen. ALGOL entstand um 1955 in den USA und wurde dann jedoch in Europa weiterentwickelt. Bekannt wurden Algol60 und Algol68. Ihre Bedeutung blieb weitestgehend auf wissenschaftliche Anwendungen beschränkt; sie wurde inzwischen durch PASCAL abgelöst.

```
$$   START BERECH
'BEGIN'
     'COMMENT' BESCHREIBUNG DER DATEN;
     'INTEGER' N,SUMME;

     'COMMENT' EINLESEN VON N;
     READ(N);

     'COMMENT' BERECHNUNG DER SUMME MIT HILFE DER FORMEL;
     SUMME:=N*(N+1)/2;

     'COMMENT' AUSGABE VON N UND SUMME;
     TYPE ('' FUER N = '',N,'' BETRAEGT DIE SUMME '',SUMME);

     'COMMENT' PROGRAMMENDE;
'END'
$$   ALGOLEND

Für N = 100 beträgt die Summe 5050
```

Abb. 6.43: Lösung in ALGOL

RPG (Report Programm Generator) ist ein problemorientiertes Programmiersystem für den kommerziellen Bereich. Der Report Programm Generator ist eine Standard-Programmierhilfe, die lediglich die variablen Angaben für Eingabe, Verarbeitung und Ausgabe erfordert (Fragebogen-Technik). Bei seiner Entwicklung, die in den Jahren 1959/60 begann, ging man von einer Technik aus, die sich an die Schaltungsweise von Lochkartenanlagen anlehnte. Die ersten Übersetzer wurden im Jahre 1960 entwickelt. Die Sprache ist in verschiedenen Varianten bekannt, wobei der Sprachumfang relativ gering und dadurch die Sprache unflexibel ist:

- In den EINGABE- Bestimmungen werden die Eingabesätze und -felder, deren Daten verarbeitet werden sollen, definiert.
- In den VERARBEITUNGS(Rechen)- Bestimmungen ist anzugeben, welche Berechnungen unter welchen Bedingungen durchzuführen sind.
- Die AUSGABE- Bestimmungen enthalten sämtliche Angaben über die Ausgabe.

Außerdem existiert noch ein viertes Formblatt mit der Bezeichnung Steuerkarte und Dateizuordnung, auf dem Angaben über Aufbau und Größe des Computers und der verwendeten Datenbestände gemacht werden. Die Programmierung besteht also nur noch darin, auf den jeweiligen Formularen (Bestimmungsblättern) die Eingabe, die Berechnungen und die Art und Form der Ausgabe zu beschreiben. Aus diesen Eintragungen kann mit Hilfe des Generatorprogramms ein Maschinenprogramm aus vorhandenen Befehlsgruppen und Standard-Routinen erzeugt werden.

FORTRAN (FORmula TRANslation) ist eine Sprache speziell für den technisch-wissenschaftlichen Anwendungsbereich. Sie verfügt über relativ komfortable Anweisungen zur Behandlung von Ein- und Ausgabeoperationen. FORTRAN wurde 1955 entwickelt und ist bis heute stark erweitert. Die gebräuchliche Fassung wird als FORTRAN 77 benutzt, woraus hervorgeht, daß es sich um eine im Jahre 1977 zuletzt standardisierte Version handelt. Seitdem sind Spracherweiterungen hinzugekommen, und zwar im Hinblick auf die Strukturierte Programmierung.

Ein in FORTRAN-Sprache geschriebenes Quellprogramm besteht aus einer Folge von Anweisungen, aus denen der Compiler Maschinenbefehle erzeugt. Hierbei wird der Programmierer von allen Routinearbeiten, wie Speicherreservierung, Adreßrechnung usw. weitgehend befreit.

```
C  BESCHREIBUNG DER DATEN
      INTEGER N,SUMME
C
C  EINLESEN VON N
      READ(5.1000) N
 1000 FORMAT(14)
C
C  BERECHNUNG DER SUMME MIT HILFE DER FORMEL
      SUMME = N * (N + 1) / 2
C
C  AUSGABE VON N UND SUMME
      WRITE(6.2000) N,SUMME
 2000 FORMAT(' FUER N = ',14,' BETRAEGT DIE SUMME ',18)
C
C  PROGRAMMENDE
      STOP
      END

Für N = 100 beträgt die Summe 5050
```

Abb. 6.44: Lösung in FORTRAN

COBOL (Common Business Oriented Language) ist eine Sprache, die speziell für den kommerziell-administrativen Anwendungsbereich und besonders für ein- und ausgabeintensive Anwendungen entwickelt wurde. COBOL wurde 1959 von Herstellern und Benutzern in den USA und 1967 weltweit genormt. Ihre Entwicklung geht auf eine Zusammenarbeit von Benutzern und Herstellern zurück, die sich im Jahre 1959 zur CODASYL (Conference on Data Systems Languages) zusammengeschlossen haben. Der erste COBOL-Übersetzer stand im Jahre 1961 für die IBM 1401 zur Verfügung. Inzwischen fanden 1974 und 1986 Spracherweiterungen z.B. bezüglich der Anpassung der Sprache an die Strukturierte Programmierung statt. Die gegenwärtig gültige Version, Ansi-COBOL-85, ist eine sehr kompakte Notation. Sie gilt im betriebswirtschaftlichen und kommerziellen Bereich - als die mit Abstand am häufigsten genutzte Programmiersprache.

Die COBOL-Sprache bedient sich neben den COBOL-Worten aus der englischen Sprache frei wählbarer Ausdrücke des täglichen Sprachgebrauchs. Diese wählbaren Worte können mit Begriffen identisch sein, die der zu lösenden Aufgabe entlehnt sind. Die Programmierworte können in jeder Sprache, also auch in deutscher Sprache angegeben werden. Das Programm dokumentiert sich selbst. Die COBOL-Sprache verwendet Makro-1:m-Befehle, also solche Befehle, die jeweils eine Vielzahl von Instruktionen in der Maschinensprache erzeugen. Folglich kommt die COBOL-Sprache mit einem geringeren Befehlsvorrat aus als andere Programmiersprachen.

6.5 Werkzeuge der 3. Softwaregeneration

```
*   IDENTIFIZIERUNG DES PROGRAMMS
    IDENTIFICATION DIVISION.
    PROGRAM-1D.          BERECH.
*
*   BESCHREIBUNG DER MASCHINELLEN UMGEBUNG IN DER DAS
*   PROGRAMM LAUFEN SOLL
    ENVIRONMENT DIVISION.
    CONFIGURATION SECTION.
    OBJEKT-COMPUTER.  IBM-370.
*
*   BESCHREIBUNG DER DATEN
    DATA DIVISION.
    WORKING-STORAGE SECTION.
    77  N           PIC  9(04).
    77  SUMME       PIC  Z(07)9.
*
*
*   VERARBEITUNGSTEIL
    PROCEDURE DIVISION.
*   EINLESEN VON N
        ACCEPT N.
*   BERECHNUNG DER SUMME MIT HILFE DER FORMEL
        COMPUTE SUMME = N * (N + 1) / 2.
*
*   AUSGABE VON N UND SUMME
        DISPLAY ' FUER N = ', N, ' BETRAEGT DIE SUMME ', SUMME.
*
*   PROGRAMMENDE

        STOP RUN.

Für N = 0100 beträgt die Summe 5050
```

Abb. 6.45: Lösung in COBOL

PL/1 (Programming Language 1) ist eine Sprache sowohl für den kommerziell-administrativen als auch für den technisch-wissenschaftlichen Bereich und enthält Sprachelemente von COBOL, FORTRAN und ALGOL. PL/1 wurde 1963/64 entwickelt; sie ist genormt. Allerdings verliert sie laufend an Bedeutung, da sie nicht mehr weiterentwickelt wird. Sie ist jedoch nach COBOL auf Großcomputern stark verbreitet.

PL/1 ist so aufgebaut, daß jeder Programmierer diese Sprache ohne Schwierigkeiten für seinen Problemkreis benutzen kann. Beim Aufbau dieser Programmiersprache wurde das Ziel verfolgt, dem Programmierer eine freie Handhabung bei der Erstellung von Programmen zu ermöglichen (kein strenger Formalismus). Es ist möglich, nur den Teil des gesamten Sprachumfangs zu lernen, der für die Programmierung der jeweiligen Anwendung (kommerziell oder technisch-wissenschaftlich) erforderlich ist.

```
/* IDENTIFIZIERUNG DES PROGRAMMS */
BERECH: PROCEDURE OPTIONS(MAIN) REORDER;

/* BESCHREIBUNG DER DATEIEN UND DATEN */
   DECLARE  SYSIN    FILE;
   DECLARE  SYSPRINT FILE;
   DECLARE  N        FIXED(4);
   DECLARE  SUMME    FIXED(8);

/* EINLESEN VON N */
   GET EDIT (N) (F(4));

/* BERECHNUNG DER SUMME MIT HILFE DER FORMEL */
   SUMME = N * (N + 1) / 2;

/* AUSGABE VON N UND SUMME */
   PUT EDIT (' FUER N = ',N,' BETRAEGT DIE SUMME ',SUMME)
            (A(10),F(4),A(20),F(8));
/* PROGRAMMENDE */
   END BERECH;

Für N = 100 beträgt die Summe 5050
```

Abb. 6.46: Lösung in PL/1

PASCAL ist eine Hochsprache. Da das ganze Quellprogramm vor seiner Ausführung auf dem Computer übersetzt werden muß, handelt es sich um eine Compilersprache. Sie wurde um 1970 von Nicolaus Wirth konzipiert und fand wegen der Klarheit des Sprachkonzepts, der leichten Erlernbarkeit, der Erziehung zu einem disziplinierten Programmentwurf und des sich selbstdokumentierenden Programmtextes rasch eine weite Verbreitung, insbesondere in der Ausbildung. PASCAL unterstützt die schrittweise Problemlösung, die Modularisierung der Daten- und Programmstrukturen und die Strukturierte Programmierung. Die Sprache ist 1982 im Normenentwurf 7185 der ISO (International Organization of Standardization) genormt worden; in Deutschland 1983 als DIN 66256 übernommen.

```
PROGRAM Zaehlen;
VAR     a,summe : integer    (* Ganzzahlvariablen vereinbaren *)
BEGIN
  READLN(a);                 (* Einlesen der Zahl *)
  summe:=a*((a+1/2);         (* Berechnen der Summe *)
  WRITELN(summe);            (* Summe ausgeben *)
END.
```

Abb. 6.47: Lösung in PASCAL

Der Ursprung von C liegt in der Systemprogrammierungssprache BCPL (Richards, 1969), welche weiter zur Sprache B (Thompson, 1970) und dann 1972 zu C von Kernigham und Ritchie entwickelt wurde. C wurde ursprünglich für die PDP-11 unter UNIX entwickelt, aber die Sprache ist nicht an eine bestimmte Hardware oder an ein bestimmtes Betriebssystem gebunden. Bei der Entwicklung wurde besondere Betonung auf die Portabilität von Compiler und Anwendungsprogrammen in andere Umgebungen gelegt. C-Compiler laufen auf allen Rechnern, vom Home-Computer bis zur Mainframe.

C ist eine Programmiersprache für die Entwicklung und Implementierung von komplexen Softwareprodukten. Sie ist inzwischen eine universelle Sprache, die sich durch Ausdrucksökonomie, moderne Kontrollstrukturen, die Möglichkeit zur Bildung von Datenstrukturen und ein umfangreiches Angebot an Operatoren und Datentypen auszeichnet. Ein wichtiger Unterschied zwischen C und anderen modernen Programmiersprachen, wie z.B. PASCAL, ist das der Sprache C eigene Konzept der Blockstruktur.

C ist die Programmiersprache der UNIX-Welt; sie ist zugleich in der DOS-Welt verfügbar. C++ als gegenwärtig gebräuchliche Version bezieht seine Vorteile daraus, daß sie eine objektorientierte Weiterentwicklung der Ursprungsversion von C ist. Durch das "systemnahe" Programmieren werden günstige Laufzeiten realisiert. Ebenso ist der Umgang mit dem Speicherplatz gut. Dafür muß der Benutzer in Kauf nehmen, daß ihm relativ wenig komfortable Entwicklungswerkzeuge zur Verfügung stehen, wie dies bei der Sprache Smalltalk der Fall ist.

```
main()
{
  int n;                  /* Ganzzahlvereinbarung */
  scanf("%i",&n);         /* Ganzzahl einlesen */
  printf("%i\n",n/2*++n); /* Summe berechnen und ausgeben */
}
```

Abb. 6.48: Lösung in C

6.6 Werkzeuge der 4. Programmgeneration (nicht-prozedurale Sprachen)

6.6.1 Inhalte und Spezifizierung

Anders verhält es sich mit den neueren Programmiersprachen. Sie sind dem Computer nicht nur verständlich, sondern sie enthalten zugleich die Lösungsalgorithmen. Dies hat zur Folge, daß der Anwender nicht mehr belastet ist, Lösungswege auszuarbeiten, sondern die Aufgabe hat, aus Lösungsalternativen das optimale auszuwählen und anzuwenden. Hier steht eine völlig neue Programmphilosophie an, so daß in diesem Zusammenhang eher von **Softwaretools** als von Werkzeugen gesprochen werden muß. Mitunter wird auch vom **Objektorientierten Programmieren** (OOP) gesprochen. Die gegenwärtige Situation wird durch diesen Umwälzungsprozeß geprägt. Sie kennt und nutzt die traditionellen, klassisch geltenden Sprachen prozedualen Ursprungs und wendet mit steigender Tendenz nicht-prozeduale höhere Programmiersprachen, sowie Werkzeuge an. Diese sind sowohl auf Mikrocomputern als auch auf Mainframes vorhanden, wenn auch mit unterschiedlichen Ausprägungen.

Die höheren Programmiersprachen der 4. Generation werden unterschiedlich definiert. Es herrschen verschiedene Auffassungen vor. Einheitlich sind die Meinungen dahingehend, daß sie entweder auf der Basis von Datenbank-Abfragesprachen operieren, oder eine Weiterentwicklung leistungsfähiger Sprachelemente der 3. Generation in Richtung Anwendungsprogrammierung sind. Weitergehend und sachlich richtig ist die Definition, wonach die Programmiersprachen der 4. Generation aus den Elementen

- **Abfragesprache** (Query Language)
  Mengenorientierte, deskriptive Sprachen stehen vor satzorientierten.
- **Listgenerator** (Report Generator)
  Dieser ist eine Erweiterung der Abfragesprache, die Abfragen in Datenbeständen und die Listenaufbereitungen unterstützt.
- **Graphikgenerator** (Graphics Generator)
  Er bereitet die Abfrageergebnisse graphisch auf.
- **Anwendungsgenerator** (Application Generator)
  Er ist ein Werkzeug zur Anwendungsentwicklung; bei Dialogarbeiten am Bildschirm zugleich ein Masken-Generator (Screen Pointer).
- **Planungssprache** (Planning Language)
  Sie verfügt über statistische Funktionen, Tabellenkalkulation und eignet sich für What-if-Analysen.

bestehen, wobei genannte System- und Sprachelemente homogen integriert sind.

Aus diesem Grunde werden die hier erfaßten Sprachen **Endbenutzersysteme** (Enduser-Systems) genannt. Als Enduser-Tools werden im Normalfall

- Kommunikationstools,
- Präsentationstools wie Hypercard,
- Datenbanken wie Oracle, 4th-Dimension, Double Helix,
- Tabellenkalkulationen wie Excel, Mac Project,
- Text- und Graphiktools wie Word, Word Perfect, Mac Write, Mac Point

als Einheit zusammengefaßt. In diesem Zusammenhang können auch die **Expertensysteme** gesehen werden, wobei deutliche Unterschiede zur Künstlichen Intelligenz (KI) durch Fehlen von wissensbasierten Regeln entstehen. Sprachen der 4. Generation verfügen nämlich nur über komfortable Schnittstellen, die dem Lösungsprozeß dienen.

6.6.2 Klassifizierung

Die gegenwärtig auf dem Markt befindlichen Produkte (Ihre Zahl nimmt laufend zu!) lassen in Anbetracht ihres Leistungsspektrums eine generelle Wertung nur bedingt zu. Es kristallisieren sich allmählich typische Vertreter dieser Klassen heraus; die Vielfalt ist jedoch sehr groß. Beispiele sind AS, ADF, CSP, AMBER, ADR, DRIVE, ES, FOCUS, GOGOL etc., um einige aus dem ersten Drittel des Alphabets als Anfangsbuchstaben für die jeweiligen Namen der Sprachen zu nennen. Für künftige Klassifizierungen bietet sich eine Einteilung in drei Gruppen an, und zwar in

- Sprachen/Werkzeuge für Anwendungsentwicklungen,
- Sprachen/Werkzeuge für Endbenutzer-Auswertungen und
- Sprachen/Werkzeuge für beide Kategorien.

Eine weitere Unterteilung bietet sich durch die hardwaremäßige Umgebung an, wonach

- auf dem Host-Rechner bereitgestellte und am Arbeitsplatz genutzte,
- auf dem Mikrocomputer verfügbare, sowie
- auf beiden Rechnergruppen nutzbare

Sprachen/Werkzeuge unterschieden werden.

Nachfolgend werden einige Case-Tools mit ihren Vertreibern aufgelistet:

- Foundation von Andersen Consulting,
- Analyser, Designer and DBA von Bachmann,
- Teamwork von Cadre,
- Pacbase, Paclan, PacReverse von CGI,
- Maestro II von Softlab,
- Predict CASE and Natural von Software AG,
- Deft and APT Workbench von Sybase,
- Information Engineering Facility von Texas Instruments u.a.m.

6.6.3 Objektorientierte Programmierung

6.6.3.1 Einführung

Die gegenwärtig benutzten Werkzeuge der 4. Programmgeneration zeigen Merkmale ingenieurmäßigen Vorgehens. Die Methoden zur ingenieurmäßigen Lösung von Problemen großer Komplexität basieren auf Abstraktion, einer grundlegenden Vorgehensweise, um Information zu organisieren. Eine solche Methode ist die Modularisierung. Hierbei wird ein Gesamtproblem in überschaubare Teilbereiche, die Module, zerlegt. Diese Module sollten folgende Eigenschaften besitzen:

- Ein Modul bildet eine logische Einheit, die klar abgegrenzte Aufgaben des Gesamtsystems realisiert.
- Es besteht nur aus Daten und Operationen, die bestimmte Dienstleistungen vollbringen. Wie sie letztlich vollbracht werden, bleibt verborgen.
- Ein Modul kommuniziert nur über definierte Schnittstellen. Es kann durch ein anderes Modul, welches die gleichen Schnittstellen besitzt ausgetauscht werden.
- Ein Modul ist unabhängig von anderen Modulen; es ist spezifiziert, implementier- und testbar.

Diese Methode unterstützt das Konzept der Wiederverwertbarkeit im Hinblick auf die Wiederverwendung von Spezifikationen (Entwürfen) und von Implementierungen (Programmen bzw. Programmteilen). Ein erster Ansatz zur Entwicklung von einzelnen Programmodulen war die Strukturierte Programmierung. Seit Mitte der 80er Jahre verfolgt man zunehmend das Konzept der Objektorientierten Programmierung (OOP), bei der die Modularisierung konsequent durchgeführt wird. Im Mittelpunkt steht ein neuer Datentyp, das Objekt. Dieses beinhaltet neben verschiedenen Datenelementen, wie es vom Typ Record oder Struct her bekannt ist, auch Funktionen und Prozeduren.

6.6.3.2 Konzepte der Objektorientierten Programmierung

6.6.3.2.1 Kapselung

In einem Objekt werden sowohl Eigenschaften (Felder) als auch Aufgaben (Methoden) zu einer Einheit zusammengefaßt. Diese Verschmelzung von Codes und Daten wird als **Kapselung** (Encapsulation) bezeichnet. Grundgedanke bei der Zusammenfassung von Codes und Daten ist die Reduzierung von Fehlern, die sich dadurch ergeben, daß beim Programmablauf die richtige Prozedur mit den falschen Daten aufgerufen wird, oder die richtigen Daten an eine falsche Prozedur weitergeleitet werden können. Nach außen hin präsentiert sich das Objekt als geschlossene Einheit, die nur über ihre Methoden angesprochen werden kann. Die Felder eines Objekts können von außen nicht direkt verändert werden, sondern nur durch Aufruf objekteigener Methoden. Ein Objekt fungiert also als Art Black-Box, die über definierte Schnittstellen (seine Methoden) Anweisungen empfängt, diese ausführt und Ergebnisse weiterleitet. Die Kommunikation einzelner Objekte untereinander erfolgt durch das Aussenden von Nachrichten (Botschaften, Mitteilungen). Da der interne Aufbau eines Objekts von außen nicht erkennbar ist, wird hierdurch das Prinzip des **Information Hiding** realisiert, indem Programmiereinheiten gegeneinander gekapselt werden und somit ein unerlaubter Zugriff auf die Daten unterbunden wird.

6.6.3.2.2 Vererbung

Außer der Einbindung von Methoden unterscheidet sich das Objekt vom Record dadurch, daß Eigenschaften von einfacheren, allgemeineren Datentypen übernommen werden können. Dieser Mechanismus wird **Vererbung** (Inheritance) genannt, wobei der neu entstehende Objekttyp als Nachkomme und der vererbende Objekttyp als Vorfahre bezeichnet werden. Wird ein Objekt als Nachfahre eines anderen deklariert, erhält er automatisch sämtliche Felder und Methoden des Vorfahren, ohne daß eine erneute Definition notwendig ist. Somit wird ein weiterer wichtiger Aspekt Objektorientierter Programmierung deutlich, das **Code Sharing**. Dies bedeutet, daß eine bestimmte Methode nur einmal definiert werden muß und dann von allen Objekten, die diese Methode vererbt bekommen, genutzt werden kann. Diese Eigenschaft erleichtert die Wartung und Anpassung von Programmen.

Objekte, die die gleichen Methoden und Felder besitzen, werden zu **Objektklassen** zusammengefaßt. Innerhalb einer Objektklasse gibt es verschiedene Instanzen, da die vorhandenen Felder i.d.R. unterschiedlich ausgebildet sind. Auf diese Weise läßt sich eine Objekthierarchie bilden, die einem Stammbaum gleicht, wobei jedes Element dieses Stammbaums nur einen direkten Vorfahren, aber beliebig viele Nachfahren haben kann. Im Gegensatz zur hierarchischen Vererbung existiert noch die multiple oder heterarchische Vererbung, die mehrere Vorfahren für ein Objekt zuläßt.

6.6.3.2.3 Polymorphismus

Am besten übersetzt man den Begriff **Polymorphismus** mit Vielgestaltigkeit. Ein polymorphes Objekt kann demnach verschiedene Gestalten bzw. Formen annehmen. Polymorphismus liegt ebenfalls dann vor, wenn die gleiche Botschaft bei unterschiedlichen Objekten zu unterschiedlichen Reaktionen führt. Ein wichtiger Mechanismus, der diese Form des Polymorphismus ermöglicht, ist die Redefinition (Overriding). Hierbei wird lediglich die Implementierung einer Methode verändert, ihre Deklaration bleibt davon jedoch unberührt. Während bei statischen Methoden bereits zur Compilierzeit feststeht, welche Reaktionen bei deren Aufruf erfolgen soll (Frühe Bindung, Early Binding) entscheidet es sich bei solchen dynamischen Methoden erst zur Programmlaufzeit, welche Reaktion bei Aufruf einer Methode erfolgen soll. Dieses Phänomen wird auch als Späte bzw. Dynamische Bindung (Late Binding) bezeichnet.

6.6.3.3 Auswirkungen der OOP im Hinblick auf Softwarequalität

Anforderungen, die an eine Software gestellt werden, können mit Qualitätskriterien spezifiziert werden. Im folgenden werden die wichtigsten Qualitätskriterien für Software kurz dargelegt und herausgestellt, wie diese insbesondere durch die vorgestellten OOP-Konzepte realisiert werden können.

- **Zuverlässigkeit**
  Zuverlässigkeit ist ein Sammelbegriff für die einzelnen Kriterien Korrektheit, Robustheit und Ausfallsicherheit. **Korrektheit** bedeutet in diesem Zusammenhang, daß ein Programm sämtliche Aufgaben der Spezifikation vollständig erfüllt. **Robustheit** fordert zusätzlich, daß das System bei nicht vorhersehbaren Situationen in einer definierten Weise reagiert. Das Kriterium der **Ausfallsicherheit** besagt, daß sich das System bei Hardwareausfällen und -fehlern (z.B. Stromausfall) in einem definierten Zustand befindet. In diesem Qualitätsbereich konnten objektorientierte Ansätze allerdings noch keine Beiträge zur Verbesserung liefern.
- **Erweiterbarkeit und Anpaßbarkeit**
  Unter diesem Aspekt werden die Forderungen zusammengefaßt, bestehende Software-Systeme möglichst problemlos an die sich ändernden Anforderun-

gen und Spezifikationen anzupassen. Probleme ergeben sich insbesondere dann, wenn ein System nicht streng modularisiert entworfen und implementiert wurde. In diesem Fall ziehen Modifikationen in einem Teilbereich i.d.R. aufwendige und schwer abschätzbare Änderungen in anderen Programmteilen nach sich. Gerade in diesem Bereich lassen sich durch die OOP Verbesserungen erzielen, da sie das Konzept einer strengen Modularisierung unterstützt.

- **Wiederverwertbarkeit**
Bei der Frage der Wiederverwertbarkeit ist zu klären, inwieweit Ergebnisse, die bei der Softwareerstellung für eine bestimmte Aufgabe erzielt wurden, in Folgeprojekten Verwendung finden können. Man unterscheidet in diesem Zusammenhang zwischen der Wiederverwertbarkeit von Personal, Entwürfen und Programmen bzw. Programmteilen. Auch hier ergeben sich durch die OOP Fortschritte, da einzelne Programm-Module entweder unverändert übernommen werden können, oder auf einfache Weise abänder- bzw. erweiterbar sind.

- **Benutzerfreundlichkeit**
Ein Softwaresystem mit einer hohen Benutzerfreundlichkeit zeichnet sich dadurch aus, daß der Aufwand, den ein Benutzer leisten muß, um sich solches System anzuwenden, möglichst gering ausfällt. Hierbei gilt es, nicht nur denjenigen Aufwand zu berücksichtigen, der aus der eigentlichen Programmbedienung resultiert, sondern auch denjenigen, der für Installation und für Einarbeitung in das Programm notwendig ist. Mittels Objektorientierter Programmierung ergeben sich auf dem Gebiet der Generierung komfortabler Benutzerschnittstellen zahlreiche Möglichkeiten, um den Dialog zwischen Anwender und Computer zu standardisieren und zu vereinfachen.

- **Programmeffizienz**
Die Programmeffizienz charakterisiert die Belegung von Hardware-Ressourcen, wie Speicherbedarf, Laufzeit etc. Bei diesem Punkt ergibt sich ein Zielkonflikt mit der Forderung nach einer komfortablen Dialogschnittstelle mit dem Benutzer, denn diese belegt notwendigerweise zusätzliche Ressourcen, leistet aber keinen Beitrag zum produktiven Teil der Anwendung. Vor dem Hintergrund der Fortschritte bei der Hardwareentwicklung der letzten Jahre scheint die Programmeffizienz jedoch nur eine untergeordnete Rolle zu spielen, denn die Entwicklung auf dem Softwaremarkt drängt in Richtung komfortabler, graphischer Benutzeroberflächen.

6.6.3.4 Anwendungsbeispiel

Gegenstand soll die Verwaltung mehrerer Graphikobjekte auf dem Bildschirm sein. Diese Graphikobjekte sollen eine bestimmte Farbe haben und auf dem Bildschirm verschoben werden können. Die Umsetzung erfolgt in Turbo-Pascal.

Zunächst gilt es, diejenigen Eigenschaften und Fähigkeiten festzulegen, welche sämtliche Graphikobjekte besitzen müssen. In diesem Fall sind solche Eigenschaften bspw. eine Position auf dem Bildschirm, die sich wiederum aus den X- und Y-Koordinaten ableitet und eine bestimmte Farbe. Weiterhin sollen alle Objekte gemäß Definition verschoben werden können. Ein Verschieben eines Bildschirmobjekts erfolgt, indem das Objekt an der alten Stelle gelöscht, an die neue Stelle verschoben und dort wieder sichtbar gemacht wird. Daher müssen alle Objekte Fähigkeiten zum Zeichnen, Löschen und Verschieben besitzen. Das einfachste Graphikobjekt, das all diese Fähigkeiten und Eigenschaften in sich vereinigt, ist ein Bildpunkt auf dem Bildschirm. Komplexere Graphikobjekte bekommen diese weitervererbt, d.h. sie sind alle Nachfahren des Objekts Punkt.

Deklaration: Zunächst wird folgendes Objekt deklariert
type
   Punkt = *Object* (Position)
      XPos, YPos, Farbe : integer;
      Constructor init (InitX, InitY, InitColor: integer);
      Procedure Zeichnen (color: Integer); virtual;
      Procedure Loeschen;.i.
      Procedure Verschieben (NeuX, NeuY: integer);
   end;

Neben den bereits erwähnten Methoden wird zusätzlich noch ein sog. Konstruktor deklariert, der die Felder eines Objekts mit Werten belegt. Der Deklarationsteil enthält die möglichen Botschaften, auf die das Objekt reagieren kann. Entscheidend hierbei ist, daß lediglich beschrieben wird, welche Aufgaben ausgeführt werden können. Verborgen bleibt allerdings, wie diese bewerkstelligt werden. Somit wird das Prinzip des Information Hiding gewahrt und es wird einsichtig, warum verschiedene Objekte auf die gleiche Botschaft unterschiedlich reagieren können. Wie das Objekt auf eine Botschaft reagiert, wird bei der Implementierung festgelegt.

Implementierung: Die Initialisierung des Objekts "Punkt" bewirkt eine Belegung seiner Felder mit Werten:
Constructor Punkt.Init (InitX, InitY, InitColor: integer);.i.
Begin;
   XPos : = InitX
   YPos : = InitY
   Farbe: = InitColor
end;

6.6 Werkzeuge der 4. Programmgeneration 471

Bei der Prozedur "Zeichnen" handelt es sich um eine virtuelle Methode, was durch das reservierte Wort "virtual" angedeutet wird. Dies geschieht deshalb, weil alle Graphikobjekte auf dem Bildschirm zwar in irgendeiner Art und Weise gezeichnet werden müssen, die dafür notwendigen Methoden sich aber unterscheiden. Deklariert man eine Methode als virtuell, können bei Programmablauf verschiedene Reaktionen durch Aufruf des gleichen Prozedurnamens bewältigt werden. Daher bezeichnet man eine solche Methode auch als dynamische Methode, weil sich erst zur Laufzeit entscheidet, welche Reaktionen bei ihrem Aufruf stattfinden. Die Aufgabe sicherzustellen, daß bei virtuellen Methoden die gewünschte, objektzugehörige Reaktion erfolgt, liegt bei dem Konstruktor Init. Dies impliziert, daß das Objekt zunächst mit dem Konstruktor initialisiert wurde, damit bei dynamischen Methoden die richtige ausgeführt werden kann. Für das Zeichnen eines Punkts auf dem Bildschirm genügt einfach der Aufruf der Prozedur PutPixel, welche als Parameter die Felder des Objekts Punkt übergeben bekommt. Da die Zeichnen-Prozedur auch beim Löschen Verwendung finden soll, bekommt sie zusätzlich den Parameter Color übergeben:

```
Procedure Punkt.Zeichnen (Color: integer);
Begin
    PutPixel (XPos, YPos, Color);
end;
```

Wie bereits angedeutet, ist das Löschen eines Objekts auf dem Bildschirm nur ein Sonderfall des Zeichnens, wobei das Objekt mit der Hintergrundfarbe dargestellt wird:

```
Procedure Punkt.Loeschen
Begin
    Zeichnen(GetBkColor);
end;
```

Das Verschieben eines Graphikobjekts erfolgt, indem es an der alten Stelle gelöscht, an die neue Stelle verschoben und dort wieder sichtbar gemacht wird:

```
Procedure Punkt.Verschieben(NeuX, NeuY: integer);
Begin
    Loeschen;
    XPos := NeuX;
    YPos := NeuY;
    Zeichnen(Farbe);
end;
```

Soll ein neues Objekt, z.B. ein Kreis, auf dem Bildschirm dargestellt werden, muß ein neues Feld "Radius" deklariert und bei den Methoden lediglich eine neue Initialisierungsmethode definiert und die Prozedur "Zeichnen" überschrieben werden:

Type
    Kreis = *oject* (Punkt)
        Radius: integer;
        Constructor Init (InitX, InitY, InitColor, InitRadius);
        Procedure Zeichnen (color); virtual;
    end;

Da der Kreis laut Definition vom Objekt Punkt abstammt, ruft sein Konstruktor zunächst den des Objekts Punkt auf. Das Objekt Kreis besitzt zunächst noch das Feld Radius, welches im Anschluß daran einen Wert zugewiesen bekommt.

Constructor Kreis.Init (InitX, InitY, InitColor, InitRadius)
Begin
    Punkt.Init (InitX, InitY, InitColor);
    Radius := InitRadius;
end;

Für das Zeichnen eines Kreises wird in Turbo-Pascal die Prozedur Circle verwendet:

Procedure Kreis.Zeichnen (Color: integer);
Begin
    SetColor (Color);
    Circle (XPos, YPos, Radius);
end;

Soll der Kreis verschoben werden, wird automatisch auf die Methode des Vorgängers zugegriffen, weil diese Fähigkeit an den Kreis weitervererbt wurde. Um zu gewährleisten, daß bei Abarbeitung dieser Methode die "Zeichnen"-Methode des Objekts Kreis und nicht die des Vorgängers benutzt wird, muß der Kreis zuvor mit dem Konstruktor initialisiert worden sein. Bei der Erzeugung dieses Objekttyps ist man auf dem Quelltext des Vorfahren nicht angewiesen. Es genügt zu wissen, welche Eigenschaften und Fähigkeiten der Vorfahre bietet, und was seine Methoden bewirken. Auf diese Weise lassen sich noch andere Graphikobjekte auf dem Bildschirm verschieben. Bedingung hierfür ist nur, daß für die neuen Objekte eine Initialisierungsprozedur und eine Prozedur zum Zeichnen des Objekts implementiert werden. Die Literatur berichtet über mehr als 110 OOPS (Objekt-Oriented Programming Languages). Einige bekannte werden nachfolgend aufgelistet:

- Smalltalk 80 von Xerox Palo Alto Research Center,
  SIMULA67 für semantische Netze und Klassen,
- Turbo Pascal 5.5 von Borland,
- Guidelines C++ von Guideline Software
- Advantage C++ von Lifeboat Associates,
- CLOOS (Common Lisp Object System),
- PROLOG von Digitalk,
- Zortech C++,
- C-Talk,
- Objektive-C von Stepstone,
- Pilot (Programmed Inquiry Learning Or Teaching
- Forth mit Reverse Polish Notation,
- Modula-2 von N. Wirth,
- Ada, entwickelt von Department of Defense u.a.m.

Diese Sprachen sind auf IBM, IBM-kompatiblen und Macintosh PC's einsetzbar.

6.6.4 Beispiele

Stellvertretend für die angesprochenen Entwicklungen werden nachfolgend Focus, Symphonie und Oracle kurz skizziert. Andere Systeme[1] können von diesen

1) In diese Gruppe fallen die 4G-Sprachen
   - Quest von Gupta Technologies,
   - Personal Access von Informix,
   - Objectvision von Borland International
   - Notebook von Lotus
   - Q + E von Pioneer Software
   - Impromptu von Cognos
   - Oracle Card von Oracle
   - Dataease von Dataease
   - Forest & Trees von Channel Computing
   - Infoalliance von Software Publishing Corp.
   - Focus von Information Builders
   - Visual Basic von Microsoft
   - Windows von 4GL Ask/Ingres
   - Open Insight von Revelation Technologies
   - SQL Windows von Gupta Technologies
   - Informix 4GL von Informix
   - Paradox von Borland International
   - Power Builder von Powersoft
   - Uniface von Uniface
   - Ellipse von Cooperative Solutions
   - dBase IV, Server Edition von Borland International
   - Oracle SQL Forms von Oracle

Beispielen erheblich abweichen. Ein Vergleich würde sich, je nach Betrachtungsweise, äußerst komplex und schwierig, auch anfechtbar gestalten.

Focus ist ein Software-Werkzeug mit Anwendungsentwicklungen, Management-Informationssystem (MIS) und Executive Informationssystem (EIS), wobei es für unterschiedliche Umgebungen mit Hardware und Datenbanken von verschiedenen Herstellern einsetzbar ist. Focus wurde ursprünglich für IBM-VM/CMS-Anlagen entwickelt. Inzwischen wird es auch als PC/Focus eingesetzt. Seinem Ursprung nach gehört es als Sprache der 4GL-Gruppe (4th Generation Language) an. Seine wichtigsten Funktionen werden auf die Aufgabengruppen Integration, Kontrolle und Automation zurückgeführt:

- Die Integration von Informationen hat in jeder Organisation eine hohe Priorität. Sie brauchen eine Möglichkeit, Daten aus verschiedenen Datenbanken und Rechnerplattformen mit einem Software-Werkzeug zusammenzuführen, um bspw. einen Bericht zu erstellen.
- Zur Unterstützung betrieblicher Entscheidungen und zur Überwachung betrieblicher Abläufe werden sowohl ständig wiederkehrende, temporäre als auch Ad-hoc-Informationen benötigt. Es sind Berichte, Ausnahmefälle, Abweichungen als Zahlen und Graphiken. Hier wird ebenfalls ein Werkzeug, eine Art Berichtsgenerator bereitgestellt.
- Im Bereich der Automation - wie auch bei anderen Software-Werkzeugen - geht es nicht um Transaction Processing, sondern nur um Datenerfassung und -abfrage.

Focus erfüllt diese Aufgaben über eine graphische Benutzeroberfläche. Eine Reihe von Werkzeugen für Erfassungsroutinen (Modify Talk), Graphiken (Plot Talk), Datentransfer (File Talk), Berichte (Table Talk) und Utilities sorgen für leichte Handhabung durch den Endbenutzer. Weitere Beispiele sind Verknüpfung von Dateien (Joint Talk), Erstellung von Reports (Text Editor), so daß FOCUS die zuvor gemachte Aussage belegt, wonach künftige Sprachen (Sprachen der 4. und 5. Generation) nicht mehr mit den klassischen Sprachen der Vergangenheit vergleichbar sind.

Symphonie als Weiterentwicklung von Lotus 1-2-3 verfügt über fünf Teilfunktionen, die eingebettet sind in eine Window-Technik, Menüsteuerung und kommandogesteuerte Benutzerschnittstelle:

- **Tabellenkalkulation** (Spreadsheet),
- **Datenmanagement, -verwaltung** (Data Management),
- **Graphikfunktionen** (Business Graphics),
- **Textverarbeitung** (Word Processing) und
- **Kommunikation** (Communication).

Die Benutzeroberfläche ist vorrangig menüorientiert, nach Bedarf auch kommandobetreibbar. Die Sprachkomponenten (Makrosprache) enthalten eine Vielzahl von mächtigen Funktionen als nicht-prozeduale Kommandos, ebenso auch als prozeduale Sprachelemente. So können z.B. die Inhalte mehrerer Zellen (rechteckige Anordnungen) aufgrund von Zellennamen zusammengefaßt werden. Die Daten werden also in Zellen abgelegt. Über den Bildschirm formatiert der Benutzer die gewünschten Ausschnitte. Jede Zelle kann Konstanten als Daten oder Formeln zur Codierung der Verarbeitungsfunktion aufnehmen. Somit wird das Verarbeitungsproblem auf die Tabelle (als konzeptionelle Sichtweise) konzentriert. Dies gilt für die Datenmanipulation, wie auch für die Datendarstellung oder Wiedergabe von Datenstrukturen. Neben der Formelcodierung stehen Makrokommandos für häufig benutzte Funktionen (If-Then-Else, What-If) bereit. Wesentlich ist die integrierte Nutzung der Teilfunktionen (z.B. Cut-and-Paste, also die Übernahme von Daten aus der Tabellenpräsentation in die Graphikpräsentation). Dadurch können vielfältige Kombinationen (Tabellen in Texten, Tabellen mit Graphiken etc.) realisiert werden.

Oracle basiert auf einem relationalen DB-System. Der Anwender greift auf die abgespeicherten Daten über spezielle SQL-Anweisungen, ohne dabei über Kenntnisse von der Datenstruktur und deren internen Anordnungen zu verfügen. Er behandelt die Daten wie gewöhnliche Tabellen. Er modifiziert sie (auch während des Betriebes), erteilt Zugriffsberechtigungen, greift temporär oder fest über Indices (Primary Keys) beschleunigt auf die Felder oder Tabellen zu. Diesem Zweck dient auch die Data Dictionary, die mit den gleichen Anweisungen bedient wird. Im Regelfall erfolgt der Zugriff auf die Datenbasis über die Funktionstasten. Diese werden belegt als Insert-, Update-, Delete- und Query-Keys. Sie veranlassen die Ausführung dieser Transaktionen ohne weitere Spezifikationen. Analog dazu werden die visuellen Outputs, also die Masken (Anwendungen) und Reports mit der sog. Interactive Application Facility im Frage- und Antwort-Dialog erstellt. Für inhaltlich und formal komplexe Aufgaben stehen Masken- und Reportgeneratoren bereit. Eine weitere Besonderheit stellt die Schnittstelle zur höheren Programmiersprache, zur Sprache C, dar. Mit Hilfe dieser Schnittstelle können SQL-Anweisungen in C-Routinen eingebunden werden.

6.7 Werkzeuge der 5. Softwaregeneration

6.7.1 Begriffliche Abgrenzung

Diese Gruppe von Sprachen gehört aufgrund ihres Anwendungsbereiches zur sog. **Künstlichen Intelligenz** (Artificial Intelligence). Darunter wird der Versuch verstanden, menschliche Intelligenzleistung maschinell nachzubilden. Eine spezifische Ausprägung dieser Bestrebungen stellten die bereits im Abschnitt 6.6 erwähnten **Expertensysteme** dar. Diese sind Programme, die durch eine Menge von Fakten und Regeln beschrieben sind. Sie sind regelbasiert.

Ihre Fortsetzung, Weiterentwicklung finden sie in den mächtigen Werkzeugen (Tools) der 5. Softwaregeneration. Die dadurch bereitstehende, in einem dynamischen Prozeß befindliche Menge an Hilfsmitteln ist inzwischen kaum noch überschaubar. Eine Einteilung in Kategorien und damit ihre Systematisierung ist zwar notwendig, ändert jedoch nicht an der Tatsache, daß der Benutzer seiner Anwendung, seinem Bedarf entsprechend suchen, auswählen und entscheiden muß. Als Orientierungshilfen stehen ihm

- Dienstprogramme wie Sortieren und Mischen,
- Spezialprogramme wie LP (Lineare Programmierung), PERT (Netzplantechnik) und SPSS oder SAS (Statistikprogramme),
- Anfragesprachen, Datenmanipulation, Entscheidungshilfen und Anwendungsgeneratoren für die Sachbearbeitung

als Kategorien von derzeit benutzten Softwaresystemen zur Auswahl. Ihre Nutzung bei der Bearbeitung von großen Datenbeständen ist unerläßlich geworden. Ihre Veränderung, möglicherweise Ablösung, kann erst durch Umsetzung der Logik (wenn ... dann ...) in Werkzeuge bewirkt werden. Zuvor jedoch gilt die übliche Formulierung von Fragen nach der Art "Was ist, wenn ...?" bzw. "Was wäre, wenn ...?"

Zur Entwicklung von regelbasierten Systemen sind verschiedene Sprachen bzw. Werkzeuge entwickelt worden, die in die Gruppen

- funktionale (z.B. LISP, SISAL, FP2, SQL),
- datenstrukturorientierte (z.B. MATLAN),
- objektorientierte (z.B. Smalltalk 80, POOL) und
- logische (z.B. Prolog)

Programmiersprachen einzuordnen sind. Als erste entstand LISP (List Processing Language) bereits in den 50er Jahren. Somit gilt sie als eine Standardsprache. Die grundlegende Struktur der Datenobjekte ist durch die Liste (daher der Name) vorgegeben. Smalltalk 80 (entstanden aus Smalltalk 72 und Folgeentwicklungen) und PROLOG (Programming in Logic) sind Weiterentwicklungen, die auf den leichten Umgang des Benutzers mit dem Computer ausgerichtet sind. Zur Verdeutlichung der Grundzüge dieser Sprachen wird nachfolgend LISP charakterisiert.

6.7.2 Beispiel

Als Vorgängersprache von LISP kann IPL (1956) angesehen werden, da dort bereits Listenstrukturen verwendet wurden. Entwickelt wurde die Sprache 1958 von John Mc Carthy. Die ersten Aufgaben waren

- symbolisches Differenzieren,
- Computerschach,
- Ratgeber und
- automatisches Beweisen.

Die Bezeichnung LISP leitet sich aus LISt Processor ab. LISP ist nach FORTRAN die zweitälteste noch verwendete Programmiersprache. Ein Abkömmling von LISP ist LOGO, das in (amerikanischen Grund-) Schulen eingesetzt wird.

LISP ist eine nicht standardisierte Sprache, so daß es eine Vielzahl heterogener und teilweise zueinander inkompatibler LISP-Dialekte für allgemeine und spezielle Anwendungsgebiete gibt. Anwendungsbereiche von LISP sind insbesondere die symbolische Formelmanipulation, die Programmanalyse, -verifikation und -synthese, die Editoren, die Modellbildung und Simulation, Computergraphik, Übersetzer für Programmiersprachen, die Expertensysteme, das Verstehen natürlicher Sprachen und das automatische Beweisen.

LISP gilt neben PROLOG als die Programmiersprache zur Bearbeitung von Problemen der Künstlichen Intelligenz. Ihre wichtigsten Eigenschaften sind:

- die Verarbeitung hochstrukturierter symbolischer Daten,
- ihre Datenstrukturen (kein formaler Unterschied zwischen Daten und Programmen),
- die starke Betonung des funktionalen Programmstils,
- die typische Interpretierweise und
- eine spezielle Notation von Funktionen, die Lambda-Notation (enge Beziehung zum Lambda-Kalkül von A. Church).

```
(de beispielprogramm ()           ;Definition des Beispielprogramms

    (de summe (n)                 ;Definition der Formel
        (div (mul (add n 1)) 2)
    )

    (de getobj ()                 ;Definition einer Eingabefunktion
        (read (stream buffered-console-in))
    )

    (print (summe (getobj)))      ;Programmablauf
)

(beispielprogramm)                ;Aufrufen des Beispielprogramms
```

Abb. 6.49: Lösung in LISP

7. Anwendungsprogrammsysteme

Anwendungs- programm- systeme	Anwendungsprogramme	Begriffserklärung Charakterisierung Aufbau Komponenten	Abschnitt 7.1

	Typologie	Überblick
		Einteilung nach
		- Branchen
		- Anwendungsgebieten
		  (technische, kommerzielle
		  Systemprogramme)
		- betrieblichen Funktionen
		- Erstellung
			Abschnitt 7.2

	Enduser-Systeme	Personal Computing Benutzeroberfläche Dienstprogramme Standardwerkzeuge Integrationssoftware Spezialanwendungen	Abschnitt 7.3

7.1 Anwendungsprogramm

7.1.1 Begriffserklärung

Anwendungsprogramme und Systemprogramme bilden zusammen die **Software**. Sie ist somit ein Sammelbegriff für die beiden Programmbereiche, die einerseits für die Arbeitsbereitschaft (**Systemprogramm**, System Program), andererseits für die problem-/anwendungsorientierte Nutzung (**Anwendungsprogramm**, Application Program, User Program) des Computers verantwortlich sind. Anwendungsprogramme stellen dabei solche Programmsysteme, die Lösungen für bestimmte fachliche Probleme sind. Somit ist diese Gruppe von Programmen für alle betrieblichen Aufgaben von Relevanz. Die andere Gruppe, die Systemsoftware (hauptsächlich Betriebssysteme) muß ohnehin existent sein. Unterschiede, die sich aus der Nutzungsform (digital - analog) ergeben, sind zunächst zu vernachlässigen. Die Anwendungsprogramme sind vorrangig in Verbindung mit den betrieblichen Funktionen und mit dem Benutzer als Enduser zu sehen - da sie die zu lösenden Probleme stellen! - also in Verbindung mit

- der Produktion,
- dem Finanz- und Rechnungswesen,
- der Bürokommunikation,
- dem Absatz und
- weiteren Funktionsbereichen.

Die einzelnen Anwendungsprogramme müssen dabei nicht nur bestimmte Teilbereiche, Funktionen abdecken, sondern untereinander das Prinzip der Daten- und Vorgangsintegration umsetzen. In diesem Sinne erhält jede Bewertung eine zusätzliche Komponente. Die Frage muß lauten: Wie realisiert, welchen Beitrag liefert das Anwendungsprogramm zur Integration und wie erfüllt es seine Spezialfunktion innerhalb eines integrierten Konzeptes.

Anwendungsprogramme sind Programmsysteme, die entweder

- der Kategorie **Standardsoftware** (Package Software) oder
- der Kategorie **Individualsoftware** (Custom Software)

angehören. Zu Beginn der Datenverarbeitung, insb. im Rechenzentrumsbetrieb, wurden Individualprogramme bevorzugt. Erst allmählich wurden für wiederkehrende, vielfach vorkommende Problembereiche Standardpakete entwickelt. Diese Entwicklung war von mehreren Faktoren begünstigt:

- Die Entwicklung und Wartung von Programmsystemen wurde zunehmend teurer. Die laufende Anpassung existenter Anwendungen an die veränderte Hardware war mitunter von den Anwendern nicht mehr finanzierbar.
- Gewisse Anwendungen treten innerhalb einer Branche oder in verschiedenen Branchen, d.h. bei einer großen Anzahl von potentiellen Anwendern auf, die als "identisch" bezeichnet werden können. Es bietet sich an, die Entwicklungs- und Pflegekosten gemeinsam zu tragen.
- Computer-Hersteller, Softwarehäuser haben den personellen Engpaß des Anwenders erkannt, ebenso die Möglichkeit, die eigenen Kunden noch stärker an sich zu binden.

So gesehen sind Individuallösungen immer seltener geworden. Zwar liegen individuelle, Spezialprobleme vielfach vor, der Anwender wird jedoch - von großen Gesellschaften abgesehen - dazu tendieren, Standardprogramme zu kaufen, oder zu mieten und diese an seine Bedürfnisse anzupassen. Erfahrungsgemäß verringern sich dabei die anteiligen eigenen Entwicklungskosten um etwa 65 Prozent; häufig ist sogar - so z.B. bei Branchenlösungen für die Finanzbuchhaltung - das Standardprogramm ohne Änderung nutzbar. Neben diesem Vorteil ist auch die Auslagerung des Risikos, die künftige Programmpflege, die Anerkennung des Programms durch Prüfer (z.B. Finanzbuchhaltung) etc. zu beachten. Die hier skizzierte Beschreibung der Anwendungsprogramme resultiert aus der Annahme, daß für die Bearbeitung von Anwendungsaufgaben Programme entwickelt werden, die eingebettet in die DV-Umgebung (Hardware + Systemsoftware/Betriebssystem + Organisation/Orgware + Menschen/Manware + Daten) zum Tragen kommen. Sie werden entweder

- individuell erstellt für einen bestimmten Anwendungszweck oder
- standardisiert als fertiges Produkt für bestimmte Anwendungszwecke

genutzt. Im ersten Fall werden sie vom Benutzer in Eigenentwicklung oder als Fremdentwicklung bspw. durch Softwarehäuser eingesetzt; im zweiten Fall als Fremdprodukt. Gegenwärtig gibt es für nahezu alle betrieblichen Anwendungsbereiche Standardprogramme. Der Trend geht in diese Richtung, wobei die notwendig werdende Entscheidung mittels einer Make-or-By-Analyse unterstützt werden sollte.

Bei den **Standardprogrammen** handelt es sich im Regelfall um vollständig ausgearbeitete Programme für eine bestimmte Aufgabe; sie können und werden ohne Änderung eingesetzt. Die Folge ist, daß sich der Endbenutzer oder die Organisation in der betreffenden Aufgabe anpassen muß. Während die **Individualprogramme** den persönlichen und/oder betrieblichen Gegebenheiten angepaßt werden, muß beim Einsatz von Standardprogrammen die persönliche und/oder betriebliche Handlungsweise bzw. Organisation diesen angeglichen werden. Die breite Vielfalt, das ständig wachsende Angebot (Allein für die Finanzbuchhaltung mit PC existieren auf dem deutschen Markt mehrere Hundert Programme.) machen es jedoch möglich, solche Standardprogramme zu erwerben, die den eigenen Bedürfnissen weitestgehend genügen.

Für die Nutzung von Standard- anstelle von Individualprogrammen sprechen insbesondere folgende Gründe:

- Kein eigener Entwicklungsaufwand ist erforderlich.
- An der Programmentwicklung sind im Regelfall Spezialisten beteiligt.
- Die Programme sind von neutralen Stellen geprüft.
- Wartungs- und Pflegearbeiten sind in der Regel gesichert.
- Programminhalte können getestet, geprüft werden.
- Zeit-, Personal- und Kostenbedarf sind bekannt oder abschätzbar.

Diesen Vorteilen stehen die "in den Vorteilen" erkennbaren Nachteile gegenüber, so

- die notwendige Anpassung an die betrieblichen Erfordernisse,
- der hohe Aufwand solcher Anpassungen,

- die Übernahme (zugleich Bezahlung) der für den Betrieb uninteressanten Programmteile mit (möglicherweise) hohem Speicherbedarf und längeren Bearbeitungszeiten,
- die Hemmschwelle des Anwenders wegen der unüberschaubaren Probleme beim Einsatz und
- eine denkbar frühzeitige/übereilte Anpassung betrieblicher Prozesse an die Fremdsoftware.

7.1.2 Charakterisierung der Anwendungsprogramme

Anwendungsprogramme sind Hilfsmittel. Sie dienen der Problemlösung mit Hilfe von Computern. Damit werden die Aufgaben/Probleme schneller, leichter (und integrierter) gelöst als bei einer manuellen Vorgehensweise. Dank der weit entwickelten Technologie ist die Annäherung des Benutzers an ein Anwendungsprogramm relativ einfach.

Jedes Programm wird mit einem bestimmten Design präsentiert. Es ist die **Benutzeroberfläche**. Sie ist eine Schnittstelle zwischen dem Anwender/Benutzer und dem eigentlichen Programm. Während in den vergangenen Jahren eine aus den ASCII-Zeichen aufgebaute Benutzeroberfläche dominierte, setzt sich inzwischen die graphische durch. Sie wird standardmäßig mit der Maus bedient und orientiert sich an verschiedenen Standards, wie SAA (System Application Architecture, bzw. System-Anwendungs-Architektur). Der Vorteil der graphischen Benutzeroberfläche besteht hauptsächlich darin, daß beliebige Zeichen und Muster verwandt werden können. Von der Programmarchitektur gesehen, enthalten die Programme Funktionen zur Dateiverwaltung, Datenein- und -ausgabe, Dienstfunktionen, Hilfsfunktionen u.a. Jede dieser Funktionen wird weiter unterteilt in Teilfunktionen. So kann bspw. die Dateiverwaltung in Laden, Speichern, Anzeigen, Auflisten, Verzeichnis erstellen, Verzeichnis wechseln etc. aufgeteilt werden.

Diese Programmarchitektur gewährleistet jedem Benutzer einen guten Überblick über die Strukturen des Programms und wie der Benutzer die einzelnen Programmfunktionen aktivieren kann. Die Präsentation der Programmstrukturen wird programmspezifisch vorgenommen. Dazu bieten sich verschiedene Hard- und Softwaretechniken an:

- In den einfachen und allgemein gängigen Programmen werden die **Funktionstasten** mit bestimmten Funktionen belegt. Zwar haben sich hier keine internationalen Standards durchgesetzt, trotzdem gibt es gewisse präferierte Belegungen wie F1 für Hilfe. Da die Tastaturen 12 F-Tasten enthalten, be-

7.1 Anwendungsprogramm

nutzen Programmhersteller die Umschalttaste (Shift), die Steuerungstaste (Strg, Ctrl), Alternate (Alt) und neuerdings auch AltGr.
- Die zweite Form, Programmstrukturen zu präsentieren, bietet sich in der **Pull-Down-Menütechnik**. Am oberen Bildschirmrand erscheint eine Menüliste, die bis zu 10 Funktionsgruppen mit logischen, eindeutigen Befehlen bezeichnet. Durch die Auswahl eines dieser Punkte (mit dem Cursor oder mit der Maus) öffnet sich ein Fenster (Window), in dem Unterfunktionen der gewählten Funktion - wiederum mit logischen, eindeutigen Begriffen, angezeigt werden. Je nach gewählter Stufigkeit seitens des Programmherstellers kann bspw. eine 3er-Fensterhierarchie Funktionsgruppe ---> Funktion ---> Unterfunktion aufgebaut werden. An der letzten Stufe kann der Benutzer die auszuführende Funktion/Unterfunktion auswählen/bestimmen. In der Präsentation können die Fenster mit/ohne den Suchpfad in gleicher/verschiedener Form/Farbe erscheinen und damit dem Benutzer in seiner Aktion zusätzliche Hilfe leisten.
- Eine Kombination Funktionstasten und Menüführung wird in den Fällen mit Vorliebe angewendet, wo bestimmte Befehle sehr häufig vorkommen. In diesen Fällen bietet sich an, Funktionstasten zu aktivieren (Accelerator Keys). Anstelle des Suchpfades bestimmt der Benutzer sofort den auszuführenden Befehl bzw. Programmteil.
- Eine Verfeinerung der Menütechnik bedeutet die mittlerweile allgemein übliche Anwendung der Standards **SAA** (System Application Architekture). Sie bestimmen eine einheitliche Menüleiste und Fenstergestaltung.
- Eine zusätzliche Weiterentwicklung bieten sog. **Dialogfenster** an. Sie dienen entweder der Eingabe bestimmter Parameter, Optionen, Werte etc., oder sie erläutern Dateien, Dateiinhalte, Verweise etc.
- Schließlich verfügen die meisten Programme neueren Datums über die Eigenschaft, die Arbeitsaufnahme an der Stelle zu ermöglichen, wo der Benutzer seinen Dialog zuletzt verließ. Diese Eigenschaften sind insbesondere bei Lernprogrammen, Buchführungsprogrammen etc. bedeutungsvoll.
- Eine weitere Komponente stellen **Handbücher** dar. Sie können in gedruckter oder gespeicherter Form vorkommen. Letztere Form zeigt wachsende Tendenz.

Zu den Besonderheiten des Software-Marktes gehören weitere Charakteristika der Anwenderprogramme. Werden sie gekauft, geliest oder gemietet, so wird ein Lizenzabkommen mit dem **Programm-Hersteller** geschlossen. In diesem Abkommen werden die Nutzungs- und Lieferbedingungen geregelt, so auch die Unterstützung des Anwenders, des Kunden. Daher der Name **Software-Support**. Durch Pflege, Aktualisierung des Programms entstehen sog. **Updates**, also neue Versionen, die die früheren ganz und/oder teilweise ablösen bzw. ergänzen. Weil der Software-Markt ein riesiges finanzielles Geschäft ist, unterliegen fast alle Anwenderprogramme einem **Kopierschutz**, wodurch Raubkopien verhindert werden sollen. Dabei gibt es verschiedene Schutztypen:

- Verhindern des Kopierens auf den Originaldisketten (überholte Form);
- Benutzen eines sog. **Dongles** (Stecker mit eigenen Chips);
- Verwenden von **Shareware** gegen eine geringe Benutzungsgebühr;
- Benutzen von frei zugänglicher **Public Domain** Software.

7.1.3 Komponenten eines Anwenderprogramms

Ein Anwenderprogramm **konventioneller Art** besteht aus einer Vielzahl von Komponenten, die weniger von der zu lösenden Aufgabe, vielmehr von der Eigenart eines Computerprogamms schlechthin abhängig sind. Dazu zählen

- die Aufgabenbeschreibung mit allen Funktionen und Restriktionen;
- die Dateneingabe mit Eingabemedien, Aufbau der Eingabesätze, Eingabeprüfung, Dialogmasken zur Abarbeitung des Programms;
- die Dateibeschreibungen in der Datenspeicherung;
- die Lösungs-/Verarbeitungsalgorithmen mit Datensicherung, Fehlerbehandlung, Unterbrechungsroutinen;
- die Ergebnisausgabe mit Ausgabemedium, Druck- und Maskenbildern;
- die allgemeinen Programminformationen, d.h. Testbeispiele, Hilfen, Lernsegmente, Verzeichnisse u.a.m.

Über einen andersartigen Aufbau verfügen **objektorientiert** modellierte Programme. Während in der Strukturierten Programmierung der Typ jeder Variablen festgelegt und damit ihre interne Behandlung definiert wird, werden sie in der objektorientierten Programmierung als Objekte behandelt, d.h. neben der Typendeklaration erhalten sie die zugehörigen Algorithmen. Es wird ein Objekt aus Daten und deren Bearbeitungs-Algorithmen gebildet. Die im Objekt definierten Algorithmen sind Methoden. Die Daten können nur über ihre Methoden angesprochen werden; daher die Bezeichnung Kapselung. Die Objekte verkehren durch Nachrichten/Botschaften (Messages) untereinander. Objekte mit gleichen/ähnlichen Eigenschaften werden zu Klassen zusammengefaßt. Aus den Objekten einer Klasse werden beliebig viele Instanzen gebildet. Als weitere Eigenschaft kommt die Vererbung hinzu, d.h. die Objekte können auf andere Objekte zurückgreifen und deren Fähigkeit(en) vererben. Daneben können neue Objekte über neue, zusätzliche Eigenschaften verfügen, bzw. aus anderen Objekten bestehen. Die Objektorientierung hat sich mit der Window-Technik seit Windows 3.0 durchgesetzt. In Windows sind die aufgerufenen Bildschirmfenster Objekte, somit gelten für sie die zuvor skizzierten Grundzüge.

Die Objektorientierung bedeutet somit in erster Linie eine andersartige Strukturierung und damit den Aufbau der Anwenderprogramme bei weitgehend gleichen/vergleichbaren Komponenten i.w.S.

Im einzelnen kommen - je nach Anwendung - weitere Komponenten hinzu, die häufig mit der Heranziehung von Entwicklungswerkzeugen bzw. Einbindung von Dienstprogrammen in Verbindung stehen können. In diesem Zusammenhang können auch Schnittstellen zu anderen Fremdprogrammen von Bedeutung sein. Je nach Umfang des Anwenderprogramms sowie der Größe des Arbeitsspeichers können Dienst- und Fremdprogramme resident gehalten und aus dem laufenden Anwendungsprogramm heraus mit einem Tastendruck aktiert werden. Zu dieser Gruppe von Programmen gehören eine Reihe PC-Tools, die Norton Utilities, Sidekick etc., um einige zu nennen.

7.2 Typologie der Anwendungssoftware

7.2.1 Überblick

Die Einteilung der Systemsoftware (siehe Abschnitt 4.24) folgte der Aufgabenzuordnung für die Verwaltung und Steuerung der internen Abläufe im Computer(-netz) system. Sie war durch eindeutige Aufgabenzuordnungen gegeben. Sie wird künftig schwieriger, weil zu den bisherigen klar abgrenzbaren Aufgaben neue hinzukommen werden.

Dieses Problem zeichnet sich besonders stark in der Einteilung der Anwendungsprogramme ab. Sie werden nicht nur mit verschiedenen Bezeichnungen versehen wie Anwendungs-, Anwenderprogramme, Anwendungssysteme und Anwender-, Anwendungsprogrammsysteme, sondern sie werden auch unterschiedlich nach Funktionen, Einsatzgebieten, Rechnertypen, Entstehungsorten etc. untergliedert. Mehrere Einteilungen sind in der Literatur üblich so bspw. die nachfolgenden.

Als erstes in diesem Zusammenhang sollen hier die Typen, geordnet nach der **Art der Softwareerstellung**, genannt werden. Es sind die eingangs genannten Gruppen der individuellen und der standardisierten Programme:

- **Individuelle Programme** sind Systeme, die eigens für den jeweiligen Verwendungszweck entwickelt werden. Für individuelle Programme kommt die Eigenentwicklung oder Fremdentwicklung (z.B. durch Softwarehäuser) in Frage.

- **Standardsoftware** kann als fertiges Produkt auf dem Markt erworben werden. Das Angebot der Standardsoftware ist derzeit so groß, daß es alle Anwendungsbereiche und alle Rechnerklassen abdeckt.

Die nächste Einteilung wird nach dem **Grad der Spezialisierung und des Leistungsumfangs** vorgenommen. Hierbei gibt es folgende Programme:

- **Spezialprogramme**, die nur für besondere betriebliche Aufgaben, so die Anlagenbuchhaltung, oder die Betriebsabrechnung, die Investitionsplanung einsetzbar sind.
- Mit **sprachorientierten Systemen** werden für einen bestimmten Anwendungsbereich Funktionen in Baukastenform bereitgestellt, mit deren Hilfe sich der Anwender eine eigene Lösung erarbeiten kann. Normalerweise sind sie sehr flexibel, setzen jedoch vom Benutzer Programmierarbeit voraus. Hierzu gehören bspw. die Tabellenkalkulationsprogramme, also die Spreadsheet Systeme.
- **Anwendungssoftware-Familien** sind modular entwickelte Systeme, die in einem Betrieb größere Aufgabenbereiche bearbeiten können. Dies wird dadurch möglich, daß die Anwendungssoftware-Familien aus unabhängigen Einzelprogrammen bestehen, die bestimmte Funktionen (z.B. im Vertrieb die Auftragsbearbeitung, der Versand, die Transportplanung) erfassen. Werden Programme einer Familie miteinander verbunden, dann entstehen umfassende integrierte Pakete.
- **Integrierte Anwendungssysteme** sind bereichsübergreifende Informationsverarbeitungs-Systeme, die mehrere Funktionsbereiche überdecken. Der Datentransfer zwischen den Teilsystemen, die jeweils einzelne betriebliche Funktionen bearbeiten, erfolgt systemintern, ohne menschliches Eingreifen.
- **Zwischenbetriebliche oder überbetriebliche Anwendungssysteme** schaffen die Möglichkeit, daß die informationsverarbeitenden Anwendungsbereiche verschiedener Betriebe miteinander verbunden werden. Ein Beispiel dafür sind integrierte Kunden-Lieferanten-Systeme, die den Bereich Materialwirtschaft eines Unternehmens direkt mit dem Bereich Vertrieb/Vertriebslager/Auslieferung eines Lieferanten verknüpfen.

Die dritte Unterscheidung der Anwendungssoftware trifft man nach den **Anwendungsbereichen**. Es werden folgende Systeme untergliedert:

- **Branchensoftware**, bei der es sich um Anwendungsprogramme für bestimmte Wirtschaftszweige wie z.B. Banken, Versicherungen, Handwerksbetriebe, Hotelbetriebe, Gesundheitsbetriebe etc. handelt.
- **Funktionssoftware**, die für bestimmte betriebliche Funktionsbereiche konzipiert worden ist. Hier sind Lohn- und Gehaltsabrechnung, Finanzbuchhaltung, Lagerwirtschaft, Personalwirtschaft, Produktion etc. zu nennen.
- **Spezialprogramme** für besondere Aufgabenbereiche, so für die Statistik, Lineare Optimierung, Graphik.

7.2 Typologie der Anwendungssoftware 487

Die vierte Einteilung erfolgt nach der **Art der Datenbehandlung**. Wie in bisherigen Ausführungen schon angedeutet wurde, sind die heutigen Anwendungssysteme zunehmend bemüht, übergreifende Konzepte anzubieten. Es wird versucht, die Anwendungssysteme zu integrieren, d.h. miteinander zu verknüpfen. Dadurch kommt es zu einer Reduzierung der Datenerfassung. Hinsichtlich der Art der Verarbeitung von Bewegungsdaten kann die Integration auf zwei Arten stattfinden:

- In einem Zwischenspeicher werden die eingegebenen Daten, die von einem Programm bzw. Teilsystem bearbeitet wurden, bis zur Übergabe an ein anderes Programm abgelegt. Wenn ein anderes Programm diese Daten benötigt, werden sie vom Zwischenspeicher abgerufen und weiterverarbeitet. In diesem Fall spricht man von **programmintegrierten Systemen**.
- Bei **dateiintegrierten Systemen** werden die eingegebenen Bewegungsdaten sofort in allen erforderlichen Richtungen weiterverarbeitet. Dadurch werden alle betroffenen bzw. angesprochenen Bereiche zeitgleich aktualisiert.

Die fünfte Unterscheidung der Anwendungssoftware kann nach dem **Grad der Automatisierung** erfolgen. Man untergliedert hierbei folgende Systeme:

- Ein **vollautomatisiertes Anwendungssystem** bedeutet, daß das Programm eine Bearbeitung aktiviert, Dispositionen vornimmt und die sich daraus ergebenden Prozesse veranlaßt und Datenänderungen und Ergebnisse registriert. Bei diesem Vorgang sind menschliche Eingriffe nicht erforderlich.
- **Teilautomatisierte Programmsysteme** laufen ähnlich wie die Vollautomatisation ab. Allerdings meldet das System die Disposition nicht als Ergebnis, sondern als Vorschlag. Dadurch steht der Mensch in einer Kommunikation mit dem System.
- Die **unterstützenden Programmsysteme** schließlich dienen dem Sachbearbeiter. Der Sachbearbeiter löst eine Bearbeitung aus, das Programm fertigt einen oder mehrere Dispositionsvorschläge an und gibt diese Ergebnisse an den Sachbearbeiter zurück. Dieser benutzt die Ergebnisse zur Bearbeitung von eigenen Vorschlägen.
- Die **registrierenden Programmsysteme** können als schwächste Form der Unterstützung des Menschen angesehen werden, weil in diesem Fall das System nur Aktionen registriert. Der Sachbearbeiter muß dann den Beginn der Bearbeitung, die Disposition, den Vorschlag usw. selbst veranlassen.

Die sechste Einteilung der Anwendungssoftware wird nach dem **Niveau der Anwenderunterstützung** vorgenommen. Hierbei gibt es folgende Systeme:

- **Administrationssysteme**, die für ein einfache Verarbeitung großer Datenmengen eingesetzt werden, wie z.B. beim Adressenschreiben, Tabellendrucken oder einfachen Abrechnungsvorgängen.

- **Dispositionssysteme**, die neben den administrativen Aufgaben vor allem zur Unterstützung der menschlichen Entscheidungen eingesetzt werden.
- **Informationssysteme**, die auch als Management-Informationssysteme bezeichnet werden, sind vor allem in der mittleren- und oberen Führungsschicht eingesetzt. In einem solchen System werden die Daten die aus den Administrations- und Dispositionssystemen stammen, zweckorientiert verdichtet. Dadurch nimmt die Qualität der Information zu.
- **Planungssysteme** sollen genau wie die Dispositionssysteme Entscheidungen vorbereiten, unterstützen oder sogar automatisch treffen. Während sich die Dispositionssysteme auf die laufenden Aufgaben des Betriebes beschränken, werden die Planungssystem für die langfristigen Betriebsfunktionen eingesetzt. In diesem Fall sind die Probleme schlechter strukturiert als bei den Dispositionssystemen, weil die Planung langfristig ausgerichtet ist.
- **Kontrollsysteme** sind das Gegenstück zu den Planungssystemen, da sie die Einhaltung der Pläne überwachen. Sie sollten grundsätzlich so entwickelt werden, daß sie nicht nur Soll-Ist-Abweichungen anzeigen, sondern auch Vorschläge für gegebenenfalls erforderlichen Maßnahmen präsentieren.

7.2.2 Mehrschichtige Software-Typologie

Diese Reihe der Einteilungen nach unterschiedlichen Kriterien ließe sich beliebig fortsetzen. Zwei Ursachen erschweren eine klare Untergliederung. Zum einen ist die Anzahl möglicher Kriterien sehr groß; zum anderen wird die Unterteilung nach einem Kriterium den Eigenarten der Anwendungsprogramme nicht gerecht. Der Grund dafür liegt in der heterogenen Vielfalt der Anwendungsprogramme. Ein integriertes Buchhaltungssystem, das mit der Honorarabrechnung der Beratungsorganisation verbunden ist, kann eine Standard-SW im Fremdbezug in den Funktionen Beratung und Kontrolle der Betriebe mit verschiedener Brachenzugehörigkeit usw. sein. Dieses Beispiel belegt, daß nur ein mehrschichtiges Einteilungsmodell sowohl den Eigenarten und den Inhalten der Anwendungsprogramme, bzw. deren Systematik gerecht werden kann.

Ausgegangen wird von den Reports der vom Verlag Nomina ausgegebenen **ISIS Information Services**. Sie unterscheiden zwischen Programmen für Mainframes und Personal Computer und innerhalb dieser Gruppierungen zwischen

- branchenunabhängigen, branchengebundenen und Systemprogrammen bzw.
- Branchen-, technischen-, System- und kommerziellen Programmen.

Innerhalb dieser Gruppen gibt es weitere Untergliederungen bis hin zu den Einzelprogrammen wie Arbeitszeiterfassung oder Finanzplanung oder Lernprogramm für den Mathematikunterricht. Die Branchenprogramme unterscheiden sich von den anderen durch ihre Charakteristika, für eine einzelne Branche konzipiert worden zu sein. Eine gewisse Zwitterstellung nehmen die Systemprogramme ein, weil sie alle Programme neben den erwarteten Betriebssystemen Programme bezüglich der Datenorganisation, Datentransfer(-kommunikation) und Programmentwicklung beinhalten. Eine, in diesem Sinne unternommene und aus der Funktionsausübung ergänzte Typologie wird in Abbildung 7.1 dargestellt.

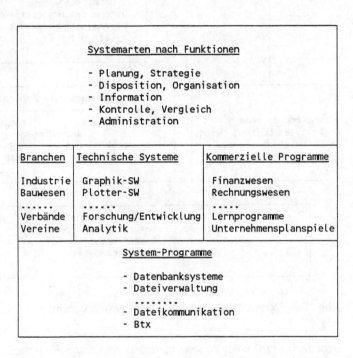

Abb. 7.1: Mehrschichtiges Schema der Anwendungssoftware

7.2.3 Charakterisierung wichtiger Programmsysteme

Abbildung 7.1 verdeutlicht nicht nur die Aufgabenbreite und -vielfalt der Anwendungssoftware, sondern auch die Notwendigkeit bereichsübergreifender Clusterungen. Eine solche Clusterung führt zur 3er-Teilung der Programme in

- Standardprogrammsysteme,
- branchenneutrale/unabhängige sowie
- branchenspezifische Programmsysteme.

7. Anwendungsprogrammsysteme

Diesen drei Gruppen werden einige System- und Grundprogramme bzw. Funktionsprogramme vor- und nachgelagert (Abbildung 7.2).

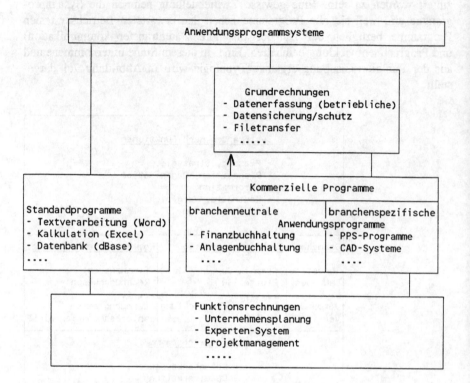

Abb. 7.2: Vereinfachtes Schema der Programmsysteme

Dem fachspezifischen Anwender stehen somit drei Programmquellen zur Auswahl, die er ausschließlich oder gemixt nutzen kann:

- In den ersten beiden Fällen greift er auf Standardprogramme, oder auf branchenneutrale Einzelprogramme zurück, setzt sie unverändert oder nach Anpassung an die eigenen Bedürfnisse ein. Er benutzt gewissermaßen Standards, die sich aus der allgemeinen DV-Praxis herauskristallisiert haben. Programme dieser Art sind beliebt, weil für sie viele Normen, Schnittstellen, Standards schlechthin bestimmt werden können. Es sind wiederkehrende standardisierbare Basisfunktionen der Tabellenkalkulation, der Rechnungsschreibung etc. Frei wählbar bleiben Sekundärfunktionen wie Formular-, Listenaufbau. Der Anwender bindet sie gewissermaßen in seine Arbeiten für Prototyping, Report- und Query-Spezifikationen etc. seiner Anwendungen ein.

7.2 Typologie der Anwendungssoftware

- Im dritten Fall wird auf die Vorleistungen des Spezialisten zurückgegriffen. Hier geht es um fach-(branchen) spezifische Programme. Der Spezialist selbst kann, braucht jedoch nicht, ebenfalls von der ersten Möglichkeit Gebrauch machen. In diesem Falle paßt er die Standards anwendungsorientiert an. Ihm steht es an, sog. Komplettlösungen (Branchenlösungen) modular, individuell erweiterbar, "maßgeschneidert" anzufertigen. Daß er dies (noch) nicht tut, liegt vorwiegend daran, daß Branchenlösungen komplexe Aufgaben mit voller Daten- und Vorgangsintegration sind. Aufgaben, in denen er bspw. vom Auftrag ausgehend Material-, Stücklisten-, Arbeitsplan-, Kunden-, Inventarverwaltung bis zu CAD, BDE, CAP, FIBU etc. integriert. Hierbei müßten Grundsätze wie technisch machbar, aufwärts kompatibel, flexibel ausbaubar, kostenmäßig vertretbar, terminlich realisierbar etc. beachtet werden.

Standardprogrammsysteme sind anwendungsoffene Software. Ihre Verbreitung verdanken sie vorwiegend dem Trend zum Arbeitsplatz-Rechner. Es handelt sich dabei um fertige Programme, die gewisse Grundfunktionen der Informationswirtschaft nicht auf eine einzige, spezielle Anwendung hin lösen, sondern allgemeingültig, universal. Ihre Bezugsobjekte sind Daten, Texte und Bilder. Mit deren Hilfe ist es möglich, individuelle Aufgaben direkt am Arbeitsplatz, ohne Benutzung des Mainframes zu lösen; daher auch der Name **Arbeitsplatz-Software** (Workplace Software); oder Personal Software und hieraus folgernd **Personal Computing** (Abschnitt 7.3).

Vertreter dieser Gruppe auf dem Software-Markt werden unter

- Textverarbeitung (Word Processing) wie Word, Wordstar, Tex-Ass,
- Tabellenkalkulation (Spreadsheet) wie Multiplan, VisiCalc, Supercalc,
- Geschäftsgraphik (Business Graphics) und
- Dateiverwaltung (Database)

angeboten. Zu diesen Gruppen gesellt sich eine weitere höherwertigere Gruppe von Software, die mehrere Funktionen in einem Programmpaket aufnimmt, die sog. **integrierten Programmsysteme**. Sie verbinden mehrere Programmodule, so bspw. Tabellenkalkulation, Geschäftsgraphik, Textverarbeitung, Datenbank, Terminplaner und Kommunikationstechnik. Bekannter Vertreter dieser Gruppe sind Lotus 1-2-3, Symphony, Framework, Open Access, CA-Executive, Knowledge Man. Sie arbeiten nach dem Schema in Abbildung 7.3).

Die Ursprünge solcher Programmsysteme gehen zurück auf die Dienstprogramme der Mainframes, die der Kommunikation (Datenübertragung), der Datenaufbereitung (Sortieren, Mischen), der Programmverknüpfung (Binder), sowie dem Editieren gedient haben.

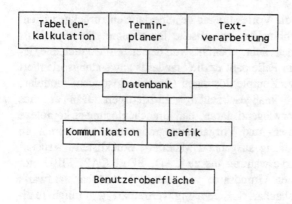

Abb. 7.3: Grundschema für integrierte Software

Branchenneutrale Programmsysteme sind häufig auf den kommerziellen Aufgabenbereich ausgerichtet. Die Angebotsschwerpunkte liegen in der Finanz- und Lohnbuchhaltung, Kostenrechnung, Fakturierung, Materialwirtschaft, Fertigungsplanung-/Produktionsplanung und -steuerung, sowie Bürokommunikation. Hieraus ist ersichtlich, daß die Angebotsstruktur durch das Finanz- und Rechnungswesen geprägt ist. Die Unterschiede ergeben sich aus dem betrieblichen Anwendungsgebiet. Die Dominanz genannter Anwendungsgebiete resultiert aus der Tatsache, daß für sie zum einen die Aufgaben branchen- mitunter sogar betriebsunabhängig formulierbar sind, zum anderen standardisierte Vorgaben von außen existieren, so bspw. der Kontenrahmen, das Bilanzschema, die Einkommensteuer-Richtlinien, die Tarifverträge. Ihre Systematisierung folgt entweder den Funktionen oder den Prozeßabläufen im Betrieb. Danach waren auch die Einteilungen in Administrations-, Dispositions-, Planungs- und Informationssysteme einschl. Kontrollsysteme, bzw. Anwendungssysteme im Finanzwesen (Buchhaltung), Rechnungswesen (Kostenrechnung, Prognosen, Analyserechnungen mittels Kennzahlen usw.), Personalwesen, Vertrieb, in der Materialwirtschaft und Bürokommunikation unterschieden worden. Diesen Programmsystemen ist außerdem zu eigen, daß sie sowohl auf Großrechner, wie auch auf Kleinrechnern angeboten werden und in jüngster Zeit auch auf eine gemeinsame Datenbasis (Datenbank) zurückgreifen. Vor allen Dingen werden sie dort unerläßlich, wo viele verschiedene Anwendungsprogramme und/oder Benutzer auf die gleiche Datenbasis zugreifen. Hinzukommen Entwicklungen im Sinne wissensbasierter Systeme, oder Expertensysteme.

Genannte Anwendungen oder auch vergleichbare Aufgaben können eine der Branche angepaßte Spezifizierung der Software zweckmäßig erscheinen lassen. Die vereinheitlichte Form der Buchführung bspw. nach dem Handelskontenrahmen, die dazugehörigen Kennzahlenauswertungen, der betriebliche Prozeß mit

7.2 Typologie der Anwendungssoftware

seinen Eigenarten u.a.m. setzen **branchenspezifische Anwendungssysteme** voraus. Innerhalb einer Branche wird - wie zuvor bei den branchenneutralen Programmen - nach Funktionen unterschieden. So setzt sich in den Betrieben der Fertigungsindustrie das CIM-Konzept durch, das im wesentlichen eine ausgeprägte Form für Administration und Disposition ist. Es umfaßt technische und betriebswirtschaftliche Anwendungen und deren Integration. Eine Reihe in diesem Zusammenhang bekannt gewordener Programmpakete umfaßt sog. Produktionsplanungs- und -steuerungssysteme (PPS), die sich mit der Auftragsabwicklung befassen und die Logistikkette Auftrag --> Planung des Bedarfs an Kapazitäten, Materialien, Terminen --> Steuerung und Überwachung des Materialflusses und des Einsatzes von Produktionsfaktoren --> Auslieferung integrieren. Die Clusterung der Anwendungsprogramme belegt mehrere bereits hervorgehobene Erkenntnisse. Die wichtigsten sind folgende:

- Die Datentransparenz zwischen den Programmen läßt sich nur mittels einer einheitlich vereinbarten Schnittstelle realisieren. Diesem Zweck können Grundrechnungen dienen, über die (neu) erfaßte Daten filtriert und nach Vereinbarung aufbereitet und gespeichert werden.

- Branchenneutrale Anwendungsprogramme scheiden mit Realisierungsbeginn aus, wenn sie die geforderten Standards nicht oder unvollkommen bringen.

- Die gegenwärtig praktizierten Einzelprogramme müssen neu konzipiert und systemimanent in die Integration überführt werden. Ihre gemeinsame Schnittstelle ist die Grundrechnung.

- Der Einsatz von ein- und mehrfunktionalen Standardprogrammen beschränkt sich häufig auf den administrativen Bereich. Ihre originären Anwendungszwecke wie Tabellenkalkulation, Textverarbeitung, Geschäftsgraphik und Datenverwaltung sind nur in stark verminderter Form gefragt. Um den Programmieraufwand zu reduzieren, die Dialogfähigkeit der Programme vielschichtig zu gewähren, schließlich die Benutzerführung während des Dialogs optimal zu gestalten, könnten partielle Nutzungen - insbesondere der Programmlogik - von Bedeutung sein.

In Ergänzung zu den Einteilungen ist ein weiterer Zusatz notwendig. Dem Anwender stehen prinzipiell drei **Programmquellen/Erstellungsarten** zur Verfügung. Die breiteste Streuung nehmen dabei die individuellen Programme ein, weil sie im Extremfall für jede denkbare Aufgabe erstellt/entwickelt werden. Die ursprüngliche Ausführungsart der Selbsterstellung wird allerdings mit wachsender Tendenz durch Fremdbezug, d.h. durch Übernahme von Entwicklungen aus Softwarehäusern bestimmt. Dies ist zugleich ein Grund für die Entstehung von Standardsoftware, weil Softwarehäuser bestrebt sind, ihre Produkte vielfach zu verkaufen, was in standardisierbaren Bereichen am ehesten möglich ist. So gesehen sind Standardprogramme für bspw. Textverarbeitung eine Selbstverständlichkeit geworden. Es handelt sich dabei um ein in sich geschlossenes Aufgabengebiet mit bekannten Funktionen, die in der überwiegenden Anzahl betrieblicher Abläufe identisch ist. Nach dem gleichen Muster entstanden Standardprogramme für die Kalkulation, Datenspeicherung, graphische Ergebnisdarstellung, Erstellung von Drucklisten u.a.m. Der Trend geht eindeutig in diese Richtung, so daß immer mehr Aufgabengebiete in Standards übergeführt werden. Aus dem betrieblichen Prozeß sind es insbesondere die Steuerungsaufgaben (CA-Programme), aber auch das Gebiet des Rechnungswesens, der Statistik u.a. werden einbezogen (siehe unten).

Was auf der einen Seite als begrüßenswert, als positiv erscheinen mag, beinhaltet wesentliche Nachteile, die insbesondere aus der Sicht des Benutzers zu beurteilen sind. Soll der Benutzer bspw. mit 6 Standardprogrammen arbeiten, so bedeutet dies die Einarbeitung in 6 verschiedene Programme, mit 6 verschiedenen Bedienungsabläufen, Speicherorganisationen, dv-technischen Voraussetzungen etc.

7.3 Enduser/Endbenutzer-Systeme

7.3.1 Personal Computing

Hinter dem Begriff des **Personal Computing** wird die Datenverarbeitung am Arbeitsplatz des Benutzers verstanden. Synonym dazu stehen auch die Begriffe **Enduser-System**, bzw. **Individuelle Datenverarbeitung**. Diese Form der Datenverarbeitung gewann erst durch die Personal Computer an Bedeutung, weil diese erst die Möglichkeiten eröffnet haben,

- selbständige Lösungen zu erarbeiten,
- die Rechnerleistungen autonom zu bieten,
- verschiedene Werkzeuge zur Problemlösung bereitzuhalten und
- ohne Beratung von außen auszukommen.

Die gleichzeitige Erfüllung dieser Kriterien, "am Arbeitsplatz", "autonom", "selbständig", "mit Werkzeugen", "ohne Fremdberatung" stellt also den arbeitsplatz- und personenbezogenen Charakter - auch bei spezifischen Aufgaben - dieser Form der Datenverarbeitung ins richtige Licht. Aus der Sicht des Endbenutzers bedeutet dies eine Unterstützung am Arbeitsplatz.

Mit der Installation dezentraler Hardware wird die erste Voraussetzung für die Bearbeitung spezieller arbeitsplatzbezogener Aufgaben und damit der Grundstein für die Einrichtung des Personal Computing gelegt. Die weiteren Voraussetzungen werden durch Bereitstellung von Endbenutzerwerkzeugen für den Anwender und von Softwareentwicklungstools für den Entwickler gesetzt. Damit ist gleichzeitig definiert, daß ein Endbenutzer sowohl der Entwickler von Anwendungssoftware, als auch deren Anwender ist. Entscheidend sind, daß

- eine selbständige Informationsverwaltung durch Anlegen, Speichern und Wiederauffinden betrieben wird,
- eine selbständige Problemlösung durch Anfragen, Kalkulationen, Rechnen mit Alternativen, Auswerten großer Datenmengen, Aufbereiten von Kalkulationsergebnissen, Benutzen von Verfahren mathematischer, statistischer und sonstiger Art möglich ist,
- persönliche Ressourcen (Daten, Dokumente, Termine) verwaltet werden,
- verschiedene Möglichkeiten des Datentransfers genutzt werden,
- mit anderen Arbeitsplätzen kommuniziert wird,
- Texte, Graphiken usw. erstellt, verändert, archiviert werden.

Durch die Bereitstellung der lokalen Computerleistung und der Software entscheidet der Endbenutzer selbst über seine Informationsversorgung, d.h. was er mit dem Computer mit welchen Werkzeugen, in welcher Reihenfolge, zu welchem Zeitpunkt oder in welchem Zeitraum und schließlich wie löst. Aus diesem Grunde ist die Palette möglicher Aufgaben und Werkzeuge sehr breit. Charakteristisch für Arbeitsplätze des Personal Computers sind die Fähigkeiten

- Multitasking und Multiwindowing,
- hohe Computerleistung (Prozessor und Speicher),
- gute Bildschirmauflösung (integrierte Benutzeroberfläche) und
- schneller und integrierter Netzwerktransfer.

7.3.2 Benutzerschnittstelle/Benutzeroberfläche

Jedes Anwendungsprogramm zeigt sich gegenüber dem Benutzer mit einem für das jeweilige Programm typischen Design. Dieses wird **Benutzeroberfläche** genannt. Sie ist die direkte Schnittstelle zwischen dem Programm und dem Benutzer, der entweder Anwender oder Entwickler ist (Abbildung 7.4).

Die Benutzeroberfläche übernimmt i.w.S. die Führung des Benutzers nach dem Aufruf. Dies erfolgt entweder über die Tastatur oder bei graphischen Benutzeroberflächen mit der Maus (Abbildung 7.5).

496 7. Anwendungsprogrammsysteme

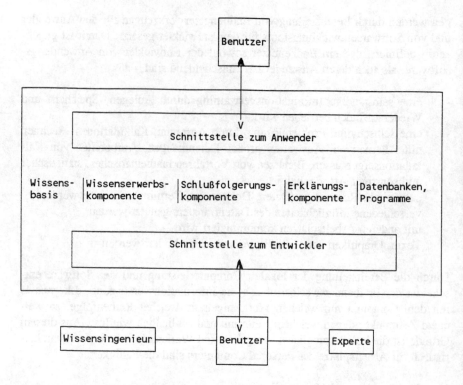

Abb. 7.4: Benutzerschnittstellen

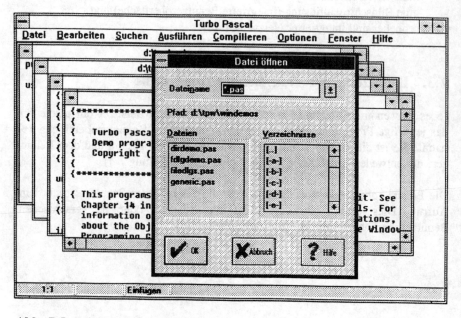

Abb. 7.5: Beispiel einer Dialog-Benutzeroberfläche

Spätestens seit dem Erscheinen von Windows 3.0 ist die graphische Benutzeroberfläche im Kommen. Sie wird Standard. Unmittelbar mit der graphischen Benutzeroberfläche steht das Arbeiten in **Dialogfenstern** oder **Dialogboxen**. Ihre Aufgabe besteht in der Unterstützung des Benutzerdialogs. Beispiele sind (Abbildung 7.6):

- Eingabe von Werten, Parametern, Optionen,
- Einblendung von Listen-, Dateiennamen,
- Auswahl von eingeblendeten Variablen usw.

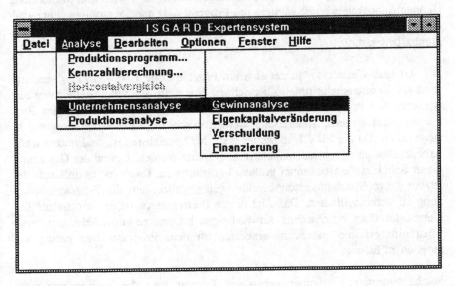

Abb. 7.6: Beispiel eines/r Dialogfensters/-box

Zur Realisierung dieser Aufgaben existiert eine Reihe von Standardbedienelementen innerhalb der Dialogboxen:

- Eingabezeilen zur direkten Eingabe von Werten oder Zeichenketten über die Tastatur;
- Listboxen zur Auswahl aus vorgegeben Listen;
- Checkboxen zum Schalten zwischen zwei Zuständen (Option aktiviert/ nicht aktiviert);
- Funktionsknöpfe zum Beenden oder zum Aufruf des Dialogs;
- Optionsknöpfe zur Festlegung auf eine von mehreren Alternativen.

Mit der Entwicklung immer leistungsstärkerer Rechner wendet man sich vermehrt von der zeichenorientierten Oberfläche ab, und zwar zu den graphischen

Oberflächen (**GUI**, Graphical User Interface). Der Durchbruch dieser Oberfläche kam mit dem Erscheinen von Windows 3.0. Während bei zeichenorientierten Oberflächen ein Zeichen die kleinste adressierbare Einheit darstellt, und sein Aussehen dadurch festgelegt ist, arbeiten graphische Oberflächen pixelorientiert, die kleinste adressierbare Einheit ist also ein Bildpunkt. Dadurch können Schriftzeichen in jeder beliebigen Größe und Form dargestellt werden, auch so, wie sie bspw. in einem Textverarbeitungsprogramm später vom Drucker ausgegeben werden (WYSIWIG = What You See Is What You Get).

Daneben können auch graphische Dialogelemente in Form von Sinnbildern (Ikonen, Icons) verwendet werden, um Programmaktionen auszulösen, ohne daß sich der Benutzer durch die verschiedenen Ebenen des Pull-Down-Menüs hindurcharbeiten muß.

Die Art und Weise also, in der sich ein Programm dem Anwender präsentiert, wird als **Benutzerschnittstelle** bezeichnet. Sie stellt die Schnittstelle zwischen Benutzer und Programm dar. Einerseits kann der Benutzer durch sie den Programmablauf steuern, andererseits werden durch sie die Programmergebnisse ausgegeben. Da die EDV kein Metier mehr für Spezialisten ist, und immer mehr Arbeitsplätze mit Personalcomputern ausgestattet werden, kommt der Gestaltung dieser Schnittstelle eine immer größere Bedeutung zu. Daher hat es im Laufe der letzten Jahre Standardisierungsbemühungen gegeben, um die Programmbedienung zu vereinheitlichen. Das Ziel dieser Bestrebungen ist es, konsistente Bedienmuster über verschiedene Anwendungen hinweg zu entwickeln, um somit Einarbeitungszeiten und Schulungskosten für neue Programme so gering wie möglich zu halten.

Solche Programme erlauben neben der Tastatur auch die Verwendung einer Maus oder eines ähnlichen Zeigegerätes, die Benutzerführung erfolgt über Pull-Down-Menüs und Dialogboxen. Bei einem **Pull-Down-Menü** handelt es sich um eine Menüleiste am oberen Bildschirmrand, unter deren Menüpunkten einzelne Untermenüs (Submenüs) angeordnet sind, die nach Aktivierung des betreffenden Menüpunktes ausklappen. Diese Submenüpunkte können ihrerseits weitere Submenüs aufrufen, Dialogboxen aktivieren oder auch direkt Aktionen auslösen. Beispiele für den Einsatz von Dialogboxen sind:

- Eingabe von Werten,
- Festlegen von Programmoptionen,
- Auswahl aus Listen und
- Mitteilungen des Programms an den Benutzer.

7.3.3 Dienstprogramme

Dienstprogramme sind anwendungsneutral. Sie bieten Funktionen an, die ansonsten mit Betriebssystembefehlen eingegeben werden müßten. Ein typisches Beispiel bieten die **Norton Utilities** mit den Unterstützungen Copy für Kopieren, Delete für Löschen, View für Anzeigen, Edit für Editieren usw. an. Mit den NU können gespeicherte Dateien auf dem Festspeicher oder auf Disketten aufgelistet und mit einfachen Befehlen manipuliert werden. Diese Funktionen enthalten auch die **Windows-Erweiterungen**.

Weitere Funktionen solcher Dienstprogramme sind (siehe unten):

- das Editieren (zeilen-, masken-, mehrdokumentorientiert),
- das Binden (Einfügen verschiedener Prozeduren in das Programm),
- das Laden (Einlesen des Programms in die Ladeadresse im realen und virtuellen Speicher),
- das Sortieren der Datensätze nach Kriterien,
- das Diagnostizieren (Feststellung von HW-/SW-Fehlern),
- der Terminkalender mit Erinnerungsfunktion,
- das Wiederherstellen gelöschter Dateien (Undelete-Funktion),
- die Adreßverwaltung (mit automatischer Wahlmöglichkeit),
- die Systemverwaltung mit System-, Leistungs- und Speichertest (Anzeigen von Belegung, Änderung und Updating etc.),
- der Drucker-Spooler mit Drucksteuerung im Hintergrund,
- die Kompression von Dateien und Verzeichnissen,
- die Antivirusprogramme zur Erkennung und Anzeige von Virenbefall etc.

7.3.4 Standardsoftware

7.3.4.1 Überblick

Standardanwendungsprogramme sind DV-Lösungen, die einen universellen Charakter aufweisen. Wesentlich ist, daß sie auf vielfältige Weise und bei den unterschiedlichsten Anwendern genutzt und gebraucht werden (können). Es ist unerheblich, ob der (End-) Benutzer diese Programme privat oder beruflich einsetzt, da in beiden Fällen die individuelle Problemlösung möglich wird. Anders ausgedrückt: Standardpakete (Integrierte Programme, Multifunktionale Module),

7. Anwendungsprogrammsysteme

Textverarbeitung, Graphik, Tabellenkalkulation (Spreadsheets)[1] und Datenbankprogramme sind anwenderneutral. Um die unterschiedlichen Arbeitsweisen mit herkömmlichen und neueren Techniken zu zeigen, wird eine Systemanalyse - hier eingeschränkt auf die Programmentwicklung - mit Hilfe verschiedener Standardanwendungsprogramme durchgeführt.

Die Bedeutung von Standardsoftware wird am deutlichsten durch folgende Zahlen belegt: Jährlich werden etwa 22 Mio. PC's verkauft. Derzeit dürften weltweit ca. 120 Mio. PC's im Einsatz sein, davon rund 35 Mio. 386SX-, 386DX- und 486-Geräte unter Windows. Sie alle benötigen Anwendungsprogramme, so die Standards. Führende Anbieter solcher Standardprogramme sind Lotus, Borland und Microsoft.

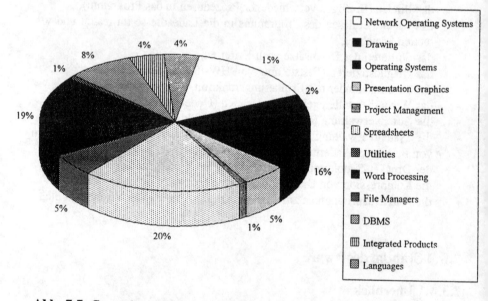

Abb. 7.7: Gegenüberstellung von Standardsoftware nach Umsatzanteilen

---

1) VisiCalc (VISIble CALCulator) war das erste Tabellenkalkulationsprogramm, das von Dan Bricklin, von einem MBA Studenten vom Harvard-College 1978 entwickelt worden ist. Den Erfolg dieses Produktes kann man am besten daran erkennen, daß es in den ersten beiden Jahren 200.000fach verkauft worden ist. Dan Bricklin setzte, das an der Harward genutzte MBA-Programm, das ein Spreadsheet war, in ein Computerprogramm um. Auf dieses Produkt folgten weitere Spreadsheets, so Lotus 1-2-3 und Excel.

Die Verbreitung von Standardsoftware (weltweit nach Anteilen) geht aus Abbildung 7.7 hervor. Die absoluten Zahlen zeigt Tabelle 7.1.

Tab. 7.1: Marktübersicht der weltweit
wichtigsten Softwareprodukte
(Erhebungsjahr 1991)

PC Software Market Principal Products		
	1990	1991
Spreadsheets	18%	19%
World processing	19%	19%
Operation systems	12%	15%
Network operating systems	17%	15%
Database management systems	9%	8%
Languages	4%	4%
Presentation graphics	5%	5%
Utilities	4%	5%
Integrated products	5%	4%
Desktop publishing	2%	2%
Drawing	1%	2%
Project management	1%	1%
File managers	1%	1%

Neben der reinen Beschreibung der Aufgaben von Standardprogrammen soll deren jeweilige Arbeits- und Funktionsweise anhand eines durchgehenden Beispiels verdeutlicht werden. Ausgehend von den "Ein-Aufgaben"- Standardprogrammen

- der Textverarbeitung,
- der Tabellenkalkulation,
- der Datenbank und
- der Graphik

wird eine Beispiellösung erarbeitet. Die Beschreibung ist auf wesentliche Funktionen der Programme beschränkt. Weitestgehend unberücksichtigt bleiben Gesichtspunkte wie Benutzerführung, eingebautes Lernprogramm, Fenstertechnik, Bedienungsmenü, Arbeitsspeicheranforderung, Arbeitsgeschwindigkeit, Installation, Datenaustausch etc., die allerdings wesentlich bei der täglichen Arbeit mit den Programmen sind bzw. (im Einzelfall) sein können. Als Beispiel, um die Unterschiede und damit die Nutzungsmöglichkeiten von Standardanwendungsprogrammen zu zeigen, wird folgendes gewählt:

Die Aufgabe besteht in der Erstellung einer Rechnung auf der Basis
einer Kundenanfrage und einer Datenbank mit Hilfe von Standardsoftware.

7.3.4.2 Tabellenkalkulation

7.3.4.2.1 Leistungsmerkmale

Wer mit Zahlen arbeitet, benötigt Kalkulationsprogramme, da sie Abrechnungen jeglicher Art vereinfachen. Elektronische Arbeitsblätter berechnen Alternativen bei Angeboten und helfen bei Finanzplanungen, nicht nur im betrieblichen Bereich. Insbesondere die Möglichkeit der Alternativensuche nach dem Motto "Was wäre, wenn ... ?" führte von Anfang an zu einer schnellen Verbreitung dieser Programme. Mußte früher mit Papier und Bleistift bei Veränderung einer Zahl das Radiergummi genommen werden, wird bei einem Kalkulationsprogramm nur die eine Zahl überschrieben, die notwendigen Veränderungen der mit ihr verbundenen Werte übernimmt das Programm. Für Aufgaben dieser Art stellen Tabellenkalkulationsprogramme verschiedene Leistungsarten bereit (Abbildung 7.8).

Wie das erste Wort "Tabelle" in Tabellenkalkulation andeutet, werden die Berechnungen in dieser Darstellungsform am Bildschirm durchgeführt. Die Aufteilung in Zeilen und Spalten führt dazu, daß man eine Matrix erhält. Statt vom Element A1,1 zu sprechen, wird hier die Bezeichnung Zelle A1 verwandt. Eine Zelle kann Werte (Zahlen), Texte und Formeln aufnehmen. Eine wichtige Kenngröße für die mögliche Größe einer Tabelle/eines Arbeitsblattes ist die Anzahl Spalten und Zeilen.

Da mit Zahlen gearbeitet wird, ist es erforderlich, die Rechengenauigkeit eines Kalkulationsprogramms zu kennen. Wenn umfangreiche Berechnungen durchgeführt werden, möglichst noch mit vielen Nachkommastellen, ist es wichtig, die Ergebnisse und Zwischenergebnisse in einer Zelle im gewünschten Format darzustellen. Die Konsequenz ist, daß die Breite der Zelle auf der einen Seite und die Repräsentation des Wertes auf der anderen Seite den Erfordernissen entsprechend bestimmt werden.

```
                        Leistungsmerkmale

 - Anzahl Spalten/Zeilen      - logische Funktionen
   je Arbeitsblatt            - Makrobefehle
 - Export-/Importfunktion     - Rechengenauigkeit
 - Formelverknüpfung            Sortieren
 - Formate                    - Springen
 - Kopier-/Löschschutz        - Verbinden von Arbeitsblättern
 - Mathematische und          - Teilausdruck
```

Abb. 7.8: Beispielkatalog für die Leistungsmerkmale von
Tabellenkalkulationsprogrammen

Add-Ons sind Hilfs- und Zusatzprogramme vor allem für Lotus 1-2-3, dem Quasi-Standard-Tabellenkalkulationsprogramm. Sie erweitern z.B. den Befehlsumfang der Tabellenkalkulation oder ermöglichen einen Ausdruck der Tabellen im Querformat; allerdings ist noch gegenwärtig das Hochformat Standard.

7.3.4.2.2 Adressierung

Die Möglichkeit innerhalb eines Tabellenkalkulationsprogramm eine oder mehrere Zellen genau "anzusprechen" heißt absolute Adressierung, z.B. C1 A12 B15. Diese wird verwandt beim Zellensprung oder, was weitaus wichtiger ist, bei der Anwendung von Formeln (z.B.: A10 = A1+A3+A4-A7). Die Methode der relativen Adressierung wird verwandt, um Formeln zu kopieren, die dann den/die neuen Bezugspunkt(e) erhalten (z.B.: Formel in A5 = A1+A2 wird nach B5, C5 und D5 kopiert. Die Formel lautet dann für B5 = B1+B2. Die Konvertierung A nach B erfolgt automatisch.)

Das **Arbeitsblatt** (Spreadsheet) einer Tabellenkalkulation ist eine Matrix. Es besteht aus sogenannten Zellen, die in Zeilen und Spalten angeordnet sind. Eine Zelle wird durch ihre Zeilen- und Spaltenanordnung angesteuert. Die erste Zelle eines Arbeitsblattes ist die Zelle A1. A steht für Spalte A und 1 für Zeile 1. In einer Zelle können Zahlen, Text und Formeln stehen. Ein Kriterium für Tabellenkalkulationsprogramme ist die Anzahl der möglichen Zeilen und Spalten je Arbeitsblatt (z.B. Microsoft EXCEL 16.000 Zeilen und 16.000 Spalten). Die Kalkulation, das Rechnen in einem Arbeitsblatt gestaltet sich denkbar einfach: In Zelle A1 steht die Zahl 5 und in Zelle A2 steht die Zahl 3. In Zelle A3 soll das Ergebnis der Subtraktion von 5 und 3 ausgegeben werden. Dies wird mittels der Formel A1-A2 in A3 erreicht. Bei einer Änderung einer der Zahlen in A1 oder A2 wird sofort das neue Ergebnis für A3 errechnet und im Anschluß ausgegeben. Ein Bereich innerhalb eines Arbeitblattes ist ein rechteckiger Zellenblock (vergl. dazu Tab. 7.2).

Tabellenkalkulationsprogramme der gehobenen Klasse haben meist ein Graphikmodul (Chart) integriert, das die Darstellung von einfachen Balkendiagrammen bis zu dreidimensionalen Bildern gestattet. Diese Möglichkeit bestand bei den ersten Versionen nicht, wurde aber aus Interpretationsgründen für die Zahlen in Tabellen aufgenommen ("Ein Bild sagt mehr als 1000 Worte").

Eine Tabelle umfaßt in der Regel die beiden **Dimensionen** Zeilen und Spalten. Sie ist somit eine zweidimensionale Darstellung. Neuere Programme (3D Calc) gestatten es, mit dreidimensionalen Tabellen zu arbeiten; die neue Dimension heißt dann Seite und "steht im Raum".

Ein **Feld** kann eine oder mehrere Zellen umfassen. Dieses Feld kann in den Zustand "geschützt" überführt werden. Geschützt bedeutet, daß dieses Feld nicht durch eine Neueingabe überschrieben werden kann. Einzelne Zellen eines Arbeitblattes lassen sich durch Rechenoperationen miteinander verbinden. Neben den einfachen wie Addition, Subtraktion, Multiplikation, Division und Potenzierung gibt es eingebaute mathematische (Sinus, Logarithmus, Zufallszahlen ...), statistische (Maximal- oder Minimalwert einer Reihe, Mittelwert, Varianz ...) und Finanzfunktionen (Barwert, Kapitalverzinsung ...).

Die Fähigkeit einiger Tabellenkalkulationsprogramme mehrere Arbeitsblätter miteinander zu verknüpfen, nennt man **Konsolidation**. Eine Konsolidation ist eine Zusammenfassung mehrerer untergeordneter Tabellen. Besonders leistungsstark ist hier Microsoft EXCEL, das automatisch alle miteinander verknüpften Tabellen (im Hintergrund) bei einer Änderung einer Zahl in einer der verknüpften Tabellen (Graphiken) mitberechnet!

Ein **Label** beschriftet eine Zelle. Wird eine Zahl in einer Zelle eingegeben, wird das Label "Wert", bei einem Wort "Text" und bei einer Formel "Formel" am Bildschirm angezeigt. Es handelt sich somit um eine Modusanzeige.

Operatoren sind Rechenzeichen, die in Formeln Verwendung finden. Neben den Operatoren der Grundrechenarten " +,-,* und /" können auch logische "und, oder, nicht, größer, kleiner und gleich" alleine oder zusammengesetzt verwendet werden. Feststehende Teile (**Template**) einer Tabelle, beispielsweise Kopf- oder Fußzeilen, werden als Datei abgespeichert werden. Ein Anwender gibt nur noch seine aktuellen Daten ein und braucht sich um die Beschriftung der Tabelle nicht mehr zu kümmern. **Zeitreihen** sind Untergliederungspunkte für Zeiträume, Tage, Monate, Quartale oder Jahre. Mit solchen Zeitreihen/-serien lassen sich Vergleiche vornehmen (z.B. Verkäufe, Umsätze ...). Die **Zelle** ist die kleinste adressierbare Einheit einer(s) Tabelle/Arbeitblattes.

7.3.4.2.3 Arbeitsweise

Von der Betriebssystemebene wird mittels Eingabe des Namens das Tabellenkalkulationsprogramm in den Arbeitsspeicher des PC geladen (Programmstart). Das Programm übernimmt die Steuerung des Bildschirms und des Druckers und erscheint mit einem leeren Arbeitsblatt am Bildschirm. Der Bildschirm und die Tastatur werden nunmehr zu Papier, Bleistift und Radiergummi (Text-/Wert-/Formeleingabe/-bearbeitung). Soll eine neue Tabelle eingegeben werden, kann nach dem Programmstart sofort mit der Arbeit begonnen werden, andernfalls ist eine alte abgespeicherte Tabelle (möglicherweise als Template) von Diskette/-

Festplatte über den Ladebefehl des Kalkulationsprogramms zusätzlich ganz oder teilweise (mit oder ohne Werte, d.h. nur die Formeln) in den Arbeitsspeicher zu kopieren. In beiden Fällen stehen dem Anwender nunmehr alle Funktionen offen. Im Arbeitsblatt können Zellen bzw. Bereiche überschrieben, ergänzt, gelöscht, an eine andere Stelle verschoben oder kopiert werden. In einzelne Zellen können Formeln, Formelverknüpfungen oder logische Abfragen eingetragen werden. Überschriften für die Tabelle und mögliche Untertabellen können eingegeben und optisch durch Striche oder Leerzeilen/Leerspalten oder andere Schriftarten/-größen voneinander abgehoben werden.

Nachdem die Tabelle fertiggestellt und die richtige Berechnungsweise mittels Beispieldaten überprüft ist, erfolgt mit dem **Druck**befehl die Ausgabe der Tabelle auf dem am PC angeschlossenen Drucker. Bei einer neu erstellten Tabelle wird nur der Teilausdruck der verwandten Formeln erfolgen (Dokumentationszwecke). Bei einer "alten getesteten" Tabelle interessiert nur der Teilausdruck der geänderten Werte. Wenn die Tabelle sachlich richtig und auch in der optisch gewünschten Form ausgedruckt wurde, ist sie endgültig fertiggestellt. Mit dem Speicherbefehl des Programms wird sie mit einem Namen versehen, unter dem sie auf die Festplatte gesichert wird. Im Anschluß wird die Tabellenkalkulation mit dem **Programmende**befehl verlassen und der Anwender kehrt auf die Betriebssystemebene zurück.

Tab. 7.2: Kalkulationsbeispiel

A	B	C	D	E	F	G	H	I	J	K	L	M
1	ANGEBOT	FÜR	HARDWAREKOMPONENTEN									
2					Lieferanten							Bedarf
3						1		2	3	4		
4					in DM/Stück							
5	Festplatte	(120	MB)		562,00		554,00		581,00	540,00		20
6	Festplatte	(170	MB)		602,00		600,00		614,00	598,00		25
7	Festplatte	(200	MB)		643,00		635,00		655,00	644,00		25
8	Lieferkosten				0,15		0,15		0,25	0,00		
9	Mengenrabatt				1,00		0,85		0,95	0,75		
10												
11	------	------	------	------	------	------	------	------	------	------	------	------
12	BERECHNUNG		DM	insgesamt								
13	------	------	------	------	------	------	------	------	------	------	------	------
14	Festplatte	(120	MB)		11240,00		11080,00		11620,00	10800,00		
15	Festplatte	(170	MB)		15050,00		15000,00		15350,00	14950,00		
16	Festplatte	(200	MB)		16075,00		15875,00		16375,00	16100,00		
17	Lieferkosten				10,50		10,50		16,63	0,00		
18	Mengenrabatt				70,00		59,50		66,50	52,50		
19	------	------	------	------	------	------	------	------	------	------	------	------
20	Summe				42305,50		41906,00		43295,13	41797,50		

Der Anwender hat die Tabelle in zwei Teile gegliedert. Im Angebotsteil hat er die übersandten Preise und Bedingungen eingetragen. Schwierig war es, die unterschiedlichen Voraussetzungen der Angebote (einmal nur lose oder nur abgepackt oder beides) vergleichbar zu machen. Zusätzlich richtete er eine Spalte für seine Bedarfsmenge ein. Im Berechnungsteil hat er in die einzelnen Zellen die jeweilige Berechnungsformel eingetragen, z.B.

7.3.4.2.4 Marktübersicht

Nachstehend ist eine Übersicht von Tabellenkalkulationsprogramme aufgenommen. Eine Wertung wird nur insofern vorgenommen, daß eine Untergliederung in professionelle (großer) und weniger professionelle (kleinerer Leistungsumfang) erfolgt (Tabelle 7.3).

Tab. 7.3: Marktübersicht der Tabellenkalkulationsprogramme
(Erhebungsjahr 1991)

Tabellenkalkulationsprogramme		
Nicht professionell	Professionell	Marktanteil
Supercalc 5	Lotus 1-2-3	43%
BFS-MAC	Microsoft Excel	25%
Quattro-Pro	Microsoft Multiplan	3%
Wingz	Borland Quattro Pro	25%
SAS-Tabellenkalkulation	CA SuperCalc	3%
Integra Calc Man.	Andere	1%
The Twin Classic		
Complan		
Star Planer		
Calc Ass		

7.3.4.3 Datenbank (SQL-Abfragesprache)

Jeder der numerische oder alphanumerische Zeichen/Informationen verarbeitet, muß die Möglichkeit haben, seine Daten zu speichern. Während der Arbeit mit einem Programm werden die Daten im Haupt- oder Arbeitsspeicher gehalten. Fällt der Strom aus oder wird das Gerät ausgeschaltet, gehen diese Daten verloren. Abhilfe schaffen hier Datenträger oder Sekundärspeicher wie die Diskette oder die Fest-/Magnetplatte auf denen die Daten gesichert werden. Bei der nächsten Arbeitssitzung können sie wieder in den Arbeitsspeicher geladen werden.

Die banale Feststellung, "Daten müssen gespeichert werden wie es früher auf einer Karteikarte möglich war", führt jedoch zu weitreichenden Konsequenzen. Insbesondere in nächster Zeit wird von relationalen Datenbanken auf dem PC gesprochen (werden). Der Hintergrund ist das gedankliche Modell, wie Daten miteinander verknüpft werden können, so daß ein genaueres Abbild der Realität entsteht.

7.3.4.3.1 Leistungsmerkmale

In den Anfängen der Datenverarbeitung (im hierarchischen Datenmodell) wurden Daten in Feldern, Felder in Sätzen und Sätze in Dateien gespeichert. Schreiben, Lesen, Verändern und Sortieren der Daten erfolgt(e) nur auf einer Datei. Im Relationenmodell werden Daten auch in Feldern bzw. Spalten, Spalten/Felder in Zeilen bzw. Sätzen und Zeilen + Spalten in Basistabellen gespeichert. Über virtuelle Tabellen, die nur die "logischen" und nicht die "physischen" Informationen einer Basistabelle enthalten, sowie über Systemtabellen können Beziehungen zwischen den Basistabellen abgebildet werden, und zwar die sog. Relationen. Über eine besondere Abfragesprache, Standard ist hier SQL, können Daten beliebig kombiniert und zu der gewünschten Auskunft für den Benutzer zusammengestellt werden. Es ist dabei unerheblich in welcher Basistabelle die Daten gespeichert sind, da der Benutzer auf der "logischen" Ebene sog. "Views" (Anfragen) definiert. Auf Personalcomputern gibt es eine Vielzahl von Datenbankprogrammen. Als Quasi-Standard ist hier das Programm dBase III plus anzusehen (Abbildung 7.9).

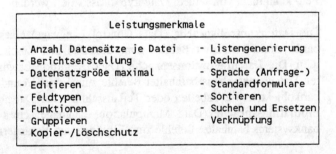

Abb. 7.9: Beispielkatalog für die Leistungsmerkmale von Datenbankprogramme

7.3.4.3.2 Standardfunktionen, -begriffe

In der physischen Darstellung einer relationalen Datenbank ist das Attribut eine Zeile oder Spalte der Tabelle. In der logischen Darstellung ist das **Attribut** (Attribute) eine Eigenschaft einer Entität. Beispiel: Entität ist PERSON, die durch die Eigenschaften (Attribute) NAME, VORNAME, GEBURTSDATUM ... charakterisiert sein kann.

Die **Basistabelle** (Base Table) ist die "reale" Tabelle einer relationalen Datenbank, die die Daten beinhaltet und den dafür entsprechenden Platz in der Datenbank belegt. Auf die Basistabelle beziehen sich die "virtuellen" Tabellen, welche vom Datenbanksystem zur Laufzeit aufgebaut werden, um Benutzeranfragen zu beantworten. Die Anfragen richtet der Benutzer mit einer bestimmten Sprache an das Datenbanksystem (SQL). Numerische (Zahlen) oder alphanumerische (Text) Informationen, die in definierte Bestandteile aufgelöst wurden und einem Strukturtyp (Ganzzahl, Zeichenkette, Dezimalzahl ...) zugeordnet werden können, nennt man **Daten** (Data). Eine **Datenbank** (Data Base) ist die geordnete Zusammenführung/Zusammenfassung von Daten zu einem Ganzen, auf die in vielfältiger Weise (und schnell) zugegriffen werden kann.

Der Prozeß, Daten in eine Datenbank einzubringen heißt **Dateneingabe** (Data Entry). Die Dateneingabe kann z.B. vom Benutzer über die Tastatur oder mittels eines Datenträgers (Diskette, Magnetband ...) vorgenommen werden. Die kleinste Einheit einer relationalen Datenbank/eines Records im hierarchischen Datenmodell, das Feld, kann ohne einen **Datentyp** (Data Type) nicht vereinbart/erzeugt werden. Datentypen sind z.B. numerisch, alphanumerisch, u.a. Ein Feld kann nicht von seinem Datentyp disassoziiert werden.

Die **Datenkontrollsprache** (Data Control Language) eines relationalen Datenbanksystems beinhaltet Befehle zum Erstellen und Löschen Datenbankprivilegien. Die **Datendefinitionssprache** (Data Definition Language) eines relationalen Datenbanksystems beinhaltet Befehle zum Erstellen und Löschen der Datenbankobjekten wie Tabellen oder Teilausschnitte der Datenbank. Die **Datenmanipulationssprache** (Data Manipulation Language) eines relationalen Datenbanksystems beinhaltet Befehle zum Einfügen und Verändern der Datensätze.

Die kleinste Einheit innerhalb der relationalen Datenbankstruktur ist das **Feld** (Field). Das Feld nimmt ein Datum (hier: Einzahl von Daten) auf und korrespondiert mit dessen Datentyp. Eine auf bestimmte Weise formatierte und in der Darstellung ausgewählte Zusammenfassung von Daten, die auf einem Bildschirm/Terminal ausgegeben werden, bezeichnet man **Formulare** (Form). Sie sind interaktiv, d.h. der Benutzer kann über sie Daten ändern oder in die Datenbank eingeben.

Der **Katalog** (Catalog) ist die Zusammenfassung von Systemtabellen, die durch ein relationales Datenbanksystem intern aufgebaut werden und die es dazu nutzt, Anfragen seitens eines Benutzers zu beantworten und die durch Anfragen sich ergebenden Teilausschnitte aus der Datenbank bereitzustellen und zu verwalten.

Operatoren (Operator) sind Rechenregeln, die auf Daten wirken.

In der formalen Beschreibung einer relationalen Datenbank ist dies die Tabelle. Eine **Relation** (Relation) ist im mathematischen Sinne äquivalent mit dem Mengenbegriff. Beispiel: Entitäten: PERSON, ANGESTELLTER; RELATION: PERSON-ANGESTELLTER; Interpretation: Eine Person, die in einer Datenbank aufgenommen ist unter PERSON, könnte auch unter ANGESTELLTER geführt werden. Ist dies der Fall, wäre diese Person doppelt vorhanden, d.h. es wird doppelter Speicherplatz benötigt. Dieser Sachverhalt wird als Redundanz bezeichnet und ist typisch bei Applikationen im hierarchischen Datenmodell. Innerhalb der relationalen Datenbank vermeidet man die Doppelspeicherung dadurch, daß man eine Beziehung zwischen dem Personen-Record und Angestellten-Record mittels eines Schlüssels aufbaut, mithin jeweils einen Querverweis von PERSON auf ANGESTELLTER und umgekehrt vornimmt. Beispiel: Die Person Meier hat die lfd.Nr. 112 ("Primärschlüssel") im Personen-Record und 202 im Angestellten-Record. Im Personen-Record steht im Attribut ANGESTELLTER als "Fremdschlüssel" 202, im Angestellten-Record im Attribut PERSON 112. Ist Schmidt nur als Person in der Datenbank vorhanden, nicht als Angestellter, so steht im Attribut ANGESTELLTER keine Eintragung.

Eine Datenbank, die aus mehreren miteinander verknüpften Tabellen besteht, ist eine **Relationale Datenbank** (Relational Database). **Datensätze** (Records) sind horizontale Komponenten einer Tabelle im relationalen Datenbankmodell oder gerichtete Graphen im Netzwerkmodell und zusammengefaßte Felder (hier: mit nur einem Datum) im hierarchischen Datenbankmodell. Die **Spalte** (Column) ist die vertikale Komponente einer Tabellenstruktur und besteht aus einem oder mehreren Feldern des gleichen Datentyps.

SQL ist eine **Datenbankanfragesprache** (Structured Query Language), die zur Standardabfragesprache für relationale Datenbanken "gekürt" wurde. SQL ist wie eine mathematische Sprache genau definiert und im Wortschatz extrem begrenzt; nur eine Handvoll von Sprachelementen führen zu Aktionen. Dennoch lassen sich die Sprachelemente zu größeren Einheiten kombinieren, die dann erst die Mächtigkeit von SQL begründen. Es ist völlig beliebig, welche Daten gespeichert werden, unter SQL sind jedoch die Art und Weise streng eingegrenzt. Ausgegangen wird von der genau definierten Einzelinformation, dem Datum, das seinerseits genau durch einen Datentyp charakterisiert wird. Die Sammlung der Daten, ob groß oder klein, erfolgt in Datenbanken. Die Sprachelemente beziehen sich alle auf die Erzeugung, die Wartung und Verprobung von einer Datenbank. Die Verprobung/Sondierung charakterisiert SQL als Abfragesprache.

Systemtabellen (System Tables) sind Tabellen, die vom Datenbanksystem intern erzeugt und verwaltet werden. Diese Tabellen beinhalten Informationen über das Datenbanksystem wie Tabellen- und Feldnamen. Die **Tabelle** (Table) ist die Basisstruktur der relationalen Datenbankarchitektur, die sich aus Sätzen und Feldern, Spalten und Zeilen zusammensetzt. In der formalen Betrachtungsweise/-Terminologie ist die Tabelle eine Relation. Virtuell (virtual) ist ein logischer Sachverhalt, der kein physisches Gegenüber hat. Beispiel: Der Arbeitsspeicher eines PC sei 1 MB. Die eingebaute Festplatte sei 20 MB groß. Auf diesem PC sind nur Programme lauffähig, die nicht größer sind als 1 MB. Mittels eines virtuellen Arbeitsspeichers können jedoch auch größere Programme laufen. Ein virtueller Speicher wird dabei wie folgt möglich: Ein Teil des Arbeitsspeichers wird für die Verwaltung eines Teils des Festplattenspeichers reserviert, der dann wie ein Arbeitsspeicher genutzt (angesprochen) werden kann (Tatsächlich werden darauf nur Programmteile, die nicht aktuell benötigt werden, "ausgelagert", virtuell gehalten).

Eine Benutzeranfrage an die relationale Datenbank führt meist dazu, daß nur ein Teilausschnitt der Datenbank benötigt wird. Das Datenbanksystem erzeugt einen sog. "View" oder eine **virtuelle Tabelle** (Virtual Table), die lediglich die Anfragedefinition und keine Daten (!) beinhaltet. Die Anfragedefinition zeigt die Basistabellen, die die realen Daten enthalten. Die Basistabellen, auf die die Anfragedefinition zeigt, gehören somit zu der virtuellen Tabelle. Die **Zeile** (Row) ist die vertikale Komponente einer Tabelle und wird auch als **Record** (Satz) bezeichnet.

7.3.4.3.3 Arbeitsweise

Von der Betriebssystemebene wird mittels Eingabe des Namens das Datenbankprogramm in den Arbeitsspeicher des PC geladen (**Programmstart**). Das Programm übernimmt die Steuerung des Bildschirms und des Druckers; danach erscheint entweder mit einem Auswahlmenü oder erwartet direkt die Befehlseingabe.

Soll eine neue Datenbank eingerichtet werden, folgt nach dem Programmstart der entsprechende Befehl, andernfalls ist eine alte abgespeicherte Datenbank von Diskette/Festplatte über den Ladebefehl des Datenbankprogramms in den Arbeitsspeicher zu kopieren (**Dateneingabe/-bearbeitung**). Bei einer neuen Datenbank ist der Name der Datei und die Struktur des Datensatzes zu vereinbaren.

Während bei einer neuen Datenbank zuerst Datensätze eingefügt (angehängt) werden, kann bei einer bestehenden darüberhinaus sortiert, gelöscht und verändert werden. Bei der Vereinbarung einer neuen Datenbank sind genaue Vorstellungen vorab zu treffen, wie der Datensatz aufgebaut sein soll. Ein Datensatz ist als Karteikarte anzusehen, auf der verschiedene Positionen (Felder) eingetragen werden. Die Positionen/Felder verlangen dabei den Eintrag einer Zahl oder eines Textes (Datentyp). So wie die Karteikarten im Kasten nach einem bestimmten Prinzip geordnet sind, kann eine Datenbank über eine zweite Datei, der INDEX-Datei bzw. KATALOG-Datei geordnet und verwaltet werden.

Wenn die Datenbank auf den neuesten Stand gebracht wurde (upgedated), kann sie komplett oder in Auszügen gedruckt werden (**Drucken**). Standardmäßig wird dabei ein "Report-/Listengenerator" genutzt, der für einen ansprechenden Ausdruck der Datensätze sorgt. Es empfiehlt sich vor dem Druck, die Datenbank zu "schließen", d.h. zu speichern, und danach erneut für den Druck zu "öffnen", um Datenverlusten vorzubeugen. Die Druckoption wird jedoch nur selten genutzt, da die wesentliche Arbeit und vor allem das gleiche Ergebnis am Bildschirm schneller zur Verfügung steht.

Wenn die Liste sachlich richtig und auch in der optisch gewünschten Form ausgedruckt wurde, ist die Datenbank endgültig fertiggestellt (**Programmende**). Mit dem Speicherbefehl des Programms wird sie mit einem Namen versehen, unter dem sie auf die Festplatte gesichert wird. Im Anschluß wird das Datenbankprogramm mit dem Endebefehl verlassen und der Anwender kehrt auf die Betriebssystemebene zurück.

Tab. 7.4: Datenstrukturierungsbeispiel auf einer Datenbank

Textfeld	Länge	Zahlenfeld	Stellen	Dezimal	Bereich
LIEFERANTEN-Datei:					
Name	25	Nr	3	0	keiner
Vorname	25	PLZ	4	0	1000-9999
Strasse	25	Telefon	15	0	keiner
Wohnort	25				
MATERIAL-Datei:					
Material	25	Nr	3	0	keiner
Einheit	10	Preis	7	2	keiner
		Lieferung	5	2	keiner
		Rabatt	5	2	keiner
		Lieferanten-Nr	3	0	keiner

Tab. 7.5: Datenbank nach den Eintragungen

```
LIEFERANTEN-Datei:
Nr  Name                       Strasse         PLZ   Wohnort        Telefon
1   Hardwaregroßhandel Berg    Aubachstr. 4    1111  Beispieldorf   0421-2022
2   Hardwarelager Elbe         Am Bahnhof 12   1110  Beispielstadt  0421-189
3   ...
```

```
MATERIAL-Datei:
Nr  Material            Stück  Preis    Liefer-   Rabatt  Lieferanten-
                                        kosten            Nummer
1   Festplatte  (50 MB)   1    420,00   0,15      1,00    1
2   Festplatte  (80 MB)   1    456,00   0,10      0,86    1
3   Festplatte (100 MB)   1    512,00   0,05      0,63    1
..  ...                   ...  ...      ...       ...     ...
10  Festplatte (120 MB)   1    540,00   0,00      0,75    4
11  Festplatte (170 MB)   1    598,00   0,00      0,50    4
12  Festplatte (200 MB)   1    644,00   0,00      0,25    4
```

7.3.4.3.4 Marktübersicht

In Tabelle 7.6 ist eine Übersicht von Datenbank- und Dateiverwaltungsprogrammen aufgenommen.

Tab. 7.6: Marktübersicht der Datenbankprogramme
(Erhebungsjahr 1991)

Datenbankprogramme	Marktanteil	
dBASE	Ashton-Tate[1]	39%
Superbase	Borland[1]	21%
Oracle	Fox Software	9%
Ingres	Nantucket	7%
Novell Netware	Data Ease	6%
Knowledge Man	Micro Rim	3%
PC/Focus	Andere	16%
Access SQL		
Data Perfect		
4th Dimension		

[1] ab Oktober 1991 Fusion der beiden Firmen

7.3.4.4 Graphik/Geschäftsgraphik

Computer wurden entwickelt, um große Zahlenmengen schnell und gezielt zu verarbeiten. Doch mit dem Einsatz dieses elektronischen Hilfsmittels wuchs auch die Menge der zu verarbeitenden Daten um ein Vielfaches an. Um den verwirrenden Zahlenkolonnen bei der Auswertung Herr zu werden, zog man die graphische Darstellung heran. Dieser an für sich trivialen Aufgabe sah sich die PC-Hardware und auch die Softwarebranche lange Zeit nicht gewachsen. Das Wort Graphik verband sich mit groben Darstellungen am Bildschirm, zu wenige Farben und kaum Ähnlichkeiten mit dem Endprodukt auf Plotter oder Drucker. Seit Herbst 1984 wurde mit der EGA-Karte ein neuer Graphikstandard installiert, der mit der VGA-Karte 1987 weiterentwickelt wurde. Die Graphik ist seit dieser Zeit den Kinderschuhen entwachsen, da auch die Peripheriegeräte und die Software nunmehr entsprechend leistungsstark sind. In der heute möglichen Auflösung bestehen zwischen der Präsentationsgraphik am Bildschirm und deren Photovorlage kaum noch Unterschiede.

Während für die bislang drei vorgestellten Standardanwendungen auf dem PC zumeist ein Quasi-Standardanwendungsprogramm benannt werden konnte, ist dies wegen der zu jungen Geschichte der Graphik kaum möglich. Die besten Chancen haben derzeit HARVARD Graphics, MIRRAGE und BOEING Graph. Entscheidend wird sein, welches der Programme am ausgewogensten die beiden Einsatzbereiche Geschäfts- und Präsentationsgraphik beinhaltet.

Bei den **Graphik-Programmen** werden

- Analysis Graphics zur besseren Aufbereitung von Daten für den Benutzer,
- Presentation Graphics für Präsentierungsaufgaben,
- Computer aided Design als 3dimensionale Darstellungen und
- Paint Package für Farbwiedergaben (Artistic Purposes) eingesetzt.

7.3.4.4.1 Leistungsmerkmale

Kalkulationsprogramme oder Datenbankprogramme enthalten Zahlenmaterial in verdichteter Form. Die graphische Darstellung läßt Zusammenhänge und Trends erkennen. Graphikanwendungen, die im kaufmännischen Bereich eingesetzt werden, sind sog. Geschäftsgraphiken (Business Graphic). Die Leistungsfähigkeit eines solchen Programms bemißt sich an seiner Fähigkeit der Variationsmöglichkeiten für den "Grundwortschatz"

514   7. Anwendungsprogrammsysteme

- Punkte-,
- Linien-,
- Balken- und
- Kreisdiagramme.

Liniendiagramme können zu Flächenschaubildern zusammengesetzt; Balken können überlappt, als Summenbalken ausgegeben oder als Prozentbalken aufeinandergesetzt, oder verschiedene Diagrammformen zu einer sog. "Mehrfachgraphik" zusammengesetzt werden (Abbildungen 7.10 und 7.11).

Leistungsmerkmale	
- Automatisches Skalieren (exponential, logarithmisch) - Balken - Druckerunterstützung - Dimensionen - Export-/Import - Farben - Flächen - Kreise - Linien	- Repräsentationsgraphiken - Schriftarten - Schattierung - Schraffuren und Muster - Show - Strukturen/Typen - Speicherbedarf - Vergrößerung - XY-Graphiken - Zeichnen

Abb. 7.10: Beispielkatalog für die Leistungsmerkmale von Graphikprogrammen

179	180	181	182	183	184	185	186	187
188	189	190	191	192	193	194	195	196
197	198	199	200	201	202	203	204	205
206	207	208	209	210	211	212	213	214
215	216	217	218	219	220	221	222	223

Abb. 7.11: Graphik-Symbole

Die enge Verzahnung mit den o.a. Standardanwendungsprogrammen verlangt, daß über eine Importfunktion Zahlenmaterial eingelesen oder über eine Exportfunktion ausgegeben werden kann. Daneben besteht die Möglichkeit, Daten direkt einzugeben.

Der zweite Einsatzbereich von Graphikprogrammen ist die Präsentation. Diese Applikationen werden als Präsentationsgraphik (Presentation Graphic) bezeichnet. Die Entwicklung einer Präsentation ist geprägt von Ideen, definierten Zielen und einem auf die anzusprechende Personengruppe abgesteckten Rahmen der Darstellung. Für eine Präsentation kommen folgende Elemente in Betracht:

- Textinformationen, als "Highlights" in strukturierter Form dargestellt und mit Pfeilen und Punkten für eine bessere Übersicht markiert;
- Graphiken auf Zahlenbasis, wobei die Zahlen aus einer Datenbank oder einer Tabellenkalkulationsprogramm verfügbar sind und
- Graphiken auf Symbolbasis, bei denen komplexe Sachverhalte und Vorgänge mit symbolischen Darstellungen wie Ablaufpläne, Organigramme und Übersichten anderer Art leichter vermittelt werden können.

7.3.4.4.2 Standardfunktionen und -begriffe

Die wohl vielseitigste und variantenreichste Form der Darstellung ist die Balkengraphik. Neben der zwei- und dreidimensionalen Balkengraphik finden zweidimensional gestaffelte und dreidimensional versetzte Balken Verwendung. Die gestaffelten Balken (Stacked Bars) sind aufeinandergesetzte Einzelbalken. Sie eignen sich ideal für die Darstellung von zusammengesetzten Werten.

Der Bildschirm eines PC's kann 2000 Zeichen darstellen. Die Zahl ergibt sich aus 25 Zeilen und 80 Spalten. Für die Beurteilung der Ausgabegüte wird die Anzahl der möglichen **Bildpunkte** (Pixel) auf dem Bildschirm herangezogen. Bei einer **Hercules-Karte** (HGC) beträgt die Auflösung 720 x 348 Punkte. Auf ein Zeichen bezogen sind dies 9 Punkte in der Breite (720 : 80) und 14 in der Höhe (348 : 25).

Für die Anzeige eines Bildschirms werden 8 KB bei der monochromen Darstellung benötigt. Auf einer Hercules-Karte befindet sich ein Speicher von 64 KB, so daß theoretisch 8 Bilder gespeichert werden können. Dieser Möglichkeit der **Bildschirmspeicherung** (Video Ram) bedient man sich bei der Windowtechnik. Bei der Farbdarstellung wird ungleich mehr Speicherplatz benötigt. Die **EGA-Karte** hat einen Speicher von 256 KB, der manchmal nur für die Darstellung des gerade angezeigten Bildes ausreicht.

CGA ist ein von IBM kreierter Standard für Farbbildschirme beim IBM-PC. Es können 16 Farben bei einer Auflösung von 320 x 200 Punkten bis maximal 2 Farben bei einer Auflösung von 640 x 200 Punkten angezeigt werden. **CGA** (Color Graphics Adapter) wurde 1981 eingeführt und würde heute keine Bedeutung mehr haben, wenn nicht die LAPTOPS (tragbare PC's) diesen Standard verwenden würden.

Die erste grundlegende Entscheidung, vor die ein Anwender eines Graphikprogramms steht, ist die Wahl der **Darstellungsform**. Von der Linien- und Balkengraphik, dem Kuchendiagramm bis zur Sinnbildgraphik ist alles möglich.

Die **2-dimensionale Darstellung** ist üblich. Professionelle Programme bieten darüberhinaus die **3-dimensionale Darstellung**smöglichkeit einer Graphik. Bei 2D-Graphik kann die X- und die Y-Achse mit einem Namen versehen, nach den eigenen Bedürfnissen skaliert (meist aber automatisch vom Programm nach dem Maximalwert vorgenommen) und in mehreren Spalten (Series) auf der X-Achse angezeigt werden. Bei der 3D-Graphik kommt mit der Z-Achse noch die dritte Dimension hinzu.

EGA (Enhanced Graphics Adapter) wurde 1984 von IBM eingeführt. Mit dieser Steckkarte können bis zu 64 Farben und 640 x 350 Punkte am Bildschirm dargestellt werden. Die **HGC** (Hercules Graphics Card) Steckkarte ist der Standard für monochrome Bildschirme und die einzige Norm, die nicht von IBM kreiert wurde. Es wird eine Auflösung von 720 x 348 Punkten erreicht. Die monochromen (einfarbigen) Bildschirme sind am weitesten verbreitet und eigenen sich wegen der hohen Auflösung besonders für ein ermüdungsfreies Arbeiten am Bildschirm.

Das **Kuchen-/Kreisdiagramm** (Pie/Circle) ist neben Linien- und Balkengraphik die dritte Grundform, die meist für die Darstellung von prozentualen Anteilen herangezogen wird. Die **Liniengraphik** (Line, Trend) ist die einfachste Form der Darstellung und wird meist eingesetzt, um einen Werteverlauf innerhalb eines bestimmten Zeitraums (Trend) darzustellen. Die neueste Darstellungsform innerhalb der Graphikprogramme ist die **Sinnbildgraphik**. Mittels eingebauter Symbole können Beschriftungen an den Achsen überflüssig werden. Ihr Einsatzgebiet ist deshalb universell.

VGA (Video Graphics Array) wurde von IBM 1987 als Chips auf der Grundplatine der PS/2-Geräte eingesetzt, aber auch als Steckkarte für kompatible PC's erhältlich. Die Auflösung beträgt 320 x 200 Punkte, 256 Farben sind analog darstellbar, 640 x 480 Punkte sind mit 16 Farben möglich.

In den Anfängen der PC-Nutzung stand nur der amerikanische **Zeichensatz** (Character Set) zur Verfügung. Die deutschen Umlaute Ä, Ö und Ü konnten nur als AE, OE und UE dargestellt werden. Zuerst wurden die Tastaturen angepaßt und danach auch die wichtigste Software made in USA. Dennoch besteht für viele Programme dieser Mißstand neben den englischsprachigen Menüs und Befehlen.

7.3.4.4.3 Arbeitsweise

Von der Betriebssystemebene wird mittels Eingabe des Namens das Graphikprogramm in den Arbeitsspeicher des PC geladen (**Programmstart**). Das Programm übernimmt die Steuerung des Bildschirms und des Druckers und erscheint meist mit einer graphischen Darstellung am Bildschirm. Nach einem Tastendruck oder einer Wartezeit erscheint ein Auswahlmenü.

Der Bildschirm, die Tastatur und vielfach auch die Maus werden nunmehr zu Papier, Bleistift, Radiergummi und Lineal (**Bearbeitung**). Soll eine neue Graphik eingegeben werden, ist nach dem Programmstart dieser Menüpunkt zu wählen, andernfalls ist eine alte abgespeicherte Graphik von Diskette/Festplatte über die Auswahl "Laden" in den Arbeitsspeicher zu kopieren. In beiden Fällen stehen dem Anwender alle Funktionen offen. Am Bildschirm können Zahlen eingegeben oder geändert, Symbole bzw. Sinnbilder in Größe und Farbe verändert oder eingefügt sowie erklärende Textinformationen in die Darstellung plaziert werden. Werden Zahlen in einer X-, Y- und/oder Z-Achsen-Darstellung (Dimensionale Darstellung) bearbeitet, können neue Skalierungswerte oder andere Skalenbeschriftungen in Ansatz kommen. Sind Präsentationen mit Symbolen wie Menschen, Maschinen, Geräten etc. Gegenstand der Arbeit, können Schatten, Rahmen und andere Gestaltungselemente und -effekte genutzt werden. Neben diesen "Einzelgraphiken" kann es bei komplexen Zusammenhängen notwendig sein, mehrere Einzelgraphiken zu einer "Mehrfachgraphik" zusammenzusetzen oder nacheinander in einer "Show" mit einer Pause anzuzeigen, wobei dann weitere Spezialeffekte in Einsatz kommen können.

Nachdem die Einzelgraphik fertiggestellt und die optisch und sachlich richtige Darstellungsform gefunden wurde, kann über die Auswahl "Ausgabe" die Graphik gedruckt, "geplottet" oder an ein anderes Peripheriegerät (DIA, Kamera, Film) geschickt werden (**Drucken**).

Sofern das vorher definierte Ziel der komprimierten Aussage zu einem Sachverhalt erreicht ist, wird die Graphik oder Show mit einem Namen versehen und auf der Festplatte mit dem Auswahlpunkt "Speichern" gesichert. Im Anschluß wird das Graphikprogramm mit der Auswahl "Ende" verlassen und der Anwender kehrt auf die Betriebssystemebene zurück (**Programmende**).

In Tabelle 7.7 ist eine Marktübersicht von Graphikprogrammen aufgenommen, die entweder nur den Einsatzbereich Präsentations- oder Geschäftsgraphik aufweisen oder beides mehr oder minder strikt getrennt enthalten. Eine Wertung ist damit nicht verbunden.

Tab. 7.7: Marktübersicht der Graphikprogramme
(Erhebungsjahr 1991)

Graphikprogramme	Marktanteil	
Harvard Graphics	Software Publishing	46%
Mirrage	Lotus	28%
Boeing Graph	Microsoft	7%
Microsoft-Chart	Micrografx	5%
Monografx	Ashton-Tate	2%
Picture Perfect	Aldus	1%
Diagraph	Andere	12%
GEM-Graph		
Backchart 2000		

7.3.4.5 Textverarbeitung

Heutige Standardtextprogramme leisten inzwischen das, was noch vor zwei Jahren teuerste Systeme lediglich versprachen. Die Stichworte lauten Textumbruch, Gestaltung, Korrektur und Graphikeinbindung. Die Vielfalt an angebotenen Programmen ist unüberschaubar und weitergehende Möglichkeiten werden mit DTP eröffnet.

7.3.4.5.1 Leistungsmerkmale

Immer mehr Funktionen unter einer Oberfläche lassen das Programm für alle Anwender geeignet erscheinen. Die zunächst verschwenderisch erscheinende Vielfalt macht Sinn: Man nutzt jetzt, was man braucht, der Rest bleibt in Bereitstellung. Beispiele für die Leistungsbreite sind exemplarisch in Abbildung 7.12 zusammengestellt.

```
            Leistungsmerkmale
- automatisches Inhalts-          - Proportionalschrift
  und Stichwortverzeichnis        - Rechnen
- Dateisicherung                  - Schriftarten
- Export-/Importfunktion          - Serienbrief
- Formatierung                    - Silbentrennung
- Gliederung                      - Suchen und Ersetzen
- Kopier-/Löschschutz             - Textbausteine
- Makrofunktion                   - WYSIWYG

WYSIWYG = What You See Is What You Get = Druckbild am Bildschirm
```

Abb. 7.12: Beispielkatalog für die Leistungsmerkmale von Textverarbeitungsprogrammen

Den besten Beweis für die Leistungsfähigkeit heutiger Textprogramme ist dieses Buch. Es wurde mit den Programmen MS-Word5.5 und WinWord erstellt und auf einem Laserdrucker ausgegeben:

- der Text wurde in Proportionalschrift und Blocksatz geschrieben,
- anschließend mit Rechtschreibprüfung und Silbentrennung überarbeitet,
- das Inhaltsverzeichnis wurde vom Programm nach der Gliederung erstellt,
- durch die WYSIWIG-Eigenschaft konnte bei gegebener "Grundformatierung" (Seitenlänge, -breite und -ränder, Form der Absätze, Schriftarten und -größen) der Text gestaltet und umgebrochen werden,

so daß die Verlagsvorgaben erfüllt werden konnten. Teile des Werkes wurden bei der Abfassung mehrfach umgestellt oder nach Kapitel zusammengeführt, von verschiedenen Personen eingegeben und dann zu einer Druckvorlage für den Verlag zusammengestellt.

7.3.4.5.2 Standardfunktionen, -begriffe

Ein Standard der den Austausch von Daten regelt ist **ASCII** (American National Standard Code for Information Interchange), in dem 128 Zeichen (Buchstaben, Zahlen, Sonder- und Steuerzeichen) festgelegt sind. Die meisten Textsysteme können Dokumente in diesem speziellen ASCII-Code abspeichern oder laden. Der Austausch von Daten zwischen verschiedenen Textsystemen wird dadurch erst möglich. Ähnliches gilt für Standardprogramme und -pakete, sofern ein Datenaustausch mit anderen erfolgen soll.

Ein **Absatz** besteht aus mehreren Zeilen Text und wird durch eine Absatzende-Markierung (RETURN, ENTER) abgeschlossen. Die Absatzende-Markierung wird auch als "feste Zeilenschaltung" bezeichnet, da sie die Formatierungsgrenze darstellt. Stößt das Textprogramm beim automatischen (Neu-) Formatieren auf die feste Zeilenschaltung, hört es mit dem Formatieren auf. Daneben gibt es die "weiche Zeilenschaltung", die kein "Hindernis" beim Formatieren bildet; das Programm arbeitet weiter.

Der Text ist zur rechten und zur linken Seite bündig ausgerichtet (**Blocksatz**). Diese Funktion bieten die meisten Textprogramme an. Eine Besonderheit ist bei wenigen, daß Proportionalschrift unterstützt wird, da die Zwischenräume genau berechnet werden müssen. Soll ein Absatz links oder rechts einen größeren Rand haben, ist der **Einzug** zu vergrößern. Der Abstand zwischen Text und Seitenrand nimmt zu. Der **Flattersatz** ist das Gegenstück zum Blocksatz. Der Text ist rechts- oder linksbündig oder zentriert ausgerichtet, d.h. die Absatzränder sind nicht gleichmäßig bzw. die Zeilen nicht gleich lang.

Das Wort **Font** (Schrifttype einer Schriftgattung) wird oft in Verbindung mit Laserdruckern (Fontcassetten/-cartridges) oder Fonteditoren genannt. Fonteditoren sind Programme mit denen der Anwender eigene Schriften (Schriftformen) entwickeln und speichern kann.

Die **Formatierung** beinhaltet die Zusammenfassung aller für einen Text oder einen Absatz gewählten Gestaltungsfunktionen. Dies sind gewählte Schriftart, Seitenlänge, Seitenränder, Einzug, Block- oder Flattersatz etc. Manche Textprogramme erlauben es, daß verschiedene Formatierungen als "Muster" abgespeichert und später auf Tastendruck abgerufen werden können. Der Text wird dann entsprechend der Vorgaben im Muster automatisch verändert.

Mit der Funktion **Graphik-Einbindung** kann dem Schlagwort "Ein Bild sagt mehr als tausend Worte" Rechnung getragen werden. In einen Geschäftsbericht kann eine entsprechende Graphik eingefügt werden. Diese Funktion ist häufig bei Programmen mit WYSIWYG-Eigenschaften zu finden. Andere Textprogramme reservieren den Platz, um die Graphik beim Ausdruck einzufügen.

Soll ein Zeichen wie die "2" bei m^2 im Text nach oben gerückt werden, stellt man sie hoch (**Hoch-/Tiefstellen**). Das Pendant ist das Tiefstellen mit m_2. Das Aussehen von fertigen Dokumenten/Texten kann in einem "**Layout**" festgehalten werden. So ist möglich, einmal die Form eines Geschäftsbriefes zu definieren und danach abzuspeichern, um diese bei allen später zu schreibenden Geschäftsbriefen wieder zu verwenden. Das Textprogramm formatiert den neuen Text dann entsprechend. Mit Hilfe der **Proportionalschrift** wird jeder Buchstabe eines Textes entsprechend seiner Breite ausgegeben. Bei der Schreibmaschine ist jedem Buchstaben die gleiche Breite zugeteilt. Die Schriftarten in Büchern und Zeitschriften sind proportional gesetzt.

Durch ein im Programm integriertes Wörterbuch wird die **Rechtschreibung** (Spell Checker) des Textes überprüft. Stößt das Programm auf ein unbekanntes Wort, stoppt es und wartet auf eine entsprechende Antwort des Benutzers (Korrektur, Nachschlagen, Aufnahme ins Wörterbuch, Ignorieren ...). Für manche Textprogramme sind auch fremdsprachige Wörterbücher verfügbar. Bei der Rechtschreibüberprüfung werden nur Tippfehler oder nicht bekannte Worte erkannt; eine Überprüfung auf grammatikalische Fehler oder auf die Zeichensetzung erfolgt nicht.

Serienbrief (Mail Merge) ist eine spezielle Funktion der Textverarbeitung. Das Programm setzt automatisch die Adressen und Adressaten in einen Formbrief ein. Dies stellt eine wesentliche Erleichterung dar, wenn z.B. viele Einladungen, Werbesendungen, Bewerbungen etc. zu verschicken sind. Gute Programme besitzen eine integrierte Serienbrieffunktion, d.h. die Adressen können mit dem Textsystem bearbeitet werden.

Suchen und Ersetzen (Find and Replace) ist eine weitere Standardfunktion, die jedes Textverarbeitungsprogramm beherrschen sollte. Mit "Suchen" wird der gesamte Text nach oder bis zum nächsten Vorkommen dem(s) Suchbegriff(es) durchsucht. Mit der Option "Ersetzen" wird der alte Begriff durch den neuen ausgetauscht. Oft verwendete Textteile (Anreden, Datumsfeld, Bankverbindung) können bei einigen Programmen als **Baustein** (Block) abgespeichert werden. Aus diesen Bausteinen können dann neue Dokumente zusammengestellt werden, so daß eine Neueingabe entfällt. Ein Bindestrich, der zum **Trennen** eines Wortes benutzt wird, kann "hart" oder "weich" sein. Ein harter Trennstrich wird beim Formatieren eines Textes berücksichtigt. Dies kann zu unerwünschten Ergebnissen im Ausdruck führen (insbesondere bei Programmen mit Proportionalschrift).

Der Begriff **WYSIWIG** (What You See Is What You Get) bedeutet soviel wie: "Was Sie am Bildschirm sehen, ist das, was Sie bekommen." Von WYSIWIG wird immer dann gesprochen, wenn das Programm Schrifttypen und -größen auf dem Bildschirm gleich dem endgültigen Ausdruck auf Papier darstellt. Einige Hersteller bieten Programme mit bedingten WYSIWIG-Fähigkeiten an, d.h. der Text wird mit Steuerzeichen eingegeben und einer sog. Preview-Funktion oder Miniaturseite dem Ausdruck entsprechend dargestellt (DTP-Programme). Während dieser Darstellung ist es nicht möglich, Änderungen am Text oder der Formatierung vorzunehmen. Wenn mit WYSIWIG gearbeitet wird, erlebt man keine bösen Überraschungen beim Ausdruck. Dieser Luxus hat jedoch insofern Nachteile, da eine Graphikkarte und ein PC mit entsprechender Prozessorleistung benötigt wird, um akzeptable Verarbeitungsgeschwindigkeiten zu erreichen.

7.3.4.5.3 Arbeitsweise

Von der Betriebssystemebene wird mittels Eingabe des Namens das Textverarbeitungsprogramm in den Arbeitsspeicher des PC geladen (**Programmstart**). Das Programm übernimmt die Steuerung des Bildschirms und des Druckers und es erscheint zumeist mit einem leeren (schwarzen) Bildschirm. Einige Programme weisen nur Zeilen und Spalten mit wenigen "Oberbefehlen" aus. Andere verlangen vor dem Arbeitsbeginn den Namen des Textes.

Der Bildschirm und die Tastatur werden nunmehr zu Papier, Bleistift und Radiergummi (**Texteingabe/-bearbeitung**). Soll ein Text neu eingegeben werden, kann nach dem Programmstart meist sofort mit der Arbeit begonnen werden, andernfalls ist der alte abgespeicherte Text auf Diskette/Festplatte über den Ladebefehl des Textverarbeitungsprogramms zusätzlich ganz oder teilweise in den Arbeitsspeicher zu kopieren. In beiden Fällen stehen dem Anwender nunmehr alle Funktionen offen. Ein Text kann überschrieben, ergänzt, gelöscht, an eine andere Stelle verschoben oder kopiert werden. Einzelne Wörter oder Sätze können fett, groß oder schräg geschrieben oder unter- oder durchgestrichen werden, bis der Text das gewünschte Aussehen hat.

```
Computer Werner Meyer                          Birkenhof 2
                                          1111 Beispielstadt
<Firma>
<Strasse>
<PLZ> <Wohnort>

Betr.:    Anfrage zu Diskettenlaufwerken

                                      Beispielstadt, 1.2.1993
Sehr geehrte Damen
und Herren,

ich bitte Sie mir Ihr Angebot zu folgenden Diskettenlaufwerken zu
unterbreiten:

         360 KB, 1,2 MB, 1,44 MB, 2,8 MB.

Bitte leiten Sie mir eine Aufstellung über Preise, Verpackungseinheit,
Lieferfristen zu, die um Zahlungsziele, mögliche Rabatte und Skonti
ergänzt ist.


Mit freundlichen Grüßen


Meyer
```

Abb. 7.13: Der "aufgerufene" Text

Nachdem der Text fertiggestellt ist, erfolgt mit dem **Druckbefehl** des Textverarbeitungsprogramms die Ausgabe des Textes auf den am PC angeschlossenen Drucker. Sofern der Ausdruck nicht das gewünschte **Layout** (Aussehen) hat, kann der Text erneut bearbeitet werden.

War der Ausdruck zufriedenstellend, ist der Text endgültig fertiggestellt (**Programmende**). Mit dem Speicherbefehl des Programms wird er mit einem Namen versehen, unter dem er auf Diskette/Festplatte gesichert wird. Im Anschluß wird die Textverarbeitung mit dem Programmendebefehl verlassen und der Anwender kehrt auf die Betriebssystemebene zurück.

```
Computer Werner Meyer                              Birkenhof 2
                                              1111 Beispielstadt

<Firma>
<Strasse>
<PLZ> <Wohnort>

Betr.:   Festplatten

                                         Beispielstadt, 20.02.1992

Sehr geehrte Damen
und Herren,

ich bitte Sie mir Ihr Angebot zu folgenden Festplatten zu unter-
breiten:

        - Festplatte mit 120 MB Kapazität
        - Festplatte mit 170 MB Kapazität
        - Festplatte mit 200 MB Kapazität.

Bitte leiten Sie mir Ihr Angebot zu, die um Zahlungsziele,
mögliche Rabatte und Skonti ergänzt ist.


Mit freundlichen Grüßen


Meyer
```

Abb. 7.14: Der Text nach "Ergänzen"

```
Firma; Strasse; PLZ; Wohnort
Hardwaregroßhandel Elben; Am Bahnhof 12; 1110; Beispielstadt
Hardwarelager Philipp Berg u. Sohn; Aubachstrasse 4; 1111; Beispielstadt
...
```

Abb. 7.15: Beispiel aus der Adressliste

7.3.4.5.4 Marktübersicht

Nachstehend ist eine Übersicht von Textverarbeitungsprogrammen aufgenommen. Eine Wertung wird nur insofern vorgenommen, daß eine Untergliederung in professionelle (großer) und weniger professionelle (kleinerer Leistungsumfang) erfolgt (Tabelle 7.10).

Tab. 7.10: Marktübersicht der Textverarbeitungsprogramme
(Erhebungsjahr 1991)

Textverarbeitungsprogramme	Marktanteil	
Microsoft WORD	Word Perfect	48%
WordPerfect	Microsoft	34%
WordStar	IBM Display Write	7%
Star Writer	Lotus	3%
Word for Windows	Word Star	3%
IBM PC Write	Ashton-Tate/Borland	1%
Term Manager	Software Publishing	1%
Mac WordPerfect	Andere	2%
Lotus Manuscript		

7.3.5 Integrationssoftware

Wie aus den bisherigen Beschreibungen der Standardanwendungsprogramme ersichtlich wurde, sind oftmals Anforderungen erkennbar, die mehrere Programme erfordern. Die Integration unterschiedlicher Software würde dies vereinfachen. Meist jedoch stammen die Produkte von unterschiedlichen Herstellern, so daß die Daten in anderen Formaten abgespeichert sind. Die Daten sind inkompatibel. Daneben wirkt, daß die Befehlsstruktur selten bei den Programmen identisch ist. Der Anwender hat sich in jedes Programm einzuarbeiten, d.h. die Befehle auswendig zu lernen. Eine Softwareintegration kann ferner nur möglich sein, wenn die Programme alle "gleichzeitig" auf einem Datenträger vorhanden sind. Im Falle eines PC's ist dies die Festplatte.

Die Forderung nach Kompatibilität verschiedener Anwendungen führte zur Entwicklung der **integrierten Softwarepakete** oder **Standardpakete**. Sie haben jedoch nicht die Standardanwendungsprogramme vom Markt verdrängen können, da oftmals bei den Paketen bestimmte Moduln (Kalkulation, Datenbank) besonders leistungsstark und andere (Textverarbeitung, Graphik) nur einen eingeschränkten Leistungsumfang besitzen.

Die Vorteile der integrierten Pakete bestehen darin, daß

- ein sofortiger Zugriff auf verschiedene Anwendungen möglich ist;
- mehrere Anwendungen im Fenster gleichzeitig am Bildschirm dargestellt werden können;
- eine durchgehend gleiche Befehlsstruktur gegeben ist und
- der Datenaustausch zwischen den Fenstern bzw. Anwendungen gesichert ist.

Eine andere Form der Integration besteht darin, daß von einem Hersteller die Leistungspalette der Standardanwendungsprogramme abgedeckt wird. Während die Einzelprogramme die Vorteile der größeren Flexibilität und des größeren Leistungsumfangs bei spezifischen Aufgaben besitzen, können diese wegen der gleichartigen Befehlsstruktur und der Kompatibilität der Datendateien miteinander kommunizieren. Die Arbeit mit einem Standardpaket ist in den einzelnen Moduln wie oben bei den Standardanwendungsprogrammen beschrieben. Sofern jedoch Module wie Kommunikation (Datenaustausch PC-PC oder PC-Mainframe) integriert sind, ergeben sich noch weitere Möglichkeiten, auf die hier jedoch nicht eingegangen wird. Beispiele sind: Lotus 1-2-3, Symphony, Framework, MS-Works, Quadro Pro, MS-Excel.

7.3.6 Spezialanwendungen

Neben den Dienst- und Standardanwendungsprogrammen, die allgemeingültigen Charakter haben, wurden für spezielle Zwecke Programme entwickelt, die häufig nur von Spezialkräften bedient werden können. Typische Vertreter dieser Gruppe sind **Desk Top Publishing** (DTP) und **Computeranimation**. Der erste Fall ist eine Fortentwicklung der Textverarbeitungsprogramme, mit deren Hilfe ein besonders ansprechendes Layout erzeugt wird, so daß die Produkte für die direkte Übernahme in Zeitschriften und Büchern geeignet sind. Sie orientieren sich an der Schriftsatztechnik, während die originären Textprogramme die Schreibmaschinenwelt simulieren. DTP-Programme zeichnen sich daher insbesondere durch die Eigenschaft aus, Texte zwei- oder mehrspaltig darzustellen, Graphiken zu erstellen und auf jeder beliebigen Stelle des Textes zu positionieren. Während auf der einen Seite die Textverarbeitungsprogramme auch unter Zuhilfenahme des Laser-Druckers weiterentwickelt werden und der Abstand zu den DTP-Programmen verringern, werden letztere von der graphischen Industrie unter der Bezeichnung **Electronic Publishing** anstelle der herkömmlichen Satz- und Bildverarbeitungstechniken verwandt.

Die wachsende Leistungsfähigkeit der Mikrocomputer in bezug auf die graphische Verarbeitung hat das Aufkommen von **Animationsprogrammen**, in denen bewegliche Objekte am Bildschirm dargestellt werden, stark begünstigt. Die Erstellung von Zeichnungen (mit der Maus) über vordefinierte Elemente (Linien, Symbole, Kreise, Polygane) und Flächen mit beliebigen Mustern bis zur Verwendung von komplexen Bildern waren die Vorstufen von Präsentationsgraphiken (siehe dazu auch CA-Ausführungen unter 9.2.3). Diese operieren mit Symbolen, variablen Schriften, Farben, Bild- und Graphikelementen und können durch die Animationsprogramme fortentwickelt werden. Ihre Bedeutung liegt in der Werbung und in der Ausbildung. In dieser Gruppe der Entwicklungen sind auch **multimediale Programme** zu nennen. Schließlich gehören in diese Gruppe auch die **Lern- oder Lehrprogramme.**

Die Lern- oder Lehrprogramme sind ein Teil der Unterrichtssoftware. Dieser Begriff beinhaltet alle Programme, die im Rahmen des Unterrichts eingesetzt werden können. Dabei sind auch solche Anwendungsprogramme inbegriffen, die für betriebliche Anwendungen ausgelegt sind, sich jedoch wegen besonderer Merkmale gut für die Verwendung im Unterricht eignen. Der Begriff Unterrichtssoftware schließt also ein:

- Lernprogramme ,
- unterrichtsgeeignete Programmiersprachen und Anwendungsprogramme,
- Test- und Prüfungsprogramme.

Lernprogramme sind Programme, die vor allem zu Lernzwecken eingesetzt werden. Man kann sie nach verschiedenen Gesichtspunkten einteilen. Die gängigste Form der Typisierung, die sich auf die Methode der Wissensvermittlung stützt. Danach kommt man zu folgender Unterteilung:

- **Drill- und Übungsprogramme**
  Diese Programme kann man als "Frage und Antwort Spiel" charakterisieren. Das Programm fragt den Lernenden ab. Dabei werden die Fragen "xxx?" mit der Aufforderung "Bitte eingeben!" gestellt. Bei der richtigen Antwort erfolgt der Hinweis "Richtig", "OK", "GUT" etc. Nach einer falschen Antwort wird bspw. "nicht richtig" ausgegeben.
  Die **Übungsprogramme** werden für die Vermittlung von Wissen, das keine Erläuterungen, Erklärungen, Begründungen von Zusammenhängen benötigt, eingesetzt. Beispiele für diese Programme sind die auf dem Markt zahlreich angebotenen Vokabeltrainer.
- **tutorielle Programme**
  Diese Übungsprogramme kommunizieren nur über Fragen und Antworten mit dem Lernenden. Dabei steht der Begriff "Tutor" für Betreuer oder Lehrer. Diese Aufgabe übernimmt das Programm, in dem es den Lernstoff präsentiert, den Lernstand des "Schülers" durch Fragen überprüft und dessen Antworten beurteilt.

Der **wesentliche Unterschied** der tutoriellen Lernprogramme im Vergleich zu den Übungsprogramme besteht darin, daß zusätzlich Lernstoff angeboten wird.

- **Simulationsprogramme**
Simulation bedeutet, daß man mit dem Modell eines bestimmtem Systems arbeitet, das vom Anwender in einer Weise manipuliert werden,
    - die bei dem realen System unmöglich oder unrealisierbar (Kreditaufnahme ohne Sicherheit),
    - zu gefährlich (Pilotenausbildung an Flugsimulatoren),
    - zu teuer wäre, oder
    - ein Prozeß in der Wirklichkeit zu langsam abliefe (z.B. ökologische Zusammenhänge).

Das Grundprinzip der Simulationsprogramm ist die Festlegung der Parameter durch den Anwender, die Berechnung des Ergebnisses und die anschließende Rücklieferung des Ergebnisses an den Benutzer. Simulationsprogramme verlangen vom Lernenden ein weitaus stärkeres Handeln, als es bei den tutoriellen Programmen gefordert wird. Während er bei den tutoriellen Programmen mit der Rezeption des Lernstoffs vorwiegend beschäftigt ist, muß der Lernende bei den Simulationsprogrammen die günstigste Parameterkombination suchen. Verbreitet sind die Simulationsprogramme besonders im naturwissenschaftlichen Bereich. Dort findet man diese Lernprogramme insbesondere in der Physik, da die Gesetzmäßigkeiten von physikalischen Systemen weitgehend bekannt sind.

Lernprogrammübersicht	
Lernprogramme Autorensysteme	Aldus Pagemaker Ventura Publisher Textline Office Publishing Computer Aided Publishing

Abb. 7.16: Lernprogrammübersicht

8. Kommerzielle Anwendungssoftware
   - branchenneutrale Anwendungssysteme

Kommerzielle Anwendungs-systeme	Grundlagen	Funktionale Grundlagen Datenmäßige Grundlagen Organisatorische Grundlagen	Abschnitt 8.1
	Integration	Funktionsketten Datenverschlüsselung Datenerfassung Datenintegration Datenklassen	Abschnitt 8.2
	Materialwirtschaft	Überblick Programmmodule Datenbasis Online Berichtswesen	Abschnitt 8.3
	PPS	Überblick Einsatzgebiete	Abschnitt 8.4
	Marketing, Vertrieb	Modellschema Programmodule Datenbasis Online Berichtswesen	Abschnitt 8.5
	Personalwesen	Objektbereiche Programmodule Datengrundlagen	Abschnitt 8.6
	Finanz- und Rechnungswesen	Überblick Modulbildung Programmodule Organisation	Abschnitt 8.7
	Informationssysteme		Abschnitt 8.8

8.1 Grundlagen der kommerziellen Anwendungsprogramme

Kommerzielle Anwendungssysteme werden nach

- **Anwendungsgebieten/bereichen** wie z.B. Materialwirtschaft, Auftragsabwicklung, Finanzbuchhaltung, Kostenrechnung, Adressenverwaltung;
- **Branchen**, als **branchenspezifische Programme** für kommerzielle Anwendungen, z.B. für industrielle Fertigungsbetriebe, Handwerk, Handel, Kredit- und Versicherungswesen, Transportwesen, Dienstleistungsbetriebe

gegliedert. Dabei spielen die Größe der Betriebe, ebenso die installierten Rechner keine Rolle, weil die gegenwärtigen Anwendungsprogramme sämtliche Aufgabenbereiche aller Betriebe abdecken. Unterschiede zwischen den Anwendungsprogrammen entstehen vielmehr in der technischen, funktionalen, organisatorischen und datenmäßigen Integration. Die meisten Programme unterstützen mehrere betriebliche Aufgaben, die miteinander funktional, organisatorisch oder datenmäßig zusammenhängen. Diese bilden zugleich die Grundlagen der Programme. Traditionell sind die Anwendungsprogramme für einzelne betriebliche Bereiche entwickelt worden, die dann in jüngster Vergangenheit immer mehr zu größeren, integrierten Einheiten zusammengefaßt worden sind. Ausgangspunkt bildet dabei der systemtheoretische Ansatz.

8.1.1 Funktional-programmtechnische Grundlagen

Der systemorientierte Ansatz bezüglich der funktionalen Gliederung des Unternehmens und damit der Schaffung einzelner Anwendungsbereiche sieht die Einheit, den Funktionszusammenhang, das Zusammenspiel von Elementen, die wechselseitigen Beziehungen also. Die isolierte Unterstützung einer betrieblichen Funktion hätte schwerwiegende Folgen auf die vor- und nachgelagerten Funktionen. Aus diesem Grunde sind alle zu unterstützenden betrieblichen Funktionen als integrierte Einheit zu betrachten und entlang des Produktionsoder Dienstleistungsprozesses festzulegen. Die Anwendungsprogramme sind nicht zufällig. Für sie gilt die Ordnung des Leistungsprozesses und der personellen, zeitlichen und räumlichen Aufgabenerfüllungen. Die dabei bewegten realen, nominalen und informatorischen Güter werden über die Außenbeziehungen des Unternehmens güterwirtschaftlicher Art (Beschaffung von Produktionsfaktoren, Absatz von Produkten, Erledigung von Zahlungsvorgängen) bis hin zu den innerbetrieblichen Vorgängen systematisch nach Anwendungsbereichen, diese nach Funktionen und die Funktionen schließlich nach Programmen unterteilt.

8.1 Grundlagen der kommerziellen Anwendungsprogramme

Ausgangspunkt bildet dabei das **Unternehmensmodell**, das

- auf der einen Seite die Aufbauorganisation,
- auf der anderen Seite die betrieblichen Abläufe

ebenso widerspiegelt; wie die Elemente, deren zu unterstützende Aufgaben (Abbildung 8.1).

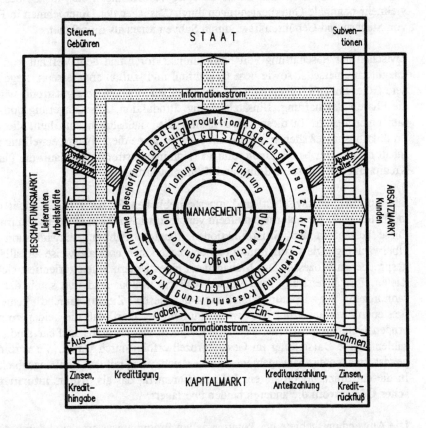

Abb. 8.1: Strukturen, Güterströme und Funktionsschema eines Unternehmens

Der Produktionsprozeß in einem Unternehmen gleicht einem Umsatzprozeß, der faktisch ein Güterdurchlauf ist. Er bedingt die Zuführung der Produktionsfaktoren vom Beschaffungsmarkt und den Verkauf der produzierten Absatzgüter am Absatzmarkt. An diesen Nahtstellen zwischen Unternehmen und Märkten sind reale und nominale Güter miteinander zwangsläufig gekoppelt. Die Beschaffung von Produktionsfaktoren bei Lieferanten und Arbeitskräften führt zu Ausgaben

(Geldabfluß); der Verkauf von Absatzgütern führt zu Einnahmen (Geldzufluß). Die reinen Finanzbewegungen, die von keinem Realgut begleitet werden, spielen sich zwischen dem Unternehmen und dem Kapitalmarkt in Form von Kreditauszahlung, -tilgung, -rückfluß und -hingabe sowie Zinseinnahmen und -ausgaben ab. Diese Arten von Güterbewegungen spielen sich also zwischen verschiedenen Unternehmen ab. Eine weitere für das Unternehmen besonders wichtige Nahtstelle besteht zum Staat. Die Einflußnahme des Staates auf den Produktionsprozeß zeichnet sich nicht nur durch Gesetze, Verordnungen etc. ab. Es bestehen vielmehr nominale Güterbeziehungen durch Ausgaben der Unternehmen in Form von Steuern und Gebühren bzw. durch Subventionen als Einnahmen.

Zwischen der Beschaffung von Produktionsfaktoren und dem Verkauf von Absatzgütern einerseits, sowie dem Geldabfluß und -zufluß andererseits, liegen innere Güterumläufe (Eigenumläufe). Der Realgüterumlauf (Realgutstrom) wird in die Phasen Beschaffung, Einsatzlagerung, Produktion, Absatzlagerung und Absatz untergliedert. In diesen Phasen sind alle Maßnahmen enthalten, die dem Produktionsprozeß dienen und die im engeren Sinne die Leistungserstellung zum Inhalt haben. Der Nominalgüterumlauf (Nominalgutstrom) durchläuft die Phasen Kreditaufnahme, Kassenhaltung und Kreditgewährung.

Die aufgezeigten zwischen- und innerbetrieblichen Prozesse laufen nicht etwa mechanisch ab. Sie unterliegen einem verantwortlichen **Management** (Führung). Diese besteht in den Grundfunktionen Planung, Führung, Organisation und Überwachung. Die Grundfunktionen erstrecken sich normalerweise auf alle angesprochenen Prozesse. Das Management eines Unternehmens orientiert sich an Zielen. Ihre Erreichung setzt voraus, daß sie meßbar sind und somit der Gesamtprozeß der Leistungserstellung an diesen Zielen laufend gemessen (gesteuert) werden kann. Dies wird dadurch erleichtert, daß die beiden zu steuernden Güterströme (Real- und Nominalgutstrom) ebenfalls meßbar sind. Ihre zahlenmäßige Darstellung im Gesamtprozeß erfolgt durch Daten. Sie verbinden gewissermaßen das Management und die Ausführung mit den Lenkungsobjekten. In diesem Sinne bilden sie ein **Informationsnetz**, das als dritter, **informatorischer Güterstrom** die anderen beiden überlagert.

Die Anwendungsgebiete der kommerziellen Programmsysteme sind durch dieses güterwirtschaftlich definierte Unternehmensmodell gegeben. Es sind die um Funktionen gruppierten Einzelaufgaben der Elemente, bzw. deren Umsetzung in Anwendungsprogramme. Beispiel:

- Die Aufgabe Kassenhaltung setzt die Funktion Buchhaltung voraus, oder anders ausgedrückt, die Kassenhaltung ist ein Teil der Buchhaltung.
- Die Buchhaltung übernimmt die Aufgaben der Registrierung, Speicherung und Auswertung aller Zahlungsvorgänge.

8.1 Grundlagen der kommerziellen Anwendungsprogramme

- Die Gesamtheit aller Aktionen wird im Anwendungsgebiet Buchführung durch das integrierte Anwendungsprogramm Finanzbuchhaltung mit allen Nebenbuchhaltungen übernommen.

Von diesem Beispiel ausgehend ergeben sich für die betrieblichen Funktionen der in Abbildung 8.2 dargestellten Funktions- und Anwendungsbereiche, die zugleich mit ihren charakteristischen Anwendungsprogrammen markiert sind.

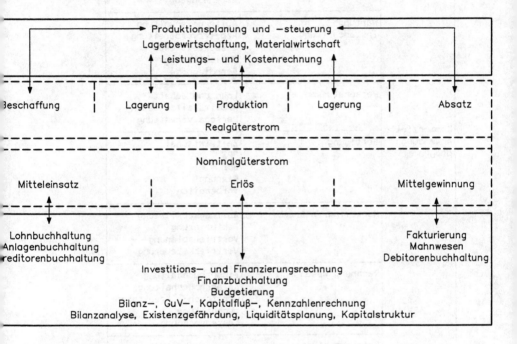

Abb. 8.2: Zusammenhang betrieblicher Anwendungsbereiche

Der funktionale Zusammenhang orientiert sich in der Betriebswirtschaftslehre vor allem an der funktionalen Gliederung von Industriebetrieben. Unterschiede, die zu Handels-, Dienstleistungs-, Transport- u.a. Betrieben entstehen, werden im Kapitel 9 behandelt; hier wird vorerst das Funktionsmodell des Industriebetriebes unterstellt (Abbildung 8.3). Danach gelten als solche, die mindestens ein Anwendungsgebiet abdecken.

Kommerzielle Anwendungs- programme	Forschung und Entwicklung	Projektmanagement Ablaufplanung Steuerung Kontrolle
	Material/Lagerwirtschaft	Materialverwaltung Lagerverwaltung Stücklistenverwaltung Beschaffung Bestellwesen Wareneingang
	Wartung Instandhaltung	Auftragsverwaltung Arbeitsvorbereitung Ersatzteilwesen Berichtswesen Ferndiagnose
	Personalwesen	Lohn und Gehalt Arbeitszeiterfassung Personalverwaltung
	Fertigung	Zeitwirtschaft PPS BDE Planung Vorbereitung
	Marketing/Vertrieb	Auftragsabwicklung Fakturierung Vertriebsplanung Vertriebssteuerung
	Rechnungswesen	Finanzbuchhaltung Anlagenbuchhaltung Debitoren-, Kreditoren- buchhaltung Kostenrechnung
	Bürokommunikation	Textverarbeitung Adressenverwaltung Terminverwaltung Büroorganisation Dokumentenverwaltung Telekommunikation

Abb. 8.3: Programmhierarchie nach Betriebsfunktionen

8.1.2 Datentechnische Grundlagen

Daten treten in den Betrieben in verschiedenen Ausprägungsformen wie Zahlen, Texte, Bilder (Graphiken), Sprache, Signale auf. Sie sind **Nutzdaten** (User Data). In der Praxis hat sich allerdings die Einteilung eingebürgert, wonach Daten als verarbeitbare Informationen gelten und in Steuerungsinformationen (Steuerdaten), sowie Mengen- und Ordnungsinformationen (Nutzdaten) untergliedert werden. Übertragen auf die betriebliche Informationswirtschaft bedeutet dies, daß bspw. die Angaben über die eingesetzten Produktionsfaktoren, deren Mengen, Bezugsquellen (Lieferanten) u.a.m. Nutzdaten, währenddessen die Konten-Nummern der Buchhaltung Steuerdaten sind.

Die Nutzdaten sind ihrer zeitlichen Gültigkeit nach

- **Stammdaten** (Master Data) als zustandsorientierte Daten, die ihre Gültigkeit für eine längere Zeitdauer oder für immer behalten.
- **Bestandsdaten** (Inventory Data) ebenfalls als zustandsorientierte Daten, die jedoch nur für kurze Zeit, häufig sogar nur einmalig gültig sind; sie kennzeichnen Mengen- und Wertestrukturen; ihre Änderung während der betrieblichen Aktivitäten erzeugt die
- **Bewegungsdaten** (Transaction Data), die prozeßorientiert sind und jeweils einen Ausschnitt, eine Veränderung zwischen zwei Zuständen registrieren.

Ihre Zusammenhänge sind in Abbildung 8.4 dargestellt.

8.1.3 Organisatorische Grundlagen

Die volle Integration aller betrieblichen Funktionen ist möglich, wenn neben der Datenintegration auch die Vorgänge organisatorisch verkettet werden. Zunächst ist die Voraussetzung zu erfüllen, wonach alle Anwendungsprogramme modular aufgebaut sind. Die modulare Organisation der Programme hat zur Folge, daß die einzelnen Module separat oder in beliebiger Kombination aller Module eingesetzt werden können. Auf der Datenseite wird nach dem **Belegprinzip** (Alle Anwendungsprogramme greifen auf den originären Datenträger, auf den Beleg zu. Diese sind abgespeichert in Datensätzen als Vektoren.), auf der Rechnungsseite nach einer **Clusterung** der Programmarten in Basis-, Funktions- und Spezialrechnungen gearbeitet (Abbildung 8.5).

Datenarten/klassen	Lager	Personal	Fertigung	Vertrieb	Rechnungs-wesen
Stammdaten					
- Betrieb	+	+	+	+	+
- Anlagen	-	-	+	-	+
- Arbeitsplatz	-	+	+	-	-
- Erzeugnis	+	-	+	+	-
- Kunden	+	-	-	+	+
- Lieferanten	+	-	-	-	+
- Material	+	-	+	-	-
- Personal	-	+	-	-	+
- Konten	-	-	-	-	+
....					
Bestandsdaten					
- Anlagenbestand	-	-	+	-	+
- Auftragsbestand	+	-	-	+	-
- Bestellbestand	+	-	-	-	+
- Erzeugnisbestand	+	-	-	+	-
- Materialbestand	+	-	-	-	+
....					
Bewegungsdaten					
- Ausgangsrechnung	-	-	-	+	+
- Buchungssätze	-	-	-	-	+
- Debitoren	-	-	-	-	+
- Eingangsrechnung	+	-	-	-	+
- Kreditoren	-	-	-	-	+
- Lieferung	+	-	-	-	-
- Lohn	-	+	-	-	+
- Materialverbrauch	+	-	+	-	+
- Zahlungsvorgänge	-	-	-	-	+
....					

Abb. 8.4: Die Assoziationen zwischen den Nutzdaten und den Betriebsdaten

Die Wirtschaftspraxis bestreitet hierzu unterschiedliche Lösungswege. In Abbildung 8.6 wird exemplarisch das von der R+S Software-Vertriebs GmbH entwickelte INVES-System veranschaulicht.

8.1 Grundlagen der kommerziellen Anwendungsprogramme

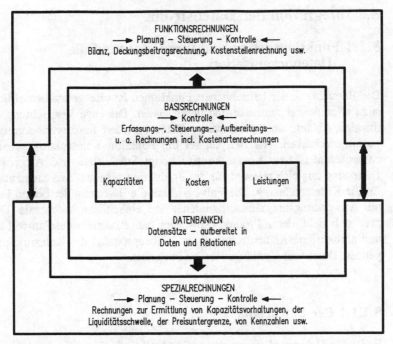

Abb. 8.5: Schema der Rechnungsarten

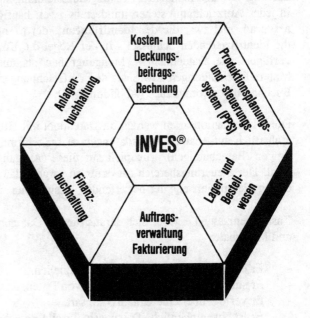

Abb. 8.6: Anwendersoftware - Überblick (Quelle: R+S Software-Vertriebs GmbH, Programmbeschreibung 1992)

8.2 Integration der Datenströme

8.2.1 Funktionsketten und ihre Folgen auf die Datenorganisation

Die Betrachtung der betrieblichen Funktionen ist eine gesamtbetriebliche Übersicht aller Betriebsprozesse und deren Daten. Die enge Verflechtung der funktionalen Abläufe über gemeinsame Daten erfordert funktionsübergreifende Gestaltungstechniken. Als Beispiel sei die Funktion Konstruktion genannt. Eine computerunterstützte Konstruktion benötigt Stücklisten- und Arbeitsplandaten. Diese sind zugleich relevant für die Produktionsplanung- und Steuerung, ebenso für die Kostenrechnung. Die Folge ist, daß die Besetzung der beiden Funktionen mit Anwendungsprogrammen zugleich eine einheitliche Datenbasis (Datenpool) nach sich zieht, deren Produkt bspw. eine dem Konstruktionsplan voll angepaßte und aktualisierte Kostenrechnung als "Nebenprodukt" der Konstruktionsplanungen ist. Daten und Vorgänge werden integriert.

8.2.1.1 Der Datenpool

Es ist ein **Datenpool** einzurichten. Er besteht aus Daten der Buchhaltungen der maschinellen und manuellen Leistungsaufzeichnungen. In jeder Buchhaltung und in jeder Aufzeichnung stehen mindestens zwei, häufig auch drei **Informationsarten** an, und zwar die der **Identifikation**, der **Mengen** und der **Werte**. Über die identifizierenden Schlüssel - in der Regel die Konto-Nr., das Datum u.ä. - verfügen alle Datenquellen. Mengengrößen stammen aus den Finanz- und Materialbuchhaltungen sowie aus den Aufzeichnungen. Wertgrößen werden den Buchhaltungen entnommen (Abbildung 8.7).

Diese Informationsarten werden im Datenpool mit Hilfe der Basisrechnungen zu einheitlich aufgebauten **Basisdatensätzen** umgeformt, so daß in allen Auswertungen (Berechnungen) prinzipiell auf diese (Ausgangs-) Sätze zurückgegriffen wird. Der Steuerungsbereich hat dafür zu sorgen, daß die jeweiligen Inhalte eindeutig identifiziert und der betreffenden Auswertung zugeführt werden.

Zusammenfassend ergeben sich daraus für den Datenpool folgende Eigenschaften und Merkmale:

- Er entsteht aus verschiedenen Datenquellen.
- Er subsumiert verschiedene Arten von Daten.
- Er verfügt über eine Organisationsart.
- Er ist eine einheitliche Datenbasis für alle Berechnungen.

8.2 Integration der Datenströme

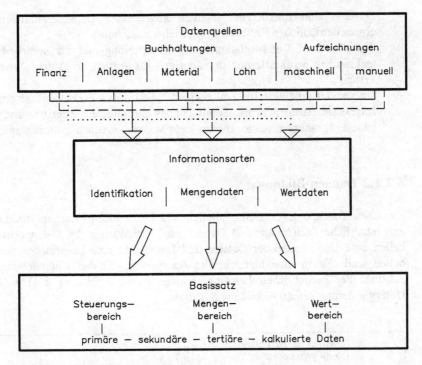

Abb. 8.7: Der Datenzusammenhang

So gesehen ist seine Organisation in Datenbanken angebracht. Folgende Gründe sprechen dafür:

- die große Datenmenge,
- die unterschiedlich ermittelten Daten,
- die verschiedenen Dateninhalte und -strukturen,
- die heterogenen, vielfältigen Aufgaben,
- die wechselnden Zeitpunkte und Häufigkeiten, sowie
- die unterschiedlichen Ansprüche an die laufende Pflege.

Dabei ist die Verwendung des Begriffs Datenbank i.w.S. zu verstehen. Sie soll andeuten, daß der Datenpool in spezifisch, jedoch gleichartig aufgebaute Dateien unterteilbar ist. Diese Dateien wirken im Zusammenhang. Sie sind einzeln und kombiniert in Rechnungen, Listen, Ausgabemasken zu nutzen. Somit wirken in diesem Fall drei Tabellen (Mengen, Werte, Beträge) aus den Stamm-, Bewegungs- und Ausgabedateien zusammen. Hieraus geht hervor, daß der Datenpool in Dateien und diese wiederum in Tabellen und diese in Datensätzen strukturiert sein müssen. Dabei gilt das Prinzip des einheitlichen Aufbaus:

- **Dateien** sind funktionale, sachlich abgrenzbare Datensammlungen aus einem betrieblichen Teilbereich (Betriebs-Ausschnitt).
- **Tabellen** sind Datei-Relationen zur Unterteilung und zur verarbeitungstechnischen Strukturierung der Dateien. Ihr Aufbau folgt dem "von-zu"-Prinzip.
- **Datensätze** sind einzelne Zeilen einer Tabelle. Aus Praktikabilitätsgründen folgen sie einem Schema. Somit können die gleichen Zugriffs- und Ausgabe-Programmbausteine, ebenso viele Makros, vielfach genutzt werden.

8.2.1.2 Dateien-Bildung

Zwischen Datenpool, Dateien, Tabellen und Datensätzen bestehen strukturelle und inhaltliche Beziehungen, da Dateien eine Untermenge des Datenpools, Tabellen eine Untermenge der Dateien und Datensätze eine Untermenge der Tabellen sind. Es ist eine hierarchische Anordnung, die bei Unterstellung des Schemas der betrieblichen Leistungsbereiche (siehe Abbildung 8.1) zu einer Untergliederung gemäß Abbildung 8.8 führt.

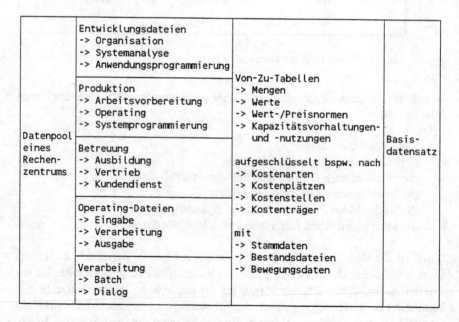

Abb. 8.8: Untergliederung des Datenpools

8.2.1.3 Tabellen/Matrizenbildung

Die Speicherung der Daten, so auch ihre Abrechnung, erfolgt in Tabellen. Tabellen sind Matrizen. Sie umfassen einzelne Datensätze zu funktionalen und/oder sachlichen und/oder zeitlich abgegrenzten Einheiten. Im wesentlichen gibt es zwei große Tabellen, und zwar

- eine Mengentabelle und
- eine Werttabelle.

Letztere ist eine in nominale Größen umgewandelte Mengentabelle. In diesem Zusammenhang wird der Begriff **Tabelle** als Relation verstanden, in denen mehrere Steuerungsdaten (Attribute) enthalten sind. Diese dienen der Verknüpfung mit anderen Tabellen, sowie der Steuerung zu und in den Auswertungen.

8.2.1.4 Datensatzbildung

Die kleinste Organisationseinheit innerhalb einer Tabelle (Matrix) bildet der **Datensatz**. Er umfaßt alle meßbaren Informationen, also sowohl Mengen- wie auch Wertgrößen. Zurückblickend auf Abbildung 8.7 lassen sich drei **Informationsarten** und daraus wiederum drei Satzbereiche erkennen:

- Der erste Bereich umfaßt die **Steuerungsdaten**, die Attribute des Satzes. Sie dienen einerseits der Identifizierung der Sachinhalte; ebenso wichtig ist auch ihre Funktion, die Verbindungen von und zu den Matrizen, von und zu den Schnittstellen, von und zu den Auswertungen herzustellen. Da die Matrizen sowohl nach außen (Schnittstellen, Auswertungen) wie auch nach innen (Leistungsverflechtungen) transparent sein und verschiedene Verdichtungsgrade unterstützen sollen, werden die Steuerungsdaten mit einem dezimalen Nummern-System ausgewiesen (Abschnitt 8.2.2).
- Der zweite Bereich umfaßt die **Mengendaten**, also die Realgüter. Sie sind insbesondere aus Kontroll- und dispositiven Gründen von Bedeutung. Aus dem Leistungsprozeß fließen realisierte (eingesetzte und gewonnene) Mengen. Sie sind unverfälscht. Mit anderen Worten: Sie sind die Vorstufe aller Folgerechnungen.
- Der dritte Bereich umfaßt die **Wertdaten**, also die Nominalgüter. Im wesentlichen rechnen sie die Mengendaten auf einen vergleichbaren Nenner, auf Geld um. Je nach der Zeit-Dimension können Mengendaten mit Plan-, Ist- und Normwerten gerechnet werden.

Alle Daten werden auf der untersten Ebene in einer Datensatzart, im **Basisdatensatz**, organisiert. Die einfache Auflistung der Datensätze ergibt die elementaren Berichte. Ihre Aggregierung führt zu den Verdichtungsberichten; ihre Gegenüberstellung zu den Führungs-Vektoren. Werden die aus den Datensätzen bestehenden Matrizen angezeigt, so ist die Verflechtung des Leistungsprozesses für das Management sichtbar.

Satztyp	Steuerungsdaten			Mengen	Werte
Anlage	Anlagen-Nr.	Konto-Nr. Kostenart Kostenplatz Kostenstelle	Ansch-Datum Afa-Datum	Kapazitäten Leistungen Prozente	Beträge Ansch-Betrag Buchwert Afa-Betrag
Lohn	Personal-Nr. Team-Nr.	Konto-Nr. Kostenart Kostenplatz Kostenstelle	Zeitraum	Stunden Tage Monate	Lohn Nebenkosten
Transaktion	Vorgangsart Soll-Konto	Konto-Nr. Kostenart Kostenplatz Kostenstelle	Datum	Menge	Betrag
Leistungsaustausch	Leistungsart	Kostenstelle Kostenträger * leitend * empfangend	Datum * von * bis	Einheit Menge	

Abb. 8.9: Beispiele für Datensatztypen

Voraussetzung ist, daß die Beschreibung eines Ereignisses, eines Tatbestandes jeweils in einem Satz festgehalten ist. Je nach Ereignis, je nach Tatbestand, können verschiedene Satzpositionen von Bedeutung sein. Die Verkettung zwischen diesen erfolgt ohnehin durch die gleichgehaltenen Attribute. Einige Beispiele verdeutlichen diese Aussage (Abbildung 8.9):

- Satztyp Anlage
  Konto-Nr., Kostenarten, Kostenplätze, Kostenstellen, Anschaffungsdatum, Anlagen-Nr., Kapazität/Leistung, Nutzungsdauer, Anschaffungswert, Wiederbeschaffungswert etc.
- Satztyp Lohn
  Konto-Nr., Kostenarten, Kostenpläne, Kostenstellen, Kostenträger, Personal-Nr., Position, Team, Leistung in Stunden/Tag, Lohn, Lohnnebenkosten etc.
- Satztyp Transaktion
  Konto-Nr., Kostenarten, Kostenplätze, Kostenstellen, Kostenträger, Soll-Konto, Haben-Konto, Datum, Menge, Betrag etc.

8.2.1.5 Die Datenquellen

In bezug auf die Datenquellen werden interne und externe unterschieden (Abbildung 8.10). Eine Kombination der beiden Extreme bilden die eigentlichen Verbindungen (Geschäftsbeziehungen) des Unternehmens zu seiner Umgebung. In diesem Falle ist eines der beiden am Informationsprozeß beteiligten Elemente (Lieferant oder Empfänger) unternehmensintern.

Datenquellen			
	intern	Buchhaltungen	Finanz
			Lohn
			Anlagen
			Material
		Aufzeichnungen	Arbeit
			Job-Accounting
	extern		Preise, Angebote
			Kapazitäten, Leistungen
			Konkurrenz, Sonstiges

Abb. 8.10: Die Datenquellen

8.2.2 Integration mittels Datenverschlüsselung

Informationen sind ihrem Wesen nach immateriell. Sollen Informationen festgehalten oder ausgetauscht oder gruppiert werden, so bedarf es einer Verschlüsselung, d.h. die Informationen werden in Form von Zeichen, Symbolen u.a. dargestellt. Die Informationen sind zu verschlüsseln, da die Datenverarbeitung eine Normung des Informationsinhaltes voraussetzt. Eine Normung ist unerläßlich, um verschiedenartige Sachinhalte getrennt identifizieren, zusammenführen und verarbeiten zu können. Die Informationen des Unternehmens bestehen aus Ziffern und Zeichen, die je nach Verfahren komplett oder teilweise übermittelt werden. Es gilt, für diesen Zweck eine anwendungsorientierte Form im Sinne der Integration zu finden.

8.2.2.1 Funktionen der Datenverschlüsselung

Damit ist die Frage der Verschlüsselung ein zentrales Problem der betrieblichen Anwendungsprogramme. Die Komponenten der einzelnen Informationen sind nach einem vereinbarten System zu teilen und zu kennzeichnen. Die Kennung erfolgt durch Vergabe von Schlüsselnummern. Damit wird nicht die physische Zusammenfassung der Datenelemente, sondern ihre logische Zusammenführung die Basis ihrer Integration. Die Definition der Datenelemente (jedes einzelnen Datums) und ihre Kennung durch einen bestimmten Schlüssel gehören zu den Datenbeschreibungsaktivitäten.

Zum Identifizieren eines Datums genügt die Vergabe einer Nummer, die ausschließlich diesem Datum zugeteilt ist. Innerhalb des Unternehmens können den einzelnen möglichen Daten/Sachverhalten (Geschäftsvorgängen) Nummern zugeordnet werden, die praktisch die jeweiligen Sachverhalte erkennen lassen. Dabei sind die Verschlüsselung und ihr Inhalt festgehalten, so daß sowohl der verschlüsselte Inhalt wie auch die Schlüsselnummer jederzeit erkennbar sind.

Die Aufgaben des Verschlüsselungsvorganges bestehen daher aus der systematischen Kennzeichnung der Daten nach einem festgelegten Schema mit Schlüsselnummern/Codes.

8.2.2.2 Grundzüge der Datenverschlüsselung

Während der Systementwicklung müssen alle Informationen und deren Merkmale, die in die Anwendungen gelangen sollen, in einen verschlüsselten Zustand gebracht. Grundlagen derartiger Aufbereitungen sind

8.2 Integration der Datenströme

- der Datenstrom des Unternehmens und
- die angestrebten Auswertungen (Anwendungen).

Ein Beispiel soll dieses Problem verdeutlichen: Die Information "AM 15.6.1988 WURDEN AN HANDWERKER SCHULZE 125,00 DM FÜR REPARATURARBEITEN AN DER GERÄTEHALLE BAR BEZAHLT" umfaßt mehrere Komponenten, die für die spätere Auswertung von Bedeutung sein können, daher kenntlich gemacht werden müssen:

- Welches Unternehmen ist durch den Vorgang betroffen?
- Wer ist der Geschäftspartner gewesen?
- Was ist der Sachinhalt der Information?
- Wann ist der Vorgang getätigt worden?

Diese Komponenten sind mit Textangaben versehen, aus denen die Begründung des Informationsinhaltes ersichtlich ist. Diese Texte müssen verschlüsselt werden. Danach stellt sich das Problem seitens der Verschlüsselungsmöglichkeiten, die definiert sind. Mit anderen Worten, die textliche Ergänzung wird durch Schlüsselsysteme ersetzt. Dadurch ist der Verschlüsselungsvorgang auch als ein Austausch zwischen verschiedenen Texten und Ziffern anzusehen. Dabei wird jede Information getrennt gekennzeichnet, da sie jeweils anderen Inhalt führen kann. Daraus folgt, daß nach der Verschlüsselung eine Information

- aus Komponenten des Vorganges, sowie
- aus Symbolen der Verschlüsselung zur Steuerung und zur Klassenbildung

besteht. Es wird daher einerseits der Inhalt nach einem Zahlensystem definiert und andererseits durch eine zusätzliche Kennung zur Wiedererkennung ergänzt. Diese zusätzliche Kennung (= "Schlüssel") erhält nunmehr die Aufgaben der Identifizierung und Klassifizierung. Dadurch wird zwischen Schlüsseln der

- Informierung,
- Identifizierung und
- Klassifizierung

unterschieden, wobei ein Schlüssel zugleich mehrere Funktionen übernehmen kann. Merkmale der Information, die bereits in Form von Ziffern anfallen, werden unverändert weitergeführt. Die Entwicklung des Kennzeichnungsschlüssels hat somit insgesamt folgende Fakten zugrundezulegen:

- Es ist ein umfassendes Rechenschema auszuarbeiten, das nicht nur alle Arbeitsphasen definiert, sondern auch den Zustand der Informationen.

- Grundlagen der Rechenschemata sind die einzelnen Geschäftsvorgänge mit variablem Inhalt.
- Die Informationen müssen nach dem Prinzip ihrer Zugehörigkeit kenntlich gemacht werden.
- Das Prinzip der Zugehörigkeit ist auf mehreren Ebenen anzuwenden.
- Es erfolgt eine Zuteilung der Information dem Teilbereich des Unternehmens, der ihr Wirksamwerden ermöglicht.
- Die Ergänzung/Ausrichtung der Information folgt den Forderungen und Eigenarten der einzelnen Rechenverfahren.

Aus den bisherigen Ausführungen zum Thema Kennzeichnungsschlüssel ist ersichtlich, daß die Entwicklungsarbeiten auf die Anforderungen des Benutzers aus der Sicht seiner Anwendungen abgestimmt sein müssen, um ein sachgerechtes Programmsystem erarbeiten zu können.

8.2.3 Erfassung der Daten für die Anwendungsprogramme

Die Datenerfassung verfolgt das Ziel, Informationen für die Phase der Verarbeitung aufzubereiten. Die Hauptaufgabe der Datenerfassung besteht darin, Zuträgerdienste zu leisten. Zur sachgerechten Erfüllung dieser Aufgabe werden einerseits alle erforderlichen Daten erfaßt, andererseits diese bereits auf die nachfolgende Phase abgestimmt. Die Bearbeitung der Daten setzt diese Arbeitsweise fort, indem sie - korrespondierend mit der Verarbeitungsphase - Tätigkeiten einleitet, die im voraus definiert sind. Dadurch werden alle Phasen des gesamten Informationsstromes miteinander in Beziehung gesetzt, wobei jede Tätigkeit einen Baustein des Systems erbringt. Die Abstimmung zwischen den einzelnen Arbeitsphasen setzt voraus, daß jeder Baustein vorgeplant ist und durch jede Phase sein Inhalt definiert wird.

Werden diese Prinzipien zugrundegelegt, so können bereits an Hand der bisherigen Ausführungen folgende Wechselbeziehungen festgelegt werden:

- Mit dem Inhalt der Verarbeitungsphase durch die Anwendungsprogramme werden die notwendigen Informationen und deren Sachinhalte definiert.
- Nach den Eigenarten der Informationen sind Gruppen Rechnungsarten zu bilden, die einerseits zur Verarbeitungsphase in fester Form vorliegen und zum anderen geordnet werden.
- Aus der zwingenden Notwendigkeit der Verschlüsselungen wird wiederum ein Vorteil erarbeitet, der durch Klassifizierung der Informationen nach verschiedenen Gesichtspunkten die Bildung von Datenklassen erlaubt.

```
┌──────────────────── DATENERFASSUNG ────────────────────────────────────┐
│ Kto     Betrag    GK1     Betrag    GK2    Betrag    UKto   Betrag       Datum      │
│ ====   ========   ====   ========  ====   ========   ====  ========    ==========   │
│ 1830     1250    6120     1250              0                  0       28.12.1992   │
│ 1830     1500    6325     1000    6580    500                  0       28.12.1992   │
│                                          ┌──── Salden Finanzkonten ────┐            │
│ Datum : 28.12.1992      UST-SL : V    UST-│ Sparkasse    :     3769.82 │            │
│                                           │ Volksbank    :    12357.93 │            │
│ Gesamt-Betrag:           1000.00      B   │ Dresdner     :      -28.00 │            │
│                                           │ Bank4        :        0.00 │            │
│ Konto       :    1200           Forderungen│ Bank5       :        0.00 │            │
│ Betrag      :         877.19              │ Kasse        :      400.47 │            │
│ 1.Gegenkonto:    1600           Kasse     │ Postscheck1:         0.00 │             │
│ Betrag      :        1000.00              │ Postscheck2:         0.00 │             │
│ 2.Gegenkonto:                             │ Beteiligung1:    20000.00 │             │
│ Betrag      :                             │ Beteiligung2:    15000.00 │             │
│ UST-Konto   :    3840           Umsatzsteuer│ Beteiligung3:     700.00 │            │
│ Betrag      :    122.81             Buchu │                            │             │
│                                           │ UST-Saldo    :     122.81 │             │
│                                           └────────────────────────────┘            │
│ Beleg-Nr. :       0001.01       Erweiterung ──── Ende mit < ESC > ──────             │
└──────────────────────────────────────────────────────────────────────────────────────┘
F2 Zurück  F3 Voraus  F4 GeheZu  F5 Neu  F7 Erfassen  F9 Buchen  F10 Salden  A-F10 Ende
```

Abb. 8.11: Die Datenerfassung mit drei Windows

Damit stehen die ersten Hilfsmittel fest, die nunmehr benutzt werden, um die Information in den Computer einzulesen. Es handelt sich hierbei um den sog. Rechnungskreis, dessen Bedeutung und Funktionen auf nachfolgenden Grundlagen basieren:

Die Informationen werden in funktionell zusammengehörenden Gruppen (Rechnungsarten) gewonnen. Dadurch erfolgt eine zielgerichtete Teilung der Informationen nach deren Sachverhalten. Innerhalb einer Gruppe sind demnach Daten gesammelt, die als "miteinander verwandt" bezeichnet werden können. Diese Tatsache hat zur Folge, daß bestimmte Attribute einer Gruppe in allen oder in mehreren Informationen wiederkehren. Dadurch erfolgt eine weitere Aufteilung, und zwar innerhalb der Informationen selbst, und es ergeben sich Möglichkeiten

- ständig wiederkehrende Merkmale mit gleichem Inhalt,
- ständig wiederkehrende Merkmale mit teilweise gleichem Inhalt,
- ständig wiederkehrende Merkmale mit wechselndem Inhalt und
- unregelmäßig wiederkehrende Merkmale mit wechselndem Inhalt

für verschiedene Arbeitstechniken zu nutzen. Ein typisches Beispiel bietet sich in der Buchhaltung an, wo während der Datenerfassung wiederkehrende Merkmale (Attribute) der Geschäftsvorgänge wie folgt genutzt werden:

- Zur Erfassung eines Vorganges können **Voll-, Folge-** und **Kurzbuchungen** benutzt werden.
- Die erste Buchung ist immer eine **Vollbuchung**, d.h. außer Datum und Beleg-Nr. werden die Eingabefelder nicht vorbesetzt.
- Danach kann in Form von **Folgebuchungen** gearbeitet werden, d.h. Inhalte der Eingabe der letzten Buchung können teilweise übernommen werden.
- **Kurzbuchungen** benötigen im Regelfall Mengen- und Betragsangaben, der Rest wird gesetzt, d.h. aus dem vorangegangenen Vorgang übernommen.

Um diese Aktionen zu unterstützen sind die letzten drei Berechnungen (Geschäftsvorfälle) während des Erfassungsvorganges im Blick zu halten (Bildschirmanzeige), ebenso die Salden (Abbildung 8.11).

8.2.4 Die Notwendigkeit der Datenintegration

Die Datenintegration stellt sich aus mehrfacher Sicht als unumgänglich. Zunächst stellt sie die Verknüpfung auf der technischen Ebene her; sie besorgt andererseits die Basis für den Informationsaustausch zwischen den Anwendungsprogrammen. Ein Beispiel verdeutlicht dies: Für eine Angebotsabgabe mit einem Anwendungsprogramm werden die Stammdaten der Produkte, die Stammdaten des Kunden, die Produktionskosten der Produkte aus der Kostenrechnung "gleichzeitig" benötigt. Das Anwendungsprogramm "Angebotsabgabe" holt diese aus anderen Programmen stammenden Daten von der Datenbank, führt die Berechnungen durch, baut die Werte in ein Textprogramm, das einen standardisierten Brief als Angebot erstellt, sendet es per Telefax ab und lagert das Dokument bzw. übernimmt die Inhalte in eine Buchführungsdatei (siehe auch Beispiel im Abschnitt 7.3).

Auf diese Weise entsteht ein dichtes Geflecht informatorischer Verknüpfungen zwischen den verschiedenen Teilbereichen und -funktionen. In diesem aufgezeigten Fall liegt ein Bedarf an Datenaustausch vor, der

- entweder von verschiedenen Rechnern,
- oder unverbunden durch Tools,
- oder durch File-Transfer,
- oder durch gemeinsame Datenbasis,
- oder durch eine Datenbank

realisiert werden muß. Zu beachten: Die Aufzählung geht von einer starren bis zur flexiblen Integrationsstufe vor.

8.2.5 Bildung von Datenklassen

Aus dieser Überlegung leitet sich die Notwendigkeit ab, Datenklassen zu bilden, die als Bindeglieder zwischen den Anwendungsprogrammen operieren. **Datenklassen** (-kategorien) resultieren aus logisch verwandten Dateneinheiten bis hinunter zu den Datenelementen (Datenfelder), die sich ihrerseits durch mindestens ein Kriterium, im Regelfall jedoch durch mehrere Kriterien unterscheiden bzw. unterscheiden lassen (Abbildung 8.12). So können Datensätze der Buchhaltung nach dem Kriterium "Typ" in die Datenklassen Menge, Betrag etc. gruppiert werden. Über dieses Kriterium können wiederum alle Datensätze eines Unternehmens bspw. in den Rechnungskreis "Mengenrechnung" eingegliedert werden. Dieses Vorgehen setzt voraus, daß im Rahmen der Datenklassenbildung Datenelement um Datenelement spezifiziert (inhaltlich abgegrenzt) und mit eindeutigen Kennungen versehen werden.

Zeit	Ort	Art	Form	Inhalt	Typ	Charakter	etc.
Kurz-fristig	Verwaltung	Symbol	dezimal	Abgang	Rohstoff	Ist	...
	Kunde	Text	absolut	Vorgang			
Tag	Lieferant	Betrag	relativ	Bestand	Geld	Abweichung	...
Woche	Bank	Menge	konstant	Zugang	Material	Norm	...
Monat	betriebl. Prozeß	Wert	verdichtet	Kauf	Produkt	Soll	...
Quartal	Lagerung	Einheit	geschätzt	Verkauf	...	...	...
Jahr	Forschung	Code	gewogen	...	...	...	...
mehrere Jahre	...	Stück	variabel	...	...	...	...
...	...	Gewicht	gerundet	...	...	...	...
...	...	...	...	...	...	...	...

Datenklasse "Inventar": mehrere Jahre + betr. Prozeß + Betrag + absolut + Bestand + Anlage - Ist
Datenklasse "Verkauf": Tag + Kunde + Menge + absolut + Vorgang + etc.

Abb. 8.12: Bildung von Datenklassen

Die Benutzung mehrerer Kriterien ist zulässig, wodurch anwendungsbezogene Datenklassen gebildet werden. Ihre Bildung ist für jeweils nur einen Anwendungsfall gedacht (notwendig). Sie können jederzeit anders gruppiert, umgeschichtet etc. benutzt werden, denn die Datenklassen sind Pseudogebilden, d.h. sie existieren nicht in der Realität, sondern nur im Anwendungsfall. Sie stehen nutzungsbereit verknüpft; müssen jedoch fallweise neu gebildet, zusammengestellt werden.

Dies wird dadurch möglich, daß die Dateneinheiten mit Kriterien, mit sog. **Deskriptoren** versehen werden, die einzeln oder zusammengesetzt Datengruppierungen zu Datenklassen bewirken. Wichtig ist dabei, daß jedes Datenelement einen Deskriptor aus vorgegebenen Klassen von Deskriptoren erhält (Abbildung 8.12). Die Deskriptoren stammen ebenfalls aus einem vordefinierten Bestand. Dieser wird in Deskriptorenklassen ausgewiesen, wobei jede Klasse eine überschaubare Ausprägung von Attributen enthält. Das eigentliche Problem wird auf eine anwendungsbezogene Datendefinition und Datensynonyme beschränkt.

Eine Datenklasse umfaßt somit alle Vorgänge oder Bestände oder Zustände, die dem Kriterium zur Datenklassenbildung genügen. Im Regelfall werden mehrere Merkmale zur Datenklassenbildung benötigt, so z.B.:

- Die Datenklasse Umsatz wird durch die beiden Deskriptoren (Finanz-) Konto und (Sach-) Gegenkonto gebildet.
- Zur Bildung der Datenklasse Bestand genügt ein Konto ohne Gegenkonto als Deskriptor.

Konto und Gegenkonto sind Primärschlüssel. Für eine sachlich geänderte Anordnung wäre ein Sekundärschlüssel, z.B. das Datum für einen Zeitraum erforderlich; bzw. zur Unterteilung nach auf- oder absteigendem Datum. Jede Anwendung benötigt

- eine, z.B. Datenklasse der Umsätze bzw.
- mehrere, z.B. Datenklasse der Umsätze und der Bestände

Datengruppierungen. Jede Datenklasse bildet eine **Datenmatrix**. Sie wird temporär aufgebaut und enthält die benötigten Nutzdaten (Betrag, Menge) - geordnet nach dem Primärschlüssel. Wenn eine Anwendung mit mehreren Datenklassen arbeitet, dann werden mehrere Datenmatrizen gebildet. Dies bedeutet, daß

- ein Datum mehreren Datenklassen (Matrizen) angehören kann,
- Datenklassen und Matrizen nach Bedarf zu bilden sind,
- Datenklassenbildungen durch die Anwendungsprogramme vorliegen und
- Datenklassen (auch als Erweiterungen) flexibel gebildet werden können.

Das Arbeiten mit Dateneinheiten, in diesem Falle mit Datenklassen, ist nicht neu. Solche Aktionen beherrschen die kommerzielle Datenverarbeitung von Beginn an. Das eigentlich Neue an diesen Techniken sind die Möglichkeiten, Anwendungsbereiche wie Rechnungsarten isoliert und integriert in jeder beliebig zusammengestellter Form zu nutzen. Aus diesem Grunde sind gewisse redundante Teile "geplant" und gehören zur normalisierten Struktur der Daten.

Die Datenklassen sind eine Vorstufe zur Datenintegration; zugleich sind sie logische Folgeerscheinungen aus den verschiedenen Rechnungskreisen und Nutzungsdaten. In ihrer Nutzung sind sie praktisch unbegrenzt flexibel, wenn folgende Voraussetzungen erfüllt sind:

- Sie muß bestimmten betrieblichen Erfordernissen anpaßbar sein.
- Sie muß personenneutral anwendbar, nutzbar sein.
- Sie muß stabil Anpassungsvorgänge zulassen.
- Sie muß nach dem Schema der Data Dictionary die Suche nach beschriebenen Datenelementen (einzeln, verknüpft) unterstützen.
- Sie muß ohne spezifische Kenntnisse nutzbar/anwendbar sein.
- Jedem Datenelement ist eine umkehrbare Kombination von klassifizierenden Beschreibungsmerkmalen zuzuweisen.

Die Folgen der Bildung von Datenklassen sind zweierlei:

- Alle Daten eines Unternehmens können untereinander verbunden werden.
- Es wird ein flexibler Kennzeichnungsschlüssel entwickelt werden müssen, der diese Integrationsgrade bewältigt.

8.3 Materialwirtschaft, Einkauf

8.3.1 Überblick

Das Anwendungsgebiet der Materialwirtschaft gehört zu den klassischen DV-Programmen. Diese schließen in der Regel die Lagerbuchhaltung, die Auftragsabwicklung, die Fakturierung, das Bestellwesen u.a.m. ein; sie sind zugleich bereichsübergreifend mit Programmen der Produktionsplanung und -steuerung (siehe Abschnitt 8.4), sowie mit dem Rechnungswesen (siehe Abschnitt 8.7) eng verbunden.

Jede Unternehmung ist in doppelter Weise mit anderen Unternehmen verbunden: einmal als Nachfrager nach Produktionsfaktoren, also nach Stoffen, nach Anlagen, nach Dienstleistungen und nach Geldkapital über den Beschaffungsmarkt;

zum zweiten als Anbieter von Gütern und Dienstleistungen über den Absatzmarkt. Die in die erste Gruppe fallenden Tätigkeiten sind Grundfunktionen der **Beschaffung**. Die Funktion der Beschaffung läßt sich nur schwer abgrenzen, da sie sowohl Stoffe, wie auch Anlagen, ebenso Dienstleistungen umfaßt. Es gilt, diese Produktionsfaktoren bereitzustellen, so daß nach Möglichkeit richtig terminiert wird und keine Abweichungen von Höchst- und Mindestbeständen eintreten. Da die Beschaffung der verschiedenen Produktionsfaktoren und der Geldmittel sehr unterschiedliche Probleme aufwirft, ist es zweckmäßig, sie voneinander zu trennen. Dies entspricht der betrieblichen Praxis, wo die einzelnen Beschaffungsstellen aufgrund ihrer völlig anders gearteten Aufgaben organisatorisch voneinander getrennt sind, und zwar in die Personalabteilung (Bereitstellung von Arbeitskräften), in die Finanzabteilung (Kapitalbeschaffung) und in die Einkaufsabteilung zur Beschaffung der Werkstoffe (Roh-, Hilfs- und Betriebsstoffe, sowie Einzelteile, Werkzeuge und Waren). Diese, die letzte Gruppe der Aufgaben bzw. deren Erledigung, wird nachfolgend im Mittelpunkt der Ausführungen stehen.

Der Begriff **Einkauf** wird also enger gefaßt als die Beschaffung, Ein Vorgang, dem eine Produktionsplanung und eine -vollzugsplanung vorausgehen. Diese verknüpfen den betrieblichen Leistungsprozeß mit den Außenmärkten, so auch mit dem Beschaffungsmarkt. In einem Fertigungsbetrieb folgt i.d.R. dem Einkauf eine mengenmäßig und zeitlich abgestimmte Lagerung, wodurch ein genereller Zusammenhang zwischen Einkauf, Transport und Lagerung besteht. In Handelsbetrieben ist darüber hinaus eine räumliche Abstimmung erforderlich. Aus diesen betrieblichen Produktionsphasen und -verknüpfungen resultiert eine Vielzahl von typischen Einkaufsfunktionen, wie Einkaufsdisposition, Schreiben von Anfragen, Führung von Artikeln, Lieferanten und Standardtexten, Bestellplanung, Bestellen, Bestellüberwachung, Führung von Statistiken. Hinzukommen weitere, gegenwärtig noch relativ selten ausgeübte Tätigkeiten, so

- die Erkennung und die Erschließung der für die Unternehmung geeigneten Beschaffungsmärkte;
- das Auffinden neuer, andersartiger, kostengünstiger Artikel;
- die Analyse und die Auswahl der Lieferanten, Bezugsquellen;
- die Bündelung der Bedürfnisse der Abteilungen;
- die Analyse der Ursachen von Abweichungen;
- das Pflegen der (Stamm-) Daten von Lieferanten, Materialien (-klassen), Projekten, Einkaufsgruppen, Angeboten, Lieferungen, Standardtexten;
- die Anzeige von Materialien, Liefermöglichkeiten, Bezugsquellen, zu erwartenden Über- und Unterdeckungen, Preisentwicklungen, Bestellanforderungen, Texten, Anfragen, Bestellungen, Kontrakten, Beständen, Statistiken, Änderungshistorien, Stammdaten;
- die Abwicklung von frei definierten und definierbaren Anfragen, Bestellungen, Kontrakten, Kontraktänderungen, ABC-Analysen;

- der Online-Druck aller Listen (Preisentwicklung, nicht bearbeitete Aktionen, Überwachungslisten), Mahnungen, Auftragsbestätigungen und angeforderten Berechnungen (Statistiken);
- das Reorganisieren von (Stamm-) Daten von Lieferanten, Materialien, Projekten, Lieferbeziehungen, Match-Codes.

Nicht aufgeführt war die Kommunikation (Online-Anfragen) zur Informationsbeschaffung an externe Online-Datenbanken. Die Aufgabengebiete, die Dateien und die Zusammenhänge lassen sich aus Abbildung 8.13 ableiten.

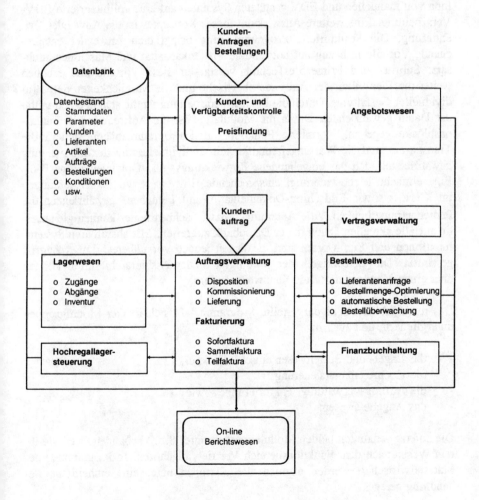

Abb. 8.13: Das Programmkonzept INVES-A für die Materialwirtschaft

8.3.2 Programmodule

Das INVES-A Anwendungssystem ist ein betriebliches Datenbank-Informations- bzw. Auskunftssystem für den Einsatz in Handelsunternehmen und vertriebsorientierten Fertigungsbetrieben. Durch den übersichtlichen Aufbau, die modulare Gliederung der Programme im durchgängigen und redundanzfreien Datenbank-Design und die Flexibilität durch Parametersteuerung werden die unternehmens- und branchenspezifischen Anforderungen des Anwenders abgedeckt.

Diese Transparenz erleichtert auch eine stufenweise und reibungslose Umstellung von manuellen und EDV-gestützten Systemen auf eine vollintegrierte EDV-Verarbeitung. Eine weitere Auswirkung dieses Konzeptes ist die Anwender-Orientierung. Die Strukturierte Programmierung bringt dem Anwender entsprechende Vorteile in bezug auf notwendige Plattenkapazität und Maschinendurchsatz. Subfile- und Printerfile-Technik verstärken diese Vorteile und erhöhen weiter die Flexibilität der Anwenderoberfläche und die Möglichkeiten deren individueller Gestaltung. Durch die Echtzeitverarbeitung ist die ständige Aktualität der Daten gewährleistet. Durch die Modularität ist die Auftrennung in Funktionsblöcke gegeben. Normierte Funktions- und Programmabläufe sichern die Transparenz und die Wartungsfreundlichkeit. Individuelle und flexible Nutzung gewährleistet auch das eingebundene Entwicklungs- und Dokumentations-Tool. Eine einfache Menüsteuerung, entsprechende Hinweise bzw. Fehlermeldungen im Klartext sowie Bildschirm-Dokumentation auf Feldebene gewährleisten die Bedienerfreundlichkeit. Alle Abteilungen bzw. Sachbearbeiter können gleichzeitig auf alle aktuellen Daten in der Datenbank zugreifen. Mit abstufbaren Systemfunktionen und Kennworten sind die Daten jedoch vor unberechtigtem Zugriff geschützt. Die Berechtigten der jeweiligen Sicherheitshierarchiestufen können über einen Menügenerator die Kennworte ändern.

Das in Abbildung 8.13 dargestellte Programm läßt sich in vier Modulgruppen untergliedern, und zwar in

- das Lager- und Bestellwesen einschl. Einkauf,
- die Hochregallagersteuerung,
- die Auftragsverwaltung, Fakturierung, sowie
- das Angebotswesen.

Die zuletzt genannten beiden Module werden unter 8.5.2 behandelt, weil sie ihrem Wesen nach dem Funktionsbereich Vertrieb angehören. In Programmen der Materialwirtschaft werden nämlich alle Aktionen unter eine einheitliche Behandlung gelegt.

8.3.2.1 Lager- und Bestellwesen, Einkauf

Folgende Funktionen, Aufgaben und Tätigkeiten werden unterstützt:

- Führung von bis zu 9999 Lagern mit Umlagerungen;
- Arbeiten mit Seriennummern, Lotnummern, Chargennummern-Verfolgung mit Verfalldatum;
- Einkaufskalkulation mit 99 Zu/Abschlagsarten (relativ, absolut);
- individuelle Textbausteine und Lagerbewegungsarten;
- Durchschnittseinstandspreis und Artikelbestand am Bildschirm;
- freier, reservierter, Sperr-, Nachlieferungs- und Bestell-Bestand;
- Dialog-Anzeigen der Lagerbestände, der aktuellen und erledigten Bestellungen, Bestandslisten, Lagerbewegungsprotokolle, Lagerbewertungen und Zoll-Tarifnummernlisten;
- Stichtag- und permanente Inventur;
- Inventurbestandslisten nach verschiedenen Kriterien;
- Errechnung optimaler Bestellmengen nach Artikelverbrauch der letzten 12 Wochen, Lieferzeiten, Mindestbestände und Mindestbestellmengen;
- Lieferantenzuordnung zu Verbänden bzw. Konzernen;
- Anfragen an Lieferanten, Lieferanten-Mahnungen, Rechnungsprüfung, automatische Bestellschreibung, Bestellung in Fremdwährung, Bestell-Rückstandsüberwachung;
- Streckenverkäufe;
- diverse Auswertungen;
- Übergabe der Buchungssätze an die Finanz- und Betriebsbuchhaltung.

8.3.2.2 Hochregallagersteuerung

Es werden folgende Funktionen unterstützt:

- chaotische Lagerbestandsführung für 999 Lager pro Firma;
- Adresse des Lagerplatzes mit Lagernummer, -Klasse, Gang-Nummer, -Seite, -Ebene und Lagerplatznummer;
- Auswahlkriterien für Lagerplatz mit Lagerklasse, Volumen, Stammplatz;
- Entnahmen durch Auftragserfassung, Lagerumbuchungen/bewegungen;
- diverse Auswertungen;
- Anzeigeprogramme für Lageranschriftsatz, Lagerkataster, Artikel über Lager, freie Plätze pro Lager/alle Lager.

8.3.3 Datenbasis

Die Datenbasis der Programmodule umfaßt verschiedene Stammdaten, Normen (Stücklisten), Preise, Rechenparameter etc. Im einzelnen sind es:

- Stammdaten: Firmen, Bereiche, Filialen, Sachbearbeiter, Kunden-/Lieferanten, Artikel; Vertreter/Vertriebshierarchie; Artikelzusatztexte, Textbausteine;
- Absatzdaten: Absatzplan, Kostenstellen, Postleitzahlbereiche, Herkunfts-, Anredeschlüssel, Angebots- und Ablehnungsgründe;
- Auftragsdaten: Auftrags-, Versand-, Bestellarten, Lieferbedingungen der Lieferanten, Länderschlüssel, Gebietsfindung;
- Kundendaten: Kundenkonditionen, Kundennotizblatt, -kategorie, -gruppe, Branchenschlüssel;
- Rechnungsdaten: Rechnungs-, Rabatt-, Verrechnungsarten, Staffelkennzeichen, -preise, Dimensionsaufschlag, Zahlungsziele;
- Lagerdaten: Lager-, Lagerplatzadressen, Verpackungsarten und -einheiten, Mengenschlüssel;
- Produktdaten: Produktcode-/Hierarchie, Artikelgruppen, Stückliste, Teilecode, Konfektionsgruppierung.

8.3.4 Online-Berichtswesen

Das Online-Berichtswesen ermöglicht Auswertungen in allen Bereichen:

- Dialog-Anzeige aktueller oder bereits erledigter Angebote nach Auswahlkriterien, bspw. nach Erfolgsquote, Erfolgsaussichten (%), bis zu einem bestimmten Zeitpunkt, nach Artikel, Artikel-Gruppen, Produkthierarchie, Vertriebshierarchie, Kunde, Verband, Konzern, Branche, usw.;
- Dialog-Anzeige der Aufträge nach Auftragsbestand, -eingang, fakturiertem Umsatz, Rohertrag pro Kunde, Artikel usw.;
- diverse Auswertungen nach Auswahlkriterien wie Produktgruppen, Produktcodes, Artikelnummern, Sparte, Bereich, Vertriebsleiter, Region, Gruppe, Gebiet, Vertriebsbeauftragte, Kunden, Verband, Konzern, Kunden-Kategorie, Branche, usw.;
- Dialog-Anzeige von Daten aus dem Lager/Bestellwesen und Einkauf, z.B. Artikel- und Lagerbestände, Bestellungen, Bestellpositionen, Reservierungen, Lagerbewegungen nach den verschiedensten Kriterien, wie z.B. Zu-/Abgang, Bewegungsart, Artikel-Nummer, Serien-Nummer, Beleg-Nummer, Lager-Nummer, Datum.

8.3.5 Der DV-unterstützte Einkauf

8.3.5.1 Grundsätzliches

Der Einkauf als Aufgabengebiet ist ein vielschichtiges und mit vielen anderen betrieblichen Teilbereichen verflochtenes Gebilde. Je nach Unternehmen sind hiervon unterschiedliche Aufgabenbereiche betroffen. Danach umfaßt der **Einkauf** die Aufgabengebiete

- Marktbeobachtung,
- Lieferantensuche und -führung,
- Anfragebearbeitung (Vorbereitung, Durchführung, Vergleich) und
- Auftragsbearbeitung (Verhandlung, Bestellung, Abnahme).

Um allen Aufgaben im Einkauf nachzukommen, kann heute kaum ein Betrieb auf effiziente DV-Programme in den Bereichen der Materialwirtschaft und des Einkaufs verzichten. Zu umfangreich ist der Bestand an Informationen, die zudem noch aufgabenorientiert und aktuell sein sollen, um die Aktionen des Einkaufs ohne DV-Unterstützung wahrnehmen zu können.

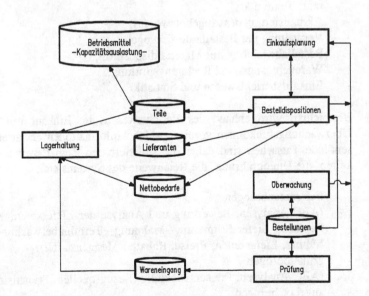

Abb. 8.14: Der DV-unterstützte Einkauf

Eine Anfrage resultiert aus den Bedürfnissen, die durch die Produktion bzw. Lagerbewirtschaftung angezeigt werden. Sie betreffen Termine, Preise, Lieferbedingungen, Haftungsfragen etc. Der angesprochene Bieterkreis resultiert aus den Lieferantenprofilen, die im Unternehmen festgelegt sind. Die Durchführung einer Anfrage erfolgt mündlich, schriftlich oder über Informationsbanken. Eingegangene Angebote werden einem Vergleich zugeführt, in dem die Richtigkeit, die Vollständigkeit, die Übereinstimmung mit den Vorgaben, die Glaubwürdigkeit der Angaben, die technischen Angaben, die Kosten etc. geprüft werden.

8.3.5.2 Anwendungsprogramme des Einkäufers

Das Anwendungsprogramm für den Einkauf ist um so wertvoller und wohl zugleich teurer, je besser es in einem Gesamtkonzept mit den vor- und nachgelagerten Gebieten eines industriellen PPS-Systems oder eines handelsorientierten Warenwirtschaftssystems integriert ist. Aus diesen Schnittstellen resultiert die Forderung, daß ein modernes Anwendungsprogramm für den Einkauf einerseits nach dem Bausteinprinzip aufgebaut sein soll, andererseits muß es folgende Teilbereiche abdecken:

- Führung der Einkaufsstammdaten wie Lieferanten, Artikel, Artikel/Lieferant, Texte u.ä.,
- Aktualisierung des Angebotswesens,
- Verwaltung der Bestellanforderungen,
- Bestellabwicklung mit Materialdisposition,
- Wareneingangs- und Rechnungsprüfung,
- Einkaufsberichtswesen und Statistik.

Beispielhaft wird anhand des Berichtswesens im Einkauf mit Kontroll- und Überwachungsfunktionen gezeigt, welche Informationen erwartet werden. Wesentliche Tatsachen sind dabei die realisierbaren Zugriffszeiten und -möglichkeiten, die Dialogführung, die Reichweite des Systems etc.:

- lieferantenbezogen
 (ABC-Analysen, Bewertung und Analyse der Lieferanten, Kontrakte, Lieferpläne, Liefer-Erinnerung/-Mahnung, Terminüberwachung, Kontrakterfüllung, Lieferzeiten, Preise, Rabatte, Mengenstaffel),
- artikelbezogen
 (ABC-Analysen, Preisentwicklung, Bezugsquellen, Preishistorie),
- angebotsbezogen
 (Verhältniszahlen zwischen Artikeln, Angeboten und Bestellungen, Bestellstatistik, -kontrolle wie Menge und Wert), sowie
- allgemein
 (Kennzahlen, Ergebnisbewertung).

8.3 Materialwirtschaft, Einkauf

Im Mittelpunkt eines Anwendungsprogramms für den Einkauf steht die **Einkaufs-Datenbank**. Sie muß die Verwaltung und die Verknüpfung mehrerer Datenbanken, so die der Artikel, Artikelgruppen, Preise, Anfragen, Angebote, Bestellanforderungen, Bestellungen, Abrufe, Lieferanten etc. sicherstellen. Die genannten Datenbanken bilden zusammen mit einigen anderen Programmen eine integrierte Einheit. Besondere Bedeutung erhalten dabei ihre Stammdaten, weil deren Pflege die Güte aller Arbeiten entscheidend beeinflußt. Diese Aussage verdeutlichen die nachfolgenden Angaben:

- Bedarfsanmeldung, Bestellnummer, Bestelldatum, Liefertermine, gelieferte Menge, Zahlungstermin etc. sich fallweise ändernde Daten; sie sind in ihrer Gesamtheit für Auswertungen aller Art zu speichern.
- Lieferantennummer, -name, -anschrift, Liefer- und Zahlungsbedingung, Mengeneinheit, Rabatt etc. sind konstante Daten, die als Stammdaten zu führen sind.

Innerhalb der Einkaufs-Datenbank ist die **Lieferanten-Datenbank** nicht nur eine unerläßliche Sammlung wesentlicher Stammdaten als Nachschlagewerk, sondern zugleich ein Auskunftssystem mit folgenden Informationen über die Lieferanten:

- Qualifikation, Service, Know-how,
- Kapazität, Marktstellung, Liefersicherheit,
- Lieferantenstatistik (Lieferengen, Termine, Qualitätstreue) und
- Notizblockfunktion.

In der **Artikel-Datenbank** werden die Schwerpunkte durch andere Abteilungen des Betriebes gesetzt. Inhaltlich muß die Suchmöglichkeit mittels Suchargumente besonders ausgeprägt sein; ebenso sind Klassifizierungsschlüssel und sonstige Suchmerkmale von besonderer Bedeutung.

Bei den für den Einkauf in Frage kommenden **Anwendungsprogrammen** gilt die Aussage, wonach unterschieden werden muß,

- ob im Industriebetrieb das CIM-Konzept realisiert wurde bzw. werden soll,
- ob im Handelsbetrieb für die Beschaffung und für die Lagerbewirtschaftung eine in sich zwar geschlossene, jedoch isolierte Anwendung zum Tragen kommen soll, oder eine, mit den übrigen Anwendungen korrespondierende, integrierte Version. Der erste Fall dürfte nach dem heutigen Stand der Kenntnisse als überholt angesehen werden; der Trend und zugleich der Zwang zu integrierten Lösungen ist inzwischen so groß, daß Einzelprogramm-Anwender nach kurzer Zeit den Übergang zur Integration suchen.

8.3.5.3 Die Zukunft: Elektronische Märkte

Die Beschaffung der richtigen Information zum richtigen Zeitpunkt ist ein logistisches, technisches und kostenrelevantes Problem. Sie wird im Zeitalter der sich nahenden elektronischen Märkte zur Selbstverständlichkeit.

Die betrieblichen Automatisierungsvorgänge werden aus unterschiedlichen Richtungen verfolgt. Die größten Aktivitäten haben sich traditionsgemäß auf die kommerziellen und auf den innerbetrieblichen Bereich konzentriert. Es entstanden zahlreiche branchenneutrale und branchenspezifische Informations-, Kommunikations- und Abrechnungssysteme. Über die betrieblichen Grenzen hinaus jedoch wurde annähernd nicht im gleichen Maße DV-unterstützt gearbeitet.

Gegenwärtig zeichnet sich ein Wandel an, wonach der **elektronische Datenaustausch** vermehrt zur Unterstützung der Außenbeziehungen der Unternehmen, also zur Unterstützung der Aktionen auf dem Beschaffungs- und Absatzmarkt Einsatz finden. Diese Vorläufer sind sichtbare Folgen der Technisierung aller Bereiche der Volkswirtschaft. Gemeint sind der Zahlungsverkehr der Banken, die Reservierungssysteme der Bundesbahn und der Reisebüros, die öffentlichen Online-Datenbanken usw. Genannte Beispiele entstanden unabhängig voneinander. Die Resultate sind demzufolge heterogene, häufig isolierte Anwendungen.

Im Gegensatz zu diesen Entwicklungen werden **Elektronische Märkte** betriebliche Aktionen zu den Außenmärkten integrieren, d.h. die Markttransaktionen in die betrieblichen DV-Systeme einbinden. Die Schaffung eines gemeinsamen Absatzkanals durch Betriebe der Touristikbranche ist hier beispielhaft zu nennen. Gemeint sind damit die Marktpartner (die Anbieter, die Lieferanten, die Materialien, darunter Artikel, Mengen, Preise, also Marktinformationen schlechthin). Diese können - wie die ersten Realisierungen dies zeigen - den Vertragsabschluß mit einbeziehen, so daß eine vollständige Aktionskette von der Produktionsplanung über die Bestellung bis hin zu allen Abrechnungen DV-unterstützt abläuft. Voraussetzung ist, daß ein einheitlicher Zugang zu den verschiedenen Teilmärkten mit Bündelung der dort angebotenen Leistungen

Kauf + Finanzierung + Transport + Versicherung;
Abwicklung der Zollformalitäten

realisiert wird. Die Folge muß der Einsatz von Informations- und Kommunikationstechnologien für die inner- und außerbetrieblichen Aktionen sein. Dabei läßt sich vorerst nicht übersehen, welche neue Gruppierungen zwischen den Branchen und Beteiligten entstehen werden.

Elektronische Märkte verändern die bisherigen hierarchischen Beziehungen der Unternehmen untereinander, d.h. das bisherige Hintereinanderschalten der

Anbieter -> elektronisches Bestellsystem -> Nachfrager

wird abgelöst und in

Anbieter/Nachfragen <-> Elektronischer Markt-Beziehung

umgewandelt. Die Einführung dieser Technologien verringert räumliche und zeitliche Beschränkungen. Sie stellt zugleich erhöhte Ansprüche an die Beteiligten. Davon betroffen werden zunächst alle Hersteller und Nachfrager, vor allem jedoch solche Unternehmen, die in der Wertschöpfungskette zwischen Hersteller und Endnachfrager stehen.

Der Erfolg der Elektronischen Märkte wird - ähnlich wie der von Online-Datenbanken - davon abhängen, wie es den Entwicklern gelingt, die Zugriffsmöglichkeiten populär zu machen. Zu erwarten ist allerdings die in Verbindung mit Online-Datenbanken gemachte Erfahrung, wonach mit den Elektronischen Märkten ein breites Spektrum von Diensten auf der Basis der Systeme Videotext, Compact Disc, Electronic Mail, Audiotext und Teletext entsteht, deren Bedienung davon abhängt, ob nachfolgende Anforderungen erfüllt werden oder nicht:

- Die Zugriffswege müssen einfach und standardisiert sein (Beispiel: Fax). Gemeint sind hier in erster Linie übersichtliche und bedienungsfreundliche Suchsprachen (Retrieval-Systeme) sowie netzunabhängige mobile Geräte.
- Die Inhalte müssen ständig aktuell sein, um die eigentlichen Stärken der Online-Informationsbeschaffung gegenüber anderen Medien zu vermarkten.
- Die Voraussetzungen für den Zugriff müssen technisch einfach und kostengünstig sein.

8.4 Produktionsplanung und -steuerung

8.4.1 Überblick

Anwendungssysteme im Fertigungsbereich werden heute als Produktionsplanungs- und -steuerungssysteme entwickelt und eingesetzt. Sie sind eingebettet in die Anwendungsbereiche der

- Kalkulation/Kostenrechnung und Anlagenbuchhaltung durch Vor- und Nachkalkulation bzw. durch eine temporäre, begleitende Kalkulation;

8. Kommerzielle Anwendungssoftware

- Auftragsabwicklung und Finanzbuchhaltung, sowie des Vertriebs durch Vorhersagen, Fakturierungen und Vorgangsnachweis in der Buchhaltung;
- Prozeßsteuerung auf der Basis der Betriebsdatenerfassung (BDE);
- des Personalwesens durch Lohn- und Gehaltsabrechnungen.

Dieser Zusammenhang wird in Abbildung 8.15 verdeutlicht.

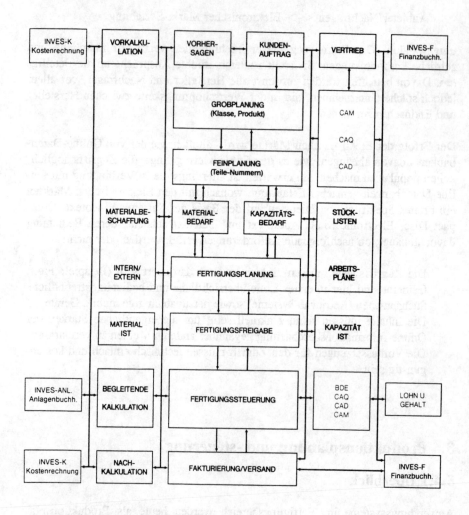

Abb. 8.15: Das Programmkonzept INVES-PPS

8.4.2 Einsatzgebiete

Die Wirtschaftspraxis stellt an die PPS-Programme sehr vielfältige und heterogene Anforderungen, die zu einer Funktionsgliederung unter folgenden Grundzügen führen:

- Eignung für verschiedene Branchen und Betriebsgrößen,
- Unterstützung von Programm- und/oder Kundenfertigungen,
- Einsatz in der Massen-, Serien-, Einzel- und Mischfertigung,
- Berücksichtigung von Erzeugnisstrukturen wie Rohstoff-, Chargen- und Varianten-Fertigung, Fertigung mit niedriger und hoher Fertigungstiefe.

Aus dieser Funktionsgliederung resultieren bspw. die Programmodule, die nachfolgend exemplarisch anhand der Leistungsstrukturen des Programmpaketes INVES-PPS skizziert werden. Dieses Programm integriert und optimiert den Ablauf innerhalb des Fertigungbetriebes. Durch die Echtzeitverarbeitung ist die ständige Aktualität der Daten gewährleistet. Durch die Modularität ist die Auftrennung in Funktionsblöcke gegeben. Durch normierte Funktions- und Programmabläufe ist die Transparenz und damit die Wartungsfreundlichkeit gesichert. Die Benutzerfreundlichkeit ermöglicht eine detaillierte, jederzeit verfügbare Dokumentation bis auf Feldebene. Den Datenschutz sichern Verknüpfungen zu diversen Anwendungssteuerdateien, die nach den Sicherheitsbedürfnissen des Anwenders generiert werden können.

8.4.2.1 Produktionsplanung mit Termin- und Kapazitätsplanung

Die Produktionsplanung wird in drei Abschnitten durchgeführt sowie durch Termin- und Kapazitätsplanungen ausgeweitet:

- Prognoserechnung zur Ermittlung des zukünftigen Bedarfs an Erzeugnissen sowie Baugruppen und Einzelteilen auf der Basis von Vergangenheitswerten der Materialbuchführung;
- Grobplanung des Produktionsprogramms mit Ermittlung des Kapazitätsbedarfes nach Mengen und Terminen mit Vorwärts/Rückwärtsterminierung;
- Feinplanung des Produktionsprogramms mit Ermittlung des Kapazitätsbedarfes nach Mengen und Terminen mit Vorwärts/Rückwärtsterminierung.

Die Terminierungsarten folgen den praktischen Bedürfnissen. Es werden die folgenden Funktionen unterstützt:

- Vorwärtsterminierung mit/ohne Beachtung einer vorgegebenen Kapazitätsgrenze, Rückwärtsterminierung, Simulation/effektive Terminierung und Mittelpunkt-Terminierung;
- Terminierungsbasis mit Ankunfts-, Start-, Bedarfs-, End- und Wartezeiten in Minuten, Stunden, Tagen etc.;
- Informationsmöglichkeiten in graphischer oder in Listenform, bzw. optische Unterscheidung simulierter und aktiver Aufträge.

8.4.2.2 Lagerwirtschaft

Die Lagerwirtschaft stellt das zentrale Mengengerüst mit den Untergruppen Bestandsarten, Bewertung, Lagerverwaltung, Lagerbestandsbuchung und Inventur dar. Im einzelnen werden folgende Daten als Informationen bereitgestellt:

- Bestandsarten: Lagerbestand (Summe aus Lagerort/Lagerplätzen), Reservierungs-, Bestell-, frei verfügbarer und Sperr-, Konsignations- sowie Werkstattbestand, Bestand an Rampe und an Wareneingangskontrolle;
- Bewertung mit Standard-, Einstands- und letztem Einkaufspreis;
- Mehrlagerortverwaltung mit Lagerort, -platz und Chargen-Nummer;
- Lagerbestandsbuchungen über frei definierbare Bewegungsschlüssel, Abbuchung der Stücklisten, Zubuchung der Bestellungen, Mengenumrechnung;
- Inventur: Stichtag-, permanente Inventur, Inventurergebnis-Simulation.

8.4.2.3 Materialbedarfsplanung

Hier werden zwei Verfahren angeboten, und zwar

- das stochastische Planungsverfahren (Batch) sowie
- das deterministische Planungsverfahren (Dialog) aufgrund von Vorgaben.

8.4.2.4 Beschaffungswesen

Die Module des Beschaffungswesens umfassen die gesamte Breite von den Anfragen bis zum Eingang bzw. zur Bestellabwicklung. Im einzelnen sind folgende Funktionen ausweisbar:

- Bestellanforderungen als maschinelle Bestellanforderung aus der Betriebsdatenerfassung, Online verwaltbar, Verursacher-Bezug;

- Anfragen: Anfragen kopieren, individuelle Texte, beliebige Anzahl von Anfragepositionen, Anfrage-Erinnerungsschreiben, Anfragen-Auswertung;
- Bestellabwicklung als Normalbestellung, Kontrakte, Einmalbestellungen mit/ohne Teilestammsatz, Lohnauftrags-, Beistellungen, Konsignationslager, Fremdsprache/-Währung;
- Wareneingang: Wareneingangsbelege, Sammelzubuchung auf Lager, Sammelzubuchung aufgrund Bestellposition, Mengenumrechnung Lieferant;
- Wertmäßige Bestellabwicklung mit Rechnungsprüfung, Gutschriften, Nachbelastungen, Erzeugung Kreditorenposten, Bildung letzter/durchschnittlicher Einkaufspreis, Bildung Lieferanten/Artikel-Umsätze, Werkzeug-Amortisation.

8.4.2.5 Stücklisten

Die Stücklisten umfassen die Arten, Daten, Anzeigeformen und deren Variationsmöglichkeiten:

- Stücklistenarten: Struktur-, Montage-, Werkstattauftrags-, Kundenauftrags- und Historie-Stücklisten;
- Stücklistendaten mit Mengendimension, Einlauf-/Auslauf-Daten, technischer Änderungs-Nummer, Arbeitsgang-Nummer, Ausschuß-Prozent, Stücklisten-Zusatztexte;
- Stand zum vorgegebenen Datum, Auflösungstiefe, Mengenvorgabe;
- Varianten-Möglichkeiten: 2-stelliger Varianten-Selektor, je Varianten-Selektor 99 Varianten-Gliederungen, Stücklistenarten und -daten;
- zusätzliche Anzeigeformen über Varianten-Selektor, Anzeige aller Varianten, Varianten-Stückliste mit Systemunterstützung.

8.4.2.6 Zeitwirtschaft und Werkzeugverwaltung

Sie dient der temporären Begleitung eines Auftrages von der Eröffnung bis zum Abschluß; sie umschließt auch die Verwaltung der Werkzeuge:

- Auftragseröffnung mit Sammeleröffnung aufgrund Anforderungen, Materialreservierungen, individuelle Anpassung und Terminierung des Werkstattauftrags, Erstellung von Ausnahmelisten zu fehlenden Materialbeständen sowie von Bereitstellungslisten für Betriebsmittel;
- Auftragsverfolgung: Statusverfolgung der Arbeitsfolgen, Rückmeldungen aufgrund Lohn- und/oder Rückmeldescheinen, Meilenstein-Rückmeldung, Ausschuß-Mengen/Grund-Meldung, Sonderkosten der Fertigung;

- Auftragsabschluß - bestehend aus Rückmeldungen Gutstück/Ausschuß, Ausbuchen Restmengen, Reservierungen, Fortschreiben Fertigungskosten, Fehlteilebehandlung, Entlastung von Kapazitäten, Online-Schnittstellen zu BDE und zur Lohnabrechnung.

8.4.2.7 Kundenauftragsbearbeitung

Diese Module sind Anknüpfungselemente an die Auftragsbearbeitung; sie umschließen im einzelnen folgende Daten und Aktivitäten:

- Kundendaten: alle Angaben mit Gültigkeitszeiträumen. Kundenadreßdaten, Preiskonditionen, kundenspezifischen Texten;
- Produkt- und Teiledaten: Kunden-Teildaten wie Sondertexte, Preise, Rabatte, Einflußgrößen der Preisfindung, Vertreter mit Provisionsregelung;
- Angebot/Kundenauftrag: Angebot mit Kundenbezug und allen Möglichkeiten der Produkt- und Teiledaten, Verfolgung-Angebot, Umwandlungsangebot, Kreditlimitprüfung, Kundenauftragsabwicklung, Bedarfsübergabe an Zeitwirtschaft/Beschaffungswesen;
- Kundenauftragsüberwachung mit Status-Meldungen im Kundenauftrag, Ausnahmemeldungen aus Zeitwirtschaft/Beschaffungswesen, Versandabwicklung, Fakturierung, Analysen, Auswertungen, Statistiken.

8.4.2.8 Kalkulation

Es werden Vor-, Nach- und temporäre Kalkulationen erstellt:

- Plankalkulation: Kalkulation aller geführten Teile, Speicherungsergebnisse im Kalkulationsteilestamm, mehrere Plankalkulationen pro Jahr inklusiv Speicherung der Ergebnisse;
- aktuelle/temporäre Kalkulation mit Werkstatt-Auftragsstückliste des Angebots/Kundenauftrags oder anonym, auf Basis der aktuellen Mengen- und Zeitvorgaben, mit Kostensätzen aus INVES-KST Kostenstellenrechnung, Dialoganzeige/Druck der begleitenden Kalkulation;
- Nachkalkulation mit Ausweis der prozentualen Verhältnisse Soll/Ist, Errechnung des Einstandspreises/Selbstkostenpreises mit wahlweiser Fortschreibung, Kalkulation mehrerer Werkstattaufträge eines Kundenauftrags/Verursachers.

8.5 Marketing, Vertrieb

Die Entscheidung über die Absatzwege bestimmt die Art der Verbindung zwischen den Herstellern und Endabnehmern eines Produktes. Die in diesem Zusammenhang anstehenden Fragen bilden einen Teil der Distributionspolitik. Die hier angesprochenen Anwendungsprogramme gehören i.e.S. zum klassischen Anwendungsgebiet der Auftragsabwicklung, hier insbesondere für Betriebe der Industrie und des Handels. Bei vielen integrierten Programmen - wie auch in dem hier unterstellten Beispiel - wird sie mit der Materialwirtschaft eng verbunden abgewickelt.

8.5.1 Modellschema

Das Gesamtmodell geht von der Auftragsbearbeitung aus. Hier können drei Verfahren unterschieden werden. (siehe dazu auch Abschnitt 8.3.1). Das Schema geht von einem interaktiven Betrieb aus.

Bei der manuellen Auftragsbearbeitung werden die eingehenden Aufträge an den zuständigen Verkaufssachbearbeiter geleitet. Dieser prüft die Verfügbarkeit der Ware zum Kundenwunschtermin. Er ergänzt den Auftrag um verschiedene Daten, die für die weitere Bearbeitung erforderlich sind. Anschließend wird die Auftragsbestätigung geschrieben. Dieser Vorgang dauert relativ lange, da viele Daten - u.a. die Anschrift und die Artikelbezeichnung, die beim EDV-Einsatz automatisch aus den Dateien entnommen werden können - manuell eingetastet werden müssen. Danach wird die Auftragsbestätigung versandt und in die nach Lieferterminen geordnete Auftragsdatei eingeordnet.

Der **Stapelbetrieb** als Form der Auftragsbearbeitung besteht aus einer hohen Zahl an Arbeitsgängen und Transporten. Als erstes findet eine manuelle Prüfung der eingehenden Aufträge statt, die danach für die Datenerfassung aufbereitet werden. Dann werden die Aufträge in die Datenerfassungsabteilung transportiert, um dort von einem Computer erfaßt zu werden. Als nächstes werden die Daten bis zur vollständigen Erfassung geprüft, korrigiert und gestapelt. Erst danach findet der Transport zum Rechenzentrum statt, wo die Aufträge in den Computer eingelesen werden mit anschließender Ausgabe eines Fehlerprotokolls. Der Transport des Fehlerprotokolls in den Vertrieb mit der sich dort anschließenden Prüfung und Bereinigung der Fehler folgt als nächstes. Dann werden die Korrekturen zur Datenerfassungsabteilung transportiert. Dort erfolgt die Erfassung der Korrekturen und die Bereitstellung für die nächste Auftragsdateneingabe in den Computer. Als letztes werden die Auftragsbestätigungen gestapelt und in den Vertrieb transportiert.

Die **interaktive Form** - also die dritte Form - setzt entweder einen im Netz arbeitenden PC oder ein an einen Zentralrechner angeschlossenes Terminal voraus. Eingehende Aufträge werden direkt geprüft, auf ihre Erfüllbarkeit (Vorhandensein von Ressourcen, Terminierung) eingestuft, die Datei in die Datenbank übernommen. Auftragserfassung mit Prüfung, Auftragsbestätigung nach Verfügbarkeitsprüfung usw. laufen praktisch simultan ab.

8.5.2 Programmodule

Das in Abbildung 8.15 dargestellte Programm enthielt die Module zum Angebotswesen, sowie zur Auftragsverwaltung und Fakturierung. Gewöhnlich können zu diesen Modulen, die mit dem Online-Berichtswesen verbundenen Statistiken, Histogramme und Auswertungen (Abschnitt 8.3.4), ebenso die Kundenauftragsbearbeitung (Abschnitt 8.4.2.7) hinzugerechnet werden.

8.5.2.1 Angebotswesen

Folgende Funktionen, Aufgaben und Tätigkeiten werden unterstützt:

- Erfassung/Bearbeitung durch integrierte, vereinfachte Textverarbeitung;
- Anzeige aller relevanten Daten für die Angebotserstellung;
- Musterangebote als Vereinfachung (kopieren möglich);
- Anzeige aller aktuellen bzw. erledigten Angebote nach Kunden, Angebotsarten, Artikel-Nr.;
- Übernahme der Angebote in die Auftragsbearbeitung;
- Angabe und Auswertung von Ablehnungsgründen.

8.5.2.2 Auftragsverwaltung, Fakturierung und Versand

In diesem Programmodul werden folgende Leistungsarten bereitgestellt:

- frei gestaltbare Auftragsarten mit 99 Verrechnungsarten sowie integrierter Textverarbeitung, z.B. Barverkauf, Termin-, Strecken- und Abrufauftrag;
- Suchhilfen durch Matchcode;
- sofortige Prüfung der Bestände auf Verfügbarkeit und sofortige Reservierung/Abbuchung sowie Anstoß des Bestellwesens;
- automatische Rückstandsbildung, Preisfindung unter Berücksichtigung des Deckungsbeitrags;
- Provisionszuweisungen im Auftrag pro Position;

- individuelle Preise und Rabatte für Kunden, Kundengruppen, Verbände - abhängig von z.B. Produkthierarchie, Artikelgruppen, Artikel, Verbandszugehörigkeit;
- Zu-/Abschlagsarten je Auftragsposition, automatische Preisänderung;
- 999 Anschriften je Kunde/Lieferant (verschiedene Empfänger für Rechnung, Ware und Lieferschein), ebenso individuelle Steuerung der Anzahl der Papiere (Rechnungen, Auftragsbestätigungen, Lieferscheine);
- Bonitätsprüfungen bei Auftragsbeginn, kundenindividuelle Artikel-Nummern und -Bezeichnungen;
- Einfügen von Texten und Textbausteinen in den Auftrag zu Position, Auftragsbeginn und Auftragsende;
- Schnell-Erfassung für z.B. Telefonverkauf;
- Erfassung eines Auftrags über das Programmnetzwerk mit Verzweigungsmöglichkeit in andere Programme, um Kundenkonditionen, Lagerbestände, Artikelinformationen usw. abzufragen, ohne die Auftragsbearbeitung zu unterbrechen;
- Stücklistenauflösung mit Stückliste/Set-Artikel, Teile-und Konfektionsliste;
- Musteraufträge;
- Erfassung im DFÜ-Betrieb;
- diverse Auswertungen nach Sachbearbeiter, Vertreter, Bestands- und Nachlieferungslisten;
- mehrere Rechnungsarten, so Stapel-, Sofort-, Sammel- sowie Monats- und Dekadenrechnungen;
- individuelle Werbetexteinbringung;
- automatische Pflege der Kundenkonten in der Finanzbuchhaltung INVES-F bei Neuerfassung bzw. Änderung in der Auftragsverwaltung.

Ein wichtiger Bereich der Distributionspolitik bildet der Versand von Produkten. Dabei spielt die sofortige oder baldmögliche Lieferung eines Produktes eine entscheidende Rolle. In vielen Fällen hängt die Erlangung eines Auftrags weniger von der Qualität und Preiswürdigkeit ab, sondern vielmehr von der Schnelligkeit mit der Produkte geliefert werden können. Daraus läßt sich die zentrale Aufgabe des Versandes ableiten, nämlich dafür zu sorgen, daß auf dem Markt Produkte im richtigen Zustand, zur richtigen Zeit und am richtigen Ort entsprechend der Kundennachfrage angeboten werden. Die dabei entstehenden Kosten sollen so niedrig wie möglich gehalten werden. Die Aufgaben, die dem Versand zukommen, lassen sich in folgende Fragenbereiche einteilen:

- Wieviel Auslieferungspunkte, von welcher Größe und mit welcher Ausstattung sind notwendig?
- Welche Transportmittel auf welchen Transportwegen werden eingesetzt?

- In welchen Mengeneinheiten (Mindestauftragsgröße) soll geliefert werden?
- Wie und wo sollen die Produkte gelagert werden?
- Wird die Verpackung der Produkte der Distribution Anforderung gerecht?

8.5.3 Datenbasis

Die Datenbasis ist im Abschnitt 8.3.3 beschrieben.

8.5.4 Online-Berichtswesen

Das Online-Berichtswesen ermöglicht die im Abschnitt 8.3.4 beschriebenen Auswertungen. Besondere Bedeutung wird dabei den zu erstellenden Statistiken beigemessen. Innerhalb des Marketing können mit Hilfe von Statistiken Unternehmen bspw. den Absatz ihrer Produkte, das Marktverhalten der Käufer, die Kostenentwicklung der Produktion, des Transports etc. messen. Aufgrund der berechneten Wahrscheinlichkeiten können Unternehmen ihre Marktverhalten besser in die Zukunft ausrichten. Diese Statistiken können bis zum **Marketing Informationssystem** ausgebaut werden. Das Marketing wird gegenwärtig von dem Trend beherrscht, die Marketing-Aktivitäten auf nationale und internationale Bezugsbereiche auszudehnen. Hinzu tritt die zunehmende Wichtigkeit der Verbraucherwünsche im Gegensatz zu den Verbraucherbedürfnissen sowie die Verlagerung des Wettbewerbs von preislichen auf nicht-preisliche Ebenen. Um diesen Entwicklungen nachkommen zu können, bedarf es ständiger Informationen des Marketing-Managements. Deshalb verfügen viele Unternehmen über ein Marketing-Informationssystem, das sie ihre Manager mit der Umwelt verbindet. Man unterscheidet vier Komponenten von Marketing-Informationssystemen:

- das **interne Buchhaltungssystem** berichtet über Aufträge, Umsatzentwicklungen, Lagerbestände, Außenbestände, Verpflichtungen etc.;
- das **Marketing-Nachrichtensystem** versorgt die Manager mit laufenden Informationen über die in der Makro- und Aufgabenumwelt stattfindenden Entwicklungen;
- die **Marketing-Forschung** entwickelt Studien über Marktchancen, die Wirksamkeit der Marketing-Aktivitäten und spezielle Marketing-Probleme;
- dem **Operation-Research-System** fällt die Aufgabe zu, Modelle zu Erklärung oder zur Verbesserung der Marketing-Prozesse zu konstruieren.

8.6 Personalwesen

8.6.1 Objektbereiche

Das Personalwesen beinhaltet alle Bereiche und Funktionen, die auf den Menschen in Organisationen ausgerichtet sind. Die einzelnen Funktionen sind dabei wechselseitig interdependent in Beziehung zueinander und zu anderen Funktionen des Systems wie Beschaffung, Finanz-, Produktions-, Absatz- und Informationswirtschaft. Im einzelnen sind folgende Bereiche relevant:

- Bedarfsermittlung und Personalbeschaffung,
- Personalentwicklung und -erhaltung, bzw. -freisetzung, sowie
- Personaleinsatz und Personalinformationssystem.

Am umfassendsten sind die Personalinformationssysteme. Sie sind zugleich am weitesten entwickelt; nicht zuletzt, weil sie die datenmäßigen Fundamente des Personalmanagements liefern. Nach allgemeiner Auffassung müssen daher sie auf der einen Seite die automatische Abwicklung der Lohn- und Gehaltsabrechnungen gewährleisten, auf der anderen Seite die Informationslieferungen für die Führungskräfte. Auf diese Art und Weise sind sowohl die Sachbearbeiter, wie auch die Führungskräfte im Personalbereich in der Wahrnehmung ihrer relevante Aufgaben unterstützt. Der Leistungsumfang ist der folgende:

- Verwaltung der Personaldaten,
- Lohn- und Gehaltsabrechnung,
- Arbeitszeiterfassung und -ermittlung,
- Personalplanung und
- Personaladministration.

8.6.2 Programmodule

Bei den auf dem Softwaremarkt angebotenenen Programmen lassen sich eindeutige Merkmale herauskristallisieren, die auf eine Modularisierung der Programme - entsprechend der obigen Aufzählung der Leistungsinhalte - hindeuten. Von den verbreiteten Programmen sind insbesondere PAISY, DOSLIB, IPAS, Interpres und RP zu nennen. Am weitesten verbreitet ist PAISY von der Lammert- Unternehmensberatung. Die meisten Anwendungsprogramme in diesem Aufgabenbereich ähneln sich, in dem sie Lohn- und Gehaltsabrechnungen, sowie Personalinformationen in verschiedenen Formen, Statistiken, Berichte und Auswertungen anbieten. Diese Bereiche korrespondieren untereinander (vergl. Abbildung 8.16 mit dem Beispielsprogramm PAISY).

PAISY	
Datenverwaltung	alle Branchen, öff. Betriebe
Zeitwirtschaft	alle Tarife
	alle Reisearten
	beliebige Arbeitszeitmodelle
Lohn/Gehaltsabrechnung	Lohnkontenführung
	Lohnbescheinigungen
Reisekostenabrechnung	Datenträgeraustausch
	Stellenbesetzungsplan
Personalplanung	Personal-Kostenplan
	Meldewesen (Finanzamt etc.)
Informationssystem	Statistiken, Auswertungen
(Stamm-)Personaldaten Steuerungsdaten Bewegungsfdaten Vergangenheitsdaten	
Dialog Stapel Schnittstellen Protokollierung Datenschutz	

Abb. 8.16: Daten- und Leistungsmerkmale von PAISY

PAISY besteht aus sechs Teilen,

- der Datenverwaltung,
- der Zeitwirtschaft,
- der Lohn- und Gehaltsabrechnung,
- der Reisekostenabrechnung,
- der Personalplanung und
- dem Informationssytem.

Hinter diesen Teilen verbergen sich verschiedene Einzelfunktionen, die auf der einen Seite die speziellen Bedürfnisse der einzelnen Branchen, auf der anderen Seite die Belange der öffentlichen Betriebe abdecken. So werden alle Branchen und Tarife abgedeckt, Leistungslöhne berechnet, Darlehen abgebucht, Pfändungen berücksichtigt u.v.a.m.

Ein wesentliches Bestimmungsmerkmal des Programms ist, das es auf verschiedenen Anlagen einsetzbar ist. Dazu zählen verschiedene IBM-Systeme (AS/400, 43xx, 30xx), Siemens-Systeme unter BS 2000, VAX-Systeme von DEC, VS-Systeme von Wang, alle UNIX-Systeme etc.

8.6.3 Datengrundlagen

Grundlage der Anwendungsprogramme im Personalwesen sind

- die Personal-(Stamm-) daten,
- die Arbeitsplatz/stellendaten und
- die Abrechnungsdaten.

Im Falle von PAISY operiert das Programm mit allen Stellen- und Personaldaten, Steuerungsdaten zur Lohn- und Gehaltsabrechnung, allen Arbeitszeitmodellen, Zeitwerten, Abrechnungsdaten (Lohn-, Über-, Wochenend-, Nachtstunden usw.), allen aktuellen und vergangenen Ergebnisdaten und schließlich mit den Schnittstellendaten zu anderen Anwendungsprogrammen, in erster Linie zur Finanz- und Betriebsbuchhaltung (Kostenrechnung).

Die genannten Schnittstellen sind darüber hinaus insofern von eminenter Bedeutung, weil sie nutzbar sind zu verschiedenen Datenbanken, wie Oracle, Adabas, AS/400, ISAM von Siemens, VSAM von IBM etc. Dadurch ergeben sich vielfältige Möglichkeiten der Datenintegration aus dem Personalbereich mit anderen betrieblichen Bereichen, bspw. mit der Produktion.

8.7 Finanz- und Rechnungswesen

8.7.1 Überblick

Das Finanz- und Rechnungswesen ist das zentrale betriebliche Anwendungsgebiet der Datenverarbeitung schlechthin. Zwei der Gründe werden diskutiert:

- Das Rechnungswesen baut auf die Haupt- und Nebenbuchhaltungen auf. Diese bilden eine geschlossene Einheit, in der transparente Beziehungen bestehen, deren Ursprung die Buchungstatbestände, also die Buchungsvorgänge sind. Jeder Buchungsvorgang erzeugt in der Datenverarbeitung einen Buchungssatz als originäre Information. In den am besten organisierten Anwendungssystemen bilden die Buchungssätze die Ausgangsbelege ab. Auf diese Belege greifen dann alle Recheninstrumente zu. Die Recheninstrumente sind modularisiert und werden nach Bedarf genutzt. Eine hohe Integrität wird durch diese transparente Arbeitsweise realisiert. Ähnliche Integrierungsgrade sind in den anderen betrieblichen Funktionsbereichen annähernd nicht erreicht. Dank der normierten und vielfach normierbaren

Inhalte durch Gesetze, Richtlinien, Vorschriften etc. waren und sind nur geringe Änderungen zu erwarten, so daß auch das Kriterium der Beständigkeit und Konsistenz gegeben ist.
- Der zweite Grund resultiert aus dem Tatbestand, daß das Rechnungswesen die zentralen Daten des Betriebes mit der Außenwelt und mit dem innerbetrieblichen Leistungsprozeß vereinigt, so daß davon alle Funktionsbereiche (siehe Abschnitte 8.3 - 8.6) betroffen sind. Ohne das Rechnungswesen ist eine DV-Unterstützung des Managements nicht möglich. Sie ist die zentrale Datenstelle (Abbildung 8.17).

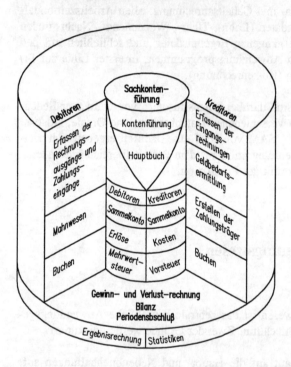

Abb. 8.17: Die zentrale Stellung der Buchhaltungen

8.7.2 Modulbildung

Analog zur Normierbarkeit und Strukturierbarkeit der Daten des Rechnungswesens sind die Recheninstrumente und damit die Anwendungsprogramme ebenfalls "normiert". Es liegt eine starke Standardisierung vor, so daß die eigentlichen Unterschiede in der angebotenen Software weniger deren Leistungsbereiche, vielmehr formelle, organisatorische und bedienungstechnische Fragen betreffen. Im Mittelpunkt steht die Finanzbuchhaltung mit vollintegrierten oder angeschlossenen Nebenbuchhaltungen. Je nach Organisation wird die Sachkontenbuchführung unterteilt und eine Betriebsbuchhaltung für die Kostenrechnung gebildet (Abbildung 8.18). Die engen Verflechtungen zu den anderen betrieblichen und außerbetrieblichen Funktionen stellt Abbildung 8.19 dar.

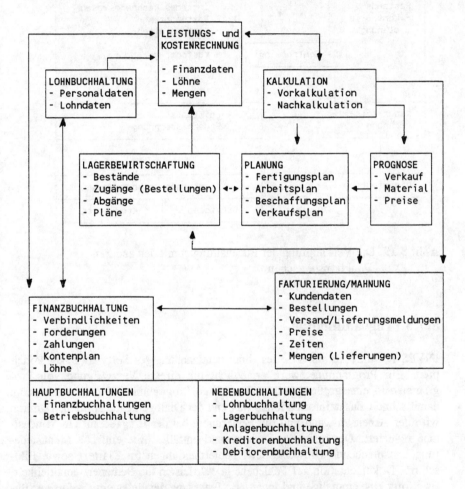

Abb. 8.18: Aufgabenzusammenhang der Buchhaltungen

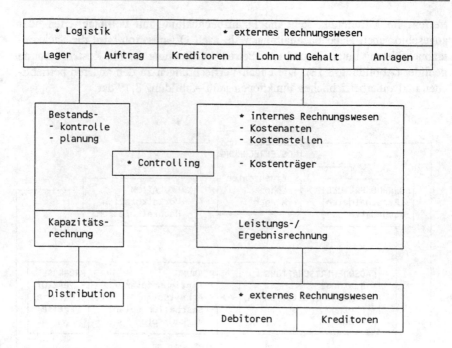

Abb. 8.19: Die Verknüpfung der Buchhaltungen mit den anderen Funktionsbereichen

8.7.3 Programmodule

INVES-F wurde als universelles, branchenunabhängiges Software-Paket konzipiert. Ein Programmnetzwerk ermöglicht die direkte Verzweigung von Programmen in eine große Anzahl von anderen Programmen. Der Benutzer kann damit schnell Zusatzinformationen während der Dialogeingabe abrufen. Dadurch wird der Arbeitsaufwand und die Fehlerquote bei der Eingabe auf ein Mindestmaß reduziert. Der manuelle Suchaufwand entfällt. Eine einfache Menüsteuerung, entsprechende Hinweise bzw. Fehlermeldungen im Klartext sowie Bildschirm- Dokumentation auf Feldebene gewährleisten die Bedienerfreundlichkeit. Es erfolgt eine einmalige und integrierte Erfassung der Belege mit sofortiger Buchung auf die Konten. Alle Abteilungen bzw. Sachbearbeiter können gleichzeitig auf alle aktuellen Daten in der Datenbank zugreifen. Mit abrufbaren Systemfunktionen und Kennworten sind die Daten jedoch vor unberechtigtem Zugriff geschützt.

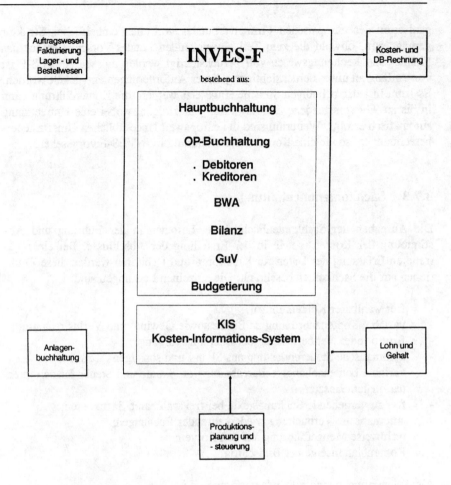

Abb. 8.20: Das Konzept von INVES-F

Im europäischen Binnenmarkt werden größere Anforderungen an den Leistungsumfang einer Finanzbuchhaltung gestellt. Auch mittelständische Unternehmen werden dazu übergehen, durch den Aufbau von Tochtergesellschaften in anderen europäischen Ländern Fuß zu fassen. Trotz dieser Expansion soll jedoch die Organisation des europäischen Firmenverbundes von einer einheitlichen Struktur geprägt sein, obwohl die zum Teil abweichenden Landes-Vorschriften für das Finanz- und Rechnungswesen voll berücksichtigt werden müssen. INVES-F ist von Anfang an unter Berücksichtigung dieser Anforderungen entwickelt worden. Es kann in jeder beliebigen Sprache eingesetzt werden, die Kontenführung kann in bis zu 999 verschiedene Landeswährungen erfolgen, wobei eine Umrechnung automatisch erfolgt. Weiterhin sind die europaweit landesüblichen Umsatzsteuerberechnungen, sowie eine Konzernkonsolidierung in INVES-F vorgesehen.

8.7.3.1 Sachkontenbuchhaltung

Die Aufgaben der Sachkontenbuchhaltung bestehen in der Führung und Abstimmung der Konten, sowie in der Erstellung der Abschlüsse. Bei einer getrennten Erfassung der Daten für Kreditoren und Debitoren werden diese Funktionen auf die Sachkonten beschränkt Die einzelnen Leistungen sind:

- frei wählbarer Kontenrahmen;
- variable Kontenzuordnung zu Bilanz sowie Gewinn- und Verlustrechnung;
- Brutto- oder Nettoerfassung der Buchungsvorgänge;
- automatische Steuerentlastung aus Skonti und sonstigen Abzügen;
- variable kontenabhängige Berechnung von Skonto und Steuer für den internationalen Einsatz;
- frei zu vergebende Buchungstexte bei frei wählbaren Sachkonten;
- automatische Verbuchung wiederkehrender Buchungen;
- wahlweise Mengenführung auf den Konten;
- Kontenblattanzeige per Bildschirm.

Als Auswertungen sind folgende verfügbar::
- Erfassungsprotokolle pro Bildschirm;
- Gesamtjournal der Buchungsvorfälle;
- Offene Posten-, Summen- und Saldenlisten (auch konsolidiert);
- Gewinn- und Verlustrechnung sowie Bilanz;
- Hauptabschluß- und Bilanzübersicht - auch konsolidiert;
- betriebswirtschaftliche Auswertungen;
- Umsatzsteuervoranmeldung;
- Journalwiederholung;
- variable Kontenauswertungen mit Vorjahresvergleich.

8.7.3.2 Personenbuchhaltung (Debitoren/Kreditorenbuchhaltung)

In Betrieben mit einer hohen Anzahl an offenen Rechnungen kann die Überschaubarkeit der Hauptbuchhaltung durch eine ausgelagerte Verwaltung der offenen Posten zwingend sein. Der Gesetzgeber läßt diese Auslagerung, die sog. Offene-Posten-Buchführung (**OPB**) auf Datenträgern ausdrücklich zu, sofern diese den Grundsätzen ordnungsmäßiger Buchführung (**GoB**) bzw. den Grundsätzen ordnungsmäßiger Speicherbuchführung (**GoS**) entsprechen. Es sind Richtlinien, die im Sinne der im Abschnitt 8.7.1 gegebenen Aussagen wirken.

Der Begriff der Offenen Posten (kurz: OP) kommt im Bereich des Kontokorrents- oder Geschäftsfreundebuches vor. Darunter sind Salden des laufenden Geschäftsverkehrs, d.h. der Zahlungseingänge und der Zahlungsausgänge zu verstehen, die in Verbindung mit den Rechnungen an Kunden bzw. Rechnungen von Lieferanten zu sehen sind. Es sind Rechnungen von Lieferanten (Kreditoren) oder an Kunden (Debitoren), die durch den laufenden Geschäftsverkehr (Zahlungsein- und -ausgänge) ausgeglichen werden sollen. Hieraus resultieren die zwei Arten von Offenen Posten, und zwar

- die Offenen Posten bei Kreditoren und
- die Offenen Posten bei Debitoren.

Es kommt neben der laufenden Kontrolle aller offenen Posten in besonderem Maße darauf an, den Zeitpunkt des Ausgleichs individuell zu disponieren und unter Zuhilfenahme des Computers die Personenbuchhaltung ständig aktuell zu halten. Automatische Buchungen, automatische Auszifferungen, automatische Steuerberichtigungen bei Skontobuchungen u.ä. sind Funktionen, die ein solches Anwendungsprogramm zu erfüllen hat. Eine fortlaufende Kontrolle der Salden und der Zahlungsbewegungen ist aus Liquiditätsgesichtspunkten und zwecks Disposition der Zahlungen somit von eminenter Bedeutung.

Für die Personenbuchhaltung gilt nach wie vor das Prinzip, wonach die einzelnen Konten mit den Geschäftsfreunden systematisch und chronologisch organisiert und mit aktuellen offenen und ausgeglichenen Posten geführt werden. Wesentlich ist die eindeutige Referenz einer jeden Buchung. Sie wird durch Vergabe eindeutiger Konten-Nummern, durch laufende Numerierung der Journalzeilen und -seiten etc. gewährleistet. Gespeichert werden der Saldovortrag der letzten getätigten Buchung, die Referenz der letzten Buchung, die Anzahl der bisherigen Buchungen. Diese Zahlen müssen immer permanent sein. In der Buchungszeile ist dann die erhöhte Posten-Nummer aus der letzten Buchung angezeigt, wodurch die Rückverfolgbarkeit und die Kontrolle über die vollständige und richtige Aufzeichnung gegeben ist.

Die chronologische Aufzeichnungspflicht besagt, daß sämtliche Geschäftsvorfälle der Zeitfolge nach erfaßt und aufgezeichnet werden müssen. Es muß darauf geachtet werden, daß die Tagessummen nach den Grundzügen der Doppik

- in die Debitoren- und Kreditorenkonten; sowie
- in die Gegenkonten Erlöse und Waren

verbucht werden. Die geforderte Bildung der Tagessummen oder zumindest die Bereitschaft des Systems dazu gewährleistet die angesprochene Rückverfolgbarkeit und Kontrolle. Ist ein Ausgleich des Rechnungsbetrages erfolgt, muß dieser in der Originalbuchung kenntlich gemacht werden. Deutlich erkennbar müssen auch die Zahlungsabzüge wie Skonto sein. Sind mit den Buchungen Wareneinbzw. -ausgänge gekoppelt; so werden sie bei Führung von Wareneingangs- und -ausgangsbüchern mit diesen verbunden. Schließlich müssen die Buchungen eine Trennung der Entgelte nach den verschiedenen USt-Sätzen bewirken. Die Personenbuchhaltung setzt aus diesen Gründen eine permanente und zeitnahe Verbuchung voraus. Im einzelnen werden folgende Leistungen erfüllt:

- OP-Buchhaltung;
- Null-Kontrolle bei Splittbuchungen;
- automatische und/oder manuelle Auszifferung am Bildschirm (auch nach Belegnummer);
- Mehrwertsteuer-Rückrechnung;
- automatische Erstellung von Skonto- und wiederkehrenden Buchungen;
- maschineller Ausgleich der Kursdifferenzen;
- "Historische OP-Datei" zur Rekonstruktion des OP-Standes für jeden zurückliegenden Stichtag;
- Bankeinzug oder Diskettenclearing (Datenträgeraustausch);
- vollmaschinelles Mahnwesen, OP-Abfragen.

An Auswertungen werden nachfolgende Möglichkeiten geboten:
- OP-Liste nach Debitoren/Kreditoren-Nummer oder Name;
- Fälligkeitsanalysen;
- Summen- und Saldenliste;
- Kontenblatt (mit Auswahl Konten und Zeitraum);
- Mahnung/Kontoauszüge;
- Saldenbestätigungen (40 Zeilen variabler Text).

8.7.3.3 Betriebsbuchhaltung (Kostenrechnung)

Die Leistungs- und Kostenrechnung basiert direkt auf den Daten der Finanz-, der Anlagen-, der Personalbuchhaltung und des Materialwesens. Sie ist ein Abbild des betrieblichen Leistungsprozesses und dient dazu, den leistungsbezogenen Erfolg des Unternehmens für einen Zeitraum zu ermitteln, der ungleich der Rechnungsperiode ist. Die Kostenrechnung ermöglicht es, die Kosten und Erlöse den einzelnen Erzeugnissen oder Erzeugnisgruppen zuzuordnen. Außerdem kann sie einen leistungsbezogenen Erfolg getrennt nach Fertigungsbereichen, Absatzwegen, Kundengruppen und Absatzgebieten ermitteln.

Hauptaufgaben der Kostenrechnung sind die Kontrolle der Wirtschaftlichkeit der Leistungserstellung sowie die Informationsbeschaffung zur Vorbereitung betrieblicher Entscheidungen. Innerhalb der Kostenrechnung werden dazu die eingesetzten Produktionsfaktoren als negative Rechengröße (Kosten) den mit ihnen produzierten Gütern als positive Rechengröße (Leistungen) gegenübergestellt. Durch diese Gegenüberstellung der angefallenen Kosten und Leistungen ermittelt die Kostenrechnung als Zeitraumrechnung - dann auch Betriebsbuchhaltung genannt - den durch die spezifische betriebliche Produktionstätigkeit erwirtschafteten Erfolg. Außerdem können unter Verarbeitung der grundsätzlich gleichen Daten die durch die einzelne Leistungseinheit (Kostenträger) verursachten Kosten bestimmt werden (Kostenträgerstückrechnung). Die so ermittelten Stückkosten können dabei als Grundlage für die Berechnung der Preisuntergrenze (Kalkulation) dienen, daneben aber auch als entscheidungsrelevante Informationen in anderen Rechnungen - z.B. in die Bestimmung eines optimalen Produktionsprogramms - eingehen. Mit Hilfe dieser in der Zeitraum- und/oder Stückrechnung aufbereiteten Daten kann zugleich die Aufgabe der Kontrolle der Wirtschaftlichkeit der Leistungserstellung realisiert werden.

Erfolgreiche Unternehmensführung ist heute ohne effizientes Controlling nicht mehr denkbar. Entscheidende Voraussetzung hierzu bildet ein zukunftsorientiertes betriebswirtschaftliches Instrumentarium, das sich vor allem auf ein leistungsfähiges Kostenrechnungssystem stützen kann. Die Unternehmensleitung erhält damit die Möglichkeit, durch permanente Kontrolle Schwachstellen zu erkennen und zu analysieren, Kosten zu senken, Leistungen zu steigern und Sortimente zu bereinigen, um somit Rentabilität und Ertrag nachhaltig zu verbessern.

Traditionelle Kostenrechnung ist im Grunde nur "Vergangenheitsbewältigung" und weist nur zu bestimmten Stichtagen den aktuellen Stand aus. Dies reicht heute jedoch nicht mehr aus, um auf neue, kurzfristig auftretende Entwicklungstendenzen schnell und flexibel zu reagieren. Aktualität heißt das Stichwort für höhere Entscheidungsqualität. Kostenplanung und -kontrolle sowie Simulationsmodelle im Dialog für die Optimierung der unternehmerischen Entscheidungen gewährleisten den Anwendern Aktualität.

INVES-K ist eine integrierte Kostenrechnung, die sowohl mit der Lager-, der Anlagen-, der Personen-, als auch mit der Finanzbuchhaltung eng verbunden ist. Durch diesen Verbund sowie durch die realisierte Dialogarbeitsweise und die weitgehende Automatik ist eine Realtime-(Echtzeit-) Verarbeitung möglich, die aktuelle, entscheidungsorientierte Informationen nach Bedarf liefert. Diese können betriebliche Teilbereiche ebenso wie unterschiedliche Zeiträume betreffen. Die **Integration** mit den anderen Buchhaltungen resultiert teils aus der gemeinsamen Datenbasis und teils aus den zum Teil identischen Verarbeitungsvorgängen in den einzelnen Teilsystemen. Dies gilt sowohl für die Beträge der Finanz-, Lager- und Personenbuchhaltung wie für die Mengen der Lager- und Finanzbuchhaltung. Im integrierten Gesamtsystem nämlich werden die Bewegungsdaten simultan mit der Bewegung der Sachkonten der Buchhaltungen in die Kostenrechnung eingebracht (Abb. 8.21).

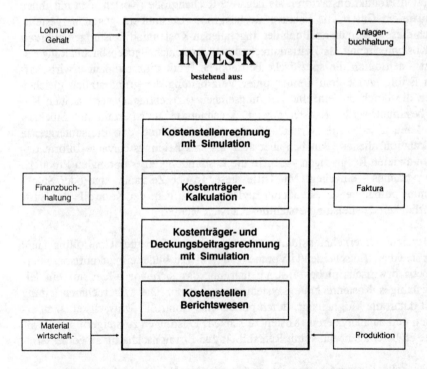

Abb. 8.21: Das Modellschema von INVES-K

Die Leistungsbreite der Anwendungsprogramme ist außerordentlich vielfältig, weil die Kostenrechnungen nicht nur zum Zwecke der Kontrolle von Kostenarten, -stellen und -trägern, sondern auch zur Planung und in neuerer Zeit zum Controlling verwandt werden. Nachfolgend wird ein Auszug gegeben:

- Kostenstellenrechnungen
  - Kostenplanung je Kostenstelle und Kostenart mit Aufteilungsmöglichkeit in fixe und variable Kosten;
  - frei wählbare Planungszeiträume, Rollierende Planung;
  - Leistungsplanung je Kostenstelle und Bezugsgrößen;
  - Planumlage und Leistungsverrechnung mittels Bezugsgrößen mit festem Kostensatz, Bezugsgrößen mit variablem Kostensatz, im Verhältnis zur Leistung der empfangenden Kostenstelle, Interdependenzrechnung (Iterationsverfahren);
  - Verbuchen der Istkosten und Istleistungen;
  - Errechnung der Sollkosten aufgrund des Beschäftigungsgrades; Istleistungs- und Umlageverrechnung;
  - Errechnung von 8 frei definierbaren Kalkulationssätzen je Bezugsgröße und Kostenstelle;
  - Kumulation der aufgelaufenen Werte;
  - diverse Auswertungen, darunter für Kostenstellen- und Kostenartenplanung, Kostenstellen Plan-BAB, Istkosten- und Istleistungsprotokoll, Istkosten- und Istleistungs-Einzelnachweis, Kostenstellen Soll-/Ist-Vergleich, Verrechnungsprotokoll für Umlage- und Leistungsverrechnung für Plan und Ist sowie diverse Stammdatenausdrucke.
- Kostenstellensimulation
  Ermittlung von Planvorschlägen; Hochrechnungen, Forecast-Ermittlungen mit variabler Definition der Zeiträume auf der Basis der bestehenden Werte für Istkosten, Istleistungen, Plankosten und Planleistungen, Möglichkeit zur Übernahme der Ergebnisse als Plandaten.
- Kostenstellen-Berichtswesen
  - Zugriff auf monatsbezogene Plan-, Ist- und Sollwerte sowie Leistungen auf der Ebene Kostenstelle/Kostenart/Bezugsgröße;
  - Erstellung von Berichten mittels eines Berichtsgenerators mit Bestimmung der Berichtshierarchie, variablem Aufbau/Design, Selektion und Kumulation, Rechenformeln, Output-Design.
- Kostenträger-Kalkulation
  - Auswahl der Kalkulations-Methode über ein Rechenformelsystem mit unterschiedlichen Kalkulationsvarianten je Mandant (Firma);
  - Kalkulation verschiedener Auftragsarten, wie Kunden- und Fertigungsaufträge sowie Artikelbestand mit Vor-, mitlaufender und Nach-, sowie Alternativ- bzw. Parallel-Kalkulation;

- Parametersteuerung des Kalkulationsschemas, der Zuordnung der Materialien, der Zuordnung von Kostenstellen/Arbeitsgängen, der Kalkulationsmethode, des Aufbaus der Auswertungen, der Selektion der Kalkulation und des Druckes;
- Protokolle für Stammdaten, Parameter und Übernahme für die Einrichtung des Systems sowie für Kontrollzwecke bei Übernahmen;
- variable Auswertungen für bis zu 99 Listen, Selektions- und Verdichtungsmöglichkeiten;
 Integration zu vorgelagerten PPS-Systemen.
- Kostenträger- und Deckungsbeitragsrechnung
  - Auswahl des Kalkulationsverfahrens (Deckungsbeitragsrechnung, Fixkostendeckungsrechnung, Zuschlagskalkulation usw.;
  - individuelle Ermittlung betriebswirtschaftlicher Kennzahlen, wie z.B. Deckungsbeiträge in beliebigen Stufen, Break-Even-Point, Gewinnmarge, Sicherheitskoeffizient, Kapazitätsgrad, Deckungsbeitrag Soll-/Ist-Vergleich, Betriebsergebnis;
  - List-Generator zur Selektion von Kostenträgern, Kostenträgergruppen, Kostenträgern von/bis, nach Abweichungshöhen absolut/ relativ.
- Kostenträgersimulation
  - Antworten auf vertriebsbezogene Anfragen mit Entscheidungshilfen;
  - Ausführung von alternativen Vor-/Nachkalkulationen;
  - Flexibilität hinsichtlich der Ermittlung von betriebswirtschaftlichen Kennzahlen und Aufbau von Kalkulationsschemata wie bei der Kostenträger- und Deckungsbeitragsrechnung.

8.7.3.4 Anlagenbuchhaltung

Die Anlagenbuchhaltung ist ein Anwendungsprogramm, das für die dialogorientierte Führung von Anlagen aller Art zuständig ist. Es enthält alle notwendigen gesetzlichen Regelungen; ebenso hält es die Vorschriften über eine ordnungsgemäße Speicherbuchführung ein. Hinzukommt seine Eigenschaft, Abschreibungen für unterschiedliche Zwecke nach verschiedenen Methoden zu erlauben. Es stellt temporäre Daten bereit, so für eine permanente Inventur, oder auch für betriebswirtschaftliche Sonderrechnungen, wie bspw. für Kosten- oder Kennzahlenrechnungen. Die Dialogfunktionen des Programms, ebenso die eingebauten Auswertungsroutinen sorgen dafür, daß insgesamt gesehen die Anlagen in ihrer Entwicklung effektvoll kontrolliert werden können. In einer modernen Anlagenbuchhaltung treten neben die Erfüllung gesetzlicher Zielsetzungen gewisse Anwenderwünsche hinzu, die heute im Zeichen zunehmender Bedeutung der Kapitalbindung durch Anlagen stehen. Die Kontrolle der Investitionstätigkeit, der Ausweis von Kapazitätsvorhaltungen, die Wertermittlungen u.a.m. werden als

8.7 Finanz- und Rechnungswesen

ein Integrationskreis betrachtet, der mittels Kennzahlen Wirtschaftlichkeitsberechnungen bei geplanten Investitionen, sowie die Bestimmung von Ersatzbeschaffungen zum Inhalt hat. Folgende Leistungsumfänge und Auswertungen bietet INVES-A an:

- Fremdwährung mit Umrechnung wesentlicher Daten mit historischen Wechselkursen, auch für Rechnungslegung von Tochterunternehmen ausländischer Firmen;
- Konsolidierung über die Konto-Nummer;
- Restwertsteuerung über Parameter mit Verteil- oder Abschreibmöglichkeit der Rundungsdifferenzen auf die Gesamtnutzungsdauer oder auf das erste Nutzungsjahr;
- Abschreibungsarten: lineare, degressive, kalkulatorische, Sonder-, Teilwert-Abschreibung;
- Anlagevermögen ohne Abschreibung, z.B. Grundstücke;
- Behandlung geringwertiger Wirtschaftsgüter;
- automatische Umstellung von degressiver auf lineare Abschreibung;
- Errechnung der kalkulatorischen AfA auf der Basis der Anschaffungs- oder Wiederbeschaffungswerte;
- steuerliche Zuschreibung bzw. Werterhöhung;
- Abschreibung unter Null bei kalkulatorischer AfA;
- Berlin-AfA, Testabschreibungsläufe;
- AfA-Vorausschau 5 Jahre im voraus nach Sachkonten bzw. Kostenstellen, geplante Investitionen und im Bau befindliche Anlagen;
- Vermögensaufstellung zum Einheitswert, Teilwert unter Berücksichtigung der Anhaltswerte und Wertansätze der letzten 5 Jahre für die geringwertigen Wirtschaftsgüter;
- kalkulatorische Zinsen für lfd. Wirtschaftsjahr und Abrechnungsmonat, verschiedene Basiswerte wie Restwert, halber Restwert, Wiederbeschaffungswert und halber Wiederbeschaffungswert;
- Teilung von Anlagegütern;
- periodische Abrechnungen mit Fortschreibung der periodisch ermittelten Abschreibungen in der Anlagenstammdatei und Generierung von Buchungen für die Finanzbuchhaltung bzw. Kostenrechnung;
- Dialog- und Auskunftsprogramme;
- Stammdatenverwaltung mit allgemeinen, steuerlichen, handelsrechtlichen, kalkulatorischen und kundenspezifischen Daten und Bildschirmmasken für die Bereiche Anlagen- und Firmenstamm, Wiederbeschaffungsindex, Anlagengruppe, Kostenstellentext, Sonder AfA, Konsolidierungsgruppe;
- Auswertungen: Möglichkeit der freien Wahl für Auswertungszeitraum, Firma, alle Firmen, Druck in Landes- oder Fremdwährung; Sortierung wahlweise nach Firma, Sachkonto, Wiederbeschaffungskonto, Kostenstelle,

Anlagennummer mit Summenbildung pro Firma, Sachkonto bzw. Kostenstelle; mit kalkulatorischen, kundenspezifischen sowie handelsbilanziellen Abschreibungen. Im einzelnen
- Buchungsnachweis Steuerbilanz,
- Buchungsnachweis Handelsbilanz,
- Buchungsnachweis Kalkulation,
- Anlagenspiegel,
- Anlagengitter;
- Anlagenverzeichnisse nach Anlagen-Nummer, Sach-, Wiederbeschaffungs-, AfA-Konto, Kostenstelle, Abschreibungsart;
- Anlagegüter ohne AfA, alle geringwertige Wirtschaftsgüter;
- Anlagenentwicklung, Zugänge mit wahlfreiem Zeitraum, verkaufte Anlagengegenstände, geplante Wirtschaftsgüter;
- ungenutzte Sonderabschreibungen;
- Investitionen jährlich oder kumuliert;
- Druck Stammdatenlisten, Anlagenstamm nach Inventar-Nummer, Kostenstellen, Versicherungsgesellschaften, Versicherungsarten, Lieferanten, Lieferantennummer, Standort;
- Wiederbeschaffungsindex, Anlagengruppenstamm, Konsolidierungsgruppen, Inventurverzeichnis;
- Anlagen mit Investitionszulage;
- Sonderauswertungen mit Vorschau für steuerliche und kalkulatorische AfA auf 5 Jahre, Vermögensaufstellung, Wiederbeschaffungswerten;
- Jahresabschluß mit AfA-Vortrag, Stammsätzen mit Abgangsdatum, Reorganisation der Anlagenstammdatei, automatischer Umstellung der Abschreibungsmethode von degressiv auf linear, Ermittlung der Wiederbeschaffungswerte für Versicherungen und kalkulatorische AfA.

8.7.3.5 Lagerbuchhaltung

Die Lagerbuchhaltung ist eine Nebenbuchhaltung in der Gesamtlösung, die vollintegriert zu allen weiteren Funktionen des Programmsystems, so zur Personenbuchhaltung, Finanzbuchhaltung und Kostenrechnung ist. Nur durch eine gleichzeitige und gleichgewichtige Verbuchung des Mengen- und Werteflusses ist eine Integration sinnvoll realisierbar.

Mit der Lagerbuchhaltung können eine Reihe betrieblicher Funktionen verbunden werden. Zunächst muß der Einsatz Rationalisierungseffekte aufweisen, die durch die Realtime-(Echtzeit-) Verarbeitung und durch den Wegfall der Routinearbeiten durch Automation sichergestellt sind. Diese Eigenschaften sind verbunden mit einem einfach bedienbaren und sicherem Programmsystem, das zusätzliche Informationsgewinne durch Bereitstellung von aktuellen und bedarfsbezogenen Statistiken, Zahlungsvorschlagslisten, automatische Mahnungen etc. garantiert. Die Lagerbuchhaltung besteht häufig aus drei in sich logischen Bereichen, und zwar dem Artikel-, Bestell- und Auftragsbereich. In der INVES-Programmfamilie ist sie in der Materialwirtschaft einerseits und in die Personalbuchhaltung andererseits eingebunden.

8.7.4 Organisatorische Vorkehrungen

Das Finanz- und Rechnungswesen eines jeden Unternehmens gehört zu den "sensiblen" Bereichen. Die Gründe sind die folgenden:

- Die Ordnungsmäßigkeit der Buchhaltung muß gewährleistet sein.
- Es dürfen keine Daten verlorengehen.
- Alle Daten müssen ständig verfügbar sein.
- Es dürfen keine unbefugten Mitarbeiter Zugang zu diesen Daten haben.

Diese Anforderungen werden bei INVES-F durch

- sofortiges "Durchbuchen" in alle Bereiche mit Protokollierung,
- Protokollieren von Stammdatenänderungen,
- Berechtigungs-Vergabe für Stammdaten-Änderungen und
- sachbearbeiterbezogene Ausschlußmöglichkeit von einzelnen Konten

gewährleistet. Eine weitere, nicht zu unterschätzende Sicherheit wird durch Anwendung des **Belegprinzips** realisiert. Die Erfassung, ebenso die Speicherung des Buchungsstoffes erfolgt nach dem Belegprinzip. Danach erhält jeder Beleg, der im System gespeichert wird, muß eine eindeutige Nummer. Die Beleg-Nummer ist ein eindeutiges Ordnungsmerkmal. Diese Nummer kann vom System vergeben und automatisch fortgeschrieben werden; ebenso die Führung der Verkehrszahlen in Konten - geordnet nach Buchungsperioden und Geschäftsjahren (Kalender- bzw. Wirtschaftsjahren). Durch diese organisatorische Maßnahme wird das Berichtswesen (Reporting) sachlich und zeitlich unabhängig:

Belege --> Bildschirm --> Beleg-Datenbank ---> Reporting

8.7.5 Rechnungsprüfung

Die gesetzliche Grundlage für die Jahresabschlußprüfung ist in den Generalnormen der §§ 162 bis 171 Aktiengesetz verankert. Alle Beteiligten müssen sich darauf verlassen, daß die Informationen, die dem Jahresabschluß und dem Geschäftsbericht zu entnehmen sind, vollständig, klar und nicht irreführend sind. Um diesen Ansprüchen gerecht zu werden, hat sich der Abschlußprüfer durch die Abschlußprüfung ein objektives Urteil darüber zu bilden, ob die Buchführung ordnungsgemäß geführt worden ist, ob die gesetzlichen und satzungsgemäßen Bestimmungen bei der Aufstellung des Jahresabschlusses unter Einbeziehung der Buchführung und des Geschäftsberichtes beachtet worden sind. Die Zielsetzung der Jahresabschlußprüfung erfordert, daß der Abschlußprüfer den Prüfungsstoff wie folgt unterteilt:

- Prüfung der Buchführung,
- Prüfung des Jahresabschlusses unter Einschluß der Bilanz sowie der Gewinn- und Verlustrechnung,
- Prüfung des Geschäftsberichtes.

Die einzelnen Prüfungsobjekte stehen in einem engen Zusammenhang miteinander und sind daher als eine Einheit anzusehen. Dennoch steht die Prüfung der Buchführung im Vordergrund, da deren Ergebnisse unmittelbar die beiden anderen Segmente berühren. Sind die Zahlen der Buchführung unvollständig oder falsch, so sind zwangsläufig auch der aus der Buchführung abgeleitete Jahresabschluß und der Geschäftsbericht fehlerhaft.

Bei einer computergestützten Buchführung läßt sich die Prüfung grundsätzlich mit verschiedenen Methoden durchführen, wobei die Methodenauswahl entscheidend vom jeweiligen EDV-Buchführungskonzept und den vorliegenden Dokumentationsunterlagen abhängt. Im folgenden werden verschiedene Erscheinungsformen der computergestützten Buchführung unterschieden:

- EDV-Buchführung mit vollständigem Ausdruck,
- EDV-Buchführung mit verdichtetem Ausdruck,
- EDV-Speicherbuchführung und
- EDV-Buchführung außer Haus.

Das EDV-gestützte Rechnungswesen weist gegenüber manuellen Buchführungssystemen aus prüfungstechnischer Sicht zwei Besonderheiten auf:

- Die starre programmgesteuerte Verarbeitung der Geschäftsvorfälle rückt das EDV-Programm als Prüfungsobjekt in den Vordergrund; der direkte bzw. Ergebnisprüfungsansatz, d.h. die Prüfung des einzelnen Geschäftsvorfalls, ohne Vorschaltung eines Verfahrensprüfung hinsichtlich eines EDV-Systems, wäre ineffizient und damit unwirtschaftlich.
- Die EDV-mäßige Verarbeitung von Geschäftsvorfalldaten tendiert dazu, möglichst alle Verarbeitungsprozesse maschinenintern zu vollziehen und nur die gewünschten Endergebnisse dem Menschen lesbar zu machen.

Bei der Prüfungstechnik bei EDV-gestütztem Rechnungswesen unterscheidet man zum einen die mittelbare Prüfung durch Beurteilung des internen Kontrollsystems und zum anderen die unmittelbare Prüfung. Die **mittelbare Prüfung** erstreckt sich mit der Prüfung und Beurteilung der Benutzerkontrollen, d.h. der Abschlußprüfer informiert sich innerhalb der Fachabteilungen über den Umfang, die Wirksamkeit und die tatsächliche Ausführung der von den Fachabteilungen ausgeübten Kontrollen über die jeweiligen Verfahren. Wenn die Fachabteilungen diese Kontrollen über die betreffenden Verfahren nicht ausüben, dann muß sich in der EDV-Abteilung ein internes Kontrollsystem befinden. Dieses Kontrollsystem zu überprüfen ist die Aufgabe des Abschlußprüfers. Die **unmittelbare Prüfung** programmierter Verfahren erfolgt mittels

- Nachrechnen einer Stichprobe;
- Parallelverarbeitung bzw. Arbeitswiederholung eines selbsterstellten Programms (d.h. die gleichen Daten werden mit einem anderen Programm noch einmal parallel verarbeitet und die Ergebnisse beider Programme miteinander verglichen);
- Testdatenverarbeitung (d.h. die Verarbeitung von Testdaten zu Zwecken kann gesondert oder aber zusammen mit Originaldaten im EDV-Programmbetrieb erfolgen, wobei die ermittelten Ist-Daten mit den vorhandenen Soll-Daten am Ende verglichen werden);
- einer sachlogischen Programmprüfung, die in einer Untersuchung und Beurteilung der Programmabläufe anhand eines Programmablaufplans oder direkt anhand des kodierten Programms besteht.

8.7.6 Unternehmensplanung/Simulation

Planung bedeutet, die mit einem Problem gegebenen Zusammenhänge, insbesondere zukünftige Gegebenheiten überschaubar zu machen, um die eigene Handlungen danach ausrichten zu können. Planung in einem Unternehmen heißt daher, einen systematischen Entwurf zur Bestimmung künftigen Geschehens auf der Grundlage einschlägigen Wissens zu erstellen. Die Planung ist in die Zukunft gerichtet, und zwar

- durch Vorschau auf künftige Handlungsfelder,
- durch Vorbereitung der Ausführungsschritte, sowie
- durch Ausrichtung der Detailziele auf das Gesamtziel.

Der Planungsprozeß ist eine Aktionsfolge, die zeitlich der Zielbildung nachgelagert, der Realisation aber vorgelagert ist. Die Zielbildung ist in jedem Falle der gedankliche Beginn. Der eigentliche **Planungsprozeß** besteht:

- der Problemanalyse (Definition und Abgrenzung des Problems sowie Analyse von Ursachen, so bspw. mit Hilfe der in der Kostenrechnung festgestellten Abweichungen);
- der Alternativensuche (Suchen nach Möglichkeiten, Auswahl von Lösungstechniken, Analyse von Zielerträgen und Kosten sowie Aggregation der Daten und Teilpläne);
- der Entscheidung (Beurteilung von Alternativen, Rangordnung der Alternativen und Auswahl der besten Lösung);
- der Soll-Vorgabe (Information über die Ist-Situation und Festlegung der Soll-Vorgabe, Ermittlung von Konflikten und Abweichung).

In der betrieblichen Datenverarbeitungspraxis haben sich für den eigentlichen Planungsprozeß verschiedene Programme der **Linearen Programmierung** als Optimierungsverfahren eingebürgert. Sie werden insbesondere zur Optimierung von Transportproblemen in Transport- und Verkehrsbetrieben, zur Berechnung der besten Produktions-, Investitions- und Finanzierungsprogramme in Fertigungsbetrieben eingesetzt.

Die Vielfalt und Komplexität der Aufgaben in der betrieblichen Praxis bringt es mit sich, daß schwierige Planungsprobleme nur dadurch lösbar sind, daß mit Hilfe von modellanalytischen Berechnungen alternative Lösungsmöglichkeiten erarbeitet werden. In diesem Zusammenhang ist die **Simulation** zu nennen, die das Durchrechnen von Alternativsituationen übernimmt. Unter Simulation wird die modellartige Nachbildung realer und geplanter Systeme verstanden. In diesem Sinne werden in der Wirtschaftspraxis zukünftig zu erwartende, mögliche, theoretisch denkbare Ereignisse simuliert, um daraus Hinweise auf das "richtige" Verhalten des Systems zu bekommen. Dies ist bspw. der Fall bei Simulationsmodellen für die Unternehmensplanung zur Entscheidungsvorbereitung.

8.7.8 Controlling

Controlling läßt sich als ein Konzept der Unternehmensführung durch Planung, Information, Organisation und Kontrolle bezeichnen. Das Controlling besteht vorwiegend im Vergleich zwischen Ist und Soll und im gezielten Realisieren als Folge der ermittelten Abweichungen. Controlling ist somit insgesamt der Prozeß von Zielsetzung, Planung und Steuerung. Dabei umfaßt das Controlling u.a. folgende **Aufgaben**:

- Einrichtung eines Systems der Managementrechnung,
- Analysen über die Kostenrechnung hinausgehend,
- Steuerung des Marketing-Instrumentariums,

- Aufbau eines Systems der Unternehmensplanung und -führung,
- Mitwirkung in der Zielbildung,
- Interpretation und Weitergabe des Informationsoutput mit Anregung von Steuerungs- und Korrekturmaßnahmen.

8.8 Betriebliche Informationssysteme

Ein **Informationssystem** (IS; Information System) besteht aus Menschen und Maschinen, die Informationen erzeugen und/oder benutzen und durch die Kommunikationsbeziehungen untereinander bestehen. Dabei verbindet die fließende Information als Strömungsgröße die beiden Systemelemente Mensch und Maschine. Ein betriebliches Informationssystem dient zur Abbildung der Leistungsprozesse und Austauschbeziehungen im Betrieb und zwischen dem Betrieb und seiner Umwelt. Man unterscheidet hierbei zwischen folgenden auftretenden Formen:

- **Mensch-Mensch-System**
  Das System besteht nur aus Personen.
- **Mensch-Maschine-System**
  Das System ist teilautomatisiert, da bei der Informationsverarbeitung Mensch und Maschine zusammenwirken.
- **Maschine-Maschine-System**
  Dieses betriebliche Informationssystem wäre total automatisiert. Allerdings ist ein solches System nicht realisierbar, da nicht alle Informationsverarbeitungsprozesse eines Betriebes programmierbar, automatisierbar sind.

Ein **rechnergestütztes Informationssystem** (Computer based System) ist ein System, bei dem die Erfassung, Speicherung, Übertragung und/oder Transformation von Information durch den Einsatz der DV teilweise automatisiert ist. Es ist mit der industriellen Fertigung vergleichbar (Abbildung 8.22). Da auch bei der Anwendung eines Rechners in einem Betrieb weiterhin viele Informationsverarbeitungsaufgaben allein von Menschen übernommen werden, umfaßt ein rechnergestütztes Informationssystem nur Teile des gesamtbetrieblichen Informationssystems. Die Hauptfunktion von Informationssystemen ist die Bereitstellung von Information für die Systembenutzer. Die Inhalte, Form, Orte und Zeitpunkte der Informationsbereitstellung sind von den Aufgaben der Benutzer abhängig. Gegenwärtig gibt es keine umfassenden betrieblichen Informationssysteme, sondern lediglich modulare Systeme, die Teilsysteme darstellen. Ihre Komponenten und Ressourcen sind in den Abbildungen 8.23 und 8.24. So gibt

8. Kommerzielle Anwendungssoftware

es für die verschiedenen Teilbereiche eines Unternehmens modulare Informationssysteme. Hier wären bspw. folgende zu nennen:

- Forschung und Entwicklung,
- Vertrieb,
- Beschaffung und Lagerhaltung,
- Fertigung,
- Finanz- und Rechnungswesen,
- Personalwesen und
- Verwaltung.

	Fertigung	Datenverarbeitung
Input	Rohmaterial	Daten
Prozeß	Produktlinien	Informationssysteme

Abb. 8.22: Analogien zwischen der industriellen und der informatorischen Prozesse

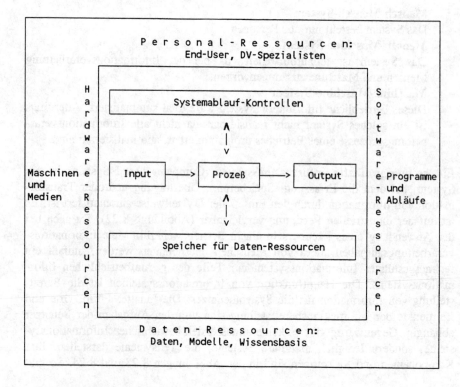

Abb. 8.23: Komponenten des IS

RESSOURCEN DER INFORMATIONSSYSTEME		
People Resources	Hardware Resources	Software Resources
Specialists -> sytems analysts, programmers, computer operators.	Machine -> computers, video monitors, magnetic disk drivers, printers, optical scanners	Programs -> operating system programs, spreadsheet programs, word processing, payroll programs.
End Users -> anyone else who uses information systems.	Media -> floppy disks, magnetic tape, optical disks, plastic cards, paper forms.	Procedures -> data entry procedures, error correction procedures, paycheck, distribution procedures.
Data Resources	Information Products	
Product descriptions, customer records, employee files, inventory database.	Management reports and business documents using text and graphics displays, audio reponses and paper forms.	

Abb 8.24: Ressourcen des IS

Man kann solche Teilsysteme als integriert bezeichnen, wenn

- die einzelnen Aufgaben umfassend aufeinander abgestimmt,
- die Verbindung zwischen den einzelnen Programmen automatisiert und
- die Daten frühzeitig, möglichst bei ihrem erstmaligen Anfall im Unternehmen erfaßt und für alle Programme in einer gemeinsamen Datenbank gespeichert werden.

Man unterscheidet folgende betriebliche Informationssysteme:

- **Administrationssysteme**
  Diese Systeme werden zur rationellen Verarbeitung von Massendaten der Verwaltung eingesetzt. Im Vordergrund stehen meist einfache Abläufe.

Beispiele für solche Abläufe sind:
- Schreiben von Adressen, Serienbriefen,
- Verwaltung von Lagerbeständen und
- Auftragsabwicklung.
- **Dispositionssysteme**
Dispositionsentscheidungen müssen in einem Unternehmen jeden Tag getroffen werden. Es handelt sich um Routineentscheidungen, die überwiegend auf den unteren und mittleren Führungsebenen getroffen und DV-gestützt vorbereitet werden.
- **Management-Informations-Systeme**
Diese Systeme sollen Führungsinformationen für alle Managementebenen bereitstellen. Dazu muß eine Aggregation der Ergebnisse aus den Administrations- und Dispositionssystemen erfolgen.
- **Planungs- und Entscheidungssysteme**
Ziel dieser Systeme ist es, die mittel- und langfristigen Planungs- und Entscheidungsaufgaben zu unterstützen. Beispiele sind
  - Vertriebsplanung,
  - Investitionsplanung,
  - Personalplanung und
  - Gewinnplanung.
- **Kontrollsysteme**
Mit Kontrollsystemen sollen die Einhaltung der Entscheidungen und der Pläne überwacht und gegebenenfalls Korrekturmaßnahmen eingeleitet werden. Sie gewinnen im Rahmen der angestrebten Entwicklung eines Computer Integrated Manufacturing (CIM; vollautomatische Produktion incl. Planung zunehmend an Bedeutung).

Weitere Ausführungen zu diesem Thema stehen im Abschnitt 9.2, sowie im Kapitel 12.

9. Branchenspezifische Anwendungssysteme

	Überblick	Branchenlöungen Systematik	Abschnitt 9.1
	Fertigungs/Industrie-betriebe	Basismodell (CIM) Komponenten (PPS, CA) Integration Factory of the Future	Abschnitt 9.2
	Handwerksbetriebe		Abschnitt 9.3
	Land- und Forstwirtschaft		Abschnitt 9.4
	Handel		Abschnitt 9.5
Branchen-Lösungen	Verkehrs- und Transportbetriebe		Abschnitt 9.6
	Banken		Abschnitt 9.7
	Versicherungen		Abschnitt 9.8
	Dienstleistungsbetriebe, Freiberufler	Dienstleistungsbetrieb Auftrag Informationsverarbeitung Informationssysteme Computer Integrated ...	Abschnitt 9.9
	Hotelbetriebe		Abschnitt 9.10
	Gesundheitsbetriebe		Abschnitt 9.11
	Verwaltungsbetriebe		Abschnitt 9.12

9.1 Überblick

9.1.1 Branchenlösungen

Alle Anwendungsprogramme lassen sich hinsichtlich ihrer Nutzungsart in Einzel/Insel- und integrierte Programmsysteme unterscheiden. **Einzel-** oder **Insellösungen** sind ihrem Ursprung nach autonome Anwendungssysteme, also solche, die nur eine bestimmte Aufgabe oder Funktion betreffen. Charakteristisch für solche Programme ist außerdem, daß sie ihre Daten nicht automatisch von anderen Programmsystemen übernehmen bzw. an andere Programmsysteme übergeben. **Integrierte Programmsysteme** hingegen sind bereits bei der Konzeption aufgaben/funktionsübergreifend, wodurch auch eine transparente Datenverknüpfung zwischen den Aufgaben bedingt wird. Gemeint ist damit die Integration auf der Anwendungsebene. Sie gilt als erreicht, wenn zwischen den Anwendungen formatierte Informationen in Form von Daten, Texten, Graphiken etc. ausgetauscht, genutzt werden können.

Aus der Sicht des Benutzers sind Insellösungen nur gelegentlich brauchbar, weil sie eigene Datenverwaltungen, Benutzerschnittstellen, Programmhandling etc. mit sich bringen. Integrierte Lösungen hingegen sind dann von Interesse, wenn sie als sog. **Komplettlösungen** die geforderte Leistungsbreite des Benutzers abdecken. Dabei ist diese Leistungsbreite ständigen Wandlungen unterworfen, nicht zuletzt, weil sich die Erwartungen des Benutzers verändern. Weiterhin verändert der technische Fortschritt vorhandene Leistungsprofile so, daß das heute Machbare morgen bereits überholt ist.

In Fortsetzung dieses Gedankens ist eine weitere Tatsache relevant, wonach mit zunehmender Verbreitung der PC's zugleich eine Verlagerung der DV-Unterstützung an die Arbeitsplätze vonstatten geht. Diese Entwicklung markiert den Trend zum **Endbenutzersystem**, das eine Bündelung von Einzelprogrammen, Werkzeugen und Anpassungen an die jeweiligen spezifischen Bedingungen und spezifischen Aufgaben darstellt. Diese spezifischen Bedürfnisse innerhalb von bestimmten Betriebstypen haben zu Programmsystemen geführt, die unter der Bezeichnung **Branchenlösung** oder **Branchensoftware** oder **branchenspezifische Programmsysteme** laufen. In den meisten Fällen handelt es sich um Standardprogramme und/oder branchenneutrale Anwendungsprogramme, sowie um ihre Anpassungen an branchenspezifische Eigenarten. Es handelt sich seltener um in sich geschlossene, alle Tätigkeitsfelder unterstützende Programme einer Branche. Typische Vertreter dieser Gattung sind die Branchenlösungen für Bäcker, Ärzte, Tankstellen, Banken usw.

Eine Branchenlösung ist somit die Gesamtheit der Programm(funktionen), die auf den Arbeitsplätzen des betrachteten Betriebes zur DV-Unterstützung benutzt werden. Die Benutzung ihrerseits wiederum steht mit den Aufgaben des Betriebes, der einer bestimmten Branche angehört, in Verbindung. Diese reichen in einem Industriebetrieb von der Beschaffung über die Fertigung bis zum Vertrieb, einschließlich aller Funktionsunterstützungen von der Planung bis zur Entscheidung und Administration, oder in einem Dienstleistungsbetrieb von der Auftragsannahme über die Auftragsabwicklung bis zur Auftragsverwaltung. Dabei enthält die Komplettlösung fertige, integrierte Anwendungen (Diese sind im Regelfall - isoliert betrachtet - Standard- und Funktionsprogramme.), die individuell gestaltet werden.

9.1.2 Systematik der branchenspezifischen Programme

In jedem Betrieb wiederholen sich auf der einen Seite die gleichen Aufgaben und Funktionen (Entscheiden, Planen, Kontrollieren, Bücher führen etc.), auf der anderen Seite die artspezifischen Tätigkeiten (Konstruieren, Prozesse steuern, Statik berechnen, Körperschaftsteuer ermitteln usw.). Ihre Bündelung in einem Betrieb läßt die Branchenzugehörigkeit leicht erkennen. Software-Hersteller bieten daher - aufbauend auf ihre Standard- und Funktionsrechnungen - Branchenlösungen an, die bspw. im ISIS-Katalog nach

- Industriebetrieben,
- Bauwesen, Architektur,
- Handwerksbetrieben,
- Landwirtschaft, Fleischwirtschaft, Gartenbau,
- Handelsbetrieben,
- Verlagen (Buch, Zeitschriften),
- Bank- und Kreditwesen,
- Versicherungswesen,
- Transport- und Verkehrswesen,
- Dienstleistungen,
- Gesundheitswesen,
- Kommunalwesen, öffentliche Verwaltung,
- Bildungswesen, Schulverwaltung und
- Verbänden, Vereinen

gruppiert sind. Innerhalb dieser Gruppen wird weiter unterteilt, so bspw. der Handel in Groß- und Einzelhandel, Außenhandel, Import, Export, Kfz-Handel, Elektrohandel, Baustoffhandel, Textilhandel, Getränkehandel, Lebensmittelhandel etc. Das Angebot an Software an über 100 Branchen zeigt eine Vielfalt, die nur durch eine strenge Systematik überschaubar und beschreibbar wird. Nachfolgend wird daher von einer Systematik der Branchenlösungen ausgegangen, die sich an die Einteilung der Unternehmen nach den Leistungsgegenständen anlehnt (Abbildung 9.1).

Wirtschafts-betriebe	Konsumtiv-Betriebe - öffentliche Haushaltungen - private Haushaltungen		
	Produktiv-Betriebe	Betrieb im abstrakten, finanziellen Bereich: - Banken - Versicherungen	
		Betriebe im Bereich des konkreten Leistungsprozesses	Mittler-Betrieb - Handel - Verkehr - Dienstleistung
			Produktionsbetriebe - Urproduktion Grundstoff - Veredlung Verarbeitung - Herstellung Fertigung

Abb. 9.1: Gliederung der Betriebe nach Leistungsarten

9.2 Fertigungs/Industriebetriebe

9.2.1 Das Basismodell

Eine am Betriebsprozeß des Industriebetriebes konzipierte Branchenlösung wird alle in einem Industriebetrieb üblichen Tätigkeitsbereiche enthalten. Ihre Gliederung erfolgt objekt-, prozeß- und tätigkeitsspezifisch, wobei eine Unterscheidung nach Betriebsarten wie Chemische Industriebetiebe, Pharmaindustrie, Textilindustrie, Lebensmittelbetrieb, Betonwerk etc. voranzustellen ist. Die Organisation des Betriebes steht im Hintergrund. Eine moderne Branchenlösung muß somit von einer gesamtheitsorientierten Gestaltung ausgehen und sollte die technischen, ebenso die betriebswirtschaftlichen und administrativen Funktionen zu einem integrierten Systemkonzept zusammenführen. Als möglicher Ausgangspunkt kann das Basismodell in Abbildung 9.2 zugrundegelegt werden.

In Abbildung 9.2 sind die mehr traditionell geprägten Funktionsbereiche sichtbar, die im Abschnitt 8.4 als PPS beschrieben worden sind. Ihre Charakteristika ist durch die Auftragsabwicklung bestimmt. Die technischen Fragen werden mehr im CA-Bereich behandelt (Abbildung 9.3). Beide Bereiche stellen schließlich das CIM-Konzept dar.

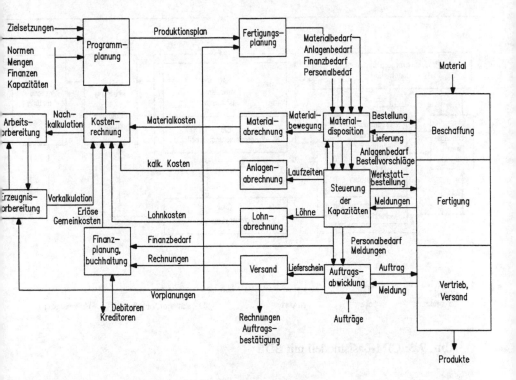

Abb. 9.2: Basismodell für die Branchenlösung Fertigungs/Industriebetrieb

Im CIM-Konzept sind nunmehr alle Rechneranwendungen technischer, technisch-organisatorischer und kommerzieller Art integriert. In diesem Rahmen besitzt die betriebliche Datenerfassung eine tragende Rolle. In Abbildung 9.3 sind folgende CIM-Funktionen erkennbar:

- Computer Aided Engineering (CAE) als technische Funktion mit den beiden parallelen Schienen Computer Aided Planning (CAP) und Computer Aided Design (CAD) mit Datenverbindung zum CAM, PPS und CAQ,
- Computer Aided Manufacturing (CAM) als technische Planungs- und Steuerungseinheit mit integrierter Datennutzung von CAE,
- Computer Aided Quality Control (CAQ) als flächendeckende Funktion,
- Produktionsplanung und -steuerung (PPS) als organisatorische Funktion,
- Betriebsdatenerfassung (BDE) als integrierendes Element etc.

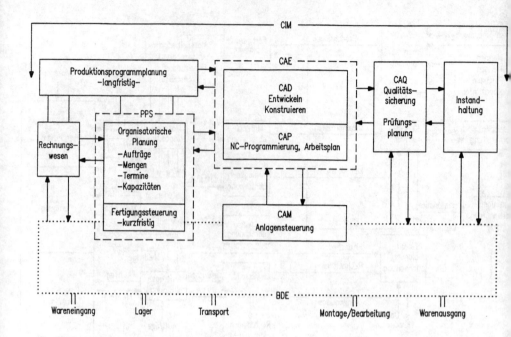

Abb. 9.3: CIM-Basismodell mit BDE

Innerhalb der PPS übernimmt der Leitstand die Feinplanungsaufgaben für die Reihenfolgebildung der Werkstattaufträge. Er ist somit ein Integrator zwischen PPS, DNC, BDE und anderen Systemteilen (DNC steht für Direct Numerical Control). Gemeint sind die einzelnen auszuführenden Aufträge mit ihren Terminen (Zeiten), Mengen und Dauer (Zeiträume). Die Zusammenhänge sind in Abbildung 9.4 veranschaulicht.

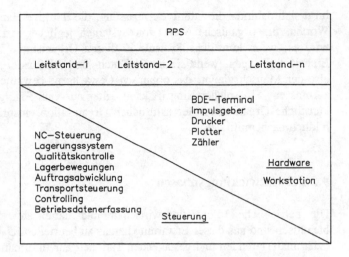

Abb. 9.4: Der Zusammenhang Leitstand und Werkstattauftrag

9.2.2 Komponenten im CIM-Modell

9.2.2.1 Allgemeines

Zentrales Element der betrieblichen Informations- und Kommunikationssysteme im Industriebetrieb stellen die CA- und PPS-Systeme dar. Hierbei handelt es sich also um Systeme, die auf den technischen und führungsmäßigen Ebenen im Einsatz sind. Ihre Funktionsweise folgt systemtheoretischen Grundzügen. Die Einbeziehung systemtheoretischer Erkenntnisse in die Analyse und Gestaltung der Informationswirtschaft der Fertigungsbetriebe dient dem Zweck, jede Art von Organisiertseins in abstrakter Form abzubilden. Damit wird ein Weg bestritten, wie komplexe Beziehungsschemata abstrahiert, abbildbar und für Steuerungs- und Regelungsprozesse bzw. deren Beeinflussung durch das Management nutzbar gemacht werden kann. Beziehungen also, die organischer (abstrakt ausgedrückt organisatorischer) Natur sind. Ihren Ausdruck finden sie im permanenten Informationsaustausch. Letzterer zeigte

- unterschiedliche Daten-/Informationsarten und
- unterschiedliche Bewegungs-/Vorgangsarten.

Das Funktionieren wird dadurch gewährleistet, daß diesen Unterschieden in Daten und Vorgängen das Unternehmen von alleine praktisch "automatisch" Rechnung trägt. Dies geschieht im eigentlichen Sinne nicht einmal bewußt; es verbirgt sich dahinter die intuitive Anpassung, die intuitive Handlung; mit anderen Worten, die organische Natur von Systemen jeglicher Art. Zum Bewußtsein wird es, wenn künstliche Systeme in diesen Organismus, in diese organische Einheit eindringen, wenn sie in die Daten- und Aktionsfolge eingreifen; wenn also der Mensch glaubt, das organisch Gewachsene bewußter, logischer führen zu müssen. Ein solcher Eingriff kann daher nur zum Erfolg führen, wenn die künstliche Organisation der natürlichen Organisation entspricht, diese spiegelbildlich nachempfindet.

9.2.2.2 Entwicklungsphasen

Die betriebliche Informationswirtschaft und daran angeschlossen das Problemlösen sind aus dieser Erwartung heraus zu beurteilen. Daher steht zu Beginn jeder analysierenden und gestaltenden Tätigkeit zur Informationswirtschaft eines - in diesem Falle - Fertigungsbetriebes die Frage nach der Daten- und Vorgangsintegration. Die Betonung liegt auf dem Wort "Integration". Sie gibt an, daß betriebswirtschaftliche und technische Funktionen

- auf der Datenebene und
- auf der Vorgangsebene

transparent miteinander verbunden werden. Ein isoliertes Denken, die Automatisierung von Einzelvorgängen ist nicht gefragt. Es kommt vielmehr darauf an, betriebliche Abläufe als Ganzheiten, als in sich geschlossene Regelkreise zu erkennen, so wie dies der Realität entspricht. Mit anderen Worten, Automatisierungsbestrebungen sollen realitätsnah betrieben und Ganzheiten nicht in isolierte Einzellösungen übergeführt werden. Die technischen Möglichkeiten erlauben die integrierte Arbeitsweise. Dazu folgende Entwicklungsstadien:

- In der ersten Phase der Datenverarbeitung wurde **arbeitsteilig gegliedert** und gearbeitet. Darunter war die Bildung von Teilvorgängen zu verstehen, die in sich isoliert mit ihren eigenen Dateien automatisiert wurden. Die funktionale Arbeitsteilung bedeutete die Untergliederung einzelner Vorgänge in Teilvorgänge, die womöglich von verschiedenen Abteilungen hintereinander geschaltet, sequentiell ausgeführt worden sind (Abbildungen 9.5 und 9.6). Dies führte dazu, daß Einarbeitungen, Datenführungen, Datenübergaben mehrfach (mitunter parallel) abgewickelt wurden. Allein die Wiederholungsvorgänge bzw. die Mehrfachspeicherungen gleicher Dateien stellten Rationalisierungspotentiale dar, die zu nutzen erst in späteren Phasen der Datenverarbeitung möglich wurden. So blieb zwar die Ablaufkette weiterhin sequentiell, die Mehrfachführung gleicher Daten wurde jedoch abgeschafft. Es folgte die Entwicklung **bereichsisolierter** Systeme. Typi-

sche Vertreter dieser Phase waren (und häufig auch noch sind) die Leitstände, die NC- und Roboter-Programmierplätze.
- In der zweiten Phase der Datenverarbeitung wurden die Daten **bereichsintegriert**. Es war die Phase der Datenbanken. So entstanden für bestimmte betriebliche Funktionen (Teilbereiche) Datenbanken, die gemeinsam benutzt worden sind. Besonders ausgeprägt war dies für die Teilbereiche des Rechnungswesens mit Buchführung, Kennzahlen und Vergleichsrechnungen, sowie Planungsrechnungen mit großen Datenmatrizen für die Lineare Programmierung und Programmplanung, ebenso für CAD-, CAE-, CAQ- etc. Systeme. Durch die Schaffung von gemeinsamen Dateien, Datenbanken wurden Potentiale freigesetzt, da Mehrfacherhebungen und -speicherungen von Daten nicht mehr erforderlich waren (Abbildung 9.7).
- Eine weitere Steigerung soll durch CIM erreicht werden, wenn Daten und Funktionen **betriebsintegriert** sind. Es bedeutet eine Integration in zweifacher Hinsicht, und zwar die Integration von Teilsystemen in sich und untereinander. Das Endergebnis ist schließlich die Ausschöpfung aller Rationalisierungspotentiale kapazitäts-, mengen- und zeitmäßig (Abbildung 9.8). Die betriebswirtschaftlichen Funktionen Planung, Beschaffung, Fertigung, Kontrolle etc. laufen ebenso integriert mit der Prozeßsteuerung ab, wie in der betrieblichen Realität.

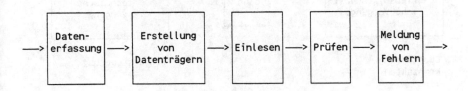

Abb. 9.5: Arbeitsteilige Datenverarbeitung

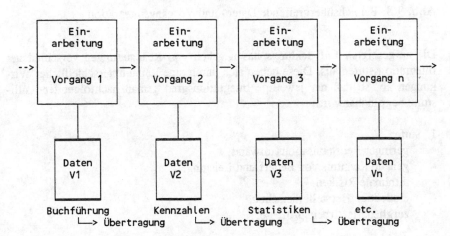

Abb. 9.6: Getrennte Daten- und Arbeitsfolgen

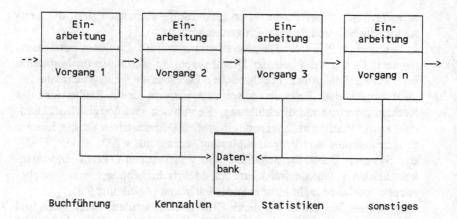

Abb. 9.7: Daten- und damit Bereichsintegration

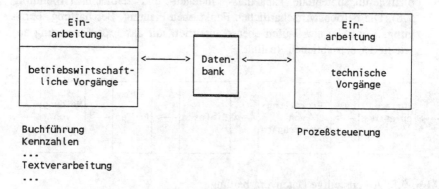

Abb. 9.8: Bereichsübergreifende Daten- und Vorgangsintegration

Die aufgezeigten Entwicklungsphasen gehen von Realisierungen verschiedener Integrationsstufen aus. Diese heben sich durch eine Reihe unterschiedlicher Wirkungen ab, so daß der jeweilige Integrationsgrad gemäß nachfolgender Auflistung begründbar wird:

1. Stufe:
- geringer Reorganisationsaufwand,
- genaue Kenntnis von Bedarf und Leistung,
- minimale Risiken,
- eindeutige Herstellerbeziehung,
- zergliederte Arbeitsprozesse,

- unterschiedliche Träger und Medien,
- Inkompatibilität, sowie
- nur effizienzorientiert (Arbeitszeit).

2. Stufe:
- überschaubarer Planungs- und Reorganisationsaufwand,
- verstärkte Effektivitätsorientierung,
- verbesserte strategische Flexibilität,
- verbesserte Transparenz der Betriebsabläufe,
- mangelnde Koordination und keine Erreichung des Optimums,
- fehlende Integration zwischen den Bereichen und
- fehlende Gesamtarchitektur.

3. Stufe:
- stärkere Wettbewerbsorientierung,
- verbesserte strukturelle Flexibilität,
- Ausnutzung von Synergien,
- hoher Reorganisations- und Produkt- Planungsaufwand,
- hoher Koordinationsaufwand, sowie
- hohe Ausfallrisiken.

Endstufe:
- Strategieorientierung der Technikplanung,
- Flexibilisierung der Ressourcenzuordnung,
- transparente, einheitliche Infrastruktur,
- Herstellerunabhängigkeit,
- starke Einflüsse auf organisatorische Strukturen,
- hohe Kapitalbindung,
- hohe Einführungs- und Betriebsprobleme, sowie
- zunehmende Sicherheitsproblematik.

In industriellen Fertigungsbetrieben hat sich für diese Art der Integration der Sammelbegriff **CIM (Computer Integrated Manufacturing)** eingebürgert. Darunter wird also die integrierte Informationsverarbeitung für betriebswirtschaftliche und technische Aufgaben in einem Industriebetrieb verstanden. Die mehr betriebswirtschaftlich orientierten Aufgaben werden durch das **PPS** (Produktionsplanungs- und -steuerungssystem), die mehr technisch geprägten Aufgaben durch diverse computergestützte Anwendungen, die als **CA-Systeme** (Computer Aided) realisiert sind, abgedeckt.

9.2.2.3 Komponentenzusammenhang

Computer Integrated Manufacturing folgt in seinem Grundkonzept dem Prinzip der Daten- und Vorgangsintegration, und zwar in weitestgehender Übereinstimmung mit den betrieblichen Strukturen der realen Welt. Die Verwirklichung der Integration bedeutet, daß zwischen den betrieblichen technischen Funktionen im sog. **CA-Bereich (Computer Aided)** sowie den begleitenden kommerziellen und administrativen Arbeiten im sog. **PPS-Bereich (Produktionsplanung und - steuerung)** Daten- und Vorgangsverbindungen aufgebaut werden (Abbildung 9.9). Die für die einzelnen Teilbereiche (Subsysteme) wirkenden Regelkreise müssen nun auch untereinander verbunden werden, weil innerhalb der Ablaufkette technische und betriebswirtschaftliche Teilfunktionen ineinandergreifen. Erwartete Rationalisierungseffekte treten allerdings erst dann ein, wenn der gesamte Regelkreis "Unternehmen" geschlossen ist, wenn also alle Subsysteme einem Gesamtsystem untergeordnet werden konnten.

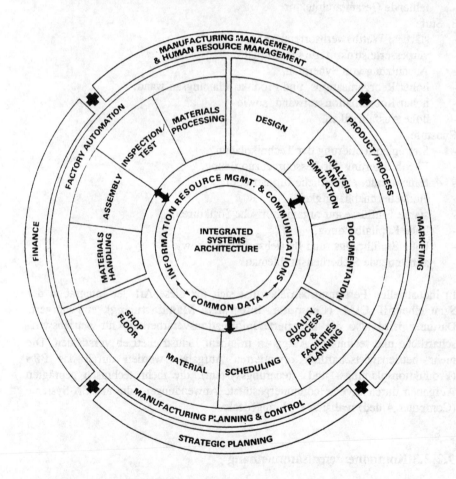

Abb. 9.9: Datenbeziehungen und Datenflüsse im CIM

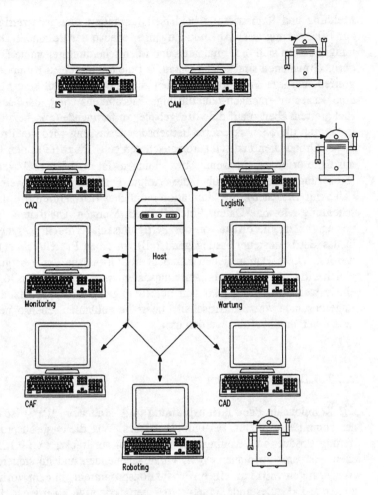

Abb. 9.10: Komponenten- Zusammenhang

Das Grundkonzept von CIM mit den beiden Bereichen PPS und CA läßt sich in eine Vielzahl von Komponenten zerlegen (Abbildung 9.10). Diese Komponenten stehen untereinander und zu ihrer Umwelt im ablauforganisatorischen Zusammenhang. Dieser kann durch die zwischen ihnen bestehenden Datenbeziehungen nachvollzogen und charakterisiert werden. Die Datenbeziehungen sind im Regelfall in beide Richtungen sequentiell oder simultan gegeben (Abbildungen 9.2 und 9.3). So gehen von der Materialbewirtschaftung zur Fertigung erfolgte Abgänge aus dem Lager bzw. Rückmeldungen von der Fertigungssteuerung an das Lager und damit an die Materialbewirtschaftung als Bestätigungen, ebenso als Neuinformationen, wenn es sich um Produktlieferungen handelt. Die sofortige

Meldung und Registrierung beiderseits garantiert eine jederzeitige Bereitschaft zur Bilanzierung aller Ab- und Zugänge, ebenso der Bestände. Die Datenbeziehungen lassen sich in Grunddaten und in entscheidungsrelevante Daten untergliedern. Grunddaten sind solche Daten, auf die die einzelnen Komponenten zurückgreifen, um ihre Funktionen erfüllen zu können. So muß eine Mischanlage auf eine Rezeptur (mengen-/anteilmäßige Zusammensetzung der Bestandteile) zurückgreifen; ebenso auf die vorgegebene, zu fertigende (mischende) Gesamtmenge. Durch die oben skizzierte Betriebsdatenerfassung wird der Prozeß mit Hilfe dieser Grunddaten faktisch automatisch geregelt. Eingriffe in den Prozeß werden nur dann erforderlich, wenn Abweichungen (Ist ungleich Soll) gemeldet werden (Steuerung). Meldungen über die erfolgte Fertigung, die Abweichungen (möglichst mit Ursachen), die Simulation möglicher Korrekturen u.ä. Daten sind entscheidungsrelevante Daten. Solche können Mengen, Qualitäten, Zeiten (Termine) usw. sein, die direkt von der Fertigungsanlage durch geeignete Datengeber in das Betriebsdatenerfassungsgerät (z.B. in einen Prozeßrechner) übernommen werden. Diese Daten dienen nunmehr als Grundlage der Fertigungssteuerung, gleichzeitig aber auch als Ausgangsdaten zur aktuellen Nachkalkulation. In einem weiteren Vorgang können Berechnungen über die Kapazitätssituation der Lagerbestände von zeitkritischen Materialien ablaufen, ebenso neue Kostenkalkulationen durchgeführt werden usw.

9.2.2.4 Der PPS-Bereich

Die Komponente **Produktionsplanung und -steuerung (PPS)** ist das Kernstück des computergestützten Fertigungsbetriebes. Wie die englischsprachige Formulierung Production Planning and Scheduling ausdrückt, ist PPS in zwei Bereichen wirksam, im planerischen, vorausschauenden und im steuernden Bereich. Ausgegangen wird von einem Produktionsprogramm, in dem vorhandene Kapazitäten und Bestände integriert berücksichtigt werden. Diesem Produktionsprogramm ist ein gegebener Absatzplan vorangestellt. Steht eine auftragsorientierte Fertigung an, dann greift das PPS bereits in die Auftragssteuerung ein, nimmt Kundenaufträge auf, disponiert Termine, legt Reservierungen fest und ermittelt die ersten Eingangsdaten für das Produktionsprogramm. Aus diesen Informationen - erweitert um die Rezepturen - wird der Primärbedarf, die Reihenfolge des Einsatzes, die Feinterminierung u.a.m. berechnet. Parallel dazu geht der Auftrag und damit die Fertigung in eine Verwaltungsroutine, die sowohl überwachende wie auch regelnde Aufgaben hat. Die Steuerung der Produktion, ebenso die sog. Betriebsdatenerfassung schließen sich an. Damit schließt sich der Informationskreislauf. Primärbedarfsplanung, Material- und Zeitrechnung, Lagerwirtschaft, Kapazitätsabgleichrechnung, Fertigungssteuerung, Betriebsdatenerfassung, sowie Analyserechnungen zeigen die Komplexität von PPS-Systemen. Sie ist zugleich die entscheidende Ursache dafür, daß, obwohl PPS ein klassisches Anwendungsgebiet der Datenverarbeitung ist, trotzdem ein durchgehendes System praktisch kaum existiert. Besonders prägnant ist dies in Betrieben sichtbar, die Just-in-Time auf Stundenbasis betreiben, wo also die Lagerkapazitäten auf die Zulieferer bzw. Abnehmer abgewälzt sind, wo entstehende Bestände oder nicht-zeitgerechte Lieferungen zu Produktionsstops führen. Die angezeigte Einflußnahme auf die Produktionsabläufe deutet an, daß ein umfassendes, integriertes System, beginnend mit der Auftragsannahme, über Planung, Disposition und Einsatz bis zum Vertrieb und zur Verwaltung (Buchführung) reichen kann. Implementiert ist ein solches System jedoch nur in Teilbereichen, so insbesondere hinsichtlich der Materialwirtschaft und des Vertriebs, weniger in einer durchgehenden Logistikkette. Die Komplexität der Aufgaben, die Verflechtung der Teile und die Parallelität der Abläufe sind wichtige Indizien für diese Aussage. Erschwerend kommt hinzu, daß mit sog. Standards nur in ausgewählten Teilbereichen gearbeitet werden kann. Die Folge ist, daß für jeden Einzelfall, für jeden Betrieb also, eine eigene Gestaltung erforderlich wird. Das Angebot an Standardsoftware hebt diese Mängel sukzessive auf und es werden verschiedene Konzepte angeboten (KANBAN in Japan).

Im einzelnen sind in der **Arbeitsvorbereitung** festzulegen, was, wie, womit hergestellt wird. Sie stützt sich auf die **Planungsvorgaben**, in denen wieviel, wann und wo und durch wen bestimmt sind. Die Freigabe des Auftrags mit **Überwachung und Steuerung** des Ablaufs, der Maschinen, des Fertigungssystems mit Rückmeldung schließt den Kreis.

9.2.2.5 Der CA-Bereich

Die gegenwärtig gebräuchlichen **CA-Komponenten** sind hauptsächlich durch typische Anwendungen industrieller Einzel- und Serienfertigungsbetriebe mit ihren Anwendungen im Konstruieren, Entwerfen etc. belegt. Vorerst treten sie vergleichsweise zu den PPS-Anwendungen in die zweite Reihe. Anders ergeht es Betrieben, die bspw. Geräte, Bauten etc. entwerfen, oder Roboter einsetzen können.

9.2.2.5.1 CAD (Computer Aided Design)

Zwar soll es die Bezeichnung Computer Aided Design bereits in den 50er Jahren in den USA gegeben haben, doch ging es dort bei den Entwicklungen weniger um das computerunterstützte Konstruieren (so eine deutsche Interpretation von CAD) als um die automatische Programmierung von Maschinen-Steuerungen, also NC-Maschinen (Numerical Control). Sie lautete: computerunterstützte graphische Datenverarbeitung mit Entwickeln, Konstruieren und Zeichnen im Computer-Dialog.

Die Komponente **Computer Aided Design (CAD)** dient der Unterstützung von Konstrukteuren bei der Konstruktion und der Zeichnungserstellung. Unterstützt werden die Berechnungen, die Zeichnungsdokumentation, das Ableiten von Stücklisten aus den Zeichnungen, insbesondere jedoch die Zeichenerstellung, die Darstellung mehrdimensionaler Körper, die Benutzung von Daten früherer Zeichnungen aus einer Datenbasis, geometrische Definition, Bemaßung, Zeichnung und Dokumentation von Bauteilen.

9.2.2.5.2 CAM (Computer Aided Manufacturing)

Die Komponente **Computer Aided Manufacturing (CAM)** bezeichnet im Regelfall die automatische Steuerung von Werkzeugmaschinen/NC-Maschinen. Außerdem umfaßt CAM die Steuerung von computergestützten Transport-, Lager- und Produktionsmaschinen. Dann gehören die Roboter, die Verwaltung von Lagerbehältern, die Ein- und Auslagerungen (Simulation), die Optimierung der Lagerbestände, die Steuerung der Transporte nach Zielorten, sowie Mengendaten hinzu. Somit bewegt sich diese Komponente sehr eng im PPS-Bereich. Beispielhaft wird in Abbildung 9.11 ein computergesteuerter Roboterarm gezeigt.

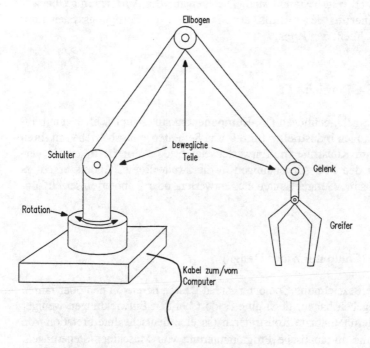

Abb. 9.11: Computergesteuerter Roboterarm

9.2.2.5.3 CAP (Computer Aided Production Planning)

Anders verhält es sich mit der Komponente **Computer Aided Planning** oder Computergestützte Arbeitsplanung. Gemeint ist hier der Arbeitsplan, der den Arbeitsprozeß vom Rohmaterial bis zum Fertigprodukt beschreibt. Arbeitsvorgänge, Rüstzeiten, die Zuordnung von Arbeitsvorgängen auf Betriebsmittel (im Regelfall jedoch) bezogen auf die Fertigung stehen im Vordergrund. Im engeren Sinne werden Tätigkeiten und deren Umfang, Terminierung kalkuliert, die sich aus CAD ergeben. Werden bei der Fertigung NC-Maschinen eingesetzt, dann wird der Arbeitsplan durch NC-Programme ersetzt bzw. ergänzt. Wichtig ist sie für die Ermittlung der Arbeitsfolge, für die Auswahl der Maschinen und deren Hilfsmittel, schließlich für die Bestimmung der Vorgabezeiten.

9.2.2.5.4 CAQ (Computer Aided Quality Ensurance)

Die Computergestützte Informations- und Kommunikationssysteme (**Computer Aided Quality Ensurance**), die sich mit Fragen der Qualitätssicherung und -prüfung beschäftigten, sowie die Instandhaltung, Wartung dienen der Sicherstellung und Ausübung der Qualitätskontrolle. Diese Komponenten arbeiten eng mit der BDE zusammen.

9.2.3 Die funktionale Integration

Mit steigendem Automatisierungsgrad wird die Transparenz der betrieblichen Produktion und deren Abläufe immer schwieriger, zugleich auch wichtiger. Die EDV-technisch zur Verfügung stehenden Informationen nehmen zu, sie werden zahlreicher, die Entscheidungen bzw. die Zeitabstände zwischen den Entscheidungen kürzer. Daher ist das umfassende Aufbereiten, das Archivieren, das Bereithalten der entscheidungsrelevanten Daten notwendig. Die Mikrocomputer verfügen über zahlreiche Möglichkeiten, Daten für funktional-organisatorische Einheiten, ebenso für benachbarte (Sub-) Systeme zu gewinnen und diese bereitzustellen. Diese Daten und deren Fluß stellt eine wichtige Voraussetzung für integrierende Systeme, wie im CIM beschrieben, dar. Schwierigkeiten bereiten die Verbindungen (Schnittstellen) von den technischen, kommerziellen und administrativen Subsystemen.

Diese Schwierigkeiten liegen insbesondere in den Subsystemen der Festlegung des Produktionsprogrammes, des Fertigungs-(Produktions-) verfahrens, der Wahl zwischen Eigenproduktion oder Fremdbezug. Es handelt sich hierbei um Unterstützung der Planungs- und Dispositionsfunktionen hinsichtlich der Material- und Zeitwirtschaft. Während der Produktion können nur noch geringfügig Maßnahmen ergriffen werden, die kostenbeeinflussend sind. So können z.B. Bezugsquellen, Lagerhaltungszeiten, Kapazitätsauslastungen u.a. verändert, neuen Gegebenheiten angepaßt und als aktive und wirksame Entscheidungsfelder während der Produktionssteuerung behandelt werden. In das vorgelagerte Subsystem der Planung fallen die entscheidenden Aktionen der Festlegung der Verfahren, der Materialarten, der Eigenproduktion und der Investition. Hier liegen die wirkungsvollen Eingriffsmöglichkeiten in die Kostenstruktur. Die Betriebswirtschaftslehre, ebenso die traditionelle Datenverarbeitung haben dieses Phänomen der Kostenbeeinflussung weitestgehend vernachlässigt. Durch CIM wird eine neue Form sichtbar, da die einzelnen Subsysteme in sich geschlossene sachlich-funktionale Cluster sind, die aus einer organisatorischen Einheit unter Beibehaltung ihrer funktionalen Zusammenhänge gebildet werden. Die Schnittstellen zwischen den Subsystemen sorgen für den transparenten Übergang. Die Aktions-(Vorgangs-) kette

Planung -> Disposition -> Einsatz -> Steuerung mit Kontrolle,

sowie deren Daten sind nach dem CIM-Konzept innerhalb des aktiven Subsystems ebenso transparent, wie zwischen (zu und von) den benachbarten Subsystemen. Dadurch wird bspw. eine im Subsystem Auftragsbearbeitung erfolgte Disposition von Materialeinkäufen (Menge, Termin) während der Produktion im Subsystem Beschaffung nach erfolgter Meldung des Subsystems Lagerbewirtschaftung (Preis) umgesetzt; die Lagerbewirtschaftung macht einen sofortigen oder anders terminierbaren Einkauf sichtbar; die Beschaffung nutzt Preisvorteile, wählt zwischen Alternativen aus usw. Diese Aktionskette kann darüberhinaus die Rolle des Subsystems Finanzierung implizieren, d.h. eine notwendig gewordene Beschaffung aus Liquiditätsgründen hinauszögern, die operativen Abläufe der Produktion rückwirkend beeinflussen. Gleichzeitig kann vorbestimmt sein, ob gewisse Präferenzen zusätzlich beachtet werden müssen.

9.2.4 Factory of the Future

Die **Factory of the Future** wird sich durch eine dezentralisierte Produktionsform auszeichnen, in der eine flexibel spezialisierte Produktion unter Einsatz modernster Produktionstechnik realisiert wird. Diese Entwicklung wird durch die Mikroelektronik und durch die Informations- und Kommunikationstechnik ermöglicht, die auf der einen Seite für eine flexible, automatisierte Produktion, auf der anderen Seite für ein adäquates Informationssystem sorgt. Entscheidende Eigenschaften sind dabei die dezentrale Organisation nach Informationsfluß anstelle der bisherigen zentralisierten Organisation nach Materialfluß, der minimale Zeitbedarf je Auftrag, anstelle der bisherigen Regelung der Ausführungszeit nach Arbeitsgang, die bedarfsgerechte, überlappende Fertigung anstelle des bisherigen losweisen Arbeitsablaufs u.a.m. (Abbildung 9.12).

PPS Produktionsplanung und -steuerung	CAD/CAE Konstruktion und Produktplanung
Beschaffung Kapazitätsplanung Auftragsverwaltung Kalkulation Betriebsdatenerfassung Werkstattsteuerung	Computer Aided Design Simulation Qualitätsplanung Prozeßplanung
Transportsteuerung Robotersteuerung Qualitätssicherung Computerized Numerical Control Direct Numerical Controlsystem	Eingangskontrolle automatischer Warenein- und Ausgang
CAM Fertigung	Lagersteuerung

Abb. 9.12: Komponenten der Factory of the Future

9.3 Handwerksbetriebe

Die Ausgangssituation in den Handwerksbetrieben wird durch

- einen geringen Einsatz von Informationstechnologie,
- fast ausschließliche Nutzung von Standardsoftware,
- starke Nutzung externer DV-Dienstleistungen (Datev, Taylorix) und
- beginnenden Einsatz von PCs

geprägt. Sie ist die Folge der Betriebsgrößenproblematik dieser Betriebe und der daraus resultierenden Organisationsstrukturen. Häufig handelt es sich dabei um Familienbetriebe mit einem hohen Personaleinsatz und einem ständig wachsenden Verwaltungsbereich. Die Anzahl der Beschäftigten bleibt unter Hundert. Diese Fakten haben in der Vergangenheit die Inanspruchnahme der Dienstleistungen von betreuenden Steuerberatern und Banken bewirkt. Inzwischen zeichnet sich ein gewisser Trend zum eigenverantwortlichen DV-Einsatz ab.

Auch für das Handwerk ist der Markt von Branchenprogrammen unübersehbar. Dabei gibt es für jedes Handwerk, so für Schreinereien, Bäckereien, blechverarbeitende Betriebe, chemische Reinigungen, Anlagenbauer etc.

- auf der einen Seite spezifische Branchenprogramme,
- auf der anderen Seite umfassende Dienstleistungen der Rechenzentren.

In der Praxis werden beide Formen in verschiedenen Variationen genutzt. Überwiegend bedienen sich Handwerksbetriebe in einer im voraus festgelegten Arbeitsteilung mit ihren Steuerberatern betriebswirtschaftlichen Branchenlösungen einschl. Anwendungen in der Buchhaltung. Programme des Auftragswesens werden im Betrieb direkt eingesetzt. Die erste, die betriebswirtschaftlich ausgerichtete Programmgruppe umfaßt

- die Finanzbuchhaltung mit Offenen-Posten-Buchführung,
- den Jahresabschluß mit betriebswirtschaftlichen Auswertungen,
- die Leistungs- und Kostenrechnung,
- die Lohn- und Gehaltsrechnung und
- gelegentlich Programme des Betriebsvergleichs u.ä.

Die zweite, die auftragsorientierte Gruppe von Programmen umfaßt

- die Zeitwirtschaft mit Soll- und Istzeiten, Vor- und Nachkalkulation, Auswertungen nach Tätigkeiten, Artikelgruppen etc.,
- die Angebotskalkulation mit Materialmengen über variable Stücklisten, Fertigungszeiten, Bewertungen nach Zeit und Kosten,
- die variablen Stücklisten nach Auftragsarten,
- die Lagerverwaltung und -bewirtschaftung,
- die Erstellung von Konstruktionsplänen im 3D-Verfahren usw.

Obwohl die angebotenen Programmsysteme viele Ähnlichkeiten aufweisen, lassen sich Mehrfachnutzungen (gleicher Programmeinsatz in mehreren Handwerksbetriebsarten) nur stark eingeschränkt empfehlen. Der Grund ist, daß in den verschiedenen Wirtschaftszweigen spezifische Anforderungen und damit verbunden spezifische Lösungen herausgebildet haben. So unterschiedliche Betriebsarten wie Schreinerei oder Anlagenbau benötigen sowohl aus dem Rechnungswesen wie aus dem Auftragswesen jeweils andere, besondere Informationen, um die betrieblichen Entscheidungen und Prozesse richtig zu treffen und zu steuern. Grundlage solcher Auswertungen sind die Buchhaltungen und damit verbunden ein spezieller Branchenkontenrahmen. Im Regelfall wird dieser an den von Datev herausgegebenen Kontenplan angelehnt (Datev ist eine Genossenschaft des steuerberatenden Berufes; sie ist eine Datenverarbeitungsorganisation, die für etwa 2 Mio. Betriebe und Personen von 52.000 Berufsangehörigen

(Steuerberater, Wirtschaftsprüfer, Steuerbevollmächtigte) steuerliche und betriebswirtschaftliche (Branchen-) Programme als Verbundorganisation einsetzt.). Die Programmeinsätze erfolgen in den Betrieben, oder in den Steuerkanzleien, oder in Rechenzentren (Datev, Taylorix, Rhein-Main).

Nachfolgend wird ein Programmsystem von der Taylorix Organisation Stuttgart skizziert. Es besteht aus den in Abbildung 9.13 aufgelisteten Komponenten.

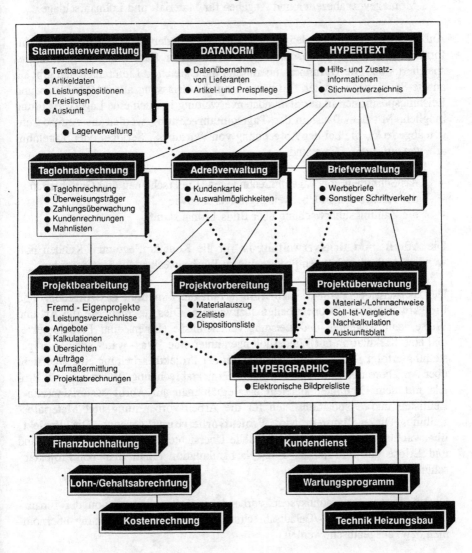

Abb. 9.13: Schema der Taylorix Branchenlösung für das Handwerk

Die **Stammdatenverwaltung** bildet die Grundlage für eine schnelle und genaue Information bezüglich Preislisten sowie betriebsspezifischen Kalkulationssätzen und Lohnkosten. Mittels der Stammdaten sind abgespeicherte Artikel und Leistungen sofort abrufbar. Dabei erscheinen bei Aufruf folgende Angaben:

- Artikelnummer, technische Merkmale und Leistungsbeschreibungen,
- großhändlerspezifische Einkaufskonditionen, sowie
- Montagevorgabezeiten und Angaben für Material- und Lohnaufschläge.

Außerdem kann man mit den Stammdaten eine Kundenkartei erstellen, in der Informationen, bspw. guter/schlechter Zahler, letzter Kauf und Anlagedaten gespeichert sind. Die **Datanorm** übernimmt die Daten von Lieferanten und gibt sie an die Stammdaten weiter. Aufbauend auf die Erfassung aller Artikeldaten und Leistungspositionen in der Stammdatenverwaltung ist auch eine Lagerverwaltung möglich. Mit dem Baustein der **Tagelohnabrechnung** werden die Anforderungen abgedeckt, die bei der Abrechnung von Wartungs-, Service- oder Tagelohnarbeiten auftreten. Diese sind

- das Schreiben von Tagelohnrechnungen, Lieferscheinen und Gutschriften,
- der Ausdruck von Überweisungsträgern, sowie
- die Zahlungsüberwachung über Bildschirmauskunft.

Die **Adreß- und Briefverwaltung** ist für die Kontaktpflege zum Kunden notwendig. Außerdem können Programme zu Werbezwecken eingesetzt werden.

Der Baustein der **Projektbearbeitung** erfüllt die Funktion, das Angebots- und Projektwesen ohne Doppelarbeiten abzuwickeln. Dies geschieht auf die Art und Weise, daß Angebote und Leistungsverzeichnisse (Eigen- und Fremdobjekte) und eine Kalkulation mit Wiederholungen unter eine "Was- wäre- wenn"- Fragestellung erfolgt. Außerdem erhält man mit der Projektbearbeitung eine Übersicht über Angebote und Aufträge sowie eine Projektabrechnung. Wenn man ein Projekt mit dem Computer angelegt hat, erhält man auf Abruf Materialauszüge, Zeitlisten und Dispositionslisten für die Arbeitsvorbereitung und Materialbestellung. Dieser Baustein wird **Projektvorbereitung** genannt. Die **Projektüberwachung** liefert schließlich aktuelle Übersichten über Kosten, Zeitaufwand und Erlöse eines Projektes. Eine Nachkalkulation erhält man bei Projektabschluß.

Die in diesem Programmsystem vorhandenen Daten können von der Finanzbuchhaltung, der Lohn-/Gehaltsabrechnung und der Kostenrechnung übernommen bzw. ausgetauscht werden.

9.4 Land- und Forstwirtschaft, Gartenbau, Landschaftspflege, Baumschulen

Diese, sehr heterogen erscheinende Gruppe von Branchen hat sehr frühzeitig, bereits in den 50er Jahren, die Datenverarbeitung genutzt, um Bücher zu führen, Vergleichsrechnungen, Statistiken zu erstellen und ab den 60er Jahren die Lineare Programmierung für die Ermittlung von optimalen Betriebsplänen einzusetzen. Von einer breiten Anwendung, die inzwischen weitgehend flächendeckend ist, kann allerdings erst ab der 2. Hälfte der 70er Jahre gesprochen werden. Seit Mitte der 80er Jahre kamen produktionstechnische Programme hinzu. Die besonderen Anforderungen an diese Branchenlösungen resultieren aus der starken Betonung der Naturalbuchhaltung neben der Finanzbuchhaltung, die in Form einer Buchhaltung mit Mengenrechnung gelöst wird. Hinzu kommen statistische Auswertungen.

9.4.1 Organisation

Die Organisation der Datenverarbeitung der Gegenwart in der Landwirtschaft ist historisch gewachsen. Sie entspricht in ihren Erscheinungsformen durchaus den Datenverarbeitungsstrukturen kleiner und kleinster Betriebe anderer Branchen. Sie sind geprägt durch ein Zusammengehen von auf diesen Kundenkreis spezialisierten Beratungs- und Verarbeitungsgesellschaften, privaten, berufsständischen Buch- und Beratungsstellen, einigen wenigen Softwarehäusern und wissenschaftlichen Forschungseinrichtungen.

In neuerer Zeit haben sich dazu verschiedene Vertriebsgesellschaften als "Tochter" einiger der o.g. Organisationen gesellt. Ihre selbstgewählte Aufgabe ist, Hard- und Software an die Mandanten der Buch- und Beratungsstellen zu verkaufen und für den Einsatz (Nutzung) durch Beratung und Schulung Sorge zu tragen. Bestimmt wird die Richtung nach wie vor von Dienstleistungsorganisationen klassischer Prägung, die zu Beginn der 70er Jahre gegründet wurden. Der eigentliche Anwender selbst, der Adressat dieser Aktionen, also der Landwirt, kommt in diesem Zusammenhang so gut wie nicht vor. Was für ihn wichtig und gut ist, wird von o.g. Organisationen vorgegeben. Daran wird sich erst mittelfristig etwas ändern, wenn der Landwirt - dank seiner künftigen Schulung und Erfahrung - allmählich in die Lage kommt und Bereitschaft zeigt, sich dieser Materie stärker zu widmen als in der Vergangenheit.

9.4.2 Buchführungs- und Informationsnetze

Drei Informations- (Daten-) Netze wirken auf die gegenwärtige Datenverarbeitung in der Landwirtschaft. Ihre Ausprägungsformen sind vergleichbar, z.T. sogar übereinstimmend. Aus diesem Grunde wird eine an das Organisationsschema des Informationsnetzes der Europäischen Gemeinschaft angelehnte, zusammenfassende Darstellung gezeigt. Ausgespart sind die Rechenzentren, die als weiteres Glied "hinter" den Buchstellen, der Verbindungsstelle und der Kommission angesiedelt sind (Abbildung 9.14). Es sind:

- das Datennetz der Tierzuchtverbände (Milch-, Mastkontrollverband u.ä.) mit periodisierter Datenerfassung und zentraler statistischer Auswertung.
- das Buchführungsnetz als eine elektronisch ausgerichtete Form der Partnerbuchführung mit im voraus bestimmten Aufgabenteilungen zwischen dem Auftraggeber Landwirt, dem Auftragnehmer Buchstelle und dem Rechenzentrum, sowie
- das Informationsnetz der Europäischen Gemeinschaft mit vorgeschalteten statistischen Informationsnetzen des Bundes und der Bundesländer.

Neben diesen Informationsnetzen existieren zwar weitere Verarbeitungsaktivitäten, die der Landwirtschaft zugerechnet werden können, so bspw. gewisse Aktivitäten der Raiffeisenzentralen, der Kreditinstitute, der Kraftfutterhersteller etc.; ihre Bedeutung für den einzelnen Landwirt ist jedoch nicht nennenswert. Für die weiteren Überlegungen sind somit

- die Buch- und Beratungsstellen (bzw. Verbandsorganisationen) als Dienstleistungsgewerbe für Landwirte in Fragen der Buchführung, der Steuern, der Betriebswirtschaft incl. Organisations- und Produktionsberatung,
- deren Vertriebsgesellschaften als Tochterorganisationen für DV,
- die landwirtschaftlich orientierten Softwarehäuser, sowie
- die Rechenzentren als Verarbeitungs- und Entwicklungsstellen

von vorwiegender Bedeutung. Die anderen Stellen wie Ministerien bzw. Stellen der Europäischen Gemeinschaft sind - analog zum Betrieb - Informationsempfänger, daher haben sie zwar Einfluß auf die Abwicklung der Datenverarbeitung, nicht jedoch ausführend.

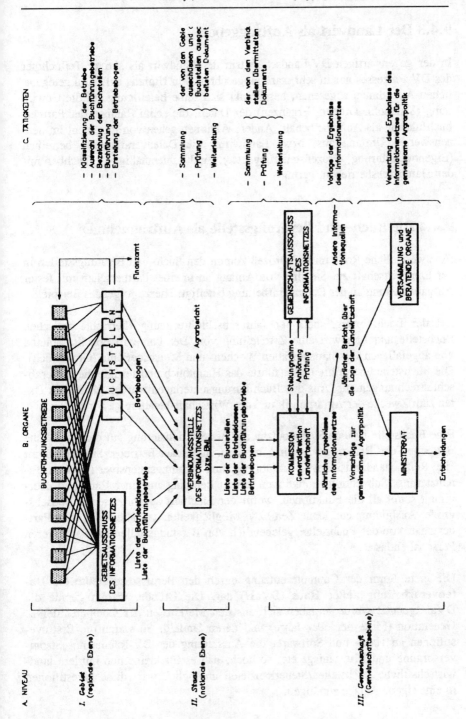

Abb. 9.14: Das Schema des supranationalen Informationsnetzes

9.4.3 Der Landwirt als Auftraggeber

In der gegenwärtigen DV-Landschaft tritt der Landwirt als aktiver Teilnehmer des DV-Prozesses nur in sehr stark eingeschränktem Umfang auf. Von gelegentlichen Ausnahmen abgesehen, beschränkt sich seine Beteiligung auf die Gewinnung (Sammeln, Ordnen, Ergänzen) der Daten, die er im Rahmen der Partnerbuchführung als Aufgabe behält. Andere Aktionen gehen von ihm nicht im nennenswerten Umfang aus, bzw. Landwirte, die Datenverarbeitung betreiben (Eigenbuchführung, Prozeßsteuerung etc.), sind zahlenmäßig vergleichbar mit den Handwerksbetrieben, gering.

9.4.4 Die Buch- und Beratungsstelle als Auftragnehmer

Eine wesentliche Rolle im DV-Prozeß kommt den Buch- und Beratungsstellen in der Landwirtschaft zu. Sie sind von Anfang an in einer Partnerschaft mit fester Aufgabenteilung an der Datenverarbeitung beteiligt. Hierzu folgendes Beispiel:

Bei der Buchführung, incl. der Jahresabschlußrechnung, herrschte zwischen Buchstelle und Landwirt eine Zweiteilung vor. Der Landwirt erstellte anhand von angefallenen Geschäftsvorfällen Wochen- und Monatsberichte (Grundbuch). Die Buchstelle überprüfte diese, führte das Hauptbuch und fertigte die Jahresabschlußrechnungen an. Aus den Buchführungsunterlagen wurden gleichfalls Daten zum Zwecke der Agrarpolitik und der Wirtschaftsberatung gewonnen.

Eine Buchstelle ist eine Steuerkanzlei mit der Spezialisierung auf die steuerliche Betreuung und Beratung land- und forstwirtschaftlicher Betriebe. Sie übernimmt eine Reihe standardisierter (Buchführung) und beratungsintensiver (Steuern, Finanzierung, Subvention) Funktionen, erteilt Beratung aus einer Hand und übernimmt somit all die Funktionen, wofür der Landwirt aufgrund seiner Betriebsgröße, Ausbildung etc. keine Zeit bzw. Möglichkeiten hat. Hier wird er in Partnerschaft von der Buchstelle, gelegentlich von Beratungsstellen bzw. von deren Personal entlastet.

Die erste Form der Computernutzung durch den Berufsstand stellte die **Datenverarbeitung außer Haus (DVaH)** dar. Die Gründe, warum gerade die DVaH genutzt wurde, ergaben sich aus den Merkmalen der Computer der 3. Generation (Mitte der 60er Jahre) und deren Umfeld. So waren die Erstinvestitionen an Hard- und Software, die Ausstattung der DV-Räume mit Stromversorgung und Klimaanlage etc. so hoch, daß es für kleine und mittlere landwirtschaftliche Buchstellen/Steuerkanzleien unmöglich war, diese Investitionen in eine eigene Anlage zu tätigen.

Von der Bauart war diese Computergeneration ungeeignet für kleine Dienstleistungsgesellschaften. Die landwirtschaftliche Buchstelle ist bezüglich des Programmangebotes und der Verarbeitungsrhythmen völlig vom Rechenzentrum abhängig. Ein weiterer Nachteil ist in der mit dieser Organisationsform der Datenverarbeitung verbundenen Ausgliederungszeit und dem Transport der Datenträger und der Auswertungen zu sehen, die eine kurzfristige interne Auskunftsbereitschaft erschwert oder z.T. gar nicht zuläßt. Hier ist es jedoch durch die Datenfernübertragung möglich, gewisse zeitliche Restriktionen zu überwinden. Ein weiterer Nachteil der Ausgliederung der Datenverarbeitungsfunktionen aus der landwirtschaftlichen Buchstelle in ein Rechenzentrum besteht darin, daß das Rechenzentrum individuellen Ansprüchen der landwirtschaftlichen Buchstelle im allgemeinen nicht oder nur zu zusätzlichen Kosten, die die Vorteile der DVaH kompensieren, entsprechen.

9.4.5 Der Landwirt im Verarbeitungsprozeß

Ausgehend von der gegenwärtigen Situation tritt der Landwirt als Unternehmer, von gelegentlichen Ausnahmen abgesehen, nicht - analog zu den Kleinst- und Kleinbetrieben anderer Branchen - als Anwender, als Endbenutzer der Datenverarbeitung in Erscheinung. Zwar wurde er, bzw. sein Unternehmen, sehr frühzeitig in die Datenverarbeitung einbezogen (z.B. Informationsnetz des Agrarberichtes), seine Rolle blieb jedoch auf die Bereitstellung der Daten, mitunter auf deren Sammlung beschränkt. Eine aktive Rolle wurde ihm aus vielerlei Gründen nicht zugedacht. Erst als die Computerhersteller den breiten Markt der kleinen Unternehmen als neue Marktpotentiale erkannt haben und die Mikroelektronik die notwendige, preislich vertretbare Breitenwirkung garantieren, rückt der Landwirt mit vielen Hunderttausenden von Unternehmern als Anwender, als Endbenutzer in Erscheinung.

Dabei ergeben sich mehrere Ansatzpunkte der aktiven DV-Nutzung. Am ehesten und zugleich am einfachsten gilt diese Aussage für den Einsatz von Prozeßrechnern in der Prozeßsteuerung, so z.B. bei Fütterungsautomaten. Demgegenüber gestaltet sich die Nutzung von Anwendungsprogrammen problematisch. Auf der einen Seite fehlen die erforderlichen Sachkenntnisse, sowohl in bezug auf das Sachgebiet (z.B. Buchhaltung, Kostenrechnung) wie auch in bezug auf die Datenverarbeitung; auf der anderen Seite zeichnen sich sowohl die Sachgebiete, wie auch die Anwendungsprogramme durch eine Komplexität aus, die mitunter Spezialisten als Endbenutzer voraussetzen.

9.4.6 CIF Computer Integrated Farming

Die zukünftige und sich inzwischen abzeichnende Form der Datenverarbeitung, die zugleich eine aktive Beteiligung des Landwirts am Prozeß mit sich bringen wird, heißt **Computer Integrated Farming (CIF)**. Es ist das auf die Landwirtschaft übertragene Konzept der Industrie, das CIM.

9.4.6.1 Definition eines CIF-Grundkonzeptes

In industriellen Fertigungsbetrieben hat sich in diesem Zusammenhang der Sammelbegriff CIM (Computer Integrated Manufacturing) eingebürgert (siehe Abschnitt 9.2). Die mehr betriebswirtschaftlich orientierten Aufgaben werden durch das Produktionsplanungs- und -steuerungssystem (PPS), die mehr technisch geprägten Aufgaben durch diverse computergestützte Anwendungen, die als CA-Systeme realisiert sind, abgedeckt. Die Integration der PPS- und CA-Systeme ist eine Zukunftsaufgabe, da die einzelnen Anwendungsprogrammsysteme bislang weitgehend getrennt entwickelt und benutzt worden sind.

Übertragen auf die landwirtschaftliche Produktion bietet sich an, vom **Computer Integrated Farming (CIF)** zu sprechen. Die Betonung liegt dabei auf dem "I". Zu integrieren sind alle DV-Anwendungsbereiche und damit eine vielschichtige Daten- und Vorgangskette. Die hieraus resultierende Konzeption wird in Abbildung 9.15 dargestellt. In Anlehnung an die in industriellen Fertigungsbetrieben übliche Form wird der linke Schenkel des Y für die Planungs- und Steuerungssysteme und der rechte Schenkel des Y für die Produktion direkt beeinflussende Programmsysteme eingerichtet.

Computer Integrated Farming folgt in seinem Grundkonzept dem Prinzip der Daten- und Vorgangsintegration, und zwar in weitestgehender Übereinstimmung mit den betrieblichen Strukturen der realen Welt. Die Verwirklichung der Integration bedeutet, daß zwischen den betrieblichen technischen Funktionen im **CA-Bereich** (Computer Aided) sowie den begleitenden kommerziellen und administrativen Arbeiten im **PPS-Bereich** (Produktionsplanung und -steuerung) Daten- und Vorgangsverbindungen aufgebaut werden (Abbildung 9.15). Die für die einzelnen Teilbereiche (Subsysteme) wirkenden Regelkreise müssen nun auch untereinander verbunden werden, weil innerhalb der Ablaufkette technische und betriebswirtschaftliche Teilfunktionen ineinandergreifen. Erwartete Rationalisierungseffekte treten allerdings erst dann ein, wenn der gesamte Regelkreis "Unternehmen" geschlossen ist, wenn also alle Subsysteme einem Gesamtsystem untergeordnet werden konnte.

9.4 Land- und Forstwirtschaft, Gartenbau, Landschaftspflege, Baumschulen

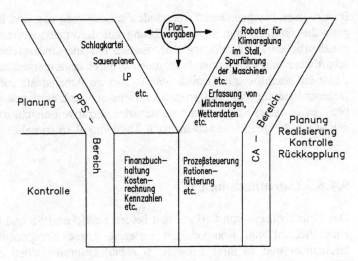

Abb. 9.15: Das Grundkonzept vom Computer Integrated Farming

CIF-Arbeits-bereiche	Personal Computer	Hostcomputer	Prozeßcomputer
Administration	Standardanwendungen - Textverarbeitung - Tab.kalkulation - Datenbank	Anwendungsgeneratoren - Datadesigner - Maskengenerator - Anwendungssyteme	-
PPS-Bereich	Programmplanung Schlagkartei Sauenplaner Kuhplaner	Lineare Programmierung Simulation	-
	Finanzbuchhaltung Kostenrechnung Break-Even-Point Kennzahlen	Finanzbuchhaltung Kostenrechnung Vergleichsrechnung Statistik	-
CA-Bereich	-	-	Betriebsdaten-erfassung - Bordcomputer - Milchmenge - Waage - Wetterstation Stallklimaregelung Futterzuteilung Flüssigfütterung
Ausrichtungsart	standardisiert branchenneutral branchenspezifisch	branchenneutral branchenspezifisch	branchenspezifisch

Abb. 9.16: CIF-Anwendungsbereiche

Im einzelnen besagen diese Tatbestände die Loslösung von einzelnen Anwendungen, die Orientierung, die Ausrichtung der Informationsverarbeitung an der ganzheitlichen Problemlösung. Sie machen das Ineinandergreifen betriebswirtschaftlicher und technischer Funktionen in ihrer computergestützten Ausübung. Es ist ein geschlossenes Gebilde, das zeitnah am Arbeitsplatz mit einer gewissen Dezentralisierung der Kompetenzen informationstechnisch gesteuert wird. Einbezogen in dieses Konzept ist auch der administrative Bereich, so daß im Endergebnis ein dreigliedriges Schema nach Abbildung 9.16 entsteht.

9.4.6.2 Datenflüsse im CIF

Das Grundkonzept von CIF mit den beiden Bereichen PPS und CA läßt sich in eine Vielzahl von Komponenten zerlegen. Diese Komponenten stehen untereinander und zu ihrer Umwelt im ablauforganisatorischen Zusammenhang. Dieser kann durch die zwischen ihnen bestehenden Datenbeziehungen nachvollzogen und charakterisiert werden. Die Datenbeziehungen gehen im Regelfall in beide Richtungen (sequentiell oder simultan). So gehen von der Materialbewirtschaftung zur Fertigung erfolgte Abgänge aus dem Lager bzw. Rückmeldungen von der Fertigungssteuerung an das Lager und damit an die Materialbewirtschaftung als Bestätigungen, ebenso als Neuinformationen, wenn es sich um Produktlieferungen handelt. Die sofortige Meldung und Registrierung beiderseits garantiert eine jederzeitige Bereitschaft zur Bilanzierung aller Ab- und Zugänge, ebenso der Bestände. Die Datenbeziehungen lassen sich in Grunddaten und in entscheidungsrelevante Daten untergliedern. **Grunddaten** sind solche Daten, auf die die einzelnen Komponenten zurückgreifen, um ihre Funktionen erfüllen zu können. So muß eine Futtermischanlage auf eine Rezeptur (mengen/anteilmäßige Zusammensetzung der Bestandteile) zurückgreifen; ebenso auf die vorgegebene, zu fertigende (mischende) Gesamtmenge. Durch die oben skizzierte Betriebsdatenerfassung wird der Prozeß mit Hilfe dieser Grunddaten faktisch automatisch geregelt. Eingriffe in den Prozeß werden nur dann erforderlich, wenn Abweichungen (Ist ungleich Soll) gemeldet werden (Steuerung). Meldungen über die erfolgte Fertigung, die Abweichungen (möglichst mit Ursachen), die Simulation möglicher Korrekturen u.ä. Daten sind **entscheidungsrelevante Daten**. Solche können Mengen, Qualitäten, Zeiten (Termine) usw. sein, die direkt von der Fertigungsanlage durch geeignete Datengeber in das Betriebsdatenerfassungsgerät (z.B. ein Prozeßrechner) übernommen werden. Diese Daten dienen nunmehr als Grundlage der Fertigungssteuerung, gleichzeitig aber auch als Ausgangsdaten zur aktuellen Nachkalkulation. In einem weiteren Vorgang können Berechnungen über die Kapazitätssituation der Lagerbestände von zeitkritischen Materialien ablaufen, ebenso neue Kostenkalkulationen durchgeführt werden usw.

Diese engen Datenbeziehungen sind somit Schnittstellen zwischen den CIF-Komponenten, die sowohl das CIF-Konzept als Ganzes bedingen, wie auch ihre eindeutige Berücksichtigung zur Voraussetzung jeglicher Realisierungen machen. In diesem Sinne sind die aufgezeigten Datenflüsse in Abbildung 9.17 zu interpretieren.

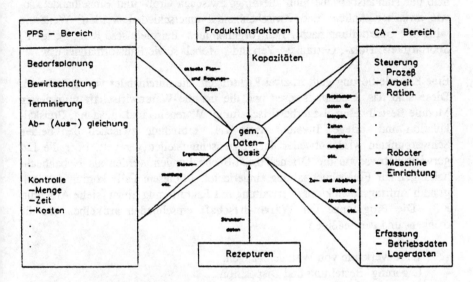

Abb. 9.17: Datenbeziehungen und Datenflüsse im CIF

9.4.6.3 CIF-Komponenten

Dem Grundkonzept von CIF gemäß Abbildung 9.15 sind eine Reihe von branchenspezifischen Anwendungsprogrammen zugeordnet worden, die in ihren gegenwärtigen Ausprägungen isoliert entwickelt und genutzt werden. Es liegt weder eine Daten-, noch eine Vorgangsintegration vor. Der Hauptgrund ist, daß alle diese Programme in der traditionellen, als "klassisch" zu bezeichnenden Weise entstanden sind, in dem sie eine bestimmte Aufgabe.

Die Teilung der CIF-Komponenten in zwei Richtungen, PPS und CA ist formeller Natur. Sie folgt den Praktiken des CIM. Der Ausweis von zwei Richtungen bedeutet nicht, daß jedes Anwendungsprogramm der einen oder anderen Richtung zuzuordnen ist. Hier ist vielmehr die erfüllte Funktion ausschlaggebend. Ein charakteristisches Beispiel ist dann gegeben, wenn eine Kostenrechnung (PPS-Bereich) parallel mit der Arbeitszeiterforschung (CA-Bereich) abläuft. Erst hier und dadurch wird die Daten- und Vorgangsintegration vollzogen.

9.5 Handel

Bei den Handelsbetrieben werden die Programmangebote auf die Warenwirtschaft einerseits und auf das Rechnungswesen andererseits konzentriert. Innerhalb der Handelsbetriebe muß allerdings zwischen Groß- und Einzelhandel, sowie zwischen Außen- und Zwischenhandel unterschieden werden. Weiterhin wird eine Unterteilung nach Arten vorgenommen. Beispiele sind Kfz-, Fernseh-, Sportartikel-, Holz-, Getränke-, Versand-, Möbel- sowie Baustoffhandel usw.

Eine Komplettlösung geht in zwei Richtungen, die miteinander verbunden sind. Diese sind das Rechnungswesen und die um die Warenwirtschaft gruppierten Module Bestellwesen, Lagerbewirtschaftung, Warenein- und -ausgang, Preiskalkulation und -pflege, Inventur usw. Die Verbindung zwischen den beiden Schwerpunkten wird entweder über Datenschnittstellen geregelt, oder die Lagerwirtschaft, sowie die Offene-Posten-Buchhaltungen werden als Nebenbuchhaltungen zur Finanzbuchhaltung eingerichtet. In diesem Falle kommt das Programm Auftragsabwicklung/Verwaltung mit Fakturierung hinzu (siehe Abschnitt 8.3). Die Programme der **Warenwirtschaft** umschließen artikelbezogen die mengen- und wertmäßigen

- Warenverkäufe von Wareneingängen,
- Lagerung, Bestellung und Disposition,
- Warenausgänge usw.

Beim **Großhandel** dominieren die Funktionen Auftragsabwicklung und Fakturierung. Eine zentrale Rolle spielen dabei die Debitoren- und Kreditorenbuchhaltungen, weil sie die Außenbeziehungen des Betriebes überlagern. Im Hinblick auf die Zahlungsvorgänge ist eine detaillierte Kunden- und Lieferanten-Datenbank Voraussetzung. Im **Einzelhandel** hingegen tritt die Kassenführung in den Vordergrund, nicht zuletzt, weil im Einzelhandel der Barverkauf an der Kasse vorherrscht.

Auf der Hardware-Seite sind die Vernetzung der Datenendgeräte (Kassen) mit einem zentralen Rechner, die Vernetzung der Filialen mit der Zentrale, die Einbindung von Btx (evtl. bis zu den Kunden und Lieferanten) Grundvoraussetzungen eines ständig aktuellen Warenwirtschaftssystems. Soweit es sich um die Datenendgeräte an den Kassen handelt, sind Dateneingaben mittels Scanner an den Kassen ebenso zwingend, wie die aktuelle Datenbank über Artikel, Preise, Texte etc., oder mobile Datenerfassungsgeräte im Lager. Sie ermöglichen

- auf der Kassenseite die Nutzung von
    - Price-Lock-Up,
    - Text-Look-Up,

- Warenbewegungen,
- Magnet-Etiketten,
- OCR-A-Etiketten,
- EAN-Strichcode etc.;
- auf der Lagerseite die
  - Disposition,
  - Bestellung,
  - Registrierung der Ein- und Ausgänge etc.;
- auf der Rechnungswesenseite die
  - Fakturierung,
  - den Zahlungsverkehr,
  - Buchführung (Debitoren, Kreditoren),
  - Kalkulation etc.

Für die Führung der Artikel hat sich die **EAN-Numerierung** durchgesetzt. Die EAN werden vom Hersteller auf Etiketten mit Magnetlesestreifen, OCR-Schrift und Balkencodes (Bar- oder Strichcodes) geschrieben. Sie gleichen dem Universal Pradac Code-System, das in den USA verbreitet ist. Das Nummernsystem umfaßt vier Angaben,

- einen Länderschlüssel,
- eine Betriebsnummer,
- eine individuell vergebene Artikelnummer und
- eine Prüfziffer.

Die Bedeutung der Artikelnummer wird an allen Stellen des Warensystems sichtbar. Sie dient der Identifizierung eines Artikels, so daß bspw. bei Anwendung von Price- und Text-look-up-Systemen das System anhand der Artikelnummer auf die gespeicherten Texte und Preise zugreift. Gleichzeitig dient sie der Warenverfolgung von Beginn der Bestellung über die Lieferung zur Bestandsführung etc. Sie dient außerdem der Rechnungsschreibung, der Erstellung von Statistiken, der Warenbeleihung und deren Bewertung schlechthin.

In der technischen Realisierung können die Datengeräte intelligent oder in einem **Master-Slave-System** einem Mastergerät untergeordnet sein. Im ersten Fall wird der Artikelsatz im Festspeicher oder auf Disk-Speicher gehalten. Weiterhin ist die Verbindung zum Lager und damit zum Warenwirtschaftssystem von eminenter Bedeutung, weil

- die direkte Verbindung die Dispositionstätigkeit verbessert,
- die übertragenen Bewegungsdaten den Ausweis der Bestände aktualisieren,
- die Preisänderungen sofort wirksam werden.

Die Notwendigkeit der Integration auf allen Ebenen, so zwischen Bedarf und Bereitstellung läßt sich aus vielerlei Sichten belegen. Ein typisches Beispiel zeigt die Bedarfsplanung. Im Handelsbetrieb erfolgt sie auf der Grundlage des erwarteten Absatzes, der wiederum auf der Basis von Erfahrungen der Vergangenheit und der richtigen Einschätzung der Zukunftsentwicklung anhand von Marktanalysen bestimmt wird. Hinzu kommen die Ermittlungen der Lagerkapazität, der Lagerungskosten, der Finanzierung, der Teillieferungen etc., die ihrerseits auf die Beschaffungsplanung zur Fixierung der Liefermengen, der Lieferzeitpunkte und der Lieferanten ebenfalls einwirken. Dabei werden fertigungssynchrone Vorratsbeschaffungen unterschiedlich behandelt (Abbildung 9.18).

Daher muß der Nutzung von schnellen, integrierenden und zuverlässigen Informationstechniken besondere Aufmerksamkeit geschenkt werden. Allerdings wird die Information sofort sinnlos, wenn ihre Richtigkeit und ihre Vollständigkeit nicht gewährleistet sind. Dieser Fall wird durch nicht-integrierte DV-Anwendungen begünstigt.

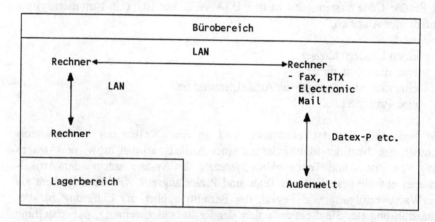

Abb. 9.18: Rechnernetz im Handelsbetrieb

Die heute auf dem Software-Markt angebotenen Systeme sind ihrem Ursprung nach auf das Auftragswesen, oder auf die Lagerhaltung, oder auf das Verkaufsgeschäft, oder auf den Einkauf ausgerichtet. Es sind funktional ausgerichtete Systeme, die erst in jüngster Vergangenheit zu umfassenden modularen Handels-Warensystemen ausgebaut wurden. Sie vereinigen folgende Merkmale in sich:

- Stammdatenverwaltung (Kunden, Lieferanten, Firmen, Vertreter, Texte),
- Verkauf (Angebots-, Auftragsverwaltung, Faktura, Abbuchung/Einzug, Kalkulation, Kundenkonditionierung, Provisionsabrechnung),

- Einkauf (Angebotsverwaltung, Bestellwesen, Wareneingang, Mahnwesen),
- Lagerhaltung, -verwaltung, -analyse, Inventur,
- Schnittstellen zur Finanz/Debitoren/Kreditorenbuchhaltung Lohn- und Gehaltsrechnung, Kostenrechnung, Bankeinzug, Statistiken etc.

Die Auswirkungen solcher integrierter Warenwirtschaftssysteme sind gravierender Art. Neben den internen Auswirkungen in der Organisation, in der Rechnungsführung, in der Disposition etc. kommt es zu einem direkten/indirekten Datenaustausch mit den externen Partnern (Banken, Kunden, Lieferanten). Darüber hinaus spielt die Verbindung zu Marktforschungsunternehmen und zu den **elektronischen Märkten** (Siehe dazu Abschnitt 8.3) eine wachsende Rolle. Vernetzungen zwischen Industrie und Handel (Datenaustausch, Clearing), Einzel- und Großhandel (Apotheken-, Drogerieversorgung), Banken und Handelsunternehmen (Datenträgeraustausch, Kredit- und Scheck-Karten-Einsatz), Kunden und Handelsunternehmen (Teleshopping über Btx-Anschluß) u.a.m. erfahren außerdem einen starken Zuwachs.

9.6 Verkehrs- und Transportbetriebe

Die Lösung von Transportproblemen unter Zuhilfenahme der Linearen Programmierung gehört zu den ersten Anwendungen der Datenverarbeitung schlechthin. Diesem Ursprung folgten bald eine Vielzahl von weiteren Anwendungen. Sie reichen heute von der

- Verkehrsplanung mit Optimierung der Verkehrsnetze,
- Kalkulation der Transport- und Verkehrszeiten in verschiedenen Verkehrsnetzen,
- Minimierung oder Optimierung der Transportkosten bei maximaler Ausnutzung der Kapazitäten),
- Simulation der Verkehrsströme,
- Prognose des Verkehrsaufkommens, der Verkehrsbelastung,
- Steuerung des Straßenverkehrs,
- Auftragsabwicklung im Transportbetrieb,
- Logistik (Tourenplanung, Containerdienst) etc.

bis hin zu den sonstigen kommerziellen Aufgaben der Verkehrs- und Transportbetriebe, also zu den Programmen der Personalwirtschaft und des Rechnungswesens. Der Grund für diese Vielfalt liegt in der Heterogenität dieser Branche. Sie reicht von den Speditionsbetrieben über die kommunalen und öffentlichen Betriebe der Bahnen, Strassenbahnen, Busse bis zu den Reisebüros. Aufgrund der hieraus resultierenden Breite wird nachfolgend exemplarisch die touristische Branche und hier wiederum ein Reservierungs- und Buchungssystem vorgestellt.

Die zu lösende Aufgabe besteht darin, daß der Reisende von einem Ort X zu einem Ort Y gelangen will und am Zielort Z Beherbergung verlangt wird. Reisebüros, Fluggesellschaften, Busunternehmen etc. übernehmen die Abwicklung. Das Problem aller Unternehmen ist, daß die verlangten Orte auch im fremdsprachigen Ausland sein können, Reisezeiten und -wünsche unterschiedlich sind usw. Die zu erbringenden Leistungen sind so zu koordinieren, daß schließlich die Reise zeitlich, räumlich, sachlich, personell zustandekommt. Die genannten Probleme spielen sich also zwischen dem Kunden, den Leistungsanbietern und dem Vermittler bzw. Reiseveranstalter ab.

Eine der Aufgaben der Reiseveranstalter und der Reisemittler ist es somit, die skizzierten Kommmunikationsprobleme zu beseitigen. Zu diesem Zweck sind Platzbuchungs- und Reservierungssysteme entwickelt worden, mit deren Hilfe es versucht wird, verfügbare Kapazitäten möglichst vollständig auszulasten.

Auf internationaler Ebene bekannt geworden sind insbesondere drei Systeme, und zwar Start-Amadeus (Europa), System One (USA) und Abacus (Ferner Osten). Start-Amadeus bedient unter den Leistungsanbietern verschiedene Fluggesellschaften, so die Lufthansa, Air France, SAS, Iberia, Hotelketten, Mietwagen, Theater usw. Es bietet folgende Dienstleistungen:

- Reisemöglichkeiten, deren Konditionen,
- Reservierungen und Buchungen von Flügen, Transporten, Übernachtungen, Mietwagen etc.,
- Erstellung der Reisedokumente, sowie
- diverse Verwaltungsaufgaben.

Der Kommunikationsfluß sieht folgende Kette vor:

    Anbieter touristischer Leistungen <---> Reservierungssystem <---> Reisemittler <---> Kunde

Die Kommunikation kann über Datex-P, Btx, Telex, Telefax usw. erfolgen. Zur Vereinfachung und zur Vermeidung des Zeitdrucks der örtlichen Agenturen werden dem Vermittler Kontingente bereitgestellt, über die er bis zur vereinbarten Verfallfrist verfügt. Zugleich verringert sich dadurch das zu übermittelnde Datenvolumen. Im Falle großer Zielgebiete haben sich allerdings automatisierte Verfahren etabliert.

9.7 Banken

Die Banken haben bereits sehr frühzeitig begonnen, ihre Dienstleistungen (Zahlungsverkehr) und ihr Rechnungswesen zu automatisieren. Nachdem der Zahlungsverkehr und die Buchführung in großer Anzahl vorkommen und weitgehend gleichartig sind, waren die Automatisierungsbestrebungen auf diese Bereiche konzentriert. Erst in den letzten Jahren kamen Programmentwicklungen zu branchenbezogenen Bonitätsprüfungen (Expertensysteme), Börseninformationssystem, Banken-Controlling etc. hinzu. Heute umfaßt die Palette - gruppiert nach internen und externen Orientierungen - folgende Aufgaben/Funktionsbereiche:

- einzelne Bankgeschäfte gegenüber Kunden (**Front-Office**) mit
    - Zahlungs- und Devisenverkehr, Schalterbedienung, Geschäftsvorfälle, Kundenselbstbedienung u.ä.;
    - Kontokorrent, Spargeschäft, Kreditwesen, Bonitätsprüfungen;
    - Wertpapiergeschäft, Sorten, Devisen;
- bankinterne Funktionsunterstützung (**Back-Office**) mit
    - Abrechnung und Abstimmung des Kontokorrent- und Sparverkehrs;
    - Erstellung von Tagesbilanzen, Jahresabschlüssen;
    - Meldewesen an die Bundesbank;
    - Erstellung von Dispositionsunterlagen, Gebührenkalkulation;
    - Banken-Controlling.

Diese Auflistung läßt sich im Zusammenhang verdeutlichen (Abbildung 9.19). Es werden zwei Ebenen (Anwendungs- und technische Ebene) unterschieden, und zwar innerhalb der Anwendungsebene zwischen bank- und kundenbezogenen Anwendungen. Auch die technische Ebene wird in eine maschinen- und kundenorientierte Gruppe unterteilt.

Der **elektronische Kundenservice**, auch als **Electronic Banking** bekannt, löst inzwischen die ursprünglichen Einzellösungen im Rahmen der Rationalisierungsbestrebungen der Banken ab. Er soll in den nächsten Jahren zum **Computer Integrated Banking (CIB)** - analog zum CIM - ausgebaut werden. Die in Abbildung 9.19 gezeigten Dienstleistungen außerhalb der Bank gehören ebenso dazu wie die verschiedenen Formen von Telebanking oder Banken-Controlling. Im Rahmen dieser Entwicklungen stellen die Banken sog. **Financial Transaction Terminal**s (FTT) auf, um den Kunden die Möglichkeit zu eröffnen, jederzeit Bankgeschäfte machen zu können. Hierzu zählt die **Automated Teller Machine** (ATM). Die Banken sehen sich drei Herausforderungen gegenüber:

- Die Datenverarbeitung ist ein strategisches Instrument, das den Realtime-Ansatz der Fertigungsindustrie auf das Bankgeschäft überträgt. Dazu gehören Online-Datenbanken, Automatisierung der Filialen, der Self Service.
- Der Ausbau der Datenverarbeitung zu Informationsvorteilen im Wettbewerb durch Produkt- und Serviceinnovation in den Kundendienstleistungen wird zwingend.
- Das Banken-Controlling als bankeninternes Ziel mit Transparenz der Kosten, der Zahlungen, der Erträge nach dem Schema der Stückkosten der Industrie ist notwendig.

	Zahlungsverkehr Kreditgeschäft Einlagengeschäft Wertpapiergeschäft Auslandsgeschäft
Front-Office	Back-Office
Kundenbedienung Kundenberatung Kundenselbstbedienung	Sachbearbeitung Controlling Informationssystem

Datenträgeraustausch
Home-Banking
Bankkarten
Office-Banking
Informationsdienste
POS-Banking
	IBIS: Inter-Banken-Informationssystem
	EZÜ: Elektronische Zahlungs-
	     übermittlung
	GENO-SNI: Genossenschaftsbanken-Netz
	SWIFT: Netz von Society of Worldwide
	     Interbank Financial
	     Telecommunication

	Zentralrechner Filialenrechner Bankautomaten Belegdrucksysteme Arbeitsplatzcomputer
	Lokale Kommunikation Rechnernetze, LAN, Nebenstellenanlagen
Fernsprechdienste Faxdienst Btx-Dienst	Datex-P, Datex-L Direktrufnetz ISDN

Abb. 9.19: Anwendungen in Banken

Folgende **Funktionen** sind zu integrieren:

- Stammdatenverwaltung über die Kunden, die langfristigen Aufträge (Daueraufträge, Abrechnungsanweisungen), Konditionen (Zinsen, Gebühren), Gattungsdaten (Wertpapiermitteilungen), Produktdefinitionen (Stücklisten) etc.;
- Buchhaltung mit Geldbuchungen für alle Geschäftsarten als Realtime-System, mit Kontenabschluß, mit Fremdwährung, Tagesabstimmung etc.;
- Geld- und Kreditgeschäft, d.h. die DV-unterstützte Sachbearbeitung von Krediten, Kreditwürdigkeitsprüfungen, Inlandszahlungsverkehr etc.;
- Kundenverkehr mit Verwaltung der Spareinlagen, Scheckkarten, Reiseschecks im Dialog;
- Auslands- und Devisengeschäft, d.h. der Auslandszahlungsverkehr, der Devisenhandel (Abwicklung, Überwachung, Abschluß), Kundenberatung;
- Rechnungswesen mit Bilanzerstellung, Meldewesen.

Alle aufgeführten Funktionen deuten auf die herausragende Rolle des Direktverkehrs und damit auf die Vernetzung hin. Die Vernetzungen reichen von/zu Kunden und Bank(-Filialen), zwischen den Filialen und der Zentrale, zwischen den Banken auf nationaler und internationaler Ebene. Dazu stehen an **Netzinfrastrukturen**

- auf nationaler Ebene mit Btx nach dem CEPT-Standard[1], Datex-P und Datex-L und
- auf internationaler Ebene mit dem SWIFT-Netz[2] und dem Kommunikationsnetz MARK III

zur Verfügung. Btx war für die Entwicklung des **Electronic Banking** von vorrangiger Bedeutung, weil die später von den Banken favorisierte und realisierte Form des Datenverkehrs beinhaltet hat (Abbildung 9.20). Zwar wurde Btx in fast allen europäischen Staaten eingeführt, konnte sich jedoch wegen der niedrigen Übertragungsgeschwindigkeit nicht durchsetzen. Mit ISDN wird sich dies möglicherweise ändern. Von den Datex-Netzen gewinnt Datex-P an Boden. Mit ISDN und Telekom sind technische und organisatorische Voraussetzungen ge-

---

1) CEPT steht für Conférence Européenne des Administration des Postes et des Télécommunications.
2) SWIFT steht für Society for Worldwide Interbank Financial Telecommunication.

schaffen worden, den Kundenservice - auch grenzübergreifend - zu verändern. Revolutionär wirkt sich dabei auch die Einführung des **EDIFACT-Standards** (Electronic Data Interchange for Administration, Commerce and Transport) aus. Es handelt sich um hierbei um einen Weltstandard für alle Wirtschaftsbereiche, der hard- und softwareneutral und damit herstellerunabhängig ist und von einem Normungsausschuß der UNO gepflegt wird.

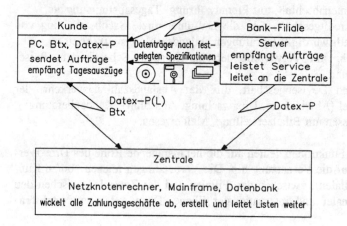

Abb. 9.20: Organisation der Kunden-Bank-Beziehungen

Für Kunden, insbesondere für Privatkunden, bieten die Banken verschiedene **Dienste** an. Darunter sind insbesondere zu nennen:

- elektronische Geldausgabe mit Geldausgabeautomaten, verbunden mit Druck der Kontoauszüge über Spezialdrucker,
- Kredit/Plastikkarten, künftig evtl. Chipkarten,
- Homebanking durch Btx- oder Telefon-Verbindung,
- POS(Point of Sale) -Systeme für Handelsgeschäfte und
- Informationsservice bspw. über Haus- und Grundstücksobjekte.

In den o.g. Diensten spielt die Identifikation des Kunden mittels **PIN** (Personen-Identifizierungs-Nummer) und einer Geheim-Nummer eine ausschlaggebende Rolle. Sie identifizieren und autorisieren den Inhaber der Plastikkarte bei der elektronischen Geldausgabe, bei bargeldloser Bezahlung im Handelsgeschäft im **POS**-System (automatische Abbuchung des zu zahlenden Betrages vom Konto des Kunden zugunsten des Handelsgeschäftes). Unter den sonstigen Service-Leistungen werden sehr unterschiedliche Dienste angeboten, so Cash-Management, Liquiditätsplanungen, Bonitätsprüfungen, Übernahme der Buchführung.

Neben den ausgeführten organisatorischen und technischen Voraussetzungen für das Electronic Banking kommen weitere Voraussetzungen hinzu, die durch den Zentralen Kreditausschuß als Arbeitsgremium der Banken geschaffen werden. Aufgabe des ZKA ist es, die tägliche, reibungslose Abwicklung der Bankengeschäfte zwischen den verschiedenen Institutsgruppen (Genossenschaftsbanken, Sparkassen, Banken, Kreditinstituten) zu sichern. Diesem Gremium unterliegt es, Datensatzformate für die Überweisungen, Lastschriften, Schecks eindeutig festzulegen; ebenso gehört hierzu die Festlegung der Informationen an die Kunden etc. Zu seinen Aufgaben zählen auch die Formalisierungen zu den internationalen Märkten, so auch zum weltweiten Verbundnetz der Banken (SWIFT; Abbildung 9.21).

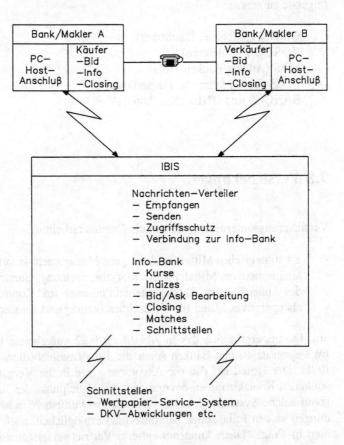

Abb. 9.21: Vereinfachtes Schema des IBIS-Systems

Neben der Festlegung der Formate und der organisatorischen Abwicklung der Geschäftsabschlüsse bietet **IBIS** (Inter-Banken-Informations-System) seinen Teilnehmern folgende Funktionen an:

- aktuelle Informationen über BID und ASK über Händler und Angebote;
- Eingabe von Geld- und Briefkursen, des Handelsvolumens;
- Eingabe von Geschäften zum Matching und zur Weiterleitung der Daten in die Abwicklung;
- Anzeige der eigenen Abschlüsse.

Von den zur Zeit verfügbaren ganzheitlichen Anwendungssystemen sind u.a. folgende zu nennen:

- OMNIS (Software, Darmstadt),
- KORDOBA (Siemens),
- MBS (Alldata/Banken-Orga),
- BOSS (Banca Svizzera, Lugano) und
- BANCOS und UNIBANK (Unisys).

9.8 Versicherungen

Versicherungsunternehmen setzen die Datenverarbeitung

- als strategisches Mittel für das eigene Management-Informationssystem,
- als dispositives Mittel für die Marktbeobachtung, Steuerung und Kontrolle des Außendienstes, für die eigenen Planungs- und Kontrollaufgaben, sowie
- als operatives Mittel für die Sachbearbeitung und Kundenberatung

ein. Daraus ergibt sich das in Abbildung 9.22 aufgelistete Leistungsspektrum. Im Gegensatz zu den Banken spielt die Kundenselbstbedienung praktisch keine Rolle. Der Grund ist, daß die Agenturen - wie in der Vergangenheit - die persönlichen Kontaktnahmen bevorzugen. Im Mittelpunkt der Bestrebungen stehen somit solche Systeme, die eine sofortige Auskunftsbereitschaft über PC-Anbindungen an den Filial- oder Zentralrechner ermöglichen; auch Btx-Rechner kommen in Frage. Diese kundenorientierte Vertriebsunterstützung setzt die Datenfernübertragung in den Mittelpunkt aller Überlegungen. Versicherungsunternehmen operieren auf der Basis eines zentralen Informationssystems auf einem zentralen Großrechner. Diese stehen am Standort der Generaldirektionen bzw. H Hauptverwaltungen. Dort werden alle Datenbestände geführt und über Direktrufnetze (Standleitungen), Datex-P-Netze, Btx-Systeme bereitgestellt. Das System ist modular, stark normiert und aktuell. Es ermöglicht bspw. die Aufnahme und Eintragung der Kundenwünsche in ein Laptop, die Übertragung der Daten bspw. aus einem Hotelzimmer an den Btx-Rechner, den Empfang und Druck des Versicherungsscheins usw.

```
                            Strategie
        MIS: Trendrechnungen, Produktschwerpunkte, Mengen, Preise
        Konkurrenz (Anbindung an externe Datenkonten)
```

Disposition	Ausführung
Absatz: Steuerung, Kontrolle des Vertriebs (-Informationssystem) Tarifgestaltung (Produktentwicklung mittels Datenbank, Kalkulation) Anlagen von Vermögen (Marktbeobachtung mittels externer Datenbank) Personal-Controlling Finanz- und Rechnungswesen	Kundenberatung (Agentur-IS) Kundenbedienung (Tarifkalkulation) Kundenakquisition Daten- und Textverarbeitung Sachbearbeitung Buchführung

Abb. 9.22: DV-Leistungsspektrum im Versicherungsunternehmen

Die zu erfüllenden Funktionen eines Versicherungsunternehmens lassen sich in fünf Aufgabengruppen unterteilen. In allen Gruppen ist eine DV-Unterstützung bereits heute weitestgehend realisiert, wobei die Versicherungswirtschaft von Anfang an integrierte Systeme entwickelt hat. Die Weiterentwicklungen gehen in Richtung Unterstützung der Vertriebstätigkeit, sowie die Kundenberatung mittels Expertensysteme. Die fünf Aufgabengruppen und ihr Zusammenhang wird in Abbildung 9.23 dargestellt.

In einigen Funktionsbereichen ergeben sich Identitäten zum Bankenbereich, so in der Vermögens- oder Finanzierungsberatung. Hieraus resultieren auch die beide Branchen umfassenden Programme. Spezifischer Funktionen sind in der

- Produktentwicklung (Lebens-, Kfz- etc. Versicherungen),
- Verwaltung der Verträge,
- Unterstützung des Kundendienstes,
- Bearbeitung der Schadensfälle,
- Prüfung des Risikos etc.

Funktionen	Beschaffung	Informationen - Marktlage - Vermögensanlage - Versicherungsnehmer, Akquisition
	Dienstleistung	Verwaltung von Verträgen Produktentwicklung Schadensbearbeitung Auftragsbearbeitung Risikoprüfung
	Marketing, Vertrieb	Kundendienst Kundenberatung Produkt
	Finanz- und Rechnungswesen	Zahlungsverkehr Investitionen Finanzierung Buchführung
	Controlling, Verwaltung	Verwaltung - Vermögen - Personal Aus- und Weiterbildung

Abb. 9.23: Systematik DV-unterstützter Funktionen

Versicherungsunternehmen zeichnen sich funktional und arbeitsteilig gegliedert aus. Sie gehören zu der Gruppe von Unternehmen, in denen eindeutig abgegrenzte Aufgaben bestimmt und geregelt sind. Die Aufgaben in der Kundenbeziehung (Marketing, Vertrieb) bspw. sind von der Sachbearbeitung (Dienstleistung) klar abgetrennt. Ihre Verbindung wird durch die DV-Technik hergestellt. Begünstigt wurde dieser Zustand durch die Technologie der 70er und 80er Jahre, als die zentralen Verarbeitungen und Speicherungen favorisiert worden sind. Die damals eingerichteten Strukturen wurden in den letzten Jahren den dezentralen, mobilen Strukturen angepaßt, in ihrem Wesen jedoch weitestgehend erhalten. Die entscheidenden Änderungen sind in Richtung Kommunikation, Dialog in der Kundenbetreuung zu suchen.

Die **Kundenorientierung** als Hauptzielsetzung der Versicherungsunternehmen wird zunächst durch Herstellung einer Transparenz zwischen allen Vorgängen von Verträgen eines Kunden realisiert. So kann der Sachbearbeiter beraten, betreuen, Verträge abschließen etc., wobei interne versicherungstechnische Funktionen nicht sichtbar werden. Auch die Einbindung von Expertensystemen dient der qualifizierten "Rundum"-Beratung.

Eine weitere, inzwischen realisierte Zielsetzung ist die **geschäftsvorfallorientierte Sachbearbeitung**. Darunter wird jeweils ein Arbeitsvorgang verstanden, der entsprechend seiner logisch zusammenhängenden Funktionen nach einer bestimmten, vorgezeichneten Vorgehensweise bearbeitet wird. Dies beinhaltet die Ablauflogik unter Einbeziehung der Ablaufbedingungen. Sie, die Geschäftsvorfallorientierung, hat Auswirkungen auf die Architektur des Softwaresystems. Es muß benutzergerecht und funktionserfüllend sein. Wichtige Eigenschaften solcher Programme sind ihre Stabilität, Wiederverwendbarkeit, Modularität, lokale Einsetzbarkeit. Ein solches Programm verfügt über drei Ebenen:

- Auf der **Navigationsseite** definiert der Sachbearbeiter den Geschäftsvorfall und das zu bearbeitende Objekt (Kunde, Vertrag). Bereits hier können Expertensysteme Vorprüfungen zwischen Vorfall und Objekt vornehmen. Die hier anstehende Aufgabe ist ein typisches Diagnoseproblem.
- Auf der **Dialogebene** wird die Struktur und der Ablauf des Dialogs geregelt. Es wird gefordert, eine einheitliche Benutzerschnittstelle zur einheitlichen Nutzung der zentralen Service-Leistungen zu schaffen. Die gleiche Forderung gilt für den Ablauf des Dialogs, ebenso für die Informationsstrukturen. Die Erfüllung dieser Forderungen ist eine Voraussetzung der Benutzerakzeptanz und der Wirtschaftlichkeit.
- Die **Serviceebene** betrifft die zentralen Dienstleistungen für den Dialog. Dazu gehören die Syntax der Eingaben, die Hilfestellungen, das Sicherheitssystem, die Zuteilung der Kompetenzen usw.

Hinter der Gestaltung der drei Ebenen stehen das Datenmodell (objektorientiert), das Funktionsmodell und das Prozeßmodell (vorfallsweise). Geregelt sind somit die vorhandenen Objekte, die Reihenfolge und die Bedingungen der Abarbeitung, sowie die Schrittfolge und Form des Dialogs.

In der Wirtschaftspraxis werden die zuvor beschriebenen Programmsysteme bei großen Versicherungsunternehmen in Eigenentwicklung, bei kleinen und mittleren Unternehmen häufig im Auftrag erstellt. Die Größenordnung des Datenvolumens, das durch die Versicherungen bzw. durch diese Programme zu bewältigen ist, lag Ende der 80er Jahre bei über 400 Mio. Verträgen, bei rund 20 Mio. Schadensfällen pro Jahr in über 400 Versicherungsunternehmen.

9.9 Dienstleistungsbetriebe, Freiberufler

9.9.1 Der Dienstleistungsbetrieb

Dienstleistungsbetriebe erstellen und verkaufen Dienstleistungen. Je nach Art der erbrachten Dienstleistung handelt es sich um Bank-, Verkehrs-, Handels-, Versicherungs- und sonstigen Betrieben. Zur letzten Gruppe gehören eine Reihe von Freiberuflern, auch Unternehmensberater, Steuerberater (nachfolgend stellvertretend für die anderen Berufe behandelt), Wirtschaftsprüfer, Anwälte, Notare, Ingenieure etc. Sie erbringen ihre Dienstleistungen einzeln oder gruppiert in einer Gesellschaft. Ihre Leistungen sind dadurch charakterisierbar, daß deren Produktion und Verbrauch zeitlich zusammenfallen. Hieraus resultiert eine besondere Art der notwendigen Steuerung, wie sie inzwischen auf dem Banksektor als Banken-Controlling, in den Rechenzentren als Rechenzentrum-Controlling Realität geworden ist. Analog dazu sind hier Systeme für das Kanzlei-Controlling, oder Büro-Controlling zu nennen.

In dieser Gruppe der Dienstleistungsbetriebe ist das erstellte Produkt die Information. Sie wird in Form von Schriften, Zahlen, Graphiken, also in verschiedenen Darstellungs- und Übermittlungsformen produziert. Viele dieser Produkte sind wiederkehrend, daher standardisierbar. Ein typisches Beispiel ist die Finanzbuchhaltung als standardisiertes Verfahren, deren Produkte die Bilanz, oder die Saldenlisten, oder die Jahreszahlen sind (Siehe Abschnitt 8.7). Die auszuführenden Tätigkeiten sind die Verbuchung der Geschäftsvorfälle, die Abstimmung der Salden, das Drucken bestimmter Daten u.a.m. Diese Aktionen werden von einem Programm gesteuert, das zugleich auftragsbezogen die Arbeitsart, die aktive Person, die Arbeitszeit etc. registriert. Und hier setzt der eigentliche Prozeß ein, in dem mit der Produktion parallel verlaufenden Aktionen vorgabeorientiert geprüft und im Bedarfsfalle gemeldet, korrigiert werden. Hier wird die Notwendigkeit einer synchronen Arbeitsweise zwischen den Soll-Vorgaben, den realisierten Werten und der prozeßbegleitenden Auftragssteuerung sichtbar.

9.9.2 Der Auftrag

Den Anstoß, diesen Prozeß in Gang zu setzen, liefert der Auftrag des Mandanten. Dieser wird nach Eingang in zweifacher Hinsicht bearbeitet:

- Als originäre Information löst er die Durchführung des Auftrages, die Erbringung der Dienstleistungen, also die **Auftragsabwicklung** aus.
- Als derivate Information löst er die führungs- und rechentechnische Begleitung der Leistungserbringung, also die **Auftragsverwaltung** aus.

9.9 Dienstleistungsbetriebe, Freiberufler

Entsprechend der möglichen Auftragsinhalte ergeben sich in beiden Teilbereichen weitere Unterpunkte, also einzelne Leistungsarten, wie die Erstellung eines Jahresabschlusses, die Berechnung der Körperschaftsteuer bzw. einzelne Aktionen auf der Verwaltungsseite (Abbildung 9.24).

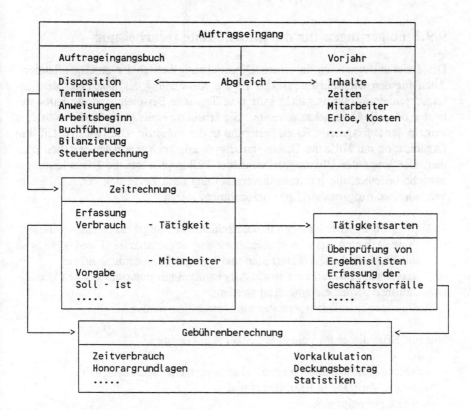

Abb. 9.24: Arbeitsteiliger Zusammenhang zwischen Abwicklung und Verwaltung eines Auftrages

Als erstes Zwischenergebnis läßt sich festhalten, daß in den Dienstleistungsbetrieben die **Auftragsverwaltung** der Produktion, also der Leistungserbringung, der sog. Auftragsabwicklung vorgeschaltet ist, enthält damit als wichtigste Aufgaben die Planung, Steuerung und Kontrolle des Auftrages. Gleichzeitig bildet sie die Schnittstelle zur allgemeinen Verwaltung und muß in dieser Funktion die für die Führung und Verwaltung des Betriebes relevanten Daten erfassen und bereitstellen. Die primäre Aufgabe der **Auftragsabwicklung** ist die auf den Auftraggeber bezogene Produktion bzw. Leistungserbringung. Beide Prozesse beginnen mit der Einrichtung des Auftrages und enden auch mit dessen Erfüllung. Zwischen diesen beiden definierten Zeitpunkten treten verschiedene informatorische Beziehungen der Auftragsabwicklung und -verwaltung auf. Dies zu beachten ist eine wichtige Aufgabe, die von den Herstellern der benutzten Anwendungsprogramme selten erbracht wird.

9.9.3 Folgerungen für die Informationsverarbeitung

Die Leistungserstellung in einem Dienstleistungsbetrieb ist auftragsorientiert. Auch für den Dienstleistungssektor ist die Anwendung des Konzeptes der auftragsorientierten Führung nicht ganz neu. Typische Beispiele sind die Softwarehäuser oder die Unternehmensberater. Sie arbeiten bereits heute häufig nach dem Prinzip der auftragsorientierten Fertigung in der Industrie. Die Industrie hat ihre Organisation mit Hilfe der Datenverarbeitung erheblich rationaler gestalten können. Die Frage der Übertragbarkeit dieser Philosophie auf die Dienstleistungsbetriebe bedeutet, die Informationsverarbeitung nach Zerlegung der Aufträge in verschiedene Aufgabenbereiche vorzunehmen, sofern

- pro Auftraggeber Arbeiten in unterschiedliche Aufgabenbereichen anfallen;
- diese Arbeiten bzw. Aufgaben eindeutig abgrenzbar sind und ggf. auch unterschiedliche Durchlaufzeiten und Fertigstellungstermine haben;
- verschiedene Mitarbeiter sowie Arbeitsmittel mit unterschiedlichen Qualifikationen permanent eingesetzt werden;
- die unterschiedlichen Arbeiten unübersichtlich werden.

Nur mit Hilfe dieser Vorgehensweise läßt sich erkennen,

- welche Aufträge angenommen, aber noch nicht angefangen haben,
- welche Aufträge in Bearbeitung und
- welche erledigt sind.

Zudem wird erst mit diesen Informationen neben der Steuerung und Abwicklung der Aufgaben auch eine verläßliche Planung z.B. der Maschinenkapazitäten, der Mitarbeitereinsätze, deren Auslastung, der Bearbeitungszeiten möglich, vor allem dann, wenn eine Vielzahl von gleichlautenden Aufträgen parallel oder nur geringfügig zeitlich versetzt ablaufen. Hieraus lassen sich dann weitere wesentliche Informationen über Dringlichkeitsstufen, Kapazitätsauslastung, Terminierungen benötigter Ressourcen, Kostenkalkulationen einzelner Aufträge usw. im oben beschriebenen Sinne ableiten.

Nach diesem Vorgehen ist die Leistungserstellung identisch mit dem, was später auch abgerechnet wird (Abbildung 9.25). Der Prozeß der Leistungserstellung wird **Auftragsabwicklung** genannt. Die heutigen Leistungsabrechnungs-Programme sind von einer eindimensionalen Philosophie der Leistungserstellung und -abrechnung geprägt. Eine solche Vorgehensweise ist aber nur so lange vertretbar, wie eine und dieselbe Person (Sachbearbeiter) die Gesamtleistung erbringt und diese dem Auftraggeber zurechnet. Wird die Anzahl der für den Auftraggeber zu erbringenden Leistungen qualitativ und quantitativ zu groß für diese Form der Organisation, so ist eine geordnete Leistungserstellung und deren Verwaltung nicht mehr möglich.

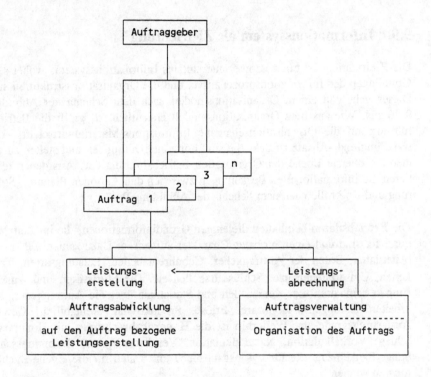

Abb. 9.25: Der ganzheitliche Zusammenhang

Durch die Auftragsverwaltung können alle wichtigen Informationen vom Eingang des Auftrages synchron mit der Bearbeitung bis zur Rechnung und Nachkalkulation lückenlos erfaßt werden. Durch eine im Zeitablauf entsprechend frühzeitig einsetzende Verwaltungstätigkeit wird zudem der Forderung nach einer kaufmännischen Führung der Dienstleistungsbetriebe Rechnung getragen. Der Verwaltungsaufwand entsteht nicht mehr gesondert, sondern wird auch gleichzeitig mit der laufenden Arbeit erledigt. Es entstehen zusätzliche, zeitkritische, zielgerichtet festgehaltene Informationen zur Betriebsführung. Mit Hilfe des Steuerungsinstrumentes "Auftrag" wird die ganzheitliche Betrachtungsweise

(Denken und Handeln in gesamtorganisatorischen Zusammenhängen) gefördert und die Möglichkeit des effektiven und umfassenden Managements eröffnet. Begleitet wird diese Entwicklung durch Einsatz der Techniken der

- Arbeits-, Kosten- und Zeitplanung,
- (Durchführungs-) Kontrolle, sowie
- Wirtschaftlichkeitsbetrachtung.

9.9.4 Informationssystem als Zielrichtung

Die Zielrichtung ist ein computerunterstütztes Informationssystem, wobei seine Grundlagen der Informationsprozeßansatz und die Organisationsstrukturen sind. Dieses geht von einem Organisationsmodell nach dem Schema der Abbildung 9.26 aus. Wie aus dem Organisationsmodell ersichtlich ist, greift die Betriebsführung auf die Organisationselemente Informations-Materialwirtschaft, -Umwandlung und -Absatz zurück. Sie sind horizontal verbunden und stellen zusammen die oberste Ebene der Organisation Betriebsführung dar. Aus denen resultieren die informationellen Beziehungen zwischen den Aktionen Planung, Steuerung und Kontrolle nach dem Schema der Abbildung 9.27.

Die **Betriebsdaten** beinhalten diejenigen Grundinformationen, die im Zeitablauf quasi fix sind und einen globalen Charakter aufweisen. Dazu zählen z.B. Mitarbeiterdaten, Daten der Auftraggeber, Gebührentabellen, Leistungsarten, Tätigkeiten, Umsatzsteuersätze, Schlüsseltabellen etc. Die **Statistiken** und **Auswertungen** beinhalten u.a. Kennzahlen und Statistiken über die Auftraggeber, Mitarbeiter(-leistungen), Honorare, Erlöse, Produktivität, Rentabilität, Gewinn, Auslastungsgrade etc. Weiterhin ist die **Honorarabrechnung** mit Honorarvorschlag, Vorkalkulation, Nachkalkulation, Vergleichswerten, Rechnungsschreibung, Bankeinzug, Rechnungsausgangsbuch und Daten für die eigene Buchhaltung zu nennen.

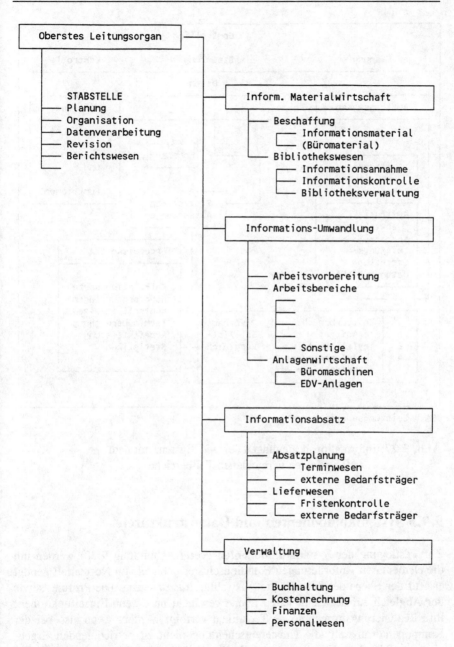

Abb. 9.26: Organisationsmodell

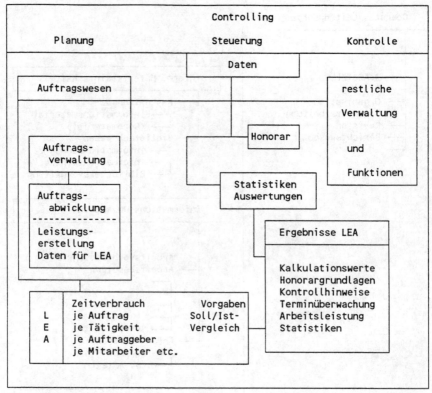

LEA = Leistungsaufzeichnung

Abb. 9.27: Informationsbeziehungen der wichtigsten, mit dem Auftragswesen verbundenen Teilbereiche

9.9.5 Systemkomponenten und Datenstrukturen

Zur Festlegung der **Systemkomponenten** (vergl. Abbildung 9.28) werden um die elementaren Anforderungen Funktionscluster gebildet. Im Normalfall genügt es, auf der Ebene der Subziele die Auswahlgrenze zu setzen. Die Prüfung sowie der Abgleich auf der elementaren Ebene geschieht nur, wenn Einzelfunktionen, ihre Realisierungsformen sowie Techniken verfolgt werden, wenn also bei der Komponentenauswahl die Clusterentscheidung nicht zu befriedigenden Ergebnissen geführt hat. Und dies ist häufig der Fall, insbesondere dann, wenn sich die Dienstleistungsbetriebe einen "Maßanzug" schneidern. Die Problematik läßt sich auf mehrere Gründe zurückführen, so auf folgende:

- Die Zahl der angebotenen, in Frage kommenden Komponenten (technische Geräte und Anwendungsprogramme) wächst ständig.
- Es herrscht eine verwirrende Vielfalt scheinbar gleichartiger oder sich in bestimmten (Leistungs-) Teilen ähnelnder Hard- und Software von unterschiedlichen Herstellern (Computerfirmen, Rechenzentren, Softwarehäusern, Verbänden, Unternehmensberatern).
- Die für gleiche Aufgaben angebotenen Produkte weichen voneinander erheblich ab. Die Hersteller neigen nur selten dazu, bis auf gesetzlich und/oder rechtlich geregelte Inhalte, sich Standardisierungsvorschlägen anzuschließen, weil sie sich mit ihren Produkten von der Konkurrenz abheben und zugleich absichern wollen.
- Der Bezug sämtlicher Systemkomponenten von einem Hersteller kann zur unerwünschten Abhängigkeit führen. Andererseits ist ein integratives Arbeiten zwischen den dargestellten Arbeitsbereichen nicht denkbar. Dann wiederum können die Stärken der anderen Hersteller nicht genutzt werden.
- Wegen der engen Verflechtung der Funktionsbereiche Führung, Produktion und Verwaltung ist eine teilbereichbezogene, oder sogar eine Ebene darunter liegende, isolierte Planung erfolgsentscheidend, weil jeder Bereich direkt oder indirekt mit den anderen drei Bereichen in Beziehung steht, auf diese Einfluß nimmt, auf der Ebene der Daten abhängig ist. Die isolierte Betrachtung führt zu Insellösungen, die nicht nur untereinander über Schnittstellen verkehren, sondern jede Änderung in einem Bereich löst eine Kette von Änderungen in den anderen Bereichen aus.
- Es fehlen Methoden, Verfahren, Techniken, die erprobt sind, die eine sachgerechte Entscheidungsvorbereitung für den einzelnen Betrieb als Individuallösung ermöglichen.

Ähnlich verhält es sich mit den **Datenbankstrukturen**. Auch hierauf hat der Anwender, also der Dienstleistungsbetrieb, keinen oder kaum Einfluß. Sie werden von den Herstellern der Systemkomponenten festgelegt, vorgegeben. Der Dienstleistungsbetrieb erbringt Dienstleistungen aufgrund des ihm erteilten Auftrags. Jeder Auftrag läuft in zwei Kanälen ab,

- in der Auftragsabwicklung, wo das Geforderte erfüllt wird und
- in der Auftragsverwaltung, wo die Vorgaben, die Pläne, die erbrachten Leistungen, die berechneten Gebühren, die Abbuchungen etc. stehen.

Beide Kanäle operieren mit eigenen und mit gemeinsamen Dateien. Die "verwaltungseigenen" Daten sind abhängig von den "auftragseigenen". Ebenso abhängig laufen die Aktionen der Abwicklung von den Daten der Auftragsverwaltung ab. Diese gegenseitige Abhängigkeit muß in einem Controlling-Konzept systemimmanent sein. Ansonsten wird Handarbeit notwendig und die Automatisierungseffekte gehen schnell verloren.

Systemkomponenten		
Software	Daten	Kommunikation
Einprozessorsystem Festplatten Diskettenlaufwerke Band zur Sicherung Laserdrucker Schönschreibdrucker Bildplatte Mikrofilm	Betriebssystem - Multitasking - Multiusing Standardprogramm - Tabellenkalkulation - Textverarbeitung Branchenneutrale Anwendungen: - Fibu - Lohn und Gehalt - BWA Branchenspezifische Anwendungen - Stammdatenverwaltung - Auftragsverwaltung - Terminverwaltung - Leistungsabrechnung - Statistiken	Verwaltungsdaten - Auftraggeber - Aufträge - Mitarbeiter - Gebühren - Statistiken Auftragsdaten Archivdaten - Lohnakte - Geschäftsakte	Modem Telefax Netzwerk Mailbox Btx

Abb. 9.28: Beispiele für Systemkomponenten

9.9.6 Informationsdatenbank als Basis für das Controlling

Ein modernes Management benötigt eine alle Bereiche des Betriebes umfassende differenzierte **Informationsbank**. Diese gemeinsame Datenbasis aller wichtigen Daten bildet also die Grundlage des Controlling. Der Grund ist im Wesensmerkmal des Controlling begründet. Es antwortet auf Fragen folgender Art:

- Welche Auftraggeber verursachen den größten Zeitaufwand?
- Wie verteilt sich der Umsatz auf die Mitarbeiter?
- Welcher durchschnittliche Stundensatz wurde erwirtschaftet?

Solche, oft zeitkritische Fragen lassen sich nur mit einer **Informationsdatenbank** - angekoppelt an ein Wertungssystem - lösen, die alle betriebsspezifischen Daten aus den verschiedenen Arbeitsbereichen der Verwaltung gemeinsam im Zugriff hält.

In der Vergangenheit konnte weitgehend der Verwaltungsbereich der Auftragsdurchführung mit Hilfe manueller Systeme wie Fristenkontrollbuch, Gebührentabellen und Auftragskartei (mit Zeithinweisen) erledigt werden. Diese reichen heute nicht mehr aus. Dem schnellen, zeitgerechten Agieren unter ständiger Beachtung auftragsspezifischer Fakten gehört die Zukunft, richtigerweise bereits die Gegenwart. Und dazu erbringt das oben beschriebene Controlling-Konzept die notwendigen Inhalte.

9.10 Hotelbetriebe

Ein Hotelbetrieb ist ein sehr komplexes Dienstleistungsunternehmen, bei dem eine Verknüpfung der Datenbanken und Informationsflüsse großen Rationalisierungsnutzen verspricht und bessere Entscheidungsgrundlagen für das Hotelmanagement liefert. Abbildung 9.29 stellt ein das Modell eines derartig integrierten Systems vor. Die Aufgaben eines Hotel-Systems, die sich im sog. **Front-Office** abspielen, lassen sich wie folgt erklären:

- **Reservierung**
  Um eine Reservierung bearbeiten zu können, müssen zunächst aktuelle Verfügbarkeitsinformationen abrufbar sein. Dabei sollte das System die Möglichkeit bieten, auf längere Zeiten (Jahre) hinaus zu planen sowie auch Kontingent- und Gruppenreservierungen vorzunehmen. Schriftliche und telefonische Anfragen bearbeitet ein Mitarbeiter am Dialogterminal. Handelt es sich um Stammgäste, werden automatisch vorhandene Daten und bekannte Präferenzen angezeigt. Bei neuen Gästen sind die Stammdaten in einem Bildschirmformular zu erfassen. Viele Reservierungen erfolgen auf elektronischem Wege in direkter Kommunikation mit computergestützten Buchungs- bzw. Reservierungssystemen.
- **Check-in**
  Bei der Ankunft des Gastes im Hotel erweitert das System die Stammdaten im Rahmen des Check-in und legt ein Gastkonto an, in dem für die gesamte Aufenthaltsdauer Belastungen für in Anspruch genommene Leistungen und Entlastungen durch getätigte Zahlungen gegenübergestellt werden. Der Zimmerstatus wird von "reserviert" auf "belegt" umgesetzt. Es besteht aber auch die Möglichkeit, daß der Gast eine multifunktionale Code-Karte bekommt, die er als elektronischen Schlüssel für das eigene Zimmer und zur Identifikation für die Inanspruchnahme von Leistungen benutzen kann.
- **Gastservice**
  Ziel ist, möglichst alle in Anspruch genommenen Leistungen elektronisch zu erfassen und auf das Gastkonto zu buchen. An dieser Stelle wären die Fax- und Telefongebühren zu nennen, aber auch computergesteuerte Regi-

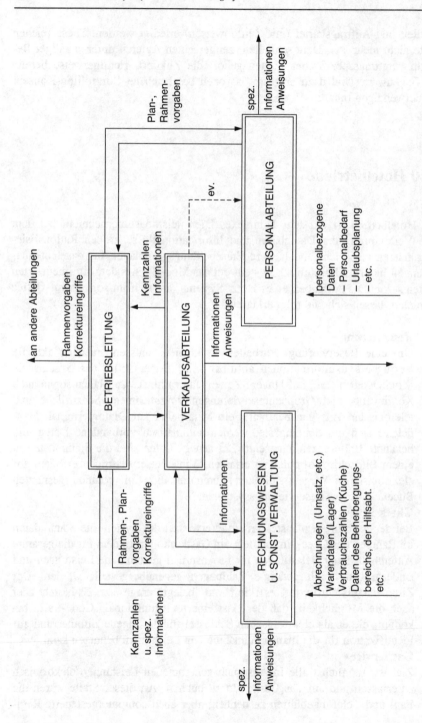

Abb. 9.29: Modell eines integrierten Hotelsystems

strierkassen im Restaurant oder Barbereich erlauben eine elektronische Übermittlung der Rechnungsbeträge auf das Gastkonto. Hinzu tritt die Code-Karte des Gastes, die als interne Kredit- und Buchungskarte zur Nutzung von Sondereinrichtungen (Sauna, Schwimmbad etc.) verwendet werden kann. Eine weitere Möglichkeit ist, daß der Gast über den Fernseh-Bildschirm in seinem Zimmer Informations-Dienstleistungen abruft. Dazu zählen Postsendungen, Wirtschaftsinformationen, Anzeigen des Saldos und der Umsätze seines Kontos, die Abfrage von Speisekarten, von Veranstaltungshinweisen und vieles mehr.

- **Rechnungserstellung**
Durch die ständige Aktualisierung des Gastkontos können zu jedem Zeitpunkt genau aufgeschlüsselte Einzelrechnungen oder eine zusammengeführte Sammelrechnung erstellt werden. Die Rechnungs- und Zahlungsdaten werden unmittelbar an die Debitorenbuchhaltung weitergeleitet.

- **Check-out**
Am Anfang eines jeden Tages wird für das Rezeptionspersonal eine Abreiseliste gedruckt. Spezielle Programmroutinen erleichtern den Check-out-Vorgang von größeren Reisegruppen. Eine bereits heute realisierte Form stellt das Video-Checkout-System dar, in dem der Hotelgast von seinem Zimmer aus seine Rechnung und deren Begleichung per Kreditkarte veranlaßt, so daß er keine Zeitverzögerungen beim Verlassen des Hotels erleidet. Die während des Aufenthalts angefallenen Daten werden in zum Teil aggregierter Form in einer Datenbasis zur späteren statistischen Auswertung abgelegt.

Im **Back-Office** sind Standardkomponenten, wie z.B. Finanzbuchhaltung, Lohn- und Gehaltsabrechnung, Kosten- und Leistungsrechnung, sowie allgemeine Bürosysteme für die Textverarbeitung u.ä. zu finden. Eine besondere Bedeutung hat das Warenwirtschaftssystem, das in Verbindung mit den Kassensystemen im Restaurant- und Barbereich den Absatz der einzelnen Speisen und Getränke im Online-Betrieb erfaßt, durch eine Rezepturauflösung den exakten Verbrauch einzelner Komponenten feststellt und dadurch die Lagerhaltung und Einkaufsdisposition unterstützt. Zusätzlich bietet das Hotelinformationssystem dem Management verschiede Auswertungs- und Statistikmöglichkeiten.

9.11 Gesundheitsbetriebe

9.11.1 Management- und Administrationsbereich

Eine Klinik/ein Krankenhaus ist i.e.S. ein "Produktionsbetrieb der Gesundheit", der den gleichen Grundsätzen der Führung und der Administration bedarf, wie jedes produzierende oder Dienstleistungen erbringende Betrieb. Die gesamte Leistungsbreite der Informationsaufgaben bestätigt dies. Die folgende Auflistung gibt einen Überblick über typische administrative Aufgabenbereiche:

- **Patientenverwaltung**
  Patientenaufnahme ambulant und stationär, Erfassung und Pflege, Belegungs-, Verlegungs- und Entlassungsdokumentation, Anfertigung von Statistiken;
- **Patientenabrechnung**
  Bearbeitung von Kostenübernahmeanträgen, Abrechnung von stationären, ambulanten und Gutachten-Patienten, Erstellung von Rechnungen für Krankenkassen, Versicherungsgesellschaften und Einzelpersonen;
- **Finanzbuchhaltung**
  Übernahme und Verbuchung der Ergebnisse der Patientenabrechnung in die Debitorenbuchhaltung, Erfassung sonstiger Geschäftsvorfälle in Personen- und Sachkonten, allgemeine Dokumentation der Vermögens- und Ertragsentwicklung;
- **Leistungserfassung**
  Erfassung der Leistungen der Funktionsstellen in Kliniken und Instituten, Erstellung der vorgeschriebenen Leistungsnachweise, statistische Auswertungen;
- **Kostenrechnung**
  Aufzeichnung der entstandenen Kosten und Zuordnung der Leistungsnachweise zu Kostenstellen nach dem Verursachungsprinzip, Erstellung der Betriebsabrechnung;
- **Planung und Controlling**
  Kostenanalysen, Wirtschaftlichkeitsbetrachtungen, Vorkalkulation der Selbstkosten, Budgetberechnungen, Erstellung von Entscheidungsgrundlagen für Pflegesatzverhandlungen und Überwachungsaufgaben des Klinikmanagements;
- **Materialwirtschaft**
  Beschaffung und Bereitstellung von Medikamenten (Klinikapotheke), Versorgung mit Sachbedarf, wie z.B. Verbandsmitteln, Pflegemitteln, Haushaltsbedarf, Wäsche;
- **Anlagenwirtschaft**
  Erfassung, Bewertung und Verwaltung von Anlagegütern, Erstellung von Inventarverzeichnissen, Festhalten von Anschaffungswerten, Abschreibungen und Restwerten, Wartung und Instandsetzung;
- **Personalwesen**
  Lohn- und Gehaltsabrechnung der Beschäftigten, Überstundenerfassung, Mitarbeitereinsatzplanung.

Die skizzierten Teilsysteme stehen in einer engen Verbindung zueinander. Das Ziel ist es, integrierte Gesamtsysteme zu realisieren, durch die redundante Dateneingaben vermieden und ein Vorgang mit den zugehörigen Daten von Teilkomponente zu Teilkomponente zur automatischen Weiterbearbeitung durchgereicht wird.

Ein Beispiel für dieses Vorgehen wäre die Entlassung eines Patienten. Hierbei werden die Daten aus der Patientenverwaltung an die Patientenabrechnung übergeben. Diese gibt die Rechnungsdaten an die Finanzbuchhaltung weiter. Die gebuchten Geschäftsvorfälle gelangen danach zur Kostenrechnung, die die Grundlage für die Budgetierung und das Controlling bildet. Für das Klinikadministrationssystem wird deshalb eine Integration der Datenbasen angestrebt.

Auf die vom Administrationssystem verwalteten Patientenstammdaten, die u.a. auch die Basisinformationen zu den bisherigen Klinikaufenthalten einschließen, bedienen sich auch die Systeme der medizinischen Versorgung und Forschung. Die Leistungsdaten bilden eine weitere wichtige Schnittstelle zum klinischen Bereich. Diese müssen vor Ort, d.h. auf der Station oder in den Leistungsstellen der einzelnen Kliniken bzw. Institute, erfaßt und in das Administrationssystem eingebracht werden.

9.11.2 Klinikbereich

Die medizinische Versorgung kann man in die Bereiche der diagnostischen und therapeutischen Leistungen einteilen. Diese werden zum einen auf der Station, zum anderen durch besondere Leistungsstellen erbracht. Ihre Einbindung in ein klinisches Informationssystem ist aus Abbildung 9.30 ersichtlich. Die vom Stationspersonal durchgeführten ärztlichen und pflegerischen Leistungen müssen einerseits in der medizinischen Dokumentation, andererseits in der administrativen Leistungsrechnung festgehalten werden. Von zentraler Bedeutung ist jedoch die Kommunikation zwischen Station und Leistungsstellen. Dabei fallen drei Hauptaufgaben an:

- **Anforderung und Rückmeldung von Leistungen**
  In der Mehrzahl der Fälle werden Befunde spezialisierter diagnostischer Einrichtungen angefordert. Hierzu müssen bspw. Labor- und Röntgenuntersuchungen durchgeführt werden. Zur konventionellen Leistungsanforderung existiert eine große Anzahl unterschiedlichst gestalteter Vordrucke. Die Leistungsstelle dokumentiert die bearbeiteten Anforderungen und leitet die Befunde an die auftraggebene Station zurück.

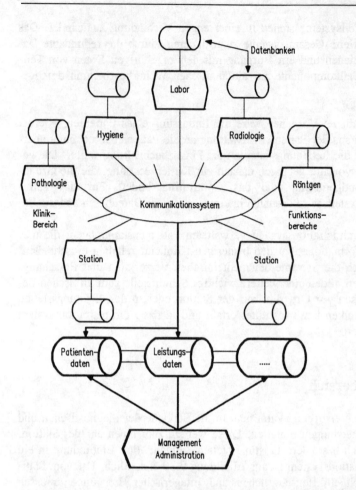

Abb. 9.30: Integrierte Informationsverarbeitung in Kliniken

- **Vereinbarung von Terminen**
  Hierbei gibt es zwei Möglichkeiten: Bei der einen vereinbart das Stationspersonal zunächst den Termin mit der Leistungsstelle. Zum gegebenen Zeitpunkt wird die konkretisierte Leistungsanforderung abgesendet bzw. dem Patienten mitgegeben. Bei der anderen Möglichkeit beginnt der Vorgang mit der Leistungsanforderung. Die Leistungsstelle teilt später der Station den voraussichtlichen Untersuchungstermin mit und ruft den Patienten kurzfristig an.
- **Organisation von Transporten**
  Für Untersuchungen am Patienten ist der Patient selbst, für Laborbefunde, Gewebeuntersuchungen sind entsprechende Präparate zu transportieren. Hierzu sind Transportmittel und -dienste anzufordern sowie Ziel-, Rückleitungs- und Begleitinformationen zu übermitteln.

Anhand dieser Ausführungen wird deutlich, daß zwischen Station und Leistungsstelle ein reger Austausch von Daten und eine weitgehende Synchronisation von Tätigkeiten stattfinden muß. Die Abbildung 9.30 zeigt graphisch das Zusammenwirken zwischen Klinikadministration und der medizinischen Versorgung. Es wird somit deutlich, daß ein gut ausgebautes Kommunikationsnetz von zentraler Bedeutung für eine funktionierenden Gesundheitsbetrieb ist.

9.12 Verwaltungsbetriebe

9.12.1 Aufgaben des Verwaltungsbetriebes

Die Funktionsfähigkeit der Wirtschaft hängt nicht unwesentlich von einer effizienten öffentlichen Verwaltung ab. Unternehmen haben vielfältige Aufgaben in Abstimmung bzw. Kooperation mit öffentlichen Stellen abzuwickeln. Daneben kommt jeder Bürger in fast allen Lebensbereichen mit Ämtern und Behörden in Berührung. Die zahlreichen Verwaltungstätigkeiten lassen sich unterschiedlich klassifizieren und durch die Datenverarbeitung unterstützen. Die folgende Auflistung ist funktional ausgerichtet:

- **Datenverwaltung**
  An verschiedensten Stellen müssen sehr große Datenmengen gehalten und gepflegt werden. Hier wären bspw. das Einwohnermelde-, das Kraftfahrzeug- und das Gewerbeaufsichtsamt, die Polizei etc. zu nennen.
- **Auskunftserteilung**
  Auf die Datenbasen wird einerseits zugegriffen, um für bestimmte Geschäftsvorfälle Informationen zu selektieren, Auskünfte zu erteilen oder Bescheinigungen auszustellen. Hierzu gehören Informationen über die Eigentumsverhältnisse bei Grundstücken oder das Versenden von Wahlbenachrichtigungen. Andererseits muß ein gezielter Informationsaustausch zwischen Behörden gewährleistet werden. So ist bei der Anmeldung an einem neuen Wohnort, die Abmeldung bei der bisherigen Meldebehörde etc. eine Verbindung herzustellen.
- **Auftragsbearbeitung**
  Es handelt sich meist um standardisierte und formalisierte Vorgänge, die in großer Zahl abzuwickeln sind. Beispiele sind die Bearbeitung von Anträgen auf Wohngeld, Rundfunkgebührenbefreiung, oder die Ausstellung von diversen Ausweisen. Dabei sind nicht nur einfache Routinetätigkeiten, sondern auch komplexe Aufgaben abzuwickeln, wie z.B. die Erstellung eines Steuerbescheides.

- **Finanzwesen**
  Viele Bearbeitungsvorgänge sind mit der Erhebung von Gebühren verbunden. Hierzu muß einerseits ein Kassenwesen für die Bargeschäfte in der Behörde, andererseits ein zentrales Finanzwesen unterstützt werden. Auch hier sind große Mengen von Rechnungen, Zahlungsaufforderungen, Mahnungen und Buchungen abzuwickeln.

9.12.2 Softwarearchitektur

Bei der Bewältigung von Verwaltungsvorgängen, bei denen ein persönlicher Kontakt mit dem Bürger besteht, verfolgt man das Ziel, möglichst viele Dienstleistungen durch den gleichen Sachbearbeiter am Schalterterminal anbieten zu können. Damit sollen dem Bürger zusätzliche Wege und der damit verbundene Zeitverlust erspart werden. Das benutzte Softwarepaket gleicht sich diesen Anforderungen an:

- **Programmsystem**
  Das Programmsystem besteht aus einer Vielzahl vom Modulen, die über eine einheitliche Benutzerschnittstelle und dasselbe Steuerprogramm angesprochen werden. Kern des Systems bilden Programme zum Einwohnermeldewesen, um die weitere Zusatzfunktionen gruppiert werden.
- **Datenverwaltung**
  Um die Vielzahl der Dateien den Bausteinen des Programmsystems variabel zuordnen zu können, werden die verbindenden Pfadnamen in einer eigenen Pfadnamendatei verwaltet. So kann man die gleichen Programmbausteine mit unterschiedlichen Daten als Arbeits-, Test- und Vorführversion verwenden.
- **Zugriffsschutz**
  Neben einer Zugriffsberechtigungsdatei (siehe Abschnitt 12.4), in der die Nutzungsrechte des Softwaresystems für jeden Sachbearbeiter definiert sind, führt man eine Log-Datei, in der Datum, Uhrzeit, Stationsnummer, Benutzername, Programmname und Zusatzinformationen protokolliert werden.

Hinzuweisen ist schließlich darauf, daß die Datenverarbeitung der öffentlichen Verwaltungen durch kommunale, Landes- und Bundes-Rechenzentren unterstützt werden, in dem dort

- die Softwareentwicklung und -wartung,
- die statistischen Datenbanken und
- bestimmte Auswertungen

zentral laufen. Es kommt somit zu einer verteilten Datenverarbeitung mit einem stark verflochtenem Informationsnetz.

10. Bürokommunikation

	Einführung	Begriffserklärung Ausgangssituation Zielvorgaben	Abschnitt 10.1
	Bürotätigkeiten	Typologie Charakterisierung Kriterien	Abschnitt 10.2
Büro- automations- systeme	Büroarbeitsplatz	Anforderungen Arbeitsplatzrechner Personal Computing PC-Netze Minicomputer PC-Host-Verbindung	Abschnitt 10.3
	Architektur	Entwicklungssystem Computer Integrated Office Auswirkungen Projektierung	Abschnitt 10.4
	Teilsysteme	Texte Dokumente Termine Kommunikation - Der elektronische Schreibtisch - Videokonferenz	Abschnitt 10.5
	Softwaremarkt		Abschnitt 10.6

10.1 Einführung

10.1.1 Begriffserklärung

Unter einem Bürokommunikationssystem wird ein Computersystem verstanden, das die Arbeit im Büro unterstützt. Neben dem Begriff Bürokommunikationssystem sind auch andere Bezeichnungen üblich, wie etwa Büroinformationssystem, Büroautomationssystem oder integriertes Bürosystem. Diese Begriffe meinen im wesentlichen dasselbe, die Namensgebung hängt davon ab, welchen Aspekt der

Unterstützungsleistung eines solchen Systems man besonders betonen möchte. Mit einem Büroarbeitsplatz ist im allgemeinen ein Schreibtischarbeitsplatz gemeint. Bürotätigkeit besteht aus dem Umgang mit Informationen, sie dient zur Wahrnehmung von Verwaltungs-, Planungs- und Leitungsaufgaben in einem Betrieb oder einer Behörde, seltener zur Produktion, wie etwa im Falle einer Zeitungsredaktion. Herkömmliche technische Geräte zur Unterstützung der Büroarbeit sind etwa Schreibmaschinen, Aktenordner, Terminkalender, Formulare, Telefone und Kopierer. Die Einführung von Informationstechnik im Büro soll diese technische Unterstützung durch ein größeres Funktionsangebot und Ausschöpfung des dem Medium Computer eigenen Automationspotentials verbessern.

Die Bürotätigkeit umfaßt neben dem Erzeugen, Verändern, Speichern, Wiederauffinden und Übermitteln von Schriftstücken, Formularen und graphischen Darstellungen, der Manipulation von Informationen höherwertige Funktionen wie das Planen der persönlichen Arbeit (Termine) das Treffen von Entscheidungen und das Behandeln von Ausnahmefällen. Darüber hinaus hat die Büroarbeit einen starken kommunikativen Aspekt, da einerseits die im Büro anfallenden Aufgaben meist nur durch das Zusammenwirken mehrerer Personen erledigt werden können, andererseits diese Aufgaben aber nicht so wohlstrukturiert sind, daß das Zusammenwirken wie eine Fließbandroutine organisiert werden könnte.

Ein Bürokommunikationssystem sollte daher sowohl einzelnen Personen bei der Erfüllung ihrer vielfältigen Aufgaben als auch Gruppen von Personen bei ihrer Zusammenarbeit untereinander behilflich sein. Wesentliche Akzeptanzfaktoren für ein Bürokommunikationssystem sind neben der ausreichenden Funktionalität des Systems die Integration dieser Funktionen zu einem konsistenten Gesamtsystem mit Benutzerschnittstellen, die den gewohnten Arbeitsstil im Büro berücksichtigen. Somit kommt es zur Bearbeitung vieler verschiedener Aufgabentypen in integrierter Form.

Das Bürokommunikationssystem umfaßt die computerisierte Unterstützung aller Abläufe in einer büromäßig arbeitenden Organisation. Dieser Begriff ist der Büroautomation (Office Automation) vorzuziehen, weil darunter die Informationsverarbeitung und die Kommunikation verstanden werden. In einem Unternehmen wird mitunter der Begriff Unternehmenskommunikation gebraucht. Der Leistungsumfang ist auf

- die Textbe- und -verarbeitung,
- die elektronische Post,
- die Ablage und Archivierung,
- die Einbindung in Telex, Teletex und Telefax,
- die Integration vorhandener, diverser (Fach-) Anwendungen

bestimmt. Als Rechner stehen im Regelfall je nach Organisation Abteilungsrechner (Workstations), PC-Netzwerke oder PC-Host-Verbindungen zur Verfügung.

10.1.2 Ausgangssituation

Untersuchungen belegen, daß, während in der Fertigungswirtschaft in den vergangenen 10 Jahren ein Produktionszuwachs von 90% zu verzeichnen war, dieser im Büro nur 4 % betrug. Diese geringe Produktivitätssteigerung wurde fast ausschließlich in der Textverarbeitung erzielt.

Einer der Gründe lag darin, daß im gleichen Zeitraum in der Fertigung ca. 20 mal mehr in die Technologisierung investiert wurde als im Büro. Die Datenverarbeitung erfaßte die Büro- und Verwaltungstätigkeiten sehr spät. Auslösend hierzu war, daß die DV-Hersteller erst nach Sättigung der Fertigungsbereiche Ausschau nach neuen Märkten gehalten haben. Hinzu kam, daß die Mikroprozessoren das Büro als Standort erschlossen haben, wobei die steigenden Personalkosten und ständig wachsenden Informationsmengen zusätzlichen Beitrag lieferten.

Die Informationsdefizite im administrativen Bereich machen sich trotz verstärkter Automatisierung immer stärker bemerkbar, weil betriebsintern bereichsisoliert, in diesem Falle "büroisoliert" gearbeitet wird, wann bspw. eine zentrale Textverarbeitung, dedizierte Arbeitsplatzrechner, starke Arbeitsplatzorientierung usw. beherrschend sind. Grund dafür ist, daß ganzheitliche und mit anderen Bereichen integrierbare Lösungen im Sinne eines **Computer Integrated Office** (**CIO**) noch ausstehen. Auch die Bereitschaft, vergleichbare, weitentwickelte Systeme einzusetzen, steht noch aus. Abstimmungen mit den Beteiligten, Schulungen, Beratungen und schrittweise angesetzte Aktionen sind und werden erforderlich. In diesem Zusammenhang wird auch vom **Büro der Zukunft** gesprochen (**Office of the Future**), das die computerunterstützte Integration aller Verwaltungstätigkeiten bedeuten soll.

10.1.3 Zielvorgaben für die Bürokommunikation

Die Zielrichtung für ein Bürokommunikationssystem ist vorgegeben:

- Reduzierung der Durchlaufzeiten,
- Reduzierung der Arbeitsteilung,
- Automatisierung der Routinearbeiten,
- Verbesserung der Kommunikation,
- Aktualisierung der Informationen,
- Steigerung der Effektivität etc.

1. Zielebene:	Gesamtorganisation Verbesserung der Wettbewerbsfähigkeit Steigerung der Innovationsfähigkeit Erhöhung der Flexibilität Verbesserung des Image
2. Zielebene:	Unternehmensbereiche Bewältigung wachsender Informationsmengen und -bedürfnisse Bereitstellung von Entscheidungsinformationen (schneller, aktueller, mit besserer Qualität) Beschleunigung von Anpassungs- und Abstimmungsprozessen Integration der Prozesse Senkung der Kosten
3. Zielebene:	Unternehmensbereich Büro Computer Integrated Office (CIO) interne und externe Kommunikation schneller, besser, effektiver Büroarbeiten/tätigkeiten produktiv, rationalisiert, redundanzfrei Integration mit Betriebsprozeß integriert, ganzheitlich, verfügbar, simultan Wirtschaftlichkeit kostengünstig Akzeptanz leicht verständlich, gut präsentiert
4. Zielebene:	Arbeitssysteme Verbesserung der Durchlaufzeiten, der Outputs Minimierung der Bearbeitungs- und Übertragungszeiten
	Texte / Dokumente / Termine / Kommunikation

Abb. 10.1: Zielbaum der Bürokommunikation

Hierzu stehen neue Technologien zur Verfügung, um die Arbeiten

- parallel/simultan abzuwickeln,
- besser zu präsentieren,
- leicht wiederfindbar zu machen etc.

Im einzelnen geht es um die Verbesserung der Kommunikation intern und nach außen in qualitativer und zeitlicher Hinsicht. An nächster Stelle geht es um die zeitliche Verkürzung der administrativen Arbeiten, also um Reduzierung der

Zeiten für die gleichen Aufgaben (Produktivitätssteigerung), um Einsparung von wiederholter Durchführung gleicher Aufgaben an verschiedenen Arbeitsplätzen, um die Automatisierung standardisierbarer Routinetätigkeiten, um eine sachgerechte Informationsverteilung, um die Einbindung der Büroarbeiten in die Betriebsprozesse und umgekehrt. Neben diesen allgemeinen Zielsetzungen gibt es spezielle Zielvorgaben, die jeweils bestimmte Funktionen wie Archivierung, Textverarbeitung u.ä. betreffen. In diesen Fällen geht es um die Erstellung von Dokumenten, deren Speicherung, Wiederfindung (Abbildung 10.1).

10.2 Bürotätigkeiten

10.2.1 Typologie der Büroarbeiten

Die Büroarbeit umfaßt neben den Verwaltungstätigkeiten der Organisation alle kaufmännischen Aktionen. Dementsprechend sind die Büroarbeitsplätze nach der Art der auszuführenden Tätigkeiten einzuteilen, und zwar in die **Arbeitsplatztypen** (Abbildung 10.2)

- Führung (Manager, Geschäftsführer),
- Fach/Spezialaufgaben (Ingenieur),
- Sachbearbeitung (Buchhalter) und
- Unterstützung (Sekretärin).

Diese Auflistung charakterisiert die vertikale (hierarchische) Gliederung, zugleich Aufgabenteilung im Büro. Eine prozeßorientierte, also die horizontale Aufgabenteilung hingegen zeichnet die Arbeitsabläufe, die Prozeßketten auf - vergleichbar mit dem Fertigungsprozeß im Industriebetrieb. Dabei ergeben sich Unterschiede in bezug auf die Tätigkeitsarten und deren Qualitäten.

Die Typologisierung der Aufgaben und die Unterscheidung nach erledigender und kommunikativer Art, schließlich die Charakterisierung der Ausgangssituation führen zu einer weiteren Clusterung (Abbildung 10.3). Sie gruppiert die Bürotätigkeiten nach ihren Objekten, Funktionen und Aufgabenarten.

Entscheidende Bedeutung kommt der Erledigungsart bzw. -ort zu, weil die technologischen Lösungen hier an dieser Stelle zum Tragen kommen. Feststeht nämlich, daß die Objekte der Büroarbeit eine multimediale Unterstützung bedingen, wobei die Anteile der Objekte vom Text und von den Daten stärker in Richtung Bild, Graphik und Ton ausgeweitet werden. Feststeht auch, daß die Funktionen weitgehend gleichbleibend sind; allerdings mit quantitativen und qualitativen

Verlagerungen zugunsten der Archivierung und Wiedergewinnung. Am Arbeitsplatz selbst werden nunmehr verschiedene Arten bestehen. Ihre Ausrichtung bestimmt die eigentliche Bürotätigkeit.

Typ	Führung	Spezialkraft	Sachbearbeitung	Unterstützung
Aufgabenart	Einzelfall	Einzelfall Routinefall	Routinefall	Routinefall
Problemart	neuartig	wechselnd	gleichbleibend	gleichbleibend
Planbarkeit	nicht planbar planbar	teilweise planbar	vollständig planbar	vollständig planbar
Merkmale	Führungs-, Entscheidungsaufgaben	Denk-, Kreativitätsaufgaben	Objekt-, Sachaufgaben	Sachaufgaben
Tendenz	leicht steigend	stark steigend	konstant	leicht abnehmend
Kommunikation	ca. 60%	ca. 60%	ca. 45%	ca. 20%

Abb. 10.2: Typologieklassen der Aufgaben

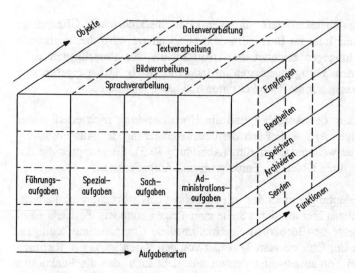

Abb. 10.3: Aufgabenwürfel der Bürotätigkeit

10.2.2 Charakterisierung der Tätigkeiten

Abbildung 10.3 zeigt, daß sich die Bürotätigkeiten nicht nach einem einzigen Kriterium charakterisieren lassen, weil sie wiederholt in anderen Zusammenhängen vorkommen. Die 3dimensionale Darstellung deutet die Problematik an. Die Tätigkeit "Bearbeiten" von Daten durch eine "Führungskraft" ist mit der Tätigkeit "Bearbeiten" von Daten durch eine "Spezialkraft" zunächst vergleichbar. Entscheidend wird es sein, um welche Daten es sich handelt, wo sie gespeichert sind, über welches Medium sie bereitgestellt werden, ob es sich um die gleichen Daten handelt, oder ob die Spezialkraft der Führungskraft nur vorgeschaltet ist etc. Schließlich ist wichtig, was sich hinter der Funktion "Bearbeiten" verbirgt und welche technische Unterstützung notwendig ist. Die in der Matrix aufgelisteten Funktionen, Objekte und Aufgabenarten lassen sich somit weiter spezifizieren und in komplexe Zusammenhänge bringen. Nachfolgende Auflistungen belegen diese Aussagen.

Führungsaufgaben werden von Unternehmern, Geschäftsführern, leitenden Beamten usw. wahrgenommen. Der Schwerpunkt der Tätigkeiten liegt im organisatorischen Denken, also in der Findung und Vorgabe der notwendigen Aktionen. Die **Fach/Spezialaufgaben** werden von Ingenieuren, Fachleuten in Banken und Versicherungen, Groß- und Einzelhandelskaufleuten, Hochschullehrern, Werbefachleuten, Steuerberatern, Ärzten, Anwälten etc. wahrgenommen. Ihre Tätigkeiten werden durch das schöpferische Denken geprägt sein. **Die Sachaufgaben** unterliegen Verwaltern, technischen Zeichnern, Sachbearbeitern in Banken und Versicherungen, Buchhaltern, Berufsberatern etc. Hier herrscht das schematische, das normierte/standardisierte Denken vor. Schließlich werden die **Unterstützungsaufgaben** als manuelle Tätigkeiten von Operateuren, Stenotypisten, Datentypisten, Bürohilfen etc. erledigt.

Die Untersuchung der Tätigkeiten dient dem Zweck

- objektgerechte,
- aufgabengerechte und
- funktionsgerechte

Techniken zu finden und den Arbeitsplatz danach auszurichten. Die Charakterisierung der Tätigkeiten belegt die in der Datenverarbeitung ausgeübte Praxis, wonach die DV-Unterstützung **verrichtungsorientiert** sein muß, um die ausführende Person zu entlasten, seine Arbeit zu fördern. Mit der Verrichtung ist der Ablauf des Arbeitsprozesses gemeint. Dabei kommen folgende (alphabetisch aufgelistete) Grundverrichtungen vor:

Verrichtungsart	Daten	Graphiken	Texte	Bilder	Bewegtbilder	Sprache
Ablegen	Datenbank	CAD	Archiv	CD-ROM	CD-ROM	Tonband
Empfangen	Dateldienste	Fax	Dateldienste Elektronic Mail	Fax	Bildtelefon Videokonferenz	Telefon Funk
Filmen				Fotosatzgeräte	Videokamera	
Fortbewegen						
Handhaben						
Hören						Lautsprecher
Kalkulieren	Computer					
Lesen	Leseeinrichtung		Leseeinrichtung			
Schreiben	COM, Drucker		COM, Drucker			
Setzen				Mikrofilmgeräte	Fernseher Videorecorder	
Sprechen						Diktiergerät Tonband
Trennen	Editor	CAD, Business Graphics	Textprogramm			
Vernichten	Reißwolf		Reißwolf			
Weiterleiten	Dateldienste LAN, MAN, WAN	Fax	Dateldienste LAN, MAN, WAN	Fax	Bildtelefon Videokonferenz	Telefon Funk
Zeichnen		CAD Bürosystem				
Zusammenfügen	Editor	CAD, Business Graphics	Textprogramm			

Abb. 10.4: Matrix der Verrichtungsarten und ihrer DV-Techniken

- Ablegen,
- Empfangen,
- Filmen,
- Fortbewegen,
- Handhaben,
- Hören,
- Kalkulieren,
- Lesen,
- Schreiben,
- Sehen,
- Sprechen,
- Trennen,
- Vernichten,
- Weiterleiten,
- Zeichen und
- Zusammenfügen.

Werden diese Grundverrichtungen ihren möglichen DV-Techniken gegenübergestellt, so ergibt sich die in Abbildung 10.4 gezeigte Matrix.

10.2.3 Kriterien zur Beurteilung der Arbeitsprozesse

Die Zielhierarchie in Abbildung 10.1 deutete an, die Tätigkeiten in einem Büro können unter verschiedenen Blickwinkeln gesehen werden. Eine generelle Zielvorgabe, so die Verbesserung der Situation, ist nicht hinreichend, sie muß bis auf die einzelne Tätigkeit bzw. bis auf den einzelnen Arbeitsprozeß aufgebrochen werden. Im wesentlichen kommt es auf die Wartung mit fünf Kriterien an, die sich gegenseitig positiv und negativ beeinflussen können.

Das Ziel jeden wirtschaftlichen Handels ist es, ein bestimmtes Ergebnis mit den geringsten Kosten zu erreichen. Die **Kostensenkung** ist ein Produkt aus der Verminderung der Durchlaufzeiten, der Qualitätssteigerung des Produktes und der Arbeitszufriedenheit. Die letzten beiden Kriterien beeinflussen die Kosten negativ, weil ihre Steigerung zugleich die Kosten erhöht. Die Verringerung der **Durchlaufzeiten** kann durch Senkung der Rüst-, Liege-, Transport- und Verarbeitungszeiten realisiert werden, wobei sie der Erhöhung der Transparenz positiv, der Steigerung der Arbeitszufriedenheit hingegen negativ beiträgt. Die Erhöhung der **Transparenz** und damit Schaffung der Voraussetzungen für die Integration ist organisatorisch gesehen ein Muß aller Aktivitäten. Hier dürfte das oberste Primärziel der Bürokommunikation liegen. Auf der gleichen Ebene befindet sich die Erhöhung der **Büroproduktqualität**. Dieses Kriterium steht mit allen anderen eng in Kontakt; schließlich trägt die Zufriedenheit, die **Akzeptanz** einen wichtigen Beitrag zur Arbeitserledigung (Abbildung 10.5).

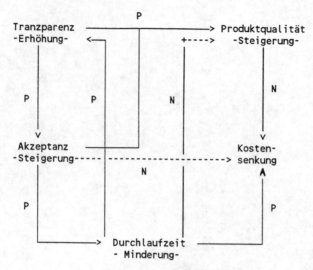

P = positive   N = negative Beeinflussungen

Abb. 10.5: Kriterienzusammenhang

10.3 Der Büroarbeitsplatz

10.3.1 Anforderungen

Die Integration am Arbeitsplatz, das Zusammenfassen aller notwendigen Tätigkeiten zu einem geschlossenen Ganzen, das Umgehen mit den Objekten Daten, Texte, Bilder, Sprache und schließlich die Akzeptanz der Betroffenen - das sind die wichtigsten Forderungen an die heutige Bürokommunikation. Abgesehen von der besonderen Stellung des Telefons als arbeitsplatzbezogene Technik im Büro steht das Objekt "Texte" im Vordergrund. Häufig sind daher die geforderten Eigenschaften von Bürosystemen aus dieser Sicht zu werten.

Die Anforderungen lassen sich in die Gruppen allgemeine und spezielle Anforderungen einteilen. Die **allgemeinen Anforderungen** gelten für alle Techniken und Anwendungsprogramme. Sie sind generell gültig. Sie sind sachlicher und formeller Art. Die **speziellen Anforderungen** beziehen sich jeweils auf eine bestimmte Technik oder Anwendung. Sie erweitern die allgemeinen Anforderungen nach einer Verrichtungsart, mitunter sogar nur nach einer einzigen Aufgabe. So kommt es zu einem Kriterienbaum (Abbildung 10.6).

10.3 Der Büroarbeitsplatz

Anforderungen an das Bürokommunikationssystem (BKS)	
allgemeingültige	anwendungsspezifische
- formelle Anforderungen benutzerfreundliche Bedienung einheitliche Kommandos klare Bedienungsabläufe einfacher Zugang Sehen und Zeigen anstatt sich Erinnern und Eintippen	- Archivierung Suchen mit verschiedenen Kriterien (von wem, an wen, Deskriptionen ...) Originaldarstellung von Dokumenten
- sachliche Anforderungen aktuell (wird lfd. aktualisiert) durchschaltbar zu anderen Sytemen Beachtung von Standards, Normen Verfügbarkeit (ständige, sofortige) Verbesserung der Kommunikation Sicherheit (hohe)	- Textbe- und -verarbeitung Integration mit Graphiken, Tabellenkalkulation Thesaurus, Silbentrennung (halbautomatisch) durchgängige WYSIWYG-Darstellung mehrsprachige Rechtschreibprüfung individuelles (Fach-)Wörterbuch automatische Layoutgestaltung
- wirtschaftliche Anforderungen Arbeitserleichterung und -beschleunigung preiswert und wirtschaftlich (Anschaffung, Wartung) Reduzierung der administra- tiven Arbeiten	- Geschäftsgraphik graphische Darstellung von Tabellenwerten Kreis-, Säulen-, Tortendiagramme Histogramme, Trenddarstellungen automatische Aktualisierung nach Änderung der Tabellenwerte
	- andere Anwendungen

Abb. 10.6: Anforderungsprofile des BKS (beispielhaft)

Im Falle einer Produktbeurteilung müssen qualitative Wertungen hinzukommen:

- Muß-Kriterium: Die Bedingung ist zwingend zu erfüllen (Need to have!); das Fehlen oder das Nicht-Erfüllen stellt das Funktionieren des Systems in Frage.
- Soll-Kriterium: Die Erfüllung der Bedingung ist erforderlich, soll das System optimal funktionieren. Das Funktionieren des Systems wird also nicht in Frage gestellt, sondern die Ausschöpfung der Effizienz- und Rationalisierungspotentiale.
- Kann-Kriterium: Die Erfüllung des Kriteriums bringt einen zusätzlichen Nutzen (Nice to have!), wobei beim Fehlen weder Systemeinsatz noch dessen Erfolge gefährdet sind.

10.3.2 Arbeitsplatzrechner

Die Mikrocomputer und die Workstations von heute werden ihren Charakter ändern und sich den technologischen Möglichkeiten anpassen müssen. Wesentliche Forderungen im Büro kommen von der Ausstattung der Arbeitsplätze (auch) für Nicht-DV-Fachleute. Sie müssen mit Computern umgehen können, ohne dabei über DV-fachspezifisches Wissen zu verfügen. Es wird darauf ankommen, entsprechende Benutzerschnittstellen zu entwickeln. Gemeint ist ein multifunktionaler Arbeitsplatzrechner, der alle Funktionen für alle Objekte unterstützt (Abbildung 10.7). Voraussetzungen solcher multimedialer Systeme sind:

- eine Benutzerschnittstelle für verschiedene Medien,
- Kompression- und Dekompressionsverfahren von Audio-, Bild- und Bewegtbilddaten, sowie deren Repräsentation,
- Spracherkennung und -ausgabe,
- Erkennung von Schrift aus Bildpunkt-Bildern,
- Interpretation von Zeichnungen, Graphiken nach Bildpunkt-Bildern,
- Reduktion, Verkürzung der Informationsflüsse von und zu den Kommunikationskanälen und Speicher/Archivierungsmedien,
- Datenkompression auf den Speichermedien.

Gegenwärtig sind einige Entwicklungen bereits nutzbar, so das von Intel entwickelte Verfahren DVI bzw. das für den Rundfunk vorgesehene DBA. Sie dienen der Kompression und Dekompression von Audio-, Bild- und Bewegtbilddaten. Bei der Bildrepräsentation können die Techniken JPEG für Standbild, MPEG für Bewegtbild, sowie DVI und H.261 für Videokonferenzen genutzt werden. Bezüglich der Sprachverarbeitung ist die Ausgabe recht gut; die Spracherkennung hingegen (insbesondere die Erkennung der gebundenen Sprache, d.h. Schreiben nach freiem Diktat) ist noch ungenügend gelöst. Ähnliches gilt für die Erkennung bzw. Interpretation von Schriften in Bildern. Bei der Kommunikation gibt es ebenfalls einige offene Fragen, so die Bildübertragung über ISDN oder LAN bzw. die Übertragungszeiten auf CD-ROM. Sie liegen gegenwärtig bei 150 KB/s.

Bezüglich der derzeit realisierbaren Hardware-Lösungen ergeben sich folgende vier Alternativen:

- die individuelle Datenverarbeitung (Personal Computing),
- die verteilte Datenverarbeitung in PC-Netzwerken,
- die Verarbeitung auf Mini/Bürocomputern, sowie
- die zentrale Verarbeitung mittels PC-Host-Verbindung.

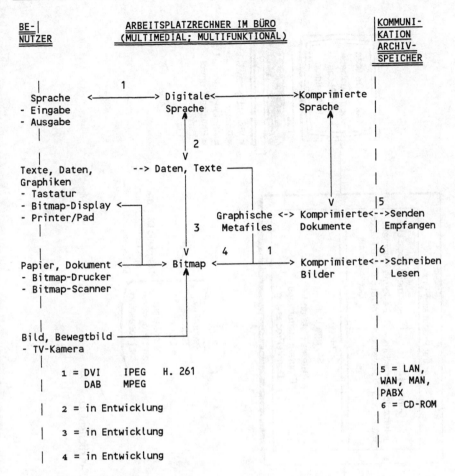

Abb. 10.7: Aufbauschema der Arbeitsplatzrechner

10.3.3 Personal Computing

Es handelt sich hierbei um eine arbeitsplatzbezogene Aufgabenwahrnehmung. Sie wird, weil die einzelnen Funktionen selbständig wahrgenommen werden, **individuelle Datenverarbeitung (IDV)** oder **Personal Computing** genannt. Bei der Installation der Hardware sind die auszuführenden Funktionen von ausschlaggebender Bedeutung, d.h. der Arbeitsplatz erhält die Ressourcen, die zur sachgerechten Ausübung der Aufgaben notwendig sind.

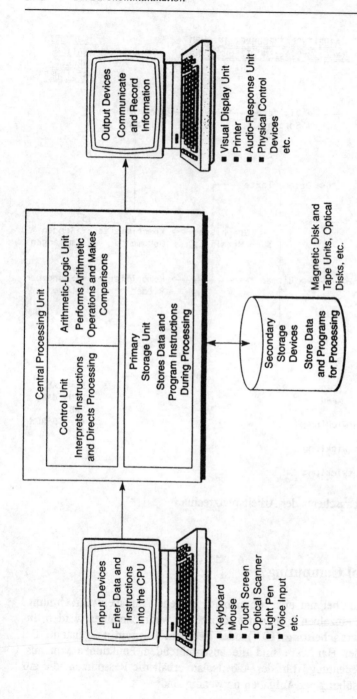

Abb. 10.8: Der individuelle PC-Arbeitsplatz

Diese Form ist die Dezentralisierung von

- den DV-Kapazitäten (Rechner, Speicher, Peripherie),
- den Anwendungsprogrammen, Daten und Methoden, sowie
- der DV-Kompetenz einschl. Entscheidung.

In dieser Form sind somit

- die Informationen selbständig anzulegen, zu speichern, aufzurufen bzw. wiederzufinden, zu übertragen, insgesamt also zu verwalten,
- die Probleme selbständig zu lösen, in dem Programme der Tabellenkalkulation, der Graphikerstellung eingesetzt, Simulationen durchgeführt, Auswertungsergebnisse für die Entscheidung aufbereitet werden,
- Texte selbständig zu erstellen, zu verändern, zu archivieren,
- die persönlichen Ressourcen wie Daten, Dokumente, Kalender, Termine, Tools, Methoden in Eigenregie/verantwortung zu verwalten,
- das Kommunizieren mit anderen Anwendern, Stellen zu organisieren,
- das sog. Remote Office Work (Bereitstellung der eigenen Station für das Kommunizieren mit anderen Stationen auch in Abwesenheit des Anwenders z.B. für Electronic Mail) einzurichten.

Individuelle Systeme dieser Art verfügen also über einen Spielraum nach außen; sie sind nicht geschlossen, sondern offen. Ein in diesem Sinne eingerichteter Arbeitsplatz ist in Abbildung 10.8 dargestellt.

10.3.4 Verteilte Verarbeitung in PC-Netzen

Betriebliche Gründe bedingen häufig die Verteilung der Anwendungen auf verschiedene Arbeitsplätze und damit auf verschiedene Rechner. In diesen Fällen sind Kommunikationsmechanismen zu entwickeln, um - je nach Bedarf - Daten und Kontrollen auf den verschiedenen Rechnern verfügbar zu halten/machen. Bei parallelen Abläufen müssen die Daten eventuell repliziert werden. Die Architektur verteilter Bürosysteme muß hierauf Rücksicht nehmen. Als Beispiel wird hier (Abbildung 10.9) die Aufgabenteilung und -wahrnehmung in einer Steurkanzlei exemplarisch eingeblendet.

Ein im oben angedeuteten Sinne funktionierendes Konzept zerlegt die Aktivitäten in Teilaktivitäten, die von verschiedenen Systemkomponenten, Servern und Personen ausgeführt werden. Die ausführenden Elemente bieten Basisdienste an, die von den verschiedenen Büroabläufen genutzt werden. Die Abläufe selbst können sequentiell (voneinander abhängig), oder parallel (voneinander unabhängig) und organisiert sein. Das Konzept muß eine optimale Struktur für die Aktivitäten und deren Umfeld finden. Zu diesem Zweck werden die Aktivitäten mit ihren ausführenden Instanzen/Servern spezifiziert. Die besondere Betriebsmittel benötigenden Aktivitäten müssen entsprechend attributiert werden; ebenso die zeitlichen Restriktionen und die notwendigen Ausnahmebehandlungen. Jeder Basisdienst muß eine exakte Schnittstelle exportieren, die prüfbar ist. Die innerhalb des Basisdienstes ablaufenden Realisierungsdetails sollten intern gehandhabt werden. Die Basisdienste und die Schnittstellen sollten in einem Verzeichnis, das als Dienst angeboten werden soll, geführt werden.

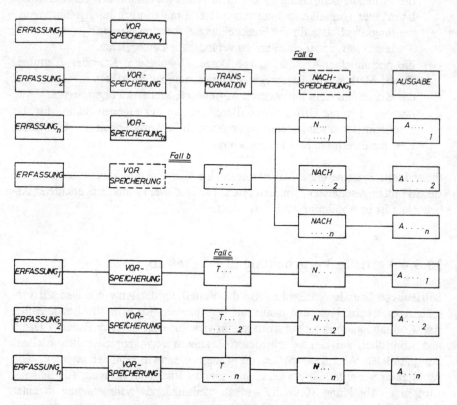

Abb. 10.9: Aufgabenteilung und -wahrnehmung in einem verteilten System

Auf dieser Basis können und sollen die Büroabläufe verwaltet werden. Ein komplexer Ablauf sollte als Objekt mit seinen Datenstrukturen, Aktivitäten und Attributen spezifiziert werden. Dazu gehören außerdem die Beschreibungen zur Behandlung der zugehörigen Daten, das Binden der Basisdienste, die Nutzungsmöglichkeiten bei heterogenen Rechnersystemen etc.

Bei dieser Architektur können **lokale Bürofunktionen** bestimmt und nach dem **Client-Server-Schema** realisiert werden. Dies bedeutet, daß bspw. die lokalen Funktionen und die Clients auf den Arbeitsplatzrechnern laufen und die Dienste (Drucken, Speichern) auf einen oder auf mehrere an das lokale Netz angekoppelte Rechner delegiert werden.

10.3.5 Bürosysteme auf Minicomputern

Sie ist die klassische Form der Bürokommunikation. Bereits in den 70er Jahren wurden mittlere Computersysteme (in Deutschland insbesondere von Nixdorf; heute zusammen mit Siemens SNI) entwickelt, die als Spezialrechner auf Bürotätigkeiten ausgerichtet waren. Sie sind Vorläufer der heutigen Unix-Rechner, so der RISC- und CISC-Rechnerfamilien. Charakteristisch für diese Alternative ist, obwohl die Arbeitsplätze mit PC's - also mit DV-Intelligenz - ausgestattet sind, daß sie über zentrale Ressourcen, wie Festspeicher, Drucker und (Zusatz-)Hauptspeicher verfügen.

10.3.6 PC-Host-Verbindungen

In großen Organisationen mit Mainframes werden häufig (aber mit stark abnehmender Tendenz) arbeitsplatzbezogene DV-Kapazitäten über einen Großrechner bereitgestellt. Im Regelfall handelt es sich um Terminals, also um unintelligente Dialoggeräte, die über einen Anschluß an einen Großrechner verfügen und dadurch Rechnerleistung, ebenso Speicher- oder Druckerkapazitäten vom Arbeitsplatz aus nutzbar machen. Es können folgende arbeitsteilige Aufgaben realisiert werden:

- dezentrale, arbeitsplatzorientierte Bearbeitung zentral gesteuerter und koordinierter Aufgaben,
- dezentraler Zugriff auf verschiedene DV-Kapazitäten, so auch auf Daten- und Methodenbanken.

Die Aufgaben werden also zentral koordiniert, so auch die Herstellung von Anbindungen an externe Rechnernetze, oder an externe Datenbanken etc.

10.4 Architektur integrierter Systeme der Bürokommunikation

10.4.1 Entwicklungsstufen

Die Einbindung der Technologie in die betriebliche Praxis verläuft scheinbar zweigleisig. Auf der einen Seite wird die DV-Unterstützung im Rahmen von CIM in der Produktion integriert, auf der anderen Seite werden die Arbeitsprozesse im Büro im Rahmen von CIO betrieben. Diese Zweigleisigkeit ist insofern scheinbar, weil beide Bereiche, die Produktion und die Verwaltung miteinander eng verzahnt sind und weil bereits heute über alle Funktionen die gleichen DV-Komponenten aus dem Bereich der Bürokommunikation und der Produktion im Einsatz sind. Obwohl sie ursprünglich getrennt entwickelt worden sind, werden sie inzwischen zu integrierten Systemen der Leistungserstellung in den Fertigungsprozessen der Industrie und in der Auftragsabwicklung der Dienstleistungsbetriebe, sowie der Auftragsverwaltung zusammengeführt. Dieser Prozeß verläuft in mehreren Stufen. Während jedoch auf der Produktionsseite viele Anwendungen bis ins Detail vorstrukturiert sind, tragen DV-Unterstützungen im Bürobereich den Charakter von Werkzeugen. Der Grund liegt in der Vorstrukturierbarkeit der Arbeitsprozesse.

In der ersten Stufe wird **bereichsisoliert** entwickelt. Die administrativ-dispositiven Tätigkeiten werden isoliert unterstützt. Typische Beispiele sind die Textverarbeitungssysteme. Sie erfüllen eine Aufgabe. Sie sind mit anderen Programmsystemen nicht verbunden. Analog dazu gelten isolierte Buchhaltungsprogramme, Auftragsbearbeitungen usw. Charakteristisch für diese Stufe ist die starke Arbeitsplatz- und nicht Arbeitsprozeß- Orientierung, die Erfüllung lokaler Bedürfnisse, die Einzelsysteme u.a.m. Der Nachteil solcher Systeme ist das Resultat der verfolgten Ziele, d.h. sie "zementieren" bestehende Organisationsstrukturen bzw. beeinflussen bestehende Organisationsstrukturen nur unwesentlich. Dadurch eignen sie sich nicht, bereichsübergreifende Verbundsysteme zu realisieren. Sie verstärken überholte tayloristische Tendenzen und orientieren sich häufig an der Effizienzerzielung einzelner Tätigkeitsbereiche.

Die zweite Stufe stellen **bereichsintegrierende** Lösungen dar. Auf der Produktionsebene sind es die Produktionsplanungs- und Steuerungssysteme, auf der Büroebene die selbständigen Bürosysteme wie Comfo Ware von SNI, oder New Wave Office von HP. Charakteristisch für sie sind ihre starke Bereichsorientierung, ihre Ausrichtung an Standards, die mangelnde Koordination zu den anderen betrieblichen Bereichen, d.h. die fehlende Gesamtarchitektur. Ihre Verbindung nach außen besteht höchstens in der Nutzung, im Einsatz gleicher Softwareprogramme wie Tabellenkalkulation oder Finanzbuchhaltung.

Die dritte Stufe leitet die Zusammenführung bereichsintegrierter Lösungen zu **bereichsübergreifenden** Systemen ein. Hier beginnt die Beeinflussung der betrieblichen Organisationsstrukturen durch die Technologie. Hier wird die Auftragsabwicklung - beginnend mit der Produktplanung - mit der administrativen Verwaltung (Buchführung, Fakturierung, Abbuchung, Rechnungsausgleich, Mahnschreiben-Erstellung etc.) gekoppelt. Damit verbunden ist eine starke Reorganisation betrieblicher Strukturen. Technologisch kommt es zur starken Vernetzung der DV-Ressourcen, was wiederum mit einem hohen Koordinationsaufwand verbunden ist.

In der vierten Stufe schließlich kommt es zur **unternehmensweiten** Integration, d.h. was eingangs als CIM und CIO bezeichnet wurde.

Geprägt wird diese Stufe durch die Prozeßorientierung und damit durch die horizontale und vertikale Integration. Die Auswirkungen solcher Verbundsysteme erscheinen an zentralen Problemstellen, so im Bereich der Datensicherheit, des Datenschutzes, der Betriebsorganisation, der Prozeßabläufe u.a.m. Eine definitive Einführung integrierter unternehmens/betriebsweiten Systeme ist Ziel, keine Realität. Es fehlt - bis auf wenige Ausnahmen in einigen Dienstleistungsbetrieben (Anwälte, Steuerberater) - an fertigen Programmsystemen, aber auch an der Bereitschaft, solche Systeme einzuführen.

Abbildung 10.10 gibt einen Überblick über die Inhalte eines umfassenden Büro-Informations-Systems. Es umfaßt die Zweige Textbe- und -verarbeitung mit Desktop Publishing, die Kommunikationssysteme, das elektronische Meeting, Dokumentverarbeitung einschließlich Archivierung und das Management System.

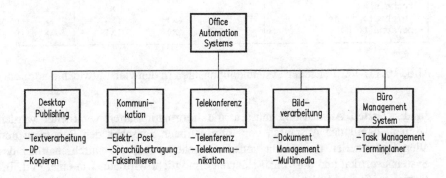

Abb. 10.10: Komponenten des BIS

10.4.2 Computer Integrated Office (CIO)

Die Systemlösungen für die vier Entwicklungsstufen unterscheiden sich hauptsächlich in bezug auf ihre organisatorischen Komponenten. Basishardware und Basissoftware, ebenso die Daten und Methodenbanken können weitestgehend identisch sein. Ihre organisatorische Vernetzung und damit die Transparenz eröffnet alle oder schließt verschiedene Möglichkeiten ein. Im Regelfall gelten folgende, in Abbildung 10.11 aufgezeigten Abstufungen.

CIO-Komponenten	Entwicklungsstufe			
	bereichs-isoliert	bereichs-integriert	bereichs-übergreifend	unterneh-mensweit
Hardware - Personal Computing - PC-Netze - Minicomputer - PC-Host-Verbindung - Multimedia	x - - - -	- x x x (x)	- x x x (x)	- x x x x
Telematikdienste - Leitungen - Dienste incl. Gateways - externe Informationsbanken	- - -	(x) (x) -	(x) (x) -	x x x
Software - Datenbank - Methodenbank	(x) (x)	x x	x x	x x
Organisation/Integration - technische - informatorische - personelle	- - -	x (x) (x)	x (x) (x)	x x x

Abb. 10.11: Vergleich der Systemkomponenten in den vier Entwicklungsstufen

In der letzten Ausbaustufe müssen alle Informationsarten verarbeitet werden können, damit der Austausch von Informationen zwischen den Benutzern und allen Systemteilen transparent vonstatten gehen kann, die Durchschaltung des Systems vertikal und horizontal jederzeit ermöglicht wird etc. Um einer evtl. Informationsflut vorzubeugen, ist es notwendig, arbeitsplatzübergreifende und prozeßabbildende Kommunikationsketten zu bilden und sicherzustellen:

10.4 Architektur integrierter Systeme der Bürokommunikation

- Die Informationen müssen aus einem elektronischen Ablagesystem abrufbar sein - ohne Unterscheidung nach Informationsarten.
- Der interne und externe Schriftverkehr sollte über die elektronische Post bewerkstelligt werden (Mailsystem, Btx).
- Jede Art von Dokumenten sollte - trotz unterschiedlicher Strukturierung der Informationen elektronisch verarbeitbar sein.

In den Unternehmen werden gegenwärtig verschiedene Bürotechnologien eingesetzt. Dem Benutzer wird es nicht leicht gemacht, die für ihn optimale Gerätekonfiguration zusammenzustellen. Folgende **monofunktionale und -mediale Geräte** stehen zur Auswahl an:

- Telegraph, Telex, Teletex, Textfax, Telefax, Breitenfax, Schnellfax,
- Telefon, Funktelefon, Funkruf, Sprachfax,
- Datex, Btx, Electronic Mail, Breitband-DÜ,
- Fernüberwachung, Fernsteuerung,
- Tele-Zeitung, Videotext, Farbfaksimile, sowie
- Kabelfernsehen, Bildfernsprechen, Videokonferenz.

Die in Abbildung 10.11 gemachte Hervorhebung der organisatorisch-aufgabenbedingten Geräteintegration bedeutet den allmählichen Übergang zur **multifunktionalen** und **multimedialen Geräteintegration**. Zunächst (etwa bis Mitte der 90er Jahre bedeutet dies, daß der Bedarf an **bifunktionalen Geräten** (PC und Fax, Telefon und Btx) steigt. Diese bifunktionalen Geräte führen dann zu den multifunktionalen Gerätesystemen um 2000. Die vorerst größten technischen Schwierigkeiten sind auf der Hardware-Seite; ihnen folgen erhebliche Softwareprobleme der Integration. Auch hier wird die Entwicklung den sukzessiven Weg bestreiten (Standards für verschiedene DB-Zugriffe, Standards für einheitliche Benutzerschnittstellen; Zusammenführung der Standards für den Zugriff und für die Bedienung). Realistisch umsetzbar erscheinen heute neben den Einzelsystemen einige Kombinationen, so

- die digitale ISDN-Kommunikationsanlage zur Unterstützung der internen und externen (nach außen gerichteten) Kommunikationsvorgänge,
- der Zugang zu externen Datenbanken in der Kombination Datex-P mit kommunikationsfähigem PC oder mit Workstations,
- die Verbindung des Desktop-Publishing-Systems über ein LAN-Netz mit einer hochauflösenden Laserdrucker-Station,
- die Entwicklung des Electronic Mails als Kommunikationsnetz für interne und externe (auch internationale) Geschäftsverbindungen,
- die Nutzung des LAN-Netzes in Verbindung mit der Kommunikationsanlage für Arbeitsplätze mit Textverarbeitung, Graphikbearbeitung, Adressenverwaltung, Desktop Publishing, Terminplanung etc.,
- die Ausrüstung der Consultants mit Laptops für die Auftragsbearbeitung und Electronic Mailing, Terminplanung und Dateimanagement.

10.4.3 Auswirkungen von Bürosystemen

Die Realisierung des CIB-Konzeptes, aber auch bereits seiner Vorstufen, wird in vielen Bereichen Veränderungen hervorrufen, die nachfolgend in den Gruppen Leistung, Organisation und Wirtschaftlichkeit gezeigt werden. Die erwarteten **Leistungsveränderungen** lassen sich in direkte und indirekte unterteilen:

- Die direkten Leistungswirkungen führen zur Verkürzung der Durchlaufzeiten, Verbesserung der Leistungsqualität durch Aktualität, Vollständigkeit, Richtigkeit, Fehlerhaftigkeit und Verständlichkeit, Verfügbarkeit der Leistungen;
- Die indirekten Leistungswirkungen nehmen Einfluß auf die Entscheidungsfindung bezüglich Zeitpunkt, Qualität und Häufigkeit, auf die Wettbewerbsfähigkeit, auf die Funktionsbereiche Absatz, Beschaffungswesen, Produktion, Forschung und Entwicklung, Rechnungswesen/Finanzen und schließlich auf externe Leistungsempfänger und Kooperationspartner.

Die **organisatorischen** Auswirkungen betreffen

- den Trend zur ganzheitlichen Arbeitsabwicklung durch Rückverlagerung der Schriftguterstellung und Unabhängigkeit von Serviceleistungen;
- die Reduzierung bestimmter Servicefunktionen wie Schriftguterstellung, Ablage/Registratur, Informationssuche und -transport;
- den Abbau bürokratischer Strukturen durch flachere Hierarchie, direkten Informationszugriff, erhöhte Transparenz und Überwindung von "antiquierten" Regelungen;
- die Reduzierung der Kommunikation (Telefonate und Besprechungen);
- die Schaffung neuer Organisationsstellen zur Planung und Organisation des Bürosystemeinsatzes.

Die **wirtschaftlichen** Auswirkungen schließlich resultieren aus der Nutzung des CIB, wobei sie das Ergebnis (die Summe) beeinflußbarer Faktoren sind. Diese Faktoren lassen sich in systemtechnische, organisatorische und einsatztechnische Gruppen unterteilen:

- Die systemtechnischen Größen sind u.a. die Bedienerfreundlichkeit des Bürosystems, die Leistungsfähigkeit/Leistungsart/Leistungsumfang, die Zuverlässigkeit der Hard- und Software, sowie die Hardwaregestaltung.
- Die organisatorischen Größen sind die Aufgabenstellung der Organisation der Abteilung und der einzelnen Nutzer, die organisatorischen Schwachstellen und der individuelle Leistungsdruck, die organisatorischen Struktu-

ren, das individuelle Nutzerverhalten (Vorgesetzte, Vorerfahrungen, Alter, Lernfähigkeit/-bereitschaft).
- Die einsatz/einführungstechnischen Größen sind die Art des Einsatzkonzeptes (geschlossener Nutzerkreis, Systemverfügbarkeit, Hierarchieebenen, Informationskonzeption), das pädagogische Vorgehen bei der Schulung, die Betreuung während der Einsatzphase, die Strategie bei der Einführung.

10.4.4 Projektierung von Bürosystemen

Der Einführung eines Bürosystems gehen mehrere Aktionen voraus. Sie beginnen mit der Analyse der Einsatzorte und werden fortgesetzt mit der Erstellung einer Diagnose und eines Konzeptes. Nach einer Maßnahmeplanung wird die Projektierung mit der Systemauswahl abgeschlossen.

10.4.4.1 Bildung eines Projektteams, Analyse der Einsatzorte

Nach Genehmigung des Projektes durch die Geschäftsführung wird ein Projektteam nach Möglichkeit mit Vertretern unterschiedlicher Disziplinen gebildet. Nach Festlegung der Ziele ist eine Kapazitätsplanung für das Projekt vorzunehmen. Die Analyse sollte prozeßorientiert erfolgen. Dieser dynamische Ansatz bietet sich an, um nicht bestehende Strukturen mit der alten Technologie zu zementieren. Vielfach wird eine arbeitsplatzorientierte, also eine statische Betrachtung bevorzugt; mitunter werden auch aus den Kommunikationsstrukturen die erwarteten Schlußfolgerungen gezogen. Die Analyse selbst wird mittels Selbstaufzeichnung, Befragung (Interviews), Kombination beider Erhebungsmethoden, Laufzettel, Multimomentstudien durchgeführt. Als Ergebnis müssen alle Arbeitsabläufe sachlich, zeitlich, technisch etc. beschrieben sein.

10.4.4.2 Erstellung einer Diagnose

Die Analyse liefert Ergebnisse als Orientierungsgrößen. Sie dienen der Erkennung von Schwächen und Stärken im System. Damit sind ihre Aufgaben erfüllt. Daher sollte sie auch kurz, zeitlich schnell zu erledigen sein. Es kommt auf die Diagnose an, in der auf jeder Stufe des Arbeitsprozesses

- der Informationsträger (intern, extern),
- die Informationen, deren Art und Volumen,
- die Meßproblematik der Erfassung von Informationen,

- der Zeitaspekt mit Zeitaufwand und Turnus bzw. Frequenz,
- die Informationsverteilung, die Kommunikation (vertikal, horizontal),
- die Bereithaltung und -stellung der Informationen etc.

bestimmt werden.

Inzwischen existieren eine Reihe DV-gestützter Kommunikationsanalysen zur Einsatzplanung der neuen Kommunikationstechniken. Sie werden von Computerherstellern (KSS von IBM, MOSAIK und PLAKOM von Siemens, SOPHO-Plan von Philips), Softwarehäusern (AIL und POKAL von Roland Berger & Partner, CORAN von SCS, BINOM von Detelkom) und von Forschungseinrichtungen (KSA von TU Berlin, VAB von Uni Bremen) angeboten. Der Trend geht auch hier zu den Expertensystemen.

10.4.4.3 Entwicklung des Gesamtkonzeptes

Hier wird der strategische Fahrplan mit Festlegung der Technologie und der künftigen Organisation einschließlich der Arbeitsprozesse entwickelt. Verschiedene Fragen stehen zur Beantwortung an, so die nachfolgenden:

- Wie sieht die (Teil-) Technologie (Hardware, Software, Vernetzung, Kommunikation) auf den einzelnen Arbeitsplätzen und insgesamt für die Gesamtorganisation aus?
- Wie laufen die einzelnen Arbeitsprozesse ab und wie sind sie miteinander integriert oder für bestimmte Fälle voneinander loslösbar?
- Welche Sicherheiten sind eingebaut worden, um Auflagen der Datensicherung, des Datenschutzes, des Systemausfalls, der Datenübermittlung etc. Genüge getan zu haben?

Im einzelnen stehen im Gesamtkonzept alle organisatorischen und technischen Infrastrukturen fest, darunter

- die (multifunktionalen/medialen) Arbeitsplatzgeräte,
- die Modularität des Aufbaues,
- alle Normen und Standards,
- die Benutzerschnittstelle und -oberfläche,
- die Netzwerk-Konzeption,
- die Konfigurierung aller Systeme,
- die Verwaltung der Informationen und
- die möglichen Benutzerarten des Systems.

10.4.4.4 Rahmenplanung

Die Rahmenplanung dient der technischen Umsetzung des strategischen Konzeptes, d.h. der Erarbeitung der Einzelschritte. Die Einzelmaßnahmen betreffen bspw. die Textverarbeitungs-, die Archivierungs-, die Terminplanungs- etc. Systeme. Hinzukommen die Maßnahmen zur Einführung und Integrierung der Telematik/Dateldienste.

Auch die begleitenden Maßnahmen sind Voraussetzungen der Planumsetzung. Dieses Bündel begleitender Maßnahmen betrifft die Testarbeiten (Aufbau von Testfeldern), die Projektgruppen, die spätere Wartung bzw. Pflege des Systems, um seine Aktualität zu gewährleisten. Schließlich müssen alle Mitarbeiter über die Umstellung informiert und dafür gewonnen werden.

10.4.4.5 Systemauswahl

Das gegenwärtige Softwareangebot entspricht nicht den künftigen Formen der Bürokommunikation. Hauptsächlich fehlt es an integrierenden Elementen (Siehe Abschnitt 10.6). Allerdings ist das Angebot groß und schwer überschaubar. Die Auswahl erfolgt nach einem Kriterienkatalog (Siehe Abschnitt 12.7), womöglich nach einem in der Beschlußphase festgelegten Pflichtenheft. Die Auswahl sollte nach Möglichkeit von den künftigen Benutzern vorgenommen werden.

10.5 Integrierte Büroanwendungen

10.5.1 Textverarbeitung

10.5.1.1 Allgemeines

Die immens schnelle Verbreitung der Textverarbeitung im Büro hat wohl hauptsächlich zwei Gründe:

- Durch den Einsatz von Textverarbeitung läßt sich ein hoher Rationalisierungseffekt erzielen. Bei der Einführung von Textverarbeitung vor einigen Jahren fielen ganze Schreibbüros oder zentrale Schreibdienste weg.
- Textverarbeitung wird zunehmend auch auf Sachbearbeiterebene genutzt. Die Abhängigkeit von Schreibkräften wird so reduziert, die nach Diktat erstellten Schriftstücke können von dem Sachbearbeiter selbst korrigiert, ausgedruckt und verschickt werden.

Die rechnergestützte Textverarbeitung gehört heute zum Standard einer Büroausstattung. Abbildung 10.12 zeigt die Historie der Textverarbeitung von ihren ersten elektronischen Anfängen im Jahre 1964 bis in die Gegenwart. Für unterschiedliche Unternehmensgrößen und DV-Konzepte stehen verschiedene Systeme zur Auswahl; einige von ihnen bieten zusätzlich die Möglichkeit, durch die Integration von anderen Anwendungen neue Potentiale zu erschließen. Solche integrierbaren Verbindungen bieten sich im Kommunikationsbereich für die Faxkopplung, in der Dokumentenbearbeitung für die Archivierung an. Die Beispiele könnten fortgesetzt werden.

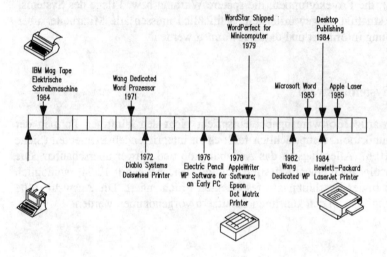

Abb. 10.12: Historie der Textverarbeitung

10.5.1.2 Bedienung

Textverarbeitungssysteme unterscheiden sich grundsätzlich in der Art der Bedienung. Hierbei werden zwei Richtungen unterschieden:

- Die einen Textsysteme setzen auf eine Menüsteuerung (meistens mit Mausbedienung) und bieten dazu einige Funktionstasten an.
- Die anderen Textsysteme setzen auf die Bedienung mit Funktionstasten und zunehmend (der Markt verlangt es) auf die Maustechnik.

Grundsätzlich gibt es zwei Gruppen von Anwendern:

- **Schreibkräfte**
  Sie sind damit beschäftigt, Texte zu erfassen oder zu korrigieren.

- **Sachbearbeiter** (zunehmend auch Führungskräfte)
  Sie lesen hauptsächlich die Schriftstücke, nehmen Korrekturen vor und schreiben gelegentlich selbst.

Bei der ersten Gruppe ist durch die Benutzung einer Maus die Schreibgeschwindigkeit herabgesetzt. Für die zweite Gruppe kann die Anwendung einer Maus dagegen sehr sinnvoll sein.

Man unterscheidet zwei grundlegende Techniken zur Bewegung der Schreibmarke - und damit des Textes - am Bildschirm:

- Bei der **Gesamtbildschirmtechnik** kann die Schreibmarke in alle vier Richtungen an jede Stelle des Textes bewegt werden. Der Text wird hierbei von oben nach unten eingegeben bzw. bearbeitet. Dies ist die gebräuchlichste heute angewandte Technik.
- Bei der **Arbeitszeilentechnik** erfolgt die Texteingabe/-änderung immer nur in einer Zeile am Bildschirm. Die Schreibmarke kann nur zwischen rechtem und linkem Rand bewegt werden; der Text scrollt über den Bildschirm.

Neben dem Bewegen der Schreibmarke in alle Richtungen mit Pfeiltasten sollte es auch möglich sein, die Schreibmarke vorwärts und rückwärts, wortweise, zeilenweise, satzweise, absatz-/blockweise und seitenweise mit möglichst nur einer Taste oder einer Tastenkombination zu bewegen.

Fast alle Textverarbeitungssysteme verfügen über die Möglichkeit der Vergabe von Stopcodes (in einem Text vordefinierte Stellen), an die die Schreibmarke positioniert werden kann. Für die Vergabe von Stopcodes werden i.d.R. wenig verwendete Sonderzeichen (z.B. die spitzen oder die eckigen Klammern) genutzt. Mittels einer Taste oder einer Tastenkombination wird die Schreibmarke an diese Stelle im Text positioniert. Stopcodes werden hauptsächlich dazu verwendet, variablen Text an einer bestimmten Stelle eines Textes einzugeben, so z.B. zur Bestimmung der Stelle, an der das aktuelle Datum eines Briefes stehen soll.

10.5.1.3 Editorfunktionen

Die schnelle Verbreitung von Textverarbeitungssystemen beruht u.a. auf der Möglichkeit, Text am Bildschirm durch **Einfügen und Löschen** zu bearbeiten. Um dem Anwender das Arbeiten mit der Textverarbeitung zu erleichtern, müssen bei der Korrektur eines Textes die Einfüge- und Löschfunktionen immer da ausführbar sein, wo sich die Schreibmarke gerade befindet. Dies gilt grundsätzlich für alle Funktionen der Texteingabe, -anordnung und -korrektur. Bei der

Beurteilung der Löschfunktion ist diese Funktion aus der Sicht desjenigen zu sehen, der hauptsächlich erfaßt oder aus der Sicht desjenigen, der hauptsächlich korrigiert. Die Anhänger der Maus-Technik gehören i.d.R. der Gruppe der Korrekturleser an. Bei der Texterfassung ist die Maus hinderlich, da man ja zeitweise nur eine Hand zum Schreiben zur Verfügung hat. Zu den Löschfunktionen einer Textverarbeitung gehören auch die Korrekturmöglichkeiten. Hiermit kann der Anwender einen Text korrigieren, ohne ihn vorher löschen zu müssen. Beispiele hierfür sind:

- das **Rückgängigmachen** von Buchstabendrehern,
- die **Umwandlung** von Klein- in Großbuchstaben (und umgekehrt) und
- das nachträgliche **Unterstreichen** von Wörtern oder Textteilen.

Das Einfügen und Löschen ermöglicht auch das **Verschieben von Textteilen** innerhalb eines Textes. Das Verschieben von Textteilen sollte unbegrenzt wiederholbar sein, außerdem sollte der Text an jede beliebige Stelle eines Textes verschoben werden können. Viele Textverarbeitungssysteme erlauben es, Texte in andere Texte einzufügen oder Textteile aus anderen Texten zu selektieren und in den aktuellen Text einzufügen.

Sollen bei der Bearbeitung eines Textes nur einige Wörter oder eine Textzeile an eine andere Stelle des Textes verschoben werden, so ist die Nutzung von Einfüge- bzw. Löschfunktion oft zu umständlich. Daher ist es hierbei einfacher, eine **Umstell-Funktion** (Kopieren und Löschen) oder eine **Duplizier-Funktion** (Kopieren ohne Löschen) zu nutzen. Das entsprechende Wort oder der entsprechende Satz wird markiert und an einer anderen Stelle wieder eingefügt. Wichtig ist, daß alle Textteile beliebig oft und an jede Stelle des Textes kopiert bzw. umgestellt werden können. **Textattribute** werden häufig auch dazu verwendet, geänderten oder gelöschten Text durch z.B. doppeltes Unterstreichen für eine spätere Bearbeitung zu kennzeichnen. Die Vergabe von Attributen sollte für ein Zeichen, ein Wort bis hin zu einem ganzen Text möglich sein. Nicht alle Attribute sind ständig am Bildschirm sichtbar, wie z.B. Hoch- oder Tiefstellungen. Meistens können diese Attribute jedoch zusammen mit Steuerzeichen am Bildschirm sichtbar gemacht werden. Bei Hoch- und Tiefstellungen unterscheidet man zwischen ein- und mehrstufiger Hoch- und Tiefstellung. Diese Attribute werden jedoch hauptsächlich in wissenschaftlichen Dokumenten genutzt. Wichtig ist, daß die Hoch- und Tiefstellung von Texten am Bildschirm sichtbar gemacht werden kann.

Die Verwendung von **Tabulatoren** erlaubt eine schnelle Umgestaltung von Schriftstücken. Man unterscheidet folgende Tabulatoren:

- Rechtstabulator,
- Linkstabulator,
- Tabulator als Umbruchmarke und
- Tabulator als Zentriermarke.

Bei der Verwendung eines Tabulators als Umbruchmarke wird der folgende Text immer an dieser Stelle linksbündig umbrochen. In den meisten Textsystemen kann diese Funktion durch die Betätigung der Wagenrücklauftaste (Return) aufgehoben werden. Die Zentriermarken dienen dazu, den eingegebenen Text zwischen linkem und rechtem Rand zu zentrieren. Manche Textsysteme erlauben auch die Zentrierung des Textes in einem zwischen linkem und rechtem Rand vorgegebenen Raum. Die Einstellung von Tabulatoren erfolgt in einigen Textsystemen in Zeilenlinealen. In diesen Zeilenlinealen werden der linke und der rechte Rand, die Tabulatoreinstellungen, die Zentriermarke und die Umbruchmarke abgespeichert.

Eine für den Anwender sehr komfortable Funktion der Textverarbeitung ist die Korrektur eines Textes durch das **Suchen** und **Ersetzen** eines oder mehrerer Zeichen oder eines Wortes. Diese Funktionalität sollte sich - wie auch bei den Löschfunktionen - auf Zeichen, Worte und Zeichenkombinationen beziehen und in alle Richtungen anwendbar sein. Das Suchen und Ersetzen erlaubt dem Anwender, Standardfehler wie z.B. Buchstabendreher oder durchgehend falsch geschriebene Worte einfach zu ersetzen. Zusätzlich können in einigen Textsystemen Worte dadurch gelöscht werden, daß bei der Suche nach diesem Wort dieses Wort durch kein anderes Wort oder Zeichen ersetzt wird. Bei manchen Textverarbeitungssystemen ist auch das Suchen nach Sonder- oder Steuerzeichen möglich. Es lassen sich somit bspw. alle Zentriermarken eines Textes löschen. Manche Textsysteme bieten auch die Möglichkeit, nach Textattributen zu suchen bzw. sie durch eine Ersetzfunktion rückgängig zu machen.

Die Verwendung von **Wildcards** gehört zwar nicht mehr zu den Grundfunktionalitäten, ist aber sehr nützlich. Mit Wildcards werden Platzhalter bezeichnet, die bei einer Suche nach einem Wort oder einer Datei verwendet werden. Als Platzhalter sind der Stern und/oder das Fragezeichen gebräuchlich. Die Angabe 'Schmi*' besagt z.B. "Suche alle Worte", die 'Schmi' anfangen.

10.5.1.4 Layoutgestaltung

Der letzte Schritt vor dem Drucken eines Schriftstückes ist die **Formatierung** des Textes bzw. die **Seitengestaltung**. Jedes Textverarbeitungssystem muß heute als Grundfunktion die Möglichkeit bieten, Texte in einzelne Seiten umzubrechen. Dies kann automatisch, aber auch manuell geschehen. Mit dem Seitenumbruch können bei den meisten Textsystemen auch anderweitige Formatieranweisungen, wie z.B. Seitenzählung, Kopf- und Fußzeilen etc. vorgegeben werden. Diese Formatieranweisungen können bei einigen Textsystemen bei der Einstellung für den Druckvorgang noch korrigiert werden.

Werden bei der Bearbeitung **Seitenumbrüche** automatisch gesetzt, sollte darauf geachtet werden, daß diese Einstellung auch manuell durchgeführt oder zumindest manuell korrigiert werden kann. Bei einer Korrektur sollte es möglich sein, die automatisch gesetzten Seitenumbrüche nach oben zu versetzen. Verschiedene Textsysteme arbeiten mit zwei Seitenmarken, mit sog. weichen und harten Seitenmarken. Bei einem automatischen Seitenumbruch werden die weichen Seitenmarken anhand der eingegebenen Zeilenzahl pro Seite gesetzt. Wird der Zeilenabstand bei einem erneuten automatischen Seitenumbruch verändert, so werden die weichen Seitenmarken durch neue ersetzt, die harten Seitenmarken aber bleiben bestehen. Anwendung finden harte Seitenmarken z.B. bei wissenschaftlichen Arbeiten, wo sie bei jedem neuen Kapitel gesetzt werden.

Zu den Grundfunktionen der Seitengestaltung eines Textsystems gehören auch die Verwendung von **Kopf- und Fußzeilen**. Eine Kopf- bzw. Fußzeile ist eine am Anfang bzw. am Ende einer Seite mitlaufende, sich ständig oder in geringen Variablen wiederholende Zeile. Die Kopf- und Fußzeilen brauchen i.d.R. nur einmal eingegeben zu werden, erscheinen aber auf jeder Druckseite an der dafür vorgesehenen Stelle. In die Kopfzeilen werden häufig die Seitennumerierungen geschrieben.

Zu den Grundfunktionen der Textverarbeitung gehört auch die **Markierung von Texten** oder **Textteilen**. Meistens wird die Markierung mit einer speziellen Taste oder mit der Maus an einer bestimmten Stelle begonnen, um dann von einem Zeichen bis zu einem ganzen Dokument Texte zu markieren. Der so markierte Text kann kopiert, verschoben oder gelöscht werden.

Die **Vorgabe des Zeilenabstandes** ermöglicht dem Anwender die Wahl zwischen ein-, eineinhalb und zweizeiligem Zeilenabstand. Manche Textsysteme können diese Darstellung jedoch nur drucken und nicht am Bildschirm anzeigen. Die Möglichkeit, Text zu umrahmen, ist zwar ganz sinnvoll, gehört aber nicht unbedingt zu den notwendigen Grundfunktionen.

Zu den Grundfunktionen einer Textverarbeitung rechnet man mittlerweile die Möglichkeit, den rechten Rand auf **Block-** oder **Flattersatz** einzustellen. Der Begriff Flattersatz bedeutet, daß ein Wort automatisch in die nächste Zeile geschoben wird, wenn es nicht mehr in die aktuelle Zeile paßt. Bei der Einstellung Blocksatz wird ein Text - wie bei einer Zeitung - links- und rechtsbündig formatiert. Bei vielen Textsystemen ist der Blocksatz allerdings nur nach dem Drucken sichtbar. Bei Blocksatz ist darauf zu achten, daß der auszugleichende Platz gleichmäßig auf alle Wortabstände verteilt wird. Auch müssen alle Textgestaltungsmöglichkeiten bzw. Schriftarten nutzbar sein. Beim Randausgleich ist sicherzustellen, daß auch mit halben und ganzen Leerzeichen gearbeitet werden kann. Manche Textsysteme, die nicht nach dem **WYSIWYG**-Prinzip arbeiten, bieten die Möglichkeit, den Bildschirm so umzuschalten, daß die gesamte Anzahl der zur Verfügung stehenden Zeichen pro Zeile am Bildschirm sichtbar sind; da jedoch das Lesen dieser verkleinerten Zeichen auf Dauer sehr ermüdend ist, sollte diese Funktion auch abschaltbar sein. Der Anwender sollte auf jeden Fall in der Lage sein, in breiten Texten sowohl zu blättern, als auch zu scrollen (die Texte Zeile für Zeile ablaufen zu lassen). Aus Gründen der Übersichtlichkeit ist es auch wünschenswert, das horizontale Scrollen bereits ein oder zwei Zeichen vor dem Erreichen des Bildschirms zu beginnen.

Während der Erstellung oder der Bearbeitung eines Textes sollte der Anwender bestimmte Informationen über den gerade bearbeiteten Text am Bildschirm in einer **Statuszeile** sichtbar machen können. Zu den Minimalinformationen einer Statuszeile zählen die Anzeige der Zeilen- und Spaltennummer, der aktuellen Seitenzahl, Position der Schreibmarke und der Name des bearbeiteten Textes.

Bei jeder Erstellung wissenschaftlicher Texte ist die Verwendung von **Fußnoten** erforderlich. In ihnen werden Texterläuterungen, Textverweise, Quellenangaben etc. aufgenommen. Fußnoten können an das Ende einer jeden Seite oder auch an das Ende eines Textes plaziert werden; beide Möglichkeiten sollte ein Textverarbeitungssystem standardmäßig anbieten. Die Erstellung einer Fußnote umfaßt i.d.R. folgende Festlegungen:

- Plazierung der Fußnoten am Ende einer Seite oder am Ende des Textes,
- den Zeilenabstand in und zwischen den Fußnoten,
- die Art der Fußnotennumerierung,
- die Art des Ausdrucks.

Bei der Numerierung von Fußnoten sollte der Anwender wählen können zwischen Zahlen, Buchstaben und Zeichen. Wichtig ist, daß bei Textänderungen die Fußnotenumerierung automatisch durchgeführt wird. Dabei sollte es auch möglich sein, den Fußnotentext umzustellen bzw. zu kopieren.

Textverarbeitungssysteme bieten heute eine Funktion als Standard an, die früher Druckereien vorbehalten war, die **Mehrspaltenverarbeitung**. Man unterscheidet bei der Mehrspaltenverarbeitung Spalten im Zeitungsstil und Parallelspalten. Mit der Funktion Spalten im Zeitungsstil wird der Text laufend in Spalten geschrieben. Ist die Schreibmarke am Ende einer Spalte angelangt, wird der Text automatisch am oberen Ende der nächsten Spalte weitergeschrieben. Bei der Erstellung von Mehrspalten werden zunächst festgelegt der Typ (Spalten im Zeitungsstil oder Parallelspalten), die Anzahl der Spalten, der Spaltenabstand und die Ränder (jeweiliger linker und rechter Abstand).

Zu den gestalterischen Möglichkeiten einer Textverarbeitung gehört die **Silbentrennung**, die es ermöglicht, die bei einem Flattersatz entstehenden Lücken durch ein Trennen des vorhergehenden Wortes auszufüllen. Analog zur Rechtschreibprüfung muß die Silbentrennung auch hier nach deutschen Vorschriften erfolgen. Die Silbentrennung sollte sowohl eine automatische Silbentrennung als auch eine halbautomatische Trennung ermöglichen. Bei einer halbautomatischen Silbentrennung bleibt der Cursor an der Stelle stehen, an der ein Freiraum zwischen dem letzten Buchstaben und dem rechten Rand besteht. Der Anwender sollte die Anzahl der freien Stellen vorgeben können, damit der Cursor nicht bei jedem Freiraum stehen bleibt. Grundsätzlich sollte es dem Anwender auch möglich sein, einen Trennvorschlag abzulehnen und das betreffende Wort in die nächste Zeile zu positionieren.

Die Textverarbeitungssysteme können nicht alle Möglichkeiten des Duden enthalten und bieten deshalb dem Anwender die Möglichkeit, Silbentrennungsausnahmen einzugeben. Dies kann automatisch bei der Eingabe oder manuell während oder nach der Bearbeitung eines Textes erfolgen. Manche Textsysteme haben eine Beschränkung bei der Anzahl der Stellen eines Wortes; wenn dieses Programm jedoch zusammengesetzte Worte erkennt, muß die Eingabe eines Trennvorschlags ein Wort im Zweifelsfall in zwei Teilen eingegeben werden.

10.5.1.5 Speicherungsfunktion

Bevor die Bearbeitung eines Schriftstücks endgültig beendet wird, muß es abgespeichert werden. Dies sollte sehr einfach möglich sein, am besten durch einen Tastendruck. Wird ein Text nach einer Bearbeitung abgespeichert, sollte der Anwender unbedingt gewarnt werden, wenn er dadurch eine ältere Fassung überschreibt. Die meisten Textsysteme verlangen jedoch vom Anwender eine explizite Bestätigung, daß er das Schriftstück überschreiben will.

Sehr nützlich für den Anwender ist das automatische Anlegen einer **Sicherungskopie**, wenn die erste Version überschrieben wird. Mögliche Nachteile sind jedoch es wird doppelter Speicherplatz verbraucht, es erfordert vom Anwender einen erhöhten Verwaltungs- bzw. Löschaufwand.

Vielleicht will der Anwender auch gar keine Sicherungskopie. Eine Alternative besteht darin, diese Funktion abschalten zu können. Bei Systemen mit hohen Anforderungen an Ausfallsicherheit ist es nützlich, während der Erstellung oder Bearbeitung eines Textes eine Sicherungskopie anzulegen. Manche Systeme bieten eine Ausfallsicherheit dadurch, daß nach einer bestimmten Anzahl von eingegebenen Zeichen automatisch eine Sicherungskopie angelegt wird.

Bei den meisten Textsystemen wird der **Textname** nach Erstellung des Textes vergeben; andere Textsysteme verlangen vor dem Erstellen eines Dokuments die Vergabe eines Namens. Die Vergabe eines Namens vor dem Erstellen eines Schriftstücks ist dann notwendig, wenn das Textsystem nach einer bestimmten Anzahl von eingegebenen Zeichen eine Sicherungskopie anlegt und hierfür einen Namen braucht, unter dem dieses Abspeichern geschehen kann. In diesem Fall ist aus organisatorischen Gesichtspunkten darauf zu achten, daß der Name (entspricht dem Betreff eines Schreibens bei Diktaten) zu Beginn genannt wird. Bei der Vergabe des Namens ist darauf zu achten, daß der Name aus alphanumerischen und aus Sonderzeichen bestehen kann.

Die praktische Erfahrung mit Textverarbeitungssystemen zeigt, daß mit der Zeit nicht das Erlernen von Funktionen Schwierigkeiten bereitet, sondern das **Verwalten** dieser Texte und hierbei besonders das Wiederauffinden von erstellten Texten. Bei der herkömmlichen Art der Schriftablage gibt es Akten mit Rückenschildern, die Auskunft darüber geben, um welchen Inhalt es sich bei der jeweiligen Akte handelt. In diesen Akten selber sind die Dokumente oder Schriftstücke dann meistens entweder alphabetisch oder nach Datum oder nach sonst einem Kriterium sortiert. Diese konventionelle Art der physischen Ablage läßt eine zweifache Sortierung zu, die in manchen Textsystemen auch so nachgebildet wurde. Um jedoch Schriftstücke wiederzufinden, über deren Ablageinformation keine Angaben vorliegen, wurden auch schon früher bei wichtigen Ablagen Stichwortverzeichnisse angelegt.

Diese Funktion der **Stichwortvergabe** zählt mittlerweile auch zu den Standardfunktionen einer Textverarbeitung. Ein Stichwortverzeichnis bietet die Möglichkeit, einem Text zusätzliche Informationen zu den Ablageinformationen beizufügen. Zu berücksichtigen sind jedoch folgende organisatorische Fragen:

- Wer ist bei zentral zugänglichen Texten zur Stichwortvergabe berechtigt?
- Gibt es eine einheitliche Regelung bei der Vergabe von Stichworten?
- Gibt es eine einheitliche Regelung für die Vergabe von Synonymen?

Die **Vergabe von Stichworten** kann auf verschiedene Arten erfolgen, und zwar:

- vor der Erstellung eines Textes als beigefügte Ablageinformation;
- während der Erstellung oder Bearbeitung eines Textes durch Markierung des jeweiligen Begriffs oder

- nach der Fertigstellung bzw. Bearbeitung eines Textes wiederum als zusätzliche Ablageinformation.

Die Suche nach Stichworten, die der Ablageinformation beigefügt sind, erfolgt in der Regel sequentiell. Da sequentielle Suche zeitaufwendig ist, sollte der Anwender nicht zuviele Stichwörter eingeben.

10.5.1.6 Druckfunktion

Nicht alle Textverarbeitungssysteme arbeiten nach dem WYSIWYG-Prinzip (What You See Is What You Get), so daß der Anwender das endgültige Aussehen seines Textes oft erst dann sieht, wenn der Text ausgedruckt ist. Wichtig ist bei der Auswahl eines Textverarbeitungsprogrammes die Anzahl der unterstützten marktgängigen Drucker. Die Marktkonzentration bei den Druckerherstellern hat zwar dazu geführt, daß sich manche Drucker nur noch in dem vorn angebrachten Namensschild voneinander unterscheiden, aber es gibt noch genügend unterschiedliche Fabrikate.

Textverarbeitungsprogramme bieten heutzutage eine Vielzahl von Möglichkeiten, um einen Text für einen Druck aufzubereiten. Im Zuge der sich zur Zeit verbreitenden Multitasking-fähigen PC's ist es wichtig, daß es möglich ist, im Hintergrund zu drucken. Dabei sollten die Druckaufträge nicht nur anzeigbar sein, sondern auch storniert werden können.

Wird das Textverarbeitungssystem auf einem Großrechner oder im Netz genutzt, ist es wichtig, daß zum einen die angeschlossenen Drucker am Bildschirm angezeigt werden können und zum anderen festgestellt werden kann, ob der angesprochene Drucker betriebsbereit ist. Ist der Druckauftrag beendet, sollte der Anwender hierüber eine Benachrichtigung erhalten. Dies hat auch dann zu erfolgen, wenn der Ausdruck - bspw. durch eine Betriebsstörung - nicht ausgeführt oder bei Papierstau, Papier zu Ende abgebrochen wurde. Sehr nützlich ist es, wenn dere Zeitpunkt des Ausdrucks bestimmt werden kann und wenn mehrere Kopien eines Drucks angestoßen werden können.

Die Druckeinstellungen geben dem Drucker Anweisungen über die Formatierung des Schriftstücks. Sie ergänzen hierbei die im Schriftstück gemachten Anweisungen oder überschreiben sie. So kann z.B. ein Text einen linken Rand von 4 haben, der beim Drucken auf 12 Zeichen eingestellt wird. Entscheidend für den Drucker sind nicht die Einstellungen im Text, sondern die Druckereinstellungen.

Minimalforderungen sind hierbei die Bestimmung des Zeilenabstandes, die Zeichenanzahl pro Zoll sowie die Anzahl der zu druckenden Seiten. Selbstverständliche Eigenschaften sind heutzutage auch die Bestimmung der ersten und der letzten zu druckenden Seite, die Bestimmung von linkem, oberen und unteren Rand sowie die Wahl des gewünschten Papierschachtes. Daneben sind einstellbar die Zeilen/Zoll und der Schreibschritt; noch nicht zu den Grundfunktionen zählen die Vorgabe der gewünschten Schriftarten, zumal nicht jeder Drucker verschiedene Schriftarten ausdrucken kann. Wünschenswert wäre es, unterschiedliche, nicht aufeinanderfolgende Seiten ausdrucken lassen zu können.

10.5.1.7 Hilfefunktion

Ein Textverarbeitungssystem stellt dem Anwender an jeder Stelle des Programms eine Hilfestellung zur Verfügung. Das kann in der Form eines längeren erklärenden Textes geschehen, kann aber auch in Form von Kurzhinweisen erfolgen. Auf jeden Fall sollte die Hilfestellung kontextsensitiv sein, d.h. sich genau auf die Stelle des Programms beziehen, an der der Anwender die Hilfe gerade aufgerufen hat.

Der Aufruf der Hilfefunktion funktioniert bei den meisten Programmen entweder durch das Betätigen einer definierten Hilfetaste oder durch eine Kombination der Hilfetaste mit der zugehörigen Funktionstaste. Die **Anzeige** von Hilfen ist in verschiedenen Arten möglich, und zwar:

- beim Betätigen der Hilfetaste erscheint ein Register von Stichwörtern,
- beim Betätigen der Hilfetaste erscheint eine Abbildung eines Teils der Funktionstasten bzw. es werden alle Funktionstasten angezeigt und
- bei der Kombination der Hilfetaste mit einer Funktionstaste wird Hilfe als Langtext angezeigt.

10.5.1.8 Makros

Makros werden in einigen Textsystemen auch als Befehlsfolgen oder Funktionsfolgen bezeichnet. Makros erlauben dem Anwender die Zusammenfassung mehrerer Befehle für immer wiederkehrende oder gleichartige Vorgänge mittels einer speicherbaren Funktionsfolge. Beispiele für die Verwendung von Makros sind

- die automatische Texteinteilung,
- der Ablauf des Rechtschreibprüfprogramms,
- die Textspeicherung,
- das Drucken und
- die Datensicherung.

Die Erstellung von Makros erlauben dem Anwender, den Makro bei Beachtung programmspezifischer Schreibweisen (Trenner, Befehlskettungen usw.) in einem besonderen Text zu erfassen. Die Abspeicherung des Makros sollte nach den gleichen Konventionen wie bei einem normalen Text erfolgen können. Die Makro-Funktion stellt auch sicher, daß alle Textverarbeitungsfunktionen als Befehle in einem Makro gespeichert werden können.

Eine sehr nützliche Hilfe ist die **Echo-Funktion**. Schaltet der Anwender diese Funktion ein, merkt sich das System alle vom Anwender eingegebenen Befehle und schreibt sie in eine Makro-Datei. Dies erspart dem Anwender das Aufschreiben der einzelnen Funktionseingaben. Der Nachteil der Echo-Funktion besteht darin, daß sich das System auch doppelte oder falsche Eingaben des Anwenders merkt.

Bei der Erstellung von Makros sollte es möglich sein, Stopstellen zu bestimmen, an denen der Anwender aufgefordert wird, bestimmte Variablen einzugeben. Bei einem Makro, der z.B. einen Text ablegt und die Druckfunktion aufruft, könnte die Variable an der Stelle vorgegeben werden, an der der gewünschte Drucker eingegeben wird. Schließlich müßte die Makro-Funktion auch ein Verzweigen auf andere Makros bieten, d.h. es sollte gewährleistet sein, den Aufruf eines Makros aus einem Makro heraus - nach Möglichkeit im Hintergrund - zu starten.

10.5.1.9 Kommunikationsfunktionen

Die **Serienbrieferstellung** stellt eine nicht unerhebliche Kosteneinsparungsmöglichkeit dar. Nicht nur, daß sie es ermöglicht, einen einmal erstellten Text, z.B. die Erinnerungen an die Einkommensteuervorauszahlungen, an eine unbegrenzte Zahl von Empfängern zu schicken; sie erlaubt auch eine mehr oder weniger individuelle Ansprache des Adressaten. Bei der Erstellung von Serienbriefen wird i.d.R. in folgenden Schritten vorgegangen:

- Erstellung des Standardtextes
  Die variablen Stellen für das spätere Einfügen der Adressen, Ansprachen etc. werden durch Formatanweisungen gekennzeichnet. Meistens werden hierfür wenig verwendete Zeichen, so die spitzen Klammern - oder auch spezielle ASCII-Zeichen - bspw. die eckigen Klammern verwendet.
- Erfassung/Bearbeitung von Variablen
  In diesem Dokument werden die Variablen, z.B. Adressen, Ansprechpartner etc. erfaßt. Dies geschieht meistens nach genau vorgegebenen Regeln, da sonst das Textsystem die Variablen nicht erkennt.
- Anweisung für das Mischen von Variablen mit Standardtexten

In diesem Text müssen dem Textsystem mitgeteilt werden, in welcher Weise der Standardtext mit den Variablen gemischt werden soll. Einige Textsysteme bieten nämlich die Möglichkeit, nur eine bestimmte Anzahl der Variablen mit dem Standardtext zu mischen. Da Textverarbeitungssysteme Dateien i.d.R. sequentiell abarbeiten, sollte es aus Gründen eines annehmbaren Antwortzeitverhaltens möglich sein, mehrere Adreßdateien einzurichten. Die gespeicherten Adressen können auch für einen Ausdruck auf Adreßaufkleber genutzt werden.

Viele ASCII- oder zeichenorientierte Textverarbeitungsprogramme bieten als Ersatz für eine fehlende Graphikoberfläche die Möglichkeit von Semi-Graphiken, auch **2D-Graphiken** genannt, an. Diese 2D-Graphik-Funktionen ermöglichen es, einfache graphische Gebilde wie

- Organigramme,
- Ablaufschemata,
- Umrandungen von Textblöcken,
- senkrechte und/oder waagerechte Linien etc.

innerhalb eines Textes zu erzeugen.

Die **Textbausteinverarbeitung** bietet dem Anwender die Möglichkeit, standardisierte Texte oder Textpassagen als solche zu kennzeichnen und immer wieder zu verwenden. Man unterscheidet bei der Zusammenstellung von Texten (unabhängig ob Textbausteine oder Formulare) zwei Arbeitsweisen:

- Es werden zunächst die Textbausteinnummern und die individuellen Daten (Datum, Name etc.) für ein oder mehrere Schriftstücke eingegeben. Anschließend werden die zugehörigen Standardtexte und die individuellen Daten gemischt und bei Bedarf direkt ausgedruckt. Diese Vorgehensweise entspricht eher der oben beschriebenen programmierten Textbausteinverarbeitung und hat den Nachteil, daß der Anwender den Text erst dann sieht, wenn er fertig ist.
- Die Eingaben der individuellen Textstellen erfolgen am Bildschirm, d.h. der Anwender fügt die entsprechenden variablen Texte unmittelbar an die entsprechenden Textstellen ein. Diese Vorgehensweise hat den Vorteil, daß der Anwender den Kontext zwischen Standard- und Individualtext direkt am Bildschirm sieht und so etwaige Fehler bzw. nicht passende Textstellen oder Standardvorgaben direkt korrigieren kann.

10.5.1.10 Sonstige Funktionen

Das Thema **Datenschutz** gehört zu den Schwachpunkten der PC's unter dem Betriebssystem MS-DOS. Es gibt mittlerweile genügend Programme, die in der Lage sind, auch verschlüsselte Dateien für Unbefugte lesbar zu machen. Da helfen auch keine abschließbaren PC's, da diese gestohlen werden können. Bei der Frage des Zugriffsschutzes geht es auch darum, Texte in einer bestimmten Weise einem bestimmten Personenkreis zugänglich zu machen. Man unterscheidet hierbei die Rechte:

- Lesen,
- Schreiben,
- Bearbeiten,
- Drucken und
- Löschen.

Alle diese Rechte sollten in den unterschiedlichsten Kombinationen für einzelne Anwender, aber auch für Anwendergruppen vergebbar sein. Die Vergabe von Zugriffsrechten auf Schriftstücke wird unterschiedlich gehandhabt. Bei den einen Textsystemen muß der Anwender nachher festlegen, wer in welcher Weise auf sein Dokument zugreifen darf, bei den anderen Textsystemen sind die Texte zunächst für jeden am System verfügbar, können aber vom Verfasser des Dokuments geschützt werden. Eine weitere Forderung im Sinne des Zugriffsschutzes besteht darin, festzustellen, wer wann welche Änderungen in einem Dokument vorgenommen hat.

Die Erstellung oder die Bearbeitung von Dokumenten erfordert des öfteren die Durchführung einfacher **Taschenrechnerfunktionen**. Ein Taschenrechner am Bildschirm bietet hierzu eine hilfreiche Unterstützung. Es handelt sich hierbei hauptsächlich um die Grundrechenarten bzw. um die Funktionen, die wir von einfachen Taschenrechnern her kennen. Rechenfunktionen werden in manchen Textverarbeitungsprogrammen über ein Unterbrechungsmenü am Bildschirm angezeigt. Meist ist hier auch ein Taschenrechner abgebildet, und die Zahlen werden auf dem rechten Tastaturfeld eingegeben. Daneben gibt es Textverarbeitungsprogramme, die mittels spezieller Formatieranweisungen Berechnungen direkt im Text vornehmen lassen. Auch hier handelt es sich meistens jedoch nur um die Grundrechenarten.

Als minimale Anforderungen an eine Taschenrechnerfunktion gelten:

- die Grundrechenarten,
- die Spalten- und Zeilenaddition,
- die spaltenweise und zeilenweise Zwischensummenbildung, sowie
- das Prozentrechnen.

Zusätzlich bieten einige Taschenrechner noch an:

- mathematische Funktionen,
- finanzmathematische Formeln und
- statistische Formeln.

Die heute am Markt befindlichen Programme beschränken sich auf die **Rechtschreibprüfung**; grammatikalische oder Sinnprüfungen gibt es noch nicht. Es ist jedoch damit zu rechnen, daß die nächste Generation von Textverarbeitungssystemen diese Funktionen auch anbieten wird. Da die Rechtschreibprüfung nicht jeden Begriff oder jedes Wort enthalten kann, ist es notwendig, hier Anpassungen an die jeweiligen Erfordernisse des Büros vorzunehmen. Bei den meisten Textsystemen ist es möglich, spezielle Rechtschreibprüfungsdateien anzulegen, in denen die branchen- oder fachspezifischen Wörter abgespeichert werden. Diese Dateien sollten bei Mehrplatzsystemen allen Mitarbeitern zur Verfügung gestellt werden. Bei einer mehrplatzfähigen zur Verfügung stehenden Rechtschreibprüfung ist es wichtig, die Zugriffsteuerung genau regeln zu können. Wird bei einer Rechtschreibprüfung ein unbekanntes Wort gefunden, so wird dieses i.d.R. im Text hell hervorgehoben und - was für den Anwender sehr übersichtlich ist - ein weiteres Mal in einem separaten Block angezeigt. Kann das Rechtschreibprogramm für ein ihm unbekanntes Wort keine Verbesserungsmöglichkeiten anbieten, so kann der Benutzer dieses Wort in die vorher ausgewählte Rechtschreibdatei aufnehmen.

"**Undo**" bezeichnet die Möglichkeit, die letzte Eingabe rückgängig zu machen. Sie gehört mittlerweile auch zu den Standardfunktionen eines Textsystems, da sie dem Anwender erheblich viel Zeit der Neueingabe bzw. Korrektur erspart. Die einzelnen Textverarbeitungssysteme unterscheiden sich hauptsächlich in der Art, mit der die "Undo"-Funktion ausgeführt wird und in der Anzahl der rückgängig zu machenden Eingaben. Für den Anwender ist es wichtig, daß er den letzten Löschbefehl komfortabel wieder rückgängig machen kann. Dabei sollte es möglich sein, den zurückgeholten Text oder Textteil an seine ursprüngliche Stelle wieder einzusetzen, bzw. versehentlich gelöschte Sondercodes und Formatangaben zurückholen zu können.

10.5.2 Archivierung

10.5.2.1 Begriffserklärung

Unter dem Sammelbegriff **Archivierung** wird die Auslagerung von Dokumenten auf externe Datenspeicher verstanden. Ein DV-unterstütztes Archiv (Archive) unterstützt den Benutzer in dreifacher Hinsicht:

- Es dient in Form von Disketten, Magnetbändern, Mikrofilmen und optischen Platten als Ablage für Dokumente aller Art.
- Es macht Informationen als archivierte Dokumente temporär verfügbar.
- Es hilft dem Benutzer bei der Formulierung seiner Informationswünsche.

Hieraus ergeben sich die eigentlichen Funktionen von Archivierungssystemen. Sie dienen

- der Dokumentenverwaltung,
- der Kommunikation und
- der Vorgangsbearbeitung.

10.5.2.2 Dokumente als Informationsträger

Die drei Aufgabenbereiche Dokumentenverwaltung, Kommunikation und Vorgangsbearbeitung stehen in enger Beziehung zueinander. Vorgänge erzeugen und benötigen Dokumente. Diese müssen entsprechend dieser Vorgänge verwaltet werden. Bei der Bearbeitung unterschiedlicher Vorgänge sind Kommunikationen zusätzliche Voraussetzungen. Vorgangsbearbeitungen und Kommunikationsvorgänge erfolgen auf der Basis von Dokumenten. Sie sind die Hauptinformationsträger in einem Unternehmen/in einer Organisation. Nach verschiedenen bekannt gewordenen Untersuchungen können bereits in den kleinen und mittleren Industriebetrieben täglich 3.000 bis 5.000 Dokumente anfallen, und zwar in Form von Formularen, Texten, Tabellen etc.

Der Zwang zur Systemunterstützung ist gegeben. Nachdem die Dokumente multimedialen Charakter annehmen, beeinflussen sie die Repräsentation der Dokumente, wobei die "reinen" Textdokumente nach wie vor beherrschend sind. Für sie gilt insbesondere die Ablage und die Wiederverfügbarmachung als Problematik. Nachrichtenagenturen, Universitäten, Behörden, Dienstleistungsunternehmen müssen allgemein enorme Textvolumina verwalten, die als Protokolle, Berichte, Verträge, Korrespondenz auftreten. Diese Dokumente fallen

- entweder in Form von Papier (Eingangspost, Rechnungen, Lieferscheine, Brancheninformationen, Fachliteratur, Zeitungsartikel etc.),
- oder in Form von Computer-Dateien (Ausgangspost, Rechnungen, Mahnungen, Rundschreiben, Aktennotizen, Lieferanten- und Kundendateien, Lohn- und Gehaltsrechnungen etc.)

an. Ihre Archivierung unterliegt verschiedenen Grundsätzen, weil im ersten Fall mit Scanner, im zweiten Fall hingegen papierlos gearbeitet werden kann.

10.5.2.3 Information Retrieval

Die Problematik des Wiederfindens von Dokumenten ist zunächst allgemeiner Art. Im Bürobereich wird diese Tätigkeit durch ein Klassifikationssystem unterstützt. Es basiert auf einer Indexstruktur, die

- eine administrative Beschreibung der Dokumente wie Dokumentname, -typ, Handlungsanweisungen, Zugriffsbeschränkungen, Versiegelungen,
- eine substantielle Beschreibung durch Schlüsselwörter, Deskriptoren

enthält. Diese Indexstruktur stellt schließlich sicher, ob und wie das Dokument wiederfindbar ist. Bei klaren Fällen gleicht der Prozeß einer einfachen Daten/Textbankanfrage, d.h. es liegen ausreichend administrative Merkmale zur Eingrenzung des Dokumentes vor. In einer zweiten Form ist die Anfrage teilweise unscharf, d.h. es sind administrative Merkmale in nicht ausreichender Menge vorhanden. Schließlich gilt die Anfrage als unscharf, wenn sich die Angaben auf den Informationsgehalt der Dokumente beziehen. In der Praxis haben sich hauptsächlich

- Zugriffe über Identifikatoren (administrative Kennungen) und
- Zugriffe über Deskriptoren in gebundener (vorgegebener) Form

durchgesetzt. Zukünftig sind über Hypertexte nicht gebundene Formen zu erwarten; im weitesten Sinne mit allen Inhalten. Ein Beispiel mit einer Baumstruktur der Indizes wird in Abbildung 10.13 gezeigt.

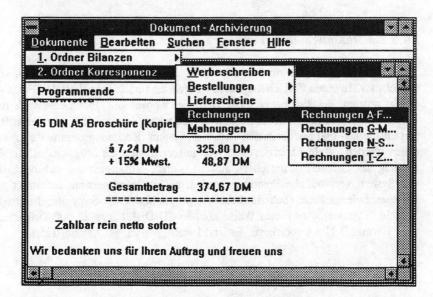

Abb. 10.13: Dokumentenhierarchie in einem Archiv

Im Falle der Benutzung von **Identifikatoren** enthalten die Dokumente administrative Beschreibungen. Diese können einzelne durchlaufende Nummern (Beleg-Nr., Datum) oder eine hierarchische Anordnung bilden (chronologische Auflistung der Belege: aufsteigendes Datum, aufsteigende Beleg-Nummer). Sie dienen im wesentlichen dazu, eine Verbindung zwischen einem oder mehreren mnemotechnischen Bezeichnungen und der technischen Adresse (auf der Diskette; auf der Platte) herzustellen.

Anstelle solcher internen Identifikatoren können externe Bezeichnungen - praktisch als Vorspann - genutzt werden. Während die internen eindeutig, zweifelsfrei sind, zeigen sich die externen nicht notwendigerweise eindeutig. Daher werden sie in Form von Klassen und baumartigen Strukturen dargestellt. Solche Beispiele sind:

- Aktenschrank: Schrank ---> Ebene ---> Ordner;
- Buch: Kapitel ---> Abschnitt ---> Absatz.

Hier bilden also der Vorspann und die Dokumentbezeichnung eine Einheit. Sie können weiter verfeinert werden bspw. durch Synonyme, Abkürzungen, Umbenennungen (Thesauri, semantische Netze). Sie können als **Deskriptoren** die Indexierung vornehmen. Die Zuordnung von Deskriptoren an ein Dokument kann frei erfolgen; sie kann auch anhand einer vorbestimmten Liste geschehen. Eine Erweiterung derartiger Listen kommt in den Thesauri zum Ausdruck. Für einzelne Gebiete existieren solche Thesauri. Beispiele sind an der Börse, oder in der Kreditwirtschaft zu finden.

10.5.2.4 Dokumenten-Erfassung

Die Dokumente werden mit Scanner erfaßt. Sie können unsortiert, einzeln, vom Stapel usw. in einen Zwischenspeicher eingelesen und dort in digitaler Form abgelegt werden. Bewährt hat sich die Methode, wonach die Dokumente auf einem **Ganzseitenbildschirm** (Großbildschirm) betrachtet, kontrolliert, gegebenenfalls mit Ordnungs- und Suchkriterien (Adresse, Datum, Rechnungsnummer etc.) versehen werden. Viele Archivierungssysteme bieten auch die Möglichkeit, die Erfassung der Ordnungskriterien zu automatisieren. Voraussetzung dafür ist, daß das System verbindliche Positionen auf dem Dokument genannt bekommt und diese auch lesen kann (Schrifterkennungsprogramm, OCR-Software, Informationsfeld, Tastatur). Auf dieser Weise können CD-Disk bis zu 25.000 Dokumente vom Format DIN A4 speichern. Es sind Inhalte von ca. 80 Aktenordnern.

10.5.2.5 Archivierung von Computer-Dateien

Für das im Büro erstellte Dokument kann zunächst die zuvor genannte Variante genutzt werden; allerdings ist dann das Dokument auf dem Papier zu erstellen. Wird jedoch der zweite, sinnvollere Weg gewählt, dann ist zunächst kein Problem zu ersehen, weil diese Dokumente hinreichend über Suchbegriffe verfügen (DAtei, REcord etc.). Das Problem entsteht in einer späteren Phase, wo es auf Papier ausgegeben werden muß. Es existieren bspw. gesetzliche Vorschriften wie das Handelsrecht oder die GoS, wonach Dokumente nicht verändert werden dürfen. Daher müssen in die Archivierung neben dem Dokumenteninhalt auch dessen Wiedergabeform codiert sein, damit ein Nachdruck möglich wird. Eine Ausnahme bilden Dokumente mit Unterschrift. Diese müssen vor der Archivierung gedruckt werden.

10.5.2.6 Technische Realisierung

Die Einführung eines Softwareproduktes für die Archivierung setzt die Erfüllung einer Vielzahl von Bedingungen, die technischer, organisatorischer und ergonomischer Art sind.

An erster Stelle stehen die benutzerorientierten Fragen. Sie entscheiden über die Akzeptanz. Dabei ist zu beachten, daß in einem Büro die Mehrheit der Benutzer keine DV-Fachleute sind. Daher sind für sie die graphische Benutzeroberfläche mit wählbaren Ikonen, eine einheitliche Menüführung trotz multimedialer Dokumente, die Möglichkeit natürlich-sprachiger Anfragen von eminenter Bedeutung. Darüber hinaus muß das Archivierungssystem mit anwendungsorientierten Funktionen operieren, für heterogene Systemumgebungen durch offene Schnittstellen zugänglich sein. Ebenso müssen herkömmlich gewachsene Programme einbindbar sein, wie auch künftige Erweiterungen.

Aus der Sicht des Retrievals bietet sich - soweit realisierbar - die einheitliche Gestaltung der Dokumente an. In einem solchen Fall können viele Archivierungsprogramme bspw. Gliederungen anhand der Kopf- oder Fußzeilen generieren, ebenso können zentrierte Überschriften oder fette Hervorhebungen als formelle/formale Suchkriterien dienen. Diese Einheitlichkeit bedeutet einerseits die einheitliche Begriffswelt; sie bedeutet aber auch die Einheitlichkeit der Informationsinhalte:

- Begriffe wie Name, Adresse, Kunde, Lieferant, Produkt, Rundschreiben, Protokoll, Mitteilung. sollten einheitlich für alle als Deskriptoren gelten.
- Vordrucke, Formulare, Formate usw. sollten ebenfalls - allerdings in der jeweiligen Organisation - als Vorgabe-Deskriptoren existent sein.

Auf der Seite der verwendbaren Techniken sind kaum Einschränkungen zu nennen, weil die auf dem Software-Markt angebotenen Systeme unter sehr heterogenen Bedingungen funktionieren. So sind die meisten Archivierungsprogramme

- auf den meisten Computern einsetzbar (bei den PC's ab 386er aufwärts);
- für die Eingabe der (alten) Dokumente mit Scannern vorgesehen;
- auf Rechnern mit den Betriebssystemen MS-DOS, UNIX, OS/2 nutzbar; bei Vernetzungen (Ethernet, Token-Ring, X.400, Telefax) einsetzbar;
- auf die Zeichensätze ASCII, DCA, ODA/ODIF eingestellt;
- mit der Datenbankabfrage SQL-Standard einsatzfähig.

Bezüglich der Speicherung werden optische Platten bevorzugt, weil das Informationsvolumen immens groß ist. Die sog. Faksimilien-Speicherung, die in der Archivierung verwendet wird, erfordert im Vergleich zur herkömmlichen byteorientierten Speicherung etwa die 20fache Speicherkapazität. So benötigt eine gescannte Dokumentseite mit Text ca. 50.000 - 60.000 Byte, und dies in komprimierter Form. Ohne Komprimierung wäre der Speicherbedarf 16 Mio Bits bei 400 bpi. Im Vergleich dazu benötigt die herkömmliche Speicherung 2.500 - 7.000 Bytes.

10.5.3 Ressourcen-Management

Zum Ressourcen-Management bieten Bürosysteme Arbeitshilfen an. Vorrangig betreffen sie die Arbeits- und Terminplanung. Hier sollen von jedem Benutzer die persönlichen Aktivitäten eingetragen und verwaltet werden. Dabei können neben den Aufgaben Zeiten, Personen etc. auch Prioritäten angegeben werden, so daß vom System Tages-, Wochen-, Monats- und Jahrespläne mit Personen-, Zeiten-, Bedarfsangaben errechnet, angezeigt und verwaltet werden.

Ein gutes Softwareprodukt

- legt die Stammdaten der Ressourcen (Personen, Aufträge, Sachmittel) an,
- übernimmt die aktuellen Ereignisse und gibt Vorschläge,
- aktualisiert die Personen-, Sach- und Zeitpläne,
- ist jederzeit auskunftsbereit,
- simuliert und berechnet die Auswirkungen möglicher Änderungen.

Um dies zu realisieren, sind die Gesamtaufgaben über die Teilaufgaben in ihre Elementaraufgaben zu zerlegen und diese wiederum in ihre Komponenten. Hieraus entsteht das in Abbildung 10.14 gezeigte Schema.

1. Ebene	Gesamtaufgabe				
2. Ebene	Teilaufgabe 1, 2, 3, ... n				
3. Ebene	Elementaraufgaben 1, 2, 3, ... n				
		Vorgang	Menge Dauer Häufigkeit	Stelle Person	Inputs Outputs Umfang
WAS -	sachliche Aufteilung Teilpläne Top-down-Vorgehen				
WER -	personelle Verantwortung Kapazitätsvorhaltungen Leistungserbringung Sachbearbeitung				
WIE -	technologische Unterstützung Kapazitäten Leistungen ─┬─ HW, SW, Beanspruchungen ─┘ DB Netze				
WANN -	Terminierung vereinbarte Fristen festgelegte (gesetzliche) Fristen				

Abb. 10.14: Aufschlüsselung der Aufgaben für die Ressourcenplanung

Man kann den Begriff Ressourcen-Management aber auch von zwei anderen Positionen aus mit unterschiedlichem Inhalt betrachten:

- DV-Professionals verstehen darunter das Management der ihnen anvertrauten technischen und personellen Ressourcen, d.h. das Management der Hardware, der Software und des Personals der immer stärker zusammenwachsenden Bereiche Datenverarbeitung, Textverarbeitung und Kommunikation (Bürokommunikation). Management bedeutet für die DV-Professionals das systematische, methodengestützte Planen, Steuern, Kontrollieren, Koordinieren und Führen dieser Bereiche mit der Zielsetzung, eine wirksame und wirtschaftliche Entwicklung, Betrieb sowie Wartung und Pflege der technologiegestützten Systeme zu erreichen.
- Die Unternehmensleitung versteht unter Ressourcen-Management einen Management-Ansatz, dessen zentrale Bedeutung die wirksame und wirtschaftliche Versorgung aller betrieblichen Stellen und Abteilungen mit

denjenigen Informationen ist, die zur Erreichung der Unternehmensziele benötigt werden. Ressourcen-Management bedeutet in diesem Zusammenhang das systematische Planen, Steuern, Kontrollieren und Führen der betrieblichen Informationsversorgungsprozesse.

Die Leistungen des Managements sind abhängig von der Qualität der Informationsversorgung. Verantwortlich dafür zeigt sich zum einen die Geschwindigkeit der Informationsverarbeitung und zum anderen die Fortschritte der Informationstechnologie. Hieraus resultieren sechs Hauptfunktionen des Ressourcen-Managements:

- Analyse des Informationsbedarfs der betrieblichen Stellen
  Man versucht mit dieser Analyse die Teilaufgaben der betrieblichen Stellen und Abteilungen, die aus den Unternehmenszielen ableitbar sind, zu erfassen. Die Schwerpunkte der Analyse können unterschiedlich sein. So kann z.B. eine Sortierung nach Kosten und Nutzen erfolgen.
- Analyse der vorhandenen Anwendungssysteme
  Die Analyse zielt darauf ab, die vorhandenen und die in Entwicklung stehenden Anwendungssysteme auf ihre Informationsfähigkeit hin zu prüfen.
- mittel- bis langfristige Anwendungsplanung
  Die mittel- bis langfristige Planung neuer Anwendungssysteme benutzt die Ergebnisse der vorgeschalteten Analysen, um die für diesen Typ von Innovationen/Investitionen zur Verfügung gestellten Mittel zu berücksichtigen.
- Daten- und Funktionsarchitektur
  Ergänzend zu den Projekt- und Planungsentscheidungen sind grundsätzliche Überlegungen in bezug auf die betriebliche Daten- und Funktionsstruktur anzustellen. Die Unternehmensfunktionen und die Unternehmensdaten werden als Objekte bezeichnet, die in einem oder mehreren zu konkretisierenden Modellen abgebildet werden. Solche Modelle können als architektonischer Bezugsrahmen viele Systementwurfsentscheidungen unterstützen, insbesondere auch die Beantwortung der Frage, welche Anwendungssysteme von der zentralen Systementwicklung und welche von den einzelnen dezentralen Fachabteilungen geschaffen werden sollen.
- Planung von Beschaffung und Einsatz der Informationen
  Unter der Voraussetzung, daß die betriebliche Bedarfs/Anwendungsorientierung sichergestellt ist, müssen sich Auswahl, Beschaffung und Einsatz der Hardware/Software an den bestmöglichen und kostengünstigsten Systeme orientieren. Dies betrifft vor allem die Bereiche Daten-, Text-, Bild- und Sprachverarbeitung. Durch die immer weiter vorschreitende Verbesserung der Technik von Anwendungssystemen muß mit einer begrenzten Lebensdauer der Systeme gerechnet werden.

- Controlling der betrieblichen informationsversorgung auf Effiktivität und Wirtschaftlichkeit
Die Funktion Controlling unterstützt die vorher beschriebenen Planungen und Analysen. Dabei wird nicht nur die Wirtschaftlichkeit gemessen, sondern auch die Effektivität der Informationsversorgungsprozesse bezüglich der Erreichung der Unternehmensziele.

10.5.4 Kommunikation/Bürokommunikation

10.5.4.1 Standards

Die Bürokommunikation hat dafür gesorgt, daß die Telematikdienste und die Bürokommunikation mit der klassischen Datenverarbeitung zusammenwachsen. Auslösend ist die durchgängige Sachbearbeitung, eine Grundsäule der Büroarbeit. Die logischen Schritte sind die Vernetzung der Büroendgeräte mit dem DV-System und die Einbindung der Büro-Software in die DV-Umgebung. Besondere Probleme bereiten die Kommunikationsfähigkeiten der verschiedenen Systeme untereinander.

Der Durchbruch gelang mit dem Electronic Mail nach internationalen Normen (X.400 vom CCITT Comité Consultatif International Télégraphique et Téléphonique). Die **CCITT Standards X.400 bis X.430** beschreiben die Komponenten von **MHS** (Message-Handling-Systemen) und die Protokolle die notwendig sind, um Dokumente zu übertragen und zu interpretieren. Systeme, auf denen entsprechende Software implementiert ist, können Informationen austauschen, auch wenn ihre Hardware und ihre Betriebssysteme inkompatibel zueinander sind. Die Normungen werden von verschiedenen Organisationen betrieben (Abbildung 10.15).

10.5.4.2 Beispiel: Electronic Mail

Die elektronische Post ist mit vielen Vorteilen verbunden. Sie erschließt neue Kommunikations- und Integrationsformen. Sie ermöglicht den Informationstransfer mit branchenspezifischen Anwendungen. Sie ist Angelpunkt der (weltweiten) Geschäftskorrespondenz. Anstatt Papier zu bedrucken, werden elektronische Verbindungen genutzt. Drucken, Kuvertieren, Versenden, Transportieren etc. entfallen.

Beim Versand können Kurzmitteilungen, Briefe, Dokumente etc. zum Tragen kommen. Besonders beim Versand von Rundschreiben an viele Empfänger

10. Bürokommunikation

ISO-Layer	Büro-Services				Telematik					DV-Anwendungen		
	Dokument - Strukturen und Austauschformate CCITT T.73, ODA/ODIF CCITT Draft Rec. T.400 Serie, ISO DIS 8613/1-6									File Trans-fer	Job Trans-fer	Progr. Progr. Kom-muni-kation
	Mail	Directory	Datenbank-Zugriff	Ablage	Print	Ttx	Fax	Mixed Mode	VTX			
verab-schiedet	CCITT X.400 (P1,P2,P3)	ECMA TR 32				CCITT F.200	CCITT F.1xy	CCITT T.73 F.200	CCITT F.300			
laufende Arbeiten	CCITT X.400 (P3 + P7) ISO MOTIS (P1,2,3,7)	ISO DP 9594 CCITT Rec. Mitte 88	ISO DIS Mitte 88 IS Mitte 89	ISO DIS Ende 89	Laufende Arbeiten bei ECMA					ISO IS 8571	ISO DIS 8831/2	ISO-Arbei-ten
7	Reliable Transfer Server / Remote Operations CCITT X.410											
6	Presentation, Transfer-Syntax, Codes ISO DIS 8822, 8823 ISO IS 8824, 8825 CCITT X.409				verschiedene ISO Code-Standards CCITT T.50, T.6, T.61, T.100							
5	Session ISO 8326, 8327 CCITT X.215, X.225, T.62											
4	Transport ISO 8072, 8073 CCITT X.214, X.224, T.70											
3	Analoges Telefonnetz ISO IS 7776, 8208 CCITT/V-Serie	CSDN (Datex-L) ISO IS 7776 CCITT T.70 X.21	PSDN (Datex-P) ISO DIS 8878 CCITT X.25		LAN CSMA/CD ISO DIS 8802/2, -/3 TOKEN BUS 8802/4 TOKEN RING 8802/5					ISDN (HICOM) ISO IS 7776, T.70 CCITT/I-Serie		
1												

10.5 Integrierte Büroanwendungen

Weltweite Normungsgremien	ISO, CCITT, IEC verabschieden OSI-Normen					
OSI-INTERNATIONAL		EUROPA		USA	JAPAN	
Hersteller-Anwendervereinigungen		SPAG	SPAG SERVICES S.A	COS	POSI	INTAP
Ziele		Industrielle Orientierungshilfen für die europäische Standardisierungspolitik der CEC Homogenisierung des europäischen Informations-Technologie-Binnenmarktes	Beiträge zur Validierung. Unterstützung bei der Entwicklungsphase von Produkten auf der Basis der Functional Standards	Konzentration auf Validierung und Zertifizierung Entwicklung von Profilen auf der Basis von NBS-Ergebnissen	Initiator des großen Multivendor-OSI-Projektes	Verständigung, Kommunikation auf internationaler Ebene mit SPAG, OSI. Unterstützung des großen Multivendor-OSI-Projektes (INTAP) in politischer Hinsicht, sowie der internationalen Koordination
Aktivitäten		Entwicklung von Profilen Produkte	Bereitstellung von Conformance-Test-Services Unterstützung bei der Demonstration der entwickelten Produkte	Test-Produkte Etablierung von Validierungs- und Zertifizierung-Services	Entwicklung von Profilen	
Anwendervereinigungen		OSITOP	EMUG	TOP / MAP		
		Vertreter europäischer Anwenderinteressen bezüglich Office-Automation gegenüber Herstellern, Normungsgremien und Postverwaltungen		Entwicklung von Profilen und Validierung Freizugigkeit bei der Beschaffung der Produkte		
Normungs-gremien		CEN, CENELEC, CEPT schlossen sich zu ITSTC zusammen		z. B. NBS		
Ziele		ENV European Pre-Standards		"OSI-Implementation-Agreements"		

Abb. 10.15: Internationale Normungsgremien

zeichnet sich Electronic Mail aus. Die Adressierung und die Verteilung erfolgt automatisch. Das System zeigt alle Nachrichten chronologisch geordnet an; ebenso bei eingegangenen Nachrichten. In seiner Funktion läßt es sich nach dem Schema von Abbildung 10.16 charakterisieren.

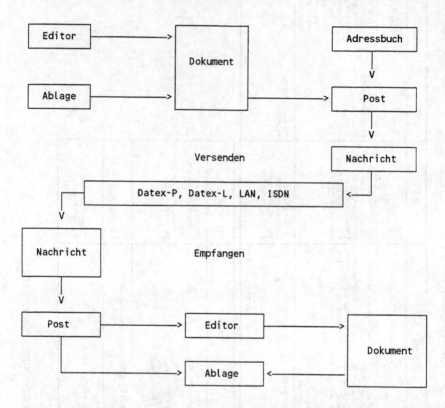

Abb. 10.16: Grundschema der Elektronischen Post in der Bürokommunikation

10.5.4.3 Beispiel: Videotext/Btx als internes Kommunikationsmedium

Der Btx besteht aus einem Informationsdienst mit einem Mitteilungsdienst. Mit ihm können über das flächendeckende Telefonnetz Informationen abgerufen, Buchungen (z.B. Reise) getätigt, Bestellungen erteilt, Serviceleistungen und auch private sowie externe Datenbestände genutzt werden. Inzwischen ist Btx den individuellen innerbetrieblichen Bedürfnissen anpaßbar. Dazu sind Btx-Software und Btx-Terminals notwendig; ein Verarbeitungs- und Kommunikationsrechner ist ohnehin vorhanden. Der Anschluß des Btx-Terminals erfolgt über die Fernsprechleitungen. Die betrieblichen Möglichkeiten sind

- Kommunikation zwischen Hauptverwaltung und Niederlassungen,
- Kommunikation zwischen Zentrale und Filialen etc.

10.5.4.4 Beispiel: DDETec ADR

Dynamic Data Exchange (DDE) der Firma Hec, Bremen ist ein wesentlicher Baustein für die Umsetzung integrierter Lösungen mit Standardkomponenten in Windows3. Beliebige Daten aus SQL-Datenbanken (z.B. SQLBase, Comfo-Base, Oracle, SQL-Server) werden in DDE-fähige Standard- oder Individualanwendungen (Textverarbeitung, Tabellenkalkulation) integriert. Mittels Feldfunktionen oder Makros werden die gewünschten Daten in kompletten Ergebnistabellen oder als Einzelsatz angeliefert und in der jeweiligen Anwendung beliebig weiterbearbeitet. Bei Änderungen in der Datenbank bspw. durch neue Umsatzzahlen werden die Daten in einem konsolidierten Umsatz-Bericht automatisch aktualisiert. Die Kommunikation zwischen den Anwendungsprogramm und der Datenbank wird von DDETec über DDE unterstützt, wobei jeder gültige SQL-Befehl parallel auf mehreren Datenbanken abgesetzt werden kann.

Dem Anwender können die zentralen Daten- und Informationsbestände in den jeweils bedarfsgerechten und gewohnten Anwendungen transparent und komfortabel zur Verfügung gestellt werden. Das Arbeiten mit mehreren Datenbanken sowie das Abrufen von Informationen (Select) oder die Modifikation von Daten (Update, Insert, Delete) werden Bestandteil der vertrauten Anwendung.

DDETec bietet zusätzlich einen intuitiv bedienbaren Aufsatz für die Verwaltung und das Arbeiten mit der Datenbank. Der Anwender arbeitet mit Symbolen aus der Büroumgebung (Schränke und Ordner), formuliert spontane Auswertungen und Abfragen ohne Kenntnisse in SQL. Das Arbeiten mit SQL-Datenbanken wird somit zum Bestandteil der täglichen Arbeit. Folgende Leistungen werden von DDETec zur Verfügung gestellt:

- Nutzung der Standards MS-Windows, DDE, SQL;
- Unterstützung des kompletten SQL-Sprachumfangs;
- Export aus, Import in Datenbanken;
- paralleles Arbeiten mit mehreren Datenbanken;
- Ergebnistabellen oder Einzelsätze je nach Auswahl und
- automatisches Updaten der Ergebnistabelle.

Für jedes Unternehmen ist ein schnelles und gezieltes Agieren und Reagieren am Markt eine wesentliche Voraussetzung für erfolgreiche Geschäftsbeziehungen.

Hierbei spielt das Adressen-Potential eine bedeutende Rolle. Adressen müssen stets auf dem aktuellen Stand und beliebig abrufbar zur Verfügung stehen. Wenn man alle Vorteile eines modernen Windows-Programms und die dazugehörigen Dateien, die in einer zentralen SQL-Datenbank für jeden Arbeitsplatz vorhanden sind und zur individuellen Bearbeitung zur Verfügung stehen, nutzt, dann unterstützt ADRTec das Erfassen und Bearbeiten von Adreßdaten. ADRTec erlaubt zusätzlich das strukturierte Ablegen beliebig langer und beliebig vieler Vorgangseinträge zu jedem Datensatz. Auf einen Blick ist erkennbar, ob es sich bei dem Vorgang um eine Lieferung, eine Rechnung oder ein Telefonat handelt; Datum und zuständiger Mitarbeiter werden mitgeführt.

Erfordert bspw. der Anruf eines Kunden das unmittelbare Abrufen aller zugehörigen Informationen, so liefert ADRTec schnell und übersichtlich Anschrift und Namen sowie alle eingetragenen Vorgänge, wie Telefonate, schriftliche Korrespondenzen, Mahnungen oder Lieferungen. Dabei arbeitet man mit individuell vordefinierten Suchbegriffen oder mit frei definierbaren Suchtexten. ADRTec ermöglicht ein Anlegen beliebig vieler Suchbegriffe. Jeder Adresse können dann ein oder mehrere Suchbegriffe zugeordnet werden.

Zum Leistungsumfang von ADRTec gehören Makroprogramme, die ein Abrufen und eine Weiterverarbeitung aller Adreßdaten in Word für Windows unterstützen. Auf diese Art und Weise werden die aktuellen Adreßdaten in individuell vorgefertigte Briefe eingebunden. Die folgende Übersicht zeigt die Leistungen, die ADRTec anbietet:

- Nutzung von Standards MS-Windows, SQL, DDE;
- Erfassen und Pflegen von Adreß- und zugehörigen Vorgangsdaten;
- schnelles Auffinden von allen relevanten Daten zu einer bestimmten Person/Firma;
- Festlegen beliebig vieler Suchbegriffe und Zuordnung zu jeder Adresse;
- Darstellung aller Adreßdaten in Tabellen und Bildschirmmasken;
- Möglichkeit der Übernahme bereits bestehender Adreßdaten;
- Nutzung zentraler und aktueller Daten von verschiedenen Arbeitsplätzen;
- Übernahme aller Adreßdaten in Word für Windows durch mitgelieferte Makroprogramme und mit DDETec.

10.5.5 Der elektronische Schreibtisch

Während früher der Schreibtisch der Büroarbeitsplatz war, ist es heute der Bildschirm. Datensichtgeräte sind Arbeitsmittel geworden. Um mit ihnen funktional arbeiten zu können, ist es notwendig, sie für die üblichen Bürotätigkeiten wie Kommunikation, Dokumenterstellung, Korrespondenz, Terminplanung geeignet zu machen. Es entstehen verbundene Eigenschaften, die wie folgt charakterisiert werden können:

- Das Arbeitsplatzsystem muß den persönlichen Arbeitsplatz abbilden. Die traditionellen Hilfsmittel wie Ablage, Kartei existieren auf dem Bildschirm und können individuell im eigenen Zeitrhythmus verwaltet werden.
- Die Benutzerführung muß eindeutig sein und die Schrittfolge der geleisteten und der zu leistenden Arbeit jederzeit nachvollziehbar.
- Die Bedienung muß über Funktionstasten in den üblichen Schritten wie Öffnen, Kopieren, Löschen, Schreiben, Speichern, Übertragen und Drucken ablaufen.
- Auch das Anwählen der benötigten Funktionen wie Posteingang, Aktenschrank, Mappe, Postausgangsbuch laufen mit herkömmlichen Symbolen.
- Schließlich sollen dem Benutzer an jeder Stelle Help-Funktionen zur Verfügung stehen, um im Bedarfsfalle die notwendige Unterstützung für eine reibungslose Arbeit zu gewähren.

Ein solches Arbeitsplatzsystem besteht aus den Komponenten

- Arbeitsplatzrechner,
- Drucksystem,
- Ablageeinheit,
- Kommunikationseinheit,
- Busnetz,
- "Schreibtisch" mit Tastatur, Maus, Bildschirm.

Der Bildschirm sollte DIN A4-Dokumente (nach Möglichkeit 2 Dokumente gleichzeitig) anzeigen können, graphisch und color sein. Der Rechner muß mit Bürosoftware für Textverarbeitung, Bürographik, Karteiverwaltung usw. ausgestattet sein, ebenso mit einem großen Speicher für die Dokumentenablage. Besondere Bedeutung kommt dem Bildschirm zu, weil er alle Symbole, Funktionen, Graphiken, mathematische Formeln abbilden soll. Er sollte in einer Rastertechnik (Bit-Mapping) arbeiten und hochauflösend sein (Beispiel: 800 x 2024; rund 820 Tausend Bildpunkte). Diese Technik erlaubt die Darstellung nicht nur beliebiger Schriftarten und Schriftgrößen, sondern auch die Linien- und Flächengraphik.

Für besondere Layoutgestaltungen mit mehreren Textspalten pro Seite, mit Graphikeinbindungen an beliebigen Textstellen u.a.m. wurden sog. **Desk Top Publishing (DTP)** Programme entwickelt. Mit diesen Programmen können Layouts erzeugt werden, welche für die direkte Übernahme in Zeitschriften oder Bücher geeignet sind. Sie orientieren sich also an der Schriftsatztechnik. Denen gegenüber orientieren sich die Textverarbeitungsprogramme an der Schreibmaschinenwelt. Entsprechend dieser Eigenschaft setzen sie beim Benutzer Erfahrungen im Schriftsatzbereich voraus. Ihr Einsatz ist auf der einen Seite im Verlagswesen, hier als Electronic Publishing, auf der anderen Seite in der graphischen Industrie.

10.6 Softwaremarkt

Der Softwaremarkt für Bürosysteme ist inzwischen außerordentlich vielschichtig. Es werden viele - meistens Einzelpakete - Programme zur Textverarbeitung, Rechtschreibprüfung, Adressenverwaltung, Terminkalenderverwaltung, Electronic Mail, Telekommunikation, Büroorganisation etc. angeboten. Umfassende, integrierte Software, die sogar mit dem Produktionsbereich verbunden ist, findet sich seltener. Ausnahmen sind Dienstleistungsbetriebe, wo die Auftragsverwaltung in die Bürowelt eingebunden ist, oder die Fakturierung, oder das Rechnungswesen. Hier steht noch eine lange Entwicklung bevor. Gegenwärtig werden verschiedene Systemansätze verfolgt. Dazu einige Beispiele:

- Distributed System and Execution Model for Office Environments (IBM),
- Action Paths/Hermes (DEC),
- PAGES/DIMUN (ESPRIT-Projekt),
- Electronic Circulation Folders/Promunans (ESPRIT-Projekt),
- Message Management System (Universität Toronto),
- Intelligent Routers (Siemens) und
- Sprache OTM (Universität Toronto).

Als Entwicklungstendenzen in der Bürokommunikation sind folgende bemerkenswert:

- Das Papier als Arbeits- und Kommunikationshilfsmittel bleibt. Das papierlose Büro bleibt - trotz aller Ankündigungen - vorerst eine Utopie.
- Die elektronische Kommunikation mit Hilfe verschiedener Medien nimmt zu. Sie wird den privaten Bereich einbeziehen.
- Der integrierte Büroarbeitsplatz mit Versenden und Empfangen von Dokumenten per LVN, Fax, Telex, Teletex; sowie das Scannen und Kopieren von Dokumenten, das Diktieren, das Telefonieren, das Weiterleiten von Sprachnachrichten etc. werden Realität.
- Die Vorgänge werden elektronisch bearbeitet.
- Offene Systeme setzen sich durch.
- Die Einstellung des Benutzers zum Computer verändert sich positiv.

11. Wissensbasierte Systeme

Expertensysteme	Künstliche Intelligenz	Begriffserklärungen Teildisziplinen Chronologie, Trends	Abschnitt 11.1
	Wissensbasierte Experten-Systeme	Begriffserklärungen Abgrenzungen, Inhalte Architektur Komponenten	Abschnitt 11.2
	Wissensbasis, Wissensdarstellung	Wissen, -arten Wissensrepräsentation Dynamische Wissensbasis	Abschnitt 11.3
	Wissenserwerb, Wissensakquisition	Begriffserklärung Erhebungstechniken Entwicklungsphasen	Abschnitt 11.4
	Auswertung, Inferenz von Wissen	Begriffserklärung Lösungsalgorithmen Inferenz-Strategien Such-Strategien	Abschnitt 11.5
	Kommunikation -und Erklärungs-komponenten	Arten von Schnittstellen Dialogschnittstellen DV-Schnittstellen Erklärungskomponente	Abschnitt 11.6
	XPS-Entwicklung	Entwicklungsmethodik Phasenschema Prototyping Werkzeuge	Abschnitt 11.7
	Entwicklungs-tendenzen		Abschnitt 11.8

11.1 Künstliche Intelligenz

Die **Künstliche Intelligenz** (**KI, Artificial Intelligence**)[1] faßt die bisher dem Menschen vorbehaltenen kognitiven Fähigkeiten als informationsverarbeitende

---

1) Die ersten Pioniere der **Künstlichen Intelligenz** (Artificial Intelligence) waren Herbert Simon und Allen Newell von der Carnegie-Mellon University. Ihre Arbeiten aus den 50er Jahren haben sie 1958 veröffentlicht. Sie beschrieben eine Zukunftsmaschine, die denkt, lernt und entwickelt. Als Geburtsstunde der KI gilt die Konferenz von Dartmouth College 1956. Hier wurden die Grundlagen der KI gelegt. Beteiligt waren Marvin Minsky, John McCarthy, Nathaniel Rochester, Claude Shannon und die zuvor genannten Personen. Sie bauten auf die kybernetischen Arbeiten von Norbert Wiener auf. In der ersten Zeit waren die Entwicklungen auf die Methoden und Software gerichtet. So wurden 1957 GPS (General Problem Solver) und 1958 Lisp (LIST Processing) entwickelt; ihnen folgten die ersten praktischen Anwendungen zum Themenbereich Expert Systems von Feigenbaum und Buchanan DENDRAL (Chemie) 1965, von Martin und Moses MACSYMA (Mathematik) 1969, MYCIN (Medizin), PROSPECTOR (Mineralogie). 1970 wurde von Roussell und Colmerauer Prolog entwickelt; 1976 folgte von Minsky die Entwicklung von Frames zur Repräsentation des Wissens; 1978 von Buchanan das Konzept der Regel-Induktion; von McDermott R1, dann XCON, die ersten kommerziell erfolgreichen Expertensysteme; 1980 der Start von Symbolies zur Entwicklung einer Lisp-Maschine etc. Diese Aufzählung läßt sich in einem etwa 5jährigen Zeitrhythmus der Entwicklungsschritte stichwortartig wie folgt darstellen:

- 1957 - 1962: Programmiersprache LISP,
- 1963 - 1967: erste natürlichsprachliche Dialogschnittstelle,
- 1968 - 1972: erstes Expertensystem,
- 1973 - 1977: Programmiersprache PROLOG,
- 1978 - 1982: XPS-Werkzeuge, Inferenz-Maschine,
- nach 1985: KI als Schlüsseltechnologie.

Die Pionierarbeiten zur Entwicklung von **Neuronalen Netzen** gehen auf McCulloch und Pitts im Jahre 1943 zurück. Sie waren auf die einfachen logischen Beziehungen "X AND Y" oder "X OR Y" beschränkt. 1949 legte Donald O. Hebb eine dynamische "Nachbildung" der Gehirnvernetzung vor. Rosenblatt entwickelte 1958 sein Konzept zur Mustererkennung; John v. Neumann folgte mit seinem Werk "The Computer and the Brain". 1960 entwickelten Widrow und Hoff ADALINE lineare Neuronen; 1969 veröffentlichten Minsky und Papert ihr Buch "Perceptrons" etc.; 1988 Gründung von INNS (International Neural Network Society) mit der ersten Konferenz in Boston - ausgerichtet von IEEE (Institute of Electrical and Electronik Engineers).

Prozesse auf und übergibt sie naturwissenschaftlichen Untersuchungsmethoden sowie ingenieurmäßigen Verwendungen. KI ist eine direkte Übersetzung des amerikanischen Begriffes und wird vielfach diskutiert. Sie versucht auszudrücken, daß das menschliche Problemlösen auf dem Computer abgebildet wird. Menschliche Verhaltensprozesse sollen rekonstruiert werden, wobei Strukturähnlichkeit und Strukturgleichheit ziemlich gleichrangig behandelt sind. Entscheidend ist dabei das Ergebnis des Problemlösens, das mit dem des menschlichen Problemlösers vergleichbar sein soll. Entsprechend dieser Inhalte läßt sich die KI in zahlreiche Teildisziplinen/Teilgebiete sowie deren Methoden und Verfahren untergliedern (Abbildung 11.1).

Künstliche Intelligenz	
Teildisziplinen	Techniken, Methoden
Natürlichsprachliche Systeme	Wissenserwerb
	- Lernen
Systeme der Bildverarbeitung	- Fallmethoden
	- KADS
Deduktionssysteme	
	Schließen, Folgern
Systeme der Robotik/technologie	- Diagnose
	- wie Wissenserwerb
Expertensysteme	
	Heuristische Suchverfahren
Intelligente Lehr- und Lernsysteme	Problemlösen, Planungsverfahren
	Wissensrepräsentation
Systeme der automatischen Programmierung	KI-Programmiersprachen

Abb. 11.1: Teilgebiete und Techniken der KI

Die KI wird in mehrere Teildisziplinen unterteilt. An erster Stelle stehen die Informationsprozesse, die dem Verstehen und der Produktion der natürlichen Sprache dienen. Ziel ist es, intelligentes Sprachverhalten bzw. an intelligente Sprachverhalten gebundene Leistungen maschinell verfügbar zu machen (Teildisziplin **Natürlichsprachliche Systeme**; **Speak Processing**). Dabei verlagern sich die Arbeiten vom reinen Sprachverstehen auf die Probleme des Dialogs. Es geht um die Fähigkeit, durch die abwechselnde Initiative der Dialogpartner ein sachbezogenes Gespräch zu "produzieren". Der gegenwärtig realisierte Stand benutzt zumeist für die natürliche Sprache entwickelte

Grammatiken. Der syntaktischen Analyse (Syntaxbaum und Dictionary als Hilfsmittel) folgt eine semantische Analyse. Sie führt zu einer internen Repräsentation, die vom Computer verarbeitet werden kann. Diese Ansätze (Eingabe über ein Terminal) folgen aufwendigere Forschungen, und zwar mit der gesprochenen Sprache. Hier müssen Schallwerte der gesprochenen Wörter mit dem Schallmuster der gespeicherten Wörter verglichen werden, um zur syntaktischen Analyse zu gelangen. Das Problem ist, daß das Schallmuster eines Wortes je nach Sprecher und je nach Stellung im Satz unterschiedlich sein kann.

Um aus den visuellen Rohdaten eine Gestalt, eine Form, deren farbliche Einordnung zu berechnen, benötigt unser Gehirn eine spezielle biologische Hardware, die der Introspektion nicht zugänglich ist. Die vom Auge an das Gehirn gesendeten Signale sind der Introspektion unzugänglich. Es werden erhebliche Rechenkapazitäten benötigt, um ein Bild zu erkennen (Teildisziplin **Bildverstehen**; **Image Processing**). Hierzu wird das von einer Spezialkamera aufgenommene Bild in einer Grauwertmatrix abgelegt. Jedem Pixelpunkt wird ein Helligkeitswert zugeordnet. Durch Helligkeitsunterschiede können dann bspw. bei geometrischen Körpern die Kanten bestimmt werden. Danach folgt eine Bereinigung der Daten. Sie werden durch gerade Linien so approximiert, daß ein geometrischer Körper entsteht. Die weiteren Sehprogramme müssen dies interpretieren und merken, was zusammengehört, also was einen geometrischen Körper bildet. Und schließlich müssen die Programme herausfinden, um welchen Körper es sich handelt und wie sich die einzelnen Körper zueinander verhalten. Das Endprodukt muß also eine räumliche Beschreibung liefern, wieviel Körper in einem Bild zu sehen, wie sie repräsentiert sind usw. Erst dann stehen sie dem Computer zur Bearbeitung bereit.

Das Beweisen mathematischer Sätze führt zu Anwendungen, wie bspw. die Logik der Programmiersprachen, die Programmsynthese und -verifikation, das Beweisen der Fehlerfreiheit von Schaltkreisen (Hardware), die Steuerung von Atomreaktoren, die Organisationsstrukturen (Teildisziplin **Deduktionssysteme**). In ihrer Funktion soll z.B. ein Anwendungsprogramm auf Korrektheit geprüft werden. Hierzu wird ein zweites, ein Analyseprogramm genutzt. Nach der Analyse stellt es eine Reihe mathematischer Theoreme zusammen, die beweisen, daß das geprüfte Programm korrekt ist. Der Schwerpunkt solcher Forschungen konzentriert sich auf "die besten" Resolutionsschritte aus der unendlichen Zahl, die möglich ist. Heute sind weit über hundert Verfahren, die sich dienen Problemstellungen annehmen, bekannt. Sie schränken den Suchraum stark ein. Verfahren dieser Art werden Refinements genannt. Die Forschungen zu den Deduktionssystemen haben zu Inferenzmethoden und zur logischen Repräsentation von Wissen geführt, die in anderen Teildisziplinen, so in den Expertensystemen Eingang gefunden haben.

11.1 Künstliche Intelligenz

Am weitesten entwickelt, wenn auch mit anderen, mit nicht KI-Methoden, ist die Teildisziplin **Robotertechnologie/Robotik**. Durch die KI-Forschung sollen künftig die industriellen Roboter über eine eingeschränkte Eigenintelligenz verfügen. Sie würde dann die möglichen Einsatzgebiete solcher Automaten ausweiten.

Die Teildisziplin **Expertensysteme** beschäftigt sich mit der Entwicklung von Programmsystemen, die bis dato menschlichen Spezialisten vorbehalten waren. Typische Beispiele sind Kreditwürdigkeits/Bonitätsprüfungen von Betrieben, ärztliche Labor-Diagnosesysteme, Produktionssteuerungssysteme. Hinter diesen Systemen verbirgt sich die Bestrebung nach nicht-formalisierbarem Wissen, das der Spezialist durch praktische Erfahrung gewonnen hat, dieses in Software einzubinden und dadurch Spezialwissen für Nicht-Spezialisten bereitzustellen, oder Spezialisten und Fachkräften von Routinearbeiten zu entlasten, oder Spezialisten und Fachkräfte diskussionswürdige Alternativen für die Problemlösung anzubieten. Für die nächste Zeit stehen als Probleme die Kopplung mehrerer Expertensysteme, die ihr Wissen austauschen, ergänzen und durch "Erfahrung" lernen, an. Besondere Probleme liegen außerdem im allgemeinen Verständnisbereich, der "Common-Sense-Reasoning" genannt wird, d.h. im Alltagswissen, das für eine Entscheidung ausschlaggebend sein kann.

Außer den angeführten fünf Teildisziplinen können auch **intelligente Lern- und Lehrsysteme** zum Erwerb bzw. zur Vermittlung von Wissen und **Systeme des automatischen Programmierens** in diese Kategorie eingestuft werden.

Die wichtigsten technologischen Änderungen werden sich vor allem in zwei Bereichen bemerkbar machen, und zwar in der Produktion und in der Verwaltung. Die erste Gruppe der Änderungen geht in Richtung Fully Automated Factory, also zum Roboter-Einsatz in allen Phasen der Fertigung. In der zweiten Gruppe wird das Papierless Office als Ziel verfolgt, wobei es durch KI-Techniken greifbar erscheint. Die Erreichung dieser Ziele, aber bereits die heute spürbaren Zwischenstationen, zeigen die sozialen Folgen, den Rückgang der an der Produktion beteiligten Personen von derzeit etwa 50% auf unter 10%. Diese Entwicklung gleicht den Auswirkungen der Mechanisierung der landwirtschaftlichen Produkte. Sie führte damals zum Rückgang der Beschäftigten zur Sicherung der Ernährung auf unter 10%, während in den Entwicklungsländern dieser Anteil bei 50 - 90% liegt. Damit verändert sich unsere Gesellschaft, die in der Mehrheit zur Erhaltung der Grundbedürfnisse arbeitet, hin zu einer informations- und wissensverarbeitenden Gesellschaft.

Diese Aussagen werden häufig mit Statistiken und Prognosen belegt. So werden u.a. für das Jahr 2005 rund 130 Mrd $ für den KI-Markt der USA und 65 Mrd $ für den KI-Markt Japans vorausgesagt. Davon sollen auf die Ausstattung der

Arbeitsplätze mit Hardware und Anwendungssoftware um die 90% der Ausgaben fallen, der Rest für Entwicklungsarbeiten. Daraus wird deutlich, daß im allgemeinen damit gerechnet wird, daß zu diesem Zeitpunkt Programme der KI breitgestreut genutzt werden.

Angesichts dieser Aussagen ist ein bedeutsamer Entwicklungsschub zu erwarten. Hierfür spricht auch, daß die anfänglichen enorm hohen Aufwendungen zur Entwicklung bspw. von Expertensystemen stark gesenkt werden konnten, so daß auch weniger erfolgreiche Entwicklungsarbeiten - zumindest in Großbetrieben - in Kauf genommen werden. Einschränkend dazu ist zu vermerken, daß die derzeitigen positiven Resultate hauptsächlich von den wissensbasierten Expertensystemen ausgelöst wurden und erwartet werden. Sie stehen auch im Mittelpunkt dieses Kapitels.

11.2 Wissensbasierte Systeme

11.2.1 Begriffserklärung

Wissensbasierte Systeme (Knowledge-based Systems) sind Systeme zur Wissensverarbeitung. Die Datenverarbeitung der Gegenwart befindet sich auf dem Weg zur Informationsverarbeitung. Damit bringt sie Daten, Texte, Bilder und Sprache in einen Verarbeitungsprozeß. Dies ist und bleibt jedoch solange als strukturierter, im voraus bestimmbarer Vorgang, bis das Umgehen mit den Informationen nicht zur **Wissensverarbeitung (Knowledge Processing)** wird. Unterschiede der hier gemeinten Art sind in Abbildung 11.2 dargestellt.

Bei der künftigen Wissensverarbeitung kommt es in starkem Maße auf das Vorhandensein einer sog. **Wissensbasis** an, die im wesentlichen das **Erfahrungswissen** des Menschen widerspiegelt. Dieses läßt sich in **Fakten-, Methoden-** und **Metawissen** unterteilen (Abbildung 11.3).

Die Entwicklung, die in diesem Zusammenhang von Bedeutung ist, geht dazu über, Systeme bzw. deren Wissensbasis zu erforschen. Dies ist zunächst insofern widersprüchlich, da eine Informationsverarbeitung im aufgezeigten Sinne ebenfalls noch nicht existiert und erst in die 90er Jahre projeziert werden kann. Da sie jedoch als eine Art Vorstufe der Wissensverarbeitung angesehen werden kann, verlaufen die Arbeiten zu den wissensbasierten Systemen z.T. durchaus parallel. Ihren Niederschlag finden sie in sog. Softwaretools, die in einer Reihe von Branchen in Zusammenarbeit der Wirtschaft mit der Wissenschaft entwickelt und erprobt werden.

11.2 Wissensbasierte Systeme

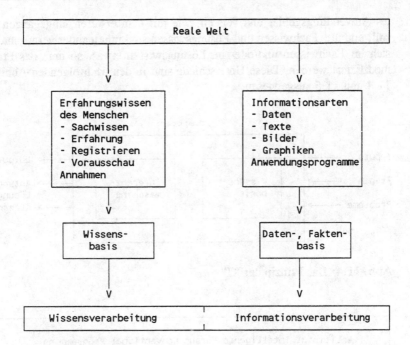

Abb. 11.2: Die Wissensverarbeitung

Abb. 11.3: Untergliederung des Erfahrungswissens

Prinzipiell ist festzustellen, daß auch die traditionellen Programmsysteme Wissen enthalten, wobei dieses zunächst mit dem Fachwissen gleichzusetzen ist, und zwar unabhängig davon, ob es vom Programmierer und/oder von der Fachkraft, die zugleich Programmierer sein kann, kommt. Dieses Fachwissen steckt wiederum in den Lösungsalgorithmen und/oder in den Daten. Hieraus folgt, daß jedes konventionell entwickelte Programm ein gewisses Wissen über ein bestimmtes Anwendungsgebiet und Wissen, wie mit dem ersteren umgegangen werden soll, enthält. Fachwissen und Lösungswissen sind miteinander vermischt. Ändert sich im Fachwissen und/oder im Lösungswissen etwas, so muß das Programm modifiziert werden. Diese Unterschiede sind in den nachfolgenden Abbildungen 11.4 und 11.5 ausgewiesen.

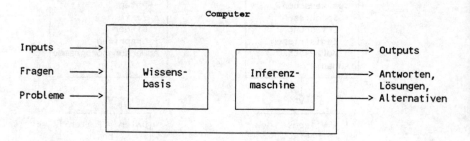

Abb. 11.4: Das Prinzip der KI

Dimension	Artificial Intelligence	Conventional Programming
Processing	Mainly symbolic	Primarily computing
Nature of input	Can be incomplete	Must be complete
Search	Heuristic (mostly)	Algorithms
Explanation	Provided	Usally not provided
Major interest	Knowledge	Data, information
Structure	Separation of control from knowledge	Control integrated with information (data)
Natur of output	Can be inclomplete	Must be correct
Maintenance and update	Relativeliy easy, due to modularity	Usally difficult
Hardware	Mainly workstations and personal computers	All types
Reasoning capability	Yes	No

Artificial Intelligence Versus Conventional Programming

Abb. 11.5: Gegenüberstellung der KI mit der kommerziellen Programmierung

In einem wissensbasierten System hingegen sind anwendungsbezogenes und -unabhängiges Wissen getrennt. Hieraus resultiert für das Fachwissen die **Wissensbasis**. Für ihre Verarbeitung ist eine andere Komponente, die Schlußfolgerungen zieht, verantwortlich, die sog. **Inferenz-Maschine**. Letztere enthält das anwendungsunabhängige Wissen. Diese Gruppe ist die Basis für die Techniken und Methoden, die in der KI verwendet werden.

11.2.2 Expertensysteme

11.2.2.1 Abgrenzung und Einordnung der Inhalte

Expertensysteme (XPS, Expert System) sind eine neue Klasse von Anwendungsprogrammen, die den wissensbasierten Systemen (Knowledge-based Systems) und diese wiederum der Künstlichen Intelligenz (Artificial Intelligenz) zugeordnet werden (Abbildung 11.1). Die Künstliche Intelligenz benutzt den Computer, um menschliche Intelligenz maschinell abzubilden. Hierzu greift sie auf eine Vielzahl von Wissenschaften bzw. auf deren Methoden, um spezielle Anwendungen realisieren zu helfen, zurück.

Dabei wird eine größere Gruppe von Anwendungen unter der Bezeichnung wissensbasierte Systeme ausgewiesen. Sie umfassen die seit den 70er Jahren in Entwicklung befindlichen Informationssysteme, für die ein Algorithmus zur Lösung des Problems bekannt ist und die Expertensysteme der 80er Jahre, die schlecht oder nicht-strukturierte Problemsituationen beschreiben (Abbildung 11.6). Im ersten Fall liegen stabile Benutzererwartungen, strukturierte Daten, viele Anwender und Lösungsschritte vor. Im zweiten dagegen unsicheres Wissen, wobei vom System die Begründung des gewählten Lösungsweges erwartet wird.

Die Expertensysteme als Teilmenge von wissensbasierten Systemen werden somit auf als schwer lösbar geltende Probleme konzentriert. Sie sollen Möglichkeiten aufzeichnen, diese zu lösen. Traditionelle Anwendungen, so auch die Informationssysteme integrieren Wissen in starr begrenzten Bereichen. Bei Expertensystemen sind diese Bereiche offener. Sie zu bestimmen, zulässig zu erklären, heißt, das Glaubensmaß(von) und den Evidenzmaß(bis) abzugrenzen. Es ist insofern besonders schwierig, daß das Performance in den Randbereichen abnimmt, die Probleme von anderen Problemen überschattet werden. Diesen Ausführungen und der Systematik Watermann's folgend, wird in Abbildung 11.6 das Expertensystem abgegrenzt und in Abbildung 11.7 inhaltlich bestimmt. Hieraus läßt sich die Definition zur inhaltlichen Bestimmung von Expertensystemen ableiten.

Ein bestimmtes Computerprogramm ist zugleich dann ein Expertensystem, wenn

- das Problem und der Lösungsweg schlecht strukturiert sind,
- es sich um ein begrenztes Problemfeld handelt,
- die Lösung auf Experten-Wissen basiert,
- das Problem gewisse Schlußfähigkeiten enthält (Inferenz),
- ein Experten-Interface vorhanden ist und
- das Problem und der Lösungsweg heuristischen Charakter haben.

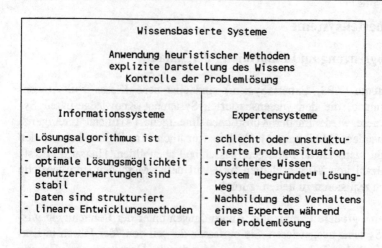

Abb. 11.6: Abgrenzung von Expertensystemen

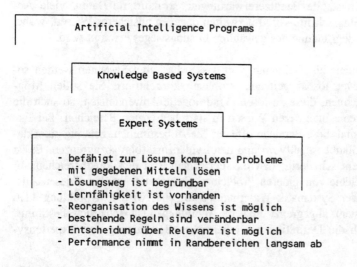

Abb. 11.7: Inhaltliche Abgrenzung von Expertensystemen

11.2.2.2 Anforderungen, Erwartungen und Einsatzgebiete

Aufgrund der Tatsache, daß Expertensysteme zur Lösung komplizierter und schwieriger Probleme eingesetzt werden, die bisher menschlichen Experten vorbehalten waren, werden von ihnen erwartet, daß sie

11.2 Wissensbasierte Systeme

- detaillierte Auskunft über die Lösung und Vorgehensweise bei der Lösungsfindung geben, diese erklären (interpretieren) und begründen, sowie
- Auskünfte erteilen über deren momentanes Wissen.

Demzufolge kann jedes XPS aufgrund seiner Ziele, Inhalte, Methodik charakterisiert werden. Gegenwärtig sind folgende Fakten sichtbar und können zur Charakterisierung beitragen:

- XPS werden überwiegend zur Sicherung, Vervielfachung und Verteilung des Wissens von Fachleuten spezieller Sachgebiete genutzt.
- XPS dienen der Kumulation des Wissens verschiedener Experten und dadurch zum Erreichen einer hohen Qualität bei der Beurteilung von Problemstellungen mit hohem Komplexitäts- und Schwierigkeitsgrad.
- XPS geben/liefern objektive Resultate, da sie von subjektiven Eindrücken unbeeinflußt bleiben bzw. unbeeinflußbar sind.
- XPS liefern transparente und nachvollziehbare Lösungswege, die für die Akzeptanz von großer Bedeutung sein können.

Aus den betrieblichen Problemstrukturen haben sich nach Branchen, nach Funktionen, nach Führungsaufgaben usw. Anwendungsgebiete herauskristallisiert, die nachfolgend kurz aufgelistet und beschrieben werden:

- Die meisten Entwicklungen in der Auflistung nach **Branchen** wurden in den Industriebetrieben getätigt (um 85%), danach folgen abgeschlagen die Bankbetriebe und die Freiberufler mit je 4%, gefolgt von den Verkehrs-, Handels-, Versicherungs- und Landwirtschaftsbetrieben mit jeweils 1,5%.
- Eine ungleich andere Verteilung ergibt sich bei den **Funktionsbereichen**. Hier liegt die Produktion mit 30% vor der Forschung und Entwicklung mit 28% und vor dem Vertrieb mit 20%; Verwaltung mit 11% und Personalwesen mit 3% schließen die Runde.
- Eine Gruppierung nach **Aufgabengruppen** zeigt die herausragenden Bedeutungen der Diagnose (23%), der Konfiguration (21%), der Beratung (18%) und der Planung (14%). Danach folgen Expertise (6%), Checkliste und Selektion (je 5%), Entscheidung (3%), Unterricht (2%) usw.

All diesen Systemen sind eine Reihe von Merkmalen zu eigen:

- Im Mittelpunkt des Expertensystems steht die Wissensbasis als Sammlung von Fakten und Regeln; praktisch das Wissen des menschlichen Experten.
- Diese Wissensbasis muß erweiterbar sein, damit andere Probleme oder veränderte Fragestellungen verarbeitet werden können. Diesem Zweck dient die Wissenserwerbskomponente.

- Um Regeln und Fakten problemgerichtet abarbeiten zu können, muß ein Expertensystem in der Lage sein, vorwärts- und rückwärtsverkettet zu operieren, d.h. Zwischenergebnisse, nebst Endergebnis iterativ zu erzeugen, im Bedarfsfalle auch auszuschalten. Solche Aktionsfolgen verhelfen das Expertensystem, Schlußfolgerungen zu ziehen. Daher wird in diesem Zusammenhang von der Inferenzkomponente gesprochen.
- Wesentlich ist außerdem, das entstandene Ergebnis sachgerecht begründen zu können. Diesem Zweck dient die Erklärungskomponente. Sie muß die Gründe herauskristallisieren, welche die Schlußfolgerung annehmbar machen, dem Benutzer nahebringen.
- Schließlich rundet eine Dialogkomponente das Expertensystem ab, die zwischen Benutzer und Computer fungiert. Ihre Hilfsmittel sind dabei verschiedene Editoren (Window-Technik, Graphik, Sprachausgabe), die der Kommunikation dienen.

Zusammenfassend arbeitet ein Expertensystem

- "deklarativ" (Es weiß, was zu tun ist.),
- "heuristisch" (deterministisches und nicht-deterministisches Vorgehen) und
- "erklärend" und "lernfähig" (erweiterungsfähig).

Expertensysteme mit diesem hohen Anforderungsniveau können mit den traditionellen Programmierungsmethoden nicht realisiert werden. Im Gegensatz zu diesen läßt sich das in den Expertensystemen integrierte Wissen nicht begrenzen. Dies gilt sowohl für die Daten als auch für die Programme. Expertensysteme zeichnen sich gerade dadurch aus, daß sie heuristisches Wissen (also nicht exaktes!) mit flexiblen Programmstrukturen umsetzen. Sie trennen zwischen einer Wissensbasis als Sammlung von Informationen zu einem bestimmten Bereich und einer Lösungskomponente, die aus den in der Wissensbasis gespeicherten Informationen selbständig zu Ergebnissen kommt. Dies wird dadurch erreicht, daß die Lösungskomponente Methoden, Techniken umfaßt, um aus Regeln, Fakten und Suchergebnissen Folgerungen zu ziehen. Die Lösungskomponente nutzt dabei Vorwärts- und Rückwärtsverkettungen als Suchmethoden. Im ersten Fall handelt es sich gewissermaßen um eine datengesteuerte Auswahl an Fakten unter Beachtung aller Regeln. Im zweiten Fall wird das vorgegebene Ziel zurückverfolgt, bis die gegebenen Voraussetzungen erfüllt sind. Im einzelnen setzt sich ein Expertensystem (Abbildung 11.8) aus fünf Komponenten, und zwar aus einer

- Wissensbasis,
- Problemlösungskomponente,
- Wissensakquisitionskomponente,
- Erklärungskomponente und
- Dialogkomponente

zusammen.

11.2 Wissensbasierte Systeme

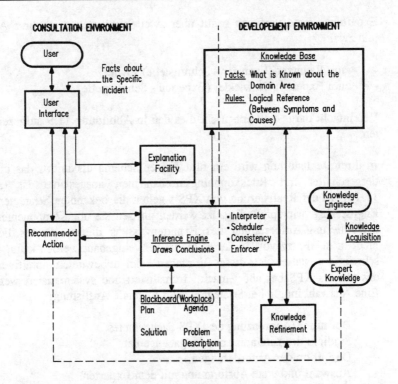

Abb. 11.8: Aufbauschema von Expertensystemen

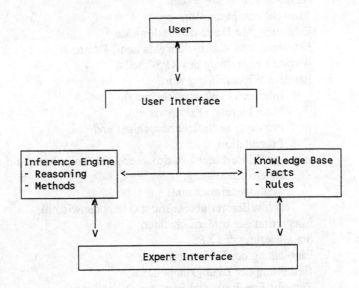

Abb. 11.9: Benutzer- und Experten-Schnittstellen

Expertensysteme verfügen somit über zwei Schnittstellen zu ihrer Außenwelt, und zwar

- zum Benutzer (Benutzer - Schnittstelle) sowie
- zum Experten/Entwickler (Experten - Schnittstelle).

Vereinfacht dargestellt entspricht dies den in Abbildung 11.9 aufgezeigten Fakten.

In ihrer Realisierung wird ein fünf Phasen-Schema diskutiert, das hintereinandergeschaltet mit Rückkopplungsmechanismen ausgestattet ist (Abbildung 11.10). In der Realisierung von XPS's gelten die bekannten Strategien des SW-Engineering prinzipiell. Ergänzt werden müssen sie um Komponenten, die der Modellierung/Aufbereitung des Expertenwissens dienen. Dieses liegt i.d.R. nicht in der Form vor, in der es in ein XPS eingebaut werden kann. Besonders schwierig gestaltet sich dieses Vorhaben beim unbewußten, intuitiven Wissen, das für das XPS bewußt gemacht, formalisiert und systematisiert werden muß. Eine Auswahl möglicher Strategien zeigt folgende Auflistung:

- Definition/Abgrenzung des XPS-Sachgebietes,
- Studium der Literatur zum Aufgabengebiet,
- Definition der Anforderungen,
- Auswahl und erste Abstimmung mit dem Experten,
- Hypothesenbildung,
- Auswahl von Testobjekten,
- Auswahl von Methoden,
- Erfassung von Daten der Testobjekte,
- Erfassung von statistischen (Massen-) Daten,
- Auswahl/Erprobung des XPS-Shells,
- Iterative Wiederholung von
  - Interviews (Wissenserhebung),
  - Modellierung (Faktenwissen),
  - Prototyping (Inferenzmaschine) und
  - Präsentation,
- Iterative Wiederholung statistischer Arbeiten in bezug auf
  - Datenaufbereitung,
  - Methodeneinsatz und
  - Schwellenwertüberprüfung (Methodenwissen),
- Integration der beiden Schichten,
- Stabilisierung des XPS,
- Einbindung der Erklärungstexte,
- Gestaltung der Dialogkomponente,
- Test mit Feedback zum Experten (Validierung),
- Implementierung/Freigabe.

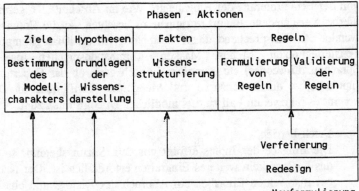

Abb. 11.10: Realisierungsphasen von Expertensystemen

11.2.2.3 Architektur/Grundschema

Inzwischen existieren also mit zunehmender Tendenz Softwaretools, die es möglich machen sollen, den Computereinsatz auch auf die Wissensverarbeitung auszudehnen. Es sind sog. Expertensysteme, die über ein gewisses Sach- und Erfahrungswissen verfügen und sich gegenüber Dritten als "Experte" verhalten. Um dieses Prädikat zu verdienen, müssen sie in der Lage sein,

- Probleme auf einem Gebiet zu lösen,
- diese Lösungen (die Entstehung der Lösungen) zu erklären und
- die Nutzung der Lösungen permanent beratend zu

unterstützen. Umfaßt die Wissensbasis das Erfahrungswissen eines oder mehrerer Experten, so kann i.w.S. von Expertensystemen gesprochen werden. Damit sind sie lösend, erklärend, beratend tätig. Entsprechend dieser Erwartungen (zugleich Eigenschaften) folgen Expertensysteme den Fähigkeiten von Experten, indem ihre Komponenten einzelne Funktionen übernehmen, deren Gesamtheit die Nachbildung des Experten ist.

11.2.2.4 Benutzerschnittstelle (Dialog/Erklärungskomponenten)

Die **Dialogkomponente** dient dazu, das systeminterne Wissen dergestalt aufzubereiten, daß es dem Benutzer verständlich, zugänglich wird. Aus diesem Grunde trägt die Dialogkomponente einen wesentlichen Anteil der Effizienz eines Expertensystems. Sie hängt nämlich von einer leichten Einarbeitung in seine Bedienung, von seinen Interaktionen (Dialoggestaltung und -geschwindigkeit), sowie von der Fehlertoleranz der Eingabe ab. Wie im Abschnitt 1.6 gezeigt wird, sind hierbei verschiedene Benutzergruppen zu beachten, so die Entwickler, die Anwender etc. Entsprechend dieser Gruppen wird die Dialogkomponente mittels Fenstertechniken, Menüs, Masken, Kommandosprachen (pseudo-natürliche Sprachen, Linecodes) etc. gestaltet. Je nach dem, ob das Expertensystem seine Inputs selbst durch Sensoren und Meßgeräte (BDE) oder im Dialog erfaßt, kommt es im zweiten Fall zu drei möglichen Dialogformen zum

- Batch-Betrieb
  Die Eingabe der Inputs erfolgt vor dem Sitzungsbeginn, so daß während des Dialogs kein weiteres Eingreifen erforderlich ist. Der Nachteil ist, daß bei inkorrekten Eingaben ein Abbruch des Dialogs und eine erneute Eingabe notwendig werden.
- passiven Dialog
  Bei dieser Form hat der Benutzer keine Möglichkeit, in den Ablauf und in die Gestaltung des Dialogs einzugreifen; er wird nach einem festen Schema geführt.
- aktiven Dialog
  In diesem Fall kann der Benutzer den Ablauf bestimmen. Voraussetzung ist allerdings, daß er seine Möglichkeiten kennt, ebenso über Kenntnisse verfügt, seine Aktionen form- und sachgerecht auszuüben.

Die **Erklärungskomponente** entspricht Erläuterungen, die zum Verständnis der ermittelten Lösung notwendig werden können (siehe Abschnitt 11.6). Die Erklärungskomponente liefert dem Benutzer, wenn erforderlich, Erklärungen für die vom Expertensystem angebotenen Lösungen. Über die Erklärungskomponente ist es dem Benutzer möglich, zu prüfen, ob die Schlußfolgerungen und die Ergebnisse einzelner Lösungsansätze plausibel sind. Es wird also deutlich, daß der Benutzer die Vorgehensweise des XPS bei der Problemlösung nachvollziehen kann. Allerdings soll sich die Erklärungsfähigkeit nicht auf einen "Trace" (Grundriß) der berücksichtigten Wissensbausteine beschränken, wie dies in konventionellen Programmen üblich ist. Vielmehr ist es die Aufgabe der Erklärungskomponente, situationsbezogene Erläuterungen sowie Begründungen für die gewählte Strategie zu generieren.

11.2.2.5 Inferenz/Abarbeitungskomponenten

Bei den neueren XPS's treten an die Stelle der Assoziationsregeln die **kausalen (funktionalen) Wirkungsmechanismen**. Während die früheren Assoziativmodelle nur auf Erfahrungswissen zurückgreifen können, die sich in der Vergangenheit tatsächlich ereignet haben und empirisch beobachtet wurden, können kausale XPS-Modelle alle hypothetischen Fälle enthalten, sofern sie für das XPS relevant (potentiell) sind. Hier können die gesammelten Erfahrungen dazu dienen, hypothetische Fälle auszutesten und zu erklären, denn verständlich argumentierenden Diagnoseerklärungen sind auch hier ein sehr großes Gewicht beizumessen. Dahinter verbirgt sich die Annahme, daß es dem System möglich sein wird, aufgrund ähnlich gelagerter, bereits bearbeiteter Fälle zu lernen, d.h. sich an veränderte Bedingungen anzupassen. Daher stellen Kausalmodelle im allgemeinen **tiefes Wissen** dar.

Zu erwarten sind auch die **Kombinationen von assoziativen und kausalen XPS**, in dem die heuristischen Assoziationsregeln zur Hypothesengewinnung eingesetzt werden. Die Gültigkeit der Hypothese(n) wird mit Hilfe eines kausalen Modells der Realität getestet. In diesem Kausalmodell können diejenigen Merkmale simuliert werden, die bei Gültigkeit der Hypothese am realen Objekt beobachtet werden müßten. Ist die kausal begründete Diagnose gültig, dann kann die Erklärung übernommen werden. Dabei ist darauf zu achten, daß die Zusammenhänge aufgezeigt werden. Diese Kombination würde schließlich die **Lernfähigkeit** des XPS mit sich bringen, d.h. zu einer Verbesserung der Fähigkeiten, Probleme zu lösen. Die gemeinten Möglichkeiten resultieren aus

- der Speicherung von Resultaten,
- dem Lernen aus Beispielen,
- der Erkennung von Analogien und
- der kombinatorischen Erkundung von Alternativen.

Die **Inferenzmaschine** ist das eigentliche Verarbeitungsprogramm. Es löst seine Aufgaben mit Hilfe von Regeln und Schlüssen aus den vorliegenden Fakten. Das Problem der Inferenz unter Unsicherheit ist gegenwärtig ungelöst. Existierende Ansätze operieren mit verschiedenen **Regeltypen**, so bspw. mit

- den **Bool'schen-Regeln** zur Überprüfung des Zutreffens vorgegebener Voraussetzungen (Ja, Nein, Oder, bedingtes Oder),
- den **Baye'schen-Regeln** zur Behandlung von unsicherem Wissen und bedingten Wahrscheinlichkeiten (zwischen 0 und 1),
- den **Konstanten-Regeln** zum expliziten Vorgeben von Regelwerten (numerische Werte, Branchen- und Schwellenwerte), sowie
- den **Frage-Regeln** (Warum, Wie, Was wäre, Wenn) zur Aufforderung des Benutzers zur Eingabe.

Mit Hilfe dieser Regeltypen können **deklaratives** und **prozeduales** Wissen (Beschreibung reiner Sachverhalte, Produzierung von Wissen nach Wenn-Dann-Regeln ---> Bool'sche- und Konstante-Regeln), sowie **vages Wissen** (Arbeiten mit Wahrscheinlichkeiten ---> Baye'schen-Regeln) bearbeitet werden.

Gegenwärtig ist keine eindeutige Regelung ist für das **heuristische Wissen** vorhanden. In den **herkömmlichen XPS's** wird das fachspezifische Wissen im Regelfall in Form von Regeln, wie

- Wenn ... Bedingungen (Wenn P) ... Dann ...Wirkungen (Dann Q)

dargestellt. Dies entspricht dem assoziativen Ansatz, in dem die

- Symptom ---> Ursache ---> Wirkung

die Qualität von Inferenzregeln besitzen. Es sind Regeln, die jeweils einen bestimmten Schluß von einem bestimmten Symptom auf dessen Ursache abgrenzen, definieren. Die hier benutzten Regeln folgen in ihren formalen Strukturen der o.g. Form. Sie drücken Heuristiken aus, die sich in der Vergangenheit bei der Diagnose bewährt haben. Erst, wenn das Informationsmuster, das durch die Beschreibung eines Symptoms konstituiert ist, mit dem Informationsmuster übereinstimmt, kann die betreffende Regel angewendet, also zur Ableitung einer Diagnose benutzt werden. Sie deckt i.d.R. nicht die Vielfalt aller theoretischen Fälle ab. Hier ist auch keine direkte Beziehung auf die Wirkungszusammenhänge zu erkennen, welche die beobachteten Fälle verursacht haben. Daher wird in diesem Zusammenhang häufig der Ausdruck **flaches Wissen** verwendet.

11.2.2.6 Wissensbasis/-repräsentations/-erwerbskomponenten

In der **Wissensbasis** ist das Fachwissen eines Experten über das jeweilige Anwendungsgebiet des Expertensystems gespeichert. Die Wissensbasis ist der wichtigste Teil eines Expertensystems, wobei je nach Anwendungsgebiet verschieden mögliche Ansätze angewandt werden können. Der Name Wissensbasis leitet sich daraus ab, daß das Wissen getrennt von seiner Bearbeitung abgelegt wird. Man kann dies auch als Weiterentwicklung der Datenbankphilosophie sehen. Während bei den Datenbanksystemen die Daten von dem eigentlichen Programmcode getrennt werden, wird bei den XPS's das Wissen als eigenständige Komponente betrachtet. Die Wissensbasis ist somit aus dem Programmcode herausgelöst.

Im Unterschied zur konventionellen Programmierung müssen die formalen Strukturen keine prozedualen Komponenten enthalten. Dieses Wissen wird durch eine Datenbasis, die Informationen über das Wissensgebiet beinhaltet, unterstützt bzw. ergänzt. Um das Wissen auszuwerten, bedient man sich des Regelinterpreters, der das in der Wissensbasis vorhandene Wissen mit dem der Datenbasis vergleicht und neue Schlußfolgerungen daraus zieht.

Unter **Wissensrepräsentation** wird eine Verallgemeinerung der Programmierung verstanden, bei der formale Strukturen erzeugt werden, für die der Rechner Interpretationsregeln hat, um aus ihnen ein bewußtes Resultat anzufertigen. Gegenwärtig werden verschiedene Repräsentationsformate angeboten, die für unterschiedliche Aufgabenstellungen geeignet sind. Die meistverwendeten sind die Prädikatenlogik, semantische Netze, Frames und Produktionsregeln (siehe Abschnitt 11.3.2).

Die **Wissenserwerbkomponente** dient der Erfassung und der Fortschreibung (Aktualisierung) des Wissens. Für die Aktionen Erfassen, Löschen, Hinzufügen, Verändern usw. stehen verschiedene Werkzeuge (Editoren, Maskengeneratoren) zur Verfügung. Der Vorgang des Erwerbs läuft in drei Arten ab, als

- indirekter Wissenserwerb durch den Wissensingenieur,
- direkter Wissenserwerb durch den Experten und
- automatisierter Wissenserwerb (noch im Anfangsstadium).

11.3 Wissensbasis

11.3.1 Wissen, Wissensarten

Unter **Wissen** versteht man den gesicherten Bestand an Modellen über Sachverhalte und Objekte bzw. Objektbereiche, die partiell bei einem Menschen in Form seines Gedächtnisses, in einer gesellschaftlichen Gruppe, aber auch in einer Organisation, einem ganzen Kulturkreis oder in der Menschheit insgesamt als kognitive Struktur vorhanden sind. Wissen ist sozusagen der statische Bestand, die Summe der bisherigen individuellen oder kollektiven Erfahrungen oder Erkenntnisse, die in gewissem Ausmaß verallgemeinerbar sind, also nicht nur auf Meinungen beruhen. Es ist ein semantischer Begriff (Abbildung 1.9).

Wissen läßt sich somit auch als Summe von Kenntnissen auf einem bestimmten Gebiet erklären. Diese Tatsache charakterisiert den Begriff, weil er Ursache und Wirkung beinhaltet. Jedes Wissen läßt sich daher in einen Formalismus zurückführen, der in Form von Regeln darstellbar ist. In der einfachsten Form lautet die Regel wie folgt:

- **Wenn** (Voraussetzung(en)), **Dann** (Konsequenz(en))
- (IF < Conditions > THEN < Actions >

In der Interpretation können folgende Varianten auftreten:

- IF < Condition > THEN < Conclusion)
- IF < Antecedet > THEN < Consequent)
- IF < Evidence > THEN < Hypothesis)

Die Interpretation einer solchen Regel lautet: Wenn die Voraussetzung(en) erfüllt ist (sind), dann ergibt (ergeben) sich Konsequenz(en). Die in der Regel enthaltenen Wissen sind anwendungsbezogen, **deklaratives**, also **Faktenwissen** genannt. Die Konsequenzen selbst können auch Lösungsalgorithmen des Problems enthalten, dann handelt es sich um das **prozeduale Wissen**. Zusammengefaßt läßt sich der Unterschied wie folgt bestimmen:

- Das Wissen um Fakten, ihre Interdependenzen und ihre Assoziationen, wird deklaratives Wissen genannt.
- Das Wissen um die Anwendung des deklarativen oder Faktenwissens wird prozeduales Wissen genannt.

11.3.2 Wissensrepräsentation

Die Wissensbasis der Expertensysteme enthält das Expertenwissen der Problemdomäne(n). Es muß für die Verarbeitung strukturiert vorliegen. Für die Strukturierung stehen verschiedene Formen der Wissensrepräsentation zur Verfügung. Die Formen der Wissensrepräsentation enthalten somit syntaktische und semantische Regeln, mit deren Hilfe das Wissen beschrieben wird. Dabei bestimmen die syntaktischen Regeln die verwendbaren Symbole und deren Anordnung; die Semantik definiert die Inhalte, die mit den Symbolen repräsentiert sind.

Nachdem das abzubildende Wissen der realen Welt - im Falle der Expertensysteme das Wissen der Experten - unterschiedliche Strukturen aufweist, werden sowohl in der Literatur, wie auch in der Wirtschaftspraxis unterschiedliche Formen der Wissensrepräsentation genutzt. Sie lassen sich in drei Gruppen einteilen, und zwar in die Gruppe der

- deklarativen Formen der logischen Ausdrücke (Aussagen- und Prädikatenlogik), der Semantischen Netze und des Objekt-Attribut-Wert-Tripels,
- prozedualen Formen mit Regeln und
- Mischformen, dargestellt durch Frames.

11.3.2.1 Deklarative Formen

Deklaratives Wissen läßt sich in Form von logischen Formeln repräsentieren, die sich direkt aus den Aussagen/Fakten über das Fachgebiet ergeben. Das Arbeiten mit Faktenwissen ist seit längerer Zeit durch Nutzung von Datenbanken (Faktenbanken) allgemeine Praxis. Fakten beschreiben verschiedene Objekte des jeweiligen Fachgebietes oder der Domäne. Diese Objekte sind konkrete Vorgänge, Ereignisse, Gegenstände oder deren Kategorien. Zwischen diesen Objekten bestehen verschiedene Arten von Beziehungen. Fakten werden durch Techniken-, Verfahren-, Methodenkenntnisse ergänzt. Über diese verfügt die Fachkraft, der Experte. Es ist ein **Metawissen** über die Anwendung des Faktenwissens, d.h. Problemlösungswissen. Es drückt sich in Regeln, Prozeduren und Heuristiken aus. Handelt es sich dabei um solches Wissen, was nicht mit kausalen Zusammenhängen erklärbar ist, so wird vom **Expertenwissen** gesprochen. Ein Experte ist ein Spezialist, der bei der Lösung der ihm übertragenen Probleme eines bestimmten Fachgebietes eine hohe Konstanz und eine hohe Effizienz aufweist. Seine Kompetenz hat er im Laufe der Jahre durch Studium und Praxis erworben. In der amerikanischen Literatur wird der Experte, der Spezialist, der Fachmann, ohne die Betonung seiner (außerordentlichen) Kompetenz, die das Wort Experte suggeriert, gebraucht. Die Aufgaben eines solchen Experten sind:

- präzise Problemstellungen zu formulieren;
- korrekte und vollständige Problemlösungen zu liefern;
- verständliche Formulierung der Antwort zu liefern;
- Erklärung des Lösungswegs zu geben;
- Hilfe bei der Anwendung der Lösung in der Einsatzumgebung zu geben.

Hieraus resultiert die Unterscheidung nach **genauem Wissen** (etwa Lehrbuchwissen) und nach **unscharfem Wissen** (Fuzzy-Wissen). Im ersten Fall nimmt die Aussage entweder den Wahrheitswert "wahr" oder "falsch" an (**Aussagelogik**). Beim Fuzzy-Wissen hingegen besteht ein Übergang, so daß auch Aussagen wie "ziemlich wahr" möglich sind.

Mit Hilfe der **Prädikatenlogik erster Ordnung** und mit Hilfe der **Semantischen Netze** können die Objekte der betrachteten Domäne beschrieben werden. Die Prädikate definieren die Objekte, deren Interdependenzen und Assoziationen. Das Faktum

- "Felicitas ist eine Schriftstellerin"
  läßt sich durch das Prädikat
  -"Schriftstellerin (Felicitas)"
  repräsentieren. Die Relation

- "Felicitas ist eine Schriftstellerin aus Gießen"
wird durch das Prädikat
- Schriftstellerin - aus (Felicitas, Gießen) beschrieben.

Mit Hilfe von Graphen können hier

- die Objekte (dargestellt als Knoten) und
- die Relationen zwischen den Objekten (dargestellt als Kanten)

abgebildet werden. Es ist eine statische Abbildung. Sie gibt keine Auskunft über ihre Anwendung. Zur Verdeutlichung wird in Abbildung 11.11 eine Diagnosestruktur mit Kennzahlen gezeigt:

- Die Analyse beginnt mit dem Knoten "Z".
- Die durch Linien ausgedrückte Verbindung bedeutet "ist ein Vorläufer von".
- Es ist erkennbar, daß alle Knoten "F" mindestens einen Vorläufer "M" besitzen. "Z" ist auch ein Knoten wie "M", hat aber keinen Vorläufer. "F" symbolisiert eine Beziehung zweier Kennzahlen, deren Beziehung Elemente der Operatoren-Menge $<$; $>$; $=$; $\geq$; $\leq$ sind.
- Alle Knoten können "wahr" oder "falsch" sein, so daß "Z" nur dann bestätigt ist, wenn alle "F"-Knoten "wahr" wären.

Objekt	Attribute	Werte
Haus	Schlafzimmer	2, 3, 4 etc.
Haus	Farbe	weiß, braun, grün etc.
Schlafzimmer	Größe	12 qm, 16 qm, 24 qm etc.
Studium	Prüfungstermine	12.03., 15.03. etc.

Abb. 11.11: Beispiel für die O-A-W-Liste

Mit Hilfe von **Semantischen Netzen** als gerichtete Graphen kann Faktenwissen ebenfalls abgebildet werden. Ein Graph besteht aus einer Menge von Knoten (Nodes) und einer Menge von Kanten (Edges), sowie einer auf der jeweiligen Kante erklärten Funktion. Ist jeder Kante ein geordnetes Paar von Knoten (n_1; n_2) zugeordnet, so spricht man von einer gerichteten Kante. Wenn eine solche Kante von Knoten n_2 zum Knoten n_1 führt, so soll n_1 als unmittelbarer Vorgänger von n_2 und umgekehrt n_2 als ein unmittelbarer Nachfolger von n_1 bezeichnet werden. Enthält ein Graph gerichtete Kanten, so heißt er gerichteter Graph. Eine endliche Folge von Knoten und Kanten, wobei jeder Knoten n_i ein Elternknoten von n_{i+1} ist, wird als Pfad bezeichnet (Abbildung 11.12).

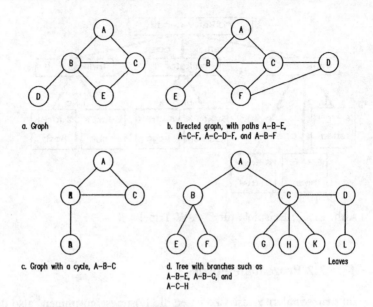

Abb. 11.12: Typen von Graphen

Die **Objekt-Attribut-Wert-Tripel (OAW-Tripel)** gelten als spezielle Formen der Semantischen Netze. Ihre Eigenart besteht in der Darstellung der Eigenschaften von Objekten durch Attribute, denen Werte zugewiesen worden sind:

- Objekt: Felicitas Körper;
- Attribut: Körperhöhe;
- Wert: 170 cm.

Die Objekte können physische und begriffliche Einheiten sein. Ihre Charakteristika bedingt unterschiedliche Attribute. Analog dazu sind die Ausprägungen der Attribute verschieden. Ihre "Verwandtschaft" mit den Semantischen Netzen resultiert aus den Relationen zwischen Objekt und Attribut, sowie Attribut und Wert. Danach gilt: Ein Objekt "hat ein" Attribut und der Wert des Attributes "ist ein ..." Beispiele befinden sich in Abbildung 11.13.

In diesem Zusammenhang tauchen zwei Begriffe auf, die in Expertensystemen von Bedeutung sein können. Werden den OAW-Tripeln Sicherheitsmaße zugewiesen, so handelt es sich um durch **Konfidenzfaktoren** erweiterte O-A-W-Tripeln, bzw. erfolgt die Wertzuordnung für alle Attribute eines Objekts, so wird von der **Instanziierung** gesprochen.

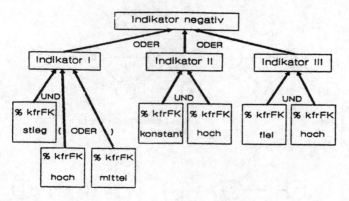

Abb. 11.13: Beispiele für O-A-W-Tripel

11.3.2.2 Prozeduale Form

Im **prozedualen Wissen** kommen die Lösungsalgorithmen, also die **Regeln**, die Techniken, die Methoden, die Verfahren und die Heuristiken zum Ausdruck. Sie dienen der Anwendung des deklarativen Wissens. Es zeigt den Lösungsraum auf und beschreibt bezüglich einer Problemstellung eine oder mehrere Lösungswege, die zielgerechte Lösungen liefern. Es kommt darauf an, mit geringem Aufwand optimale oder zumindest akzeptable Lösungen zu erhalten; eine Eigenschaft, über die der Experte verfügt. Sind alle Fakten (Prämissen) einer Regel gegeben, so werden durch die Regel Aktionen ausgelöst, die neue Fakten als Konsequenz bilden. Die Wissensbasis wird dadurch (durch das Problemlösen) erweitert (Abbildung 11.14). Wird für eine effektive Bewältigung eines Wissensbereiches (einer **Wissensdomäne**) nicht der gesamte Suchbaum bearbeitet, sondern im Sinne der Zielsetzung nur die aussichtsreichsten Bereiche - wie dies der Experte tut - so wird von der Heuristik, vom **heuristischen Wissen** gesprochen.

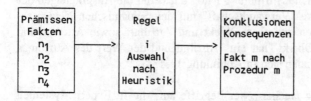

Abb. 11.14: Schema des prozedualen Wissens

11.3.2.3 Mischformen - Framesysteme

Framesysteme sind ein Netzwerk aus Knoten (Frames, Rahmen) und Relationen zwischen den Knoten. Das Netzwerk verfügt über eine hierarchische Ordnung, die durch die Relationen bestimmt wird. Die in der Hierarchie untergeordneten Knoten sind Unterteilungen der übergeordneten Frames. Die dabei verwendeten Strukturen können beliebigen Konzepten zur Darstellung von Wissen angepaßt werden. Durch diese Eigenschaft spielen sie in wissensbasierten Systemen eine entscheidende Rolle. Folgende Fakten sind zu beachten:

- **Frames** beschreiben das physikalische oder das abstrakte Objekt. Sie erhalten einen Namen. Sie verfügen über eine Menge von Slots, durch die sie näher charakterisiert werden.
- **Slots** dienen der Beschreibung der Frames-Eigenschaften. Jedes Attribut (Eigenschaft) des Objekts wird durch ein Slot repräsentiert. Slots bestehen aus Feldern, in denen erlaubte Instanzen, Verweise auf andere Felder, Bedingungen für die Belegung oder Trigger enthalten.
- **Instanzen** sind die Ausprägungen, die aktuellen Informationen, also die aktuellen Werte des Attributs. Diese Werte können auch aus Vorgaben bzw. Vorbelegungen stammen. Dann heißen sie **Default Values**. Durch diese Instanziierung der Slots werden die Frames konkretisiert, wobei die Default-Werte auch für die untergeordneten Frames gelten.
- Jedem Slot können Prozeduren (**Trigger**) zugeordnet werden, um Werteinträge zu berechnen, oder zu verändern bzw. zu löschen.

Drei gebräuchliche Prozedurtypen werden unterschieden, und zwar die

- **IF-ADDED-Prozedur**
  Sie gelangt zur Ausführung, falls neue Information in ein Slot eingetragen wird, also ein leeres Slot zum ersten Mal instanziiert, oder der Werteintrag des Slots verändert wird.
- **IF-REMOVED-Prozedur**
  Sie wird ausgeführt, falls ein Werteintrag aus einem Slot gelöscht wird.
- **IF-NEEDED-Prozedur**
  Sie wird ausgeführt, falls Information von einem leeren Slot benötigt wird, also ein Wert von einem Slot, der noch nicht instanziiert war.

Vererbung bedeutet, daß sich Instanzen von übergeordneten Frames auf die untergeordneten Frames vererben, also für ein untergeordnetes Frame alle Slots und dessen Werteinträge der übergeordneten Frames gelten. **Vernetzung** bedeutet, daß Slots bzw. Frames gemeinsame Felder oder gemeinsame Slots besitzen können. Sie können durch Transfer-Aktionen (z.B. Trigger-Prozeduren) Instanzen übertragbar werden.

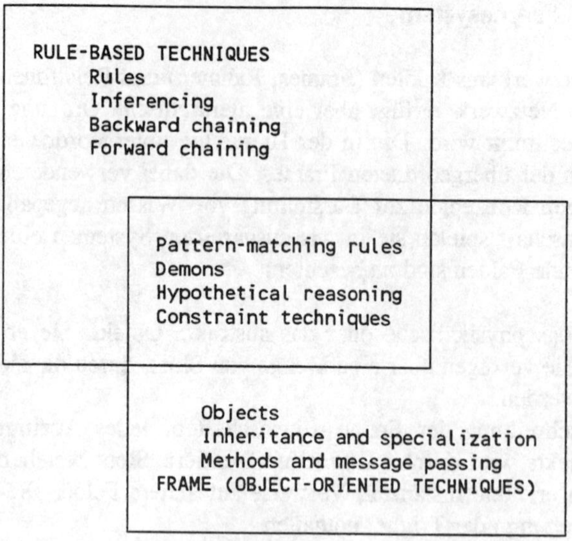

```
RULE-BASED TECHNIQUES
   Rules
   Inferencing
   Backward chaining
   Forward chaining

        Pattern-matching rules
        Demons
        Hypothetical reasoning
        Constraint techniques

             Objects
             Inheritance and specialization
             Methods and message passing
             FRAME (OBJECT-ORIENTED TECHNIQUES)
```

Abb. 11.15: Gegenüberstellung der beiden Basistechniken
"regelbasiert" und "objektorientiert"

11.3.3 Dynamische Wissensbasis

Die Fakten und Regeln eines Fachgebietes, die als **statisches Wissen** gelten, werden während der Problemlösungsprozesse um sog. **dynamisches Wissen** ergänzt. Dieses resultiert aus der jeweiligen aktuellen (lokalen) Situation. Da dieses Wissen nicht von Anfang an zur Verfügung steht und auch nicht allgemein gültig ist, wird sie getrennt gespeichert, so daß im Endergebnis die Wissensbasis eine 3er-Teilung erfährt:

- Fakten und Regeln,
- Wissen über das Problemlösen und
- dynamisches/lokales Wissen.

Besonders einprägsam wird dies beim Arbeiten mit Regeln, weil dort jede Regel, deren Prämissen zutreffen, ausgelöst wird und mit ihren Konsequenzen neue Fakten liefert, die ihrerseits zusammen mit den früheren Fakten neue Regel produzieren kann. Der Einsatz des Expertensystems und damit die Nutzung der Inferenzmechanismen kann natürlich auch eine andere Wirkung haben, wenn die dynamische Wissensbasis reduzierend wirkt; wenn also ein bestimmter Lösungsweg (Wissen über das Problemlösen) in eine Sackgasse führt. Die Folge ist, daß nach einer Lösung an der Lösung einer anderen Stelle angesetzt werden muß.

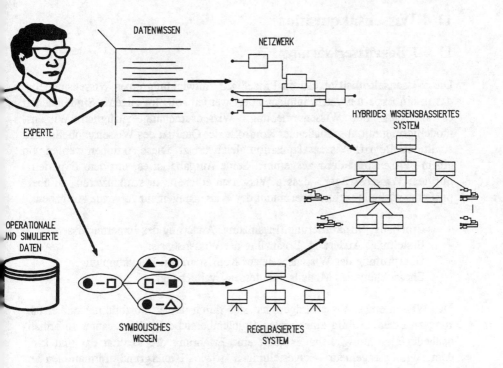

Abb. 11.16: Schema des Entwicklungsprozesses

In diesem Zusammenhang ist auch der Begriff des **Metawissens** von Bedeutung. Es hängt mit dem Inferenzmechanismus und mit der Lernfähigkeit des Expertensystems zusammen. Gemeint ist das Wissen über Wissen, also die Kenntnis darüber, wie aus Wissen anderes Wissen erschlossen werden kann. Ein solches Metawissen ist künstlich leicht produzierbar, wenn bspw. für bestimmte Problemfälle viele Regeln von verschiedenen Experten in der Wissensbasis gespeichert sind. Dann kann eine bestimmte Abarbeitungsfolge der Regeln bestimmt werden, die zu einer effizienten Nutzung führt.

11.4 Wissensakquisition

11.4.1 Begriffserklärung

Die **Wissensakquisition** ist ein Prozeß zur Entwicklung eines Wissensmodells, das in ein Expertensystem implementiert werden soll. Im engeren Sinne handelt es sich um die Wissenserhebung. Wissenserhebung zuzüglich Wissensmodellierung mit abschließender Kontrolle der Qualität des Wissensmodells wird somit dem Begriff Wissensakquisition gleichgesetzt. Diese Aktionen werden von einem **Wissensingenieur** ausgeführt. Seine Aufgabe ist es, mit dem Experten - mit dem **Wissensträger** - dessen Wissen zu erheben, zu strukturieren, zu überprüfen usw. Im einzelnen übernimmt der Wissensingenieur folgende Aufgaben:

- Erhebung, Strukturierung, Ergänzung, Änderung des Expertenwissens;
- Erstellung, Änderung, Ergänzung der Wissensbasis;
- Überprüfung der Wissensbasis auf Konsistenz mit Rückkopplung;
- Entwicklung des Modells und dessen Evaluierung.

Das Wissen eines Wissensträgers hat sich durch dessen Fortbildung und Erfahrung zu einem Abbild eines realen Problembereiches und relevanter Informationsbedürfnisse entwickelt. Es stellt eine Erfahrung der Realität dar und kann dem Wissensingenieur Fragestellungen sowie Hintergrundinformationen zu anderem Wissen vermitteln. Das Wissen eines Wissensträgers kann Mängel aufweisen. Selten sind sie dem Wissensträger bewußt. Stellt das artikulierte Wissen des Wissensträgers sich als ein konsistentes Modell dar, so läuft die Wissenserhebung Gefahr, diese Mängel aufzunehmen. Ebenso werden die vom Wissensträger unbewußt "gesetzten" Prämissen, deren Sinn im Umfeld der Expertise zu suchen ist, durch die transferbezogene Auffassung von Wissensakquisition nicht genügend reflektiert. Eine kritische Haltung zu Expertenaussagen ist erforderlich. Die Reflexion über den Prozeß der Entstehung des Expertenwissens, das organisationale Umfeld einer Expertise und den Sinn setzbarer Prämissen wird dem Wissensingenieur weiteres Wissen der Expertise einer Domäne eröffnen. Ein wichtiger Aspekt der Wissensakquisition für wissensbasierte Systeme ist die beabsichtigte Funktionalität des Systems. Diese Funktionalität ist - bis zu der endgültigen Akzeptanz des Systems - eine Hypothese der Informationsbedürfnisse des Systembenutzers. Durch eine Diskussion der Funktionalität können Experten und Spezialisten den Wissensingenieur bei der Bestimmung der Informationsbedürfnisse leiten. Der Wissensingenieur selbst kann sich durch eigene und gesonderte Analyse des Informationsbedarfs des späteren Systembenutzers die geforderte Funktionalität erschließen und Kriterien zur Auswertung der Experten- und Spezialistenaussagen gewinnen.

Das Werk (Produkt) eines Wissensingenieurs ist das von ihm erstellte Modell. Die Ansätze, die das Ziel verfolgen, eine dem Original getreue Kopie des Wissens zu erhalten, basieren auf zwei Prämissen:

- Das menschliche Wissen ist symbolhaft mental repräsentiert vorhanden; es ist damit vollständig formulierbar.
- Das Wissen ist strukturiert, es ist zerlegbar.

Ein wichtiges Resultat der Aufteilung des Wissens in verschiedene Arten ist die Kenntnis, daß der Untersuchungsgegenstand Wissen unterschiedlicher Natur und Beschaffenheit ist. Die Besonderheit dieses Wissens ist, daß es über die reinen Fakten hinaus zusätzlich die Vorschriften und die Prozeduren zur Verarbeitung der Daten enthält. Diese Verschiedenartigkeit bewirkt, daß man nicht mit einem Erhebungsverfahren operieren kann.

Wissen					
bei Experten			in externen Medien		
Befragung -interaktiv-	Test/Experiment -psychometrisch-	Verhaltens- beobachtung -reaktiv-	Inhalts- analyse	Datenanalyse	
Primäranalyse			Sekundäranalyse		
Fragebogen - schriftlich Interview - mündlich Brainstorming - offen Delphi-Methode -anonym	Konstruktgitter - vergleichend Ähnlichkeits- struktur - sortierend Legetechnik - vernetzend	Videoaufnahme - offen lautes Denken - verdeckt Szenario- technik - verdeckt	Sachbücher - Regeln Lexika - Fakten	Karteien - Einzelfälle Statistiken - Gesamtheiten	

Abb. 11.17: Einteilung der Wissenserhebungstechniken

11.4.2 Techniken der Wissenserhebung

Zur Erhebung des Wissens stehen verschiedene Techniken zur Verfügung. Sie lassen sich nach Abbildung 11.17 in die Gruppe der **Primäranalysen** mit

Experten und in die Gruppe der **Sekundäranalysen** in verschiedenen Medien untergliedern. Auf der zweiten Ebene können verschiedene Vorgehensweisen bestimmt werden. Es sind dies die Befragung, das Experiment, die Beobachtung, sowie die Daten- und Inhaltsanalysen. Schließlich stehen auf der dritten Ebene die einzelnen Verfahren, die in der Abbildung ein breites Spektrum zeigen, von denen allerdings meistens das Interview, die Beobachtung und die indirekten Techniken benutzt werden.

11.4.2.1 Interviewtechniken

Der Wissensingenieur sucht durch Fragen den Wissensträger zur Beschreibung seines Wissens zu veranlassen. Dabei werden die folgenden Interviewformen unterschieden:

- unstrukturiertes Interview,
- strukturiertes Interview und
- fokussiertes Interviews.

Der Zweck eines **unstrukturierten Interviews** ist, überblickartige Informationen der Domäne, der Terminologie und des Aufgabenbereiches des Wissensträgers zu erschließen. Der Wissensträger sollte zu einer strukturierten und systematischen Einführung in ein neues Wissensgebiet und in die Terminologie veranlaßt werden. Diese Form des Interviews eignet sich vor allem für das erste Interview mit einem Wissensträger. Es sollte folgende Komponenten und folgenden Ablauf enthalten:

- Einführung und Zielbeschreibung des Wissensingenieurs,
- einführender Überblick des Wissensträgers,
- Fallbeispiel,
- Zusammenfassung und
- Planung weiterer Aktivitäten.

Der erfolgreiche Verlauf eines unstrukturierten Interviews wird durch die Faktoren Vorbereitung des Wissensingenieurs sowie Vororientierung und Vorbereitung des Wissensträgers begünstigt. Die Vorbereitung des Wissensingenieurs sollte zur Kenntnis der Terminologie, der Struktur zentraler Sachverhalte und wichtiger Prozesse der Aufgabe des Wissensträgers führen. Der Wissensingenieur sollte auch sicherstellen, daß der Wissensträger vororientiert ist. Dazu müssen diesem rechtzeitig Informationen über das Ziel, die Agenda, die Ergebniserwartung am besten schriftlich mit nachfolgendem Erinnerungsanruf mitgeteilt werden. Die Vorbereitung und Vororientierung des Wissensträgers sollte so verlaufen, daß er dem Wissensingenieur weitere Hintergrundinformationen geben kann, die nicht aus Dokumenten oder Literatur zu erhalten sind. Auch ist eine kurze Einführung in seinen Aufgabenbereich zweckvoll. Der Wissensträger sollte vorbereitet sein, an einem Fallbeispiel den Ablauf der durch ihn durchgeführten Aufgaben vorzustellen. Die Resultate des unstrukturierten (ersten) Interviews bilden eine Orientierung für das weitere Vorgehen des Wissensingenieurs.

Der Ablauf des **strukturierten Interviews** wird vom Wissensingenieur bestimmt. Er bereitet dazu eine Gesprächsstruktur vor, die auf eine systematische Behandlung eines Bereiches der Domäne zielt. Eine Gliederung der Erhebung durch strukturierte Interviews soll sich am Ablauf der Aufgabe des Wissensträgers orientieren. Auf diese Weise baut das erhobene Wissen aufeinander auf. In jedem Fall sollen Wissensingenieur und Wissensträger gemeinsam die Gliederung des Erhebungsprozesses entscheiden. Folgende Heuristiken, Regeln und Eigenschaften des Interviews sind zu beachten:

- die Fähigkeit, ein Interview durchzuführen;
- die sorgsame Planung des Interviews;
- der Erwerb der Kompetenz in der Terminologie der Domäne;
- die Unterrichtung des Wissensträgers über das Ziel und über den Ablauf des Interviews;
- die Motivierung des Wissensträgers;
- die Aufzeichnung des Interviews;
- die Zurückhaltung mit Stellungnahmen und;
- das systematische Vorgehen mit Zeiteinteilung.

Die ausführliche Diskussion problematischer Teilgebiete oder andere vertiefende Erhebungen, die im Rahmen der vorgesehenen strukturierten Interviews nicht vorgenommen werden können, sollen gezielt durch ein **fokussiertes Interview** geklärt werden. Dieses hat besondere Voraussetzungen. Der Wissensingenieur muß die Domäne schon systematisch erhoben und erkannt haben. Des weiteren benötigt er Erfahrung und Fähigkeiten im Führen von Interviews und tiefgehende Kenntnisse der Terminologie. Die wichtigste Voraussetzung eines fokussierten Interviews ist eine hohe Motivation des Wissensträgers. Fokussierte Interviews werden erst nach einigen Interviews nötig oder angebracht. Sie zielen auf die Erhebung von nachhaltig unklarem Wissen. Dieses kann sich in Form von heuristischen Modellen, Erklärungen, Konzeptstrukturen, Begründungen und Hintergrundwissen darstellen. In jedem Fall sollte das Topic des fokussierten Interviews klar und rechtzeitig gesteckt sein. Fokussierte Interviews erfordern eine problemzentrierte Vorbereitung. Insbesondere hängt der Erfolg von der Fähigkeit des Wissensingenieurs ab, Interviews zu führen.

Die drei genannten Techniken, **unstrukturiertes, strukturiertes und fokussiertes Interview** stellen ein sich ergänzendes Instrumentarium der Wissenserhebung dar und stehen unter folgender Kritik:

- Bei allen Interviewtechniken besteht die Gefahr, daß die Kenntnis und Darstellung des Wissens durch den Wissensträger nicht dem tatsächlich vorhandenen Wissen oder Vorgehen des Wissensträgers entsprechen.
- Zum zweiten werden bei den Interviewtechniken schwer verbalisierbare Aspekte des Wissens leicht vernachläßigt.

11.4.2.2 Beobachtungstechniken

Die **Techniken der Beobachtung** versuchen einem Teil dieser Kritik zu begegnen. Alle Techniken der Beobachtung unterscheiden sich von den Interviewtechniken durch das passivere Verhalten des Wissensingenieurs. Damit nimmt die Beeinflussung des Wissensträgers durch den Wissensingenieur wesentlich ab. Auch kann der Wissensingenieur auf schwer verbalisierbares Wissen durch Beobachtung aufmerksam werden und dies so erheben. Folgende drei Kategorien der Beobachtung sind im Zusammenhang mit der Wissenserhebung zu unterscheiden:

- Falldiskussion,
- Introspektion und
- Kommunikation mit Klienten.

Die Beobachtung und Diskussion der Lösung von Fällen (**Falldiskussion**) zielt auf die beobachtende Erhebung impliziten und im Bewußtsein des Wissensträgers selbstverständlichen Wissens, das leicht Gefahr läuft, in Interviews übersehen zu werden. Bei der **konkurrenten Falldiskussion** (Current Case Discussion) wird der Wissensträger zu lautem Denken während einer Problemlösung (Thinking-aloud-Method) veranlaßt. Er beschreibt simultan zur Ausführung seine Tätigkeit, deren Ablauf auf diese Weise erfaßt wird. Dabei stellt der Wissensingenieur keine ablenkenden Zwischenfragen. Dieses Denken wird aufgezeichnet und stellt Problemlösungswege der Expertise dar. Fragen des Wissensingenieurs sollen im Rahmen strukturierter Interviews geklärt werden. Dagegen wird bei der **historisch-retrospektiven Falldiskussion** (Historical Case Discussion) der (leise denkende) Wissensträger erst nach der Problemlösung befragt. Damit wird allerdings nicht mehr die Tätigkeit des Wissensträgers selbst beobachtet, sondern nurmehr eine zeitnahe Beschreibung derselben. Die historisch-retrospektive Falldiskussion ist also den Interviewtechniken verwandt und weist ähnliche Probleme auf. Wissenserhebung mittels Falldiskussion setzen

- die Kompetenz des Wissensingenieurs (Konzepte der Domäne),
- eine repräsentative Auswahl der Beobachtungsfälle und
- Erfahrungen oder Geschick des Wissensträgers in "lautem Denken" voraus.

Die Falldiskussion konzentriert sich auf das Untersuchen des **Ablaufs der Problemlösung** des Wissensträgers. Damit erklären sich auch die hohen Anforderungen, die an den Wissensträger und an den Wissensingenieur gestellt werden.

Auch die Methoden der **Introspektion** (Hypothetical Case Discussion) zielen auf eine Untersuchung des Problemlösungsprozesses. Der Wissensträger soll dem Wissensingenieur eine **introspektiv** erzeugte Beschreibung und Diskussion hypothetischer und konsistenter Fälle geben. Dieses Vorgehen, das dem strukturierten Interview und der historisch-retrospektiven Falldiskussion ähneln kann, ist im Hinblick auf die Erhebung authentischen Wissens stark kritisiert. Dennoch enthalten auch andere Techniken der Wissenserhebung Momente der Introspektion. Aus diesem methodisch nicht klärbaren Problem (Identifikation von präsentiertem Lehrbuchwissen) hilft bereits theoretisches Domänenwissen dem Wissensingenieur, die Introspektion des Wissensträgers kritisch zu werten und Lehrbuchwissen von Erfahrungswissen des Wissensträgers zu trennen.

Auch die mündlich oder schriftlich dem Klienten übermittelte Expertise (**Kommunikation mit Klienten**) enthält Informationen zur Domäne. Die Beobachtung dieser Kommunikation stellt mit der Auswertung der tonbandaufgezeichneten Dialoge (On-the-Job-Recordings) oder mit der Analyse der schriftlichen Expertisedokumente eine weitere Technik der Wissenserhebung dar. Wichtige Informationen zur späteren Benutzerschnittstelle und Form der späteren Expertise können durch diese Beobachtung der Kommunikation mit Klienten gewonnen werden.

11.4.2.3 Techniken der indirekten Wissenserhebung

Die bisher genannten Techniken der Wissenserhebung verlangen in jedem Fall vom Wissensträger eine Artikulation des Wissens. Oftmals sind mentale Prozesse oder Assoziationswissen nicht direkt verbalisierbar oder beobachtbar. Dieses nur mittelbar erfaßbare Wissen wird durch **indirekte Techniken der Wissenserhebung** zu erschließen gesucht. Der Wissensträger hat die Möglichkeit, mit diesen Techniken auch ohne den Wissensingenieur zu arbeiten, so daß die durch den Wissensingenieur bedingten Verzerrungen der Wissenserhebung hier geringer ausfallen können als bei Verwendung der Techniken direkter Wissenserhebung (Interview, Beobachtung):

- Multidimensionale Skalierung (Scaling),
- Konstruktgitter-Verfahren (Repertory Gried Method),
- Card Sort-Verfahren, sowie
- Klassifizierung (Clustering).

Die **Multidimensionale Skalierung (Scaling)** zielt auf Erkennung der Strukturen (Dimensionen) und Unterstrukturen (Partitionierungen) einer Gesamtheit von Objekten auf der Basis einer Matrix subjektiver Ähnlichkeitsurteile. Der Wissensträger dokumentiert hierzu sein subjektives Ähnlichkeitsempfinden über die Untersuchungsobjekte. Das Resultat ist eine Abbildung der Objekte (oft zweidimensional), deren Interpretation dem Wissensingenieur den Wahrnehmungsraum des Wissensträgers zeigt.

Das **Konstruktgitter-Verfahren (Repertory Grid Method** oder auch **Entity-Attribute Grid)** ist eine Technik der Wissenserhebung, mit welcher der Wissensträger Konzepte und Relationen der Domänen identifizieren kann. Das Verfahren geht auf die Theorie der persönlichen Konstrukte (Personal Construct Theory) von Kelly aus dem Jahre 1955 zurück. Das Verfahren besteht aus zwei Vorgängen, dem Erhebungsvorgang und dem Analysevorgang. Mit dem Erhebungsvorgang wird die Konstruktgitter-Matrix aufgestellt. Mit dem Analysevorgang wird die Konstruktgitter-Matrix ausgewertet. Zunächst nennt der Wissensträger ca. 10 wichtige Objekte des Wissensbereichs. Daraus werden sukzessive Dreiergruppen erstellt, für die der Wissensträger dokumentiert, welches Kriterium für zwei Objekte zutrifft, für das dritte aber nicht (Triad Method). Auf diese Weise kann der Wissensträger Objekte und Kriterien benennen, aus denen das Konstruktgitter dann aufgebaut wird. Die Matrix enthält die persönlichen Konstrukte des Wissensträgers als Mengen minimaler Kontextformen. Die herausragende Eigenschaft dieser Methode ist das gleichzeitige Erheben von Objekten und Kriterien. Der Nachteil ist - neben einer nur geringen Zahl von Kriterien und Objekten - daß außer in AQUINAS, KSSO und dem Methodenpaket NEXTRA dieses Verfahren derzeit nicht durch erwerbbare Software unterstützt wird.

Das **Card Sort-Verfahren** ist in vielen Fällen leicht anzuwenden. Es werden Karten mit Items (Fall- oder Objektbeschreibungen) vom Wissensträger nach Maßgabe einer Klassenzugehörigkeit sortiert (Klassifizierung). Jeder der entstandenen Stapel wird wieder nach Maßgabe einer Klassenzugehörigkeit sortiert. Bei jedem Sortiervorgang gibt der Wissensträger das Kriterium der Sortierung an und bezeichnet die Gruppen (Stapel der Karten). Der Wissensingenieur hält sorgfältig fest, welche Karte in welchen Stapel jedes Sortiervorganges gelegt wurde. Mit dieser Methode wird eine Konzepthierarchie erreicht. Die Beschriftung der Karten kennzeichnet das Untersuchungsobjekt (Cases). Dabei müssen Attribute gewählt werden. In dem Beispiel der Unternehmensanalyse müßte hier schon eine Vorauswahl der Kennzahl getroffen werden, was eine "Non-Trivial Task" darstellt. Nachteilig wirkt sich aus, daß diese Methode eine hohe Zahl von Fällen erfordert, die Zahl der fallbeschreibenden Items je Karte beschränkt ist und kleine Stapel nicht weiter untersucht werden können.

Auch das **Clustering** basiert auf einer vom Wissensträger erstellten Matrix subjektiver Ähnlichkeitsaussagen zu den Untersuchungsobjekten. Das Clustering weist im Gegensatz zum Scaling eindeutige nominal skalierte Gruppen aus.

Es ist zur Untersuchung der Klassifikationsmerkmale empirisch zu prüfen, ob das Merkmal, welches der Wissensträger verwendet, die Möglichkeit einer Abstufung bietet, deren Anwendung im Vergleich zur Gesamtheit homogenere Klassen aufweist. Zunächst stellt sich die Frage, ob sich überhaupt Gruppen in einer Gesamtheit feststellen oder bestätigen lassen. Die Prüfung der Stufigkeit einer Klassifikation (Extension), die mit einem gültigen Klassifikationsmerkmal vorgenommen wurde, gibt Auskunft, ob die unterschiedene Anzahl der Klassen optimal ist. Die Möglichkeit eines Optimums besteht, da einerseits mit zunehmender Anzahl der Klassen die Homogenität der einzelnen Klasse steigen kann. Andererseits wächst mit abnehmender Zahl der Klassen die Bedeutung der einzelnen Klasse und der Sinn der Klassifikation, der darin begründet liegt, die Komplexität einer kardinalen Skala (oder mehrerer kardinalen Skalen dann multivariat) reduzieren zu können. Im Falle der Ermittlung der nominalen oder ordinalen individuellen Ausprägung des Merkmals eines Objektes durch Reduktion seiner kardinal skalierten Ausprägung(en) entsteht die Frage der Gültigkeit der Zuordnungsvorschrift (Lage der Klassengrenzen). Dieses wird für die Domäne der Unternehmensanalyse besonders wichtig sein. Es werden nämlich kardinal skalierte Ausprägungen (z.B. der Erfolg in DM) durch den Gebrauch von Schwellenwerten (z.B. der Erfolg über 1 Mio. DM) zu Ausprägungen einer ordinalen Skala (z.B. Qualität des Erfolges) einer bestimmten Extension (schlecht, gut) reduziert. Das Beispiel illustriert auch die Wichtigkeit des Bezuges der Schwellenwerte zur Bezeichnung der ausgewiesenen Klassen. Zur Exploration der Merkmale (Kennzahlen) wird geprüft, welche der Merkmale Aussageähnlichkeiten besitzen, so daß die Kriterien zur Erzeugung einer Klassifikation identifiziert werden können. Wissen über die Ähnlichkeiten der Merkmale ist deswegen bedeutungsvoll, weil diese, neben dem Verfahren der Generierung, eine Klassifikation wesentlich bestimmen. Das Problem der Generierung einer Klassifikation ist zu lösen, wenn keine gültige Zuordnungsvorschrift der Reduktion des Skalenniveaus vorliegt. Diese Generierung einer Klassifikation und der Ausweis von überprüften Klassengrenzen fordert viele methodische Kontrollschritte, deren Grundprinzip auf die Homogenität der auszuweisenden Klassen zielen muß.

11.4.3 Phasen der Wissensakquisition

Die Entwicklung von Expertensystemen unterscheidet sich insbesondere in den Entwicklungsphasen der Wissensakquisition von der Entwicklung konventioneller Anwendungsprogramme. Aus diesem Grunde wird nachfolgend die Wissensakquisition in ihrer Umsetzung diskutiert. Fünf Phasen werden unterschieden. In der ersten wird die Initiative ergriffen, auf die dann die Erhebung, Analyse, Modellierung und Evaluierung folgen.

11.4.3.1 Initiale Phase

Der erste Schritt der Wissensakquisition ist die Entwicklung eines Taskmodells, das eine Modellbeschreibung der Systemaufgabe darstellt. Es ist notwendig, sich eine Vorstellung der Systemaufgaben zu erarbeiten, denn in vielen Projekten zur Erstellung eines wissensbasierten Systems bestehen zu Beginn keine präzisen Vorstellungen über die Sollfunktionen des Systems im späteren Arbeitsprozeß:

- In der Fachabteilung einer Organisation besteht ein Problem. Entscheidungsträger, Sachbearbeiter oder externe Ratgeber bestimmen, das Problem durch den Einsatz eines wissensbasierten Systems zu lösen (Schritt 1) und treten an Wissensingenieure (externe oder interne) heran.
- Die Wissensingenieure prüfen, ob das Problem (Kandidaten einer WBS-Lösung) mit der Programmiermethode der Expertensysteme zu lösen ist (Schritt 2).
- An dieser Prüfung sollten die mit der Durchführung betrauten Wissensingenieure teilnehmen, um mit den Zielen der Systemeinführung vertraut zu werden. Im positiven Falle wird ein Konsens zur Definition des Systems erzielt, an dessen Bildung Auftraggeber, Benutzer, Wissensträger und Wissensingenieure beteiligt sein sollten (Schritt 3).
- Auf diese Weise ausgerichtet, können die Wissensingenieure mit der Auswertung von Dokumentationen beginnen. Sie erwerben sich Sachkenntnisse in dem Problembereich (Schritt 4).
- Die zu diesem Zweck benannten Wissensträger der Organisation werden von den Wissensingenieuren veranlaßt, eine Strukturierung der Systemaufgaben vorzunehmen (Schritt 5). Dies geschieht in einem ersten Interview. Es soll die Struktur und der Ablauf der betreffenden Aufgabe festgestellt werden.

Eine bestimmte Klasse von Aufgaben einer Organisation stellt potentielle Kandidaten einer Teilautomatisierung unter Verwendung der Expertensystemtechnologie dar. Wird ein Problembereich als Kandidat identifiziert (Identifikation des

11.4 Wissensakquisition

Problembereiches), so ist vorher zu prüfen, ob die Einführung eines wissensbasierten Systems das bestehende Problem am besten löst. Für geeignete Aufgabenbereiche eines wissensbasierten Systems trifft folgendes zu:

- Es ist Erfahrung nötig, um sie zufriedenstellend auszuführen.
- Die Ausbildung für diese Aufgabe ist langwierig.
- Die Aufgabe erfordert häufige Bezugnahme zu Informationen, die in wenig organisierten Dokumenten stehen und monotone Tätigkeiten der Aufbereitung beinhalten.
- Die derzeitigen Aufgabenträger sollen von Routinen entlastet werden und sich anderen (weit komplexeren) Aufgaben zuwenden können.
- Es ereignen sich häufig Fehler bei der Durchführung der Aufgabe infolge eines Übersehens wichtiger Details.

Ist ein Problembereich als mögliches Aufgabengebiet eines wissensbasierten Systems identifiziert, so schließen sich ein Assessment (Assessment der Einführung eines wissensbasierten Systems) unter Verwendung der Kriterien Machbarkeit, Effizienz und Praktikabilität an.

Die Analyse der Machbarkeit konzentriert sich darauf, ob es unter Verwendung der Expertensystemtechnologie den betrauten Wissensingenieuren möglich ist, die Aufgabe zu computerisieren. Die Beurteilung der Effizienz der angestrebten Lösung versucht, den Nutzen und die Kosten in Relation zu bringen. Hier stellt sich die Frage, welcher Nutzen in das Kalkül einbeziehbar ist. Auch auf der Seite der Kosten müssen neben den Entwicklungskosten weitere bedacht werden, so die Kosten der Systemeinführung.

Die Beschreibung des IST- und SOLL-Zustandes soll strukturierte qualitative und quantifizierte Informationen enthalten. Darüber hinaus ist eine hierarchische Strukturierung der Ziele (Ober- und Unterziele) wünschenswert. Ohne Vereinbarung von Zielen den nächsten Schritt zu starten, verlangt von den Wissensingenieuren eine Bestimmung der Systemaufgabe. Ansonsten wäre das Risiko einer Fehlentwicklung offensichtlich. Es geht darum, die wichtigsten Systemaufgaben aus den Zielvorstellungen abzuleiten. In der Definition eines wissensbasierten Systems wird mit der Bestimmung der Benutzer des Systems fortgefahren. Dabei sollten auch mittelbare Benutzer der Outputs des Systems berücksichtigt werden. Zum einen, um die Zielgruppe der Systembenutzer zu identifizieren; zum zweiten um das Qualifikationsprofil der Benutzer (Computerkenntnisse, Einstellung zu Computern, Fachkenntnisse des Sachgebietes, Erklärungsvermögen von Resultaten) zur Dialog- und Expertisegestaltung festzulegen und um zum dritten sollte die Arbeitsumgebung der Benutzer mit in die Gestaltung einbezogen werden.

Die Definition eines konkreten wissensbasierten Systems umfaßt auch eine klare Beschreibung der Anwendungsumgebung des Systems. Es müssen zu diesem Zeitpunkt alle Schnittstellen spezifiziert werden, die zur Erfüllung der Systemaufgabe nötig sind. Zu Beginn der Wissensakquisition muß der Wissensingenieur einen allgemeinen Überblick über die Systemaufgabe bekommen. Er muß sich ein Taskmodell erarbeiten, nach welchem er die weitere Erhebung der Details des Wissensmodells strukturieren kann. Das Taskmodell ermöglicht eine verläßliche Schätzung des Zeitbedarfs und der Entwicklungskosten. Das Taskmodell kann in zwei aufeinander aufbauenden Phasen entwickelt werden, der Auswertung von schriftlichen Quellen und Strukturierung der Systemaufgabe durch Wissenserhebung.

Mit der bisher erhaltenen Orientierung können die Wissensingenieure beginnen, Wissensquellen des Projektes zu identifizieren. Im folgenden werden schriftliche Quellen und Wissensträger betrachtet. Zum Einstieg sollte auf schriftliche Quellen wie Fachliteratur, Dokumentationen, Handbücher, Kataloge, Statistiken, Formulare und wenn möglich, manuell erstellte Expertisen, die im Zusammenhang mit der Systemaufgabe Bedeutung besitzen, zugegriffen werden. Es wird durch Auswertung vorhandener Literatur oder anderer Dokumente, die Informationen zur Systemaufgabe enthalten, von den Wissensingenieuren zunächst die Terminologie der Domäne erlernt. Diese Vorbereitung muß noch weitergehen. Auch grundlegende theoretische Konzepte müssen hier erarbeitet werden. Die Wissensingenieure müssen eine Vorstellung der Zusammenhänge der Begriffe entwickeln. Das betreffende Sachgebiet (Domäne) des wissensbasierten Systems wird mit diesem Arbeitsschritt begrifflich und inhaltlich wahrgenommen. Dabei entstehen unweigerlich Vorstellungen über Wissen zur Problemlösung. Diese sind zum einen Zweck dieses Arbeitsschrittes "Vertraut-Werden mit der Systemaufgabe", zum anderen schaffen sie auch Vorurteile über Sachverhalte beim Wissensingenieur. Es ist daher eine schriftliche Niederlegung dieses Vorwissens, ein Schritt zur Vorbereitung erster Interviews, der dem Wissensingenieur zweifachen Vorteil bringt, nämlich ein Erkennen eigenen Vorwissens und eine einführende Dokumentation der Begrifflichkeiten der Domäne.

Die geforderten Kompetenzen möglicher Wissensträger ergeben sich aus den Zielen, die mit der Einführung des Systems erreicht werden sollen. In diesem Zusammenhang muß nicht nur gefragt werden, welche Wissensträger für welchen Teil der Funktionalität in Frage kommen, sondern es muß eine umfassendere Analyse der potentiellen Wissensträger einsetzen. Das Wissen der in den Organisationen tätigen Wissensträger kann gemäß den unterschiedlichen Zielen der Erstellung und Anwendung des Wissens trotz einer gemeinsamen Domäne beträchtlich variieren. Nicht nur organisationale, sondern auch individuelle Besonderheiten verursachen dieses Phänomen. Daher sollten die Merkmale der Persönlichkeitsstruktur des Wissensträgers, also seine

- Qualifikation,
- Kommunikationsfreudigkeit,
- DV-Kenntnisse,
- Erklärungsvermögen und
- Lerneigenschaften

beachtet werden. Es sind Eigenschaften der Persönlichkeit, die das Verstehen der Aufgabe des Wissensingenieurs und die Art der Darstellung und Übermittlung der Probleme der Domäne beeinflussen werden. Diese bestimmen die Kommunikationsfähigkeit von Wissensingenieuren und Wissensträgern. Wichtige Eigenschaften der Domäne sind:

- Nachvollziehbarkeit der Expertise,
- Grad des intuitiven Vorgehens zur Expertisenerstellung,
- Konventionalität einer Fachsprache,
- Anteil logisch-deduktiver Expertisenelemente und
- Veränderung der Domäne.

Es können bei der Wahl der Wissensträger bestimmte Eigenschaften der Domäne wirksam werden, indem sie besondere Fähigkeiten zur Kommunikation des Wissens erfordern. Betrachtet man das institutionelle Umfeld des Wissensträgers, so sind seine Verfügbarkeit, Motivation, Gesprächsbereitschaft und Stellung in der Arbeitsumgebung zu berücksichtigen.

Die institutionell vorgegebenen Umweltfaktoren bestimmen die Zusammenarbeit von Wissensträgern sowie die Möglichkeit der Kommunikation von Wissen. Diese Kriterien dienen dazu, die Wissensträger im Vorfeld der Wissenserhebung einzuschätzen. Die Zusammenarbeit mit dem Wissensträger kann großen Einfluß auf die Entwicklung des Wissensmodells haben. Unter Umständen steht der "optimale" Wissensträger nicht zur Verfügung. Es sollen in diesem sehr wahrscheinlichen Fall unter Anwendung der genannten Kriterien mögliche Probleme der Wissenserhebung vorhergesehen werden, so daß der oder die Wissensingenieure sich den Besonderheiten der bevorstehenden Gesprächssituation bewußt werden können.

In einem weiteren Schritt führen die Wissensingenieure mit dem Wissensträger einführende Gespräche, die das Ziel haben, eine Vorstellung über dessen Aufgaben, deren Struktur und deren Ablauf zu erhalten. Hier steht der Wissensträger im Mittelpunkt. Von ihm werden Informationen über den Ablauf der Systemaufgabe gewonnen. Das Gespräch sollte folgenden Verlauf nehmen:

- Einführung und Zielbeschreibung des Wissensingenieurs,
- einführender Überblick des Wissensträgers,
- Fallbeispiel,
- Zusammenfassung und
- Planung weiterer Aktivitäten.

11.4.3.2 Phase der Wissenserhebung

Die Erhebung detaillierten Wissens zielt auf eine Bestimmung der Details des Wissensmodells. Die Kontrolle der Qualität des erhobenen Wissens bildet dabei neben der Erhebung einen Schwerpunkt. Damit die Erhebung detaillierten Wissens erfolgreich verlaufen kann, sind einige Vorbereitungen zu treffen, ohne die der Wissensingenieur mit dem Phänomen des "Information Overload" konfrontiert sein wird. Die Vorbereitungen umfassen die Organisation aller Aktivitäten der Wissenserhebung. Zu Beginn der Erhebung detaillierten Wissens sollen folgende Schritte durchgeführt werden:

- Gliederung der Erhebung detaillierten Wissens,
- Identifikation problematischer Bereiche,
- Strukturierung der Wissensdokumentation und
- Festlegung der Reihenfolge des Vorgehens.

Es stellt sich beim Erheben dem Wissensingenieur die Aufgabe der Wahl der zweckmäßigen Technik. Im Abschnitt 11.4.2 wurden Techniken vorgestellt und vorstehend die Vorbereitung der Erhebung des detaillierten Wissens erörtert. Unter Einsatz der genannten Techniken können viele, aber nicht alle Bereiche, mit den Wissensträgern abgestimmt werden. Die folgenden Problembereiche eines Gesprächsabschnitts sind Tagesordnungspunkte einer Sitzung der Wissenserhebung:

- Abgrenzung des Inhalts (Einzelproblem),
- Vollständigkeit der Kriterien des Wissensträgers,
- Abstimmung der abstrakten Schlußfolgerungen,
- Identifikation unerwarteter Wissenslücken,
- Konsistenz des erhobenen Wissens,
- Identifikation von Lehrbuchwissen und
- Erklärung des Wissensträgers, das Problem sei nicht lösbar.

11.4.3.3 Phase der Wissensanalyse

Es ist anzunehmen, daß die Prüfung aller Punkte durch den Wissensingenieur im Verlaufe der Sitzung nicht geleistet werden kann. Dadurch entsteht die Notwendigkeit, erhobenes Wissen nachher zu analysieren. Diese Prüfung kann tiefer gehen, da sie nicht in der zeitlich begrenzten Erhebungssituation erfolgen muß. Die Qualitätssicherung durch Analyse des Erhobenen muß in den Ablauf der Wissensakquisition eingegliedert werden. Dies stellt eine Erweiterung des gegenwärtigen Verständnisses von Wissensakquisition dar. Diese Erweiterung ist sinnvoll, da in jedem Fall auch die Wissensingenieure für eine mangelnde Qualität der Expertise verantwortlich gemacht werden. Es gilt, nicht nur die Aufnahme sicherzustellen, sondern auch zu prüfen, ob das erhobene Wissen des Wissensträgers wahr ist.

Aussagen über Qualität und Vollständigkeit des erhobenen Wissens des Wissensträgers gibt nur eine tiefgehende Analyse, die sowohl theoretische als auch empirische Elemente enthält. Sie besteht aus

- der Identifikation des Wissens,
- der Reflexion über Entstehung und Herkunft,
- dem Aufdecken pragmatischer Elemente und
- dem Offenlegen des impliziten Kontextwissens.

Eine tiefergehende Prüfung von Hypothesen, die sich aus der Betrachtung des erhobenen Wissens und dessen organisationalen Zusammenhängen ergeben, kann auf der Grundlage von Fallbibliotheken geschehen. Dieser Kontrollschritt der Wissensakquisition folgt im wesentlichen zwei Zielen, der Prüfung der Aussagen des Wissensträgers auf einer breiteren Datenbasis als jener der diskutierten Fälle und der Erhöhung der Effizienz des Erwerbs von Erfahrung im Anwendungsbereich des Systems. Damit diese Ziele erreicht werden können, müssen die Ressourcen und das Vorgehen der Wissensingenieure strukturiert werden.

Die Wissensingenieure müssen zwei Arten von Ressourcen organisieren, zum ersten die Methoden der Analyse, zum zweiten die Fallbibliothek. Die wichtigen Methoden und Zusammenhänge der Anwendung statistischer Methoden der Wissensanalyse sind im Abschnitt 11.4.2 beschrieben. Fallbibliotheken sollen in Zusammenarbeit mit der Klientenorganisation aufgebaut werden. Wichtig ist, daß die in der Fallbibliothek abgelegten Objekte

- mit allen für eine Expertise notwendigen nominal, ordinal und kardinal skalierten Merkmalen gekennzeichnet und vollständig beschrieben sind (keine Missing Values),
- einen Einblick in die Variationsbreite der Ausprägung der Eigenschaften ermöglichen und
- abhängig von der Zahl der Eigenschaften ausreichend vorliegen.

Die Fallbibliothek sollte zeitgleich mit der Wissenserhebung aufgebaut werden. Die Entscheidungsträger der Klientenorganisation müssen noch in der initialen Phase überzeugt werden, damit eine Sicherstellung der Datenressourcen rechtzeitig erfolgen kann, weil sich der Aufbau von Projektfallbibliotheken durch

- Klärung der Kompetenzen dieser nicht routinemäßigen Datenbereitstellung,
- Klärung datenschutzrechtlicher Fragen und
- EDV-technische Übertragungsprobleme

sehr verzögern kann, so daß die empirische Wissensanalyse unter Umständen nicht mehr zur Qualitätssicherung des laufenden Projektes beiträgt.

11.4.3.4 Phase der Modellierung

In den Abschnitten Initiale Phase der Wissensakquisition, Wissenserhebung und Empirische Wissensanalyse wurde der Verlauf der Ermittlung und Prüfung relevanten Wissens für das zu erstellende System beschrieben. Der nächste Schritt der Wissensakquisition hat die Integration dieses Wissens zur Aufgabe. Um dies zu leisten, soll ein Modell der Expertise entwickelt werden. Es soll konzeptuelles Modell der Expertise heißen und Grundlage der letzten Abstimmung vor dem Design der Systemroutinen sein.

Hier hat sich die Architektur des **KADS-Systems** (Knowledge Acquisition, Documentation and Structuring) weitestgehend durchgesetzt (Abbildung 11.18). Der Ansatz enthält 4 Ebenen:

- Das statische Wissen (**Domain Level**) enthält die Begriffe (Concepts) und Zusammenhänge (Relations) der Domäne. Im Falle einer Jahresabschlußanalyse sind dies Positionen des Jahresabschlusses mit Kennzahlen, Krisensymptomen und Regeln, die einfache Vergleichsoperationen enthalten.
- Das Wissen zu Inferenztypen (**Inference Level**) beschreibt die Schlußfolgerung, welche auf der Grundlage des statischen Wissens des Domain Levels stattfinden kann. Innerhalb des Inference Levels wird zwischen zwei Funktionen unterschieden, den Metaclasses und den Knowledge Sources. Metaclasses beschreiben die Rollen, die ein Begriff des Domain Levels im Schlußfolgerungsprozeß (Reasoning) einnehmen kann. Knowledge Sources beschreiben Typen der Inferenz, die auf das im Domain Level repräsentierte statische Wissen angewandt werden können. So sind zur Vorbereitung des Wissensmodells die zwei folgenden Inferenztypen, die noch nicht spezifiziert sind, zu unterscheiden:
    - Infer-by-Computation (Inferenz der numerischen Argumente),
    - Infer-by-Chaining (Inferenz der logischen Argumente).

Es wird deutlich, daß die Manipulationen der Terme (arithmetische Operationen) explizit repräsentiert werden. Damit wird die Aufgabe der Datenmodellierung nicht aus der Wissensmodellierung ausgeschlossen.

- Auf der Ebene des Wissens der elementaren Aufgaben des Systems (**Task Level**) sind Ziele und Steuerung der einzelnen Tasks oder Subtasks modelliert. Diese Ebene des Wissensmodells ermöglicht es, Problemlösungstypen des Systems zu spezifizieren. So kann. z.B. in der Task KNOWLEDGE u.a. die Taskstruktur **Diagnose** identifiziert und auf bestimmte Teile der Task KNOWLEDGE (z.B. Analyse der Verschuldung) angewandt werden.
- Auf dem vierten Niveau des Wissensmodells (strategisches Wissen der Expertise, **Strategic Level**) wird Wissen abgebildet, welches das System in die Lage versetzt, Pläne einer Analyse zu erstellen, Taskstrukturen zu kombinieren und die Ergebnisse von Teilexpertisen zum weiteren Verlauf der Expertise einzusetzen. Wissen auf diesem Level wurde bisher selten modelliert. Das hat verschiedene Gründe. Zum einen ist Wissen zur Ausrichtung der Expertise, zur Beurteilung der Gesprächssituation und der individuellen Auffassungsgabe des Benutzers selten verfügbar und dessen Akquisition in der Regel nicht im Projektplan vorgesehen. Zum anderen führt gerade bei diesen Systemen eine Externalisierung des strategischen Wissens und dessen Kommunikation durch einen Dialog mit dem Systembenutzer zu sicheren Ausrichtung der Expertise.

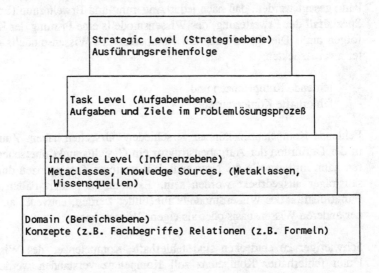

Abb. 11.18: Das Schema des KADS-Ansatzes

11.4.3.5 Phase der Evaluierung

Der Prozeß der Evaluierung von Software am Ende der Softwareentwicklung hat das Ziel, die Übereinstimmung der Software mit dem Anforderungsprofil (wie es sich zu diesem Zeitpunkt präsentiert) sicherzustellen. Das Testen geschieht mit Testfällen. Die Evaluierung führt nicht zu absolut fehlerfreier Software. Aber sie kann die Anzahl der Programmfehler soweit vermindern, das die evaluierten Programme als quasi fehlerfrei gelten.

In den vorstehenden Abschnitten wurde schon ein deutlicher Akzent auf die Prüfung und Transparenz des Wissensmodells gelegt. Dieser Abschnitt wird vor allem von der **Validation**, also von der Erfüllung der Anforderungen an das Modell, handeln. Dazu soll zunächst das Problem der Validation genauer spezifiziert werden. Es gilt unter folgenden Gesichtspunkten zu validieren:

- Konsistenz des Wissensmodells,
- Kompetenz des Wissensmodells.

Es ist nun zu entscheiden, wie die Validation durchgeführt wird. Die Validation der Konsistenz des Wissensmodells sollte durch Techniken geschehen, die das Modell vollständig validieren. Diese müssen daher formale Aspekte enthalten. Die Kompetenz des Wissensmodells zu validieren, schließt eine Abstimmung mit dem Wissensträger, respektive mit den Benutzern des Wissensmodells, ein. Es kann gesagt werden, daß nach jeder Änderung und Erweiterung (Erstentwurf als Spezialfall der Erweiterung) des Wissensmodells eine Prüfung der Konsistenz erfolgen muß. Die Evaluierung der Kompetenz des Wissensmodells geschieht unter zwei Aspekten:

- fehlende Kompetenzen und
- fehlerhafte Kompetenzen.

Fehlende Kompetenzen können verschiedene Ursachen haben. Zum einen kann in der Definition der Aufgabenstruktur ein Gesichtspunkt übersehen, zum anderen kann mittlerweile die Notwendigkeit weiterer Kompetenzen durch den Wissensträger ausgedrückt worden sein. Es kann in beiden Fällen die fehlende Funktionalität des Wissensmodells abgebildet werden, entweder als Teilbasis einer anderen Wissensbasis oder als eigene Wissensbasis.

Schwieriger zu entdecken sind fehlerhafte Kompetenzen des Wissensmodells. Unter fehlerhafter Kompetenz soll Kompetenz verstanden werden, die noch fachliche Falschaussagen enthält. Es werden im folgenden zwei Verfahren zu deren Evaluierung vorgestellt. Es sind dies der Turingtest und die Prüfung an Urteilen von Wissensträgern.

Der von Turing 1950 vorgeschlagene Vergleichstest der menschlichen und maschinellen Intelligenz eignet sich auch zur Evaluierung der Expertise. Ziel des Turingtestes ist es, daß ein qualifizierter Beurteiler den Output einer Maschine (Expertisedokument) von einer durch einen Menschen (Fachmann) erstellten Expertise unterscheidet. Kann eine Anzahl Outputs nicht unterschieden werden, so wird der Maschine Fachkompetenz zugebilligt. Dieses Verfahren verwendet nur das Kriterium der Herkunft der Expertise, um deren Kompetenz zu prüfen; es ist für eine detaillierte Evaluation der Kompetenz des Wissensmodells allerdings zu global. Bei der Evaluierung durch Urteile von Wissensträgern sollen hier drei Vorgehensweisen unterschieden werden. Dies sind

- der Vergleich der Systemergebnisse von Testfällen mit den Ergebnissen der Wissensträger,
- der Vergleich der Systemergebnisse vorhandener Testfälle mit den Empfehlungen mehrerer Personen unterschiedlichen Expertiseniveaus und
- die Anwendung von Maßstäben, die zur Beurteilung von Wissensträgern dienen, auf die mit dem System generierten Resultate.

Werden von dem System erstellte Expertisen mit jenen humaner Wissensträger verglichen, so stellt sich die Frage, ob mit diesem Evaluierungsverfahren nicht zu sehr auf Klonung von Expertise gezielt wird. Dieses Verfahren identifiziert vor allem abweichende Kompetenzen. Wird durch die Expertisen mehrerer Personen, die unterschiedliche Fertigkeiten in der Domäne besitzen, eine Skala der Expertise konstruiert, so kann diese nützliche Auskunft geben, auf welchem Niveau sich die systemerstellte Expertise befindet. Das dritte Verfahren, die Anwendung von Maßstäben, die zur Beurteilung von Wissensträgern aufgestellt wurden, enthält zunächst die Aufgabe, diese Maßstäbe zu identifizieren. Das birgt nun die Gefahr der verzerrten Wahrnehmung der Maßstäbe. So ist es eine geeignete Vorgehensweise, in dem Gebiet der Beurteilung von Wissensträgern kompetente Personen in den Evaluierungsprozeß zu integrieren. Auf diese Weise kann die Prüfung der Expertisen an Testfällen erfolgen.

Die möglichen Auswirkungen nicht befriedigender Ergebnisse sind in Abbildung 11.19 schematisch abgebildet.

756 11. Wissensbasierte Systeme

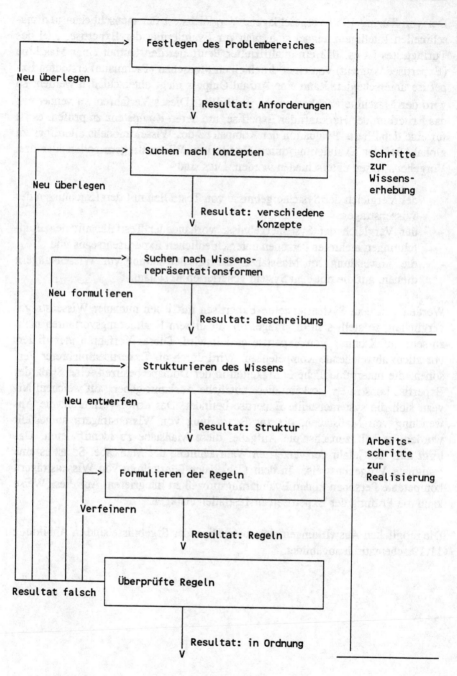

Abb. 11.19: Rückkopplungsmechanismen

11.5 Inferenz, Auswertung von Wissen

11.5.1 Begriffserklärung

Neben der Wissensbasis (Abschnitt 11.3) ist die Problemlösungskomponente der zweite Bestandteil von Expertensystemen. Mit Hilfe der **Inferenz** wird aufgrund vorhandenen Wissens weiteres, neues Wissen geschlußfolgert. Die hier verwandten Techniken als Inhalte und Prozesse werden **Inferenzmaschinen** bezeichnet. Ihre Struktur ist abhängig von der Wissensrepräsentation. Jede Art der Wissensrepräsentation entspricht einer anderen Art der Inferenz bzw. der Problemlösungskomponenten. Diese Abhängigkeit - erweitert um die Schlußfolgerungsmechanismen - bedingt, daß bei der Architektur wissensbasierter Systeme unterschiedliche Inferenzmaschinen benutzt werden. In Anbetracht der Tatsache, daß mit dem Begriff Inferenz die Verwendung exakter Lösungsalgorithmen vermutet werden können, wird in der XPS-Literatur insbesondere dem Begriff Problemlösungskomponente der Vorzug gegeben.

11.5.2 Lösungsstrategien

Die Aktivitäten der Problemlösung lassen sich somit in die Gruppen

- der einfachen, der anspruchslosen und
- der komplexen, der anspruchsvollen

einteilen. Hieraus resultieren die später Begriffe des Schließens und des Suchens. Einfache Betrachtungsebenen werden als Inferenz oder Schließen, komplexe Betrachtungsebenen als Suchen bezeichnet. Innerhalb der Inferenz-Prozesse wiederum werden verschiedene Arten unterschieden, so analoge, deduktive etc. Auch das Suchen läßt sich in verschiedene Strategien untergliedern (Siehe Abbildung 11.20).

Diese Aufteilung ist eine Folge des Lösungsprozesses. Er läßt sich wie ein Problemgraph darstellen, der die Gesamtheit aller zulässigen Zustände (Knoten) und Übergänge (Kanten) enthält. Die Übergänge (Kanten) stehen für die möglichen Lösungsschritte. Die Zustände (Knoten) stehen für die Problemsituationen, die nach Ausführung der Lösungsschritte erreicht werden. Die gesamte Problemstellung, die Ausgangssituation bildet den Anfangsknoten, der Zielzustand den Endknoten. Die dazwischen liegenden Knoten und Kanten definieren den Lösungsprozeß. Bei komplexen Problemen wird es mehrere Wege (Alternativen) geben, um von einem betrachteten Zustand (Knoten) weitere Knoten zu generieren; von einem Knoten können alternative Zustandsübergänge (Kanten) mehrere Nachfolgeknoten generieren etc. Um nicht zu einer Explosion der Knoten und

Kanten zu kommen, gibt es Suchstrategien nach dem Schema des Problemgraphen. Die Konstruktion des Problemgraphen liefert den Handlungsrahmen zum Auffinden der Problemlösung. Die Vielzahl möglicher Strategien gewährleistet (kann gewährleisten), daß in jeder Situation die aussichtsreichste Lösung verfolgt wird. Die Problemlösungskomponente des XPS muß also wissen,

- wie der Lösungsprozeß in Gang gesetzt wird und
- wie die Auswahl der zu bearbeitenden Regeln - auch deren Abarbeitungsfolge - ablaufen.

Dies geschieht durch Bestimmung einer Konfliktmenge von ausführbaren Regeln und durch Bestimmung der Strategie, ob einzelne oder alle Regeln ausgeführt werden.

Lösungsstrategien		
Schließen einfaches Problem		Suchen anspruchsvolles Problem

deduktiv	nondeduktiv	unidirektional
		- datengesteuert oder
		  (vorwärtsgesteuert, synthetisch)
		- zielgesteuert
		  (rückwärtsgesteuert, analytisch)
		bidirektional
		- (daten- und zielgesteuert)

Modus ponens	- induktiv - analog - unvollständig - unscharf	
Schefe - kategorisches Schließen - hypothetisches Schließen		- Divide - and - Conquer - Constraint-Propagation - Generate - and - Test - Establish - and - Refine - Abstraction - Hypothesize - and - Test

Abb. 11.20: Gliederungen der Lösungsstrategien

11.5.3 Inferenz-Strategien

Mit Hilfe der Inferenz, des Schließens werden aus vorhandenem Wissen oder aus Annahme neues Wissen oder neue Annahmen gewonnen. Dies geschieht durch systematische Anwendung der Regeln, die Bestandteil der Wissensbasis sind.

Das implizite Wissen, das aus dem expliziten Wissen gewonnen wird, ist also bereits vorhanden; es wird mit bzw. durch die Inferenzregeln transformiert in expliziertes Wissen. Die Wissensbasis enthält (verfügt) somit über "mehr" Wissen. Es muß nur transformiert und in die Wissensbasis als expliziertes Wissen für weitere Anwendungen verfügbar gemacht werden.

Die **Inferenzregeln** lassen sich zwei Gruppen zuordnen, und zwar

- den deduktiven Inferenzen und
- den nondeduktiven Inferenzen.

11.5.3.1 Deduktive Inferenz

Im ersten Fall, bei den **deduktiven Inferenzen** wird von einer gültigen Wissensbasis ausgegangen. Sie enthält die Regeln und die Aussagen, über deren Gültigkeit keine Zweifel aufkommen. Die Aussagen sind Wissen zur Problemsituation bzw. deren Lösung. Die Regeln bestimmen, unter welchen Voraussetzungen aus vorhandenen Aussagen neue gefolgert werden. Eine solche Inferenzregel ist der Modus ponens. Die meisten betriebswirtschaftlichen Problemstellungen zeichnen sich durch komplexe Strukturen aus. Das menschliche Problemlösen zerlegt die Problemsituationen in einfache Schritte und versucht, die Lösung iterativ zu erarbeiten. Allerdings lassen sich die Probleme nur in den seltensten Fällen in isolierte Einzelschritte zerlegen. Isolierte, einfache Problemschritte lassen sich mit einfachen Mechanismen lösen; komplexe Problemschritte hingegen durch die Konstruktion einer Problemlösung unter Verwendung komplexer Schritte. Zum Schluß kann dann ein einfacher Schlußoperator die Schlußregel **Modus ponens** setzen. Sie besagt:

- Ist die Aussage a als wahr bekannt und gilt die Regel, wenn a gleich wahr, dann ist auch die Aussage b wahr; so läßt sich daraus schließen, daß auch b wahr ist. Das Gesetz zum Modus ponens ist a & (a -> b) = > b.
- IF X Then Y
  X is true
  Conclude: Y is true.

Neben dem Modus ponens, das im vorangestellten Fall zum neuen Wissen geführt hat, kann dies auch mit einem **Resolutionsverfahren** bewirkt werden. Mit Hilfe der Resolution soll herausgefunden werden, ob eine neue Tatsache anhand voranzustellender Aussagen gültig ist. Hierzu folgende beispielhafte Erörterungen:

- Wenn die Aussage a wahr ist, dann gilt für b auch wahr; wenn b auch wahr ist, dann c benutzen.
  Wenn Wegstrecke > 1 km, dann Lösung = Fahren; wenn Lösung = Fahren, dann Vorschlag = Autofahren.
- Überprüft wird, ob die Hypothese Vorschlag = Autofahren gültig ist, wenn die Wegstrecke bekannt ist.
- Die Aussage a (Wegstrecke) ist in der Wissensbasis. Zunächst werden die Regeln unter Benutzung der Äquivalenz umgeformt:
  if a then b < = > nicht a oder b.
- Danach wird die negierte Hypothese (als Faktum) hinzugefügt.
  Insgesamt ergibt sich eine durch "Und" verknüpfte logische Aussage der Form K_1 und K_2 und ... und K_n,
  wobei in den Klauseln K_1 nur durch "Nicht" negierte und durch "Oder" verknüpfte elementare Aussagen stehen, also
  - Nicht (Wegstrecke > 1 km) Oder (Lösung = Fahren);
  - Nicht (Lösung = Fahren) Oder (Vorschlag = Autofahren);
  - (Wegstrecke > 1 km);
  - Nicht (Vorschlag = Autofahren)   [Negierte Hypothese].
- Kommen in den Klauseln K_i, $1 < = i < = n_{-1}$, elementare Aussagen und deren Negation vor, so gilt in der jeweiligen Klausel die entsprechende Oder-Aussage; sie werden herausgestrichen, d.h. für das Beispiel:
  Nicht (Wegstrecke > 1 km) und (Wegstrecke > 1 km);
  sowie Nicht (Lösung = Fahren) und (Lösung = Fahren) entfallen.
  Es verbleiben: (Vorschlag = Autofahren), bzw.
  Nicht (Vorschlag = Autofahren).
  Der entstandene Widerspruch als Ergebnis der Resolution gilt für die Hypothese als wahr, da die Negation der Hypothese in den Resolutionsprozeß aufgenommen worden ist.

11.5.3.2 Nondeduktive Inferenz

Diese Gruppe der Inferenzen folgert nicht aus bereits bestehendem Wissen, sondern sie bringt neue Wissensinhalte in die Wissensbasis ein, die vorher weder explizit, noch implizit vorhanden waren. Die hier verwandte Technik gleicht einem Schlußfolgerungsprozeß, in dem die Monotonieprämisse (Eine einmal gültig erklärte Aussage ist immer gültig!) nicht gilt, weil die Gültigkeit der getätigten Annahmen bei nondeduktiven Inferenzen nur unterstellt wird. Daher ist eine Schlußaussage gegebenenfalls nicht gültig.

Trotzdem sind diese Inferenzen von großer Bedeutung, weil sie dem menschlichen Handeln nahekommen und in vielen Problembereichen mitunter über keine Erfahrungen verfügen. Außerdem sind in vielen Fällen die zu lösenden Probleme unvollständig, instabil. Bei der **induktiven Inferenz** werden aus allgemeinen Beobachtungen Gesetzmäßigkeiten abgeleitet. Typische Fälle sind das Lernen an Fallbeispielen. Bei der **analogen Inferenz** werden bei unbekannten Sachverhalten Schlüsse aus analog gelagerten Fällen gezogen. Hier ist es wichtig, Ähnlichkeitsmaße zu definieren, die den möglichen Grad der Übereinstimmung, der Eintrittswahrscheinlichkeit angeben. Mit Hilfe der **unvollständigen Inferenz** können Hypothesen gebildet werden, die Annahmen darstellen, die in den Fällen getroffen werden, wenn das in der Wissensbasis enthaltene Wissen nicht ausreicht, um für das Problem die Lösung zu erarbeiten. Bei der **unscharfen Inferenz** schließlich ist das Wissen nicht präzise festgelegt, so daß auch die Inferenzregel unscharf definiert ist.

11.5.4 Such-Strategie

Die Lösung anspruchsvoller Probleme verläuft nach einem systematisch bestimmten Vorgehen. Es wird die Richtung festgelegt, in der die Inferenz gebildet wird. Im einfacheren Fall, wird ein Startknoten in einem Problemgraph festgelegt (**unidirektionale Suchstrategie**), und zwar

- ausgehend von der Problembeschreibung (Anfangszustand) zur Lösung (Zielzustand) unter Zuhilfenahme von Daten oder
- ausgehend vom Zielzustand zum Anfangszustand.

Im ersten Fall handelt es sich um die **Vorwärtsverkettung** (Forward Chaining, Forward Reasoning), im zweiten um die **Rückwärtsverkettung** (Backward Chaining, Backward Reasoning). In diesem zweiten Fall muß eine inverse Inferenzkette bzw. eine inverse Interpretation der Inferenzregeln angewandt werden.

Die **bidirektionale Suchstrategie** setzt beide Startknoten, also den Anfangszustand und den Zielzustand, um Inferenzen zu bilden. Eine weitere Variante ist bei der Anwendung der daten- bzw. zielgesteuerten Strategie von Bedeutung. Gemeint sind ihre Ausprägungen in Form

- einer Breitensuche (Breadth-first-Search) oder
- einer Tiefensuche (Depth-first-Search).

Während bei der **Tiefensuche** für einen augenblicklichen Reifezustand ein Nachfolgezustand erzeugt wird, folgt die **Breitensuche** einer maximalen Expansion des Referenzzustands, in dem vom augenblicklichen Reifezustand alle möglichen Nachfolgezustände erzeugt werden.

762 11. Wissensbasierte Systeme

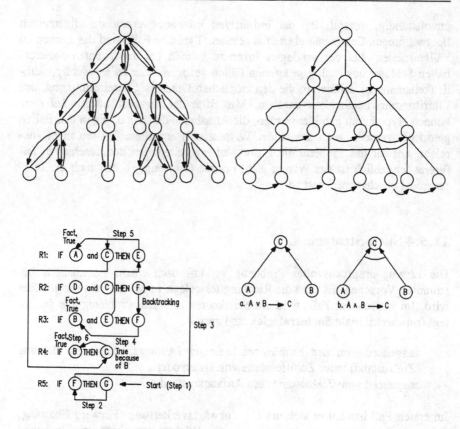

Abb. 11.21: Schemata der Verkettungen

11.5.4.1 Vorwärtsverkettung

Bei der Beschreibung der Inferenz wird davon ausgegangen, daß zur Repräsentation Regel gewählt werden. Es ist mit Hilfe der Strategie festzulegen, wo die Suche beginnt und wie sie durchgeführt wird. Werden dazu bekannte Daten und Fakten herangezogen, dann wird von einer **datengetriebenen Vorwärtsverkettung** gesprochen (Abbildung 11.21). Neben der Suchrichtung kann zusätzlich in eine Tiefen- und Breitensuche untergliedert werden. Die Schrittfolge ist folgende:

- Bestimmung der Menge der anwendbaren Regel durch Vergleich des Bedingungsteils einer Regel mit den bekannten Daten und Fakten, sowie der vorhandenen Datenbasis;

- Auswahl einer Regel nach einer Konfliktlösungsstrategie;
- Ausführung der Regel mit Folgerung neuen Wissens;
- Ausführung weiterer/aller ausführbaren Regeln - sortiert nach der Konfliktlösungsstrategie.

Als Konfliktlösungsstrategien werden im allgemeinen die nachfolgenden benutzt:

- Auswahl nach der Reihenfolge von der ersten anwendbaren Regel
  Die Vorbedingung bezieht sich auf neue Einträge in der Datenbasis.
- Auswahl nach der syntaktischen Struktur der Regel
  Der Beginn wird mit der Regel, die die meisten Aussagen enthält, gesetzt.
- Auswahl mittels Zusatzwissen
  Es werden Prioritäten für die Abarbeitung der Regel festgelegt; die höchste Priorität wird mit der Regel verbunden, die die meisten Aussagen beinhaltet. Dazu ein Beispiel:
  Die Aussage: a gilt, wenn a dann b;
  Die Antwort: also gilt b, wenn b dann c;
  Die Antwort: also gilt c.

11.5.4.2 Rückwärtsverkettung

Bei der Beschreibung der Inferenz wird davon ausgegangen, daß zur Repräsentation Regel gewählt werden. Es ist mit Hilfe der Strategie festzulegen, wo die Suche beginnt und wie sie durchgeführt wird. Wird dazu ein herauszufindendes Ziel vorgegeben, welches bewiesen werden soll, dann werden vom Ziel ausgehend die Daten nach Fakten und Regeln überprüft, die mit ihrem Aktionsteil die Zielerreichung beeinflussen. Diese **zielgetriebene Rückwärtsverkettung** wird zumeist verwandt. Beispiel zur Rückwärtsverkettung:

- Das Ziel ist c;
- wenn b dann c;
- gesucht wird b, da notwendig um c zu schließen;
- da a nicht in der Datenbasis vorhanden ist;
- Frage an den Benutzer.

Die Rückwärtsverkettung wird dort angewendet, wo von einem bekannten Zielzustand, der angestrebt werden soll, ausgegangen werden kann (z.B. bei der Diagnose und Klassifikation). Regeln kommen dann zur Anwendung, wenn ihr Aktionsteil das Ziel enthält. Der Bedienungsteil dieser Regel wird wiederum im Aktionsteil einer weiteren Regel gesucht. Der Zielausdruck wird stufenweise in immer detailliertere Unterziele zerlegt, bis eine Aussage über den Wahrheitswert dieser Unterziele möglich ist. Die Bewertung des Zielausdrucks selbst erfolgt dann auf dem umgekehrten Wege, indem die Aussagen der Unterziele stufenweise zusammengefaßt und ausgewertet werden.

11.5.4.3 Entscheidung über die Auswahl der Inferenz

Die Entscheidung darüber, ob vorwärts oder rückwärts verkettet wird, ebenso über die Tiefen- und Breitensuche ist nicht allgemeingültig beantwortbar. Sie hängt von der jeweiligen Problemsituation ab. In der Vergangenheit wurde hauptsächlich rückwärts verkettet. Grund dafür war und ist, daß eine Entscheidung über den Abbruch der Suche bei der Vorwärtsverkettung sehr problematisch ist, weil ein Expertensystem mehrere Ergebnisse liefern kann, und es ist bei der Vorwärtsverkettung nicht ersichtlich, welche Alternativen nicht berechnet worden sind.

In der einfachen Regelinterpretation der Vorwärtsverkettung werden die aufgelisteten Regeln gemäß Lösungsstrategie hintereinander ausgeführt. Anschließend wird die Agenda gelöscht und die Ausführung beginnt von neuem. Im Falle der Regelinterpretation der Rückwärtsverkettung bricht das Verfahren ab, wenn die Ziele auf Faktenebene reduziert sind.

Schließlich besteht die Möglichkeit, eine Kombination beider Strategien anzuwenden, also **hypothetisch-deduktiv** vorzugeben. Dies ist eine Kombination aus Vorwärts- und Rückwärtsverkettung. Dabei wird eine Verdachtsgenerierung durch Vorwärtsverkettung und eine Verdachtsüberprüfung durch Rückwärtsverkettung durchgeführt. Hierbei wird immer erst das verdächtigste Unterziel zur weiteren Analyse herangezogen. Die effiziente Selektion und Anwendung von Regeln, vor allem zur Verdachtsgenerierung, erfordert die Repräsentation von zusätzlichem Wissen, sog. Meta-Wissen, also das Wissen über die Anwendung von Wissen. Die hypothetisch deduktive Strategie ähnelt stark der menschlichen Vorgehensweise, z.B. der Fehlersuche und gewinnt somit bei der Entwicklung von Diagnoseexpertensystemen zunehmend an Bedeutung.

11.6 Kommunikations- und Erklärungskomponenten

11.6.1 Arten von Schnittstellen

Die Kommunikationsschnittstelle zum Benutzer als **Dialog- und Erklärungskomponente** ist eine zwingende Voraussetzung für den Einsatz von Expertensystemen. Ihre Art der Gestaltung ist ein wesentlicher Faktor für die Akzeptanz, weil sowohl die Initialisierung, wie die Realisierung und die Nutzung des Problemlösungsprozesses über die vorhandenen Schnittstellen des Expertensystems zur Umwelt bestimmt werden. Aus der Umwelt heraus kommt der Anstoß des Problemlösungsprozesses und dessen Versorgung mit notwendigen Informationen. An die Umwelt werden die Ergebnisse - ergänzt mit Interpretationen und Ergänzungen - zurückgegeben. Insgesamt lassen sich nach Abbildung 11.22 folgende Schnittstellen bestimmen:

- Dialogschnittstellen zum Wissensingenieur, Anwendungsexperten, Endbenutzer und System-Administrator, also zu Personen;
- Schnittstellen zu Datenverarbeitungssystemen, Datenbanken, anderen Anwendungssystemen (auch XPS), Sensoren etc.;
- Schnittstelle zur Erklärungskomponente.

Dialog	Schnittstelle
Wissensingenieur (Entwicklung) Anwendungsexperte (Anwendung) Endbenutzer (Anwendung) System Administrator (Verwaltung)	Datenbanksysteme Echtzeitsysteme (Sensoren, Aktoren) Anwendungssysteme Expertensysteme
Erklärung, Hilfestellung	

Abb. 11.22: Schnittstellen in Expertensystemen

11.6.2 Dialogschnittstellen

Die Dialogschnittstelle spielt eine zentrale Rolle im Einsatz und in der Akzeptanz von Expertensystemen. Hier werden die Leistungsmöglichkeiten und die Arbeitsbedingungen sichtbar. Der Mensch findet hier seinen Arbeitsplatz, seine Arbeitsumgebung, den Gegenstand seiner Arbeit; hier wird der Arbeitsablauf bestimmt, ebenso die einsetzbaren Arbeitshilfsmittel. Daher sind Fragen der menschlichen Bedürfnisse einerseits und die Forderungen andererseits zu klären; all das also, was unter den Begriff Ergonomie fällt (siehe Abschnitt 12.10). Von der Hardware-Seite stehen dem Menschen Maus, Lichtgriffel, Graphiktablett, Farbbildschirm etc. zur Verfügung. Von der XPS-Seite als Software kommt es auf die Aufgabenangemessenheit, Selbsterklärungsfähigkeit, Steuerbarkeit, Verläßlichkeit und Toleranz an. Schließlich ist die Maskengestaltung ein wichtiger Bestandteil. Dabei werden Fragen zu beantworten sein, wie "Welche Informationen, wie, wann sollen angezeigt werden?"; "Welche Farbe, welche Graphik sind passend?".

Im Endergebnis wird es auf die inhaltliche und visuelle Gestaltung ankommen, wobei letztere künftig auch natürlichsprachlich unterstützt wird. Im Gegensatz zu den konventionellen DV-Systemen sind die Anforderungen in XPS höher zu stellen. Während im ersten Fall einfache Modelle der Mensch-Computer-Kommunikation vorherrschen, weil beide Kommunikationspartner nur explizit vorgegebene oder vorhandene Informationen austauschen, werden in XPS sehr komplexe Informationsmengen bewegt. Als Kommunikationskanal werden Fenster, Menüs und Graphiken voll genutzt. Der große Informationsaustausch kann auch durch die Hardware-Komponenten Maus, Touchscreen unterstützt werden. Neben diesem expliziten Kommunikationskanal existiert auch ein impliziter zur Wissens- und Erklärungsbasis.

Die gemeinsam benutzte Wissensbasis umfaßt folgende Bereiche:

- Wissen über den Dialog/Kommunikationsablauf
  Eine transparente Kommunikation setzt Kenntnisse über die Vorgehensweisen und Erwartungen voraus; es gilt, diese zu unterstützen.
- Wissen über den Kommunikationspartner
  Verschiedene Benutzer bedingen verschiedenes Wissen; sie stellen verschiedene Anforderungen an das System. Dieses muß den einzelnen Benutzergruppen angepaßt werden. Gegebenenfalls kann das Wissen über einzelne Benutzer, über deren Erfahrung von Nutzen sein.
- Wissen über den Problem/Aufgabenbereich
  Die gesamte Breite des Problems - angefangen mit den Informationen der Problemfälle selbst, bis hin zu den Informationen, die der Benutzer abfragt, oder die ihm als Hilfestellung zur Interpretation gegeben werden - läßt sich in terminologische, methodische und konzeptionelle Bestandteile zerlegen.
- Wissen über Design und Problemlösen
  Die Transparenz bis zur Problemlösung kann nur gewährleistet werden, wenn die Bearbeitung der komplexen Probleme durchschaubar ist. Das Wissen, wie das Problem heuristisch gelöst wurde, muß zugänglich sein.
- Präsentationsform des Wissens
  Das Wissen muß in einer dem Benutzer dienenden Form präsentiert werden, die den kommunikativen Eigenschaften und Möglichkeiten des menschlichen Dialogpartners entsprechen. Im Idealfall sind es die Fähigkeiten des natürlichsprachlichen Verstehens, der Generierung natürlichsprachlicher Äußerungen und schließlich der graphischen Ausgabe.

Die individuellen Forderungen der einzelnen Benutzergruppen sind folgende:

- Der **Wissensingenieur** (Knowledge Engineer) wird neben dem Anwendungsexperten für den Entwurf und Umsetzungsprozeß von Expertenwissen zuständig sein. Daher benötigt er hauptsächlich verschiedene Werkzeuge zum Entwurf, zur Organisation und zur Feinabstimmung der Wissensbasis, wie Editoren, Browser als Suchwerkzeuge zur informationsgewinnenden Navigation durch die Wissensbasis, Verfahren von Such- und Kontrollstra-

tegie, zur Fehleranalyse und -behebung etc. Seine Anforderungen an die Kommunikationsschnittstelle sind relativ gering, was die Komfortabilität für das effiziente Arbeiten nicht ausschließt.
- Um das Wissen des **Anwendungsexperten** abbilden zu können, müssen verschiedene Werkzeuge vorhanden sein. Sie dienen der Beschreibung, der Strukturierung und der Darstellung. Im einzelnen sind es Verfahren zur Objektbeschreibung, taxonomische Klassifikationsverfahren, Behauptungssätze, Entscheidungsregeln, Wenn-Dann-Regeln, Diagramme, Tabellen, statistische Methoden. Hinzu kommen Werkzeuge für den Test und Modifizierungen der Eingaben; ebenso Werkzeuge zur Generierung von Dialogen und Fallbeispielen. Insgesamt sind hier große Anforderungen an die Kommunikationsschnittstelle zu erwarten.
- Der **Endbenutzer** ist häufig kein DV-Spezialist; möglicherweise ist er im Anwendungsbereich ein Fachmann. Die ergonomischen Anforderungen (siehe zuvor) sind daher hier besonders groß. Zu beachten ist auch, daß ein Laie mit dem XPS nicht arbeiten kann, da er die Ergebnisse weder bewerten noch verantworten kann. Daher sollte der Anwenderkreis, nicht jedoch die Dialoggestaltung eingeschränkt sein. Anzustreben ist eine natürlichsprachliche Schnittstelle. Sie sollte intelligent und in der Lage sein, sich dem Benutzer anzupassen. Neben diesen Aufgaben der Steuerung kommt die Fähigkeit hinzu, Eingaben auf Fakten zu reduzieren und richtig zu interpretieren.
- Der **System-Administrator** fungiert zwischen dem XPS und DV-System. Häufig ist er der Wissensingenieur in Personalunion. Er ist verantwortlich für die richtigen (betrieblichen) Fakten, ebenso für das Leistungsverhalten. Er ist i.w.S. zuständig für das (gute) Funktionieren der Programmeinsätze. Daher sollten ihm Protokolle der Dialog-Sitzungen ebenso zur Verfügung stehen, wie Statistiken u.a. Unterlagen.

Zusammenfassend für die Benutzergruppen gelten nachfolgende Forderungen (Zu beachten ist, daß domänenspezifische Anforderungen die Wissensbasis betreffen, weil sie dort Berücksichtigungen finden sollen.):

- leichte Nutzbarkeit durch einheitliche, komfortable, konsistente, standardisierte Schnittstelle,
- leichte Änderbarkeit, dadurch hohe Flexibilität,
- entkoppelte Anwendungen und Schnittstellen sowie
- ständige Verfügbarkeit und Einsatzbereitschaft.

Für den erfolgreichen Verlauf der Kommunikationsprozesse sind einige Resultate bei den zuvor ausgeführten Fakten zu beachten. Es sind:

- Die Kommunikation zwischen Benutzer und Expertensystem beinhaltet sowohl benutzer- wie systemgesteuerte Dialogformen.
- Das Expertensystem paßt sich an die dialogspezifischen Merkmale des Benutzers an; künftig natürlichsprachlich. Diese Form setzt eine Standardisierung voraus, wobei die folgende Schrittfolge notwendig ist:
    - natürliche Sprache,
    - Standardisierung,
    - morphologische Analyse,
    - syntaktische Analyse,
    - semantische Analyse,
    - pragmatische Analyse und
    - formale Repräsentation.
- Da unsere Sprache eine relationale Sprache ist, werden die genannten Aktionen auf die
    - (B)egriffe,
    - (R)elationen,
    - (N)amen,
    - (I)mperative,
    - (M)odalitäten und
    - (S)chätzungen
  als Sprachkategorien ausgedehnt[1].
- Unvollständige, mitunter fehlerhafte Eingaben können ergänzt, angezeigt und verarbeitet werden, da kontext-sensitive Bezüge über den impliziten Kommunikationskanal berücksichtigt sind. Auch Mehrdeutigkeiten sollten keine Hindernisse darstellen.
- Die vom System an den Benutzer weitergegebenen Informationen sind benutzerspezifisch aufbereitet, d.h. semantisch verdichtet, um das Volumen der Informationen einzuschränken, handhabbar zu gestalten.

11.6.3 DV-Schnittstellen

Diese Schnittstellen verbinden das Expertensystem mit seinem Umfeld. Unmittelbar ist das Expertensystem in seine Hard- und Software eingebettet. Sie garantieren die Abläufe. Darüber hinaus gelten insbesondere die Verbindungen zu

---

1) (B) Mensch, Tier, Haus ...
   (R) vorhanden in, Teil von ...
   (N) Gießen, Müller, Brandt ...
   (I) Starte Programm, Drucken, Stop ...
   (M) hoch, tief, warm, kalt ...
   (S) sehr gut, sehr hoch ...

Datenbanken, anderen DV-Systemen, auch Expertensystemen, sowie Sensoren bei Echtzeitsystemen. Dazu folgende Details:

- Die Schnittstellen **zu Datenbanksystemen** haben eine besondere Bedeutung. Mit dem Wachstum der Wissensbasis ergibt sich die Notwendigkeit, diese in eine virtuelle Datenbank - zumindest teilweise - auszulagern. Die Auslagerung verfolgt auch das Ziel, die Eigenschaften von DB-Systemen in bezug auf die effiziente Handhabung der Daten zu eigen zu machen.
- Die Datenbank kann auch eine Schnittstelle **zu konventionellen Anwendungssystemen** bilden. Beispiele wären Buchhaltungsprogramme und Lagerbewirtschaftungsprogramme. Sie sind eingebunden, integriert in das CIM-Konzept; somit entsteht eine Verbindung in diese Richtung. Diese Form der Kopplung, d.h. auf der einen Seite Datenabgabe aus den konventionellen Anwendungen an das Expertensystem und Rücklieferung von steuernden Informationen bspw. an die Produktion, wird künftig an Bedeutung stark gewinnen.
- In einem vergleichbaren Zusammenhang stehen Schnittstellen **zu Sensoren und Aktoren** bei Echtzeitsystemen, wo es bspw. um die integrierte Prozeßüberwachung geht, also um die Bereinigung von Prozeßstörungen anhand von Fehlermeldungen an das Expertensystem und dort durch sofortige Diagnosen.
- Bisher konnten nur mit domänenspezifischem Wissen gute Performanzen realisiert werden. Wünschens- und anstrebenswert erscheint die Aufhebung dieser Beschränkung in betriebswirtschaftlichen Fragestellungen, wo sich bspw. die Zusammenhänge Kosten-Investitionen-Finanzierung usw. nur bedingt isolieren lassen würden. Hier ist eine Schnittstelle **zu anderen Expertensystemen** über ein Master-System zweckvoll.

11.6.4 Erklärungskomponente

Die Benutzer müssen in der Lage sein - außer dem DV-technischen Dialog - den Schlußfolgerungen des Expertensystems zu folgen. Sie müssen den Weg kennen und nutzen, um überprüfen zu können, wie das Ergebnis zustande kam. Diese Notwendigkeit läßt sich wie folgt begründen: Im Gegensatz zu den konventionellen Programmen wird dem Benutzer ein Endresultat geliefert. Dieses kann

- verbal, zahlenmäßig und graphisch dargestellt,
- in seiner Entstehung - entlang des Lösungsprozesses - in detaillierter Form reproduziert und
- in Ereignisfolgen einzeln belegt werden.

Insbesondere kommt es also auf das strukturelle Wissen (Was-Fragen), auf die Inferenzmechanismen (Wie-Fragen) und auf die Erklärungen (Warum-Fragen) an. Im Endergebnis erläutern sie die faktischen und methodischen Prämissen des Schlußfolgerungsprozesses; sie machen den Systemablauf verständlicher und transparenter, nachvollziehbar. Im einzelnen stehen folgende Fragen zur Beantwortung an:

- Welche Strategien der Problemlösung wurden/werden verfolgt?
- Hat die eingesetzte Strategie eine Lösung erbracht?
- Welche alternative Strategien könnten ausgewählt werden?
- Welche Daten sind relevant, welche vernachlässigbar?
- Sind alle notwendigen Daten vorhanden?
- Liegt relevantes Wissen zur Problemstellung vor?

Somit kann die Erklärungskomponente in mehrere Unterteile zerlegt werden. Zunächst geht es um die Repräsentation der Problemlösung, deren Aktivitäten und Ergebnisse. Hier sind nur die relevanten Fakten gefragt. Danach geht es um die Konstruktion des Benutzermodells, d.h. um Erklärungen darüber, wie sich das Modell den individuellen Bedürfnissen anpaßt, bzw. anpaßbar ist. Schließlich geht es um die Präsentation an der Dialogschnittstelle und somit um die Nutzung von Möglichkeiten, die dem menschlichen Dialogpartner angegliedert sind. Im Idealfall wäre hier die Fähigkeit natürlichsprachlichen Verstehens - gekoppelt mit graphischen Ausgaben - denkbar.

In diesem Zusammenhang ist der **Hypertext**, ein Softwarepaket zur Navigation des Benutzers, von wachsender Bedeutung. Ted Nelson prägte zunächst diesen Ausdruck; eine bekannte Umsetzung stellt HyperCard von Apple für den Macintosh Currently dar.

11.7 XPS-Entwicklung

11.7.1 Allgemeines zur Entwicklungsmethodik

Die Entwicklung von Expertensystemen hebt sich von der Entwicklung konventioneller Anwendungssysteme stark ab. Eine Vielzahl von Ursachen ist an dieser Aussage beteiligt, wovon die wichtigsten nachfolgend kurz umrissen werden.

Mit Hilfe von Expertensystemen werden Problembereiche der Datenverarbeitung zugeführt, die schlecht strukturiert sind. Erfahrungswissen, Intuition, Heuristik, situative Anpassung usw. sind erforderlich, um diesbezügliche Probleme zu lösen. Kausale Zusammenhänge, die sich als Ursache-Wirkung-Beziehung präsentieren, fehlen oder sind zumindest nicht eindeutig bestimmbar. Hieraus folgt ein schlecht strukturiertes Problem, das in seiner Abbildung vom Expertensystem repräsentiert wird. Dieses muß - wie der Experte - in der Lage sein, in Ausnahmesituationen Lösungen zu bieten. Ausnahmesituationen zeichnen sich durch ihre wenig (nicht) bekannte Strukturiertheit und durch Fehlen von Lösungsalgorithmen ab. Es kommt auf das Fach- und Erfahrungswissen an, das mit Wissen über problemspezifische Ausnahmen kombiniert wird. Ein Expertensystem muß über viele Wissensmodule verfügen und diese sukzessive einer annehmbaren Lösung zusteuernd nutzen. Es wird **unsicheres Wissen** verarbeitet, so bspw. durch Annäherungsverfahren mit Abbau der Restunsicherheiten. Beispiel:

- Wenn das Fremdkapital in einem Kleinbetrieb größer ist als das Eigenkapital, dann ist der Betrieb gefährdet (30% Restunsicherheit).
- Wenn außerdem der Erfolg (Gewinn) rückläufig oder negativ ist/wird (Verlust), dann ist die Gefährdung akut (15% Restunsicherheit).
- Wenn zudem keine Tilgung des Fremdkapitals stattgefunden hat, dann naht der Konkursverwalter (5% Restunsicherheit).

Aber nicht nur auf der Lösungsseite, sondern auch auf der Expertenseite treten Probleme auf, so bspw. daß die Experten nicht unfehlbar sind und daher der Lösungsprozeß zu unkorrekten Resultaten führt. Diese Fakten sind Gründe dafür, daß ein Expertensystem ständig einem Verfeinerungsprozeß unterliegt, neues Wissen, neue Inferenzen werden hinzugefügt; veraltete, falsche entfernt.

Bekannterweise gehören im Vergleich zur konventionellen Software wenige Expertensysteme, sog. Running Systems, die also betriebsbereit, praxisreif sind. Die Gründe sind einsichtig. Bezogen auf die Wissensbasis sollte sie im Idealfall folgenden drei Anforderungen genügen:

- Sie ist **vollständig**; sie enthält hinreichend breites Wissen, um eine Lösung für alle Problemstellungen des Anwendungsbereiches ableiten zu lassen.
- Sie ist **konsistent**; sie enthält keine widersprüchlichen Wissenselemente, die die Inferenzmaschine blockieren würden.
- Sie ist **korrekt** und läßt keine falschen Lösungen zu.

In der englischsprachigen Literatur werden als die wichtigsten technologischen Mittel (Ressourcen) zur XPS-Entwicklung die folgenden genannt:

- Computer (CRT and Terminals, CD-ROM, Computer interactive Videodisc, Digital Video interactiv, Compact Disc interactiv, Computer Simulation, Teletext, Videotext, Intelligent Tutoring System, Hypertext, Image Digitizing, Scanners, Screen Projection, Object oriented Programming;

- Motion Image (Video Disc Cassette, Motion Picture, Broadcast Television, Teleconference, Videoconference, Animation);
- Projected still Visuals (Slide, Overhead Projector);
- Graphic Materials (Pictures, Printed Job Aids, Visual Display);
- Audio (Tape, Cassette, Record, Teleconference, Audioconference, Sound Digitizing, Microphone, Compact Disc, Music);
- Text.

11.7.2 Phasenschema der Entwicklung

Wissen von Experten zu sammeln, um damit ein Expertensystem zu konstruieren, ist ein komplizierter Prozeß, der eine Aufspaltung in einzelne Phasen erfordert. Ähnlich wie bei der Systemanalyse wird hier eine Einteilung in fünf Phasen vorgenommen (Abbildung 11.23). Sie heißen: Problemanalyse, Konzeption, Formalisierung, Implementierung sowie Testen und Bewerten.

11.7.2.1 Problemanalyse

Die erste Phase bei der Entwicklung von Expertensystemen dient der Analyse der wichtigsten Aspekte der Aufgabe. Als solche lassen sich nennen: die Auswahl der Beteiligten (Experten), die Problemfindung, die Festlegung der Ressourcen sowie das Zusammenstellen der Ziele.

Üblich ist es, daß das Projekt von einem Wissensingenieur (Knowledge Engineer) und einem Experten der Wissensdomäne, in der das Expertensystem eingesetzt werden soll, durchgeführt wird. Die Rolle des Wissensingenieurs ist mit der des Systemanalytikers vergleichbar. Er muß das notwendige Wissen über Darstellungsformen, Werkzeuge und Zielsysteme mitbringen, während der Experte die Kompetenz der Wissensdomäne verkörpert und einerseits die Schlußfolgerungen zur Lösung von Problemen der Wissensdomäne darlegt sowie andererseits die Güte des Problemlösungsvorschlags des Expertensystems beurteilt. Es stehen folgende Fragen zur Beantwortung an:

- Welcher Problembereich soll gelöst werden?
- Wie sind die Probleme zu bestimmen und zu definieren?
- Welche Daten stehen zur Verfügung?
- Welches Fach- und Erfahrungswissen liegt der menschlichen Problemlösung zugrunde?
- Was verhindert, beeinflußt den Problemlösungsprozeß?

11.7 XPS-Entwicklung

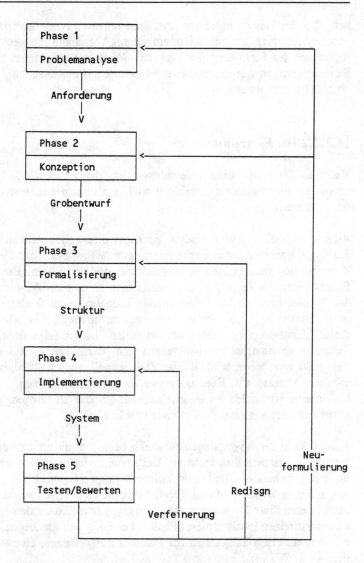

Abb. 11.23: Phasenschema des Entwicklungsprozesses

Als nächstes sollte der Wissensingenieur die **Ressourcenverfügbarkeit** (Zeit, Geld, Rechnerkapazitäten und deren Verfügbarkeit sowie existierende Werkzeuge) bestimmen. Auch der Experte hat sich um Ressourcen zu kümmern, so bspw. um Fachliteratur und um weitere Beispiele zur Problemlösung.

Nachdem die Beteiligten und Ressourcen bekannt sind, sollten der Wissensingenieur und der Experte die Ziele ihres Projektes aufstellen. Dazu ist es ggf. nützlich, daß der Wissensingenieur dem Experten ein allgemein verständliches Expertensystem vorführt, um in ihm ein tieferes Verständnis zu wecken. Außerdem sollten bei der Festlegung der Ziele die Wünsche der späteren Endbenutzer in Betracht gezogen werden, wobei insbesondere auf die Gestaltung der Benutzeroberfläche zu achten ist.

11.7.2.2 Die Konzeption

Nachdem die erste Phase abgeschlossen ist, das Problem, die Ziele und die möglichen Einschränkungen bekannt sind, kann mit der nächsten Phase fortgefahren werden.

Ähnlich wie bei der Systemanalyse gilt es, zu einem Systementwurf zu gelangen. Bei der Entwicklung von Expertensystemen heißt dieses, daß die wesentlichen Konzepte und Beziehungen herausgearbeitet werden müssen. Um ein effektives Fortschreiten des Projektes zu gewährleisten, ist es sinnvoll, das Fachwissen in der Domäne in möglichst viele sinnvolle Teilaufgaben zu gliedern. Anschließend ist es notwendig, sich darüber Gedanken zu machen, in welcher Reihenfolge diese Teilaufgaben bearbeitet werden sollen. Dieses führt dazu, daß gewisse Teilaufgaben zunächst auszuklammern sind, deren Lösung auf einen späteren Zeitpunkt verschoben wird, da das Ziel, schnell einen lauffähigen **Prototyp** zu erhalten, Vorrang hat. Ebenso mag es als sinnvoll erscheinen, diese Teilaufgaben in eine Hierarchie bspw. in eine Baumstruktur zu bringen, da diese einen Überblick über das gesamt zu lösende Problem liefert.

Danach kann der Wissensingenieur damit beginnen, die ersten Regeln durch Befragung des Experten zu erstellen. Dazu muß er festlegen, auf welchem Wissen diese Regeln basieren, und er muß dieses Wissen erfassen. Ebenso ist es wichtig, wie aus dem Wissen und den Regeln Hypothesen gebildet werden und mit welchen Fragen diese Hypothesen erhärtet bzw. verworfen werden können. Analog zu den einzelnen Inhalten dieser Phase ist es nötig, auf die folgenden Fragen, die mit den einzelnen Tätigkeiten der Phase korrespondieren, eine Antwort zu finden:

- Welches Wissen ist verfügbar?
- Welches Wissen kann zunächst ausgeklammert werden?
- Können gefundene Teilprobleme benannt werden?
- Stehen die Teilprobleme und ihre Beziehungen in einem hierarchischen Baum?
- Kann zwischen Wissen zur Problemlösung und Wissen zur Begründung der gefundenen Lösung unterschieden werden?

Es bleibt zu vermerken, daß diese Phase, genau wie die vorhergehende, eine intensive Zusammenarbeit zwischen dem Wissensingenieur und dem Experten erfordert. Wenn diese Arbeit erfolgreich war, ist es jetzt möglich, mit dem erfaßten Wissen und den Regeln Problemlösungen in den Teilbereichen zu finden, auf die man sich zunächst beschränkt hat.

11.7.2.3 Die Formalisierung

Die Bezeichnung **Formalisierung** wurde anstelle des Detailentwurfs gewählt, weil hier Fakten, ihre Beziehungen und Konzepte in eine formale Darstellung gebracht werden. Der Wissensingenieur informiert zunächst den Experten über verfügbare Werkzeuge und den ihnen anhaftenden Darstellungsformen, wie IF-THEN-Regeln, Frames oder andere. Bei diesem Prozeß übernimmt der Wissensingenieur erstmals eine aktivere Rolle als der Experte, da er über das Wissen, das zur Klärung dieser Fragen notwendig ist, verfügt.

Wenn die Entscheidung über das Werkzeug gefallen ist, werden die bisher erarbeiteten Konzepte in die Darstellungsform des Werkzeuges gebracht; danach steht als Ergebnis dieser Phase fest, wie das Problem im gewählten Werkzeug dargestellt werden kann. Wegen der Strukturierung der Daten des Problemfeldes ist es nützlich zu wissen, ob die Beziehungen der Daten kausaler, definitorischer oder lediglich statistischer Natur sind. Dieses soll erklären, wie sich Grundhypothesen zu übergeordneten Hypothesen verhalten und wie sich diese Tatsache in der Struktur des Problemlösungsprozesses niederschlägt. Tiefere Einsichten dazu kann man durch die Beantwortung folgender Fragen erhalten:

- Sind die Daten ausreichend, spärlich oder unzulänglich vorhanden?
- Sind die Daten mit Unsicherheit behaftet?
- Ändert sich die Interpretation der Daten mit der Zeit?
- Sind die Daten vollständig und konsistent bezüglich des Problems?
- Wie aufwendig ist die Datensammlung?
- Wie werden die Daten erhoben?

11.7.2.4 Die Implementierung

Die Implementierung erstreckt sich auf die Entwicklung bzw. Erstellung des Expertensystems i.e.S. unter Zuhilfenahme der Werkzeuge (**Shells**). Das Werkzeug erzeugt nun, sofern die erarbeiteten Strukturen konsistent sind, ein lauffähiges Programm. An dieser Stelle erhält man erstmals einen lauffähigen Code. Um den Übergang zur nächsten Stufe zu ermöglichen, ist es notwendig, das aufgestellte

Wissen dem System mitzuteilen. Diese Akquisition des Wissens erfolgt ebenfalls unter Verwendung von Hilfsmitteln. Eine übliche Methode zum Erstellen der Wissensbasis ist der Einsatz von Texteditoren oder speziellen Akquisitionsprogrammen.

Während das Übertragen der Strukturen in das Werkzeug üblicherweise vom Wissensingenieur vorgenommen wird, ist es denkbar, daß die Eingabe der Wissensbasis nach Einweisung durch den Wissensingenieur selbständig vom Anwendungsexperten erfolgt.

11.7.2.5 Testen und Bewerten

In der abschließenden fünften Phase treten einige Unterschiede zur Systemanalyse am deutlichsten auf. Während üblicherweise die Inbetriebnahme ansteht, wird bei Expertensystemen eine ausgedehnte Testphase eingeleitet, in der das bestehende System auch bewertet wird. Diese Bewertung ist als Grundlage zur Weiterentwicklung des Systems im Rahmen des **Prototyping** zu sehen. Das Testen erfolgt mit einer Vielzahl von Beispielen, um Schwächen in der Inferenzkomponente oder in der Wissensbasis aufzudecken. Als Beispiele eignen sich einerseits die aus der Problemanalyse bekannten Beispielprobleme und andererseits die aus der gleichen Phase bekannten Schwachpunkte. Es reicht aber nicht aus, nur die Schwächen in der Inferenzkomponente und der Wissensbasis aufzudecken, vielmehr ist es notwendig, auch die Dialogkomponente einer kritischen Bewertung zu unterziehen. Dazu gehört insbesondere die Prüfung, ob die vom System gestellten Fragen schwer verständlich, doppeldeutig oder ungenau formuliert sind. Auch ist es denkbar, daß die Eingriffsmöglichkeiten in den Problemlösungsprozeß dem Benutzer zu spärlich erscheinen. Auch der Output des Programms verdient eine genauere Beachtung. So ist es möglich, daß er ungenau oder gering ist. Auch das Gegenteil davon ist von Nachteil, da der Benutzer die wichtigen von den relativ unwichtigen Aussagen trennen muß. Abschließend verdient auch das Zeitverhalten des Systems eine kritische Betrachtung, da bestehende Ineffizienzen bei den Benutzern oft zur Ablehnung des gesamten Systems führen.

Die in dieser Phase festgestellten Schwächen werden dokumentiert, und es wird versucht, diese Schwächen in späteren Versionen des Systems zu beseitigen.

11.7.3 Prototyping

11.7.3.1 Begriffserklärung

Mit Hilfe des **Prototyping** sollen der Wissensingenieur und der Experte so früh wie möglich, ein lauffähiges System erhalten. Mit diesem zunächst zwangsläufig sehr einfachen System sollten zahlreiche Tests und Bewertungen durchgeführt und deren Erkenntnisse bei späteren Versionen berücksichtigt werden. Es handelt sich also um einen Prozeß der fortlaufenden Überarbeitung.

Diese Überarbeitungen sind je nach Ausprägung Verfeinerung, Redesign oder Neuformulierung (Abbildung 11.23). Die Verfeinerung des Prototyps bedeutet ein erneutes Durchlaufen der Implementierungs- und Testphase mit der Absicht, bestehende Regeln und Kontrollstrukturen zu verfeinern, bis sie das erwartete Verhalten zeigen. Welche spezifischen Änderungen während der Verfeinerung vorgenommen werden müssen, hängt mit dem Repräsentationsschema zusammen, das zum Bau der Wissensbasis verwendet wurde. Das Ergebnis dieser Verfeinerung sollte eine Steigerung der Leistung des Expertensystems im vorgegebenen Arbeitsbereich sein.

Sollte diese Steigerung jedoch nicht eintreten, so sind weitergehende Änderungen in der Architektur der Wissensbasis notwendig. Diese Änderungen werden nun als **Redesign** bezeichnet. Redesign bedeutet, daß neben der Implementierungs- und Testphase auch noch die Formalisierungsphase durchlaufen wird, mit der Absicht, eine geeignetere neue Darstellungsform zu finden.

Sollte auch ein Redesign keine grundlegende Steigerung der Leistung mit sich bringen, ist dieses ein Hinweis darauf, daß die Fehler in einer früheren Phase, nämlich während der Konzeption oder gar während der Problemanalyse zu suchen sind. Dieses bedingt dann eine Neuformulierung einiger Konzepte nach ggf. neuerlich durchgeführter Problemanalyse.

Prototyping gehört zu den am häufigsten verwendeten Formen zur Wissensakquisition. In ihren beiden Formen Prototype with Simulations und Prototyp with real Exemples belegen sie mit rund 30% Platz-Nr. 1 der angewandten Techniken. Dahinter folgen das unstrukturierte Interview mit 23% und die Analyse von Dokumenten mit 22%. Abgeschlagen folgen Fallstudien mit 10%, strukturierte Interviews mit 6% usw.

11.7.3.2 Rapid-Prototyping

Unter **Rapid-Prototyping** ist eine Methode zu verstehen, in der anhand einer kleinen Menge von erhobenen Daten der Expertise ein Prototyp des Expertensystems konstruiert, aufgrund weiterer Erhebungen sukzessive erweitert und verfeinert wird, bis er die gewünschten Anforderungen erfüllt. Diese Methode bezeichnet man auch als inkrementelle bzw. evolutorische Programmentwicklung. Die Entwicklung verläuft in einem sog. **RUDE-Zyklus** (Run-Understand-Debug-Edit). Der jeweilige Stand des Prototyps läuft ab, der Wissensingenieur versucht gemeinsam mit dem Experten zu verstehen, in welchen Punkten das System noch falsche oder unvollständige Ergebnisse liefert und korrigiert diese Schwachstellen, indem er die Wissensbasis unmittelbar editiert. Der Ablauf ist der folgende:

- **Auswahl eines geeigneten Problems**
  Es ist eine Problemdomäne und eine spezifische Aufgabe zu bestimmen. Ein Experte muß gefunden werden, der bereit ist, sein Fachwissen zur Verfügung zu stellen. Ferner muß ein vorläufiger Problemlösungsansatz gefunden und festgelegt werden; ein Projektplan ist zu erstellen.
- **Entwicklung eines Prototypen bzw. eines Prototyp-Systems**
  In dieser Phase wird eine kleine Version des Expertensystems erstellt. Sie hat den Zweck, die Annahmen zu überprüfen, die für die Codierung der Fakten, Relationen und Inferenzstrategien des Experten aufgestellt wurden. Der Experte wird aktiv in den Entwicklungsprozeß einbezogen. Die Prototyp-Version ist anhand von Fallbeispielen zu testen, anschließend erfolgt ein detaillierter Entwurf für das vollständige System.
- **Entwicklung eines vollständigen Expertensystems**
  Sofern der Prototyp die gewünschte Leistung erbringt, können Wissensingenieur und Experte mit der Erweiterung des Prototypen zu einem vollständigen System beginnen. Dabei wird die Kernstruktur des Systems implementiert, die Wissensbasis erweitert, die Benutzerschnittstelle angepaßt, die Systemleistung überwacht. Am Ende dieser Phase steht das lauffähige, vollständige Expertensystem. In diesem Stadium besteht die Forderung, den grundlegenden Entwurf der Wissensbasis weiter zu entwickeln oder ihn zu überarbeiten (Abbildung 11.24).
- **Bewertung des Systems (Testphase)**
  Das gesamte System wird anhand der Leistungskriterien geprüft, die man am Ende der Prototyp-Phase entwickelt hatte.
- **Integration des Systems**
  Das Expertensystem wird in bestehende Hardware-, Software- und Organisationsstrukturen eingebunden. Sofern Änderungen vorgenommen werden müssen, bedeutet dies eine Rückkehr zur Prototyp-Phase.

- **Wartung des Systems**
  Auf dem Gebiet betriebswirtschaftlicher Expertensysteme dürfte eine Änderung von Daten und Fakten des öfteren vorkommen. Es ist darauf zu achten, daß die Möglichkeit besteht, die Datenbasis leicht zu ändern. Die Wartung der Regelbasis ist allerdings bei dieser Vorgehensweise mehr als problematisch.

Prototyp-Entwurf	
Datenklasse	Datenelement
Kapital	Grundkapital Beteiligungen Einbehaltene Gewinne .... Darlehen Handelskredit Kontokorrentkredit ....

System-Entwurf (revidiert)		
Datenklasse	Datengruppe	Datenelement
Kapital	Eigenkapital	Grundkapital Beteiligungen Einbehaltene Gewinne ....
	Fremdkapital	Darlehen Handelskredit Kontokorrentkredit ....

Abb. 11.24: Prototyp- und System-Entwurf

Dieser Ansatz weist eine relativ klare Trennung der einzelnen Phasen auf. Dies wird auch dadurch bestätigt, daß fast alle Phasen mit einem Dokument abgeschlossen werden. Der Prototyp wird nicht einfach als Ausgangsbasis für das endgültige System genommen, sondern dient nur zur Erstellung der Spezifikation des endgültigen Systems, um Designentscheidungen für das spätere System zu treffen und zu überprüfen. Es ist also durchaus möglich, daß rückwirkend (siehe Abschnitt 11.7.2) grundlegende Änderungen bis hin zur Auswahl eines neuen Werkzeugs vorgenommen werden (Abbildung 11.25).

Vertreter der Wissensakquisition auf der Grundlage modellbasierter Entwürfe bringen Kritik gegen den Prototyping-Ansatz und dessen implizite Annahmen vor. So müssen Wissensgebiet und Expertise analysiert werden, bevor mit dem

Aspekte	Methoden Rapid Prototyping	Modell-basierter Entwurf
PROJEKTMANAGEMENT		
Projekt-Ziel	sich entwickelnd bei der Implementierung	vor Beginn einer Implementierung explizit und konkret
Größe bzw. Dauer des Projektes	mögliche Begrenzung als Folge nicht ausreichender Komplexitätsbewältigung	keine Grenze, da die Ähnlichkeit zu konventionellem Software-Engineering
Eigenschaften der zur Verfügung stehenden Wissensträger	Eigenschaften, welche einen Wissenstransfer begünstigen	Eigenschaften, welche eine Partizipation am System-Design begünstigen
Profil des Wissensingenieurs	Domänen- und DV-orientiert	Domänen- und Methodenorientiert
WISSENS-MODELL		
Umfang der Aufgabe des Wissensmodells	eher "kleinere", prototypische Projekte	eher "größere", auf DV-Anwendungssysteme hinzielende Projekte
Bewältigung der Komplexität des Wissensmodells	begrenzt, da sofortige Implementierung	durch konzeptionelle Phase unterstützt, Strukturierung der Wissensbasis, daher gute Komplexitätsbewältigung
Dokumentationen der Konzepte der Domäne	phasenbegleitend	notwendiger Schritt, Grundlage der Implementierung
DATENMANAGEMENT		
Komplexität des Datenmodells	von der Wahl des Entwicklungswerkzeugs abhängig (nur "große" Shells ermöglichen eine Datenmodellierung)	Erstellung eines konzeptuellen Datenmodells ist Bestandteil der Systementwicklung
Integrationseigenschaften	determiniert durch die Schnittstellenvorgabe des Entwicklungswerkzeugs	gestaltbar durch die Entwicklungsmethodik

Abb. 11.25: Gegenüberstellung der Methoden Rapid Prototyping und Modellierung

Design begonnen und vor allem, bevor ein Implementierungsformalismus gewählt wird. Denen gegenüber stehen einige Vorteile. Die Eignung des Wissensgebietes, der Experten und die auch mit der eigenen Kompetenz zusammenhängende Machbarkeit eines Experten-Systems kann noch zu relativ geringen Kosten bewertet werden. Die Qualität dieser Bewertung hebt sich deutlich von einfachen Vorüberlegungen des Prototyping ab, da auf der Basis des Entwurfes eines Expertensystems eine detaillierte Diskussion der Probleme, der Machbarkeit und der Kosten stattfinden kann. Die Erstellung oder die Wahl von Wissensrepräsentationen und Inferenz-Formalismen wird dadurch motiviert. Diese sind also auf die Domäne abgestimmt und nicht vollendete technische - u.U. domänenunangemessene - Tatsache.

11.7.4 Werkzeuge der Entwicklung

Werkzeuge sind sprachliche Ausdrucksmittel. Sie dienen der Entwicklung wissensbasierter Systeme. Ihre Eigenart im Vergleich zu den prozedualen Sprachen konventioneller Programme, die mit Daten und Algorithmen arbeiten, besteht vor allem darin, daß sie Regeln, Frames, O-A-W-Tripel, semantische Netze usw. darstellen müssen. Inhalte also, die andere Strukturen, Techniken, Arbeitsweisen bedingen.

Die Literatur, aber auch die Hersteller und Anwender von solchen Systemen benutzen die Begriffe wie Werkzeuge, Tools, Shells, KI-Sprachen usw. mit den unterschiedlichsten Inhalten. Nachfolgend werden drei Gruppen von Werkzeugen gebildet und charakterisiert. Es sind

- die KI-Programmiersprachen,
- die Expertensystem-Shells und
- die integrierten Entwicklungsumgebungen.

Für einen Wissensingenieur ist es wichtig, für die jeweils vorgesehene Entwicklung das richtige Werkzeug zu finden. Zur Auswahl und zur Beurteilung lassen sich einige Kriterien angeben. Dazu zählen

- die maximale Größe der Wissensbasis in bezug auf Speicherplatzgrenzen,
- die Offenheit der Architektur zu den KI-Sprachen und Datenbanken,
- die notwendige Einarbeitungszeit,
- die Oberflächengestaltung der Benutzerschnittstelle und
- die Kosten der Anschaffung, Schulung, Wartung und Beratung.

11.7.4.1 KI-Programmiersprachen

Programmiersprachen sind im allgemeinen wenig spezialisierte Werkzeuge für den Softwareentwurf, d.h.

- fast alle computerlösbaren Probleme lassen sich mit Hilfe einer Programmiersprache lösen;
- jede Programmiersprache unterstützt die Programmierung in einem Problemgebiet (Beispiel: COBOL das kommerzielle Aufgabengebiet, FORTRAN das mathematisch-technische Anwendungsgebiet).

Programmiersprachen sind daher ein flexibles und universelles Werkzeug, das hohe Anforderung an den Anwender stellt, da nur wenig vorgefertigte Konzepte die Problemlösung unterstützen.

Für die Konstruktion eines Expertensystems, somit für die Darstellung von Wissen und Folgerungsmechanismen, haben sich die "herkömmlichen" problemorientierten Programmiersprachen PASCAL, COBOL, APL, PL1 etc. als ungeeignet erwiesen, wenngleich es auch Expertensysteme gibt, die in einer solchen Sprache implementiert sind. Dies ist vor allem auf die operationalen Mechanismen und auf die notwendige unterschiedliche Darstellung von Fakten und Regelwissen zurückzuführen.

Die symbolmanipulierenden Sprachen **LISP** und **PROLOG** werden den Anforderungen an eine Expertensystemprogrammiersprache besser gerecht. Ihre Eigenschaften, Fakten, Schlußfolgerungsregeln und Problembeschreibungen einheitlich darzustellen, werden im PROLOG bei der Arbeit mit Fakten, Regeln, Anfragen sichtbar. Ebenso sind die dem menschlichen Folgern ähnliche Verfahren des Resolutionskalküls im PROLOG und die funktionale Programmierung in LISP diesbezüglich bedeutende Eigenschaften. Während in den USA vor allem mit LISP gearbeitet wird, hat durch die Verwendung von PROLOG in dem japanischen Projekt zur 5. Computergeneration Bedeutung gewonnen.

Der Kern der Programmiersprache **LISP** besteht aus einigen einfachen Konzepten. Als universelle Datenstruktur verwendet LISP die Liste. Eine Liste besteht entweder aus einzelnen Atomen (Literalen, Variablen) oder aus Unterlisten. Auf dieser elementaren Datenstruktur sind drei Grundfunktionen, und zwar der Listenkonstruktor (Cons) und zwei Selektoren (Car, Cdr). Cons setzt aus Teillisten neue Listen zusammen, Car liefert das erste Element einer Liste und Cdr die Restliste. Zu diesen Grundfunktionen sind Kontrollstrukturen vorgegeben, mit denen man aus bereits erklärten Funktionen neue definieren kann. Ein Programm ist daher selbst in Form einer Funktion realisiert. Die Funktionsdefinitionen sind auch als Listen dargestellt. Ein Programm kann sich daher dynamisch selbst verändern.

PROLOG gleich der Realisierung eines einfachen Prädikatenkalküls in einer maschinenausführbaren Form. Aus logischen Formeln eines einfachen Typs (Hornklauseln) werden Regeln, Fakten und Anfragen gebildet. Mit Hilfe des Resolutionskalküls werden Anfragen über die Regeln und Fakten beantwortet. Die rein logischen Konzepte der Hornlogik werden durch pseudologische Konzepte ergänzt, die die Programmiersprache mächtiger machen. Eine Kontrolle über die Regelausführung hat der Wissensingenieur nur indirekt durch die Anordnung der Regeln und nicht durch explizite Programmierung von Kontrollwissen.

11.7.4.2 Expertensystem-Shells

Sie unterscheiden sich von den Entwicklungsumgebungen durch ihre fest eingebauten Repräsentationsmechanismen und eine eingebaute, nicht veränderbare Inferenzmaschine. Letztere ist für eine bestimmte Klasse von Anwendungen entwickelt. Sie sind in einer konventionellen Programmiersprache geschrieben; es fehlt daher eine Schnittstelle zu den KI-Sprachen. Sie sind auch auf PC's verfügbar. Sie gelten als die nicht erweiterbaren und nur spezielle Bereiche abdeckenden Sprachen. Daher ist ihre Auswahl und ihr Einsatz problematisch.

In der Literatur wird eine große Anzahl von **Expertensystem-Shells** genannt, die mit unterschiedlichen Methoden operieren. Im Regelfall schließen sie die Vorwärts- und Rückwärtsverkettung ebenso ein, wie das Arbeiten mit objektorientierten, seltener relationalen Regeln. Wichtige Unterschiede lassen sich an den Schnittstellen zu Programmiersprachen und Programmen, sowie an der implementierten Sprache erkennen. Hier sind häufig LISP und PROLOG erkennbar. Schließlich - und dies ist zumindest bei älteren Shells eine starke Eingrenzung - ist die Anzahl der handhabbaren aktiven Regeln in der Wissensbasis von entscheidender Bedeutung. Bekannte Shells sind:

- Emycin von der Stanford University,
- Nexpert von Nexus,
- Babylon von der GMD,
- ESE von IBM,
- S.1 von Teknowledge,
- XiPlus von ExperTeam,
- Loops von Xerox,
- KAS von SRI International,
- Level 5 Object.

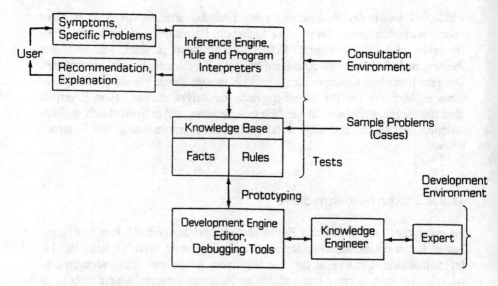

Abb. 11.26: Entwicklung von XPS mit einem Shell

11.7.4.3 Integrierte Entwicklungsumgebungen

Moderne Entwicklungsumgebungen zeichnen sich durch objektorientierte Repräsentationsformen des Wissens (Frames, Schemata) und offene Inferenzmaschinen (vorwärts-, rückwärtsverkettet oder wahlweise oder beides) aus. Auch sind graphische Benutzeroberflächen Standards (Editoren, Tracefunktion, Debugfunktion). Sie sind in einer KI-Sprache geschrieben, so Babylon, Kee, Knowledge-Craft in Lisp, Twaice in Prolog. Ihre Unterscheidung zu den Shells resultiert aus deren

- Flexibilität,
- Effizienz- und
- Funktionsumfang.

11.8 Entwicklungstendenzen

Die Zukunft der Datenverarbeitung liegt in der Wissensverarbeitung (**Knowledge Processing**). Aus dieser Sicht sind die Entwicklungstendenzen zu sehen. Die gegenwärtigen Expertensysteme sind monolithische Gebilde. Ihre

Komplexität liegt in der Wissensbasis und in der Inferenzmaschine. Eine erste Steigerung ist in Richtung **verteilte Expertensysteme** zu erwarten. Dadurch entstehen Probleme in der Koordination und Synchronisation der Komponenten. Methodische Unterstützung kann von seiten der objektorientierten Arbeitsweise erwartet werden. Hohe Erwartungen werden in Richtung **aktiv kooperierende Verbunde von Expertensystemen** gehegt, die wie ein Team von menschlichen Experten wirken könnte. Bezüglich der **objektorientierten Hardware** im deutschen Suprenum-Projekt sind in Richtung Parallelisierung der Prozesse Erfolge zu erwarten. In diese Richtung gehen auch die Entwicklungsarbeiten mit den **Neuronalen Netzen**.

Eine Reihe von Forschungsprojekten sind in diesem Bereich angesiedelt. Beispiele sind ESPRIT (The European Strategie Programme for Research and Development in Information Technologies, das Alvey Programm der britischen Regierung, the Sixth-Generation Project und the Seventh-Generation Project in Japan u.a.m.). Abschließend gibt Tabelle 11.1 einen Überblick über eine Reihe von bekannten Expertensystemen, Entwicklungstools und Shells.

Experte	Wissensingenieur
PERSÖNLICHKEITSSTRUKTUR Kommunikationsfreudigkeit Grad der Akademisierung des Experten Kommunikationsfähigkeit DV-Kenntnisse Artikulationsfähigkeit Lernfähigkeit und Lernwilligkeit	PERSÖNLICHKEITSSTRUKTUR Kommunikationsfähigkeit psychologisches Geschick (resp. Ausbildung) Erklärungsfähigkeit Präsentationsfähigkeit
FACHLICH Nachvollziehbarkeit des Experten Grad des intiutiven Vorgehens Existenz einer allgemeingültigen Fachsprache Anteil logisch-deduktiver Expertisen-Elemente Lernfähigkeit	FACHLICH Erfahrungen mit Datenbank-Engineering Erfahrungen mit Programmiersprache Erfahrungen mit Software-Engineering-Tools Erfahrungen mit XPS-Entwicklungswerkzeugen Lernfähigkeit Abstraktions- und Struktur-legungsvermögen
INSTITUTIONELLES UMFELD Verfügbarkeit Motivation Beobachtbarkeit der Expertisenerstellung Gesprächsbereitschaft Stellung des Experten in seiner Arbeits-Umgebung	INSTITUTIONELLES UMFELD Integration in bestehnde DV-Organisation Projektmanagement Engineering-Kompetenz der entwickelnden Institution

Abb. 11.27: Charakteristische Kriterien eines Experten und Wissensingenieurs

Tab. 11.1: Beispiele für XPS-Entwicklungen, Tools und Shells

Produkt	Entwickler	Betriebssystem
Laser	Bell Atlantic Software Systems	DEC- und Sun-Workstations
TestBench	Carnegie Group Pittsburgh, Penn.	DOS
Knowledge Craft		VAX, DEC- und Sun-Workstations
Level 5, Level 5 for FOCUS Level 5 Object	Information Builders New York, N.Y.	TSO, VM/CMS, VAX, DOS, Macintosh Windows 3.x
RT/Expert	Integrated Systems Santa Clara, Calif.	VAX, Sun-3, Sun-4 SparStations, Appolo-platforms
Guru	Micro Data Base Systems Lafayette, Ind.	DOS, OS/2, VAX, VMS platforms
VP-Expert	Paperback Software Berkeley, Calif.	DOS
Knowledge Engineering Systems (KES)	Software A & E, Arlington, Va.	DOS, UNIX, mini und mainframe platforms
Cxpert	Software Plus, Crofton, Md.	DOS u.a.
CommonKnowledge	Wang Laboratories, Lowell, Mass.	DOS

11.9 Neuronale Netze

11.9.1 Das Grundmodell Neuronaler Netze

Die Zukunft der Informationsverarbeitung wird u.a. in der Modellierung der Rechnerstrukturen und der Anwendungssoftware nach dem Schema menschlicher Verarbeitungsprozesse gesehen (siehe Abschnitt 1.2.3). Gegenwärtig sind insbesondere auf dem Gebiet der Künstlichen Intelligenz Anstrengungen sichtbar. Die erste Modellierung der menschlichen Informationsverarbeitung wurde von Newell und Simon gemacht. Deren Modell ist in Abbildung 11.28 veranschaulicht. Die heutigen Überlegungen lehnen sich eng an die Nervenzellen des menschlichen Gehirns an, wie dies in Abbildung 11.29 gezeigt wird.

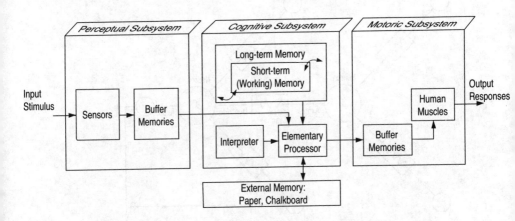

Abb. 11.28: Menschliches Informationsverarbeitungsmodell nach Newell und Simon

11.9.2 Lösungsprozesse

Die in den Neuronalen Netzen gebräuchlichen, zur Zeit in Erprobung stehenden Strukturen, Funktionen und Arbeitsschritte werden in den nachfolgenden Abbildungen 11.30 bis 11.32 skizziert. Die Abbildungen sind weitgehend selbsterklärend.

788 11. Wissensbasierte Systeme

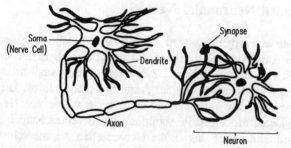

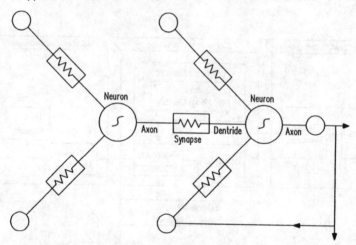

Abb. 11.29: Natürliche und künstliche Neuronen

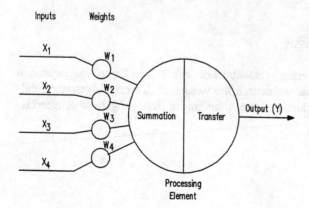

Abb. 11.30: Informationsverarbeitung in künstlichen Neuronen

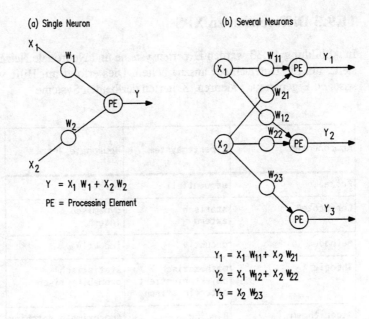

Abb. 11.31: Die Funktion Addition in den Neuronen

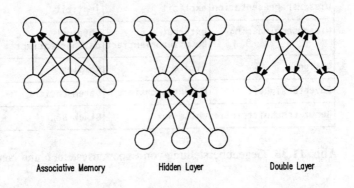

Abb. 11.32: Neuronale Netzwerke

11.9.3 Differenzen zu XPS

In Abbildung 11.33 werden Expertensysteme und Neuronale Netze gegenübergestellt, um die Unterschiede auszuarbeiten. Dies erfolgt mit Hilfe von charakteristischen Eigenarten, Faktoren, Kriterien der beiden Systeme.

Komponenten	Expertensystem	Neuronale Netze
Prozeß	sequentiell	parallel
Lernprozeß	statisch extern	dynamisch intern
Methode	deduktiv	induktiv
Theorie	mathematisch objektorientiert deterministisch	statistisch probabilistisch
Algorithmen	Binding Chaining Precise Matching	Approximate Matching Nearest Matching
Wissensrepräsentation	explizit	implizit
Wissensengineering	external benutzerorientiert	internal datenorientiert
Design	simple	komplex
Zuverlässigkeit	Experten-basiert	Daten-basiert
Benutzerschnittstelle	White-Box	Black-Box

Abb. 11.33: Gegenüberstellung von Expertensystemen und Neuronalen Netzen

11.9.4 Entwicklungsschritte in XPS- und Neuronalen Systemen

Abschließend erfolgt mit Hilfe der Abbildung 11.34 eine Wertung - zugleich eine Gegenüberstellung von Expertensystemen und Neuronalen Netzen in bezug auf ihre Entwicklungsstrategie.

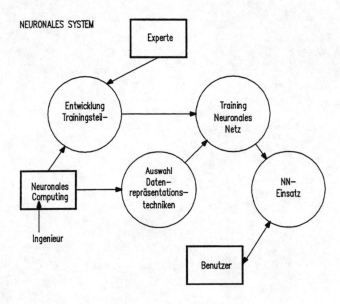

Abb. 11.34: Gegenüberstellung der Entwicklungsschritte beim XPS und bei neuronalen Netzen

12. Informationsmanagement

Informations-management	Informations-wirtschaft	Einführung Informationsprozesse Informationsarten Informationwirtschaft Organisation	Abschnitt 12.1
	Informations-management	Notwendigkeit Definition Zielsetzung Eingliederung Informationsmanager	Abschnitt 12.2
	Organisatorische Aspekte	Rechenzentrum- Praxis Verbund-DV Verteilte-DV Individuelle-DV	Abschnitt 12.3
	Rechtliche und sicherungstechnische Aspekte	Begriffserklärung Datenschutz Datensicherung Computerviren	Abschnitt 12.4
	Qualitätsaspekte der Anwendungs- software	Begriffserklärung Problematik Maßnahmen Durchführung	Abschnitt 12.5
	Ergonomische Aspekte	Ergonomie Benutzerschnittstelle Modelle, Werkzeuge Standards	Abschnitt 12.6
	Wirtschaftliche und sonstige Aspekte	Vorbemerkungen Systemauswahl Softwarevergleich Hardwarevergleich Wirtschaftlichkeits- vergleich	Abschnitt 12.7

12.1 Informationswirtschaft

12.1.1 Einführung

Die Bedeutung der Information innerhalb des Unternehmens nimmt derart ständig zu, daß Information heute durchaus als **vierter Produktionsfaktor** bezeichnet werden kann. Information, deren Beschaffung, Transformation und Einsatz muß systematisch betrieben werden, weil sie unmittelbar den Unternehmenserfolg beeinflußt.

Aus der Charakterisierung der betrieblichen Informationsarten im Abschnitt 8.1.2 lassen sich charakteristische Ursachen und Wirkungen der verschiedenen Informationen in den Steuerungs-, Regelungs- und Kommunikationsvorgängen (**Informationsprozesse**) ableiten. Es handelt sich hierbei um ein organisches Ganzes zwecks Bildung eines rückkoppelnden und selbstregulierenden Systems (**kybernetisches System**). Die hier genannten engen Verbindungen sind unerläßliche Grundlagen der **betrieblichen Informationswirtschaft**.

Darunter werden Einrichtungen, Vorschriften und Handlungen der Erfassung, Verarbeitung und Verwertung von Informationen verstanden. Damit umfaßt das betriebliche Informationswesen die Teilbereiche **Erfassung** (Informationsbeschaffung), **Verarbeitung** (Informationsverarbeitung) und **Verwertung** (Informationsverwertung), wobei alle drei Teilbereiche "zweckorientiert" durch kontinuierliche Kommunikationen geprägt sind. Ziele einer solchen Informationswirtschaft sind:

- die systematische Beschaffung wirklichkeits- und zeitnaher Informationen,
- die zweckorientierte Verarbeitung dieser Informationen,
- die Analyse der Informationen auf Vollständigkeit, Wert und Gültigkeit,
- die Synthese der Informationen zur Darlegung der Relationen,
- die jederzeitige Abrufbereitschaft der Informationen und
- die Versorgung der Entscheidungsträger mit entscheidungsrelevanten Informationen zum richtigen Zeitpunkt.

Erfüllt das System diese Aufgaben, so ist es mit einem **aktiven Informationssystem** vergleichbar, das mittels automatischer und systeminterner Regeln funktioniert. Besteht nunmehr das Unternehmen als äußerst komplexes probabilistisches System aus einer Vielzahl von Elementen, so bestimmen die systembildenden Elemente und deren Verknüpfungen sowie seine individuellen Eigenschaften die Struktur und die Verhaltensweise des Systems. Dieses muß in seiner Organisation (Struktur), Führung (Denken, Entscheiden, Kommunizieren) und Kontrolle (Messen, Werten, Vergleichen) so ausgerichtet sein, daß Zielsetzung, Informationserfassung, Rückkoppelungsaktivitäten, Koordination usw. die bereits dargestellten Steuerungs-, Regelungs- und Kommunikationsprozesse gewährleisten.

Dieser Wirkungsgrad kann jedoch nur erreicht werden, wenn eine Integration aller Aktionen und deren Daten steuerungs-, regelungs- und kommunikationsorientiert ausgerichtet werden. Damit ist die Forderung erfüllt, wonach die aktiven Elemente des Systems "Informiertsein" müssen.

Die Notwendigkeit des Informiertseins ergibt sich zwangsweise aus den Tätigkeiten des Managers. Sie sind auf das Treffen von Entscheidungen gerichtet und setzen somit fachliche Qualifikationen voraus. Hinzu kommen Aufgaben in der Vorbereitung der Durchführung ebenso, wie in der Beurteilung der Zielerreichung und in einer ganzen Reihe geistiger, also dispositiver Tätigkeiten. Der Manager benötigt zu seiner Aufgabenerfüllung Hilfsmittel, sog. Entscheidungshilfen. Verfahren der Planung, Buchführung, Kostenrechnung usw. sind Entscheidungshilfen in diesem Sinne. Dazu zählen ebenso die Produktion direkt beeinflussende Berechnungen, ferner die Produktion steuernde Nutzungen. Sie sind gut, wenn sie die **notwendigen Informationen** rechtzeitig, richtig, vollständig und zu geringsten Kosten zur Verfügung stellen und den gewünschten Ablauf gewähren. Als wichtigstes Kriterium gilt dabei die Lieferung von notwendigen Informationen. Gefragt sind also solche Verfahren, deren Ergebnisse der Manager benötigt. Darüber hinausgehende "informative Mitteilungen" sind wenig, wenn überhaupt, gefragt. Informationen sind rechtzeitig, wenn sie zum Zeitpunkt der anstehenden Entscheidung vorliegen. Sie können nur dann als Entscheidungshilfen gelten, wenn sie die Entscheidung vorbereiten helfen, zeitlich vor der Entscheidung vorliegen. Richtige Informationen setzen voraus, daß sowohl seitens der benutzten Daten als auch seitens der benutzten Methoden alles sachgerecht verlaufen ist. Vollständige Informationen beantworten alle Fragen. Sie lassen keine Lücke zu. Kostengünstige Informationen schließlich können "gefordert", aber nicht "gemessen" werden. Im Prinzip sind die Informationen kostengünstig, wenn sie mehr Erlöse erbringen als Kosten verursachen. Da die Erlöse der Informationen - im Gegensatz zu den Kosten - nicht einwandfrei ermittelt werden können, bleibt dieses Kriterium zunächst als eine relative Forderung bestehen.

12.1.2 Betriebliche Informationsprozesse

Ausgangspunkt der Wirtschaftsinformatik ist das Unternehmen. Sein Aufbau, ebenso die in ihm ablaufenden Prozesse, entsprechen den Merkmalen und Eigenschaften äußerst komplexer probabilistischer Systeme, die durch einen ständigen Informationsfluß geprägt werden. Die Effektivität solcher Systeme ist eine Folge aller eingesetzten Daten und Informationen, die infolge eines permanenten Bedarfs an Entscheidungen benötigt werden. Diese dürfen niemals ausschließlich auf einzelne Fakten gerichtet sein; sie müssen vielmehr die Verbundenheit jeder Aktion zur Gesamtheit implizieren, so wie es für Systeme und deren Prozesse charakteristisch ist.

Diese Vorgänge sind nunmehr im Rahmen des Entscheidungsspielraumes (Entscheidungsfeldes) der Unternehmen in der Gesamtwirtschaft aufgrund eigener Planung, Realisation und Kontrolle zu verwirklichen, wobei ökonomische Überlegungen im Sinne der Wirtschaftlichkeit existenznotwendig werden. Mit diesen Merkmalen übernimmt das Unternehmen sowohl das Beschaffungs- als auch das Vertriebsrisiko und bildet dadurch ein komplexes System, das als **wirtschaftliche Aktionseinheit** charakterisiert werden kann.

Diese wirtschaftliche Aktionseinheit zeichnet sich durch erwerbswirtschaftliches Verhalten aus. Sie ist bestrebt, den maximal erreichbaren Gewinn zu erwirtschaften, die Liquidität der Unternehmen zu sichern usw. Aus diesem Grunde müssen alle Teilbereiche der Unternehmen sowohl in ihrer Aufbau-, als auch in ihrer Ablauforganisation auf das gemeinsame Ziel (Gewinn, Erhaltung, Liquidität) harmonisiert werden. Die hierzu erforderlichen Aktionen sind daher zweckorientiert.

Wird unter **Organisation** die Ordnung aller Elemente eines Systems verstanden und bedarf das Unternehmen als wirtschaftliche Aktionseinheit des Organisiertseins - um den technisch-ökonomischen Leistungsprozeß zu bewältigen - so ergeben sich daraus mehrere Kriterien der Orientierung:

- Definition der Unternehmensziele,
- zweckorientierte Aufbauorganisation einschließlich Instanzenaufbau und Leistungsstruktur,
- Terminierung und Rhythmisierung der Aufgabenerfüllungsvorgänge mittels einer sachgerechten Ablauforganisation und
- systematischer Ausbau der Kommunikationsstruktur zwecks aufgaben- und arbeitsteiligen Erfüllung des gesamten Wirtschaftsprozesses.

Grundlage der Kommunikation als ein besonderes, i.e.S. wenig beachtetes betriebliches System bilden die Steuerungs- und Regelungsprozesse aller dynamischen Systeme. Dabei gilt der allgemeine Grundsatz, daß die bei der Steuerung und Regelung der werteerzeugenden Unternehmen erforderlichen Informationen dem jeweiligen Prozeß selbst und/oder seiner Umwelt entnommen werden können.

Unter **Steuerung** im Sinne der aktiven Abwehr von Störungen wird die Gegenmaßnahme auf eine Störung verstanden, die durch die Störung selbst ausgelöst wird, d.h. eine Nachricht wirkt dergestalt auf ein System oder auf seine Elemente ein, daß dadurch eine Änderung bestimmter Systemelemente bzw. deren Zustand eintritt. Die Eingangsgröße steuert aufgrund der im Steuerungssystem eingebauten Gesetzmäßigkeiten die Ausgangsgröße, wobei keine Beeinflussung der Eingangsgröße seitens der Ausgangsgröße erfolgt. Das Fehlen der Rückkoppelung an die Eingangsgröße der Unternehmensführung ist ein charakteristisches Merkmal der Steuerung. Die Wirkungskette selbst wird als "offen" bezeichnet (**Open Loop**). Diese Arbeitsweise des Steuerungssystems setzt voraus, daß einerseits alle Störungen hinsichtlich ihrer Auswirkungen bekannt sind und andererseits nur funktional determinierte Ursache - Wirkungszusammenhänge bestehen. Diese Voraussetzungen sind nur in den einfachen und determinierten Systemen gegeben, nicht jedoch in den äußerst komplexen oder sogar probabilistischen Systemen. Letztere, zu denen auch die Unternehmen gerechnet werden, müssen mit stochastischen Umwelteinflüssen und zufälligen internen Störungen rechnen. Daher sind Steuerungsketten und Steuerungen innerhalb der Organisation "Unternehmen" für Teilsysteme "niedriger" Ebene relevant. Dies ist der Fall bspw. in der sog. Prozeßsteuerung, wo eindeutige Vorgaben als Stellgrößen realisiert werden müssen und Abweichungen nicht zur Änderung der Stellgrößen führen, sondern aufgrund vorgegebener Alternativen ausgeglichen werden.

Soll dagegen eine Reaktion durch Abweichung vom vorgegebenen Sollwert ausgelöst werden, bedarf es einer "geschlossenen" Wirkungskette mit Rückkoppelungseffekt (**Closed Loop**). Dies hat zur Folge, daß die Ausgangsgröße auf die Eingangsgröße einwirkt, diese also beeinflußt. In diesen Fällen wird von Regelung gesprochen. Diese Deutungsweise entspricht einer geschlossenen Wirkungskette in der der vorgegebene Wert einer Größe fortlaufend durch Eingriffe aufgrund von Messungen dieser Größe hergestellt und aufrechterhalten wird. Charakteristisches Beispiel für derartige Systeme sind sog. Rückkoppelungs- oder Feedback-Systeme (z.B. Regelkreis), die dafür eingerichtet sind, nicht nur einer bestimmten Art von Störung, sondern jeder Störung entgegenwirken (Abbildung 12.1).

Der **Steuerungsprozeß** vollzieht sich zwischen dem Vollzug und der Kontrolle. Grundlagen des Steuerungsprozesses sind die Soll- und Istgrößen. Sollgrößen sind Eingangsgrößen, die vorgegeben sind, die nicht verändert werden. Istgrößen sind Ausgangsgrößen, die Auskunft über den erreichten Zustand geben. Die Steuerung wird dadurch ermöglicht, daß der Zusammenhang zweier Variablen eindeutig funktional, d.h. deterministisch ist. Um diese Steuerung zu vollziehen, sind Istgrößen des Vollzugs (= wirklichkeitsgetreue Nachbildungen) an einen Kontrollprozeß heranzutragen und aus diesem Wert der unabhängigen Variablen den entsprechenden Wert der abhängigen Variablen zur Korrektur des Vollzugsprozesses zurückzuleiten.

Der **Regelungsprozeß** dagegen läuft in mehreren Etappen ab und wird durch kontinuierliche Messungs- und Wertungsvorgänge geprägt. Zu Beginn des Kreislaufes werden durch die Planung "zu erreichende" Werte, d.h. Sollgrößen an den Vollzug gegeben. Diese Sollgrößen werden zugleich zur Prüfung des späteren Erfüllungsgrades auch an die Kontrolle gereicht. Der Vollzug verläuft unter ständiger Beachtung dieser Vorgabewerte sowie unter Einbeziehung äußerer und innerer Einflußgrößen. Um eine plankonforme Regelung zu gewährleisten, werden die realisierten, d.h. die "erreichten" Werte des Vollzugs mit Hilfe der Istgrößen dargestellt und an die Kontrolle weitergegeben. Die Kontrolle hat nunmehr den "Abstand" zwischen den Soll- und Istgrößen festzustellen und sowohl beide Werte als auch die Einflußgrößen des Vollzugs mittels einer Abweichanalyse zu prüfen. Das Ergebnis dieser Prüfung wird in Form der Abweichungsgröße (Regelung 1) an die Planung gereicht. Die folgende Planung muß bei festgestellten Abweichungen die ursprünglichen Eingangsgrößen korrigieren. Dies erfolgt durch Ableitung von Wahrscheinlichkeitswerten, in dem jedem Wert der unabhängigen Variablen, z.B. durch Regressionsgleichungen ein mittlerer Wert der abhängigen Variablen zugeordnet wird, und zwar in der Annahme, daß sich die zufälligen Schwankungen der unabhängigen Variablen bei genügender Häufigkeit und auf lange Sicht ausgleichen. Die "neuen" Richtwerte werden nunmehr wiederum an den Vollzug bzw. an die Kontrolle gemeldet (Regelung 2). Damit schließt sich der Kreislauf des Regelungsprozesses, der i.o. dargestellten Sinne einem stochastischen Prozeß entspricht.

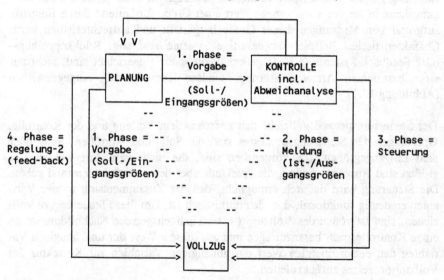

Abb. 12.1: Informationsbegleitete Steuerungs- und Regelungsprozesse

12.1.3 Die Informationsarten

Aus der Untersuchung der Steuerungs- und Regelungsprozesse geht hervor, daß die kybernetischen Systeme als "Nachrichten verarbeitende Maschinen" zu betrachten sind. Die Funktionen dieser "Maschinen" konzentrieren sich auf die Verarbeitung von "Nachrichten", d.h. von Informationen. Der Begriff Verarbeitung umfaßt die Vorgänge Erfassung, Übertragung, Transformation usw. Soll dieses System funktionieren, bedarf es somit Informationen. Diese müssen - gemäß dem aufgezeigten Schema - den Vollzug einleiten, lenken und kontrollieren, also diesen überlagern. Hieraus resultieren verschiedene Arten von **Informationen** (Abbildung 12.1):

- **Soll-Informationen** (Eingangsgrößen) als Vorgabegrößen für den Vollzug
  Sie resultieren aus den Nachrichten der Kontrolle einerseits und der Planung andererseits.
- **Ist-Informationen** (Ausgangsgrößen) als Realisationsgrößen vom Vollzug
  Sie sind Produkte des Vollzuges - der durch die Soll-Informationen überlagert wird - und der äußeren und inneren Einflußgrößen.
- **Abweichungs-Informationen** (Abweichung- oder Kontrollwerte), für die Korrektur des Vollzuges ohne Planung (Steuerung) oder für die Korrektur des Vollzuges mittels neuer Planung (Regelung)
  Dies sind Produkte, die durch Transformation der Ist-Informationen unter Heranziehung der Soll-Informationen zum Zwecke der Regelung oder Steuerung gewonnen bzw. benötigt werden.

12.1.4 Die betriebliche Informationswirtschaft

Mit Hilfe dieser Informationsarten lassen sich prinzipiell alle betrieblichen Vorgänge begleiten. Dabei ist es wesentlich, ob sie der Realität entsprechen, oder ob sie aufgrund verschiedener Einflüsse von der Realität abweichen, unvollkommen sind. Die **Unvollkommenheit der Informationen** ist im Regelfall dafür verantwortlich, daß die betrieblichen Prozesse nicht zu den Zielvorgaben führen und/oder falsche Zielvorgaben bedingen. Die Unvollkommenheit wird durch vier Aspekte geprägt:

- Die **Unvollständigkeit** der Informationen hat quantitative Aspekte und weist das Fehlen von Informationen bzw. weist auf Informationslücken im Hinblick auf das jeweilige Problem hin. Das Problem wird nicht vollständig abgebildet.
- Durch die **Unbestimmtheit** der Informationen wird der qualitative Aspekt angesprochen. Er besagt, daß die gegebenen Informationen unbestimmt oder unpräzise sind. Daher ist ihr Informationsgehalt gering.

- Mit der **Unsicherheit** der Informationen wird das Wahrheitsproblem angesprochen, das für jede einzelne Information unterschiedlich zutrifft.
- Die **Ungewißheit** der Informationen leitet sich aus der intrasubjektiv-psychologischen Eigenart des Menschen ab, dem die Unvollkommenheit der Informationen bekannt ist und der dadurch unter einem lähmenden oder beflügelten Einfluß handelt.

Die Gründe für die Unvollkommenheit der Informationen sind vielschichtig, so u.a. die zeitliche Beschränkung, die Kosten der Informationsbeschaffung, die mangelnden Kenntnisse über erforderliche Informationen, das Fehlen zwingender logischer Verknüpfungen zwischen Informationen und Voraussicht der Wahrscheinlichkeitsrechnungen. Hinzu können syntaktische, semantische und pragmatische Ursachen bzw. Einflüsse (Störungen) kommen, die die Eignung und Verwertung der Informationen ebenfalls in Frage stellen können. Daraus lassen sich einige hypothesenartige Aussagen ableiten:

- Unvollkommene Eingangsgrößen führen zu unvollkommenen Ausgangsgrößen
  Aufgabe der Verarbeitung ist es daher, den Informationsgrad durch Nutzung des Informationsgehaltes und durch Ausweis des Wahrscheinlichkeitswertes darzustellen und abzusichern.
- Vollkommene Eingangsgrößen führen zu unvollkommenen Ausgangsgrößen
  Dies ist der Fall, wenn die Verarbeitung vorhandene Verknüpfungen der Informationen unsachgemäß erfaßt.
- Vollkommene Ausgangsgrößen sind Folgeerscheinungen sachgemäßer Beschaffung und Verarbeitung vollkommener Eingangsgrößen
  Lückenlose, sichere und damit vollkommene Informationen sind nur für Informationen der Vergangenheit denkbar.

Werden nunmehr die Steuerungs- und Regelungsprozesse auf die Vollkommenheit der Informationen zusammenfassend charakterisiert, so ergeben sich folgende zwei Kategorien der Aussage:

- Der Steuerungsprozeß setzt logisch zwingende Verknüpfungen zwischen den Eingangs- und Ausgangsgrößen voraus. Er ist nur "automatisierbar", wenn die Vollkommenheit der Informationen gewährleistet und die Ursache-Wirkungs-Beziehungen determiniert sind.
- Der Regelungsprozeß wird in erster Linie mit unvollkommenen Informationen arbeiten und daher die Entscheidung nicht durch Rechnen allein lösen. Aufgaben der Informationsverarbeitung werden sich daher in erster Linie auf die Verbesserung des Informationsgrades konzentrieren müssen, um den Sicherheitsgrad für den Regelungsprozeß durch nutzbare Informationen zu erhöhen.

Die Einbeziehung systemtheoretischer Erkenntnisse in die Analyse und Gestaltung der Informationswirtschaft von Unternehmen dient dem Zweck, jede Art von Organisiertseins in abstrakter Form abzubilden. Damit wurde ein Weg aufgezeigt, wie in bestehenden Organisationen, Systemen und somit in Unternehmen komplexe Beziehungsschemata abstrahiert, abbildbar und für Steuerungs- und Regelungsprozesse bzw. deren Beeinflussung durch das Management nutzbar gemacht werden können. Beziehungen also, die organischer (abstrakt ausgedrückt organisatorischer) Natur sind. Ihren Ausdruck fanden sie sowohl in den Abgrenzungen/Clusterungen, wie auch in ihrem permanenten Informationsaustausch. Letzterer zeigte

- unterschiedliche Daten-/Informationsarten und
- unterschiedliche Bewegungs-/Vorgangsarten dieser Datenarten.

Das Funktionieren war dadurch gewährleistet, daß diesen Unterschieden in Daten und Vorgängen das Unternehmen von alleine praktisch "automatisch" Rechnung trägt. Dies geschieht im eigentlichen Sinne nicht einmal bewußt; es verbirgt sich dahinter die intuitive Anpassung, die intuitive Handlung. Zum Bewußtsein wird es, wenn künstliche Systeme in diesen Organismus, in diese organische Einheit eindringen, wenn sie in die Daten- und Aktionsfolge eingreifen; wenn also der Mensch glaubt, das organisch Gewachsene bewußter, logischer führen zu müssen. Ein solcher Eingriff kann daher nur - und dies ist ein Faktum! - zum Erfolg führen, wenn die künstliche Organisation der natürlichen, der vorgefundenen Organisation entspricht, diese spiegelbildlich nachempfindet. Die betriebliche Informationswirtschaft und daran angeschlossen das Problemlösen sind aus dieser Erwartung heraus zu beurteilen. Daher steht zu Beginn jeder analysierenden und gestaltenden Tätigkeit zur Informationswirtschaft eines Unternehmens die Frage nach der Daten- und Vorgangsintegration, so wie dies im Abschnitt 9.2 beschrieben wurde.

12.1.5 Arten betrieblicher Informationssysteme

In der betrieblichen Informationswirtschaft werden verschiedene Systeme genutzt. Diese werden im Regelfall nach bestimmten Funktionen ausgestaltet (siehe Abschnitt 8.8). Aus der Sicht des Managements sind insbesondere die Führungssysteme und ihr Betrieb von Bedeutung. Um dies zu veranschaulichen, werden nacheinander die Systeme und ihre Beziehungen gegenübergestellt (Abbildung 12.2 bis 12.4).

802   12. Informationsmanagement

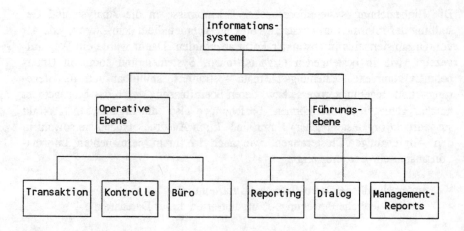

Abb. 12.2: Komponenten eines Informationssystems

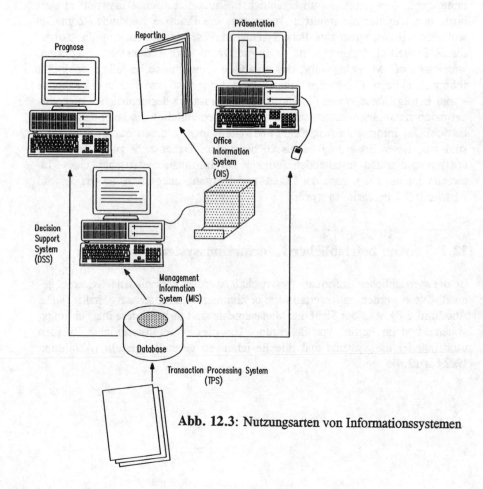

Abb. 12.3: Nutzungsarten von Informationssystemen

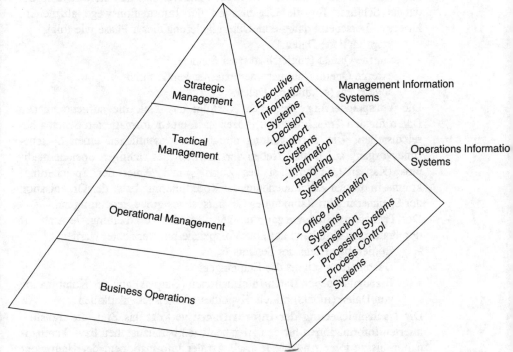

Abb. 12.4: Beziehungen zwischen den IS

12.1.6 Organisation und Ablauf der betrieblichen Informationsverarbeitung

Die betriebliche Realität der Informationsverarbeitung ist ein Produkt der klassischen Mainframe-orientierten Datenverarbeitung auf der einen und der PC-orientierten individuellen Datenverarbeitung auf der anderen Seite. Dazwischen liegen verschiedene Kategorien und Organisationsformen. Ausgangspunkt bildet zunächst der betriebliche **Informationsstrom**.

Der Informationsstrom führt von der Entstehung der Daten als Inputs von ihren internen und externen Quellen bis hin zu ihrer Verwendung bzw. Anwendung in den Steuerungs- und Regelungsprozessen. Dabei durchläuft sie verschiedene Phasen ihrer Änderung in sachlicher, zeitlicher und räumlicher Sicht:

- Der Informationsstrom wird durch die **Aufnahme der Daten** eingeleitet. Objektbezogen werden alle Daten aufgenommen, deren Zielrichtung das Unternehmen ist. Eine Einteilung derartiger Daten nach ihrer Herkunft ver-

folgt dabei das Ziel, interne und externe Sachverhalte zu unterscheiden, um daraus Schlüsse für die Organisation der Informationswege abzuleiten. Zweckvoll erscheint daher eine Untergliederung dieser Phase wie folgt:
  - ursprüngliche Daten,
  - interne Quelle (zugleich interner Sender),
  - externe Quelle (interner oder externer Sender) und
  - abgeleitete (sekundäre) Daten.
- Die **Vorspeicherung der Daten** verfolgt das Ziel, die aufgenommenen Daten für den Transformationsprozeß nach einem formatierten Schema bereitzustellen. Die Bereitstellung umfaßt im wesentlichen einen Speicherungsvorgang auf Daten. Neben der Auswahl des richtigen Speichermediums (Kapazität, Häufigkeit des Zugriffs und Dauer der Speicherung) kommt in diesem Zusammenhang der Koordinierung bzw. der Organisation der Speicherung im Rahmen des Gesamtsystems große Bedeutung zu.
- Der **Transformationsvorgang** umfaßt i.e.S. die Verarbeitung. Je nach Art der Transformation kann auf eine Vorspeicherung verzichtet werden:
  - Codierung seitens des Senders,
  - Decodierung seitens des Empfängers,
  - Erzeugung neuer Daten/Informationen (Outputs) aus der Kombination von Daten (Inputs) mittels Hypothesen und Rechenkalkülen.
- Die **Nachspeicherung der Informationen** verfolgt das Ziel, die transformierten Informationen für den Abgabeprozeß bereitzustellen bzw. bereitzuhalten bis zu ihrer Abgabe. Je nach Art der Informationen, der Häufigkeit und Art der Informationsabrufung sowie der anstehenden Aufgaben können diese Outputs zu Inputs neuer Rechenkalküle werden (z.B. durch Heranziehung von Ist- für Soll-Aussagen).
- Mit der **Abgabe der Informationen** an den Empfänger wird der Informationsstrom abgeschlossen. So werden bspw. Informationen des Meßglieds zu Steuerungszwecken an die Regelwerke abgegeben. In kybernetischen Systemen allerdings verursachen die abgegebenen Informationen an interne oder externe Empfänger neue Handlungsprozesse, die ihrerseits neue Informationsprozesse auslösen.

Die Aussagen der bis jetzt erfolgten Analyse sollen nunmehr hinsichtlich ihrer Integrationsmöglichkeiten geprüft werden, um den aufgestellten Grundsatz des ganzheitlichen Systems zu erfüllen. Die Schaffung eines ganzheitlichen Systems im Sinne der Regelkreismodelle setzt die Lösung des "Problems der Nahtstellen" in der aufgezeigten Kommunikationskette, d.h. die vertikale und horizontale Integration in den Informationsaustauschvorgängen voraus. Dadurch, daß die Integration alle Phasen des Informationsprozesses zu umschließen hat, muß das Informationsmodell neben dem betrieblichen Bereich auch den Informationsaustausch mit der betrieblichen Umwelt erfassen. Hierbei entstehen charakteristische Informationsströme, die wie folgt zu beschreiben sind:

- Informationserfassung und -lieferung mit der Zielrichtung Computer
  In der vertikalen Integration verhalten sich die Ebenen der Unternehmenshierarchie und der Aufwand für die Informationserfassung mit dem Automatisierungsgrad entgegengesetzt, wobei der Aufwand mit abnehmender Ebene der Unternehmenshierarchie steigt. Die horizontale Integration konzentriert sich auf die Minimierung menschlicher Eingriffe und auf die einmalige Informationserfassung.
- Informationsaustausch innerhalb der Verarbeitungs- und Speicherungsphase
  In der horizontalen Integration entscheiden die simultane Mehrfachnutzung der Daten bei einmaliger Informationserfassung und die Aktualität der Auskunftsbereitschaft über die Qualität der Integration.
- Informationslieferung mit der Zielrichtung Informationsbedarfsträger
  In der vertikalen Integration verhalten sich die Ebenen der Unternehmenshierarchie und der Aufwand für den logischen Aufbau und für die Programmierung sowie der Schwierigkeitsgrad parallel, wobei sie mit zunehmender Ebene der Unternehmenshierarchie steigen. Die horizontale Integration konzentriert sich wiederum auf die Minimierung menschlicher Eingriffe in der Informationswertung.

Im Mittelpunkt der Integration horizontaler und vertikaler Art stehen daher Lösungsalternativen auf die Frage: "Was, wer, wann und wie soll erfaßt, verarbeitet, gespeichert und verwertet werden?".

12.2 Informationsmanagement

12.2.1 Notwendigkeit des Managements von Informationen

Die Charakterisierung betrieblicher Informationswirtschaften zeichnet die Notwendigkeit einer Einrichtung auf, die in der Lage ist, die Gesamtheit von Informationen, Aktionen, Techniken etc. nach den Prinzipien der Systemtheorie ganzheitlich, integriert und aufgabenorientiert zu händeln. So, wie andere Produktionsfaktoren, bedarf die Information leitender, koordinierender, organisatorischer und ausführender Tätigkeiten. Die Informationswirtschaft unterliegt den gleichen Gesetzmäßigkeiten, wie die übrigen Teilbereiche der Wirtschaft. Drei Thesen sind dabei maßgebend:

- Die Informationsfunktion ist wesentlich für den Erfolg oder Mißerfolg einer Organisation.

- Die Informationsstrategie wird von den Wettbewerbsfaktoren der Organisation bestimmt.
- Der Markt bestimmt die Informationsinfrastruktur. Sie ist Mittel zum Zweck.

Diese Thesen finden im Informationsmanagement ihre Antworten.

12.2.2 Definition, Abgrenzung

Die Begriffe Information, Management und Informationsmanagement werden in vielen Bedeutungsvarianten verwendet. Aus der Vielzahl möglicher Deutungen sind für den Begriff **Information** zunächst ihr Wesen, etwas darzustellen, zu schildern, eine Gestalt zu geben von Interesse. Es ist daher naheliegend, daß die Information auch als Modell verstanden wird; ein Modell als Abbild von etwas, für etwas, also ein Modell von einem Objekt für Zwecke eines Subjekts. Damit ist es möglich, die Information in ihrer Zweckorientierung zwischen Objekt und Subjekt einzuordnen, sowie ihr eine Handlungsausrichtung zu geben. Dadurch, daß die Informationen selbst schon Objekte sein können, sind ihre Abbildungen Metainformationen, also Modelle eines Modells. Das **Management** wiederum wird vorrangig als Funktion der Aufgabe der Unternehmensführung und gleichzeitig als Institution der Personen oder Personengruppen mit Weisungsbefugnis verstanden. Aus diesem doppelseitigen Zusammenhang wird das Management als Prozeß gesehen, in dem Führung, Planung und Organisation zusammentreffen. Die Zusammenführung beider Begriffe zum **Informationsmanagement** beschränkt zunächst die Inhalte auf das Management von Informationen. Da jedoch die Informationen selbst als Modelle gedeutet werden können, wird häufig in der Literatur vorgeschlagen, Interpretationsweisen zu bündeln und ein 3-Ebenen-Modell weiter zu verfolgen (Abbildung 12.5).

Informationsmanagement		
Informationseinsatz	Informationssystem	Infrastrukturen
- intern - extern	- Aufgaben - Informationen - Personen - Geräte - Programme - Organisation	- zentral - dezentral - Netze - Archive

Abb. 12.5: Begriffsinhalte des Informationsmanagement

12.2 Informationsmanagement

Die Abgrenzung von Aktionsfeldern soll anhand des 3-Ebenen-Modells geschehen, indem die angesprochenen Felder für jede der folgenden Ebenen untersucht werden:

- Management des Informationseinsatzes,
- Management der Informationssysteme, sowie
- Management der Infrastrukturen für Informationsverarbeitung und Kommunikation.

12.2.2.1 Management des Informationseinsatzes

Das Management des Informationseinsatzes umfaßt die Planung, Organisation und Kontrolle von Informationen für die von einer Institution (Betrieb, Behörde) auftretenden Verwendungsbestimmungen. Diese Institutionen sind im Rahmen ihrer Tätigkeit in hohem Ausmaße auf Informationen angewiesen. Somit erstreckt sich der Einsatz von Information auf die Bereiche der Aufgabenerfüllung innerhalb eines Unternehmens, aber auch auf die Einbettung von Informationen - vielleicht besser zu bezeichnen als Know How - in Produkte und Dienstleistungen, was einem externen Einsatz der Informationen entspricht.

Eine erste systematische Verfeinerung des Managements des Informationseinsatzes ergibt sich somit, indem der interne Einsatz vom externen Einsatz unterschieden wird. Daraus resultieren dann die beiden Aktionsfelder:

- Management des internen Informationseinsatzes,
- Management des externen Informationseinsatzes.

In einem zweiten Schritt können die internen und externen Felder weiter zerlegt werden in

- abwicklungs-, wissens- und entscheidungsorientierte interne Einsatzfelder,
- transaktions-, service- und produktorientierte externe Einsatzfelder.

Allerdings muß festgehalten werden, daß man bei der weiteren Zerlegung schnell an Grenzen stößt, bei denen die Aufteilung beliebig wird. Es entstehen dann Probleme, das so entstandene Raster auf einen Einzelfall zu projizieren. Da es sich bei den o.a. Feldern um Einsatzgebiete handelt, die mit zum Unternehmenserfolg beitragen, muß das Management des Informationseinsatzes - soweit dies möglich ist - von der Geschäftsleitung wahrgenommen werden.

12.2.2.2 Management der Informationssysteme

Informationssysteme werden von speziellen Gestaltungsprozessen von sog. Systementwicklungsprozessen zur Anwendung gebracht. Die Informationssysteme vereinigen eine Aufgaben-, Informations-, Personen-, Geräte-, Organisations- und Programmkomponente. Die Kombination der erwähnten Komponenten bewirkt dann die Struktur des Informationssystems. Gegenstand des Managements auf dieser Ebene ist die komponentenweise Präzisierung der Struktur von Informationssystemen. Hierbei werden etwa Fragen beantwortet, für welche Aufgaben welche Informationen mit welcher Verteilung der Operationen zwischen personellen und maschinellen Aktionsträgern nach welchen organisatorischen Festlegungen und unter Heranziehung welcher Programme zu verarbeiten sind. Es schaltet sich damit unmittelbar in die inhaltliche Ausgestaltung von Informationssystemen ein und steuert die Informationssystemgestaltung über bestimmte Gestaltungsanforderungen.

Darüber hinaus plant, kontrolliert und organisiert das Management des Informationssystems die Implementierungsprozesse. Hier erstreckt sich der Aufgabenbereich nicht mehr auf das Informationssystem selbst, sondern auf den Prozeß der Gestaltung. Das Management der Informationssysteme knüpft hier an das traditionelle Projektmanagement an.

Für das Informationssystemmanagement ergeben sich damit auf der mittleren Ebene zwei unterschiedliche, jedoch direkt aufeinander verweisende Objekte, zum einen die Informationsverarbeitungs- und Kommunikationsverfahren, deren Struktur geplant, institutionalisiert und nach Bestand und Wirklichkeit kontrolliert werden muß. Zum anderen stehen auch die Prozesse oder Projekte, die für diese Systementwicklung in Gang gebracht werden, sowie deren allgemeine Ergebnisqualität und Durchführungseffizienz im Blickpunkt. Aufgrund dieser Ausführungen können also zwei Aktionsfelder unterschieden werden, und zwar

- das Management der Informationssystemstruktur und
- das Management der Informationssystemgestaltung.

12.2.2.3 Management der Infrastrukturen für Informationsverarbeitung und Kommunikation

Zuerst muß der Begriff **Infrastruktur** beschrieben werden. Das Kriterium für die Verwendung dieses Begriffes liegt in der Nutzungsoffenheit. Nutzungsoffen bedeutet, daß bloßes Vorhandensein noch nicht die spezifische Anwendung vollkommen vorherbestimmt. Vielmehr stehen dann verschiedene, inhaltlich noch unbestimmte Anwendungsmöglichkeiten offen. Der Charakter der Infrastrukturen wird dort am deutlichsten, wo eine maximale Dezentralisierung vorherrscht, d.h. wo der Unterstützungsapparat sehr weit von den zu unterstützenden Prozessen entfernt ist. Dies ist vor allem bei Großrechnern der Fall. Auch der hier übliche Sprachgebrauch, wonach einzelne Anwendungen auf diesen Einrichtungen "laufen", belegt anschaulich das Aufeinandertreten von Infrastruktur- und Informationssystemebene.

Die Infrastrukturebene beinhaltet Geräte, die nicht unmittelbar auf Einzelaufgaben zugeschnitten sind, d.h. streng dedizierte Geräte. Im weiteren besteht diese Ebene auch aus softwaretechnologischen Instrumenten zur Informationsverarbeitung und Kommunikation, sowie aus institutionell relevanten Informationsbeständen und Zugriffsberechtigungen.

Wesentliche Gerätschaften sind in diesem Zusammenhang Infrastrukturen zur zentralen Datenverarbeitung (Großrechner, zentrale Datenbanken), zur dezentralen (individuellen) Datenverarbeitung (PC, Standardsoftware) und zur elektronischen Kommunikation (lokale Netze LAN, Mitteilungssysteme, Übertragungsdienste). Unter den informationsinhaltlichen Infrastrukturen sind in erster Linie zentrale Archive (gegebenenfalls Inhalte von Datenbanken), Dokumentationen und bibliothekarische Einrichtungen, verteilt gehaltene Informationsbestände, Zugriffsberechtigungen und -prozeduren zu externen Datenbanken.

Aufgrund der obigen Ausführungen können drei Grundfunktionen der Infrastrukturen unterschieden werden, nämlich

- die Bereitstellung,
- der Betrieb/die Verwaltung und
- die Anwendungsentwicklung zur aufgabenbezogenen Nutzung der Infrastrukturen.

Das Management hat nunmehr die Aufgabe, die o.g. Grundfunktionen auf gesamtkonzeptionelle und auf strategische Wirksamkeit auszurichten. Daraus ergeben sich die folgenden drei Aktionsfelder innerhalb des Managements der Infrastrukturen, und zwar

- das Management von Technologien und Informationsbeständen,
- das Management des Betriebs/der Verwaltung von Technologien und Informationsbeständen,
- das Management der Anwendungsentwicklung zur aufgabenbezogenen Nutzung von Technologien und Informationsbeständen.

Sofern diese Trennung möglich ist, obliegt dem Management nicht etwa die direkte Ausführung dieser Aufgaben, sondern lediglich deren Steuerung. Deshalb schlagen sich Maßnahmen des Infrastruktur-Managements vor allem in Planungsstil- und Verfahren, in Aufbau- und Ablaufstrukturen der Datenverarbeitungsorganisation, sowie in den Kriterien, Methoden und Prozeduren der Kontrolle nieder.

12.2.2.4 Kritische Wertung

Das 3-Schichten-Modell erweist sich für die Beschreibung der Sachinhalte und der Funktionsweise als unzweckmäßig. Es weist zwar die drei zum Managen anstehenden Sachgebiete Information, Informationssystem und Infrastruktur aus, berücksichtigt jedoch nicht, daß die drei Gebiete ineinander greifen, voneinander abhängig sind, Wiederholungen enthalten etc. Ihre Trennung ist formell machbar, in der Wirklichkeit bilden sie ein Ganzes, ein in sich geschlossenes Gebilde. Daher drängt sich stärker eine funktionale Einteilung vor, die bspw. folgende Themenbereiche abdeckt:

- Organisation der Informationsverarbeitung in der betrieblichen Praxis,
- Organisation der Datensicherung und des Datenschutzes,
- Qualitätssicherung in Anwendungsprogrammsystemen,
- benutzerorientierte Architektur der Kommunikation (Ergonomie),
- systemorientierte Aspekte der Auswahl von Hard/Software, Netzwerken,
- Wirtschaftlichkeitsaspekte der Informationsverarbeitung.

Diesen Themenbereichen sind die nachfolgenden Abschnitte gewidmet, wobei zuvor die Aufgabenbereiche und die Organisationsformen des Informationsmanagements kurz erörtert werden.

12.2.3 Zielsetzung und Aufgaben

Das generelle Ziel eines jeden Informationsmanagements ist die optimale Informationsversorgung aller Stellen und Instanzen, die dem betrieblichen Prozeß der Organisation dienen. Mit der Informationsversorgung sollen die Arbeitserledigungen sachlich und zeitlich unterstützt sein. Die zweite große Zielsetzung, die Entwicklung eines Informations- und Kommunikationssystems ist der ersten Zielsetzung, also dem Betrieb des Systems untergeordnet. Entwickeln und Betreiben als Ziele, zugleich als Aufgaben, ergänzen sich, wobei die organisatorische Unterteilung in strategische, administrative und operative Informationsbereiche, ebenso in betriebsinterne und betriebsexterne, sowie die Unterscheidung nach Volumen und Zeit jeweils mit den zu versorgenden Instanzen zusammenhängen. Entsprechend der üblichen Aufgabenstrukturen in betrieblichen Organisationen lassen sich die Aufgaben eines Informationsmanagements (Abbildung 12.6) **sachlich in**

- strategische,
- administrative/faktische und
- operative/ausführende

Aufgaben sowie **bereichsübergreifend** in

- Planung der Systemarchitektur,
- Integration des Informationssystems mit der Organisation,
- Einbindung der Unternehmensführung und der Fachbereiche,
- Dezentralisierung der Entwicklung und des Einsatzes etc. gliedern.

Informationsmangement		
strategische Aufgaben	administrative Aufgaben	operative Aufgaben
Strategie - Information - Infrastruktur - Vernetzung - Ressourcenverteilung Management - Personal - Datensicherung - Datenschutz - Entwicklung	Management - Projekte - Daten Beschaffung - Hardware - Software - Netz/Konfiguration - Pflichtenheft Entwicklung - Anwendungssystem	Betrieb/Wartung - Hardware - Netzwerk Benutzerservice - individuelle DV - Schulung - Beratung

Abb. 12.6: Aufgabenstrukturen des Informationsmanagements

12.2.3.1 Strategische Aufgaben

Die strategischen Aufgaben umfassen alle Entscheidungen, die zur Realisierung und zum Betrieb der betrieblichen Informationswirtschaft führen. Es sind Entscheidungen über die Schaffung der Einrichtungen, Mittel und Maßnahmen als Voraussetzungen von Information und Kommunikation. Die Informationsinfrastruktur bestimmt letzten Endes die Ressourcen, ihre Verteilung, ihre Vernetzung und die personellen Bindungen. Zu den strategischen Aufgaben müssen auch die Entscheidungen gezählt werden, die der Datensicherung und dem Datenschutz dienen. Es sind Langfristaufgaben von tragender Bedeutung.

Eine exemplarische Auflistung der Aktionen belegt diesen Aufgabenkreis:

- Bestimmung der Architektur des Rechnersystems nach Größe, Hersteller, Vernetzung, Peripherie, also das Komponenten-, Technologie- und Architektur-Management oder die Auslagerung der Informationsverarbeitung (Outsourcing), Festlegung der Konzepte;
- Entscheidungen zum Automatisierungs- und Integrationsgrad mit Grundsatzentscheidung über den Einsatz von Standard-Software oder über die Eigenentwicklung bzw. Mischformen;
- Strategische Stellenplanung und -bewirtschaftung mit Festlegung der Qualifikationsprofile, ebenso der Schulung und Weiterbildung;
- Erarbeitung von Regelungen zur Einhaltung der Datenschutzbestimmungen und der Datensicherung vor Zerstörung und vor unerlaubtem Zugriff;
- Festlegung einer informationsgerechten Aufbau- und Ablauforganisation im Unternehmen mit der neuen Technologie angepaßten Arbeitsabläufen;
- Entwicklung einer Informationsstrategie als Wettbewerbsstrategie.

12.2.3.2 Administrative Aufgaben

Die administrativen Aufgaben sind darauf gerichtet, die operative Ebene, deren Aktivitäten vorzubereiten. Deshalb gehören hierzu

- das Management aller Informationsprojekte und die Erstellung der Pflichtenhefte, Vorgabe des Projektplans, Entwicklung der Anwendungssysteme, Auswahl der Hard- und Software, Einsatz und Steuerung der Ressourcen an Personal und Material;
- die Leitung größerer Anwendungssysteme mit Struktur-, Zeit- und Ressourcenplan für Personal und Technik (Einsatz von Netzplantechniken);
- die Sicherung der Verfügbarkeit, der Zuverlässigkeit, der Funktionsfähigkeit aller eingesetzten Systeme, Geräte und Anwendungen.

12.2.3.3 Operative Aufgaben

Die operativen Aufgaben beziehen sich auf den laufenden Betrieb aller Informations- und Kommunikationssysteme. Die Tätigkeiten und Verantwortlichkeiten betreffen also

- die Aus/Durchführung der technischen Aufgaben wie Hardware-Einsatz, Rechenzentrumsbetrieb, Hardware-Wartung und -Instandsetzung;
- die Abwicklung von Spezial- und Sonderaufträgen;

- die Verwaltung, Pflege und Aktualisierung von Datenbanken, Anwendungsprogrammen, ebenso die dazugehörigen Beratungstätigkeiten;
- die selbständige Problemlösung und Informationsverarbeitung - im Falle der individuellen Datenverarbeitung die Verwaltung persönlicher Ressourcen (Daten, Termine, Dokumente) und die Kommunikation mit betriebsinternen und -externen Stellen.

12.2.4 Organisatorische Eingliederung

Nachdem in einem Informationsmanagement alle Aufgaben und Zuständigkeiten in bezug auf Beschaffung, Verarbeitung, Speicherung und Kommunikation der betrieblichen Informationen subsumiert sind und dies in

- kaufmännischen,
- rechtlichen,
- technischen,
- sozialen und
- wirtschaftlichen

Fragen, muß das Informationsmanagement in der Informationshierarchie hoch angesiedelt sein. Abbildung 12.7 veranschaulicht wichtige Organisationsbereiche. Grundsätzlich ist es sinnvoll, das Informationsmanagement als selbständigen Funktionsbereich - gleichrangig bspw. zu den Funktionsbereichen Beschaffung, Produktion, Marketing etc. - anzusiedeln, der jedoch eine Art **Querschnittfunktion** ausübt. Im Falle einer Linienorganisation kann das Problem aufkommen, daß die Querschnittfunktion nicht voll ausgeübt werden kann. Stabstellen gewährleisten eine bessere Durchsetzung der Aufgaben; vorausgesetzt, die einzelnen Teilbereiche sind mit ausreichender Kompetenz ausgestattet. Besser geeignet sind die IM-Abteilungen in Matrix-Organisationen. Vielfach werden organisatorisch übergreifende Instanzen, in denen die Koordination zwischen IM- und anderen Funktionsbereichen abläuft eingerichtet. Allerdings muß beachtet werden, daß bestimmte Aufgaben des IM immer mehr in die Fachabteilungen hineinwachsen, so daß eine Aufgaben- und Kompetenzverlagerung vonstatten geht.

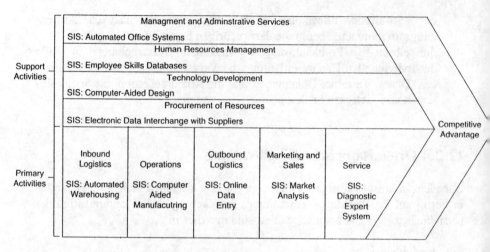

Abb. 12.7: Informationsmanagement in der Organisation

12.2.5 Der Informationsmanager

Die Bedeutung der Information innerhalb einer Organisation hat Ausmaße angenommen, wonach sie zurecht als vierter Produktionsfaktor bezeichnet wird. Untersuchungen zufolge betragen die Kosten der Information bis zu 10% der Wertschöpfung eines Unternehmens. Die Verankerung dieser Aufgaben in der Organisation und die damit notwendig gewordenen und verbundenen Kompetenzen bedingen die Einsetzung eines sog. **Informationsmanagers** als Verantwortlichen für diese Aufgaben. Je nach Größe der Organisation und des Aufgabenbereiches können ihm für spezielle Aufgaben weitere Personen zugeordnet werden, so bspw. ein Datenbankmanager oder Anwendungssystemmanager etc.

Prinzipiell ist er für alle, mit der Informationswirtschaft in Verbindung stehenden Aufgaben koordinierend, steuernd, planend, überwachend zuständig. Dabei muß er rechtliche, wirtschaftliche, humane und soziale Auswirkungen ständig beachten. Dies kann zu Spannungen mit

- dem Personal (Qualifikation, Aus- und Weiterbildung, Motivation),
- den Fachabteilungen (individuelle Datenverarbeitung, Arbeitsplatz/Abteilungsrechner, dedizierte Datenbanken, Abteilungssoftware),
- dem Management (Kosten, Wirtschaftlichkeit, Aktualität, Verfügbarkeit),
- den DV-Partnern (Hard- und Softwareprodukte, Qualität, Service),

kommen, die er nur mit ausreichenden Kompetenzen (Weisung, Entscheidung), Kenntnissen und Führungsfähigkeiten bewältigen kann.

12.3 Organisatorische Aspekte des Informationsmanagements

12.3.1 Organisation der Datenverarbeitung in der betrieblichen Praxis

Die gegenwärtigen Erscheinungsformen der Daten/Informationsverarbeitung sind sehr heterogen. Sie wurden durch eine Vielzahl betriebsinterner und betriebsexterner Faktoren geprägt, wobei ihre Entstehung, ihr Ausbau und ihre heutigen Strukturen i.e.S. zufällig, selten zielorientiert gesteuert, entstanden sind. Ob und wann und wie die Datenverarbeitung als betriebliche Aufgabe angesehen und organisiert wurde, führt im Thema nicht weiter. Belegbar ist, daß eine Systematik erst viel später, nach der Inbetriebnahme der DV-Arbeiten, hinzugekommen ist. Befragungen von Betrieben, Büros und Verwaltungen zeigen, daß der in jüngster Vergangenheit rasch erfolgte Einsatz von Mikrocomputern in 94 % der Betriebe mit erheblichen personellen und organisatorischen Veränderungen verbunden war. In 57 % der Betriebe ergaben sich dadurch völlig neue bzw. deutlich gestiegene Qualifikationsanforderungen. In knapp 60 % der Betriebe entstand ein erhöhter Schulungsbedarf.

Dies sind Symptome dafür, daß der Computereinsatz auch heute noch die Betriebe, deren organisch gewachsene Strukturen unvorbereitet trifft. Es sind Symptome, die belegen, daß es am Informationsmanagement mangelt, das bereits rechtzeitig für die notwendigen Infrastrukturen sorgt und im Vorfeld des Computereinsatzes die Informationsfelder, den Informationsstrom etc. durch organisatorische, schulische und sonstige Maßnahmen vorbereitet, im Bedarfsfalle sogar exemplarisch erprobt. Dabei muß das Informationsmanagement von den charakteristischen Eigenarten des Computers ausgehen, die in der Praxis häufig übersehen werden.

Computer wurden zunächst ausschließlich und auch heute noch überwiegend dafür gebaut, den Menschen Berechnungen verschiedenster Art ganz abzunehmen oder diese zu erleichtern. Eine gewisse Ausnahme bildeten die Prozeßrechner, die speziell zur Steuerung industrieller, physikalischer und chemischer Prozesse entwickelt und eingesetzt wurden. Aber auch sie sind nur um einige Eigenschaften erweiterte Computer, die im Prinzip menschliche Tätigkeiten übernehmen. Das Vorbild für die Computerentwicklung ist also der einzelne Mensch in seinen Aktionen als Rechnender. Deshalb war die Datenverarbeitung sequentiell und parallel dazu waren die DV-Systeme im Start-Betrieb-Stop arbeitende Maschinen. Aufgrund dieser Orientierung am rechnenden Individuum sind Algorithmen entwickelt worden, die ursprünglich für die Ausführung per Hand gedacht waren. Das Ziel war, sie auf Computern zu implementieren und diesen Implementierungsprozeß bspw. durch höhere Programmiersprachen zu erleichtern. Möglichkeiten zur Parallelverarbeitung wurden erst in letzter Zeit wahrgenommen.

Die computerunterstützten Lösungen waren durchweg Insellösungen. Generell herrschte die Tendenz vor, dynamische Vorgänge als sequentielle Abläufe zu behandeln. So wurden zwar komplexe Systeme in ihren Abläufen computerunterstützt betrachtet, geprüft worden sind jedoch ihr sequentielles Ein/Ausgabeverhalten. Sogar in der KI-Forschung wurde am Anfang diese Denkweise gepflegt.

Sequentielles Denken und Handeln bestimmt somit die Datenverarbeitung und ihre Organisationsformen. Dies drückt sich in dem Prinzip aus, sich Ziele zu setzen, diese zielstrebig zu erreichen; also Ergebnisse nach dem Input-Output-Verhalten zu produzieren. Eng damit verknüpft ist die Bildung von Organisationseinheiten und Hierarchien, z.B. Mainframe - Abteilungsrechner - Arbeitsplatzrechner; oder CPU-Drucker usw. Von diesem Prozeß abhängig entstanden sehr heterogene Organisationsformen für den betrieblichen Computer-Einsatz.

Diese reichen von den zentralisierten Verarbeitungs- oder Rechenzentren bis zu den isolierten Einzelgeräten des Endbenutzers. Dazwischen verbergen sich sehr heterogene Varianten, wobei drei Ausprägungsformen die Organisationsvielfalt widerspiegeln. Es sind

- die klassisch zu nennende Organisationsform des DV-Verbundes,
- die modernere Ausprägungsform der verteilten DV und
- die auf den Endbenutzer ausgerichtete individuelle DV.

Für alle drei Organisationsformen spielt (kann spielen) das sog. Rechenzentrum - wenn auch mit stark unterschiedlichen Gewichten - eine gewisse Rolle. Es kann Rechnerleistungen übernehmen, Informationsbanken pflegen, ad hoc-Arbeiten erledigen etc. Aus diesem Grunde wird nachfolgend das Rechenzentrum als Dienstleistungsbetrieb der Diskussion der drei dominierenden Organisationsformen vorangestellt.

12.3.2 Das Rechenzentrum als Dienstleistungsbetrieb

12.3.2.1 Begriffserklärung

Das Rechenzentrum ist eine Organisationseinheit zur Bereitstellung von Speicher- und Verarbeitungskapazität und zur Durchführung der automatisierten Speicherung und Verarbeitung von Daten einschließlich aller dazu notwendigen Hilfsfunktionen. Diese Definition stellt die Verarbeitung und die Speicherung als Dienstleistungsarten in den Mittelpunkt. Es sind auch die klassisch zu nennenden Aufgaben, die im Vergleich zu einer industriellen Fertigung den Funktionen Produktion und Lagerung von Informationen gleichzusetzen sind.

12.3 Organisatorische Aspekte des Informationsmanagements

Bei näherer Betrachtung zeichnet sich - nicht zuletzt aufgrund der technologischen Entwicklung der letzten Jahre - ein davon abweichendes Bild ab. Die **Produktion** ist nämlich nicht allein die zentrale Aufgabe, der alle anderen Aktionen untergeordnet werden, sondern sie ist eine der Hauptaufgaben. Weitere Aufgaben, die inzwischen an Bedeutung stark gewonnen haben, wie die **Entwicklung** von Anwendersoftware und die **Kundenbetreuung**, treten hinzu. Diese ursprünglich eher als Hilfsfunktionen eingestuften Aufgaben gewinnen rasch an Bedeutung, nachdem die Produktion an dezentrale Arbeitsplätze und -stellen delegiert wird (Siehe Abschnitt 12.3.3). Die Datenverarbeitung "wandert zum Arbeitsplatz"; an ihre Stelle treten andere Arten von Dienstleistungen, die die Produktion vor Ort begünstigen. Im Vergleich zu einem Fertigungsbetrieb gleichen diese neuen Aktionen im Produktionsprozeß der Produktentwicklung und dem Produktvertrieb, die allerdings im weitesten Sinne auch als fertigungsunterstützende Maßnahmen verstanden werden können. Rechenzentren übernehmen also prinzipiell gewisse Dienstleistungen. Diese liegen entweder im Bereich

- der Entwicklung (Programmentwicklung) oder
- der Produktion (Programmeinsatz) incl. Wartung (Programmpflege) oder
- der Betreuung (Kundenberatung, -ausbildung).

Im einzelnen haben sich diese drei Schwerpunkte herauskristallisiert und bilden den Leistungsrahmen.

- Zunächst gilt die sog. **Entwicklung** als besondere Dienstleistung. Hier handelt es sich um die Bereitstellung von aufgabenbezogener Software, wobei jedes Programm für einen oder für mehrere Auftraggeber - entsprechend einer vereinbarten Spezifizierung - entwickelt und im Bedarfsfalle fortentwickelt wird. Gemeint sind somit nicht diejenigen Arbeiten, die in Verbindung mit dem Betriebssystem stehen, sondern solche, die gewisse Anwendungen und Problemlösungen beinhalten und daher nicht dem allgemeinen Betriebsablauf dienen.
- Der Einsatz von Anwenderprogrammen, also die sog. **Produktion**, steht i.e.S. im Vordergrund der Dienstleistungen. Entsprechend der Programmvielfalt, des Programmvolumens sowie der Art werden Kapazitäten personeller, hardware- und softwaremäßiger Herkunft bereitgestellt und genutzt. Die Produktion schließt Entwicklungsarbeiten am Betriebssystem, ebenso die Wartung der Anlage u.a.m. ein.
- Schließlich müssen die Anwender geschult, ausgebildet und beraten werden, mit anderen Worten, es muß eine gut funktionierende **Betreuung** aufgebaut und angeboten werden, wenn die Anwender als selbständige Benutzer fungieren sollen.

12.3.2.2 Arten von Rechenzentren

Rechenzentren können nach verschiedenen Kriterien spezifiziert und in Typen unterteilt werden. Dabei spielen die erbrachten Leistungsarten eine untergeordnete Rolle, da sie prinzipiell gleich und Unterschiede nur in den jeweiligen Ausprägungen erkennbar sind. Diese wiederum sind ohne Bedeutung hinsichtlich einer Klassifizierung.

Entscheidend ist dagegen das Verhalten der Rechenzentren auf dem DV-Markt, ebenso die daraus resultierende Organisationsform. Ihren Ursprüngen nach und auch hinsichtlich ihrer Bedeutung stehen die betrieblichen und zu Beginn der DV die Hersteller-Servicerechenzentren im Vordergrund. Ihnen folgen die in Abbildung 12.8 aufgezeigten Arten.

Rechenzentren	nicht-marktorientiert	betriebliche Rechenzentren
		öffentliche Rechenzentren
		Ausbildungs- und Forschungs-Rechenzentren
	marktorientiert	ausgelagerte betriebliche Rechenzentren
		Gemeinschafts-Rechenzentren
		Service-Rechenzentren
		Hersteller- Service-Rechenzentren

Abb. 12.8: Systematik der Rechenzentren

Die Orientierung am Markt ist zugleich ein Wertmaßstab für die unterschiedliche Gewichtung der Leistungsarten. Dies wird in Abbildung 12.9 deutlich. Die heutigen Rechenzentren sind über den Einsatz bestimmter Programme hinausgewachsen. Sie bieten Dienstleistungen in solchen Aufgabenbereichen an, wo der Markt sie fordert. Sie passen sich den jeweiligen Marktsituationen an. Dadurch werden auch die in Abbildung 12.9 erscheinenden Grenzen in der Folgezeit verschwinden. Ihre Unterschiede werden in der Organisations- bzw. Rechtsform und in ihrer Ansiedlung an eine bestimmte Organisation bestehen. Bereits heute bieten bspw. aus der Gruppe der "nichtmarktorientierten" Rechenzentren, also die "öffentlichen" Rechenzentren ihre Leistungen auf dem Markt an.

gestern	Awendung kommerzieller und technisch-wissenschaftlicher Programme		
heute und gestern	Planung - Steuerung - Kontrolle von qualitativen Kapazitäten und quantitativen Kapazitäten für	Produktion - Programmeinsatz incl. Systemprogrammierung	
		Back-up-Service, Hardware-Vermietung und sonstige Leistungen	
		sofern mit RZ integriert	Anwendungsprogrammierung und -pflege
			Kundenbetreuung, Beratung, Schulung, Vertrieb

Abb. 12.9: Unterschiedliche Gewichtung der Leistungsarten

Als Folge dieses Prozesses rücken die Grenzen zwischen den aufgezeigten Arten näher. Obwohl sie verschiedenen Kategorien angehören, mit unterschiedlichen Zielsetzungen ins Leben gerufen worden sind und durchaus unterschiedliche Prägungen in ihren Funktionen zeigen, nähern sie sich artmäßig, zumindest in einem ausschlaggebenden Bereich, einander an. Dieser Bereich ist der kaufmännische Bereich, d.h. die kaufmännische Führung schlechthin. Öffentliche Rechenzentren müssen ökonomisch wirtschaftend Kostendeckung erzielen. Betriebliche Rechenzentren werden ausgelagert, bieten ihre Leistungen der eigenen Organisation an. Die Leistungsabnahme ist nicht gesichert. Betriebliche Rechenzentren konkurrieren mit anderen, fremden Rechenzentren. Sie müssen somit ihre Kosten erwirtschaften, als ob sie für fremde Organisationen arbeiten würden. Budgetierung, Preisbildung, wirtschaftliche Kapazitätsvorhaltung und die übrigen Faktoren sorgen dafür, daß eindeutige Grenzziehungen zwischen den einzelnen Typen eher theoretischer als praktischer Natur wären. Diese Grenzen sind ineinandergehend und führen zu einer gewissen Einheitlichkeit.

Diese Fakten deuten allerdings auf die generelle Notwendigkeit des Informationsmanagements in allen Rechenzentren hin, und zwar unabhängig von ihrer Zugehörigkeit.

12.3.2.3 Die Leistungsarten im einzelnen

Rechenzentren befinden sich - wie praktisch alle Betriebe einer Volkswirtschaft - in einem enorm starken Anpassungsprozeß. Rechenzentren der 60er und 70er Jahre könnten mit ihrer Stapelverarbeitung keinen marktadäquaten Service mehr

Leistungs-arten	Entwicklung (Erstellen der Software)	Analyse	Prüfung der Durchführbarkeit Planung Systemanalyse (Grobkonzept) Organisation
		Programmierung	Feinanalyse Codierung Programmtest Dokumentation
	Produktion (Einsatz der Hardware) (Nutzung der Software)	Vor- und Nachbereitung	Datenerfassung Arbeitsvorbereitung Kontrolle (Ergebnis, Ablauf) Nachbereitung (Versand)
		Betrieb	zentraler Rechner(Hardware/Rechner-Service) Datenbanken (Daten-Service Druck-Stationen(Hardware/Rechner-Service)
		Verwaltung	Material (Endlos-Papier, Druckbänder) Datenträger
	Betreuung (Anwendungsberatung)	Einführung	Auswahl neuer Projekte Kontakte zu den Anwendern Einführung neuer Verfahren
		Schulung	Ausbildung der Anwender Fortbildung der Anwender laufende Beratung
		Vertrieb	Marktanalyse Vergleich anderer Verfahren Wirtschaftlichkeitsberechnungen Preiskalkulation Angebot u.a.m.

Abb. 12.10: Leistungsangebote von Rechenzentren

anbieten. Auch die gegenwärtig betriebenen Rechenzentren unterliegen raschen Änderungen, deren Auswirkungen zur Abspaltung gewisser Funktionen zu Teilbetrieben (Abteilungen) oder sogar zur Bildung organisatorisch selbständiger Einheiten führen. Die Benutzer erwarten Unterstützung an ihrem Arbeitsplatz. Dies gilt auch dann, wenn in einem Unternehmen das Rechenzentrum nicht als selbständige Einheit, sondern als Datenverarbeitungsabteilung fungiert. Prinzipiell gleichen sich die Aufgaben. Sie lassen sich, wie bereits zuvor ausgeführt, auf drei Leistungsarten verdichten (Abbildung 12.10).

Diese Leistungsarten sind sowohl früher wie auch heute und erwartungsgemäß auch künftig die gleichen. Der entscheidende Unterschied wird in der markanten Verschiebung der Leistungsanteile zu sehen sein. Während früher die Produktion, also der Einsatz und die Nutzung der Hardware, vordergründig gefragt war, sind gegenwärtig die Entwicklungsleistungen, die Bereitstellung von Tools (Werkzeugen), die Entwicklung von Expertensystemen, die Auskundschaftung des Zuganges zu Informationsbanken, die Nutzung von Mailbox-Systemen u.ä.m. von großem Interesse und haben wachsende Nutzungsanteile. Im Rahmen dieses Wandlungsprozesses werden künftig aus Benutzersicht die Leistungsarten der Betreuung und der Entwicklung neben der Inanspruchnahme von Rechnerleistungen die hauptsächlichen Leistungsarten bilden. Ebenso kann davon ausgegangen werden, daß die Anforderungen an die Produktion in bezug auf Dialogverhalten, Speicherkapazität u.a.m. steigen.

Diese Leistungsarten bilden den betrieblichen Prozeß ab, in dem die Entwicklung der Produktion und die Produktion der Betreuung voranzustellen ist. Hieraus resultiert auch die Erkenntnis, daß zunächst Kapazitäten geschaffen und vorzuhalten sind, bevor die Produktion und die Vermarktung einsetzen.

12.3.2.4 Der Prozeß der Leistungserbringung

Alle Leistungsarten werden in einem Fertigungsprozeß erbracht, der schematisiert in die Prozeßkette

Entwicklung -> Produktion -> Betreuung

untergliedert wird (Abbildung 12.11). Die einzelnen Glieder können ihrerseits weiter spezifiziert werden, bis sie selbst als eigenständige Leistungseinheiten isoliert sind. Das entscheidende an dieser Aussage ist, daß die einzelnen Funktionen nicht zwingend, sondern nur nach Bedarf vorkommen oder fehlen. Demzufolge können auch andere, nicht genannte Funktionen hinzukommen. Das Rechenzentrum als Betrieb bleibt ebenso erhalten, wie der Industriebetrieb. Es finden nämlich nur Austausch- bzw. Ergänzungsvorgänge statt. Der organisatorische und der informatorische Zusammenhang bleiben erhalten. Dafür sorgen die Input-Prozeß-Output-Beziehungen.

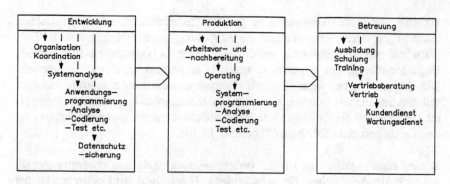

Abb. 12.11: Prozeßkette der Leistungserbringung

Vereinfacht auf den Leistungsbereich Produktion ergibt sich der bekannte Input-Prozeß-Output-Zusammenhang entsprechend dem Schema in Abbildung 12.12, und zwar mit den Produktionsfaktoren (Einsatzmengen), Produktionsanlagen (Datenverarbeitungsanlagen) und Produkten (Programmablauf).

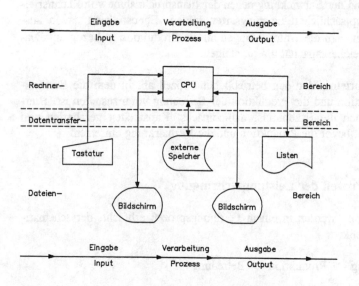

Abb. 12.12: Input-Prozeß-Output-Zusammenhang

Als Folge dieses Prozesses rücken die Grenzen zwischen den aufgezeigten Arten näher. Obwohl sie verschiedene Kategorien angehören, mit unterschiedlichen Zielsetzungen ins Leben gerufen worden sind und durchaus unterschiedliche Prägungen in ihren Funktionen zeigen, nähern sie sich artmäßig, zumindest in einem ausschlaggebenden Bereich, einander an. Dieser Bereich ist der kaufmännische Bereich, d.h. die kaufmännische Führung schlechthin. Öffentliche Rechenzentren müssen ökonomisch wirtschaftend Kostendeckung erzielen. Betriebliche Rechenzentren werden ausgelagert, bieten ihre Leistungen der eigenen Organisation an. Die Leistungsabnahme ist nicht gesichert. Betriebliche Rechenzentren konkurrieren mit anderen, fremden Rechenzentren. Sie müssen somit ihre Kosten erwirtschaften, als ob sie für fremde Organisationen arbeiten würden. Budgetierung, Preisbildung, wirtschaftliche Kapazitätsvorhaltung und die übrigen Faktoren sorgen dafür, daß eindeutige Grenzziehungen zwischen den einzelnen Typen eher theoretischer als praktischer Natur wären. Diese Grenzen sind ineinandergehend und führen zu einer gewissen Einheitlichkeit.

Diese Fakten deuten allerdings auf die generelle Notwendigkeit des Informationsmanagements in allen Rechenzentren hin, und zwar unabhängig von ihrer Zugehörigkeit. An jeder Station dieses Gesamtprozesses entstehen Informationen in quantifizierbarer (meßbarer) Form, so daß sie den Gesamtprozeß netzartig abbilden und daher dem Auswertungsziel angepaßt

- Informationen strukturieren,
- Informationen erfassen, bewerten, kalkulieren und
- Informationen dem Prinzip der Verursachung folgend auswertend

zur Verfügung stellen können.

Hier äußert sich das Informationsmanagement in doppelter Hinsicht. Zum einen ist das Rechenzentrum ein Dienstleistungen (Informationen) produzierender Betrieb, für den alle drei Säulen des Informationsmanagements, also der interne und der externe Informationseinsatz, die Einrichtung eines Informationssystems und die Organisation der Infrastrukturen zutreffen. Zum anderen übernimmt es Aufträge aus anderen Betrieben oder Abteilungen, um ein Informationssystem für den Auftraggeber auszufüllen, Informationen zu liefern und selbstverständlich dafür auch die (Kommunikations-) Infrastruktur zu sichern. Diese Doppelgleisigkeit macht das Rechenzentrum zu einem äußerst komplexen System.

12.3.2.5 Einführung des CIM-Konzeptes

Die Folgen dieser Entwicklung zeigen Parallelen zum Industriebetrieb. Aus der Sicht des Informationsmanagements ist die Übernahme des CIM-Konzeptes von eminenter Bedeutung.

Das CIM-Konzept mit den beiden Säulen PPS (Produktions-Planung und -Steuerung) und CAE/CAQ verknüpft betriebswirtschaftliche und produktionstechnische Abläufe miteinander und folgt damit dem Gedanken der Integration. Durch sie sollen Rationalisierungen hinsichtlich Ausfall-, Warte- und Einarbeitungszeiten erzielt werden. Die Übertragung dieses Konzepts auf Rechenzentren und auf die DV-Produktion, also die Verarbeitung als PPS-Arm, schließlich auf die Entwicklung als CA-Arm verbindet

- im Zweig PPS die Vorgangsketten
  Produktionsplanung ---> Arbeitsvorbereitung ---> Produktion/Verarbeitung ---> Nachbereitung ---> Versand und
- im Zweig CAE/CAQ die Vorgangsketten
  Systemanalyse ---> Systementwurf ---> Systemrealisierung ---> Systemimplementierung

miteinander (Abbildung 12.13). Geplant und gesteuert werden müssen somit im PPS-Arm die Vorgänge - beginnend mit der Planung über die Arbeitsvorbereitung bis hin zur Nachbereitung. Denen gegenüber werden im CA-Arm die Aktionen von der Analyse bis hin zur Implementierung miteinander verknüpft. Eine Querverbindung wird über die Daten-, Programm- und Toolbanken hergestellt. Damit wird das Prinzip verdeutlicht, wonach die Projektarbeiten (Entwicklungsprojekte) ebenso integriert ablaufen wie die Verarbeitungsaktivitäten. Um diesen Zustand zu erreichen, wird häufig vorgeschlagen, die Realisierung der Bibliotheks-, Auftragsgenerierungs-, Scheduling-, Restart-, Monitor-, Help- u.ä. Funktionen auf der einen Seite und die Übertragung der Gestaltungsgrundsätze mit Bildung von Vorgangsketten, Bildung von kleinen Regelkreisen, Engpaßdefinition, konsequente Betriebsdatenerfassung etc. auf der anderen Seite miteinander zu verbinden.

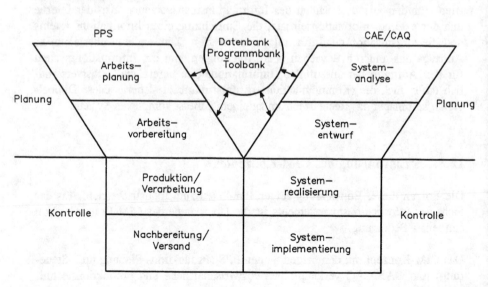

Abb. 12.13: CIM im Rechenzentrum

Das CIM-Konzept läßt sich also auf den Rechenzentrumsbetrieb relativ einfach übertragen, weil die systemtechnischen Gegebenheiten eine nach dem CIM-Gedanken geforderte Vorgangs- und Datenintegration zulassen. Für die Arbeitsvorbereitung stehen Cassetten-Systeme, für die Nachbereitung Kuvertierungsgeräte, in den Fachabteilungen stehen dedizierte Rechner/Drucker etc. zur Verfügung. Systemtechnische Gegebenheiten also, die Voraussetzungen für eine solche Integration der Daten- und Vorgangsketten sind. Die erwarteten Effekte treten besonders deutlich in den Fällen in Erscheinung, wo das Datenmanagement mit der Anwendungsprogrammierung, das Netzwerkmanagement mit der normierten Kommunikation etc. integriert.

12.3.2.6 Informationsmanagement mittels Controlling

Die Abwicklung der laufenden Arbeiten der Produktion und der Entwicklung, wie sie im CIM integriert sind, können in das Controlling eingebunden werden, weil hier Identitäten zwischen den Inhalten von CIM und Controlling bestehen. Diese Tatsache wurde bereits Mitte der 80er Jahre erkannt und in der Praxis mit zunehmender Tendenz realisiert. Diese Identitäten werden aus der Beschreibung des Kostenstellen-, Kostenträger-, Deckungsbeitrags- und Ergebniscontrolling sichtbar.

Im **Kostenstellen-Controlling** werden die Kosten nach Kostenstellen erfaßt und so aufbereitet, daß sie auch verursachungsgerecht verrechnet werden können. Die Ermittlung der Abweichungen muß entscheidungsgerecht erfolgen, um Planung und Steuerung der Wirtschaftlichkeit durch Soll-Ist-Vergleiche realisieren zu können. Im einzelnen geht es um die

- Abrechnung und Gegenüberstellung aller Istkosten mit den Sollkosten,
- Messung der Leistungen in den Kostenstellen,
- leistungsabhängige Ermittlung von Sollkosten,
- wahlfreie Verdichtung von Kostenstellen zu Verantwortungsbereichen,
- innerbetriebliche Verrechnung kalkulatorischer Kostenarten,
- Preis-, Verbrauchs- und Beschäftigungsabweichungen,
- detaillierte, frei definierbare Protokollierung aller Kosten und Leistungen,
- beliebige Verdichtung von Werten.

Zur Unterstützung des **Kostenträger-Controlling** sind die Produktkalkulationen zu überwachen. Es gelten insbesondere die Kostenermittlung für die einzelnen Aufträge mit Darstellung der Abweichungen zur Vorkalkulation sowie die Verrechnung von auftragsbezogenen Leistungen (Ist-Bezugsgrößenverbrauch), Ist-Material- und sonstige Kosten mit alternativen Bewertungsmöglichkeiten (Grenzkosten, Dualwerte usw.). Im einzelnen sind es die

- wahlfreie Definition der Aufträge,
- wahlfreie Gliederung der Nachkalkulation,
- Nachkalkulation mit Kosten pro Auftrag bzw. Produkt,
- Abrechnung aller Istkosten und Gegenüberstellung der Sollkosten,
- wahlfreie Abrechnung von Aufträgen zu Grenz- und/oder Vollkosten und/oder weiteren Wertansätzen,
- Ausweis von Leistungs- und Materialverbrauchsabweichungen,
- automatische Verrechnung von Gutschriften für trägerbezogene Leistungen,
- wahlfreie Verdichtung von Aufträgen, sowie
- Führen von statistischen Aufträgen.

Das **Deckungsbeitrags-Controlling** zielt - wenn auch eingeschränkt - auf die

- Soll-Ist-Vergleiche für die Verantwortungsbereiche,
- differenzierte Darstellung der Leistungsabweichungen und
- Verdichtung nach Aufträgen sowie nach Kunden.

Aus den drei Controlling-Teilbereichen resultiert das **Ergebnis-Controlling** mit den Funktionen

- Abrechnung der Soll-Ist-Kosten,
- Abrechnung der Erlöse,
- Ermittlung der Abweichungen,
- Verdichtung von Teilergebnissen, sowie
- Durchführung von Berechnungen mit kalkulatorischen Kosten, Kennzahlen, Mehrjahresvergleichen u.a.m.

12.3.3 Organisationsform DV-Verbund

In den ersten Anfängen der Datenverarbeitung wurde der Computer

- **zentral** für Angehörige derselben Organisation und
- **außer Haus** für Angehörige fremder Organisationen

eingesetzt. Er war für jeden Benutzer in einer vorbestimmten Form nutzbar. Da die einzelnen Arbeiten (Aufträge) an den Computer herangetragen worden sind, und dies galt für alle Benutzer, entstand der Name Rechenzentrum als zentraler Ort des Rechnens. Diese Form war hauptsächlich durch den Tatbestand bestimmt, daß die Computer mit hohen Investitions-, Wartungs- und Betriebskosten, mit DV-Spezialisten etc. verbunden und nur bei starker Auslastung rentabel waren. Auch an der Kommunikationstechnik mangelte es. Daher waren

12.3 Organisatorische Aspekte des Informationsmanagements

die Leistungsangebote der Rechenzentren ausschlaggebend. Sie zeichneten den Weg zur zentralen Verarbeitung, wobei im Laufe der Zeit mit wachsender Technisierung unterschiedliche Organisations- und Ausprägungsformen entstanden sind. Bereits in den 60er Jahren hatten sich die Hardware- und Softwarevoraussetzungen so gut entwickelt, daß der Rechnerzugang aus der Ferne (Remote Access) möglich wurde. Eine qualitativ neue Stufe bildeten die ersten dialogorientierten Timesharing-Systeme der 70er Jahre. Sie führten zur Ausbreitung des Bildschirmterminals (Display Terminals). Die Entwicklung ging über

- DV ohne Datenfernübertragung,
- zur DV mit Datenfernübertragung im Offline-Betrieb und
- zur DV mit Datenfernübertragung im Online-Betrieb.

Im Zuge der sich ständig wandelnden Technik und des Durchbruchs des Mikrocomputers verschob sich das Bild zunächst zum sog. **Verbundbetrieb**, oder **DV-Verbund**. Das Resultat, die **verbundene Datenverarbeitung**, ist eine Kombination zentraler (interner) und dezentraler (externer) DV. Sie erfolgt auf der Grundlage des Datenträgeraustausches oder der Datenfernübertragung, wobei Mikrocomputer mit dem Mainframe (Host-Rechner) der/des Rechenzentren/zentrums temporär oder ständig verbunden werden. Dadurch ergibt sich ein **Computer-Verbundsystem**. Es ist der Zusammenschluß mehrerer in sich geschlossener Systeme, die über ein Netzsystem (z.B. öffentliches Fernsprechnetz, Datexnetz, Direktrufnetz) zwecks Erfüllung bestimmter Aufgabe verbunden sind. Als geschlossene Systeme gelten hier die intelligenten Terminals, die Mikro- und Minicomputer und natürlich der Host-Rechner.

Die Einsatzschwerpunkte der verbundenen Datenverarbeitung ergeben sich aus der unterschiedlichen Leistungsfähigkeit der zentralen und der dezentralen Intelligenz (Mainframes/Mikro's); es liegt eine funktionale Arbeitsteilung vor. Im Rechenzentrum werden zumeist Funktionen, deren Koordinierungsfähigkeit hoch ist und/oder eine große Rechner-/Speicherkapazität erfordern, ausgeführt. Hierzu zählen bspw.

- Massendatenverarbeitung,
- Datensicherung/-archivierung,
- Programmerstellung und -pflege,
- zentrale Datenbanken, sowie
- DV-Service und Schulung.

In einem Betrieb, der typischerweise verbunden arbeitet, werden Funktionen, die endbenutzerorientiert sind und/oder autonom abgewickelt werden können, wahrgenommen (Abbildung 12.14). Hierzu zählen bspw.

- Datenerfassung,
- Verarbeitung zeitkritischer Daten,
- Textverarbeitung,
- Fakturierung,
- Buchführung etc.

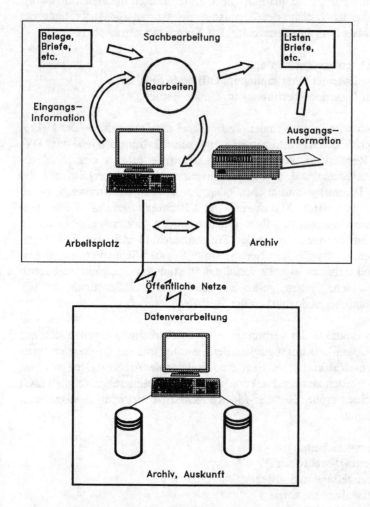

Abb. 12.14: Schematische Darstellung einer verbundenen Datenverarbeitung

In einer Verbundlösung stehen dedizierte und universelle Anwendungen nebeneinander. Hierzu dient das Schema zur Zuordnung der Systemnutzung zu einer der beiden Kategorien (Abbildung 12.15). Zwischen den beiden Grundausprägungen besteht jedoch keine scharfe Abgrenzung, sondern ein Übergangsbereich. So ist die Rechnernutzung durch Aufgabenwechsel bei einer geringen Anzahl heterogener Aufgaben i.d.R. noch zum Bereich der dedizierten Anwendungen, bei einer Vielzahl wechselnder Aufgaben dagegen den universellen Anwendungen zuzuordnen. Kennzeichnende Merkmale der Bestimmtheit der Systemnutzung sind nach Abbildung 12.15 die Arten der zu lösenden Aufgaben und ihre Zuordnung zu Aufgabenträgern. Abbildung 12.16 veranschaulicht schematisch Grundformen der Aufgabenstellung sowie der Zuordnung von Aufgaben zu Aufgabenträgern.

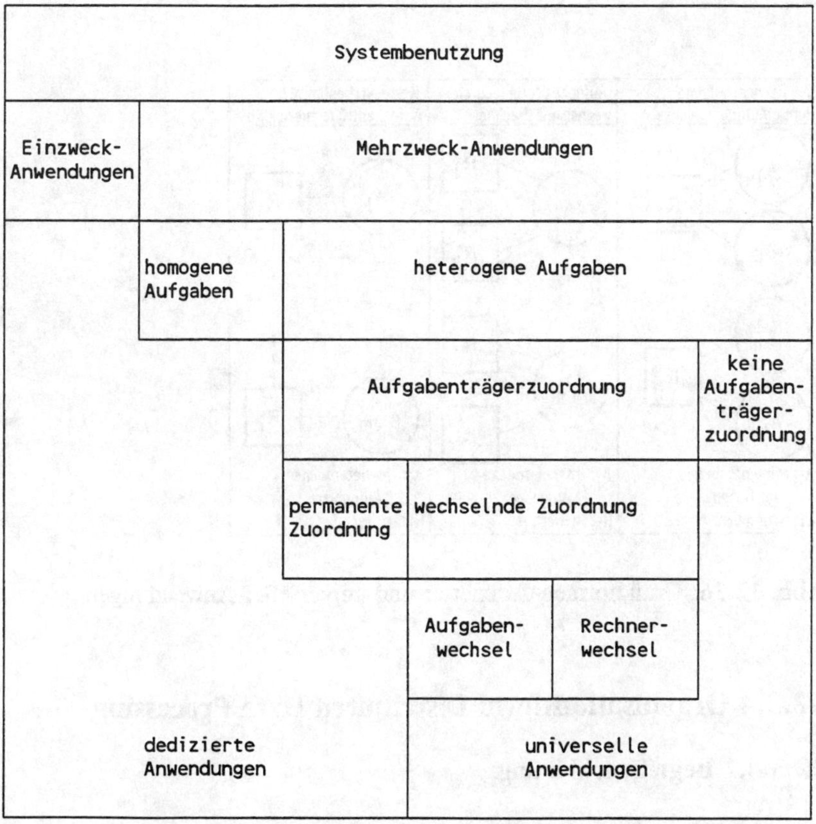

Abb. 12.15: Dedizierte und universelle Anwendungen

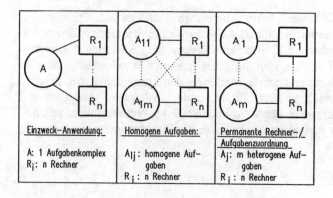

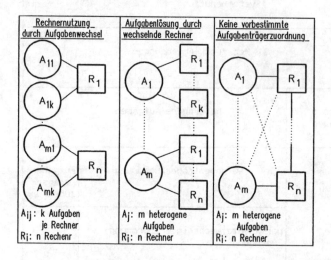

Abb. 12.16: Grundformen dedizierter und universeller Anwendungen

12.3.4 Organisationsform Distributed Data Processing

12.3.4.1 Begriffserklärung

Das Vordringen der Datenverarbeitung in alle Bereiche der Wirtschaft, ja sogar in die Privatsphäre der Haushalte, läßt die Aussage zu, daß uns in der Zukunft ganz sicher eine Situation erwartet, bei der alle Eigenschaften der Datenverarbeitung auf dem Wege über große Datenverbundnetze jedem Normalverbraucher ebenso zur Verfügung stehen, wie heute bspw. das Telefon. In der Zukunft muß von völlig neuen Dienstleistungen ausgegangen werden, die die

Entstehung neuer Informationsinfrastrukturen mit sich bringen. Der Computer erhält eine immer größere Bedeutung; er wird ein aktives Instrument für den Endverbraucher, den er direkt (am Arbeitsplatz) unterstützt. Je mehr Menschen mit Computern umgehen werden (können), desto mehr verliert der Computer die Eigenschaft eines passiven Werkzeuges.

Aus dem großen Bereich der zu erwartenden Veränderungen ragt die Frage heraus, wie es am besten gelingt, den Computer nicht nur kostengünstig, sondern auch nahe an jeden Arbeitsplatz heranzubringen. Diese Frage tritt insbesondere in Unternehmen mit vorwiegend dezentralen Organisationsformen und in kleinen Unternehmen auf. In der Regel lassen sich die Aufgaben solcher Unternehmen relativ einfach mit Hilfe der Datenverarbeitung unterstützen. Es entstehen datenverarbeitungstechnische Verbundsysteme, in denen der Informationsfluß sowohl zwischen den Arbeitsplätzen als auch zu und von der Zentrale reibungslos abläuft. Diese Arbeitsplätze umfassen dabei Tätigkeiten, wie Management, Buchhaltung, Vertrieb, um einige zu nennen. Diese Form der Datenverarbeitung heißt dann **Distributed Processing** oder **dezentrale/verteilte Computerbenutzung**.

Diese Form der Datenverarbeitung bedingt zugleich die Trennung der Funktionen

- Datenhaltung (zeitliche Datenverarbeitung; Datenspeicherung),
- Datentransformation (sachliche Datenverarbeitung) und
- Datentransfer (räumliche Datenverarbeitung; Kommunikation).

Jede dieser Funktionen wird ihren eigenen spezialisierten Computer erhalten. Sie werden dann als Verbundsysteme genutzt, zwischen denen physikalische und prozentuale Vereinbarungen bestehen. Die Frage ist, ob diese Organisationsform generell, für alle Unternehmen gültig ist. Zentral organisierte Unternehmen verhalten sich ähnlich, denn die einzelnen Arbeitsplätze sind so zu bedienen, wie die Anwendungen dies verlangen. Dabei spielt es keine Rolle, ob vergleichsweise in dezentral organisierten Unternehmen größere räumliche Entfernungen überbrückt werden müssen. Dies ist nur ein technisches Problem; die sachliche Entscheidung zur zentralen oder dezentralen, verteilten Datenhaltung und/oder -verarbeitung bleibt unabhängig von der Organisationsform des Unternehmens gleich. Sie ist eine Frage des besseren (schlechteren) Informationsmanagements. Die Datenverarbeitung wird den Bedürfnissen angepaßt. Ähnlich können sich Klein- und Kleinstbetriebe verhalten, in dem sie die Dienstleistungen zentraler Entwicklungs- und Verarbeitungszentren in Anspruch nehmen und sich - aus der Sicht der Datenverarbeitung - wie dezentrale Stellen von Großunternehmen verhalten, d.h. zentrale/dezentrale Datenhaltung und/oder -verarbeitungen beanspruchen. Abweichungen würden nur entstehen, wenn ein Kleinstbetrieb isoliert, für sich arbeitend, seine DV-Probleme löst.

Das Zusammenwirken mehrerer Computersysteme, die räumlich nah oder räumlich fern durch Datenübertragungseinrichtungen und -wege miteinander verbunden sind, wurde im Abschnitt 3.4 als **Rechnernetze** bezeichnet. Dabei wird der Begriff Computersystem weit gefaßt. Es können Computer, deren periphere Geräte und Steuereinheiten sein; ebenso Datenstationen, um Vorverarbeitungsaufgaben (Prüfungen, Erfassungskontrollen, Plausibilitätskontrollen etc.) zu erledigen; Mikrocomputer (auch als selbständige Systeme) etc. Auch diese können mit den Zentralrechnern gekoppelt sein. Hierfür hat sich der Begriff dezentrale Verarbeitung durchgesetzt. Der Übergang zwischen verteilter Verarbeitung und dezentraler Verarbeitung ist fließend.

Zur Unterscheidung und zugleich zur Charakterisierung zentraler und dezentraler Systeme werden in der Regel 6 Komponenten herangezogen, die in ihrem Wirkungszusammenhang verglichen werden:

- die Menschen (DV-Fachkräfte und -Benutzer),
- die Geräte (Hardware-Ausstattung),
- die Software (Betriebssystem, Abfragesprachen, System-Kommandos etc.),
- das Kommunikationssystem (räumliche Datenübertragung),
- die Datenbank bzw. das Datenbanksystem sowie
- die Anwendungen, also die Anwendungsprogramme.

Bedingt durch den zunehmenden Einsatz verteilter Systeme in komplexen Anwendungen wird auch die Entwicklung von Konzepten zur **verteilten Datenverwaltung** erforderlich. Ein System zur verteilten Datenverwaltung als eines von mehreren Teilsystemen eines verteilten Rechnersystems hat dabei den generellen Anforderungen an solche Systeme Rechnung zu tragen. Ein Hauptgrund des Einsatzes von verteilten Rechnersystemen ist die Forderung nach der Modularisierung einer komplexen verteilten Anwendung. Die Partitionierung einer Gesamtaufgabe in überschaubare Teile steht dabei im Mittelpunkt des Interesses. Eng verknüpft mit dem Wunsch nach Modularisierung sind die Begriffe Autonomie und Lokalität. So folgt aus dem Bestreben nach Autonomie die Lokalität der Datenverarbeitung: Der Großteil der Verarbeitungsvorgänge kann lokal auf einem Rechnerknoten durchgeführt werden; rechnerübergreifende Verarbeitungen können vermieden werden. Dies führt zu einer hocheffizienten Gesamtverarbeitungsleistung durch Verfügbarkeit und lokale Erweiterbarkeit, da rechnerlokale Verarbeitungsvorgänge um ein Vielfaches schneller zu bearbeiten sind als verteilte Bearbeitungen.

12.3.4.2 DDP-Systemarten

Jede Verteilung von

- Daten (Datenhaltung),
- Datentransfer (Kommunikation) oder
- Datentransformation (Verarbeitung)

ist eine dezentrale (verteilte) Datenverarbeitung (Distributed Data Processing; DDP), also alle Verteilungen kleiner Systeme, die vom Großrechner entfernt sind, alle datenübertragenden Systeme und alle Online arbeitenden Systeme (Abbildung 12.17).

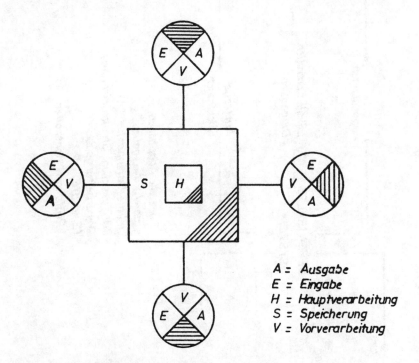

A = Ausgabe
E = Eingabe
H = Hauptverarbeitung
S = Speicherung
V = Vorverarbeitung

Abb. 12.17: DDP-Systeme

Die mit der Dezentralisierung verfolgten Ziele werden durch

- Auslagerung von Funktionen,
- Verteilung auf mehrere (Klein-) Rechner,
- Aufteilung nach geographischen, fachlichen etc. Gesichtspunkten und
- Ausgleich aus Sicherheitserwägungen

erreicht. In diesem Sinne sind verschiedene Nutzungsarten von Datenverarbeitungssystemen als DDP zu bezeichnen (Abb. 12.18).

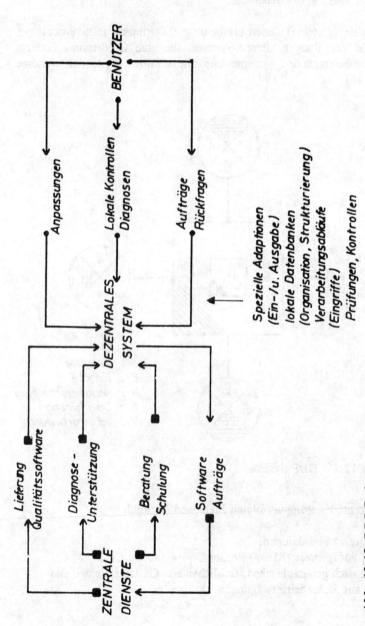

Abb. 12.18: DDP-Bedeutungen

Das organisatorische Problem der verteilten Datenverarbeitung besteht darin, Teilfunktionen eines Systems, einer Ganzheit so auf einzelne verarbeitende Stellen aufzuteilen, daß der inhaltliche Zusammenhang bewahrt bleibt.

12.3.4.3 Erscheinungsformen

Um ein einheitliches Verständnis zu erzielen, ist es sinnvoll, die verteilte Datenverarbeitung in vier Struktur-Kategorien aufzuteilen:

- **Zentrale Struktur**
  An einem zentralen Rechner sind entfernt stehende Bildschirme über Leitungen gebunden. Die eigentliche Verarbeitung für den Endbenutzer erfolgt in der zentralen Anlage. Hierbei handelt es sich nicht um verteilte Datenverarbeitung i.e.S., auch wenn hier z.B. Daten schon vor Ort vorgeprüft werden können.
- **Dezentrale Struktur**
  Neben einem zentralen Rechner gibt es in den entfernten Organisationseinheiten eigene Datenverarbeitungsanlagen. Die Verarbeitung für den entfernten Benutzer erfolgt auf dem dezentral stehenden Rechner. Wesentlichstes Merkmal dieser Struktur ist die Tatsache, daß zwischen den einzelnen Rechnern kein Verbund besteht, also kein Datenaustausch organisatorisch implementiert ist.
- **Hierarchisch verteilte Struktur** (hierarchische Netze)
  Neben dem zentralen Rechner bestehen entfernt stehende Rechner, die die Verarbeitung für den entfernten Endbenutzer übernehmen. Im Gegensatz zu dezentralen Strukturen bestehen folgende vier Funktionsmerkmale:
    - eine Verbindung zum zentralen Rechner,
    - ein organisatorisches Abhängigkeitsverhältnis zum zentralen Rechner,
    - eine klare Abgrenzung der Aufgaben zwischen dem zentralen und dezentralen Rechner (Verteilung von Funktionen auf der Basis organisatorischer Hierarchie) und
    - eine Verteilung von Daten mit Implementierung eines Verfahrens, wie und wann welche Daten zwischen den Rechnern ausgetauscht werden.
- **Netzwerkstruktur** (vermaschte Netze)
  Die Netzwerkstruktur hat genau wie die hierarchisch verteilte Struktur einen zentralen und dezentralen Rechner. Darüber hinaus ist sie eine Verbundlösung nicht nur zwischen dem Host-Rechner und den dezentralen Rechnern, sondern auch zwischen den dezentralen Rechnern.

12.3.4.4 Dezentrale Funktionsausübungen

Die Dezentralisierung der **Datenerfassung** erfolgt unter quantitativen und qualitativen Gesichtspunkten. Hinzukommt die Beschleunigung des Erfassungsprozesses schlechthin und dies gekoppelt mit einer höheren Erfassungssicherheit (programmgesteuerte Dateneingabe mit laufender Führung des Erfassers und mit direkter Kontrolle bzw. Fehlanzeige). Dies bedingt den Einsatz solcher Geräte (Terminals), die mit eigenen Steuer-, Rechen- und Speicherwerken ausgestattet, also über eine gewisse Intelligenz verfügen. Der gleiche Effekt kann bei Anschluß des Erfassungsgerätes an einen Computer erzielt werden. Wichtig ist, daß gewisse Vor- und Nacharbeiten der Datenerfassung dezentral ablaufen (Vorarbeiten), wobei die Verbindung zum Rechner (Host- oder Mikrocomputer) direkt (online, Dialog, Vorverarbeitung, Einzel/Gruppenarbeitsplätze sind möglich) oder indirekt (offline, Vorverarbeitung, Einzelarbeitsplatz sind wahrscheinlich).

Die starken Zentralisierungstendenzen in dieser Speicherungsphase der vergangenen Jahre erscheinen plausibel, wenn an den Aufbau großer Informationszentren, an die Einmalspeicherung, an die Problematik des Updating oder an die Reorganisation von Dateien gedacht wird. Dezentralisierung der **Datenspeicherung** wird jedoch zumindest in folgenden Fällen empfohlen:

- In Verbindung mit der Erfassung, wenn die erfaßten Daten zu Kontroll- und Vergleichszwecken, oder zum Zwecke der Vorverarbeitung im Zugriff der erfassenden Stellen bleiben sollen.
- Eine Analogie zum ersten Fall ergibt sich, wenn zwischen der Speicherung und der Ausgabe erhöhende Aufbereitung der Daten stattfindet, bzw. wenn der Benutzer eine gesteuerte Ausgabe auf Abruf verfolgt.
- Im Falle einer Dezentralisierung aller Funktionen ist ein schnelles Updating erforderlich. Dadurch werden Übertragungsprozesse eingespart.

Es sind allerdings einige Grundsätze zu beachten, wenn die Datenhaltung nicht "entgleisen", wenn also die Übersicht (Koordinierung, Kontrolle, Verwaltung etc.) für den Eigentümer der Daten bzw. für den berechtigten Datenverwalter erhalten werden sollen:

- Daten werden nur am Arbeitsplatz verändert.
- Übertragbare Daten sind nach einheitlichen Formaten mit feststehenden Kennungen zu versehen für den Außenstehenden eigentlich unsichtbar, in ihren Formaten und Kennungen nicht rekonstruierbar zu machen.
- Eine Datei wird nach Möglichkeit am Ort ihrer Entstehung aufbewahrt, wobei die Kennung des Ortes Bestandteil der Datenkennung ist.

Diese Form der Dezentralisierung bedeutet in der Regel eine "totale" Dezentralisierung aller Verarbeitungsprozesse. Sie kann aus verschiedenen Zielvorstellungen heraus empfohlen werden, so in Verbindung mit der Implementierung von Spezialcomputern, die auf die Erfüllung bestimmter Aufgaben ausgerichtet sind (Datenbankcomputer, Prozeßrechner, Hochleistungscomputer), bzw. die im Interesse einer Datenverarbeitung am Ort der Datenentstehung und des Informationsbedarfs arbeiten. Dabei können sowohl hardwaremäßige und organisatorische Ziele als auch kostenmäßige und führungsmäßige Ziele im Vordergrund stehen.

Zu beachten sind einige bereits genannte Grundsätze:

- Geschlossene, oder homogene Systeme erleichtern den Aufbau; problematisch sind offene, oder inhomogene/heterogene Systeme.
- Standardisierungen (Schnittstellenvereinbarungen), sind zu erfüllen.
- Im Falle eines Lastverbundes muß jeder Computer den Zustand des anderen Partners kennen (dezentrale Steuerung) bzw. er muß zentral gesteuert werden können.
- Das Arbeiten mit einer Normsprache ist praktisch zwingend.

Die Phase der Ausgabe ist heute vielfach dezentralisiert. Als Gründe für die Zweckmäßigkeit werden organisatorische und informatorische Fakten angegeben. Mengenmäßig umfangreiche **Ausgabeprozeduren** sprechen gegen eine Dezentralisierung, ebenso die Verwendung von Formularen, da dadurch die Vorteile leistungsstarker Ausgabegeräte nicht genutzt werden können, während für eine Dezentralisierung die Nutzung hochwertiger Ausgabeverfahren (Bildschirm im Dialog) spricht, also die Ansiedlung von auf den Benutzer zugeschnittenen Ausgabegeräten.

12.3.4.5 Datenbanken in verteilten Systemen

Mit der Trennung der Daten von den Aufgaben wird der Weg zu Datenbanken geöffnet. Sie enthalten Datenstrukturen in allgemeiner, nicht aufgabenspezifischer Form, so daß sie für mehrere Aufgaben und daher für mehrere Anwendungsprogramme bereitstehen. Das organisatorische Problem besteht nunmehr darin, die Datenhaltung so zu steuern, daß alle Aufgaben zeit- und sachgerecht erfüllt werden. Dazu gehört auch die Zugriffsbereitschaft seitens der Anwendungsprogramme. Von den möglichen, zukünftig relevanten DB-Typen sind drei von besonderer Bedeutung. Diese sind:

- physikalisch geteilte DB ohne Redundanz,
- geteilte DB mit lokalen "Kopien" und
- physikalisch geteilte DB mit lokalen "Kopien".

Bei der **physikalisch geteilten DB ohne Redundanz** werden die Daten in zwei Gruppen untergliedert und verwaltet, und zwar in eine Gruppe

- gemeinsam zugänglicher Daten und
- lokal zugänglicher Daten.

Eine Doppelung der Daten erfolgt nicht, d.h. jedes Datum liegt nur einmal vor. Die gemeinsam zugänglichen Daten sind in der Regel aggregierte Daten wie Kontensalden, Summenwerte, Jahresumsätze etc. Demgegenüber sind die lokalen Daten Einzelwerte wie Geschäftsvorgänge, Arbeitseinsätze etc. Nachteil dieser Art ist die erschwerte Koordination aller Elemente/Komponenten, insbesondere in bezug auf die Nutzbarmachung (Öffnung) lokal gespeicherter Daten für die Bildung/Ermittlung/Ableitung der gemeinsam zugänglichen Daten bzw. für die räumlich ferne Bereitstellung der Daten (Zugriffsberechtigung). Die Kontrollmechanismen können zentral, aber auch dezentral angelegt werden. Da es sich bei dieser Form um eine besonders wichtige Variante der DDB handelt, werden in der nachfolgenden Abbildung 12.19 neben der Darstellung der DB-Strukturen auch die Kontrollmechanismen skizziert.

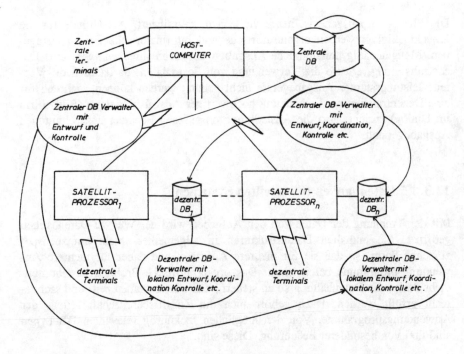

Abb. 12.19: Physikalisch geteilte Datenbank (DB) mit zwei Arten von DB-Verwaltern

Bei der **geteilten DB mit lokalen Kopien** als Version der DDB ist charakteristisch die Führung und Verwaltung einer großen zentralen DB an der Seite des Host-Computers. Teile, und zwar im voraus bestimmbare Teile, dieser zentralen DB werden - gemäß den Anforderungen der Anwenderprogramme - an der Seite von anderen Computern in dezentral/lokal angelegten DB zusätzlich (also praktisch gedoppelt als "Kopien" der zentralen DB) geführt (Abbildung 12.20).

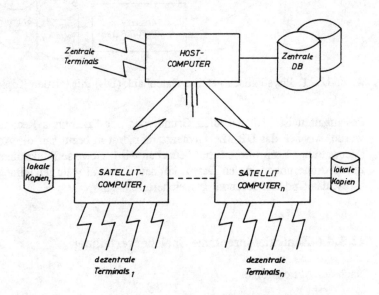

Abb. 12.20: Geteilte Datenbank (DB) mit lokalen Kopien

Bei der **physikalisch geteilten DB mit lokalen Kopien** ist eine Kombination der zuvor beschriebenen beiden DB-Versionen auf die Zielsetzung gerichtet, über eine sinnvolle Mischung zentral sowie zentral und dezentral (lokal) geführter Daten zu verfügen, um

- die besten Zugriffszeiten (Informationswiedergewinnung) an jedem Ort der Anwendung, also wo der Informationsbedarf direkt anfällt,
- die lokalen Kontrollen über bestimmte Daten,
- die relative Verfügbarkeit der Daten sowie
- die niedrigsten Kosten

zu erreichen. Abbildung 12.21 als ein angenommenes Beispiel aus der Praxis der Unternehmensrechnung.

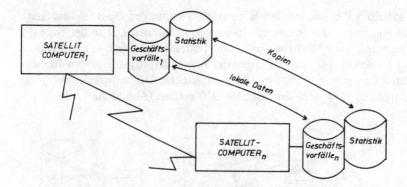

Abb. 12.21: Physikalisch geteilte Datenbank (DB) mit lokalen Kopien

Festzuhalten ist, daß bei allen Grundtypen der Erkenntnis Rechnung getragen wurde, wonach das DB-Management zumindest in bezug auf die Administration (Verwaltung, Kontrolle) zentral betrieben wird. Gewisse Funktionen, so die einzelnen Änderungen in den Daten, können dezentral wahrgenommen werden, so bspw. das Updaten dezentral gespeicherter Daten.

12.3.4.6 Zentrale/dezentrale Speicherverteilung

Nach der Aktionsfolge

> Dateneingabe im Dialog --> Datenprüfung während der Eingabe --> Datenanzeige am Bildschirm --> Datenübertragung --> Datenspeicherung

sind die Daten aufbereitet, formal und sachlich kontrolliert und können direkt oder verbunden mit der Speicherung verarbeitet werden. Physikalisch gesehen können die Daten auf mehreren Speichern einem oder mehreren Prozessoren zugeordnet werden. Liegt eine zentrale Verteilung vor, dann wird der Zugriff zentral geregelt, die Daten werden zentral auf einem oder auf mehreren Speichern gehalten. Dabei ist es unbedeutend, ob der Zugriff nur von einem oder von mehreren Rechnern erfolgt. Die interessantere, zukünftig vorherrschende Form ist in der dezentralen, verteilten Speicherung mit dezentralem Verteiler zu sehen. Hierdurch wird die Möglichkeit zum Datenverbund eröffnet, wo verschiedene Mikrocomputer auf verschiedene, geographisch verteilte Datenbanken zugreifen.

12.3.5 Organisationsform Individuelle Datenverarbeitung

Der Begriff **Individuelle Datenverarbeitung**, eine Übersetzung aus dem amerikanischen Personal Computing, soll als Kontrast zur professionellen Datenverarbeitung bspw. in einem Rechenzentrum zum Ausdruck bringen, daß das persönliche Arbeitsmittel, der Personal Computer in den Fachabteilungen von einem nicht-professionellen Personenkreis für einfache Anwendungsentwicklungen und Anwendungen genutzt wird (siehe auch Abschnitt 10.3.3. Die IDV, oder Personal Computing, oder DV für den Endbenutzer, ist ein nicht eindeutig abgegrenzter Begriff, da er auch auf dem Host-Rechner betrieben werden kann. Entscheidende Merkmale des Begriffs sind die Personenbezogenheit, die DV-Unterstützung, der Arbeitsplatzbezug, die Unabhängigkeit von einem Großrechner und die Anwendungsentwicklung.

Dieses Merkmal der Anwendungsentwicklung von nicht-professionellen DV-Anwendern bestimmt eigentlich, wann von der IDV gesprochen werden kann. Wesentliche Anforderung an einen solchen Arbeitsplatz ist, daß Non-Professionals in der Lage sein müssen, das System zu bedienen. Das bedeutet, daß die bereitzustellenden Hilfsmittel einfach sein müssen, da häufig intuitiv gehandelt wird. Die hier geforderten Unterstützungen

- die integrierten Softwarepakete,
- die Endbenutzersprachen,
- die Planungssprachen und
- die Einzelanwendungen wie Tabellenkalkulation,

müssen sehr viel ähnlicher sein, damit eine deutlich bessere Akzeptanz erreicht wird. Hinzukommt die Unterstützung des Endbenutzers in der Verwaltung, im Management der Anwendungen. Aus heutiger Sicht sind diese unterstützenden Softwaresysteme auf

- Standardsoftware (Tabellenkalkulation, Datenbankprogramm, Textverarbeitung, Graphikprogramm, Statistikprogramm, Projektmanagement) und
- Endbenutzersprachen (Sprachen der 4. Generation, Planungssprachen)

beschränkt. Dabei sind die Standardprogramme in ihrem Handling außerordentlich heterogen, was gegen ihre Nutzung spricht und die Endbenutzersprachen weder in ihrem Funktionsumfang noch in ihrem Wesen eindeutig abgrenzt (Beispiel: Natural).

Trotz dieser Unklarheiten wird die IDV an Bedeutung rasch zunehmen. Zum einen werden die technischen Voraussetzungen immer mehr Personen den Computereinsatz ermöglichen; zum anderen werden immer mehr Programme für die

IDV an der entscheidenden Schnittstelle, an der Benutzeroberfläche vereinheitlicht, standardisiert. Dabei sei vermerkt, daß IDV nicht einen isolierten Arbeitsplatz bedeutet, sondern im Gegenteil, hier müssen mächtige Instrumente die Kommunikationsbeziehungen nach außen, zu anderen Arbeitsplätzen, Rechnernetzen, Informationsbanken etc. sichern. Insgesamt gesehen sind für die IDV

- die hardwaretechnischen Voraussetzungen,
- die Standardsoftware und die Planungssprachen, sowie
- die Kommunikationstechnologien

in Einklang zu bringen.

Die Einsatzmöglichkeiten der IDV hängen zwangsläufig von dem individuellen Aufgabenfeld und von der Akzeptanz der technologischen Gegebenheiten durch den Endbenutzer ab. Ihm eröffnen sich durch die persönliche Datenverarbeitung Freiräume, die er zur Beschreibung bzw. zur Lösung seiner Aufgaben nutzen kann. IDV ist nämlich dadurch gekennzeichnet, daß die Endbenutzer ihre eigenen DV-Lösungen entwickeln, oder zumindest daran maßgeblich beteiligt sind. Diese Endbenutzer treten mit ihren Entwicklungen neben die professionellen Programmentwickler und ergänzen deren Aktivitäten. Ihre Produkte sind zumeist pragmatisch, weil sie aus der Praxis kommend, den kürzesten Weg zu ihrer Problemlösung suchen und finden. Allerdings kann erst dann von einem Durchbruch der IDV gesprochen werden, wenn die eingesetzte Technologie ebenso selbstverständlich ist, wie die sonstigen Arbeitshilfsmittel, also der Taschenrechner, das Diktiergerät, das Telefon u.ä.

Wesentliche Anforderungen werden an die künftigen Rechner der IDV durch die Integration neuer Medien wie Bilder und Sprache gestellt sein, die auf der einen Seite die Akzeptanz der Endbenutzer erhöhen, neue Anwendungsgebiete erschließen, auf der anderen Seite jedoch die Leistungsanforderungen an den Rechner gewaltig erhöhen. Es wird damit gerechnet, daß künftig etwa 90% der Investitionskosten eines Rechners in diese verbesserte Benutzerschnittstelle fliessen. Ein weiteres, gegenwärtig noch offenes Problem stellt die Anbindung des Rechners nach der Client-Server-Architektur (Abbildung 12.22) an lokale Netze, um multimedial genutzt zu werden. Die Nutzung des Rechners sollte ebenso einfach bleiben - wie die eines Singulargerätes. Die Probleme der PC-Verwaltung müßten außerhalb des Wirkungsbereiches des Endbenutzers Lösung finden. Dazu zählen die Verwaltung der Zugriffsrechte, die Authentifikation, der Zugriffsschutz, die Datensicherung u.ä.

12.3 Organisatorische Aspekte des Informationsmanagements

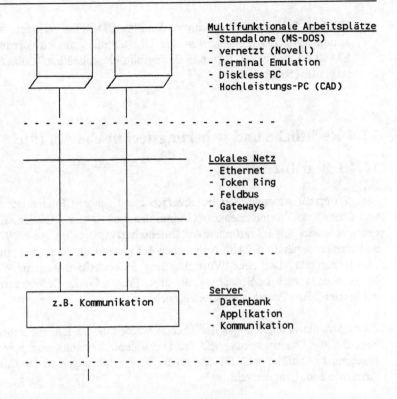

Abb.12.22: Client-Server-Architektur

Weitere zusätzliche funktionale Anforderungen sind aufzunehmen:

- Künftige Anwendungen sind multimedial. Die neuen Medien müssen im Arbeitsplatzrechner Unterstützung finden.
- Die verschiedenen Funktionen (multifunktional) sind zu einem System zu integrieren, d.h. auf dem Arbeitsplatz steht nur ein Rechner.
- Gegenüber den Benutzern soll die Kommunikation auch durch Sprach- und Schrifteingabe möglich sein. Komplexe Mustererkennungsverfahren müssen daher existieren.
- Die Einhaltung von Standards wird immer dringender; d.h. unabhängig vom Lieferanten, vom Technologiestand, von der Rechner-Architektur muß der Endbenutzer in der Lage sein, mit anderen Endbenutzern zusammenzuarbeiten (Interoperabilität). Als Basis dient die Betriebssystemschnittstelle. Zusätzlich sind anwendungsnahe Tools bspw. zur Vereinheitlichung der Datenschnittstelle erforderlich. Ebenso müssen Schnittstellen für heterogene Netze existieren.

- Künftige PC dieser Kategorie werden über CD-ROM verfügen, um Datenkompressionen aus Kapazitäts- und Übertragungsgründen vorzunehmen (1 CD-ROM nimmt ca. 1 Stunde Bewegtbild einschließlich Ton auf; es überträgt mit 150KBytes/s).

12.4 Rechtliche und sicherungstechnische Aspekte

12.4.1 Begriffserklärung

Seit den ersten Anfängen der Datenverarbeitung gehören Fragen der Sicherung von Daten und Programmen zur Gruppe der wichtigsten Funktionen. Ihre Bedeutung wuchs seit Inkrafttreten des Datenschutzgesetzes im Jahre 1978 ständig und erreichte spätestens beim Auftauchen der ersten Computerviren einen traurigen Höhepunkt. Die neue Wortschöpfung **Sicherheitsmanagement** (Security Management) zeigt die Bedeutung, die diese Fragen für die Datenverarbeitung in der betrieblichen Praxis inzwischen einnehmen.

Zu Beginn der Abhandlungen des Themas werden die beiden sehr naheliegenden Begriffe, die Datensicherung und der Datenschutz bestimmt und gegeneinander abgegrenzt (Abbildung 12.23). Darauf folgen Ausführungen zu den Computerviren sowie zum Urheberrecht.

Datensicherung			Datenschutz	
Maßnahmen zum Schutz der Daten <u>vor</u>			Maßnahmen zum Schutz der Bürger <u>vor</u>	
höherer Gewalt - Feuer - Wasser - Blitz	Fehlern - Erfassung - Speicherung - Übertragung - Verarbeitung	Mißbrauch/ Zerstörung - Mitarbeiter - Hacker - Computerviren	Eingriffe in die Privatsphäre	Störung des Informations- gleichgewichts
		durch		
Großvater-, Vater-, Sohn-Prinzip	Prüfzifffern, Chiffrieren, Plausibilitäts- prüfungen, Kontrollen	Chiffrieren, Zugangs- beschränkungen, Kontrollen	Datenschutzgesetz Speicherung und Verarbeitung nur erlaubt, falls Rechtsvorschrift oder Einwilligung	

Abb. 12.23: Abgrenzung der Begriffe Datenschutz und Datensicherung

12.4.2 Datenschutz

12.4.2.1 Das Datenschutzgesetz

Mit Wirkung vom 1. Januar 1978 trat das Bundes-**Datenschutz**-Gesetz (BDSG) in Kraft. Es löste die früheren Gesetze dieser Art der einzelnen Bundesländer ab. Seine Grundzüge, so insbesondere der Schutzzweck, der Schutzbereich, die Pflichten, die Regelungen usw. konzentrieren sich auf die Kontrolle des Zugangs zu den Daten, des Benutzers, des Datenzugriffs, der Dateneingabe usw. Hinter dem Datenschutz verbirgt sich eine gesellschaftspolitische Aufgabe, den Menschen zu schützen vor Zweckentfremdung, Mißbrauch und totaler Erfassung. Dies gilt für die Individualdaten. Der Maßnahmenbereich erstreckt sich auf Zulässigkeitsbeschränkungen für die Datenverarbeitung, auf Rechte der Betroffenen, auf die Datensicherheit, -kontrolle und -aufsicht sowie auf Sanktionen.

Die **Grundaussagen des Bundesdatenschutzgesetzes** sind somit auf folgende Themen konzentriert:

- Die Aufgaben des Datenschutzes sind mit dem Schutz personenbezogener Daten vor Mißbrauch bei der Speicherung, Übermittlung, Veränderung und Löschung verbunden. Eine Ausnahme ist die Verarbeitung personenbezogener Daten durch die Medien (gesetzliche Regelung: Presserecht).
- Die Datenverarbeitung ist zulässig, wenn das Datenschutzgesetz oder eine andere Rechtsvorschrift sie erlaubt, wenn der Betroffene eingewilligt hat.
- Die Rechte des Betroffenen sind auf die Auskunft über die zu seiner Person gespeicherten Daten, Berichtigung unrichtiger Daten, Sperrung/Löschung der Daten bei Wegfall der ursprünglich gegebenen Voraussetzungen zu ihrer Speicherung, bei Nichtfeststellbarkeit der Richtigkeit, bei Unzulässigkeit der Speicherung ausgeweitet.
- Das Datengeheimnis ist ein Verbot, geschützte personenbezogene Daten zu anderen als bei deren Erhebung vorliegenden Zwecken zu verarbeiten, bekanntzugeben, zugänglich zu machen oder sonst zu nutzen.
- Datenschutzbeauftragte werden bestellt in Betrieben mit mehr als 5 Arbeitnehmern; sie überwachen die Einhaltung der Datenschutzbestimmungen und beraten die Betriebsleitung und Belegschaft in allen Fragen des Datenschutzes.

12.4.2.2 Wegweiser

Nachfolgend werden die wesentlichsten Generalklauseln des Datenschutzgesetzes übersichtsartig in Abbildung 12.24 zusammengestellt und danach die wichtigsten Paragraphen beschrieben.

öffentlicher Bereich		Privater Bereich			
DV im Auftrag anderer öffentlicher Stellen	DV im eigenen Aufgaben-bereich	DV für eigene Zwecke	DV für fremde Zwecke (geschäftsmäßig)		
			zwecks Übermittlung	zwecks Übermittlung anonymisiert	im Auftrag
Anwendungsbereich					
§ 8 II	§ 7	§ 22	§ 31 I Nr. 1	§ 31 I Nr. 2	§ 31 I Nr. 3
Schutzzweck, Schutzbereich § 1 I und § 1 II, III					
Personenbezogene Daten § 2 I					
Zulässige Speicherung					
§§ 3, 8 II	§§ 3, 9 I	§§ 3, 23	§§ 3, 32	§ 3	§§ 3, 37
Übermittlung zwischen Behörden					
§§ 3, 8 II	§§ 3, 10 I	-	-	-	-
Zulässige Veränderung					
§§ 3, 8 II	§§ 3, 9	§§ 3, 25	§§ 3, 33	§§ 3, 36 II, 33	§§ 3, 37
Benachrichtigungspflicht					
-	-	§§ 26 I, 43 III	§§ 34 I, 43 IV	-	-
Pflicht zur Sperrung, Anonymisierung					
-	§ 14 II	§§ 27 II, 14 II S. 3	§§ 35 II, 14 II S. 3	§ 36	-
Daten sind zu löschen					
Form der Einwilligung § 3 S. 2					
Veröffentlichungen					
-	§ 12	-	-	-	-
Kontrollinstanz					
§§ 17-21	§§ 17-21	§ 30	§§ 40, 30	§§ 40, 30	§§ 40, 30

Abb. 12.24: Gegenüberstellung der Generalklauseln in ihren Anwendungsbereichen

Anwendungsbereich § 8 II / § 7:
- Behörden und sonstige öff. Stellen des Bundes, der bundesunmittelb. Körperschaften, Anstalten, Stiftungen des öff. Rechts und der Vereinigungen derselben;
- Behörden und sonstige öff. Stellen der Länder, Gemeinden, Gemeindeverbände, der sonstigen der Aufsicht des Landes unterstehenden jurist. Personen des öff. Rechts und deren Vereinigungen:
soweit sie Bundesrecht ausführen und
soweit der Datenschutz nicht durch Landesgesetze geregelt ist;
- Behörden und sonstige öff. Stellen der Länder:
soweit sie als Organe der Rechtspflege tätig werden, ausgenommen in Verwaltungsangelegenheiten und
soweit der Datenschutz nicht durch Landesgesetz geregelt ist.

§ 22; § 31 I Nr. 1; § 31 I Nr. 2; § 31 1 Nr. 3:
- Natürliche und jur. Personen, Gesellschaften und andere Personenvereinigungen des privaten Rechts, soweit sie personenbezogene Daten:
§ 22 als Hilfsmittel für die Erfüllung ihrer Geschäftszwecke oder Ziele verarbeiten;
§ 31 I Nr. 1 geschäftsmäßig zum Zweck der Übermittlung speichern und übermitteln;
§ 31 I Nr. 2 geschäftsmäßig zum Zweck der Veränderung speichern, sie anonymisieren und sie so übermitteln;
§ 31 I Nr. 3 geschäftsmäßig im Auftrag als Dienstleistungsunternehmen verarbeiten.

Schutzzweck § 1 I und Schutzbereich - § 1 I und § 1 II, III:
- Aufgabe des Datenschutzes ist es, durch den Schutz personenbezogener Daten vor Mißbrauch bei der Datenverarbeitung der Beeinträchtigung schutzwürdiger Belange der Betroffenen entgegenzuwirken;
- Personenbezogene Daten, die in Dateien gespeichert, verändert, gelöscht oder aus Dateien übermittelt werden:
Für personenbezogene Daten, die nicht zur Übermittlung an Dritte bestimmt sind und in nicht automatisierten Verfahren verarbeitet werden, und für personenbezogene Daten, die durch Unternehmen oder Hilfsunternehmen der Presse, des Rundfunks oder des Films ausschließlich zu eigenen publizistischen Zwecken verarbeitet werden,
- gilt jedoch nur § 6 (technische und organisatorische Maßnahmen).

Personenbezogene Daten:
Einzelangaben über persönliche oder sachliche Verhältnisse einer bestimmten oder bestimmbaren natürlichen Person (Betroffener).

Zulässige Speicherung §§ 3, 8 II:
- nach Einwilligung des Betroffenen;
- wenn eine Rechtsvorschrift sie erlaubt;
- im Rahmen der Weisungen des Auftraggebers.

Zulässige Speicherung § 3, 9 I:
- nach Einwilligung des Betroffenen;
- wenn eine Rechtsvorschrift sie erlaubt;
- wenn zur rechtmäßigen Erfüllung der in der Zuständigkeit der speichernden Stelle liegenden Aufgaben erforderlich;
- im Rahmen eines Vertrags- oder vertragsähnlichen Vertrauensverhältnisses mit dem Betroffenen;
- soweit zur Wahrung berechtigter Interessen erforderlich und kein Grund zur Annahme besteht, daß dadurch schutzwürdige Belange des Betroffenen beeinträchtigt werden;
- Speicherung von aus allgemein zugänglichen Quellen unmittelbar entnommenen Daten in nicht automatisierten Verfahren auch ohne diese Voraussetzungen zulässig.

Speicherung §§ 3, 23:
- nach Einwilligung des Betroffenen;
- wenn eine Rechtsvorschrift sie erlaubt;
- soweit kein Grund zur Annahme besteht, daß dadurch schutzwürdige Belange des Betroffenen beeinträchtigt werden;
- Speicherung von aus allgemein zugänglichen Quellen unmittelbar entnommenen Daten auch ohne diese Voraussetzungen zulässig.

Speicherung §§ 3, 32:
- nach Einwilligung des Betroffenen;
- wenn eine Rechtsvorschrift sie erlaubt.

Speicherung § 3:
- nach Einwilligung des Betroffenen;
- wenn eine Rechtsvorschrift sie erlaubt.

Speicherung §§ 3, 37:
- nach Einwilligung des Betroffenen;
- wenn eine Rechtsvorschrift sie erlaubt;
- im Rahmen der Weisungen des Auftraggebers.

Übermittlung zwischen Behörden und sonst. öffentlichen Stellen §§ 3, 8 II:
    wie Speicherung.

Übermittlung zwischen Behörden und sonst. öffentlichen Stellen §§ 3, 10 I:
- wie Speicherung;
- wenn zur rechtmäßigen Erfüllung der in der Zuständigkeit des Empfängers liegenden Aufgaben erforderlich:
  Unterliegen die Daten einem Berufs- oder besonderen Amtsgeheimnis und sind sie der übermittelnden Stelle von der zu Verschwiegenheit verpflichteten Stelle in Ausübung ihrer Berufs- und Amtspflicht übermittelt worden, ist ferner erforderlich, daß der Empfänger die Daten zur Erfüllung des gleichen Zwecks benötigt, zu dem sie die übermittelnde Stelle erhalten hat (Daten aus Geheimbereichen nur im Zweckverbund).

Zulässige Veränderung:
- §§ 3, 8 II - wie Speicherung.
- §§ 3, 9 - wie Speicherung.
- §§ 3, 25 - wie Speicherung,
jedoch keine Privilegierung der aus allgemein zugänglichen Quellen entnommenen Daten.
- §§ 3, 33; §§ 3, 36 II, 33:
nach Einwilligung der Betroffenen;
wenn eine Rechtsvorschrift sie erlaubt;
soweit dadurch schutzwürdige Belange der Betroffenen nicht beeinträchtigt werden.
- §§ 3, 37 - wie Speicherung.

Benachrichtigungspflicht: Werden erstmals Daten zur Person des Betroffenen nach
- §§ 26 I, 43 III gespeichert (für bei Inkrafttreten gespeicherte Daten: erstmals nach Inkrafttreten übermittelt).
- §§ 34 I, 43 IV nach Inkrafttreten des Gesetzes übermittelt, so ist er über die Speicherung zu benachrichtigen, es sei denn, daß er auf andere Weise davon Kenntnis erlangt hat:
Keine Benachrichtigungspflicht bei Übermittlung nach § 32 III;
- § 42 Unterlassen der Benachrichtigung ist ordnungswidrig (Geldbuße bis 50.0000 DM).

Pflicht zur Sperrung, Anonymisierung: Daten sind zu sperren nach
- § 14 II, wenn ihre Richtigkeit vom Betroffenen bestritten wird und sich weder die Richtigkeit noch die Unrichtigkeit feststellen läßt;
wenn ihre Kenntnis für die speichernde Stelle zur rechtmäßigen Aufgabenerfüllung nicht mehr erforderlich ist;
- §§ 27 II, 14 II S. 3, wenn ihre Richtigkeit vom Betroffenen bestritten wird und sich weder die Richtigkeit noch die Unrichtigkeit feststellen läßt;
wenn ihre Kenntnis für die Erfüllung des Zwecks der Speicherung nicht mehr erforderlich ist;
- §§ 35 II, 14 II S. 3, wenn ihre Richtigkeit vom Betroffenen bestritten wird und sich weder die Richtigkeit noch die Unrichtigkeit feststellen läßt;
am Ende des fünften Kalenderjahres nach ihrer Einspeicherung;
- § 36, Pflicht zur Anonymisierung und zur gesonderten Speicherung der Merkmale, mit deren Hilfe die anonymisierten Daten so verändert werden können, daß sie sich auf bestimmte Personen beziehen oder solche erkennen lassen.

Daten sind zu löschen,
- wenn ihre Speicherung unzulässig war,
- wenn ihre Kenntnis zur rechtmäßigen Aufgabenerfüllung, Zweckerfüllung, nach Ablauf der Fünfjahresfrist, nicht mehr erforderlich ist und wenn der Betroffene die Löschung verlangt.

Form der Einwilligung nach
- § 3 S. 2: Die Einwilligung des Betroffenen zur Verarbeitung seiner Daten bedarf der Schriftform, soweit nicht wegen besonderer Umstände eine andere Form angemessen ist; wird die Einwilligung zusammen mit anderen Erklärungen schriftlich erteilt, ist der Betroffene hierauf schriftlich besonders hinzuweisen.

Veröffentlichungen nach § 12: Behörden und sonstige öffentliche Stellen geben
- die Art der ihnen oder in ihrem Auftrag gespeicherten personenbezogenen Daten;
- die Aufgaben, zu deren Erfüllung die Kenntnis der Daten erforderlich ist;
- den betroffenen Personenkreis;
- die Stellen, an die sie personenbezogene Daten regelmäßig übermitteln;
- die Art der zu übermittelnden Daten unverzüglich nach der ersten Einspeicherung bzw. binnen eines Jahres nach Inkrafttreten des Gesetzes (§ 43) in dem für ihren Bereich bestehenden Veröffentlichungsblatt für amtliche Bekanntmachungen bekannt.

Kontrollinstanz: §§ 17 - 21:

Der Bundespräsident ernennt auf Vorschlag der Bundesregierung einen Bundesbeauftragten für den Datenschutz:
- Amtszeit fünf Jahre, einmalige Wiederbestellung zulässig,
- öff. -rechtlich. Amtsverhältnis,
- in der Amtsausübung unabhängig und nur dem Gesetz unterworfen,
- untersteht der Rechtsaufsicht der Bundesregierung,
- Einrichtung beim Innenminister,
- Dienstaufsicht durch Innenminister,
- erhält notwendige Personal- und Sachausstattung,
- Ausübung anderer Ämter, Berufe und Funktionen ist weitgehend ausgeschlossen,
- Amtsbezüge entsprechend B 9.
- § 30; §§ 40, 30: Die Landesregierung oder die von ihnen bestimmten Stellen bestimmen Aufsichtsbehörden.

12.4.3 Datensicherung

12.4.3.1 Begriffliche Abgrenzung

Unter **Datensicherung** versteht man die Sicherung der Daten gegen Verlust, Verfälschung, Datenpreisgabe und Zerstörung. Von der Datensicherung zu unterscheiden ist der **Datenschutz**, also der Schutz vor Mißbrauch von Daten.

In der Datenverarbeitung gibt es vielfältige Maßnahmen der Datensicherung, z.B. Sicherung von Magnetbandarchiven gegen Feuer und Wasser. Im Rahmen der Datenübertragung versteht man unter Datensicherung die Sicherung der übertragenen Daten gegen Übertragungsfehler. Die **Datensicherung** ist somit eine technisch-organisatorische Aufgabe, um Dateien und Datenverarbeitung gegen o.g. Fälle zu schützen. Dazu zählen Maßnahmen, so auch das sog. Back-up-Rechenzentrum, also ein Ausweichsystem für Katastrophenfälle. Am weitesten verbreitet sind sog. Sicherungskopien von Daten und Programmen.

12.4.3.2 Datensicherung in der Datenübertragung

Nachfolgend wird am Beispiel der Datenübertragung gezeigt, wie eine Datensicherung mit Hilfe der eingesetzten Technik abläuft: Bei der Übertragung von Daten werden mehr oder weniger häufig einzelne Bits oder auch Gruppen von Bits verfälscht. Zur Erkennung derartiger Übertragungsfehler sind verschiedene Verfahren üblich. Am bekanntesten ist die sog. **Längsparität** (LRC) und **Querparität** (VRC; Abbildung 12.25). Bei der Querparität werden die Bits eines jeden Datenzeichens um ein weiteres Bit ergänzt, das sich aus der Quersumme Modulo 2 der Datenzeichenbits errechnet. Bei der Längsparität werden in gleicher Weise über alle Datenzeichen eines Übertragungsblocks hinweg die Quersummen Modulo 2 der einzelnen Bitstellen gebildet und als sog. BCC-Zeichen dem Übertragungsblock angefügt. Der Empfänger rechnet diese Quersummen nach. Bei Übertragungsfehlern ergibt sich mit großer Wahrscheinlichkeit ein anderer Wert. Weist die Quersummenprüfung auf einen Übertragungsfehler hin, so wird der betreffende Übertragungsblock wiederholt.

		<----- DÜ - BLOCK ----->	
Zeichen		V E R A R B E I T U N G	Längsparität (LRC), BBC
Bit-Stelle Nr.	1	0 1 0 1 0 0 1 1 0 1 0 1	0
	2	1 0 1 0 1 1 0 0 0 0 1 1	φ
	3	1 1 0 0 0 0 1 0 1 1 1 1	1
	4	0 0 0 0 0 0 0 1 0 0 1 0	0
	5	1 0 1 0 1 0 0 0 1 1 0 0	1
	6	0 0 0 0 0 0 0 0 0 0 0 0	0
	7	1 1 1 1 1 1 1 1 1 1 1 1	φ
Querparität (VRC)	8	1 0 0 1 0 1 0 0 0 1 1 1	1

Abb. 12.25: Übertragungssicherung mit VRC und LRC;
Dü-Block mit Dateninhalt "VERARBEITUNG"
Verschlüsselt mit ISO-7-Bit-Code (DIN 66003)

12.4.3.3 Datensicherung in der Speicherung

Um den Datenbestand einer Festplatte zu sichern, kann man sich verschiedener Methoden bedienen. Welche die sinnvollste ist, hängt

- von den zu sichernden Datenmengen,
- von der Kapazität des Sicherungssystems,
- von der Bedienerfreundlichkeit,
- vom Organisationsaufwand,
- von den Kosten ab.

Die Datensicherung auf **Disketten** ist für viele Anwender die wirtschaftlichste Methode. Disketten sind preiswert, das Diskettenlaufwerk ist ohnehin Bestandteil des Systems und der Sicherungsvorgang ist mit wenigen Tastendrücken auszulösen. Die einfachste Methode um Daten von der Festplatte auf die Diskette zu übertragen, ist die Anwendung des MS-DOS Befehls *copy*. Der Vorteil hierbei ist, daß mit den Daten auf der Diskette gearbeitet werden kann. Allerdings ist diese Methode stark eingeschränkt, da nur eine Datenmenge gesichert werden kann, die auf eine Diskette paßt, so bspw. 360 KB oder 1,2 bzw. 1,44 MB. Will man größere Datenbestände sichern, wird vom Betriebssystem MS-DOS der Befehl *backup* angeboten. Paßt der Datenumfang nicht auf eine Diskette, wird hierbei vom System eine weitere Diskette verlangt. Auf diese Art und Weise kann der Inhalt einer gesamten Festplatte auf eine entsprechend hohe Anzahl von Disketten gesichert werden. Will man z.B. alle Texte seines Programms WORD sichern, so würde der Backup-Befehl folgendermaßen aussehen:

backup c:\word*.txt a:

Tritt nun irgendwann ein Datenverlust auf der Festplatte auf, werden die Daten wieder von den Sicherungsdisketten mittels des MS-DOS Befehls *restore* auf die Festplatte gespielt. Hierbei noch einmal zur Verdeutlichung: Mit den Daten auf den Sicherungsdisketten kann in dieser Form nicht gearbeitet werden. Erst wenn die Daten mit *restore* restauriert wurden, kann auf der Festplatte wieder mit den Daten gearbeitet werden. Um noch einmal das Beispiel der gesicherten WORD-Texte heranzuziehen, würde der Befehl zum Restaurieren der Texte folgendermaßen aussehen:

restore a: c:\word*.txt

Um den Sicherungsvorgang auf der Diskette zu beschleunigen, werden eine Reihe von speziellen Sicherungsprogrammen wie *Fastback* oder *Turbo-Backup* angeboten. Sollten von einer Festplatte Datenbestände im Umfang von 5 MB gesichert werden, so benötigt man hierzu fünf HD (Hohe Dichte) Disketten bzw.

15 DD (Doppelte Dichte) Disketten. Bei großen Datenbeständen ist also die Diskettensicherung nicht empfehlenswert, da man zu leicht zum "Disk-Jockey" wird.

Speziell für die Sicherung großer Datenbestände wurden **Magnetbandlaufwerke** (**Streamer**) entwickelt, die Dateien und Programme von der Festplatte auf ein 1/4 Zoll- oder 1/8 Zoll-Magnetband kopieren (**Data Cartridges**). Der Vorteil dieses Systems ist der geringe Organisations- und Zeitaufwand. Da Data Cartridges eine Kapazität von über 100 MB haben, werden meist Bänder eingesetzt, die der Größe der Festplatte entsprechen. Zum Sichern der Daten braucht nur ein Data Cartridge eingelegt und das Programm für einen Sicherungslauf gestartet werden. Die Sicherung erfolgt dann automatisch und ist je nach Festplattengröße nach ca. 15 bis 30 Minuten abgeschlossen (ca. 2 MB pro Minute). Data Cartridges gibt es in Größen von 0,5 bis 250 MB Kapazität. Streamer-Laufwerke selbst können fest im Computer eingebaut sein, oder auch als Stand-alone-Systeme neben dem Computer stehen.

Grundsätzlich kann man zwischen zwei Typen von Cartridge-Laufwerken unterscheiden: die Start-/Stop- und Full-Image-Laufwerke. **Full-Image-Laufwerke** sichern die gesamte Festplatte in kurzer Zeit und eignen sich deshalb besonders dort, wo eine große Anzahl von Daten in kurzer Zeit gesichert werden soll. Doch diese Sicherungsart hat einen Nachteil. Ein Full-Image-Backup ist im Grunde nichts anderes als eine spiegelbildliche Übertragung von Festplattendaten auf die Data Cartridges. Nur bestimmte Dateien zu sichern, ist nicht möglich. Ebenso ist es nicht möglich, auf nur einzelne Daten von der Sicherung zurückzugreifen. Das separate Rücksichern von z.B. einer Tabelle oder einem Text kann bei einem Full-Image-Laufwerk nicht durchgeführt werden. Soll die Möglichkeit gegeben sein, muß ein **Start-/Stop-Laufwerk** verwendet werden. Hierbei dauert die Sicherung zwar etwas länger, doch ist dieses Verfahren wesentlich flexibler. Viele moderne Streaming-Laufwerke beinhalten heute beide der vorstehend genannten Methoden und sind bei geringer Preisdifferenz zu bevorzugen.

Erst seit einigen Jahren gibt es eine neue Methode der Datensicherung, das Sichern auf den WORM-Platten. Die WORM-Platten entsprechen dem Aussehen nach den CD-Platten im HiFi-Bereich und auch das Beschreiben und Lesen der WORM-Platten wird durch einen Laser-Strahl erreicht. Die Handhabung ist es bei dieser Methode so einfach wie mit Disketten. Als großer Unterschied zur Diskette ist aber vor allem die hohe Speicherkapazität zu erwähnen: Auf eine WORM-Platte lassen sich ca. 300-500 MB Daten speichern. Allerdings haben die WORM-Platten einen entscheidenden Nachteil: Einmal beschriebene Platten können nicht mehr gelöscht oder überschrieben werden (Daher auch der Name: Write once - Read multible).

12.4.3.4 Kryptographie (Chiffrieren)

Unter **Kryptographie** wird häufig nur das Verschlüsseln (**Chiffrieren**) zur Geheimhaltung von Nachrichten verstanden. Mit der Entwicklung des Computers erschlossen sich der Kryptographie jedoch völlig neue Anwendungsbereiche. Mit modernen kryptographischen Methoden lassen sich Computersysteme vor Manipulation und Daten vor unbefugter Veränderung oder Nutzung schützen. Besonders wirkungsvoll gegen den Computermißbrauch sind folgende Mechanismen:

- **Authentifikation (Echtheitsprügung)**
  Mit der "Challenge and Response" -Methode können Benutzer oder Endgeräte authentifiziert, also auf Echtheit geprüft werden. Dazu werden in einem dynamischen Frage- und Antwort-Dialog Daten, bspw. Zufallszahlen oder Uhrzeiten, verschlüsselt und als Vergleichsparameter ausgetauscht.
- **Datenintegrität**
  Neben der Zugangskontrolle gehört die Prüfung der Unversehrtheit von Informationen zu den wichtigsten Schutzmaßnahmen. Die Integrität läßt sich durch ein digitales Siegel, den Message Authentification Code (MAC), nachweisen. Dazu wird aus der Nachricht ein verschlüsseltes Komprimat gebildet, das der unverschlüsselten Nachricht als MAC angehängt wird. Der Empfänger ermittelt aus der erhaltenen Nachricht ebenfalls den MAC. Bei Übereinstimmung ist die Nachricht unversehrt. Jede Änderung, auch nur eines einzigen Bits, würde einen anderen Code ergeben.
- **Elektronische Unterschrift**
  Sie stellt zusätzlich zur Datenintegrität eine Willenserklärung dar. Der Absender bestätigt, daß er mit dem Inhalt und dem Versand einer Nachricht einverstanden ist. In einem asymmetrischen Kryptosystem besitzt jeder Teilnehmer einen geheimen Schlüssel (Secret Key) und einen öffentlichen Schlüssel (Public Key). Die Unterschrift kann nur von einer Person erzeugt, aber von vielen auf Echtheit geprüft werden.
- **Verschlüsselung zur Geheimhaltung**
  Natürlich läßt sich die Kryptographie auch zur Verschlüsselung von geheimen Daten verwenden. Die digitale Verschlüsselung erfolgt dabei bit- oder blockweise. Es können keine logischen oder statistischen Rückschlüsse auf Buchstabenhäufigkeit oder Kombinationen gezogen werden. Lange Schlüssel und komplexe Algorithmen erhöhen die Sicherheit um ein Vielfaches. Bei der Anwendung von Verschlüsselungen sind jedoch behördliche Auflagen zu berücksichtigen.
- **Chipkarte**
  Die Chipkarte mit integriertem Mikroprozessor kann Schlüssel sicher und unauslesbar speichern, sowie Verschlüsselungen und Vergleiche vornehmen. Durch ihre Multifunktionalität und hohe Speicherkapazität erfüllt sie auch komplizierteste Sicherheitsanforderungen. Sie ist zum Werkzeug geworden, das die Kryptographie praktikabel macht.

12.4.4 Computerviren

Computerviren sind Programme, die die wesentliche Eigenschaft der Selbstreproduktion haben. Diese Selbstreproduktion findet meist durch das Anlegen von Kopien des Virus-Programms in fremden Programmen statt. Die infizierten Programme können dann weitere Programme verseuchen. Virenprogramme können nicht unbeabsichtigt entstehen. Viren müssen nicht zwangsläufig Schäden anrichten. Meistens jedoch werden Schadensroutinen eingebaut sein. Diese können dann Daten, Disketten, Festplatten und Bildschirminhalte zerstören. Außerdem können Hardwarekomponenten wie der Speicher oder die Tastatur blockiert werden. Auch sind Fälle bekannt geworden, in denen die Systemtaktrate reduziert wurde; der Rechner wurde dadurch unerträglich langsam und somit unbrauchbar. Möglich ist es auch, Hardware bspw. Bildschirme oder Coprozessoren durch Virenprogramme zu zerstören.

Der Prozeß des Virusbefalls läuft in der üblichen Schrittfolge Input --- > Transport zum Speicher/Netzwerk --- > Prozeß --- > Transport --- > Output zum Speicher/Netzwerk usw. ab (Abbildung 12.26). Dabei kann der Virus - je nach seiner Eigenschaft - die Inputs (Input Crime), den Verarbeitungsprozeß (Processing Crime), die Speicherung (Storage Crime) und die Outputs (Output Crime) befallen.

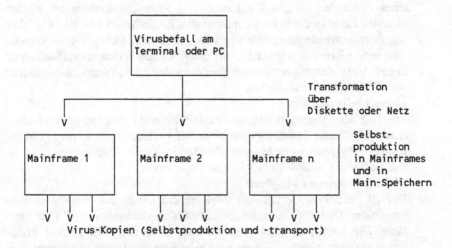

Abb. 12.26: Der Virusbefall

Seit ihrem ersten Auftreten vor knapp 10 Jahren erleben die Virenprogramme einen wahren Boom. Ihre Zahl nimmt ständig zu; zwischenzeitlich sind es mehrere Hundert, so daß sie entsprechend ihrer Wirkungen in Klassen gruppiert werden. Nachfolgend sind einige Klassen typisiert.

- **Speicherresidente Viren**
  Diese Computerviren speichern sich im Arbeitsspeicher eines Computers ein. Durch das "Verbiegen" eines Interruptvektors wird auf das Virenprogramm im Hauptspeicher verwiesen. Hat dieses Programm seine "Aufgabe" erfüllt, so wird der Interruptvektor wieder auf das richtige Programm gesetzt; dieses wird ausgeführt. Das Virus verbleibt im Hauptspeicher, bis der Rechner ausgeschaltet wird. Ein Drücken auf den Reset-Knopf genügt häufig nicht, um das Virusprogramm aus dem Hauptspeicher zu entfernen.
- **Batch-Viren**
  Diese Viren infizieren den Quelltext von MS-DOS-Batch-Dateien. Dazu verwenden sie entsprechende MS-DOS-Befehle. Mit Hilfe dieser Befehle kann sich das Virus verbreiten. Außerdem können Dateien in vielfältiger Art und Weise verändert, umbenannt oder auch gelöscht werden.
- **Mutierende Viren**
  Mutierende Viren verändern bei der Verbreitung ihren eigenen Programmcode. Dies bewirkt dann bspw., daß das Virusprogramm andere Dateitypen als bisher infiziert oder die Manipulationsaufgabe je nach Verbreitungsgrad verändert. Die Absicht ist, das Auffinden dieses Virus erheblich zu erschweren, da die meisten Antivirenprogramme nach Codesequenzen suchen. Verändern sich diese, so kann ein Auffinden unmöglich werden.
- **Source-Code Viren**
  Diese Viren infizieren dadurch, daß sie Viren-Quellcode in den Quellcode eines Anwenderprogramms kopieren. Die Viren-Quellprogramme werden in erster Linie in die mitzucompilierenden Bibliotheken geschrieben. Wird dann ein Anwenderprogramm übersetzt, das einen solchen Viren-Quelltext oder eine Bibliothek verwendet, die einen solchen Virentext enthält, so ist dieses Anwenderprogramm auch wieder in der Lage, fremde Bibliotheken oder Quelltexte zu verseuchen.
- **Überschreibende Viren**
  Ein Teil des Programmcodes des zu infizierenden Programms wird überschrieben. Dieser Teil kann dann nicht mehr rekonstruiert werden. Das infizierte Programm ist nicht mehr ablauffähig. Dieser Typus verursacht sofort Schaden. Dadurch ist er leicht zu entdecken.
- **Nicht-überschreibende Viren**
  Das zu infizierende Programm wird um die Länge des Virusprogramms vergrößert. Dadurch bleibt das infizierte Originalprogramm voll funktionsfähig. Die Auslösung eines Schadens kann durch eine Vielzahl von Ereignissen gesteuert werden. Häufig wird beim Erreichen einer bestimmten Zeit oder eines Datums oder durch Betätigung einer bestimmten Taste ein Programmteil ausgeführt, der unerwünschte Manipulationen vornimmt.
- **Live- and Die-Viren**
  Diese Viren halten sich nur für eine bestimmte Zeit in einem Programm auf. Ist die vorgegebene Zeit abgelaufen oder tritt ein bestimmtes Ereignis

ein, so entfernt sich das Virusprogramm aus dem infizierten Programm selbständig. Ein Ur-Virus wird allerdings auf dem Datenträger abgelegt. Wird dieses aus irgendeinem Grund zu einem späteren Zeitpunkt aktiviert, so wird es dann wieder Programme infizieren.

- **Hide- and Seek- Viren**
  Dieser Computervirustyp befällt im wesentlichen DFÜ-Einrichtungen und intelligente Terminals. Er löscht sich aus einer schon infizierten Datei und kopiert sich in eine andere. Dadurch sind diese Viren sehr schwer aufzufinden. Dieser Mechanismus ist schwer zu programmieren.

Eine Reihe von Symptomen zeigt also den Virusbefall an, so bspw. veränderte Dateiattribute, unerwartete System- oder Programmfehlermeldungen, Veränderung der Hauptspeichergröße, unbekannte residente Programme im Hauptspeicher, Veränderung der Anzahl der schlechten Sektoren auf Disketten oder Festplatten sowie unbekannte Daten auf Disketten oder Festplatten. Gegen die erkannten Viren gibt es inzwischen eine große Anzahl von **Viren-Scannern** und **Anti-Viren-Programmen**.

Einen absoluten **Schutz** gegen Computerviren wird es nicht geben. Deshalb können nur verschiedene Maßnahmen ergriffen werden, die einen größtmöglichen Schutz gewährleisten. Ein wichtiger Beitrag ist die Aufklärung. Es ist auch für den Anwender wichtig, Anzeichen von Virenbefall frühzeitig zu erkennen. Auch technische und **organisatorische Maßnahmen** können einen erheblichen Beitrag zur Vermeidung von Virenbefall leisten. So sollte es grundsätzlich verboten sein, private Spiele, Public-Domain-Software und private Software auf einem dienstlich genutzten Computersystem zu installieren. Einige große Firmen sind deshalb dazu übergegangen, private Software vor dem Kopieren zu prüfen bzw. Diskless-PC's zu installieren. Weitere organisatorische Maßnahmen sind u.a. folgende:

- Schreibschutz für Festplatten,
- unzugängliche Betriebssystemroutinen,
- laufende Überwachung der Softwarebibliotheken,
- Verschlüsselung der Programme und Daten durch Hilfsprozessoren,
- Überprüfung der Software vor dem Installieren auf Virenbefall,
- keine Verwendung von Software, deren Herkunft unbekannt ist.

12.4.5 Urheber- und Patentschutz

Der Schutz von Eigentum ist eine tragende Säule demokratischer Staaten. Der Begriff Eigentum umfaßt dabei materielle und immaterielle Güter. Software ist ein immaterielles Gut. Trotzdem wird im allgemeinen die Aneignung von Hardware als Diebstahl und bspw. das Kopieren und Nutzen von fremder Software als Kavaliersdelikt betrachtet. Software wird kopiert und mißbräuchlich genutzt. Dabei müßte die schöpferische Leistung (Konzeption, Systemaufbau, Datenstrukturen), die den Wert der Software ausmacht, ebenso geschützt sein wie das Produkt, die Software. Damit sind das Urheber- und Patentrecht angesprochen.

- Nach den Richtlinien der EG-Kommission wird als Urheber eines Computer-Programms diejenige natürliche Person oder die Gruppe von Personen verstanden, die das Programm aufgebracht hat, also der Rechtsinhaber.
- Schwieriger gestaltet sich die Patentierung, weil nach dem Patentrecht erst dann eine Erfindung vorliegt, wenn das Programm einen technischen Beitrag zum Stand der Technik liefert.

Während also das Urheberrecht relativ einfach erscheint, ist das Patentrecht erheblich komplizierter. Ein wirksamer Software-Schutz würde sich auf unberechtigte Verwendung, Weitergabe und Weiterentwicklung erstrecken müssen. Im Falle des Patentrechts kann die Patentfähigkeit nicht deswegen verneint werden, weil die Erfindung ein Rechenprogramm ist. In diesem Falle würde eine technische Erfindung vorliegen. Dies hat natürlich erhebliche Folgen auch auf andere Programme, weil nicht nur die Benutzung des patentierten Programms, sondern auch die durch ein Patent geschützten Algorithmen geschützt wären. Diese Fragen sind noch offen. Ihre Klärung steht aus.

12.5 Qualitätsaspekte des Informationsmanagements - Qualitätssicherung

12.5.1 Begriffserklärung

Die Bedeutung der **Softwarequalität** innerhalb der Informationsverarbeitung ist unumstritten. Bereits die Ausführung zum Software Engineering hat ihre herausragende Rolle betont (Siehe Abschnitt 6.2). In Anbetracht der aktuellen Diskussion zu den Themen Urheber- und Patentrecht, Produkthaftungsgesetz und Informationsmanagement wächst die Frage zu einem wesentlichen Aspekt des Managements, wie Software auf ihre Qualität hin beurteilt und eine geforderte Qualität realisiert wird. Zunächst sollen daher die Inhalte, die sich aus dem Begriff der Software ableiten lassen, diskutiert werden; daran anschließend die möglichen Maßnahmen.

Software erscheint zunächst als die Ansammlung von Lines of Codes. Sie ist allerdings bedeutend mehr. Produkte des Software Engineering werden an biologischen Lebenszyklen oder an den betrieblichen Produkt-Lebenszyklen orientiert. Bei Software-Produkten beginnt der Lebenszyklus mit dem Start zur Entwicklung und endet mit dem Ablauf der Nutzung. Diese Gesamtperiode der Software wird **Systemlebenszyklus** (Software Life Cycle) genannt. Von dieser Warte aus gesehen, muß Software umfassender gesehen werden. Gegenwärtig wird darunter die von Computern interpretier- und ausführbare Anordnung von Informationen verstanden. Sie dient der Definition von Daten- und Kontrollstrukturen in Computer-Programmen. Unter Qualität wird die Güte des Produkts, hier der Software, verstanden. Nach DIN Norm 55350 wird Qualität durch die Beschaffenheit einer Einheit bezüglich ihrer Eignung festgelegt, um vorausgesetzte Erfordernisse zu erfüllen. Sie kann an Merkmalen gemessen werden. Der Begriff **Softwarequalität** ist somit ein relativer Begriff. Sie wird an Zielen des Anwenders gemessen. Je nach Ziel können die Anforderungen hoch oder niedrig sein. Die Folge ist, daß die gleiche Software aus der Sicht zweier Anwender qualitativ unterschiedlich beurteilt wird. Sie bestimmt ihre Erfordernisse, ihre Erwartungen. Dementsprechend fallen die Wertungen unterschiedlich aus. Dies begründet die Aussage, daß Qualität, hier Softwarequalität, keine generelle Eigenschaft ist, die ein Programm besitzt oder nicht, sondern sie ist immer unter speziellen Nutzaspekten zu sehen. Am häufigsten und am besten läßt sich dies mit Hilfe von Qualitätsmerkmalen messen, wobei jedes einzelne Merkmal von jedem Anwender unterschiedlich gewichtet wird. Häufige Merkmale sind

- die Zuverlässigkeit,
- die Sicherheit,
- die Vollständigkeit,
- die Richtigkeit,
- die Wartbarkeit,
- die Effizienz,
- die Benutzerfreundlichkeit,
- die Ordnungsmäßigkeit,
- die Übertragbarkeit,
- die Ausbaufähigkeit
- die Fehlerfreiheit und
- die Portabilität.

Die **Qualitätssicherung** ist somit die Einhaltung der Vorgaben während dem Systemlebenszyklus, d.h. die permanente Überprüfung der Einhaltung der Vorgaben während der Systementwicklung und -nutzung. Dabei werden regulierende Maßnahmen notwendig, die bei Nichterreichbarkeit der Ziele auch deren Korrektur zum Inhalt haben können.

12.5.2 Problematik der Softwaresicherung

Aus diesen Tatsachen resultiert die Problematik der Softwaresicherung. Die einzelnen Aktionen setzen bereits bei der Initialisierung der Entwicklung, Festlegung der Ergebnisse ein und begleiten die Entwicklung bis zur Prüfung der Ergebnisse und der abgenommenen Dokumente. Hier verbergen sich die nur bedingt realisierbaren Sicherungsverfahren, die die operationalen Anforderungen, die Programmumgebungen, den Entwurf, die Quell- und Objektcodes, die Manuals, die Testarbeiten usw. beinhalten müssen (Abbildung 12.27).

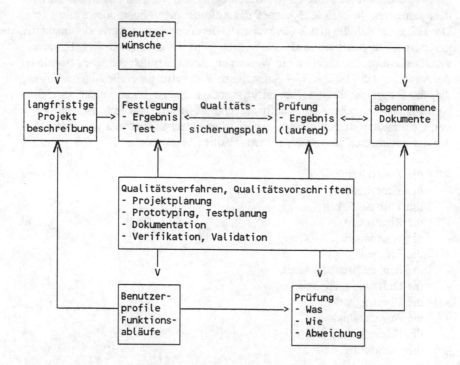

Abb. 12.27: Ablaufschema der Qualitätssicherung

Auf der einen Seite stehen die gängigen Qualitätsmerkmale wie Zuverlässigkeit, Richtigkeit, Wartbarkeit etc., auf der anderen Seite ihre Quantifizierung auf der Basis der Festlegung der Ziele, der Ergebnisse im Vorfeld der Planungen. Der Benutzer muß klar seine Erwartungen deklarieren, worauf es ihm ankommt, wie er das Ergebnis erwartet, wie es kontrollierbar wird. Nachdem es hierfür keine generell gültigen Richtwerte gibt, müssen sie vom Anwender artikuliert werden. Die Hauptprobleme entstehen an den schwächsten Stellen der Datenverarbeitung, in der Dokumentation. Die Erstellung von Dokumenten ist ein Schwachpunkt;

heutige Dokumente von hier sind äußerst unbefriedigend. Die wenigsten Programme sind ausreichend dokumentiert. Die Unzulässigkeit der Wartungskosten ist meistens auf diese Ursachen zurückzuführen; ebenso die Schadensfälle, verursacht durch Softwarefehler.

12.5.3 Maßnahmen und Durchführung der Qualitätssicherung

Obwohl der Nutzen der Qualitätssicherung unumstritten ist, existieren in der Praxis relativ wenig Maßnahmen, die Verbreitung gefunden haben. Die Regel ist, daß die Maßnahmen auf einige Aktionen reduziert sind, die jedoch annähernd nicht ausreichen, die Softwarequalität in einer akzeptablen Güte zu sichern. Verbreitet sind

- Vorschaltung von Prototyping vor der Entwicklung des Systems und
- Formulare für die Dokumentation der Programmabläufe.

Auch die DIN Norm 55350 liefert nur einige Ansätze zu dieser Frage, so die Formulierung der Anforderungen an das zu entwickelnde System und die Festlegung beurteilbarer (meßbarer) Softwareeigenschaften. Beide Ansätze sind allerdings erst dann erfüllbar, wenn die Qualitätsmerkmale in einzelne Kriterien aufgelöst werden. Erforderlich sind solche Kriterien, die während der Software-Entwicklung und -Nutzung Abweichungen erkennen und anzeigen lassen, gegebenenfalls Maßnahmen zu ihrer Behebung vorschlagen. Hier kommt erneut die Nutzersicht zum Tragen; nur der Anwender kann nämlich die Gebrauchstauglichkeit (Erfüllung der dokumentierten Aufgaben) bestätigen.

Um einzelne Qualitätsmerkmale zu bewerten, muß festgelegt werden, wie sich jedes einzelne Merkmal durch eine quantitative Größe charakterisieren läßt. Dazu wird jedem Merkmal eine Kenngröße zugeordnet. Sie sollte dem Merkmal angemessen sein, bspw. Verständlichkeit gemessen in Zeiten (Zeitaufwand für die Behebung eines Fehlers). In der Literatur (weniger in der Praxis) sind Ansätze beschrieben, in denen Modelle zur automatischen Qualitätssicherung getestet werden. Solche Modelle sollen parallel (integriert) zur Software-Entwicklung anhand genauer Systemziele folgende Inhalte aufweisen:

- Prüfwerkzeug zur Sicherung der formalen Qualität der Anforderungen,
- Prüfwerkzeug zur Kontrolle der formalen Qualität des Konzeptes,
- Prüfwerkzeug zur Prüfung des Codes und
- Verfahren zu Verifikation und Validation der Software.

Die Schwierigkeit, mit solchen Werkzeugen zu arbeiten, besteht insbesondere darin, daß sie sich mit den anderen Werkzeugen, Tools etc. in der Systemanalyse und -entwicklung verbinden lassen müssen. Hierzu ein Beispiel: Die Qualität eines Projektes wird anhand der geschätzten Entitätsmenge sowie der geschätzten Beziehungsmenge bestimmt. Zu den Entitäten gehören die zu beschreibenden Objekte und die zu programmierenden Vorgänge. Damit ist es möglich, den Ist- und den Sollumfang festzulegen und miteinander abzugleichen. Die Qualität der Software resultiert aus den Qualitätsnoten (Soll- gegenüber Istqualität). Die Zeit schließlich bezieht sich auf die Zeit der Entwicklung und auf die Lebensdauer. Beide Kriterien können in eine Kosten-Nutzen-Analyse einfließen. Eine mit der Entwicklung integrierte automatische Qualitätssicherung würde somit die 3 Systemziele Quantität, Qualität und Zeit mit ihren Werkzeugen prüfen.

12.5.4 Qualitätssicherung durch Wartung

12.5.4.1 Begriffserklärung

Der Lebenszyklus eines Anwendungsprogramms ist zugleich der Betriebszeitraum, in dem es entwickelt und eingesetzt wird. Dieser Zeitraum wird in der DV-Praxis durch Wartungs- und Pflegearbeiten unterbrochen. Sie dienen der Fehlerbeseitigung, der Verbesserung der Effizienz, der Anpassung der Programme an veränderte Vorschriften und Regelungen, ebenso an neue hard- und systemsoftwaremäßige Umgebungen; auch Erweiterungsmaßnahmen oder sonstige Veränderungen gehören dazu. Die Gesamtheit dieser Aktionen steht unter dem Sammelbegriff **Programmwartung** (Program Maintenance).

Sie umfaßt somit alle Maßnahmen der Erhaltung und Wiederherstellung der Funktionsfähigkeit der Betriebsmittel in der Datenverarbeitung. Hierfür können verschiedene Prüf- und Wartungsprogramme eingesetzt werden, welche die vier Grundfunktionen im Vorfeld des Programmeinsatzes, die Korrektur (Korrektion), Adaption, Erweiterung und Optimierung prüfen. Dadurch kann plötzlichen Störungen und/oder Ausfällen frühzeitig vorgebeugt werden.

12.5.4.2 Ziele und Aufgaben

Die Ziele und Aufgaben solcher Prüfungs- und Wartungsarbeiten sind an die zuvor angesprochenen Grundfunktionen konzentriert.

Die **Korrektion** ist die Tätigkeit zur Beseitigung von Fehlern. Fehler können bei der Erstentwicklung der Software entstanden sein oder durch die laufende Programmpflege (Aktualisierung). Die Ursache der letztgenannten Fehler, die zudem noch sehr häufig auftreten, ist oft die schlechte Konstruktion und die Un-

12.5 Qualitätsaspekte des Informationsmanagements – Qualitätssicherung

überschaubarkeit der ursprünglichen Version. Der Anteil der Korrektionsarbeiten am Wartungsaufwand beträgt 24%.

Die **Adaption** umfaßt jene Arbeiten, die durch die Änderung im Programmumfeld erzwungen werden. Sie bedingen formelle oder auch inhaltliche Änderungen. Die Ursachen, also die Auslöser sind Änderungen der technischen Umgebung, oder Änderungen an den Benutzerschnittstellen, oder Änderungen der Funktionen, die das System ausführen soll.

Dabei erfolgen bspw. Veränderungen der Bildschirmmasken oder Änderungen in der Verarbeitungsregeln. Normalerweise handelt es sich um beschränkte lokale Eingriffe. Manche Änderungen können jedoch mehrere Software-Komponenten erfassen, vor allem, wenn es sich um Änderungen in globalen Datenstrukturen handelt. Man unterscheidet also zwischen lokalen und globalen Anpassungen. **Lokale Anpassungen** sind solche, die nur ein Element innerhalb des Software-Programms betreffen, d.h. ein Modul oder eine Datenkapsel. **Globale Anpassungen** hingegen sind Änderungen, die mehr als eine Software-Komponente betreffen. Diese Software-Komponenten selbst sind entweder Funktions- oder Datenträger. Beide bilden eine hierarchische Struktur, wie Datei - Datenblock - Datensatz - Datenfeld. Diese Systemanpassungen nehmen einen Anteil von etwa 22% am Gesamtwartungsaufwand ein.

Die **Erweiterung** entspricht der funktionalen Ergänzung des Systems. Es werden zusätzliche Funktionen eingebaut, die bei der Erstentwicklung nicht vorgesehen waren. Fraglich ist, ob die Erweiterung zur Wartung zählt oder nicht. Falls ein Modul überarbeitet wird, werden in der Regel Adaptionen, Erweiterungen und Optimierungen in einem Arbeitsgang durchgeführt, d.h. die Arbeit schließt alle Komponenten ein. Deshalb wird die funktionale Erweiterung zur Wartung gezählt, obwohl sie keine echte Wartungstätigkeit ist. Die Systemerweiterung macht ca. 40% des gesamten Wartungsaufwandes aus.

Die **Optimierung** umfaßt alle Arbeiten, die dazu dienen, die Performance oder die Konstruktion des Systems zu verbessern. Sie beinhaltet Aufgaben wie Tuning und Speicherbedarfsreduzierung, aber auch die Restrukturierung des Systems mit dem Ziel die Pflegearbeit, Anpassungsfähigkeit und Ausbaufähigkeit zu verbessern. Die Verfahren, die derzeit bei Performance-Optimierung zur Verfügung stehen, sind die Lokal- und die Globaloptimierung. Lokaloptimierung spielt derzeit keine große Rolle. Es handelt sich hierbei um den Versuch des Programmierers, durch entsprechende Programmierung die CPU-Zeiten zu verbessern. Durch die ständig steigende Leistungskapazitäten der Rechner wird diese Optimierung nicht vernachläßigt. Globaloptimierung bedeutet, daß man das ganze Programm und seine Umgebung betrachtet. Dabei sind Abhängigkeiten der Ablaufgeschwindigkeit von der I/O-Zeit, dem Paging-Mechanismus bei dem virtuellen Speicher bzw. dem Overlay-Mechanismus beim reellen Speicher, die Runtime-Routinen des Betriebssystems, sowie die Abhängigkeit des Kernspeichers von der Benutzung größerer statischer Datenbereiche, der allgemeinen Datenorganisation und der Zusammensetzung des Programms zu berücksichtigen. Die Optimierungsarbeiten betragen ca. 14% des gesamten Wartungsaufwandes (Abbildung 12.28).

```
Anteile der Wartungsfunktionen

Erweiterung    40%
Korrektion     24%
Adaption       22%
 - lokal
 - global
Optimierung    14%
```

Abb. 12.28: Anteil der Wartungsfunktionen an der gesamten Wartung

Ziel der Wartung ist es, die Nutzungsdauer der Software in einem Unternehmen oder in einem Rechenzentrum zu verlängern, um damit den Nutzen aus diesen Anwendungen zu verbessern. Die organisatorische Planung des Wartungsablaufes stellt dabei ein besonderes Problem dar. Einerseits sollen die Wartungsmaßnahmen möglichst rasch erledigt werden, andererseits soll der Instanzweg, die Entscheidungsabläufe und der Informationsfluß mit einer formalisierten Ablaufgestaltung festgelegt werden. Auch soll hier die Wartung kostengünstig sein.

12.5.4.3 Prozeß der Softwarewartung

Der Prozeß der Softwarewartung kann unter verschiedenen Aspekten betrachtet werden, und zwar unter Wartungsart, Entscheidungsablauf, Aufgabenträger, Werkzeugunterstützung und Wirtschaftlichkeits- bzw. Wirksamkeitsüberlegungen.

Aufgrund dieser Vielschichtigkeit der zu betrachtenden Elemente des Wartungsablaufs, wird die Wartungstätigkeit als eine komplexe, arbeitsintensive Aufgabe gesehen. Sie wird nach einem Phasenschema abgewickelt. Das Schema folgt einem Prozeß - angelehnt an die Techniken der Softwarehäuser und der Rechenzentren.

12.5.4.3.1 Programmanalyse

Ein wesentlicher Teil der Aufgabe besteht darin, die von der Modifikation betroffenen Systemteile zu erkennen und zu analysieren. Sie müssen in ihrem Aufbau (Programm- und Datenstruktur usw.) in ihrer Dynamik (interne Logik, Algorithmus), in der Koordinierung der Systemkomponenten (Schnittstellen, Parameter), sowie in ihren möglichen Nebenwirkungen verstanden werden. Man spricht in diesem Fall von der **Programmanalyse**, die am Anfang jedes Software-Wartungsauftrages steht. Vorraussetzung für die Analyse ist eine genaue Dokumentation des Programms und deren Datenstrukturen. Mit einem Statischen Analysator werden Prozedurstrukturen, Datenflüsse, Datenstrukturen, Ablaufstrukturen, Entscheidungslogik, Schnittstellen, externe Referenzen und Datenverweise eines Programms nachdokumentiert. In diesem Zusammenhang sind einige wichtige Dokumente wie der Programmbaum, der Ablaufgraph und die Datenflußdiagramme zu nennen.

12.5.4.3.2 Fehlerkorrektur

Innerhalb des Wartungsablaufes sollen folgende Schritte eingehalten werden:

- **Problemverifikation**
  Häufig werden durch Benutzer Sachverhalte dargestellt, die als Problem empfunden werden, die sich jedoch bei näherer Betrachtung als Bedienungsfehler herausstellen. In einem solchen Fall ist keine Wartung erforderlich.
- **Problemisolation**
  Wenn es sich tatsächlich um ein Problem handelt, das einer Wartung bedarf, so ist das Problem einzugrenzen, die Aufgabe ist zu spezifizieren und die zu ändernden Systemteile sind zu identifizieren.
- **Problemreproduktion**
  Bei der Behebung von Softwarefehlern spielt die Wiederholbarkeit eine wichtige Rolle für das Problemverständnis des Programmierers und letztlich auch für den Nachweis der korrekten Durchführung der Änderung.
- **Problemlösung**
  Erst in diesem Schritt des Wartungsablaufes wird die Änderung durchgeführt. Dies schließt eine sachgemäße Dokumentation und eine Versionenverwaltung mit ein.

Diese Schritte werden auch bei der Adaption und Optimierung angewandt. Während die Korrektion ein langfristiger Prozeß ist, sind die restlichen Funktionen der Wartung, nämlich Adaption und Optimierung, eher als kurzfristig anzusehen. Deshalb wird bei den letztgenannten Prozessen auch ein formalisierter Ablauf bevorzugt. Die Formalisierung des Ablaufs gewährleistet eine einheitliche Behandlung der Änderungsanträge und Wartungsvorhaben. Abbildung 12.29 zeigt exemplarisch einen solchen Ablauf unter Berücksichtigung der zuständigen Instanzen.

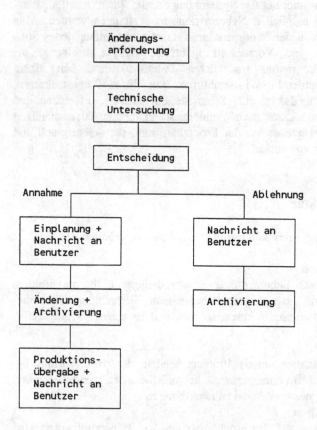

Abb. 12.29: Verfahrensmodell für die adaptive und optimierende Softwarewartung

Dieses Vorgehen wird oft durch Formulare unterstützt. Es darf keine Änderung geben, die nicht nach dem festgelegten Verfahren abgewickelt wird. Damit soll einerseits die Sorgfältigkeit bei der Durchführung von Änderungen und andererseits die Dokumentation von Änderungen gewährleistet werden. Ziel ist es also, den Ablauf so zu gestalten, daß der Entscheidungsprozeß im Einzelfall möglichst schnell abgeschlossen werden kann.

12.5.4.3.3 Problemmeldung und Änderungswünsche

Anlaß einer möglichen Softwareänderung ist entweder die Meldung eines Softwarefehlers oder die Einbringung eines Änderungswunsches. Aufgrund dieser Differenzierung bezüglich der Wartungsarten, kann man nun einerseits nach Problem- oder Fehlerberichten und andererseits nach Änderungsanträgen unterscheiden. In beiden Fällen sollte eine Formalisierung der Kommunikation gewährleistet sein. Ein Problem- oder Fehlerbericht sollte mindestens folgende Inhalte umfassen:

- Bezeichnung des Anwendungssystems,
- Zeitangaben,
- Name und Abteilung des Benutzers bzw. Fehlererkennenden,
- Fehlernummer/Fehlermeldung,
- Name der Komponente (Programm, Modul usw.), in der Fehler auftraten,
- Fehlerursachen (Welche Eingabe führte zum Fehler, Programmabbruch? Wie reagierte das System auf Applikations-, System- und Hardwareebene?)
- Auswirkungen des Fehlers.

12.5.4.3.4 Bildung von Änderungsklassen

In großen Organisationen ist das Bilden von Prioritäten notwendig, um bei beschränkten Ressourcen effiziente und geordnete Abwicklung der anstehenden Wartungsaufgaben zu gewährleisten. Änderungsklassen bilden unter diesen Bedingungen eine wichtige Komponente, um durch unterschiedliche Behandlung von Änderungsklassen die Durchlaufzeiten zu beschleunigen. Änderungsklassen dienen aber auch der statistischen Auswertung oder der Überwachung der Änderungsaktivitäten. Man kann die Wartungsaufträge in folgende Wartungsklassen einteilen:

- **Direct Changement**
  In diese Klasse fallen gravierende Softwarefehler, die eine weitere Nutzung fragwürdig erscheinen lassen. Der Benutzer meldet diese Fehler mit dem Fehlerbericht. Die Änderung wird vorrangig behandelt.
- **Short Range Changement**
  Die kurzfristig durchzuführenden Änderungen dieser Klasse betreffen hauptsächlich Wartungstätigkeiten, die durch Änderung des organisatorischen Umfeldes, in dem die Software eingesetzt wird, notwendig werden. In der Regel erfolgt die Änderung auf Hinweis des Benutzers.
- **Medium Range Changement**
  Durch Erweiterungen und Änderungen von Unternehmensbereichen entstehen häufig neue Anforderungen, die in Form von Systemerweiterungen

DV-technisch berücksichtigt werden müssen. Die von Fachabteilungen formulierten Erweiterungswünsche werden in Kooperation mit der Organisationsabteilung bewertet und zur mittelfristigen Realisierung angesetzt.
- **Long Range Changement**
Zu dieser Klasse zählen alle Wartungs- Sanierungs- und Umstellungsarbeiten ganzer Anwendungssysteme. Gegebenenfalls beinhaltet dies auch eine Überprüfung der Ablöse eines Anwendungssystems und eine Abschätzung des Aufwandes für die Neuentwicklung.

12.5.4.4 Werkzeuge für die Softwarewartung

Die Softwarewartung wird durch verschiedene softwaretechnische Werkzeuge unterstützt. Die Funktionen dieser Werkzeuge reichen von der automatischen Programmanalyse und Dokumentation über das Restrukturieren bis zur Portierung von Programmen auf andere Systeme. Die folgende Auflistung soll einen Überblick über die derzeit auf dem Markt befindliche Werkzeuge geben:

- Überwachung der Testabdeckung und Messung des Testabdeckungsgrads;
- Vergleich von Quellprogrammen und Darstellung der Differenzen;
- Compiler und Übersetzer (z.B. Cross-Compiler, welche die Übersetzung von einer höheren Programmiersprache in andere erlauben; oder Werkzeuge, welche die Portierung von Programmen in eine neue Betriebssystem-Umgebung unterstützen);
- Werkzeuge zur Reformatierung (z.B. Verbesserung der Lesbarkeit);
- Werkzeuge zur Verwaltung der verwendeten Symbole (Bezeichnungen der Variablen, Unterprogramme usw.);
- Werkzeuge zum Restrukturieren der Programmlogik, der Datenstrukturen;
- Werkzeuge zur Analyse des Programmcodes;
- Erzeugen von Cross-Referenzen (Verwendungsnachweis von Daten, Prozeduraufrufen);
- Dokumentationshilfen und automatische Erstellung der Dokumentationen;
- Datenmanipulation (z.B. Unterstützung beim Testen).

12.6 Ergonomische Aspekte

12.6.1 Ergonomie

12.6.1.1 Begriffserklärung

Unter dem Begriff **Ergonomie** wird die Wissenschaft von der Anpassung der Arbeitsbedingungen an den Menschen verstanden. Somit kann Ergonomie auch mit der Erforschung der Leistungsmöglichkeiten und der optimalen Arbeitsbedingungen des Menschen gleichgesetzt werden. Das Ziel der Ergonomie ist es, ein menschengerechtes und wirtschaftliches Arbeitssystem zu schaffen. Der Konstrukteur eines Computers muß sich Gedanken darüber machen, wie er die Bedienteile seines Produktes anordnet, damit es später auf dem Markt bestehen kann. In der EDV-Branche war das lange nicht so. Es wurden Geräte und Programme gekauft, die nicht die Spur einer Benutzerschnittstelle besaßen. Inzwischen ist es unbestritten, daß die Nutzung der Informationsverarbeitung in hohem Maße von der Art des Dialoges zwischen Mensch und Maschine und von der subjektiven Empfindung des Menschen bestimmt wird. Dieser Dialog muß den menschlichen Gewohnheiten angepaßt werden, damit er leichter nachzuvollziehen ist (Abbildung 12.30).

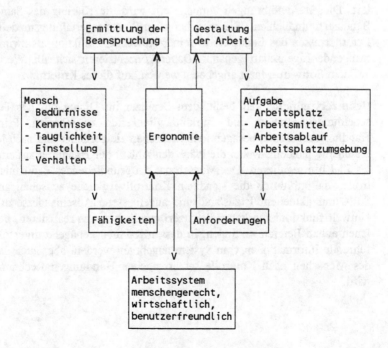

Abb. 12.30: Der ergonomische Zusammenhang

Ein weiterer Grund - warum sich die Ergonomie immer weiter verbreitet - ist, daß gegenwärtig nicht mehr allein die interne Effizienz (die Geschwindigkeit) des Computers das einzige Kaufkriterium ist. Vielmehr spielen andere Faktoren, darunter die Benutzerfreundlichkeit, die entscheidende Rolle.

In Verbindung mit den Computern geht es zunächst um eine sinnvolle Arbeitsteilung; danach um den Arbeitsplatz und seine Umgebung. Diese Fragestellung bezieht die Eignung und Anpaßbarkeit des Mobiliars und der Hilfsmittel am Computerarbeitsplatz in die Betrachtung ein. Bezüglich der Arbeitsplatzumgebung werden außerdem das Klima (Temperatur, Sonneneinstrahlung, -schutz), die Akustik, die Beleuchtung, die Arbeitsplatzfläche, die Farben und die elektronischen Einrichtungen berücksichtigt, wobei an Bildschirmarbeitsplätzen besondere Anforderungen gelten (siehe dazu DIN 66234). Die ergonomischen Betrachtungen werden mithin auf die

- Hardware (von Bildschirmgeräten),
- Software (insbesondere Kommunikation),
- Arbeitsorganisation, -ablauf sowie
- Arbeitsplatzgestaltung und -umgebung

konzentriert. Nachfolgend werden vorwiegend die ersten beiden Gruppen erörtert. Diesen Ausführungen vorangestellt wird die Klärung des Sammelbegriffs Benutzerfreundlichkeit. Sie wird bei allen Softwaregestaltungsmodellen aus den Erfordernissen des Benutzers in seiner Anwender-Funktion als zwingend zu erbringende Eigenschaft genannt. Daher konzentrieren sich alle Werkzeuge, die auf dem Software-Markt angeboten werden, auf dieses Kriterium.

Benutzerfreundlichkeit heißt, dem Benutzer im Dialog mit der Technik Entscheidungsspielräume und Einflußmöglichkeiten zu schaffen. Prinzipien der Handlungsregulation besagen, daß Menschen zielgerichtet und nach Möglichkeit planmäßig handeln, wobei die Pläne den Ablauf der Handlung auf ein antizipiertes Ziel hin regulieren. Der Mensch hat ein grundlegendes Bedürfnis nach Kontrolle, da nur durch die ständigen Kontrollvergleiche zwischen angestrebtem Soll- und aktuellem Istzustand eine angemessene Auseinandersetzung mit der Umwelt funktionieren kann. Benutzerfreundlichkeit zu realisieren, bedeutet also jenen engen Bereich zu finden, in dessen Rahmen genügend unterstützende und führende Informationen vom System angeboten werden, aber auch dem Wunsch des Menschen nach Kontrolle seiner eigenen Handlungen Rechnung getragen wird.

12.6.1.2 Hardware-Ergonomie

Aufgrund der zuvor genannten Argumente, aber auch weil die Konkurrenz immer größer wurde, rückte in den letzten Jahren die Ergonomie stärker in den Vordergrund. Allerdings stand am Anfang dieser Entwicklung die Hardware im Mittelpunkt. Man konzentrierte sich zunächst darauf, die Peripherie-Geräte benutzerfreundlicher zu gestalten, d.h. man entwickelte verstellbare, entspiegelte, hochauflösende und kontrastreiche Bildschirme. Man entdeckte bald, daß flache Tastaturen mit einem wohldurchdachten Layout das Arbeiten am Terminal einfacher und bequemer machen.

In den letzten Jahren kamen andere Hilfsmittel hinzu, die die Arbeit am Bildschirm sehr vereinfachten. Dies sind

- die Maus,
- der Lichtgriffel,
- das maschinelle Lesen,
- das Graphiktablett,
- die Farbbildschirme und
- die Graphik allgemein.

Die **Tastatur** ist heute das wichtigste Standard-Eingabemedium für die menschlichen Interaktionen. Eigenschaften wie Größe der Tasten, Neigungswinkel, akustische Rückmeldung nach Betätigung, Anordnung der Tasten, Betätigungsweg etc. sind ergonomische Parameter. Eingabetasten für alphanumerische Zeichen, Steuerungstasten und Funktionstasten sind entsprechend dem Benutzerkreis in der deutschen (QWERTZ), oder in der englischen (QWERTY) Version angeordnet. Die **Zeigeinstrumente** Maus, Lichtgriffel etc. wurden aus ergonomischen Gründen entwickelt, weil sich die Cursortasten nicht bewährt haben. Der **Bildschirm** ist das wichtigste Ausgabemedium. Seine Größe, Graphikeigenschaften, Schrift- und Hintergrund-Darstellung, Roll-Modus (Scrolling), Farbauswahl etc. bestimmen hauptsächlich die menschliche Akzeptanz. Negative Wirkungen gehen von verschiedenen elektrischen, elektromagnetischen, elektrostatischen und Röntgenstrahlungen aus. Sie können Ursachen von gesundheitlichen Beschwerden sein. Darum werden sie in den DIN Normen 66234 (1 und 2), sowie in verschiedenen Schriften detailliert beschrieben, praktisch zu Vorschriften erhoben.

12.6.1.3 Software-Ergonomie

Die Software-Ergonomie schließt die beiden Problemfelder, also die Arbeitsteilung zwischen Mensch und Computer, sowie die Interaktionen (Dialog), zusammen. Das erklärte Ziel ist, die Entlastung des Menschen bzw. die Minimierung der Belastung des Menschen zu erreichen. Er soll sich weitgehend auf seine Aufgaben konzentrieren können. Hauptaufgabe der Software-Ergonomie ist, eine benutzergerechte, benutzerfreundliche Schnittstelle zu schaffen, die den Benutzer voranstellt. Die **Erlernbarkeit** und die **Aufgabenangemessenheit** bilden die beiden Hauptgesichtspunkte für die ergonomisch richtige Gestaltung von Software:

- Ein Dialog ist aufgabenangemessen, wenn er die Erledigung der Arbeitsaufgabe des Benutzers unterstützt, ohne ihn durch Eigenschaften des Dialogsystems unnötig zu belasten (DIN-Norm 66234, Teil 8).
- Im Lernprozeß kommt es zu einer überdauernden Verhaltensänderung gegenüber Systemen aufgrund einer individuellen Informationsverarbeitung. Die **Erlernbarkeit** eines Systems wird maßgeblich dadurch bestimmt, wie dieses System den menschlichen Verarbeitungsprozeß unterstützt.

Folgende Eigenschaften des Software-Systems stehen daher an vorderster Stelle:

- **Aufgabenangemessenheit**
  Es soll die Erbringung der geforderten Arbeitsaufgabe des Benutzers unterstützt werden, ohne daß er durch die spezifischen Eigenschaften des Systems zusätzlich belastet wird. Aus arbeitswissenschaftlicher Sicht muß darauf geachtet werden, daß sowohl eine Überforderung des Benutzers durch ständigen Zeit- und Leistungsdruck, als auch die geistige Unterforderung mit ihren demotivierenden Langzeitfolgen vermieden werden. Eine Mitwirkung des Benutzers ist bei der Erstellung der Dialogkomponente sinnvoll. Bei ihrer Gestaltung muß darauf Wert gelegt werden, daß die Terminologie des Benutzers verwendet wird. Sie sollte aber auch noch während des späteren Gebrauchs vom Benutzer möglichst die Art und Weise des Dialogs frei gestaltbar halten, d.h. er sollte in der Lage sein, Fachausdrücke, Abkürzungen, Symbole usw. frei zu wählen. Es sollten auch solche Spezies impliziert werden, die sich bereits ohne DV eingebürgert haben, soweit es aus Sicht der Systemanalyse sinnvoll ist.
- **Selbsterklärungsfähigkeit**
  Der Dialog soll entweder unmittelbar verständlich sein, oder auf Wunsch den Einsatzzweck und die Einsatzweise des Dialogs erläutern. Es sollte jederzeit die Möglichkeit bestehen, sich eine Vorstellung von den Systemzusammenhängen für die Aufgabenerledigung zu machen. Dem Benutzer muß eine umfangreiche, jederzeit aufrufbare und adaptive Hilfskomponente zur Verfügung gestellt werden. Sie sollte wie ein menschlicher Tutor funktionieren, d.h. die Schwächen des Benutzers erkennen und auf Grund dieser Erkenntnisse die entsprechende Hilfe anbieten.
- **Steuerbarkeit**
  Wie bereits ausgeführt, sollte der Benutzer den zeitlichen Ablauf, sowie die Reihenfolge der einzelnen Schritte des Dialogs selbst bestimmen können.

Wenn ein Dialogschritt unterbrochen wird, sollte der Benutzer einen Wiederaufnahmepunkt definieren können, der es ihm ermöglicht, zu jeder Zeit an einem beliebigen Punkt den Dialog wieder aufzunehmen. Für einfache Arbeiten genügen die Betätigung einer Funktionstaste, wobei diese Tasten vom Benutzer selbst belegbar sein müssen. Die Fenstertechnik mit dem Überlagern verschiedener Texte und das Parallelisieren mehrerer Arbeiten sind Mittel zur Steuerung komplizierter Prozesse.

- **Verläßlichkeit**
  Das Dialogverhalten des Systems soll den Erwartungen des Benutzers entsprechen. Der Benutzer muß sich darauf verlassen können, daß nach einer Arbeitsunterbrechung der alte Systemzustand hergestellt wird.

12.6.2 Benutzerschnittstelle

12.6.2.1 Inhaltliche Abgrenzung

Der Begriff **Benutzerschnittstelle** ist unglücklich gewählt, weil das Wort auf Trennen, Separieren und nicht auf Verbinden deutet, was jedoch sein soll. Der englische Ausdruck **User Interface** deutet viel besser die Grundidee aus, Mensch und Computer zusammenzubringen. Erschwerend wirkt, daß die Informatik unter Benutzerschnittstelle nur den Bestandteil der Software betrachtet, der für den Informationsaustausch mit dem Menschen zuständig ist. Aus der Sicht der Software-Ergonomie hingegen sind Handlungen des Benutzers, die während der Mensch-Computer-Interaktionen vorkommen, ebenfalls zu beachten. In diesem Teil der Benutzerschnittstelle geht es um Wahrnehmungs-, Denk- und Entscheidungsprozesse, die man "gestalten" kann.

Die einseitige Betrachtung der Benutzerschnittstelle als Software-Aspekt, genügt nicht. Statt dessen bietet sich ein 3-Schichten-Modell an, das aus

- einer physikalischen Komponente mit der Hardware-/Bildschirm-Ebene (Arbeitsplatz incl. Arbeitsplatzumgebung),
- einer kommunikativen Komponente mit der Software-/Interaktions-Ebene (auch syntaktische Komponente genannt) und
- einer konzeptuellen Komponente mit der Aufgaben-Ebene (entspricht der semantischen Betrachtung)

besteht (Abbildung 12.31).

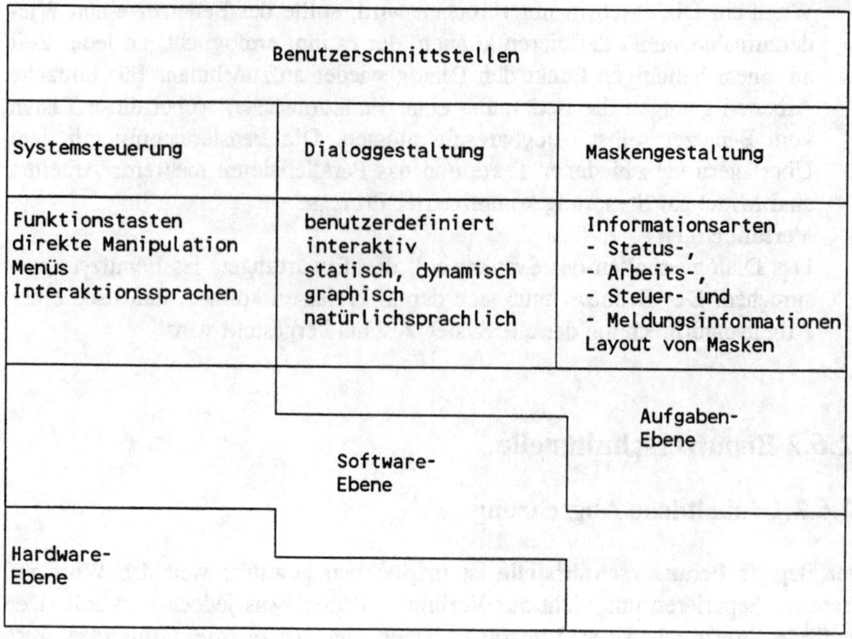

Benutzerschnittstellen		
Systemsteuerung	Dialoggestaltung	Maskengestaltung
Funktionstasten direkte Manipulation Menüs Interaktionssprachen	benutzerdefiniert interaktiv statisch, dynamisch graphisch natürlichsprachlich	Informationsarten - Status-, - Arbeits-, - Steuer- und - Meldungsinformationen Layout von Masken

Aufgaben-Ebene

Software-Ebene

Hardware-Ebene

Abb. 12.31: Spezifikation und Techniken zur Benutzerschnittstelle

Im Vordergrund der Benutzerschnittstelle stehen also der Benutzer und die technisch begehbaren Möglichkeiten. Letztere beinhalten die Dialoggestaltung, die Systemsteuerung und die Maskenmanipulation. Innerhalb dieses Rahmens stehen dem Benutzer verschiedene Formen des Dialogs (schematisiert, in vorgegebener Reihenfolge, nach Muster usw.) als Routine- oder Problemlösungsdialoge zur Verfügung. Der Benutzer kann nunmehr gemäß seiner Kenntnisse, Fähigkeiten, Einstellungen etc. verschiedene Verhaltensformen annehmen. Mit der Gestaltung der Benutzerschnittstelle wird auf dieses Verhalten Bezug genommen. Dies begründet auch die Entwicklung in den letzten Jahren, da überwiegend nur graphische Systeme als Schnittstellen zu Anwendungsprogrammen genutzt wurden.

Als eine besondere Gruppe innerhalb der Benutzerschnittstellen bilden die für die **direkte Manipulation** einsetzbaren Mittel. Sie zeichnen sich durch folgende Eigenschaften aus:

- permanente Sichtbarkeit aller relevanten Objekte,
- schnelle, einstufige, jedoch umkehrbare Benutzeraktionen mit sofortiger Rückmeldung durch das System (Feedback),
- physische Aktionen (Mausbewegung, Funktionstastendruck) anstelle komplexer Kommandos.

Benutzerschnittstellen mit der Möglichkeit der direkten Manipulation gelten als besonders benutzerfreundlich, weil sie schnell erlernbar sind, weitgehend ohne Fehlermeldungen arbeiten, auf Aktionen sofort reagieren, die Interaktionen sind leicht merkbar, der Benutzer wird sehr wenig beansprucht usw. Hierbei wird zwischen

- Repräsentation (Art der Abbildung),
- Referenzierung (Zugriffsmechanismen) und
- Interaktivität (Auswirkungen einer Eingabe)

nach dem in Abbildung 12.32 gezeigten Schema unterschieden.

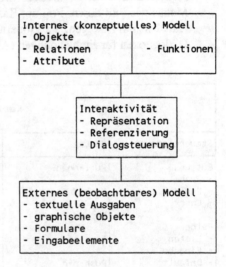

Abb. 12.32: Das Interaktionssystem

Der Mensch arbeitet bei der Auswahl seiner Arbeitsschritte mit Erkennungsalgorithmen. Diese sollen durch geeignete Informationsdarstellungen, durch Strukturierung des Suchraumes, durch visuelle Lenkung des Auges, durch Verwendung bekannter Begriffe unterstützt werden. Bei der **Maskengestaltung** wird der Suchraum durch die **Informationsklassen**

- Statusinformation,
- Arbeitsinformation,
- Steuerinformation und
- Meldungsinformation

untergliedert. Mehrere solcher Bildschirmmasken, zwischen denen der Benutzer blättert, bilden einen logischen Bildschirm.

12.6.2.2 Komponenten direkt manipulierbarer Schnittstellen

Es werden zwei Zugangsebenen unterschieden,

- die graphisch orientierte Metapher (oberste Zugangsebene) und
- die Objekte bzw. Funktionen in Fenstern als globale Oberflächenelemente (z.B. Menüleisten).

Folgende **Komponenten** werden für das Manipulieren von Objekten und für das Darstellen von Funktionen verwendet:

- Steuerelemente wie Rollbalken, Eingabefelder, Skalen,
- Menüs wie Pull-down, Pop-up, Kaskaden,
- Handles zum Bewegen, Vergrößern, Rotieren, sowie
- Dialogboxen für Einblendungen (Abbildung 12.33).

Komponenten			
Steuerelemente	Menüs	Handles	Boxen
Buttons - Push - Radio - Check Felder - Listen - Eingabe - Default Valuators - Skalen - Rollbalken	Pull-down Kaskaden Pop-up Tear-of Push-pin	sensitive Punkte	Dialogboxen

Abb. 12.33: Komponentenliste direkt manipulierbarer Schnittstellen

Vielfach sind zahlreiche Funktionen vorprogrammiert, also direkt an ein Anwendungsprogramm gebunden; somit sind ihre Syntax und Semantik standardisiert (Handles). Folgende Funktionen werden durch die beteiligten Komponenten unterstützt:

- das Verschieben von Fenstern und Dokumenten,
- das Neuzeichnen von Fenstern beim Verschieben,

- das Vergrößern und Verkleinern,
- das Wiederholen von Befehlen,
- das Drucken von Dokumenten,
- die Standarddialoge wie Abfragen,
- das Editieren von Texten,
- das Cut und Paste zwischen Fenstern etc.

Ein **Menü** (Menu) ist eine Liste von Objekten (Items), aus denen der Benutzer durch Eingaben eine Auswahl trifft. Unterschiede werden durch die Darstellungsart gemacht, wenn bspw. alphanumerische Masken, Menü-Leisten und Menüs mit **Metaphern** (Ikonen, Piktogrammen) stets sichtbar oder temporär nach definierten Benutzeraktivitäten angezeigt werden. Metaphern dienen dazu,

- die Struktur von Objekten ("Ordner enthalten Dokumente"),
- deren Verhalten ("Dokumentenfenster können sich überlappen.") und
- die Operationen ("Objekte können bewegt werden.")

erfaßbar zu machen. Bei der direkten Manipulation verfügt der Benutzer über sein gewohntes Arbeitsumfeld in Form von Metaphern. Er bearbeitet mittels Zeigeinstrumente Objekte in symbolischer oder mnemotechnischer Form. **Explizite Funktionsaufrufe** werden über Menüs, Menü-Leisten bzw. Funktionstasten ausgewählt. **Implizite Funktionsaufrufe** nimmt das System selbständig bei der Objekt-Auswahl des Benutzers vor. Folgende Menüformen werden häufig und gelegentlich standardmäßig verwendet (Abbildung 12.34):

- **Pull-down-Menüs** kennzeichnen die Anordnung der ständig sichtbaren Menüleiste, die mit dem Mauszeiger berührt wird, wodurch sich entweder sofort oder durch Drücken der Maustaste Untermenüs öffnen. Bei manchen Systemen öffnet sich das Untermenü durch einmaliges Drücken/Loslassen der Maustaste; zur Selektion eines Eintrags wird ein zweiter Mausclick benötigt (Drop-down). Die Selektion aus Pull-down-Menüs ist ein Vorgang mit der Aktionsabfolge: Bewegung des Mauszeigers zur Menüleiste, Drücken der Taste, Bewegen des Zeigers zum Menü-Item und schließlich Loslassen der Taste.
- **Kaskaden-Menüs** sind hierarchisch geordnete Pull-down-Menüs, wobei ein Untermenü links oder rechts vom Haupteingang erscheint, sobald der Zeiger auf dem Haupteingang steht oder der Zeiger seitlich aus dem Haupteingang herausgeführt wird.
- **Pop-up-Menüs** sind mit Pull-down-Menüs vergleichbar, außer, daß sie an beliebigen Stellen auf dem Bildschirm erscheinen können. Ihr Inhalt hängt in den meisten Fällen vom jeweiligen Bildschirm-Gebiet ab, auf dem sich der Cursor gerade befindet. Ihr Hauptvorteil besteht darin, daß der Benutzer seinen augenblicklichen Arbeitsschwerpunkt mit der Maus nicht verlassen muß.

878 12. Informationsmanagement

- **Pop-up-Menüs** und Pull-down-Menüs verschwinden wieder, nachdem ein Item selektiert wurde. Sehr oft ist es jedoch nützlich, ein Menü ständig zur Verfügung zu haben, z.B. wenn wiederholt die gleichen Operationen ausgeführt werden müssen. **Tear-off- und Push-pin-Menüs** können über mehrere Operationen hinweg am Bildschirm präsent gehalten werden. Dies wird erreicht, indem man eine Menüleiste von einem Pull-down-Menü "abreißt" und an einem anderen Ort auf dem Bildschirm plaziert oder indem man explizit einen Push-pin-Button am Kopf des Menü drückt.

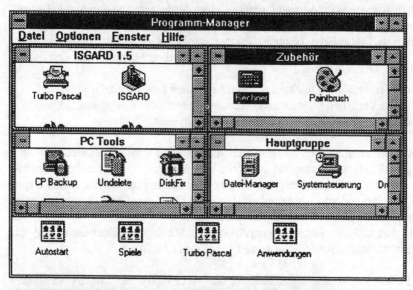

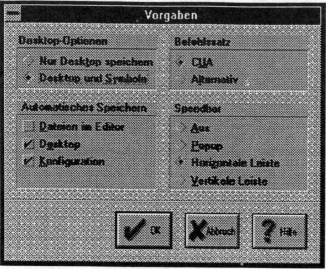

12.6 Ergonomische Aspekte

```
┌─[■]──────────────── Vorgaben ──────────────┐
│                                            │
│   Desktop Optionen          Befehlssatz    │
│   ( ) Nur Desktop speichern (•) CUA        │
│   (•) Desktop und Symbole   ( ) Alternativ │
│                                            │
│   Automatisches Speichern   Speedbar       │
│   [ ] Dateien im Editor     ( ) Aus        │
│   [X] Desktop               ( ) Popup      │
│   [X] Konfiguration         (•) Horizontale Leiste │
│                             ( ) Vertikale Leiste   │
│                                            │
│              Ok     Abbruch     Hilfe      │
└────────────────────────────────────────────┘
```

Abb. 12.34: Typen von Menüs

	Motif	Open Look	Macintosh
Buttons (Default, Normal)	Ok / Cancel	Apply / Cancel	OK / Cancel
Radio Buttons	◇ red / ◆ green / ◇ blue	red / green / blue	○ red / ⦿ green / ○ blue
Check Boxes	▣ bold / ☐ italic / ▣ underline	☑ bold / ☐ italic / ☑ underline	☒ bold / ☐ italic / ☒ underline

Abb. 12.35: Typen von Buttons

Bei den **Buttons** oder **Tasten** handelt es sich um berührungsempfindliche Flächen auf dem Bildschirm, die der Benutzer mit Hilfe des Zeigeinstruments (Maus) aktivieren kann. Aus den beiden Gruppen (graphische Darstellung der Taste und Beschriftung oder Piktogramm) werden drei Typen unterschieden, und zwar (Abbildung 12.35)

- **Push Button**
  Dies ist der einfachste Typ zur Aktivierung der mit der Taste verbundenen Funktion (Zeiger auf Button bewegen, Maustaste drücken, Loslassen).

- **Radio Button**
  Dient der Auswahl einer Option aus einer Gruppe (z.B. Farbe).
- **Check Button**
  Dient der Auswahl (Aktivierung) mehrerer Tasten aus einer Gruppe.

12.6.3 Architekturmodelle und deren Werkzeuge

12.6.3.1 Architekturmodelle

Architekturmodelle beschreiben die Struktur und die Komponenten von Dialogsystemen. Zwei Modelle ragen heraus, die bei der Planung eines Dialogsystems beachtet werden sollen,

- das **IFIP-Modell** mit den Schichten Ein-/Ausgabe-, Dialog-, Werkzeug- und Organisationsschnittstelle, sowie
- das **Seeheim-Modell** mit dem User Interface Management System (UIMS), das mit den Präsentations-, Dialog-, Kontroll- und Anwendungsschnittstellen operiert.

Das **IFIP-Modell** unterscheidet 4 Schichten:

- Die **Ein- und Ausgabeschnittstelle** enthält die Regeln für die Benutzereingaben und für die Systemausgaben. Geregelt sind die Benutzung der verwendeten Geräte und die Informationsdarstellung (Status-, Arbeits-, Steuer- usw. Informationen).
- Die **Dialogschnittstelle** legt die Dialogformen (interaktiv, benutzerinitiiert etc.) fest, ebenso die Systemhilfen für den Benutzer sowie die Art der Fehlerbehandlung.
- Die **Werkzeugschnittstelle** regelt den Zugriff des Benutzers auf die Daten und Werkzeuge wie Graphik-Objekte (siehe unten).
- Die **Organisationsschnittstelle** übernimmt die Regelungen zwischen den Arbeitsaufgaben der Benutzer und die Abstimmungen der Software-Werkzeuge mit den konventionellen.

Das **Seeheim-Modell**, auch **UIMS** (User Interface Management System) genannt, ist eine anwendungsunabhängige Form, d.h. es trennt die Anwendung von der Schnittstelle. Das Modell unterscheidet 3 Schnittstellen, die in Abbildung 12.36 zusammengestellt sind:

- Die **Präsentationsschicht** ist die konzeptuelle Ebene des Modells. Sie entspricht der Ein- und Ausgabeschicht im IFIP-Modell. Sie abstrahiert die

konkreten Gegebenheiten (Schrift, Auflösung, Mausposition u.ä.; sie setzt bspw. die Mausbewegungen in höhere Ereignisse um; sie ist verantwortlich für die Fensterinhalte etc.
- Die **Dialogkomponente** entspricht der Dialogschnittstelle im IFIP-Modell. Sie ist für die Kontrolle des Dialogs (Weiterleiten von Informationen) für die direkte Manipulation und für die Dialogsteuerung verantwortlich.
- Die **Anwendungsschnittstelle** definiert die Semantik der Anwendung gegenüber der Benutzeroberfläche.

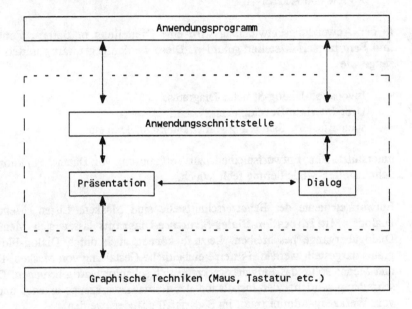

Abb. 12.36: Schema des Seeheim-Modells

12.6.3.2 Werkzeuge

Benutzerfreundliche Anwendungssysteme müssen die Arbeitswelt des Benutzers so naturgetreu wie möglich abbilden. Graphische Interaktionsobjekte (Metaphern, Ikons, Piktogramme) bieten sich in diesem Zusammenhang an. Ihre Programmierung kann in der heutigen Praxis mit dem graphischen Kernsystem (GKS) und den Fenster-Umgebungen (X-Window-System, MS-Windows, NT Windows, Presentation Manager) erfolgen. Die Bürowelt wird von einem Fenster-System realitätsnah abgebildet: Der Benutzer kann den Bildschirm selbst gestalten. Die auf dem Markt erhältlichen Oberflächenwerkzeuge lassen sich nach der Art von Bedienoberflächen, nämlich fenster-, formular- und menüorientiert einerseits und freie, anwendungsspezifische Graphiken andererseits unterscheiden. Ein anderes Unterscheidungsmerkmal ist die jeweilige Systemumgebung der Werkzeuge:

- Werkzeuge für Bedienoberflächen zur Prozeßvisualisierung und -steuerung basierend auf Xlib.
- Werkzeuge für büroorientierte Bedieneroberflächen basierend auf dem X-Toolkit (Xt) und darauf aufsetzenden sog. Widget-Sets OSF/Motif, SUN XView und ATHENA.

In der Anwendungsentwicklung wird eine Dreiteilung in **Daten-, Funktions- und Benutzerschnittstellen** gefordert. Diese werden gegenwärtig mittels **Werkzeuge** wie

- Invocation-Dialog-Structur-Diagrams,
- User-Interface-Development-System,
- standardisierte Sammlung von Graphik-Objekten etc.

unterstützt. Eine Entwurfsmethode zur Verknüpfung von Daten-, Funktions- und Schnittstellen-Modellierung fehlt jedoch.

Entwurfselemente der Benutzerschnittstelle sind Masken, Listen, Menüs und Dialoge. Mit **Invocation-Dialog-Structure-Diagrams** lassen sich Menüs und Dialogübergänge beschreiben. Letztere können auch durch Dialog-Flow-Diagrams dargestellt werden. Für eine einheitliche Gestaltung von Masken, Reports und Menüs sollte das Entwurfswerkzeug sich schablonenartig bedienen. Die Beschreibung wird bei der Installation des Entwurfswerkzeugs erzeugt und kann vom Werkzeug-Administrator im Bedarfsfall geändert werden.

Bei Datenbank-Anwendungen gehört zum Benutzerschnittstellen-Entwurf die **Modellierung von Transaktionen.** Mittels einer Transaktion ist es möglich, dem Systembenutzer zusammengehörige Arbeitsschritte an der Benutzerschnittstelle direkt zu vermitteln.

12.6.4 Standards

12.6.4.1 Überblick

Eines der häufigsten Probleme bei der Gestaltung von Benutzerschnittstellen ist die Konsistenz. Benutzer, die auf verschiedenen Systemen mit verschiedenen Anwendungsprogrammen arbeiten, finden Unterschiede vor:

- Tastaturen mit unterschiedlichem Tastenlayout,
- Maus- und Funktionstasten unterschiedlich belegt,
- unterschiedliche Aktivierung von Menüeinträgen,
- gleiche Funktionsnamen mit unterschiedlichen Inhalten etc.

In den letzten Jahren sind einige Standard und Richtlinien herausgekommen, die richtungsweisend sein können:

- CUA - Common User Access (IBM);
- Human Interface Guidelines (Apple Computer Inc.);
- Open Look^{TM} (AT&T, UNIX International);
- OSF/Motif^{TM} (Open Software Foundation);
- ISO-Norm 9241 (Vorentwurf): Ergonomic Requirements for Office Work with visual Display Terminals (VDTs);
- VDI-Richtlinie 5005: Software-Ergonomie in der Bürokommunikation;
- DIN 66234 Teil 8: Grundsätze ergonomischer Dialoggestaltung.

Standardisiert werden können:

- Transaktionen des Systems (Anzeigen, Kopieren, Sichern),
- Aktionen des Benutzers (Markieren, Bearbeiten),
- Objekte (Gegenstände, Dokumente) und
- Anwendungen (Rechnungsschreibung, Statistiken).

In der Praxis haben sich einige Standards durchgesetzt, so bspw.

- die graphischen Grundelemente von OSF Motif (Windows),
- das Rahmensystem MODIA (Modelling of Dialogs),
- das Rahmensystem MODUS (Modelling of Users),
- die Excel-Dialogbox,
- die Standards OSF/Motif der Open Software Foundation,
- die Standards Open Look von UNIX International,
- die Standards Common User Access (CUA) innerhalb SAA von IBM,
- die Standards Human Interface Guidelines von Apple etc.

12.6.4.2 Industrie-Standards für graphische Oberflächen

12.6.4.2.1 Entwicklungsschritte

Die Entwicklung der Star-Workstation von Xerox brachte am Anfang der 80er Jahre eine Benutzerschnittstelle mit vertrauten visuellen Metaphern, so mit bildlich angedeuteten Dokumenten, Aktenschränken, Postkörben usw. Die leistungsfähige Workstation für Büro-Anwendungen mit einer mächtigen graphischen Unterstützung bedeutete eine wesentliche Verbesserung für die breite Klasse der ungeübten Endbenutzer. Der Benutzer konnte mit relativ wenig Mühe von einer Anwendung zu einer anderen überwechseln. Die Verbreitung dieser neuen Technologie wurde zunächst von den hohen Kosten der graphikfähigen Hardware stark gebremst, konnte sich aber als neue Methodologie der Interaktion zwischen Benutzer und System etablieren. Heute verfügen alle modernen Workstations über eine graphische **Benutzerschnittstelle** (GUI für Graphical User Interface); jeder Hersteller hat jedoch seinen eigenen Weg beschritten.

Der wachsende Druck von den Benutzern war Grund für die Bemühungen, Industrie-Software auf dem GUI-Bereich zu definieren. Die Realisierung dieser Standards betrifft zwar lediglich das Look-and-Feel, sie setzt jedoch das Window-System voraus. Eine große Anzahl von Window-Systemen ist in den letzten Jahren auf den Markt gekommen. Ein einziges, das **X-Window-System**, eine Entwicklung des MIT innerhalb des Projektes ATHENA, hat sich jedoch auf dem UNIX-Bereich durchgesetzt. Es beinhaltet:

- die Beschränkung der Funktionalität auf eine Grundmenge,
- die Netzwerk-Transparenz durch Definition eines Protokolls und
- die Client-Server-Architektur.

Jedes graphische Gerät, bestehend aus Monitor, lokalem Prozessor, Maus und Tastatur, implementiert einen X-Server-Knoten, der alle Hardware-Abhängigkeiten enthält. Jede Anwendung auf einem Rechner erscheint als X-Client. Clients und Servers sind miteinander gekoppelt. Die Software-Architektur des X-Windows ist in Abbildung 12.37 dargestellt. Die zwei Bibliotheken X-Lib und X-Intrinsics enthalten Teilelemente und einfache Klassen von Widgets, graphischen Komponenten zur Realisierung eines GUI, sowie Dienstfunktionen.

Das X-Window bietet den Vorteil der Portabilität. Seine Entwicklung hat zur Definition von zwei Industrie-Standards geführt:

- Motif von OSF (Open Software Foundation) und
- Open Look von Sun.

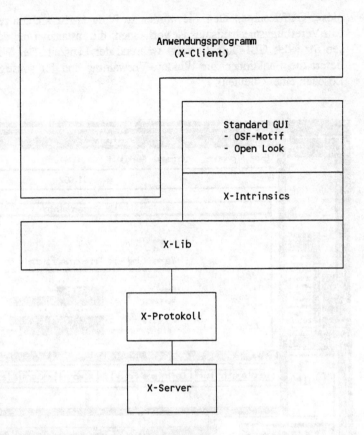

Abb. 12.37: Schema von X-Window

12.6.4.2.2 Motif von OSF

Die Motif-Architektur basiert auf X-Window und enthält folgende Basiskomponenten:

- das Interface-Toolkit mit den Motif-Widgets,
- einen Window-Manager,
- einen Compiler der Motif-Sprache UIL (User Interface Language) und
- eine Bibliothek zur Ressourcen-Verwaltung (Daten-Strukturen).

Motif setzt das Vorhandensein von X-Window im System voraus. Das Interface-Toolkit ist die wichtigste Schnittstelle für den Programmierer; hier greift er auf die Motif-Widgets zu. Diese sind die elementaren Bausteine zum Aufbau komplexer GUI-Komponenten. Sie werden zu Widgets-Hierarchien zusammengefaßt. Ein Vererbungsmechanismus ist vorhanden; die Instanziierung der Widget-Klassen für jedes GUI-Objekt erfolgt während der Laufzeit. Der Window-Manager liefert die Funktionen zur Window-Verwaltung und für sonstige Dienste (wie Löschen eines Clienten).

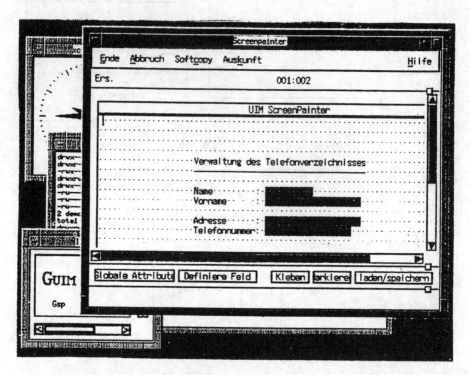

Abb. 12.38: Beispiel eines Motif-Fensters

Abbildung 12.38 zeigt ein Motif-Fenster. Das Hauptmerkmal ist der dreidimensionale Effekt. Window-Manager stellt ein Applikationsfenster auf dem Bildschirm mit folgenden Elementen dar:

- den Titel-Balken mit dem Titel-Bereich,
- acht "Griffe", um die Fenster-Größe zu verändern (linke, rechte, obere, untere, obere linke, obere rechte, untere linke und untere rechte Griffe).

Für den Programmierer bedeutet Motif eine Abkehr von der herkömmlichen Vorgehensweise, aus der Anwendung heraus die Interaktion direkt zu steuern.

Bei Motif gibt der Benutzer vor, was als nächstes bearbeitet werden soll. Die klassische sequentielle Programmstruktur wird entsprechend stark verändert: Eine Motif-Anwendung besteht aus einer Initialisierungsphase und aus einer endlosen Schleife zur Bearbeitung der X-Ereignisse. Ein Ereignis ist eine von X-Window generierte, an die Anwendung gerichtete Botschaft, infolge einer Benutzer-Aktion bzw. infolge besonderer System-Vorkommnisse.

12.6.4.2.3 Open Look von Sun

Open Look ist als ein nicht an Unix gebundenes GUI definiert worden. Es verfügt über eine Client-Server-Architektur und zwei Toolkits, und zwar über

- ein X-Window-kompatibles Fenster und
- TNT zur Kommunikation mit den Sun-spezifischen Fenster.

Dadurch können zwei unterschiedliche Klassen von Anwendungen auf einem Bildschirm bestehen. Das Look-and-Feel basiert auf dem Xerox-Konzept und zeichnet sich durch Konsistenz (müheloser Anwendungswechsel), Effizienz und Einfachheit aus. Ein Beispiel zeigt die Abbildung 12.39. Darauf folgend stellt Abbildung 12.40 beide Standards auf der Elementen-Ebene gegenüber.

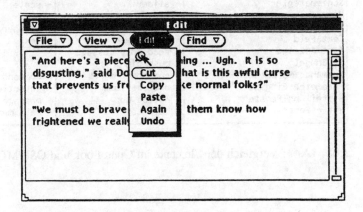

Abb. 12.39: Beispiel einer Anwendung im Open Look

ELEMENT	OPEN LOOK	OSF/MOTIF
Basis-Fenster	- base window	- main window
Plattenbelegte Fenster	- - -	- paned window
Menü-Druckknopf	- window menu button	- window menu push-button
Vollbild-Druckknpof	- - -	- maximize button
Druckknopf zur Fenster-Ikonisierung	- close icon	- minimize button
Titel-Balken	- - -	- - -
	- title bar area	- title bar
Fenster-Größe verändern	- resize corner	- resize border
Menü-Balken	- control area	- menu bar
Fuß-Bereich	- footer	- - -
Pfeil-Druckknopf	- - -	- arrow button
anwendungsspez. Druckknopf	- - -	- drawn button
Druckknopf	- button	- push-button
Kippschalter	- - -	- toggle button
Anwendungs-Arbeitsfläche	- pane	- panel
Pulldown-Menü	- pull-down menu	- pull-down menu
Kaskaden-Menü	- button stack	- cascade button
Popup-Menü	- pop-up menu	- pop-up menu
Optionen-Menü	- - -	- option-menu
Scroll-Balken	- scroll bar	- scroll bar
Druckknopf-Alternativen (einzeln)	- exclusive setting	- radio box
Druckknopf-Alternativen (mehrfach)	- check box	- check box
Scroll-Liste	- scrolling list	- scrolled list
Schieberegler	- slider	- scale
Messer	- gauge	- - -
Numerisches Feld	- numeric field	- stepper button
Text-Feld	- text field	- text
Text-Anzeige	- read only message	- - -
Reißnagel	- push pin	- - -
Kommando-Parameter	- command box	- command
Parameter-Eingabe	- property box	- selection box
Mitteilung-Fenster	- notice box	- message box
Hilfe-Fenster	- help-box	- help menu

Abb. 12.40: Vergleich der Elemente im Open Look und OSF/MOTIF

12.7 Wirtschaftliche und sonstige Aspekte

12.7.1 Vorbemerkungen

Der Entwicklungsboom auf dem Hard- und Softwaresektor beschert dem Markt eine unübersehbare Angebotspalette unterschiedlichster Leistungen, Qualitäten und Kosten. Die Zeit, in der maßgeschneiderte Software individuell konzipiert, entwickelt und eingeführt wurde, ist Vergangenheit. Kostensteigerungen, Kapazitätsengpässe, technischer Fortschritt, Qualität der Standardprodukte etc. sind Ursachen dafür, daß nicht nur die Hardware, sondern auch die Software immer häufiger fremdbezogen wird. Es kommt somit zu einem Auswahlprozeß, in dem

- Bedürfnisse (gemessen an den zu erledigenden betrieblichen Funktionen),
- Angebote (Soft- und Hardware, einschl. Kommunikation)

einem Auswahlprozeß unterworfen werden. Dieser wird analytisch, methodisch und wirtschaftlich durchgeführt, so daß er für den Anwender überschaubar, kalkulierbar und nachvollziehbar ist. Da es sich um eine Investitonsentscheidung handelt, die das Unternehmen längere Zeit bindet, muß sie sehr sorgfältig vorbereitet werden. Im Mittelpunkt der Überlegungen stehen die Definition und Erfüllung der Anforderungen, die Integrationsfähigkeit, die Akzeptanz, sowie die Wirtschaftlichkeit. Nebeneffekte, wie Verbesserung der Wettbewerbsfähigkeit u. a., können zusätzlich herangezogen werden. Dabei gilt es von Anfang an, die Betroffenen

- frühzeitig, inhaltlich umfassend und offen zu informieren,
- aktiv und verantwortlich am Auswahlprozeß zu beteiligen und
- zu motivieren.

12.7.2 Systemauswahl

12.7.2.1 Ablauffolge der Vergleichsentscheidung

Der **Auswahl- und Entscheidungsvorgang** für eine neue System-Lösung (Software, Hardware, Gesamtlösung) ist ein mehrstufiger Prozeß, in dem zunächst alle in Betracht kommenden Produkte erfaßt und dann das Spektrum an Alternativen Schritt für Schritt auf die "beste" Lösung verengt wird. An erster Stelle fallen solche Produkte aus, die zwingende Voraussetzungen, nicht erfüllen. Zwingende Voraussetzungen, ohne deren Erfüllung keine positive Lösung möglich ist, werden **KO-Kriterien** genannt. Zur eigentlichen System-Beurteilung gelangen daher nur solche Programmsysteme, die alle Mindestanforderungen erfüllen. Im Regelfall fällt die Entscheidung zwischen wenigen Produkten. Die Auswahlentscheidung wird primär durch die Anwenderprogramme und nur sekundär durch die Hardware bestimmt. Hier ist große Sorgfalt unbedingt erforderlich. Die Hardwaresysteme spielen in den Teilfragen eine Rolle, wenn es bspw. um die Vernetzung, bzw. um die Entscheidung Einzelplatz- bzw. Mehrplatzsystem geht. Zum Abschluß folgt eine Gegenüberstellung der erwarteten Kosten (Abbildung 12.41).

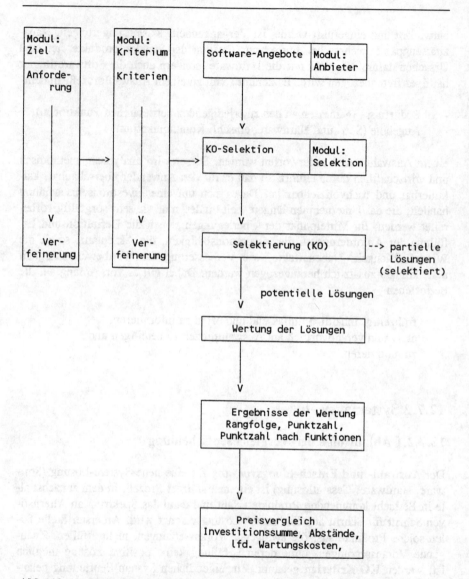

Abb. 12.41: Ablauffolge der Entscheidung

12.7.2.2 Festlegung der Anforderungen

Eines der wichtigsten Ziele der Nutzung der Datenverarbeitung ist es, sich einen gewissen unternehmerischen Vorteil gegenüber Mitbewerbern zu schaffen. Dies gelingt nur, wenn die Datenverarbeitung gezielt an den unternehmerischen Bedürfnissen orientiert wird. Im anderen Fall wird die Datenverarbeitung nur eine technisierte Form des bereits produzierten Arbeitsprozesses sein.

12.7 Wirtschaftliche und sonstige Aspekte

Die Aufgabenträger in der Organisation führen zur Ausführung ihrer Tätigkeiten Handlungen aus, welche durch die Informationstechnologie unterstützt werden können. Die Handlungen lassen sich nach Aufgaben gruppieren. Aus diesen ergeben sich Anforderungen an die unterstützende Technologie. Diesen Anforderungen gegenüber stehen auf der anderen Seite die Leistungsmerkmale der Technologien. Wird bis auf die Ebene der Einzelhandlungen differenziert (siehe Abbildung 12.42), dann stehen sich

- die elementaren Anforderungen der Aufgaben und
- die elementaren Leistungsmerkmale der Technik

gegenüber. Sie lassen sich in Kriterien fassen (Abbildung 12.43).

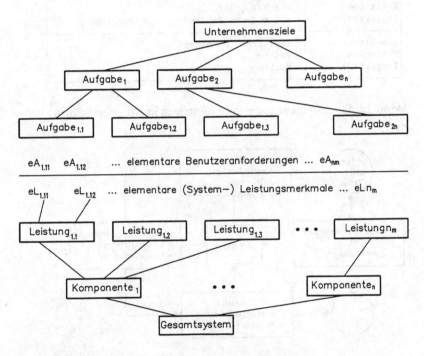

Abb. 12.42: Anforderungs- und Leistungsvergleich

Eine quantifizierte Beurteilung der alternativen Programmsysteme aus dieser Sicht bereitet jedoch besondere Schwierigkeiten, weil die direkten und indirekten Wirkungen auf dem Arbeitsplatz, die einmaligen und laufenden Einflüsse/ Effekte, die kurz- und langfristigen Resultate sowie die quantitativen und qualitativen Ergebnisse größtenteils geschätzt werden müssen. Ausnahmen hiervon sind die direkten Wirkungen auf dem Arbeitsplatz - gemessen in Zeiten, oder die quantitativen Ergebnisse - gemessen in Werten.

Kriterien	Anforderungen
qualitative Kriterien (subjektiv)	- Erfüllung gesetzlicher Anforderungen - komplette Formularerstellung - Integration zu anderen Programmen - individuelle Gestaltungsmöglichkeit - optimale Ausbaustufe - laufende Aktualisierung - Benutzerfreundlichkeit
organisatorische Kriterien (subjektiv)	- Erfassung, Verarbeitung und Ausgabe vor Ort - Direktzugriff zu allen Daten - dialogorientiertes Arbeiten
zeitliche Kriterien (objektiv)	- Dialog - Direktzugriff - keine technisch bedingte Unterbrechung
quantitative Kriterien (objektiv)	- Zeitverhalten/bedarf - Kosten - Nutzen

Abb. 12.43: Gruppierung der Anforderungen in Kriterienclustern

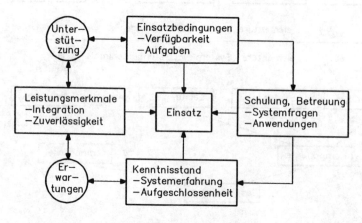

Abb. 12.44: Bestimmungsfaktoren der Akzeptanz

Eine besondere, häufig vernachlässigte anwenderseitige Forderung ist die Integrationsfähigkeit des Systems in sich selbst und in das Betriebsgeschehen. Hierfür sind nicht nur technische Voraussetzungen zu erfüllen, sondern vielmehr die Anpaßbarkeit, die Flexibilität und die Akzeptanz (Abbildung 12.44). Jede Komponente des Ganzen muß für sich allein wie auch im Zusammenhang mit den anderen Teilsystemen sicher und robust funktionieren. Ausfälle von Teilsystemen dürfen keine Gefahr für das Gesamtsystem darstellen.

Die Erfahrungen zeigen, was gefragt ist, wo der Weg hinführt. Gefragt sind Systemlösungen, die im Dialog mit dem qualifizierten Benutzer seine Aktion unterstützen. In diesem Sinne läßt sich der Auswahlvorgang nach dem Top-down-Schema präzisieren, so bspw. in einem 5-Phasen-Schema:

- 1. Phase mit Festlegung der Ziele des Systemeinsatzes;
- 2. Phase mit Abgrenzung sachlogischer Funktionseinheiten des Benutzers wie die Auftragsverwaltung, Finanzbuchhaltung;
- 3. Phase mit Bestimmung der Inhalte der sachlogischen Funktionseinheiten wie Leistungserfassung und -abrechnung;
- 4. Phase mit Beschreibung der Einzelaufgaben wie Terminwesen, Auftragseingang, Disposition;
- 5. Phase mit Festlegung der elementaren Aufgaben wie Zeiterfassung, Führung von Terminen, Definition der Vorlagezeiten.

Wesentlich ist, daß das Ergebnis eine **integrierte Systemlösung** im Sinne der Zielvorgaben ist, die die Integration der Funktionen durch

- Verwendung gleicher Mechanismen in der Aufgabenlösung und
- Zugriff auf dieselben Daten beinhaltet.

12.7.2.3 Einsatz von Pflichtenheften

Nahezu unendlich ist die Anzahl der Produkte an Hard- und Software, die eine Vielzahl betrieblicher Tätigkeiten von der Planung bis zur Kontrolle, von der Auftragsannahme bis zur Ablieferung des gefertigten Produktes, von der Prozeßsteuerung bis zur Materialbestellung usw. unterstützen. Damit integrieren und koordinieren sie die betrieblichen Funktionen, die an diesem Gesamtprozeß mitwirken. Bei ihrer Planung hat es sich eingebürgert, sie einem Vergleich, einer Art Prüfung zu unterwerfen, um festzustellen,

- welche Leistungen,
- in welcher Form und Güte,
- unter welchen Bedingungen

erbracht werden. Es handelt sich dabei um Auswahlkriterien, die in **Checklisten**, in sog. **Pflichtenheften** zusammengestellt und bei Hard- und Softwareentscheidungen benutzt werden. Es sind organisatorische, aufgabenbezogene, kostenmäßige und sonstige Fragen, die der Einordnung des Produktes aus einem bestimmten Blickwinkel der Aufgabenerfüllung dienen. Sie gleichen einem Fragenkatalog, in dem Erwartungen, Erfahrungswerte u.ä. zusammengefaßt, systematisiert und einer - meist subjektiven - Wertung zugeführt werden. Sie sind Spiegelbilder einer gegebenen oder erwarteten, oder erstrebten Situation. Sie sind "gut", wenn sie den Entscheidungsvorgang positiv unterstützen, die Kriterien eindeutig festhalten, eine klare und eindeutige Wertung bewirken.

In diesem Zusammenhang hat sich in der DV-Praxis der Begriff Pflichtenheft durchgesetzt. Es wird als Sammelbegriff mit sehr heterogenen Inhalten geführt, je nach dem auf welche Produkte, Leistungsbereiche, Adressatenkreise etc. es bezogen wird. Eine Klärung ist notwendig, schon alleine um eine Verständigung zwischen zwei Partnern zu ermöglichen. Darüber hinaus ist es notwendig, dafür zu sorgen, daß jedes DV-Produkt einer reellen Wertung zugeführt wird:

Das **Pflichtenheft** ist eine detaillierte, verbale Beschreibung aller Anforderungen DV-technischer, organisatorischer, inhaltlicher, wirtschaftlicher und sonstiger Art. Es gilt die Sicht des Benutzers. Dieser ist eine natürliche oder juristische Person, die ein DV-Projekt (z.B. die Anschaffung von Hard- und Software) in Auftrag gibt und seine Erwartungen in einem von ihm gewählten Schema bestimmt, festlegt. Der Auftraggeber kann mit dem späteren Endbenutzer identisch sein. Dies ist der Grund, warum dieser Begriff häufig mit anderen Begriffen verwechselt oder synonym gehandhabt wird. Entscheidend ist, daß ein Pflichtenheft seitens des Auftraggebers gestellt wird. Daher präzisiert er Auswahlkriterien, die im einzelnen in drei Gruppen untergliedert werden müssen. Es sind

- die **Mußkriterien** (auch KO-Kriterien genannt; "Need to have!"), die unabdingbare, sehr exakt vorliegende Forderungen enthalten,
- die **Wunschkriterien** ("Nice to have!"), die nicht-unabdingbare Forderungen benennen, solche, die nach Möglichkeit erfüllt sein sollen, sowie
- die **Abgrenzungskriterien**, die bewußt nicht geforderte Inhalte bestimmen.

Diese drei Gruppen sind Inhalte des Pflichtenheftes.

- Für den Anwender des Produktes sind die einzelnen Leistungsarten des Produktes von Bedeutung. Er muß wissen, was das Produkt "leistet". Diesem Zweck dient das **Funktionshandbuch**. In ihm werden die einzelnen Leistungen charakterisiert, in Details beschrieben. Da es seitens des Anbieters erstellt wird, soll es vom Anwender zwecks Durchführung eines Abnahmetestes benutzt, herangezogen werden. Funktionshandbücher sind aus diesem Grunde schematisiert, wobei das Schema mitunter große Ähnlichkeiten mit dem der Pflichtenhefte hat.

- Die Benutzung des Produktes und damit die Unterstützung des Anwenders setzt ein sog. **Benutzerhandbuch** voraus, das eine Beschreibung des Produktes aus benutzerorientierter Sicht enthält. Es muß eine vollständige, alle Leistungsarten ausgewiesene Beschreibung sein, und zwar nach Möglichkeit unter Einbeziehung des Einsatzgebietes Anwenders, d.h. mit Beispielen, Hilfeleistungen etc. versehen sein.
- Schließlich gehört ein **Begriffslexikon** zu diesen Dokumenten. In ihm werden verwendete Fach- und Fremdbegriffe, benutzte Lösungsalgorithmen u.ä. Inhalte niedergeschrieben. Wesentlich ist die klare Abhebung nicht allgemein bekannter, mit unterschiedlichen Deutungen benutzter Begriffe. Sie werden im Begriffslexikon einer einheitlichen Terminologie zugeführt, wodurch eine einheitliche Produktnutzung sichergestellt werden kann.

Pflichtenhefte sind somit Hilfsmittel, die entscheidungsvorbereitend wirken. Deren Hauptvorteil liegt darin, daß sie den Auftraggeber zwingen, seine Gedanken zu ordnen, zu präzisieren, einen Auftrag zu formulieren. Er weiß im voraus, was auf ihn zukommen kann, er stellt sich auf eine Entscheidung ein. Prinzipiell ist jeder Auftrag mit einem Pflichtenheft verbunden. Unterschiede entstehen durch die Verschiedenartigkeiten der Auftragsarten und der Auftragsgeber. Sie lassen sich je nach Auftragsart (Hardware-Auswahl, standardisiertes Softwareprodukt, branchen- oder aufgabenspezifisches Anwendungsprogramm etc.) und Auftraggeber gruppieren. Hierzu werden nachfolgend einige beispielhafte Empfehlungen, als Pflichtenheft-Rahmen, gegeben. Daraus sollten einzelne Pflichtenhefte, eine Art Pflichtenheft-Pläne, entstehen. Sie müssen so gewählt worden sein, daß auf sie Wertungsskalen gelegt werden können. Solche, die es ermöglichen, wichtige Kriterien stärker in die Entscheidung einzubeziehen, als andere. Möglicherweise sollen sie auch die Zusammenfassung (Clustering) von Kriterien, ebenso ihre unterschiedliche Gewichtung nach Anwendern zum Inhalt haben.

Für das Aufstellen von Pflichtenheften können verschiedene Quellen benutzt werden. Im Falle eines Entscheidungvorganges bietet sich an, eine 3er-Teilung vorzunehmen, weil es jeweils auf verschiedene Kriterien und deren Gewichtung ankommt. Es sind Hardware incl. Netzwerk, Software allgemein und Software speziell (anwendungsbezogen). Beispiele sind in den nachfolgenden Unterabschnitten angeführt.

12.7.2.3.1 Pflichtenheft für die Hardware

Im Pflichtenheft für Hardware sind objektive und subjektive Kriterien zusammenzustellen. Relativ wenig Probleme bereitet die erste Gruppe, weil hier meßbare Größen wie Preise, Arbeitsgeschwindigkeit, Speicherplatz, Zugriffszeit u.a.m. gefragt sind. Größen, die im Regelfall von den Herstellern, aber auch von neutralen Institutionen (z.B. Fachzeitschriften) gestellt werden. Sie sind nachprüfbar und daher besonders geeignet, eine Auswahlentscheidung vorzubereiten.

Anders verhält es sich mit der zweiten Gruppe, weil sie subjektive, nicht meßbare Größen beinhaltet. Die einzelnen Kriterien sind zwar bestimmbar, ihre Gewichtung muß allerdings der Benutzer vornehmen.

In der nachfolgenden Auflistung werden exemplarische Beispiele aus der ersten Gruppe genannt. Die geforderten Angaben beziehen sich auf den Anbieter und auf die einzelnen Geräte. Im ersten Fall soll der zukünftige Geschäftspartner (Anbieter), darauf folgend das eigentliche zur Auswahl stehende Produkt beurteilt werden können. In beiden Fällen geht es darum, Vertrauen und Sicherheit für die Entscheidung zu gewinnen. Auszugsweise sind folgende Fakten von Bedeutung:

- Anbieter
  Name, Gesellschaftsform
  Anschrift, Standort, Außenstellen
  Umsatz, Installationen, Referenzen, Mitarbeiter
  Leistungsspektrum (Entwicklung, Wartung)
  Service (Beratung, Schulung)
  ...
- Hardware
  verfügbar seit
  Anzahl der Installationen
  Referenzen
  nach Einschalten Selbsttest
  Prozessor
  Coprozessor
  Taktfrequenz
  Hauptspeicher
  Hauptspeicherausbau
  Schnittstellen
  Betriebssystem
  Programmiersprachen
  Disketten
  Steckplätze für Zusatzkarten
  ...
- Bildschirm
  Diagonale
  Format

Auflösung
  Wiederholfrequenz
  FTZ-Zulassung
  Host-Anschluß
  ...
- Erweiterungen
  Maus
  Graphiktablett
  Festplatte
  ...
- Vernetzungen
  Fileserver
  Printserver
  Mailbox
  Gateways
  ...
- Entwicklungswerkzeuge
  Abfragesprache SQL
  Programmgenerator

12.7.2.3.2 Pflichtenheft für die Software

Für jedes Anwendungsprogramm werden getrennte Antworten verlangt. Darunter sind zu nennen::

- Funktionen des Programms
- Programmiersprache
- Systemumgebung
  Hardwarevoraussetzungen
  Mindestkonfiguration
  Betriebssystem
  ...
- Schulung
- Wartung, Pflege
- Referenzen
- Preis incl. MWST

Die Programme sollen einheitlich dargestellt und beschrieben sein:

- Produktname
- Funktion des Programms

- Programmentwickler/Lizenzgeber
- Anwendungsbranche(n)
- Anwendungsgebiet(e)
- Verarbeitungsmodus
  Stapel
  Dialog
  Transaktionsverarbeitung
- Vertriebsgebiet
- Installationsvoraussetzungen
- Rechneranlage(n)
- Betriebssystem(e)
- DB/DC-System(e)
- Speicherbedarf
- Programmiersprache
- Art der Programmauslieferung
- Installationsdaten
- Produktanbieter (wie zuvor)
- Preise und Konditionen
- Serviceleistungen (wie zuvor)
- Programmdokumentation

12.7.2.3.3 Pflichtenheft für die Anwendungssoftware (Beispiel: Lohn- und Gehaltsabrechnung)

Anders verhält es sich bei Pflichtenheften, die auf ein bestimmtes Aufgabengebiet bezogen erstellt werden. Hier liegt der Schwerpunkt auf im voraus feststehenden Leistungsarten, auf deren Erfüllung der Anwender Wert legt. Ein typischer Fall liegt bei Lohnprogrammen vor. Sie gehören zu der Gruppe von Anwendungsprogrammen, die ständig gepflegt und gewartet werden müssen. Für eine ordnungsgemäße Lohnbuchhaltung sind die bundesdeutschen sozial- und steuerrechtlichen Vorschriften mit ihren Änderungen zu beachten. Hinzukommen tarifliche Änderungen und betriebliche Besonderheiten, die ebenfalls berücksichtigt werden müssen.

Neben den gesetzlichen Vorschriften und betrieblichen Besonderheiten ist zu beachten, daß es sich bei den Lohn- und Gehaltsabrechnungen meist um zeitkritische Auswertungen handelt, die sehr schnell erstellt werden müssen und, daß eine Datenübernahme in die Finanzbuchhaltung, Kostenrechnung und Kalkulation möglich sein soll. Ein besonderes Problem liegt in der ständigen Veränderung gewisser gesetzlicher Vorschriften, die der Aktualisierung bedürfen.

12.7 Wirtschaftliche und sonstige Aspekte

Der Entwurf von Softwarepaketen für die Lohn- und Gehaltsabrechnung stellt deshalb hohe Ansprüche an die Softwareentwickler. Der Benutzer hat deshalb darauf zu achten, daß er nur die Lohn- und Gehaltssoftware in die engere Auswahl einbezieht, bei der der Softwarehersteller die Softwareanpassung und Programmpflege jederzeit garantiert. Folgende Kriterienliste bietet sich an:

- Allgemeine Auswahlkriterien
  Name des Herstellers
  Adresse des Herstellers
  Name des Produktes
  Preis des Produktes
  Einzellizenz
  Gruppenlizenz
  Programmpflege
  Zahl der Implementationen
  Programmwartung
- DV-technische Auswahlkriterien
  Computertyp
  Prozessorleistung
  erforderlicher Arbeitsspeicher
  erforderliche periphere Speicher
  erforderliche Ein- und Ausgabegeräte
  Softwarevoraussetzung
  Betriebssystem
  Programmiersprache
  erforderliche Zusatzprogramme
- aufgabenspezifische Auswahlkriterien
  Zeit- und Stundenlohnabrechnung
  Gehalts- und Monatslohnabrechnung
  Prämienlohnabrechnung
  Akkordlohnabrechnung
  Nettolohnvereinbarungen
  Aushilfslohnabrechnung
  Heimarbeiterabrechnung
  Kurzarbeiterabrechnung
  Baulohnabrechnung
  Abrechnung von Versorgungsbezügen
  Abrechnung von Zukunftssicherung/Direktversicherung
  Abrechnung von Aushilfen, Geringverdienern und Auszubildenden
  Heuerabrechnung
  Abrechnung für Behinderte in geschützten Einrichtungen
- funktionale Auswahlkriterien
  Mandantenfähigkeit

Anzahl der Arbeitnehmer (unbegrenzt)
Anzahl der Lohnarbeiten (unbegrenzt)
selbständige Verwaltung der Lohnarten
automatischer Abruf monatlich wiederkehrender Lohnarten
...
- Datenerfassung
getrennte Erfassung von Stamm- und Bewegungsdaten
...
- Abrechnungsmöglichkeiten
Abrechnung von Löhnen und Gehältern zu verschiedenen Zeitpunkten
Abrechnung einzelner Arbeitnehmer zu jedem gewünschten Zeitpunkt
Nachberechnung bereits abgerechneter Monate
Wiederholungsabrechnung aller Arbeitnehmer
Wiederholungsrechnung einzelner Arbeitnehmer
...
- Auswertungen
Abrechnung der Brutto-Netto-Bezüge
Lohnkonto
Lohnjournal
Lohnsteueranmeldung
Lohnsteuerbescheinigung
Beitragsnachweisung
Liste der Be- und Abzugsarten
Stammdatenkontrolle
...
- benutzerorientierte Auswahlkriterien
Datenaustausch
Textprogramme
Kalkulationsprogramme
Datenkommunikationsprogramme
Graphikprogramme
Finanzbuchhaltung
Kostenrechnung
Datenträgeraustausch (Sozialversicherung)
Benutzerfreundlichkeit
...

12.7.2.4 Selektion mittels KO-Kriterien

Aus technisch-konzeptioneller Sicht ergeben sich zwischen den angebotenen Systemen große Unterschiede, die sogar dadurch verschärft werden, daß auch inhaltlich gewaltige Abweichungen bestehen. Diese sind weder den Beschreibungen, noch Erfahrungsberichten entnehmbar, so daß grundsätzlich eine Einzelentscheidung notwendig ist. Zunächst gelten nur solche Systeme, die (Mindest-) Forderungen erfüllen. Es sind KO-Kriterien. Diese Minimalanforderungen an einer Lösung ergeben sich aus der täglichen Arbeit, aus den gesetzlichen, handelsrechtlichen und sonstigen Vorschriften, sowie aus formellen und organisatorischen Gründen. Die Mindestanforderungen müssen auch auf technisch-organisatorische Fragen ausgedehnt werden. Dazu gehören:

- ein integriertes Programmkonzept,
- eine einheitliche Bedieneroberfläche,
- funktionell einwandfreie, stabile Programme,
- dialogorientiertes Arbeiten,
- Transparenz zwischen den Programmen,
- netzfähiges Programmsystem etc.

Die Berücksichtigung dieser Kriterien bedingt eine methodische Vorgehensweise, so daß die Glaubwürdigkeit und die damit verbundene Akzeptanz der Ergebnisse im Vordergrund stehen. Dies ist insofern ein schwieriges Unterfangen, weil bei der Auswahl von Soft- und Hardware vielfältige methodische Probleme entstehen, die bis heute nicht endgültig befriedigt gelöst worden sind.

Dies gilt insbesondere für die Berücksichtigung subjektiver Größen und ihre Quantifizierbarkeit. Es ist nicht möglich, allein mit Hilfe von subjektiven Kriterien eine Lösung gegenüber einer anderen Lösung als "eindeutig besser" oder "besser" etc. zu qualifizieren, weil das Bewertungsverfahren von den jeweils zugrundegelegten konkreten Ausprägungen und von den individuellen Meinungen abhängt. Außerdem sind folgende Eigenschaften zu beachten:

- das Vorliegen bzw. die Beschaffbarkeit der für die Anwendung der Auswahlmethoden erforderlichen betriebsspezifischen Bedingungen;
- die Verfügbarkeit bzw. die Bereitstellung von vergleichbaren Produktinformationen durch die Anbieter;
- die Schätzung bzw. die Prognose der Zukunftswerte;
- die Einengung des Entscheidungsspielraums durch die bereits vorhandene DV-Ausstattung des Anwenders;
- die Berücksichtigung "politischer" Vorgaben (Im CIP-/WAP-Programm der Bundes- und Länderregierungen zur DV-Ausstattung der Lehre und der Forschung werden UNIX-Komponenten mit Nachdruck gefördert.);
- der nur eingeschränkt kalkulierbare Umstellungsaufwand.

12.7.2.5 Konfigurierung des Gesamtsystems

Grundsätzlich ist eine einheitliche Benutzeroberfläche der Anwendungen anzustreben. Dies ist beim heutigen Stand der Technologie möglich. Probleme tauchen auf, wenn beim Anwender bereits eine Menge von Systemkomponenten vorhanden ist, oder bestimmten Anwendungen der Vorzug gegeben wird, oder mehrere Hersteller an der Gesamtlösung beteiligt sein sollen. Daher muß bei der Konfigurierung alternativ gearbeitet werden, um die Lösung zu finden, bei der die Erfüllung der Anforderungsmengen am günstigsten gelöst werden kann.

Um zu einem Gesamtsystem zu gelangen, müssen die einzelnen Anwendungen aus dieser Sicht geprüft werden. Danach ist zu beachten, daß die Leistungen einer Systemkomponente entweder unmittelbar bestimmten Benutzeranforderungen (Benutzerschnittstellen) oder den Forderungen anderer Schnittstellen (Systemschnittstellen) folgen. Ein typisches Beispiel ist die Aneinanderreihung der Buchhaltungen der Debitoren, Kreditoren und Sachkonten in der Finanzbuchhaltung. Sie sind sachlich/inhaltlich untereinander, leistungs- und bedienungsmäßig zum Benutzer und technologisch zum Hardware-System abgestimmt. Diese Tatsache bringt zum Ausdruck, daß die Forderung "der PC soll 2 MB Speicher haben" keine direkte Forderung des Benutzers, sondern eine Forderung der Anwendung (z.B. der Fibu) ist; dies ist eine **Systemschnittstelle**. Zu beachten ist, daß zunächst die Systemschnittstellen einzuhalten sind, ansonsten ist ein Systemlauf nicht möglich. Gewisse Änderungen, Anpassungen sind - wenn überhaupt - an den **Benutzerschnittstellen** denkbar, wenn es also um die Einhaltung bestimmter elementarer Anforderungen geht.

Für das weitere Vorgehen sind die Festlegungen der Benutzerschnittstellen und ihre Erfüllung bei unterschiedlichen Voraussetzungen (Betriebsgröße, -typ, -erwartungen etc.) von eminenter Bedeutung. Vorgegangen wird - nach dem die Anforderungen und die Erwartungen an das System definiert sind - wie folgt:

- Auswahl der Anwendungen nach logischen Einheiten,
- Zusammenstellung der Hardware,
- Festlegung der internen und externen Kommunikationsnetze und
- Bestätigung der Entscheidungen.

12.7.2.6 Anbieterauswahl

Für die Anbieterauswahl werden für jede Verfahrensalternative die Marktführer der Softwareprodukte untersucht. Die Anzahl sollte sich auf zwei bis vier beschränken. Die in die engere Wahl genommenen Softwareprodukte werden bezüglich der Erfüllung aller Kriterien (bspw. durch die Experten der Detailerhebung) in eine Reihenfolge gebracht, durch subjektive und objektive Maßstäbe bewertet, um sie dann von der Kostenseite zu beleuchten. Wesentlich ist dabei die zur Geltung kommende Folge, und zwar

- zunächst die KO-Kriterien mit Muß-Charakter,
- anschließend die anwendungsübergreifenden Kriterien und
- zum Schluß die anwendungsbezogenen speziellen Kriterien.

12.7.2.7 Wirtschaftlichkeitsrechnung

Unter **Wirtschaftlichkeit** wird der Grad der Zielerreichung verstanden. Es gilt der Grundsatz, wonach entweder mit gegebenen Mitteln das größtmögliche Ergebnis, oder mit geringstmöglichen Mitteln ein bestimmtes Ergebnis zu erreichen ist. Damit ist die Wirtschaftlichkeit ein Wertmaßstab, ein Indikator, der an die Stelle der mengenmäßigen Zielerreichung, also an die Stelle der Produktivität tritt, diese quantifiziert und damit Entscheidungen bezüglich ihrer Richtigkeit nachweist. Wie bei allen DV-Projekten sind nicht alle Komponenten mengen- und wertmäßig erfaßbar und verursachungsgerecht zurechenbar. Vor allem sind davon Komponenten wie Schnelligkeit, Flexibilität, Standardisierung, Benutzerakzeptanz, Kompatibilität etc. betroffen. Zur Alternativenbeurteilung gibt es eine Reihe verschiedener Interpretationen des Begriffs "Wirtschaftlichkeit". Üblicherweise werden die technische Wirtschaftlichkeit und die ökonomische Wirtschaftlichkeit unterschieden. Die technische Wirtschaftlichkeit (Produktivität) basiert auf Mengengrößen und ist das Verhältnis zwischen Faktorertrag und Faktoreinsatz. Diese Größe ist jedoch als Beurteilungsmaß für DV-Systeme nicht geeignet, da die Zweckmäßigkeit eines solchen Systems sich nicht durch die Menge der verarbeiteten Informationen beurteilen läßt. Wichtiger ist die ökonomische Wirtschaftlichkeit, also das Verhältnis zwischen Nutzen und Kosten. Stehen für die Bewertung des Leistungsergebnisses Marktpreise nicht zur Verfügung, so werden subjektive Nutzwerte herangezogen. Der Begriff Nutzen ist hier nicht im volkswirtschaftlichen Sinne zu verstehen, sondern eine in Geldwert ausgedrückte Erwartung eines Vorteils.

Eine Besonderheit bei der Entscheidung über DV-Systeme liegt in der Bewertung der Alternativen. Im Fertigungsbereich ist bei Investitionsentscheidungen meist eine optimale Entscheidung möglich. Die zentrale Besonderheit und zugleich die Problematik bei der DV-Wirtschaftlichkeit liegen in der Bewertung des Wirtschaftsgutes Information. Die Kosten eines DV-Systems lassen sich relativ leicht ermitteln und in Geldwerten ausdrücken. Dies ist deshalb möglich, da externe Stellen dem Betrieb Leistungen zu einem festen Preis anbieten. Als Hilfsmittel dienen dabei eingeholte Angebote des Herstellers, Preislisten, Kostenvoranschläge etc. Nachdem die Alternativen bewertet wurden, erfolgt die eigentliche Entscheidung.

12.7.3 Vergleichsverfahren der Systemauswahl

12.7.3.1 Grundsätzliches

Im Abschnitt 12.7.2 wurde die Aussage gemacht, daß der Unternehmer die Datenverarbeitung vorrangig aus Wettbewerbsgründen nutzt. Jeder Unternehmer will sich einen gewissen Vorteil gegenüber Mitbewerbern schaffen. Um diesen Vorsatz zu realisieren, muß die Datenverarbeitung an den Bedürfnissen des jeweiligen Unternehmens orientiert sein. In allen anderen Fällen ist sie nur ein Werkzeug des technisierten Arbeitsprozesses. Und die Datenverarbeitung, die inzwischen den Weg zur Informationsverarbeitung beschreitet, ist mehr als nur ein Hilfsmittel in dem zuvor beschriebenen Sinne. Trotzdem entspricht die gegenwärtige Situation in vielen Organisationen einem mit DV-Technologie unterstützten Arbeitsprozeß. Daran wird sich auch so lange nichts ändern, bis das Management aus seiner permanenten Engpaßsituation nicht die erforderlichen und längst fälligen Konsequenzen zieht und anfängt, die Datenverarbeitung unter diesem Aspekt zu sehen, Software-Angebote zu werten, diese an den eigenen Bedürfnissen zu messen und darüber hinaus eigene Anforderungen zu definieren und schließlich diese auch einzufordern. Dabei stehen ihm eine Reihe erprobter Methoden zur Verfügung, die eine sachgerechte Wertung ermöglichen. Die bekanntesten Auswahlmethoden lassen sich unterteilen in die Gruppen der

- Leistungsmessung durch Einsatz- und Kriterientest,
- Nutzwertanalysen mit Investitonsrechnungen und
- Rangfolgeverfahren.

12.7.3.2 Leistungsmessung durch Kriterienvergleich

Diese Methode zählt zu den Rangordnungsverfahren auf ordinalen Skalen. Durch paarweisen Produkt-(Verfahrens-) vergleich und durch Zusammenfassung der Werte wird eine Rangfolge gebildet; daher auch die Bezeichnung "multidimensionales Auswahlverfahren". Die Resultate von Produkt- bzw. Verfahrensvergleichen hängen von der Güte der zum Vergleich benutzten Kriterien ab. Eine 100prozentige Objektivität ist prinzipiell nicht zu erzielen. Dies gilt in besonderem Maße hier, weil ein (bedeutender) Teil der Vergleichsgrößen auf subjektiven Maßstäben basiert. Daraus muß die Lehre gezogen werden, daß für den Vergleichsvorgang womöglich auf verschiedene Quellen zurückgegriffen werden muß. Solche Quellen sind Publikationen, Erfahrungsberichte, Interviews z.B. von/mit Unternehmensberatern, Arbeiten von wissenschaftlichen Instituten, Expertenmeinungen etc.

Von eminenter Bedeutung rangiert dabei das Anforderungsprofil des Anwenders. Es ist aus den Funktionen abzuleiten und in Vergleichsgrößen (Kriterien) zu ordnen. Es wird in Form eines Pflichtenheftes (siehe dazu 12.7.2.3) zusammengestellt, aus dem die zu erfüllenden Funktionen als Anforderungen an die Produkte, an die Anwenderprogramme etc. gestellt werden. Das Ergebnis ist ein hierarchischer Kriterienbaum, der eine hohe Übersichtlichkeit bietet und durch Ausweis der Übergänge ("Auslöser", "Schnittstelle") Insellösungen zu vermeiden hilft. Die Messung selbst kann auf verschiedenen Skalenniveaus laufen:

- Mit **nominalen Skalen** werden die Anwenderprogramme qualifiziert, ob sie ein bestimmtes Kriterium erfüllt haben oder nicht. Typischer Vertreter dieser Gruppe sind die Selektions-, also KO-Kriterien, die ein Softwareprodukt aus dem weiteren Vergleich ausschließen, weil es die Mindestanforderungen nicht erfüllt.
- **Metrische Skalen** zeigen Größenunterschiede an, so bspw. Intervalle zwischen den Produkten in bezug auf Preisunterschiede, Laufzeiten u.ä. Es sind objektive Größen, die sich zu Direktvergleichen eignen (Speicherbedarf des Verfahrens A im Vergleich zum Speicherbedarf des Verfahrens B) - vorausgesetzt, durch die Software-Anbieter können die Angaben in Erfahrung gebracht werden.
- Die **ordinalen Skalen** schließlich geben intensitätsmäßige Unterschiede an, d.h. ob eine Anforderung (Kriterium) besser oder schlechter erfüllt wird. Die hier ausgewiesenen Merkmalsausprägungen sind Rangfolgen zwischen den Produkten. Mit ordinalen Skalen können Expertenmeinungen bspw. aus Befragungen ausgewertet werden.

Die Bewertung der SW-Produkte einschl. der Hardware läuft unter Heranziehung der im Pflichtenheft und im Funktionshandbuch niedergelegten Anforderungen und Funktionen ab. Im Falle einer Auswahlentscheidung kommt es darüber hinaus auf die eigentliche Bewertung an, in der ein Vergleich zwischen den Anwenderprogrammen auf der Basis der Erfüllung geforderter Kriterien gemacht wird. Für die Bewertung wird das in Abbildung 12.45 aufgezeigte **Bewertungsschema** angewendet, das individuell zu gestalten und einzusetzen ist. Es wird in dieser oder in ähnlicher Form in der Wirtschaftspraxis genutzt:

- Auf der linken Seite der Abbildung 12.45 werden die Kriterien, Anforderungen, Fragen hintereinander gesetzt - möglicherweise in einer systematischen Reihenfolge, wie z.B. allgemeine Kriterien, funktionsspezifische Anforderungen etc.
- Ab der zweiten Spalte wird die Bewertung jedes einzelnen Kriteriums für die in der Auswahl stehenden Produkte aus der Sicht des Anwenders in sog. Bewertungsstufen vorgenommen. Danach werden im nachfolgenden Beispiel

- 5 Punkte für absolut notwendige (KO-Kriterien),
- 4 Punkte für notwendige (Wichtig-Kriterien),
- 3 Punkte für wünschenswerte (Wunsch-Kriterien),
- 2 Punkte für nicht erforderliche (Komfort-Kriterien) und
- 1 Punkt für unwichtige (Ballast-Kriterien)

Funktionen vergeben.

Darauf folgend wird kriterienweise der Erfüllungsgrad festgelegt. Hier kommt die Meinung des Benutzers oder des Experten zum Tragen:

- gut erfüllt (Faktor 2),
- ausreichend erfüllt (Faktor 1) und
- nicht erfüllt (Faktor 0).

Die Erfüllungsgrade fungieren als Multiplikatoren. Mit Hilfe dieser Multiplikatoren werden produktweise die Punkte vergeben. Für ein Kriterium kann max. die Punktzahl 10, im Negativfall dagegen die Punktzahl 0 vergeben werden. Die Summe aller Punktzahlen weist die Qualität des Produktes aus. Sie kann an der max. erreichbaren bzw. an der Punktzahl der im Vergleich stehenden Verfahren gemessen werden. In Abbildung 12.45 konnten max. 500 Punkte (=100%) erreicht werden. Am nächsten an diese Punktezahl ist Produkt 3 mit 450 gekommen. Nachdem Produkt 1 nur geringfügig von diesem Ergebnis abweicht, sollte die Entscheidung durch Wirtschaftlichkeitsrechnungen erhärtet werden.

12.7.3.3 Leistungsmessung durch Einsatztest (Direktvergleich)

Diese Methode gehört zu den Software-Leistungsmessungsverfahren, die auf die technische Leistungsfähigkeit der Produkte, also auf die metrischen Skalen ausgerichtet sind. Gemessen werden Laufzeiten, Wartezeiten, Leerläufe, Speicherbedarf, Arbeitsaufwand etc. Ein Einsatz dieser Methode ist dann eingeschränkt, wenn bei den Leistungsmessungen nicht unter den gleichen Bedingungen und Kriterien gearbeitet wird. Voraussetzungen für die Vergleichbarkeit sind somit folgende Fakten:

- Test unter gleichen Organisationsstrukturen, -abläufen,
- Bearbeitung gleicher Testaufgaben/fälle,
- Beachtung evtl. veränderter Rahmenbedingungen und
- Bewertung der Produktivität.

Die besten (realitätsnahen) Ergebnisse werden in den Fällen erzielt, in denen ein Parallellauf(-test) der zum Vergleich anstehenden Systeme (Soft- und Hardware incl. Netz) stattfindet. Die Ergebnisse können außerdem auch in den Fällen als vergleichbar gelten, wenn die gleichen Arbeitsabläufe mit Zeitangaben bekannt sind. So können bspw. Aufzeichnungen Klarheit darüber erbringen, welche Veränderungen, Zeiteinsparungen bei einem Wechsel getätigt werden.

Softwarevergleich		Produkt 1	Produkt 2	Produkt 3
Bewertungsstufen 5: absolut notwendig 4: notwendig 3: wünschenswert 2: nicht erforderlich 1: unwichtig		Erfüllungsgrade Faktor 2: gut erfüllt Faktor 1: ausreichend Faktor 0: nicht erfüllt		

Allgemeine Fragen
- Anbieterqualifikation
- Datensicherhet
- Zuverlässigkeit
- einheitliche Benutzer-
  oberfläche
- Integration mit Fremd-
  programmen
- einheitliche Version
- etc.
	5
	5
	5
	4
	
	2
	
	1
		5
		5
		10
		0
		
		4
		
		1
			5
			5
			5
			4
			
			4
			
			1
				10
				10
				5
				4
				
				4
				
				1

Spezifische Fragen - Abschluß Bilanzierung - Saldenlisten - Bildschirmabfragen - Real-time-Verfahren - Batch-Verfahren - etc.	5 3 5 5 2	10 6 10 5 2	10 6 5 5 2	10 6 5 5 2
Zwischensummen - allgemein - spezifisch	- - -	430 160 270	400 150 250	450 180 270
maximal erreichbar - allgemein - spezifisch	500 200 300	- - -	- - -	- - -
Erfüllungsgrad	100 %	86 %	80 %	90 %
Rang	-	2	3	1

Abb. 12.45: Bewertungsschema

12.7.3.4 System-Anpaßbarkeit

Diese Methode kann ebenfalls zu den Rangordnungsverfahren gezählt werden, obwohl gewisse Elemente mit den Verfahren der Leistungsmessung zusammenfallen. Die im Mittelpunkt der Auswahl stehende "Anpassungsfähigkeit" betrifft die Phase der Installation und die Einführung. Hier entscheiden die Kriterien "Portabilität", "Flexibilität" und "Integration" über das Ergebnis. Hinter dieser Methode verbirgt sich die Annahme, daß der Anwender aus bewährten Systemkomponenten eine individuelle Ausrichtung nach seinen Bedürfnissen anstrebt. Der Anwender findet mehrere Systeme, für die er das Prädikat "gleich gut" bzw. "gleichwertig" vergibt. Er kann sich zwischen diesen Produkten nicht mit der notwendigen Eindeutigkeit entscheiden. Daher sind für ihn andere Maßstäbe nötig, so bspw. die Anpassungsfähigkeit, sowie die möglichen Kosten einer Anpassung. Diese Methode wird in erster Linie bei der Auswahl von Softwarepaketen angewandt; sie kann aber ebenso für die Systemauswahl schlechthin eingesetzt werden.

Die Grundüberlegung, die bei dieser Methode angestellt werden muß, ist folgende: Jeder DV-einsetzende Betrieb arbeitet mehr oder weniger mit Fremdprogrammen. Beim Einsatz von Fremdprogrammen ist eine gewisse Anpassung an die eigenen Bedürfnisse, an das eigene Anforderungsprofil wünschenswert (Anpassungshilfe). Von einer Anpassung kann i.w.S. bereits dann gesprochen werden, wenn der Anwender nur die Teile des Programmes einsetzt, die er zur Lösung seiner Aufgaben benötigt und nicht das ganze Programmpaket. Somit ist es von außerordentlich hoher Bedeutung, welche Anpassungshilfsmittel die SW-Anbieter stellen, um nicht nur ein diskretes Anforderungsprofil, sondern auch eine ganze Bandbreite von individuellen Anforderungen zu erfüllen. Aus der Sicht des Anwenders muß darauf geachtet werden, daß der Anpassungsaufwand nicht zu groß wird und dieser personell wie finanziell aufgebracht werden kann.

Dem Trend, immer mehr Fremdsoftware einzusetzen, wird durch die SW-Anbieter prinzipiell Rechnung getragen. Sie forcieren aber auch einen zweiten Trend; die verstärkte Anpassungsfähigkeit der Anwendersoftware durch Verwendung und Integration von Anpassungshilfsmittel in ihre Standardsoftware:

- Die **Modularisierung** ist eine Untergliederung des Programms in abgegrenzte Teile, in sog. Module, die jeweils eine bestimmte Aufgabe lösen. Durch Weglassen von Modulen und/oder durch Kombination verschiedener Module lassen sich unterschiedliche Programmsysteme zusammenstellen.
- Durch **User Exit** eröffnet der SW-Anbieter eine/mehrere definierte Stelle(n) im Programm für den Übergang in ein anderes bspw. individuelles Anwenderprogramm. Bei Inanspruchnahme des User Exit setzt der Rechner

12.7 Wirtschaftliche und sonstige Aspekte

die Bearbeitung des Programms an der Aussprungstelle fort. Mit Hilfe des User Exit können andere Anwendungen integriert werden.
- Unter **Parametrisierung** ist eine bestimmte Form der Programmie-rung zu verstehen, bei der die Abläufe im Programm durch Parameter gesteuert werden. Bestimmend dabei ist der jeweils aktuelle Parameter, für den im Programm ein formaler Platzhalter reserviert ist. Der Anwender kann Parameter verändern, die bestimmte Abläufe im Programm aussperren, mehrfach durchlaufen etc., d.h. der Anwender kann das Programm seiner Aufgabe entsprechend selbst variieren. Eine spezielle Form der Parametrisierung ist die Tabellensteuerung, mit deren Hilfe gewisse Änderungen von Parametern in Tabellen bewirkt werden.
- Die **Generatoren**, wie Programm-, Listen-, Sortier-, Masken-, Selektionsgenerator etc. sind im Prinzip selbst kleine Programme, die neue Programme erzeugen, oder Programme zur Erzeugung von Listen aus einer Datei generieren, oder die Reihenfolge in einer Datei nach einem bestimmten Ordnungsbegriff herstellen, oder die formularmäßige Gestaltung (Maske) des Bildschirms und/oder der Druckliste übernehmen.
- Die **Makros** sind Anhäufungen von Programmbefehlen für wiederkehrende gleichartige Aufgaben innerhalb von Programmen. Sie werden - ähnlich den Modulen - als Programmbausteine benutzt, insbesondere für die Ein- und Ausgabeoperationen.
- Als **Endbenutzersprachen** sind z.Z. die Datenbankabfragesprachen von eminenter Bedeutung. Mit ihrer Hilfe können Direktabfragen in der Datenbank, ebenso die Erstellung von Listen mit Selektionen und Sortierungen vorgenommen werden.

Die meisten Auswahlverfahren haben sich auf die Kosten-Nutzen-Aspekte beschränkt, ohne dabei die Anpassungsfreundlichkeit der Standardprodukte in Betracht zu ziehen. Wird dieser Tatsache Vorrang eingeräumt, dann gelten die folgenden Aussagen:

- Die Abdeckung des Anteiles eines gegebenen Anforderungsprofils wird über eine Nutzenbetrachtung in Rechnung gesetzt.
- Für diejenigen Anforderungen, die außerhalb des Leistungsumfanges der Standardsoftware liegen, wird der Anpassungsaufwand zur Abdeckung dieser Anforderungen ermittelt. Letzterer ist zugleich ein Maßstab für die anwenderindividuelle Softwareanpaßbarkeit.

Ist bspw. die Anwendersoftware an den Stellen parametrisiert oder modular aufgebaut oder mit User Exit versehen, wo eine Anpassung erforderlich wird, kann eine Anpassung mit wenig Aufwand vorgenommen werden. Ist sie dagegen linear programmiert, was eine sehr häufig anzutreffende Form der Programmierung ist, fällt der Anpassungsaufwand sehr hoch aus. Das in diesem Sinne funktionierende Auswahlverfahren läuft in mehreren Arbeitsschritten ab:

- Zielsystem (Anforderungen) aufstellen,
- Alternativen gegenüberstellen,
- Zielerträge (Nutzen) der Alternativen ermitteln,
- relevante Zielerträge und Zielerfüllungsgrade festlegen,
- Gewichtung des Zielsystems festlegen,
- KO-Kriterien, Maximalkostenbudget und Mindestnutzwert bestimmen,
- Grobauswahl vornehmen und
- Feinauswahl ausführen.

In die Gegenüberstellung können und sollen nur solche Alternativen einbezogen werden, die sich im Leistungsumfang nicht wesentlich unterscheiden. Ihre Zielerträge können in mehrere Ausprägungen unterteilt, anschließend ihnen Erfüllungsgrade zugeordnet werden. Diese werden mit einem Wert zwischen 0 und 2 ausgedrückt. Je nach erkannter bzw. geforderter Bedeutung ist eine Gewichtung zusätzlich vorzunehmen. Wichtig ist, daß die Summe der den Unterzielen zugewiesenen Gewichte 100 % für das jeweilige Oberziel ergibt (vergl. dazu Kriterienvergleich im Abschnitt 12.7.3.2).

Die Kostenbetrachtung ist zweiteilig. Zunächst werden die Kosten für die Standardleistung der Software aufaddiert; die für die Anpassung geschätzten/kalkulierten Kosten hinzuaddiert. Das individuelle Anforderungsprofil wird durch die Ausarbeitung der KO-Kriterien, des Maximalkostenbudgets und des Mindestnutzwertes abgerundet. Die Ergebnisse können tabellarisch oder graphisch dargestellt werden.

In der Grob- und Feinauswahl schließlich wird ein Nutzwert-Kosten-Diagramm erarbeitet. In der Grobauswahl bleiben die Anpassungskosten unberücksichtigt, wobei nur die Alternativen weiter verfolgt werden, die

- den Mindestnutzwert erreichen und
- das Maximalkostenbudget nicht übersteigen.

Die Anpassungskosten kommen in der Feinauswahl zum Tragen. Durch Anwendung des Nutzenmaximierungsprinzips wird für jedes Kriterium(-gruppe) die Anpassung mit der größten Teilwertsteigerung ausgewählt. Aufgrund dieser Berechnungen können auch mögliche Verbesserungen der Alternativen graphisch verfolgt werden.

Diese Methode führt im Endergebnis zu einer Gegenüberstellung der Anpassungen in der Reihenfolge abnehmender Wirtschaftlichkeit, wobei auf der einen Seite die Nutzwerte, auf der anderen Seite die durch die Anpassungen verursachten Kosten stehen. Zunächst stehen somit die Anpassungen der KO-Merkmale, darauf folgen die übrigen Anpassungen in der Reihenfolge abnehmender

Wirtschaftlichkeit. Aufgrund einer solchen Kurve kann die relative Vorzüglichkeit der Alternativen aus der Sicht des Entscheidungsträgers beurteilt werden. Er kann nunmehr darüber befinden, ob er einen hohen Nutzwert und/oder hohe Kosten vorzieht. Das Ergebnis, das mit Hilfe dieser Methode erzielt werden kann, ist 3-teilig:

- Zunächst werden Alternativen darauf geprüft, ob sie anpaßbar sind. Nichtanpaßbare Anwendersoftware würde zwar womöglich die niedrigsten Investitionskosten verursachen, ihr Nutzwert jedoch auch, so daß sie ausscheiden müßte, sofern der Anwender auf eine Anpassung besteht. Hierunter fallen auch solche Produkte, die als Nicht-Komplettlösung gelten und aufgrund organisatorischer oder sonstiger Fakten nicht über "Schnittstellen" verfügen.
- Die zweite Aussage besagt, daß Anwendersoftware, die mit User Exit's versehen bzw. modular aufgebaut ist, sich mit relativ geringem Aufwand anpassen läßt; mit linearen Programmstrukturen dagegen ist nur mit erheblichem Aufwand anpaßbar. Verbund-Anwenderprogramme sind typische Vertreter der zweiten Gruppe. Sie lassen prinzipiell keine Anpassungen zu. Anbieter von PC-Komplettlösungen gehören der ersten Gruppe an; ihre Programme sind modular aufgebaut und kennen im Regelfall verschiedene User Exit's. Allerdings sind Anpassungen nur durch Weglassen bzw. Unterbindungen von Modulen zweckvoll, sowie die Übernahme von Daten in Standard-Anwendungsprogramme (z.B. in die Tabellenkalkulation). Außerdem können Anpassungen bei späteren Programm-Release Schwierigkeiten mit sich bringen.
- Eine exakte Aussage zwischen mehreren Alternativen, die als anpaßbar und modular gelten, läßt sich allerdings nur auf den einzelnen Fall bezogen ermitteln. Hier kann nicht mehr mit globalen Angaben gearbeitet werden. Hier müssen die Einzelwerte ermittelt werden.

12.7.3.5 Ordinalskalen

Bei den Ordinalskalen handelt es sich um einen typischen Vertreter von Rangordnungsverfahren, der durch paarweisen Vergleich jedes einzelnen Kriteriums zu jedem anderen Kriterium zu einer Rangfolge kommt. Mit dieser Methode können Nutzenunterschiede gekennzeichnet und deren Richtungen angegeben werden. Dies erfolgt durch den Vergleich jeder Alternative mit jeder anderen (Rangfolgematrix):

$A_1 > A_2$; $A_2 > A_3$; $A_1 > A_3$ daraus folgt $A_1 > A_2 > A_3$

Richtung und Größenordnung der Nutzen werden dadurch festgelegt, daß man der besseren Alternative bspw. einen Punkt und der schlechteren Null Punkte zuordnet. Die Methode ist in ihrer Grundannahme und Arbeitsweise bestechend. Eine nicht zu unterschätzende Problematik entsteht dadurch, daß die Anzahl der Kriterien eingeschränkt werden muß, ansonsten erhöht sich der Rechenaufwand explosionsartig und die Wertbarkeit der Kriterien untereinander wird in Frage gestellt.

Zur Bestimmung der endgültigen **Rangordnung** der n Alternativen wird der folgende Algorithmus verwendet:

$$r_{ij} = \sum_{k=1}^{m} w_k \, |p_{ij}^k - 1|$$

wobei

r_{ij} Verlustwerte aus dem Alternativenvergleich
w_k Gewichte der Kriterien
$|p_{ij}^k - 1|$ Elemente der binären Vorzugsmatrix

Ziel ist es, mit den Werten r_{ij} ein Maß für die Güte der Alternative A_i bezüglich der Alternative A_j anzugeben. Je kleiner r_{ij}, desto besser ist die Alternative A_i gegenüber A_j.

Wird ein Kriterium k betrachtet, so kann der Betrag $|p_{ij} - 1|$ drei verschiedene Werte annehmen:

0   wenn A_i besser als A_j
1   wenn A_i und A_j nicht vergleichbar
2   wenn A_j besser als A_i

Das Ergebnis ist eine Rangfolgematrix, die bspw. folgende Reihenfolge der Alternativen A_4, A_3, A_1, A_2, A_5 enthalten könnte.

12.7.3.6 Qualitätswertigkeit

Entscheidungsprobleme mit mehreren Kriterien (Multiple Criteria Decision Making Problem) können auf zweierlei Art und Weise gelöst werden:

12.7 Wirtschaftliche und sonstige Aspekte

- Im ersten Fall wird aus einer endlichen Anzahl von Alternativen (z.B. Softwareprodukten) die "beste" oder die "bessere" Alternative mit Hilfe mathematischer Methoden ausgewählt.
- Im zweiten Fall werden die angebotenen Alternativen nach ihrer "Güte" (Qualität) gereiht in eine Rangfolge gebracht, wobei die Qualität jedes einzelnen Produktes von vielen unterschiedlichen Kriterien (Eigenschaften) mit uneinheitlicher Ausprägung bestimmt wird.

Solche Methoden arbeiten wahlweise mit metrischen und/oder ordinalen und/oder nominalen Skalen. Entscheidend ist jeweils, welche Größen vorliegen. In der Praxis wird die Qualität eines Produktes im Regelfall mit einem gewichteten Durchschnitt der Punktwerte ermittelt. Die Qualität des Produktes wird an der maximal zu erreichenden Punktzahl und - in Prozent ausgedrückt - der Abstand zum bestmöglichen Produkt ausgewiesen. In vereinfachter Form wird ohne Gewichtung gearbeitet, so daß die Ergebnisse die Realität völlig verstellt darbieten. So gesehen können mittelmäßige Produkte mit solchen gleichgestellt werden, die in einigen Eigenschaften hervorragend, in anderen dagegen schlecht sind. Mit additiv arbeitenden Methoden wird daher der Versuch unternommen, den durch Zusammenführung der gewichteten Vor- und Nachteile realisierten Ausgleich auszumerzen.

Und an dieser Stelle liegt das eigentliche Problem. Jede Alternative wird prinzipiell durch eine Vielzahl von objektiv und subjektiv zu beurteilenden Eigenschaften geprägt. Deren Wert hängt nicht nur vom Entscheidungsträger, von seinem Problem, sondern auch von der Tatsache ab, ob die Objekteigenschaften vielfach maximiert, minimiert oder optimiert werden sollen. Dies ist der typische Fall bei der Softwareauswahl, wo ein sachgerechter Softwarevergleich nur mit

- allen (objektiven, subjektiven) Objekteigenschaften,
- anwenderbezogenen Wertungen (Gewichtungen) und
- einer anwendungsabhängigen Zielfunktion (Maximierung, Minimierung, Optimierung der Eigenschaften)

realisierbar ist. Ein Auswahlvorgang unter Beachtung dieser Dreiteilung ist mit Methoden auf der Basis der Ähnlichkeitstheorie lösbar. Diese Theorie beschäftigt sich mit Sachverhalten, deren Charakteristika darin besteht, daß

- sie über eine Vielzahl von Eigenschaften verfügen,
- deren quantitative (objektive) und qualitative (subjektive) Ausprägungen (Erscheinungsbilder) heterogen sind und
- entsprechend dieser Fakten die Richtungen und Dimensionen dieser Ausprägungen unterschiedlich sein können.

Mit Hilfe der Ähnlichkeitstheorie können eigenschaftsbezogen Ähnlichkeiten und Unterschiede sowie deren Bedeutung für die Vergleichsobjekte gemessen werden. Es sind Informationen, die den Anwender in seiner Entscheidung unterstützen, sowohl im Hinblick auf eine begründete, bessere Entscheidungsfindung, als auch im Hinblick auf die Effektivität seiner Entscheidung.

Ähnlichkeiten werden mit verschiedenen Meßzahlen gemessen. Prinzipiell liegt das zu ermittelnde Maß auf einer Skala zwischen einer vollkommenen (größte Ähnlichkeit, Identität, Wert = 1) und einer total unvollkommenen (größter Unterschied, Verschiedenheit, Wert = 0) Ähnlichkeit. Die Aufgabe läßt sich wie folgt charakterisieren:

Gegeben sind verschiedene Objekte mit einer endlichen Zahl von quantifizierbaren Eigenschaften/Kriterien. Diese letztere können Kennzahlen, Preise, Kosten und sonstige Parameter sein. Gegeben ist somit eine OK-Matrix, in der die Eigenschaften nach objektiven und subjektiven Grundsätzen ausgewiesen sind.

Als objektiv zu beurteilende Eigenschaften sind solche zu bezeichnen, die mit Hilfe von metrischen Größen bestimmt werden können. Es sind naturale Größen, wie Arbeitszeiten, Preise u.a., die physikalisch gemessen werden. Ihnen gegenüber stehen die subjektiv zu beurteilenden Eigenschaften, deren Ausprägung objektiv gesehen zahlenmäßig nicht gegeben ist. Anstelle von Messungen bestimmen Personen - bspw. Experten - die zahlenmäßigen Werte für die Eigenschaften. Es sind ordinale Skalen unterschiedlichster Varianzen, so z.B. die 1-4 Punkteskala mit den Werturteilen sehr wichtig, wichtig, weniger wichtig und unwichtig. Subjektive Größen sind in ihrer Einschätzung vom Kenntnisstand, vom Beurteilungsvermögen und nicht zuletzt von der Einstellung der wertenden Personen abhängig. Ein typisches Beispiel für diese Gruppe Eigenschaften sind die ergonomischen Merkmale der Software.

Die Berechnungen laufen in folgenden Schritten ab:

- Feststellung, ob eine Eigenschaft vorhanden oder nicht vorhanden ist (Wert: 0 und 1);
- Übernahme der metrischen Naturalgröße oder Bestimmung des Wertes nach einer Punkteskala;
- Gewichtung der Werte nach ihrer Bedeutung für die Aufgabe;
- Aufstellung der Objekt-Matrix und der Experten-Matrix;
- Arbeiten mit verschiedenen Wertungsalgorithmen wie Wertschätzung, Gewichtung, Generierung eines "Idealobjektes", Berechnung der Rangfolgen, Vorwärts-/Rückwärtsrücken der Objekte, Klassifizierung etc.

12.7 Wirtschaftliche und sonstige Aspekte

Um ein Produkt zu qualifizieren, sind alle ihre Eigenschaften, deren objektiv und subjektiv zustandegekommene Werte, die Gewichtungen, sowie die Zielfunktionen notwendig. Die Zielfunktion zeigt an, wann der Wert einer Eigenschaft günstiger ist, wenn er den höchsten, den niedrigsten oder den optimalen Wert annimmt. Auch hier können die Werte von Experten oder von Anwendern selbst bestimmt werden. Der Wert eines Kriteriums wird optimiert, wenn er möglichst nahe an einem vorgegeben Wert liegt. Die Eigenschaften der Objekte sind somit in drei Gruppen einzuteilen, in eine

- maximierende (z.B. Garantiezeit, Anzahl der Installationen, aber auch subjektive Nutzenpunkte);
- minimierende (z.B. Lieferzeit, Arbeitszeit, Kosten) und
- und optimierende (z.B. ergonomische Eigenschaften).

Die möglichen Ergebnisse sind die folgenden: Die Objekte werden mit dem generierten Objekt verglichen. An die erste Stelle in der Rangfolge wird das Objekt gesetzt, das am nächsten zum generierten Objekt steht(Feststellung der Rangfolge), d.h. mit ihm die größte Ähnlichkeit hat (Kenngröße nahe 1). Fehlende Eigenschaften werden vom Programm geschätzt, weil die übrigen Berechnungen von einer vollständigen Matrix ausgehen. Die Schätzung kann vom Benutzer insofern gesteuert werden, daß er bestimmt, ob mit oder ohne Zielfunktion geschätzt wird (Schätzung der Eigenschaften). In Abhängigkeit vom Maß der Ähnlichkeiten werden die Objekte in fünf Klassen/Gruppen eingeteilt: "ausgezeichnet", "gut", "durchschnittlich", "schwach" und "schlecht" (Klassifizierung der Objekte). Es können die Streuungswerte (die Abstände) der Eigenschaften, sowie die Qualität (Güte) der Schätzung berechnet werden (statistische Berechnungen).

Soll ein Objekt (z.B. ein Anwenderprogramm) einen anderen Platz in der Werteskala einnehmen, so kann ein gewünschter Platz vom - in diesem Falle vom Entwickler - bestimmt werden (Veränderung der Plazierung/Rangfolge). Es kann sich um Vorwärts- bzw. Rückwärtssetzen handeln. Das Programm berechnet die günstigste Wertveränderung(en) der Eigenschaften des Objektes, um den geforderten Platz zu sichern. Dabei kann der Entwickler auch den gewünschten Abstand zu den anderen Objekten angeben, wobei für jede Eigenschaft ihre Veränderbarkeit, ebenso das Maß der zulässigen Veränderung bekannt sein müssen.

Für das Arbeiten mit gewichteten Werten (Gewichtung; Reihenfolge der Eigenschaften nach abnehmender Bedeutung, Vorgabe der Gewichte durch den Benutzer bzw. Berechnung der Gewichte) gilt:

- Eine konvexe Gewichtungsskala ist in den Fällen zweckmäßig, wenn einige wesentliche Eigenschaften über eine verhältnismäßig hohe Bedeutung im Vergleich zu den übrigen verfügen.

- Eine konkave Gewichtungsskala bietet sich an, wenn der überwiegende Anteil der wichtigsten Eigenschaften im Vergleich zu den übrigen Eigenschaften zu bevorzugen ist.
- Eine lineare Gewichtungsskala setzt eine "gleichmäßige" Abnahme der Gewichte in der Reihenfolge der Eigenschaften voraus.

12.7.3.7 Arbeitssystemwertermittlung

Den Kern dieser Methode bildet der Arbeitssystemwert. Der Begriff Arbeitssystemwert wird folgendermaßen definiert: "Ein Arbeitssystem dient der Erfüllung einer Arbeitsaufgabe, bei der Menschen und Arbeitsmittel im Arbeitsablauf unter den Bedingungen dieses Arbeitssystems zusammenwirken". Gesucht wird ein bestimmter Nutzen, der sich durch eine Vielzahl von Eigenschaften z.B. durch die Kosten gegeben ist (Abbildung 12.46).

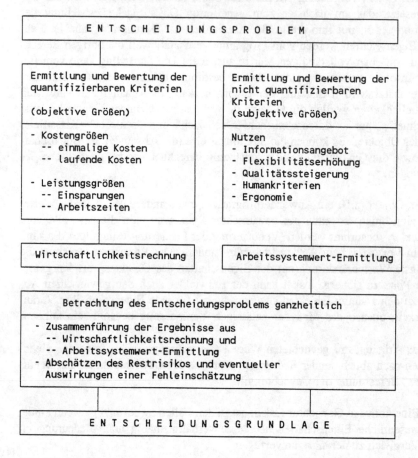

Abb. 12.46: Grundschema der Arbeitssystemwert-Ermittlung

Das Verfahren konzentriert sich auf die nicht monetär bewertbaren Nutzen und ergänzt sie mit Kostengrößen. Die Vorgehensweise bei der Ermittlung des Arbeitssystemwertes entspricht somit auch der bei der Nutzwertanalyse. Zunächst werden Systemkriterien formuliert. Es werden nur solche Kriterien berücksichtigt, die nicht eindeutig monetär quantifizierbar sind. Im einzelnen sind folgende Regeln zu beachten:

- Die Systemkriterien müssen voneinander unabhängig sein.
- Sie müssen klar und deutlich formuliert werden.
- Ihre Anzahl ist auf 12 Kriterien zu beschränken.

Danach werden die einzelnen Systemkriterien gewichtet, um darauf folgend paarweise miteinander zu vergleichen. Anschließend werden die Alternativen daraufhin überprüft, wie gut die Systemkriterien erfüllt sind. Dabei wird von einer Skala 0-10 ausgegangen. Ein Erfüllungsfaktor von 0 bedeutet keine und ein Erfüllungsfaktor von 10 eine optimale Erfüllung des Kriteriums. Durch die Multiplikation von Gewichtungsfaktoren und Erfüllungsgraden erhält man Teilwerte, die aufaddiert den Gesamtarbeitssystemwert je Alternative ergeben.

12.7.4 Wirtschaftlichkeitsrechnung in der Systemauswahl

12.7.4.1 DV-Projekte als Gegenstände von Wirtschaftlichkeitsrechnungen

Jedes DV-Projekt löst im Durchschnitt Aufwendungen in Größenordnungen aus, für die ein formalisierter Entscheidungsprozeß eingeleitet werden muß. Es gilt im Sinne der Wirtschaftlichkeitsbetrachtung, eine Beziehung zwischen Einsatz und Ergebnis herzustellen. Gemeint ist der Ausweis dieser Größen als Mengen- und Wertgrößen nach dem Schema der Abbildung 12.47.

	produ-zieren	Input -> Prozeß -> Output	reale	
Aktionen	messen	Mengengrößen	mengen-mäßige	Ebenen
	bewer-ten	Wertgrößen	wert-mäßige	

Abb. 12.47: Das Beziehungsschema im betrieblichen Prozeß

Aus diesem **Beziehungsschema** resultieren folgende Probleme:

- Es ist problematisch, objektive Wertgrößen für organisatorische und qualitative Größen zu finden, insbesondere auch darum, da sie sich erst nach langfristigen Veränderungen der Infrastrukturen der Unternehmen einstellen.
- Die Inputs und Outputs haben im Regelfall verschiedene Dimensionen; so z.B. Arbeitszeiten gegenüber Stückzahlen.
- In der realen Welt stehen mehrere Input- und Outputgrößen nebeneinander. Eine Versachlichung kann nur auf der Wertebene erfolgen - vorausgesetzt, daß die unterschiedlichen Mengengrößen einem (zueinander) objektiven Wert zugeführt werden.
- Es liegen keine Erfahrungen vor, um bspw. den Informationswert von Daten zu bestimmen.

Die Bedeutung und daraus resultierend die Notwendigkeit von Wirtschaftlichkeitsrechnungen ist in der DV-Praxis durch

- den erheblichen Umfang,
- die Folgekosten und
- die organisatorischen Veränderungen der Arbeitsabläufe

eindeutig gegeben. DV-Projekte binden nämlich das Kapital, wobei seine Wiedergewinnungszeit und Liquiditätsbeanspruchung wichtige Kriterien sind. Dazu gesellt sich die Frage nach der Rentabilität, also nach dem auf den Kapitaleinsatz bezogenen Überschuß. Die Aufgabe besteht nunmehr in der Unterstützung des Entscheidungsprozesses, in der Bereitstellung von quantifizierten und/oder quantifizierbaren Beurteilungskriterien. Einschränkend, Grenzen setzend wirken dabei die zuvor genannten Probleme, die sich insbesondere in bezug auf

- den Genauigkeitsgrad der ausgewiesenen Kosten und Nutzen,
- die fehlenden Vergleichsmöglichkeiten,
- die in der Zukunft ausstehende Realisierung von Einsparungen, sowie
- die organisatorischen und qualitativen Faktoren auswirken werden.

Infolge der Eigenart von DV-Projekten gestaltet sich eine exakte Wirtschaftlichkeitsberechnung aus folgenden Gründen als recht schwierig:

- Nicht alle Kosten- und Nutzenfaktoren sind im voraus genau bekannt.
- Oft fehlt es an Vergleichsmöglichkeiten zwischen der alten und der neuen Organisation.
- Geplante Produktivitätssteigerungen können manchmal nicht realisiert werden (Akzeptanz).

- Viele Kosten- und Nutzenfaktoren sind quantitativ schwer zu bestimmen.
- Einem rasanten Preisverfall der Hardware stehen steigende Kosten im Personalbereich gegenüber.

12.7.4.2 Wirtschaftlichkeitsrechnungen als Beurteilungsverfahren

DV-Projekte beinhalten

- den Kauf, die Miete bzw. Leasing von Anlagen (Hardware),
- den Kauf oder die Lizenznahme von Software,
- die Dienstleistung von Dritten einschließlich Personalleistungen, sowie
- den Einsatz von eigenem Personal zur Erstellung von Leistungen.

Der Zeitbezug wird über die Buchhaltung; der Einsatz über die Kostenrechnung hergestellt. Darin eingeschlossen sind auch die Vorlaufzeiten zur Vorbereitung der Investition, ebenso die Laufzeit des Einsatzes. DV-Projekte sind i.w.S. Investitionen und damit kapitaleinsetzend und -bindend über einen bestimmten (Nutzungs-) Zeitraum. Gefragt sind

- der Erfolg, also die Rentabilität,
- das Risiko, also die Kapitalwiedergewinnungszeit und
- die Zahlung, also die Liquidität.

Drei Arten von Aussagen werden erwartet, und zwar über

- die Höhe des Mitteleinsatzes,
- den wirtschaftlichen Erfolg und
- die Vorteilhaftigkeit

des DV-Projektes. Dabei läßt sich der Mitteleinsatz, ebenso die Vorteilhaftigkeit zwischen Alternativen (oder gemessen an vorgegebenen Zielgrößen) verhältnismäßig einfach ermitteln. Schwieriger dagegen gestaltet sich die Bestimmung der Aussage über den wirtschaftlichen Erfolgt. Grund dafür sind die realisierten Wirkungen direkter und indirekter Art (Abbildung 12.48).

Wirtschaftlichkeitsberechnungen sind damit Entscheidungshilfen, indem sie die wirtschaftlichen Auswirkungen in vergleichbarer Form aufzeigen. Die Entscheidung selbst wird jedoch nicht vorweggenommen, sie wird vorbereitet. Die Voraussetzung für Wirtschaftlichkeitsrechnungen ist zunächst eine **Analyse der Ist-Situation**. Ein betriebliches System läßt sich dabei durch die Aufbau- und die Ablauforganisation beschreiben. Der Schwerpunkt der Ist-Analyse liegt in der

Ablauforganisation, insbesondere in der Struktur und im Umfang der zu verarbeitenden Daten (Mengengerüst), in ihrem zeitlichen Anfall und in den Regeln ihrer Verarbeitung. Aus der Ist-Analyse heraus wird geplant, wie die Organisation künftig aussehen soll. Ergebnis ist schließlich die **Soll-Konzeption**. Sie beinhaltet, wie die zukünftigen Arbeitsgebiete, Datenmengen, Arbeitsabläufe, Formulare, Belege, etc. aussehen sollen. Auf der Basis der Soll-Konzeption werden Mindestanforderungen gestellt, die eine Alternative erfüllen muß. Diese Mindestanforderungen können auch als KO-Kriterien angesehen werden. Sie können anhand technischer Kenngrößen (z.B. Eigenschaften der Zentraleinheit sowie der Eingabe-, Ausgabe- und Speicherperipherie) dargestellt werden.

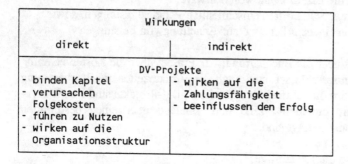

Abb. 12.48: Direkte und indirekte Wirkungen von Investitionsmaßnahmen

Zur **Alternativenbeurteilung** gibt es eine Reihe verschiedener Interpretationen des Begriffs "Wirtschaftlichkeit". Üblicherweise unterscheidet man eine technische Wirtschaftlichkeit und eine ökonomische Wirtschaftlichkeit. Die technische Wirtschaftlichkeit (Produktivität) basiert auf Mengengrößen und ist das Verhältnis zwischen Faktorertrags- und Faktoreinsatzmengen - bezogen auf einen Zeitraum. Die Produktivität ist jedoch als Beurteilungsmaß für DV-Systeme nicht geeignet, da die Zweckmäßigkeit eines solchen Systems sich nicht durch die Menge der verarbeiteten Informationen beurteilen läßt. Zusätzlich muß aufgrund der Heterogenität der Dimensionen eine Bewertung der Faktorertrags- und Faktoreinsatzmengen mit Marktpreisen erfolgen. Dies führt schließlich zur **ökonomischen Wirtschaftlichkeit**:

$$öW = \frac{Erlöse}{Kosten}$$

Stehen für die Bewertung des Leistungsergebnisses Marktpreise nicht zur Verfügung, so werden subjektive Nutzwerte herangezogen. Der Begriff **Nutzen** ist hier nicht im volkswirtschaftlichen Sinne zu verstehen, sondern eine in Geldwert ausgedrückte Erwartung eines Vorteils:

$$öW = \frac{Nutzen}{Kosten}$$

Die Beziehung zwischen Eingangsgröße (Faktoreinsatz) und Ausgangsgröße (Faktorergebnis) kann nach zwei Prinzipien erfolgen, und zwar

- nach dem Maximumprinzip, wonach mit gegebenem Faktoreinsatz das größtmögliche Faktorergebnis erzielt werden soll;
- nach dem Minimumprinzip, wonach ein angestrebtes Faktorergebnis mit einem möglichst geringen Faktoreinsatz zu erreichen ist.

Eine Besonderheit bei der Entscheidung über DV-Anlagen liegt in der Bewertung der Alternativen. Im Fertigungsbereich ist bei Investitionsentscheidungen meist eine optimale Entscheidung möglich. Die zentrale Besonderheit bei der DV-Wirtschaftlichkeit liegt in der Bewertung des Wirtschaftsgutes Information. Die **Kosten** eines DV-Systems lassen sich relativ leicht ermitteln und in Geldwerten ausdrücken. Dies ist deshalb möglich, da externe Stellen dem Betrieb Leistungen zu einem festen Preis anbieten. Als Hilfsmittel dienen dabei eingeholte Angebote des Herstellers, Preislisten, Kostenvoranschläge, etc. Die **Nutzwerte** müssen hingegen oft geschätzt werden, da entweder eine exakte Ermittlung zu aufwendig oder erst gar nicht möglich ist. Grundlage des Schätzens ist eine fundierte Kenntnis der zu beurteilenden Situation durch den Schätzenden.

Bezüglich der Quantifizierbarkeit werden folgende Fälle unterschieden:

- Eine unmittelbare monetäre Quantifizierung ist möglich.
- Eine monetäre Quantifizierung ist nur mittelbar über eine vorausgehend physikalische Quantifizierung möglich.
- Eine qualitative Bewertung ist möglich.

12.7.4.3 Kosten als Elemente der Wirtschaftlichkeitsrechnung

Grundsätzlich muß zwischen Ausgaben als Vorlaufkosten für die Bereitstellung der Kapazitäten (Investitionen) und Kosten der Nutzung unterschieden werden. Die erste Gruppe umfaßt neben den Ausgaben für die reine Investitonstätigkeit auch Ausgaben, die mit der Umstellung verbunden ist. Es sind einmalige Ausgaben (Kosten), von denen allerdings die unmittelbaren Ausgaben für die Investitionsmaßnahmen - entsprechend den Abschreibungen - auf den Nutzungszeitraum verteilt werden. Die zweite Gruppe dagegen umfaßt laufende Kosten, deren Entstehung durch die Nutzung der Anlagen bedingt bzw. ausgelöst sind. Daraus entsteht der in Abbildung 12.49 dargestellte Zusammenhang.

Gesamtkosten		
Vorlaufkosten		laufende Kosten
Investitionsbereich - Baumaßnahmen - Geräte (Hardware) - Einrichtungen - Programme (Software)	Umstellungsbereich - Organisation - Ausbildung	Wirkungsbereich - Personal - Abschreibung - etc

Abb. 12.49: Der Kosten-Zusammenhang

Einmalige **Personalkosten** entstehen für eine Reihe von Tätigkeiten. Die Kosten für die Ausbildung lassen sich grundsätzlich in hardware- und softwarebezogene Kosten differenzieren und sollen hier als Einweisungskosten in die Systembedienung und als Schulungskosten zum Erlernen des Umgehens mit den Anwendungsprogrammen bezeichnet werden. Sie setzen sich zusammen aus den Ausfallzeiten des zu schulenden Personals und den Lehrgangskosten. Kosten für die Einweisung in Systembedienung entstehen durch Teilnahme an Grundlehrgängen für Systemfunktionen und -routinen. Diese Kosten sind insbesondere für größere Konfigurationen (Netzwerke) und komplexe Betriebssysteme sowie zusätzliche Systemprogramme nicht zu unterstützen. Bei allen DV-Lösungen fallen anwendungsspezifische (z.B. Finanzbuchhaltung, Textverarbeitung) Schulungskosten an. Bei zentraler Schulung in einem Ausbildungszentrum entstehen zusätzliche Kosten in Form von Fahrt- und Unterbringungskosten sowie Spesen der Lehrgangsteilnehmer. Bei der Einführung der Datenverarbeitung entstehen Kosten für die Erfassung der Daten auf maschinenlesbare Datenträger (z.B. Diskette, Platte). Unter den organisatorischen Kosten sind Kosten für Verfahrensänderungen (z.B. Aufbau eines neuen Nummernsystems) zu verstehen, die durch die Umstellung hervorgerufen werden. Zu den Personalkosten für Programmierung/Dokumentation sind die Eigenentwicklungskosten für eine Softwarelösung zu zählen, die bis zur Installation anfallen. Als ein Kostenkriterium sind auch die Selektionskosten einer DV-Lösung zu berücksichtigen. Die Auswahlkosten setzen sich zusammen aus Kosten für die organisatorische Analyse, Systemanalyse, sowie Bewertung und Entscheidung.

Zu den laufenden Personalkosten sind die Löhne und Gehälter zu zählen, die durch die Einstellung von DV-Spezialisten bzw. Operatoren einer

Unternehmung entstehen. Weiterhin sind Schulungskosten in Hard- und Software zu verstehen. Diese entstehen immer dann, wenn nach Einführung des Systems weitere Mitarbeiter mit dem DV-System vertraut gemacht werden sollen. Schulungskosten, die durch eine stufenweise Einführung der DV in den einzelnen Anwendungsbereichen entstehen, werden den einmaligen Kosten zugeordnet. Die Schulungskosten setzen sich zusammen aus den weiterlaufenden Löhnen und Gehältern der Mitarbeiter während der Schulungszeit, den Spesen, Reisekosten und Seminargebühren bei unternehmensexterner Schulung, sowie den Löhnen und Gehältern der Ausbilder bei unternehmensinterner Schulung.

Unter die einmaligen **Hardwarekosten** fallen die Anschaffungspreise, während Miete bzw. Leasing bei den laufenden Kosten erfaßt werden. Da das Modell einen modularen Ausbau der DV berücksichtigt, sind die Kosten der einzelnen Konfigurationskomponenten einzeln zu erfassen. Durch diese Vorgehensweise werden unterschiedliche Preisentwicklungen für Komponenten berücksichtigt, die ihm Rahmen von Anlagenerweiterungen in zukünftigen Perioden angeschafft werden. Unter der Systemeinheit werden die Kosten für die Zentraleinheit mit Zentralprozessor und Hauptspeicher sowie Kanalwerken und Steuereinheiten erfaßt. Die Kosten für periphere Geräte werden dann der Systemeinheit zugeordnet, wenn eine kostenmäßig differenzierte Erfassung nicht möglich ist. Dies ist bei Computern mit kompakter Bauweise der Fall (z.B. Portable Computer): Erweiterungen der Systemeinheit in zukünftigen Perioden, Hauptspeichererweiterungen, zusätzliche Prozessoren für Arithmetik, Kommunikation, etc. sind ebenfalls der Systemeinheit zuzuordnen. Die Kosten für Datenerfassungsgeräte setzen sich aus den Anschaffungspreisen für Bildschirm mit Tastatur zusammen. Zusatzgeräte zur Cursorpositionierung wie Maus, Digitalisiertablett, Steuerknüppel (Joystick) und Lichtstift (Light Pen) sind ebenfalls den Kosten für Datenerfassungsgeräte zuzuordnen. Unter der Datenausgabe wird die direkte Ausgabe in visuell lesbarer Form auf Papier, am Bildschirm oder auf Mikrofiche verstanden. Die Kosten für die Bildschirmgeräte sind nur dann der Datenausgabe zuzuordnen, wenn reine Monitorfunktionen übernommen werden. Kosten für Bildschirme, die für Ein- und Ausgabe eingesetzt werden, sind den Datenerfassungsgeräten zuzurechnen. Bei der Mikroverfilmung fallen Kosten für ein Mikrofilmlesegerät sowie Verfilmungsgerät (COM-Recorder) an.

Die Kosten für Schnittstellen werden nur für den Fall erfaßt, wenn das Interface bzw. der Wandler gesondert beschafft werden muß und nicht Bestandteil der Systemeinheit oder der Peripheriegeräte ist. Folgende Geräte sind u.a. den Schnittstellen zuzuordnen: der Akustikkoppler, der Bus (Adreß-, Datei- oder Steuerbus) und das Modem. Die Standardverträge der Hersteller weisen erhebliche Unterschiede auf. Einige Firmen liefern die Anlage, ohne dem Käufer die zusätzlichen Kosten für den Transport in Rechnung zu stellen (sog. Lieferung frei Aufstellungsort bzw. frei Haus). Andere Hersteller berechnen für die Lieferung eine einmalige Pauschalgebühr. Den Installationskosten werden die Kosten für die Aufstellung, sowie die Kosten für Verbindungskabel (Drucker-, Netzwerk-, Adapter-, Verlängerungskabel), Stecker, Netzwerkverteiler etc. zugerechnet. Bezüglich der Aufstellung der Anlage ist die Vertragsgestaltung wie bei den Transportkosten uneinheitlich.

Die laufenden Kosten für den Hardware-Einsatz sind in Miet-, Leasing- und Wartungskosten zu unterteilen. Mit dem Abschluß eines Mietvertrages erwirbt der Mieter das Recht, die Hardware für einen festgelegten Zeitraum zu nutzen. Der Unterschied des Leasing zur Miete liegt in der stärkeren vertraglichen Bindung des Anwenders (Leasingnehmers) an den Vertragspartner (Leasinggeber). Für den Computermarkt ist das sog. Finanzierungs-Leasing gebräuchlich; der Leasingvertrag ist dabei unkündbar und im allgemeinen auf eine Vertragsdauer von 5 Jahren festgelegt. Während bei gemieteten Anlagen die Wartung bereits Bestandteil des Vertrages ist, müssen für gekaufte oder geleaste Systeme zumindest separate Wartungsverträge abgeschlossen werden. Die Wartungsgebühren, die in Form einer Pauschale gezahlt werden, gelten für eine bestimmte monatliche Anlagenbenutzungsdauer. Da bei Mehrschichtenbenutzung höhere Wartungskosten in Rechnung gestellt werden, ist es ratsam, den Wartungspreis entsprechend der voraussichtlichen Auslastung des Systems anzusetzen.

Bei der Software handelt es sich nach § 2 URS um ein gewerbliches Schutzrecht. Es handelt sich somit um keinen Kauf, sondern um einen Lizenzerwerb, der die Erlaubnis zur Nutzung regelt. Analog zur Hardware umfassen die laufenden **Softwarekosten** die Miete und die Wartung, also die Programmpflege bzw. deren Kosten. Bei der Miete von Software handelt es sich um ein zeitlich befristetes Nutzungsrecht. Die Miete ist häufig mit einer zusätzlichen Lizenzzahlung gekoppelt. Der Mieter muß dann bei Vertragsbeginn zusätzlich eine einmalige Lizenzgebühr für die Einräumung des befristeten Nutzungsrechts entrichten. Unter Wartung sind Anpassungskosten von Programmen zu verstehen, die sich aufgrund neuer gesetzlicher und vertraglicher Regelungen (z.B. Einführung neuer steuerlicher Berechnungsunterlagen, Änderungen des Tarifvertrages, etc.), sowie als Folge innerbetrieblicher Veränderungen (z.B. organisatorische Umstrukturierungen) ergeben. Ein weiterer Kostenfaktor kann dadurch entstehen, daß Verbesserungen der verfügbaren Standardsoftware implementiert werden.

Die Verarbeitung der Daten an geographisch/räumlich entfernten Orten führt zu den sog. **Übertragungskosten**. Die in diesem Zusammenhang anfallenden einmaligen Kosten sind als Material- sowie als Einrichtungskosten (Kabel, Schnittstelle) einzustufen. Die dazugehörigen Geräte (Hardware wie Modem) und Software können sowohl hier als auch unter den speziellen Hard- und Softwarekosten geführt werden. Zweckvollerweise werden sie jedoch hier als selbständige Gruppe ausgewiesen.

12.7 Wirtschaftliche und sonstige Aspekte

Für die Datenfernverarbeitung im Offline-Betrieb entstehen als laufende Kosten Verpackungs- und Portokosten. Für die Datenfernverarbeitung im Online-Betrieb sind zu unterscheiden: monatliche Grundgebühren, die von den in Anspruch genommenen Leistungen unabhängig sind und nutzungsabhängige Verbindungs- und Verkehrsgebühren. Dazu gehören Verbindungsdauer, Entfernung zwischen Sender und Empfänger, tageszeitbedingte Gebührenklassen, Übertragungsgeschwindigkeit und Übertragungsvolumen.

Zu den einmaligen **Kosten für Rechenzentren** können gegebenenfalls Aufnahmegebühren bzw. Einrichtungskosten für die Kunden entstehen. Andere einmalige Leistungen der Rechenzentren (Literatur, Organisationsmittel, Software für Verbund) sind den Faktoren Zubehör bzw. Software zuzuordnen. Die laufenden Rechenzentrumskosten sind primär von den in Anspruch genommenen Leistungen abhängig. Die in Rechnung gestellten Leistungen basieren auf Abrechnungskennzahlen (CPU-Sekunden, Anzahl der Platten/Bandzugriffe, Speicherplatzbelegung, gedruckte Zeilen). Datenerfassungskosten entstehen dann, wenn der Anwender seine Ursprungsbelege dem Rechenzentrum zuleitet und diese dort erfaßt werden. Werden die Daten im Unternehmen selbst erfaßt, sind die entstehenden Kosten den Personalkosten zuzuordnen.

Zu den **Datenverarbeitungskosten** sind Kosten für das Einlesen, Speichern, Verarbeiten und Drucken zu zählen. Hinzu können die Datenerfassungskosten gezählt werden. Datenübertragungskosten entstehen in Rechenzentren, wenn eine Übertragung vom Rechenzentrum zum Anwender erfolgt. Sofern die Nachbereitung der Ergebnisdaten bzw. Auswertungen (z.B. Schneiden, Falzen, Sortieren, Kuvertieren) im Rechenzentrum erfolgt, entstehen Datennachbereitungskosten, deren Höhe im allgemeinen abhängig von der Höhe des Rechnungsbetrages für die erstellten Auswertungen ist.

Die Gruppe der **Material- und Zubehörkosten** von Kosten umfaßt in erster Linie verschiedene Datenträger und Literatur (Bücher, Zeitschriften, Manuals). Im einzelnen handelt es sich um Formulare, Datenträger, (Endlos-) Papier, Farbbänder/tücher, Disketten, Platten, Kassetten und Magnetbänder. Die Kosten für Aufbewahrungsbehältnisse (Diskettenbox, -mappe, etc.) sind dieser Position ebenfalls zuzuordnen.

Die **Hilfseinrichtungskosten** umfassen Gerätekosten für Datennachbereitung bei hohen Datenausgabevolumen, die im Hause anfallen. Dazu gehören insbesondere Geräte zum Schneiden und Sortieren von Ausgabelisten, Einrichtungsgegenstände, die in Verbindung mit der DV-Anlage angeschafft werden müssen. Unter ergonomischen Gesichtspunkten dienen die meisten dieser Gegenstände zur Verbesserung des Arbeitsplatzes. Folgende Einrichtungen gehören dazu: Tische für Bildschirme, Schränke und Regale zur Aufbewahrung der Datenträger und besondere Beleuchtungsvorrichtungen für Bildschirmarbeitsplätze (Lampen, Jalousien, Entspiegelungseinrichtungen, etc.).

Zu den **Umbaukosten** gehören als einmalige Kosten neben den Kosten für die Stromversorgung auch die Kosten für Klimaeinrichtungen, da einige Anlagen bestimmte Anforderungen an Temperatur und Luftfeuchtigkeit (z.B. Doppelboden für Kabel) stellen. Neuere Anlagen sind diesbezüglich zunehmend unempfindlicher. Werden für die DV-Anlage zusätzliche Räumlichkeiten benötigt, so sind bei deren Anmietung/Kauf die entsprechenden laufenden Mietkosten/Abschreibungen anzusetzen. Ebenso sind Instandhaltung- und Reinigungskosten davon abhängig, ob die Hardwarekonfiguration in einem bereits eingerichteten Raum installiert, oder ob ein eigener Raum zur Verfügung gestellt wird.

Die **allgemeinen Betriebskosten** sind vorwiegend in Energie- und Heizungskosten einzuteilen. Die Energiekosten sind zu unterteilen in Heizungskosten für die Räumlichkeiten und Stromkosten zum Betrieb der Anlage. Die Heizungskosten sind dann zu erfassen, wenn zusätzliche Räume für die Anlage beheizt werden müssen, also die Anlage zusätzliche Heizkosten (Klima) bedingt.

12.7.4.4 Nutzen als Elemente der Wirtschaftlichkeitsrechnung

Die Problematik bei der Ermittlung der Nutzen besteht im wesentlichen in der Unzulänglichkeit der Bewertung und Zuordnung der Nutzen, die sich aus den geplanten Maßnahmen ergeben. Während die Kostenseite sowohl mengen- wie auch wertmäßig relativ einfach und eindeutig quantifizierbar ist, weist die Nutzenseite mehr qualitativ faßbare Größen, weniger quantitative auf (Siehe Abbildung 12.50).

Die **Nutzengrößen** lassen sich in drei charakteristische Gruppen einteilen, die sich eindeutig voneinander abgrenzen lassen:

- Die erste Gruppe umfaßt Einsparungen und Erlöse, die sich durch Freisetzung von Personalstellen und Maschinen ergeben. Es sind somit Personalkosten und -nebenkosten, Liquidationserlöse u.ä.
- Die zweite Gruppe umfaßt ebenfalls Einsparungen, allerdings solche, die sich aus der laufenden Nutzung der Neuanschaffung ergeben, seien es zukünftige Kosten oder verbesserte Leistungsfähigkeit, die sich dann zeitigen.
- Die dritte Gruppe schließlich führt zu Produktivitätssteigerungen, die sich durch schnelleres, besseres Arbeiten, oder durch bessere Serviceleistungen, Image, zusätzliche Dienstleistungen u.ä.m. auszeichnen. Es sind quantitative Vorteile.

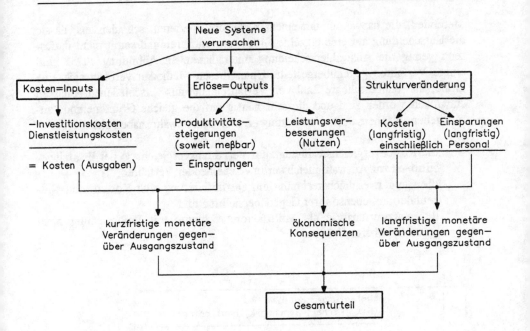

Abb. 12.50: Elemente der Wirtschaftlichkeitsrechnung

12.7.4.5 Methoden der Wirtschaftlichkeitsrechnung

Die Wirtschaftspraxis hat eine Vielzahl von Methoden entwickelt, die mehr oder weniger gute Resultate liefern. Infolge der Eigenarten von DV-Projekten lassen sich exakte Berechnungen selten durchführen. Die Gründe liegen darin, daß

- nicht alle Kosten- und Nutzenfaktoren im voraus bekannt sind,
- ein Vergleich zwischen der Ausgangs- und Planlösung mangels Daten, Zeiten u.a. Faktoren nicht realisiert wird,
- geplante Größen wie Einsparungen nicht umgesetzt werden können,
- viele Faktoren nicht quantifizierbar sind.

Methoden, die bspw. nur mit einem Kriterium operieren, scheiden aus, da sie die Entscheidung auf eine einzelne Größe konzentrieren und somit nicht umfassend genug die Auswahlentscheidung unterstützen. In Abbildung 12.51 sind einige Verfahren gegenübergestellt. Unter diesen Methoden verbirgt sich eine große, fast unübersehbare Zahl von Verfahren, die aus verschiedenen Anlässen entwickelt worden sind und die sehr häufig auf die gleiche Grundmethode zurückgehen. Nennenswerte Verbreitung erreicht und bewährt haben sich

- die Kostenvergleichsrechnung zum Verfahrensvergleich, so bei Ersatzinvestitionen zur Auswahl gleichwertig erscheinender Verfahren,
- die Gewinnvergleichsrechnung mit Quantifizierung aller Kosten- und Nutzenfaktoren, ebenso ihrer Gegenüberstellung und
- die Nutzwertanalyse als Multifaktorenrechnung mit Einbeziehung nicht quantifizierbarer Größen.

METHODEN			
eindimensionale Methoden	Auslastungsmodelle (Mix, Kernel, Benchmark, Monitoring)		
	Investitionsmodelle	statisch (Kostenvergleich, Gewinnvergleich, Rentabilitätsrechnung)	
		dynamisch (Kapital-Barwert)	
		Berechnung des internen Zinsfußes	
mehrdimensionale Methoden	Nutzwertmodelle		
	Simulationsmodelle		
	Lineare Programmierung		
Kombinationen	IAO-Methode Scherf's Modell		

Abb. 12.51: Systematik der Methoden

12.7 Wirtschaftliche und sonstige Aspekte

Die **statischen Verfahren** der traditionellen **Investitionsrechnung** sind einfache Vergleichsverfahren. Bei diesen werden zeitliche Unterschiede im Auftreten von Einnahmen und Ausgaben nicht berücksichtigt:

- **Kostenvergleichsrechnung**
  Die Kostenvergleichsrechnung geht von der Annahme aus, daß die Leistung (Nutzen) der zu analysierenden Anlagen gleich sind. Diejenige Anlage wird ausgewählt, die die geringsten Kosten verursacht. Der Index (a) kennzeichnet die alte, der Index (n) die neue Anlage K_a K_n.
- **Gewinnvergleichsrechnung**
  Die Gewinnvergleichsrechnung sieht die Leistungen (Nutzen) nicht mehr als verfahrensinvariant an. Es wird diejenige Alternative ausgewählt, die im Durchschnitt einen (den höchsten) Jahresgewinn erwirtschaftet G_a G_n.
- **Rentabilitätsrechnung**
  Unter Rentabilität wird ein Quotient verstanden, in dessen Zähler der Gewinn und in dessen Nenner das investierte Kapital steht. Es wird die Alternative mit der höchsten Rentabilität ausgewählt:

$$\frac{E_a - K_A}{A_a} \quad \frac{E_n - K_n}{A_n}$$

Die Verfahren der **dynamischen Investitionsrechnung** berücksichtigen den Zeitfaktor durch Periodisierung. Die zeitlichen Unterschiede im Anfall der Erfolgsgrößen von Investitionsvorhaben werden nicht, wie bei der statischen Investitionsrechnung, vernachlässigt, sondern gehen in das Ergebnis der Investitionsrechnung ein:

- **Kapitalwert- oder Barwertmethode**
  Der Barwert eines Projektes wird bestimmt als Differenz der auf den Kalkulationszeitpunkt mit dem Kalkulationszinsfuß diskontierten Ein- und Auszahlungen des Projektes. Eine Investition ist dann vorteilhaft, wenn der Kapitalwert größer oder gleich Null ist. Stehen mehrere Alternativen zur Auswahl, dann ist die Investition mit dem höchsten positiven Kapitalwert am vorteilhaftesten.
- **Methoden des internen Zinsfußes**
  Der interne Zinsfuß eines Projektes ist derjenige Kalkulationszinsfuß, bei dem der auf den Kalkulationszinsfuß bezogene Barwert des Projektes gleich Null ist. Eine Investition ist dann vorteilhaft, wenn der interne Zinsfuß höher ist als der kalkulatorische Zinsfuß, d.h. wenn der Effektivzins über dem Marktzins liegt. Stehen mehrere Investitionen zur Auswahl, dann ist die Investition mit dem höchsten internen Zinsfuß am zweckmäßigsten (Annuitätenmethode). Bei der **Annuitätenmethode** werden sämtliche Aus- und Einzahlungen einer Investition in gleich hohe Jahresbeträge

(Annuitäten) für die gesamte Laufzeit umgerechnet. Eine Investition ist dann vorteilhaft, wenn die Einnahmen-Überschuß-Annuität positiv ist. Stehen wiederum mehrere Alternativen zur Auswahl, so ist diejenige am vorteilhaftesten, die den höchsten positiven Wert aufweist.

Das Konzept der **diskreten Simulation** sei folgendermaßen skizziert: Die Objekte eines diskreten Systems, wie z.B. Menschen, Produkte oder, wie im Falle der Anlagenauswahl, die zu bearbeitenden Jobs werden als Einheiten oder Transaktionen bezeichnet. Es gibt nun mehrere Arten von Transaktionen mit unterschiedlichen Attributen. Das Ziel eines diskreten Simulationsmodells ist die Reproduktion der Einflüsse von Aktivitäten auf die Transaktionen, um etwas über das Verhalten des Systems zu erfahren. Dies erreicht man, indem man einen Zustand festlegt, der von den Aktivitäten verändert wird. Die Simulation ist somit als ein "dynamisches Portrait" der Zustände über eine Zeitperiode zu verstehen. Der Zustand des Systems kann sich bei der diskreten Simulation nur in Ereigniszeitpunkten ändern.

In der Praxis wird für die Simulation grundsätzlich eine Datenverarbeitungsanlage verwendet. Das Simulationsmodell steuert die generierten Jobs durch die Komponenten der simulierten Anlagenkonfiguration. In mehreren aufeinanderfolgenden Simulationsexperimenten wird somit das Leistungsverhalten von Hardware und Betriebssystem der zur Auswahl stehenden Anlage erforscht. Dieser "Zeitraffereffekt" erlaubt eine zeitsparende Durchführung der Untersuchungen über das Leistungsverhalten. Ein weiterer Vorteil ist darin zu sehen, daß gegenüber den Auslastungsmodellen die alternativen Anlagen in den jeweils geforderten Ausstattungen nicht selbst verfügbar sein müssen.

Durch diese Simulationsläufe werden insbesondere folgende Kriterien ermittelt:

- Abarbeitungszeiten der Jobs;
- Ausnutzungsgrade der Zentraleinheit und der peripheren Eingabe-, Ausgabe- und Speichereinheiten;
- Antwortzeitverhalten;
- Warteschlangenverhalten etc.

Die **Lineare Programmierung** beschreibt durch ein mathematisches Modell die technologischen Funktionen der alternativen Anlagenkonfigurationen und unterwirft sie einer quantitativen Zielfunktion. Es wird eine Berechnungsmethode angewandt, um das beste Programm von Handlungen aus der Menge der möglichen Handlungen heraus zu bestimmen. Mittels der Rechenmethode wird ein abgekürzter Lösungsweg zur Bestimmung der optimalen Lösung gesucht, ohne erst alle Kombinationen zu berechnen und hinsichtlich des Wertes der Zielfunktion zu vergleichen. Als Zielfunktion werden Kostenminimierung,

12.7 Wirtschaftliche und sonstige Aspekte

Gewinnmaximierung und Maximierung der Differenz der auf den Kalkulationszeitpunkt abgezinsten Einnahmen (Erlös bzw. Ausgabenersparnis der Anwendungs- und Systemprogramme, Liquidationserlöse) und Ausgaben (Investitions- und Personaleinstellungsausgaben) verfolgt. Die verwendeten Restriktionen lassen sich wie folgt einteilen:

- Bilanzgleichungen (Beziehungen zwischen dem Bestand von Hard- und Software zum Planungsbeginn und den Zu- und Abgängen),
- Hardwarekompatibilität und Anschlüsse,
- Programmkompatibilität und -kopplung,
- Kapazitätsbedingungen (Systemeinheit, Speicherplatz),
- Personalbegrenzungen (Personalbedarf),
- Durchsatz/Antwortzeitbedingungen,
- Programmausschließlichkeitsbedingungen,
- Komponentenkontinuitätsbedingungen und
- Komponentenbedingungen (Begrenzung der Anzahl von Typen).

Ein Grund für die Vorzüglichkeit der Linearen Programmierung ist vor allem die Möglichkeit, Interdependenzen zwischen den einzelnen Kriterien zu berücksichtigen. Ein Nachteil ist die Begrenzung auf ein, meist rein monetäres Zielkriterium; ein weiterer die Schwierigkeit, die von Zielfunktion (hier vor allem die Quantifizierung von Erlösen) und von den Restriktionen geforderten Daten zu beschaffen.

Neben den klassischen Methoden der Investitionsrechnung wurden in neuerer Zeit **Simultan-Bewertungsverfahren** entwickelt, die in Form von

- Punktwert-Methoden
- Multifaktoren-Methoden u.ä

unter der Bezeichnung **Nutzwertanalyse** Einzug in die Wirtschaftspraxis hielten und die zuvor genannten Methoden vielfach abgelöst haben. Der Nutzwertanalyse liegt folgendes Rationalitätsprinzip zugrunde (siehe auch Abbildung 12.52): Wähle aus der Menge der zur Wahl stehenden Alternativen diejenige aus, deren Konsequenzen vergleichsweise am höchsten zu bewerten sind.

Die Nutzwertanalyse vollzieht sich in folgenden Schritten:

- Zuerst müssen die aus der Sicht des Entscheidungsträgers relevanten Zielkriterien k_{ij} bestimmt werden.
- Die Alternativen A_i werden durch die Zielertragsmatrix K_{ij} detailliert beschrieben. Dabei wird für jedes Zielkriterium festgestellt, in welchem Maße es erfüllt ist. Die einzelnen Zielerträge können sowohl numerisch, als auch verbal beschrieben werden.

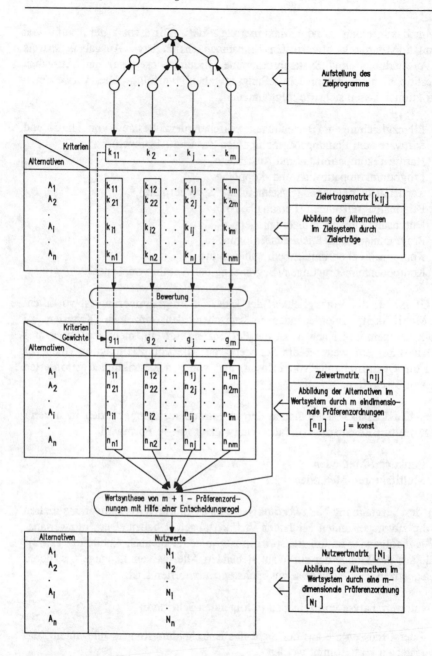

Abb. 12.52: Schema der Nutzwertmodelle

- Bei der Aufstellung der Zielwertmatrix n_{ij} werden die Alternativen bezüglich ihrer Zielerträge bewertet. Die Zielertragsmatrix dient dabei als sachliche Informationsbasis. Die Elemente der Zielwertmatrix können ordinal oder kardinal bewertet werden.

- Da die Zielkriterien k_{ij} für den Entscheidungsträger unterschiedliche Bedeutung haben, müssen diese auch mit unterschiedlichen Gewichten in den Gesamtnutzen eingehen. Im letzten Schritt wird die Wertsynthese vorgenommen, d.h. einzelne Zielwerte werden mit den Gewichten multipliziert und deren Produkte addiert. Damit ergibt sich für jede Alternative ein Nutzwert.

Weitere Details zu dieser Methode sind im Abschnitt 12.7.3.7 nachlesbar.

Literatur

Alter, S.: Information Systems, Addision-Westley 1992.

ANSI (American National Standards Institute; hrsg.): Standards von ANSI.

Balzert, H.: Die Entwicklung von Software-Systemen, Bibliographisches Institut 1982.

Biethahn, J. et all: Ganzheitliches Informationsmanagement, Band I und II, 2. Auflage, Oldenbourgh Verlag, München, Wien 1992.

Centner, Th.: Trends im Mikrocomputerbereich, SYSTEMS'85, Proceedings, München 1985.

Deutsche Bundespost (hrsg.): DATEL-Handbuch

Deutsches Institut für Normung (hrsg.): Normen von DIN, Beuth.

Graef, M., Greiler, R.: Organisation und Betrieb eines Rechenzentrums, 3. Auflage 1986.

Hansen, H.R.: Wirtschaftsinformatik I, Fischer Verlag, Stuttgart 1987.

Heilmann, H. (hrsg.) HMD: Theorie und Praxis der Wirtschaftsinformatik (6 Hefte/Jahr), Forkel Verlag, Wiesbaden 1992.

London, K.C. - London, J.P.: Business Information Systems, 2. Auflage, The Dryden Press 1993.

Mckeown, P.G.: Living with Computers, The Dryden Press 1992.

Mckeown, P.G.: Working with Computers, The Dryden Press 1992.

Mertens, P.: Industrielle Datenverarbeitung 1 und 2, Gabler Verlag, Wiesbaden 1984 und 1986.

Nassi, I., Shneidermann, B.: Flowchart Techniques for Structured Programming, SIGPLAN Notices 8, 1973.

Ortmann, G. et all: Computer und Macht in Organisationen, Westdeutscher Verlag, Opladen 1990.

Pressmann, R.S.: Software Engineering, 3. Auflage, McGraw-Hill International 1992.

Scheer, A.-W.: EDV-orientierte Betriebswirtschaftslehre 4. Auflage, Springer Verlag, Berlin, Heidelberg, New York, Tokio 1990.

Schlageter, G., Stucky, W.: Datenbanksysteme, Stuttgart, Teubner 1983.

Schwarze, J.: Einführung in die Wirtschaftsinformatik, NWB-Studienbücher, 2. Auflage, Herne 1991.

Stahlknecht, P.: Einführung in die Wirtschaftsinformatik 5. Auflage, Berlin, Heidelberg, New York, Tokio, Springer 1991.

Stamper, D.A.: Business Data Communications, The Benjamin/Cummings Publishing 1991.

Steinbuch, P.A.: Betriebliche Informatik, Kiehl Verlag, 5. Auflage, Ludwigshafen 1991.

Turban, E.: Expert Systems and Applied Artifical Intelligence, Macmillan Publishing 1992.

Wang, R.Y.: Information Technology in Action, Yourdon Press 1993.

Zahedi, F.: Intelligent Systems for Business, Wadsworth Publishing, Belmont 1993.

Glossar

Abfragesprache
Mengenorientierte, deskriptive Programmiersprachen. Sie ermöglichen das Abfragen von Daten, ebenso das Generieren von Berichten.

Abweichungs-Informationen
Kontrollwerte, für die Korrektur des Vollzuges ohne Planung (Steuerung) oder für die Korrektur des Vollzuges mittels neuer Planung (Regelung).

Administrationssysteme
Systeme zur rationellen Verarbeitung von Massendaten der Verwaltung.

Adreßbus
Übermittelt die Adressen der auszuführenden Befehle.

aktiver Dialog
Benutzer bestimmt den Ablauf.

Akustikkoppler
Gerät (Handapparat), welches mit Hilfe des Telefonhörers die Verbindung mit einer EDV-Anlage über das öffentliche Telefonnetz mittels akustischer Schwingungen herstellt.

Algol
Programmiersprache für den technisch-wissenschaftlichen Anwendungsbereich.

Analogrechner
Computer zur Verarbeitung analoger Daten (physikalische Größen) im technischen Bereich (Prozeßsteuerung, -regelung, Robotik).

Animationsprogrammen
Programme, in denen bewegliche Objekte am Bildschirm dargestellt werden.

Anwendungsgenerator
Werkzeug zur Anwendungsentwicklung; bei Dialogarbeiten am Bildschirm zugleich ein Masken-Generator.

Anwendungssoftware
Gesamtheit aller Anwendungsprogramme zur Lösung von Anwendungsaufgaben.

Arbeitsblatt
Matrix einer Tabellenkalkulation (Spreadsheet); besteht aus Zellen, die in Zeilen und Spalten angeordnet sind. Eine Zelle wird durch ihre Zeilen- und Spaltenanordnung angesteuert.

Arbeitsspeicher
Teil des Zentralspeichers zur Aufnahme von Programmen und Daten.

Arbeitszeilentechnik
Texteingabe bzw. -änderung erfolgt immer nur in einer Zeile am Bildschirm; die Schreibmarke kann nur zwischen dem rechten und linken Rand bewegt werden; der Text scrollt über den Bildschirm.

Archivierung
Auslagerung von Dokumenten auf externe Datenspeicher.

Arrays
Eine feste Anzahl von Datenelementen, die hintereinander abgespeichert werden und auf die mittels eines Indizes zugegriffen wird.

Assemblierer
Übersetzer, der in einer maschinenorientierten Programmiersprache abgefaßte Quellanweisungen in Zielanweisungen der zugehörigen Maschinensprache umwandelt.

asynchron
Übertragungsverfahren, bei dem der Gleichlauf zwischen Sender und Empfänger für eine Folge von Bits durch die Endeinrichtungen hergestellt wird.

AT-Technologie
Advanced Technology.

Attribute
Daten, sog. Zusatzinformationen, für die jedes Objekt einer Klasse seinen eigenen Wert hat.

Ausgabeeinheit
Funktionseinheit innerhalb eines Datenverarbeitungssystems, mit der das Rechnersystem Daten nach außen abgibt.

Auswahl
Struktur, die aus mindestens zwei Elementen besteht, von denen in Abhängigkeit von einer Auswahlbedingung (Selektionsbedingung) genau ein Element ausgewählt wird. Die Bedingungen beziehen sich auf Gleichheiten bzw. Unterschiede wie größer, größer-gleich, gleich Hundert etc.

Back-Office
Bankinterne Funktionsunterstützung mit Abrechnung und Abstimmung des Kontokorrent- und Sparverkehrs; Erstellung von Tagesbilanzen, Jahresabschlüssen; Meldewesen an die Bundesbank; Erstellung von Dispositionsunterlagen, Gebührenkalkulation; Banken-Controlling.

Basistabelle
Reale Tabelle einer relationalen Datenbank, die Daten beinhaltet und den dafür entsprechenden Platz in der Datenbank belegt.

Batch-Betrieb
Eingabe der Inputs erfolgt vor dem Sitzungsbeginn, so daß während des Dialogs kein weiteres Eingreifen erforderlich ist.

Baum-Netzwerk
Verbindet eine Reihe von Knoten über eine Verteilschiene nach der Struktur eines Baumes (Stamm - Ast - Blatt).

Bayes'che-Regeln
Regeln zur Behandlung von unsicherem Wissen und bedingten Wahrscheinlichkeiten (zwischen 0 und 1).

BDE
Betriebsdatenerfassung.

Befehl
Eine Anweisung, die sich in der benutzten Sprache nicht mehr in Teile zerlegen läßt; die selbst Anweisungen sind.

Befehl
Ein Befehl spezifiziert, was getan werden soll (Operationsteil) und wo die zu bearbeitenden Daten stehen (Operandenteil).

Begriffslexikon
Sammlung von Fach- und Fremdbegriffen, benutzten Lösungsalgorithmen u.ä.

Benutzerfreundlichkeit
Subjektiver Qualitätsmaßstab über den Aufwand, den ein Benutzer leisten muß, um sich System anzuwenden; Beschaffung von Entscheidungsspielräumen und Einflußmöglichkeiten für den Benutzer im Dialog mit der Technik.

Benutzerhandbuch
Beschreibung des Produktes aus benutzerorientierter Sicht.

Benutzeroberfläche
Schnittstelle zwischen dem Anwender und dem eigentlichen Programm.

Bestandsdaten
Zustandsorientierte Daten, die jedoch nur für kurze Zeit, häufig sogar nur einmalig gültig sind; sie kennzeichnen Mengen- und Wertestrukturen; ihre Änderung während der betrieblichen Aktivitäten erzeugt die Bewegungsdaten.

betrieblicher Informationsstrom
Informationsstrom von der Entstehung der Daten als Inputs von ihren internen und externen Quellen bis hin zu ihrer Verwendung bzw. Anwendung in den Steuerungs- und Regelungsprozessen.

Betriebssystem
Umfaßt nicht anwenderspezifische Programme zum Betreiben von Computern, also zur Abwicklung, Steuerung und Überwachung aller Programme.

Bewegungsdaten
Prozeßorientierte Daten; enthalten jeweils einen Ausschnitt, eine Veränderung zwischen zwei Zuständen.

Bildschirm
Wichtigstes Ausgabemedium; besteht im Normalfall aus 25 x 80 = 2000 Schreibstellen, die einzeln ansprechbar sind.

Binärzeichen
Jedes der Zeichen aus einem Zeichenvorrat von zwei Zeichen (0,1 ; 0,L). Die Sprache des Computers kennt - im Gegensatz zur menschlichen Sprache - nur zwei Codierungszeichen, und zwar 0 und 1. Diese beiden Zeichen werden **Binärzeichen** genannt (**Binary Digit**: Bit).

Bit
Das kleinste Element in der Verarbeitung.

Blockmultiplexkanal
Übertragung in Blöcken fester Länge.

Bool'sche Grundfunktionen
Regeln zur Überprüfung des Zutreffens vorgegebener Voraussetzungen (Ja, Nein, Oder, bedingtes Oder). AND (Konjunktion): Die Ergebnisgröße y ist dann und nur dann "wahr" (L), wenn alle Eingangsvariablen X1, X2,......, Xn gleichzeitig "wahr" (L) sind. OR (Disjunktion): Die Ergebnisgröße y ist dann "wahr" (L), wenn eine oder mehrere der Eingangsvariablen X1, X2,......, Xn

"wahr" (L) sind. NOT (Negation): Die Negation ist die Umkehrung des Wahrheitswertes.

Brainware
Gesamtheit der geistigen Arbeiten für Entwicklung, Planung, Kontrolle und Einsatz von Computerprogrammen.

Branchensoftware
Anwendungsprogramme für bestimmte Wirtschaftszweige; Gesamtheit der Programm(funktionen), die auf den Arbeitsplätzen des betrachteten Betriebes zur DV-Unterstützung benutzt werden.

Bridge
Verbindung zwischen zwei identischen lokalen Ring-Netzen.

Btx
Öffentlicher Fernmeldedienst zum Abruf elektronisch gespeicherter Informationen und zur Übernahme anderer Dienste wie die der Verarbeitung und Nachrichtenübermittlung.

Büro der Zukunft
Office of the Future; das die computerunterstützte Integration aller Verwaltungstätigkeiten bedeuten soll.

Bürokommunikationssystem
Computersystem, das die Arbeit im Büro unterstützt; umfaßt die computerisierte Unterstützung aller Abläufe in einer büromäßig arbeitenden Organisation.

Bus
Sammelleitung für den Informationstransfer zwischen CPU und Peripheriegeräten. Elektronische Verbindung zwischen Register zur Parallel-Übertragung mehrerer oder aller Bits im Register (Busbreite = Anzahl paralleler Bits 1 ,2 ,4 ,8 ,16, 32).

Bus-Netzwerk
Verbindet eine Reihe von Knoten mit seinen Nachbarn ohne Ringbildung. Die Daten fließen von einem sendenden Knoten nach beiden Seiten und werden vom Zielknoten aufgenommen.

Buttons
Tasten; berührungsempfindliche Flächen auf dem Bildschirm, die der Benutzer mit Hilfe des Zeigeinstruments (Maus) aktivieren kann.

Byte
Eine aus 8 Bits gebildete, direkt adressierbare Speicherstelle. In einem Byte kann jeweils eines von 256 möglichen alphanumerischen Zeichen in binär verschlüsselter Form dargestellt werden (z.B. im EBCDI-Code). Im allgemeinen Sprachgebrauch gewöhnlich eine Gruppe von 8 Bits.

C
Programmiersprache für die Entwicklung und Implementierung von komplexen Softwareprodukten.

Cache-Speicher
Pufferspeicher für Daten, die von einem Gerät (-teil) zu einem anderen Gerät (-teil) übertragen werden sollen (Arbeitsspeicher-Prozessor).

CAD
Computer Aided Design; computerunterstützte graphische Datenverarbeitung mit Entwickeln, Konstruieren und Zeichnen im Computer-Dialog.

CAE
Computer Aided Engineering.

CAM
Computer Aided Manufacturing; folgt in seinem Grundkonzept dem Prinzip der Daten- und Vorgangsintegration in Übereinstimmung mit den betrieblichen Strukturen der realen Welt.

CAP
Computer Aided Planning; enthält den Arbeitsplan, der den Arbeitsprozeß vom Rohmaterial bis zum Fertigprodukt beschreibt.

CAQ
Computer Aided Quality Control.

CAQE
Computer Aided Quality Ensurance.

CCITT Standards X.400 bis X.430
Beschreiben die Komponenten von Message-Handling-Systemen und die Protokolle, die notwendig sind, um Dokumente zu übertragen und zu interpretieren.

CD-ROM
Compact Disk-Read Only Memory- Platten.

CGA-Karte
Color Graphik Adapter von 640 x 200 Pixel und 4 Farben.

Chip
Integrierte Schaltungen. Ein IC-Chip ist ein Halbleiter-Kristall-Baustein, im Regelfall aus Silizium von 10 bis 140 mm2 Fläche und weniger Zehntel mm Dicke, das eine Anzahl von in die Hunderttausende gehende Bauelemente als Widerstände, Dioden und Transistoren enthält. Sie enthalten die Logik- (Verknüpfungs-) und Speicherfunktionen. Die Chips werden auf dünne monokristalline Siliziumscheiben (Wafer) aufgebracht.

CIB
Computer Integrated Banking.

CIF
Computer Integrated Farming; das auf die Landwirtschaft übertragene CIM-Konzept der Industrie.

CIM
Computer Integrated Manufacturing; beinhaltet alle Rechneranwendungen technischer, technisch-organisatorischer und kommerzieller Art in einem Industriebetrieb.

CIO
Computer Integrated Office.

CISC
Complex Instruction Set Computer.

COBOL
Programmiersprache, die für den kommerziell-administrativen Anwendungsbereich und für ein- und ausgabeintensive Anwendungen entwickelt wurde.

Code
Eine Vorschrift für die eindeutige Zuordnung der Zeichen eines Zeichenvorrats zu denjenigen eines anderen Zeichenvorrats; auch der bei einer Codierung als Bildmenge auftretende Zeichenvorrat. Geläufige Bezeichnungen: Fünfer-Code, Siebener-Code, 7-Bit-Code.

Codierung
Programmieren.

COM
Computer-Output-Mikrofilm.

Compiler
Übersetzungsprogramme für eine Programmiersprache; es übersetzt das in einer höheren Programmiersprache geschriebene Programm in die Maschinensprache.

Compiler
Hilfsmittel zur Übersetzung des Quellprogramms in einen vom Prozessor abhängigen Code.

Computer
Funktionseinheit zur Verarbeitung von Daten.

Computer-Verbundsystem
Zusammenschluß mehrerer in sich geschlossener Systeme, die über ein Netzsystem (z.B. öffentliches Fernsprechnetz, Datexnetz, Direktrufnetz) zwecks Erfüllung bestimmter Aufgabe verbunden sind.

Computerviren
Programme mit der Eigenschaft zur Selbstreproduktion.

Controlling
Konzept der Unternehmensführung durch Planung, Information, Organisation und Kontrolle.

CPU
Kernstück einer Datenverarbeitungsanlage; enthält den Haupt- oder Arbeitsspeicher, das Steuerwerk und das Rechenwerk.

Cursor
Schreibmarke, die sich durch Bedienungstasten nach Zeile oder Spalte positionieren läßt. Eingegebene Zeichen erscheinen auf dem Bildschirm dort, wo diese Schreibmarke steht.

Datenbeschreibungssprache
Beschreibt die Daten nach dem vom Benutzer formulierten Schema. Die Beschreibung wird in einer speziellen Bibliothek, in der Data Dictionary extern gespeichert.

Data Cartridge
Kassettenband speziell für die Datenverarbeitung mit einer 1/4 Zoll Breite; verfügt über einen speziellen Schreibschutz in Form eines Drehkopfes. Die Information wird in zwei bis vier Spuren überwiegend in Streaming-Verfahren (Datenstrom-Verfahren) bitseriell aufgezeichnet.

Data Dictionary
Enthält alle wesentlichen Informationen für den Betrieb der Datenbank. Es ist eine Art Basiskatalog, in dem die Beschreibung von Domänen, Basis-Relationen; zusammengesetzten Spalten; Datensichten (Views); Integritätsbedingungen; Funktionen; Zugriffsberechtigungen und Datenbankstatistiken enthalten sind.

Data Management
Datensteuerung zur Auffindung, Eingabe, Speicherung und Ausgabe aller im DV-System befindlichen Daten.

Datei
Mit einem Namen bezeichnete Sammlung von allen Exemplaren eines oder mehrerer Satztypen.

Dateidienst David
Direkter Anschluß zur Verteilung von Nachrichten im Datensektor per Satellitenkommunikation.

Daten
Zeichen oder kontinuierliche Funktionen, die zum Zweck der Verarbeitung Informationen aufgrund bekannter oder unterstellter Abmachungen darstellen. Einzelne, oder aneinandergereihte Zeichen mit einer Bedeutung sind Daten (Data). Dieser Begriff ist lateinischen Ursprungs (Datum) und bedeutet "das Gegebene". Das Datum ist also ein Tatbestand oder ein Zusammenhang.

Datenmanipulationssprache
Dient dem Wiederauffinden, dem Ändern, dem Transport und dem Einfügen von Daten in einer Datenbank.

Datenaufbausystem
Dient dem Einspeichern, dem Aufbau und der Aktualisierung der Datenbestände.

Datenbank
Systematische Ordnung zur Speicherung von Daten.

Datenbanksprache
Menge der Operationen für ein bestimmtes Datenmodell; setzt sich aus der Datendefinition (konzeptuelles und externes Schema) und der Datenmanipulation zusammen.

Datenbanksystem
Funktionen, die der Speicherung und Wiedergewinnung von Daten in einer Datenbank dienen; setzt sich aus einer Datenbank und einem Verwaltungssystem der Datenbank zusammen.

Datenbus
Transportiert die Daten.

Datendefinitionssprache
Data Definition Language, DDL zum Erstellen und Löschen der Datenbankobjekten wie Tabellen oder Teilausschnitte der Datenbank.

Datenelement
Informationseinheiten, die über Deskriptoren charakterisiert werden. Deskriptoren und deren Klassen sind ebenso im voraus zu definieren, wie die Ausprägungen und die daraus resultierenden Datenklassen.

Datenfeld
Kleinste formale Dateneinheit innerhalb einer Dateiorganisation.

Datenfernverarbeitung
Verarbeitung von Daten über Fernmeldewege.

Datenflußplan
Sinnbilder für das Bearbeiten, den Datenträger und die Flußlinie.

Datenkassette
Von der Audio-Kassette abgeleitet; zeichnet die Information in einer einzigen Spur bitseriell auf.

Datenklassen
Dateneinheiten, die sich ihrerseits durch mindestens ein Kriterium, im Regelfall jedoch durch mehrere Kriterien, unterscheiden.

Datenkontrollsprache
Data Control Language, DCL zum Erstellen und Löschen von Datenbankprivilegien.

Datenmodell
Beschreibung der Entities und ihrer Beziehungen in einem Schema.

Datennetz
Spezielles Fernmeldenetz für die Datenübertragung.

Datenorganisation
Gesamtheit jener Aktionen, die sich den Inhalten, Strukturen, Speichern und Wiederauffinden der Daten widmen, ebenso den Ergebnissen dieser Aktionen.

Datenpflege
Alle Änderungen in der Speicherorganisation, die sich aufgrund von Änderungen im Umweltbereich, den diese Daten abbilden, ergeben.

Datensatz
Eine Menge von Segmenten; stellt i.d.R. logisch zusammengehörige Merkmalsausprägungen dar.

Datenschutz
Schutz der Daten vor unberechtigtem Zugriff im rechtlichen Sinn.

Datenschutzgesetz
Mit Wirkung vom 1. Januar 1978 in Kraft; regelt den Schutzzweck, den Schutzbereich, die Pflichten usw. im Hinblick auf die Kontrolle des Zugangs zu den Daten, des Benutzers, des Datenzugriffs, der Dateneingabe etc.

Datensicherung
Sicherung der Daten gegen Verlust, Verfälschung, Datenpreisgabe und Zerstörung.

Datenstruktur
Art und Weise der Organisation von Daten für die Bearbeitung durch Computerprogramme.

Datenübertragung
Vorgang des Übertragens von Daten zwischen Datenendeinrichtungen über Datenverbindungen; Datenübermittlung.

Datenübertragungscodes
Dienen der Übertragung von Daten über Entfernungen (internationale Telegraphenalphabete Nr. 2, 3, 4, 5).

Datenverarbeitung
Alle Vorgänge, bei denen Daten gesammelt und zur Informationsgewinnung verarbeitet werden. Sie ist die Anwendung von aufgabenbezogenen Verarbeitungsregeln auf bestimmte Eingabedaten zur Erzeugung gewünschter Ausgabedaten. Von der elektronischen Datenverarbeitung (EDV) wird gesprochen, wenn die Verarbeitungsregeln einer Maschine eingegeben werden, die mit elektronischen Bauelementen arbeitet und die Anwendung der Verarbeitungsregeln ohne weiteres Zutun des Menschen ausgeführt wird.

Datenverarbeitungsanlage
Gesamtheit der Baueinheiten (Geräte), aus denen ein Datenverarbeitungssystem aufgebaut ist, also die unter konstruktiven Gesichtspunkten betrachtete Hardware.

Datenverarbeitungssystem
Funktionseinheiten zur Verarbeitung von Daten; Durchführung mathematischer, umformender, übertragender und speichernder Operationen, wobei sich eine Funktionseinheit aus Baueinheiten (Geräten) und Programmbausteinen (Programmen) zusammensetzt.

Datenwiedergewinnungssystem
Funktion zur Datenbereitstellung; Bindeglied zwischen Anwender und Datenbank; Benutzerschnittstelle zur anwendergerechten Datenbereitstellung.

Datex
Öffentliches digitales Wählnetz für die Datenübertragung.

Datex-L
Leitungsbereitstellung zwischen den Datenstationen für die Dauer der Vermittlung.

Datex-P
Paketorientierte Datentransportverfahren.

deduktive Inferenzen
Enthält die Regeln und die Aussagen, über deren Gültigkeit keine Zweifel aufkommen.

Desk Top Publishing
Eine Fortentwicklung der Textverarbeitungsprogramme, mit deren Hilfe ein besonders ansprechendes Layout erzeugt wird, so daß die Produkte für die direkte Übernahme in Zeitschriften und Büchern geeignet sind.

dezentrale Struktur
Verarbeitung für den entfernten Benutzer erfolgt auf dem dezentral stehenden Rechner; zwischen den einzelnen Rechnern besteht kein Verbund, kein organisatorischer Datenaustausch.

Dezimalsystem
Zahlensystem, das über die Ziffern 0 bis 9 verfügt und auf der Basis von 10 arbeitet.

Dialogbetrieb
Verkehr mit dem Computer, bei dem für den Benutzer unmittelbare Unterbrechungs- und Eingriffsmöglichkeiten beim Ablauf eines Programms bestehen.

Dialogfenster
Dienen entweder der Eingabe bestimmter Parameter, Optionen, Werte etc. oder sie erläutern Dateien, Dateiinhalte, Verweise etc.

Dialogkomponente
Dient zur Aufbereitung des systeminternen Wissens dergestalt, daß es dem Benutzer zugänglich wird.

Dialogschnittstelle
Festlegung der Dialogformen der Systemhilfen für den Benutzer sowie die Art der Fehlerbehandlung.

Dienstprogramme
Anwendungsneutrale Funktionen, die mit Betriebssystembefehlen eingegeben werden müßten. Typisches Beispiel: Norton Utilities.

Digitalrechner
Computer zur Verarbeitung digitaler Daten (numerisch, textlich, sprachlich, graphisch) im kommerziellen Bereich.

DIN
Deutsches Institut für Normung.

Direktrufnetz
Leitungsvermittlung zwischen den Hauptanschlüssen für den Direktruf mit duplexfähigen Verbindungen.

Diskette
Speichermedium aus einer flexiblen Kunststoffscheibe mit beschichteter magnetisierbarer Oberfläche; meist als externer Speicher für Mikrocomputer-Systeme verwendet.

Diskette
Standard-Datenträger bei Mikrocomputern. Die Daten werden entlang konzentrischer Kreise - genannt Spuren - auf die Diskette geschrieben. Der Lese-/Schreibkopf des Diskettenlaufwerkes bewegt sich vorwärts und rückwärts von Spur zu Spur und findet so die erforderlichen Daten bzw. den freien Platz zum Aufzeichnen der Informationen.

Dispositionssysteme
Routineentscheidungen unterstützendes System.

Distributed Processing
Verteilte Computerbenutzung; Trennung der Funktionen Datenhaltung, Datentransformation und Datentransfer.

Domänen
Erweiterte Datentypen mit den Informationen Name, Typ, Wertebereich und zulässige Operatoren.

Dualsystem
Das Dualsystem ist ein Zahlensystem auf der Basis 2; benutzt die Ziffern 0 und 1 und die Wertigkeit der Stellen. Das Dualsystem ist ein Sonderfall binärer Zahlensysteme, das mit nur 2 Elementen (L, 0) in der Zahlendarstellung auskommt.

EAN-Code
Europäische-Artikel-Nummer-System. vereinheitlichtes Nummernsystem für Artikel; EAN werden vom Hersteller auf Etiketten mit Magnetlesestreifen, OCR-Schrift und Balkencodes (Bar- oder Strichcodes) geschrieben. Das Nummernsystem umfaßt einen Länderschlüssel, eine Betriebsnummer, eine individuell vergebene Artikelnummer und eine Prüfziffer.

EBCDIC
Extended Binary Coded Decimal Interchange Code. Ist ein 8-Bit-Code.

EDIFACT
Electronic Data Interchange for Administration, Commerce and Transport; Weltstandard für alle Wirtschaftsbereiche, der hard- und softwareneutral und damit herstellerunabhängig ist und von einem Normungsausschuß der UNO gepflegt wird.

Editor
Das Hilfsmittel zum Schreiben eines Programms in einer maschinenunabhängigen Sprache.

EDV
Elektronische Datenverarbeitung.

EGA-Karte
Enhanced Graphik Adapter enthält 640 x 350 Pixel und 16 Farben.

Ein- und Ausgabeperipherie
Dient dazu, Daten/Informationen dem Computer zur Verarbeitung und/oder zur Speicherung, bzw. dem Anwender Ergebnisse, Informationen, Daten visuell, magnetisiert oder akustisch zu übermitteln.

Ein- und Ausgabeschnittstelle
Regelungen für die Benutzereingaben und für die Systemausgaben.

Eingabeeinheit
Funktionseinheit innerhalb eines Datenverarbeitungssystems, mit der das Rechnersystem Daten von außen her aufnimmt.

Einprogrammbetrieb
Ausführung der einzelnen Aufträge (Jobs) von der Zentraleinheit nacheinander; in der Folge der Auftragserteilung.

Einprozessorsystem
Ein digitales Rechensystem, bei dem ein Zentralspeicher ganz oder teilweise von zwei oder mehreren Prozessoren gemeinsam benutzt wird, wobei jeder über mindestens ein Rechenwerk und mindestens ein Leitwerk allein verfügt.

Einzel- oder Insellösungen
Autonome Anwendungssysteme, die nur eine bestimmte Aufgabe oder Funktion betreffen.

EISA-Busse
Extended Industry Standard Architecture.

Elektronischer Markt
Integrieren betriebliche Funktionen mit den Markttransaktionen.

Elektronischer Schreibtisch
System - bestehend aus den Komponenten Arbeitsplatzrechner, Drucksystem, Ablageeinheit, Kommunikationseinheit, Busnetz, "Schreibtisch" mit Tastatur, Maus, Bildschirm etc.

Element
Grundstruktur, die in der jeweiligen Phase des Entwurfsprozesses nicht weiter untergliedert wird.

ELOD-Platten
Erasable Laser Optical Disk. Der Schreibvorgang erfolgt durch Erhitzen von Punkten einer magnetisierbaren Schicht mit einem Laserstrahl.

Endbenutzersprachen
Datenbankabfragesprachen zur Direktabfragen in der Datenbank, ebenso zur Erstellung von Listen mit Selektionen und Sortierungen.

Endbenutzersystem
Bündelung von Einzelprogrammen, Werkzeugen und Anpassungen an die jeweiligen spezifischen Bedingungen und spezifischen Aufgaben des Endbenutzers.

Entity
Konkretes Objekt, bspw. eine Person oder ein abstraktes Gebilde, eine Organisation.

Entscheidungstabelle
Organisationsmittel; ermöglicht die eindeutige tabellarische Zuordnung von Bedingungen und abhängigen Maßnahmen in Entscheidungssituationen.

Erasable PROM
Wieder löschbare, programmierbare ROM.

Ergonomie
Wissenschaft von der Anpassung der Arbeitsbedingungen an den Menschen; Erforschung der Leistungsmöglichkeiten und der optimalen Arbeitsbedingungen des Menschen.

Erklärungskomponente
Erläuterungen, die zum Verständnis der ermittelten Lösung notwendig werden können.

Expertensystem
Wissensbasiertes Programm mit Problemlösungsfähigkeiten menschlicher Experten.

Expertensystem-Shells
Entwicklungsumgebungen mit fest eingebauten Repräsentationsmechanismen und einer eingebauten, nicht veränderbaren Inferenzmaschine.

externe Codes
Datenträger-Codes, die der Verständigung zwischen dem Menschen und dem Computer dienen, so die Strichcodes, lesbare Schriften OCR-A und OCR-B (Optical Character Recognition) usw.

Externer Speicher
Jeder Speicher außerhalb dem Zentralspeicher.

Factory of the Future
Zukünftige dezentralisierte Produktionsform einer Fabrik, in der eine flexibel spezialisierte Produktion unter Einsatz modernster Produktionstechnik realisiert wird.

Fernnetze
Unterliegen keinen räumlichen, geographischen Beschränkungen. Sie sind untereinander über öffentliche Leitungen verbunden; auch werden Funkstrecken genutzt.

Fernsprechnetz
Nachrichtennetz mit Wechselstromsignalen.

Festkommazahl
Ohne Komma gespeicherte Zahlen. Der Computer behandelt sie als ganze Zahlen. Der Programmierer sorgt mittels Hilfsprogramm für stellengerechtes Rechnen und richtige Kommastellung in der Ausgabe.

Festplattenspeicher
Plattenspeicher mit festem, nicht auswechselbarem Laufwerk.

File-Server
Verwaltet alle Datei-Betriebsmittel in einem Netz, unabhängig davon, ob es sich um Dateien handelt, die auf Platten oder Disketten abgespeichert sind.

Firmware
Mikroprogramme im Computer in einer Zwischenstellung zwischen hardware- und softwaremäßigen Speicherung.

Folge
Struktur, die mindestens aus einem, im Regelfall aus mehreren Elementen besteht. Jedes Element tritt genau einmal in einer angegebenen Reihenfolge auf. Die Reihenfolge ergibt sich aus der Darstellung.

Formatierung
Zusammenfassung aller für einen Text oder einen Absatz gewählten Gestaltungsfunktionen.

Fortran
Programmiersprache für den technisch-wissenschaftlichen Anwendungsbereich.

Frage-Regeln
Regeln zur Aufforderung des Benutzers zur Eingabe (Warum, Wie, Was wäre, Wenn).

Framesysteme
Netzwerk aus Knoten (Frames, Rahmen) und Relationen zwischen den Knoten; beschreiben das physikalische oder das abstrakte Objekt.

Frequenzmultiplexkanal
Simultane Übertragung.

Front-Office
Bankgeschäfte gegenüber Kunden mit Zahlungs- und Devisenverkehr, Schalterbedienung, Geschäftsvorfälle, Kundenselbstbedienung u.ä.

FTT
Financial Transaction Terminals.

Funktionshandbuch
Beschreibung der Leistungen eines Programms.

Funktionssoftware
Für bestimmte betriebliche Funktionsbereiche konzipierte Programme.

GAN
Global Area Network verbindet Teilnehmer bzw. deren Knoten über Satellitenverbindungen oder Funkstrecken. Dieses Netz soll sich weltweit (über alle Kontinente) erstrecken.

Gateway
Übermittelt Nachrichten von einem Netz in ein anderes, insbesondere von einem LAN in die öffentlichen Netze. Es ist vor allem für die Umsetzung der Kommunikationsprotokolle verantwortlich.

Generatoren
Programme, die neue Programme erzeugen, oder Programme zur Erzeugung von Listen aus einer Datei generieren, oder die Reihenfolge in einer Datei nach einem bestimmten Ordnungsbegriff herstellen, oder die formularmäßige Gestaltung (Maske) des Bildschirms und/oder der Druckliste übernehmen.

gepackt
Verschlüsselung von zwei Dezimalziffern in einem Byte; dezimal-dual.

Gesamtbildschirmtechnik
Schreibmarke wird in alle vier Richtungen an jede Stelle des Textes bewegt; der Text wird von oben nach unten eingegeben bzw. bearbeitet; gebräuchlichste Technik.

geschäftsvorfallorientierte Sachbearbeitung
Arbeitsvorgang, der entsprechend seiner logisch zusammenhängenden Funktionen nach einer bestimmten, vorgezeichneten Vorgehensweise bearbeitet wird.

gestreute Speicherorganisation
Datensätze werden über die Beziehung "Ordnungsbegriff-Adresse" angesprochen; die Speicheradresse wird mit Hilfe eines Umrechnungsverfahrens aus dem Ordnungsbegriff ermittelt.

Gleitkommazahl
Gleitkommazahlen "enthalten" Kommas. Bei diesen Zahlen wird die Stellung des Kommas mitgespeichert. Der Computer berücksichtigt - ohne Mitwirkung des Programmierers - das Komma stellengerecht.

GoS
Grundsätze ordnungsmäßiger Speicherbuchführung.

GoS
Grundsätze ordnungsmäßiger Speicherbuchführung.

Graphikgenerator
Hilfsmittel zur graphischen Aufbereitung der Abfrageergebnisse.

Graphikkarte
Baugruppen zur Verwaltung der einzelnen Punkte (Pixel) auf dem Bildschirm. Auf diesen Karten befindet sich ein eigener Arbeitsspeicher, der für jedes Pixel Informationen über dessen Farbe enthält.

halbduplex
Wechselbetrieb; Betriebsart der Datenübertragung, bei der an der Schnittstelle abwechselnd auf Sendebetrieb und Empfangsbetrieb geschaltet wird.

Hardware
Gesamtheit aller greifbaren (materiellen) Teile eines Computers.

Herkules-Karte
Stellt 720 x 348 Pixel schwarz oder weiß dar.

hexadezimal
Zahlensystem mit Basis 16 und den zur Verfügung stehenden Ziffern 0, 1, 2, 3, 4, 5, 6, 7, 8, 9, A, B, C, D, E, F. Eine Hexadezimalziffer ergibt sich aus vier Dualziffern.

Hierarchisches Datenmodell
Organisation der Daten in einer Baumstruktur, die aus hierarchisch angeordneten Datensätzen besteht.

Hierarchy plus Input-Process-Output (HIPO)
Hierarchische Darstellung der einzelnen Programmfunktionen in den Phasen Eingabe, Verarbeitung und Ausgabe.

Homomorphie
Eigenschaft, nach der jedem Element und jeder Relation von S nicht umgekehrt eindeutig ein Element und eine Relation von M zugeordnet werden kann; System und Modell haben nur eine ähnliche Struktur --> (ShM) < > (MhS).

Hybridrechner
Anlage, die zur Darstellung von Daten sowohl Ziffern als physikalische Größen verwendet.

IBIS
Inter-Banken-Informations-System.

IDN
Integrierte Text- und Datennetz (IDN); umfaßt das Telex-, Datex-L- und Direktrufnetz; z.T. auch das Datex-P-Netz.

IFIP-Modell
Architekturmodell mit den Schnittstellen für Eingabe, Ausgabe, Dialog, Werkzeuge und Organisation.

Image Processing
Übernimmt das von einer Spezialkamera aufgenommene Bild in eine Grauwertmatrix; jedem Pixelpunkt wird ein Helligkeitswert zugeordnet; durch Helligkeitsunterschiede können dann bspw. bei geometrischen Körpern die Kanten bestimmt werden.

Index-sequentielle Speicherorganisation
Verwendet Indextabellen (Adreßtabellen); hier wird für jeden Datensatz der Ordnungsbegriff des Datensatzes mit der dazugehörigen Speicheradresse des Datensatzes gespeichert.

Individualsoftware
Den persönlichen und/oder betrieblichen Gegebenheiten angepaßte Software.

Indizierung
Speicherung der Zeiger in speziellen Dateien, den Indextabellen. Jeder Satz dieser Indextabelle enthält die Adressen der indizierten Datei.

Inferenzmaschine
Verarbeitungsprogramm; Komponente, die Schlußfolgerungen zieht.

Informatik
Wissenschaft der Datenverarbeitung; befaßt sich mit der Informations- und Kommunikationstechnik und ihrer Anwendung in Fachdisziplinen. Informatik ist die Wissenschaft, die sich mit der Technik und Anwendung der maschinellen Verarbeitung und Übermittlung von Informationen befaßt.

Information
Kenntnis über Sachverhalte und Vorgänge. Information ist im Sinne der Umgangssprache Kenntnis von Tatsachen, Ereignissen, Abläufen u.dgl. Werden unter Information DV-technisch dargestellte bzw. darstellbare Daten zum Zwecke der Verarbeitung verstanden. In diesem Sinne sind Informationen und Daten annähernd identisch.

Information Retrieval
Zugriffe über Identifikatoren (administrative Kennungen) und über Deskriptoren in gebundener (vorgegebener) Form.

Informationsmanagement
Management des Informationseinsatzes, Informationssysteme, sowie der Infrastrukturen für Informationsverarbeitung und Kommunikation.

Informationsmanagers
Verantwortlicher für das Management der Informationen.

Informationsstrom
Spezieller Güterstrom des Unternehmens, führt von der Entstehung der Daten als Inputs an ihren internen und externen Quellen bis hin zu ihrer Verwendung bzw. Anwendung in den Steuerungs- und Regelungsprozessen.

Informationssystem
Die von den Elementen eines Systems durchgeführten Tätigkeiten in der Aufnahme, Verarbeitung und Weitergabe von Informationen; alle Einrichtungen, Handlungen und Vorschriften der Erfassung, Verarbeitung und Verwertung von Daten; System - bestehend aus Menschen und Maschinen, die Informationen erzeugen und/oder benutzen und durch die Kommunikationsbeziehungen untereinander bestehen.

Instanzen
Objekte einer Klasse.

Instanzen
Ausprägungen, die aktuellen Informationen des Attributs. Diese Werte können auch aus Vorgaben bzw. Vorbelegungen stammen (Default Values). Durch diese Instanziierung der Slots werden die Frames konkretisiert, wobei die Default-Werte auch für die untergeordneten Frames gelten.

Instanzvariable
Methoden und Variablen, welche die in der Klasse vereinbarte Struktur besitzen und die bei der Nachricht zu ihrer Erzeugung mitgegebenen Werte erhalten oder durch eine ihrer (ererbten) Methoden initialisiert werden.

Integrierte Anwendungssysteme
Bereichsübergreifende Systeme, die mehrere Funktionsbereiche überdecken. Der Datentransfer zwischen den Teilsystemen, die jeweils einzelne betriebliche Funktionen bearbeiten, erfolgt systemintern, ohne menschliches Eingreifen.

interne Codes
Maschinencodes, die innerhalb des Computers verwendet werden (American Standard Code of Information Interchange = ASCII (siehe Anhang) und Extended Binary-Coded Decimal Interchange Code = EBCDIC).

Interpreter
Übersetzer, der in einen Computer eingegebene Quellanweisung in einer höheren Programmiersprache jeweils sofort übersetzt und ausführt.

ISA-Busse
Industry Standard Architecture.

ISDN
Integrated Services Digital Network; Dienste integrierendes digitales Fernmeldenetz. Universelles Durchschaltnetz für die Sprachkommunikation, die Text- und Festbild- sowie die Datenkommunikation zwischen den angeschlossenen Teilnehmern.

ISO
International Organization for Standardization.

Isomorphie
Eigenschaft, nach der jedem Element und jeder Relation von S (System) eindeutig ein Element und eine Relation von M (Modell) zugeordnet werden kann.

Ist-Informationen
Ausgangsgrößen als Realisationsgrößen aus dem Vollzug.

Job Management
Externe Steuerung der zu erledigenden Jobs.

KADS-Systems
Knowledge Acquisition, Documentation and Structuring.

Kanalwerk
Sammelleitung für den Informationstransfer zwischen CPU und Peripherie bei Mainframes.

Kapselung
Zusammenfassung von Eigenschaften und Aufgaben in einem Objekt.

Kaskaden-Menüs
Hierarchisch geordnete Pull-down-Menüs, wobei ein Untermenü links oder rechts vom Haupteingang erscheint, sobald der Zeiger auf dem Haupteingang steht oder der Zeiger seitlich aus dem Haupteingang herausgeführt wird.

Knowledge based Systems
Systeme zur Wissensverarbeitung.

KO-Kriterium
Zwingende Voraussetzung, ohne deren Erfüllung ist eine positive Lösung nicht möglich.

Kommunikation
Informationsaustausch; Vorgang in dem eine Übermittlung einer Nachricht von einem Sender an einen Empfänger stattfindet. In diesem Sinne ist die Kommunikation das Teilproblem der räumlichen Übermittlung von Informationen.

Kommunikationskette
Zusammenwirken zwischen der Quelle als Informationserzeuger, dem Sender als Codierer der Information in Signalfolgen, dem Nachrichtenkanal als Informations- bzw. Signalträger, dem Empfänger als Decodierer der Signale in einen verständlichen Klartext und der Senke als Informationsziel.

Kompilierer
Übersetzungsprogramm für eine Programmiersprache. Es übersetzt das in einer höheren Programmiersprache geschriebene Programm in die Maschinensprache.

Konstanten-Regeln
Regeln zum expliziten Vorgeben von Regelwerten (numerische Werte, Branchen- und Schwellenwerte).

Konstruktgitter-Verfahren
Technik der Wissenserhebung, mit welcher der Wissensträger Konzepte und Relationen der Domänen identifizieren kann.

Kryptographie
Verschlüsseln (Chiffrieren) zur Geheimhaltung von Nachrichten.

Künstliche Intelligenz
Nachbildung menschlicher Intelligenz auf Computern.

Lader
Hilfsmittel zum Laden des Programms vom/im Betriebssystem.

LAN
Lokales Rechnernetz.

Laser Disk
Das Aufzeichnen, wie auch das Lesen der Informationen erfolgt mit einem Laserstrahl. Die binäre Information ist in Form von optisch sichtbaren, lichtdurchlässigen oder undurchlässigen Punkten gespeichert. Die Aufzeichnung erfolgt im Regelfall durch Einbrennen der Binärzeichen als kleine Löcher in die Spuren der Plattenoberfläche.

Layoutgestaltung
Letzter Schritt vor dem Drucken eines Schriftstückes.

Leit- oder Steuerwerk
Dient der Durchführung der einzelnen Befehle eines Programms. Das Rechenwerk führt die Rechenoperationen wie arithmetische Befehle, logische Befehle der Boole'schen Algebra usw. aus.

Lern- oder Lehrprogramme
Teil der Unterrichtssoftware.

Linker
Binder zur Einbindung von Bibliotheksroutinen in das Programm.

LISP
Nicht standardisierte Programmiersprache zur Bearbeitung von Problemen der Künstlichen Intelligenz.

Listgenerator
Erweiterung der Abfragesprache, die Abfragen in Datenbeständen und die Listenaufbereitungen unterstützt.

Logikchip
Halbleiter; die elektrischen Eigenschaften werden dadurch erreicht, daß in genau festgelegten Bereichen einzelne Atome ersetzt werden (vierwertige Atome ersetzt durch fünf- oder dreiwertige Atome). Der Mikroprozessor ist auf einem Chip von durchschnittlich 5x4 mm untergebracht.

logische Adresse
Jener Zusammenhang, der die gespeicherten Daten mit dem aktuellen Verarbeitungsprozeß verbindet.

Magnetband
Datenspeicher in Form eines Bandes.

Magnetbandkassette
Konzipiert für den Einsatz auf dem Magnetbandsystem IBM 3480; wird aufgrund der hohen Speicherkapazität und kürzeren Schreib- und Lesezeiten vor allem bei Großrechnern verwendet.

Magnetplatte
Rotierende magnetisch beschichtete Scheibe mit hoher Speicherkapazität und schnellem Direktzugriff (quasi-wahlfrei).

Magnetschrift CMC 7
Ein digitaler Verschlüsselungsstandard. Jedes Zeichen dieser Schrift besteht aus sieben senkrechten Strichen, die unterbrochen oder durchgezogen sein können.

Magnetschrift E 13 B
Ein analoger Verschlüsselungsstandard.

Mailbox
Spezielles Software-System für die elektronische Post. Es besteht aus einem Computer, Plattenspeicher und im Regelfall aus einem Datex-P-Knoten.

Mainframe
Großrechner, die gleichzeitig eine große Zahl von Benutzern (über 1.000) bedienen. In dieser Gruppe sind auch einige Spezialrechner wie Host- und Vektorrechner zu nennen.

Makros
Anhäufungen von Programmbefehlen für wiederkehrende gleichartige Aufgaben innerhalb von Programmen.

MAN
Metropolitan Area Network; ist in der Planung. Es soll zwischen den beiden dominierenden Netzen LAN und WAN angesiedelt werden.

Management
Unternehmensführung.

Management-Informations-Systeme
Systeme zur Bereitstellung von Führungsinformationen.

Manware
Gesamtheit der durch die Computernutzung bedingten Berufsausbildung, Personalbeschaffung, Personalführung.

Marketing-Nachrichtensystem
Versorgt die Manager mit laufenden Informationen über die in der Makro- und Aufgabenumwelt stattfindenden Entwicklungen.

Maschine-Maschine-System
Total automatisiertes betriebliches Informationssystem.

Maschinenprogramm
Ein in der Maschinensprache abgefaßtes Programm.

Maus
Zusatzeinrichtung am Bildschirmgerät zur Aktivierung der vom Cursor gekennzeichneten Felder.

MCA
Micro Channel Architecture.

MCGA-Karte
Multi Color Graphik Array mit einer Auflösung von 320 x 200 Pixel bei 256 Farben.

Mehrprogrammbetrieb
Verzahnte oder parallele Verarbeitung von mehreren Programmen durch die Zentraleinheit.

Mensch-Maschine-System
Zusammenwirken von Mensch und Maschine.

Mensch-Mensch-System
System - aus Personen bestehend.

Menü
Liste von Objekten (Items), aus denen der Benutzer durch Eingaben eine Auswahl trifft.

Metawissen
Durch Techniken-, Verfahren-, Methodenkenntnisse ergänzte Fakten.

Mikrocomputer oder Personal Computer
Eine Kategorie von Computern; die individuell, also auf eine Person anpaßbar sind. Die Bezeichnung "Personal" drückt diesen Tatbestand aus.

Minicomputer
Kleine, leistungsfähige Dialog-Magnetplatten-Systeme, frühere Mittlere Datentechnik- Anlagen.

MIPS
Million Instructions/Operations per Second.

Modem
Einrichtung für MOdulation und DEModulation.

Modul
Logische Einheit, die klar abgegrenzte Aufgaben des Gesamtsystems realisiert.

Modularisierung
Untergliederung des Programms in abgegrenzte Teile, in Module, die jeweils eine bestimmte Aufgabe lösen.

Modulation/Demodulation
Modulation von Gleichstromsignalen auf die Trägerfrequenz der Fernsprechleitung beim Sender; beim Empfänger Demodulierung des Frequenzgemisches.

Motif
Architekturschema auf der Basis von X-Window mit den Basiskomponenten Interface-Toolkit, Motif-Widgets, Window-Manager, Compiler der Motif-Sprache UIL, User Interface Language und Bibliothek zur Ressourcen-Verwaltung.

MS-Windows
Kein Betriebssystem, da es ohne DOS nicht einsetzbar ist. Das bedeutet, daß DOS das eigentliche Betriebssystem ist und Windows ein Aufsatz.

Multiplexkanal
Bytemultiplexer stellt - im Gegensatz zum Schnellkanal - die Verbindung zu mehreren Peripheriegeräten her. Er verfügt daher über mehrere Unterkanäle.

Multiprocessing
Arbeitsweise, in der von einem Computersystem mindestens zwei verschiedene Programme gleichzeitig bearbeitet werden.

Multiprogramming
Arbeitsweise, in der die Zentraleinheit Arbeiten ausführt, während die peripheren Geräte unabhängig arbeiten.

Nachricht
Zusammenstellung von Zeichen oder Zuständen, die zur Übermittlung von Informationen dienen.

Netzwerkadapter
Verbindung zwischen der Teilnehmerstation und dem Netz.

Neuronale Netze
Modellierung der Rechnerstrukturen und der Anwendungssoftware nach dem Schema menschlicher Verarbeitungsprozesse. Neuronale Netze werden nicht programmiert, sondern "geschult".

nondeduktive Inferenz
Neue Wissensinhalte, die vorher weder explizit, noch implizit vorhanden waren.

Notebook
Ortsunabhängiger, mobiler Computer; während der Bedienung in der Hand haltbar; geringe Baugröße mit 40 x 20 Zeichen Anzeige bis 4 x 9 Zoll anstelle des üblichen 12 x 14 Zoll Monitors; mit 16, 64, 128 KB Arbeitsspeicher bis inzwischen 4 MB; Batteriebetrieb; eingebautes Zeilendisplay und Anschlußmöglichkeit von Peripheriegeräten wie Bildschirm, Drucker, Floppy-Laufwerk etc.

Nutzdaten
Stammdaten, Bestandsdaten und Bewegungsdaten zusammen.

Objekt
Identisch mit Tupel in der relationalen Datenbank; Synonyme zum Begriff Instanz. Ein Objekt ist eine Abstraktion dieses Elements aus dem Problemfeld, welche die Fähigkeiten eines Systems widerspiegelt, über das Element Informationen zur Verfügung zu stellen oder mit dem Element zu interagieren. Es ist eine Verkapselung von Attributen und ihrer abgeschlossenen Dienste.

Objektklassen
Klassifizierung gleichartiger Objekte. Klassen dienen zur ontologischen Ordnung der Objekte, die in einem System vorkommen und verarbeitet werden.

Objektorientiertes DBS
Integration konventioneller Datenbankfunktionalität mit objektorientierten Modellierungskonzepten.

Objektorientierter Ansatz
Technik, ein System im Hinblick auf die auftretenden und zu behandelnden Objekte zu organisieren. Ein grundlegendes Konzept dabei ist das Prinzip der Clusterung/Kapselung.

OCR-Schriften
OCR-A und OCR-B (OCR steht für Optical Character Recognition).

offline
Methode der Datenfernverarbeitung; auch indirekte oder unabhängige Datenfernverarbeitung genannt. Hierbei ist die Datenverarbeitungsanlage nicht mit den zur Übertragung von Daten benutzten Fernmeldewegen verbunden. Die Daten werden auf Datenträgern zwischengespeichert.

Offline- Betrieb
Unabhängiger Betrieb der Zentraleinheit sowie der Ein- und Ausgabe; mitunter auch ohne physische Bindungen.

online
Methode der Datenfernverarbeitung; auch direkte oder abhängige Datenfernverarbeitung genannt. Hierbei ist die Datenverarbeitungsanlage mit den zur Übertragung von Daten benutzten Fernmeldewegen direkt verbunden. Die Datenverarbeitungsanlage ist selbst Datenstation.

Online-Betrieb
Physische Verbindung und Betrieb der Zentraleinheit mit der Ein- und Ausgabe.

Open Look
Nicht an Unix gebundenes GUI; verfügt über eine Client-Server-Architektur und den Toolkits X-Window-kompatibles Fenster und TNT zur Kommunikation mit den Sun-spezifischen Fenster.

Operator
Rechenregeln, die auf Daten wirken.

Organisation
Ordnung aller Elemente eines Systems.

Organisationsschnittstelle
Regelungen zwischen den Arbeitsaufgaben der Benutzer und den Abstimmungen der Software-Werkzeuge.

Orgware
Gesamtheit der zur Verfügung gestellten Methoden, Verfahren, Tools zwecks Unterstützung der Softwareerstellung.

OS/2
Es wurde für den IBM PC AT und kompatible Rechner entwickelt.

OSI
Open System Interconnection; internationaler Standard; gilt als ein einheitliches, herstellerunabhängiges Konzept zur Datenübertragung.

Overhead-Display
LCD-Bildschirme, deren Hintergrund transparent ist. Dadurch heben sich die dargestellten Zeichen ab und eignen sich nach Anschluß an einen Rechner und auf dem Overhead-Projektor zur Projizierung der Bildschirminhalte an eine Leinwand.

Parallelverarbeitung
Sehr viele Prozessoren arbeiten gleichzeitig (bis zu 65.536); sie treten in zwei Formen auf, als Single Instruction/Multiple Data Stream und Multiple Instruction/Multiple Data Stream.

Parametrisierung
Form der Programmierung, bei der die Abläufe im Programm durch Parameter gesteuert werden.

Pascal
Hochsprache.

passiver Dialog
Die Gestaltung des Dialogs kann vom Benutzer nicht beeinflußt werden; er wird nach einem festen Schema geführt.

PC
Personal Computer.

periphere Speicher
Externe Speichermedien.

Personal Computing
Arbeitsplatzbezogene Aufgabenwahrnehmung.

Pflichtenheft
Sammlung von Auswahlkriterien, die in Checklisten zusammengestellt bei Hard- und Softwareentscheidungen benutzt werden; detaillierte, verbale Beschreibung aller Anforderungen DV-technischer, organisatorischer, inhaltlicher, wirtschaftlicher und sonstiger Art.

Physische Datenorganisation
Interne Datensicht.

Piktogramm
Bildhafte Darstellungen (Aktenordner, Dokument, Posteingang etc.).

PIN
Personen-Identifizierungs-Nummer.

Pipelining
Betriebsart, die in Verbindung mit optimierenden Compilern durch die RISC-Prozessoren genutzt wird.

PL/1
Programmiersprache sowohl für den kommerziell-administrativen als auch für den technisch-wissenschaftlichen Bereich und enthält Sprachelemente von COBOL, FORTRAN und ALGOL.

Planungs- und Entscheidungssysteme
Systeme zur Unterstützung mittel- und langfristiger Planungs- und Entscheidungsaufgaben.

Planungssprache
Werkzeug mit statistischen Funktionen, Tabellenkalkulation; eignet sich für What-if-Analysen.

Pop-up-Menüs
Vergleichbar mit Pull-down-Menüs, außer, daß sie an beliebigen Stellen auf dem Bildschirm erscheinen können.

PPS
Produktionsplanung und -steuerung; Programmsystem für die Anwendungsbereiche Kalkulation, Kostenrechnung und Anlagenbuchhaltung, Finanzbuchhaltung, Prozeßsteuerung Personalwesen.

Problemfeld
Synonyme zum Begriff Domäne.

Programm
Eine zur Lösung einer Aufgabe vollständige Anweisung zusammen mit allen erforderlichen Vereinbarungen.

Programmablaufplan
Schaubild unter Verwendung bestimmter Sinnbilder zur graphischen Darstellung der Befehlsfolge in einem Programm

Programmable ROM
Einmalige Programmfolge, die vom Anwender angegeben wird und für die Zukunft auch bei Stromausfall erhalten bleibt.

Programmdokumentation
Sammlung aller Dokumente eines Programms im Hinblick auf seine Gestaltung, Implementation, Nutzung und Wartung.

Programmiersprache
Eine formalisierte Sprache, deren Sätze (Befehle, Instruktionen) aus der Aneinanderreihung von Zeichen eines festgelegten Zeichenvorrats entstehen und als eine endliche Folge von Regeln gebildet werden, die die semantische Bedeutung jedes Satzes festlegen.

Programmierung
Tätigkeit zur Herstellung von Programmen für den Computer. Software-Produktion; Vorgang der Codierung, des Verschlüsselns, also die Zuordnung eines Zeichenvorrats zu denjenigen eines anderen Zeichenvorrats; beim interaktiven Programmieren erfolgt der Vorgang im Dialog mit dem Computer.

Programmsystem
Vielzahl von Modulen, die über eine einheitliche Benutzerschnittstelle und dasselbe Steuerprogramm angesprochen werden.

Programmwartung
Aktionen zur Fehlerbeseitigung, Verbesserung der Effizienz, Anpassung der Programme an veränderte Vorschriften und Regelungen, an neue hard- und

systemsoftwaremäßige Umgebungen einschl. Erweiterungsmaßnahmen oder sonstigen Veränderungen.

PROLOG
Programmiersprache zur Bearbeitung von Problemen der Künstlichen Intelligenz.

Prozessor
Steuerwerk und Rechenwerk.

Prozeßbetrieb
Überwachung, Steuerung und/oder Regelung physikalisch-technischer Prozesse durch fortlaufenden Datenaustausch.

Prozeßrechner
Computer zur Steuerung und Überwachung industrieller und physikalischer Prozesse.

Pseudocode
Progammentwurfssprache.

Pull-down-Menüs
Anordnung der ständig sichtbaren Menüleiste, die mit dem Mauszeiger berührt wird, wodurch sich entweder sofort oder durch Drücken der Maustaste Untermenüs öffnen.

Pull-down-Menütechnik
Interaktive Arbeitstechnik; nutzt eine Menüliste, die bis zu 10 Funktionsgruppen mit logischen, eindeutigen Befehlen enthält. Nach Auswahl eines dieser Punkte öffnet sich ein Fenster (Window), in dem Unterfunktionen der gewählten Funktion - wiederum mit logischen, eindeutigen Begriffen, angezeigt werden.

Qualitätssicherung
Einhaltung der Vorgaben während dem Systemlebenszyklus.

Quellprogramm
In der Quellsprache abgefaßte Anweisungen.

RAM
Random Access Memory; ist ein Speicher mit beliebigem Zugriff.

Rapid-Prototyping
Methode, in der anhand einer kleinen Menge von erhobenen Daten der Expertise ein Prototyp des Expertensystems konstruiert, aufgrund weiterer Erhebungen

sukzessive erweitert und verfeinert wird, bis er die gewünschten Anforderungen erfüllt.

Realtime Processing
Betriebsart für den Prozeßbetrieb.

Rechenwerk
Funktionseinheit innerhalb eines Datenverarbeitungssystems, die Rechenoperationen ausführt.

Rechenzentrum
Organisationseinheit zur Bereitstellung von Speicher- und Verarbeitungskapazitäten, zur Durchführung der automatisierten Speicherung und Verarbeitung von Daten einschließlich aller dazu notwendigen Hilfsfunktionen.

Rechnergestütztes Informationssystem
System, bei dem die Erfassung, Speicherung, Übertragung und/oder Transformation von Information durch den Einsatz der Datenverarbeitung teilweise automatisiert ist.

Rechnernetz
Zusammenwirken mehrerer Computer, die räumlich nah oder räumlich fern durch Datenübertragungseinrichtungen und -wege miteinander verbunden sind.

Regeln
Techniken, Methoden, Verfahren und Heuristiken zur Anwendung des deklarativen Wissens.

Regelung
Einwirkung der Ausgangsgröße auf die Eingangsgröße.

Regelungsprozeß
Vorgabe von Sollgrößen an den Vollzug; Prüfung des späteren Erfüllungsgrades; Korrektur nach erneuter Planung.

Relationales Datenmodell
Datenorganisation in Form von Tabellen.

Remote Office Work
Bereitstellung der eigenen Station für das Kommunizieren mit anderen Stationen auch in Abwesenheit des Anwenders z.B. für Electronic Mail.

Ressourcen Management
Management der technischen und personellen Ressourcen.

Ring-Netzwerk
Verbindung jeden Teilnehmers über einen eigenen Knoten mit zwei anderen Teilnehmern (links und rechts).

RISC
Reduced Instruction Set Computer.

ROM
Read Only Memory; Festwertspeicher; wird für wiederkehrende Befehle und Anweisungen benötigt, die erforderlich sind, um das Computersystem zu starten und zu steuern. Diese Speicherinhalte können nur gelesen, aber nicht verändert werden.

Router
Dienen der automatischen Weiterleitung von Datenpaketen zwischen verschiedenen Netzen.

RPG
Problemorientiertes Programmiersystem für den kommerziellen Bereich. Der Report Programm Generator ist eine Standard-Programmierhilfe, die lediglich die variablen Angaben für Eingabe, Verarbeitung und Ausgabe erfordert (Fragebogen-Technik).

Rückwärtsverkettung
Suchstrategie vom Ziel ausgehend.

Schlangen (Queues)
Kennt zwei Grundoperationen, das Einfügen eines Elementes am Anfang und das Löschen eines Elementes am Ende.

Schnittstelle
Übergabestelle zwischen Datenendeinrichtung und Datenübertragungseinrichtung; V-Schnittstellen für die Datenübertragung über Fernsprechwege; X-Schnittstellen für die Datenübertragung in Datennetzen.

Seeheim-Modell
Architekturmodell - verbunden mit dem User Interface Management System, das mit den Präsentations-, Dialog-, Kontroll- und Anwendungsschnittstellen operiert; anwendungsunabhängige Form; trennt die Anwendung von der Schnittstelle.

Segment
Mehrere Datenfelder zusammen.

Seite
Einheit des logischen Speichers, die fortlaufend adressierbar ist; bei Residenz im Hauptspeicher.

Selektorkanal
Schnellkanal; arbeitet mit hohen Datenübertragungsgeschwindigkeiten. Er wird für den Anschluß peripherer Speicher verwendet.

sequentielle Speicherorganisation
Sämtliche Datensätze sind in auf- oder absteigender Reihenfolge eines Ordnungsbegriffes (Kennzeichnungsschlüssels) abgespeichert.

simplex
Richtungsbetrieb; Betriebsart der Datenübertragung, bei der an der Schnittstelle Daten entweder nur von der Datenübertragungseinrichtung der Datenendeinrichtung (Empfangsbetrieb) oder nur von der Datenendeinrichtung der Datenübertragungseinrichtung (Sendebetrieb) zugeführt werden.

Singleuser/Multitasking-Betrieb
Typische Vertreter des Mehrprogrammbetriebes.

Singleuser/Singletasking-Betrieb
Ein Benutzer wird mit einer Aufgabe bedient.

Skalierung
Erkennung der Strukturen (Dimensionen) und Unterstrukturen (Partitionierungen) einer Gesamtheit von Objekten auf der Basis einer Matrix subjektiver Ähnlichkeitsurteile.

Slots
Dienen der Beschreibung der Frames-Eigenschaften. Jedes Attribut (Eigenschaft) des Objekts wird durch ein Slot repräsentiert. Slots bestehen aus Feldern, in denen erlaubte Instanzen, Verweise auf andere Felder, Bedingungen für die Belegung oder Trigger enthalten.

SNA
System Network Architecture.

Software
Gesamtheit aller immateriellen Teile einer Datenverarbeitungsanlage, also die system- bzw. anwenderbezogenen Programme.

Software-Engineering
Anwendung wissenschaftlicher Erkenntnisse und Verfahren auf die Konstruktion von Software.

Software-Technologie
Prinzipien, Methoden und Verfahren, die der Entwicklung und Nutzung der Software, insbesondere der Anwendungssoftware, dienen.

Softwarequalität
Güte des Programms - gemessen an verschiedenen Eigenschaften, so an der Zuverlässigkeit, Sicherheit, Vollständigkeit, Richtigkeit, Wartbarkeit, Effizienz, Benutzerfreundlichkeit, Ordnungsmäßigkeit, Übertragbarkeit, Ausbaufähigkeit, Fehlerfreiheit und Portabilität.

Softwaretool
Automatisierte Hilfen für die Software-Produktion.

Soll-Informationen
Eingangsgrößen als Vorgabegrößen für den Vollzug Sie resultieren aus den Nachrichten der Kontrolle einerseits und der Planung andererseits.

Speak Processing
Fähigkeit, durch die abwechselnde Initiative der Dialogpartner, ein sachbezogenes Gespräch zu "produzieren".

Speicherchip
Einfach aufgebaute Chips mit 1 bis 4 Megabit-Chip.

Speichereinheit
Funktionseinheit innerhalb eines Datenverarbeitungssystems zur Aufnahme und Bereithaltung von Daten und Programmen.

Speichererweiterung
Eine Art virtueller Arbeitsspeicher, der einen beschleunigten Zugriff auf die hier gespeicherten Daten bewirkt.

Speicherkapazität
Datenmengen, die ein Speicher fassen kann. Gemessen wird sie durch die Maßeinheiten Byte (bei byteorientierten Maschinen), Wort (bei wortorientierten Maschinen) und Bit in Ausnahmefällen.

Spezialprogramme
Nur für besondere betriebliche Aufgaben einsetzbare Programme.

SQL
Standard-Datenbankabfragesprache für relationale Datenbanken.

Stammdaten
Zustandsorientierte Daten, die ihre Gültigkeit für eine längere Zeitdauer oder für immer behalten.

Standardsoftware
Vollständig ausgearbeitete Programme für eine bestimmte Aufgabe; sie können und werden ohne Änderung eingesetzt.

Stapel
Kennt nur zwei Grundoperationen, das Einfügen eines Elementes am Anfang (Push) und das Löschen eines Elementes am Anfang (Pop).

Stapelbetrieb
Das sukzessive Abarbeiten vollständig gestellter Aufgaben.

Statische Speicherchip
Bereits mit 5 Volt beschreibbar; die gespeicherten Daten werden ohne äußere Spannung bewahrt.

Stern-Netzwerk
Anschluß aller Teilnehmer an einen Computer, oder an einen Knoten.

Steuerbus
Leitet die Speichersignale.

Steuerung
Gegenmaßnahme auf eine Störung, die durch die Störung selbst ausgelöst wird.

Steuerungsprozeß
Vollzieht sich zwischen dem Vollzug und der Kontrolle mit Hilfe von Soll- und Istgrößen ohne eine erneute Planung.

Streamer
1/4-Zoll-Magnetband in einer Kassette.

Strichcode
Genormte oder herstellereigene Code zur Informationsaufdruck, der entweder bei der Eingabe magnetisch oder überwiegend optisch aufgrund von Hell-Dunkel-Kontrasten gelesen wird.

Strukturierte Programmierung
Programmiermethode, die auf der Philosophie der klaren Programm- und Datenstrukturen und auf der Anwendung von Techniken basiert, die diese

Programmphilosophie zu realisieren ermöglichen. Das Wort "strukturiert" wird als übergeordneter Begriff für "geordnet", "systematisch", "überprüfbar", "methodisch" gebraucht.

Subjekte
Verfahren, Instrumente zur Organisation von Arbeitspaketen, mit deren Hilfe der Benutzer durch das komplexe Modell geleitet wird.

Supercomputer (Höchstleistungsrechner)
Rechner der höchsten Leistungsklasse; liegt in bezug auf die Verarbeitungsleistung und Speicherkapazität eine Ebene über den Mainframes.

synchron
Zwischen Sender und Empfänger besteht ständiger Gleichlauf; die Taktinformation wird im allgemeinen von der Datenübertragungseinrichtung geliefert.

Systemanalyse
Iterativer, rückgekoppelter und heuristischer Prozeß. Ihre Zielrichtung ist die Generierung, Gestaltung und Implementierung eines Systems oder einzelner Teile davon.

Systementwicklung
Programmierung.

Systemlebenszyklus
Software Life Cycle; Gesamtperiode der Software, beginnend mit der Entwicklung und endend nach Ablauf der Nutzung.

Systemsoftware
Systemprogramme zum Betrieb eines Computers.

Systemtabellen
Tabellen, die vom Datenbanksystem intern erzeugt und verwaltet werden.

Systemwartung
Anpassung der Software an die veränderten Bedingungen, an die Software-Umgebung; Pflege- und Wartungsarbeiten.

Tabelle
Basisstruktur der relationalen Datenbankarchitektur, die sich aus Sätzen und Feldern, Spalten und Zeilen zusammensetzt.

Taschenrechnerfunktionen
Grundrechenarten, die ein Programm bereitstellt.

Tastatur
Standard-Eingabemedium für die menschlichen Interaktionen; ist unterteilt in Schreibmaschinentastatur, Funktionstasten, Schreibmarkensteuerung und Rechenblock (numerische Tastatur). Alle Tasten der Tastatur sind mit einer Dauerfunktion ausgestattet.

Tear-off- und Push-pin-Menüs
Über mehrere Operationen hinweg am Bildschirm präsente Menüs.

Teilhaberbetrieb
Benutzer stößt mit Hilfe eines vorgegebenen Kommandovorrats (Transaktionscodes) vorgefertigte Anwendungsprogramme an.

Teilnehmerstation
Mikrocomputer, Workstations, Mainframes usw., welche bestimmte Eigenschaften mitbringen. Diejenige Teilnehmerstation, die die Verwaltung der Informations- und Datenflüsse innerhalb des Netzes übernimmt, wird als Master bezeichnet.

Telefax
Ein Dienst, der Vorlagen (Texte und/oder Graphiken) abtastet, die Information in pixelcodierte Form überträgt und am entfernten Teilnehmerendgerät wieder ausgibt.

Telekommunikation
Austausch von Nachrichten zwischen Partnern, die außerhalb der durch die Umgebung begrenzten Hör- und Sichtweite sind. Der Austauschvorgang wird durch nachrichtentechnische Systeme unterstützt. Diese sind Datenstationen (Endgeräte, Terminals) und Übertragungseinrichtungen.

Telekonferenz
Zusammenschaltung mehrerer Telefonanschlüsse. Die Teilnehmer sitzen in ihrem jeweiligen Büro und sind per Telefon miteinander verbunden. Jeder kann hören, was ein anderer sagt und kann selbst zu allen sprechen. Außerdem können in jedem Büro weitere Personen über Telefonlautsprecher an der Konferenz teilnehmen.

Telexdienst
Standardisierte Übermittlung von Nachrichten über Endeinrichtungen.

Telexnetz
Öffentliches Wählnetz für alle Fernschreibteilnehmer. Jeder am Telexnetz angeschlossene Teilnehmer besitzt einen Fernschreiber und ein Fernschaltgerät, mit dessen Hilfe er die anderen Teilnehmer des Telexnetzes anrufen kann.

Tiefen- und Breitensuche
Erzeugung eines augenblicklichen Reifezustandes für einen Nachfolgezustand, bzw. die Expansion des Referenzzustands, in dem vom augenblicklichen Reifezustand alle möglichen Nachfolgezustände erzeugt werden.

TIGA-Karte
Entwicklung in Richtung graphischer Oberfläche (Symbolen, Figuren) und zur Ankopplung von Hochleistungsprozessoren.

Timesharing
Zuordnungsmethode der Arbeitszeit der CPU.

Top-down-Entwicklung
Methode zur Lösung eines vorgegebenen Problems schrittweise Verfeinerung von oben nach unten.

Trigger
Prozeduren, um Werteinträge zu berechnen, zu verändern zu löschen.

ungepackt
Verschlüsselung von einer Dezimalziffer in einem Byte. Der Zonenteil bleibt unbelegt (duale Nullen). Gepackt verschlüsselte Dezimalziffern müssen stets ein Vorzeichen in der niedrigsten (rechtesten) Tetrade führen.
Multitasking-Betrieb; jeder Benutzer kann mehrere Programme parallel ablaufen lassen.

Unix
Multitasking-Betrieb; jeder Benutzer kann mehrere Programme parallel ablaufen lassen.

Updates
Neue Versionen von Programmen, die die früheren ganz und/oder teilwese ablösen bzw. ergänzen.

User Exit
Eine oder mehrere definierte Stellen im Programm für den Übergang in ein anderes Anwenderprogramm.

verbundene Datenverarbeitung
Kombination zentraler (interner) und dezentraler (externer) Datenverarbeitung.

Vererbung
Übernahme von Eigenschaften von einfachen, allgemeinen Datentypen, wobei der neu entstehende Objekttyp als Nachkomme und der vererbende Objekttyp als

Vorfahre bezeichnet werden. Wird ein Objekt als Nachfahre eines anderen deklariert, erhält er automatisch sämtliche Felder und Methoden des Vorfahren, ohne daß eine erneute Definition notwendig ist.

Verknüpfte Listen
Eine Menge von Elementen, die sequentiell, wie bei einem Array, organisiert sind; jedes Datenelement ist Teil eines Knotens, der außerdem noch ein Verknüpfungselement zum Folgeknoten enthält.

vernetzte Datenmodelle
Darstellung der Daten als miteinander gekoppelte Sätze als Netzwerkmodelle.

verteilte Datenbank
Verfahren ohne Einschränkungen für den Anwender; unabhängig vom Verteilungskonzept; der Anwender kann ohne Wissen über die Datenverteilung seine Aufgabe lösen.

VGA-Karte
Video Graphik Adapter erreichen 640 x 480 Bildpunkte bei 16 Farben oder 320 x 200 bei 256 Farben. Darüber hinaus gibt es noch die VGA-Karten, die in der Regel 800 x 600 Bildpunkte bei 16 Farben und 1024 x 768 bei sogar 256 Farben aufweisen. Auflösungen bis 1280 x 1024 Pixel sind heute keine Ausnahmen mehr.

virtuelle Tabelle
Tabelle, die lediglich die Anfragedefinition und keine Daten beinhaltet.

VLAN
Very Local Network; die vernetzten Komponenten stehen wenige Meter voneinander.

Vorwärtsverkettung
Suchstrategie nach bekannten Daten und Fakten.

WAN
Weitverkehrsnetz.

Wechselplatten
Plattenstapel; Plattenspeicher mit auswechselbarem Laufwerk.

Werkzeugschnittstelle
Regelung des Zugriffs seitens des Benutzers auf die Daten und Werkzeuge wie Graphik-Objekte.

Wiederholung
Struktur mit einem Teil, der Null- bis n-mal ausgeführt wird.

Wildcards
Platzhalter, die bei einer Suche nach einem Wort oder einer Datei verwendet werden.

Window-Technik
Fenstertechnik; teilt den Bildschirm in mehrere Fenster, so daß mehrere Vorgänge parallel abgewickelt werden können. Jedes Fenster übernimmt einen anderen Vorgang (Funktion); es ersetzt den Schreibtisch.

Windows NT
Neueste Entwicklung bei den Betriebssystemen; mit der neuen Prozessor-Architektur RISC-CPU R4000; besitzt die gleiche Oberfläche und eine ähnliche Application Program Interface wie Windows; braucht kein DOS mehr zum Starten und ist deshalb als ein eigenständiges Betriebssystem zu betrachten.

Wirtschaftlichkeit
Grad der Zielerreichung.

Wirtschaftsinformatik
Eigenständige sozial- und wirtschaftswissenschaftliche Disziplin mit dem Erkenntnisobjekt Mensch-Aufgabe-Technik-System. Unter Wirtschaftsinformatik wird die Wissenschaft verstanden, die sich mit der Gestaltung rechnergestützter Informationssysteme in der Wirtschaft befaßt.

Wissen
Gesicherter Bestand an Modellen über Sachverhalte und Objekte bzw. Objektbereiche, die partiell bei einem Menschen in Form seines Gedächtnisses, in einer gesellschaftlichen Gruppe, aber auch in einer Organisation, einem ganzen Kulturkreis oder in der Menschheit insgesamt als kognitive Struktur vorhanden sind.

Wissensakquisition
Prozeß zur Entwicklung eines Wissensmodells, das in ein Expertensystem implementiert werden soll; Wissenserhebung.

Wissensbasis
Fachwissen eines Experten über das jeweilige Anwendungsgebiet.

Wissenserhebung
Erhebung detaillierten Wissens zur Bestimmung der Details des Wissensmodells.

Wissensingenieur
Knowledge Engineer; Zuständig für den Entwurf und Umsetzungsprozeß von Expertenwissen.

Wissensrepräsentation
Verallgemeinerung der Programmierung, bei der formale Strukturen erzeugt werden, für die der Rechner Interpretationsregeln hat, um aus ihnen ein bewußtes Resultat anzufertigen.

Workstation, Minicomputer
Kleine Rechner, die im Gegensatz zu den Mainframes keine Klimatisierung bedingen; zählen zur sog. Mittleren Datentechnik und damit vorrangig zu den Bürocomputern. Ihre Leistungen entsprechen der Leistung von Mainframes der unteren Leistungsklasse. Für diese Kategorie von Rechnern bürgert sich auch der Begriff Arbeitsplatzrechner ein.

WORM
Write Once Read Multiple- Platten sind auf der Basis der Bildplatten entwickelt worden. Sie werden leer gekauft; der Anwender beschriftet sie mit einem Laser, der sehr feine Löcher (Pits) in eine empfindliche Schicht brennt.

Wort
Zusammenfassung einer Bitfolge in sog. wortorientierten Computern. Ein Wort umfaßt dabei bspw. 24 oder 32 oder mehr Datenbits.

Wortmaschine
Computer, die mit fester Wortlänge als kleinste Speicherungs- und Verarbeitungseinheiten arbeitet.

WYSIWIG
What You See Is What You Get.

XT-Technologie
eXtended Technology.

Zeigeinstrumente
Maus, Lichtgriffel etc.

zentrale Struktur
Verbund von Bildschirme/Terminals über Leitungen an einem zentralen Rechner gebunden; Verarbeitung für den Endbenutzer erfolgt in der zentralen Anlage.

Zentraleinheit
Zentralspeicher, Leit- und Rechenwerk zusammen. innerhalb der Zentraleinheit werden das Leit- und Rechenwerk auch Prozessor genannt.

Zugriffsschutz
Regelungen über Nutzungsrechte eines Softwaresystems.

Zugriffszeit
Zeit für einen Lese- oder Schreibvorgang.

Zylinder
Einheit eines Sekundärspeichermediums.

Anhang 1:

Codes:

High Order Bits

Low Order Bits	000	001	010	011	100	101	110	111
0000	NUL	DLE	SPACE	0	@	P	`	p
0001	SOH	DC1	!	1	A	Q	a	q
0010	STX	DC2	"	2	B	R	b	r
0011	ETX	DC3	#	3	C	S	c	s
0100	EOT	DC4	$	4	D	T	d	t
0101	ENQ	NAK	%	5	E	U	e	u
0110	ACK	SYN	&	6	F	V	f	v
0111	BEL	ETB	'	7	G	W	g	w
1000	BS	CAN	(	8	H	X	h	x
1001	HT	EM	)	9	I	Y	i	y
1010	LF	SUB	*	:	J	Z	j	z
1011	VT	ESC	+	;	K	[	k	{
1100	FF	FS	,	<	L	\	l	|
1101	CR	GS	-	=	M	]	m	}
1110	SO	RS	.	>	N	^	n	~
1111	SI	US	/	?	O	_	o	DEL

High Order Bits

Low Order Bits		1000	1001	1010	1011	1100	1101	1110	1111
	0000					{	}	\	0
	0001	a	j	~		A	J		1
	0010	b	k	s		B	K	S	2
	0011	c	l	t		C	L	T	3
	0100	d	m	u		D	M	U	4
	0101	e	n	v		E	N	V	5
	0110	f	o	w		F	O	W	6
	0111	g	p	x		G	P	X	7
	1000	h	q	y		H	Q	Y	8
	1001	i	r	z		I	R	Z	9
	1010								
	1011								
	1100								
	1101								
	1110								
	1111								

High Order Bits

	0000	0001	0010	0011	0100	0101	0110	0111
0000	NUL	DLE	DS		SPACE	@	-	
0001	SOH	DC1	SOS					
0010	STX	DC2	FS	SYN				
0011	ETX	DC3						
0100	PF	RES	BYP	PN				
0101	HT	NL	LF	RS				
0110	LC	BS	ETB	UC				
0111	DEL	IL	ESC	EOT				
1000		CAN						
1001	RLF	EM						\
1010	SMN	CC	SM		¢	!	|	:
1011					.	$	,	#
1100	FF	IFS		DC4	<	*	%	@
1101	CR	IGS	ENQ	NAK	(	)	_	'
1110	SO	IRS	ACK		+	;	>	=
1111	SI	IUS	BEL	SUB	|		?	"

(Low Order Bits)

ASCII Order	HEX Symbol	Control	Character	ASCII Order	HEX Symbol	Character
000	00H	NUL	(null)	032		(space)
001	01H	SOH		033	21H	!
002	02H	STX		034	22H	"
003	03H	ETX	♥	035	23H	#
004	04H	EOT	♦	036	24H	$
005	05H	ENQ	♣	037	25H	%
006	06H	ACK	♠	038	26H	&
007	07H	BEL	(beep)	039	27H	'
008	08H	BS	(backspace)	040	28H	(
009	09H	HT	(tab)	041	29H	)
010	0AH	LF	(line feed)	042	2AH	*
011	0BH	VT	(home)	043	2BH	+
012	0CH	FF	(form feed)	044	2CH	,
013	0DH	CR	(carriage return)	045	2DH	-
014	0EH	SO		046	2EH	.
015	0FH	SI		047	2FH	/
016	10H	DLE	►	048	30H	0
017	11H	DC1	◄	049	31H	1
018	12H	DC2		050	32H	2
019	13H	DC3	‼	051	33H	3
020	14H	DC4	¶	052	34H	4
021	15H	NAK	§	053	35H	5
022	16H	SYN	■	054	36H	6
023	17H	ETB		055	37H	7
024	18H	CAN		056	38H	8
025	19H	EM		057	39H	9
026	1AH	SUB	→	058	3AH	:
027	1BH	ESC	←	059	3BH	;
028	1CH	FS	(cursor right)	060	3CH	<
029	1DH	GS	(cursor left)	061	3DH	=
030	1EH	RS	(cursor up)	062	2EH	>
031	1FH	US	(cursor down)	063	3FH	?

ASCII Order	HEX Symbol	Character	ASCII Order	HEX Symbol	Character
064	40H	@	096	60H	`
065	41H	A	097	61H	a
066	42H	B	098	62H	b
067	43H	C	099	63H	c
068	44H	D	100	64H	d
069	45H	E	101	65H	e
070	46H	F	102	66H	f
071	47H	G	103	67H	g
072	48H	H	104	68H	h
073	49H	I	105	69H	i
074	4AH	J	106	6AH	j
075	4BH	K	107	6BH	k
076	4CH	L	108	6CH	l
077	4DH	M	109	6DH	m
078	4EH	N	110	6EH	n
079	4FH	O	111	6FH	o
080	50H	P	112	70H	p
081	51H	Q	113	71H	q
082	52H	R	114	72H	r
083	53H	S	115	73H	s
084	54H	T	116	74H	t
085	55H	U	117	75H	u
086	56H	V	118	76H	v
087	57H	W	119	77H	w
088	58H	X	120	78H	x
089	59H	Y	121	79H	y
090	5AH	Z	122	7AH	z
091	5BH	[	123	7BH	{
092	5CH	\	124	7CH	|
093	5DH	]	125	7DH	}
094	5EH	^	126	7EH	~
095	5FH	_	127	7FH	

Anhang 2:

Online-Informationsdienste (Auszug)

Deutsches Informationszentrum für Technische Regeln (DITR)
im DIN Deutsches Institut für Normung e.V.
Burggrafenstr. 4 - 10, 1000 Berlin 30

Institut für Dokumentation und Information über Sozial-
medizin und Öffentliches Gesundheitswesen (IDIS)
Westerfeldstr. 15 - 17, 4800 Bielefeld 1

Forschungsgesellschaft für Agrarpolitik und Agrarsoziologie GmbH
Dokumentationsstelle für Agrarpolitik, landwirtschaftliches
Marktwesen und ländliche Soziologie
Meckenheimer Allee 125, 5300 Bonn 1

Institut für Medizinische Statistik, Dokumentation
und Datenverarbeitung der Universität Bonn (IMSDD)
Bibliothek, Universitätskliniken; 5300 Bonn 1

Fachinformationszentrum Technik e.V.
VDI Dokumentation Fertigungsverfahren
Graf-Recke-Str. 84, 4000 Düsseldorf

Rationalisierungs-Kuratorium der
Deutschen Wirtschaft e.V. (RKW); Düsseldorfer Str. 40, 6236 Eschborn

Gesellschaft für Information und Dokumentation mbH (GID)
Informationszentrum für Informationswissenschaft
und -praxis (GID-IZ); Lyoner Str. 44 - 48, 6000 Frankfurt 71

Informationssystem Karlsruhe im Fachinformationszentrum
Energie, Physik, Mathematik GmbH (INKA)
Kernforschungszentrum, 7514 Eggenstein-Leopoldshafen 2

Deutsches Institut für medizinische Dokumentation und
Information (DIMDI), Abteilung M
(Medizinische Dokumentation und Information)
Weißhausstraße 27, 5000 Köln 41

Patentstelle für die Deutsche Forschung (PST), Terminal
Romanstr. 22, 8000 München 19

Anhang 3:

Wichtige Internationale Normen:

ANSI/IEEE Std 729-1983: Glossary of Software Engineering Terminology
ANSI/IEEE Std 828-1983: Software Configuration Management Plans
ANSI/IEEE Std 829-1983: Software Test Documentation
ANSI/IEEE Std 830-1984: Software Requirements Specification
IEEE Std 982.1-1988: Standard Dictionary of Measures to Produce Reliable Software
IEEE St. 982.2-1988: Guide for the Use of IEEE Standard Dictionary of Measures to Produce Reliable Software
ANSI/IEEE Std 983-1986: Software Quality Assurace Planning
ANSI/IEEE Std 1008-1987: Software Verification and Validation Plans
ANSI/IEEE Std 1016-1987: Software Design Descriptions
ANSI/IEEE Std 1058.1-1987: Standard for Software Project Management Plans
ANSI/IEEE Std 1063-1987: Standard for Software Documentation
AQAP-2: Leitfaden für die Beurteilung der Übereinstimmung des Qualitätskontrollsystems eines Auftragnehmers mit AQAP-1
AQAP-14: Guide for the Evaluation of a Contractor's Software Control System for Compliance with AQAP-13
AQAP-15: Begriffe der Qualitätssicherung verwendet in QS-STANAG und AQAP
Bundesminister des Innern (Hrsg.): Besondere Vertragsbedingungen für die Pflege von DV-Programmen; Köln o.J.; ISBN 3-888784-081-X
Bundesminister des Innern (Hrsg.): Unterlagen für Ausschreibung und Bewertung von IT-Leistungen, Version II (UfAB II); Schriftenreihe der KBST; ISBN 0179-7263, Band 11; Juli 1988
DIN 55 350, Teil 12: Begriffe der Qualitätssicherung und Statistik, Merkmalsbezogene Begriffe; März 1989
DIN 66 285: Anwendungssoftware, Gütebedingungen und Prüfbedingungen; 1990
DIN ISO 9000 (EN 29 000): Qualitätsmanagement- Qualitätssicherungsnormen, Leitfaden zur Auswahl und Anwendung; Mai 1990
DIN ISO 9003 (EN 29 003): Qualitätssicherungssysteme, Modell zur Darlegung der Qualitätssicherung bei der Endprüfung; Mai 1990
DIN ISO 9004 (EN 29 004): Qualitätsmanagement und Elemente eines Qualitätssicherungssystems, Leitfaden; Mai 1990
ISO 9000-3: Quality management and quality assurance standards - Part 3: Guidelines for the application of ISO 9001 to the development, supply and maintenance of software; Reference number ISO 9000-3:1991 (E)
ISO 10011: Leitfaden für das Audit von Qualitätssicherungssystemen
DIN ISO 8402: Qualitätsmanagement und Qualitätssicherung; Entwurf März 1992
JSP 343: MOD Standard for Automated Data Processing

Sachwortregister

A

Abfragesprachen 349, 464
Abweichungsinformation 799
Adjazenz-Liste 341 f.
Administrationssysteme 487, 593 f.
Adreßbus 61 f., 116
Adreßrechnung 329
Adreßverkettung 329 f.
ALGOL 458
ALOHA-Netz 289
alphabetische Daten 304
alphanumerische Daten 42, 304
analoge Inferenz 761
Analogrechner 134
Anlagenwirtschaft 584 ff.
Annuitätenmethode 929 f.
Antivirenprogramm 857
Anwenderhandbuch 394
Anwendersoftware/programm 230 ff., 384 ff., 479 ff., 530 ff., 595 ff.
API 254
APL 457
Application-Server 217
Arbeitsplatzgerät 86 ff., 142, 668 ff.
Arbeitsplatzsoftware 491
Arbeitsspeicher 61, 120
Architekturmodelle 148 ff., 880 ff.
Archivierung 695 ff.
ARPANet 292
Array 311
Artificial Intelligence 712 ff.
ASCII 32 f., 519
ASSEMBLER 455 f.
Assemblierer 239, 390, 455
asynchron 186
Attribut 372
Auftragssteuerung 568 ff.
Auftragssteuerung, Abwicklung 640, 642 ff.
Auftragssteuerung, Bearbeitung 640 ff.
Auftragssteuerung, Verwaltung 238, 640
Ausgabebefehle 837
Ausgabedaten (Outputs) 11
Ausgabeeinheit 16, 57
Aussagelogik 731
Authentifikation 854
Automated Teller Machine 631

B

Back-Office 631 ff., 651
Banken 631 ff.
BASIC 220, 457 ff.
Batch-Viren 856
Baum-Netzwerk 220
Bayes'chen-Regeln 727'
BCD 34 f.
Befehl 381 ff.
Befehlsregister 60
Belegprinzip 535
Benutzerfreundlichkeit 469, 870
Benutzerhandbuch 895
Benutzeroberfläche 483 f., 493 ff.
Benutzerschnittstelle 233, 495 ff., 725 ff., 873 ff.
Benutzersteuerung 238, 393
Bestandsdaten 305 f., 535
·Betriebsart 265 ff.
Betriebsmittelverteilung 235
Betriebssystem 234 ff.
Betriebsüberwachung 235
Bewegungsdaten 306, 535
Beziehungsmatrix 405 ff.
Bibliotheksspeicher 102 f.
Bildpunkt (Pixel) 90, 515
Bildschirm 86 f., 90, 871
Bildschirmspeicherung 515
Bildschirmtext (Btx) 204 ff., 706 f.
Bildschirmwiederholspeicher 250 f.
Bildverstehen 714
binäre Bäume 336 f.
binäre Suche 329
Binärzeichen 23, 31
Bit 23, 39, 308
BITNET 292
bitseriell 182
Bitübertragungsschicht 298 ff.
Block 99, 308
Blockmultiplexkanal 118
Bool'sche Regel 52 ff., 727
Bpi 99
Brainware 131
Branchensoftware 486 ff., 595 ff.
branchenspezifisches Anwendungssystem 493, 530, 595 ff.
Breitbandleitung 185
Breitensuche 761 f.
Bridge 222
Buchhaltungssystem 576 ff.
Büro der Zukunft 659
Bürocomputer 142, 673
Bürokommunikation 657 ff., 672 ff.
Bus-Netzwerk 220, 286
Bus-Topologie 61, 116 f.
Buttons 879 f.
Byte 31, 35, 39, 308
Bytemaschine 36

C

Cache-Speicher 128, 155
CAD 609 f.
CAE 599

CAM 600. 605 ff., 610
CAP 611
CAQE 611
Card Sort-Verfahren 744 f.
CASE 411
CCITT 703
CD-ROM 114
CGA 516
Check-Button 880
Checklisten 893 f.
Chiffrieren 854 ff.
Chip 121 ff.
Chipkarte 854
CIB 631 ff.
CIF 622 ff.
CIM 601 ff., 823 ff.
CIO 659, 676 ff.
CISC-Architektur 149 f., 151 ff.
Client-Server-Schema 365, 842 ff.
Closed Loop 797
COBOL 460 f.
CODASYL 333, 358 f.
COM 85
Compiler 386, 390
Computer 12, 56 ff.
Computeranimation 515
Computerviren 855 ff.
Coprozessor 60
CP/M 234
CPU 16
Cursor 89

D

Data Cartridges 96, 853
Data Dictionary 308, 350 ff.
Data Management 235, 238
Datadesigner 415
Datei 308 f., 540
Datei-Manager 255
Dateldienste 188 f., 212 ff.
Daten 17, 21 f., 304 ff.
Datenablaufplan 429 ff.
Datenadressierung 325 ff.
Datenausgabe (Output) 77 ff.
Datenbank 341, 506 ff.
Datenbank-Server 363 ff.
Datenbankanfragesprache 348, 506 ff.
Datenbankorganisation 304 ff.
Datenbankstruktur 306, 310 ff., 440 ff., 647
Datenbanksystem 247, 331 ff., 347 ff., 375 ff.
Datenbanksystem, Non-Standard 347
Datenbankverwaltungssysteme 366 f.
Datenbeschreibungssprache 348, 350 ff.
Datenbus 61 f., 116
Datendefinition 354 ff.
Datendefinitionssprache 508
Dateneingabe 68 ff.
Datenelemente 306, 316

Datenendeinrichtung 181
Datenendgerät 181 ff.
Datenerfassung 27, 546 ff., 836
Datenfeld 109, 306
Datenfernverarbeitung 174 ff.
Datenflußplan 429 ff.
Datenintegrität 548 ff., 854
Datenklassen 316 ff., 549 ff.
Datenkontrollsprache 508
Datenmanipulationssprache 348, 356 ff., 508
Datenmatrix 550 f.
Datenorganisation 351 ff.
Datenpflege 325 f.
Datenpool 538 ff.
Datensatz 109 f., 308, 540
Datenschutz 367, 844, 845 ff.
Datensicherung 366, 844, 850 ff.
Datenspeicherung 27, 836
Datensteuerung 238
Datenstrom 538 ff.
Datenstruktur 367 ff.
Datensuchverfahren 325 ff., 327 ff.
Datentyp 368
Datenübertragung 174 ff.
Datenübertragungscode 32
Datenübertragungseinrichtung 182 ff.
Datenübertragungsleitung 184 ff.
Datenübertragungssystem 180 ff.
Datenverarbeitung 11 ff.
Datenverarbeitung außer Haus (DVaH) 620 f.
Datenverarbeitungsanlage 57 f.
Datenverarbeitungssystem 130 ff.
Datenverbund 178
Datenverknüpfung 27
Datenverwaltung 832
Datenwiedergewinnung 348
Datenwiedergewinnungssystem 348
Datex 193 ff.
Datex-L 195 f.
Datex-P 194 f.
Deckungsbeitrag-Controlling 826
DECnet 283
Deduktionssystem 714 ff.
deduktive Inferenz 759 f.
Default Values 735
deklaratives Wissen 727, 730, 731 ff.
Demodulation 183 f.
Desk Top Publishing 525, 709 f.
dezentrale Verarbeitung 175, 176 ff.
dezimal duales Zahlensystem 39 f., 43
dezimales Zahlensystem 38 f., 44
Dhrystone Benchmark 135
Dialog-Boxen 497
Dialogbetrieb 275, 277
Dialogfenster 483
Dialogkomponente 725 ff.
Dialogschnittstelle 764 ff.
Dienstintegrierende Diditale Netze 189 ff.

Dienstleistungsbetrieb 640 ff.
Dienstprogramm 233, 240
digitale Nebenstellenanlage 290 f.
Digitalrechner 134
Direct Changement 867
direkte Adressierung 326
Direktrufnetz 198 f.
Direktverkehr 233
Diskette 103 ff., 852
Dispositionssysteme 488, 594
Distributed Data Management System 363 ff.
Distributed Processing 175 ff., 830 ff.
Domain Level 752
DOS 247 ff., 265
Drill- und Übungsprogramm 526
Drucker 77 ff.
Dualsystem 31
duplex 185
Duplexverfahren 185
DV-Verbund 827
DVA 10 ff.
Dynamic Data Exchange 707 f.
dynamisches Wissen 736 ff.

E
E 13 B 69
EAN-Numerierung 74 f., 627
EBCDI 32 ff., 51 f.
Echo-Funktion 692
EDIFACT-Standards 634
Editor 386, 683 ff.
EGA-Karte 91, 513
Eigenprogramm 443 ff.
Ein- und Ausgabegerät 62
Ein- und Ausgabeperipherie 66 ff.
Ein- und Ausgabeprozessor 65, 119 f.
Einbenutzerbetrieb 278
Einfachstromverfahren 182 f.
Eingabedaten (Inputs) 11
Eingabeeinheit 13, 57
Eingabetaste 89
Einkauf 551
Einprogrammbetrieb 268 ff.
Einprozessorbetrieb 227
Einzelhandel 626 ff.
EISA 62, 116
Electronic Banking 631 ff.
Electronic Mail 703 ff.
Electronic Publishing 525
elektromechanischer Drucker 77 ff.
Elektronische Datenverarbeitung (EDV) 10 ff.
Elektronische Märkte 560 f., 627
elektronische Unterschrift 854
elektronischer Briefkasten 206
elektronischer Schreibtisch 708 ff.
elektronischer Drucker 82
Element 438
Empfangsbetrieb 215

Endbenutzer 767
Endbenutzersprachen 909
Endbenutzersystem 465, 494 ff.
Entscheidungsregel 423 ff., 426 ff.
Entscheidungstabelle 423 ff.
EPROM 61
Ergebnis-Controlling 826
Ergonomie 869 ff.
Ergos-L3 262 f.
Erklärungskomponente 725 ff., 764 ff., 769 ff.
Erweiterungssteckplätze 62
ETHERNET 289
EVA-Prinzip 10 ff.
Expertensystem 421, 465, 477, 719 ff., 790 f.
Expertensystem-Shells 783 f.
Expertenwissen 731
Extended Industry Standard Architecture (EISA) 116
externe Datenquellen 25, 543
externer Bus 61 f., 118
externer Code 32 f.
externer Speicher 63

F
Factory of the Future 612 f.
Faktenwissen 730
Fehlerprotokoll 240
Fernsprechdienst 201
Fernsprechleitung 182 f., 185
Fernsprechnetz 197 f.
Festkomma-Arithmetik 50 ff.
Festplattenspeicher 111
File 258, 363
File-Server 216
Financial Transaction Terminal 631
Finanzbuchhaltung 574 ff.
Finanzwesen 573 ff.
Firmware 131
flaches Wissen 728
Flip-Flop-Schaltung 52
Focus 474
fokussiertes Interview 741
Formaltest 392
Formatierung 520, 685
FORTRAN 459 f.
Frames 735 ff.
Freiberufler 640 ff.
Frequenzmultiplexkanal 119
Front-Office 631 ff., 649 ff.
Full-Image-Laufwerke 853
Funktionshandbuch 894
Funktionssoftware 486
Funktionstasten 89, 482 f.
Funktionsverbund 178

G
Ganzseitenbildschirm 698
Gateway 222

Generatoren 464, 909
Geowords Ensemble 261 f.
Gesundheitsbetrieb 651 ff.
gewichtete Graphen 340 ff.
Glasfaserkabeln 188
Gleitkomma-Arithmetik 50 f.
Gleitkommazahlen 50 f.
Global Area Network (GAN) 292
GoS 579
Graphikfunktion 511 ff.
Graphikgenerator 464
Graphikkarte 90 f.
Graphikmodus 90
Graphikprogramm 513 ff.
Graphiktablett 90
graphische Oberfläche 883 ff.
Großcomputer 133, 144 ff.
Großhandel 626 ff.
GUI 498
Güterstrom, informatorischer 532 f.

H
halbduplex 185
Halbduplexverfahren 185
Hand-Held-Computer 131, 135 ff.
Handel 626 ff.
Handwerk 613 ff.
Hardware 62 ff., 131, 897 ff.
Hauptspeicher 61
Hercules-Karte 515
heuristisches Wissen 728, 734
hexadezimal 32, 40 f.
HICOM 291
Hide- and Seek-Viren 857
Hintergrundprogramm 275
HIPO 432 ff.
Höchstleistungsrechner 145 ff.
Home Computer 139
Homomorphie 400
Host-Rechner 144 f.
Hotelbetrieb 649 ff.
Hybridrechner 134

I
IBIS 636
IDN 189 f.
IFIP-Modell 880
Image Processing 714
Indexpunkt 108
indexsequentielle Speicherung 319 f.
Indextabelle 319 f.
indirekte Adressierung 326
Individualsoftware 480 ff., 483 ff.
individuelle Datenverarbeitung 494 ff.
Indizierung 330
induktive Inferenz 761
Industrie 598 f.
Inference Level 752 f.
Inferenz 726 ff., 757 ff.
Inferenzmaschine 718, 725 f., 757

Inferenzregel 756 ff.
Informatik 3 ff.
Information 19 ff., 21 f.
Information Hiding 467
Information Retrieval 697 ff.
Informationsarten 20, 538 ff., 799 ff.
Informationsdatenbank 648 f.
Informationsklassen 875
Informationsmanagement 805 ff., 814
Informationsmanager 814
Informationsnetz 532, 618 f.
Informationsprozeß 794, 795 ff.
Informationsstrom 25 ff., 803 ff.
Informationssystem 23 f., 591 ff., 792
Informationsverarbeitung, Zukunft der
  8 f., 12 ff.
Informationswirtschaft 24 ff., 794 ff.,
  799 ff.
Input-Output-Beziehung 408 f.
Insellösungen 595 f.
Instanziierung 733
Instanzvariablen 370
integriertes Programmsystem 491 f., 596
intelligentes Lern- und Lehrsystem 715
Interaction-Server 217
interne Datenquellen 24 f., 543
interner Bus 62, 116
interner Code 32
Interpreter 390, 458
Investitionsrechnung 929
ISA 62
ISDN 189 ff.
ISO 297
Isomorphie 399 f.
Ist-Information 799

J
Job Management 235
Joystick 89

K
KADS-System 752 f.
Kanalwerk 65, 118 ff.
Kapitalwert- oder Barwertmethode 929
Kaskaden-Menüs 877
Klarschriftleser 70 ff.
Kluft 99
Knowledge Processing 716 ff., 784 f.
KO-Kriterien 889 f., 890 ff.
Koaxialkabel 187
Kommunikation 28 ff., 174 f.
Kommunikationskette 28 ff.
Kommunikationsmedium 218, 706 f.
Kommunikationsprotokoll 297 ff., 336
Kommunikationsschicht 298 ff.
Kommunikationssystem 297
Kompilierer 240, 457
Komplettlösung 596
Konfidenzfaktor 733
Konstanten-Regel 727

Konstruktgitter-Verfahren 744
Kontrollsystem 488, 594
konventionelles Codieren 399
Kostenrechnung 581 ff.
Kostenstellen-Controlling 825
Kostenträger-Controlling 825 ff.
Kryptographie 854 ff.
Künstliche Intelligenz 475 ff., 712 ff.

L
Lader 386
Lagerbuchhaltung 586 ff.
Landwirtschaft 617 ff.
Längsparität 851
Laptops 135 ff.
Laserdrucker 82
Lastverbund 177
Layout 685 ff.
Leistungsverbund 178
Leitwerk 16, 58, 63
Lern/Lehrprogramm 526
Lichtstift 90
Lineare Programmierung 590, 930 f.
linearer Satz 309
Linker 386
Linpack-Benchmark 135
Liquid Cristal Displays (LCD) 90
LISP 477, 782
Liste, verknüpfte 312 f.
Listengenerator 415, 464
Live- and Die-Viren 856 f.
Local Area Network (LAN) 287 ff.
Location-Server 217
Logikchips 123
Long Range Changement 868

M
m-Wege-Suche 328
Magnetband 97 ff., 853
Magnetblasenspeicher 115
Magnetkartenspeicher 112
Magnetplatte 107 ff.
Magnetschriftleser 68 ff.
Magnetstreifenspeicher 112
Magnettrommelspeicher 112
Mailbox 208
Mainframe 62 ff., 144 ff.
Mainframe-Netze 224 f.
Makros 691 f., 909
Management 532, 806
Management-Informationssystem 594, 804
Manware 131
Marketing 567 ff.
Maschine-Maschine-System 591
Maschinenprogramm 451 ff.
Maschinensprache 448, 451 ff.
Maskengenerator 415
Master-Slave-System 627 f.

Materialwirtschaft 549
Matrixdrucker 78
Maus 90
MCA 62, 116
Medium Range Changement 865 f.
Mehrdrahtleitung 187
Mehrprozessorbetrieb 228
Mehrpunkt-Verbindung 221
Mehrrechnerbetrieb 228, 278
Mengendaten 541
Mensch-Maschine-System 591
Menü 89, 877
Message Passing 369
Message-Server 217
Metaphen 877
Metawissen 731, 737
Metropolatian Area Network (MAN) 292
MFLIPS/MFLOPS 135
MHS 703
Mikrochips 121 ff.
Mikrocomputer 59 ff., 133, 138 ff.
Mikrofiche/Mikrofilm 85, 114
Mikroprogramm-ROM 154
Mikroprozessor 16-Bit 140
Mikroprozessor 32-Bit 140
Mikroprozessor 8-Bit 140
Minicomputer 133, 142 ff.
MIPS/MOPS 134
Mittlere Datentechnik 142
Mixed-Hardware 131 f.
Modem 183
Modularisierung 908
Modulation 183 f.
Modus ponens 759
monolitische Rechnerarchitektur 150
Motif von OSF 885 ff.
MS-DOS 246, 247 ff.
MS-Windows 254 ff.
Multiplexkanal 118
Multiprocessing 278 f.
Multiprogramming 270 ff., 272 ff.
Multitasking 246, 258, 260, 281 ff.
Multithreading 260
Multiusing 246, 258
mutierende Viren 856
MVS/ESA 265

N
natürlichsprachliches System 711 f.
NET/ONE-Netzwerk 290
Netzwerk 214
Netzwerk mit Adapter 217
Netzwerk mit Betriebssystem 293 ff.
Netzwerk mit Datenmodell 339 ff.
Netzwerk mit Software 284
Netzwerk mit Struktur 180
Netzwerk mit Systeme 284
Netzwerk mit Zugangsverfahren 218, 283
Neuronale Netze 158 ff., 712, 787 ff., 790 f.

nicht-lineare Strukturen 310
nicht-überschreibende Viren 856
nondeduktive Inferenz 760 f.
Normalformlehre 346 f.
Normung 296
Norton Utilities 499
Notebooks 134, 135 ff.
notwendige Information 795
NSFNet 292
numerische Daten 42, 304
Nutzdaten 304, 535
Nutzwertanalyse 931 ff.

O
OASIS 246
Objekt-Attribut-Wert-Tripel 733 f.
Objektcode 230
Objektklassen 372, 467 ff.
objektorientierte Programmiersprache 374 f., 464 ff.
objektorientiertes Datenbanksystem 367 ff., 370 f.
objektorientiertes Programmieren 372 ff.
Objektorientierung 368 ff., 466 ff.
Objektprogramm 293, 390
OCR-A 32, 71
OCR-B 32, 71
Office of the Future 659
offline 267
online 267
Open Look von SUN 887 f.
Open Loop 797
Operating 394
Operatinghandbuch 394
Oracle 475
ordinale Skalen 911 f.
Orgware 131
OS/2 252 ff.
OSI 297 ff.
Outside-in-Programmierung 444
Overhead-Displays 84

P
PABX 290
Parametrisierung 909
PASCAL 462
PC-Host-Verbindung 223 f., 673
PC-LAN-Architektur 153
PC-Netze 224, 671 ff.
peripherer Speicher 65
Peripherieverbund 178
Personal Computing 59 f., 138 ff., 669 ff.
Personalwesen 571 ff.
Petri-Netze 154
Pflichtenheft 893 ff.
Piktogramm 414
PIN 634
Pipeline-System 155, 156 f.
Pipelining 155, 277
Pixel 90, 515

PL/1 462
Planungs- und Entscheidungssystem 486, 588 f., 594
Planungssprache 464
Plasmabildschirm 90
Plattenstapel 107 ff.
Plotter 82 f.
Polymorphismus 468
Pop-up-Menüs 877 f.
POS 634
Ppi 210
PPS 561 ff., 606, 608 ff.
Presentation Manager 253
Printer-Server 216
problemorientierte Programmiersprache 449, 456 ff.
Programm 16, 380 ff., 448
Programm mit Ablaufplan 429 ff.
Programm mit Design 388 f.
Programm mit Dokumentation 393
Programm mit Manager 254
Programmiersprache 448 ff.
Programmierung 380, 387 ff., 466 ff.
Programmsteuerung 393
Programmtest 391
Programmwartung 393 ff., 862
Projektmanagement 402
PROLOG 782 f.
PROM 61
Proprietäres System 261 ff., 265
Protected Mode 252
Protokoll 297 ff., 366
Prototyping 776, 777 ff.
prozedurale Sprache 356 f.
prozedurales Wissen 727, 730, 732
Prozessor 16, 58, 60
Prozeßbetrieb 269
Prozeßrechner 134
Prozeßsteuerung 238
Prüf- und Wartungssoftware 301
Pseudocode 433 ff.
Public Domain 484
Pull-down-Menü 483, 496 f., 877
Punkt-zu-Punkt-Verbindung 220
Push Button 879

Q
Qualitätssicherung 856 ff.
Quellanweisung 239
Quellcode 230
Quellprogramm 239
Querparität 851

R
Radio Button 880
RAM 61
Rapid-Prototyping 778 f.
Real Mode 251
Realzeitbetrieb 275 ff.
Rechenwerk 16, 58, 60, 129 ff.

Rechenzentrum 816 ff.
rechnergestütztes Informationssystem 591 ff.
Rechnernetz 150, 175 f., 214 ff., 286 ff., 830
Rechnungsprüfung 587 ff.
Rechnungswesen 573 ff.
Redundanz 332
Regeltypen 727
Regelungsprozeß 796 ff.
Register 60
Register-Speicher 128
rein duales Zahlensystem 39 f., 42, 44
relationale Datenbank 343 ff.
Remote Database Access 363
Remonte Transaction Processing 363
Repertory Grid Method 742
Ressourcen-Management 700 ff.
Ring-Netz 220, 285
RISC 150, 154 ff.
Robotik 715
Rollball 90
ROM 61
Root 258
Router 223
RPG 457
Rückwärtsverkettung 761, 763 f.
RUDE-Zyklus 778

S
SAA 480
Satellitenübertragung 188
Satzadresse 109 ff.
Schattenspeicher 127
Schnittstelle 115 ff., 764 ff., 768 ff.
Schreibmarke 86 f.
Schreibmarkensteuerung 89
Schreibtischtest 391
Schwarze Bretter 209
sedezimales Zahlensystem 32, 40 ff., 44
Seeheim-Modell 880 f.
Segment 308
Selektorkanal 118
Semantische Netze 731 ff.
Sendebetrieb 215
Sensorfeld 89
sequentielle Speicherung 93 f., 318 f.
sequentielle Suche 328
Sequenz 434, 438
Server 215 ff.
Shareware 484
Shells 775 f.
Short Range Changement 867
Sicherheitsmanagement 844
Sicherungskopie 688 f.
Sicherungsschicht 298 ff.
Sichtgerät 82
simplex 185
Simulation 392, 525, 589 ff., 930
simultane Verarbeitung 271 ff.

Singleuser 246
Skalierung 744
Slots 735
SNA 283
Software 62, 131, 897 ff.
Software Life Cycle-Modell 385 ff.
Software, Engineering 380, 384 ff.
Software, Entwicklungswerkzeugen 390 ff.
Software, Support 483
Softwareproduktion 387 ff.
Softwarequalität 858 ff.
Softwaretool 413 ff., 420 ff.
Softwarewartung 864 ff.
Softwarewerkzeug 414 ff.
Soll-Information 799
Sortierprogramme 240
Source Code Viren 856
Speak Processing 713 f.
Speicherchip 122 f.
Speichereinheit 57
Speicherkapazität 95, 111 f., 128
Speicherkassette 95 f.
Speicherorganisation 318 ff.
Speicherperipherie 92 ff.
Speicherplatte, optische 113 ff.
speicherresidente Viren 856
Speicherungskapazität 95, 128
Speicherwerk 126 ff.
Speicherzelle 126
Spezialprogramm 486
Spezialsprache 457
Sprachausgabe 83 f.
Sprache C 83 f., 463
Spur 107
SQL 357 ff., 506 ff.
Stack 313 ff.
Stammdaten 305, 535
Standard-Datenbanksprache 357 ff.
Standardlogik 425
Standardprogramm 231, 480 ff., 499 ff.
Standverbindung 184
Stapelbetrieb 268 f., 567
Start-Stop-Laufwerk 853
statisches Wissen 736
Stern-Netzwerk 219, 285
Steuerbus 62, 116 f.
Steuerdaten 304
Steuereinheit 59
Steuerungsdaten 541
Steuerungsprozeß 796 ff.
Steuerwerk 59, 63, 129 f.
Strategie Level 751
Streamer 95 f., 853
Struktogramm 445 ff.
Struktur, zentrale 179
Strukturierte Programmierung 413 ff., 435 ff.
strukturiertes Interview 741
Supercomputer 133, 145 ff.

SW-Entwicklungsumgebung 410 ff.
SYMPHONIE 474
synchron 186
Synchronübertragung 186
System-Administrator 767
Systemanalyse 398 ff.
Systemauswahl 889, 917 ff.
Systemdefinition 401
Systemeinführung 402
Systemeinsatz 398
Systementwicklung 398
Systemlebenszyklus 859
Systemprogramm/Software 229 ff.
Systemrealisierung 401 f.
Systemtabellen 510
Systemwartung 398

T
Tabellenkalkulation 474, 502 ff.
Tabulatoren 89
Tabulatortaste 89
Taschenrechnerfunktion 694 f.
Task Level 753
Task Management 235
Tastatur 87 ff., 871
Tear-off- und Push-pin-Menü 878
Teilhaberbetrieb 269 f.
Teilnehmerbetrieb 273 ff., 279 f.
Teilnehmerstation 214 f.
Telefax 209 f.
Telegraphieleitung 185
Telekommunikation 200 ff.
Telekonferenz 212
Teleprogrammieren 390
Teletex 196 f., 203
Telexanlagen 202 f.
Telexdienst 201 f.
Telexendgeräte 202
Telexnetz 191 f.
Template 504
Terminal-Emulation 225 f., 288
Terminal-Konzepte 152
Testmodus 90
Textverarbeitung 518 ff., 681 ff.
Tiefensuche 761 ff.
Timesharing 258
Timesharing-System 273 ff., 279 ff.
Timeslicing 274
Tools 411 f., 413 ff., 421 ff.
top down 439
Transaktionsbetrieb 269 f.
TRANSDATA 283
Transformationsvorgang 26 ff.
Transportschicht 298 ff.
Transportsystem 297
Transputernetz 160
Transputersystem 157 ff.
Trigger 735
TURBODOS 246
tutorielles Programm 526
Typenraddrucker 78

Ü
überschreibende Viren 856
Übersetzungsprogramm 233, 239
Übersetzungsprotokoll 240
Übertragungsgeschwindigkeit 185
Übertragungsmedium 187
Übungsprogramm 526

U
UIMS 417, 880 f.
ULSI 120
Universalsprache 457
UNIX 246, 257 ff.
unscharfe Inferenz 761
unscharfes Wissen 731
unsicheres Wissen 771
unstrukturiertes Interview 740 f.
Unternehmensmodell 531 ff.
Updates 483
User Exit 908
User Interface 873 ff.
User-Process-Server 216

V
Verarbeitungsregel (Algorithmen) 11
Verbindungsweg 187 ff.
Verbundbetrieb 827
verbundene Datenverarbeitung 827
Vererbung 467 ff., 733
Verfügbarkeitsverbund 178
Verkehrsbetrieb 629 f.
Vermittlungsschicht 298 ff.
Versicherung 636 ff.
verteilte Datenbank 363 ff., 837 ff.
verteilte Telekommunikation 200 f.
Verwaltungsbetrieb 655 ff.
Very Local Area Network (VLAN) 292
VGA-Karte 91
Video-Text 704 f.
Viren-Scanner 857
Viren-Source-Code 854
virtuelle Adresse 323
virtuelle Speicherung 322 ff.
virtuelle Speicherverwaltung 323
virtuelle Tabelle 323
virtuelles Peripheriegerät 253
VLAN 292
VLIW-Rechner 160
VLSI 120
Vordergrundprogramm 275
Vorrechnersystem 228
Vorwärtsverkettung 761, 762 f.
VSE 265

W
wahlfreie Zugriffsart 93 ff.
Wählverbindung 184 f.
WANGnet 283
Wechselbetrieb 215
Wechselplatte 111
Werkzeugverbund 178

Whetstone Benchmark 135
Wide Area Network (WAN) 286, 292
Winchester-Technik 111
Window, Technik 414 f.
Windows NT 259 ff.
Windows, Erweiterungen 499
Wirtschaftlichkeitsrechnung 903 ff., 917 ff.
Wirtschaftsinformatik 5 ff.
Wissen 20 ff., 729 f.
Wissensakquisition 738 ff.
wissensbasiertes System 716 ff.
Wissensbasis 716, 728 ff.
Wissensdomäne 734
Wissenserhebung 739 ff., 750 ff.
Wissenserwerbkomponente 728 ff.
Wissensingenieur 738, 766 ff.
Wissensrepräsentation 728 ff., 830 ff.
Wissensträger 738
Wissensverarbeitung 716 ff.
Wort 17, 33, 308
Wortmaschine 36

WYSIWIG 521, 687

X
X-Window-System 883 f.

Y
Yellow Cable 187

Z
Zahlensystem 37 ff.
Zeichen 17, 33
zeichenseriell 182
Zeichenvorrat 30 ff.
Zeigeinstrument 871
Zentraleinheit 16, 58 f., 63, 120 ff.
Zentralprozessor 63, 120
Zentralspeicher 16, 57
Zugriff auf Hostfiles 226, 288
Zugriffsart 93 ff.
Zugriffszeit 95, 110 f.
Zweidrahtleitung 187
Zylinder 107 f.